2015年4月28日，陕西省方言语音档案建档试点工作培训会召开。

2016年3月31日，陕西省方言语音建档工作培训会召开。

2016年3月31日,陕西师范大学语言资源开发研究中心主任、博士生导师、教育部长江学者特聘教授邢向东为建档区县工作人员做业务培训和指导。

2016年8月25日,陕西省方言语音建档工作推进会召开。

2017年5月26日，陕西省方言语音建档工作会在西安召开。

2017年8月27日，《陕西方言集成》大纲研讨会在陕西省档案局召开。

2016年8月9日至10日，对兴平方言语音发音人进行集中培训。

2016年7月5日，专家团队赴阜寨镇南八一村遴选发音合作人。

陕西方言集成

咸阳卷

王建领 主编

商务印书馆
2022年·北京

图书在版编目（CIP）数据

陕西方言集成．咸阳卷/王建领主编．—北京：商务印书馆，2022
ISBN 978-7-100-21001-0

Ⅰ.①陕…　Ⅱ.①王…　Ⅲ.①西北方言—汇编—陕西 ②西北方言—汇编—咸阳　Ⅳ.①H172.2

中国版本图书馆 CIP 数据核字（2022）第 057802 号

权利保留，侵权必究。

陕西方言集成
（咸阳卷）

王建领　主编

商　务　印　书　馆　出　版
（北京王府井大街 36 号　邮政编码 100710）
商　务　印　书　馆　发　行
北京顶佳世纪印刷有限公司印刷
ISBN 978-7-100-21001-0

2022 年 10 月第 1 版　　开本 787×1092　1/16
2022 年 10 月北京第 1 次印刷　印张 52½
定价：288.00 元

《陕西方言集成》编委会

主　任：王建领

编　委：赵万吉　邢向东　申　虹　柯西钢　解华波
　　　　　郑惠姿　崔　林　齐周怀　康亚民　白宏民
　　　　　王美丽　李庆锋　刘竹梅　孙启祥　邱志华
　　　　　阮景霞　韩少兵　刘围星　汪明哲

《陕西方言集成》编辑部

主　　编：王建领
副 主 编：柯西钢　赵万吉　刘围星　汪明哲
资料统筹：王　辉　徐　方

陕西省方言语音建档首席专家

邢向东

陕西省方言语音建档普通话语音首席专家

申　虹

本卷编纂

张　攀

序 一

　　语言是人类交际的情感纽带，是人类交流的主要工具，人类文明进化正是借助语言的功能，才得以留存、传承。作为人类繁衍进化的产物，不同的民族会有不同的语言，而同一民族，也会因特定地域而产生特有的乡音，如汉语方言；又会因特定族群而产生独特的族语，如客家话。这些不同的语言一旦形成统一标码的声音指令，就会以其强大的社会性反作用于社会，成为一个民族的主要特征，成为别样文明鲜活的特性，成为多彩文化鲜明的特色，这种差异和多元，正是文明生命力的象征和标志。

　　文化自信，我们底气从何而来？来自上下五千年不间断的中华文明，来自中华大地上留存的遗迹、陈列的文物、书写在典籍中的文字，来自流布在民间的民俗、存活在口头上的语言。也就是说，文明并不抽象，而是具体真实的存在；文化也并不高冷，而是近在眼前，就在自己的日常生活和言谈举止中。身为国家非物质文化遗产"陕北民谚"传承人，我长期研究方言发现，九州方言千差万别，但都有小众群体、大众格局的共性。如信天游"一十三省的女娃子，数上蓝花花好"，"一十三省"并非简单的数字，而是全中国、普天下之义，这来源于元明两朝中国均十三行省的建制，可以说听见方言，就听见了古代。陕北民谚"米脂婆姨绥德汉，清涧石板瓦窑堡炭"，这"婆姨"二字是印度语，是佛教女居士之梵文音译，因武则天借礼佛登基，上有所好，下必盛也，逢男多优婆塞，逢女多优婆夷（唐《敦煌变文集·金刚般若波罗蜜经讲经文》），"婆姨"借此而进入语言，又因唐武宗灭佛而淡出人们的视线。感谢陕北方言存活下"婆姨"这一词汇，也就保留下了中华文明的一抹色彩，从中我们可以看到佛教在华的传播、兴衰过程，看到中华文明的构建过程。即使众多方言中作为叹词普遍使用、人们又难于启齿的"毬"字，其实与粗口脏话无关，它是人类生殖崇拜文明留存下来的语言图腾，让我们能打通时空隧道，了解人类文明进化的心路历程。党的十九大特别强调中华优秀传统文化的传承发展，中共中央办公厅 2017 年还专门下发 5 号文件，提出实施意见，这里语言资源保护利用当为关键。

　　汉语作为世界第一大语种，这是中华民族的骄傲，也是中国对人类文明的特殊贡献。但中国作为崇尚大一统的国度，一直有"语同音"的冲动，周有"雅言"，两汉有《释名》《说文》，三国两晋南北朝有《声类》《韵集》《玉篇》，隋有《切韵》，唐有《唐韵》，宋有《广韵》，明有官话，今有普通话，在秦始皇书同文、车同轨、统一度量衡两千多年后的今天，普通话在强力吞噬方言阵地。好在汉语一统天下与方言碎片化分布并存状态还未彻底改变，而方言的这种多点多元，折射的正是中华文明的多姿多彩。汉语作为中华文明的名片，灿若星河的唐诗宋词，妙为仙幻的书法金石，美若天籁的京剧、昆曲、信天游等戏剧、曲艺、民歌，成为中国给世界的一大惊喜，所以珍惜祖先文化遗产，传承发展汉语语言文化，不仅应成为传承中华文明基因的一种自发，更应成为一种文化安全的自觉。

面对全球化、城镇化、现代化的裹挟，在大数据时代的今天，从世界范围来讲，弱势语言让位给强势语言，已成为不可逆转的趋势；从中国来讲，方言生态环境被严重破坏，保护方言迫在眉睫。推广普通话绝不能与保护方言对立，更不等于要消灭方言。好在现代科技的发展，音频、视频的普及，《诗经》十五国风民歌总集有文无音的遗憾不会再出现。档案局（馆）作为守护历史、传承文明的职能部门，为方言建档、留住祖先的声音，让后人知道我们怎样或曾经怎样说话，是档案人义不容辞的历史使命。

陕西地处中国东西坐标轴、南北自然气候分界线、长江黄河分水岭，集中国大地原点、北京时间标点、中华文明始点、丝绸之路起点于一处，是中华民族的精神高地、文化福地、资源宝地。三秦大地三个文化圈，语言文化承东启西、南腔北调、说古话今、风情万种，自有其丰富且独特的风韵，保存、展示、开发利用地方方言，就是弘扬优秀传统文化、宣传陕西的有声行动。中国艺术研究院音乐研究所所长田青先生，在为王六著《留住祖先的声音——陕北方言成语3000条》一书序中说，方言是世界上最美的音乐，是一个人来到这个世界最先听到的声音，也是离开这个世界时最后呢喃的声音。方言是有感情、有温度的，唐代大诗人贺知章"少小离家老大回，乡音无改鬓毛衰"的千古绝唱，不知让多少人唏嘘不已，早已成为中国人难以释怀的永远乡愁。

陕西省政府审时度势，2016年由省政府办公厅行文下发了《关于支持开展方言语音建档工作的通知》，陕西省档案局（馆）组织全省各级国家档案馆，举全省档案部门之力，在各县区政府特别是财政、文化、教育、广电等部门的支持下，在方言、普通话专家的学术指导下，历时三年，将此时——公元2017年，此地——陕西省107县区，此人——生于斯、长于斯的陕人方言取样存照，完成了陕西省以县（区）为单元的方言语音建档工作，为扩大宣传利用效果，现将已形成的1000多G方言语音建档音频、文本档案汇总，形成750多万字，300G音频，既能看又能听的《陕西方言集成》丛书，将由商务印书馆正式出版发行。全书共分西安、宝鸡、咸阳、铜川杨陵韩城、渭南、延安、榆林、安康、汉中、商洛十卷，每卷以县（区）分为不同单元，各县（区）除以县城为定点采录方言音频、视频外，还增设如西安回民坊方言、陕南一些外来语孤岛布点，从总论、语音、语法、词汇方面立体展示了陕西地域方言风貌，还通过对以方言为载体的民间歌舞、戏剧、曲艺的经典记录，展现了陕西丰富个性的文化魅力。作为奉献给三秦父老乡亲的一份厚礼，《陕西方言集成》不但对地方语言保护、陕西非物质文化遗产保护意义重大，还将对普通话推广、语言规范化服务发挥积极作用。当然，作为创新性工作，难免出现缺点、失误，虚心接受社会各方建议、意见，当是至盼。

中华优秀传统文化的传承发展，离不开与文化相互依赖、相互影响的语言，方言作为汉语的独特表现形式，在语言文化、语言学中地位独特。放在中华五千年文明谱系中考量，中国人从哪里来、到哪里去，方言就是基因密码；寻找中华文明内涵特质和价值取向，方言就是文化解码。用中国话讲好中国故事，不仅意义重大，而且十分紧迫。回顾方言语音建档，一些地方寻找正宗发音人已十分困难、颇费周折，一些非物质文化遗产传承人更是以个位计，可以说抢救性保留方言，时不我待。而保留下方言，就等于保留下了打开中华文明奥妙之门的钥匙，从这个意义上讲，《陕西方言集成》的出版发行，是档案人为历史负责、为社会负责、为民族负责的担当，是档案服务大局、服务陕西、服务民生的可喜成果，故感而为序。

王建领

2017 年 10 月于西安

序 二

方言及其所承载的地域文化是国家重要的语言资源，是中华民族优秀传统文化的根脉。然而在城市化进程日益加快、共同语的影响与日俱增的当下，方言却在呈加速度地大量消亡。在此形势下，国家有关部门于2015年开始实施"中国语言资源保护工程"（简称"语保工程"）。

面对语言资源迅速消失、地方文化日渐衰微的严峻情势，陕西省档案局高瞻远瞩，积极应对，与"语保工程"同步开展了"陕西方言语音建档"工作。这是在共时平面上一次性地将境内的方言记录、保存下来的大工程。和"语保工程"一样，是一项功在当代、利在千秋的事业。《陕西方言集成》就是陕西方言语音建档的阶段性成果。

陕西省档案局在2015年发布《关于开展陕西方言语音档案建档工作的通知》，在全省启动陕西方言语音建档工作。2016年3月陕西省政府办公厅发出《关于支持开展方言语音建档工作的通知》，省档案局随后发布《关于开展方言语音建档工作的实施意见》，方言语音建档工作遂正式展开。目前，全省绝大多数方言语音建档成果已通过验收，方言建档任务已基本完成。

一、陕西省汉语方言及其分布

陕西省的汉语方言包括晋语、中原官话、西南官话、江淮官话以及少量赣语、客家话方言岛。

（一）晋语

晋语指"山西及其毗连地区有入声的方言"。陕西晋语分布在陕北榆林市、延安市的19个县、市，分属五台片、吕梁片、大包片、志延片。

五台片包括7个县、市：府谷县、神木市、靖边县、米脂县、绥德县、子洲县、子长县。

吕梁片汾州小片包括黄河沿岸的4个县：佳县、吴堡县、清涧县、延川县。

大包片包括2个区：榆林市榆阳区、横山区。

志延片包括延安市6个区、县：宝塔区、志丹县、吴起县、安塞县、延长县、甘泉县。

（二）中原官话

陕西境内的中原官话分别属于汾河片、关中片、秦陇片和南鲁片。分布在71个县、市、区。

汾河片解州小片包括4个县、市：宜川县、韩城市、合阳县、大荔县。

关中片包括关中、陕北、陕南的46个县、市、区：西安市临潼区、阎良区、长安区、高陵区、蓝田县、鄠邑区、周至县，铜川市王益区、印台区、耀州区、宜君县，咸阳市秦都区、渭城区、礼泉县、泾阳县、永寿县、淳化县、三原县、彬县、兴平市、乾县、旬邑县、武功县，延安市洛川县、黄陵县、黄龙县，渭南市临渭区、蒲城县、白水县、华阴市、澄城县、华州区、富平县、潼关县，安康市汉滨区（部分）、旬阳县（县城及部分）、白河县（县城及部分）、平利县（县城、老县镇、大贵镇等），商洛市商州区、洛南县、山阳县（县城及部分）、丹凤县（县城及南部）、镇安县（县城及东部），汉中市洋县、西乡县（部分乡镇）、城固县（部分城镇）。

秦陇片分布在20个县、市、区：宝鸡市渭滨区、金台区、陈仓区、岐山县、凤翔县、扶风县、千阳县、麟游县、眉县、陇县、太白县、凤县，汉中市汉台区（北关、西关）、勉县、略阳县、南郑区（县城及北部）、宁强县（北部），咸阳市长武县，延安市富县，榆林市定边县。

南鲁片分布在商洛市的商南县。

（三）西南官话

陕西的西南官话分别属于川黔片陕南小片和湖广片鄂北小片，分布在汉中市和安康市。

川黔片陕南小片，分布在16个县、市、区：汉中市汉台区（东关、南关）、佛坪县、留坝县、镇巴县、宁强县（县城及南部）、南郑区（南部）、西乡县（西南部）、城固县（二里镇、大盘乡）、勉县（漆树坝乡、小河庙乡）、略阳县，安康市宁陕县、石泉县、汉阴县、岚皋县、紫阳县、镇坪县。

湖广片鄂北小片，分布在安康市白河县和平利县。

（四）江淮官话

陕西省的江淮官话属于竹柞片，主要分布在6个县、区：商洛市柞水县、镇安县

(西部），安康市汉滨区（部分）、旬阳县（部分）、白河县（部分）、平利县（部分）。这6个县、区与湖北竹山、竹溪的江淮官话连成一片。此外，还包括商洛市商州区、山阳县、商南县、丹凤县，安康市宁陕县、镇坪县、岚皋县、紫阳县的少数乡镇。

（五）赣语

陕南的赣语方言有两片和两个方言岛，分布在商洛市、安康市东部山区的5个县、市。商洛市商南县、丹凤县赣语方言，涉及2县25个乡镇；山阳南部赣语方言，分布在商洛市山阳县鹤岭以南的山区；商洛市镇安县木王赣语方言岛；安康市汉滨区牛蹄赣语方言岛。

（六）客家话方言岛

陕南的客家话方言岛全部分布在商洛市境内。包括商州区黑龙口镇罗湾、刘村、铁炉子，三岔河镇闫坪、大水岔，杨斜镇川明、平安，砚池河镇西联，北宽坪镇广东坪；柞水县红岩寺镇蓝家湾，瓦房口镇西北沟、颜家庄，杏坪镇肖台，镇安县灵龙镇安乐村。

二、陕西方言语音建档的调查点和内容

（一）调查点

方言语音建档实施方案规定，在全省107个市、区、县中，除了西安市城区以外，全部区、县级行政单位均要开展方言语音建档工作。在区、县范围内，可以根据方言实际情况设置多个调查点。

在语音建档培训会和推进会上，项目首席专家强调，要以保证每个区、县代表点的质量为首要任务，其次可以根据方言的实际情况和经费增加调查点。代表点必须完成所有规定的项目内容，其他点则可灵活安排，以完成音系和单字音为最低要求。

从验收情况看，方言复杂的区、县设置多个调查点的比较多，其内容和质量均达到了要求。如榆林市：米脂2个点，横山2个点，靖边3个点，子洲2个点；商洛市：山阳3个点，宁陕2个点；安康市：平利3个点，白河2个点；汉中市：宁强2个点。

（二）建档内容

陕西方言语音建档的所有内容均同时要求提供纸笔调查成果和音频、视频文件。

实施过程分两个阶段：首先在全省选择10个县进行试点，对调查内容、纸笔调查规范、摄录标准规范、工作量等进行测试、评估。试点结束后，档案局方言语音建档

领导小组会同首席专家对试点情况进行评估，最终确定《陕西方言语音建档实施方案》，进一步明确调查内容、摄录标准和工作流程。2016年3月进入正式实施阶段。

正式发布的调查、摄录内容包括规定文本和自选文本两部分：

1. 规定文本

（1）音系调查表（同"语保工程"）；（2）单字表（1000字，同"语保工程"）；（3）连读调调查表（可不入档）；（4）词汇表（1200词，同"语保工程"）；（5）语法表（《汉语方言词汇调查手册》语法部分）；（6）故事：《北风和太阳》。

在规定文本中，音系、单字、词汇的调查表与"语保工程"一致，主要出于两种考虑：第一，两项工程尽管行为主体不同，但工程性质和建设目标相同；第二，"语保工程"的方言调查表，是经过千锤百炼才投入正式使用的，且已正式出版，全国共享。另搞一套，既浪费资源，又很难达到同样的水平。

2. 自选文本

（1）自选词汇（300～500条，分类同规定词汇，须解释）；（2）地方文化，包括谚语、歇后语、山曲、酒曲、民谣、地方戏曲（唱段）等。

实施办法规定，自选词汇必须由方言专家和当地发音人、档案局有关人员共同讨论后制定。现在看起来，这部分内容相当充实，大部分区、县都达到了500条的上限。方言文化的内容更是丰富多样，真实地记录了许多鲜活生动的地方文化现象。

三、建设目标和实施过程

（一）建设目标

方言语音建档在实施伊始，就确立了明确的建设目标。这就是：着眼于档案服务地方经济文化建设，打造档案文化品牌。在这个目标下，确定了相应的工作原则。

（二）工作原则和理念

1. 工作原则：体现特色，突出重点，科学操作，建立体系。区、县设点首先要突出代表点。全心全意依靠专家。首席专家负责方言专业内容、标准的制定和解释，各区、县必须聘请方言专家开展调查。首席专家还向各市推荐了方言专家名单。要求必须采用国际音标注音，保证建档的科学性、专业性、系统性。

2. 工作理念："解密陕西方言密码，全面保存陕西记忆。"这是陕西省档案局局长王建领先生提出的口号。方言语音建档中强调方言的文化属性和文化特质，把方言作为地方文化的承载体和非物质文化资源加以保存。强调记录各地方言中储存的地方文化信息和印记。

（三）实施步骤

1. 动员、部署、培训与推进：档案局先后召开数次专题工作会议，动员和部署、推进方言语音建档工作。同时分省、市（部分市）两级开展专业培训。解读《实施方案》和《细化标准》，具体讲解方言调查方法和纸笔调查同音频、视频摄录的衔接。有的市档案局还邀请首席专家进行区、县有关人员的培训，并与当地方言专家进行直接对接，效果良好。

2. 过程指导：首席专家与大多数调查团队、摄录团队保持联系，随时就记音、语料整理、字幕处理、摄录标准与规范等进行沟通。

3. 预验收：由陕西师范大学语言资源开发研究中心组织专业团队进行。验收后向有关区、县反馈整改意见，同时向各区、县发布预验收中发现的普遍问题，提醒注意。

4. 正式验收：由陕西师范大学语言资源开发研究中心组织专业团队实施。对于通过验收的区、县，反馈整改意见，限期完成整改，合格后档案入库。未达到标准的不予验收。

四、方言语音建档的专业团队

方言语音建档是专业化要求很高的工作，陕西省档案局在一开始就对这一工作的专业性提出了要求。并聘请本人担任首席专家，参与制定实施方案。调查内容基本上由首席专家来确定。

（一）专家队伍

由首席专家向各区、县推荐方言专家名单。文件规定各区、县必须由方言专家和档案局工作人员组成课题组，建档中的专业问题完全由专家负责。事实上，有95%以上的区、县聘用了方言专业人员，绝大多数聘任的是推荐名单上的专家。

在项目的实施过程中，陕西师范大学语言资源开发研究中心发挥了重要的作用，体现了陕西高校哲学社会科学重点研究基地"服务社会"的宗旨。实验师韩夏担任方言语音建档技术顾问。韩夏实验师、孙建华博士后以及西安工业大学贺雪梅、西安石油大学徐朋彪等参加了验收工作。

（二）摄录团队

音频、视频的摄录是方言语音建档的重要环节。陕西省档案局在项目实施中，灵活安排摄录团队，既有一家合作的专业公司，又不硬性规定摄录团队，而是由各市、区、县乃至方言专家自行选择摄录团队。档案局层面主要负责专业标准的掌握和验收。

首席专家多次就摄录中的标准、规范和有关问题的处理与有关摄录团队交换意见。这样的安排，既避免了摄录档期的限制和"纸笔调查为摄录团队打工"的尴尬局面，又保证了摄录质量。

（三）方言工作者在语保工作中的作用

在陕西省的语言资源保护工作中，方言工作者发挥了巨大的作用。2015 年以来，全省约有 50 位语言学者、博士后、博士生投身到"语保工程"中，在两条战线、三个方面开展工作。

第一，语保工程，包括两项工作。一是一般方言调查，陕西省共设 30 个点，已立项调查 21 个，2018 年度将有 9 个调查点。二是濒危方言调查，2016 年度立项 4 个点。此外，黑维强、周政和本人三位学者入选"语保工程"核心专家组。

第二，陕西方言语音建档，涉及近 100 个区、县。几乎所有的方言学者都动员起来，投入了此项工程。

因此，两年多来，陕西省方言工作者投入语保工作的力量是空前的。大家本着为国家战略服务、为社会服务的宗旨，抱持为后人留下珍贵的方言文化记录的态度，以极大的工作热忱和高度的责任感，为陕西省的语言资源保护做出了最大的努力。语保工作中留下的许多感人故事和语保人的哭哭笑笑，至今想起来还令人感叹唏嘘。两个"语保工程"，既使陕西省方言学者的调查能力和研究水平得到了提高，培养了一批新人，也显示了我省方言学者，尤其是青年学者的高度责任心、良好素质和空前的团结。

五、《陕西方言集成》

陕西省档案局在确保方言语音建档工作按期完成的同时，也在研究如何将建档成果展示出来，让它们在当代就发挥应有的社会作用，将"利在当代"落在实处。由此，2017 年度又启动了《陕西方言集成》项目。组成了以王建领局长任主编的编委会，聘请陕西师范大学语言资源开发研究中心副主任柯西钢领衔，选拔了十几位参加方言语音建档和语保工程、成绩突出的年轻学者，组成精干的编写团队。西钢精力充沛，富有合作精神，立即进入工作状态。编写启动会暨大纲讨论会于 8 月底召开，档案局领导、省内的方言学家和全体编辑人员出席。会议就《集成》的内容、体例进行了深入讨论，达成了一致的意见。

编写体例上，《集成》以地、市为单位，汇集各区、县的方言语音建档纸笔调查成果，每个县、区自成单元，每个地、市为一卷，共包括十大卷。每个代表点的内容包括：音系及其说明，连读变调，单字音表，分类词汇表（规定部分），自选词汇表，语法例句，口头文化。同一个区、县内有两个以上调查点的，则根据调查情况灵活安排，至少包括音系及其说明，单字音表，分类词汇表（规定部分）。《集成》将是有史以来陕西方言语音、词汇、语法、口头文化最系统、全面的调查成果。

在大纲讨论会上，大家一致认为，《集成》要在方言语音建档成果的基础上，对调查材料做进一步的提高和补充，在水平上力求超越存档的部分。因此，《集成》的编写是将方言语音建档工作水平进一步提高的重要举措，也是对方言语音建档成果的检验。

经过半年多来的紧张工作，现在《集成》就要陆续出版了。我们怀着敬畏和真诚的心情，期待来自广大读者和专业工作者的意见。同时，作为陕西方言语音建档的首席专家，我想把崇高的敬意，献给为保护方言文化资源奔走呼号、身体力行的王建领先生，献给为保护语言资源做出卓越贡献的陕西语保人；把最醇厚的感情，献给陕西这片孕育了多姿多彩的方言文化的厚土。

邢向东

2017 年 12 月 31 日

目 录

凡　例	i
《陕西方言集成》（咸阳卷）调查人	iii
咸阳市人文地理概况	iv
咸阳市语言特点综述	vi

秦都区篇

第一章　总　论	2
第一节　人文地理、历史沿革、人口概况	2
第二节　方言归属与内部差异	2
第三节　发音人和调查人概况	3
第二章　语　音	4
第一节　声　母	4
第二节　韵　母	4
第三节　单字调	5
第四节　连读变调	5
第五节　单　字	6
第三章　词　汇	15
第一节　规定词汇	15
第二节　自选词汇	38
第四章　语法与口头文化	45
第一节　语法例句	45
第二节　北风和太阳	51
第三节　口头文化	52

渭城区篇

第一章 总 论 …… 62
- 第一节 人文地理、历史沿革、人口概况 …… 62
- 第二节 方言归属与内部差异 …… 63
- 第三节 发音人和调查人概况 …… 63

第二章 语 音 …… 65
- 第一节 声 母 …… 65
- 第二节 韵 母 …… 65
- 第三节 单字调 …… 66
- 第四节 连读变调 …… 66
- 第五节 单 字 …… 67

第三章 词 汇 …… 76
- 第一节 规定词汇 …… 76
- 第二节 自选词汇 …… 99

第四章 语法与口头文化 …… 106
- 第一节 语法例句 …… 106
- 第二节 北风和太阳 …… 112
- 第三节 口头文化 …… 113

泾阳县篇

第一章 总 论 …… 130
- 第一节 人文地理、历史沿革、人口概况 …… 130
- 第二节 方言归属与内部差异 …… 130
- 第三节 发音人和调查人概况 …… 131

第二章 语 音 …… 132
- 第一节 声 母 …… 132
- 第二节 韵 母 …… 132
- 第三节 单字调 …… 133
- 第四节 连读变调 …… 133
- 第五节 单 字 …… 134

第三章 词 汇 …… 143
- 第一节 规定词汇 …… 143

| 第二节 自选词汇 | 167 |

第四章　语法与口头文化 …………………………………… 174
　　第一节　语法例句 …………………………………………… 174
　　第二节　北风和太阳 ………………………………………… 180
　　第三节　口头文化 …………………………………………… 181

三原县篇

第一章　总　论 ………………………………………………… 186
　　第一节　人文地理、历史沿革、人口概况 ………………… 186
　　第二节　方言归属与内部差异 ……………………………… 187
　　第三节　发音人和调查人概况 ……………………………… 187

第二章　语　音 ………………………………………………… 189
　　第一节　声　母 ……………………………………………… 189
　　第二节　韵　母 ……………………………………………… 189
　　第三节　单字调 ……………………………………………… 190
　　第四节　连读变调 …………………………………………… 191
　　第五节　单　字 ……………………………………………… 191

第三章　词　汇 ………………………………………………… 200
　　第一节　规定词汇 …………………………………………… 200
　　第二节　自选词汇 …………………………………………… 223

第四章　语法与口头文化 …………………………………… 230
　　第一节　语法例句 …………………………………………… 230
　　第二节　北风和太阳 ………………………………………… 236
　　第三节　口头文化 …………………………………………… 237

兴平市篇

第一章　总　论 ………………………………………………… 242
　　第一节　人文地理、历史沿革、人口概况 ………………… 242
　　第二节　方言归属与内部差异 ……………………………… 243
　　第三节　发音人和调查人概况 ……………………………… 244

第二章　语　音 ………………………………………………… 245
　　第一节　声　母 ……………………………………………… 245

第二节　韵　母 …………………………………… 245
　　第三节　单字调 …………………………………… 246
　　第四节　连读变调 ………………………………… 246
　　第五节　单　字 …………………………………… 247
第三章　词　汇 ………………………………………… 256
　　第一节　规定词汇 ………………………………… 256
　　第二节　自选词汇 ………………………………… 280
第四章　语法与口头文化 ……………………………… 286
　　第一节　语法例句 ………………………………… 286
　　第二节　北风和太阳 ……………………………… 292
　　第三节　口头文化 ………………………………… 293

武功县篇

第一章　总　论 ………………………………………… 304
　　第一节　人文地理、历史沿革、人口概况 ……… 304
　　第二节　方言归属与内部差异 …………………… 304
　　第三节　发音人和调查人概况 …………………… 305
第二章　语　音 ………………………………………… 307
　　第一节　声　母 …………………………………… 307
　　第二节　韵　母 …………………………………… 307
　　第三节　单字调 …………………………………… 308
　　第四节　连读变调 ………………………………… 308
　　第五节　单　字 …………………………………… 309
第三章　词　汇 ………………………………………… 318
　　第一节　规定词汇 ………………………………… 318
　　第二节　自选词汇 ………………………………… 343
第四章　语法与口头文化 ……………………………… 350
　　第一节　语法例句 ………………………………… 350
　　第二节　北风和太阳 ……………………………… 356
　　第三节　口头文化 ………………………………… 357

乾县篇

第一章　总　论 ………………………………………… 370

第一节　人文地理、历史沿革、人口概况 …………………………… 370
　　第二节　方言归属与内部差异 ………………………………………… 370
　　第三节　发音人和调查人概况 ………………………………………… 371
第二章　语　音 …………………………………………………………………… 373
　　第一节　声　母 ………………………………………………………… 373
　　第二节　韵　母 ………………………………………………………… 373
　　第三节　单字调 ………………………………………………………… 374
　　第四节　连读变调 ……………………………………………………… 374
　　第五节　单　字 ………………………………………………………… 375
第三章　词　汇 …………………………………………………………………… 384
　　第一节　规定词汇 ……………………………………………………… 384
　　第二节　自选词汇 ……………………………………………………… 406
第四章　语法与口头文化 ………………………………………………………… 413
　　第一节　语法例句 ……………………………………………………… 413
　　第二节　北风和太阳 …………………………………………………… 419
　　第三节　口头文化 ……………………………………………………… 420

礼泉县篇

第一章　总　论 …………………………………………………………………… 426
　　第一节　人文地理、历史沿革、人口概况 …………………………… 426
　　第二节　方言归属与内部差异 ………………………………………… 426
　　第三节　发音人和调查人概况 ………………………………………… 427
第二章　语　音 …………………………………………………………………… 428
　　第一节　声　母 ………………………………………………………… 428
　　第二节　韵　母 ………………………………………………………… 428
　　第三节　单字调 ………………………………………………………… 429
　　第四节　连读变调 ……………………………………………………… 429
　　第五节　单　字 ………………………………………………………… 430
第三章　词　汇 …………………………………………………………………… 440
　　第一节　规定词汇 ……………………………………………………… 440
　　第二节　自选词汇 ……………………………………………………… 467
第四章　语法与口头文化 ………………………………………………………… 476
　　第一节　语法例句 ……………………………………………………… 476

第二节	北风和太阳	482
第三节	口头文化	483

淳化县篇

第一章	**总　论**	**488**
第一节	人文地理、历史沿革、人口概况	488
第二节	方言归属与内部差异	488
第三节	发音人和调查人概况	489
第二章	**语　音**	**491**
第一节	声　母	491
第二节	韵　母	491
第三节	单字调	492
第四节	连读变调	492
第五节	单　字	493
第三章	**词　汇**	**502**
第一节	规定词汇	502
第二节	自选词汇	526
第四章	**语法与口头文化**	**535**
第一节	语法例句	535
第二节	北风和太阳	541
第三节	口头文化	542

永寿县篇

第一章	**总　论**	**558**
第一节	人文地理、历史沿革、人口概况	558
第二节	方言归属与内部差异	558
第三节	发音人和调查人概况	559
第二章	**语音**	**561**
第一节	声　母	561
第二节	韵　母	561
第三节	单字调	562
第四节	连读变调	562

第五节　单　字 ……………………………………… 563
第三章　词　汇 …………………………………………… 573
　　第一节　规定词汇 …………………………………… 573
　　第二节　自选词汇 …………………………………… 597
第四章　语法与口头文化 ………………………………… 607
　　第一节　语法例句 …………………………………… 607
　　第二节　北风和太阳 ………………………………… 613
　　第三节　口头文化 …………………………………… 614

旬邑县篇

第一章　总　论 …………………………………………… 624
　　第一节　人文地理、历史沿革、人口概况 ………… 624
　　第二节　方言归属与内部差异 ……………………… 625
　　第三节　发音人和调查人概况 ……………………… 625
第二章　语　音 …………………………………………… 627
　　第一节　声　母 ……………………………………… 627
　　第二节　韵　母 ……………………………………… 627
　　第三节　单字调 ……………………………………… 628
　　第四节　连读变调 …………………………………… 629
　　第五节　单　字 ……………………………………… 629
第三章　词　汇 …………………………………………… 639
　　第一节　规定词汇 …………………………………… 639
　　第二节　自选词汇 …………………………………… 665
第四章　语法与口头文化 ………………………………… 672
　　第一节　语法例句 …………………………………… 672
　　第二节　北风和太阳 ………………………………… 678
　　第三节　口头文化 …………………………………… 679

长武县篇

第一章　总　论 …………………………………………… 682
　　第一节　人文地理、历史沿革、人口概况 ………… 682

第二节 方言归属与内部差异 …… 683
第三节 发音人和调查人概况 …… 683
第二章 语　音 …… 686
第一节 声　母 …… 686
第二节 韵　母 …… 686
第三节 单字调 …… 687
第四节 连读变调 …… 687
第五节 单　字 …… 688
第三章 词　汇 …… 697
第一节 规定词汇 …… 697
第二节 自选词汇 …… 723
第四章 语法与口头文化 …… 730
第一节 语法例句 …… 730
第二节 北风和太阳 …… 736
第三节 口头文化 …… 737

彬州市篇

第一章 总　论 …… 746
第一节 人文地理、历史沿革、人口概况 …… 746
第二节 方言归属与内部差异 …… 746
第三节 发音人和调查人概况 …… 747
第二章 语　音 …… 748
第一节 声　母 …… 748
第二节 韵　母 …… 748
第三节 单字调 …… 749
第四节 连读变调 …… 749
第五节 单　字 …… 750
第三章 词　汇 …… 760
第一节 规定词汇 …… 760
第二节 自选词汇 …… 783
第四章 语法与口头文化 …… 790
第一节 语法例句 …… 790

第二节　北风和太阳 …………………………………………… 796
　　第三节　口头文化 ……………………………………………… 797

听书二维码 ……………………………………………………… 801
参考文献 ………………………………………………………… 803
后　记 …………………………………………………………… 804

凡 例

1.《陕西方言集成》以市为单位，每市一卷（铜川、杨陵、韩城三市合列一卷），如《陕西方言集成》（宝鸡卷）。每卷内以县为单位分篇行文；一县一点的，只有一篇，如《陕西方言集成》（汉中卷）——"勉县篇"；一县多点的，除城关点外，其他点只保留"声母系统、韵母系统、单字调系统、单字"四部分，并另起篇单列，标题注明乡镇。如《陕西方言集成》（安康卷）——"白河城关篇""白河茅坪篇"。

2. 语音部分列出声韵调表，表后附例字，例字一般为 4 个，古今演变类型特殊的最多不超过 6 个。

3. 语音的"单字"部分，如出现一字多音的，读音之间用"/"隔开；如有文白新老异读对举的，统一用小一号字体的"（文）""（白）""（新）""（老）"注明，如：0270. 尾 Øi53（白）/vei53（文）。

4. 词汇部分按照条目、方言说法、标音三列的形式列出。方言说法有两种及以上的，根据词频排列顺序，用"/"隔开，如：

0001. 太阳　爷婆 Øiɛ24phɤ0/日头 Øər53thou0

5. 词汇的"规定词汇"部分共 1200 条，统一编码。词条按意义分类，如"天文、地理""人品、称谓"，每一类再按照小的义项分类排列，如"动作、行为"类又分列"具体动作""抽象动作""言语"。"自选词汇"部分各点词条数目不一，从 1201 开始编码；自选词汇一般也按词义分类，分类标准和规定词汇相同。

6. 语法部分的例句部分按照普通话、方言、音标分三栏排列。有自选例句的，分"规定例句""自选例句"两类。

7. 语法的"北风和太阳"部分先列原文，再将方言说法分句罗列，每句下列出标音。

8. 语法的"口头文化"部分不用国际音标标音，出现有音无字的，用"□"表示，部分后标国际音标，并用小字注释。

9. 词汇、语法部分出现连读变调的，只标连读调不标单字调；轻声调值标 0 或标实际调值（根据原调查结果）。

10. 词汇、语法部分的用字需要尊重已有研究成果，例如参照"语保工程"的常用字表；实在找不出本字的，用"□"表示，后注国际音标，不用同音字代替。

11. 文中国际音标统一用 IpapanNew 字体，送气符号用平行标注的 h，零声母用 ∅，卷舌央元音用 ər，合音用"［ ］"。

12. 注释一律用小一号字体，注释例词例句中的"～"代指本字。

13. 引用原文统一用页下注的形式注明出处，下注的格式为（例）：① 游汝杰. 汉语方言学教程［M］. 上海教育出版社，2004 年，第 100 页。

14. 陕西方言语音档案建档工作前期曾确定了十余个县、区为试点单位，试点县、区的调查内容、调查体例均与正式调查点不同，属于试点县、区的，我们在正文篇目标题处用脚注的形式注明。

15. 本丛书在编写过程中涉及音频与文本的对应问题时，为保持文本的一致性、系统性和科学性，我们只调整文本，不调整音频。少数二者不相符的地方，以文本为准。试点单位因调查内容等与其他点不同，音频亦和其他点不一致。

《陕西方言集成》（咸阳卷）调查人

秦都区　王一涛　　渭城区　王一涛
泾阳县　张　攀　　三原县　卜晓梅
兴平市　亓娟莉　王一涛　张　攀
武功县　王一涛　　乾　县　王应龙
礼泉县　孙立新　　淳化县　王一涛
永寿县　王一涛　　旬邑县　张　攀
长武县　王一涛　　彬州市　张　攀

咸阳市人文地理概况

咸阳市地处陕西省八百里秦川腹地，渭水穿南，峻山亘北，山水俱阳，故称咸阳。它位于东经107°38′～109°10′，北纬34°9′～35°34′，东与铜川市、渭南市为邻，西与宝鸡市接壤，北同甘肃省庆阳市、平凉市毗连，南接西安市，南北长149.4千米，东西宽139.7千米，总面积10196平方千米。截至2022年，咸阳市辖2个市辖区、代管2个县级市和9个县，常住人口421.3万，包括汉族及蒙古族、回族、藏族、维吾尔族、苗族、壮族、瑶族、朝鲜族等35个少数民族。咸阳风景秀丽，四季分明，物产丰富，人杰地灵，是中国大地原点所在地，古丝绸之路的第一站，是中原地区通往大西北的要冲。今天的咸阳，称得上西北连接世界最便捷的城市，它拥有国内六大航空港之一和西北地区最大的航空港及出口产品内陆港，从这里坐飞机出发，一小时之内可达全国40多个重要城市，全国9条铁路、6条高速路在此纵横贯穿，区位优势得天独厚，是国家立体交通的新枢纽。

咸阳历史人文深远宏阔，是中华文明天然的博物馆，是秦汉文化的重要发祥地。秦始皇定都咸阳，使这里成为"中国第一帝都"，也让咸阳成为每个中国人都熟知的地方。咸阳遍地秦砖汉瓦，境内文物景点多达4951处，五陵塬上汉高祖长陵、汉景帝阳陵、汉武帝茂陵、唐太宗昭陵、唐高宗和武则天合葬的乾陵等28位汉唐帝王陵寝连绵百里，举世无双，被誉为"中国的金字塔之都"。中国历史上著名的"商鞅变法"始于咸阳，秦创设的统一度量衡，书同文、车同轨，郡县制以及大一统思想，影响深远，秦开创蕴含的革新开放、创新进取、诚信有为的文化元素，是今天我们实现中华民族伟大复兴的不竭动力。

咸阳孕育了中国的农耕文明，农业始祖后稷在此教民稼穑，是关中粮食生产的"白菜心"，年产水果400多万吨，是世界上唯一符合苹果生产七项指标的最佳优生区，咸阳地下水、煤炭、石灰石、地热等其他自然资源也非常丰富。同时，咸阳更是西北重要的工业城市，是西北最大的电子工业基地，陕西重要的能化工业、轻纺工业基地，形成了以能源化工、装备制造、电子、医药、纺织、食品、建材、航空物流、太阳能光伏九大产业为主体的、比较完整的工业体系。

咸阳自然景观和人文景观交相辉映，是西部重要的旅游目的地。境内渭河、泾河、沣河交汇，400万亩林地郁郁葱葱，自然条件宜人。神刀、神针、神脉、神袋以及攻克肿瘤克星的神医——"五神"全国闻名，食疗、医疗、药疗、水疗、足疗、茶疗——

"六疗"特色保健项目一枝独秀,每年吸引国内外1100多万人次观光旅游。今天的咸阳,已成为中华养生文化名城、中国十佳宜居城市、中国魅力城市,发展前景无限广阔,是未来西安(咸阳)国际化大都市发展的大引擎。

咸阳市语言特点综述

　　《中国语言地图集》将官话分为七区，其中的中原官话区又分为九片，咸阳方言属于官话方言中原官话关中片。白涤洲先生在《关中方言调查报告》里提出将关中方言分为东西两大区域：从周至县哑柏镇、眉县之间向北面伸出的同音圈线有四五条几乎是重合或并行的，两大区域的界限就在这里。东西两区分界线严格一点说应该画在麟游县招贤镇、岐山县青化镇、扶风县阎村和眉县以东……但是也可以放宽一点，把长武县和武功县包括进去。杨春霖认为，关中方言虽然内部一致性较高，但也还可以根据语音的差异，分成"东府话"及"西府话"，咸阳地区的话属于"东府话"。张维佳认为，在东西两片方言交汇处，长武县、兴平市、武功县、礼泉县、乾县、永寿县、淳化县、彬州市、旬邑县等地的方言往往同时体现两片的不同特点，应该成为关中方言内部分区的"内过渡地带"。关中地区"东府""西府"之分由来已久，两府在方言、饮食、风俗等方面均有差异。尽管核心地带明确（东以西安为中心，西以宝鸡为中心），但两府的分界既无地理上的天然界限，从历来的行政区划看也是不固定的。这种地理和行政区划方面的因素决定了关中东西地区之间必然存在一个过渡地带，方言也是如此。从这个角度出发，我们将咸阳方言看作是"过渡带"上的方言。

　　咸阳方言语音方面的主要特点有：古知照两组开口二等，照组止摄开口三等支脂之三韵，庄组深摄开口三等侵缉两韵，臻摄开口三等真质两韵以及流摄开口三等尤韵，普通话读作［tʂ、tʂh、ʂ］，咸阳方言读作［ts、tsh、s］。古全浊声母仄声今不送气字读作送气声母的现象，在咸阳方言中由南向北逐渐加重，旬邑、长武读作送气声母最多，城区、武功、兴平最少。古泥娘母今细音字，咸阳全境内读舌面中鼻音声母［ȵ］，秦都、乾县、旬邑、永寿、长武没有［n］声母，其余地区［n］［l］的分混形成了参差不齐的状态。疑影两母逢今开口呼，在咸阳方言中读作了［ŋ］声母，除永寿、淳化、长武外，其余县、市、区都将微母逢今合口呼有［v］声母。知、庄、章组合口二三等字，今普通话中读［tʂ、tʂh、ʂ、ʐ］的，在咸阳方言中读作［tʃ、tʃh、ʃ、ʒ］①。今北京话中读［ɤ］韵的曾开一等德韵端、见系字，曾开三等职韵庄组字，梗开二等陌、麦两韵的知、见系字及北京话中读［o］韵的德韵帮组"墨默"，今北京读［ai］韵的古

---

① 秦都区的沣东街道将知组合口二三等字读作［pf、pfh、f、v］，与西安相同。本书中"礼泉县篇"对这组字的记音与其他县、市、区不同，记作［ts、tsh、s］，韵母中介音为［ʯ］，这是调查人孙立新老师始终坚持的，详见"礼泉县篇"。

陌、麦韵帮组的"柏白""麦脉"等字，在咸阳大都读作［ei］韵。咸阳方言有四个声调：阴平、阳平、上声、去声。古平声因声母的清浊分为阴平、阳平。古清声母和次浊声母上声字今读上声，古全浊声母上声字归去声，古去声字今读去声。清入、次浊入字今归阴平，古全浊入声字今归阳平。

从词汇角度来说，咸阳方言中保留了很多古代汉语词汇，如"咥、拴、恶水"等；此外，咸阳方言里有大量的重叠形式，如"盆盆、坡坡、面面药、人影影、坛坛罐罐、电壶盖盖"等，具有强烈的形象色彩和描写作用。

语法方面，咸阳方言具有实现体、进行体、持续体、起始体、达成体、将然体、曾然体、尝试体、经历体等体貌系统，还有特色鲜明的"把"字句、"教"字句、"给"字句，以及套合句式，句末语气词比较多，表示"请求、命令、疑问、假设"等关系。形态、语序、虚词是主要的语法手段。

秦都区篇

第一章 总 论

第一节 人文地理、历史沿革、人口概况

秦都区地处关中平原腹地,咸阳市区西半部,位于东经108°37′～108°45′,北纬34°18′～34°26′。东邻渭城区和西安市未央区,南邻西安市长安区、鄠邑区,西接兴平市,北连礼泉县。南北长28.5千米,东西宽21千米,总面积259.4平方千米。

秦都区因中国第一个多民族的封建王朝——"秦"在此建都而得名,现为咸阳市委、市政府所在地,是咸阳的政治、经济、文化中心。秦都历史悠久,秦孝公十二年(前350年)将都城从栎阳迁到此地,名咸阳。汉高祖元年(前206年)更名为新城县,七年(前200年)废,入长安。以后各代多有兴废。1952年12月由咸阳县析置咸阳市(县级),市、县并列,属咸阳专区。1953年,市、县由省直辖。1958年12月撤销咸阳县,并入咸阳市。1966年7月咸阳市改属西安市辖。1971年10月咸阳市改属咸阳地区。1983年10月将咸阳地区改为咸阳市后,原咸阳市改为秦都区。1986年12月析东部地增设渭城区后成今境,以乐育路为界,东半部为渭城区,西半部为秦都区。

目前,秦都区辖12个街道办事处,58个行政村、117个城市社区。常住人口81万,以汉族为主,另有回族、满族、蒙古族、藏族等少数民族。

第二节 方言归属与内部差异

咸阳市秦都区方言属于中原官话关中片。据发音人称,本区方言大致可分为三类:与西安接壤(渭河南岸)的东区话,以沣东街道为代表,主要体现在知系合口字的发音与西安一致,读作[pf、pfh、f、v],而城内读作[tʃ、tʃh、ʃ、ʒ];区中心以吴家堡街道为代表;西区话,以马家镇为代表。近年来由于经济的快速发展及普通话的大力推广,秦都区的方言变化速度非常快。很多方言土语现在年轻人都不说了,老年人的口音也发生了较大的变化,表现出与普通话趋同的势头。如关中方言中典型的舌叶音,以及"天"和"千"等字同音的现象,在秦都方言里也越来越少了。此外,秦都区有很多以方言作为基础和传播方式的曲艺类型,如"谝话"等曲艺形式,但存在

严重的后继无人的情况。

第三节　发音人和调查人概况

方言发音人（一）

1. 姓名：刘海军
2. 单位（退休前）：吴家堡面粉厂
3. 通信地址：陕西省咸阳市秦都区文林路风景小区
4. 性别：男　　民族：汉
5. 出生年月日（公历）：1958年3月23日
6. 出生地（从省级至自然村级）：陕西省咸阳市秦都区吴家堡村
7. 主要经历：高中毕业后先回家务农，后在面粉厂工作。
8. 文化程度：高中
9. 职业：工人

方言发音人（二）

1. 姓名：吴志斌
2. 单位（退休前）：咸阳市石油钢管钢绳厂
3. 通信地址：陕西省咸阳市秦都区吴家堡村
4. 性别：男　　民族：汉
5. 出生年月日（公历）：1949年5月4日
6. 出生地（从省级至自然村级）：陕西省咸阳市秦都区吴家堡村
7. 主要经历：小学毕业后先回家务农，后成为工人。
8. 文化程度：小学
9. 职业：工人

调查人

1. 姓名：王一涛
2. 单位：咸阳师范学院
3. 通信地址：陕西省咸阳市渭城区文林路东段1号
4. 协助调查人1 姓名：赵露露
5. 协助调查人2 姓名：郭　涛

第二章 语 音

第一节 声 母

声母二十八个，包括零声母在内。

p 八兵病笔	pʰ 派片爬平	m 麦明门马	f 飞蜂肥放	v 袜万问网
t 多毒东打	tʰ 讨天土透			l 脑路老拉
ts 资早贼再	tsʰ 刺草寸从		s 丝山事瘦	
tʂ 张照桌镇	tʂʰ 车唱抽厂		ʂ 上手十身	ʐ 热认让染
tʃ 猪追准转	tʃʰ 初吹春		ʃ 鼠闩船顺	ʒ 如
tɕ 挤接九家	tɕʰ 清全轻前	ȵ 年牛女捏	ɕ 想谢县先	
k 高共歌敢	kʰ 开快跪看	ŋ 熬安我恶	x 河灰好后	
∅ 月云味用				

说明：

① [tʰ] 与合口韵，特别是与 [uo] 韵相拼时双唇颤动明显。

② [p、pʰ] 与 [u、o] 相拼时，带有唇齿擦化色彩，实际音值为 [pᶠ、pᶠʰ]。

③ [f] 与 [u、o] 相拼时，摩擦较重。

④ [x] 的发音部位略靠后，与合口呼相拼时摩擦较重。

⑤ [ts、tsʰ、s、tʂ、tʂʰ、ʂ] 与舌尖元音 [ɿ、ʅ] 相拼时，摩擦较重。

⑥ [tʃ] 类声母发音时，有比较明显的圆唇色彩。

⑦ [tʂ] 组声母与 [ɤ] 相拼时，中间有一个 [ʅ] 的介音成分。

第二节 韵 母

韵母三十九个，不包括儿化韵。

ɿ 丝试时指	i 戏米急地	u 五主猪谷	y 雨橘局曲
ʅ 十尺直			

ɚ 二儿
a 茶辣八擦　　　ia 牙鸭夏夹　　　ua 瓦话瓜夸
æ 开菜抬来　　　iæ 岩　　　　　　uæ 快拐怀歪
ɤ 歌壳我可　　　iɛ 写茄节铁
o 磨婆拨　　　　　　　　　　　　uo 坐盒活锅　　　yo 月学药绝
ɔ 包讨道脑　　　iɔ 笑桥浇鸟
ɯ 疙核
ei 赔白色给　　　　　　　　　　uei 鬼国回雷
ou 豆走透头　　iou 油牛绿休
ã 南山半贪　　　iã 年件脸先　　　uã 短管宽欢　　yã 全远卷选
ẽ 根深春陈　　　iẽ 林新银勤　　　uẽ 村春滚魂　　yẽ 云军逊熏
ɑŋ 挡绑芒党　　　iɑŋ 想样江强　　uɑŋ 王窗黄装
əŋ 升灯梗坑　　　iəŋ 灵病拧听　　uəŋ 东红横通　　yəŋ 用穷兄荣

说明：
① [ɿ] 的音值介于 [ɿ、ʮ] 之间。
② [ɚ] 发音时开口度较大，接近 [ar]。
③ [u] 类韵母拼 [tʃ] 类声母时，与声母结合得特别紧密。
④ [u] 类韵母与 [ts] 类声母相拼时，韵母舌位靠前，发音接近 [ʮ]。

第三节　单字调

单字调四个。
阴平 31 东春百搭节拍刻六麦叶　　阳平 24 门牛油铜皮急毒白盒罚
上声 53 懂古九统苦讨草买老五　　去声 44 动近后寸去卖路硬乱地

第四节　连读变调

后字非轻声两字组连调模式见表 2–1。

表 2–1　后字非轻声两字组连调模式

前字 \ 后字	1 阴平 31	2 阳平 24	3 上声 53	4 去声 44
1 阴平 31	24 + 31 31 + 31	31 + 24	31 + 53	31 + 44
2 阳平 24	24 + 31	24 + 24	24 + 53	24 + 44

续表

前字＼后字	1 阴平 31	2 阳平 24	3 上声 53	4 去声 44
3 上声 53	53 + 31	53 + 24	31 + 53 53 + 53	53 + 44
4 去声 44	44 + 31	44 + 24	44 + 53	44 + 44

非叠字组后字轻声两字组连调模式见表 2-2。

表 2-2　非叠字组后字轻声两字组连调模式

前字＼后字	1 阴平 31	2 阳平 24	3 上声 53	4 去声 44
1 阴平 31	31 + 0	53 + 0 31 + 0	31 + 0	53 + 0
2 阳平 24	24 + 0	24 + 0	24 + 0	24 + 0
3 上声 53	31 + 0 53 + 0	53 + 0	53 + 0	53 + 0
4 去声 44	44 + 0	44 + 0	44 + 0	44 + 0

第五节　单　字

0001. 多 tuo31
0002. 拖 thuo31
0003. 大～小 ta44
　　　（白）/tuo44
　　　（文）
0004. 锣 luo24
0005. 左 tsuo53
0006. 歌 kɤ31
0007. 个一～ kɤ44
0008. 可 khɤ53
0009. 鹅 ŋɤ24
0010. 饿 ŋɤ44
0011. 河 xuo24

0012. 茄 tɕhiɛ24
0013. 破 pho44
0014. 婆 pho24
0015. 磨动 mo44
0016. 磨名 mo44
0017. 躲 tuo53
0018. 螺 luo24
0019. 坐 tsuo44
0020. 锁 suo53
0021. 果 kuo53
0022. 过 kuo44
0023. 课 khuo44/
　　　khɤ44（又）

0024. 火 xuo53
0025. 货 xuo44
0026. 祸 xuo44
0027. 靴 ɕyo31
0028. 把量 pa31
0029. 爬 pha24
0030. 马 ma53
0031. 骂 ma44
0032. 茶 tsha24
0033. 沙 sa31
0034. 假真～ tɕia53
0035. 嫁 tɕia44
0036. 牙 ȵia24

0037. 虾 ɕia31
0038. 下底～ xa44
0039. 夏春～ ɕia44
0040. 哑 ɵia53/
　　　ȵia53（又）
0041. 姐 tɕiɛ24
0042. 借 tɕiɛ44
0043. 写 ɕiɛ53
0044. 斜 ɕiɛ24
0045. 谢 ɕiɛ44
0046. 车不是棋子
　　　tʂhɤ31
0047. 蛇 ʂɤ24/

tʂhã44（又）	0078. 壶 xu24	0110. 输 ʂu31	0142. 卖 mæ44
0048. 射 ʂɤ44	0079. 户 xu44	0111. 竖 ʂu53	0143. 柴 tshæ24
0049. 爷 Øiɛ24	0080. 乌 Øu31	0112. 树 ʂu44	0144. 晒 sæ44
0050. 野 Øiɛ53	0081. 女 ȵy53	0113. 句 tɕy44	0145. 街 tɕiɛ31
0051. 夜 Øiɛ44	0082. 吕 ly53	0114. 区地~ tɕhy31	0146. 解~开 tɕiɛ53
0052. 瓜 kua31	0083. 徐 ɕy24	0115. 遇 Øy44	0147. 鞋 xæ24
0053. 瓦 Øua53	0084. 猪 tʃu31	0116. 雨 Øy53	0148. 蟹注意声调 ɕiɛ31
0054. 花 xua31	0085. 除 tʃhu24	0117. 芋 Øy24	0149. 矮 ŋæ53
0055. 化 xua44	0086. 初 tʃhu31	0118. 裕 Øy31	0150. 败 phæ44
0056. 华中~ xua31	0087. 锄 tʃhu24	0119. 胎 thæ31	0151. 币 pi44
0057. 谱家~，注意声母 phu53	0088. 所 suo53	0120. 台戏~ thæ24	0152. 制~造 tʂɿ44
	0089. 书 ʂu31	0121. 袋 tæ44	0153. 世 ʂɿ44
0058. 布 pu44	0090. 鼠 ʃu53	0122. 来 læ24	0154. 艺 Øi44
0059. 铺动 phu31	0091. 如 ʒu31	0123. 菜 tshæ44	0155. 米 mi53
0060. 簿 pu44	0092. 举 tɕy53	0124. 财 tshæ24	0156. 低 ti31
0061. 步 phu44	0093. 锯名 tɕy44	0125. 该 kæ31	0157. 梯 thi31
0062. 赌 tu53	0094. 去 tɕhy44	0126. 改 kæ53	0158. 剃 thi24
0063. 土 thu53	0095. 渠~道 tɕhy24	0127. 开 khæ31	0159. 弟 ti44
0064. 图 thu24	0096. 鱼 Øy24	0128. 海 xæ53	0160. 递 ti44
0065. 杜 tu44	0097. 许 ɕy53	0129. 爱 ŋæ44	0161. 泥 ȵi24
0066. 奴 lou24	0098. 余剩~，多~ Øy24	0130. 贝 pei44	0162. 犁 li24
0067. 路 lou44		0131. 带动 tæ44	0163. 西 ɕi31
0068. 租 tsu31	0099. 府 fu53	0132. 盖动 kæ44	0164. 洗 ɕi53
0069. 做 tsou44	0100. 付 fu44	0133. 害 xæ44	0165. 鸡 tɕi31
0070. 错对~ tshuo31	0101. 父 fu44	0134. 拜 pæ44	0166. 溪 ɕi31
0071. 箍~桶,注意声母 ku31	0102. 武 Øu53	0135. 排 phæ24	0167. 契 tɕhi44
	0103. 雾 Øu44	0136. 埋 mæ24	0168. 系联~ ɕi44
0072. 古 ku53	0104. 取 tɕhy53	0137. 戒 tɕiɛ44	0169. 杯 phei31
0073. 苦 khu53	0105. 柱 tʃu44	0138. 摆 pæ53	0170. 配 phei44
0074. 裤 fuər53 ~儿	0106. 住 tʃu44	0139. 派注意声调 phæ53	0171. 赔 phei24
0075. 吴 Øu24	0107. 数动 ʃu44		0172. 背~诵 pei44
0076. 五 Øu53	0108. 数名 ʃu44	0140. 牌 phæ24	0173. 煤 mei24
0077. 虎 xu53	0109. 主 tʃu53	0141. 买 mæ53	

陕西方言集成

秦都区篇

7

0174. 妹 mei44	0203. 池 tʂʅ24	0236. 事 sʅ44	0268. 费 fei44
0175. 对 tuei44	0204. 纸 tsʅ53	0237. 使 sʅ53	0269. 肥 fei24
0176. 雷 luei24	0205. 儿 Øər24	0238. 试 sʅ44	0270. 尾 ʒuei53/
0177. 罪 tsuei44	0206. 寄 tɕi44	0239. 时 sʅ24	Øi53（又）
0178. 碎 suei44	0207. 骑 tɕhi24	0240. 市 sʅ24	0271. 味 vei44
0179. 灰 xuei31	0208. 蚁注意韵母 Øi44	0241. 耳 Øər53	0272. 鬼 kuei53
0180. 回 xuei24	0209. 义 Øi44	0242. 记 tɕi44	0273. 贵 kuei44
0181. 外 Øuæ44/	0210. 戏 ɕi44	0243. 棋 tɕhi24	0274. 围 Øuei24
Øuei44（又）	0211. 移 Øi24	0244. 喜 ɕi53	0275. 胃 Øuei44
0182. 会开~ xuei44	0212. 比 pi53	0245. 意 Øi44	0276. 宝 pɔ53
0183. 怪 kuæ44	0213. 屁 phi44	0246. 几~个 tɕi53	0277. 抱 pɔ44
0184. 块 khuæ53	0214. 鼻注意声调 pi24	0247. 气 tɕhi44	0278. 毛 mɔ24
0185. 怀 xuæ24	0215. 眉 mi24	0248. 希 ɕi31	0279. 帽 mɔ44
0186. 坏 xuæ44	0216. 地 ti44	0249. 衣 Øi31	0280. 刀 tɔ31
（文）/xa31	0217. 梨 li24	0250. 嘴 tsuei53	0281. 讨 thɔ53
（白）	0218. 资 tsʅ31	0251. 随 suei24	0282. 桃 thɔ24
0187. 拐 kuæ53	0219. 死 sʅ53	0252. 吹 tʃhuei31	0283. 道 tɔ44
0188. 挂 kua44	0220. 四 sʅ44	0253. 垂 tʃhuei24	0284. 脑 lɔ53
0189. 歪注意声母	0221. 迟 tshʅ24	0254. 规 khuei31	0285. 老 lɔ53
Øuæ31	0222. 指 tsʅ53	0255. 亏 khuei31	0286. 早 tsɔ53
0190. 画 xua44	0223. 师 sʅ31	0256. 跪注意声调	0287. 灶 tsɔ44
0191. 快 khuæ44	0224. 二 Øər44	khuei44	0288. 草 tshɔ53
0192. 话 xua44	0225. 饥~饿 tɕi31	0257. 危 Øuei31	0289. 糙注意声调
0193. 岁 suei44	0226. 器 tɕhi44	0258. 类 luei53	tshɔ31
0194. 卫 Øuei44	0227. 姨 Øi24	0259. 醉 tsuei44	0290. 造 tsɔ44
0195. 肺 fei44	0228. 李 li53	0260. 追 tʃuei31	0291. 嫂 sɔ53
0196. 桂 kuei44	0229. 子 tsʅ53	0261. 锤 tʃhuei24	0292. 高 kɔ31
0197. 碑 pi31	0230. 字 tsʅ44	0262. 水 ʃuei53	0293. 靠 khɔ44
0198. 皮 phi24	0231. 丝 sʅ31	0263. 龟 kuei31	0294. 熬 ŋɔ24
0199. 被~子 piər53	0232. 祠 tshʅ24	0264. 季 tɕi44	0295. 好~坏 xɔ53
0200. 紫 tsʅ31	0233. 寺 sʅ44	0265. 柜 kuei44	0296. 号名 xɔ44
0201. 刺 tshʅ53	0234. 治 tsʅ44	0266. 位 Øuei44	0297. 包 pɔ31
0202. 知 tsʅ31	0235. 柿 sʅ44	0267. 飞 fei31	0298. 饱 pɔ53

0299. 炮 phɔ44
0300. 猫 mɔ24
0301. 闹 lɔ44
0302. 罩 tsɔ44
0303. 抓用手~牌 tʂua31
0304. 找~零钱 tsɔ53
0305. 抄 tshɔ31
0306. 交 tɕiɔ31
0307. 敲 tɕhiɔ31
0308. 孝 ɕiɔ44
0309. 校学~ ɕiɔ44
0310. 表手~ piɔ53
0311. 票 phiɔ44
0312. 庙 miɔ44
0313. 焦 tɕiɔ31
0314. 小 ɕiɔ53
0315. 笑 ɕiɔ44
0316. 朝~代 tʂɔ24
0317. 照 tʂɔ44
0318. 烧 ʂɔ31
0319. 绕~线 ʐɔ53
0320. 桥 tɕhiɔ24
0321. 轿 tɕiɔ44/ tɕhiɔ44（又）
0322. 腰 ØiɔI
0323. 要重~ Øiɔ44
0324. 摇 Øiɔ24
0325. 鸟注意声母 ȵiɔ53
0326. 钓 tiɔ44
0327. 条 thiɔ24

0328. 料 liɔ44
0329. 箫 ɕiɔ31
0330. 叫 tɕiɔ44
0331. 母丈~，舅~ mu53
0332. 抖 tou24
0333. 偷 thou31
0334. 头 thou24
0335. 豆 tou44
0336. 楼 lou44
0337. 走 tsou53
0338. 凑 tshou44
0339. 钩注意声母 kou31
0340. 狗 kou53
0341. 够 kou44
0342. 口 khou53
0343. 藕 ŋou53
0344. 后前~ xou44
0345. 厚 xou44
0346. 富 fu44
0347. 副 fu44
0348. 浮 fu24
0349. 妇 fu44
0350. 流 liou24
0351. 酒 tɕiou53
0352. 修 ɕiou31
0353. 袖 ɕiou44
0354. 抽 tʂhou31
0355. 绸 tʂhou24
0356. 愁 tʂhou24
0357. 瘦 sou44
0358. 州 tʂou31

0359. 臭香~ tʂhou44
0360. 手 ʂou53
0361. 寿 ʂou44
0362. 九 tɕiou53
0363. 球 tɕhiou24
0364. 舅 tɕiou24
0365. 旧 tɕiou44
0366. 牛 ȵiou24
0367. 休 ɕiou31
0368. 优 Øiou31
0369. 有 Øiou53
0370. 右 Øiou44
0371. 油 Øiou24
0372. 丢 tiou31
0373. 幼 Øiou44
0374. 贪 thã31
0375. 潭 thã24
0376. 南 nã24
0377. 蚕 tshã24
0378. 感 kã53
0379. 含~一口水 xã24
0380. 暗 ŋã44
0381. 搭 ta31
0382. 踏注意声调 tha24
0383. 拉注意声调 la31
0384. 杂 tsa24
0385. 鸽 kɤ31
0386. 盒 xuo24
0387. 胆 tã53
0388. 毯 thã53
0389. 淡 tã44

0390. 蓝 lã24
0391. 三 sã31
0392. 甘 kã31
0393. 敢 kã53
0394. 喊注意声调 xã53
0395. 塔 tha31
0396. 蜡 la31
0397. 赚 tʂuã44
0398. 杉~木，注意韵母 sã31
0399. 减 tɕiã53
0400. 咸~淡 xã24
0401. 插 tsha31
0402. 闸 tsa44
0403. 夹~子 tɕia31
0404. 衫 sã31
0405. 监 tɕiã31
0406. 岩 Øiæ24
0407. 甲 tɕia31
0408. 鸭 Øia31
0409. 黏~液 ȵiã24（文）/ʐã24（白）
0410. 尖 tɕiã31
0411. 签~名 tɕhiã31
0412. 占~领 tʂã44
0413. 染 ʐã53
0414. 钳 tɕhiã24
0415. 验 Øiã44
0416. 险 ɕiã53
0417. 厌 Øiã44
0418. 炎 Øiã44

0419. 盐 Øiã24
0420. 接 tɕiɛ31
0421. 折~叠 tʂɤ53
0422. 叶树~ Øiɛ31
0423. 剑 tɕiã44
0424. 欠 tɕhiã44
0425. 严 Øiã24
0426. 业 ȵiɛ31
0427. 点 tiãr53
0428. 店 tiã44
0429. 添 thiã31
0430. 甜 thiã24
0431. 念 ȵiã44
0432. 嫌 ɕiã24
0433. 跌注意声调 tiɛ31
0434. 贴 tɕhiɛ31
0435. 碟 tiɛ24
0436. 协 ɕiɛ24
0437. 犯 fã44
0438. 法 fa31
0439. 品 phiɛ̃53
0440. 林 liɛ̃24
0441. 浸 tɕiɛ̃31
0442. 心 ɕiɛ̃31
0443. 寻 ɕyɛ̃24
0444. 沉 tʂhɛ̃24
0445. 参人~ sɛ̃31
0446. 针 tʂɛ̃31
0447. 深 ʂɛ̃31
0448. 任责~ zɛ̃44
0449. 金 tɕiɛ̃31
0450. 琴 tɕhiɛ̃24

0451. 音 Øiɛ̃31
0452. 立 li31
0453. 集 tɕi31
0454. 习 ɕi24
0455. 汁 tʂʅ31
0456. 十 ʂʅ24
0457. 入 zu31
0458. 急 tɕi24
0459. 及 tɕi24
0460. 吸 ɕi31
0461. 单简~ tã31
0462. 炭 thã44
0463. 弹~琴 thã24
0464. 难~易 lã24
0465. 兰 lã24
0466. 懒 lã53
0467. 烂 lã44
0468. 伞注意声调 sã53
0469. 肝 kã31
0470. 看~见 khã44
0471. 岸 ŋã44
0472. 汉 xã44
0473. 汗 xã44
0474. 安 ŋã31
0475. 达 ta24
0476. 辣 la31
0477. 擦 tsha31
0478. 割 kɤ31
0479. 渴 khɤ31
0480. 扮 pã44
0481. 办 pã44
0482. 铲 tshã53
0483. 山 sã31

0484. 产注意声母 tshã53
0485. 间房~，一~房 tɕiã31
0486. 眼 ȵiã53
0487. 限 ɕiã44
0488. 八 pa31
0489. 扎 tsa31
0490. 杀 sa31
0491. 班 pã31
0492. 板 pã53
0493. 慢 mã44
0494. 奸 tɕiã31
0495. 颜 Øiã24
0496. 瞎 xa31
0497. 变 piã44
0498. 骗欺~ phiã44
0499. 便方~ piã44
0500. 棉 miã24
0501. 面~孔 miã44
0502. 连 liã24
0503. 剪 tɕiã53
0504. 浅 tɕhiã53
0505. 钱 tɕhiã24
0506. 鲜 ɕiã53
0507. 线 ɕiã44
0508. 缠 tʂhã24
0509. 战 tʂã44
0510. 扇名 ʂã44
0511. 善 ʂã44
0512. 件 tɕiã44
0513. 延 Øiã44
0514. 别~人 piɛ24

0515. 灭 miɛ31
0516. 列 liɛ31
0517. 撤 tʂhɤ53
0518. 舌 ʂɤ24
0519. 设 ʂɤ31
0520. 热 zɤ31
0521. 杰 tɕiɛ24
0522. 孽 ȵiɛ31
0523. 建 tɕiã44
0524. 健 tɕiã44
0525. 言 Øiã24/ ȵiã24（又）
0526. 歇 ɕiɛ31
0527. 扁 phiã53
0528. 片 phiã44
0529. 面~条 miã44
0530. 典 tiã53
0531. 天 thiã31
0532. 田 thiã24
0533. 垫 tiã44
0534. 年 ȵiã24
0535. 莲 liã24
0536. 前 tɕhiã24
0537. 先 ɕiã31
0538. 肩 tɕiã31
0539. 见 tɕiã44
0540. 牵 tɕhiã31
0541. 显 ɕiã53
0542. 现 ɕiã44
0543. 烟 Øiã31
0544. 憋 piɛ31
0545. 篾 mi24
0546. 铁 tɕhiɛ31

0547. 捏 ȵiɛ31
0548. 节 tɕiɛ31
0549. 切动 tɕhiɛ31
0550. 截 tɕiɛ24
0551. 结 tɕiɛ31
0552. 搬 pã31
0553. 半 pã44
0554. 判 phã44
0555. 盘 phã24
0556. 满 mã53
0557. 端 ~午 tuã31
0558. 短 tuã53
0559. 断绳~了 tuã44
0560. 暖 lyã53
0561. 乱 lyã44
0562. 酸 suã31
0563. 算 suã44
0564. 官 kuã31
0565. 宽 khuã31
0566. 欢 xuã31
0567. 完 Øuã24
0568. 换 xuã44
0569. 碗 Øuã53
0570. 拨 po31
0571. 泼 pho31
0572. 末 mo31
0573. 脱 thuo31
0574. 夺 tuo24
0575. 阔 khuo31
0576. 活 xuo24
0577. 顽 ~皮, ~固 vã24
0578. 滑 xua24

0579. 挖 Øua31
0580. 闩 ʃuã44
0581. 关 ~门 kuã31
0582. 惯 kuã44
0583. 还动 xuã24
0584. 还副 xã24
0585. 弯 Øuã31
0586. 刷 ʂua31
0587. 刮 kua31
0588. 全 tɕhyã24
0589. 选 ɕyã53
0590. 转 ~眼, ~送 tʃuã53
0591. 传 ~下来 tʃhuã24
0592. 传 ~记 tʂuã44
0593. 砖 tʃuã31
0594. 船 ʃuã24
0595. 软 ʐuã53
0596. 卷 ~起 tɕyã53
0597. 圈圆 ~tɕhyã31
0598. 权 tɕhyã24
0599. 圆 Øyã24
0600. 院 Øyã44
0601. 铅 ~笔, 注意声调 tɕhiã31
0602. 绝 tɕyo24
0603. 雪 ɕyo31
0604. 反 fã53
0605. 翻 fã31
0606. 饭 fã44
0607. 晚 Øuã53
0608. 万麻将牌 vã44

0609. 劝 tɕhyã44
0610. 原 Øyã24
0611. 冤 Øyã31
0612. 园 Øyã24
0613. 远 Øyã53
0614. 发头 ~fa31
0615. 罚 fa24
0616. 袜 va31
0617. 月 Øyo31
0618. 越 Øyo31
0619. 县 ɕiã44
0620. 决 tɕyo53
0621. 缺 tɕhyo31
0622. 血 ɕiɛ31
0623. 吞 thəŋ31
0624. 根 kɛ31
0625. 恨 xɛ44
0626. 恩 ŋɛ31
0627. 贫 phiɛ̃24
0628. 民 miɛ̃24
0629. 邻 liɛ̃24
0630. 进 tɕiɛ̃44
0631. 亲 tɕhiɛ̃31
0632. 新 ɕiɛ̃31
0633. 镇 tʂɛ̃44
0634. 陈 tʂhɛ̃24
0635. 震 tʂɛ̃44
0636. 神 ʂɛ̃24
0637. 身 ʂɛ̃31
0638. 辰 tʂhɛ̃24
0639. 人 zɛ̃24
0640. 认 zɛ̃44

0641. 紧 tɕiɛ̃53
0642. 银 Øiɛ̃24
0643. 印 Øiɛ̃44
0644. 引 Øiɛ̃53
0645. 笔 pi31
0646. 匹 phi53
0647. 密 mi31
0648. 栗 li53
0649. 七 tɕhi31
0650. 侄 tʂɿ24
0651. 虱 sei31
0652. 实 ʂɿ24
0653. 失 ʂɿ31
0654. 日 zɿ31（文）/ Øər31（白）
0655. 吉 tɕi24
0656. 一 Øi31
0657. 筋 tɕiɛ̃31
0658. 劲有 ~tɕiɛ̃44
0659. 勤 tɕhiɛ̃24
0660. 近 tɕiɛ̃44
0661. 隐 Øiɛ̃53
0662. 本 pɛ̃53
0663. 盆 phɛ̃24
0664. 门 mɛ̃24
0665. 墩 tuɛ̃31
0666. 嫩 lyɛ̃44
0667. 村 tshuɛ̃31
0668. 寸 tshuɛ̃44
0669. 蹲 注意声母 tuɛ̃31
0670. 孙 ~子 suɛ̃31

0671. 滚 kuɛ̃53

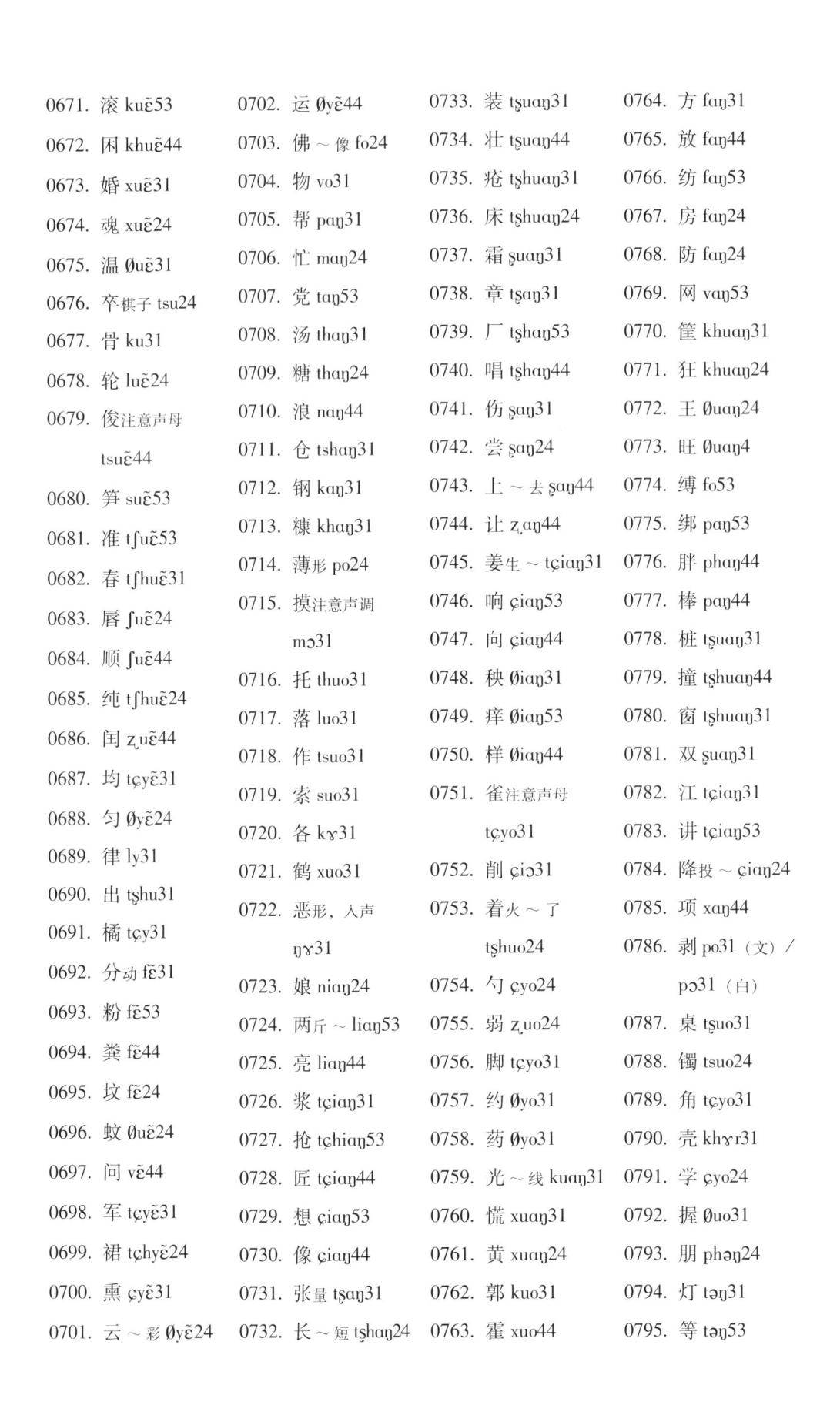

0672. 困 khuɛ̃44

0673. 婚 xuɛ̃31

0674. 魂 xuɛ̃24

0675. 温 Øuɛ̃31

0676. 卒棋子 tsu24

0677. 骨 ku31

0678. 轮 luɛ̃24

0679. 俊注意声母 tsuɛ̃44

0680. 笋 suɛ̃53

0681. 准 tʃuɛ̃53

0682. 春 tʃhuɛ̃31

0683. 唇 ʃuɛ̃24

0684. 顺 ʃuɛ̃44

0685. 纯 tʃhuɛ̃24

0686. 闰 ʐuɛ̃44

0687. 均 tɕyɛ̃31

0688. 匀 Øyɛ̃24

0689. 律 ly31

0690. 出 tʃhu31

0691. 橘 tɕy31

0692. 分动 fɛ̃31

0693. 粉 fɛ̃53

0694. 粪 fɛ̃44

0695. 坟 fɛ̃24

0696. 蚊 Øuɛ̃24

0697. 问 vɛ̃44

0698. 军 tɕyɛ̃31

0699. 裙 tɕhyɛ̃24

0700. 熏 ɕyɛ̃31

0701. 云~彩 Øyɛ̃24

0702. 运 Øyɛ̃44

0703. 佛~像 fo24

0704. 物 vo31

0705. 帮 paŋ31

0706. 忙 maŋ24

0707. 党 taŋ53

0708. 汤 thaŋ31

0709. 糖 thaŋ24

0710. 浪 naŋ44

0711. 仓 tshaŋ31

0712. 钢 kaŋ31

0713. 糠 khaŋ31

0714. 薄形 po24

0715. 摸注意声调 mɔ31

0716. 托 thuo31

0717. 落 luo31

0718. 作 tsuo31

0719. 索 suo31

0720. 各 kɤ31

0721. 鹤 xuo31

0722. 恶形,入声 ŋɤ31

0723. 娘 niaŋ24

0724. 两斤~ liaŋ53

0725. 亮 liaŋ44

0726. 浆 tɕiaŋ31

0727. 抢 tɕhiaŋ53

0728. 匠 tɕiaŋ44

0729. 想 ɕiaŋ53

0730. 像 ɕiaŋ44

0731. 张量 tsaŋ31

0732. 长~短 tʃhaŋ24

0733. 装 tsuaŋ31

0734. 壮 tsuaŋ44

0735. 疮 tʃhuaŋ31

0736. 床 tʃhuaŋ24

0737. 霜 ʂuaŋ31

0738. 章 tsaŋ31

0739. 厂 tʃhaŋ53

0740. 唱 tʃhaŋ44

0741. 伤 ʂaŋ31

0742. 尝 ʂaŋ24

0743. 上~去 ʂaŋ44

0744. 让 ʐaŋ44

0745. 姜生~ tɕiaŋ31

0746. 响 ɕiaŋ53

0747. 向 ɕiaŋ44

0748. 秧 Øiaŋ31

0749. 痒 Øiaŋ53

0750. 样 Øiaŋ44

0751. 雀注意声母 tɕyo31

0752. 削 ɕiɔ31

0753. 着火~了 tʃhuo24

0754. 勺 ɕyo24

0755. 弱 ʐuo24

0756. 脚 tɕyo31

0757. 约 Øyo31

0758. 药 Øyo31

0759. 光~线 kuaŋ31

0760. 慌 xuaŋ31

0761. 黄 xuaŋ24

0762. 郭 kuo31

0763. 霍 xuo44

0764. 方 faŋ31

0765. 放 faŋ44

0766. 纺 faŋ53

0767. 房 faŋ24

0768. 防 faŋ24

0769. 网 vaŋ53

0770. 筐 khuaŋ31

0771. 狂 khuaŋ24

0772. 王 Øuaŋ24

0773. 旺 Øuaŋ4

0774. 缚 fo53

0775. 绑 paŋ53

0776. 胖 phaŋ44

0777. 棒 paŋ44

0778. 桩 tsuaŋ31

0779. 撞 tʃhuaŋ44

0780. 窗 tʃhuaŋ31

0781. 双 ʂuaŋ31

0782. 江 tɕiaŋ31

0783. 讲 tɕiaŋ53

0784. 降投~ ɕiaŋ24

0785. 项 xaŋ44

0786. 剥 po31（文）/ pɔ31（白）

0787. 桌 tsuo31

0788. 镯 tsuo24

0789. 角 tɕyo31

0790. 壳 khɤr31

0791. 学 ɕyo24

0792. 握 Øuo31

0793. 朋 phəŋ24

0794. 灯 təŋ31

0795. 等 təŋ53

0796. 凳 təŋ44
0797. 藤 thəŋ24
0798. 能 ləŋ24
0799. 层 tshəŋ24
0800. 僧注意声母 səŋ31
0801. 肯 khɛ̃53
0802. 北 pei31
0803. 墨 mei24
0804. 得 tei31
0805. 特 thei24
0806. 贼 tsei24
0807. 塞 sei31
0808. 刻 khei31
0809. 黑 xei31
0810. 冰 piəŋ31
0811. 证 tʂəŋ44
0812. 秤 tʂhəŋ44
0813. 绳 ʂəŋ24
0814. 剩 ʂəŋ44
0815. 升 ʂəŋ31
0816. 兴高~ ɕiəŋ44
0817. 蝇注意声母 Øiəŋ24
0818. 逼 pi31
0819. 力 li31
0820. 息 ɕi31
0821. 直 tʂʅ24
0822. 侧注意声母 tshei31
0823. 测 tshei31
0824. 色 sei311
0825. 织 tʂʅ31

0826. 食 ʂʅ24
0827. 式 ʂʅ31
0828. 极 tɕi24
0829. 国 kuei31
0830. 或 xuei24
0831. 猛 məŋ53
0832. 打注意韵母 ta53
0833. 冷 ləŋ53
0834. 生 səŋ31
0835. 省~长 səŋ53
0836. 更三~，打~ kəŋ31
0837. 梗注意韵母 kəŋ44
0838. 坑 khəŋ31
0839. 硬 ȵiəŋ44
0840. 行~为，~走 ɕiəŋ24
0841. 百 pei31
0842. 拍 phei31
0843. 白 pei24
0844. 拆 tshei31
0845. 择 tsei24
0846. 窄 tsei31
0847. 格 kɤ24/kei31（又）
0848. 客 khɤ31
0849. 额 ŋɛ̃31
0850. 棚 phəŋ24
0851. 争 tsəŋ31
0852. 耕 kəŋ31
0853. 麦 mei31
0854. 摘 tsei24

0855. 策 tshei31
0856. 隔 kei31
0857. 兵 piəŋ31
0858. 柄注意声调 piəŋ53
0859. 平 phiəŋ24
0860. 病 piəŋ44
0861. 明 miəŋ24
0862. 命 miəŋ44
0863. 镜 tɕiəŋ44
0864. 庆 tɕhiəŋ44
0865. 迎 Øiəŋ24
0866. 影 Øiəŋ53
0867. 剧戏~ tɕy44
0868. 饼 piəŋ53
0869. 名 miəŋ24
0870. 领 liəŋ53
0871. 井 tɕiəŋ53
0872. 清 tɕhiəŋ31
0873. 静 tɕiəŋ44
0874. 姓 ɕiəŋ44
0875. 贞 tʂɛ̃31
0876. 程 tʂhəŋ24
0877. 整 tʂəŋ53
0878. 正~反 tʂəŋ44
0879. 声 ʂəŋ31
0880. 城 tʂhəŋ24
0881. 轻 tɕhiəŋ31
0882. 赢 Øiəŋ24
0883. 积 tɕi31
0884. 惜 ɕi31
0885. 席 ɕi24
0886. 尺 tʂhʅ31

0887. 石 ʂʅ24
0888. 益 Øi31
0889. 瓶 phiəŋ24
0890. 钉名 tiəŋ31
0891. 顶 tiəŋ53
0892. 厅 thiəŋ31
0893. 听~见，注意声调 thiəŋ31
0894. 停 thiəŋ44
0895. 挺 thiəŋ53
0896. 定 tiəŋ44
0897. 零 liəŋ24
0898. 青 tɕhiəŋ31
0899. 星 ɕiəŋ31
0900. 经 tɕiəŋ31
0901. 形 ɕiəŋ24
0902. 壁 pi31
0903. 劈 phi53
0904. 踢 thi31
0905. 笛 ti24
0906. 历农~ li31
0907. 锡 ɕi31
0908. 击 tɕi31
0909. 吃 tʂhʅ31
0910. 横 xuəŋ44
0911. 划计~ xua44
0912. 兄 ɕyəŋ31
0913. 荣 Øyəŋ24
0914. 永 Øyəŋ53
0915. 营 Øiəŋ24
0916. 蓬~松 phəŋ24
0917. 东 tuəŋ31
0918. 懂 tuəŋ53

陕西方言集成
秦都区篇

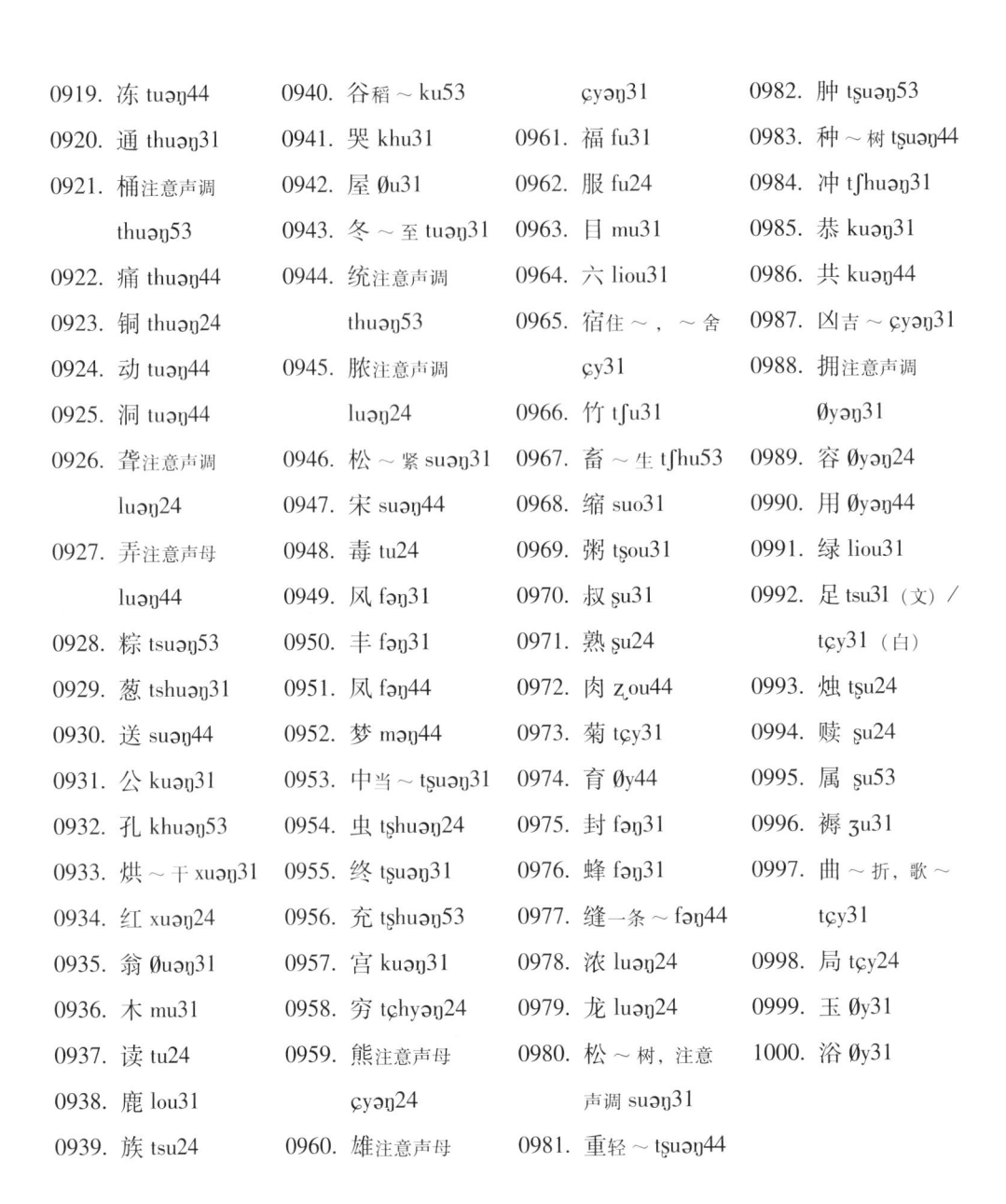

0919. 冻 tuəŋ44
0920. 通 thuəŋ31
0921. 桶注意声调 thuəŋ53
0922. 痛 thuəŋ44
0923. 铜 thuəŋ24
0924. 动 tuəŋ44
0925. 洞 tuəŋ44
0926. 聋注意声调 luəŋ24
0927. 弄注意声母 luəŋ44
0928. 粽 tsuəŋ53
0929. 葱 tshuəŋ31
0930. 送 suəŋ44
0931. 公 kuəŋ31
0932. 孔 khuəŋ53
0933. 烘~干 xuəŋ31
0934. 红 xuəŋ24
0935. 翁 Øuəŋ31
0936. 木 mu31
0937. 读 tu24
0938. 鹿 lou31
0939. 族 tsu24

0940. 谷稻~ ku53
0941. 哭 khu31
0942. 屋 Øu31
0943. 冬~至 tuəŋ31
0944. 统注意声调 thuəŋ53
0945. 脓注意声调 luəŋ24
0946. 松~紧 suəŋ31
0947. 宋 suəŋ44
0948. 毒 tu24
0949. 风 fəŋ31
0950. 丰 fəŋ31
0951. 凤 fəŋ44
0952. 梦 məŋ44
0953. 中当~ tsuəŋ31
0954. 虫 tshuəŋ24
0955. 终 tsuəŋ31
0956. 充 tshuəŋ53
0957. 宫 kuəŋ31
0958. 穷 tchyəŋ24
0959. 熊注意声母 çyəŋ24
0960. 雄注意声母

çyəŋ31
0961. 福 fu31
0962. 服 fu24
0963. 目 mu31
0964. 六 liou31
0965. 宿住~,~舍 çy31
0966. 竹 tʂu31
0967. 畜~生 tʂhu53
0968. 缩 suo31
0969. 粥 tʂou31
0970. 叔 ʂu31
0971. 熟 ʂu24
0972. 肉 ʐou44
0973. 菊 tçy31
0974. 育 Øy44
0975. 封 fəŋ31
0976. 蜂 fəŋ31
0977. 缝一条~ fəŋ44
0978. 浓 luəŋ24
0979. 龙 luəŋ24
0980. 松~树,注意声调 suəŋ31
0981. 重轻~ tʂuəŋ44

0982. 肿 tʂuəŋ53
0983. 种~树 tʂuəŋ44
0984. 冲 tʃhuəŋ31
0985. 恭 kuəŋ31
0986. 共 kuəŋ44
0987. 凶吉~ çyəŋ31
0988. 拥注意声调 Øyəŋ31
0989. 容 Øyəŋ24
0990. 用 Øyəŋ44
0991. 绿 liou31
0992. 足 tsu31（文）/ tçy31（白）
0993. 烛 tʂu24
0994. 赎 ʂu24
0995. 属 ʂu53
0996. 褥 ʐu31
0997. 曲~折,歌~ tçy31
0998. 局 tçy24
0999. 玉 Øy31
1000. 浴 Øy31

第三章 词 汇

第一节 规定词汇

一、天文、地理

（一）天文

0001. 太阳～下山了　日头 Øər31thou0
0002. 月亮～出来了　月亮 Øyo31liaŋ0
0003. 星星　星星 ɕiəŋ31ɕiəŋ0
0004. 云　云 Øyɛ̃24
0005. 风　风 fəŋ31
0006. 台风　无
0007. 闪电名词　闪光 ʂã53kuaŋ31
0008. 雷　呼噜爷 xu31lu0Øiɛ44
0009. 雨　雨 Øy53
0010. 下雨　下雨 ɕia44Øy53
0011. 淋衣服被雨～湿了　淋 liɛ̃24
0012. 晒～粮食　晾 liaŋ44/晒 sæ44
0013. 雪　雪 ɕyo31
0014. 冰　冰溜子 piəŋ31liou44tsʅ0
0015. 冰雹　冷子 ləŋ53tsʅ0
0016. 霜　霜 ʂuaŋ31
0017. 雾　雾 vu44
0018. 露　露水 lou44ʂuei0
0019. 虹统称　虹 tɕiaŋ44
0020. 日食　日食 Øər31ʂʅ0
0021. 月食　月食 Øyo31ʂʅ0
0022. 天气　天 thiã31
0023. 晴天～　晴 tɕhiəŋ24
0024. 阴天～　阴 ȵiɛ̃31
0025. 旱天～　干 kã31/旱 xã44
0026. 涝天～　涝 lɔ44
0027. 天亮　天明咧 thiã31miəŋ24liɛ0

（二）地貌

0028. 水田　水地 ʂuei53ti44
0029. 旱地浇不上水的耕地　旱地 xã44ti44
0030. 田埂　梁子 liaŋ24tsʅ0
0031. 路野外的　路 lou44
0032. 山　山 sã31
0033. 山谷　山沟 sã24kou31
0034. 江大的河　无
0035. 溪小的河　小河 ɕiɔ53xuo24
0036. 水沟儿较小的水道　水坑坑 ʂuei53khəŋ31khəŋ0/水沟沟 ʂuei53kou31kou0
0037. 湖　无
0038. 池塘　涝池 lɔ44tʂʅ0

0039. 水坑儿地面上有积水的小洼儿
　　　水坑坑 ʂuei53khəŋ31khəŋ0/
　　　水沟沟 ʂuei53kou31kou0

0040. 洪水　发大水 fa31ta44ʂuei53

0041. 淹被水~了　淹 ȵiɛ31

0042. 河岸　河岸 xuo24ŋã44

0043. 坝拦河修筑拦水的　无

0044. 地震　地动 ti44tuəŋ44

0045. 窟窿小的　窟窿 khu31luəŋ0

0046. 缝儿统称　缝缝 fəŋ44fəŋ0

（三）物象

0047. 石头统称　石头 ʂʅ24thou0

0048. 土统称　土 thu53

0049. 泥湿的　泥 ȵi24

0050. 水泥旧称　水泥 ʂuei53ȵi24

0051. 沙子　沙子 sa31tsʅ0

0052. 砖整块的　砖 tʂuã31

0053. 瓦整块的　瓦 Øua53

0054. 煤　炭 thã44

0055. 煤油　煤油 mei24Øiou24

0056. 炭木炭　炭 thã44

0057. 灰烧成的　灰 xuei31

0058. 灰尘桌面上的　灰圹 xuei53tɕhiã0

0059. 火　火 xuo53

0060. 烟烧火形成的　烟 Øiã31

0061. 失火　失火 ʂʅ31xuo53/着火
　　　tʂhuo24xuo53

0062. 水　水 ʂuei53

0063. 凉水　冰水 piəŋ31ʂuei0

0064. 热水如洗脸的热水，不是指喝的开水
　　　温水 Øuɛ̃31ʂuei0

0065. 开水喝的　白开水 pæ24khæ31

　　　ʂuei0/煎水 tɕiã31ʂuei0

0066. 磁铁　吸铁石 ɕi24thiɛ31ʂʅ24

二、时间、方位

（一）时间

0067. 时候吃饭的~　时候 ʂʅ24xou0

0068. 什么时候　啥时候 sa44ʂʅ24xou0

0069. 现在　□候 zɿ̃24xu0

0070. 以前十年~　老早 lɔ31tsɔ53

0071. 以后十年~　后岸 xou44ŋã0

0072. 一辈子　一辈子 Øi31pei44tsʅ0

0073. 今年　今年 tɕi31ȵiã24

0074. 明年　过年 kuo44ȵiã24

0075. 后年　后年 xou44ȵiã24

0076. 去年　年时 ȵiã24sʅ0

0077. 前年　前年 tɕhiã24ȵiã0

0078. 往年过去的年份　过去
　　　kuo44tɕhy44/往年 Øuaŋ53ȵiã0

0079. 年初　年初 ȵiã24tʂhu31

0080. 年底　年跟 ȵiã24kɛ̃31

0081. 今天　今儿 tɕiɛ̃r31

0082. 明天　明儿 miər24

0083. 后天　后儿 xour53

0084. 大后天　外后儿 Øuæ44xour0

0085. 昨天　夜儿个 Øiɛr53kɤ0/夜儿
　　　Øiɛr53

0086. 前天　前儿 tɕhiãr24/前儿个
　　　tɕhiãr24kɤ0

0087. 大前天　上前儿 ʂaŋ44tɕhiãr24

0088. 整天　整天 tʂəŋ53thiã31

0089. 每天　天天 thiã24thiã31

0090. 早晨　清早 tɕhiəŋ31tsɔ53

0091. 上午　早起 tsɔ53tɕhi31

0092. 中午　晌午 ʂaŋ31xu53

0093. 下午　后晌 xou44ʂaŋ31/晃儿 xuãr53

0094. 傍晚　才黑 tshæ24xei31

0095. 白天　白儿 peir24

0096. 夜晚与白天相对，统称　黑唡 xei31liɛ0

0097. 半夜　半夜 pã44øiɛ44

0098. 正月农历　正月 tʂəŋ31øyo31

0099. 大年初一农历　初一 tʂhu24øi31

0100. 元宵节　正月十五 tʂəŋ31øyo31ʂʅ24øu53

0101. 清明　清明 tɕhiəŋ31miəŋ0

0102. 端午　五月端 øu53øyo24tuã31

0103. 七月十五农历，节日名　无

0104. 中秋　八月十五 pa31øyo31ʂʅ24øu53

0105. 冬至　冬至 tuəŋ31tsʅ53

0106. 腊月农历十二月　腊月 la31øyo31

0107. 除夕农历　三十 sã31ʂʅ24

0108. 历书　黄历 xuaŋ24li0

0109. 阴历　农历 luəŋ24li0

0110. 阳历　阳历 øiaŋ24li0

0111. 星期天　礼拜天 li53pæ24thiã31

（二）方位

0112. 地方　地方 ti44faŋ0

0113. 什么地方　阿搭 øa24ta0

0114. 家里　屋里 øu31li0

0115. 城里　县里 ɕiã44li0

0116. 乡下　农村 luəŋ24tshuɛ̃31

0117. 上面从～滚下来　上岸 ʂaŋ44ŋã0/上头 ʂaŋ44thou0

0118. 下面从～爬上去　下岸 ɕia44ŋã0/下头 ɕia44thou0

0119. 左边　左帮 tsuo53paŋ0

0120. 右边　右帮 øiou44paŋ0

0121. 中间排队排在～　当中 taŋ24tʂuaŋ31

0122. 前面排队排在～　前岸 tɕhiã24ŋã0/前头 tɕhiã24thou0

0123. 后面排队排在～　后岸 xou44ŋã0/后头 xou44thou0

0124. 末尾排队排在～　巴巴尾儿 pa44pa44øir53

0125. 对面　对岸 tuei44ŋã53

0126. 面前　跟前 kɛ31tɕhiã0

0127. 背后　身后岸 ʂɛ̃31xou44ŋã0

0128. 里面躲在～　里岸 li53ŋã0/里头 li53thou0

0129. 外面衣服晒在～　外头 øuæ44thou0/外岸 øuæ44ŋã0

0130. 旁边　跟前 kɛ31tɕhiã0

0131. 上碗在桌子～　上 ʂaŋ44

0132. 下凳子在桌子～　下 xa44

0133. 边儿桌子的～　边沿沿 piã31øiã24øiã

0134. 角儿桌子的～　角角 tɕyo53tɕyo0

0135. 上去他～了　上去 ʂaŋ44tɕhi0

0136. 下来他～了　下来 ɕia44læ0

0137. 进去他～了　进去 tɕiɛ̃44tɕhy0

0138. 出来他～了　出来 tshu31læ0

0139. 出去他～了　出去唡 tshu53tɕhi0liɛ0

0140. 回来他～了　回来 xuei24læ0

0141. 起来天冷～了　起来 tɕhi53læ0

三、植物

（一）一般植物

0142. 树　树 ʂu44

0143. 木头　木头 mu31thou0

0144. 松树统称　松树 suəŋ31ʂu44

0145. 柏树统称　柏树 pei31ʂu44

0146. 杉树　杉树 sã31ʂu44

0147. 柳树　柳树 liou53ʂu44

0148. 竹子统称　竹子 tʂu31tsʅ0

0149. 笋　笋 suẽ53/芮笋 Øuo31suẽ0

0150. 叶子　叶叶 Øiɛ31Øiɛ0

0151. 花　花 xua31

0152. 花蕾花骨朵儿　花骨朵 xua24ku31tu0

0153. 梅花　梅花儿 mei24xuar0

0154. 牡丹　牡丹 mu53tã31

0155. 荷花　荷花 xɤ24xua31

0156. 草　草 tshɔ53

0157. 藤　藤 thəŋ24

0158. 刺名词　刺 tshʅ44

0159. 水果　水果 ʂuei31kuo53

0160. 苹果　苹果 piəŋ24kuo53

0161. 桃子　桃 thɔ24

0162. 梨　梨 li24

0163. 李子　梅李 mei24li0

0164. 杏　杏 xəŋ44

0165. 橘子　橘子 tɕy31tsʅ0

0166. 柚子　柚子 Øiou44tsʅ0

0167. 柿子　柿子 sʅ44tsʅ0

0168. 石榴　石榴 ʂʅ24liou0

0169. 枣　枣儿 tsɔr53

0170. 栗子　毛栗子 mɔ24li31tsʅ0

0171. 核桃　核桃 xɯ24thɔ0

0172. 银杏白果　银杏 Øiẽ24xəŋ44

0173. 甘蔗　甘蔗 kã31tʂɤ24

0174. 木耳　木耳 mu31Øər53

0175. 蘑菇野生的　狗尿尿 kou53ȵiɔ44ȵiɔ44

0176. 香菇　香菇 ɕiaŋ24ku31

（二）农作物

0177. 稻指植物　稻子 thɔ53tsʅ0

0178. 稻谷指籽实（脱粒后是大米）　稻谷 thɔ31ku31

0179. 稻草脱粒后的　稻草 thɔ31tshɔ31

0180. 大麦指植物　大麦 ta44mei31

0181. 小麦指植物　小麦 ɕiɔ53mei31

0182. 麦秸脱粒后的　麦秆 mei31kãr53

0183. 谷子指植物（籽实脱粒后是小米）　谷 ku31

0184. 高粱指植物　稻黍 thɔ31ʂu0

0185. 玉米指成株的植物　棒棒 paŋ24paŋ0

0186. 棉花指植物　棉花 miã24xua31

0187. 油菜油料作物，不是蔬菜　菜籽 tshæ44tsʅ0

0188. 芝麻　芝麻 tsʅ44ma0

0189. 向日葵指植物　葵花 khuei24xua31

0190. 蚕豆　蚕豆 tshã24tou0

0191. 豌豆　豌豆 Øuã53tou0

0192. 花生指果实，注意婉称　花生 xua24sẽ31

0193. 黄豆　毛豆 mɔ24tou44

0194. 绿豆　绿豆 ly31tou0

0195. 豇豆长条形的　豇豆 tɕiaŋ53tou0

0196. 大白菜东北～　白菜 pei24tʂæ0

0197. 包心菜卷心菜，圆白菜，球形的　莲花白 liã24xua31pei24

0198. 菠菜　菠菜 po31tʂæ0

0199. 芹菜　芹菜 tɕhiẽ24tʂæ0

0200. 莴笋　莴笋 ɸuo31suɛ̃0

0201. 韭菜　韭菜 tɕiou53tʂæ0

0202. 香菜芫荽　芫荽 ɸiã24suei31

0203. 葱　葱 tshuəŋ31

0204. 蒜　蒜 suã44

0205. 姜　生姜 səŋ31tɕiaŋ31

0206. 洋葱　洋葱 ɸiaŋ24tshuəŋ31

0207. 辣椒统称　辣子 la31tʂʅ0

0208. 茄子统称　茄子 tɕhiɛ24tʂʅ0

0209. 西红柿　洋柿子 ɸiaŋ24sʅ44tʂʅ0

0210. 萝卜统称　萝卜 luo24pu0

0211. 胡萝卜　红萝卜 xuəŋ24luo24pu31

0212. 黄瓜　黄瓜 xuaŋ24kua31

0213. 丝瓜无棱的　丝瓜 sʅ31kua31

0214. 南瓜扁圆形或梨形,成熟时呈赤褐色　南瓜 lã24kua31

0215. 荸荠　荸荠 pi31tɕi31

0216. 红薯统称　红芋 xuəŋ24ɸy24

0217. 马铃薯　洋芋 ɸiaŋ24ɸy24

0218. 芋头　芋头 ɸy24thou0

0219. 山药圆柱形的　山药 sã24ɸyo31

0220. 藕　莲菜 liã24tʂæ0

四、动物

（一）一般动物

0221. 老虎　老虎 lɔ31xu0

0222. 猴子　猴 xou24

0223. 蛇统称　长虫 tʂhaŋ24tʂhuəŋ24

0224. 老鼠家里的　老鼠 lɔ31ʂu0

0225. 蝙蝠　夜蝙虎 ɸiɛ44piã31xu0

0226. 鸟儿飞鸟，统称　雀儿 tɕhiɔr53

0227. 麻雀　雀儿 tɕhiɔr53

0228. 喜鹊　喜鹊 ɕi53tɕhyo0

0229. 乌鸦　黑老鸹 xei31lɔ53ɸua31

0230. 鸽子　鸽鹁儿 kɯ24por0

0231. 翅膀鸟的，统称　膀子 paŋ53tsʅ0

0232. 爪子鸟的，统称　爪爪 tʂua53tʂua0

0233. 尾巴　尾巴 ɸi53pa0

0234. 窝鸟的　鸟窝 ɲiɔ53ɸuo31

0235. 虫子统称　虫虫 tʂhuəŋ24tʂhuəŋ0

0236. 蝴蝶统称　蛾儿 ŋɤr24

0237. 蜻蜓统称　蜻蜓 tɕhiəŋ31thiəŋ24

0238. 蜜蜂　蜂 fəŋ31

0239. 蜂蜜　蜂蜜 fəŋ31mi31

0240. 知了统称　知了 tsʅ24lɔ0

0241. 蚂蚁　蚂蚁虫 ma31ɸi31tʂhuəŋ24

0242. 蚯蚓　蚯蚓 tɕhiou31ɸiəŋ53

0243. 蚕　蚕 tshã24

0244. 蜘蛛会结网的　蛛蛛 tʂu31tʂu0

0245. 蚊子统称　蚊子 ɸuɛ̃24tsʅ0

0246. 苍蝇统称　蝇子 ɸiəŋ24tsʅ0

0247. 跳蚤咬人的　虼蚤 kɯ31tsɔ31

0248. 虱子　虱 sei31

0249. 鱼　鱼 ɸy24

0250. 鲤鱼　鲤鱼 li53ɸy24

0251. 鳙鱼胖头鱼　无

0252. 鲫鱼　无

0253. 甲鱼　鳖 piɛ31

0254. 鳞鱼的　鱼鳞 ɸy24liẽ24

0255. 虾统称　虾 ɕia31

0256. 螃蟹统称　螃虾 phaŋ24çia31

0257. 青蛙统称　青蛙 tçhiəŋ310ua0

0258. 癞蛤蟆表皮多疙瘩　疥疙蛙 tçiɛ44kɤ00ua24

（二）家畜、家禽

0259. 马　马 ma53

0260. 驴　驴 ly24

0261. 骡　骡子 luo24tsɿ0

0262. 牛　牛 ȵiou24

0263. 公牛统称　犍牛 tçiā44ȵiou24

0264. 母牛统称　乳牛 ʐu53ȵiou24

0265. 放牛　放牛 faŋ44ȵiou24

0266. 羊　羊 Øiaŋ24

0267. 猪　猪唠唠 tʂu31lɔ24lɔ0

0268. 种猪配种用的公猪　猪公子 tʂu24kuəŋ31tsɿ0

0269. 公猪成年的，已阉的　牙猪 ȵia24tʂu31

0270. 母猪成年的，未阉的　母猪 mu53tʂu31

0271. 猪崽　猪娃子 tʂu31Øua24tsɿ0

0272. 猪圈　猪圈 tʂu31tçyā44

0273. 养猪　看猪 khā24tʂu31

0274. 猫　猫 mɔ24

0275. 公猫　郎猫 laŋ24mɔ24

0276. 母猫　咪猫 mi44mɔ24

0277. 狗统称　狗 kou53

0278. 公狗　牙狗 ȵia24kou0

0279. 母狗　母狗 mu31kou0

0280. 叫狗～　叫唤 tçi44xuā0

0281. 兔子　兔 thu44

0282. 鸡　鸡 tçi31

0283. 公鸡成年的，未阉的　公鸡 kuəŋ31tçi31

0284. 母鸡已下过蛋的　草鸡 tshɔ53tçi31

0285. 叫公鸡～（打鸣儿）　叫鸣 tçiɔ44miəŋ24/打鸣 ta53miəŋ24

0286. 下鸡～蛋　下 xa44

0287. 孵～小鸡　菢 pɔ44

0288. 鸭　鸭 Øia31

0289. 鹅　鹅 ŋɤ24

0290. 阉～公的猪　骟 ʂā44

0291. 阉～母的猪　刣 thiɔ31

0292. 阉～鸡　无

0293. 喂～猪　喂 Øuei44/追 tʃuei31

0294. 杀猪统称，注意婉称　宰猪 tsæ53tʂu31

0295. 杀～鱼　杀 sa31

五、房舍、器具

（一）房舍

0296. 村庄一个～　堡子 pu53tsɿ0

0297. 胡同统称：一条～　巷巷 xaŋ44xaŋ0

0298. 街道　街 tçiɛ31

0299. 盖房子　盖房 kæ44faŋ24

0300. 房子整座的，不包括院子　房 faŋ24

0301. 屋子房子里分隔而成的，统称　房 faŋ24

0302. 卧室　睡的房子 ʂuei44ti0faŋ24tsɿ0

0303. 茅屋茅草等盖的　草房 tshɔ53faŋ24

0304. 厨房　灶房 tsɔ44faŋ24

0305. 灶统称　灶火 tɔ44xuo0

0306. 锅统称　锅 kuo31

0307. 饭锅煮饭的　锅 kuo31
0308. 菜锅炒菜的　锅 kuo31
0309. 厕所旧式的，统称　茅子 mɔ24tsʅ0
0310. 檩左右方向的　檩条 liẽ53thiɔ24
0311. 柱子　柱子 tʂu44tsʅ0
0312. 大门　头门 thou24mɛ̃24
0313. 门槛儿　门槛 mɛ̃24khã0
0314. 窗旧式的　窗子 tʂhuaŋ31tsʅ0
0315. 梯子可移动的　梯子 thi31tsʅ0
0316. 扫帚统称　扫帚 sɔ44tʂu0
0317. 扫地　扫地 sɔ53ti44
0318. 垃圾　脏□ tsaŋ31fa0

（二）家具

0319. 家具统称　家具 tɕia31tɕy44
0320. 东西我的～　东西 tuəŋ31ɕi0
0321. 炕土、砖砌的，睡觉用　炕 khaŋ44
0322. 床木质的，睡觉用　床 tʂhuaŋ24
0323. 枕头　枕头 tsẽ53thou0
0324. 被子　被儿 pir53
0325. 棉絮　套子 thɔ44tsʅ0
0326. 床单　单子 tã31tsʅ0
0327. 褥子　褥子 ʐu31tsʅ0
0328. 席子　席 ɕi24
0329. 蚊帐　蚊帐 Øũẽ24tʂaŋ44
0330. 桌子统称　桌子 tʂuo31tsʅ0
0331. 柜子统称　柜柜 kuei44kuei0
0332. 抽屉桌子的　抽屉 tʂhou31thi0
0333. 案子长条形的　案 ŋã44
0334. 椅子统称　椅子 Øi53tsʅ0
0335. 凳子统称　板凳 pã53təŋ0
0336. 马桶有盖的　无

（三）用具

0337. 菜刀　刀 tɔ31
0338. 瓢舀水的　马勺 ma53ɕyo24
0339. 缸　瓮 Øuəŋ44
0340. 坛子装酒的～　坛子 thã24tsʅ0
0341. 瓶子装酒的～　瓶子 phiəŋ24tsʅ0
0342. 盖子杯子的～　盖盖 kæ44kæ0
0343. 碗统称　碗 Øuã53
0344. 筷子　筷子 khuæ44tsʅ0
0345. 汤匙　勺勺 ɕyo24ɕyo0
0346. 柴火统称　柴 tʂhæ24
0347. 火柴　洋火 Øiaŋ24xuo53
0348. 锁　锁子 suo53tsʅ0
0349. 钥匙　钥匙 Øyo31sʅ0
0350. 暖水瓶　电壶 tiã44xu24
0351. 脸盆　洗脸盆 ɕi53liã53phɛ̃24
0352. 洗脸水　洗脸水 ɕi53liã53suei53
0353. 毛巾洗脸用　手巾 ʂou53tɕiɛ̃31
0354. 手绢　手帕儿 ʂou53phar0
0355. 肥皂洗衣服用　洋碱 Øiaŋ24tɕiã53
0356. 梳子旧式的，不是篦子　木梳 mu31ʂu31
0357. 缝衣针　针 tʂɛ̃31
0358. 剪子　剪子 tɕiɛ̃53tsʅ0
0359. 蜡烛　蜡 la31
0360. 手电筒　手电 ʂou53tiã44
0361. 雨伞挡雨的，统称　伞 sã53
0362. 自行车　自行车 tsʅ44ɕiəŋ24tʂhɤ31

六、服饰、饮食

（一）服饰

0363. 衣服统称　衣裳 Øi31ʂaŋ0

0364. 穿～衣服　穿 tʂhuã31

0365. 脱～衣服　退 thuei44

0366. 系～鞋带　衿儿 tɕiɛr53

0367. 衬衫　衬衣 tshẽ44Øi31

0368. 背心带两条杠的，内衣　汗夹儿 xã44tɕiãr53

0369. 毛衣　毛衣 mɔ24Øi31

0370. 棉衣　棉袄儿 miã24ŋɔr0

0371. 袖子　袖子 ɕiou44tsʅ0

0372. 口袋衣服上的　兜兜 tou31tou0

0373. 裤子　裤儿 fur53

0374. 短裤外穿的　半截裤儿 pã44tɕiɛ0fur53

0375. 裤腿　裤儿腿 fur53thuei53

0376. 帽子统称　帽子 mɔ44tsʅ0

0377. 鞋子　鞋 xæ24

0378. 袜子　袜子 Øua31tsʅ0

0379. 围巾　围脖 vei24po0

0380. 围裙　裙帘 tɕhyɛ24liã0

0381. 尿布　褯子 tɕhiɛ44tsʅ0

0382. 扣子　纽门 ȵiou53mɛ̃0

0383. 扣～扣子　衿儿 tɕiɛr53

0384. 戒指　戒指 tɕiɛ44tsʅ31

0385. 手镯　镯子 tsuo24tsʅ0

0386. 理发　剃头 thi24thou24

0387. 梳头　梳头 ʂu31thou24

（二）饮食

0388. 米饭　大米饭 ta44mi53fã44

0389. 稀饭用米熬的，统称　拌汤 pã44thaŋ31

0390. 面粉麦子磨的，统称　面 miã44

0391. 面条统称　面 miã44

0392. 面儿玉米～，辣椒～　面儿 miãr53

0393. 馒头无馅儿的，统称　蒸馍 tʂəŋ31mo0

0394. 包子　包子 pɔ31tsʅ0

0395. 饺子　煮馍 tʂu53mo0

0396. 馄饨　馄饨 xuɛ̃24tuɛ̃0

0397. 馅儿　馅儿 ɕyãr53

0398. 油条长条形的，旧称　油条 Øiou24thiɔ24

0399. 豆浆　豆浆 tou44tɕiaŋ31

0400. 豆腐脑儿　豆腐脑儿 tou44fu0lɔr53

0401. 元宵食品　元宵 Øyã24ɕiɔ31

0402. 粽子　粽子 tsuəŋ53tsʅ0

0403. 年糕用黏性大的米或米粉做的　年糕 ȵiã24kɔ31

0404. 点心统称　点心 tiã53ɕiɛ̃31

0405. 菜吃饭时吃的，统称　菜 tshæ44

0406. 干菜统称　干菜 kã31tshæ44

0407. 豆腐　豆腐 tou44fu0

0408. 猪血当菜的　猪血 tʂu24ɕiɛ31

0409. 猪蹄当菜的　猪蹄儿 tʂu31thir24

0410. 猪舌头当菜的，注意婉称　口条 khou53thiɔ24

0411. 猪肝当菜的，注意婉称　肝子 kã31tsʅ0

0412. 下水猪、牛、羊的内脏　下水 ɕia44ʂuei31

0413. 鸡蛋　鸡蛋 tɕi31tã44

0414. 松花蛋　变蛋 piã44tã31

0415. 猪油　大油 ta44Øiou24

0416. 香油　香油 ɕiaŋ31Øiou24

0417. 酱油　酱油 tɕiaŋ44Øiou24

0418. 盐名词　盐 Øiã24

0419. 醋注意婉称　醋 tshu44
0420. 香烟　纸烟 tsȵ53Ø iã31
0421. 旱烟　旱烟 xã44Ø iã31
0422. 白酒　烧酒 ʂɔ31tɕiou53
0423. 黄酒　黄酒 xuaŋ24tɕiou53
0424. 江米酒酒酿，醪糟　稠酒
　　　tʂhou24tɕiou53
0425. 茶叶　茶 tsha24
0426. 沏～茶　泡 phɔ44
0427. 冰棍儿　冰棍儿 piəŋ31kuɛ̃r53
0428. 做饭统称　做饭 tsuo31fã44
0429. 炒菜统称，和做饭相对　炒菜
　　　tshɔ53tshæ44
0430. 煮～带壳的鸡蛋　煮 tʂu53
0431. 煎～鸡蛋　炒 tshɔ53
0432. 炸～油条　炸 tsa24
0433. 蒸～鱼　蒸 tʂəŋ31
0434. 揉～面做馒头等　揉 z̩ou24
0435. 擀～面，～皮儿　擀 kã53
0436. 吃早饭　吃清早饭
　　　tʂhȵ31tɕhiəŋ31tsɔ53fã44
0437. 吃午饭　吃晌午饭
　　　tʂhȵ31ʂaŋ31Ø u53fã44
0438. 吃晚饭　喝汤 xɤ24thaŋ31
0439. 吃～饭　咥 tiɛ24
0440. 喝～酒　喝 xɤ31
0441. 喝～茶　喝 xɤ31
0442. 抽～烟　抽 tʂhou31／吸 ɕi31
0443. 盛～饭　舀 Øiɔ53
0444. 夹用筷子～菜　抄 tshɔ31
0445. 斟～酒　倒 tɔ44
0446. 渴口～　渴 khɤ31
0447. 饿肚子～　饥 tɕi31
0448. 噎吃饭～着了　噎 Ø iɛ31

七、身体、医疗

（一）身体

0449. 头人的，统称　颡 sa24
0450. 头发　头发 thou24fa0
0451. 辫子　毛絃儿 mɔ44kær0
0452. 旋　旋 ɕyã24
0453. 额头　额颅 ŋei31lou24
0454. 相貌　模样 mu24iaŋ0
0455. 脸洗～　脸 liã53
0456. 眼睛　眼窝 ȵiã53Ø uo31
0457. 眼珠统称　眼窝豆儿
　　　ȵiã53Ø uo31tour53
0458. 眼泪哭的时候流出来的　眼泪
　　　ȵiã53luei0
0459. 眉毛　眉毛 mi24mɔ0
0460. 耳朵　耳朵 Ø ər53tuo0
0461. 鼻子　鼻子 pi24tsȵ0
0462. 鼻涕统称　鼻 pi24
0463. 擤～鼻涕　擤 ɕiəŋ53
0464. 嘴巴人的，统称　嘴 tsuei53
0465. 嘴唇　嘴唇子 tsuei53ʃũɛ24tsȵ0
0466. 口水～流出来　涎水 xã31ʂuei0
0467. 舌头　舌头 ʂɤ24thou0
0468. 牙齿　牙 ȵia24
0469. 下巴　下巴 xa44pa0
0470. 胡子嘴周围的　胡子 xu24tsȵ0
0471. 脖子　脖项 po24xaŋ0
0472. 喉咙　胡咙 xu24lou0
0473. 肩膀　胛骨 tɕia24ku0
0474. 胳膊　胳膊 kɯ31po0
0475. 手方言指（打√）：只指手√；包括臂：
　　　他的～摔断了　手 ʂou53

0476. 左手　左手 tsuo53ʂou53
0477. 右手　右手 Øiou44ʂou53
0478. 拳头　锤头 tʂhuei24thou0
0479. 手指　指头 tʂɿ31thou0
0480. 大拇指　大拇指头 ta44mu53tsɿ31thou0
0481. 食指　二拇指头 Øɚr44mu53tsɿ31thou0
0482. 中指　中指 tʃuəŋ24tsɿ31
0483. 无名指　无名指 Øu24miəŋ24tsɿ31
0484. 小拇指　小拇指头 ɕiɔ53mu53tsɿ31thou0
0485. 指甲　指甲盖儿 tsɿ31tɕia31kær53
0486. 腿　腿 thuei53
0487. 脚方言指（打√）：只指脚√；包括小腿；包括小腿和大腿：他的～轧断了脚 tɕyo31
0488. 膝盖指部位　磕膝盖 khɯ31tɕhi0kæ44
0489. 背名词　脊背 tɕi31pei24
0490. 肚子腹部　肚子 tu44tsɿ0
0491. 肚脐　肚脐窝儿 tu44tɕi0Øuor53
0492. 乳房女性的　奶奶 ȵɛ24ȵɛ0
0493. 屁股　沟子 kou31tsɿ0
0494. 肛门　沟子眼眼 kou31tsɿ0ȵiã53ȵiã0
0495. 阴茎成人的　锤子 tʂhuei24tsɿ0
0496. 女阴成人的　屄 phi31
0497. 肏动词　合 zɿ31/tsei31
0498. 精液　□ suəŋ24
0499. 来月经注意婉称　身上来咧 ʂẽ53ʂaŋ0læ24liɛ0
0500. 拉屎　屙屎 pa53ʂɿ53
0501. 撒尿　尿尿 ȵiɔ44ȵɕi44

0502. 放屁　放屁 faŋ44phi44
0503. 相当于"他妈的"的口头禅　他妈的屄 tha31ma24ti0phi31/兀□Øuo53suəŋ24

（二）疾病、医疗

0504. 病了　要麻达 ʂua53ma24ta0/不乖 pu24kuæ31
0505. 着凉　凉咧 liaŋ24liɛ0
0506. 咳嗽　咳嗽 khɯ31sou0
0507. 发烧　烧得很 ʂɔ31ti0xɛ̃53
0508. 发抖　打颤 ta53tʂã44
0509. 肚子疼　肚子疼 tu44tsɿ0thəŋ24
0510. 拉肚子　拉稀 la24ɕi31/跑肚 phɔ53tu44
0511. 患疟疾　发摆子 fa24pæ53tsɿ0
0512. 中暑　中暑咧 tʂuəŋ44ʂu53liɛ0
0513. 肿　肿 tʂuəŋ53
0514. 化脓　化脓 xua44luəŋ24
0515. 疤好了的　疤疤 pa31pa0
0516. 癣　癣 ɕiã53
0517. 痣凸起的　记 tɕi44/痣 tsɿ53
0518. 疙瘩蚊子咬后形成的　疙瘩 kɯ31ta0
0519. 狐臭　狐臭 xu24tʂhou44
0520. 看病　看病 khã44piəŋ44
0521. 诊脉　号脉 xɔ44mæ31
0522. 针灸　扎针 tsa24tʂɿ31
0523. 打针　打针 ta53tʂɛ̃31
0524. 打吊针　打吊针 ta53tiɔ44tʂɛ̃31
0525. 吃药统称　吃药 tʂhɿ24Øyo31
0526. 汤药　中药 tʂuəŋ24Øyo31
0527. 病轻了　好了一点儿 xɔ53lɤ0i31tiãr53

八、婚丧、信仰

（一）婚育

0528. 说媒　瞅个相 tshou53kɤ0ɕiaŋ44/说个下家 ʂuo31kɤ0ɕia44tɕia31

0529. 媒人　媒人 mei24ʐẽ0

0530. 相亲　背见 pei44tɕiã44/看屋 kã44Øu31

0531. 订婚　过礼 kuo44li53

0532. 嫁妆　陪房 phei24faŋ0

0533. 结婚统称　办事 pã44sʅ44

0534. 娶妻子男子～，动宾　娶媳妇儿 tɕhy53ɕi31fur0

0535. 出嫁女子～　出门 tʂhu31mẽ24/起发女子 tɕhi53fa0n̩y53tsʅ0

0536. 拜堂　磕头 khɤ31thou24

0537. 新郎　新女婿 ɕiẽ31n̩y53ɕi0

0538. 新娘子　新媳妇儿 ɕiẽ24ɕi31fur0

0539. 孕妇　大肚子 ta44tu44tsʅ0

0540. 怀孕　怀娃咧 xuæ24Øua44liɛ0/有啥咧 Øiou53sa0liɛ0

0541. 害喜妊娠反应　有啥咧 Øiou53sa44liɛ0

0542. 分娩　要娃 Øiɔ44Øua44/生娃 səŋ31Øua44

0543. 流产　小产咧 ɕiɔ31tshã0liɛ0

0544. 双胞胎　双生 ʂuəŋ24ʂəŋ31

0545. 坐月子　坐月子 tsuo44Øyo31tsʅ0

0546. 吃奶　吃奶 tʂhʅ31læ53/吃奶奶 tʂhʅ31niɛ24n̩iɛ0

0547. 断奶　摘奶 tsei24læ53

0548. 满月　出月 tʂhu24Øyo31

0549. 生日统称　岁岁 suei44suei0

0550. 做寿　过寿 kuo44ʂou44

（二）丧葬

0551. 死统称　死咧 sʅ31liɛ0

0552. 死婉称，最常用的几种，指老人：他～了　把气咽咧 pa31tɕhi44Øiã44liɛ0

0553. 自杀　寻短见 ɕyẽ24tuã53tɕiã44/自尽 tsʅ44tɕiẽ44

0554. 咽气　把气咽咧 pa31tɕhi44Øiã44liɛ0/断气 tuã44tɕhi44

0555. 入殓　入殓 ʐu31liã44

0556. 棺材　棺材 kuã53tshæ0/寿材 ʂou44tshæ0

0557. 出殡　埋人 mæ24ʐẽ24

0558. 灵位　牌位 phæ24Øuei44

0559. 坟墓单个的，老人的　墓子 mu44tsʅ0

0560. 上坟　烧纸 ʂɔ31tsʅ53

0561. 纸钱　阴票子 Øiẽ31phiɔ44tsʅ0

（三）信仰

0562. 老天爷　老天爷 lɔ53thiã31Øiɛ44

0563. 菩萨统称　菩萨 phu24sa0

0564. 观音　娘娘 n̩iaŋ24n̩iaŋ0

0565. 灶神口头的叫法，其中如有方言亲属称谓要释义　灶爷 tsɔ44Øiɛ0

0566. 寺庙　庙 miɔ44

0567. 祠堂　祠堂 tshʅ24thaŋ24

0568. 和尚　和尚 xuo24ʂaŋ0

0569. 尼姑　尼姑 n̩i24ku31

0570. 道士　老道 lɔ53tɔ44

0571. 算命统称　算卦 suã44kua44

0572. 运气　命 miəŋ44

0573. 保佑　保佑 pɔ53Øiou44

九、人品、称谓

（一）人品

0574. 人一个～　人 zɛ̃24
0575. 男人成年的，统称　外头人 Øuæ44thouØzɛ̃24
0576. 女人三四十岁已婚的，统称　屋里人 Øu31li53zɛ̃24
0577. 单身汉　光棍儿 kuɑŋ31kuɛ̃r53
0578. 老姑娘　老女子 lɔ31n̠y53tsŋ0
0579. 婴儿　月月娃儿 Øyo31Øyo0uar53
0580. 小孩儿三四岁的，统称　碎娃 suei44Øua44
0581. 男孩儿统称：外面有个～在哭　男娃 lã24Øua44/小子娃 ɕiɔ53tsŋ0ua44
0582. 女孩儿统称：外面有个～在哭　女娃 n̠y53Øua44/女子娃 n̠y53tsŋ0Øua44
0583. 老人七八十岁的，统称　老人 lɔ53zɛ̃24
0584. 亲戚统称　亲亲 tɕhiɛ̃31tɕhiɛ̃0
0585. 朋友统称　伙计 xuo53tɕi0
0586. 邻居统称　隔壁儿 kei24piər0
0587. 客人　客 kei31
0588. 农民　农民 luəŋ24miɛ̃24
0589. 商人　生意人 səŋ31Øiɔzɛ̃24
0590. 手艺人统称　能人 ləŋ24zɛ̃24
0591. 泥水匠　匠人 tɕiɑŋ44zɛ̃0
0592. 木匠　木匠 mu31tɕiɑŋ0
0593. 裁缝　裁缝 tshæ24fəŋ0
0594. 理发师　剃头的 thi44thou24ti0
0595. 厨师　厨子 tʂhu24tsŋ0
0596. 师傅　师傅 sŋ31fu0
0597. 徒弟　徒弟 tu24ti0
0598. 乞丐统称，非贬称（无统称则记成年男的）　要饭的 Øiɔ44fã44ti0
0599. 妓女　卖屄的 mæ44phi31ti0
0600. 流氓　哈□ xa31suəŋ24/哈锤子 xa31tʂhuei24tsŋ0/二流子 Øər44liou44tsŋ0
0601. 贼　贼娃子 tsei24Øua0tsŋ0
0602. 瞎子统称，非贬称（无统称则记成年男的）　瞎子 xa31tsŋ0
0603. 聋子统称，非贬称（无统称则记成年男的）　聋子 luəŋ24tsŋ0
0604. 哑巴统称，非贬称（无统称则记成年男的）　哑巴 n̠ia53pa0
0605. 驼子统称，非贬称（无统称则记成年男的）　揹锅子 pei31kuo31tsŋ0/锅锅腰 kuo31kuo24Øiɔ31
0606. 瘸子统称，非贬称（无统称则记成年男的）　跛子 po53tsŋ0
0607. 疯子统称，非贬称（无统称则记成年男的）　疯子 fəŋ31tsŋ0
0608. 傻子统称，非贬称（无统称则记成年男的）　瓜子 kua31tsŋ0
0609. 笨蛋蠢的人　闷□ mɛ̃44suəŋ24/笨种 pɛ̃44tʂuəŋ53

（二）称谓

0610. 爷爷呼称，最通用的　爷 Øiɛ24
0611. 奶奶呼称，最通用的　婆 pho24
0612. 外祖父叙称　外爷 Øuæ44Øiɛ24
0613. 外祖母叙称　外婆 Øuæ44pho24
0614. 父母合称　我大我妈 ŋɤ31ta24

ŋɤ31ma24

0615. 父亲叙称　大 ta24／爸 pa24／伯 pei24

0616. 母亲叙称　妈 ma24

0617. 爸爸呼称，最通用的　爸 pa24

0618. 妈妈呼称，最通用的　妈 ma24

0619. 继父叙称　后爸 xou44pa24／叔 ʂu24

0620. 继母叙称　后妈 xou44ma24／姨 Øi24

0621. 岳父叙称　丈儿爸 tʂaŋ44Øəɹ0pa44／老丈人 lɔ53tʂaŋ44zɛ̃0

0622. 岳母叙称　丈母娘 tʂaŋ44mu31n̠iaŋ24

0623. 公公叙称　阿公 Øa31kuəŋ0

0624. 婆婆叙称　阿家 Øa31ɕia0

0625. 伯父呼称，统称　伯 pei24

0626. 伯母呼称，统称　娘 n̠iaŋ24

0627. 叔父呼称，统称　大 ta24

0628. 叔父呼称，排行最小的，如"幺叔"　碎大 suei44ta24

0629. 叔母呼称，统称　妈（前加排行）ma24

0630. 姑呼称，统称（无统称则记分称：比父大，比父小；已婚，未婚）　姑 ku24

0631. 姑父呼称，统称　姑父 ku31fu0

0632. 舅舅呼称　舅 tɕiou24

0633. 舅妈呼称　妗子 tɕiɛ̃44tsɿ0

0634. 姨呼称，统称（无统称则记分称：比母大，比母小；已婚，未婚）　姨 Øi24 比母小／姨妈 Øi24ma24 比母大

0635. 姨父呼称，统称　姨夫 Øi24fu0

0636. 弟兄合称　兄弟 ɕyəŋ31ti44

0637. 姊妹合称，注明是否可包括男性　姊妹们包括男性 tsɿ44mei0mɛ̃0

0638. 哥哥呼称，统称　哥 kɤ24

0639. 嫂子呼称，统称　嫂 sɔ53

0640. 弟弟叙称　兄弟 ɕyəŋ31ti44

0641. 弟媳叙称　兄弟媳妇儿 ɕyəŋ31ti44ɕi31fuɹ0

0642. 姐姐呼称，统称　姐 tɕiɛ24

0643. 姐夫呼称　哥 kɤ24

0644. 妹妹叙称　妹子 mei44tsɿ0

0645. 妹夫叙称　妹夫 mei44fu0

0646. 堂兄弟叙称，统称　叔伯 ʂu31pei0／叔伯兄弟 ʂu31pei0ɕyəŋ31ti44

0647. 表兄弟叙称，统称　老表 lɔ31piɔ53

0648. 妯娌弟兄妻子的合称　先后 ɕiã44xu0

0649. 连襟姊妹丈夫的关系，叙称　挑担 thiɔ53tã0

0650. 儿子叙称：我的～　娃 Øua44／小子 ɕiɔ53tsɿ0

0651. 儿媳妇叙称：我的～　娃媳妇儿 Øua44ɕi31fuɹ0

0652. 女儿叙称：我的～　女子 n̠y53tsɿ0

0653. 女婿叙称：我的～　女婿 n̠y53ɕi0

0654. 孙子儿子之子　孙孙 suɛ̃31suɛ̃0／孙子 suɛ̃31tsɿ0

0655. 重孙子儿子之孙　重孙子 tʂhuəŋ24suɛ̃31tsɿ0

0656. 侄子弟兄之子　侄娃子 tʂɿ24Øua0tsɿ0

0657. 外甥姐妹之子　外甥 Øuæ44səŋ31

0658. 外孙女儿之子　外孙子 Øuæ44suɛ̃31tsɿ0

0659. 夫妻合称　两口子 liaŋ31khou0tsɿ0

0660. 丈夫叙称，最通用的，非贬称：她的～ 老汉 lɔ53xã0/男人 lã24ʐɤ̃0/女婿 ȵy53ɕi0

0661. 妻子叙称，最通用的，非贬称：他的～ 媳妇儿 ɕi53fur0/老婆 lɔ53pho0/婆娘 pho24ȵiaŋ0

0662. 名字　名字 miəŋ24tsʅ0

0663. 绰号　外号儿 Øuæ44xɔr53

十、农、工、商、文

（一）农业

0664. 干活儿统称：在地里～　做活 tsuo44xuo24

0665. 事情一件～　事 sʅ44

0666. 插秧　栽稻子 tsæ31thɔ53tsʅ0

0667. 割稻　收稻子 sou31thɔ53tsʅ0

0668. 种菜　种菜 tʃuaŋ44tshæ44

0669. 犁名词　犁 li24

0670. 锄头　锄 tʂhu24

0671. 镰刀　镰 liã24

0672. 把儿刀～　把把 pa31pa0

0673. 扁担　扁担 piã53tã0

0674. 箩筐　担笼 tã44luəŋ0

0675. 筛子统称　筛子 sæ53tsʅ0

0676. 簸箕农具，有梁的　搓搓 tshuo31tshuo0

0677. 簸箕簸米用　簸箕 po44tɕi0

0678. 独轮车　嘟嘟车 tou53tou24tʂɤ31/土车子 thu53tʂɤ31tsʅ0

0679. 轮子旧式的，如独轮车上的　轱辘 ku53lou0

0680. 碓整体　碓窝子锤锤 tɕiaŋ31Øuo31tsʅ0tʂhuei24tʂhuei0

0681. 臼　碓窝子 tɕiaŋ31Øuo31tsʅ0

0682. 磨名词　磨子 mo44tsʅ0

0683. 年成　收成 sou53tʂhəŋ0

（二）工商业

0684. 走江湖统称　在外头跑 tsæ44Øuæ44thou0phɔ53

0685. 打工　做活 tsuo44xuo24

0686. 斧子　斧头 fu53thou0

0687. 钳子　钳子 tɕhiã24tsʅ0

0688. 螺丝刀　起子 tɕhi53tsʅ0

0689. 锤子　锤 tʂhuei24

0690. 钉子　钉子 tiəŋ31tsʅ0

0691. 绳子　绳 ʂəŋ24

0692. 棍子　棍 kuẽ44

0693. 做买卖　做生意 tsuo44səŋ31Øi0

0694. 商店　门面 mẽ24miã0

0695. 饭馆　食堂 ʂʅ24thaŋ24

0696. 旅馆旧称　宾馆儿 piẽ31kuãr53

0697. 贵　贵 kuei44

0698. 便宜　贱 tɕiã44

0699. 合算　划算 xua24suã44

0700. 折扣　少些子 ʂɔ53ɕiɛ31tsʅ0

0701. 亏本　折了 ʂɤ24liɛ0

0702. 钱统称　籴 ka24/钱 tɕhiã24

0703. 零钱　分分钱 fẽ31fẽ0tɕhiã24/毛毛钱 mɔ24mɔ0tɕhiã24

0704. 硬币　分分钱 fẽ31fẽ0tɕhiã24

0705. 本钱　本儿 pẽr53

0706. 工钱　血汗钱 ɕyo31xã44tɕhiã0

0707. 路费　盘缠 pã24tʂhã0

0708. 花～钱　花 xua31

0709. 赚卖一斤能～一毛钱　赚 tɕiã44

0710. 挣打工～了一千块钱　挣 tsəŋ44

0711. 欠～他十块钱　争 tsəŋ31

0712. 算盘　盘子 pʰã24tsʅ0

0713. 秤统称　秤 tʂʰəŋ44

0714. 称用秤～　约 Øiɔ31/赀 tsʅ44

0715. 赶集　逛会 kuaŋ44xuei44

0716. 集市　会 xuei44

0717. 庙会　会 xuei44

（三）文化、娱乐

0718. 学校　学堂 ɕyo24tʰaŋ24

0719. 教室　教室 tɕiɔ44ʂʅ0

0720. 上学　念书 n̠iã44ʂu31

0721. 放学　放学 faŋ44ɕyo24

0722. 考试　考试 kɔ53sʅ44

0723. 书包　书包 ʂu24pɔ31

0724. 本子　本子 pɛ̃53tsʅ0

0725. 铅笔　铅笔 tɕʰiã24pi31

0726. 钢笔　钢笔 kaŋ24pi31/水笔 ʂuei53pi31

0727. 圆珠笔　油笔 Øiou24pi31

0728. 毛笔　大字笔 ta44tsʅ44pi31

0729. 墨　墨 mei24

0730. 砚台　砚台 Øiã44tʰæ0

0731. 信一封～　信 ɕiɛ̃44

0732. 连环画　娃娃书 Øua24Øua0ʂu31

0733. 捉迷藏　藏猫道儿 tsʰaŋ24mu24tɔr53

0734. 跳绳　跳绳 tʰiɔ44ʂəŋ24

0735. 毽子　毽子 tɕiã44tsʅ0

0736. 风筝　风筝 fəŋ31tsəŋ31

0737. 舞狮　耍狮子 ʂua53sʅ31tsʅ0

0738. 鞭炮统称　炮 pʰɔ44

0739. 唱歌　唱歌儿 tʂʰaŋ44kɤr0

0740. 演戏　唱戏 tʂʰaŋ44ɕi44

0741. 锣鼓统称　敲家伙 tɕʰiɔ24tɕia31xuo0

0742. 二胡　胡胡儿 xu24xur0

0743. 笛子　笛 ti24

0744. 划拳　划□ xua44mei24

0745. 下棋　下棋 ɕia44tɕʰi24

0746. 打扑克　耍牌 ʂua53pʰæ24

0747. 打麻将　垒城墙 luei53tʂʰəŋ24tɕʰiaŋ24/打麻将 ta53ma24tɕiaŋ44

0748. 变魔术　耍把戏 ʂua53pa53ɕi0

0749. 讲故事　说故事 ʂuo31ku44sʅ44

0750. 猜谜语　猜谜谜 tsʰæ31mi44mi0

0751. 玩儿游玩：到城里～　逛 kuaŋ44/耍 ʂua53

0752. 串门儿　串门子 tʂʰua44mɛ̃24tsʅ0

0753. 走亲戚　走亲亲 tsou53tɕʰiɛ̃31tɕʰiɛ̃0

十一、动作、行为

（一）具体动作

0754. 看～电视　瞅 tʂʰou53

0755. 听用耳朵～　听 tʰiəŋ31

0756. 闻嗅：用鼻子～　闻 Øuɛ̃24

0757. 吸～气　吸 ɕi31

0758. 睁～眼　睁 tsəŋ31

0759. 闭～眼　闭 pi44

0760. 眨～眼　眨 tsa53

0761. 张～嘴　张 tʂaŋ31

0762. 闭～嘴　合 xuo24

0763. 咬狗～人　吞 thəŋ31
0764. 嚼把肉～碎　嚼 tɕiɔ24
0765. 咽～下去　咽 Øiã44
0766. 舔人用舌头～　舔 thiã53
0767. 含～在嘴里　嚐 tɕhiɛ̃24
0768. 亲嘴　亲嘴儿 tɕhiɛ̃31tsueir53
0769. 吮吸用嘴唇聚拢吸取液体，如吃奶时　咂 tsa31/吃 tʂʅ31
0770. 吐上声，把果核儿～掉　唾 thuo44
0771. 吐去声，呕吐：喝酒喝～了　吐 thu53
0772. 打喷嚏　打喷嚏 ta53pɛ̃44thi0
0773. 拿用手把苹果～过来　拿 la24
0774. 给他～我一个苹果　给 kei44
0775. 摸～头　摸 mɔ31
0776. 伸～手　伸 ʂɛ̃31
0777. 挠～痒痒　抓 tsua31
0778. 掐用拇指和食指的指甲～皮肉　掐 tɕhia31
0779. 拧～螺丝　拧 ȵiəŋ24
0780. 拧～毛巾　拧 ȵiəŋ24
0781. 捻用拇指和食指来回～碎　搓 tshuo31
0782. 掰把橘子～开，把馒头～开　掰 pei31
0783. 剥～花生　剥 pɔ31
0784. 撕把纸～了　撕 sʅ31
0785. 折把树枝～断　折 tʂɤ53
0786. 拔～萝卜　拔 pa24
0787. 摘～花　摘 tsei24
0788. 站站立：～起来　站 tsã44
0789. 倚斜靠：～在墙上　靠 kɔ31
0790. 蹲～下　圪蹴 kɯ31tɕiou0

0791. 坐～下　坐 tsuo44
0792. 跳青蛙～起来　蹦 piɛ31
0793. 迈跨过高物：从门槛上～过去　迈 mæ44
0794. 踩脚～在牛粪上　踏 tha24
0795. 翘～腿　担 tã31
0796. 弯～腰　弯 Øuã31
0797. 挺～胸　挺 thiəŋ53
0798. 趴～着睡　趴 pha24
0799. 爬小孩儿在地上～　爬 pha24
0800. 走慢慢儿～　走 tsou53
0801. 跑慢慢儿走，别～　跑 phɔ53
0802. 逃逃跑：小偷儿～走了　跑 phɔ24/溜 liou44
0803. 追追赶：～小偷儿　撵 ȵiã53
0804. 抓～小偷儿　逮 tæ24
0805. 抱把小孩儿～在怀里　搭 tɕhia44
0806. 背～孩子　背 pei31
0807. 搀～老人　搀 tshã31
0808. 推几个人一起～汽车　掀 ɕiã31
0809. 摔跌：小孩儿～倒了　趴 pã44
0810. 撞人～到电线杆　对 tuei24
0811. 挡你～住我了，我看不见　挡 taŋ44
0812. 躲躲藏：他～在床底下　藏 tɕhiaŋ24
0813. 藏藏放，收藏：钱～在枕头下面　藏 tɕhiaŋ24/抬 thæ24
0814. 放把碗～在桌子上　搁 kɤ53
0815. 摞把砖～起来　摞 luo44
0816. 埋～在地下　埋 mæ24
0817. 盖把茶杯～上　盖 kæ44
0818. 压用石头～住　压 Øia31
0819. 摁用手指按：～图钉　摁 ŋɛ̃44
0820. 捅用棍子～鸟窝　戳 tʂhuo31

0821. 插 把香~到香炉里　插 tsha31
0822. 戳 ~个洞　戳 tʂhuo31
0823. 砍 ~树　砍 kã53
0824. 剁 把肉~碎做馅儿　斫 tsa53/剁 tuo44
0825. 削 ~苹果　削 ɕyo31
0826. 裂 木板~开了　斫 tsa53
0827. 皱 皮~起来　皱 tsou44
0828. 腐烂 死鱼~了　臭 tʂhou44
0829. 擦 用毛巾~手　擦 tsha31
0830. 倒 把碗里的剩饭~掉　倒 tɔ44
0831. 扔 丢弃：这个东西坏了，~了它　撂 liɔ44/撇 phiɛ53
0832. 扔 投掷：比一比谁~得远　撂 liɔ44/撇 phiɛ53
0833. 掉 掉落, 坠落：树上~下一个梨　跌 tiɛ31
0834. 滴 水~下来　跌 tiɛ31
0835. 丢 丢失：钥匙~了　没 mo31
0836. 找 寻找：钥匙~到了　寻 ɕyẽ24
0837. 捡 ~到十块钱　拾 ʂʅ24
0838. 提 用手把篮子~起来　拿 la24
0839. 挑 ~担　担 tã31
0840. 扛 把锄头~在肩上　掮 tiã31/□ tɕhiɛ24
0841. 抬 ~轿　抬 thæ24
0842. 举 ~旗子　打 ta53
0843. 撑 ~伞　打 ta53
0844. 撬 把门~开　别 piɛ24
0845. 挑 挑选, 选择：你自己~一个　捡 tɕiã53
0846. 收拾 ~东西　拾掇 ʂʅ24tuo0
0847. 挽 ~袖子　搧 piã31

0848. 涮 把杯子~一下　涮 ʂuã44
0849. 洗 ~衣服　洗 ɕi53/摆 pæ53
0850. 捞 ~鱼　捞 lɔ24
0851. 拴 ~牛　拴 ʂuã31
0852. 捆 ~起来　绑 paŋ53
0853. 解 ~绳子　解 tɕiɛ53
0854. 挪 ~桌子　挪 luo24
0855. 端 ~碗　端 tuã31
0856. 摔 碗~碎了　趴 pã44
0857. 掺 ~水　兑 tuei44
0858. 烧 ~柴　烧 ʂɔ31
0859. 拆 ~房子　拆 tshei31/扒 pa31
0860. 转 ~圈儿　转 tʂuã44
0861. 捶 用拳头~　戳 tʂhuo31
0862. 打 统称：他~了我一下　咥 tiɛ24
0863. 打架 动手：两个人在~　打捶 ta53tʂhuei24
0864. 休息　歇一下 ɕiɛ31øi31ɕia0/歇嘎子 ɕiɛ31ka0tsʅ0
0865. 打哈欠　打瞌睡 ta53khɤ31ʂuei0
0866. 打瞌睡　打瞌睡 ta53khɤ31ʂuei0
0867. 睡 他已经~了　睡 ʂuei44
0868. 打呼噜　打呼噜 ta53xu31lu0
0869. 做梦　做梦 tsuo44məŋ44
0870. 起床　起来 tɕhi53læ0
0871. 刷牙　刷牙 ʂua31ȵia24
0872. 洗澡　洗澡 ɕi53tsɔ53

（二）抽象动作

0873. 想 思索：让我~一下　思咧 sʅ31liɛ0
0874. 想 想念：我很~他　想 ɕiaŋ53
0875. 打算 我~开个店　谋事 mu24sʅ44

0876. 记得 记着 tɕi44tʂɤ0
0877. 忘记 忘咧 Øuaŋ44liɛ0
0878. 怕害怕：你别～ 害怕 xæ44pha44/ 怯火 tɕhiɛ31xuo53
0879. 相信我～你 信 ɕiẽ44
0880. 发愁 熬煎 ŋɔ31tɕiã0
0881. 小心过马路要～ 当心 taŋ24ɕiẽ31/ 瞅着 tshou53tʂɤ0
0882. 喜欢～看电视 爱 ŋæ44
0883. 讨厌～这个人 日眼 zʅ31ɲiã53/ 烦 fã24
0884. 舒服凉风吹来很～ 善活 tʂhã53xuo0
0885. 难受生理的 难受 nã24ʂou44
0886. 难过心理的 难过 nã24kuo44
0887. 高兴 喜的 ɕi53ti0
0888. 生气 着气 tʂhuo24tɕhi44
0889. 责怪 埋怨 mæ24yã44
0890. 后悔 不该 pu24kæ31
0891. 忌妒 眼红 ɲiã53xuŋ24
0892. 害羞 □ ʃɜ̃24
0893. 丢脸 丢人 tiou31zẽ24
0894. 欺负 欺负 tɕhi31fu0
0895. 装～病 装 tʂuaŋ31
0896. 疼～小孩儿 心疼 ɕiẽ31thəŋ24
0897. 要我～这个 要 Øiɔ44
0898. 有我～一个孩子 有 Øiou53
0899. 没有他～孩子 没得 mo31tei24
0900. 是我～老师 是 ʂʅ44
0901. 不是他～老师 不是 pu31ʂʅ44
0902. 在他～家 在 tsæ44
0903. 不在他～家 没在 mo31tsæ44
0904. 知道我～这件事 知道 tʂʅ31tɔ0
0905. 不知道我～这件事 知不道 tʂʅ31pu31tɔ44

0906. 懂我～英语 会 xuei44
0907. 不懂我～英语 不会 pu31xuei44
0908. 会我～开车 能 ləŋ24
0909. 不会我～开车 不能 pu31ləŋ24
0910. 认识我～他 认得 zẽ44tei31
0911. 不认识我～他 不认得 pu31zẽ44tei31
0912. 行应答语 能成 ləŋ24tʂhəŋ24
0913. 不行应答语 不成 pu31tʂhəŋ24
0914. 肯～来 肯 khẽ53
0915. 应该～去 该 kæ31
0916. 可以～去 能 ləŋ24

（三）言语

0917. 说～话 说 ʂuo31
0918. 话说～ 话 xua44
0919. 聊天儿 諞闲传 phiã53ɕiã24tʂhuã24
0920. 叫～他一声儿 喊 xã53
0921. 吆喝大声喊 叫唤 tɕiɔ44xuã0
0922. 哭小孩儿～ 哭 khu31
0923. 骂当面～人 日嘬 zʅ31tɕyo0
0924. 吵架动嘴：两个人在～ 闹仗 lɔ44tʂaŋ44
0925. 骗～人 哄 xuəŋ53/日弄 zʅ31luəŋ0
0926. 哄～小孩儿 哄 xuəŋ53
0927. 撒谎 搔谎 tsɔ31xuaŋ53
0928. 吹牛 吹牛皮 tʂhuei31niou24phi0/ 胡吹冒料 xu24tʂhuei31mɔ44liɔ44
0929. 拍马屁 舔沟子 thiã53kou31tsʅ0
0930. 开玩笑 说笑 ʂuo31ɕi44
0931. 告诉～他 说一下 ʂɤ31Øi31xa0

0932. 谢谢致谢语　谢承 ɕiɛ44tʂhəŋ0
0933. 对不起致歉语　对不起 tuei44pu31tɕhi53
0934. 再见告别语　回见 xuei24tɕiā44

十二、性质、状态

（一）形貌

0935. 大苹果～　大 ta44
0936. 小苹果～　碎 suei44
0937. 粗绳子～　壮 tʂuaŋ44
0938. 细绳子～　细 ɕi44
0939. 长线～　长 tʂhaŋ24
0940. 短线～　短 tuā53
0941. 长时间～　得一会儿 tei31Øi31xueir53
0942. 短时间～　马上 ma53ʂaŋ0
0943. 宽路～　宽 khuā31/宽堂 khuā31thaŋ0
0944. 宽敞房子～　亮堂 liaŋ44thaŋ0/大 ta44
0945. 窄路～　窄 tsei31
0946. 高飞机飞得～　高 kɔ31
0947. 低鸟飞得～　低 ti31
0948. 高他比我～　高 kɔ31
0949. 矮他比我～　低 ti31
0950. 远路～　长 tʂhaŋ24
0951. 近路～　短 tuā53
0952. 深水～　深 ʂɛ̃31
0953. 浅水～　浅 tɕhiā53
0954. 清水～　清 tɕhiəŋ31
0955. 浑水～　浑 xuɛ̃44
0956. 圆　圆 Øyā24

0957. 扁　扁 piā53
0958. 方　方 faŋ31
0959. 尖　尖 tɕiā31
0960. 平　平 phiəŋ24
0961. 肥～肉　肥 fei24
0962. 瘦～肉　瘦 sou44
0963. 肥形容猪等动物　肥 fei24
0964. 胖形容人　富态 fu44thæ0
0965. 瘦形容人、动物　瘦 sou44
0966. 黑黑板的颜色　黑 xei31
0967. 白雪的颜色　白 pei24
0968. 红国旗的主颜色，统称　红 xuəŋ24
0969. 黄国旗上五星的颜色　黄 xuaŋ24
0970. 蓝蓝天的颜色　蓝 lā24
0971. 绿绿叶的颜色　绿 liou31
0972. 紫紫药水的颜色　紫 tsɿ53
0973. 灰草木灰的颜色　灰 xuei31

（二）状态

0974. 多东西～　多 tuo31
0975. 少东西～　一点点 Øi31tiā53tiā0
0976. 重担子～　沉 tʂhɛ̃24
0977. 轻担子～　轻 tɕhiəŋ31
0978. 直线～　端 tuā31
0979. 陡坡～，楼梯～　陡 tou53
0980. 弯弯曲：这条路是～的　弯 Øuā31
0981. 歪帽子戴～了　斜 ɕiɛ24
0982. 厚木板～　厚 xou44
0983. 薄木板～　薄 po24
0984. 稠稀饭～　稠 tʂhou24
0985. 稀稀饭～　稀 ɕi31
0986. 密菜种得～　稠 tʂhou24
0987. 稀稀疏：菜种得～　稀哩巴擦

ɕi31li0pa0tsha0

0988. 亮指光线，明亮　明 miəŋ24

0989. 黑指光线，完全看不见　黑 xei31

0990. 热天气～　热 zɤ31

0991. 暖和天气～　暖和 lyã53xuo0

0992. 凉天气～　凉 liaŋ24

0993. 冷天气～　冷 ləŋ53/冻 tuaŋ44

0994. 热水～　烫 thaŋ44

0995. 凉水～　冰 piəŋ31

0996. 干干燥：衣服晒～了　干 kã31

0997. 湿潮湿：衣服淋～了　湿 ʂʅ31

0998. 干净衣服～　净 tɕiəŋ44

0999. 脏肮脏，不干净，统称：衣服～
　脏 tsaŋ31

1000. 快锋利：刀子～　利 li44/镢
　tshã24

1001. 钝刀子～　木 mu31/不镢
　pu31tshã24

1002. 快坐车比走路～　快 khuæ44

1003. 慢走路比坐车～　慢 mã44

1004. 早来得～　早 tsɔ53

1005. 晚来～了　迟 tʂʅ24

1006. 晚天色～　黑 xei31

1007. 松捆得～　松 suəŋ31

1008. 紧捆得～　紧 tɕiɛ̃53

1009. 容易这道题～　简单 tɕiã53tã31

1010. 难这道题～　难 lã24

1011. 新衣服～　新 ɕiɛ̃31

1012. 旧衣服～　旧 tɕiou44

1013. 老人～年纪大了
　ȵiã24tɕi31ta44liɛ0

1014. 年轻人～　年轻 ȵiã24tɕhiəŋ31

1015. 软糖～　软 zuã53

1016. 硬骨头～　硬 ȵiəŋ44

1017. 烂肉煮得～　嫩 lyɛ̃44

1018. 煳饭烧～了　着了 tʂhuo24liɛ0

1019. 结实家具～　墩实 tuɛ̃31ʂʅ0

1020. 破衣服～　烂 lã44

1021. 富他家很～　有得很 Øiou53ti0xɛ̃53/
　有钱 Øiou53tɕhiã24

1022. 穷他家很～　穷 tɕhyəŋ24

1023. 忙最近很～　忙 maŋ24

1024. 闲最近比较～　闲 ɕiã24

1025. 累走路走得很～　乏 fa24/困 khuɛ̃44

1026. 疼摔～了　疼 thəŋ24

1027. 痒皮肤～　咬 ȵiɔ53

1028. 热闹看戏的地方很～　热闹 zɤ31lɔ0

1029. 熟悉这个地方我很～　知道 tʂʅ31tɕ0

1030. 陌生这个地方我很～　生 səŋ31

1031. 味道尝尝～　味道 Øuei44tɔ0

1032. 气味闻闻～　气味 tɕhi44Øuei53

1033. 咸菜～　咸 xã24

1034. 淡菜～　甜 thiã24

1035. 酸　酸 suã31

1036. 甜　甜 thiã24

1037. 苦　苦 khu53

1038. 辣　辣 la31

1039. 鲜鱼汤～　鲜 ɕiã53

1040. 香　香 ɕiaŋ31

1041. 臭　臭 tʂhou44

1042. 馊饭～　瞎咧 xa31liɛ0

1043. 腥鱼～　腥 ɕiəŋ31

(三) 品性

1044. 好人～　嫽 liɔ24

1045. 坏人～　瞎 xa31

1046. 差东西质量～　不行 puŋ31ɕiəŋ24

1047. 对账算～了　对 tuei44

1048. 错账算～了　瞎 xa31

1049. 漂亮形容年轻女性的长相：她很～　心疼 ɕiẽ31thəŋ24

1050. 丑形容人的长相：猪八戒很～　难看 lã24khã44

1051. 勤快　勤 tɕhiẽ24

1052. 懒　懒 lã53

1053. 乖　乖 kuæ31

1054. 顽皮　捣蛋 tɔ53tã44

1055. 老实　诚实 tʂhəŋ24ʂʅ0/憨厚 xã31xou44

1056. 傻痴呆　瓜 kua31

1057. 笨蠢　闷 mẽ44

1058. 大方不吝啬　大方 ta44faŋ31

1059. 小气吝啬　啬皮 sei31phi24

1060. 直爽性格～　直 tʂʅ24

1061. 犟脾气～　犟 tɕiaŋ44

十三、数量

（一）数字

1062. 一～二三四五……，下同　一 Øi31

1063. 二　二 Øɚr44

1064. 三　三 sã31

1065. 四　四 sʅ44

1066. 五　五 Øu53

1067. 六　六 liou31

1068. 七　七 tɕhi31

1069. 八　八 pa31

1070. 九　九 tɕiou53

1071. 十　十 ʂʅ24

1072. 二十有无合音　无

1073. 三十有无合音　无

1074. 一百　一百 Øi24pei31

1075. 一千　一千 Øi24tɕhiã31

1076. 一万　一万 Øi31Øuã44

1077. 一百零五　一百零五 Øi24pei31liəŋ24Øu53

1078. 一百五十　一百五十 Øi24pei31Øu53ʂʅ0

1079. 第一～，第二　第一 ti44Øi31

1080. 二两重量　二两 Øɚr44liaŋ53

1081. 几个你有～孩子？　几个 tɕi53kɤ44

1082. 俩你们～　两 liaŋ53

1083. 仨你们～　仨 sæ31

1084. 个把　个把 kɤ44pa0

（二）量词

1085. 个一～人　个 kɤ44

1086. 匹一～马　匹 phi53

1087. 头一～牛　头 thou24

1088. 头一～猪　头 thou24

1089. 只一～狗　个 kɤ44

1090. 只一～鸡　个 kɤ44

1091. 只一～蚊子　个 kɤ44

1092. 条一～鱼　个 kɤ44/条 thiɔ24

1093. 条一～蛇　个 kɤ44

1094. 张一～嘴　张 tʂaŋ31

1095. 张一～桌子　个 kɤ44

1096. 床一～被子　个 kɤ44

1097. 领一～席子　个 kɤ44

1098. 双一～鞋　双 ʂuaŋ31/对 tuei44

1099. 把一～刀　个 kɤ44

1100. 把一～锁　个 kɤ44

1101. 根—～绳子　根 kẽ31

1102. 支—～毛笔　个 kɤ44

1103. 副—～眼镜　个 kɤ44

1104. 面—～镜子　个 kɤ44/面 miã44

1105. 块—～香皂　块儿 khuãr53

1106. 辆—～车　个 kɤ44

1107. 座—～房子　座 tsuo44/个 kɤ44

1108. 座—～桥　座 tsuo44/个 kɤ44

1109. 条—～河　个 kɤ44

1110. 条—～路　个 kɤ44

1111. 棵—～树　个 kɤ44

1112. 朵—～花　朵 tuo53

1113. 颗—～珠子　颗 khuo53

1114. 粒—～米　粒 li24

1115. 顿—～饭　顿 tuɛ̃44

1116. 剂—～中药　服 fu24

1117. 股—～香味　股 ku53

1118. 行—～字　行 ɕiaŋ24

1119. 块—～钱　块 khuæ53

1120. 毛角：一～钱　角 tɕyo31

1121. 件—～事情　个 kɤ44

1122. 点儿—～东西　点儿 tiãr53

1123. 些—～东西　点儿 tiãr53

1124. 下打一～，动量，不是时量　下 xa44

1125. 会儿坐了一～　下 xa44

1126. 顿打一～　顿 tuɛ̃44

1127. 阵下了一～雨　会 xuei44

1128. 趟去了一～　回 xuei24

十四、代词、副词、介词、连词

（一）代词

1129. 我～姓王　我 ŋɤ53

1130. 你～也姓王　你 ȵi53

1131. 您尊称　无

1132. 他～姓张　他 tha53

1133. 我们不包括听话人：你们别去，～去　我 ŋɤ53/我几个 ŋɤ31tɕi53kɤ0

1134. 咱们包括听话人：他们不去，～去吧　咱 tsã24/咱几个 tsã24tɕi53kɤ0

1135. 你们～去　你 ȵi53/你几个 ȵi31tɕi53kɤ0

1136. 他们～去　他 tha31/他几个 tha31tɕi53kɤ0

1137. 大家～一起干　咱几个 tsã24tɕi53kɤ31

1138. 自己我～做的　自己 tsʅ44tɕi31

1139. 别人这是～的　人家 ʐẽ24tɕia31

1140. 我爸～今年八十岁　我大 ŋɤ31ta24/我爸 ŋɤ31pa24/我伯 ŋɤ31pei24

1141. 你爸～在家吗？　你大 ȵi31ta24/你爸 ȵi31pa24/你伯 ȵi31pei24

1142. 他爸～去世了　他大 tha31ta24/他爸 tha31pa24/他伯 tha31pei24

1143. 这个我要～，不要那个　这一个 tsɤ44øi31kɤ0

1144. 那个我要这个，不要～　兀一个 øuo44øi31kɤ0

1145. 哪个你要～杯子？　哪一个 la53øi31kɤ0

1146. 谁你找～？　谁 ʂuei24

1147. 这里在～，不在那里　这儿 tsʅr53/这搭 tsei44ta0

1148. 那里在这里，不在～　那 la53/那搭 la44ta0

1149. 哪里你到～去？　阿搭 øa24ta0

1150. 这样 事情是～的，不是那样的
　　　这儿 tʂɤr53
1151. 那样 事情是这样的，不是～的
　　　兀儿 Øur53
1152. 怎样 什么样：你要～的？　啥样子
　　　sa44Øiaŋ44tsʅ0
1153. 这么 ～贵啊？　[这么] tsɛ̃44
1154. 怎么 这个字～写？　咋 tsa31
1155. 什么 这个是～字？　啥 sa44
1156. 什么 你找～？　啥 sa44
1157. 为什么 你～不去？　为啥 Øuei44sa0
1158. 干什么 你在～？　干啥 kã44sa0
1159. 多少 这个村有～人？　多 tuo31

（二）副词

1160. 很 今天～热　得很 tei31xɛ̃53
1161. 非常 比上条程度深：今天～热
　　　非常 fei31tʂhaŋ24
1162. 更 今天比昨天～热　还 xuã24
1163. 太 这个东西～贵，买不起　真 tʂɛ̃31
1164. 最 弟兄三个中他～高　最 tsuei44
1165. 都 大家～来了　都 tou24
1166. 一共 ～多少钱？　总共
　　　tsuŋ53kuəŋ44
1167. 一起 我和你～去　一搭儿 Øi31tar53
1168. 只 我～去过一趟　就 tɕiou44
1169. 刚 这双鞋我穿着～好　刚 kaŋ24
1170. 刚 我～到　才 tshæ24
1171. 才 你怎么～来啊？　才 tshæ24
1172. 就 我吃了饭～去　就 tɕiou44
1173. 经常 我～去　肯 khɛ̃53
1174. 又 他～来了　可 khɤ53

1175. 还 他～没回家　还 xuã24
1176. 再 你明天～来　再 tsæ44
1177. 也 我～去；我～是老师　也 Øiɛ53
1178. 反正 不用急，～还来得及　横顺
　　　çyo24ʂuɛ̃44
1179. 没有 昨天我～去　没 mo31
1180. 不 明天我～去　不 pu24
1181. 别 你～去　覅 pɔ31
1182. 甭 不用，不必：你～客气　覅 pɔ31
1183. 快 天～亮了　快 khuæ44
1184. 差点儿 ～摔倒了　稀乎儿 çi31xur53
1185. 宁可 ～买贵的　宁 ȵiaŋ24
1186. 故意 ～打破的　单故儿 tã24kuər0
1187. 随便 ～弄一下　搞得 kɔ53tei0
1188. 白 ～跑一趟　瞎 xa31
1189. 肯定 ～是他干的　就是 tɕiou44sʅ31
1190. 可能 ～是他干的　大模儿 ta44mor53
1191. 一边 ～走，～说　旋 suã44

（三）介词、连词

1192. 和 我～他都姓王　跟 kɛ̃31
1193. 和 我昨天～他去城里了　跟 kɛ̃31
1194. 对 他～我很好　对 tuei44
1195. 往 ～东走　朝 tʂhɔ24
1196. 向 ～他借一本书　问 vẽ44/跟 kɛ̃31
1197. 按 ～他的要求做　照 tʂɔ44
1198. 替 ～他写信　给 kei44
1199. 如果 ～忙你就别来了　再 tsæ31
1200. 不管 ～怎么劝他都不听　覅管
　　　pɔ31kuã53/不论 pu31lyɛ̃44

第二节　自选词汇

1201. 左帮左边 tsuo53paŋ0
1202. 右帮右边 Øiou44paŋ0
1203. 耍得大自高自大，不可一世
     ʂua53ti0ta44
1204. 东倒西歪走路不稳的样子
     tuaŋ31tɔ53ɕi24Øuæ31
1205. 夜儿黑昨天晚上 Øir53xei31
1206. 案板专门和面、擀面的木板 ŋã44pã53
1207. 壮年中年男人 tʂuaŋ44ȵiã0
1208. 大圆儿周围，附近 ta44Øyãr24
1209. 煎指水或饭非常热 tɕiã31
1210. 拆了指衣服线头开裂 tshei31liɛ0
1211. 欠了准备的饭菜不够吃了
     tɕhiã44liɛ0
1212. 胡来做事不按情理来 xu24læ24
1213. 方面儿煮面片 faŋ31miãr53
1214. 胡搅蛮缠指人不讲道理
     xu24tɕiɔ53mã24tʂhã24
1215. 死咧指人去世 sʅ53liɛ0
1216. 报丧指人死亡后，告知所有亲朋
     pɔ44saŋ31
1217. 好指人优秀 xɔ53
1218. 心疼指女人漂亮 ɕiẽ31thəŋ24
1219. 娘娘腔指带有女人气质的男人
     ȵiaŋ24ȵiaŋ24tɕhiaŋ31
1220. 泼妇指脾气暴躁、难缠的女人
     pho31fu53
1221. 下头最下面 xa44thou0
1222. 大哥丈夫的哥哥 ta44kɤ53
1223. 上房正屋 ʂaŋ44faŋ24

1224. 拐窑在窑洞内侧壁开挖小窑
     kuæ53Øiɔ24
1225. 虹早上或晚上出现的云彩，呈红黄色
     tɕiaŋ44
1226. 糟蹋折磨，使难受 tsɔ31tha31
1227. 待承招待客人 tæ44tʂhəŋ31
1228. 失急慌忙着急，忙乱
     ʂʅ31tɕi24xuaŋ31maŋ0
1229. 最上头最上面 tsuei44ʂaŋ44thou0
1230. 最里头最里面 tsuei44li53thou0
1231. 做样子装模作样 tsou44Øiaŋ44tsʅ0
1232. 暖坟整理坟墓 lyã53fɛ̃24
1233. 油坊榨油的铺子 Øiou24faŋ0
1234. 庄子院落 tʂuaŋ31tsʅ0
1235. 能人有技术的技术工人 ləŋ24zẽ24
1236. 碾窝子有石臼、铁臼，用来粉碎调料
     tɕiaŋ31Øuo31tsʅ0
1237. 十二能有本事的人 ʂʅ24Øər44ləŋ24
1238. 匠人有手艺的人 tɕiaŋ44zẽ0
1239. 䴵面用刀切细的长面条 li24miã44
1240. 打胡箕用櫔头、橛头等工具敲碎地里
     的土块 ta53xu24tɕhi31
1241. 炕坯方形，用红黏土加黄土合成草泥，
     加工制作而成，是盘炕的主要材料
     khaŋ44phei31
1242. 打墙用夹板夯筑土墙 ta53tɕhiaŋ24
1243. 醪糟用江米发酵而成的醪酒
     lɔ24tsɔ0
1244. 酵子用酵母发酵后的面团
     tɕiɔ44tsʅ0

1245. 羊公子 用来配种的公绵羊
Øiaŋ24kuəŋ31tsʅ0

1246. 麦仁汤 用麦粒酿制成的消暑汤汁
mei31zɛ̃24thaŋ31

1247. 调和拌汤 用面粉和炒菜做的面糊糊
thio24xuo0pã44thaŋ31

1248. 胡箕 用模具夯成的土坯 xu24tɕhi31

1249. 老虎鞋 用五色布做成猫形的鞋子，一般用于小孩儿 lɔ31xu0xæ24

1250. 花绳绳 用五色线拧成的绳子
xua31ʂəŋ24ʂəŋ0

1251. 纸火 用纸做的各式祭品 tsʅ53xuo0

1252. 送埋 由孙辈将各种纸火挑往墓地
suəŋ44mæ24

1253. 油饼 Øiou24piəŋ0

1254. 菜籽 油菜籽 tshæ44tsʅ31

1255. 糁子 玉米屑稀饭 tʂɛ̃31tsʅ0

1256. 高低柜儿 一边高一边低的柜子
kɔ24ti31kur53

1257. 菜夹馍 一种中间夹菜的烧饼
tshæ44tɕia31mo44

1258. 鼓鼓囊囊 一般指携带用品较多
ku53ku0laŋ24laŋ0

1259. 戏子 以唱戏为职业的人 ɕi44tsʅ0

1260. 土炕 用草和土合成土坯，做成的炕
thu53khaŋ44

1261. 亮窗 在房顶或窑口墙上开的窗户，通气透光用 liaŋ44tʂhuaŋ31

1262. 小工 在建筑工地从事辅助工作的人
ɕiɔ53kuəŋ31

1263. 窑窝子 在墙上开挖的小洞，小窑洞
Øiɔ24Øuo31tsʅ0

1264. 乱得跟麻一样 形容事情的头绪或者场面非常乱 luã44ti0kɛ̃31ma24Øi31Øiaŋ0

1265. 松松垮垮 形容套得不紧，拴得不牢，或者物件衔接不好
suəŋ31suəŋ0khua53khua0

1266. 犟□ 性格执拗，不通情理的人
tɕiaŋ44suəŋ24

1267. 二茬礼 要二茬彩礼钱
Øər44tsha24li53

1268. 放蜂人 养蜂人 faŋ44fəŋ31zɛ̃24

1269. 洋姜 Øiaŋ24tɕiaŋ31

1270. 花里胡哨 颜色纷杂 xua31li0xu31sɔ0

1271. □□ 鞋、袜等遮掩小腿的部分
Øiɔ44Øiɔ0

1272. 骟马 阉割的公马 ʂã44ma53

1273. 小窑 崖壁上的窑洞，高窑 ɕiɔ53Øiɔ24

1274. 野鸡 Øiɛ53tɕi31

1275. 鞋楦子 校正布鞋的模具
xæ24ɕyã44tsʅ0

1276. 孝衫 孝子在服孝期间穿的白长衫
xɔ44sã31

1277. 匣匣 小盒子 ɕia24ɕia0

1278. 土路 小路 thu53lou44

1279. 角角 小木桩 tɕyo31tɕyo0

1280. 啬皮 小气，吝啬 sei31phi24

1281. 瓦罐儿 小陶罐 Øua53kuãr53

1282. 瓦盆 小陶盆 Øua53phɛ̃24

1283. 碎铲铲 小铁铲 suei44tshã53tshã0

1284. 蚊蟆子 小蚊虫 Øuɛ̃24mo31tsʅ0

1285. 毛毛雪 小雪 mɔ24mɔ0ɕyo31

1286. 毛毛雨 小雨 mɔ24mɔ0Øy53

1287. 白雨 大雨 pei24Øy53

1288. 守灵 孝子在灵柩前陪伴亡灵
ʂou53liəŋ24

1289. □木子协助打胡箕的人干活
　　　 kuəŋ24mu31tsʅ0
1290. 死狗形容人难缠 sʅ31kou53
1291. 拿霜打了形容人呈病态
　　　 la24ʂuɑŋ31ta53liɛ0
1292. 棉夹夹小孩儿穿的筒形棉制衣服，无
　　　 袖，在两肩上系扣 miã24tɕia44tɕia0
1293. 碎□小孩儿，臭小子 suei44suɑŋ24
1294. 碎房子小房子或简陋的房子
　　　 suei44fɑŋ24tsʅ0
1295. 箆子小而密的梳子 pi44tsʅ0
1296. 碎板凳小凳子 suei44pã53thəŋ0
1297. 洋碱肥皂 Øiɑŋ24tɕiã53
1298. 壬候现在 zẽ24xu0
1299. 芒天夏收季节 mɑŋ24thiã31
1300. 芒罢夏季结束后 mɑŋ24pa44
1301. 地窖下沉式窑洞 ti44tɕiɔ44
1302. 王八土鳖 Øuɑŋ24pa31
1303. 百日亡人去世一百天举行的祭奠仪式
　　　 pei31Øər31
1304. 头七亡人去世第七天举行的祭奠仪式
　　　 thou24tɕhi31
1305. 没事寻事无中生有
　　　 mo31sʅ44ɕiẽ24sʅ44
1306. 黑云乌云 xei31Øyẽ24
1307. 邋遢头上身上落满灰尘，形容人土气
　　　 la31tha0
1308. 糊涂蛋头脑混乱不清 xu24thu0tã44
1309. 西岸子西边 ɕi31ŋã44tsʅ0
1310. 灌椽往房檩上钉椽 kuã44tʂhuã24
1311. 洋甘石细的磨刀石 Øiɑŋ24kã31ʂʅ0
1312. 爱好细致，仔细节省 ŋæ44xɔ53
1313. 打地基挖地基 ta53ti44tɕi31

1314. 恶水泔水 ŋɤ31ʂuei0
1315. 赌徒喜欢赌博的人 tu53thu24
1316. 红事喜事，特指婚事 xuɑŋ24sʅ44
1317. 温温水温度不高的水
　　　 Øuẽ31Øuẽ0ʂuei53
1318. 蛐蛐蟋蟀 tɕhy31tɕhy0
1319. 窝菜酸菜 Øuo44tshæ44
1320. 悠悠风微风 Øiou31Øiou24fəŋ31
1321. 蜗蜗牛儿蜗牛 kua44kua44ȵiour24
1322. 梨瓜甜瓜 li24kua31
1323. 恋爱谈对象 liã24ŋæ44
1324. 锅塌子用玉米、高粱等粗粮蒸制的馍
　　　 馍 kuo31tha31tsʅ0
1325. 糟皮溜慌说谎话，骗人
　　　 tsɔ31phi31liou44xuɑŋ53
1326. 涨□态度无所谓或傲气十足的样子
　　　 tʂɑŋ24suɑŋ24
1327. 没□项死气沉沉，没有生气，亦指某
　　　 件事毫无起色 mo31suɑŋ24ɕiɑŋ44
1328. 日眼讨厌 zʅ31ȵiã53
1329. 阴坡太阳照不到的地方 Øiẽ31pho31
1330. 白事丧事 pei24sʅ44
1331. 没见过世面傻，少见识
　　　 mo31tɕiã44kuo31sʅ44miã0
1332. 筛子筛选面粉时，隔除麸皮及杂物的用
　　　 具 sæ53tsʅ0
1333. 洞洞山里的洞 tuəŋ44tuəŋ0
1334. 锅盔烧饼 kuo31khuæ0
1335. 砖坯子烧作砖块 tʂuã24phei31tsʅ0
1336. 啥时候什么时候 sa44sʅ31xou0
1337. 昏迷神志不清 xuẽ31mi24
1338. 婶婶娘 ʂẽ53
1339. 牲口牲畜的通称 səŋ31khou0

1340. 瓮盛水的器具 Øuəŋ44

1341. 帕帕手帕 pha31pha0

1342. 上盖寿材完工时直系亲属庆贺 ʂaŋ44kæ44

1343. 老衣寿衣 lɔ53Øi31

1344. 善和舒服得很，享受 tʂhã53xuo0

1345. 洋糖水果糖 Øiaŋ24thaŋ24

1346. 饺子/煮馍水饺 tɕiɔ53tsʅ0/tʂu53mo44

1347. 顺当顺利 ʃuɜɪ44taŋ0

1348. 吹牛皮说大话 tʃhuei31ȵiou24phi0

1349. 说渣子话说风凉话 sɤ31tsa31tsʅ0xua44

1350. 麻迷儿说话做事不按规矩来的人 ma24mir24

1351. 屄硬沟子松说话嘴硬、办事胆怯的人 phi31ȵiəŋ44kou24tsʅ0suəŋ31

1352. 坷里盖儿蒲公英 khɯ31li0kær53

1353. 硬固强迫人做事 ȵiəŋ44ku53

1354. 赶早清早 kã31tsɔ53

1355. 秋收秋收季节 tɕhiou24ʂou31

1356. 做墙砌墙 tsou44tɕhiaŋ24

1357. 没□项软弱无能 mo31suəŋ24ɕiaŋ44

1358. 精沟子全身精光，不着衣服 tɕiəŋ24kou31tsʅ31

1359. 壳郎子瘦猪 khɯ31laŋ0tsʅ0

1360. 不顺眼让人厌烦 pu31ʃuɜ44ȵiã53

1361. 冢疙瘩丘陵 tʃuəŋ53kɯ31ta24

1362. 下馆子去饭店吃饭 ɕia44kuã53tsʅ0

1363. 领证去民政部门办结婚证 liəŋ53tʂəŋ44

1364. 七尽七期，即亡人去世第四十九天举行的祭奠仪式 tɕhi31tɕiẽ44

1365. 送客女子出门当日，娘家嫂子，或姑母，或姨母一人陪姑娘出嫁 suəŋ44khei31

1366. 回门女子出嫁后第三天回娘家 xuei24mẽ24

1367. 出门女孩子出嫁 tʂhu31mẽ24

1368. 麻明天快亮时 ma24miəŋ24

1369. 黑儿天黑 xɯr31

1370. 才黑了天擦黑 tʂhæ24xei31liɛ0

1371. 阳坡太阳能照到的地方 Øiaŋ24pho31

1372. 结实皮肤黑而不难看 tɕi31ʂʅ0

1373. 乖漂亮，可爱 kuæ31

1374. 酒坊酿酒的作坊 tɕiou53faŋ0

1375. 做醋酿造醋 tsou44tʂhu44

1376. 冥寝墓穴里的方坑 miəŋ24tɕhiəŋ31

1377. 下房偏房，上房两侧 xa44faŋ24

1378. 铁匠能打铁的人 thiɛ53tɕiaŋ0

1379. 陪房陪嫁品 phei24faŋ0

1380. 南岸儿南边 lã24ŋãr31

1381. 卖命拼命干活，或者尽最大力气干活 mæ44miəŋ44

1382. 泥匕泥刀 ȵi44pi31

1383. 要房闹洞房 ʂua53faŋ24

1384. 尿盆 ȵiɔ44phẽ0

1385. 裤子尿布 tɕhiɛ44tsʅ0

1386. 下花男方娶亲前一天，派人去女方家协调，沟通第二天婚礼上的有关事宜 ɕia44xua31

1387. 礼钱男方给女方的礼金 li53tɕhiã0

1388. 洗头女方给孩子办理结婚宴请 ɕi53thou24

1389. 吃宴席女方亲戚到男方家参加婚宴 tʂhʅ31Øia44ɕi24

1390. 骒马母马 khuo44ma31

1391. 草驴母驴 tshɔ53ly24

1392. 搌布抹布 tʂã53phu0

1393. 生人陌生人 səŋ31ʐẽ24

1394. 瓷□面无表情，不知害羞，或者不灵活 tshʅ24suəŋ24

1395. 捏个儿勉强 ȵiɛ31kɤɹ53

1396. 麻食子猫耳朵 ma24ʂʅ0tsʅ0

1397. 大氅棉大衣 ta44tʂhaŋ53

1398. 懒□邋遢，不精干，不整洁，不干净 lã53suəŋ24

1399. 磨面磨面粉 mo44miã44

1400. 赖子赖皮 læ44tsʅ0

1401. 墓子墓穴 mu44tsʅ0

1402. 摸 mɔ31

1403. 窝窝棉布鞋 Øuo31Øuo0

1404. 棉袄儿棉上衣 miã24ŋɔɹ0

1405. 麻糖麻花 ma24thaŋ0

1406. 官领导干部 kuã31

1407. 乏了累了 fa24liɛ0

1408. 酿皮子凉皮 ʐɑŋ53phi24tsʅ0

1409. 没头绪凌乱，无条理 mo31thou24ɕy0

1410. 埋人埋丧 mæ24ʐẽ24

1411. 桉子临时搭建的草棚 ŋã31tsʅ0

1412. 冰锅冷灶冷冷清清 piəŋ31kuo31ləŋ53tsɔ44

1413. 不成像乱七八糟的东西 pu31tʂhəŋ24ɕiaŋ44

1414. 毛毛躁躁连哄带抢，说话办事急躁 mɔ24mɔ0tshɔ31tshɔ0

1415. 连阴雨 liã24Øiɛ31Øy53

1416. 苇子芦苇 Øy53tsʅ31

1417. 憨憨儿的老实、呆板的样子 xã31xãɹ24ti0

1418. 老碎老小 lɔ53suei44

1419. 打怕老人安葬后三日内，孝子每晚去坟前守墓，给亡灵做伴 ta53pha44

1420. 旋风龙卷风 ɕyã24fəŋ31

1421. 歪厉害 Øuæ31

1422. 黑糖红糖 xei31thaŋ24

1423. 油花子花卷 Øiou24xua31tsʅ0

1424. 坏□坏人 xuæ44suəŋ24

1425. 斑鸠灰斑鸠 pã31tɕiou31

1426. 扫子星彗星 sɔ44tsʅ0ɕiəŋ31

1427. 天烧了火烧云 thiã31ʂɔ44liɛ0

1428. 灵□机灵 liəŋ24suəŋ24

1429. 洋钉机制的小铁钉 Øiɑŋ24tiəŋ31

1430. 凑合基本上过得去 tshou44xuo0

1431. 匠人既会烧制瓦砖，又会修整土窑洞的人 tɕiɑŋ44ʐẽ0

1432. 摆祭祭奠时由孝子给亡灵供奉祭品 pæ53tɕi44

1433. 灵棚祭奠用的棚 liəŋ24phəŋ24

1434. 甑箅加进锅里用来蒸馍的器具 tɕiəŋ44pi31

1435. 抬埋将棺柩抬往墓地 thæ24mæ24

1436. 要饭的叫花子 Øiɔ44fã44ti0

1437. 芥疙瘩芥菜 tɕiɛ44kɯ31ta31

1438. 刺荆荆棘 tshʅ44tɕiẽ0

1439. 瓷嘛二愣精神萎靡，见人不热情；不灵活 tshʅ24ma0ɚ44ləŋ44

1440. 盘子矩形，较小又浅的盛放东西的家具 phã24tsʅ31

1441. 煎水开水 tɕiã31ʂuei53

1442. 瓦房给房顶安置覆盖瓦片 Øua53fɑŋ24

1443. 溢水给沸水里面加入凉水止沸 tɕiã44ʂuei53

1444. 说媳妇儿给男娃说对象
ʂuo24ɕi31fur0

1445. 寻下嫁给女娃说对象
ɕiẽ24ɕia44tɕia31

1446. 叫驴公驴 tɕiɔ44ly24

1447. 二马子公马 ɵər44ma31tsɿ0

1448. 羊公子公山羊 ɵiaŋ24kuəŋ31tsɿ0

1449. 送灯姑娘出门第一年，娘家人给姑娘送红灯 suəŋ44təŋ31

1450. 显摆故意摆弄给人看 ɕiã53pæ53

1451. 没事寻事找事 mo31sɿ44ɕiẽ24sɿ44

1452. 角角儿拐弯的地方 tɕyo31tɕyor0

1453. 枋板棺木用板 faŋ31pã53

1454. 黑咕隆咚光线暗，看不清东西
xei31ku31luəŋ24tuəŋ0

1455. 棍棍子 kuɛ̃44

1456. 粑粑锅巴 pa44pa0

1457. 本地槐国槐 pẽ53ti44xuæ24

1458. 夹夹汗衫 tɕia31tɕia0

1459. 木木囊囊行动拖拉缓慢
mu44mu0laŋ24laŋ0

1460. 二溜子好吃懒做、游手好闲的人
ɵər44liou44tsɿ0

1461. 老实人好人 lɔ53ʂɿ0ʐɛ̃24

1462. 搋面和面 tshæ31miã44

1463. 本事蛋蛋很有本事、很能干的人
pẽ53sɿ0tã44tã0

1464. 搭红儿女结婚时，男女方的舅家给两个孩子披红 ta31xuaŋ24

1465. 请人儿女结婚时给亲戚朋友发请柬
tɕhiaŋ53ʐɛ̃24

1466. 简麻干练，精干 tɕiã53ma0

1467. 呼噜白雨大雨，暴雨，雷阵雨
xu31lu0pei24ɵy53

1468. 八仙桌方桌 pa31ɕiã24tʃuo31

1469. 东岸子东边 tuəŋ31ŋã44tsɿ0

1470. 冬里冬天 tuəŋ31li53

1471. 张二摆带动作夸张，大声地胡说乱说
tʂaŋ24ɵər53pæ31tæ0

1472. 窖地坑庄基院子的水窖 tɕiɔ44

1473. 畔子地的两边 pã44tsɿ0

1474. 地软地鲜，土木耳 ti44ʐuã0

1475. 胡说浪谝夸夸其谈
xu24ʂuo31laŋ44phiã53

1476. 刚刚儿刚才 kaŋ24kaŋr0

1477. 干巴硬正刚正，耿直，理直气壮，又称刚巴硬正 kã31pa0ȵiəŋ44tʂəŋ44

1478. 刚刚好刚合适，既不欠缺，也不剩余
kaŋ24kaŋ0xɔ53

1479. 没记性丢三落四 mo31tɕi44ɕiəŋ31

1480. 柴火各种废弃的树干 thæ24xuo0

1481. 拨刀儿面各种样式的短面条
po31tɔr31miã44

1482. 副食各种甜食 fu44ʂɿ24

1483. 嘴长多嘴 tsuei53tʂhaŋ24

1484. 瓷锤呆头呆脑 tshɿ24tʃhuei24

1485. 撕气咧饭菜等发霉走味
sɿ53tɕhi31liɛ0

1486. 炕桌放在炕上的桌子 khaŋ44tʂuo31

1487. 夹袄儿带有里子布的夹衣
tɕia31ŋɔr53

1488. 下房子房屋中没有檐墙的房子
xa44faŋ24tsɿ0

1489. 隔墙房屋侧面的墙体 kei31tɕhiaŋ24

1490. 谢匠人房屋落成后答谢工匠的宴请
ɕiɛ44tɕiaŋ44ʐɛ̃0

1491. 衫子单层的外上衣 sã31tsɿ0

1492. 二杆子胆大妄为的人 ɵər44kã53tsɿ0

1493. 纸棍哭丧棒 tsʅ53kuɛ̃0

1494. 门房盖在门口的房子 mɛ̃24faŋ24

1495. 上梁盖房子安放大梁 ʂaŋ44liaŋ24

1496. 放线盖房时依图纸画线 faŋ44ɕiā44

1497. 半截袖儿短袖 pã44tɕiɛ0ɕiour53

1498. 黏嘛咕咚概念不清；不利索，不清楚 z̩ã24ma0ku0tuəŋ0

1499. 蝎虎壁虎 ɕiɛ31xu0

1500. 薄片片薄铁皮 po24phiā53phiā0

1501. 灵得跟猴一样聪明，反应灵活 liaŋ24ti0kɛ̃31xou24θi31θiəŋ0

1502. 腰带缠在腰间的布条 Øiɔ31tæ44

1503. 瓜不唧唧痴呆的样子 kua31pu0tɕi31tɕi0

1504. 锅头门儿厨房锅台旁烧火的地方 kuo31thou31mɛ̃r24

1505. 磨石粗的磨刀石 mo44ʂʅ0

1506. 歪七趔八不直 Øæ31tɕhi31liɛ24pa31

1507. 胡吹冒料吹牛 xu24tʃhuei31mɔ44li44

1508. 瓜眉失眼很傻 kua31mi0ʂʅ31ɲiā53

1509. 精沟浪荡不穿衣服 tɕiəŋ24kou31laŋ44taŋ44

1510. 二拧巴扎傻乎乎的 Øər44ɲiəŋ0pa31tsa31

1511. 牛皮哄哄很拽 ɲiou24phi31xuəŋ31xuəŋ0

1512. 扑兮咪懈邋遢，不精干 phu31ɕi31læ0xæ0

1513. 人五人六指手画脚，见谁逗谁 z̩ɛ̃24u53z̩ɛ̃24liou31

1514. 甩手掌柜甩手啥都不管 ʃuæ53ʂou53tʂaŋ53kuei44

1515. 土而么却头上身上落满灰尘，形容人土气，不干净 thu53Øər31mo31tɕhyo31

1516. 榆木疙瘩木讷，呆 Øy24mu24kɯ31ta0

1517. 掐猫儿逗狗故意挑逗，招惹别人 tɕhia31mɔr24tou44kou53

1518. 嘴噘脸吊拉着脸不高兴 tsuei53tɕyo31liā53tiɔ44

1519. 包袱蛋蛋一般指携带用品较多 pɔ31fu0tā44tā0

1520. 挣死扒活拼命干活，或者尽最大力气干活 tsəŋ44sʅ53pa31xuo24

1521. 松里垮塌形容套得不紧，拴得不牢，或者物件衔接不好 suəŋ31li24khua31tha0

1522. 胡求麻达草草了事 xu24tɕhiou24ma0ta0

1523. 稀里糊涂头脑混乱不清 ɕi31li0xu24tu0

1524. 大不咧咧态度无所谓 ta44pu0liɛ31liɛ0

1525. 扭扭捏捏不大方 ɲiou53ɲiou0ɲiɛ31ɲiɛ0

1526. 邋里邋遢不利索 la31li0la31tha0

1527. 是非精精爱惹是非的人 sʅ44fei24tɕiəŋ31tɕiəŋ0

1528. 冷得争□冷得快要冻死 ləŋ53ti0tsəŋ31suəŋ24

1529. 麻利快活形容人做事快 ma24li44khuæ44xuo0

1530. 干净利麻整齐利索 kā31tɕiəŋ31li44ma0

第四章　语法与口头文化

第一节　语法例句

1. 你是哪里人？

   你是阿搭人？/你是啥地方人？/你屋在阿搭？

   ȵi53sʅ44ø a24ta0 zੁẽ24？/ȵi53sʅ31sa44ti44fɑŋ0 zੁẽ24？/ȵi24ø u31tsæ44 a24ta0？

2. 我是陕西＿＿＿＿＿＿人。（说出所在县或市）

   我屋是陕西秦都人。

   ŋɤ24ø u31sʅ44ʂã53ɕi31tɕhiɛ24tu31zੁẽ24.

3. 你今年多大？

   今年多大了？/高寿？/你几岁了？

   tɕiẽ31ȵiã24tuo31ta44liɛ0？/kɔ31ʂou44？/ȵi53tɕi53suei44liɛ0？

4. 我＿＿＿＿＿＿岁了。（说出自己的实际年龄）

   我六十岁了。

   ŋɤ53liou53ʂʅ0suei44liɛ0.

5. 你叫什么名字？

   你叫个啥？/你叫个啥名字？

   ȵi53tɕiɔ44kɤ0sa44？/ȵi53tɕiɔ44kɤ0sa44mieŋ24tsʅ0？

6. 我叫＿＿＿＿＿＿。（说出自己的名字）

   我叫刘海军。

   ŋɤ53tɕiɔ44liou24xæ53tɕyẽ31.

7. 你家住哪里？

   你家在阿搭？

   ȵi24tɕia31tsæ44ø a24ta0？

8. 我家住＿＿＿＿＿＿。（说出自己居住的地址）

   我家在吴家堡呢！

45

ŋɤ24tɕia31tsæ44ɵu24tɕia31pu53n̺i0！

9. 谁呀？我是老三。

你是谁？老三。

n̺i53sๅ44sei24? lɔ53sã31.

10. 老四呢？他正在跟一个朋友说着话呢。

老四在阿搭？他正跟谁在兀儿谝闲传呢。

lɔ53sๅ44tsæ44ɵa24ta0? tha53tʂəŋ44kɛ31sei24tsæ44ɵur53phiã53xã24tʂhuã24n̺i0.

11. 他还没有说完吗？

他咋还没说完呢？

tha53tsa31xã24mo24ʂɤ31ɵuã24n̺i0?

12. 还没有。大约再有一会儿就说完了。

兀还没说完呢，科摸着快了。

ɵuo53xã24mo24ʂɤ31ɵuã24n̺i0, khuo53mo31tʂɤ0khuæ44liɛ31.

13. 他说马上就走，怎么这半天了还在家里呢？

他咋还没走呢，他在屋木囊啥呢？

tha53tsa31xã24mo31tsou53n̺i0, tha53tsæ44ɵu31mu44naŋ0sa44n̺i0?

14. 你到哪儿去？我到城里去。

你在阿搭去了？下县去了。

n̺i53tsæ44ɵa24ta0tɕhi44liɛ0? xa44ɕiã44tɕhi44liɛ0.

15. 在那儿，不在这儿。

在兀儿，不在这儿。/在兀搭，不在这搭。

tsæ44ɵur53, pu31tsæ44tʂɤr53. /tsæ44ɵuei44ta0, pu31tsæ44tʂei44ta0.

16. 不是那么做，是要这么做的。

不是这样弄，是这样弄。

pu31sๅ44tʂei53ɵiaŋ0nəŋ44, sๅ44tʂɤ53ɵiaŋ0nəŋ44.

17. 太多了，用不着那么多，只要这么多就够了。

太多了，不用拿这么多，够了够了。

thæ44tuo31liɛ0, pu31ɵyəŋ44la24tʂɤ53mo24tuo31, kou44liɛ0kou44liɛ0.

18. 这个大，那个小，这两个哪一个好点呢？

这个大，兀个碎，这两个阿个好？

tʂɤ53kɤ0ta44, ɵuei53kɤ0suei44, tʂɤ44liaŋ53kɤ0ɵa31kɤ0xɔ53?

19. 这个比那个好。

这个比兀个好。

tʂei53kɤ0pi53Øuei53kɤ0xɔ53.

20. 这些房子不如那些房子好。

这间房子没有这间房子洋火。

tʂɤ53tɕiã31faŋ24tsɿ0mo31Øiou53tʂei53tɕiã31faŋ24tsɿ0Øiaŋ24xuo0.

21. 这句话用_____话怎么说？（填本地地名，本地音）

这句话用秦都话咋说？

tʂɤ44tɕy44xua44Øyəŋ44tɕhiẽ24tu31xua44tsa24ʂɤ31？

22. 他今年多大岁数？

他今年多大了？

tha53tɕiẽ31ɲiã24tuo31ta44liɛ0？

23. 大概有三十来岁吧。

大概有三十多岁吧。

ta44kæ44Øiou53sã53ʂɿ0tuo31suei44pa0.

24. 这个东西有多重呢？

这东西有多重？

tʂɤ53tuəŋ31ɕi0Øiou53tuo31tʂuəŋ44？

25. 有五十斤重呢。

五十斤重。

Øu53ʂɿ0tɕiẽ31tʂuəŋ44.

26. 拿得动吗？

你拿得动？

ɲi53la24ti0tuəŋ44？

27. 我拿得动，他拿不动。

我能成，他不行。

ŋɤ53ləŋ24tʂhəŋ24，tha53pu31ɕiəŋ24.

28. 真不轻，重得连我都拿不动了。

这不轻，我都拿不动。

tʂɤ44pu24tɕhiəŋ31，ŋɤ53tou31la24pu31tuəŋ44.

29. 你说得很好，你还会说点儿什么呢？

你说的嫽，你还能说个啥？

ɲi53ʂɤ31ti0liɔ24，ɲi53xuã24ləŋ24ʂɤ31kɤ0sa44？

30. 我嘴笨，我说不过他。

我这人嘴笨，说不过[人家]。

ŋɤ53tʂɤ53zɛ̃24tsuei53pɛ̃44，ʂɤ31pu31kuo44ȵiã31.

31. 说了一遍，又说了一遍。

说一回又一回。

ʂɤ31øi31xuei24øiou44øi31xuei24.

32. 请你再说一遍。

你再给我说一回。

ȵi53tsæ44kei53ŋɤ53ʂɤ31øi31xuei24.

33. 不早了，快去吧！

不早了，快去。

pu31tsɔ53liɛ0，khuæ44tɕhi44.

34. 现在还很早呢。等一会儿再去吧。

现在还早着呢，过一会儿去。

ɕiã44tsæ44xa24tsɔ53tʂɤ0ȵi0，kuo44øi31xueir53tɕhy44.

35. 吃了饭再去好吧？

把饭吃了再去，咋样？

pa31fã44tʂʅ31liɛ0tsæ44tɕhi44，tsa53øiɑŋ44？

36. 慢慢儿地吃啊！不要急嘛！

慢慢儿吃，甭急。

mã44mãr53tʂʅ31，pɔ31tɕi24.

37. 坐着吃比站着吃好些。

立下吃没有坐下吃嫽。

li31ɕia0tʂʅ31mo31øiou53tsuo44ɕia0tʂʅ31liɔ24.

38. 这个吃得，那个吃不得。

这一个能吃，兀个吃不成。

tʂɤ53øi31kɤ0ləŋ24tʂʅ31，øuei53kɤ0tʂʅ31pu31tʂhəŋ24.

39. 他吃了饭了，你吃了饭没有呢？

他吃了，你吃了没？

tha53tʂʅ31liɛ0，ȵi53tʂʅ31liɛ0mo31？

40. 他去过上海，我没有去过。

[人家] 去过上海，我还没去过呢。

ȵia31tɕhy44kuo0ʂaŋ44xæ53，ŋɤ53xa24mo31tɕhi44kuo31 0ȵi31.

41. 来闻闻这朵花香不香？

你闻这花香不香？

ȵi53ʮɛ̃24tʂɤ53xua31ɕiaŋ31pu24ɕiaŋ31?

42. 香得很，是不是？

香得很，得是？

ɕiaŋ31ti31xɛ̃53，tei31sɿ44?

43. 给我一本书！

给我一本书！

kei44ŋɤ53ʮi31pɛ̃53ʂu31!

44. 我实在没有书嘛！

我这儿真的没有。

ŋɤ53tʂɤr53tʂɛ̃31ti0mo31ʮou53.

45. 你告诉他。

你给他说一下。

ȵi53kei44tha53ʂuo31ʮi31xa0.

46. 好好儿地走！不要跑！

好好儿走，要跑！

xɔ53xɔr24tsou53，pɔ31phɔ53!

47. 小心跌下去爬也爬不上来！

小心跌下去，爬也爬不上来。

ɕiɔ53ɕiɛ̃31tiɛ31ɕia44tɕhi44，pha24ʮiɛ53pha24pu31ʂaŋ44læ0.

48. 医生叫你多睡一睡。

大夫叫你多睡一会儿。

tæ44fu31tɕiɔ44ȵi53tuo31ʃuei44ʮi31xueir53.

49. 吸烟或者喝茶都不可以。

抽烟喝茶都不行。

tʂhou24ʮiã31xɤ31tsha24tou24pu31ɕiŋ24.

50. 烟也好，茶也好，我都不喜欢。

烟茶我都不爱。

ʮiã31tsha24ŋɤ53tou24pu31ŋæ44.

51. 不管你去不去，反正我是要去的，我非去不可。

我不管你去不去，反正我非去不可。

ŋɤ53pu31kuã53ȵi53tɕhy44pu31tɕhy44，fã31tʂəŋ44ŋɤ53fei31tɕhy44pu31khɤ53.

52. 你是哪一年来的？

你是阿一年来的？

ɲi53sʅ44ɵa31ɵi31ɲiã24læ24ti0?

53. 我是前年到的北京。

我是前年到北京的。

ŋɤ53sʅ44tɕhiã24ɲiã0tɔ44pei31tɕiəŋ31ti0.

54. 今天开会谁的主席？

今天开会主要是谁？

tɕiẽ24thiã31khæ31xuei44ʃu53ɵiɔ44sʅ31sei24?

55. 你得请我的客。

轮你请我了。

luẽ24ɲi31tɕhiəŋ53ŋɤ53liɛ0.

56. 这是他的书，那一本是他哥哥的。

这一本书是他的，兀一本书是他哥的。

tʂɤ53ɵi31pẽ53ʃu31sʅ44tha53ti0, ɵuei53ɵi31pẽ53ʂu31sʅ31tha31kɤ24ti0.

57. 一边走，一边说。

旋走旋说。

suã44tsou53suã44ʂɤ31.

58. 看书的看书，看报的看报，写字的写字。

看书的，看报的，写字的，都有。

khã44ʃu31ti0, khã44pɔ44ti0, ɕiɛ53tsʅ44ti0, tou24ɵiou53.

59. 越走越远，越说越多。

越走越远，越说越多。

ɵyo31tsou53ɵyo31ɵyã53, ɵyo24ʂɤ31ɵyo24tuo31.

60. 把那个东西拿给我。

把兀东西给我。

pa31ɵuo53tuəŋ31ɕi0kei44ŋɤ53.

61. 有些地方把太阳叫日头。

有些地方把太阳叫日头。

ɵiou53ɕiɛ31ti44faŋ0pa31thæ44ɵiɑŋ0tɕiɔ44ɵɚr31thou0.

62. 您贵姓？我姓王。

你姓啥？我姓王。

ɲi53ɕiəŋ44sa44? ŋɤ53ɕiəŋ44uaŋ24.

63. 你姓王，我也姓王，咱们两个人都姓王。

你姓王，我也姓王，咱俩是一家子。

ȵi53ɕiəŋ44Øuaŋ24, ɣɤ53Øiɛ53ɕiəŋ44Øuaŋ24, tsã24liɑ53sʅ44Øi24tɕia31tsŋ0.

64. 你先去吧，我们等一会儿再去。

你先走，我一会儿就来了。

ȵi53ɕiã31tsou53, ɣɤ53Øi31xueir53tɕiou44læ24liɛ0.

第二节　北风和太阳

北风跟太阳

有一回，北风跟太阳在那儿争论谁的本事大。争来争去就是分不出高低来。这时候路上来了个走道儿的，他身上穿着件厚大衣。他们俩就说好了，谁能先叫这个走道儿的脱下他的厚大衣，就算谁的本事大。北风就使劲地刮起来了，不过他刮得越是厉害，那个走道儿的把大衣裹得越紧。后来北风没法儿了，只好就算了。过了一会儿，太阳出来了。他火辣辣地一晒，那个走道儿的马上就把那件厚大衣脱下来了。这下儿北风只好承认，他们俩当中还是太阳的本事大。

北风和太阳

pei24fəŋ31xɤ24thæ44Øiɑŋ0

有一天，一个叫北风，一个叫太阳的，两个在兀儿吹牛呢，说看谁的本事大。

Øiou53Øi24thiã31, Øi31kɤ0tɕiɔ44pei24fəŋ31, Øi31kɤ0tɕiɔ44thæ44Øiɑŋ0ti0, liaŋ53kɤ0tsæ44Øur53tʂhuei31ȵiou24ȵi0, sʅ31khã44ʂuei24ti0pɛ̃53sʅ0ta44.

争来争去，分不出个高低来。

tsəŋ31læ24tsəŋ31tɕhi44, fɛ̃31pu24tʂhu31kɤ31kɔ24ti31læ24.

这个时候，来了个过道儿的人，他身上穿了一件厚大衣。

tʂɤ44kɤ0sʅ24xou31, læ24lɤ0kɤ31kuo44tɔr53ti0zɛ̃24, tha53ʂɛ̃31ʂaŋ0tʂhuã31lɤ0Øi31tɕiã53xou44ta44Øi31.

他俩就说，谁能把这个人的厚大衣脱下来，就算谁的本事大。

tha31lia31tɕiou44ʂɤ31, sei24nəŋ24pa31tʂɤ44kɤ0zɛ̃24ti0xou44ta44Øi31thuo31ɕia44læ0, tɕiou44suã44sei24ti0pɛ̃53sʅ0ta44.

北风说，我先来。

pei24fəŋ31ʂɤ31, ɣɤ53ɕiã31læ24.

北风就使劲地刮起了大风，不过它越是刮得厉害，那个走道儿的就把大衣裹得越紧。

pei24fəŋ31tɕiou44sʅ53tɕiɛ̃53ti0kua31tɕhi31liɛ0ta44fəŋ31，pu31kuo44tha53Øyo31sʅ44kua31ti0li44xæ0，la53kɤ0tsou53tɔr53ti0tɕiou44pa31ta44Øi31kuo53ti0Øyo31tɕiɛ̃53.

后来，北风没法儿了，只好说算了。

xou44læ24，pei24fəŋ31mo24far0liɛ0，tsʅ31xɔ53ʂɤ31suā44liɛ0.

太阳说，我来。

thæ44Øiɑŋ0ʂuo31，ŋɤ53læ24.

太阳出来了，它火辣辣地一晒，那个走道儿的人马上就把大衣脱下来了。

thæ44Øiɑŋ0tʂhu31læ0liɛ0，tha31xuo53la31la0ti31Øi31sæ44，la53kɤ0tsou53tɔr53ti0zɛ̃24ma53ʂɑŋ0tɕiou44pa31ta44Øi31thuo31ɕia0læ24liɛ0.

这下北风只好承认，它们俩当中还是太阳本事大。

tʂɤ53ɕia44pei24fəŋ31tsʅ31xɔ53tʂhəŋ24zɛ̃44，tha31mɛ̃24lia31tɑŋ24tʂuəŋ31xæ24sʅ0thæ44Øiɑŋ0pɛ̃53sʅ0ta44.

第三节 口头文化

一、谚语

1. 树怕烂根，人怕无志。
2. 破柴看纹理，说话凭道理。
3. 草若无心不发芽，人若无心不发达。
4. 不下水，一辈子不会游泳；不扬帆，一辈子不会撑船。
5. 不当家不知柴米贵，不生子不知父母恩。
6. 不担担子不知重，不走长路不知远。
7. 冬吃萝卜夏吃姜，省得大夫开药方。
8. 当家才知盐米贵，出门才知路难行。
9. 吃人的嘴软，拿人的手短。
10. 鼓不锤不响，灯不拨不亮。
11. 过个冬至，长个枣刺；过个腊八，长个权把；过个年，长一椽。
12. 光说不练假把式，光练不说真把式，连说带练全把式。
13. 鼓不敲不响，理不辩不明。
14. 狗咬人，有药治；人咬人，没药医。
15. 恶有恶报，善有善报，不是不报，时候未到，时候一到，马上就报。
16. 秤砣虽小，能压千斤。

17. 你敬人一尺，人敬你一丈。

18. 能大能小是条龙，只大不小是条虫。

19. 麦种上，没后响。

20. 邻里要好高打墙，亲戚要好远离乡，朋友要好，银钱少打搅。

21. 路不平，众人踩；事不平，大家管。

22. 人争一口气，佛争一炷香。

23. 人靠心好，树靠根牢。

24. 宁叫钱吃亏，不叫人吃亏。

25. 宁给穷人一斗，不给富人一口。

26. 让人一寸，得理一尺。

27. 会说的想着说，不会说的抢着说。

28. 穷在大街无人问，富在深山有远亲。

29. 鸡大飞不过墙，灶灰垒不成墙。

30. 树老半空心，人老百事通。

31. 树老根子深，人老骨头硬。

32. 脚正不怕鞋歪，心正不怕雷打。

33. 燕子低飞蛇过道，大雨不远就来到。

34. 睡前洗脚，胜过吃药。晚上开窗，一觉都香。贪凉失盖，不病才怪。

35. 娃娃勤，爱死人；娃娃懒，没人管。

36. 学好千日不足，学坏一日有余。

37. 瓦渣云，晒死人。

38. 小时偷针，大了偷金。

39. 要知父母恩，怀里抱儿孙。

40. 早烧不出门，晚烧晒死人。

41. 有理的想着说，没理的抢着说。

42. 有理走遍天下，无理寸步难行。

43. 云往东，一股风；云往西，水汲汲；云往南，水漂船；云往北，晒干麦。

44. 只给君子看门，不给小人当家。

45. 一好遮不了百丑，百好遮不了一丑。

46. 一回被蛇咬，十年怕井绳。

47. 靠山吃山，靠水吃水。

48. 狗大了自咬，女大了自巧。

49. 吃一回亏，学一回乖；头一回上当，二回眼亮。

50. 麦干了值钱，嘴干了不值钱。

51. 人狂没好事，狗狂挨砖头。

52. 小病扛，大病躺，重病等着见阎王。

53. 吃馍吃边边，种地种滩滩。

54. 瓜熟最怕连阴雨，瓜瓤变成一包水。

55. 师傅引进门，学艺在本人。

56. 为人不做亏心事，半夜不怕鬼敲门。

二、歇后语

1. 戴的牛铃推磨子——图邻居好听。

2. 柏木做锅盖——放的人不装，光寻着受气呢。

3. 狗吃牛粪——图堆堆大呢。

4. 碗大的西瓜一拃厚的皮——瓜实了。

5. 牛笼嘴——尿不满。

6. 买车轴买了个车穿——一下看透咧。

7. 驴粪蛋儿——外面儿光。

8. 老虎吃天——没法下爪。

9. 精沟子撵狼呢——胆大不知羞。

10. 狗掀门帘——全凭嘴呢。

11. 狗喝凉水——耍嘴呢。

12. 挂面不调盐——有言（盐）在先。

13. 要着吃的夹算盘——穷有穷的打算。

14. 背的背笼看戏呢——不嫌揉眼占地方。

15. 猴的沟子——坐不稳。

16. 提的老笼看戏——失眼占地方。

17. 剃头担子——一头热。

18. 狗看星星——一绽明。

19. 尿脖打人——臊气难闻。

20. 戏台子底下的婆娘——有下家。

21. 夹的唢呐丢盹——把事没当事。

22. 三岁的娃卖蒸馍——啥事都经过。

23. 月月娃儿吃棒槌——得锤咧。

24. 石灰堆里砸了一砖——白气冲天。

25. 瓜女子送坟——人家咋来咱咋来。

26. 瓜地里的桉子——揭料料呢。

27. 夹的报纸上坟呢——给先人摺文呢。

28. 坐的筛子放屁呢——知不道从阿个眼眼给走咧。

29. 屄屎跌了个坐墩子——吸住咧。

30. 拉着胡子过河呢——谦虚过度咧。

31. 枣核儿扯板——两句儿。

32. 做梦娶媳妇——光想好事呢。

33. 哑巴吃饺子——心中有数。

34. 胸膛挂笊篱——劳心过余。

35. 瞎子夹的毡——胡扑呢。

36. 瞎子掼针——冒碰呢。

37. 老鼠拉掀板——大头在后头。

38. 疥蛙跳门槛——墩沟子伤脸。

39. 瞎猫逮了个死老鼠——碰到相上咧。

40. 鼻子上塞一个枣，额颅上按个泡——闻早自亮。

41. 猴子搬苞谷——丢三落四。

42. 提了个尿罐子推碾子——臭咧一圈圈。

43. 恶水倒进河里——给鳖上汤呢。

44. 背的鼓——寻槌呢。

45. 背的牛头——不认赃。

46. 红萝卜调辣子——吃出没看出。

47. 冬天穿裙子——美丽动（冻）人。

48. 飞机上挂电壶——高水平（瓶）。

49. 一碗水泼在地上——揽不起来。

50. 十五个桶搅水呢——七上八下。

51. 小葱拌豆腐——一清二白。

52. 老太婆的嘴——吃软不吃硬。

53. 老汉吃柿子——拣软的捏。

54. 老鼠钻进书箱里——咬文嚼字。

55. 老鼠钻到风箱里——两头儿受气。

56. 老鼠舔猫尻子——没事寻事呢。

57. 刘备借荆州——只借不还。

58. 兔子的尾巴——长不了。

59. 狗皮袜子——没反正。

60. 狗坐轿子——不识抬举。

61. 狗撵鸭子——呱呱叫。

62. 辫子上拴辣椒——抡红咧。

63. 膝盖上钉掌——离题（蹄）太远。

64. 瞎子点灯——白费蜡。

65. 精沟子穿围裙——顾前不顾后。

66. 旗杆上绑鸡毛——好大的胆（掸）子。

67. 塑料纸擦沟子——谁不粘谁。

68. 猫吃糨子——光在嘴上挖呢。

69. 猪鼻子插葱——装相（象）。

70. 猪八戒照镜子——里外不是人。

71. 猪八戒背稻草——要人没人，要样没样。

72. 脱裤子放屁——多此一举。

73. 铜锤遇上铁刷子——硬碰硬。

74. 铁公鸡——一毛不拔。

75. 鸭子煮了七十二滚——肉烂嘴不烂。

76. 屎巴牛儿支桌子——硬撑。

77. 穿上皮袄儿喝烧酒——里外发烧。

78. 屙屎逮虱——一举两得。

79. 背着唢呐坐飞机——吹上天咧。

80. 对着镜子作揖——自我恭维。

81. 高射炮打蚊子——大材小用。

82. 和尚庙里借梳子——走错门咧。

83. 鸡沟子掏蛋——等不及咧。

84. 马槽里出了个驴嘴——多了一张嘴。

85. 门缝里看人——把人看扁咧。

86. 木匠吊线——睁一只眼闭一只眼。

87. 纳鞋底子不用锥子——真（针）好。

88. 肉包子打狗——一去不回。

89. 死娃抱出南门咧——没救咧。

90. 王八吃秤砣——铁了心咧。

91. 秀才碰见兵——有理说不清。

三、脱口秀

1. 秦都娃

你要问我叫个啥？我就叫个秦都娃。

喝的渭河水，吃的关中麦，

不缺胳膊腿，长一副好骨架。

躺下一堵墙，站起一座塔，

沟深咱敢下，坡陡咱敢爬，

遇事头不低，黄牛犟脾气，

直来直去不拐弯，说啥就是啥。

秦都娃呀秦都娃！吃苦耐劳闯天下，

直来直去不拐弯，说啥就是啥。

你要问我叫个啥？我就叫个秦都娃。

黄土窝里滚，大风地里爬，

方脸宽额颅，胆比天爷大，

穿云一条龙，上阵一匹马，

爱管不平事，常说公道话，

四季常乱谈，最爱唱黑颡。

身正不怕影子斜，神鬼也不怕，

秦都娃呀秦都娃！干巴硬正胆子大，

身正不怕影子斜，神鬼也不怕，

这就是秦都娃！

2. 咸阳娃爱吃 biangbiang 面

咱咸阳人爱吃 biangbiang 面。

一点飞上天，黄河两道湾，

八字大张口，言字往里走，

左一扭右一扭，左边长右边长，

中间加个马大王，心字底月照光，

留个钩达挂麻糖，车车一推进咸阳，

哎，你看这个 biang 字不简单，听我给你再谝一段。

后稷当年教种田，公刘豳州把地翻，

秦始皇上了咸阳塬，看百姓都端大老碗，

大老碗，咥黏面，吃上一碗饱三天，
秦始皇一看心喜欢，忙问这面是谁擀，
派大臣，去访贤，一下寻到我老祖先。
大爷渭河正挑水，二爷吆牛正磨面，
三爷扯风箱正烧火，祖婆在案上把面擀，
一家子里外没人闲，大臣也挽起袖子忙砸蒜，
面擀好，水烧煎，扑里扑通锅里氽，
一滚生，二滚变，过了三滚面才烂，
笊篱一捞一老碗，老碗先给大臣端，
后倒醋，先调盐，油泼辣子拿勺剜，
辣得大臣头冒汗，伤风感冒好一半，
大臣直夸 biangbiang 面，跑回朝廷去宣传。
从此秦人端老碗，碗里都是些宽片片，
辣子面红醋要酸，缺了辣子还弹嫌，
你看文王咥了我家的面，江山一坐八百年，
秦始皇咥了我家的面，咸阳塬上建大殿，
刘邦咥了我家的面，张得没领写诗篇，
汉武帝咥了我家的面，匈奴不敢来侵犯，
李世民咥了我家的面，贞观之治天下传，
武则天咥了我家的面，敢和你男娃来叫板，
关中愣娃咥黏面，鬼子没敢进潼关，
如今农民咥黏面，腰缠万贯人前站，
公路修到了村中间，北京上海都跑遍，
咸阳人秦都人咥黏面，老外这里来参观，
有心端上大老碗，光怕油泼辣子烧了他那舌头尖呀舌头尖，舌头尖。

四、弦板腔：咸阳出了些能行娃

说是书来笑哈哈，人人都爱夸自家。
北京人夸的天安门，海南人夸的是椰子林，
广西人夸的山水甲天下，四川人夸的四川的辣椒特别辣，
南京人来夸板鸭，新疆人爱夸哈密瓜，
辽东的半岛夸对虾，黑龙江爱夸的"马大哈"。
我老魏本是秦都娃，现在来把秦都夸，

秦都自古是名声扬，风水宝地出人王。
周文王［那个］能行娃，建立周朝年纪大，
咸阳钓台去访贤，江山一坐八百年。
秦始皇［那个］能行娃，横扫六国统华夏，
修筑长城几万里，死了还领的秦兵马。
汉刘邦［那个］能行娃，认字不多日鬼大，
整得项羽去自杀，他在秦都当老大。
汉武帝［那个］能行娃，把陵修得比山大，
打得匈奴滚又爬，丝绸古道他开发。
李世民［那个］能行娃，跟着他爸打天下，
贞观之治功劳大，一生就爱六骏马。
武则天［那个］能行娃，封建女娃算个啥，
女娃能把皇上当，治国不比男娃差。
我家大呀我家大，我家出些能行娃，
秦皇汉武唐天下，今天在座一拉拉。
心胸大［那个］胆子大，能文能武有谋划，
功劳大呀影响大，影响整个大中华，大中华。

五、秦腔：火焰驹

小鸟哀鸣声不断，它好像与人诉屈冤，
是何人将你们双双折散？看起来我与你同病相怜！
啊，同病相怜！
金鱼呀金鱼呀，鱼儿结伴戏水面，
落花惊散，落花惊散不成欢，
我好比镜破月缺谁怜念，不知何日得重圆？

六、眉户戏：大家喜欢

担上（个）担儿呀软呀软溜溜呀，
哎呀软的，哎呀闪的，
闪的软的，软的闪的，闪了一个颤（咿儿哟），
我姑娘不服他们男子汉。
过一个沟，转一个弯，
一步一步走上山（哎嗨哎嗨咿儿哟），

要把饭儿送上山（咿儿哟）。

手提上篮儿望呀望前看，遍地的庄稼长呀长得欢。

南瓜结疙瘩，洋芋开了花，

玉米刷胡子，豆角子把它拉。

鸟儿在树上吱吱吱，青蛙在河里哇哇哇。

吱吱吱，哇哇哇，惹得我姑娘笑哈哈。

（哎嗨哎嗨咿儿哟）今年的好庄稼（咿儿哟）。

咱们的政府真呀真正美，爱百姓如同爱呀爱自己。

发动了群众们大力生产一条心，

（哎嗨哎嗨咿儿哟）丰衣足食，大家喜欢（咿儿哟）。

（哎嗨哎嗨咿儿哟）丰衣足食，大家喜欢（咿儿哟）。

渭城区篇

第一章 总 论

第一节 人文地理、历史沿革、人口概况

　　渭城区是陕西省咸阳市市辖区,是 1986 年 12 月经中华人民共和国国务院批准,1987 年 5 月成立的县级行政区,位于千年帝都咸阳市区东半部,地处关中平原中部渭河北岸,泾河、渭水交汇的三角地带,是关中-天水经济区和西咸新区的核心区域。全区东西长约 26.73 千米,南北宽 17.92 千米,全区总面积 272 平方千米,属典型的城郊型县区。

　　区境夏为有扈氏辖地,商代封予帝喾时司天官吴回的后代,名程(郢)。周武王伐纣之后,封其弟毕公高于此,遂名毕。毕、程国中心在韩家湾乡白庙村南,汉安陵附近。秦孝公十二年(前 350 年)在今区境东部窑店乡一带营建"冀阙"宫廷。因其位于九嵕山南、渭水北,山水俱阳,故名"咸阳"。历经惠文、悼武、昭襄、孝文、庄襄五王及始皇、二世两帝,为秦都 144 年。秦始皇在咸阳置内史统领关中诸县。秦末,项羽西屠咸阳,分秦内史为雍、翟、塞三国,谓之"三秦"。区境窑店以东属塞国,窑店以西属雍国。汉高帝元年(前 206 年)刘邦"还定三秦"后,在咸阳故城置新城县,七年(前 200 年)并入长安。武帝元鼎三年(前 114 年)复置,更名渭城县。太初元年(前 104 年),分长安以东为京兆尹,渭城以西为右扶风,长陵以北为左冯翊,谓之"三辅"。东汉建武六年(30 年),渭城并入长安。建武十五年(39 年),长陵、阳陵改属京兆尹,安陵仍属右扶风。三国魏将长陵、安陵二县并入京兆郡的长安县,阳陵并入高陵县。区境遂为长安、高陵二县县地。北魏太平真君七年(446 年),改属咸阳郡。唐武德元年(618 年),分泾阳、始平置咸阳县。宋金仍属京兆府。元属奉元路。明、清属西安府。明洪武四年(1371 年),县城移至老城区。民国初属关中道,1933 年改属省。1937 年属第十行政督察区。中华人民共和国成立后,初属咸阳分区,1950 年 5 月改属咸阳专区,专署驻老城区中山街。1986 年 12 月,以乐育路为界,与秦都区分治咸阳市区。

　　目前,渭城区辖 10 个街道办事处、105 个行政村、66 个社区居委会,总人口约 44

万。区内属汉民族聚居区，汉族占总人口的 99.8%，分布在境内各地。少数民族主要以回族、藏族为主，集中居住在民院十字附近。

第二节　方言归属与内部差异

咸阳市渭城区方言属于中原官话关中片，而且属于"东府话"。就本区地理位置、人口分布及方言使用情况看，未见有方言岛存在。

第三节　发音人和调查人概况

方言发音人（一）

1. 姓名：杜　放
2. 单位（退休前）：咸阳市渭城区文化馆
3. 通信地址：陕西省咸阳市渭城区抗战路 38 号
4. 性别：男　　民族：汉
5. 出生年月日（公历）：1957 年 4 月 13 日
6. 出生地（从省级至自然村级）：陕西省咸阳市渭城区北杜街道北城村
7. 主要经历：1982 年 7 月参加工作，曾任咸阳市第十五中学团总支书记、中共渭城区委宣传部理论宣传副主任科员、渭城区文化馆馆长。先后在《陕西农民报》《社会文化》《陕西省委党校周报》《咸阳师院学报》《咸阳日报》等刊物上发表作品 30 多篇，参加编写陕西省乡土教材系列丛书《可爱的渭城》，编辑出版《渭城区曲艺戏曲集》等。2014 年开始编写《咸阳市渭城区志（1987～2010）》，并任主编。
8. 文化程度：大学本科
9. 职业：干部

方言发音人（二）

1. 姓名：刘　昊
2. 单位（退休前）：咸阳市渭城区顺陵中学
3. 通信地址：陕西省咸阳市渭城区抗战路 40 号
4. 性别：男　　民族：汉
5. 出生年月日（公历）：1948 年 9 月 16 日
6. 出生地（从省级至自然村级）：陕西省咸阳市渭城区底张镇瓦刘村

7. 主要经历：1966 年毕业于咸阳市周陵中学，1968 年开始从事中学教育教学工作，至 2008 年退休。1984 年加入中国共产党，1985 年被评为咸阳市优秀教师，1990 年被选为渭城区第二届人大代表。工作期间，历任顺陵中学教导主任、校长、党支部书记，多次被评为区级先进教育工作者。酷爱文学创作，属陕西省作家协会会员、陕西省文学研究会会员，出版《洪渎轶事》《沙道湾》等长篇小说 5 部，发表短篇小说及报告文学 200 余篇。热衷民俗文化，多次为农民业余剧团编写老百姓喜闻乐见的剧目。

8. 文化程度：初中
9. 职业：教师

调查人

1. 姓名：王一涛
2. 单位：咸阳师范学院
3. 通信地址：陕西省咸阳市渭城区文林路东段 1 号
4. 协助调查人 1 姓名：陈荣泽
5. 协助调查人 2 姓名：陈　媛

第二章 语 音

第一节 声 母

声母二十八个，包括零声母在内。

p 八兵病笔	ph 派片爬平	m 麦明门马	f 飞蜂肥放	v 问武晚网
t 多毒东打	th 讨天土透	n 年泥鸟眼		l 连路老拉
ts 资早贼再	tsh 刺草寸从		s 丝山事瘦	
tʂ 张照桌镇	tʂh 车唱抽厂		ʂ 上手十身	ʐ 热认让扔
tʃ 装柱专桌	tʃh 床春吹出		ʃ 船顺书所	ʒ 如挼弱润
tɕ 挤接九家	tɕh 清全轻前		ɕ 想谢县先	
k 高共歌敢	kh 开快跪看	ŋ 熬安我恶	x 河灰好后	
∅ 月云味用				

说明：

① [th] 与合口韵，特别是与 [uo] 韵相拼时双唇颤动明显。
② [p、ph] 与 [u、o] 相拼时，带有唇齿擦化色彩，实际音值为 [pf、pfh]。
③ [f] 与 [u、o] 相拼时，摩擦较重。
④ [n] 声母与齐齿呼、撮口呼相拼时，实际音值为 [ȵ]。
⑤ [x] 的发音部位略靠后，与合口呼相拼时摩擦较重。
⑥ [ts、tsh、s、tʂ、tʂh、ʂ] 与舌尖元音 [ɿ、ʅ] 相拼时，摩擦较重。
⑦ [tʃ] 类声母发音时，有比较明显的圆唇色彩。
⑧ [tʂ] 组声母与 [ɣ] 相拼时，中间有一个 [ʅ] 的介音成分。

第二节 韵 母

韵母三十八个，不包括儿化韵。

ɿ 丝试时指　　　i 戏米急地　　　u 五主猪谷　　　y 雨橘局曲
ʅ 十尺直

ɚ 二儿
a 茶辣八擦　　　ia 牙鸭夏夹　　　ua 瓦话瓜夸
æ 开菜抬来　　　　　　　　　　　uæ 快拐怀歪
ɤ 歌壳我可　　　iɛ 写茄节铁
o 磨婆拨　　　　　　　　　　　　uo 坐盒活锅　　　yo 月学药绝
ɔ 包讨道脑　　　iɔ 笑桥浇鸟
ɯ 疙核
ei 赔白色给　　　　　　　　　　uei 鬼国回雷
ou 豆走透头　　iou 油牛绿休
ã 南山半贪　　　iã 年件脸先　　　uã 短管宽欢　　　yã 全远卷选
ẽ 根深春陈　　　iẽ 林新银勤　　　uẽ 村春滚魂　　　yẽ 云军逊熏
ɑŋ 挡绑芒党　　　iɑŋ 想样江强　　　uɑŋ 王窗黄装
əŋ 升灯梗坑　　　ieŋ 灵病拧听　　　ueŋ 东红横通　　　yeŋ 用穷兄荣

说明：

① [ʅ] 的音值介于 [ɿ、ʮ] 之间。
② [ɚ] 发音时开口度较大，接近 [ar]。
③ [u] 类韵母拼 [tʃ] 类声母时，与声母结合得特别紧密。
④ [u] 类韵母与 [ts] 类声母相拼时，韵母舌位靠前，发音接近 [ʮ]。

第三节　单字调

单字调四个。
阴平 31 东春百搭节拍刻六麦叶　　阳平 24 门牛油铜皮急毒白盒罚
上声 53 懂古九统苦讨草买老五　　去声 44 动近后寸去卖路硬乱地

第四节　连读变调

后字非轻声两字组连调模式见表 2-1。

表 2-1　后字非轻声两字组连调模式

后字＼前字	1 阴平 31	2 阳平 24	3 上声 53	4 去声 44
1 阴平 31	24 + 31 31 + 31	31 + 24	31 + 53	31 + 44

续表

后字 前字	1 阴平 31	2 阳平 24	3 上声 53	4 去声 44
2 阳平 24	24+31	24+24	24+53	24+44
3 上声 53	53+31	53+24	31+53 53+53	53+44
4 去声 44	44+31	44+24	44+53	44+44

非叠字组后字轻声两字组连调模式见表2-2。

表2-2　非叠字组后字轻声两字组连调模式

后字 前字	1 阴平 31	2 阳平 24	3 上声 53	4 去声 44
1 阴平 31	53+0 31+0	53+0 31+0	31+0	53+0
2 阳平 24	24+0	24+0	24+0	24+0
3 上声 53	31+0 53+0	53+0	53+0	53+0
4 去声 44	44+0	44+0	44+0	44+0

第五节　单　字

0001. 多 tuo31
0002. 拖 thuo31
0003. 大～小 ta44
　　（文）/tuo44
　　（白）
0004. 锣 luo24
0005. 左 tsuo53
0006. 歌 kɤ31
0007. 个一～ kɤ44
0008. 可 khɤ53
0009. 鹅 ŋɤ24
0010. 饿 ŋɤ44

0011. 河 xuo24
0012. 茄 tɕhiɛ24
0013. 破 pho44
0014. 婆 pho24
0015. 磨名 mo44
0016. 磨动 mo24
0017. 躲 tuo53
0018. 螺 luo24
0019. 坐 tsuo44
0020. 锁 suo53
0021. 果 kuo53
0022. 过 kuo44

0023. 课 khuo44
0024. 火 xuo53
0025. 货 xuo44
0026. 祸 xuo44
0027. 靴 ɕyo31
0028. 把量 pa31
0029. 爬 pha24
0030. 马 ma53
0031. 骂 ma44
0032. 茶 tsha24
0033. 沙 sa31
0034. 假真～ tɕia53

0035. 嫁 tɕia44
0036. 牙 nia24
0037. 虾 ɕia31
0038. 下底～ xa44
0039. 夏春～ ɕia44
0040. 哑 Øia53/
　　nia53（又）
0041. 姐 tɕiɛ24
0042. 借 tɕiɛ44
0043. 写 ɕiɛ53
0044. 斜 ɕiɛ24
0045. 谢 ɕiɛ44

0046. 车不是棋子 tʂhɤ31	0074. 裤 fuər53 ~儿	0106. 住 tʃu44	0139. 派注意声调 phæ44 ~人/ phæ53 帮~
0047. 蛇ʂɤ24/ tʂhã44（又）	0075. 吴 Øu24	0107. 数动 ʃu53	
	0076. 五 Øu53	0108. 数名 ʃu44	
0048. 射 ʂɤ44	0077. 虎 xu53	0109. 主 tʃu53	0140. 牌 phæ24
0049. 爷 Øiɛ24	0078. 壶 xu24	0110. 输 ʃu31	0141. 买 mæ53
0050. 野 Øiɛ53	0079. 户 xu44	0111. 竖 ʃu53	0142. 卖 mæ44
0051. 夜 Øiɛ44	0080. 乌 Øu31	0112. 树 ʃu44	0143. 柴 tshæ24
0052. 瓜 kua31	0081. 女 ny53	0113. 句 tɕy44	0144. 晒 sæ44
0053. 瓦 Øua53	0082. 吕 ly53	0114. 区地~ tɕhy31	0145. 街 tɕiɛ31
0054. 花 xua31	0083. 徐 ɕy24	0115. 遇 Øy44	0146. 解~开 tɕiɛ53
0055. 化 xua44	0084. 猪 tʃu31	0116. 雨 Øy53	0147. 鞋 xæ24
0056. 华中~ xua31	0085. 除 tʃhu24	0117. 芋 Øy24	0148. 蟹注意声调 ɕiɛ31
0057. 谱家~，注意声母 phu53	0086. 初 tʃhu31	0118. 裕 Øy31	
	0087. 锄 tʃhu24	0119. 胎 thæ31	0149. 矮 ŋæ53
	0088. 所 suo53	0120. 台戏~ thæ24	0150. 败 pæ44
0058. 布 pu44	0089. 书 ʃu31	0121. 袋 tæ44	0151. 币 pi44
0059. 铺动 phu31	0090. 鼠 ʃu53	0122. 来 læ24	0152. 制~造 tʂɿ44
0060. 簿 po24	0091. 如 ʒu31	0123. 菜 tshæ44	0153. 世 ʂɿ44
0061. 步 phu44	0092. 举 tɕy53	0124. 财 tshæ24	0154. 艺 Øi44
0062. 赌 tu53	0093. 锯名 tɕy53	0125. 该 kæ31	0155. 米 mi53
0063. 土 thu53	0094. 去 tɕhy44	0126. 改 kæ53	0156. 低 ti31
0064. 图 thu24	0095. 渠~道 tɕhy24	0127. 开 khæ31	0157. 梯 tɕhi31
0065. 杜 tu44	0096. 鱼 Øy24	0128. 海 xæ53	0158. 剃 thi24
0066. 奴 lou24	0097. 许 ɕy53	0129. 爱 ŋæ44	0159. 弟 ti44
0067. 路 lou44	0098. 余剩~，多~ Øy24	0130. 贝 pei44	0160. 递 tɕi44
0068. 租 tsu31		0131. 带动 tæ44	0161. 泥 ni24
0069. 做 tsuo31/ tsou44（又）	0099. 府 fu53	0132. 盖动 kæ44	0162. 犁 li24
	0100. 付 fu53	0133. 害 xæ44	0163. 西 ɕi31
0070. 错对~ tshuo31	0101. 父 fu44	0134. 拜 pæ44	0164. 洗 ɕi53
0071. 箍~桶，注意声母 ku31	0102. 武 Øu53	0135. 排 phæ24	0165. 鸡 tɕi31
	0103. 雾 vu44	0136. 埋 mæ24	0166. 溪 ɕi31
0072. 古 ku53	0104. 取 tɕhy53	0137. 戒 tɕiɛ44	0167. 契 tɕhi31
0073. 苦 fu53	0105. 柱 tʃu44	0138. 摆 pæ53	0168. 系联~ ɕi44

0169. 杯 phei31
0170. 配 phei44
0171. 赔 phei24
0172. 背~诵 pei31[①]
0173. 煤 mei24
0174. 妹 mei44
0175. 对 tuei44
0176. 雷 luei24
0177. 罪 tsuei44
0178. 碎 suei44
0179. 灰 xuei31
0180. 回 xuei24
0181. 外 Øuæ44/
　　　Øuei44（又）
0182. 会开~ xuei44
0183. 怪 kuæ44
0184. 块 khuæ53
0185. 怀 xuæ24
0186. 坏 xuæ44
0187. 拐 kuæ53
0188. 挂 kua44
0189. 歪注意声母
　　　Øuæ31
0190. 画 xua44
0191. 快 khuæ44
0192. 话 xua44
0193. 岁 suei44
0194. 卫 Øuei44
0195. 肺 fei44
0196. 桂 kuei44
0197. 碑 pi31

0198. 皮 phi24
0199. 被~子 pei44/
　　　piər53（又）
0200. 紫 tsʅ31
0201. 刺 tshʅ44
0202. 知 tsʅ31
0203. 池 tshʅ24
0204. 纸 tsʅ53
0205. 儿 Øər24
0206. 寄 tçi44
0207. 骑 tçhi24
0208. 蚁注意韵母 Øi44
0209. 义 Øi44
0210. 戏 çi44
0211. 移 Øi24
0212. 比 pi53
0213. 屁 phi44
0214. 鼻注意声调 pi24
0215. 眉 mi24
0216. 地 ti44
0217. 梨 li24
0218. 资 tsʅ31
0219. 死 sʅ53
0220. 四 sʅ44
0221. 迟 tshʅ24
0222. 指 tsʅ53
0223. 师 sʅ31
0224. 二 Øər44
0225. 饥~饿 tçi31
0226. 器 tçhi44
0227. 姨 Øi24

0228. 李 li53
0229. 子 tsʅ53
0230. 字 tsʅ44
0231. 丝 sʅ31
0232. 祠 tshʅ24
0233. 寺 sʅ24
0234. 治 tsʅ44
0235. 柿 sʅ44
0236. 事 sʅ44
0237. 使 sʅ53
0238. 试 sʅ44
0239. 时 sʅ24
0240. 市 sʅ24
0241. 耳 Øər53
0242. 记 tçi44
0243. 棋 tçhi24
0244. 喜 çi53
0245. 意 Øi44
0246. 几~个 tçi53
0247. 气 tçhi44
0248. 希 çi31
0249. 衣 Øi31
0250. 嘴 tsuei53
0251. 随 suei24
0252. 吹 tʃhuei31
0253. 垂 tʃhuei24
0254. 规 khuei31
0255. 亏 khuei31
0256. 跪注意声调
　　　khuei44
0257. 危 Øuei31

0258. 类 luei44
0259. 醉 tsuei44
0260. 追 tʃuei31
0261. 锤 tʃhuei24
0262. 水 ʃuei53
0263. 鳖 piɛ31
0264. 季 tçi44
0265. 柜 kuei44
0266. 位 Øuei44
0267. 飞 fei31
0268. 费 fei44
0269. 肥 fei24
0270. 尾 ʒuei53
0271. 味 vei44
0272. 鬼 kuei53
0273. 贵 kuei44
0274. 围 Øuei24
0275. 胃 Øuei44
0276. 宝 pɔ53
0277. 抱 pɔ44
0278. 毛 mɔ24
0279. 帽 mɔ44
0280. 刀 tɔ31
0281. 讨 thɔ53
0282. 桃 thɔ24
0283. 道 tɔ44
0284. 脑 nɔ53
0285. 老 lɔ53
0286. 早 tsɔ53
0287. 灶 tsɔ44
0288. 草 tshɔ53

---

① 应为背［pei44］。

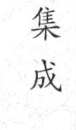

0289. 糙注意声调 tshɔ44	0319. 绕 ~线 ʐɔ53	0349. 妇 fu44	0381. 搭 ta31
0290. 造 tshɔ44	0320. 桥 tɕiɔ24	0350. 流 liou24	0382. 踏注意声调 tha24
0291. 嫂 sɔ53	0321. 轿 tɕiɔ44	0351. 酒 tɕiou53	0383. 拉注意声调 la31
0292. 高 kɔ31	0322. 腰 Øiɔ31	0352. 修 ɕiou31	0384. 杂 tsa24
0293. 靠 khɔ44	0323. 要重~ Øiɔ44	0353. 袖 ɕiou44	0385. 鸽 kɤ31
0294. 熬 ŋɔ24	0324. 摇 Øiɔ24	0354. 抽 tʂhou31	0386. 盒 xuo24
0295. 好 ~坏 xɔ53	0325. 鸟注意声母 niɔ53	0355. 绸 tʂhou24	0387. 胆 tã53
0296. 号名 xɔ44	0326. 钓 tɕiɔ44	0356. 愁 tshou24	0388. 毯 thã53
0297. 包 pɔ31	0327. 条 thiɔ24	0357. 瘦 sou44	0389. 淡 tã44
0298. 饱 pɔ53	0328. 料 liɔ44	0358. 州 tʂou31	0390. 蓝 nã24
0299. 炮 phɔ44	0329. 箫 ɕiɔ31	0359. 臭香~ tʂhou44	0391. 三 sã31
0300. 猫 mɔ24	0330. 叫 tɕiɔ44	0360. 手 ʂou53	0392. 甘 kã31
0301. 闹 lɔ44	0331. 母丈~，舅~ mu53	0361. 寿 ʂou44	0393. 敢 kã53
0302. 罩 tsɔ44	0332. 抖 tou24	0362. 九 tɕiou53	0394. 喊注意声调 xã53
0303. 抓用手~牌 tʃua31	0333. 偷 thou31	0363. 球 tɕhiou24	0395. 塔 tha31
0304. 找 ~零钱 tsɔ53	0334. 头 thou24	0364. 舅 tɕiou24	0396. 蜡 la31
	0335. 豆 tou44	0365. 旧 tɕiou44	0397. 赚 tʃuã44
0305. 抄 tshɔ31	0336. 楼 lou44	0366. 牛 niou24	0398. 杉~木，注意韵母 sã31
0306. 交 tɕiɔ31	0337. 走 tsou53	0367. 休 ɕiou31	
0307. 敲 tɕhiɔ31	0338. 凑 tshou44	0368. 优 Øiou31	0399. 减 tɕiã53
0308. 孝 ɕiɔ44	0339. 钩注意声母 kou31	0369. 有 Øiou53	0400. 咸 ~淡 ɕiã24
0309. 校学~ ɕiɔ44		0370. 右 Øiou44	0401. 掺 tsha31
0310. 表手~ piɔ53	0340. 狗 kou53	0371. 油 Øiou24	0402. 闸 tsa44
0311. 票 phiɔ44	0341. 够 kou44	0372. 丢 tɕiou31	0403. 夹 ~子 tɕia31
0312. 庙 miɔ44	0342. 口 khou53	0373. 幼 Øiou44	0404. 衫 sã31
0313. 焦 tɕiɔ31	0343. 藕 ŋou53	0374. 贪 thã31	0405. 监 tɕiã31
0314. 小 ɕiɔ53	0344. 后前~ xou44	0375. 潭 thã24	0406. 岩 Øiã24
0315. 笑 ɕiɔ44	0345. 厚 xou44	0376. 南 nã24	0407. 甲 tɕia31
0316. 朝 ~代 tʂhɔ24	0346. 富 fu44	0377. 蚕 tshã24	0408. 鸭 Øia31
0317. 照 tʂɔ44	0347. 副 fu44	0378. 感 kã53	0409. 黏 ~液 niã24
0318. 烧 ʂɔ31	0348. 浮 fu24	0379. 含 ~一口水 xã24	(文)/ʐã24
		0380. 暗 ŋã44	

(白)
0410. 尖 tɕiã31
0411. 签 ~名 tɕhiã31
0412. 占 ~领 tʂã44
0413. 染 zã53
0414. 钳 tɕhiã24
0415. 验 Øiã44
0416. 险 ɕiã53
0417. 厌 Øiã44
0418. 炎 Øiã44
0419. 盐 Øiã24
0420. 接 tɕiɛ31
0421. 折 ~叠 tʂɤ53
0422. 叶树~ Øiɛ31
0423. 剑 tɕiã44
0424. 欠 tɕhiã44
0425. 严 Øiã24
0426. 业 niɛ31
0427. 点 tɕiã53
0428. 店 tiã44
0429. 添 thiã31
0430. 甜 thiã24
0431. 念 niã44
0432. 嫌 ɕiã24
0433. 跌注意声调 tiɛ31
0434. 贴 tɕhiɛ31
0435. 碟 tɕiɛ24
0436. 协 ɕiɛ24
0437. 犯 fã44
0438. 法 fa31
0439. 品 phiɛ̃53

0440. 林 liɛ̃24
0441. 浸 tɕiɛ̃31
0442. 心 ɕiɛ̃31
0443. 寻 ɕyɛ̃24
0444. 沉 tʂhɛ̃24
0445. 参人~ tshã31①
0446. 针 tʂɛ̃31
0447. 深 ʂɛ̃31
0448. 任责~ zɛ̃24
0449. 金 tɕiɛ̃31
0450. 琴 tɕhiɛ̃24
0451. 音 Øiɛ̃31
0452. 立 li31
0453. 集 tɕi31
0454. 习 ɕi24
0455. 汁 tʂʅ31
0456. 十 ʂʅ24
0457. 入 ʐu31
0458. 急 tɕi24
0459. 及 tɕi24
0460. 吸 ɕi31
0461. 单简~ tã31
0462. 炭 thã44
0463. 弹 ~琴 thã24
0464. 难 ~易 nã24
0465. 兰 nã24
0466. 懒 nã53
0467. 烂 nã44
0468. 伞注意声调 sã53
0469. 肝 kã31
0470. 看 ~见 khã44

0471. 岸 ŋã44
0472. 汉 xã44
0473. 汗 xã44
0474. 安 ŋã31
0475. 达 ta24
0476. 辣 la31
0477. 擦 tsha31
0478. 割 kɤ31
0479. 渴 khɤ31
0480. 扮 pã44
0481. 办 pã44
0482. 铲 tshã53
0483. 山 sã31
0484. 产 注意声母 tshã53
0485. 间房~，一~房 tɕiã31
0486. 眼 niã53
0487. 限 ɕiã44
0488. 八 pa31
0489. 扎 tsa31
0490. 杀 sa31
0491. 班 pã31
0492. 板 pã53
0493. 慢 mã44
0494. 奸 tɕiã31
0495. 颜 Øiã24
0496. 瞎 xa31
0497. 变 piã44
0498. 骗欺~ phiã44
0499. 便方~ piã44

0500. 棉 miã24
0501. 面 ~孔 miã44
0502. 连 liã24
0503. 剪 tɕiã53
0504. 浅 tɕhiã53
0505. 钱 tɕhiã24
0506. 鲜 ɕiã53
0507. 线 ɕiã44
0508. 缠 tʂhã24
0509. 战 tʂã44
0510. 扇名 ʂã44
0511. 善 ʂã44
0512. 件 tɕiã44
0513. 延 Øiã44
0514. 别 ~人 piɛ24
0515. 灭 miɛ31
0516. 列 liɛ31
0517. 辙 tʂɤ24
0518. 舌 ʂɤ24
0519. 设 ʂɤ31
0520. 热 zɤ31
0521. 杰 tɕiɛ24
0522. 孽 niɛ31
0523. 建 tɕiã44
0524. 健 tɕiã44
0525. 言 Øiã24
   (文) /niã24
   (白)
0526. 歇 ɕiɛ31
0527. 扁 phiã53
0528. 片 phiã44

① 应为参 [sɛ̃31]。

0529. 面 ~条 miã44
0530. 典 tiã53
0531. 天 thiã31
0532. 田 thiã24
0533. 垫 tiã44
0534. 年 niã24
0535. 莲 liã24
0536. 前 tɕhiã24
0537. 先 ɕiã31
0538. 肩 tɕiã31
0539. 见 tɕiã44
0540. 牵 tɕhiã31
0541. 显 ɕiã53
0542. 现 ɕiã44
0543. 烟 Øiã31
0544. 憋 piɛ31
0545. 篾 miɛ31
0546. 铁 thiɛ31
0547. 捏 niɛ31
0548. 节 tɕiɛ31
0549. 切动 tɕhiɛ31
0550. 截 tɕiɛ24
0551. 结 tɕiɛ31
0552. 搬 pã31
0553. 半 pã44
0554. 判 phã44
0555. 盘 phã24
0556. 满 mã53
0557. 端 ~午 tuã31
0558. 短 tuã53
0559. 断绳 ~了 tuã44
0560. 暖 luã53

0561. 乱 luã44
0562. 酸 suã31
0563. 算 suã44
0564. 官 kuã31
0565. 宽 khuã31
0566. 欢 xuã31
0567. 完 Øuã24
0568. 换 xuã44
0569. 碗 Øuã53
0570. 拔 pa24
0571. 泼 pho31
0572. 末 mo31
0573. 脱 thuo31
0574. 夺 tuo24
0575. 阔 khuo31
0576. 活 xuo24
0577. 顽 ~皮, ~固 Øuã24
0578. 滑 xua24
0579. 挖 Øua31
0580. 闩 ʃuã44
0581. 关 ~门 kuã31
0582. 惯 kuã44
0583. 还动 xuã24
0584. 还副 xuã24
0585. 弯 Øuã31
0586. 刷 ʃua31
0587. 刮 kua31
0588. 全 tshuã24
0589. 选 ɕyã53
0590. 转 ~眼, ~送 tʃuã44

0591. 传 ~下来 tʃhuã24
0592. 传 ~记 tʃhuã24①
0593. 砖 tʃuã31
0594. 船 ʃuã24
0595. 软 ʐuã53
0596. 卷 ~起 tɕyã53
0597. 圈圆 ~ tɕhyã24
0598. 权 tɕhyã24
0599. 圆 Øyã24
0600. 院 Øyã44
0601. 铅 ~笔, 注意声调 tɕhiã31
0602. 绝 tɕyo24
0603. 雪 ɕyo31
0604. 反 fã53
0605. 翻 fã31
0606. 饭 fã44
0607. 晚 vã53
0608. 万麻将牌 vã44
0609. 劝 tɕhyã44
0610. 原 Øyã24
0611. 冤 Øyã31
0612. 园 Øyã24
0613. 远 Øyã53
0614. 发头 ~fa31
0615. 罚 fa24
0616. 袜 va31
0617. 月 Øyo31

0618. 越 Øyo31
0619. 县 ɕiã44
0620. 决 tɕyo31
0621. 缺 tɕhyo31
0622. 血 ɕiɛ31
0623. 吞 thuẽ31
0624. 根 kẽ31
0625. 恨 xẽ44
0626. 恩 ŋẽ31
0627. 贫 phiẽ24
0628. 民 miẽ24
0629. 邻 liẽ24
0630. 进 tɕiẽ44
0631. 亲 tɕhiẽ31
0632. 新 ɕiẽ31
0633. 镇 tʂẽ44
0634. 陈 tʂhẽ24
0635. 震 tʂẽ44
0636. 神 ʂẽ24
0637. 身 ʂẽ31
0638. 辰 tʂhẽ24
0639. 人 ʐẽ24
0640. 认 ʐẽ44
0641. 紧 tɕiẽ53
0642. 银 Øiẽ24
0643. 印 Øiẽ44
0644. 引 Øiẽ53
0645. 笔 pi31
0646. 匹 phi53

---

① 应为传 [tʃuã44]。

0647. 密 mi31
0648. 栗 li53
0649. 七 tʰi31
0650. 侄 tʂʅ24
0651. 虱 sei31
0652. 实 ʂʅ24
0653. 失 ʂʅ31
0654. 日 Øər31
0655. 吉 tɕi31
0656. 一 Øi31
0657. 筋 tɕiẽ31
0658. 劲有~ tɕiẽ44
0659. 勤 tɕʰiẽ24
0660. 近 tɕʰiẽ44
0661. 隐 Øiẽ53
0662. 本 pẽ53
0663. 盆 pʰẽ24
0664. 门 mẽ24
0665. 墩 tuẽ31
0666. 嫩 lyẽ44
0667. 村 tsʰuẽ31
0668. 寸 tsʰuẽ44
0669. 蹲注意声母 tuẽ31
0670. 孙~子 suẽ31
0671. 滚 kuẽ53
0672. 困 kʰuẽ44
0673. 婚 xuẽ31
0674. 魂 xuẽ24
0675. 温 Øuẽ31
0676. 卒棋子 tsu24
0677. 骨 ku31

0678. 轮 luẽ24
0679. 俊注意声母 tsuẽ44
0680. 笋 suẽ53
0681. 准 tʂuẽ53
0682. 春 tʂʰuẽ31
0683. 唇 tʂʰuẽ24
0684. 顺 ʃuẽ44
0685. 纯 tʃʰuẽ24
0686. 闰 ʒuẽ44
0687. 均 tɕyẽ31
0688. 匀 Øyẽ24
0689. 律 ly31
0690. 出 tʃʰu31
0691. 橘 tɕy31
0692. 分动 fẽ31
0693. 粉 fẽ53
0694. 粪 fẽ44
0695. 坟 fẽ24
0696. 蚊 vẽ24
0697. 问 vẽ44
0698. 军 tɕyẽ31
0699. 裙 tɕʰyẽ24
0700. 熏 ɕyẽ31
0701. 云~彩 Øyẽ24
0702. 运 Øyẽ44
0703. 佛~像 fo24
0704. 物 vo31
0705. 帮 paŋ31
0706. 忙 maŋ24
0707. 党 taŋ53
0708. 汤 tʰaŋ31

0709. 糖 tʰaŋ24
0710. 浪 naŋ44
0711. 仓 tsʰaŋ31
0712. 钢 kaŋ31
0713. 糠 kʰaŋ31
0714. 薄形 po24
0715. 摸注意声调 mo31
0716. 托 tʰuo31
0717. 落 luo31
0718. 作 tsuo31
0719. 索 suo31
0720. 各 kɤ31
0721. 鹤 xuo31
0722. 恶形,入声 ŋɤ31
0723. 娘 niaŋ24
0724. 两斤~ liaŋ53
0725. 亮 liaŋ44
0726. 浆 tɕiaŋ31
0727. 抢 tɕʰiaŋ53
0728. 匠 tɕiaŋ31
0729. 想 ɕiaŋ53
0730. 像 ɕiaŋ44
0731. 张量 tsaŋ31
0732. 长~短 tʂʰaŋ24
0733. 装 tʂuaŋ31
0734. 壮 tʃuaŋ44
0735. 疮 tʃʰuaŋ31
0736. 床 tʃʰuaŋ24
0737. 霜 ʃuaŋ31
0738. 章 tsaŋ31
0739. 厂 tʃʰaŋ53

0740. 唱 tʂʰaŋ44
0741. 伤 ʂaŋ31
0742. 尝 ʂaŋ24
0743. 上~去 ʂaŋ44
0744. 让 zaŋ44
0745. 姜生~ tɕiaŋ31
0746. 响 ɕiaŋ53
0747. 向 ɕiaŋ44
0748. 秧 Øiaŋ31
0749. 痒 Øiaŋ53
0750. 样 Øiaŋ44
0751. 雀注意声母 tɕiɔr53
0752. 削 ɕyo31
0753. 着火~了 tʃʰuo24
0754. 勺 ʃuo24
0755. 弱 ʒuo24
0756. 脚 tɕyo31
0757. 约 Øyo31
0758. 药 Øyo31
0759. 光~线 kuaŋ31
0760. 慌 xuaŋ31
0761. 黄 xuaŋ24
0762. 郭 kuo31
0763. 霍 xuo31
0764. 方 faŋ31
0765. 放 faŋ44
0766. 纺 faŋ53
0767. 房 faŋ24
0768. 防 faŋ24
0769. 网 vaŋ53
0770. 筐 kʰuaŋ31

0771. 狂 khuaŋ24	0802. 北 pei31	0833. 冷 ləŋ53	0862. 命 miəŋ44
0772. 王 ɸuaŋ24	0803. 墨 mei24	0834. 生 səŋ31	0863. 镜 tɕiəŋ44
0773. 旺 ɸuaŋ4	0804. 得 tei31	0835. 省～长 səŋ53	0864. 庆 tɕhiəŋ44
0774. 缚 fo53	0805. 特 thei24	0836. 更三～, 打～ kəŋ44	0865. 迎 ɸiəŋ24
0775. 绑 paŋ53	0806. 贼 tsei24		0866. 影 ɸiəŋ53
0776. 胖 phaŋ44	0807. 塞 sæ44	0837. 梗 注意韵母 kəŋ31	0867. 剧戏～ tɕy44
0777. 棒 paŋ44	0808. 刻 khei31		0868. 饼 piəŋ53
0778. 桩 tʃuaŋ31	0809. 黑 xei31	0838. 坑 khəŋ31	0869. 名 miəŋ24
0779. 撞 tʃhuaŋ44	0810. 冰 piəŋ31	0839. 硬 niəŋ44	0870. 领 liəŋ53
0780. 窗 tʃhuaŋ31	0811. 证 tsəŋ44	0840. 行～为, ～走 ɕiəŋ24	0871. 井 tɕiəŋ53
0781. 双 ʃuaŋ31	0812. 秤 tshəŋ44		0872. 清 tɕhiəŋ31
0782. 江 tɕiaŋ31	0813. 绳 səŋ24	0841. 百 pei31	0873. 静 tɕiəŋ44
0783. 讲 tɕiaŋ53	0814. 剩 səŋ44	0842. 拍 phei31	0874. 姓 ɕiəŋ44
0784. 降投～ ɕiaŋ24	0815. 升 ʂəŋ31	0843. 白 pei24	0875. 贞 tʂɛ̃31
0785. 项 xaŋ44	0816. 兴高～ ɕiəŋ44	0844. 拆 tshei31	0876. 程 tʂhəŋ24
0786. 剥 po31/pɔ31（又）	0817. 蝇 注意声母 ɸiəŋ24	0845. 择 tsei24	0877. 整 tʂəŋ53
		0846. 窄 tsei31	0878. 正～反 tʂəŋ44
0787. 桌 tʃuo31	0818. 逼 pi31	0847. 格 kei31	0879. 声 səŋ31
0788. 镯 tsuo24	0819. 力 li31	0848. 客 khei31	0880. 城 tʂhəŋ24
0789. 角 tɕyo31	0820. 息 ɕi31	0849. 额 ŋɛ̃31	0881. 轻 tɕhiəŋ31
0790. 壳 khɤ31	0821. 直 tʂʅ24	0850. 棚 phəŋ24	0882. 赢 ɸiəŋ24
0791. 学 ɕyo24	0822. 侧 注意声母 tshei31	0851. 争 tsəŋ31	0883. 积 tɕi31
0792. 握 ɸuo31		0852. 耕 kəŋ31	0884. 惜 ɕi31
0793. 朋 phəŋ24	0823. 测 tshei31	0853. 麦 mei31	0885. 席 ɕi24
0794. 灯 təŋ31	0824. 色 sei311	0854. 摘 tsei31	0886. 尺 tʂhʅ31
0795. 等 təŋ53	0825. 织 tʂʅ31	0855. 策 tshei31	0887. 石 ʂʅ24
0796. 凳 təŋ44	0826. 食 ʂʅ24	0856. 隔 kei31	0888. 益 ɸi31
0797. 藤 thəŋ24	0827. 式 ʂʅ31	0857. 兵 piəŋ31	0889. 瓶 phiəŋ24
0798. 能 nəŋ24	0828. 极 tɕi24	0858. 柄 注意声调 piəŋ53	0890. 钉名 tɕiəŋ31
0799. 层 tshəŋ24	0829. 国 kuei31		0891. 顶 tiəŋ53
0800. 僧 注意声母 səŋ31	0830. 或 xuei24	0859. 平 phiəŋ24	0892. 厅 thiəŋ31
	0831. 猛 məŋ53	0860. 病 piəŋ44	0893. 听～见, 注意声调 thiəŋ31
0801. 肯 khɛ̃53	0832. 打 注意韵母 ta53	0861. 明 miəŋ24	

0894. 停 thiəŋ24	0923. 铜 thuəŋ24	0949. 风 fəŋ31	0976. 蜂 fəŋ31
0895. 挺 thiəŋ53	0924. 动 tuəŋ44	0950. 丰 fəŋ31	0977. 缝一条~ fəŋ44
0896. 定 tiəŋ44	0925. 洞 tuəŋ44	0951. 凤 fəŋ44	0978. 浓 nuəŋ24
0897. 零 liəŋ24	0926. 聋注意声调 nəŋ24	0952. 梦 məŋ44	0979. 龙 nuəŋ24
0898. 青 tɕhiəŋ31	0927. 弄注意声母 nəŋ44	0953. 中当~ tʃuəŋ31	0980. 松~树，注意声调 suəŋ31
0899. 星 ɕiəŋ31	0928. 粽 tsuəŋ31	0954. 虫 tʃhuəŋ24	0981. 重轻~ tʃuəŋ44
0900. 经 tɕiəŋ31	0929. 葱 tshuəŋ31	0955. 终 tʃuəŋ31	0982. 肿 tʃuəŋ53
0901. 形 ɕiəŋ24	0930. 送 suəŋ44	0956. 充 tʃhuəŋ53	0983. 种~树 tʃuəŋ44
0902. 壁 pi31	0931. 公 kuəŋ31	0957. 宫 kuəŋ31	0984. 冲 tʃhuəŋ31
0903. 劈 phi53	0932. 孔 khuəŋ53	0958. 穷 tɕhyəŋ24	0985. 恭 kuəŋ31
0904. 踢 tɕhi31	0933. 烘~干 xuəŋ31	0959. 熊注意声母 ɕyəŋ24	0986. 共 kuəŋ44
0905. 笛 ti24	0934. 红 xuəŋ24	0960. 雄注意声母 ɕyəŋ24	0987. 凶吉~ ɕyəŋ31
0906. 历农~ li53	0935. 翁 Øuəŋ31	0961. 福 fu31	0988. 拥注意声调 Øyəŋ31
0907. 锡 ɕi31	0936. 木 mu31	0962. 服 fu24	0989. 容 Øyəŋ24
0908. 击 tɕi31	0937. 读 tu24	0963. 目 mu31	0990. 用 Øyəŋ44
0909. 吃 tʂʅ31	0938. 鹿 lou31	0964. 六 liou31	0991. 绿 liou31
0910. 横 xuəŋ24	0939. 族 tsou24	0965. 宿住~，~舍 su31	0992. 足 tsu31
0911. 划计~ xua24	0940. 谷稻~ ku31	0966. 竹 tsu31	0993. 烛 tʃu24
0912. 兄 ɕyəŋ31	0941. 哭 fu31	0967. 畜~生 su31	0994. 赌 tu53
0913. 荣 Øyəŋ24	0942. 屋 Øu31	0968. 缩 suo31	0995. 属 ʃu53
0914. 永 Øyəŋ53	0943. 冬~至 tuəŋ31	0969. 粥 tsu31	0996. 褥 ʐu31
0915. 营 Øiəŋ24	0944. 统注意声调 thuəŋ53	0970. 叔 sou31	0997. 曲~折，歌~ tɕy31
0916. 蓬~松 phəŋ24	0945. 脓注意声调 nəŋ24	0971. 熟 ʃu24	0998. 局 tɕy24
0917. 东 tuəŋ31	0946. 松~紧 suəŋ31	0972. 肉 ʐou44	0999. 玉 Øy31
0918. 懂 tuəŋ53	0947. 宋 suəŋ44	0973. 菊 tɕy31	1000. 浴 Øy31
0919. 冻 tuəŋ44	0948. 毒 tu24	0974. 育 Øy44	
0920. 通 thuəŋ31		0975. 封 fəŋ31	
0921. 桶注意声调 thuəŋ53			
0922. 疼 thəŋ24			

第三章 词 汇

第一节 规定词汇

一、天文、地理

（一）天文

0001. 太阳～下山了　日头 øər53thou0/
　　　爷 øiɛ24/暖暖 luã53luã0
0002. 月亮～出来了　光光爷
　　　kuaŋ24kuaŋ0øiɛ44
0003. 星星　星星 ɕiəŋ53ɕiəŋ0
0004. 云　云 øyɛ̃24
0005. 风　风 fəŋ31
0006. 台风　台风 thæ24fəŋ31
0007. 闪电名词　闪电 ʂã53tɕiã44
0008. 雷　呼噜爷 xu31lu0øiɛ44
0009. 雨　雨 øy53
0010. 下雨　下雨 ɕia44øy53/天下呢
　　　thiã31ɕia44ni0
0011. 淋衣服被雨～湿了　淋 liɛ̃24/
　　　淋湿咧 liɛ̃24ʂʅ31liɛ0
0012. 晒～粮食　晒 sæ44
0013. 雪　雪 ɕyo31
0014. 冰　冰溜子 piəŋ31liou44tsʅ0
0015. 冰雹　冷子 nəŋ53tsʅ0

0016. 霜　白霜 pei24ʃuaŋ31
0017. 雾　大雾 ta44vu44
0018. 露　露水 lu44ʃuei0
0019. 虹统称　烧 ʂɔ44
0020. 日食　日食 øər31ʂʅ0
0021. 月食　月食 øyo53ʂʅ0
0022. 天气　天气 tɕhiã31tɕhi44
0023. 晴天～　晴 tɕhiəŋ24
0024. 阴天～　阴 øiɛ̃31
0025. 旱天～　旱 xã44
0026. 涝天～　涝 lɔ44
0027. 天亮　天放白 tɕhiã31faŋ44pei24

（二）地貌

0028. 水田　水浇地 ʃuei53tɕiɔ31ti44
0029. 旱地浇不上水的耕地　旱地 xã44ti44
0030. 田埂　梁子 liaŋ24tsʅ0
0031. 路野外的　路 lu44
0032. 山　山 sã31
0033. 山谷　山谷 sã24ku31
0034. 江大的河　河 xuo24
0035. 溪小的河　河 xuo24
0036. 水沟儿较小的水道　水坑坑

ʃuei53khəŋ31khəŋ0/水滩滩
ʃuei53thã31thã0/水沟 ʃuei53kou31

0037. 湖　湖 xu24
0038. 池塘　涝池 lɔ44tʂʅ0/塘湖 thaŋ24xu0
0039. 水坑儿 地面上有积水的小洼儿　水坑坑 ʃuei53khəŋ31khəŋ0
0040. 洪水　发水 fa31ʃuei53/发大水 fa31ta44ʃuei53
0041. 淹 被水～了　淹 niã31
0042. 河岸　河岸岸 xuo24ŋã44ŋã0
0043. 坝 拦河修筑拦水的　堤 thi24/河堤 xuo24thi24
0044. 地震　地震 tɕi44tsuẽ44
0045. 窟窿 小的　窟窿 khu53luəŋ0
0046. 缝儿 统称　缝缝 fəŋ44fəŋ0

（三）物象

0047. 石头 统称　石头 ʂʅ24thou0
0048. 土 统称　土 thu53
0049. 泥 湿的　泥 ni24
0050. 水泥 旧称　洋灰 Øiaŋ24xuei31
0051. 沙子　沙子 sa53tsʅ0
0052. 砖 整块的　砖 tʃuã31
0053. 瓦 整块的　瓦 Øua53
0054. 煤　煤 mei24
0055. 煤油　煤油 mei24Øiou24
0056. 炭 木炭　炭 thã44
0057. 灰 烧成　灰 xuei31
0058. 灰尘 桌面上的　灰圵 xuei53tɕhiã0
0059. 火　火 xuo53
0060. 烟 烧火形成的　烟 Øiã31
0061. 失火　着火 tʃhuo24xuo53/失火

ʂʅ31xuo53

0062. 水　水 ʃuei53
0063. 凉水　冰水 piəŋ31ʃuei53
0064. 热水 如洗脸的热水，不是指喝的开水　温温水 Øuẽ53Øuẽ0ʃuei53/洗脸水 ɕi31liã53ʃuei53
0065. 开水 喝的　白开水 pei24khæ31ʃuei53
0066. 磁铁　吸铁石 ɕi31tɕhiɛ31ʂʅ24

二、时间、方位

（一）时间

0067. 时候 吃饭的～　时候 ʂʅ24xou0
0068. 什么时候　啥时候 sa44ʂʅ24xou0
0069. 现在　如今 ʐu24tɕiɛ31
0070. 以前 十年～　老早 lɔ31tsɔ53
0071. 以后 十年～　后岸 xou44ŋã0
0072. 一辈子　一辈子 Øi31pei44tsʅ0
0073. 今年　今年 tɕiɛ31niã24
0074. 明年　过年儿 kuo44niãr0
0075. 后年　后年儿 xou44niãr0
0076. 去年　年时个 niã24ʂʅ53kɤ0
0077. 前年　前年个 tɕhiã24niã0kɤ0
0078. 往年 过去的年份　以前 Øi31tɕhiã24
0079. 年初　年头 niã24thou24
0080. 年底　年跟前 niã24kɛ̃53tɕhiã0
0081. 今天　今儿个 tɕiɛr31kɤ0
0082. 明天　明儿个 miãr24kɤ0
0083. 后天　后儿个 xəur53kɤ0/后儿 xɯr53
0084. 大后天　外后儿 Øuæ44xəur0
0085. 昨天　夜儿个 Øiɛr53kɤ0

0086. 前天　前儿个 tɕhiãr24kɤ0

0087. 大前天　上前儿个
ʂaŋ44tɕhiãr24kɤ0

0088. 整天　一天 Øi24tɕiã31

0089. 每天　天天 tɕiã24tɕiã31

0090. 早晨　大清早 ta44tɕhiəŋ31tsɔ53/
今儿早 tɕiɛr31tsɔ53/早起
tsɔ31tɕhi53

0091. 上午　清早 tɕhiəŋ31tsɔ53

0092. 中午　晌午 ʂaŋ44xu53/爷端个
Øiɛ44tuã31kɤ0

0093. 下午　后晌 xou44ʂaŋ0/晃儿
xuãr53

0094. 傍晚　才黑儿 tshæ24xər0

0095. 白天　大白天 ta44pei24thiã31/
白天 pei24thiã31

0096. 夜晚与白天相对，统称　黑咧
xei31liɛ0

0097. 半夜　半晚上 pã44Øuã53ʂaŋ0/
三更半夜 sã24kəŋ31pã44Øiɛ44

0098. 正月农历　正月 tʂəŋ31Øyo31

0099. 大年初一农历　大年初一
ta44niã24tʃhu31Øi31

0100. 元宵节　正月十五
tʂəŋ31Øyo31ʂʅ24u53

0101. 清明　清明 tɕhiəŋ53miəŋ0

0102. 端午　五月端 Øu53Øyo24tuã31

0103. 七月十五农历，节日名　无

0104. 中秋　八月十五
pa31Øyo31ʂʅ24u53

0105. 冬至　冬至 tuəŋ31tsʅ44

0106. 腊月农历十二月　腊月 la31Øyo31

0107. 除夕农历　大年三十
ta44niã24sã31ʂʅ24

0108. 历书　日历 Øər31li44

0109. 阴历　阴历 Øiɛ31li0

0110. 阳历　阳历 Øiaŋ24li0

0111. 星期天　礼拜天 li53pæ0tiã31

（二）方位

0112. 地方　兀搭 Øuei44ta0

0113. 什么地方　阿搭 Øa44ta0/阿搭些 Øa53ta0ɕiɛ0

0114. 家里　屋里 Øu31li0

0115. 城里　县里 ɕiã44li0

0116. 乡下　村里 tshuɛ̃31li0

0117. 上面从~滚下来　上岸 ʂaŋ44ŋã0

0118. 下面从~爬上去　下岸 xa44ŋã0

0119. 左边　左边 tsuo53piã31

0120. 右边　右边 Øiou44piã31

0121. 中间排队排在~　中间
tʃuəŋ24tɕiã31

0122. 前面排队排在~　前岸 tɕhiã24ŋã0

0123. 后面排队排在~　后岸 xou44ŋã0

0124. 末尾排队排在~　巴巴尾儿
pa44pa44Øiər53

0125. 对面　对岸 tuei44ŋã44

0126. 面前　跟前 kɛ̃53tɕiã0

0127. 背后　身后岸 ʂɛ̃31xou44ŋã0

0128. 里面躲在~　里头 li53thou0

0129. 外面衣服晒在~　外头 Øuæ44thou0

0130. 旁边　跟前 kɛ̃53tɕhiã0

0131. 上碗在桌子~　上 ʂaŋ44

0132. 下凳子在桌子~　下 xa44

0133. 边儿桌子的~　沿沿 Øiã24Øiã0

0134. 角儿桌子的~　角角 tɕyo53tɕyo0

0135. 上去他~了　上去 ʂaŋ44tɕhy0

0136. 下来他~了　下来 xa44læ0

0137. 进去他~了　进去 tɕiɛ̃44tɕhy0

0138. 出来他~了　出来 tʃhu53læ0

0139. 出去他~了　出去 咧
　　　 tʃhu53tɕhy0liɛ0

0140. 回来他~了　回来咧 xuei24læ0liɛ0

0141. 起来天冷~了　起来 tɕhi53læ0

三、植物

（一）一般植物

0142. 树　树 ʃu44

0143. 木头　光光 kuaŋ24kuaŋ0

0144. 松树统称　松树 suəŋ31ʃu44

0145. 柏树统称　柏树 pæ31ʃu44

0146. 杉树　杉树 sã31ʃu44

0147. 柳树　柳树 liou53ʃu44

0148. 竹子统称　竹子 tʃu53tsʅ0

0149. 笋　笋 suɛ̃53

0150. 叶子　树叶 ʃu44Øiɛ31/叶子
　　　 Øiɛ53tsʅ0

0151. 花　花 xua31

0152. 花蕾花骨朵儿　花骨朵
　　　 xua24ku53tu0

0153. 梅花　梅花 mei24xua31

0154. 牡丹　牡丹 mu53tã31

0155. 荷花　莲花 liã24xua31

0156. 草　草 tshɔ53

0157. 藤　蔓 vã44

0158. 刺名词　刺 tshʅ44

0159. 水果　水果 ʃuei31kuo53

0160. 苹果　苹果 piəŋ24kuo53

0161. 桃子　桃 thɔ24

0162. 梨　梨 li24

0163. 李子　梅李 mei24li0

0164. 杏　杏 xəŋ44

0165. 橘子　橘子 tɕy31tsʅ0

0166. 柚子　柚子 Øiou44tsʅ0

0167. 柿子　柿子 sʅ44tsʅ0

0168. 石榴　石榴 sʅ24liou0

0169. 枣　枣儿 tsɔr53

0170. 栗子　毛栗子 mɔ24li31tsʅ0

0171. 核桃　核桃 xɯ24thɔ0

0172. 银杏白果　银杏 Øiɛ̃24xəŋ44

0173. 甘蔗　甘蔗 kã31tʂɤ24

0174. 木耳　木耳 mu31Øər53

0175. 蘑菇野生的　霉酸酸
　　　 mei24suã31suã0

0176. 香菇　香菇 ɕiaŋ24ku31

（二）农作物

0177. 稻指植物　稻子 thɔ53tsʅ0

0178. 稻谷指籽实（脱粒后是大米）
　　　 苞谷 pɔ31ku31

0179. 稻草脱粒后的　稻草 thɔ31tshɔ0

0180. 大麦指植物　大麦 ta44mɛ̃31

0181. 小麦指植物　小麦 ɕiɔ53mɛ̃31

0182. 麦秸脱粒后的　麦秆儿 mɛ̃31kar0

0183. 谷子指植物（籽实脱粒后是小米）
　　　 谷 ku31

0184. 高粱指植物　稻黍 thɔ31ʃu0

0185. 玉米指成株的植物　御麦
　　　 Øy24mei0

0186. 棉花指植物　棉花 miã24xua31

0187. 油菜油料作物，不是蔬菜　菜籽儿

79

tshæ44tsʅər53

0188. 芝麻　芝麻 tsʅ31ma0

0189. 向日葵指植物　向葵 ɕiã53khuei24

0190. 蚕豆　蚕豆 tshã24təu0

0191. 豌豆　豌豆 Øuã53tou0

0192. 花生指果实，注意婉称　花生 xua24sɛ̃31

0193. 黄豆　豆子 tou44tsʅ0

0194. 绿豆　绿豆 liou53tou0

0195. 豇豆长条形的　豇豆 tɕiaŋ53tou0

0196. 大白菜东北～　白菜 pei24tshæ0

0197. 包心菜卷心菜，圆白菜，球形的　莲花白 liã24xua31pei24

0198. 菠菜　菠菜 po53tshæ0

0199. 芹菜　芹菜 tɕhiɛ̃24tshæ0

0200. 莴笋　莴笋 Øuo31suɛ̃0

0201. 韭菜　韭菜 tɕiou53tshæ0

0202. 香菜芫荽　芫荽 Øiã24ɕy31

0203. 葱　葱 tshuaŋ31

0204. 蒜　蒜 suã44

0205. 姜　姜 tɕiaŋ31

0206. 洋葱　洋葱 Øiaŋ24tshuaŋ31

0207. 辣椒统称　辣子 la53tsʅ0

0208. 茄子统称　茄子 tɕhiɛ24tsʅ0

0209. 西红柿　洋柿子 Øiaŋ24sʅ44tsʅ0

0210. 萝卜统称　萝卜 luo24phu0

0211. 胡萝卜　红萝卜 xuəŋ24luo24phu0

0212. 黄瓜　黄瓜 xaŋ24kua31

0213. 丝瓜无棱的　丝瓜 sʅ31kua31

0214. 南瓜扁圆形或梨形，成熟时呈赤褐色　南瓜 nã24kua31

0215. 荸荠　荠儿菜 tɕir53tshæ44

0216. 红薯统称　红芋 xuəŋ24Øy24

0217. 马铃薯　洋芋 Øiaŋ24Øy24

0218. 芋头　芋头 Øy44thou0

0219. 山药圆柱形的　山药 sã24Øyo31

0220. 藕　莲菜 liã24tshæ0

四、动物

（一）一般动物

0221. 老虎　老虎 lɔ31xu310

0222. 猴子　猴 xou24

0223. 蛇统称　长虫 tʂhaŋ24tʃhuəŋ0/蛇蛇 tʂhã44tʂhã0

0224. 老鼠家里的　老鼠 lɔ31ʃu0

0225. 蝙蝠　夜蝙虎儿 Øiɛ44piɛ31xur24

0226. 鸟儿飞鸟，统称　鸟儿 niɔr53

0227. 麻雀　雀儿 tɕhiɔr53

0228. 喜鹊　野雀儿 Øiɛ53tɕhiɔr0

0229. 乌鸦　老鸹 lɔ53Øua31

0230. 鸽子　鹁鸽儿 pu24kɤr0

0231. 翅膀鸟的，统称　膀子 paŋ53tsʅ0

0232. 爪子鸟的，统称　爪爪 tʃua53tʃua0

0233. 尾巴　尾巴 ʒuei53pa0

0234. 窝鸟的　老鸹窝儿 lɔ53Øua24Øur0

0235. 虫子统称　虫虫 tʃhuəŋ24tʃhuəŋ0

0236. 蝴蝶统称　蛾儿 ŋɤr24

0237. 蜻蜓统称　蜻蜓 tɕiaŋ24tɕhiaŋ53

0238. 蜜蜂　蜂 fəŋ31

0239. 蜂蜜　蜂蜜 fəŋ31mi31

0240. 知了统称　知了 xɯ44lɔ0

0241. 蚂蚁　蚂蚁虫 ma53Øi0tʃhuəŋ0

0242. 蚯蚓　蚯蚓 tɕhiou31Øiɛ53

0243. 蚕　蚕 tshã24

0244. 蜘蛛会结网的　蜘蛛 tsʅ31tʃu0

0245. 蚊子统称　蚊子 vẽ24tsɿ0

0246. 苍蝇统称　蝇子 Øiəŋ24tsɿ0

0247. 跳蚤咬人的　屹蚤 kɯ31tsɔ31

0248. 虱子　虱 sei31

0249. 鱼　鱼 Øy24

0250. 鲤鱼　鲤鱼 li53Øy24

0251. 鳙鱼胖头鱼　无

0252. 鲫鱼　无

0253. 甲鱼　王八 Øuaŋ24pa0

0254. 鳞鱼的　鳞 liẽ24

0255. 虾统称　虾 çia31

0256. 螃蟹统称　螃蟹 phaŋ24xæ0

0257. 青蛙统称　疥蛙 tçiɛ44Øua0

0258. 癞蛤蟆表皮多疙瘩　疥蛙 tçiɛ44Øua0

（二）家畜、家禽

0259. 马　马 ma53

0260. 驴　驴 ly24

0261. 骡　骡子 luo24tsɿ0/儿马 Øər44ma0

0262. 牛　牛 niou24

0263. 公牛统称　犍牛 tçiã44niou24

0264. 母牛统称　乳牛 ʒu53niou24

0265. 放牛　放牛 faŋ44niou24

0266. 羊　羊 Øiaŋ24

0267. 猪　猪 tʃu31/唠唠 lɔ24lɔ0

0268. 种猪配种用的公猪　猪公子 tʃu24kuəŋ53tsɿ0

0269. 公猪成年的, 已阉的　牙猪 nia24tʃu31

0270. 母猪成年的, 未阉的　猪母子 tʃu31mu53tsɿ0

0271. 猪崽　猪娃儿 tʃu53Øuar0

0272. 猪圈　猪圈 tʃu31tçyã44

0273. 养猪　看猪 khã31tʃu31

0274. 猫　猫 mɔ24

0275. 公猫　郎猫 naŋ24mɔ24

0276. 母猫　咪猫 mi44mɔ24

0277. 狗统称　狗 kou53

0278. 公狗　牙狗 nia24kou0

0279. 母狗　母狗 mu31kou0

0280. 叫狗～　叫唤 tçi44xuã0/咬 niɔ53

0281. 兔子　兔 thu44

0282. 鸡　鸡 tçi31

0283. 公鸡成年的, 未阉的　公鸡 kuəŋ31tçi31

0284. 母鸡已下过蛋的　草鸡 tshɔ53tçi31/母鸡 mu53tçi31

0285. 叫公鸡～（打鸣儿）　叫鸣 tçi44miəŋ24

0286. 下鸡～蛋　下 çia31

0287. 孵～小鸡　菢 pɔ31

0288. 鸭　鸭 Øia31

0289. 鹅　鹅 ŋɤ24

0290. 阉～公的猪　骟 ʂã44

0291. 阉～母的猪　劁 thiɔ31

0292. 阉～鸡　无

0293. 喂～猪　喂 Øuei44

0294. 杀猪统称, 注意婉称　杀猪 sa24tʃu31

0295. 杀～鱼　宰 tsæ53/杀 sa31

五、房舍、器具

（一）房舍

0296. 村庄一个～　村子 tshuẽ53tsɿ0

0297. 胡同统称：一条～　巷道子 xaŋ31tɔ44tsʅ0

0298. 街道　马路 ma53lu44

0299. 盖房子　盖房 kæ44faŋ24

0300. 房子整座的,不包括院子　房 faŋ24

0301. 屋子房子里分隔而成的,统称　屋里 Øu53ni0

0302. 卧室　睡的房子 ʃuei44ti0faŋ24tsʅ0

0303. 茅屋茅草等盖的　茅草房 mɔ24tshɔ0faŋ24

0304. 厨房　灶房 tsɔ44faŋ0

0305. 灶统称　灶火 tsɔ44xuo0

0306. 锅统称　锅 kuo31

0307. 饭锅煮饭的　铁锅 thiɛ24kuo31

0308. 菜锅炒菜的　锅 kuo31

0309. 厕所旧式的,统称　茅子 mɔ24tsʅ0

0310. 檩左右方向的　担子 tā44tsʅ0

0311. 柱子　柱子 tʃu44tsʅ0

0312. 大门　头门 thou24mẽ24

0313. 门槛儿　门槛 mẽ24khā0

0314. 窗旧式的　窗子 tʃuaŋ53tsʅ0

0315. 梯子可移动的　梯子 thi53tsʅ0

0316. 扫帚统称　扫帚 sɔ53tʃu24

0317. 扫地　扫地 sɔ53ti44

0318. 垃圾　渣货 tsa53xuo0

（二）家具

0319. 家具统称　家具 tɕia31tɕy44

0320. 东西我的～　东西 tuəŋ53ɕi0

0321. 炕土、砖砌的,睡觉用　炕 khaŋ44

0322. 床木质的,睡觉用　床 tʃhuaŋ24

0323. 枕头　枕头 tʂẽ53thou0

0324. 被子　被儿 piər53

0325. 棉絮　套子 thɔ44tsʅ0/网套 vaŋ53thɔ44

0326. 床单　单子 tā53tsʅ0

0327. 褥子　褥子 ʐu53tsʅ0

0328. 席子　席 ɕi24

0329. 蚊帐　蚊帐 Øuẽ24tʂaŋ44

0330. 桌子统称　桌子 tʃuo53tsʅ0

0331. 柜子统称　柜柜儿 kuei44kueir0/柜 kuei44

0332. 抽屉桌子的　抽屉 tʂhou53thi0

0333. 案子长条形的　案 ŋa44/案板 ŋa44pā53

0334. 椅子统称　椅子 Øi31tsʅ0

0335. 凳子统称　板凳 pā53təŋ0

0336. 马桶有盖的　马桶 ma31thuəŋ53

（三）用具

0337. 菜刀　匝刀 tsa24tɔ31

0338. 瓢舀水的　掏子 thɔ53tsʅ0

0339. 缸　瓮 Øuəŋ44

0340. 坛子装酒的～　罐罐 kuā44kuā0

0341. 瓶子装酒的～　瓶瓶 phiəŋ24phiəŋ0

0342. 盖子杯子的～　盖盖 kæ44kæ0

0343. 碗统称　老碗 lɔ31Øuā0

0344. 筷子　筷子 khuæ44tsʅ0

0345. 汤匙　勺勺 ɕyo24ɕyo0

0346. 柴火统称　柴 tshæ24

0347. 火柴　洋火 Øiaŋ24xuo53

0348. 锁　锁子 suo53tsʅ0

0349. 钥匙　钥匙 Øyo53sʅ0

0350. 暖水瓶　电壶 tɕia44xu24

0351. 脸盆　脸盆 liā53phẽ0

0352. 洗脸水　洗脸水 ɕi31liã53ʃuei53

0353. 毛巾洗脸用　毛巾儿 mɔ24tɕiɛ̃r0

0354. 手绢　帕帕 pha53pha0

0355. 肥皂洗衣服用　胰子 Øiɛ̃53tsɿ0

0356. 梳子旧式的，不是篦子　木梳 mu31ʃu31

0357. 缝衣针　针 tʂɛ̃31

0358. 剪子　剪子 tɕiɛ̃53tsɿ0

0359. 蜡烛　蜡 la31

0360. 手电筒　手电 ʂou53tɕiã44

0361. 雨伞挡雨的，统称　伞 sã53

0362. 自行车　自行车 tsɿ44ɕiəŋ24tʂhɤ31

六、服饰、饮食

（一）服饰

0363. 衣服统称　衣裳 Øi53ʂaŋ0

0364. 穿～衣服　套 thɔ31

0365. 脱～衣服　退 thuei31

0366. 系～鞋带　衿 tɕiəŋ44

0367. 衬衫　衫衣 sã31Øi31

0368. 背心带两条杠的，内衣　背心 pei44ɕiɛ̃31

0369. 毛衣　毛衣 mɔ24Øi31

0370. 棉衣　棉袄儿 miã24ŋɔr0

0371. 袖子　袖子 ɕiou44tsɿ0

0372. 口袋衣服上的　口袋儿 khou53tær0

0373. 裤子　裤儿 fuər53

0374. 短裤外穿的　短裤儿 tuã53fuər53

0375. 裤腿　裤儿腿 fuər53thuei53

0376. 帽子统称　帽子 mɔ44tsɿ0

0377. 鞋子　鞋 xæ24

0378. 袜子　袜子 va31tsɿ0

0379. 围巾　围脖 Øuei24po0

0380. 围裙　围裙 Øuei24tɕhyɛ̃0

0381. 尿布　褯子 tɕhiɛ44tsɿ0

0382. 扣子　纽门 niou53mɛ̃0

0383. 扣～扣子　系上 ɕi44ʂaŋ0

0384. 戒指　戒指 tɕiɛ44tsɿ0

0385. 手镯　镯子 tsuo24tsɿ0

0386. 理发　理头 li53thou24/剃头 thi24thou24

0387. 梳头　梳头 ʃu31thou24

（二）饮食

0388. 米饭　米饭 mi53fã44

0389. 稀饭用米熬的，统称　米汤 mi53thaŋ31

0390. 面粉麦子磨的，统称　面 miã44

0391. 面条统称　面 miã44

0392. 面儿玉米～，辣椒～　面 miã44/面儿 miãr53/面面 miã44miã0

0393. 馒头无馅儿的，统称　蒸馍 tʂəŋ53mo0

0394. 包子　包子 pɔ53tsɿ0

0395. 饺子　煮馍 tʃu53mo0

0396. 馄饨　馄饨 xuɛ̃24tuɛ̃0

0397. 馅儿　馅子 ɕiã44tsɿ0

0398. 油条长条形的，旧称　油条 Øiou24thiɔ24

0399. 豆浆　豆浆 tou44tɕiaŋ31

0400. 豆腐脑儿　豆腐脑儿 tou44fu0lɔr53

0401. 元宵食品　元宵 Øyã24ɕiɔ31

0402. 粽子　粽子 tsuaŋ53tsɿ0

0403. 年糕用黏性大的米或米粉做的　无

0404. 点心统称　点心 tɕiã53ɕiɛ̃0

0405. 菜吃饭时吃的，统称　菜 tʂhæ44
0406. 干菜统称　干货 kã31xuo44
0407. 豆腐　豆腐 tou44fu31
0408. 猪血当菜的　猪血 tʃu24ɕiɛ31
0409. 猪蹄当菜的　猪蹄蹄儿 tʃu31thi24thir0
0410. 猪舌头当菜的，注意婉称　猪舌头 tʃu31ʂɤ24thou0
0411. 猪肝当菜的，注意婉称　猪肝子 tʃu24kã31tsɿ0
0412. 下水猪、牛、羊的内脏　下水 ɕia44ʃuei0
0413. 鸡蛋　鸡蛋 tɕi53tã0
0414. 松花蛋　变蛋 piã44tã44
0415. 猪油　大油 ta44ɵiou24
0416. 香油　香油 ɕiaŋ31ɵiou24
0417. 酱油　酱 tɕiaŋ44
0418. 盐名词　盐 ɵiã24
0419. 醋注意婉称　醋 tshu44
0420. 香烟　纸烟 tsɿ53ɵiã31
0421. 旱烟　旱烟 xã44ɵiã31
0422. 白酒　酒 tɕiou53
0423. 黄酒　黄酒 xuaŋ24tɕiou53
0424. 江米酒酒酿，醪糟　醪糟 lɔ24tsɔ0
0425. 茶叶　茶叶 tsha24ɵiɛ0
0426. 沏～茶　倒 tɔ53
0427. 冰棍儿　冰棍儿 piəŋ31kuɤr53
0428. 做饭统称　做饭 tsou44fã44
0429. 炒菜统称，和做饭相对　炒菜 tshɔ53tshæ44
0430. 煮～带壳的鸡蛋　煮 tʃu53
0431. 煎～鸡蛋　煎 tɕiã31
0432. 炸～油条　炸 tsa24

0433. 蒸～鱼　蒸 tʂəŋ31
0434. 揉～面做馒头等　揉 ʐou24
0435. 擀～面，～皮儿　擀 kã53
0436. 吃早饭　吃起早饭 tʂʅ31tɕhi31tsɔ53fã44
0437. 吃午饭　吃晌午饭 tʂʅ31ʂaŋ31ɵu0fã44
0438. 吃晚饭　喝汤 xuo24thaŋ31
0439. 吃～饭　吃 tʂhʅ31/咥 tiɛ24
0440. 喝～酒　喝 xuo31
0441. 喝～茶　喝 xuo31
0442. 抽～烟　吃 tʂhʅ31
0443. 盛～饭　舀 ɵiɔ53
0444. 夹用筷子～菜　抄 tshɔ31
0445. 斟～酒　倒 tɔ44
0446. 渴口～　渴 khɤ31
0447. 饿肚子～　饿 ŋɤ44
0448. 噎吃饭～着了　噎 ɵiɛ31

七、身体、医疗

（一）身体

0449. 头人的，统称　头 thou24/颡 sa24
0450. 头发　头发 thou24fa31
0451. 辫子　辫子 piã44tsɿ0/毛絃儿 mɔ44kar0
0452. 旋　旋儿 ɕyãr24
0453. 额头　额颅 ŋɛ̃53lou0
0454. 相貌　模样 mu24ɵiaŋ0/长相 tʂaŋ53ɕiaŋ44
0455. 脸洗～　脸 liã53
0456. 眼睛　眼窝 niã53uo31/眼 niã53

0457. 眼珠统称　眼珠子 niã53tʃu31tsʅ0/
眼豆豆 niã53tou44tou0

0458. 眼泪哭的时候流出来的　眼泪
niã53luei0

0459. 眉毛　眉毛 mi24mɔ0

0460. 耳朵　耳朵 ɸər53tuo0

0461. 鼻子　鼻子 pi24tsʅ0

0462. 鼻涕统称　鼻涝 pi24lɔ0

0463. 擤～鼻涕　捏 niɛ31

0464. 嘴巴人的，统称　嘴 tsuei53

0465. 嘴唇　嘴唇 tsuei53ʃũ̃r24

0466. 口水～流出来　涎水 xã44ʃuei0

0467. 舌头　舌头 ʂɤ24thou0

0468. 牙齿　牙 nia24

0469. 下巴　下巴 xa44pa0

0470. 胡子嘴周围的　胡子 xu24tsʅ0

0471. 脖子　脖项 po24xaŋ0

0472. 喉咙　喉咙 xou24luəŋ0

0473. 肩膀　肩膀 tɕiã53paŋ0

0474. 胳膊　胳臂 kɯ53pi0

0475. 手方言指（打√）：只指手√；包括臂；
他的～摔断了　手 ʂou53

0476. 左手　左手 tsuo53ʂou53

0477. 右手　右手 ɸiou44ʂou53

0478. 拳头　锤头 tʃuei24thou0

0479. 手指　手指头 ʂou53tsʅ31thou0

0480. 大拇指　大门指头
ta44mẽ24tsʅ31tou0

0481. 食指　二门指头
ɸər44mẽ24tsʅ31tou0

0482. 中指　中门指头
tʃuəŋ31mẽ24tsʅ31tou0

0483. 无名指　无名指头
vu24miəŋ24tsʅ31tou0

0484. 小拇指　小拇指 ɕiɔ53mu24tsʅ31

0485. 指甲　指甲盖儿 tsʅ31tɕia31kar53

0486. 腿　腿 thuei53

0487. 脚方言指（打√）：只指脚√；包括小腿；包括小腿和大腿：他的～轧断了
脚 tɕyo31

0488. 膝盖指部位　膝盖 tɕhi31kæ44

0489. 背名词　脊背 tɕi31pei24

0490. 肚子腹部　肚子 tu44tsʅ0

0491. 肚脐　脖脖 po24po0/肚肚窝儿
tu44tu44ɸuor53

0492. 乳房女性的　奶奶 næ53næ0

0493. 屁股　沟子 kou53tsʅ0

0494. 肛门　沟门儿 kou31mẽr24

0495. 阴茎成人的　牛 niou24/
屌 tɕhiou24/锤子 tʃhuei24tsʅ0

0496. 女阴成人的　屄 phi31

0497. 肏动词　合 ʂʅ44

0498. 精液　□ suəŋ24

0499. 来月经注意婉称　身上来咧
ʂẽ31ʂaŋ0læ24liɛ0

0500. 拉屎　屙屎 pa31ʂʅ53

0501. 撒尿　尿尿 niɕ44niɕ44

0502. 放屁　放屁 faŋ44phi44

0503. 相当于"他妈的"的口头禅
妈了个屄 ma24lɤ0kɤ0phi31

（二）疾病、医疗

0504. 病了　耍麻达 ʃua44ma24ta0

0505. 着凉　凉咧 liaŋ24liɛ0

0506. 咳嗽　咳嗽 khɯ53sou0

0507. 发烧　烧得很 ʂɔ31ti0xɛ̃53

0508. 发抖　颤呢 tʂhã44ni0

0509. 肚子疼　肚子疼 tu44tsɿ0thəŋ24

0510. 拉肚子　拉稀屎 la24çi31sɿ0

0511. 患疟疾　打摆子 ta31pæ53tsɿ0

0512. 中暑　中暑 tʃuəŋ44ʃu53

0513. 肿　肿咧 tʃuəŋ31liɛ0

0514. 化脓　脓呢 nəŋ24ni0

0515. 疤好了的　疤疤 pa53pa0

0516. 癣　烂癣 læ44çiã53

0517. 痣凸起的　猴子 xou24tsɿ0

0518. 疙瘩蚊子咬后形成的　疙瘩 kɯ53ta0

0519. 狐臭　狐臭 xu24tʂhou44

0520. 看病　看病 khã44piəŋ44

0521. 诊脉　号脉 xɔ44mei31

0522. 针灸　扎针 tsa24tʂɛ̃31

0523. 打针　攮针 ŋaŋ53tʂɛ̃31

0524. 打吊针　打针 ta53tʂɛ̃31

0525. 吃药统称　吃药 tʂhɿ24Øyo31

0526. 汤药　中药 tsuəŋ31Øyo31

0527. 病轻了　病好点儿了
　　　　piəŋ44xɔ53tiar0liɛ0

八、婚丧、信仰

（一）婚育

0528. 说媒　说媳妇 ʂɤ31çi31fu0/说
　　　下家 ʂɤ31çia44tçia31

0529. 媒人　媒婆 mei24pho0

0530. 相亲　背见 pei44tçiã44/看屋呢
　　　kã53u53ni0

0531. 订婚　过礼 kuo44li53

0532. 嫁妆　陪房 phei24faŋ0

0533. 结婚统称　娶媳妇 tçhy53çi53fu0

0534. 娶妻子男子~，动宾　娶媳妇
　　　tçhy53çi53fu0

0535. 出嫁女子~　起发女子
　　　tçhi53fa31ny53tsɿ0

0536. 拜堂　拜堂 pæ44thaŋ24

0537. 新郎　新女婿 çiɛ̃31ny53çi0

0538. 新娘子　新媳妇 çiɛ̃24çi31fu0

0539. 孕妇　大肚子 ta44tu44tsɿ0

0540. 怀孕　有啥咧 Øiou53sa31liɛ0

0541. 害喜妊娠反应　害娃呢
　　　xæ44Øua44ni0

0542. 分娩　抓娃 tʃua31Øua44/生娃
　　　səŋ31Øua44

0543. 流产　滑咧 xua24liɛ0

0544. 双胞胎　双生 suəŋ44ʂəŋ0

0545. 坐月子　坐月 tsuo44Øyo31

0546. 吃奶　吃奶 tʂhɿ31næ53

0547. 断奶　摘奶 tsei24næ53/断奶
　　　tuã44næ53

0548. 满月　满月 mã53Øyo31

0549. 生日统称　过岁岁 kuo44suei44suei0

0550. 做寿　做寿 tsuo31ʂou44

（二）丧葬

0551. 死统称　老咧 lɔ31liɛ0/不在咧
　　　pu31tsæ44liɛ0/殇咧 ʂəŋ31liɛ0

0552. 死婉称，最常用的几种，指老人：他~
　　　了　老咧 lɔ31liɛ0/不在咧
　　　pu31tsæ44liɛ0/走咧 tsou31liɛ0

0553. 自杀　上吊 ʂəŋ44tiɔ44/喝药咧
　　　xɤ24Øyo31liɛ0/跳井咧
　　　thi44tçiəŋ53liɛ0

0554. 咽气　断气 tuã44tçhi44

0555. 入殓　盛殓 tʂhəŋ24liã44

0556. 棺材　棺材 kuã53tshæ0/寿材 ʂou44tshæ0

0557. 出殡　埋人 mæ24zɛ̃24

0558. 灵位　牌位 phæ24ɸuei44

0559. 坟墓单个的，老人的　坟 fɛ̃24

0560. 上坟　烧纸 ʂɔ31tsɿ53

0561. 纸钱　阴票子 ɸiɛ̃31phiɔ44tsɿ0

（三）信仰

0562. 老天爷　天爷 thiã53ɸiɛ0

0563. 菩萨统称　菩萨爷 phu24sa0ɸiɛ0

0564. 观音　观世音 kuã31ʂɿ44ɸiɛ31

0565. 灶神口头的叫法，其中如有方言亲属称谓要释义　灶爷 tsɔ44ɸiɛ0

0566. 寺庙　寺庙 sɿ24mi44

0567. 祠堂　祠堂 tshɿ24thaŋ24

0568. 和尚　和尚 xuo24ʂaŋ0

0569. 尼姑　尼姑 ni24ku31

0570. 道士　信道的 ɕiə44tɔ44ti0

0571. 算命统称　算卦的 suã44kua44ti0

0572. 运气　命好 miəŋ44xɔ53

0573. 保佑　保佑 pɔ53ɸiou44

九、人品、称谓

（一）人品

0574. 人一个~　人 zɛ̃24

0575. 男人成年的，统称　外头人 ɸuei44thou0zɛ̃0

0576. 女人三四十岁已婚的，统称　屋里头人 ɸu53li53thou0zɛ̃0

0577. 单身汉　光棍儿 kuaŋ53kuɜ̃r0

0578. 老姑娘　老女子 lɔ31ny53tsɿ0

0579. 婴儿　月月娃 ɸyo31ɸyo0ɸua44/毛头娃 mɔ24thou0ɸua44

0580. 小孩儿三四岁的，统称　碎娃 suei44ɸua44

0581. 男孩儿统称：外面有个~在哭　小子 ɕiɔ53tsɿ0

0582. 女孩儿统称：外面有个~在哭　女子 ny53tsɿ0

0583. 老人七八十岁的，统称　老汉 lɔ53xã0

0584. 亲戚统称　亲戚 tɕhiɛ̃53tɕhi0

0585. 朋友统称　朋友 phəŋ24ɸiou0/伙计 xuo53tɕi31

0586. 邻居统称　隔壁子 kei24pi31tsɿ0/对门子 tuei44mɛ̃24tsɿ0

0587. 客人　客人 kei53zɛ̃0

0588. 农民　农村人 nuəŋ24tshuɛ̃31zɛ̃0

0589. 商人　卖货的 mæ44xuo44ti0

0590. 手艺人统称　能人 nəŋ24zɛ̃0

0591. 泥水匠　泥水匠 ni24ʃuei53tɕiaŋ0

0592. 木匠　木匠 mu53tɕiaŋ0

0593. 裁缝　裁缝 tshæ24fəŋ0

0594. 理发师　剃头的 thi44thou24ti0

0595. 厨师　厨子 tʃhu24tsɿ0

0596. 师傅　师傅 ʂɿ31fu0

0597. 徒弟　徒弟 thu24ti0

0598. 乞丐统称，非贬称（无统称则记成年男的）　要饭的 ɸiɔ44fã44ti0/叫花 tɕiɔ44xua31

0599. 妓女　卖身 mæ44ʂɛ̃31

0600. 流氓　瞎□ xa31suəŋ24/瞎锤子 xa31tʃhuei24tsɿ0

0601. 贼　贼娃子 tsei24ɸua0tsɿ0

0602. 瞎子统称，非贬称（无统称则记成年男的） 瞎子 xa53tsʅ0

0603. 聋子统称，非贬称（无统称则记成年男的） 聋子 nəŋ24tsʅ0

0604. 哑巴统称，非贬称（无统称则记成年男的） 哑巴 nia53pa0

0605. 驼子统称，非贬称（无统称则记成年男的） 揹锅腰 pei31kuo24ø iɔ31

0606. 瘸子统称，非贬称（无统称则记成年男的） 跛子 po53tsʅ0

0607. 疯子统称，非贬称（无统称则记成年男的） 疯子 fəŋ53tsʅ0

0608. 傻子统称，非贬称（无统称则记成年男的） 瓜子 kua53tsʅ0

0609. 笨蛋蠢的人 瓜□笨种 kua31suəŋ24mẽ44tʃuəŋ53

（二）称谓

0610. 爷爷呼称，最通用的 爷 øiɛ24

0611. 奶奶呼称，最通用的 婆 pho24

0612. 外祖父叙称 外爷 øuei44øiɛ0

0613. 外祖母叙称 外婆 øuei44pho0

0614. 父母合称 大、妈 ta24、ma24

0615. 父亲叙称 大 ta24/伯 pei24/爸 pa24

0616. 母亲叙称 妈 ma24/娘 niaŋ24

0617. 爸爸呼称，最通用的 爸 pa24

0618. 妈妈呼称，最通用的 妈 ma24

0619. 继父叙称 后大 xou44ta24

0620. 继母叙称 后妈 xou44ma24

0621. 岳父叙称 丈人 tʂaŋ44zẽ0

0622. 岳母叙称 丈母姨 tʂaŋ44mu31øi24

0623. 公公叙称 阿公 øa53kuəŋ0

0624. 婆婆叙称 阿家 øa53tɕia0

0625. 伯父呼称，统称 伯 pei24

0626. 伯母呼称，统称 妈 ma31/娘 niaŋ24

0627. 叔父呼称，统称 大 ta24/爸 pa24

0628. 叔父呼称，排行最小的，如"幺叔" 碎大 suei44ta24/碎爸 suei44pa24

0629. 叔母呼称，统称 姨 øi24/母 mu53

0630. 姑呼称，统称（无统称则记分称：比父大，比父小；已婚，未婚） 姑 ku24

0631. 姑父呼称，统称 姑父 ku53fu0

0632. 舅舅呼称 舅 tɕiou24

0633. 舅妈呼称 妗子 tɕiẽ44tsʅ0

0634. 姨呼称，统称（无统称则记分称：比母大，比母小；已婚，未婚） 姨 øi24 比母小/姨妈 øi24ma24 比母大

0635. 姨父呼称，统称 姨夫 øi24fu0

0636. 弟兄合称 弟兄 ti44ɕyəŋ31

0637. 姊妹合称，注明是否可包括男性 姊妹包括男性 tsʅ44mei0

0638. 哥哥呼称，统称 哥 kɤ24

0639. 嫂子呼称，统称 嫂 sɔ53

0640. 弟弟叙称 兄弟 ɕyəŋ53ti0

0641. 弟媳叙称 兄弟媳妇 ɕyəŋ31ti44ɕi31fu0

0642. 姐姐呼称，统称 姐 tɕiɛ24

0643. 姐夫呼称 哥 kɤ24

0644. 妹妹叙称 妹子 mei44tsʅ0

0645. 妹夫叙称 妹夫 mei44fu0

0646. 堂兄弟叙称，统称 弟兄们 ti44ɕyəŋ31mə0

0647. 表兄弟叙称，统称 老表 lɔ31piɔ53

0648. 妯娌弟兄妻子的合称 先后

ɕiã44xuo0

0649. 连襟姊妹丈夫的关系，叙称　挑担 tɕiɔ53tã0

0650. 儿子叙称：我的～　娃 Øua44

0651. 儿媳妇叙称：我的～　媳妇 ɕi53fu0

0652. 女儿叙称：我的～　女子 ny53tsɿ0

0653. 女婿叙称：我的～　女婿 ny53ɕi0

0654. 孙子儿子之子　孙子 suɛ̃53tsɿ0

0655. 重孙子儿子之孙　重孙 tʃhuəŋ24suɛ̃31

0656. 侄子弟兄之子　侄儿 tʂɿ24Øər0

0657. 外甥姐妹之子　外甥 Øuæ44səŋ31

0658. 外孙女儿之子　外孙 Øuei44suɛ̃31

0659. 夫妻合称　两口子 liaŋ31khou0tsɿ0

0660. 丈夫叙称，最通用的，非贬称：她的～ 女婿 ny53ɕi0

0661. 妻子叙称，最通用的，非贬称：他的～ 媳妇 ɕi53fu0／婆娘 pho24niaŋ0／老婆 lɔ53po0

0662. 名字　官名 kuã31miəŋ24／小名 ɕiɔ53miəŋ24

0663. 绰号　名号儿 miəŋ24xɔr53

十、农、工、商、文

（一）农业

0664. 干活儿统称：在地里～　做活 tsuo44xuo24

0665. 事情一件～　事 sɿ44

0666. 插秧　插秧 tsha24Øiaŋ31

0667. 割稻　割稻 kɤ31thɔ53

0668. 种菜　种菜 tʃhuəŋ44tshæ44

0669. 犁名词　犁 li24

0670. 锄头　锄 tʃhu24

0671. 镰刀　镰 liã24

0672. 把儿刀～　把 pha24

0673. 扁担　担子 tã44tsɿ0

0674. 箩筐　筐筐 kuaŋ31kuaŋ0

0675. 筛子统称　筛子 sæ53tsɿ0

0676. 簸箕农具，有梁的　簸箕 po44tɕi0

0677. 簸箕簸米用　簸箕 po44tɕi0

0678. 独轮车　推车 thuei31tʃhɤ31

0679. 轮子旧式的，如独轮车上的　轮子 luɛ̃24tsɿ0

0680. 碓整体　碓窝 tɕiaŋ31Øuo31

0681. 臼　窝子 Øuo53tsɿ0

0682. 磨名词　磨 mo44

0683. 年成　收成 ʂou53tʃhəŋ31

（二）工商业

0684. 走江湖统称　在外头跑呢 tsæ44Øuæ44thou0pɔ53ni0

0685. 打工　在外做活呢 tsæ44Øuæ44tsuo31xuo24ni0

0686. 斧子　斧头 fu53thou0

0687. 钳子　钳子 tɕhiã24tsɿ0

0688. 螺丝刀　起子 tɕhi53tsɿ0

0689. 锤子　锤 tʃhuei24

0690. 钉子　钉子 tiəŋ53tsɿ0

0691. 绳子　绳子 ʂəŋ24tsɿ0

0692. 棍子　棍 kuɛ̃44

0693. 做买卖　做生意 tsuo31səŋ53Øi0

0694. 商店　小卖部儿 ɕiɔ53mæ31pur44／吃喝部儿 tʂhɿ31xuo31pur44

0695. 饭馆　饭店 fã44tiã44

0696. 旅馆旧称　宾馆儿 piɛ̃31kuar53
0697. 贵　贵 kuei44
0698. 便宜　便宜 phiã24ɤi0/贱 tɕiã44
0699. 合算　划算 xua24suã0
0700. 折扣　少些 ʂɔ53ɕiɛ31
0701. 亏本　亏本儿 kuei31pə̃r53
0702. 钱统称　钱 tɕhiã24/籴 ka24
0703. 零钱　分分钱 fɛ̃53fɛ̃0tɕhiã0
0704. 硬币　分分钱 fɛ̃53fɛ̃0tɕhiã0
0705. 本钱　本钱 pɛ̃53tɕhiã0
0706. 工钱　工钱 kuəŋ53tɕhiã0
0707. 路费　盘缠 phã24tʂhã0
0708. 花~钱　花 xua31
0709. 赚卖一斤能~一毛钱　长 tʂhaŋ24
0710. 挣打工~了一千块钱　挣 tsəŋ44
0711. 欠~他十块钱　争 tsəŋ44
0712. 算盘　算盘 suã44phã0
0713. 秤统称　秤 tʂhəŋ44
0714. 称用秤~　称 tʂhəŋ31/觉 tsʅ53
0715. 赶集　上集 ʂaŋ44tɕi24
0716. 集市　集 tɕi24
0717. 庙会　集会 tɕi31xuei44

(三) 文化、娱乐

0718. 学校　书房 ʃu53faŋ0
0719. 教室　学堂 ɕyo24thaŋ24
0720. 上学　上课 ʂaŋ44khuo44
0721. 放学　下课 ɕia44khuo44
0722. 考试　考试 kɔ53sʅ44
0723. 书包　书包 ʃu24pɔ31
0724. 本子　本子 pɛ̃53tsʅ0
0725. 铅笔　铅笔 tɕhiã31pi31

0726. 钢笔　钢笔 kaŋ31pi31
0727. 圆珠笔　油笔 ɤiou24pi31
0728. 毛笔　毛笔 mɔ24pi31
0729. 墨　墨 mei24
0730. 砚台　砚 ɤiã44
0731. 信一封~　信 ɕiɛ̃44
0732. 连环画　小人书 ɕiɔ53ʐə̃24ʃu31
0733. 捉迷藏　藏猫儿道儿
　　　　tɕhiaŋ24miɔr31tɔr53
0734. 跳绳　跳绳 thiɔ44ʂəŋ24
0735. 毽子　毽子 tɕiã44tsʅ0
0736. 风筝　风筝 fəŋ31tsəŋ31
0737. 舞狮　耍狮子 ʃua53sʅ31tsʅ0
0738. 鞭炮统称　炮 phɔ44
0739. 唱歌　唱歌 tʂhaŋ44kɤ31
0740. 演戏　唱戏 tʂhaŋ44ɕi44
0741. 锣鼓统称　敲镲镲 tɕhiɔ31tɕhia53
　　　　tɕhia0/敲锣鼓 tɕhiɔ31luo24ku31
0742. 二胡　胡胡儿 xu24xur0
0743. 笛子　笛 ti24
0744. 划拳　猜拳 tshæ31tɕhyã24
0745. 下棋　下棋 ɕia44tɕhi24
0746. 打扑克　耍牌 ʃua53phæ24
0747. 打麻将　打麻将 ta53ma24tɕiaŋ44
0748. 变魔术　变魔术 piã44mo24ʃu44
0749. 讲故事　说故事 ʂɤ31ku44sʅ0
0750. 猜谜语　猜谜语 tshæ31mi24y53
0751. 玩儿游玩: 到城里~　逛 kuaŋ44/
　　　　耍 ʃua53/弄 nuəŋ44
0752. 串门儿　逛去咧 kuaŋ44tɕhy0liɛ0
0753. 走亲戚　走亲戚
　　　　tsou53tɕhiɛ̃53tɕhi0

十一、动作、行为

(一) 具体动作

0754. 看 ~电视　看 kã44
0755. 听用耳朵~　听 thiəŋ31
0756. 闻嗅：用鼻子~　闻 vẽ24
0757. 吸 ~气　吸 ɕi31
0758. 睁 ~眼　睁 tsəŋ31
0759. 闭 ~眼　闭 pi44
0760. 眨 ~眼　眨 tsã53
0761. 张 ~嘴　张 tsɑŋ31
0762. 闭 ~嘴　合 xuo24
0763. 咬狗~人　咬 niɔ53
0764. 嚼把肉~碎　嚼 tɕiɔ24
0765. 咽 ~下去　咽 Øiã44
0766. 舔人用舌头~　舔 thiã53
0767. 含 ~在嘴里　噙 tɕhiɛ̃24
0768. 亲嘴　拐嘴儿 kuæ31tsueir53
0769. 吮吸用嘴唇聚拢吸取液体，如吃奶时　吃 tʂʅ31
0770. 吐上声，把果核儿~掉　唾 thuo44
0771. 吐去声，呕吐：喝酒喝~了　吐 thu53
0772. 打喷嚏　打喷嚏 ta53pẽ44tɕhi0
0773. 拿用手把苹果~过来　拿 la24
0774. 给他~我一个苹果　给 kei44
0775. 摸 ~头　摸 mo31
0776. 伸 ~手　伸 sẽ31
0777. 挠 ~痒痒　抓 tsɔ31
0778. 掐用拇指和食指的指甲~皮肉　掐 tɕhia31
0779. 拧 ~螺丝　拧 niəŋ24

0780. 拧 ~毛巾　拧 niəŋ24
0781. 捻用拇指和食指来回~碎　捻 niã24
0782. 掰把橘子~开，把馒头~开　掰 pei31
0783. 剥 ~花生　剥 po31
0784. 撕把纸~了　撕 sʅ31
0785. 折把树枝~断　折 tʂɤ53
0786. 拔 ~萝卜　拔 pa24
0787. 摘 ~花　摘 tsei24
0788. 站站立：~起来　站 tsã44
0789. 倚斜靠：~在墙上　靠 kɔ31
0790. 蹲 ~下　蹲 tuɛ̃31
0791. 坐 ~下　坐 tsuo24
0792. 跳青蛙~起来　蹦 pəŋ44/跳 thiɔ44
0793. 迈跨过高物：从门槛上~过去　迈 mæ44
0794. 踩脚~在牛粪上　踏 tha31
0795. 翘 ~腿　架 tɕia31
0796. 弯 ~腰　弯 Øuã31
0797. 挺 ~胸　挺 thiəŋ53
0798. 趴 ~着睡　趴 pha24
0799. 爬小孩儿在地上~　爬 pha24
0800. 走慢慢儿~　走 tsou53
0801. 跑慢慢儿走，别~　跑 phɔ53
0802. 逃逃跑：小偷儿~走了　逃 thɔ24
0803. 追追赶：~小偷儿　撵 niã53
0804. 抓 ~小偷儿　抓 tʂua31
0805. 抱把小孩儿~在怀里　抱 pɔ44/搭 tɕhia44
0806. 背 ~孩子　背 pei31
0807. 搀 ~老人　搀 tshã31
0808. 推几个人一起~汽车　推 thuei31

0809. 摔跌：小孩儿～倒了　跌 tɕiɛ31
0810. 撞人～到电线杆　撞 tʃhuaŋ44
0811. 挡你～住我了，我看不见　挡 taŋ44
0812. 躲躲藏：他～在床底下　躲 tuo53
0813. 藏藏放，收藏：钱～在枕头下面
　　　藏 tshaŋ24/抬 thæ24
0814. 放把碗～在桌子上　放 faŋ44
0815. 撂砖～起来　撂 luo44
0816. 埋～在地下　埋 mæ24
0817. 盖把茶杯～上　盖 kæ44
0818. 压用石头～住　压 nia31
0819. 摁用手指按：～图钉　压 nia31
0820. 捅用棍子～鸟窝　捅 thuəŋ53
0821. 插把香～到香炉里　插 tsha31
0822. 戳～个洞　戳 tshuo31
0823. 砍～树　砍 kã53
0824. 剁把肉～碎做馅儿　剁 tuo44
0825. 削～苹果　削 ɕyo31
0826. 裂木板～开了　裂 liɛ31
0827. 皱皮～起来　皱 tshuei44
0828. 腐烂死鱼～了　烂的 lã44ti0
0829. 擦用毛巾～手　擦 tsha31
0830. 倒把碗里的剩饭～掉　倒 tɔ53
0831. 扔丢弃：这个东西坏了，～了它
　　　撂咧 liɔ44liɛ0
0832. 扔投掷：比一比谁～得远
　　　扔ʐuəŋ53
0833. 掉掉落，坠落：树上～下一个梨
　　　掉 tiɔ44
0834. 滴水～下来　漏 lou44
0835. 丢丢失：钥匙～了　遗 Øi24
0836. 找寻找：钥匙～到了　寻 ɕiɛ̃24
0837. 捡～到十块钱　拾 ʂʅ24

0838. 提用手把篮子～起来　提 thi24
0839. 挑～担　担 tã31
0840. 扛把锄头～在肩上　掮 tiã31
0841. 抬～轿　抬 thæ24
0842. 举～旗子　打 ta53
0843. 撑～伞　打 ta53
0844. 撬把门～开　撬 tɕhiɔ44
0845. 挑挑选，选择：你自己～一个
　　　选 ɕyã53
0846. 收拾～东西　拾掇 ʂʅ24tuo31
0847. 挽～袖子　挽 vã53
0848. 涮把杯子～一下　洗 ɕi53
0849. 洗～衣服　洗 ɕi53
0850. 捞～鱼　捞 lɔ24
0851. 拴～牛　拴 ʃuã31
0852. 捆～起来　捆 kuẽ53
0853. 解～绳子　解 tɕiɛ53
0854. 挪～桌子　挪 luo24
0855. 端～碗　端 tuã31
0856. 摔碗～碎了　摔 ʃuæ53
0857. 掺～水　掺 tshã31
0858. 烧～柴　烧 ʂɔ31
0859. 拆～房子　拆 tsei31
0860. 转～圈儿　转 tʃuã53
0861. 捶用拳头～　捶 tʃhuei24
0862. 打统称：他～了我一下　打 ta53/
　　　控 tɕiɛ31
0863. 打架动手：两个人在～　打架
　　　ta53tɕia44
0864. 休息　歇一下 ɕiɛ31i31xa0/
　　　休礼拜 ɕiou31li53pæ0
0865. 打哈欠　打瞌睡 ta31kɤ53ʃuei0
0866. 打瞌睡　打瞌睡 ta31kɤ53ʃuei0

0867. 睡他已经～了　睡 ʃuei44

0868. 打呼噜　打呼噜 ta53xu31lu0

0869. 做梦　做梦 tsou44məŋ44

0870. 起床　起来 tɕhiɛ53læ31

0871. 刷牙　刷牙 ʃua31nia24

0872. 洗澡　洗一下 ɕi53Øi31xa0

（二）抽象动作

0873. 想思索：让我～一下　想 ɕiaŋ53

0874. 想想念：我很～他　想 ɕiaŋ53

0875. 打算我～开个店　想 ɕiaŋ53

0876. 记得　记下 tɕi44xa0

0877. 忘记　忘咧 Øuaŋ44liɛ0

0878. 怕害怕：你别～　害怕 xæ44pha44/
　　　　怯火 tɕhiɛ31xuo53

0879. 相信我～你　信 ɕiẽ44

0880. 发愁　熬煎 ŋɔ53tɕiã31

0881. 小心过马路要～　当心 taŋ24ɕiẽ31

0882. 喜欢～看电视　爱 ŋæ44

0883. 讨厌～这个人　怵 tshu31

0884. 舒服凉风吹来很～　善活 tʂhã53xuo0

0885. 难受生理的　难受 nã24ʂou44

0886. 难过心理的　难过 nã24kuo44

0887. 高兴　舒服 ʃu31fu0

0888. 生气　生气 səŋ31tɕhi44

0889. 责怪　诉说 sou31ʃuo31

0890. 后悔　不该 pu24kæ31

0891. 忌妒　嫉妒 tɕi44tu53

0892. 害羞　害羞 xæ44ɕiou31

0893. 丢脸　丢人 tiou31ʐə̃24

0894. 欺负　辱没 ʐu53mo0

0895. 装～病　装 tʃuaŋ31

0896. 疼～小孩儿　疼 thəŋ24

0897. 要我～这个　要 Øiɔ44

0898. 有我～一个孩子　有 Øiou53

0899. 没有他～孩子　没 mo24

0900. 是我～老师　是 sʅ44

0901. 不是他～老师　不是 pu53sʅ0

0902. 在他～家　在呢 tsæ44ni0

0903. 不在他～家　不在 pu31tsæ44

0904. 知道我～这件事　知道 tʂʅ53tɔ0

0905. 不知道我～这件事　知不道 tʂʅ31pu0tɔ44

0906. 懂我～英语　会 xuei44

0907. 不懂我～英语　不会 pu31xuei44

0908. 会我～开车　能 nəŋ24

0909. 不会我～开车　不会 pu31xuei44

0910. 认识我～他　知道 tʂʅ53tɔ0

0911. 不认识我～他　知不道 tʂʅ31pu0tɔ31

0912. 行应答语　能行 nəŋ24ɕiəŋ24

0913. 不行应答语　不能 pu31nəŋ24

0914. 肯～来　能 nəŋ24

0915. 应该～去　该 kæ31

0916. 可以～去　能 nəŋ24

（三）言语

0917. 说～话　说 sɤ31

0918. 话说～　话 xua44

0919. 聊天儿　拉话 la44xua53

0920. 叫～他一声儿　喊 xã53

0921. 吆喝大声喊　喊叫 xã53tɕiɔ44

0922. 哭小孩儿～　哭 fu31

0923. 骂当面～人　骂 ma44

0924. 吵架动嘴：两个人在～　闹仗

lɔ44tʂaŋ44

0925. 骗～人　哄 xuəŋ53

0926. 哄～小孩儿　哄 xuaŋ53

0927. 撒谎　搔谎 tsɔ31xuaŋ53

0928. 吹牛　胡吹冒料
xu24tʃhuei31mɔ53liɛ44

0929. 拍马屁　舔沟子 thiã53kou53tsɿ0

0930. 开玩笑　说耍话呢
ʂɤ31ʃua53xua44ni0

0931. 告诉～他　说给你 ʂɤ31kei0ni53

0932. 谢谢致谢语　感谢 kã53ɕiɛ44

0933. 对不起致歉语　不好意思
pu31xɔ53Øi44sɿ0

0934. 再见告别语　回去咧 xuei24tɕhy0liɛ0

十二、性质、状态

（一）形貌

0935. 大苹果～　大 ta44

0936. 小苹果～　碎 suei44

0937. 粗绳子～　壮 tʃuaŋ44

0938. 细绳子～　细 ɕi44

0939. 长线～　长 tʂhaŋ24

0940. 短线～　短 tuã53

0941. 长时间～　得一会儿
tei31Øi31xueir53

0942. 短时间～　一会儿 Øi31xueir53

0943. 宽路～　宽 khuã31

0944. 宽敞房子～　敞亮 tʂhaŋ53liaŋ0

0945. 窄路～　窄 tsei31

0946. 高飞机飞得～　高 kɔ31

0947. 低鸟飞得～　低 ti31

0948. 高他比我～　高 kɔ31

0949. 矮他比我～　低 ti31

0950. 远路～　远 Øyã53

0951. 近路～　近 tɕiɛ̃44

0952. 深水～　深 ʂɛ̃31

0953. 浅水～　浅 tɕhiã53

0954. 清水～　清 tɕhiəŋ31

0955. 浑水～　浑 xuɛ̃44

0956. 圆　圆 Øyã24

0957. 扁　扁 piã53

0958. 方　方 faŋ31

0959. 尖　尖 tɕiɛ̃31

0960. 平　平 phiəŋ24

0961. 肥～肉　肥 fei24

0962. 瘦～肉　瘦 sou44

0963. 肥形容猪等动物　肥 fei24

0964. 胖形容人　富态 fu44thæ0

0965. 瘦形容人、动物　苗条 miɔ24thiɔ0

0966. 黑黑板的颜色　黑 xei31

0967. 白雪的颜色　白 pei24

0968. 红国旗的主颜色，统称　红 xuəŋ24

0969. 黄国旗上五星的颜色　黄 xuaŋ24

0970. 蓝蓝天的颜色　蓝 nã24

0971. 绿绿叶的颜色　绿 liou31

0972. 紫紫药水的颜色　紫 tsɿ31

0973. 灰草木灰的颜色　灰 xuei31

（二）状态

0974. 多东西～　一堆 Øi24tuei31

0975. 少东西～　一点儿 Øi31tiar53

0976. 重担子～　重 tʃuəŋ44/沉 tʂhɛ̃24

0977. 轻担子～　轻 tɕhiəŋ31

0978. 直线～　直 tsɿ24

0979. 陡坡～，楼梯～　陡 tou53

0980. 弯弯曲：这条路是～的　弯 ɸuã31

0981. 歪帽子戴～了　歪 ɸuæ31

0982. 厚木板～　厚 xou44

0983. 薄木板～　薄 po24

0984. 稠稀饭～　稠 tʂhou24

0985. 稀稀饭～　稀 ɕi31

0986. 密菜种得～　稠 tʂhou24

0987. 稀稀疏：菜种得～　稀溜马擦 ɕi31liou0ma0tsha0

0988. 亮指光线，明亮　亮 liaŋ44

0989. 黑指光线，完全看不见　乌漆麻黑 ɸu31tɕhi31ma31xei31

0990. 热天气～　闷 mẽ53

0991. 暖和天气～　暖和 lyã53xuo0

0992. 凉天气～　凉 liaŋ24

0993. 冷天气～　冷 nəŋ53

0994. 热水～　热 ʐɤ31

0995. 凉水～　凉 liaŋ24

0996. 干干燥：衣服晒～了　干 kã31

0997. 湿潮湿：衣服淋～了　湿 ʂɻ31

0998. 干净衣服～　净 tɕiəŋ44

0999. 脏肮脏，不干净，统称：衣服～　脏 tsaŋ31

1000. 快锋利：刀子～　快 khuæ44

1001. 钝刀子～　钝 tuə̃44

1002. 快坐车比走路～　快 khuæ44

1003. 慢走路比坐车～　慢 mã44

1004. 早来得～　早 tsɔ53

1005. 晚来～了　晚 vã53

1006. 晚天色～　黑 xei31

1007. 松捆得～　松 suəŋ31

1008. 紧捆得～　紧 tɕiẽ53

1009. 容易这道题～　简单 tɕiã53tã31

1010. 难这道题～　难 nã24

1011. 新衣服～　新 ɕiẽ31

1012. 旧衣服～　旧 tɕiou44

1013. 老人～　老 lɔ53

1014. 年轻人～　小伙 ɕiɔ31xuo0

1015. 软糖～　软 ʐuã53

1016. 硬骨头～　硬 niəŋ44

1017. 烂肉煮得～　烂 nã44

1018. 糊饭烧～了　糊 xu24/焦 tɕiɔ31

1019. 结实家具～　结实 tɕiɛ31ʂɻ0

1020. 破衣服～　烂 nã44

1021. 富他家很～　富 fu44/有得很 ɸiou53ti0xɛ53

1022. 穷他家很～　穷 tɕhyəŋ24/可怜 khɤ53liã0

1023. 忙最近很～　忙 maŋ24

1024. 闲最近比较～　闲 xã24

1025. 累走路走得很～　累 luei53/困 khuẽ44/乏 fa24

1026. 疼摔～了　疼 thəŋ24

1027. 痒皮肤～　咬 niɔ53

1028. 热闹看戏的地方很～　热闹 ʐɤ53lɔ0

1029. 熟悉这个地方我很～　熟悉 ʃu24ɕi31

1030. 陌生这个地方我很～　生 səŋ31

1031. 味道尝尝～　味道 vei44tɔ31

1032. 气味闻闻～　气味儿 tɕhi44veir53

1033. 咸菜～　咸 ɕiã24

1034. 淡菜～　淡 tã44

1035. 酸　酸 suã31

1036. 甜　甜 thiã24

1037. 苦　苦 khu53

1038. 辣　辣 la31
1039. 鲜鱼汤～　鲜 ɕiã53
1040. 香　香 ɕiaŋ31
1041. 臭　臭 tʂhou44
1042. 馊饭～　馊 sou53/瞎 xa31
1043. 腥鱼～　腥 ɕiəŋ31

(三) 品性

1044. 好人～　好 xɔ53
1045. 坏人～　瞎 xa31/坏 xuæ44
1046. 差东西质量～　差 tsha31/不行 pu31ɕiəŋ24
1047. 对账算～了　对 tuei44
1048. 错账算～了　错 tshuo31
1049. 漂亮形容年轻女性的长相：她很～　心疼 ɕiẽ31thəŋ24
1050. 丑形容人的长相：猪八戒很～　难看 nã24khã31
1051. 勤快　勤快 tɕhiẽ24khuæ31
1052. 懒　懒 lã53
1053. 乖　乖 kuæ31
1054. 顽皮　调皮 thiɔ24pi24
1055. 老实　老实 lɔ53ʂʅ0
1056. 傻痴呆　瓜 kua31
1057. 笨蠢　笨 pẽ44
1058. 大方不吝啬　大方 ta44faŋ0
1059. 小气吝啬　小气 ɕiɔ53tɕhi44/啬皮 sei31phi24/啬 sei31
1060. 直爽性格～　爽快 ʃuaŋ53khuæ0
1061. 犟脾气～　犟 tɕiaŋ44

十三、数量

(一) 数字

1062. 一～二三四五……，下同　一 Øi31
1063. 二　二 Øər44
1064. 三　三 sã31
1065. 四　四 sʅ44
1066. 五　五 Øu53
1067. 六　六 liou31
1068. 七　七 tɕhi31
1069. 八　八 pa31
1070. 九　九 tɕiou53
1071. 十　十 ʂʅ24
1072. 二十有无合音　二十合音 Øər44ʂʅ0
1073. 三十有无合音　三十无合音 sã53ʂʅ31
1074. 一百　一百 Øi24pei31
1075. 一千　一千 Øi24tɕhiã31
1076. 一万　一万 Øi31vã44
1077. 一百零五　一百零五 Øi24pei31liəŋ24Øu53
1078. 一百五十　一百五十 Øi24pei31Øu53ʂʅ0
1079. 第一～，第二　第一 ti44Øi31
1080. 二两重量　二两 Øər44liaŋ53
1081. 几个你有～孩子？　几个 tɕi53kɤ0
1082. 俩你们～　两 liaŋ53
1083. 仨你们～　仨 sæ̃31
1084. 个把　个把 kɤ44pa0

(二) 量词

1085. 个一～人　个 kɤ44
1086. 匹一～马　匹 phi53
1087. 头一～牛　头 thou24
1088. 头一～猪　驾 tɕia31
1089. 只一～狗　条 thiɔ24
1090. 只一～鸡　个 kɤ44
1091. 只一～蚊子　个 kɤ44

1092. 条一～鱼　条 thiɔ24

1093. 条一～蛇　个 kɤ44

1094. 张一～嘴　张 tʂaŋ31

1095. 张一～桌子　张 tʂaŋ31

1096. 床一～被子　床 tʃhuaŋ24

1097. 领一～席子　张 tʂaŋ31

1098. 双一～鞋　双 ʃuaŋ31

1099. 把一～刀　把 pa31

1100. 把一～锁　把 pa31

1101. 根一～绳子　条 thiɔ24

1102. 支一～毛笔　支 tsɿ31

1103. 副一～眼镜　副 fu44

1104. 面一～镜子　面 miã44

1105. 块一～香皂　块儿 khuar53

1106. 辆一～车　辆 liaŋ53

1107. 座一～房子　座儿 tsuor53

1108. 座一～桥　座 tsuo44

1109. 条一～河　条 thiɔ24

1110. 条一～路　条 thiɔ24

1111. 棵一～树　棵 khuo53

1112. 朵一～花　朵 tuo53

1113. 颗一～珠子　颗 khuo53

1114. 粒一～米　粒 li24

1115. 顿一～饭　顿 tuẽ44

1116. 剂一～中药　剂 tɕi44

1117. 股一～香味　股 ku53

1118. 行一～字　行 xaŋ24

1119. 块一～钱　块儿 khuær53

1120. 毛角：一～钱　毛 mɔ24

1121. 件一～事情　件儿 tɕiær53

1122. 点儿一～东西　点儿 tiãr53

1123. 些一～东西　些 ɕiɛ31

1124. 下打一～，动量，不是时量　下 xa44

1125. 会儿坐了一～　会儿 xueir53

1126. 顿打一～　顿 tuẽ44

1127. 阵下了一～雨　阵 tʂə̃44

1128. 趟去了一～　场 tʂhaŋ53

十四、代词、副词、介词、连词

（一）代词

1129. 我～姓王　我 ŋɤ53

1130. 你～也姓王　你 ni53

1131. 您尊称　你 ni53

1132. 他～姓张　他 tha53

1133. 我们不包括听话人：你们别去，～去　我俩 ŋɤ31liã53/我几个 ŋɤ31tɕi31kɤ0/我一伙儿 ŋɤ31ɵi31xuor53

1134. 咱们包括听话人：他们不去，～去吧　咱俩 tsã24liã53/咱几个 tsã24tɕi31kɤ0/咱一伙儿 tsã24ɵi31xuor53

1135. 你们～去　你俩 ni31liã53/你几个 ni31tɕi31kɤ0/你一伙儿 ni31ɵi31xuor53

1136. 他们～去　他俩 tha31liã53/他几个 tha31tɕi31kɤ0/他一伙儿 tha31ɵi31xuor53

1137. 大家～一起干　大家 ta44tɕia0

1138. 自己我～做的　自己 tsɿ44tɕi0/自家 tsɿ44tɕia31

1139. 别人这是～的　人家 zə̃2tɕia31

1140. 我爸～今年八十岁　我大 ŋɤ31ta24/我伯 ŋɤ31pei24

1141. 你爸～在家吗？　你大 ni31ta44/

你伯 ni31pei24/你爸 ni31pa24

1142. 他爸～去世了　他大 tha31ta44/
他伯 tha31pei24/他爸 tha31pa24

1143. 这个我要～，不要那个　这个 tʂɤ44kɤ0

1144. 那个我要这个，不要～　[那一]个 la53kɤ0

1145. 哪个你要～杯子?　哪一个 na44Øi31kɤ0

1146. 谁你找～?　谁 sei24

1147. 这里在～，不在那里　这儿 tʂeir53/这搭 tʂɤ44ta0

1148. 那里在这里，不在～　那儿 nar53/那搭 na44ta0

1149. 哪里你到～去?　阿搭儿 Øa44tar0

1150. 这样事情是～的，不是那样的　这样 tʂɤ44Øiaŋ0

1151. 那样事情是这样的，不是～的　那样 na44Øiaŋ0

1152. 怎样什么样：你要～的?　啥样子 sa44Øiaŋ4tsɿ0

1153. 这么～贵啊?　这 tʂɤ44

1154. 怎么这个字～写?　咋么 tsa31mo0

1155. 什么这个是～字?　啥 sa44

1156. 什么你找～?　啥 sa44

1157. 为什么你～不去?　为啥 Øuei44sa44

1158. 干什么你在～?　干啥 kã44sa44

1159. 多少这个村有～人?　多少 tuo31ʂɔ53

(二) 副词

1160. 很今天～热　很 xɛ̃53

1161. 非常比上条程度深：今天～热　非常 fei31tʂaŋ24

1162. 更今天比昨天～热　更 kəŋ44

1163. 太这个东西～贵，买不起　贵得很 kuei44ti0xɛ̃53

1164. 最弟兄三个中他～高　最 tsuei44

1165. 都大家～来了　都 tou24

1166. 一共～多少钱?　一满 Øi31mã53

1167. 一起我和你～去　一搭儿 Øi31tar53

1168. 只我～去过一趟　只 tsɿ31

1169. 刚这双鞋我穿着～好　刚 kaŋ24

1170. 刚我～到　刚 kaŋ24

1171. 才你怎么～来啊?　刚 kaŋ24/才 tshæ24

1172. 就我吃了饭～去　就 tsou44

1173. 经常我～去　经常 tɕiaŋ53tʂaŋ0/肯 khɛ̃53

1174. 又他～来了　又 Øiou44

1175. 还他～没回家　还 xæ24

1176. 再你明天～来　再 tsæ44

1177. 也我～去；我～是老师　也 Øiɛ53

1178. 反正不用急，～还来得及　反正 fã31tʂəŋ44

1179. 没有昨天我～去　没 mo31

1180. 不明天我～去　不 pu31

1181. 别你～去　嫑 pɔ31

1182. 甭不用，不必：你～客气　嫑 pɔ31

1183. 快天～亮了　快 khuæ44

1184. 差点儿～摔倒了　稀乎乎 ɕi31xu31xu53

1185. 宁可～买贵的　宁可 niəŋ24khɤ53

1186. 故意～打破的　故意 ku44Øi44/

有意 Øiou53Øi44

1187. 随便～弄一下　随便 suei24piã44
1188. 白～跑一趟　白 pei24
1189. 肯定～是他干的　肯定 kɛ̃53tiəŋ44
1190. 可能～是他干的　大模儿 ta44mor53/可能 khɤ53nəŋ24
1191. 一边～走，～说　一边 Øi24piã31/旋 suã44

（三）介词、连词

1192. 和我～他都姓王　和 xuo24/跟 kɛ̃31/连 liã24
1193. 和我昨天～他去城里了　和 xuo24/跟 kɛ̃31/连 liã24
1194. 对他～我很好　对 tuei44
1195. 往～东走　往 Øuaŋ53/朝 tʂhɔ24/向 ɕiaŋ44
1196. 向～他借一本书　跟 kɛ̃31
1197. 按～他的要求做　照 tʂɔ44/按 ŋã44
1198. 替～他写信　替 thi53
1199. 如果～忙你就别来了　再要 tsæ44Øiɔ44
1200. 不管～怎么劝他都不听　不论 pu31luɛ̃44

第二节　自选词汇

1201. 吱哇乱喊叫 tsʅ53Øua0
1202. 汪嘟嚷声 Øuaŋ31laŋ0
1203. □詈语 suəŋ24
1204. 闹仗吵架 lɔ44tʂaŋ31
1205. □管别管 suəŋ24kuã53
1206. 黑云乌云 xei31Øyɛ̃24
1207. 抹挲揉 phu24sa31
1208. 垂悬挂 tʃhuei24
1209. 掮扛 tɕiɛ31
1210. 劙用刀子划 li24
1211. 搂柴用耙子把柴草等聚拢在一起 lou24tshæ24
1212. □举 tsou53
1213. 踢踏破坏 tɕhi53tha31
1214. 尺谋思量 tʂhʅ53mu31
1215. 拾翻乱翻 ʂʅ24fã31
1216. □出动弹 khu53tʃu31
1217. 拧呲不情愿 niəŋ24tshʅ31
1218. 五花六花炸麻花野心勃勃 Øua53xua24liou31xua24tsa24ma24xua31
1219. 蹦跳 piɛ31
1220. 飙轻捷快行 piɔ31
1221. 趄小憩 tɕhiɛ44
1222. 脬大小便的次数 phɔ24
1223. 熏死浓烟窒息 ɕyɛ̃31sʅ0
1224. 趱移动，挪动 tsã53
1225. 刷砍 phiã53
1226. 绷弹 phəŋ31
1227. 日弄欺骗 zʅ53nəŋ0
1228. 塌识物色 tha53ʂʅ0
1229. 显霍显摆 ɕiã53xuaŋ0

1230. 张狷狂 tṣaŋ24

1231. 惜漂亮 ɕi31

1232. 搡眼贪婪 saŋ31niã53

1233. 合眼贪婪 sʅ31niã53

1234. 严窝严实 niã24Øuo31

1235. 硬扎能力强 niəŋ44tsa31

1236. 木囊行动迟缓 mu44laŋ31

1237. 柱累日子过得很累 Øuaŋ53luei44

1238. 细详细致 ɕi44ɕiaŋ0

1239. 善活舒服 tʂhã53xuo0

1240. 倭儳舒服 Øuo24Øiɛ0

1241. 镶刀锋利；思维敏捷 tʂhã24

1242. 镶活为人厉害，特指在实际利益面前很自私 tʂhã24xuo0

1243. 心屈嫉妒心强 ɕiẽ24tɕhy31

1244. 灵干干脆；善罢甘休 liəŋ24kã31

1245. 浆水不叽说话无次序，不着边际 tɕiaŋ31ʃuei53pu0tɕi0

1246. 死乞白咧没骨气 sʅ53tɕhi0pæ0liɛ0

1247. □不顶不管用 suəŋ24pu0tɕiəŋ53

1248. 人马山齐人很多 zẽ24ma53sã31tɕhi24

1249. 囊哉舒适 naŋ53tsæ0

1250. 舒活舒服，含贬义 ʂou44xuo0

1251. 叵烦心情烦躁 po53fã0

1252. 茶生锈；木材等枯朽；砖瓦等风化 niɛ31

1253. 熵闷热 tɕhiəŋ53

1254. 蔫动作迟缓 niã31

1255. 肯经常性地 khẽ53

1256. 旋临时 ɕyã24

1257. 愣门一直 nəŋ53mẽ24

1258. 一个一个各分配一个 Øi31kɤ31Øi31kɤ31

1259. 夓别 pɔ31

1260. 甚不不太；不经常 ʂẽ44pu31

1261. 甚夓别太 ʂẽ44pɔ31

1262. 甚没没太；不经常 ʂẽ44mo31

1263. 再夓别再 tsæ31pɔ31

1264. 紧亏多亏 tɕiẽ53khuei31

1265. 稀乎儿差一点 ɕi31xuər24

1266. 商量嘎子商量一下 ʂaŋ31liaŋ31ka0tsʅ0

1267. 溢和拥挤 Øi31xuo0

1268. 起来起床 tɕhi53læ0

1269. 得成行不行 tei31tʂhəŋ24

1270. 吃不得不能吃 tʂhʅ31pu31tei24

1271. 认不得不认识 zẽ44pu31tei24

1272. 人家别人 zẽ24nia0

1273. 咋怎么 tsa31

1274. 咧了 liɛ0

1275. 叭咮吧嗒 pa31tsʅ0

1276. 嘎子一下 ka31tsʅ0

1277. 得助词 tei24

1278. 得是是不是 tei31sʅ44

1279. 呀将要干什么 tɕia31

1280. 嫽得很好得很 liɔ24ti0xẽ53

1281. 帕纺织物不密 pha31

1282. 挖抓 Øua31

1283. 窝发酵 Øuo31

1284. 面饽擀面条或压面条时防止粘合所使用的面粉 miã44phu0

1285. 糊卜馍泡馍 xu24po31mo31

1286. 蹊腿脚扭伤 Øuo31

1287. 揍使挺直的东西变曲 Øuo31

1288. 撅痛打 Øuo31

1289. 疴疴粒状小疮 khuo53khuo0
1290. 剑砍去树木的枝杈 khuo53
1291. 美舒服 mei53
1292. 削吸吮 ɕyo31
1293. 搁放 kɤ53
1294. 豁出野心勃勃 xuo31tʃu31
1295. 劐开扒开 xuo31khæ31
1296. 着白雨被大雨淋了 tʃhuo24pei24øy53
1297. 按住用指头按 ŋɛ̃31tʃu0
1298. 牛榻头牛轭 niou24kɛ̃31thou0
1299. 不搁与人相处不好 pu24kɤ31
1300. 搕敲 khuo31
1301. 憋气屏住呼吸 piɛ31tɕhi31
1302. 憋肿胀 piɛ31
1303. 挃打 tiɛ24
1304. 哏吃 tiɛ24
1305. 捩扭 liɛ31
1306. 捏缝在一起 niɛ31
1307. 趄趄睡侧身睡 tɕhiɛ44tɕhiɛ0ʃuei31
1308. 笪把长的物体靠着墙壁等斜放 tɕhiɛ44
1309. 燔馍烤馍 ɕiɛ31mo24
1310. 些用作句末语气词，表示恳求 ɕiɛ0
1311. 掘麦青拔麦秆 tɕyo24mei31tɕhiaŋ31
1312. 嚼骂 tɕyo24
1313. □脸部有干裂感 tɕhyo31
1314. 伣伸 tshʅ31
1315. 跐蹭 tshʅ53
1316. 胡撕耳朵麻食 xu24sʅ31ər53tuo0
1317. 积柴火；攒 tɕi44
1318. 竹篾篾竹片 tʃu31mi24mi0
1319. 泥壁抹泥子 ni24pi31
1320. □打 ɕi31

1321. □子糠皮 øi53tsʅ0
1322. 绉缝制香包 tʃu31
1323. 搂打 lou31
1324. 覆盖 fu24
1325. 打捗捗把草、麦草、禾秆等整成可以多抱的堆 ta53phu31phu0
1326. 㹒牛种公牛配种 phuo31niou24
1327. 搋面和面 tshæ31miã44
1328. □詈语 suəŋ24
1329. 㹚㹚不孕的牲畜 tshæ53tshæ0
1330. 涩声音沙哑 sæ31
1331. 摔不掉甩 sæ53pu31tiɔ31
1332. 咬了一口使劲咬 niɔ53lɤ0øi31khou53
1333. 锤一顿用拳头痛击 tshuei24øi31tuɛ̃31
1334. □鞋边子用布把鞋底包一圈 kuei44ɕiɛ24piã31tsʅ0
1335. 失禭洗不净了 sʅ53tshɔ0
1336. 烙住随便绑住 lɔ53tʃu0
1337. 梢烂用鞭子打烂 sɔ31lã44
1338. 苦味苦；毒（死）lɔ44
1339. 瘙牲畜的疥疮 sɔ31
1340. 飙轻捷快行 piɔ31
1341. 摽了一砖用砖块掷击 piɔ31liɔ0øi24tʃuã31
1342. 嫽嫽美好 liɔ24liɔ0
1343. 㓞猪骟猪 thiɔ31tʃu31
1344. 沤热闷热 ɤou44ʐɤ31
1345. 牛抽子牛笼嘴 niou24tʂhou53tsʅ0
1346. 斗对接在一起 tou44
1347. 衣裳绉唰缩水 øi31fu31tɕiou44liɔ0
1348. □住打结 tɕhiou24tʃu0
1349. 善关系好 tʂhã53

1350. 划类似铲子的一种铁器 tshã53

1351. 唊药给牲口喂药 tã44Øyo31

1352. 爁豆腐炒豆腐 nã44tou31fu0

1353. 墁地用砖铺地 mã44ti31

1354. 起了蛮咧起了众怒
tɕhi53lɤ0mã24liɛ0

1355. 跶烂锄 pha24lã44

1356. 搧用手掌打或扇形物品打 ʂã31

1357. 绽住缝补 tsã53tʃu44

1358. 蔫动作迟缓 niã31

1359. □高垫 Øiã44kɔ31

1360. 谝聊天 phiã53

1361. 断走赶走 tuã44tsou53

1362. 碫磨用錾子磨石器 tuã44mo44

1363. 地软地木耳 ti44ʐuã53

1364. 软绳子缝制或编织衣服的边子
ʐuã44phiã31tsɿ0

1365. 绷裤腿挽裤腿 phiã24fur53thuei53

1366. 攒枋做棺材 tshuã24faŋ0

1367. 掼穿 khuã44

1368. 歘烂磨烂 tʃhuã53lã44

1369. 远着走绕道走 Øyã44tsɤ0tsou53

1370. 抻住拉住 tsɛ̃44tʃu0

1371. 闷湿水泡 mɛ̃44sɿ31

1372. 刺蓟大蓟 tshɿ31tɕiɛ̃31

1373. 懔死使人又怕又恶心 liɛ̃44sɿ0

1374. 抿一口少量地喝
miɛ̃53Øi31khou53

1375. 引炕点火烧炕 Øiɛ̃53khaŋ44

1376. 引针粗而长的针 Øiɛ̃53tʂɿ̃31

1377. 敦好竖着放 tuɛ̃31xɔ53

1378. 穦心空心 khaŋ31ɕiɛ̃31

1379. 炕死很渴 khaŋ44sɿ53

1380. 浪游玩 naŋ44

1381. 漾奶婴儿吐奶 Øiaŋ44næ53

1382. 大潒潒白雨飘泼大雨
ta31tshuo53tshuo0pei24Øy53

1383. 光蜡涂抹蜡 kuaŋ44la31

1384. 绷墨线弹墨线 pəŋ31mei31ɕiã44

1385. 蹭态度生硬 tshəŋ31

1386. 脥能旁观 tiəŋ24nəŋ31

1387. 争差 tsəŋ31

1388. 顶人气人 tɕiəŋ31zɤ̃24

1389. 清住食物凝固 tɕhiəŋ31tʃu44

1390. 停分平均分配 tɕhiəŋ24fɛ̃31

1391. 脓疮伤溃疡 nəŋ24

1392. 焾热天气闷热 tɕhiəŋ24zɤ31

1393. 争□莽撞 tsəŋ31suəŋ24

1394. 麻眼麻烦 ma24niã53

1395. 片片饺子剂子 phiã44piã0

1396. 干瞪眼束手无策 kã31təŋ44niã53

1397. 着气发怒 tshuo24tɕhi31

1398. 硬气正直无私 niəŋ44tɕhi31

1399. 妖精扭捏 Øiɔ31tɕiəŋ0

1400. 出水出钱 tʃhu31ʃuei53

1401. 浆水啰里啰嗦 tɕiaŋ31ʃuei53

1402. 猴的活泼好动 xou24ti0

1403. 鬼的心眼很多 kuei53tɕi0

1404. 嫽人跟人能合得来的人 liɔ24zɛ̃24

1405. 细发人细致人 ɕi44fa31zɛ̃24

1406. 麻迷儿不明事理的人 ma24mir53

1407. 瓷嘛二愣不机灵
tshɿ24ma0Øər44ləŋ31

1408. 尔哒嘛西乱七八糟一大堆
kɯ53ta0ma53ɕi31

1409. 搔怪撒谎 tsɔ31kuæ31

1410. 挨锉的下家 上当受骗的人
Øæ24thuo31ti0ɕia44tɕia31

1411. 挨刀的 该死的 Øæ24tɔ53ti0

1412. 挨尿的 骂人的话 Øæ24tɕhiou24ti0

1413. 挨□样子 呆头呆脑
Øæ24suaŋ24Øiaŋ44tsʅ0

1414. 庵间房 大房 ŋã53tɕiã31faŋ24

1415. 安顿 女子确定了婆家 ŋã31tuɛ̃0

1416. 揞些药 上药 ŋã53ɕiɛ24Øyo31

1417. 按不出 突然 ŋã44pu31tʃhu31

1418. 熬天 天艰难度日 ŋɔ24thiã31thiã0

1419. 八辈子先人 詈语
pa31pei44tsʅ0ɕiã31zɛ̃24

1420. 八眉子猪 难看 pa31mi24tsʅ0tʃu31

1421. 把稳 可靠 pa31Øuɛ̃53

1422. 二气 不靠谱 Øər44tɕhi44

1423. 屃金尿银 讽刺人
pa53tɕiɛ̃31niɔ44Øiɛ̃24

1424. 把家 会过日子 pa31tɕia31

1425. 把猫叫个咪 换个说法
pa53mɔ24tɕiɔ44kɤ0mi44

1426. 把你仁的 批评听话人不该装大
pa31ni53zɛ̃24ti0

1427. 把他家的 不理想或懊悔的感叹语
pa53tha31tɕia31ti0

1428. 巴巴娃 父母最小的孩子，多指男孩
pa53pa0Øua44

1429. 巴巴尾 最后、落底 pa53pa0ʒuei53

1430. 掰胡 弄坏 pæ31xu0

1431. 白不呲呲 原指饭里没有绿菜，引申为面不改色，毫无反应
pei24pu0tsʅ31tshʅ0

1432. 白脸失道 举止不雅，说话不注意场合
pei24liã53ʂʅ31tɔ31

1433. 摆亏欠 摆功劳
pæ53khuei53tɕhiã0

1434. 扳扯 故意摆架子以显示身份
pã31tʂʅɤ0

1435. 扳得硬 不松口，不降低条件
pã31ti0niəŋ31

1436. 半吊子 不通事理、不顾后果、举止鲁莽者 pã44tɕiɔ44tsʅ0

1437. 帮硬 很硬，或不服输 paŋ31niəŋ44

1438. 傍间 差不多，可以 paŋ31tɕia31

1439. 薅皮干 别说话，少说话
pɔ24phi24kã31

1440. 薅耳识 不要理睬 pɔ24Øər53ʂʅ0

1441. 薅拧呢 本义是不要动弹，引申是不要轻狂 pɔ24niəŋ24tshʅ0

1442. 薅张 不要张狂 pɔ24tʂaŋ24

1443. 背头大 承受力强 pei53thou0ta44

1444. 背里戳窝 背地捣鬼
pei44li53tʃhuo24Øuo31

1445. 背弓蛇腰 腰身不正
pei31kuaŋ31ʂɤ24Øiɔ31

1446. 背炕坯子 睡懒觉
pei31khaŋ44phei31tsʅ0

1447. 屄囔叨叨 不停 phi53naŋ24

1448. 屄骚 爱骂人 phi24sɔ31

1449. 屄硬嘴硬 phi31niəŋ44

1450. 避斯 走开 pi53sʅ0

1451. 冰溜子 冰柱 piəŋ31liou44tsʅ0

1452. 笸篮笸筐 phu24lã0

1453. 驳察 不听命令 po24tsha31

1454. 跛腰失胯 腿脚有毛病、走路难看
po53Øiɔ31ʂʅ31kua0

1455. 不戳撑胆子小，不敢在人前头露面
pu31tʃhuo24tʂəŋ31

1456. 不合窍不合适，不配对
pu31xuo24tɕhiɛ44

1457. 不离皮一直紧跟 pu31li24phi24

1458. 不撇火两人关系紧张，互相不说话
pu31phiɛ31xuo53

1459. 不认皇对前事不承认
pu31zẽ44xuaŋ24

1460. 不胎咳做事不认真 pu24thæ31xæ31

1461. 抽上车扶上车 tshou31ʂaŋ44tʂɤ31

1462. 挡烘捧场 tshou53xuəŋ0

1463. 跌跤趴扑跌倒趴下
tɕiɛ24tɕiɔ31pha31phu0

1464. □了一河滩铺下烂摊子
tuaŋ53lɔ0Øi31xuo24thã31

1465. 对门识户关系一向很好
tuei44mẽ24ʂʅ31xu44

1466. 二模沟子手艺不精的人
Øər44mu24kou53tsʅ0

1467. 二五不挂对别人的话似听非听、爱理不理的样子 Øər44u53pu31kua44

1468. 圪崂拐弯道路曲折迂回，多指说话不直率 kɯ31lɔ0kuæ53Øuã31

1469. 根根筋筋事情的来由
kẽ31kẽ0tɕiɛ31tɕiẽ0

1470. 光不连席家里很穷
kuaŋ31pu31liã24ɕi31

1471. 猴娃不及好动
xou24Øua24pu0tɕi24

1472. 老娘婆接生婆 lɔ53niaŋ24pho0

1473. 蛋蛋娃宝贝孩子 tã44tã0Øua44

1474. 下家下一任 ɕia44tɕia31

1475. 贼娃子小偷儿 tsei24Øua0tsʅ0

1476. 绺娃子小偷儿 liou53Øua0tsʅ0

1477. 大沟子马大哈 ta44kou31tsʅ0

1478. 辞逶推托 tshʅ53Øuei0

1479. 下数规矩 xa55ʃu44

1480. 搁不住人不团结人
kɤ31pu0tʃu44zẽ24

1481. 风凫风箱 feŋ53xã0

1482. 帘帘儿涎布 liã24liãr0

1483. 缏缏子缝衣边 phiã44phiã24tsʅ0

1484. 帊纺织物不密 pa31

1485. 装絮棉花 tʃuaŋ44

1486. 尿脬膀胱 niɔ44phɔ31

1487. 夜蝠虎儿蝙蝠 Øiɛ44pia31xuər0

1488. 漾抛撒粪土等 Øiaŋ44

1489. 搂麦拉走麦捆后，用耙子把散落在地里的麦子聚拢在一起 lou24mei31

1490. 攒场碾麦子时，把麦场周围的麦秆等往里边扫 tsuã24tʂhaŋ24

1491. 耙地用耙锄地 pha24ti44

1492. 搔地用锄头锄地 tsɔ31ti44

1493. 垢圿污垢 kou53tɕiɛ0

1494. 唏唏声沙哑的声音 ɕi31ɕi0ʂəŋ31

1495. 凉咧感冒了 liaŋ24liɛ0

1496. 脚跤咧脚扭伤了 tɕyo24Øuo31liɛ0

1497. 眼橛麦粒肿 niã53tɕyo24

1498. 过苦子出天花 kuo44fu53tsʅ0

1499. 唠叨有意麻烦人 lɔ24tɔ31

1500. 撅拔 tɕyo24

1501. 撅苜蓿拔苜蓿 tɕyo24mu53ɕy0

1502. 嫽扎咧很好 liɔ24tsa0liɛ0

1503. 扑兮唻懈邋遢 phu31ɕi31læ31xæ31

1504. 打圆儿周围 ta44Øyãr24

1505. 麻达麻烦 ma24ta31
1506. 刻里马擦快点 kɤ44li0ma0tsa31
1507. 逼咧完蛋了 pi44liɛ0
1508. 趔远一边去 liɛ44Øyã53

1509. 尿了杆咧完蛋了
　　　 tɕhiou24liɛ0kã53liɛ0
1510. 耍货玩具 ʃua53xuo0
1511. 礼势礼貌 li53ʂɿ44

第四章　语法与口头文化

第一节　语法例句

1. 你是哪里人？

    你是阿搭的？

    ni53sʅ44ɵa24ta0ti0？

2. 我是陕西_____人。（说出所在县或市）

    我是陕西咸阳渭城人。

    ŋɤ53sʅ44ʂã53ɕi31ɕiã24ɵiaŋ0ɵuei44tʂhəŋ0ʐẽ24.

3. 你今年多大？

    几岁咧？／你今年多大年龄咧？

    tɕi53suei44liɛ0？／ni53tɕiẽ31niã24tuo31ta44niã24liəŋ44liɛ0？

4. 我_____岁了。（说出自己的实际年龄）

    五十五咧！

    ɵu53ʂʅ00u53liɛ0！

5. 你叫什么名字？

    你叫个啥？

    ni53tɕiɔ44kɤ0sa44？

6. 我叫_____。（说出自己的名字）

    我叫杜放。

    ŋɤ53tɕiɔ44tu44fɑŋ0.

7. 你家住哪里？

    你屋在阿搭呢？

    ni24ɵu31tsæ44ɵa53ta0ni0？

8. 我家住_____。（说出自己居住的地址）

    我屋在北头村。

ŋɤ53Øu31tsæ31pei31thou24tshuɛ̃31.

9. 谁呀？我是老三。

   谁？我！

   ʃuei？ŋɤ53！

10. 老四呢？他正在跟一个朋友说着话呢。

    老四呢？他跟朋友拉话呢。

    lɔ53sʅ44ni0？tha53kɛ̃31phəŋ24Øiou0la44xua44ni0.

11. 他还没有说完吗？

    他还没说完呢？

    tha53xæ24mo31ʂʅ31Øuã24ni0？

12. 还没有。大约再有一会儿就说完了。

    这么呢，你还得等一下。

    tʂɤ44mo31ni0，ni53xæ24tei0təŋ53Øi31xa0.

13. 他说马上就走，怎么这半天了还在家里呢？

    他说就走呢，咋这半天还在家呢？

    tha53ʂɤ31tɕiou44tsou53ni0，tsa31tʂɤ44pã44thiã31xæ24tsæ44tɕia31ni0？

14. 你到哪儿去？我到城里去。

    你到阿搭去呢？我到县里去呢。

    ni53tɔ44Øa53ta0tɕhy44ni0？ŋɤ53tɔ44ɕiã44li0tɕhy44ni0.

15. 在那儿，不在这儿。

    在兀儿呢，不在这儿。

    tsæ44Øur53ni0，pu31tsæ44tʂɤr53.

16. 不是那么做，是要这么做的。

    不是兀下弄呢，是这下弄呢。

    pu31sʅ44Øuei53xa0nuəŋ44ni0，sʅ44tʂɤ53xa0nuəŋ44ni0.

17. 太多了，用不着那么多，只要这么多就够了。

    太多咧，用不了那么些，只要这些就够咧。

    thæ44tuo31liɛ0，Øyəŋ44pu31liɔ53næ53mo0ɕiɛ0，tsʅ31Øiɔ44tʂei53ɕiɛ0tsou44kou44liɛ0.

18. 这个大，那个小，这两个哪一个好点呢？

    这个大些子，那个小些子，这两个哪个好呢？

    tʂɤ44kɤ0ta44ɕiɛ31tsʅ0，næ53kɤ0ɕiɔ53ɕiɛ31tsʅ0，tʂɤ44liaŋ53kɤ0na53kɤ0xɔ53ni0？

19. 这个比那个好。

    这个比那个好。

tʂei53kɤ0pi53næ53kɤ0xɔ53.

20. 这些房子不如那些房子好。

这些房子没有那些房子好。

tʂei53ɕiɛ31faŋ24tsɿ0mo31ɸiou53na44ɕiɛ31faŋ24tsɿ0xɔ53.

21. 这句话用___话怎么说？（填本地地名，本地音）

咸阳话咋说呢？

ɕiã24ɸiɑŋ31xua44tsa53ʂɿ31ni0?

22. 他今年多大岁数？

今年他多大咧？

tɕiẽ31niã24tha53tuo31ta44liɛ0?

23. 大概有三十来岁吧。

差不多有三十来岁。

tsha31pu24tuo31ɸiou53sã53ʂɿ0læ24suei44.

24. 这个东西有多重呢？

这个东西多重？

tʂɤ53kɤ0tuəŋ53ɕi0tuo31tʃuəŋ44?

25. 有五十斤重呢。

五十来斤重。

ɸu53ʂɿ0læ24tɕiẽ31tʃuəŋ44.

26. 拿得动吗？

你拿得动吗？

ni53la24tei0tuəŋ44ma0?

27. 我拿得动，他拿不动。

我能拿动，他拿不动。

ŋɤ53nəŋ24la24tuəŋ44，tha53la24pu31tuəŋ44.

28. 真不轻，重得连我都拿不动了。

真不轻，重得连我都拿不动，还不轻呢。

tʂẽ31pu24tɕhiəŋ31，tʃuəŋ44ti0liã24ŋɤ53tou31la24pu31tuəŋ44，xæ24pu31tɕhiəŋ53ni0.

29. 你说得很好，你还会说点儿什么呢？

你说得很好，还会说些啥？

ni53ʂɤ31ti0xɛ̃53xɔ53，xuã24xuei44ʂɤ31ɕiɛ31sa44?

30. 我嘴笨，我说不过他。

我这人嘴笨得很，我说不过你。

ŋɤ53tʂɤ53zɛ̃24tsuei53pẽ44ti0xɛ53，ŋɤ53ʂɤ31pu31kuo44ni53.

31. 说了一遍，又说了一遍。

    说了一遍又一遍。

    ʂɤ31liɔ0Øi31piã44Øiou44Øi31piã44.

32. 请你再说一遍。

    你给咱再说一下。

    ni53kei53tsæ24tsæ44ʂɤ31Øi31xa0.

33. 不早了，快去吧！

    时间不早咧，你赶紧去！

    sʅ24tɕia31pu31tsɔ53liɛ0，ni31kã31tɕiɛ̃53tɕy44！

34. 现在还很早呢。等一会儿再去吧。

    还早呢，停会儿去，就去了。

    xã24tsɔ53ni0，thiəŋ53xueir53tɕhy44，tɕiou44tɕhy44liɔ0.

35. 吃了饭再去好吧？

    吃了饭再去。

    tʂhʅ31liɛ0fɑŋ44tsæ44tɕhi31.

36. 慢慢儿地吃啊！不要急嘛！

    吃慢点儿，甭急。

    tʂhʅ31mã44tiar53，pɔ31tɕi24.

37. 坐着吃比站着吃好些。

    坐着吃比站着吃好。

    tsuo44tʂɤ0tʂhʅ31pi53tsã44tʂɤ0tʂhʅ31xɔ53.

38. 这个吃得，那个吃不得。

    这个能吃，那个吃不成。/这个吃得成，那个不能吃。

    tʂɤ53kɤ0nəŋ24tʂhʅ31，nei53kɤ0tʂhʅ31pu0tʂhəŋ24./

    tʂɤ53kɤ0tʂhʅ31tei0tʂhəŋ24，læ44kɤ0pu31nəŋ24tʂhʅ31.

39. 他吃了饭了，你吃了饭没有呢？

    他都吃了饭咧，你吃了没？

    tha53tou31tʂhʅ31liɛ0fã44liɛ0，ni53tʂhʅ31liɛ0mo24？

40. 他去过上海，我没有去过。

    他去过上海，我没去过。

    tha53tɕhi44kuo0ʂaŋ44xæ53，ŋɤ53mo31tɕhi44kuo0.

41. 来闻闻这朵花香不香？

你来闻这花香不香？

ni53læ24vɛ̃24tʂɤ53xua31ɕiaŋ31pu0ɕiaŋ31？

42. 香得很，是不是？

香得很，是不是？／香得很，得是的？／是不是香得很？

ɕiaŋ31ti0xɛ̃53，sʅ44pɤ0sʅ44？／ɕiaŋ31ti0xɛ̃53，tei31sʅ44ti0？／sʅ44pu0sʅ44 ɕiaŋ31ti0xɛ̃53？

43. 给我一本书！

你把兀书给我一本儿。

ni53pa31Øuo53ʃu31kei53ŋɤ53Øi31pɛ̃r53.

44. 我实在没有书嘛！

我实在没有书么！

ŋɤ53tʂʅ24tsæ44mo31Øiou53ʃu31mo0！

45. 你告诉他。

你给他说一下。

ni53kei53tha53ʂɤ31Øi31xa0.

46. 好好儿地走！不要跑！

好好儿走，甭跑咧！

xɔ53xɔr24tsou53，pɔ31phɔ53liɛ0！

47. 小心跌下去爬也爬不上来！

小心跌下去咧，爬也爬不上来！

ɕiɔ53ɕiɛ̃31tiɛ31xa44tɕhi0liɛ0，pha24Øiɛ53pha24pu31ʂaŋ44læ0！

48. 医生叫你多睡一睡。

大夫叫你多睡一下。

tæ44fu0tɕiɔ44ni53tuo31ʃuei44Øi31xa44.

49. 吸烟或者喝茶都可以。

吃烟喝茶都行。

tʂʅ24Øiã31xuo31tsha24tou24ɕiaŋ24.

50. 烟也好，茶也好，我都不喜欢。

我也不吃烟，我也不喝茶。

ŋɤ53Øiɛ53pu31tʂʅ24Øiã31，ŋɤ53Øiɛ53pu31xuo31tsha24.

51. 不管你去不去，反正我是要去的，我非去不可。

不管你去不去，反正我非去不可。／不管你去不去，反正我还要去呢。

pu31kuã53ni53tɕhi44pu0tɕhi44，fã31tʂəŋ44ŋɤ53fei31tɕhi44pu31khɤ53.／

pu31kuã53ni53tɕhi44pu0tɕhi44，fã31tʂəŋ44ŋɤ53xæ24øiɔ44tɕhy44ni0.

52. 你是哪一年来的？

你是哪一年来的？

ni53sʅ44na53øi31niã24læ24ti0?

53. 我是前年到的北京。

我是前年个到北京的。

ŋɤ53sʅ44tɕhiã24niã31kɤ0tɔ44pei31tɕiəŋ31ti0.

54. 今天开会谁的主席？

今儿开会，谁的主席？

tɕiɛ̃r31khæ31xuei44，ʃuei24ti0tʃu53ɕi24?

55. 你得请我的客。

你得请客。

ni53tei31tɕhiəŋ53khei31.

56. 这是他的书，那一本是他哥哥的。

这书是他的，那一本儿是他哥的。

tʂɤ44ʃu31sʅ44tha53ti0，na44øi31pər53sʅ44tha31kɤ24ti0.

57. 一边走，一边说。

他们旋走旋说。

tha31mɛ̃0suã44tsou53suã44ʂɤ31.

58. 看书的看书，看报的看报，写字的写字。

看书的看书，看报的看报，写字的写字。

khã31ʃu31ti0khã31ʃu31，khã31pɔ44ti0khã31pɔ44，ɕiɛ53tsʅ44ti0ɕiɛ53tsʅ44.

59. 越走越远，越说越多。

越走越远，越说越多。

øyo31tsou53øyo31øyã53，øyo24ʂɤ31øyo24tuo31.

60. 把那个东西拿给我。

把那个东西给我。

pa31læ44kɤ0tuəŋ31ɕi0kei53ŋɤ53.

61. 有些地方把太阳叫日头。

有的地方把太阳叫日头。

øiou53ti31ti44fɑŋ0pa31thæ44øiaŋ0tɕiɔ44ør53thou0.

62. 您贵姓？我姓王。

你姓啥？我姓王。

111

ni53ɕiəŋ44sa24？ŋɤ53ɕiəŋ44θuaŋ24.

63. 你姓王，我也姓王，咱们两个人都姓王。

你姓王，我也姓王，咱两个都姓王。

ni53ɕiəŋ44θuaŋ24，ŋɤ53θiɛ53ɕiəŋ44θuaŋ24，tsæ24liaŋ53kɤ0tou24ɕiəŋ44θuaŋ24.

64. 你先去吧，我们等一会儿再去。

你先去呢，我一会儿就来咧。

ni53ɕiã31tɕhy44ni0，ŋɤ31θi31xueir53tɕiou44læ24liɛ0.

第二节　北风和太阳

北风跟太阳

有一回，北风跟太阳在那儿争论谁的本事大。争来争去就是分不出高低来。这时候路上来了个走道儿的，他身上穿着件厚大衣。他们俩就说好了，谁能先叫这个走道儿的脱下他的厚大衣，就算谁的本事大。北风就使劲地刮起来了，不过他刮得越是厉害，那个走道儿的把大衣裹得越紧。后来北风没法儿了，只好就算了。过了一会儿，太阳出来了。他火辣辣地一晒，那个走道儿的马上就把那件厚大衣脱下来了。这下儿北风只好承认，他们俩当中还是太阳的本事大。

北风和日头

pei24fəŋ31xɤ24θər31thou0

北风和日头争论，看谁能行，喊来喊去，就是争不出个上下来。

pei24fəŋ31xɤ24θər53thou0tsəŋ31luɛ44，khā44sei24nəŋ24ɕiəŋ24，xã53læ24xã53tɕhy44，tsou44sʅ0tsəŋ31pu24tʃu31kɤ0şaŋ44xa44læ0.

这个时候，有个过路的，穿了个棉衣，大棉袄儿过来咧。

tsei44kɤ0sʅ24xou44，θiou53kɤ0kuo44lu44ti0，tʃhuã31lɤ0kɤ0miã24θi31，ta44miã24ŋɔr53kuo44læ0liɛ0.

他两个就商量好，看谁能把这个过路的棉袄脱下来，就说谁能行。

tha31liaŋ53kɤ0tsou44şaŋ31liaŋ0xɔ53，khā44sei24nəŋ24pa31tsei44kɤ0kuo44lu44ti0miã24ŋ44thuo31xa44læ0，tsou44sʅ31sei24nəŋ24ɕiəŋ24.

北风赶紧地就吹起来了，它吹得越挣，这个穿棉袄儿的人把棉袄儿裹得越紧。

pei24fəŋ31kã31tɕiɛ53ti0tsou44tʃhuei31tɕhi53læ0，tha53tʃhuei31ti0yo24tsəŋ31，tsei44kɤ0tʃhuã31miã24ŋɔr53ti0ẓ24pa31miã24ŋɔr53kuo53ti0yo31tɕiɛ53.

后来，它也没脾气咧，就算了。

xou44læ24, tha53ɵiɛ53mo31phi24tɕhi0liɛ0, tsou44suã44liɛ0.

这个时候，这个日头出来咧，发光这个能量，愣门地晒，穿厚棉袄儿的过路人赶紧把棉袄脱下来咧。

tsei44kɤ0sʅ24xou0, tsei44kɤ0ɵr53thou0tʃu31læ0liɛ0, fa24kuaŋ31tsei44kɤ0nəŋ24liaŋ44, ləŋ53mɛ̃24ti0sæ44, tʃhuã31xou44miã24ŋɔr53ti0kuo44lu44zɛ̃24kã31tɕiɛ̃53pa31miã24ŋɔr53thuo31xa44læ0liɛ0.

北风这下一看，服哩。就说，他两个，还是日头能行。

pei24fəŋ31tsei53ɕia0ɵi31khã44, fu24liɛ0. tsou44ʃuo31, tha31liaŋ53kɤ0, xæ24sʅ44ɵr53thou0nəŋ24ɕiəŋ24.

第三节　口头文化

一、谚语

1. 早烧不出门，晚烧晒死人。
2. 燕子低飞蛇过道，大雨不远就来到。
3. 云往东，一股风；云往西，水汲汲；云往南，水漂船；云往北，晒干麦。
4. 春骨朵儿绽，种棉蛋。
5. 瓦渣云，晒死人。
6. 过个冬至，长一枣刺；过个腊八，长一权把；过个年，长一橡。
7. 麦种上，没后响。
8. 睡前洗脚，胜过吃药。晚上开窗，一觉都香。贪凉失盖，不病才怪。
9. 要想睡得人轻松，不要脚朝西来头朝东。
10. 冬吃萝卜夏吃姜，省得大夫开药方。
11. 不担担子不知重，不走长路不知远。
12. 不下水，一辈子不会游泳；不扬帆，一辈子不会撑船。
13. 不当家不知柴米贵，不生子不知父母恩。
14. 不摸锅底手不黑，不拿油瓶手不腻。
15. 当家才知盐米贵，出门才晓路难行。
16. 光说不练假把式，光练不说真把式，连说带练全把式。
17. 要知父母恩，怀里抱儿孙。
18. 树老半空心，人老百事通。

19. 天上无云不下雨，世间无理事不成。
20. 让人一寸，得理一尺。
21. 有理的想着说，没理的抢着说。
22. 有理走遍天下，无理寸步难行。
23. 吃人的嘴软，拿人的手短。
24. 会说咧想着说，不会说咧抢着说。
25. 鼓不敲不响，理不辩不明。
26. 路不平，众人踩；事不平，大家管。
27. 碾谷要碾出米来，说话要说出理来。
28. 破柴看纹络，说话凭道理。
29. 人争一口气，佛争一炷香。
30. 只给君子看门，不给小人当家。
31. 宁给穷人一斗，不给富人一口。
32. 宁叫钱吃亏，不叫人吃亏。
33. 好鼓一打就响，好灯一拨就亮。
34. 没有锯不倒的树，没有敲不响的钟。
35. 穷人不攀高亲，落雨不爬高墩。
36. 树老根子深，人老骨头硬。
37. 树怕烂根，人怕无志。
38. 草若无心不发芽，人若无心不发达。
39. 秤砣虽小，能压千斤。
40. 一好遮不了百丑，百好遮不了一丑。
41. 人靠心好，树靠根牢。
42. 小时偷针，大了偷金。
43. 不图便宜不上当，贪图便宜吃大亏。
44. 娃娃勤，爱死人；娃娃懒，抠了鼻子挖了眼。
45. 狗咬人，有药治；人咬人，没药医。
46. 学好千日不足，学坏一日有余。
47. 刻薄不赚钱，忠厚不折本。
48. 做贼瞒不得乡里，偷食瞒不得舌齿。
49. 脚正不怕鞋歪，心正不怕雷打。
50. 邻居要好高打墙，亲戚要好远离乡，朋友要好银钱少打搅。
51. 恶有恶报，善有善报，不是不报，时候未到，时间一到，马上就报。

52. 你敬人一尺，人敬你一丈。

53. 一回被蛇咬，十年怕井绳。

54. 纸做的花不结果，蜡做的芯子不得火。

55. 鸡大飞不过墙，灶灰筑不成墙。

56. 能大能小是条龙，只大不小是条虫。

二、歇后语

1. 柏木做锅盖——放的人不装，光寻着受气呢。

2. 挂面不调盐——有言（盐）在先。

3. 剃头担子——一头热。

4. 驴粪蛋儿——外面儿光。

5. 背的背笼看戏呢——不嫌日眼横地方。

6. 提的老笼看戏——失眼横地方。

7. 碗大的西瓜一拃厚的皮——瓜实了。

8. 牛笼头——尿不满。

9. 老虎吃天——没处下爪。

10. 要着吃的夹算盘——穷有穷的打算。

11. 买车轴买了个车穿——一下看透咧。

12. 狗掀门帘子——全凭嘴呢。

13. 狗吃牛粪——图摊摊大呢。

14. 狗喝凉水——耍嘴呢。

15. 狗看星星——不知道稀稠。

16. 娃屁到墙缝咧——给狗出难题呢。

17. 猴的沟子——坐不稳。

18. 戏台子底下的婆娘——有下家。

19. 精沟子撵狼呢——胆大不知羞。

20. 尿脬打人呢——臊气难闻。

21. 夹的唢呐丢盹——把事不当事。

22. 瓜女子送埋——人家咋来咱咋来。

23. 戴的牛铃推磨子——图邻家好听。

24. 瓜地里的庵子——揭料料呢。

25. 月月娃儿吃棒槌头——得手咧。

26. 屁屎跌了个沟敦子——吸住咧。

27. 背的鼓——寻槌呢。

28. 背的牛头——不认赃。

29. 三岁卖蒸馍——啥事都经过。

30. 夹的报纸上坟——给你先人上政治课呢。

31. 石灰堆砸了一砖——白气冲天。

32. 坐的筛子放屁呢——知不道从哪个眼眼跑咧。

33. 鸹鸹报不成神——嘴把人害咧。

34. 瞎子夹的毡——胡扑呢。

35. 胸膛挂笊篱——劳心过余。

36. 拉着胡子过河呢——谦虚过度。

37. 枣核儿扯板——两句儿。

38. 红萝卜调辣子——吃出没看出。

39. 一碗水泼在地上——揽不起。

40. 飞机上挂电壶——高水平（瓶）。

41. 小葱拌豆腐——一清二白。

42. 冬天穿裙子——美丽动（冻）人。

43. 十五个桶搅水——七上八下。

44. 做梦娶媳妇——光想美事呢。

45. 瞎子掼针——冒碰呢。

46. 哑巴吃煮馍——心中有数。

47. 老鼠拉掀板——大头在后头。

48. 疥个蛙跳门槛——显豁你花背背。

49. 提了个尿罐推碾子——臭咧一圈圈。

50. 瞎猫逮了个死老鼠——碰到相上咧。

51. 老太婆的嘴——吃软不吃硬。

52. 兔子的尾巴——长不了。

53. 刘备借荆州——只借不还。

54. 老鼠钻到风箱里——两头儿受气。

55. 辫子上拴辣椒——抢红咧。

56. 狗坐轿子——不识抬举。

57. 狗皮袜子——没反正。

58. 狗撵鸭子——呱呱叫。

59. 猪鼻子插葱——装相（象）。

60. 猴子搬苞谷——丢三落四。
61. 鼻子上塞个枣，额颅上装个泡——闻早自亮。
62. 恶水倒进河里——给鳖上汤呢。
63. 猫吃糌子——光在嘴上挖抓呢。
64. 屙屎逮虱——一举两得。
65. 王八吃秤砣——铁了心咧。
66. 塑料纸擦尻子——谁不沾谁。
67. 门缝里瞧人呢——把人看扁咧。
68. 脱了裤子放屁呢——多此一举。
69. 木匠吊线——睁一只眼闭一只眼。
70. 瞎子点灯——白费蜡。
71. 鸡沟子掏蛋——等不及咧。
72. 屎巴牛儿撑桌子——硬撑。
73. 铁公鸡——一毛不拔。
74. 老汉吃柿子——拣软的捏。
75. 老鼠舔猫沟子——溜沟子不要命咧。
76. 老鼠钻进书箱子里——咬文嚼字。
77. 马槽里出了个驴嘴——多了一张嘴。
78. 高射炮打蚊子——大材小用。
79. 肉包子打狗呢——一去不回。
80. 精沟子穿围裙——顾前不顾后。
81. 猪八戒背稻草——要人没人，要货没货。
82. 猪八戒照镜子呢——里外不是人。
83. 纳鞋底不用锥子——真（针）好。
84. 对镜作揖——自我恭维。
85. 和尚庙里借梳子——走错了门。
86. 背着唢呐坐飞机——吹上天咧。
87. 掂着碌碡打月亮——看不来远近，还掂不来轻重呢。
88. 死娃抱出南门咧——没救咧。
89. 旗杆上绑鸡毛呢——好大的胆（掸）子。
90. 穿上皮袄儿喝烧酒——里外发烧。
91. 膝盖上钉掌——离题（蹄）太远。
92. 鸭子煮了七十二滚——浑身稀烂嘴硬得邦邦的。

93. 秀才碰见兵——有理说不清。

94. 铜盆遇上铁刷子——硬碰硬。

三、童谣

1. 跟上碌碡过个年

还粮不等麦颗干,派款谁管你穿的是补丁衫。借着吃,打着还,跟上个碌碡过个年。

2. 偷一斗

偷一斗,红旗手;偷一石,当模范;偷一火车皮,能见毛主席。牛哭呢,猪笑呢,饲养员跟着偷料呢。

3. 骂媒人

一咕嘟蒜,两咕嘟蒜,他大他妈爱吃蒜,把女子嫁给泾阳县。路又远,径又深。扳住个辘轳骂媒人。媒人狗日经没良心,吃青草,屁驴粪。屁下来是个蛋蛋子,掉下来是个串串子。

4. 咯哇雁

咯哇雁,摆花脚,一下摆到西岸坡。狗噙柴,猫垒窝,一下垒了十八个。放羊回来要馍馍。馍呢?猫吃咧!猫呢?猫逮老鼠去咧!老鼠呢?老鼠钻了窝咧!窝呢?窝拿草塞咧!草呢?草牛吃咧!牛呢?牛跳了河咧!河呢?河拿雪盖咧!雪呢?雪消成水咧!水呢?水流咧!

5. 一把筷子

一把筷子十九双,我在洛阳开染坊,染坊有个花姑娘,正月说媒二月娶,三月抱个小孩子,四月上学把书念,五月就进外国县,翻个跟头挣个钱,买个沙锅过个年。

6. 老鸹窝

老鸹窝,烧滚锅,烧下滚锅没米下,拿个升子串邻家。邻家屋里蒸糕呢,咱的心里猫叫呢。猫呀猫呀你覅叫,咱回去给咱蒸几个。蒸得黏黏的,吃得甜甜的,八宝甜盘子,中间呢夹个肉丸子!

7. 吸烟牌号

摆阔"红塔""大中华",凑凑活活"阿诗玛",混得不如人,抽的"哈德门"。

8. 踊跃参军保国家

棒槌棒,响叮当,水花溅在石板上。石板开花赛海棠,海棠河里洗衣裳。洗得白白的,捶得硬硬的,晒得干干的,叠得平平的。打发哥哥把兵当,骑大马,戴红花,喇叭吹得哇呜哇。男女老少都夸他:这小伙,志气大,踊跃参军保国家。纸一张,剪一把,姐姐给我剪窗花。不剪什么只剪船,只剪战士坐大船。我问姐姐坐船哪里去,姐姐说,活捉蒋匪报仇呀!

9. 吸烟档次

领导"大中华",干部"大雁塔",工人吹喇叭,农民一把抓。

10. 美国佬

美国佬,高鼻子,想吃咱中国的酿皮子;辣子抹了一鼻子,跑到河里洗鼻子,叫驴踢了一蹄子。

四、谜语

1. 腰弯腿短,耳朵苦脸。

——打一动物(猪)

2. 铁匣匣,木盖盖,红裙裙,绿带带。

——打一用具(炉灶)

3. 十亩地,八亩宽,里头坐了个活神仙;脚一踏,手一扳,踢哩夸啦都动弹。

——打一家具(农家织布机)

4. 你婆没有我婆高,我婆拿棍棍儿戳你婆的腰。

——打一物(门闩)

5. 一个锅,两半个,中间夹了个老鼠窝。

——打一人体部位(沟子)

6. 一个猫,顺板跑,吃木头,屙皮条。

——打一工具(刨子)

7. 红竹竿,跳白旗,呼噜呼噜进庙去。

——打一动作(吃面条)

8. 身体细长,兄弟成双;光爱吃菜,不爱喝汤。

——打一用具(筷子)

9. 弟兄四五个,围着柱子坐,兄弟一分家,衣服都扯破。

——打一农作物(大蒜)

10. 一个姑娘不害臊,和个小子睡一觉,这个姑娘盘脚睡,那个小子用脚勾。

——打一字(好)

11. 一根柱子好多梁,没得门窗没得墙;打开像个小亭子,拿来挡雨遮太阳。

——打一用具(伞)

12. 门背后一个女子,出了一身虮子。

——打一度量衡(杆秤)

13. 门背后一个蜂蜜罐罐,谁猜着了给谁喝半碗。

——打一日常用品(尿盆)

14. 五个兄弟，住在一起，名字不同，高矮不齐。

——打一人体部位（手指）

15. 屋子方方，有门没窗，屋外热烘，屋里冰霜。

——打一家用电器（冰箱）

16. 有面没有口，有脚没有手，虽有四只脚，自己不会走。

——打一家具（桌子）

17. 紫色树，开紫花，紫色果子装芝麻。

——打一植物（茄子）

18. 白胖娃娃泥里卧，腰身细细心眼多。

——打一植物（莲菜）

19. 说牛不是牛，不吃草来光喝油。

——打一农机具（拖拉机）

20. 又扁又圆肚里空，有面镜子在当中；人人用它要低头，搓手搓脸又鞠躬。

——打一生活用品（脸盆子）

21. 树上一个碗，天天下不满。

——打一物（鸟窝）

22. 一个狮子白又胖，牛牛长在肚子上。

——打一工具（茶壶）

23. 一个娃娃肚肚圆，青皮红肉黑骨头。

——打一植物（西瓜）

24. 小时绿葱葱，老时红彤彤；剥开皮来看，尽是白虫虫。

——打一植物（辣子）

25. 弯弯树，弯弯藤，藤上挂着白晶铃。

——打一植物（葡萄）

26. 一物生得真奇怪，腰里长出胡子来；拔掉胡子剥开看，露出牙齿一排排。

——打一植物（玉米）

27. 生根不落地，有叶不开花，市场有人卖，地里不种它。

——打一植物（豆芽）

28. 小时不怕冰霜，长大露出锋芒，老来粉身碎骨，仍然洁白无双。

——打一植物（小麦）

29. 墙上一蛋肉，只看不敢动。

——打一动物（蝎子）

30. 八字胡，往上翘，说话好像娃娃叫；只洗脸，不梳头，夜行不用灯来照。

——打一动物（猫）

31. 一身毛，四只手；坐着像人，爬着像狗。

——打一动物（猴子）

32. 黑瘦黑瘦，上树出溜，杀了没血，想吃没肉。

——打一动物（蚂蚁）

33. 大耳朵，噘嘴巴，吃起饭来吧嗒吧；细尾巴，胖嘟嘟，吃饱就睡呼噜噜。

——打一动物（猪）

34. 弟弟长，哥哥短，两人赛跑大家看；弟弟跑了十二圈，哥哥一圈才跑完。

——打一生活用品（钟表）

35. 兄弟几个人，各进一家门；哪个进错了，看了笑死人。

——打一生活用品（纽扣）

36. 两个娃娃一样高，只见吃食不上膘。

——打一生活用品（筷子）

37. 小小两只船，没桨又没帆；白天跟你到处走，晚上停在床跟前。

——打一生活用品（鞋）

38. 不洗真干净，一洗就不净；不洗有人吃，洗了无人用。

——打一生活用品（水）

39. 中间有画，四边有牙，有它漂洋过海，没它难走天下。

——打一生活用品（邮票）

40. 它能管八面，人人有两片，用手摸得着，自己看不见。

——打一人体器官（耳朵）

五、独角戏：耍嫌媳妇子太木囊

咱老陕谝闲传时老爱说这句话："不是一家人，不进一家门！"意思是这家子人如果都是麻迷子，娶下兀媳妇指住是个麻迷子！这家子兀人如果都是瓷锤，娶下兀媳妇保险是个木气！这家子兀人如果爱咥搅团，娶下兀媳妇肯定爱吸鱼鱼！这家子兀人如果爱吃锅盔，娶下兀媳妇保险爱烙饦饦！其实呀，这话不全对——我对门子有个麻利婆娘，给娃娶了个媳妇，可木囊得跟啥一样。

夜儿个，麻利的阿家给木囊的媳妇说："肉蛋儿，今晌乎底张有集呢，我给咱割肉去，你在屋呢给咱把面擩好，咱今晌午咥羊肉煮馍！"木囊媳妇拿眼把麻利阿家捰咧一下没言传。麻利着气咧，说："我舔沟子都舔不到项上，给你买羊肉吃呢你还拿眼捰我呢！你捰，你捰，你试火一下，看我敢不敢捶你！"木囊瓷嘛咯噔地说："谁叫你把我叫'肉蛋儿'呢？我不是肉蛋儿！"麻利说："对咧对咧，我跟你不想多淘神！我问你,我刚刚儿说啥,咱今晌午吃啥饭?"木囊说:"你不是说咥羊肉煮馍呢么?"麻利说:"哎,你咋胡黏呢?我说吃羊肉煮馍——就是饺子,不是羊肉煮馍!笨鸟先飞,你刻里马擦给咱擀面,我上集割肉!"

天热得咯咋咋地响,麻利胳膊抡得欢得很,沟子拧得快得很,没歇气一个蹦子飙到底张集上,脸上冒汗,嘴里冒烟。听见有个卖西瓜的挣破颡在喊买主:"西瓜西瓜,沙瓤子西瓜,门墩厚的牙牙子!门扇大的块块子!不咥不知道,一咥吓一跳!走过路过,不要错过!"麻利想,这卖瓜的胡吹冒料呢,挣咧□咧,一牙子瓜就有门扇大的块块子?甭弹嫌,吃几牙子止个渴,不吃是瓜□!她出溜一下来到卖瓜的跟前,只听吸溜溜吸溜溜一阵子响,半分钟时间就咥了四牙子瓜。卖瓜的问她:"大嫂,瓜咋个相?"麻利回答:"瓜,瓜罢咧!"卖瓜的说:"说我瓜罢咧,那你咋吃得兀么丧眼的呢?"麻利连忙改口说:"噢噢噢,我说错咧,瓜傍间!"麻利割了羊肉买了菜又上了一回茅房,临离开底张集市一共才用了十分钟时间。进了自家大门,老远呢看见木囊在厨房才和面呢!你看这木囊,面把案板浆银咧,面把手跟胳膊浆银咧。地上撒的面,脸上沾的面。听着麻利回来咧,媳妇刻里马擦把厨房门一关。

麻利别着骂开咧:"人都说我麻利,我羞了先人咧,咋拾了你这木囊鬼呢!我把人亏得多咧!"村长从门口经过,听见骂声,急忙跑了进来,对麻利说:"麻利,你娃兀媳妇不是个麻迷子,是个老好儿娃,木囊点不要紧,只要你把她当亲生女子看,好好调教,一定会跟你一样干净麻利!不信你试火一下!"听村长这么一劝,麻利朝厨房喊话了:"女子,刻里马擦给妈把门开开,妈啥都不弹嫌我娃,厨房门快开开!"厨房门开咧,木囊亲热地对麻利说:"妈!你是我亲妈!从年时个刚进门,我就爱你很,想跟你一样变得麻利!妈!"麻利跟木囊紧紧地抱住咧,村长笑着拧身走咧!

六、快板:说咱渭城大发展

竹板打,走上台,听我给咱说起来。

今日个不把别的谝,只说咱渭城大发展。

来渭城,到处看,渭城处处都在变。

群众集资修道路,城乡建设呈新秀。

立体交通到处通,公路、铁路和航空。

招手停,新起点,通村公路门跟前。

通了水,通了电,闭路电视电话线。

网络通信空中转,走到哪里都把WIFI看。

新世纪,新生活,亮化工程胜过月亮婆。

路灯杆杆挂灯笼,黑咧就像日头一样红。

KTV，咖啡屋，消除疲劳好地方。
进书屋，逛超市，天天活得很瓷实。
说渭城，做宣传，八三年，分了田。
农民心里一个甜，群策群力一条船。
大改革，大开放，农业越变越兴旺。
脱敦子，抖裤子，庭院经济翻身子。
产业结构有下数，粮食产量翻鹞子。
新世纪，新气象，一号文件是榜样。
新农村，示范点，小城镇建设走在前。
边方龙枣大石头，坡刘韩湾刘家沟。
农家乐，居民点，一村一谝就是善。
牛奶土蛋大棚菜，绿色食品没公害。
辣子黄瓜大青菜，一年四季赚钱快。
宏伟蓝图齐规划，科学技术打先锋。
幢幢新楼村里绕，新修沼气设厨房。
电磁炉，燃气灶，做饭不必把柴火抱。
说了这些还不算，特色村庄还有大饭店。
吃泡馍，吃疙瘩，油泼辣子□□面。
吃饺子，农家饭，搅团鱼鱼很方便。
农村人均过大海，如今的农民就是拽。
再说工业和商业，结构布点嫽咋咧。
纺织化工和电子，传统工业同支持。
长庆石化分公司，连年产值创第一。
字画街，饮食坊，花鸟鱼虫争相忙。
工业发展重起航，美丽的渭城放光芒。
紧抓机遇向前看，西咸一体多灿烂。
大开放，大发展，大的项目干得善。
空港园，产业园，园区建设走在前。
设施服务特别善，吸引客商来争先。
强区富民迈大步，规模企业七十户。
招商引资大项目，民生工程赛猛虎。
来到渭城你到处看，名胜古迹随处见。
秦宫顺陵五陵塬，赛过埃及金字塔。

周陵孝陵凤凰台，铸造绝伦千佛塔。
文化教育更神奇，高举科技解难题。
大格局，大动作，创建卫生新城市。
文明新风全国行，底张渭城和周陵。
低保合疗就是好，重大疾病有医保。
都市农业布局新，看咱渭城就是亲。
说一千，道一万，说了不算还得干。
干部群众一条心，渭城哪里都是金。
经济总量创高点，综合实力是关键。
大目标，高起点，各项事业大发展。
好的运气在眼前，接轨国际排万难。
文明富强生态园，渭城旧貌换新颜。

七、民间故事

1. 弄玉吹箫的故事

相传，春秋战国时期，秦穆公的女子弄玉长得十分好看，而且特别灵醒，她会吹笙，笙声就像凤凰在鸣叫，惹得周围许多鸟儿飞在这里，不停地盘旋。穆公高兴得很，就叫人为弄玉盖了一座凤楼，还建了凤台，让弄玉住在里头吹笙。有一天才黑了，凤楼上吹着冷风，光光爷照亮着大圆土地，弄玉欢喜地吹起笙来，吹了一曲，就听得远处的地方，似乎有箫声和她的笙声交合在一起，箫声一下远一下近，像缕缕炊烟断断续续。弄玉又惊又喜，心想，莫不是今黑了碰见知音咧，等到深更半夜，光光爷不见咧，但还不见吹箫人的踪影。这个时间，她觉得有些瞌睡，就睡下咧。朦胧中，忽然，她看见西南方向天门打开咧，五颜六色的祥光把天空照得和白天一样，一个心疼的小伙子颡上戴着个帽子，帽子上竖着高高的鸟毛，身上披着印着仙鹤图案的大衣，座下骑彩色凤凰，从天上飞奔下来。那小伙子登上凤楼，对弄玉施礼说："我住在华山，姓箫叫个史，喜欢吹洞箫。今黑了我想跟你一块吹吹，才知道你是懂得我音乐志向的那个人啊！你同意不，等到八月十五花好月圆的那个时候，咱两个结成百年的夫妻，咋个相？"话说完，走到弄玉跟前拉着弄玉的手……弄玉打了个激灵从睡梦中惊醒，回想睡梦中的情形，又高兴又怀疑。过了一天，她把她的睡梦给她爸说了。穆公派人到华山找寻，结果真的找见箫史，就引回秦宫。秦穆公把弄玉嫁给了箫史，八月十五结婚，并在秦国的都城雍的附近修建了一个高台，让弄玉、箫史夫妇居住。自打那以后，妇唱夫和，他们过得善活得很，享受了说不完的好日子。半年以后，弄玉学会了吹箫，箫史学会了吹笙，一天黑天半夜的时候儿，他俩合奏《来凤》谱子，笙声在天上回环盘旋，箫声在地上连绵起伏，一时间，紫色的凤飞在凤台右边，赤色的龙盘在凤台左边。箫史对弄玉悄悄说："龙凤迎接咱俩来了，咱俩快快返回华山，过咱的世外桃源的生活，一辈子都不分开。"话完，箫史乘龙，弄玉驾凤，朝东南方向双双进入云霄，腾空成仙飞走了……

2. 龙华寺的传说

龙华寺位于北杜街道龙岩村，距离西安呀 30 多公里。相传，唐太宗李世民当上皇帝不长时间，开始大规模地筹划选择个人死了后埋的地方。第一件事，先派大臣房玄龄、魏徵分别到咸阳北边的石安原中部考察。房玄龄一口气跑到今天北杜街道龙岩村这个地方，因为当时呀肖河从这里流淌，他看这里齐棱齐坎，水流像一条大蟒蛇，柏树浓密，风光美得很，况且离长安也近，登到高处往远处看，一片秀丽。他想，如果在这儿建陵比过去所有帝王陵阙都要壮观得多，赶紧拿出罗盘定位，砸橛标记陵地。当橛刚砸一下以后，不管咋哈砸就是砸不下去。于是用手刨开一看，才发觉还有一个木橛。仔细一看，才知道是魏徵早前来过这里，号选陵址的木橛正好砸在这儿。房玄龄觉得这是神灵帮助，让他找到一块风水宝地。就在他暗自高兴的时候，"呼噜"一声电闪雷鸣，好像天崩地裂一样，地面忽然闪出四尊亮光闪闪的石佛来。房玄龄惊讶得很，心想：这可是天意呀！立即飞马跑回长安禀报皇上。第二天上早，李世民兴冲冲坐轿来到这个村子。他下轿一看，风水果然不错，赶紧三拜九叩石佛。转了一下，总觉得阿搭不对劲儿，心想：我咋能惊扰神灵地侵占佛位呢？最后他下定决心，果断下旨叫大臣们另选风水，并命令在这儿建造寺院，供奉佛主。当他要离去的时候，回头四下瞭望一下，只见烟云笼罩，好像蛟龙口噙珍宝一样，就给这里取了名字"龙华寺"。以后村庄的老百姓觉得这个寺院靠岩建造，曾经还来过皇帝，就叫龙华寺。

3. 张飞鞭的传说

20 世纪 50 年代前，在咸阳古城南门外，就是今天的县门口南端设有一座张飞庙。附近群众流传着一个美丽的传说。

话说古时天降暴雨的时候，渭河水就涨起来了，城内人心惶惶。有一年秋天，阴雨连绵，大雨已经连续下了 40 多天，平地上水深三尺，河水暴涨，波浪翻滚，高达丈余。一个个大浪像小山一样涌到咸阳城里头。城里头居民惊慌失措，哭爹喊娘，乱成一团。就在这紧要的关头，庙里头的张飞怒睁双目，倒竖胡须，手持三丈三尺长的竹节钢鞭，大踏步走出庙门，迎着大浪抡起钢鞭，大喊："畜生，还不退去！"声音撼天动地。只见大水一阵翻滚之后，"哗啦"一声退了下去。

从此，不论是多大的雨，渭河水只要流到咸阳城边，就规规矩矩的，不敢跃出河道半步。说来也怪，数百年来，渭水暴涨了多次，曾经淹过城东良田和村庄，但从来也没有淹过城区的街道。

4. 文王蒿的故事

渭城区周陵街道以北，有周文王陵墓，在陵墓上生长着一种红秆蒿，当地的人啊叫它"文王蒿"。相传商朝君主殷纣王听信崇侯虎瞎瞎的话，说是西伯侯姬昌仁义爱民，西岐百姓过得舒坦得很，生产发展得快得很，大纣的各国家的人纷纷跑到西岐，西伯侯扩充军队想阴谋造反。纣王就下命令哄骗姬昌到朝歌，把他关押了七年。七年的过程中间，姬昌不得与外岸联系，一个人就苦心地研究伏羲氏的八卦。有一天，他在阴暗潮湿的墙角角发现了一棵小草，心里喜欢，便精心养护，他用卫士送给他喝的水浇小草，渐渐地小草长得旺得很，夏天还散发着淡淡的香味，还可以驱虫防蚊。

冬天的时候，小草枯萎了。姬昌就用草枝干节摆八卦图。枯萎的草枝干呈红色，他就用红枝干代表"阳"，削去外皮的白枝干啊代表"阴"，通过不知多少次的实验，最后呀，推理出64卦啊、384爻。上通天文，下解地理，中解人间凶吉。后来姬昌释放咧，纣王送给他许多兵器，但就不允许他带走蒿草的种子，姬昌含泪离去。

周武王灭商后，有一次带百官祭奠父亲，一位大臣发现文王陵墓上长出许多蒿草，大家双膝跪下，痛哭不止。以后有人将蒿草移栽到其他地方，就是不能成活，于是呀人们就称这种蒿草为"文王蒿"。

每年开春的时候，周围百姓就在陵上采摘文王蒿蒸疙瘩，吃了文王蒿做的食物，全家人一年都不得病。如果夏天折一把放在家里，还能驱赶蚊子、蝇子。就这样，周陵跟前一代一代的人都把文王蒿当作吉祥草，不管谁家里来了朋友，也要折一把赠送。上世纪30年代，蒋介石夫妇、杨虎城、张学良等人到周陵来祭奠，周公81代孙姬立发代表姬姓后裔就以文王蒿来相赠。

5. 神牛运石的故事

顺陵位于渭城区底张街道龙枣东村，是唐武则天为她母亲杨氏修建的陵墓。相传呀，唐朝为了修建顺陵，征集了数千名苦役，远寻到百里之遥的富平凤凰山上，采掘了许多块所需的大石头，每块重数万斤。人们先把石料凿出来大样子，在冬季最冷的时候，沿路用水结成厚厚的冰凌，再用木板、木杠子连推带拉，慢慢滚动。但是，到了泾河要上坡的时候，困难大得很。匠工们又对石料进行了加工，用减轻重量的办法。即使这样，光靠人力上坡仍然很艰难，进度很慢很慢。眼看着竣工的日子快到了，武则天要亲自到陵园察看，修陵的官员向武则天报告运石情况。武则天下旨，如果这些石雕不能按期运到陵园，就把那些人一律问罪杀头。运石料的人大都是顺陵附近的百姓。武则天的圣旨传出来以后啊，老百姓家家愁肠寸断，人人无计可施。有的人号啕大哭，哀告天地，求神赐力。就在大家苦思冥想的时候，有人提出：不如把各家的牲口喂足吃饱，套上绳索去拉，就算是做最后一次的努力吧，大家都表示赞成。众人立即回家给牛、骡加草添料，等待明天最后一次的挣扎。说来奇怪，那天晚上，顺陵方圆几十里的人家，都梦见有人来借牲口，说天宫有急用。天亮后，各家都发现槽上的牲口汗流浃背，气喘吁吁，卧在地上站也站不起来。就在这时，忽然有人传告，说顺陵所有石雕都莫名其妙地立在了陵园的指定位置。大家听了，长长地嘘了一口气，暗暗庆幸虎口逃生，但谁也弄不清这到底是怎么回事。原来百姓的哭声感动了天帝，才叫牛王爷下令，施用神力，集合了所有牲口，当天夜里就将石料运到了陵园，这才使众人免遭了一场杀身大祸。后世把这个渡口叫修石渡，把运石的坡叫修石头坡。现在顺陵北面就有一条坡叫修石头坡，坡下面泾河的渡口叫修石渡。

八、渭城诗词六首

咸　阳

（唐）李商隐

咸阳宫阙郁嵯峨，六国楼台艳绮罗。
自是当时天帝醉，不关秦地有山河。

送元二使安西

（唐）王　维

渭城朝雨浥轻尘，客舍青青柳色新。
劝君更尽一杯酒，西出阳关无故人。

长　陵

（唐）唐彦谦

长安高阙此安刘，衬葬垒垒尽列侯。
丰上旧居无故里，沛中原庙对荒丘。
耳闻明主提三尺，眼见愚民盗一抔。
千载腐儒骑瘦马，渭城斜日重回头。

杜　邮

（唐）胡　曾

自古功成祸亦侵，武安冤向杜邮深。
五湖烟月无穷水，何事迁延到陆沉。

咸　阳

（金）赵秉文

渭水桥边不见人，摩挲高冢卧麒麟。
千秋万古功名骨，化作咸阳原上尘。

清渭楼

（北宋）苏籀

咸阳宫殿无尺瓦，直抵南山是禾稼。
山巅观阙总成尘，清渭东流无昼夜。
昔时此水贯宫垣，今日沦涟县楼下。
无复秦娥洗妆水，时有村童饮牛马。
秋波泠泠泛红叶，春天波荡桃花节。

九、2011年清明节咸阳各界祭祀周陵活动祭文

伟哉周陵，龙盘毕郢。园庙雍雍，祭奠隆隆。
昭昭文王，治绩洋洋。象法天地，调理阴阳。
敬授农时，协和万邦。穆穆武王，功业煌煌。
抑恶扬善，翦除纣商。礼乐诗书，敷教乡庠。
赫赫周道，丕显其昌。三八世年，命运久长。
郁郁文质，百代宪章。耿光大烈，亿载无疆。
陵庙寝园，递相增广。敦实高大，日新辉光。
今日毕郢，山水丽明。人民康乐，国家承平。
翠楼峰立，离草丛荣。英才多士，腾蛟起凤。
动车银鸟，跃虎飞龙。点击标键，同步时空。
古今文化，对接交融。根深叶茂，万古长青。
咸阳祭周，曲阜祭孔。世世代代，接力传承。
追思先韵，开创新声。伏惟尚飨，风雅永颂。

泾阳县篇

第一章 总 论

第一节 人文地理、历史沿革、人口概况

泾阳县地处关中平原中部，泾河下游，位于东经 108°29′～108°58′，北纬 34°26′～34°44′。北依嵯峨山、北仲山与三原县、淳化县毗邻，西隔泾河与礼泉县相望，南与渭城区接壤，东与高陵区、三原县交界。全县南北宽 27 千米，东西长 37 千米，总面积 606 平方千米。

泾阳位于泾河之北，古以水之北为阳，泾阳由此得名，其名最早见于《诗经》。战国晚期置县，秦并六国后属内史辖地；汉惠帝四年（前 191 年）改泾阳为池阳县；隋开皇三年（583 年）废云阳、咸阳二郡，泾阳移治今县，与云阳改属雍州；唐贞观八年（634 年）复名云阳县，属京兆府；五代后唐改属耀州，金代复属京兆府；元至元元年（1264 年）并云阳入泾阳县；明清两代属西安府；1914 年属关中道；1928 年直属陕西省；1950 年属咸阳专区；1953 年属渭南专区；1956 年直属陕西省；1958 年 12 月并入三原县；1961 年复置泾阳县，属咸阳专区；1969 年属咸阳地区；1983 年属咸阳市至今。

截至 2021 年，泾阳县辖 1 个街道办事处、8 个镇，148 个行政村，常住人口约 40 万，以汉族为主，汉族占总人口的 99% 以上，另有回族、满族、蒙古族等少数民族。

第二节 方言归属与内部差异

泾阳方言属于中原官话关中片，而且属于"东府话"。据发音人称，县城东西南北关方言差异不大，但泾河南岸北岸略有差异，主要体现在词汇的表述方式上。另外，口镇因与淳化县毗邻，在咬字上和淳化话一样，比较"重"。近年来由于经济的快速发展及普通话的大力推广，加之诸如原点新城的建设等西咸一体化进程的不断推进，泾阳方言变化速度非常快。很多方言土语，现在年轻人都不说了，老年人的口音也发生了较大的变化，表现出与普通话趋同的势头。此外，流传于本县的剧种有秦腔、眉户、

关中道情、弦板腔等，以关中方言为主的秦腔是主要剧种。民间文艺主要以耍社火为主，内容包括芯子、高跷、竹马、旱船等。

第三节　发音人和调查人概况

方言发音人

1. 姓名：李道尧
2. 单位：咸阳师范学院
3. 通信地址：陕西省咸阳市渭城区文林路东段1号
4. 性别：男　　民族：汉
5. 出生年月日（公历）：1949年8月28日
6. 出生地（从省级至自然村级）：陕西省咸阳市泾阳县高庄镇高庄村
7. 主要经历：从出生到初中毕业一直生活在泾阳县高庄镇，高中在泾阳县城的泾干中学就读，毕业后回高庄下乡，恢复高考后考入咸阳师范专科学院学习，毕业后留校任教，直至退休。
8. 文化程度：专科
9. 职业：教师

调查人

1. 姓名：张　攀
2. 单位：咸阳师范学院
3. 通信地址：陕西省咸阳市渭城区文林路东段1号
4. 协助调查人姓名：李永涛

第二章 语 音

第一节 声 母

声母二十九个,包括零声母在内。

p 八病帮布	ph 爬片派品	m 名毛梦麦	f 风副肥饭	v 问万微
t 党多东顶	th 唐桃听藤	n 南脑怒		l 路老连龙
ts 字早在挣	tsh 刺草仓撑		s 四酸松	
tʂ 张正展直	tʂh 成唱吃臭		ʂ 上舌手拾	ʐ 热人绕揉
tʃ 柱追准装	tʃh 出穿吹床		ʃ 书水刷霜	ʒ 润如捼
tɕ 集叫经句	tɕh 起钱权取	ɲ 年泥女捏	ɕ 年女泥捏	
k 高共果赶	kh 开快看课	ŋ 熬岸饿我	x 盒会好后	
ø 月云用雨				

说明:

① [th] 与合口韵,特别是与 [uo] 韵相拼时双唇颤动明显。
② [ph] 与 [o] 相拼时,唇齿发生轻微摩擦。
③ [tʃ] 类声母发音时,有比较明显的圆唇色彩。
④ [tʂ] 组声母与 [ɤ] 相拼时,实际音值中间有一个 [ʅ] 的介音成分。
⑤ [x] 的发音部位略靠后,与合口呼相拼时摩擦较重。

第二节 韵 母

韵母三十九个,不包括儿化韵。

ɿ 丝试时指	i 戏米急地	u 五主猪谷	y 雨橘许曲
ʅ 十尺直			
ər 二儿			
a 茶辣八擦	ia 牙鸭夏夹	ua 瓦话瓜夸	
æ 开菜抬来		uæ 快拐怀歪	

ɤ 歌车我可   iɛ 写茄节铁   yɛ 月靴
o 磨婆拨   uo 坐盒活锅   yo 学药
ɔu 包讨道脑   iɔu 笑桥叫鸟
ɯ 疙核
ei 赔白色给   uei 鬼国回雷
ou 豆走透头   iou 油牛六休
ã 南山半贪   iã 年件脸先   uã 短管宽欢   yã 权远卷选
ɜ̃ 根深春陈   iɜ̃ 林新银勤   uɜ̃ 村春滚魂   yɜ̃ 云军逊熏
ɑŋ 挡绑芒党   iɑŋ 想样江强   uɑŋ 王窗黄装
əŋ 升灯梗坑   iəŋ 灵病拧听   uəŋ 东红横通   yəŋ 用穷兄荣

说明：

① [ʅ] 的音值介于 [ɿ、ʮ] 之间。
② [ei、uei] 实际发音的动程较短。
③ [u] 类韵母拼 [tʃ] 类声母时，与声母结合得特别紧密。

第三节　单字调

单字调四个。

阴平 31 东春百搭节拍刻六麦叶　　阳平 24 门牛油铜皮急毒白盒罚
上声 53 懂古九统苦讨草买老五　　去声 44 动近后寸去卖路硬乱地

第四节　连读变调

后字非轻声两字组连调模式见表 2–1。

表 2–1　后字非轻声两字组连调模式

前字＼后字	1 阴平 31	2 阳平 24	3 上声 53	4 去声 44
1 阴平 31	24 + 31 31 + 31	31 + 24	31 + 53	31 + 44
2 阳平 24	24 + 31	24 + 24	24 + 53	24 + 44
3 上声 53	53 + 31	53 + 24	31 + 53 53 + 53	53 + 44
4 去声 44	44 + 31	44 + 24	44 + 53	44 + 44

非叠字组后字轻声两字组连调模式见表 2-2。

表 2-2　非叠字组后字轻声两字组连调模式

前字＼后字	1 阴平 31	2 阳平 24	3 上声 53	4 去声 44
1 阴平 31	31 + 0	53 + 0 31 + 0	31 + 0	53 + 0
2 阳平 24	24 + 0	24 + 0	24 + 0	24 + 0
3 上声 53	31 + 0 53 + 0	53 + 0	53 + 0	53 + 0
4 去声 44	44 + 0	44 + 0	44 + 0	44 + 0

第五节　单　字

0001. 多 tuo31
0002. 拖 thuo31
0003. 大～小 ta44
0004. 锣 luo24
0005. 左 tsuo53
0006. 歌 kɤ31
0007. 个一～kɤ44
0008. 可 khɤ53
0009. 鹅 ŋɤ24
0010. 饿 ŋɤ44
0011. 河 xuo24
0012. 茄 tɕiɛ24
0013. 破 pho44
0014. 婆 pho24
0015. 磨动 mo24/
　　　mo44（又）
0016. 磨名 mo44
0017. 躲 tuo53
0018. 螺 luo24
0019. 坐 tsuo44

0020. 锁 suo53
0021. 果 kuo53
0022. 过 kuo44
0023. 课 khuo44
0024. 火 xuo53
0025. 货 xuo44
0026. 祸 xuo44
0027. 靴 ɕyɛ31
0028. 把量 pa53
0029. 爬 pha24
0030. 马 ma53
0031. 骂 ma44
0032. 茶 tsha24
0033. 沙 sa31
0034. 假真～tɕia53
0035. 嫁 tɕia44
0036. 牙 ȵia24
0037. 虾 ɕia31
0038. 下底～xa44/
　　　ɕia44

0039. 夏春～ɕia44
0040. 哑 Øia53
0041. 姐 tɕiɛ53
0042. 借 tɕiɛ44
0043. 写 ɕiɛ53
0044. 斜 ɕiɛ24
0045. 谢 ɕiɛ44
0046. 车不是棋子
　　　tʂhɤ31
0047. 蛇 ʂɤ24
0048. 射 ʂɤ44
0049. 爷 Øiɛ44
0050. 野 Øiɛ53
0051. 夜 Øiɛ44
0052. 瓜 kua31
0053. 瓦 Øua53
0054. 花 xua31
0055. 化 xua44
0056. 华中～xua31
0057. 谱家～，注

　　　意声母 phu53
0058. 布 pu44
0059. 铺动 phu31
0060. 簿 phu53
0061. 步 pu44
0062. 赌 tou53
0063. 土 thou53
0064. 图 thou24
0065. 杜 tou44
0066. 奴 nou24
0067. 路 lou44
0068. 租 tɕiou31
0069. 做 tsou44
0070. 错对～tshuo31
0071. 箍～桶，注意
　　　声母 ku31
0072. 古 ku53
0073. 苦 khu53
0074. 裤 khu44
　　　（文）/fuər53

~儿（白）
0075. 吴 Øu24
0076. 五 Øu53
0077. 虎 xu53
0078. 壶 xu24
0079. 户 xu44
0080. 乌 Øu31
0081. 女 ȵy53
0082. 吕 ly53
0083. 徐 ɕy24
0084. 猪 tʃu31
0085. 除 tʃhu24
0086. 初 tshou31
0087. 锄 tshou24
0088. 所 ʃuo53
0089. 书 ʃu31
0090. 鼠 ʃu53
0091. 如 ʒu31
0092. 举 tɕy53
0093. 锯名 tɕy44
0094. 去 tɕhy44/tɕhi44（又）
0095. 渠 ~道 tɕhy24
0096. 鱼 Øy24
0097. 许 ɕy53
0098. 余剩~，多~ Øy24
0099. 府 fu53
0100. 付 fu53/fu44（又）
0101. 父 fu44
0102. 武 vu53
0103. 雾 vu44
0104. 取 tɕhy53

0105. 柱 tʃu44
0106. 住 tʃu44
0107. 数动 sou53
0108. 数名 sou44
0109. 主 tʃu53
0110. 输 ʃu31/ʒu31（又）
0111. 竖 ʃu44
0112. 树 ʃu44
0113. 句 tɕy44
0114. 区地~ tɕhy31
0115. 遇 Øy44
0116. 雨 Øy53
0117. 芋 Øy24
0118. 裕 Øy31
0119. 胎 thæ31
0120. 台戏~ thæ24
0121. 袋 tæ44
0122. 来 læ24
0123. 菜 tshæ44
0124. 财 tshæ24
0125. 该 kæ31
0126. 改 kæ53
0127. 开 khæ31
0128. 海 xæ53
0129. 爱 ŋæ44
0130. 贝 pei44
0131. 带动 tæ44
0132. 盖动 kæ44
0133. 害 xæ44
0134. 拜 pæ44
0135. 排 phæ24
0136. 埋 mæ24

0137. 戒 tɕiɛ44
0138. 摆 pæ53
0139. 派注意声调 phæ44（名）/phæ53（动）
0140. 牌 phæ24
0141. 买 mæ53
0142. 卖 mæ44
0143. 柴 tshæ24
0144. 晒 sæ44
0145. 街 tɕiɛ31
0146. 解 ~开 tɕiɛ53
0147. 鞋 xæ24
0148. 蟹注意声调 ɕiɛ44
0149. 矮 ŋæ53
0150. 败 pæ44/phæ44（又）
0151. 币 pi44
0152. 制 ~造 tʂɿ44
0153. 世 ʂɿ44
0154. 艺 Øi44
0155. 米 mi53
0156. 低 ti31/tɕi31（又）
0157. 梯 tɕhi31
0158. 剃 tɕhi24
0159. 弟 tɕi44/ti44（又）
0160. 递 tɕi44
0161. 泥 ȵi24
0162. 犁 li24
0163. 西 ɕi31
0164. 洗 ɕi53

0165. 鸡 tɕi31
0166. 溪 ɕi31
0167. 契 tɕhi44
0168. 系联~ ɕi44
0169. 杯 phei31
0170. 配 phei44
0171. 赔 phei24
0172. 背 ~诵 pei44
0173. 煤 mei24
0174. 妹 mei44
0175. 对 tuei44
0176. 雷 luei24
0177. 罪 tsuei44
0178. 碎 suei44
0179. 灰 xuei31
0180. 回 xuei24
0181. 外 Øuæ44
0182. 会开~ xuei44
0183. 怪 kuæ44
0184. 块 khuæ53
0185. 怀 xuæ24
0186. 坏 xuæ44
0187. 拐 kuæ53
0188. 挂 kua44
0189. 歪注意声母 Øuæ31
0190. 画 xua44
0191. 快 khuæ44
0192. 话 xua44
0193. 岁 suei44
0194. 卫 Øuei44
0195. 肺 fei44
0196. 桂 kuei44

0197. 碑 pi31	0228. 李 li53	0259. 醉 tsuei44	0288. 草 tshɔu53
0198. 皮 phi24	0229. 子 tsʅ53	0260. 追 tʃuei31	0289. 糙注意声调 tshɔu44
0199. 被～子 pei44	0230. 字 tsʅ44	0261. 锤 tʃhuei24	0290. 造 tsɔu44
0200. 紫 tsʅ31	0231. 丝 sʅ31	0262. 水 ʃuei53	0291. 嫂 sɔu53/ sɔu24（又）
0201. 刺 tshʅ44	0232. 祠 tshʅ24	0263. 龟 kuei31	0292. 高 kɔu31
0202. 知 tsʅ31	0233. 寺 sʅ44	0264. 季 tɕi44	0293. 靠 khɔu44
0203. 池 tʂhʅ24	0234. 治 tsʅ44	0265. 柜 kuei44	0294. 熬 ŋɔu24
0204. 纸 tsʅ53	0235. 柿 sʅ44	0266. 位 Øuei44	0295. 好～坏 xɔu53
0205. 儿 Øər24	0236. 事 sʅ44	0267. 飞 fei31	0296. 号名 xɔu44
0206. 寄 tɕi44	0237. 使 sʅ53	0268. 费 fei44	0297. 包 pɔu31
0207. 骑 tɕhi24	0238. 试 sʅ44	0269. 肥 fei24	0298. 饱 pɔu53
0208. 蚁注意韵母 Øi44	0239. 时 sʅ24	0270. 尾 ʒuei53（白）/Øi53（又）	0299. 炮 phɔu44
0209. 义 Øi44	0240. 市 sʅ44		0300. 猫 mɔu24
0210. 戏 ɕi44	0241. 耳 Øər53	0271. 味 vei44	0301. 闹 nɔu44
0211. 移 Øi24	0242. 记 tɕi44	0272. 鬼 kuei53	0302. 罩 tsɔu44
0212. 比 pi53	0243. 棋 tɕhi24	0273. 贵 kuei44	0303. 抓用手～牌 tʃua31
0213. 屁 phi44	0244. 喜 ɕi53	0274. 围 Øuei24	
0214. 鼻注意声调 pi24	0245. 意 Øi44	0275. 胃 Øuei44	0304. 找～零钱 tsɔu53
0215. 眉 mi24	0246. 几～个 tɕi53	0276. 宝 pɔu53	0305. 抄 tshɔu31
0216. 地 tɕi44/ti44（又）	0247. 气 tɕhi44	0277. 抱 pɔu44	0306. 交 tɕiɔu31
	0248. 希 ɕi31	0278. 毛 mu24（白）/mɔu24（文）	0307. 敲 tɕhiɔu31
0217. 梨 li24	0249. 衣 Øi31		0308. 孝 ɕiɔu44
0218. 资 tsʅ31	0250. 嘴 tsuei53	0279. 帽 mɔ44	0309. 校学～ ɕiɔu44
0219. 死 sʅ53	0251. 随 suei24	0280. 刀 tɔu31	0310. 表手～ piɔu53
0220. 四 sʅ44	0252. 吹 tʃhuei31	0281. 讨 thɔu53	0311. 票 phiɔu44
0221. 迟 tshʅ24	0253. 垂 tʃhuei24	0282. 桃 thɔu24	0312. 庙 miɔu44
0222. 指 tsʅ53	0254. 规 kuei31	0283. 道 tɔu44	0313. 焦 tɕiɔu31
0223. 师 sʅ31	0255. 亏 khuei31	0284. 脑 nɔ53	0314. 小 ɕiɔu53
0224. 二 Øər44	0256. 跪注意声调 kuei44/khuei44（又）	0285. 老 lɔu53/lɔu31（又）	0315. 笑 ɕiɔu44
0225. 饥～饿 tɕi31		0286. 早 tsɔu53	
0226. 器 tɕhi44	0257. 危 Øuei31	0287. 灶 tsɔu44	0316. 朝～代 tʂhɔu24
0227. 姨 Øi24	0258. 类 luei53		

0317. 照 tʂɔu44
0318. 烧 ʂɔu31
0319. 绕 ~线 zʐɔu53
0320. 桥 tɕhiɔu24
0321. 轿 tɕiɔu44
0322. 腰 Øiɔu31
0323. 要重~ Øiɔu44
0324. 摇 Øiɔu24
0325. 鸟 注意声母 ɲiɔu53
0326. 钓 tɕiɔu44
0327. 条 tɕhiɔu24
0328. 料 liɔu44
0329. 箫 ɕiɔu31
0330. 叫 tɕiɔu44
0331. 母丈~，舅~ mu53
0332. 抖 tou53
0333. 偷 thou31
0334. 头 thou24
0335. 豆 tou44
0336. 楼 lou44
0337. 走 tsou53
0338. 凑 tshou44
0339. 钩 注意声母 kou31
0340. 狗 kou53
0341. 够 kou44
0342. 口 khou53
0343. 藕 ŋou24
0344. 后前~ xou44
0345. 厚 xou44
0346. 富 fu44

0347. 副 fu44
0348. 浮 fu24
0349. 妇 fu44
0350. 流 liou24
0351. 酒 tɕiou53
0352. 修 ɕiou31
0353. 袖 ɕiou44
0354. 抽 tʂhou31
0355. 绸 tʂhou24
0356. 愁 tshou24
0357. 瘦 sou44
0358. 州 tʂou31
0359. 臭香~ tʂhou44
0360. 手 ʂou53
0361. 寿 ʂou44
0362. 九 tɕiou53
0363. 球 tɕhiou24
0364. 舅 tɕiou44
0365. 旧 tɕiou44
0366. 牛 ɲiou24
0367. 休 ɕiou31
0368. 优 Øiou31
0369. 有 Øiou53
0370. 右 Øiou44
0371. 油 Øiou24
0372. 丢 tɕiou31
0373. 幼 Øiou44
0374. 贪 thã31
0375. 潭 thã24
0376. 南 nã24
0377. 蚕 tshã24
0378. 感 kã53
0379. 含 ~一口水 xã24

0380. 暗 ŋã44
0381. 搭 ta31
0382. 踏 注意声调 tha24
0383. 拉 注意声调 la31
0384. 杂 tsa24
0385. 鸽 kɤ31
0386. 盒 xuo24
0387. 胆 tã53
0388. 毯 thã53
0389. 淡 tã44
0390. 蓝 lã24
0391. 三 sã31
0392. 甘 kã31
0393. 敢 kã53
0394. 喊 注意声调 xã53
0395. 塔 tha31
0396. 蜡 la31
0397. 赚 tʃuã44
0398. 杉~木，注意韵母 sã31
0399. 减 tɕiã53
0400. 咸~淡 xã24
0401. 插 tsha31
0402. 闸 tsa44
0403. 夹~子 tɕia31
0404. 衫 sã31
0405. 监 tɕiã31
0406. 岩 Øiã24
0407. 甲 tɕia31
0408. 鸭 ɲia31
0409. 黏~液 zʐã24

0410. 尖 tɕiã31
0411. 签~名 tɕhiã31
0412. 占~领 tʂã44
0413. 染 zʐã53
0414. 钳 tɕhiã24
0415. 验 Øiã44
0416. 险 ɕiã53
0417. 厌 Øiã44
0418. 炎 Øiã44
0419. 盐 Øiã24
0420. 接 tɕiɛ31
0421. 折~叠 tʂɤ31
0422. 叶树~ Øiɛ31
0423. 剑 tɕiã44
0424. 欠 tɕhiã44
0425. 严 Øiã24
0426. 业 ɲiɛ31
0427. 点 tiã53
0428. 店 tɕiã44
0429. 添 tɕhiã31
0430. 甜 tɕhiã24
0431. 念 ɲiã44
0432. 嫌 ɕiã24
0433. 跌 注意声调 tɕiɛ31
0434. 贴 tɕhiɛ31
0435. 碟 tɕiɛ24
0436. 协 ɕiɛ24
0437. 犯 fã44
0438. 法 fa31
0439. 品 phiẽ53
0440. 林 liẽ24
0441. 浸 tɕiẽ31

0442. 心 ɕiɛ̃31

0443. 寻 ɕiɛ̃24

0444. 沉 tʂʰẽ24

0445. 参人~ sẽ31

0446. 针 tʂẽ31

0447. 深 ʂẽ31

0448. 任责~ ʐẽ44

0449. 金 tɕiẽ31

0450. 琴 tɕʰiẽ24

0451. 音 Øiẽ31

0452. 立 li31

0453. 集 tɕi24/tɕi31（又）

0454. 习 ɕi24

0455. 汁 tʂʅ31

0456. 十 ʂʅ24

0457. 入 ʐu31

0458. 急 tɕi24

0459. 及 tɕi24

0460. 吸 ɕi31

0461. 单简~ tã31

0462. 炭 tʰã44

0463. 弹~琴 tʰã24

0464. 难~易 nã24

0465. 兰 lã24

0466. 懒 lã53

0467. 烂 lã44

0468. 伞注意声调 sã53

0469. 肝 kã31

0470. 看~见 kʰã44

0471. 岸 ŋã44

0472. 汉 xã44

0473. 汗 xã44

0474. 安 ŋã31

0475. 达 ta24

0476. 辣 la31

0477. 擦 tsʰa31

0478. 割 kɤ31

0479. 渴 kʰɤ31

0480. 扮 pã44

0481. 办 pã44

0482. 铲 tsʰã53

0483. 山 sã31

0484. 产注意声母 tsʰã53

0485. 间房~，一~房 tɕiã31

0486. 眼 ȵiã53

0487. 限 ɕiã44

0488. 八 pa31

0489. 扎 tsa31

0490. 杀 sa31

0491. 班 pã31

0492. 板 pã53

0493. 慢 mã44

0494. 奸 tɕiã31

0495. 颜 Øiã24

0496. 瞎 xa31

0497. 变 piã44

0498. 骗欺~ pʰiã44

0499. 便方~ piã44

0500. 棉 miã24

0501. 面~孔 miã44

0502. 连 liã24

0503. 剪 tɕiã53

0504. 浅 tɕʰiã53

0505. 钱 tɕʰiã24

0506. 鲜 ɕiã53

0507. 线 ɕiã44

0508. 缠 tʂʰã24

0509. 战 tʂã44

0510. 扇名 ʂã44

0511. 善 ʂã44

0512. 件 tɕiã44

0513. 延 Øiã44

0514. 别~人 piã24

0515. 灭 miɛ31

0516. 列 liɛ31

0517. 撤 tʂʰɤ53

0518. 舌 ʂɤ24

0519. 设 ʂɤ31

0520. 热 ʐɤ31

0521. 杰 tɕiɛ24

0522. 孽 ȵiɛ31

0523. 建 tɕiã44

0524. 健 tɕiã44

0525. 言 Øiã24/ȵiã24（又）

0526. 歇 ɕiɛ31

0527. 扁 piã53

0528. 片 pʰiã53

0529. 面~条 miã44

0530. 典 tiã53

0531. 天 tɕʰiã31/tʰiã31（又）

0532. 田 tɕʰiã24

0533. 垫 tɕiã44

0534. 年 ȵiã24

0535. 莲 liã24

0536. 前 tɕʰiã24

0537. 先 ɕiã31

0538. 肩 tɕiã31

0539. 见 tɕiã44

0540. 牵 tɕʰiã31

0541. 显 ɕiã53

0542. 现 ɕiã44

0543. 烟 Øiã31

0544. 憋 piɛ31

0545. 篾 mi24

0546. 铁 tɕʰiɛ31

0547. 捏 ȵiɛ31

0548. 节 tɕiɛ31

0549. 切动 tɕʰiɛ31

0550. 截 tɕiɛ24

0551. 结 tɕiɛ31

0552. 搬 pã31

0553. 半 pã44

0554. 判 pʰã44

0555. 盘 pʰã24

0556. 满 mã53

0557. 端~午 tuã31

0558. 短 tuã53

0559. 断绳~了 tuã44

0560. 暖 nuã53

0561. 乱 luã44

0562. 酸 suã31

0563. 算 suã44

0564. 官 kuã31

0565. 宽 kʰuã31

0566. 欢 xuã31

0567. 完 Øuã24

0568. 换 xuã44

0569. 碗 Øuã53
0570. 拨 po31
0571. 泼 pho31
0572. 末 mo31
0573. 脱 thuo31
0574. 夺 tuo24
0575. 阔 khuo31
0576. 活 xuo24
0577. 顽 ~皮, ~固 Øuã24
0578. 滑 xua24
0579. 挖 Øua31
0580. 刓 ʃuã31
0581. 关 ~门 kuã31
0582. 惯 kuã44
0583. 还动 xuã24
0584. 还副 xæ24
0585. 弯 Øuã31
0586. 刷 ʃua31
0587. 刮 kua31
0588. 全 tshuã24
0589. 选 çyã53
0590. 转 ~眼, ~送 tʃuã53
0591. 传 ~下来 tʃhuã24
0592. 传 ~记 tʃuã44
0593. 砖 tʃuã31
0594. 船 ʃuã24
0595. 软 ʒuã53
0596. 卷 ~起 tçyã53
0597. 圈圆~ tçhyã31

0598. 权 tçhyã24
0599. 圆 Øyã24
0600. 院 Øyã44
0601. 铅 ~笔, 注意声调 tçhiã31
0602. 绝 tçyɛ24
0603. 雪 çyɛ31
0604. 反 fã53
0605. 翻 fã31
0606. 饭 fã44
0607. 晚 vã53
0608. 万麻将牌 vã44
0609. 劝 tçhyã44
0610. 原 Øyã24
0611. 冤 Øyã31
0612. 园 Øyã24
0613. 远 Øyã53
0614. 发头~ fã31
0615. 罚 fa24
0616. 袜 va31
0617. 月 Øyɛ31
0618. 越 Øyɛ31
0619. 县 çiã44
0620. 决 tçyɛ53
0621. 缺 tçhyɛ31
0622. 血 çiɛ31
0623. 吞 thəŋ31
0624. 根 kɛ̃31
0625. 恨 xɛ̃44
0626. 恩 ŋɛ̃31
0627. 贫 phiɛ̃24
0628. 民 miɛ̃24
0629. 邻 liɛ̃24

0630. 进 tçiɛ̃44
0631. 亲 tçhiɛ̃31
0632. 新 çiɛ̃31
0633. 镇 tʂɛ̃44
0634. 陈 tʂhɛ̃24
0635. 震 tʂɛ̃44
0636. 神 ʂɛ̃24
0637. 身 ʂɛ̃31
0638. 辰 tʂhɛ̃24
0639. 人 zɛ̃24
0640. 认 zɛ̃44
0641. 紧 tçiɛ̃53
0642. 银 Øiɛ̃24
0643. 印 Øiɛ̃44
0644. 引 Øiɛ̃53
0645. 笔 pi31
0646. 匹 phi53
0647. 密 mi31
0648. 栗 li31
0649. 七 tçhi31
0650. 侄 tʂʅ24
0651. 虱 sei31
0652. 实 ʂʅ24
0653. 失 ʂʅ31
0654. 日 Øər31
　　（白）/ zʅ31
　　（文）
0655. 吉 tçi31
0656. 一 Øi31
0657. 筋 tçiɛ̃31
0658. 劲有~ tçiɛ̃44
0659. 勤 tçhiɛ̃24

0660. 近 tçiɛ̃44
0661. 隐 Øiɛ̃53
0662. 本 pɛ̃53
0663. 盆 phɛ̃24
0664. 门 mɛ̃24
0665. 墩 tuɛ̃31
0666. 嫩 luɛ̃44
0667. 村 tshuɛ̃31
0668. 寸 tshuɛ̃44
0669. 蹲注意声母 tuɛ̃31
0670. 孙 ~子 suɛ̃31
0671. 滚 kuɛ̃53
0672. 困 khuɛ̃44
0673. 婚 xuɛ̃31
0674. 魂 xuɛ̃24
0675. 温 Øuɛ̃31
0676. 卒棋子 tsou24
0677. 骨 ku31
0678. 轮 luɛ̃24
0679. 俊注意声母 tsuɛ̃44
0680. 笋 suɛ̃53
0681. 准 tʃuɛ̃53
0682. 春 tʃhuɛ̃31
0683. 唇 ʃuɛ̃24
0684. 顺 ʃuɛ̃44
0685. 纯 tʃhuɛ̃24
0686. 闰 ʒuɛ̃44
0687. 均 tçyɛ̃31
0688. 匀 Øyɛ̃24
0689. 律 ly31

0690. 出 tʃhu31
0691. 橘 tɕy31
0692. 分动 fẽ31
0693. 粉 fẽ53
0694. 粪 fẽ44
0695. 坟 fẽ24
0696. 蚊 vẽ24
0697. 问 vẽ44
0698. 军 tɕyẽ31
0699. 裙 tɕhyẽ24
0700. 熏 ɕyẽ31
0701. 云~彩 Øyẽ24
0702. 运 Øyẽ44
0703. 佛~像 fo24
0704. 物 vo31
0705. 帮 paŋ31
0706. 忙 maŋ24
0707. 党 taŋ53
0708. 汤 thaŋ31
0709. 糖 thaŋ24
0710. 浪 laŋ44
0711. 仓 tshaŋ31
0712. 钢 kaŋ31
0713. 糠 khaŋ31
0714. 薄形 po24
0715. 摸注意声调
mo31（文）/
mɔu31（白）
0716. 托 thuo31
0717. 落 luo31
0718. 作 tsuo31
0719. 索 suo31
0720. 各 kɤ31

0721. 鹤 xuo31
0722. 恶形，入声 ŋɤ31
0723. 娘 niaŋ24
0724. 两斤~ liaŋ53
0725. 亮 liaŋ44
0726. 浆 tɕiaŋ31
0727. 抢 tɕhiaŋ53
0728. 匠 tɕiaŋ44
0729. 想 ɕiaŋ53
0730. 像 ɕiaŋ44
0731. 张量 tʂaŋ31
0732. 长~短 tʂhaŋ24
0733. 装 tʃuaŋ31
0734. 壮 tʃuaŋ44
0735. 疮 tʃhuaŋ31
0736. 床 tʃhuaŋ24
0737. 霜 ʃuaŋ31
0738. 章 tʂaŋ31
0739. 厂 tʂhaŋ53
0740. 唱 tʂhaŋ44
0741. 伤 ʂaŋ31
0742. 尝 ʂaŋ24
0743. 上~去 ʂaŋ44
0744. 让 ʐaŋ44
0745. 姜生~ tɕiaŋ31
0746. 响 ɕiaŋ53
0747. 向 ɕiaŋ44
0748. 秧 Øiaŋ31
0749. 痒 Øiaŋ53
0750. 样 Øiaŋ44
0751. 雀注意声母
tɕhyɛ31

0752. 削 ɕyo31
0753. 着火~了 tʃhuo24
0754. 勺 ʃuo24/ ɕyo24（又）
0755. 弱 ʐuo24
0756. 脚 tɕyo31
0757. 约 Øyo31
0758. 药 Øyo31
0759. 光~线 kuaŋ31
0760. 慌 xuaŋ31
0761. 黄 xuaŋ24
0762. 郭 kuo31
0763. 霍 xuo31
0764. 方 faŋ31
0765. 放 faŋ44
0766. 纺 faŋ53
0767. 房 faŋ24
0768. 防 faŋ24
0769. 网 vaŋ53
0770. 筐 khuaŋ31
0771. 狂 khuaŋ24
0772. 王 Øuaŋ24
0773. 旺 Øuaŋ44
0774. 缚 fo53
0775. 绑 paŋ53
0776. 胖 phaŋ44
0777. 棒 paŋ44
0778. 桩 tʃuaŋ31
0779. 撞 tʃhuaŋ44
0780. 窗 tʃhuaŋ31
0781. 双 ʃuaŋ31
0782. 江 tɕiaŋ31

0783. 讲 tɕiaŋ53
0784. 降投~ ɕiaŋ24
0785. 项 xaŋ44（文）/ɕiaŋ44（白）
0786. 剥 po31
0787. 桌 tʃuo31
0788. 镯 tʃuo24
0789. 角 tɕyo31
0790. 壳 khɤr31 ~儿
0791. 学 ɕyo24
0792. 握 Øuo31
0793. 朋 phəŋ24
0794. 灯 təŋ31
0795. 等 təŋ53
0796. 凳 təŋ44
0797. 藤 thəŋ24
0798. 能 nəŋ24
0799. 层 tshəŋ24
0800. 僧注意声母 səŋ31
0801. 肯 khẽ53
0802. 北 pei31
0803. 墨 mei24
0804. 得 tei31
0805. 特 thei24
0806. 贼 tsei24
0807. 塞 sei31
0808. 刻 khei31
0809. 黑 xei31
0810. 冰 piəŋ31
0811. 证 tʂəŋ44
0812. 秤 tʂhəŋ44

0813. 绳 ʂəŋ24
0814. 剩 ʂəŋ44
0815. 升 ʂəŋ31
0816. 兴高～ ɕiəŋ44
0817. 蝇注意声母 Øiəŋ24
0818. 逼 pi31
0819. 力 li31
0820. 息 ɕi31
0821. 直 tʂʅ24
0822. 侧注意声母 tshei31
0823. 测 tshei31
0824. 色 sei31
0825. 织 tʂʅ31
0826. 食 ʂʅ24
0827. 式 ʂʅ31
0828. 极 tɕi24
0829. 国 kuei31
0830. 或 xuei24
0831. 猛 məŋ53
0832. 打注意韵母 ta53
0833. 冷 ləŋ53
0834. 生 səŋ31
0835. 省～长 səŋ53
0836. 更三～，打～ kəŋ31（文）/ tɕiəŋ31（白）
0837. 梗注意韵母 kəŋ53
0838. 坑 khəŋ31
0839. 硬 ȵiəŋ44
0840. 行～为，～走 ɕiəŋ24
0841. 百 pei31
0842. 拍 phei31
0843. 白 pei24
0844. 拆 tshei31
0845. 择 tsei24
0846. 窄 tsei31
0847. 格 kei31
0848. 客 khei31
0849. 额 ŋɛ31
0850. 棚 phəŋ24
0851. 争 tsəŋ31
0852. 耕 kəŋ31
0853. 麦 mei31
0854. 摘 tsei31
0855. 策 tshei31
0856. 隔 kei31
0857. 兵 piəŋ31
0858. 柄注意声调 piəŋ53
0859. 平 phiəŋ24
0860. 病 piəŋ44
0861. 明 miəŋ24
0862. 命 miəŋ44
0863. 镜 tɕiəŋ44
0864. 庆 tɕhiəŋ44
0865. 迎 Øiəŋ31
0866. 影 Øiəŋ53
0867. 剧戏～ tɕy44
0868. 饼 piəŋ53
0869. 名 miəŋ24
0870. 领 liəŋ53
0871. 井 tɕiəŋ53
0872. 清 tɕhiəŋ31
0873. 静 tɕiəŋ44
0874. 姓 ɕiəŋ44
0875. 贞 tsɛ̃31
0876. 程 tʂhəŋ24
0877. 整 tʂəŋ53
0878. 正～反 tʂəŋ44
0879. 声 ʂəŋ31
0880. 城 tʂhəŋ24
0881. 轻 tɕhiəŋ31
0882. 赢 Øiəŋ24
0883. 积 tɕi31
0884. 惜 ɕi31
0885. 席 ɕi24
0886. 尺 tʂhʅ31
0887. 石 ʂʅ24
0888. 益 Øi31
0889. 瓶 phiəŋ24
0890. 钉名 tɕiəŋ31
0891. 顶 tɕiəŋ53
0892. 厅 tɕhiəŋ31
0893. 听～见，注意声调 tɕhiəŋ31
0894. 停 tɕhiəŋ44
0895. 挺 tɕhiəŋ53
0896. 定 tɕiəŋ44
0897. 零 liəŋ24
0898. 青 tɕhiəŋ31
0899. 星 ɕiəŋ31
0900. 经 tɕiəŋ31
0901. 形 ɕiəŋ24
0902. 壁 pi31
0903. 劈 phi53
0904. 踢 tɕhi31
0905. 笛 tɕi24
0906. 历衣～ li31
0907. 锡 ɕi31
0908. 击 tɕi31
0909. 吃 tʂhʅ31
0910. 横 xuəŋ44/ ɕyɛ24（又）
0911. 划计～ xua44
0912. 兄 ɕyəŋ31
0913. 荣 Øyəŋ24
0914. 永 Øyəŋ53
0915. 营 Øiəŋ24
0916. 蓬～松 phəŋ24
0917. 东 tuəŋ31
0918. 懂 tuəŋ53
0919. 冻 tuəŋ44
0920. 通 thuəŋ31
0921. 桶注意声调 thuəŋ53
0922. 痛 thuəŋ44
0923. 铜 thuəŋ24
0924. 动 tuəŋ44
0925. 洞 tuəŋ44
0926. 聋注意声调 nuəŋ24
0927. 弄注意声母 nuəŋ44
0928. 粽 tsuəŋ53
0929. 葱 tshuəŋ31
0930. 送 suəŋ44
0931. 公 kuəŋ31
0932. 孔 khuəŋ53

0933. 烘 ~干 xuəŋ31
0934. 红 xuəŋ24
0935. 翁 Øuəŋ31
0936. 木 mu31
0937. 读 tou24
0938. 鹿 lou31
0939. 族 tsou24
0940. 谷 稻~ ku31
0941. 哭 fu31（白）/ khu31（文）
0942. 屋 Øu31
0943. 冬 ~至 tuəŋ31
0944. 统 注意声调 thuəŋ53
0945. 脓 注意声调 nuəŋ24
0946. 松 ~紧 suəŋ31
0947. 宋 suəŋ44
0948. 毒 tou24
0949. 风 fəŋ31
0950. 丰 fəŋ31

0951. 凤 fəŋ44
0952. 梦 məŋ44
0953. 中 ~当 tʃuəŋ31
0954. 虫 tʃhuəŋ24
0955. 终 tʃuəŋ31
0956. 充 tʃhuəŋ53
0957. 宫 kuəŋ31
0958. 穷 tɕhyəŋ24
0959. 熊 注意声母 ɕyəŋ24
0960. 雄 注意声母 ɕyəŋ24
0961. 福 fu31
0962. 服 fu24
0963. 目 mu31
0964. 六 liou31
0965. 宿 住~，~舍 ɕy31
0966. 竹 tsou31
0967. 畜 ~生 tshou31

0968. 缩 suo31
0969. 粥 tsou31
0970. 叔 sou24
0971. 熟 sou24
0972. 肉 z̩ou44
0973. 菊 tɕy31
0974. 育 Øy44
0975. 封 fəŋ31
0976. 蜂 fəŋ31
0977. 缝 一条~ fəŋ44
0978. 浓 nuəŋ24
0979. 龙 luəŋ24
0980. 松 ~树，注意声调 suəŋ31
0981. 重 轻~ tʃuəŋ44
0982. 肿 tʃuəŋ53
0983. 种 ~树 tʃuəŋ44
0984. 冲 tʃhuəŋ31
0985. 恭 kuəŋ31
0986. 共 kuəŋ44

0987. 凶 吉~ ɕyəŋ31
0988. 拥 注意声调 Øyəŋ31
0989. 容 Øyəŋ24
0990. 用 Øyəŋ44
0991. 绿 lou31（白）/ liou31（又）
0992. 足 tɕy31
0993. 烛 tsou24
0994. 赎 sou24
0995. 属 sou24
0996. 褥 z̩ou31
0997. 曲 ~折，歌~ tɕy31
0998. 局 tɕy24
0999. 玉 Øy31
1000. 浴 Øy31

第三章 词 汇

第一节 规定词汇

一、天文、地理

（一）天文

0001. 太阳~下山了　日头 Øər31thou0／
太阳爷 thæi44Øiaŋ0Øiɛ44
0002. 月亮~出来了　月亮爷
Øyo31liaŋ0Øiɛ44
0003. 星星　星星儿 ɕiəŋ31ɕiər0
0004. 云　云 Øyɛ̃24
0005. 风　风 fəŋ31
0006. 台风　台风 thæ24fəŋ31
0007. 闪电名词　闪电 ʂã53tɕiã44
0008. 雷　雷 luei24／呼噜爷
xu31lu0Øiɛ44
0009. 雨　雨 Øy53
0010. 下雨　下雨 ɕia44Øy53
0011. 淋衣服被雨~湿了　淋 liɛ̃24
0012. 晒~粮食　晒 sæ44
0013. 雪　雪 ɕyɛ31
0014. 冰　冰 piəŋ31
0015. 冰雹　冷子 ləŋ53tsʅ0
0016. 霜　霜 ʃuaŋ31

0017. 雾　雾 vu44
0018. 露　露水 lou44ʃuei0
0019. 虹统称　虹 tɕiaŋ44
0020. 日食　日食 Øər31ʂʅ0
0021. 月食　月食 Øyɛ31ʂʅ0／天狗吃月亮
tɕhiã31kou53tʂʅ24Øyɛ31liaŋ0
0022. 天气　天气 thiã31tɕhi44
0023. 晴天~　晴 tɕhiəŋ24
0024. 阴天~　阴 Øiɛ̃31
0025. 旱天~　旱 xã44
0026. 涝天~　涝 lɔ44
0027. 天亮　天亮 tɕhiã31liaŋ44／天明
thiã31miəŋ24

（二）地貌

0028. 水田　水浇地 ʃuei53tɕiɔu31ti44
0029. 旱地浇不上水的耕地　旱地 xã44ti44
0030. 田埂　畦梁子 ɕi44liaŋ24tsʅ0
0031. 路野外的　路 lou44／生产路
səŋ31tʂhã53lou44
0032. 山　山 sã31
0033. 山谷　山沟 sã24kou31／山卡卡儿
sã31tɕhia44tɕhiar0

0034. 江大的河　江 tɕiaŋ31

0035. 溪小的河　碎河 suei44xuo24

0036. 水沟儿较小的水道　水沟沟儿 ʃuei53kou31kour0

0037. 湖　湖 xu24

0038. 池塘　涝池 lɔ44tʂʅ0

0039. 水坑儿地面上有积水的小洼儿　水坑坑儿 ʃuei53khəŋ31khɚ0

0040. 洪水　洪水 xuəŋ44ʃuei53

0041. 淹被水~了　淹 n̠iã31

0042. 河岸　河岸 xuo24ŋã44

0043. 坝拦河修筑拦水的　坝 pa44

0044. 地震　地动 ti44tuəŋ44

0045. 窟窿小的　窟窿儿 khu31luɚ0

0046. 缝儿统称　缝缝儿 fəŋ44fɚ0

（三）物象

0047. 石头统称　石头 ʂʅ24thou0

0048. 土统称　土 thou53

0049. 泥湿的　泥 n̠i24

0050. 水泥旧称　洋灰 ȵiaŋ24xuei31

0051. 沙子　沙子 sa31tsʅ0

0052. 砖整块的　砖 tʃuã31

0053. 瓦整块的　砖瓦 tʃuã31ȵua53

0054. 煤　炭 thã44/煤 mei24

0055. 煤油　煤油 mei24ȵiou24

0056. 炭木炭　木炭 mu31thã44

0057. 灰烧成的　灰 xuei31

0058. 灰尘桌面上的　堂土 thaŋ24thou0

0059. 火　火 xuo53

0060. 烟烧火形成的　烟 ȵiã53

0061. 失火　失火 ʂʅ31xuo53

0062. 水　水 ʃuei53

0063. 凉水　凉水 liaŋ24ʃuei0/冰水 piəŋ31ʃuei0

0064. 热水如洗脸的热水，不是指喝的开水　热水 zɤ31ʃuei0/温水 ȵuẽ31ʃuei0

0065. 开水喝的　开水 khæ31ʃuei0/煎水 tɕiã31ʃuei0

0066. 磁铁　吸铁石 ɕi31tɕiɛ31ʂʅ24

二、时间、方位

（一）时间

0067. 时候吃饭的~　时儿 sʅɚ24

0068. 什么时候　啥时儿 sa44sʅɚ24

0069. 现在　壬给儿 zə̃24kour0

0070. 以前十年~　老早 lɔu31tsɔu53/早得很 tsɔu53tixẽ53

0071. 以后十年~　往后 ȵuaŋ53xou44

0072. 一辈子　一辈子 ȵi31pei44tsʅ0

0073. 今年　今年 tɕiɛ31n̠iã0

0074. 明年　明年 miəŋ24n̠iã0/过年 kuo44n̠iã0

0075. 后年　后年 xou44n̠iã0

0076. 去年　年时 n̠iã24sʅ0

0077. 前年　前年个 tɕhiã24n̠iã0kɤ0

0078. 往年过去的年份　往年 ȵuaŋ53n̠iã0

0079. 年初　刚过年 kaŋ24kuo44n̠iã24

0080. 年底　年底 n̠iã24tɕi53/年跟前 n̠iã24kẽ31tɕhiã0

0081. 今天　今儿 tɕiɚr31

0082. 明天　明儿 miə̃r24

0083. 后天　后儿 xour53

0084. 大后天　外后儿 ȵuæ44xour0

0085. 昨天　夜儿个 ȵiɛr24kɤ0

144

0086. 前天　前儿个 tɕhiar24kɤ0

0087. 大前天　大前儿个 ta44tɕhiar24kɤ0

0088. 整天　成天 tʂhəŋ24thiã31

0089. 每天　见天儿 tɕiã44thiar0

0090. 早晨　早起 tsɔu31tɕhi53/早上 tsɔu53ʂaŋ0

0091. 上午　前半天 tɕhiã24pã44tɕhiã31

0092. 中午　晌午 ʂaŋ31Øu0

0093. 下午　后晌 xou44ʂaŋ0

0094. 傍晚　后晌黑 xou44ʂaŋ0xei31/麻麻儿黑 ma24mar0xei31

0095. 白天　白天 pei24thiã31

0096. 夜晚 与白天相对, 统称　黑夜 xei31Øiɛ44

0097. 半夜　半夜 pã44Øiɛ44

0098. 正月 农历　正月 tʂəŋ31Øyɛ31

0099. 大年初一 农历　年初一 ȵiã24tshou24Øi31/初一 tshou24Øi31

0100. 元宵节　正月十五 tʂəŋ31Øyɛ31ʂʅ24Øu53

0101. 清明　清明 tɕhiŋ31miəŋ0

0102. 端午　端午 tuã31Øu0

0103. 七月十五 农历, 节日名　无

0104. 中秋　八月十五 pa31Øyɛ31ʂʅ24Øu53

0105. 冬至　冬至 tuəŋ31tsʅ44

0106. 腊月 农历十二月　腊月 la31Øyɛ31

0107. 除夕 农历　年三十儿 ȵiã24sã31ʂʅər24

0108. 历书　黄历 xuaŋ24li0

0109. 阴历　农历 luəŋ24li0

0110. 阳历　阳历 Øiaŋ24li0

0111. 星期天　星期日 ɕiəŋ31tɕhi24Øər31/礼拜 li53pæ0/礼拜日 li53pæ24Øər31

(二) 方位

0112. 地方　地方 tɕi44faŋ0

0113. 什么地方　啥地方 sa44tɕi44faŋ0

0114. 家里　屋里 Øu31ȵi0

0115. 城里　城里 tʂhəŋ24ȵi0

0116. 乡下　乡里 ɕiaŋ31ȵi0

0117. 上面 从~滚下来　上头 ʂaŋ44thou0/上岸子 ʂaŋ44ŋã0tsʅ0

0118. 下面 从~爬上去　下头 xa44thou0/下岸子 xa44ŋã0tsʅ0

0119. 左边　左岸儿 tsuo53ŋar0

0120. 右边　右岸儿 Øiou44ŋar0

0121. 中间 排队排在~　当中 taŋ24tʃuəŋ31

0122. 前面 排队排在~　前岸儿 tɕhiã24ŋar0/前头 tɕhiã24thou0

0123. 后面 排队排在~　后岸儿 xou44ŋar0/后头 xou44thou0

0124. 末尾 排队排在~　巴巴尾儿 pa44pa44Øir53

0125. 对面　对岸儿 tuei44ŋar53

0126. 面前　跟前 kẽ31tɕhiã0

0127. 背后　背后 pei44xou0

0128. 里面 躲在~　里头 li53thou0

0129. 外面 衣服晒在~　外头 Øuæ44thou0

0130. 旁边　偏岸儿 phiã31ŋar53

0131. 上碗 在桌子~　上头 ʂaŋ44thou0

0132. 下凳子 在桌子~　底下 tɕi53xa0

0133. 边儿 桌子的~　边边儿 piã31piar24

0134. 角儿 桌子的~　角角儿

tɕyo31tɕyor0

0135. 上去他～了　上去 ʂaŋ44tɕhi0

0136. 下来他～了　下来 xa44læ0

0137. 进去他～了　进去 tɕiɛ̃44tɕhi0

0138. 出来他～了　出来 tʃhu31læ0

0139. 出去他～了　出去 tʃhu31tɕhi0

0140. 回来他～了　回来 xuei24læ0

0141. 起来天冷～了　[起来] tɕhiɛ53/起来 tɕhi53læ0

三、植物

（一）一般植物

0142. 树　树 ʃu44

0143. 木头　木头 mu31thou0

0144. 松树统称　松树 suəŋ31ʃu44

0145. 柏树统称　柏树 pei31ʃu44

0146. 杉树　杉树 sã31ʃu44

0147. 柳树　柳树 liou53ʃu44

0148. 竹子统称　竹子 tsou31tsʅ0

0149. 笋　笋 suɛ̃53

0150. 叶子　叶子 Øiɛ31tsʅ0

0151. 花　花 xua31

0152. 花蕾花骨朵儿　花骨朵儿 xua24ku31tər0

0153. 梅花　梅花儿 mei24xuar0

0154. 牡丹　牡丹 mu53tã31

0155. 荷花　荷花 xuo24xua31

0156. 草　草 tshɔu53

0157. 藤蔓　vã44

0158. 刺名词　刺 tshʅ44

0159. 水果　水果 ʃuei31kuo53

0160. 苹果　苹果 piəŋ24kuo0

0161. 桃子　桃 thou24

0162. 梨　梨 li24

0163. 李子　梅李子 mei24li0tsʅ0

0164. 杏　杏 xəŋ44

0165. 橘子　橘子 tɕy31tsʅ0

0166. 柚子　柚子 Øiou24tsʅ0

0167. 柿子　柿子 sʅ44tsʅ0

0168. 石榴　石榴 ʂʅ24liou0

0169. 枣　枣儿 tsɔur53

0170. 栗子　栗子 li31tsʅ0

0171. 核桃　核桃 xɯ24thou0

0172. 银杏白果　白果 pei24kuo0

0173. 甘蔗　甘蔗 kã31tʂɤ24

0174. 木耳　木耳 mu31Øər53

0175. 蘑菇野生的　蘑菇 mo24ku31

0176. 香菇　香菇 ɕiaŋ31ku31

（二）农作物

0177. 稻子指植物　稻子 thɔu53tsʅ0

0178. 稻谷指籽实（脱粒后是大米）　无

0179. 稻草脱粒后的　无

0180. 大麦指植物　大麦 ta44mei31

0181. 小麦指植物　麦 mei31

0182. 麦秸脱粒后的　麦秸 mei31tɕiã31

0183. 谷子指植物（籽实脱粒后是小米）　谷子 ku31tsʅ0

0184. 高粱指植物　稻黍 thɔ31ʃu0

0185. 玉米指成株的植物　苞谷 pɔu31ku31/御麦 Øy44mei31

0186. 棉花指植物　棉花 miã24xua31

0187. 油菜油料作物，不是蔬菜　油菜 Øiou24tshæ0/菜籽 tshæ44tsʅ0

0188. 芝麻　芝麻 tsʅ31ma0

0189. 向日葵指植物　向葵 ɕiaŋ53khuei24

0190. 蚕豆　蚕豆 tshã24tou0

0191. 豌豆　豌豆 Øuã31tou0

0192. 花生指果实，注意婉称　花生 xua24sɛ̃31

0193. 黄豆　黄豆 xuaŋ24tou0

0194. 绿豆　绿豆 liou31tou0

0195. 豇豆长条形的　豇豆 tɕiaŋ31tou0

0196. 大白菜东北～　白菜 pei24tshæ0

0197. 包心菜卷心菜，圆白菜，球形的　莲花白 liã24xua31pei24

0198. 菠菜　菠菜 po31tshæ0

0199. 芹菜　芹菜 tɕhiɛ24tshæ0

0200. 莴笋　莴笋 Øuo31suɛ̃0

0201. 韭菜　韭菜 tɕiou53tshæ0

0202. 香菜芫荽　芫荽 Øiã24ɕy0

0203. 葱　葱 tshuəŋ31

0204. 蒜　蒜 suã44

0205. 姜　生姜 səŋ31tɕiaŋ31

0206. 洋葱　洋葱 Øiaŋ24tshuəŋ31

0207. 辣椒统称　辣子 la31tsʅ0

0208. 茄子统称　茄子 tɕhiɛ24tsʅ0

0209. 西红柿　洋柿子 Øiaŋ24sʅ44tsʅ0

0210. 萝卜统称　萝卜 luo24phu0

0211. 胡萝卜　红萝卜 xuəŋ24luo24phu0

0212. 黄瓜　黄瓜 xuaŋ24kua31

0213. 丝瓜无棱的　丝瓜 sʅ31kua31

0214. 南瓜扁圆形或梨形，成熟时呈赤褐色　南瓜 nã24kua31/倭瓜 Øuo31kua31

0215. 荸荠　荸荠 pi31tɕi31

0216. 红薯统称　红芋 xuəŋ24y44

0217. 马铃薯　洋芋 Øiaŋ24y44

0218. 芋头　芋头 Øy44thou0

0219. 山药圆柱形的　无

0220. 藕　莲菜 liã24tshæ0

四、动物

（一）一般动物

0221. 老虎　老虎 lɔ31xu0

0222. 猴子　猴 xou24

0223. 蛇统称　长虫 tʂhaŋ24tʃhuəŋ0

0224. 老鼠家里的　老鼠 lɔ31ʃu0

0225. 蝙蝠　夜蝙虎儿 Øiɛ44piɛ31xu0

0226. 鸟儿飞鸟，统称　鸟儿 ȵiɔur53

0227. 麻雀　雀儿 tɕhiɛr53

0228. 喜鹊　野鹊儿 Øiɛ53tɕhiɔur0

0229. 乌鸦　老鸹 lɔu53Øua31

0230. 鸽子　鹁鸽儿 pu24kɤr0

0231. 翅膀鸟的，统称　翅膀 tshʅ44paŋ0

0232. 爪子鸟的，统称　爪爪 tʃua53tʃua0

0233. 尾巴　尾巴 Øi53pa0

0234. 窝鸟的　鸟儿窝 ȵiɔur53Øuo31

0235. 虫子统称　虫虫儿 tʃhuəŋ24tʃhuə̃r0

0236. 蝴蝶统称　蝴蝶儿 xu24tiɛr0

0237. 蜻蜓统称　蚂螂 ma31laŋ0

0238. 蜜蜂　蜜蜂 mi31fəŋ31

0239. 蜂蜜　蜂蜜 fəŋ31mi31/蜂糖 fəŋ31thaŋ0

0240. 知了统称　知了儿 tsʅ24lour0

0241. 蚂蚁　蚂蚁 ma31Øi0

0242. 蚯蚓　曲蜒 Øiou24Øiã0

0243. 蚕　蚕 tshã24

0244. 蜘蛛会结网的　蛛蛛 tʃu31tʃu0

0245. 蚊子统称　蚊子 vɛ̃24tsʅ0

0246. 苍蝇统称　蝇子 Øiəŋ24tsʅ0

0247. 跳蚤咬人的 虼蚤 kɯ31tsɔu31

0248. 虱子 虱 sei31

0249. 鱼 鱼 øy24

0250. 鲤鱼 鲤鱼 li53øy24

0251. 鳙鱼胖头鱼 无

0252. 鲫鱼 无

0253. 甲鱼 鳖 piɛ31

0254. 鳞鱼的 鱼鳞 øy24liẽ24

0255. 虾统称 虾 ɕia31

0256. 螃蟹统称 螃蟹 phaŋ24ɕiɛ0

0257. 青蛙统称 青蛙 tɕhiəŋ31øua0

0258. 癞蛤蟆表皮多疙瘩 疥肚蛙 tɕiɛ44tou0øua0

（二）家畜、家禽

0259. 马 马 ma53

0260. 驴 驴 ly24

0261. 骡 骡子 luo24tsʅ0

0262. 牛 牛 ȵiou24

0263. 公牛统称 犍牛 tɕia31ȵiou24

0264. 母牛统称 乳牛 ʐu53ȵiou24

0265. 放牛 放牛 faŋ44ȵiou24

0266. 羊 羊 øiaŋ24

0267. 猪 猪 tʃu31

0268. 种猪配种用的公猪 猪公子 tʃu24kuəŋ31tsʅ0

0269. 公猪成年的，已阉的 牙猪 ȵia24tʃu31

0270. 母猪成年的，未阉的 母猪 mu53tʃu31

0271. 猪崽 猪娃子 tʃu31øua0tsʅ0

0272. 猪圈 猪圈 tʃu31tɕyã44

0273. 养猪 看猪 øuei44tʃu31

0274. 猫 猫 mɔu24

0275. 公猫 公猫 kuəŋ31mɔu24/ 郎猫 laŋ24mɔu24

0276. 母猫 母猫 mu53mɔu24/ 咪猫 mi44mɔu24

0277. 狗统称 狗 kou53

0278. 公狗 公狗 kuəŋ31kou0

0279. 母狗 母狗 mu31kou0

0280. 叫狗～ 叫唤 tɕiɔ44xuã0

0281. 兔子 兔 thu44

0282. 鸡 鸡 tɕi31

0283. 公鸡成年的，未阉的 公鸡 kuəŋ31tɕi31

0284. 母鸡已下过蛋的 母鸡 mu53tɕi31

0285. 叫公鸡～（打鸣儿） 叫鸣 tɕiɔu44miəŋ24

0286. 下鸡～蛋 下 ɕia44

0287. 孵～小鸡 菢 pɔu44

0288. 鸭 鸭子 øia31tsʅ0

0289. 鹅 鹅 ŋɤ24

0290. 阉～公的猪 骟 ʂã44

0291. 阉～母的猪 劁 tɕhiɔu31

0292. 阉～鸡 无

0293. 喂～猪 喂 øuei44

0294. 杀猪统称，注意婉称 杀猪 sa24tʃu31

0295. 杀～鱼 杀 sa31

五、房舍、器具

（一）房舍

0296. 村庄一个～ 庄 tʃuaŋ31/村 tshuẽ31/堡子 pu53tsʅ0

0297. 胡同统称：一条～　巷子 xaŋ31tsɿ0
0298. 街道　街道 tɕiɛ31tou44
0299. 盖房子　盖房 kæ44faŋ24
0300. 房子整座的，不包括院子　屋 Øu31
0301. 屋子房子里分隔而成的，统称
　　　　房子 faŋ24tsɿ0
0302. 卧室　炕房 khaŋ44faŋ0
0303. 茅屋茅草等盖的　草棚儿
　　　　tshɔu53phə̃r24
0304. 厨房　灶火 tsɔu44xuo0
0305. 灶统称　灶 tɔu44
0306. 锅统称　锅 kuo31
0307. 饭锅煮饭的　锅 kuo31
0308. 菜锅炒菜的　锅 kuo31
0309. 厕所旧式的，统称　茅子 mɔu24tsɿ0
0310. 檩左右方向的　房檩 faŋ24liɛ̃53/檩
　　　　liɛ̃53
0311. 柱子　柱子 tʃu44tsɿ0
0312. 大门　头门 thou24mɛ̃0
0313. 门槛儿　门槛儿 mɛ̃24khãr0
0314. 窗旧式的　窗子 tʃhuaŋ31tsɿ0
0315. 梯子可移动的　梯子 tɕhi31tsɿ0
0316. 扫帚统称　扫帚 sɔu44tʃu0
0317. 扫地　扫地 sɔu53tɕi44
0318. 垃圾　脏□ tsaŋ31fa0

（二）家具

0319. 家具统称　家具 tɕia31tɕy44
0320. 东西我的～　东西 tuəŋ31ɕi0
0321. 炕土、砖砌的，睡觉用　炕 khaŋ44
0322. 床木质的，睡觉用　床 tʃhuaŋ24
0323. 枕头　枕头 tʂɛ̃53thou0
0324. 被子　被儿 pir53

0325. 棉絮　套子 thɔu44tsɿ0
0326. 床单　单子 tã31tsɿ0
0327. 褥子　褥子 ʐou31tsɿ0
0328. 席子　席 ɕi24
0329. 蚊帐　蚊帐 vɛ̃24tʂaŋ44
0330. 桌子统称　桌子 tʃuo31tsɿ0
0331. 柜子统称　柜 kuei44
0332. 抽屉桌子的　抽斗 tʂhou31tou0
0333. 案子长条形的　案 ŋã44/长板
　　　　tʂhaŋ24pã53
0334. 椅子统称　椅子 Øi53tsɿ0
0335. 凳子统称　板凳 pã53thəŋ0/
　　　　杌子 Øu31tsɿ0
0336. 马桶有盖的　无

（三）用具

0337. 菜刀　刀 tɔu31/切面刀
　　　　tɕhiɛ31miã44tɔu31
0338. 瓢舀水的　水瓢 ʃuei53phiɔu24/
　　　　马勺 ma53ɕyo24
0339. 缸　瓮 Øuəŋ44
0340. 坛子装酒的～　罐罐儿
　　　　kuã44kuãr0
0341. 瓶子装酒的～　瓶瓶儿
　　　　phiəŋ24phiə̃r0
0342. 盖子杯子的～　盖盖儿 kæ44kær0
0343. 碗统称　碗 Øuã53
0344. 筷子　筷子 khuæ44tsɿ0
0345. 汤匙　勺勺 ɕyo24ɕyo0
0346. 柴火统称　柴 tʂhæ24
0347. 火柴　洋火 Øiaŋ24xuo53
0348. 锁　锁子 suo53tsɿ0
0349. 钥匙　钥匙 Øyo31sɿ0

149

0350. 暖水瓶　电壶 tɕiã44xu24

0351. 脸盆　脸盆儿 liã53phɤ̃r0

0352. 洗脸水　洗脸水 ɕi53liã53ʃuei53

0353. 毛巾洗脸用　手巾儿 ʂou53tɕiɛr0

0354. 手绢　帕帕儿 pha31phar0

0355. 肥皂洗衣服用　肥皂 fei24tsou44/洋碱 Øiaŋ24tɕiã53

0356. 梳子旧式的，不是篦子　木梳 mu31ʃu31

0357. 缝衣针　针 tʂɤ̃31

0358. 剪子　剪子 tɕiɛ̃53tsɿ0

0359. 蜡烛　蜡 la31/洋蜡 Øiaŋ24la31

0360. 手电筒　手电 ʂou53tɕiã44

0361. 雨伞挡雨的，统称　伞 sã53

0362. 自行车　车子 tʂhɤ31tsɿ0/自行车 tsɿ44ɕiaŋ24tʂhɤ31

六、服饰、饮食

(一) 服饰

0363. 衣服统称　衣裳 Øi31ʂaŋ0

0364. 穿～衣服　穿 tʃhuã31

0365. 脱～衣服　脱 thuo31

0366. 系～鞋带　衿 tɕiɛ̃31/绑 paŋ53

0367. 衬衫　布衫 pu44sã31

0368. 背心带两条杠的，内衣　汗夹儿 xã44tɕiãr53

0369. 毛衣　毛衣 mɔ24Øi31

0370. 棉衣　棉袄儿 miã24ŋɔur0/袄儿 ŋɔur53

0371. 袖子　袖子 ɕiou44tsɿ0/袖筒 ɕiou44thuəŋ0

0372. 口袋衣服上的　口袋儿 khou53tær0/衩衩儿 tsha44tshar0

0373. 裤子　裤儿 fur53

0374. 短裤外穿的　半截裤儿 pã44tɕiɛ0fur53

0375. 裤腿　裤腿 fu44thuei53

0376. 帽子统称　帽子 mɔu44tsɿ0

0377. 鞋子　鞋 xæ24

0378. 袜子　袜子 va31tsɿ0

0379. 围巾　围巾儿 Øuei24tɕiɛ̃r0/围脖 Øuei24po0

0380. 围裙　围裙子 Øuei24tɕyɛ̃0tsɿ0

0381. 尿布　褯子 tɕhiɛ44tsɿ0

0382. 扣子　纽子 ȵiou53tsɿ0

0383. 扣～扣子　扣 khou44

0384. 戒指　戒指 tɕiɛ44tsɿ31

0385. 手镯　镯子 tsuo24tsɿ0

0386. 理发　推头 thuei31thou24

0387. 梳头　梳头 ʃu31thou24

(二) 饮食

0388. 米饭　米饭 mi53fã44

0389. 稀饭用米熬的，统称　米汤 mi53thaŋ31

0390. 面粉麦子磨的，统称　面 miã44

0391. 面条统称　面 miã44

0392. 面儿玉米～，辣椒～　面儿 miãr53

0393. 馒头无馅儿的，统称　馍 mo44

0394. 包子　包子 pɔu31tsɿ0

0395. 饺子　煮馍 tʃu53mo0

0396. 馄饨　无

0397. 馅儿　馅子 ɕyã44tsɿ0

0398. 油条长条形的，旧称　油条 Øiou24tɕhɔu24

0399. 豆浆　豆浆 tou44tɕiaŋ31

0400. 豆腐脑儿　豆腐脑儿 tou44fu0lɔur53

0401. 元宵食品　元宵 Øyã24ɕiɔu31

0402. 粽子　粽子 tsuəŋ53tsʅ0

0403. 年糕用黏性大的米或米粉做的　无

0404. 点心统称　点心 tɕiã53ɕiɛ31

0405. 菜吃饭时吃的，统称　菜 tshæ44

0406. 干菜统称　干菜 kã31tshæ44

0407. 豆腐　豆腐 tou44fu0

0408. 猪血当菜的　猪血 tʃu24ɕiɛ31

0409. 猪蹄当菜的　猪蹄蹄儿 tʃu31thi24thir0

0410. 猪舌头当菜的，注意婉称　猪舌头 tʃu31ʂɤ24thou0

0411. 猪肝当菜的，注意婉称　猪肝子 tʃu24kã31tsʅ0

0412. 下水猪、牛、羊的内脏　下水 ɕia44ʃuei0

0413. 鸡蛋　鸡蛋 tɕi31tã44

0414. 松花蛋　变蛋 piã44tã44

0415. 猪油　猪油 tʃu31Øiou24/大油 ta44Øiou24

0416. 香油　香油 ɕiaŋ31Øiou24/芝麻油 tsʅ31ma0Øiou24

0417. 酱油　酱 tɕiaŋ44/酱油 tɕiaŋ44Øiou24

0418. 盐名词　盐 Øiã24

0419. 醋注意婉称　醋 tshou44

0420. 香烟　纸烟 tsʅ53Øiã31

0421. 旱烟　旱烟 xã44Øiã31

0422. 白酒　烧酒 ʂou31tɕiou0

0423. 黄酒　黄酒 xuaŋ24tɕiou0

0424. 江米酒酒酿，醪糟　醪糟儿 lou24tsɔur0

0425. 茶叶　茶 tsha24/茶叶子 tsha24Øiɛ31tsʅ0

0426. 沏～茶　泡 phɔu44/泼 phuo31

0427. 冰棍儿　冰棍儿 piəŋ31kuɛ̃r53

0428. 做饭统称　做饭 tsou44fã44

0429. 炒菜统称，和做饭相对　炒菜 tshou53tshæ44

0430. 煮～带壳的鸡蛋　煮 tʃu53

0431. 煎～鸡蛋　煎 tɕiã31

0432. 炸～油条　炸 tsa24

0433. 蒸～鱼　蒸 tʂəŋ31

0434. 揉～面做馒头等　揉 ʐou24/搋 tshæ31

0435. 擀～面，～皮儿　擀 kã53

0436. 吃早饭　吃早饭 tʂhʅ31tsɔu53fã44

0437. 吃午饭　吃晌午饭 tʂhʅ24ʂaŋ31Øu0fã44

0438. 吃晚饭　喝汤 xuo24thaŋ31

0439. 吃～饭　咥 tiɛ24/吃 tʂhʅ31

0440. 喝～酒　喝 xuo31

0441. 喝～茶　喝 xuo31

0442. 抽～烟　吃 tʂhʅ31/抽 tshou31

0443. 盛～饭　舀 Øiɔ53

0444. 夹用筷子～菜　夹 tɕia21/抄 tshou31

0445. 斟～酒　倒 tɔu44

0446. 渴口～　渴 khɤ31/干 kã31

0447. 饿肚子～　饥 tɕi31

0448. 噎吃饭～着了　噎 Øiɛ31

七、身体、医疗

（一）身体

0449. 头人的，统称　颡 sa24
0450. 头发　头发 thou24fa0
0451. 辫子　辫辫儿 piā44piãr0/
　　　 髦绬儿 mɔ44kær0
0452. 旋　旋 çyā24
0453. 额头　额颅 ŋei31lou24
0454. 相貌　模样子 mu24Øiaŋ0tsʅ0/
　　　 模□儿 mu24nær0
0455. 脸洗~　脸 liā53
0456. 眼睛　眼窝 ȵiā53Øuo31
0457. 眼珠统称　眼珠子 ȵiā53tʃu31tsʅ0
0458. 眼泪哭的时候流出来的　眼泪
　　　 ȵiā53luei0
0459. 眉毛　眉毛 mi24mou0
0460. 耳朵　耳朵 Øər53tuo0
0461. 鼻子　鼻子 pi24tsʅ0
0462. 鼻涕统称　鼻 pi24
0463. 擤　~鼻涕　擤 çiəŋ53
0464. 嘴巴人的，统称　嘴 tsuei53
0465. 嘴唇　嘴唇 tsuei53ʃuẽ24
0466. 口水 ~流出来　涎水 xā31ʃuei0
0467. 舌头　舌头 sɤ24thou0
0468. 牙齿　牙 ȵia24
0469. 下巴　下巴 xa44pa0
0470. 胡子嘴周围的　胡子 xu24tsʅ0
0471. 脖子　脖浪 po24laŋ0
0472. 喉咙　胡咙 xu24lou0
0473. 肩膀　肩膀头儿 tçiā31paŋ0
　　　 thour24/胛骨 tçia24kuo0

0474. 胳膊　胳膊 kɯ31po0
0475. 手方言指（打√）：只指手√；包括臂：
　　　 他的~摔断了　手 ʂou53
0476. 左手　左手 tsuo53ʂou53
0477. 右手　右手 Øiou44ʂou53
0478. 拳头　锤头儿 tʃhuei24thour0
0479. 手指　手指头 ʂou53tsʅ31thou0
0480. 大拇指　大拇指 ta44mu0tsʅ31
0481. 食指　食指 ʂʅ24tsʅ31/
　　　 二拇指 Øər44mu0tsʅ31
0482. 中指　中指 tʃuəŋ31tsʅ31
0483. 无名指　无名指
　　　 vu24miəŋ24tsʅ31
0484. 小拇指　小拇指 çiɔ53mu0tsʅ31
0485. 指甲　指甲盖儿 tsʅ31tçia31kær53
0486. 腿　腿 thuei53
0487. 脚方言指（打√）：只指脚√；包括小腿；包括小腿和大腿：他的~轧断了
　　　 脚 tçyo31
0488. 膝盖指部位　磕膝盖
　　　 khɯ31tçhi0kæ44
0489. 背名词　脊背 tçi31pei24
0490. 肚子腹部　肚子 tou44tsʅ0
0491. 肚脐　肚肚窝儿 tou44tou0Øuor24
0492. 乳房女性　奶头 ȵiɛ53thou0
0493. 屁股　沟子 kou31tsʅ0
0494. 肛门　沟门子 kou31mẽ24tsʅ0
0495. 阴茎成人的　锤子 tʃhuei24tsʅ0/
　　　 屎 tçhiou24
0496. 女阴成人的　屄 phi31
0497. 肏动词　合 zʅ31
0498. 精液　□ suəŋ24
0499. 来月经注意婉称　身上来咧

sɛ̃53ʂaŋ0læ24liɛ0

0500. 拉屎　屙屎 pa31sʅ53

0501. 撒尿　尿尿 ȵiɔu44ȵiɔu44

0502. 放屁　放屁 faŋ44phi44

0503. 相当于"他妈的"的口头禅
把他的 pa53tha31ti0

（二）疾病、医疗

0504. 病了　耍麻达 ʃua53ma24ta0/
不善 pu31tʂhã53

0505. 着凉　凉着咧 liaŋ24tʃhuo0liɛ0

0506. 咳嗽　咳嗽 khɯ31sou0

0507. 发烧　发烧 fa24ʂɔu31/上火咧
ʂaŋ44xuo53liɛ0

0508. 发抖　发抖 fa31tou53/颤哩 tʂã44li0

0509. 肚子疼　肚子疼 tou44tsʅ0thəŋ24/
肚肚儿疼 tou44tour0thəŋ24

0510. 拉肚子　跑后 phɔu53xou44

0511. 患疟疾　打摆子 ta31pæ53tsʅ0

0512. 中暑　中暑咧 tʃuəŋ44ʃu53liɛ0

0513. 肿　肿 tʃuəŋ53

0514. 化脓　会脓 xuei44luəŋ24

0515. 疤好了的　疤疤子 pa31pa0tsʅ0

0516. 癣　癣 ɕiã53

0517. 痣凸起的　魇子 Øiã53tsʅ0/
猴子 xou24tsʅ0

0518. 疙瘩蚊子咬后形成的　疙瘩儿
kɯ31tar0

0519. 狐臭　臭胎 tʂhou44thæ31

0520. 看病　看病 khã44piəŋ44

0521. 诊脉　号脉 xɔu44mei31

0522. 针灸　扎针 tsa24tʂɛ̃31/针灸
tʂɛ̃31tɕiou53

0523. 打针　打针 ta53tʂɛ̃31

0524. 打吊针　打吊针 ta53tiɔ44tʂɛ̃31/
打吊瓶 ta53tiɔu44phiəŋ24

0525. 吃药统称　喝药 xuo24Øyo31

0526. 汤药　汤药 thaŋ31Øyo31

0527. 病轻了　病强些咧
piəŋ44tɕhiaŋ24ɕiɛ0liɛ0

八、婚丧、信仰

（一）婚育

0528. 说媒　说媳妇儿 ʂɤ24ɕi31fur0

0529. 媒人　说媒的 ʂɤ31mei24ti0

0530. 相亲　看家 kã44tɕia31

0531. 订婚　订婚 tiəŋ44xuɛ̃31/
过礼 kuo44li53

0532. 嫁妆　陪房 phei24faŋ0

0533. 结婚统称　结婚 tɕiɛ24xuɛ̃31

0534. 娶妻子男子~，动宾　娶媳妇儿
tɕhy53ɕi31fur0

0535. 出嫁女子~　出门 tʃhu31mɛ̃24

0536. 拜堂　拜堂 pæ44thaŋ24

0537. 新郎　新女婿 ɕiɛ̃31ȵy53ɕi0

0538. 新娘子　新媳妇儿 ɕiɛ̃24ɕi31fur0

0539. 孕妇　大肚子婆娘
ta44tu44tsʅ0pho24ȵiaŋ0

0540. 怀孕　有啥咧 Øiou53sa0liɛ0

0541. 害喜妊娠反应　择饭 tsei24fã44

0542. 分娩　生娃 səŋ31Øua44

0543. 流产　小月咧 ɕiɔ31Øyɤ31liɛ0

0544. 双胞胎　双生儿 ʂuaŋ24ʂɤ̃r0

0545. 坐月子　坐月子 tsuo44Øyɛ31tsʅ0

0546. 吃奶　吃奶 tʂhʅ31næ53

0547. 断奶　摘奶 tsei24næ53

0548. 满月　满月 mã53Øyo31

0549. 生日统称　生儿 sɚ0

0550. 做寿　过寿 kuo44ʂou44

（二）丧葬

0551. 死统称　死了 sʅ31liɛ0

0552. 死婉称，最常用的几种，指老人：他～了　老了 lɔu31liɛ0／走了 tsou31liɛ0／殁了 mo31liɛ0

0553. 自杀　上吊哩 ʂaŋ44tiɔu44li0／喝药咧 xuo24Øyo31liɛ0

0554. 咽气　断气 tuã44tɕhi44／把气断了 pa31tɕhi44tuã44liɛ0

0555. 入殓　入殓 ʐu31liã44

0556. 棺材　枋 faŋ31／棺材 kuã53tshæ0

0557. 出殡　埋人 mæ24zɛ̃24

0558. 灵位　牌位 phæ24Øuei0

0559. 坟墓单个的，老人的　坟 fɛ̃24

0560. 上坟　上坟 ʂaŋ44fɛ̃24

0561. 纸钱　阴票 Øiɛ̃31phiɔu44／纸钱 tsʅ53tɕhiã0

（三）信仰

0562. 老天爷　老天爷 lɔu53tɕhiã31Øiɛ44

0563. 菩萨统称　菩萨 phu24sa0

0564. 观音　观音 kuã31Øiɛ̃31

0565. 灶神口头的叫法，其中如有方言亲属称谓要释义　灶火爷 tsɔu44xuo0Øiɛ44

0566. 寺庙　庙 miɔu44

0567. 祠堂　祠堂 tshʅ24thaŋ0

0568. 和尚　和尚 xuo24ʂaŋ0

0569. 尼姑　尼姑子 ȵi24ku31tsʅ0／姑姑子 ku31ku0tsʅ0

0570. 道士　道士 tɔu44sʅ0／老道 lɔu53tɔu44

0571. 算命统称　算命 suã44miəŋ44／算卦 suã44kua44

0572. 运气　运气 Øyɛ̃44tɕhi0

0573. 保佑　保佑 pɔu53Øiou44

九、人品、称谓

（一）人品

0574. 人一个～　人 zɛ̃24

0575. 男人成年的，统称　男人 nã24zɛ̃0／外头人 Øuæ44thou0zɛ̃24／老汉 lɔu53xã0

0576. 女人三四十岁已婚的，统称　婆娘 pho24ȵiaŋ0／屋里人 Øu31ȵi0zɛ̃24

0577. 单身汉　光棍儿 kuaŋ31kuɚ0

0578. 老姑娘　老姑娘 lɔu31ku31ȵiaŋ0

0579. 婴儿　木犊娃 mu24tər0ua44

0580. 小孩儿三四岁的，统称　碎娃 suei44Øua44

0581. 男孩儿统称：外面有个～在哭　小子娃 ɕiɔu53tsʅ0Øua44

0582. 女孩儿统称：外面有个～在哭　女娃儿 ȵy53Øuar0

0583. 老人七八十岁的，统称　老人 lɔu53zɛ̃0

0584. 亲戚统称　亲亲 tɕhiɛ̃31tɕhiɛ̃0

0585. 朋友统称　朋友 phəŋ24Øiou0

0586. 邻居统称　隔壁子 kei24pi31tsʅ0／邻家 liɛ̃24ȵia31

0587. 客人　客 khei31

0588. 农民　农民 nuəŋ24miɛ̃24/庄稼人 tʃuaŋ31tɕia31zɿ̃0

0589. 商人　生意人 səŋ31øi0zɿ̃24

0590. 手艺人统称　匠人 tɕiaŋ44zɿ̃0

0591. 泥水匠　泥水匠 ȵi44ʃuei0tɕiaŋ0

0592. 木匠　木匠 mu31tɕiaŋ0

0593. 裁缝　裁缝 tshæ24fəŋ0

0594. 理发师　推头的 thuei31thou24ti0

0595. 厨师　厨子 tʃhu24tsɿ0

0596. 师傅　师傅 sɿ31fu0

0597. 徒弟　徒弟 tu24tɕi0

0598. 乞丐统称，非贬称（无统称则记成年男的）　要饭的 øiɔu44fã44ti0

0599. 妓女　婊子 piɔu53tsɿ0

0600. 流氓　流氓 liou24maŋ0

0601. 贼　贼娃子 tsei24øua0tsɿ0/ 绺娃子 liou53øua0tsɿ0

0602. 瞎子统称，非贬称（无统称则记成年男的）　瞎子 xa31tsɿ0

0603. 聋子统称，非贬称（无统称则记成年男的）　聋子 nuəŋ24tsɿ0

0604. 哑巴统称，非贬称（无统称则记成年男的）　哑巴 ȵia53pa0

0605. 驼子统称，非贬称（无统称则记成年男的）　揹锅子 pei31kuo31tsɿ0

0606. 瘸子统称，非贬称（无统称则记成年男的）　跛子 po53tsɿ0

0607. 疯子统称，非贬称（无统称则记成年男的）　疯子 fəŋ31tsɿ0

0608. 傻子统称，非贬称（无统称则记成年男的）　瓜子 kua31tsɿ0

0609. 笨蛋蠢的人　闷□ mɛ̃44suəŋ24

（二）称谓

0610. 爷爷呼称，最通用的　爷 øiɛ44

0611. 奶奶呼称，最通用的　婆 pho24

0612. 外祖父叙称　外爷 øuei44øiɛ0

0613. 外祖母叙称　外婆 øuei44pho0

0614. 父母合称　大人 tuo44zɿ̃0

0615. 父亲叙称　大 ta24

0616. 母亲叙称　妈 ma24

0617. 爸爸呼称，最通用的　爸 pa24/ 大 ta24

0618. 妈妈呼称，最通用的　妈 ma24

0619. 继父叙称　大 ta24

0620. 继母叙称　妈 ma24

0621. 岳父叙称　老丈人 lɔu53tʂaŋ44zɿ̃0

0622. 岳母叙称　丈母娘 tʂaŋ44mu31ȵiaŋ44

0623. 公公叙称　阿公 øa53kuəŋ0

0624. 婆婆叙称　阿家 øa53tɕia0

0625. 伯父呼称，统称　伯 pei24

0626. 伯母呼称，统称　嬷 mo53

0627. 叔父呼称，统称　大 ta24

0628. 叔父呼称，排行最小的，如"幺叔"　碎大 suei44ta24

0629. 叔母呼称，统称　妈 ma24

0630. 姑呼称，统称（无统称则分称：比父大，比父小；已婚，未婚）　姑 ku24

0631. 姑父呼称，统称　姑父 ku31fu0

0632. 舅舅呼称　舅 tɕiou44

0633. 舅妈呼称　妗子 tɕiɛ̃44tsɿ0

0634. 姨呼称，统称（无统称则记分称：比母大，比母小；已婚，未婚）　姨 øi24

0635. 姨父呼称，统称　姨夫 øi24fu0

0636. 弟兄合称　弟兄 tɕi44ɕyəŋ31

0637. 姊妹合称，注明是否可包括男性　姊妹包括男性 tsʅ53mei0

0638. 哥哥呼称，统称　哥 kɤ24

0639. 嫂子呼称，统称　嫂 sɔu53

0640. 弟弟叙称　兄弟 ɕyəŋ31ti44

0641. 弟媳叙称　弟媳妇儿 ti44ɕi31fur0

0642. 姐姐呼称，统称　姐 tɕiɛ53

0643. 姐夫呼称　姐夫 tɕiɛ53fu0

0644. 妹妹叙称　妹子 mei44tsʅ0

0645. 妹夫叙称　妹夫 mei44fu0

0646. 堂兄弟叙称，统称　叔伯兄弟 ʃu31pei0ɕyəŋ31ti44

0647. 表兄弟叙称，统称　姨表兄弟 Øi24piɔu53ɕyəŋ31ti44/姑表兄弟 ku31piɔu53ɕyəŋ31ti44

0648. 妯娌弟兄妻子的合称　先后 xiã44xou0

0649. 连襟姊妹丈夫的关系，叙称　挑担 tɕhiɔu53tã31

0650. 儿子叙称：我的～　娃 Øua44

0651. 儿媳妇叙称：我的～　儿媳妇儿 Øər24ɕi31fur0

0652. 女儿叙称：我的～　女子 ȵy53tsʅ0

0653. 女婿叙称：我的～　女婿 ȵy53ɕi0

0654. 孙子儿子之子　孙子 suɛ̃31tsʅ0

0655. 重孙子儿子之孙　重孙子 tʃhuəŋ24suɛ̃31tsʅ0

0656. 侄子弟兄之子　侄儿 tsʅ24Øer0

0657. 外甥姐妹之子　外甥儿 Øuæ44sɛ̃r0

0658. 外孙女儿之子　外孙子 Øuei44suɛ̃31tsʅ0

0659. 夫妻合称　两口子 liaŋ31khou31tsʅ0

0660. 丈夫叙称，最通用的，非贬称：她的～　外头人 Øuæ44thou0zɿ̃24/掌柜的 tʂaŋ53kuei44ti0

0661. 妻子叙称，最通用的，非贬称：他的～　屋里人 Øu31ȵi0zɿ̃24/内掌柜的 nei44tʂaŋ53kuei44ti0

0662. 名字　名字 miəŋ24tsʅ0

0663. 绰号　外号儿 Øuæ44xɔur53

十、农、工、商、文

（一）农业

0664. 干活儿统称：在地里～　做活 tsou31xuo24

0665. 事情一件～　事 sʅ44

0666. 插秧　无

0667. 割稻　无

0668. 种菜　种菜 tʃuəŋ44tshæ44

0669. 犁名词　犁 li24

0670. 锄头　锄 tshou24

0671. 镰刀　镰 liã24

0672. 把儿刀～　把把儿 pa44par0

0673. 扁担　扁担 piã53tã0

0674. 箩筐　筐子 khuaŋ31tsʅ0

0675. 筛子统称　筛子 sæ53tsʅ0

0676. 簸箕农具，有梁的　搓子 tshuo31tsʅ0

0677. 簸箕簸米用　簸箕 po44tɕi0

0678. 独轮车　地轱辘子 ti44ku31lu0tsʅ0

0679. 轮子旧式的，如独轮车上的　轱辘儿 ku31lur0/轮子 luɛ̃24tsʅ0

0680. 碓整体　无

0681. 臼　无

0682. 磨名词　磨子 mo44tsʅ0

0683. 年成　收成 ʂou31tʂhəŋ0

（二）工商业

0684. 走江湖统称　外头跑的 Øuæ44thou0phɔu53ti0

0685. 打工　做活 tsou44xuo24

0686. 斧子　斧头 fu53thou0

0687. 钳子　钳子 tɕhiā24tsʅ0

0688. 螺丝刀　起子 tɕhi53tsʅ0

0689. 锤子　锤子 tʃhuei24tsʅ0

0690. 钉子　钉子 tiəŋ31tsʅ0

0691. 绳子　绳子 ʂəŋ24tsʅ0/绳 ʂəŋ24

0692. 棍子　棍 kuẽ44

0693. 做买卖　做买卖 tsou44mæ31mæ0

0694. 商店　铺子 phu44tsʅ0/商店 ʂaŋ31tiā44

0695. 饭馆　饭馆子 fā44kuā53tsʅ0/食堂 ʂʅ24thaŋ24

0696. 旅馆旧称　旅社 ly53ʂɤ44

0697. 贵　贵 kuei44

0698. 便宜　便宜 phiā24i0/贱 tɕiā44

0699. 合算　划算 xua24suā44

0700. 折扣　打折 ta53tʂɤ24

0701. 亏本　亏了 khuei31liɛ0/折了 ʂɤ24liɛ0

0702. 钱统称　钱 tɕhiā24

0703. 零钱　零钱 liəŋ24tɕhiā0

0704. 硬币　钢镚子 kaŋ31pəŋ44tsʅ0

0705. 本钱　本儿 pɚ̃53

0706. 工钱　工钱 kuəŋ31tɕhiā0

0707. 路费　路费 lou44fei44/盘缠 phā24tʂhā0

0708. 花～钱　花 xua31

0709. 赚卖一斤能～一毛钱　赚 tʃuā44/挣 tsəŋ44

0710. 挣打工～了一千块钱　挣 tsəŋ44

0711. 欠～他十块钱　短 tuā53/该 kæ31/欠 tɕhiā44

0712. 算盘　盘子 phā24tsʅ0/算盘 suā44phā0

0713. 秤统称　秤 tʂhəŋ44

0714. 称用秤～　称 tʂhəŋ31/约 Øiɔu31/赀 tsʅ44

0715. 赶集　上集 ʂaŋ44tɕi24

0716. 集市　集 tɕi24

0717. 庙会　庙会 miɔu44xuei44

（三）文化、娱乐

0718. 学校　学校 ɕyo24ɕiɔu44

0719. 教室　教室 tɕiɔu44ʂʅ0

0720. 上学　上学 ʂaŋ44ɕyo24

0721. 放学　放学 faŋ44ɕyo24

0722. 考试　考试 kɔu53sʅ44

0723. 书包　书包儿 ʃu24pɔuɻ0

0724. 本子　本子 pɛ̃53tsʅ0

0725. 铅笔　铅笔 tɕhiā24pi31

0726. 钢笔　钢笔 kaŋ24pi31

0727. 圆珠笔　圆珠笔 Øyā24tʃu24pi31/油笔 Øiou24pi31

0728. 毛笔　毛笔 mɔu24pi31

0729. 墨　墨 mei24

0730. 砚台　砚台 Øiā44thæ0

0731. 信一封～　信 ɕiɛ̃44

0732. 连环画　娃娃书 Øua24ua0ʃu31

0733. 捉迷藏　藏迷儿逮

tɕhiaŋ24mir24tæ24

0734. 跳绳　跳绳 tɕhiɔu44ʂəŋ24

0735. 毽子　毽子 tɕiã44tsɿ0

0736. 风筝　风筝 fəŋ31tsəŋ31

0737. 舞狮　耍狮子 ʃua53sɿ31tsɿ0

0738. 鞭炮统称　鞭 piã31

0739. 唱歌　唱歌儿 tʂhaŋ44kɤr0

0740. 演戏　演戏 Øiã53ɕi44/唱戏 tʂhaŋ44ɕi44

0741. 锣鼓统称　锣鼓家伙 luo24ku53tɕia31xuo0

0742. 二胡　二胡儿 Øər44xur24

0743. 笛子　笛 tɕi24

0744. 划拳　划拳 xua24tɕhyã24

0745. 下棋　下棋 ɕia44tɕhi24

0746. 打扑克　打扑克儿 ta53phu24kɤr0

0747. 打麻将　打牌 ta53phæ24/打麻将 ta53ma24tɕiaŋ44

0748. 变魔术　变戏法 piã44ɕi44fa0

0749. 讲故事　说故事 ʂɤ31ku44sɿ44

0750. 猜谜语　猜谜 tshæ31mi44

0751. 玩儿游玩：到城里～　耍 ʃua53/逛 kuaŋ44

0752. 串门儿　串门儿 tshuã44mə̃r24

0753. 走亲戚　走亲亲 tsou53tɕhiɛ̃31tɕhiɛ̃0

十一、动作、行为

（一）具体动作

0754. 看～电视　看 khã44

0755. 听用耳朵～　听 tɕhiəŋ31

0756. 闻嗅：用鼻子～　闻 vɛ̃24

0757. 吸～气　吸 ɕi31

0758. 睁～眼　睁 tsəŋ31

0759. 闭～眼　闭 pi44

0760. 眨～眼　眨 tsã31

0761. 张～嘴　张 tsaŋ31

0762. 闭～嘴　合 xuo24

0763. 咬狗～人　咬 ȵiou53

0764. 嚼把肉～碎　嚼 tɕyo24

0765. 咽～下去　咽 Øiã44

0766. 舔人用舌头～　舔 tɕhia53

0767. 含～在嘴里　噙 tɕhiɛ̃24

0768. 亲嘴　乖嘴儿 kuæ31sueir53

0769. 吮吸用嘴唇聚拢吸取液体，如吃奶时　咂 tsa31

0770. 吐上声，把果核儿～掉　唾 thuo44

0771. 吐去声，呕吐：喝酒喝～了　吐 thu53

0772. 打喷嚏　打喷嚏 ta53pɛ̃44tɕhi0

0773. 拿用手把苹果～过来　拿 na24

0774. 给他～我一个苹果　给 kei53

0775. 摸～头　摸 mou31

0776. 伸～手　伸 ʂɛ̃31

0777. 挠～痒痒　挠 nou24/搔 tsou31

0778. 掐用拇指和食指的指甲～皮肉　掐 tɕhia31

0779. 拧～螺丝　拧 ȵiəŋ24/上 ʂaŋ44

0780. 拧～毛巾　扭 ȵiou53

0781. 捻用拇指和食指来回～碎　捻 ȵiã53

0782. 掰把橘子～开，把馒头～开　掰 pei31

0783. 剥～花生　剥 po31

0784. 撕把纸～了　扯 tʂhɤ53

0785. 折把树枝～断　折 tsɤ53

0786. 拔～萝卜　拔 pa24
0787. 摘～花　揪 tɕiou24
0788. 站站立：～起来　立 li31
0789. 倚斜靠：～在墙上　靠 kɔu31
0790. 蹲～下　圪蹴 kɯ24tɕiou0
0791. 坐～下　坐 tsuo44
0792. 跳青蛙～起来　跳 tɕhiɔu24/
　　　蹦 piɛ31
0793. 迈跨过高物：从门槛上～过去
　　　跷 tɕhiɔu31
0794. 踩脚～在牛粪上　踏 tha24
0795. 翘～腿　翘 tɕhiɔu44
0796. 弯～腰　弯 Øuã31/猫 mɔu24
0797. 挺～胸　挺 tɕhiəŋ53
0798. 趴～着睡　趴 pha24
0799. 爬小孩儿在地上～　爬 pha24
0800. 走慢慢儿～　走 tsou53
0801. 跑慢慢儿走，别～　跑 phɔu24
0802. 逃逃跑：小偷儿～走了　跑
　　　phɔu53/溜 liou44
0803. 追追赶：～小偷儿　撵 ȵiã53
0804. 抓～小偷儿　逮 tæ31
0805. 抱把小孩儿～在怀里　搈 tɕhia44
0806. 背～孩子　背 pei31
0807. 搀～老人　搀 tshã31
0808. 推几个人一起～汽车　掀 ɕia31
0809. 摔跌：小孩儿～倒了　趵 pã44/
　　　跌 tiɛ31
0810. 撞人～到电线杆　对 tuei24
0811. 挡你～住我了，我看不见　挡 taŋ44
0812. 躲躲藏：他～在床底下　藏
　　　tɕhiaŋ24
0813. 藏藏放，收藏：钱～在枕头下面

0814. 抬 thæ24
0815. 放把碗～在桌子上　搁 kɤ53
0816. 摞把砖～起来　摞 luo44
0817. 埋～在地下　埋 mæ24
0818. 盖把茶杯～上　盖 kæ44
0819. 压用石头～住　压 ȵia44
0820. 摁用手指按：～图钉　按 ŋã44
0821. 捅用棍子～鸟窝　捅 thuəŋ53/
　　　戳 tʃhuo31
0822. 插把香～到香炉里　插 tsha31
0823. 戳～个洞　戳 tʃhuo31
0824. 砍～树　砍 khã53
0825. 剁把肉～碎做馅儿　斫 tsa53/剁
　　　tuo44
0826. 削～苹果　削 ɕyo31
0827. 裂木板～开了　绽 tsa31
0828. 皱皮～起来　皱 tsou44
0829. 腐烂死鱼～了　臭 tʃhou44
0830. 擦用毛巾～手　擦 tsha31
0831. 倒把碗里的剩饭～掉　倒 tɔu44
0832. 扔丢弃：这个东西坏了，～了它
　　　撂 liɔu44/撇 phiɛ53
0833. 扔投掷：比一比谁～得远　撂 liɔ44/
　　　扔 zəŋ53
0834. 掉掉落，坠落：树上～下一个梨
　　　掉 tiɔu44/跌 tɕiɛ31/落 luo31
0835. 滴水～下来　滴 tiɛ31
0836. 丢丢失：钥匙～了　遗 Øi24/
　　　没 mo31
0837. 找寻找：钥匙～到了　寻 ɕiẽ24
0838. 捡～到十块钱　拾 ʂʅ24
0839. 提用手把篮子～起来　提 tɕhi24
0840. 挑～担　担 tã31

0840. 扛把锄头～在肩上　掮 tɕiã31
0841. 抬～轿　抬 thæ24
0842. 举～旗子　□ tʂou53/攃 tsa44
0843. 撑～伞　撑 tshəŋ31
0844. 撬把门～开　撬 tɕhiɔu44/别 piɛ24
0845. 挑挑选，选择：你自己～一个　挑 tɕhiɔu31/拣 tɕiã53
0846. 收拾～东西　拾掇 ʂʅ24tuo0
0847. 挽～袖子　挽 vã53/搧 piã31
0848. 涮把杯子～一下　涮 ʃuã44
0849. 洗～衣服　洗 ɕi53
0850. 捞～鱼　捞 lɔ24
0851. 拴～牛　拴 ʃuã31
0852. 捆～起来　捆 khuɛ̃53/扎 tsa31/绑 paŋ53
0853. 解～绳子　解 tɕiɛ53
0854. 挪～桌子　挪 nuo24/移 Øi24
0855. 端～碗　端 tuã31
0856. 摔碗～碎了　摔 ʃuei31
0857. 掺～水　掺 tshã31/兑 tuei44
0858. 烧～柴　烧 ʂɔu31
0859. 拆～房子　拆 tshei31
0860. 转～圈儿　转 tʃuã44
0861. 捶用拳头～　捶 tʃhuei24
0862. 打统称：他～了我一下　打 ta53
0863. 打架动手：两个人在～　打捶 ta53tʃhuei24
0864. 休息　歇 ɕiɛ31
0865. 打哈欠　张嘴 tʂaŋ31tsuei53/打瞌睡 ta53khɤ31ʃuei0
0866. 打瞌睡　丢盹儿 tiou31tuɚ53
0867. 睡他已经～了　睡 ʃuei44
0868. 打呼噜　打鼾睡 ta53xã44ʃuei0/打呼噜 ta53xu31lu0
0869. 做梦　做梦 tsou44məŋ44
0870. 起床［起来］［起来］tɕhiɛ53tɕhiɛ0
0871. 刷牙　刷牙 ʃua31ȵia24
0872. 洗澡　洗身子 ɕi53ʂɛ̃31tsʅ0

(二) 抽象动作

0873. 想思索：让我～一下　想 ɕiaŋ53/思量 sʅ31liaŋ0
0874. 想思念：我很～他　想 ɕiaŋ53/念佐 ȵiã44tsuo0
0875. 打算我～开个店　谋划 mou24xua0/谋算 mou24suã44
0876. 记得　记着 tɕi44tʂɤ0
0877. 忘记　忘咧 Øuaŋ44liɛ0
0878. 怕害怕：你别～　怕 pha44/害怕 xæ44pha44
0879. 相信我～你　信 ɕiɛ̃44
0880. 发愁　熬煎 ŋɔu31tɕiã31/惆怅 tshou24tʂaŋ0
0881. 小心过马路要～　小心 ɕiɔu53ɕiɛ̃31/当心 taŋ24ɕiɛ̃31
0882. 喜欢～看电视　爱 ŋæ44
0883. 讨厌～这个人　熏 ɕyɛ̃44
0884. 舒服凉风吹来很～　善活 tʂhã53xuo0/倭僻 tʂhɤ24Øiɛ31
0885. 难受生理的　不善活 pu31tʂhã53xuo0/难过 nã24kuo44
0886. 难过心理的　难受 nã24sou44
0887. 高兴　高兴 kɔu31ɕiəŋ44
0888. 生气　着气 tʃhuo24tɕhi44

0889. 责怪　埋怨 mæ24Øyã44

0890. 后悔　后悔 xou44xuei53

0891. 忌妒　眼红 ȵiã53xuəŋ24

0892. 害羞　害臊 xæ44sɔu44/
　　　□的 ʃuɛ̃24ti0

0893. 丢脸　丢人 tiou31zɛ̃24

0894. 欺负　欺负 tɕhi31fu0

0895. 装~病　装 tʃuaŋ31

0896. 疼~小孩儿　爱 ŋæ44

0897. 要我~这个　要 Øiɔu44

0898. 有我~一个孩子　有 Øiou53

0899. 没有他~孩子　没有 mo31Øiou53/
　　　没 mo31

0900. 是我~老师　是 sʅ44

0901. 不是他~老师　不是 pu31sʅ44

0902. 在他~家　在 tsæ44/到 tɔu44

0903. 不在他~家　不在 pu31tsæ44/
　　　没到 mo31tɔu44

0904. 知道我~这件事　知道 tʂʅ31tɔu0

0905. 不知道我~这件事　不知道 pu24
　　　tʂʅ31tɔu44/知不道 tʂʅ31pu31tɔu44

0906. 懂我~英语　会 xuei44

0907. 不懂我~英语　不会 pu31xuei44

0908. 会我~开车　会 xuei44

0909. 不会我~开车　不会 pu31xuei44

0910. 认识我~他　认得 zɛ̃44tei0

0911. 不认识我~他　认不得
　　　zɛ̃44pu31tei24/不认得
　　　pu31zɛ̃44tei31

0912. 行应答语　行 ɕiəŋ24/对 tuei44

0913. 不行应答语　不行 pu31ɕiəŋ24/
　　　不对 pu31tuei44

0914. 肯~来　愿意 Øyã44Øi0

0915. 应该~去　应该 Øiəŋ24kæ31

0916. 可以~去　能 ləŋ24

（三）言语

0917. 说~话　说 ʂɤ31

0918. 话说~　话 xua44

0919. 聊天儿　谝闲传 phiã53ɕiã24
　　　tʃhua0/拉闲话 la44xã24xua0

0920. 叫~他一声儿　喊 xã53

0921. 吆喝大声喊　叫唤 tɕiɔu44xuã0

0922. 哭小孩儿~　哭 fu31

0923. 骂当面~人　骂 ma44/日噘
　　　zʅ31tɕɥ0

0924. 吵架动嘴；两个人在~　闹仗
　　　lou44tʂaŋ44/骂仗 ma44tʂaŋ44

0925. 骗~人　哄 xuəŋ53

0926. 哄~小孩儿　哄 xuəŋ53

0927. 撒谎　搔谎 tshɔu31xuaŋ53

0928. 吹牛　吹牛皮 tʃhuei31ȵiou24phi0

0929. 拍马屁　舔沟子 tɕhiã53kou31tsʅ0

0930. 开玩笑　说笑 ʂɤ31ɕiɔu44

0931. 告诉~他　给……说 kei53…ʂɤ31

0932. 谢谢致谢语　多亏你了
　　　tuo24khuei31ȵi53liɛ0

0933. 对不起致歉语　对不起
　　　tuei44pu31tɕhi53/不好意思
　　　pu31xɔu53Øi44sʅ0

0934. 再见告别语　明儿见 miə̃r24tɕiã44

十二、性质、状态

（一）形貌

0935. 大苹果~　大 ta44

0936. 小苹果～ 碎 suei44
0937. 粗绳子～ 壮 tʃuaŋ44
0938. 细绳子～ 细 çi44
0939. 长线～ 长 tʂhaŋ24
0940. 短线～ 短 tuã53
0941. 长时间～ 得一阵子 tei31Øi31
　　　　tʂɛ̃44tsɿ0/长得很 tʂhaŋ24tiØxɛ̃53
0942. 短时间～ 短 tuã53
0943. 宽路～ 宽 khuã31
0944. 宽敞房子～ 敞亮 tʂhaŋ53liaŋ0
0945. 窄路～ 窄 tsei31/曲卡
　　　　tɕhy31tɕhia31
0946. 高飞机飞得～ 高 kɔu31
0947. 低鸟飞得～ 低 tçi31
0948. 高他比我～ 高 kɔu31/长 tʂhaŋ24
0949. 矮他比我～ 低 ti31
0950. 远路～ 远 Øyã53
0951. 近路～ 近 tçiɛ̃44
0952. 深水～ 深 ʂɛ̃31
0953. 浅水～ 浅 tçhiã53
0954. 清水～ 清 tçhiəŋ31
0955. 浑水～ 浑 xuɛ̃44
0956. 圆 圆 Øyã24
0957. 扁 扁 pia53
0958. 方 方 faŋ31
0959. 尖 尖 tçiã31
0960. 平 平 phiəŋ24
0961. 肥～肉 肥 fei24
0962. 瘦～肉 瘦 sou44
0963. 肥形容猪等动物 肥 fei24
0964. 胖形容人 胖 phaŋ44
0965. 瘦形容人、动物 瘦 sou44
0966. 黑黑板的颜色 黑 xei31

0967. 白雪的颜色 白 pei24
0968. 红国旗的主颜色，统称 红 xuəŋ24
0969. 黄国旗上五星的颜色 黄 xuaŋ24
0970. 蓝蓝天的颜色 蓝 lã24
0971. 绿绿叶的颜色 绿 liou31
0972. 紫紫药水的颜色 紫 tsɿ31
0973. 灰草木灰的颜色 灰 xuei31

（二）状态

0974. 多东西～ 多 tuo31
0975. 少东西～ 少 ʂou53
0976. 重担子～ 重 tʃuaŋ44
0977. 轻担子～ 轻 tçhiəŋ31
0978. 直线～ 直 tʂɿ24/端 tuã31
0979. 陡坡～，楼梯～ 陡 tou53
0980. 弯弯曲：这条路是～的 弯 Øuã31/
　　　　曲里拐弯儿 tɕhy31li0kuæ53Øuãr0
0981. 歪帽子戴～了 歪 Øuæ31
0982. 厚木板～ 厚 xou44
0983. 薄木板～ 薄 po24
0984. 稠稠饭～ 稠 tʂhou24
0985. 稀稀饭～ 稀 çi31
0986. 密菜种得～ 稠 tʂhou24
0987. 稀稀疏：菜种得～ 稀 çi3
0988. 亮指光线，明亮 亮 liaŋ44
0989. 黑指光线，完全看不见 黑 xei31/
　　　　暗 ŋã44
0990. 热天气～ 热 ʐɤ31
0991. 暖和天气～ 暖和 nuã53xuo0
0992. 凉天气～ 凉 liaŋ24
0993. 冷天气～ 冷 ləŋ53/冻 tuəŋ44
0994. 热水～ 热 ʐɤ31
0995. 凉水～ 凉 liaŋ24

0996. 干干燥：衣服晒～了　干 kã31

0997. 湿潮湿：衣服淋～了　湿 ʂʅ31/潮 tʂhou24

0998. 干净衣服～　净 tɕiəŋ44

0999. 脏肮脏，不干净，统称：衣服～　脏 tsɑŋ31

1000. 快锋利：刀子～　利 li44/镢活 tʂhã24xuo0

1001. 钝刀子～　钝 tuẽ44

1002. 快坐车比走路～　快 khuæ44

1003. 慢走路比坐车～　慢 mã44

1004. 早来得～　早 tsɔu53

1005. 晚来～了　迟 tʂhʅ24

1006. 晚天色～　黑 xei31

1007. 松捆得～　松 suəŋ31

1008. 紧捆得～　紧 tɕiẽ53

1009. 容易这道题～　简单 tɕiã53tã31

1010. 难这道题～　难 nã24

1011. 新衣服～　新 ɕiẽ31

1012. 旧衣服～　旧 tɕiou44

1013. 老人～　老 lɔu53

1014. 年轻人～　年轻 ȵiã24tɕhiəŋ31

1015. 软糖～　软 ʐuã53

1016. 硬骨头～　硬 ȵiəŋ44

1017. 烂肉煮得～　烂 lã44

1018. 糊饭烧～了　煳 xu24

1019. 结实家具～　结实 tɕiɛ31ʂʅ0

1020. 破衣服～　烂 lã44

1021. 富他家很～　有得很 Øiou53ti0xẽ53

1022. 穷他家～　穷 tɕhyəŋ24/可怜 khɤ53liã0/烂 lã44

1023. 忙最近很～　忙迫 mɑŋ24pei0

1024. 闲最近比较～　闲 xã24

1025. 累走路走得很～　挣 tsəŋ31/乏 fa24

1026. 疼摔～了　疼 thəŋ24

1027. 痒皮肤～　咬 ȵio53

1028. 热闹看戏的地方很～　热闹 zʅɤ31nou0

1029. 熟悉这个地方我很～　熟 su24

1030. 陌生这个地方我很～　生 səŋ31

1031. 味道尝尝～　味儿 veir52

1032. 气味闻闻～　气气儿 tɕhi44tɕhir0

1033. 咸菜～　咸 xã24

1034. 淡菜～　淡 tã44

1035. 酸　酸 suã31

1036. 甜　甜 tɕhiã24

1037. 苦　苦 khu53

1038. 辣　辣 la31

1039. 鲜鱼汤～　鲜 ɕiã53

1040. 香　香 ɕiɑŋ31

1041. 臭　臭 tʂhou44

1042. 馊饭～　飕气 sʅ31tɕhi0

1043. 腥鱼～　腥气 ɕiəŋ31tɕhi0

（三）品性

1044. 好人～　好 xɔu53/嫽 liɔi24

1045. 坏人～　瞎 xa31

1046. 差东西质量～　烂 lã44/糟 tsou31

1047. 对账算～了　对 tuei44

1048. 错账算～了　错 tʂhuo31/岔 tsha44/不对 pu31tuei44/瞎 xa31

1049. 漂亮形容年轻女性的长相：她很～　心疼 ɕiẽ31thəŋ24/惜样 ɕi53Øiɑŋ0

1050. 丑形容人的长相：猪八戒很～

难看 lã24khã44

1051. 勤快　勤快 tɕhiɛ̃24khuæ0/勤 tɕhiɛ̃24

1052. 懒　懒 lã53

1053. 乖　乖 kuæ31/听话 tɕhiaŋ31xua44

1054. 顽皮　调皮 tiɔu44phi24/捣蛋 tɔu53tã44

1055. 老实　老诚 lɔu53tʂhəŋ0

1056. 傻痴呆　瓜 kua31

1057. 笨蠢　笨 pẽ44/闷 mẽ44

1058. 大方不吝啬　大方 ta44faŋ31

1059. 小气吝啬　啬皮 sei31phi24

1060. 直爽性格~　爽快 ʃuaŋ53khuæ0/直 tʂɿ24

1061. 犟脾气~　犟 tɕiaŋ44/倔 tɕyɛ44

十三、数量

（一）数字

1062. 一~二三四五……，下同　一 Øi31

1063. 二　二 Øər44

1064. 三　三 sã31

1065. 四　四 sɿ44

1066. 五　五 Øu53

1067. 六　六 liou31

1068. 七　七 tɕhi31

1069. 八　八 pa31

1070. 九　九 tɕiou53

1071. 十　十 ʂɿ24

1072. 二十有无合音　二十无合音 Øər44ʂɿ0

1073. 三十有无合音　三十无合音 sã31ʂɿ0

1074. 一百　一百 Øi24pei31

1075. 一千　一千 Øi24tɕhiã31

1076. 一万　一万 Øi31Øuã44

1077. 一百零五　一百零五 Øi24pei31liəŋ24Øu53

1078. 一百五十　一百五十 Øi24pei31Øu53ʂɿ0/百五 pei31Øu53

1079. 第一~，第二　第一 tɕi44Øi31

1080. 二两重量　二两 Øər44liaŋ53

1081. 几个你有~孩子?　几个 tɕi53kɤ0

1082. 俩你们~　俩 lia31

1083. 仨你们~　三个 sã31kɤ0

1084. 个把　个把 kɤ44pa0

（二）量词

1085. 个一~人　个 kɤ44

1086. 匹一~马　个 kɤ44

1087. 头一~牛　个 kɤ44

1088. 头一~猪　个 kɤ44

1089. 只一~狗　个 kɤ44

1090. 只一~鸡　个 kɤ44

1091. 只一~蚊子　个 kɤ44

1092. 条一~鱼　条 tɕhiɔ24

1093. 条一~蛇　条 tɕhiɔ24

1094. 张一~嘴　个 kɤ44

1095. 张一~桌子　个 kɤ44

1096. 床一~被子　床 tʃhuaŋ24

1097. 领一~席子　张 tʂaŋ31

1098. 双一~鞋　双 ʃuaŋ31

1099. 把一~刀　个 kɤ44

1100. 把一~锁　个 kɤ44

1101. 根一~绳子　条 tɕhiɔ24

1102. 支一~毛笔　支 tsɿ31

1103. 副一~眼镜　副 fu44

1104. 面一~镜子　个 kɤ44

1105. 块一~香皂　块儿 khuãr53

1106. 辆一~车　个 kɤ44

1107. 座一~房子　座 tsuo44

1108. 座一~桥　个 kɤ44

1109. 条一~河　条 tɕhiɔ24

1110. 条一~路　条 tɕhiɔ24

1111. 棵一~树　个 kɤ44

1112. 朵一~花　朵 tuo53

1113. 颗一~珠子　个 kɤ44

1114. 粒一~米　粒 li24

1115. 顿一~饭　顿 tuẽ44

1116. 剂一~中药　服 fu24

1117. 股一~香味　股 ku53

1118. 行一~字　行 xɑŋ24

1119. 块一~钱　块 khuæ53

1120. 毛角: 一~钱　毛 mɔu24

1121. 件一~事情　个 kɤ44

1122. 点儿一~东西　点点儿 tiã53tiãr24

1123. 些一~东西　点儿 tiãr53

1124. 下打一~，动量，不是时量　下 xa44

1125. 会儿坐了一~　下 xa44/时儿 sʅər24

1126. 顿打一~　顿 tuẽ44

1127. 阵下了一~雨　时儿 sʅər24/阵儿 tʂẽr53

1128. 趟去了一~　回 xuei24/绽 tshã44

十四、代词、副词、介词、连词

（一）代词

1129. 我 ~姓王　我 ŋɤ53

1130. 你 ~也姓王　你 ȵi53

1131. 您尊称　无

1132. 他 ~姓张　他 tha53

1133. 我们不包括听话人：你们别去，~去　我 ŋɤ31

1134. 咱们包括听话人：他们不去，~去吧　咱 tsæ24/tsã24/tsha44

1135. 你们 ~去　你 ȵi31

1136. 他们 ~去　他 tha31

1137. 大家 ~一起干　大伙儿 ta44xuor53

1138. 自己我~做的　自个儿 tsʅ44kɤr53/独个儿 tu24kɤr53

1139. 别人这是~的　人家 zẽ24ɸia0/[人家] ȵia44

1140. 我爸 ~今年八十岁　我爸 ŋɤ31pa24/我大 ŋɤ31ta24

1141. 你爸 ~在家吗？　你爸 ȵi31pa44/你大 ȵi31ta24

1142. 他爸 ~去世了　他爸 tha31pa44/他大 tha31ta24

1143. 这个我要~，不要那个　这个 tʂɤ44kɤ0/这 tʂɤ53

1144. 那个我要这个，不要~　[兀一]个 ɸuei53kɤ0

1145. 哪个你要~杯子？　阿一个 ɸa53ɸi31kɤ0

1146. 谁你找~？　谁 sei24

1147. 这里在~，不在那里　这儿 tʂɤr53/这搭 tʂei44ta0

1148. 那里在这里，不在~　兀儿 ɸueir53/兀搭 ɸu44ta0

1149. 哪里你到~去？　阿搭 ɸa24ta0

1150. 这样事情是~的，不是那样的

[这一] 下 tṣei53xa0/这 tṣɤ53

1151. 那样 事情是这样的, 不是～的　兀样子 Øu53Øiaŋ44tsŋ0

1152. 怎样 什么样: 你要～的?　啥样子 sa44Øiaŋ44tsŋ0

1153. 这么 ～贵啊?　[这么] tṣɛ̃44

1154. 怎么 这个字～写?　咋 tsa31

1155. 什么 这个是～字?　啥 sa44

1156. 什么 你找～?　啥 sa44

1157. 为什么 你～不去?　为啥 Øuei44sa0

1158. 干什么 你在～?　弄啥 nuəŋ44sa44/干啥 kɑ44sa0

1159. 多少 这个村有～人?　多少 tuo31ʂou53

(二) 副词

1160. 很 今天～热　得很 tei31xɛ̃53

1161. 非常 比上条程度深: 今天～热　[这么] tṣɛ̃44

1162. 更 今天比昨天～热　还 xæ24

1163. 太 这个东西～贵, 买不起　得很 tei31xɛ̃53

1164. 最 弟兄三个中他～高　最 tsuei44

1165. 都 大家～来了　都 tou24

1166. 一共 ～多少钱?　总共 tsuəŋ53kuəŋ44/共总 kuəŋ44tsuəŋ53

1167. 一起 我和你～去　一搭 Øi24ta0

1168. 只 我～去过一趟　只 tsŋ31/就 tsou44

1169. 刚 这双鞋我穿着～好　刚 kɑŋ24/正 tṣəŋ44

1170. 刚 我～到　才 tshæ24/刚 kɑŋ24

1171. 才 你怎么～来啊?　才 tshæ24

1172. 就 我吃了饭～去　就 tsou44

1173. 经常 我～去　肯 khɛ̃53/爱 ŋæ44

1174. 又 他～来了　可 khɤ31

1175. 还 他～没回家　还 xæ4

1176. 再 你明天～来　再 tsæ44

1177. 也 我～去; 我～是老师　也 Øiɛ53

1178. 反正 不用急, ～还来得及　反正 fã31tsəŋ44

1179. 没有 昨天我～去　没 mo31

1180. 不 明天我～去　不 pu31

1181. 别 你～去　嫑 pou31

1182. 甭 不用, 不必: 你～客气　嫑 pou31

1183. 快 天～亮了　快 khuæ44

1184. 差点儿 ～摔倒了　稀乎儿 çi31xur53/错点儿 tshuo44tiãr53

1185. 宁可 ～买贵的　宁可 ȵiəŋ44kɤ53

1186. 故意 ～打破的　故意 ku44Øi44/有意 Øiou53Øi44

1187. 随便 ～弄一下　搞得 kɔ53tei0/随便儿 suei24piãr53

1188. 白 ～跑一趟　白白儿 pei24peir24

1189. 肯定 ～是他干的　保险 pou31çiã53/就是 tsou44sŋ0

1190. 可能 ～是他干的　可能 khɤ53nəŋ24/大模儿 ta44mor53

1191. 一边 ～走, ～说　旋 suã44

(三) 介词、连词

1192. 和 我～他都姓王　跟 kɛ̃31

1193. 和 我昨天～他去城里了　跟 kɛ̃31

1194. 对 他～我很好　待 tæ44

1195. 往 ～东走　望 vɑŋ44/朝 tṣhɔ24

1196. 向～他借一本书 问 vɛ̃44
1197. 按～他的要求做 照 tʂou44
1198. 替～他写信 代 tæ44/给 kei53
1199. 如果～忙你就别来了 要是 Øiɔu44sʅ0
1200. 不管～怎么劝他都不听 不管 pu31kuã53

第二节　自选词汇

1201. 阳坡向阳的地方 Øiaŋ24pho31
1202. 阴凉处背阴的地方 Øiɛ̃53liaŋ0tʃhu0
1203. 扫帚星流星 sɔu44tʃhu0çiəŋ31
1204. 悠悠风微风 Øiou24Øiou24fəŋ31
1205. 黄风沙尘暴 xuaŋ24fəŋ31
1206. 狂风大风 khuaŋ24fəŋ31
1207. 旋儿风龙卷风 çyãr24fəŋ31
1208. 黑云乌云 xei31Øyɛ̃24
1209. 烧霞 ʂɔu44
1210. 雷击了被雷打了 luei24tçi31liɛ0
1211. 白雨雷阵雨 pei24Øy53
1212. 霖雨连阴雨 liɛ̃44Øy53
1213. 毛毛雨小雨 mɔu24mɔu0Øy53
1214. 冰溜子冰锥 piəŋ31liou44tsʅ0
1215. 上冻了结冰 ʂaŋ44tuəŋ44liɛ0
1216. 毛哇子雪鹅毛大雪 mɔu24Øua31tsʅ0çyɛ31
1217. 糁糁儿雪米粒雪 tʂɛ̃31tʂɛ̃r24çyɛ31
1218. 消雪化雪 çiɔu24çyɛ31
1219. 起露水下露 tçhi53lou44ʃuei0
1220. 下霜 çia44ʃuaŋ31
1221. 雾来咧下雾 vu44læ24liɛ0
1222. 头伏初伏 thou24fu24

1223. 坡坡地坡地 pho31pho0tçi44
1224. 河滩地滩地 xuo24thæ31tçi44
1225. 沙地沙土地 sa31tçi44
1226. 山根根山脚 sã24kɛ̃31kɛ̃0
1227. 崖崖子山崖 næ24næ0tsʅ0
1228. 玉石玉 Øy31ʂʅ0
1229. 石头蛋儿鹅卵石 ʂʅ24thou0tãr53
1230. 土壕壕沟 thu53xɔu24
1231. 老家祖籍 lɔu53tçia31
1232. 胡箕土坯 xu24tçhi31
1233. 打春立春 ta53tʃhuɛ̃31
1234. 芒罢麦收结束 maŋ24pa44
1235. 乞巧儿七夕 tçhi31tçhiɔur53
1236. 寒衣阴历十月初一 xã24Øi31
1237. 大月农历一个月30天 ta44Øyɛ31
1238. 小月农历一个月29天 çiɔu53Øyɛ31
1239. 日子日期 Øər31tsʅ0
1240. 原先原来 Øyã24çiã31
1241. 收秋秋收 ʂou24tçhiou31
1242. 场畔场院 tʂhaŋ24pã44
1243. 翻地松土 fã31tçi44
1244. 上茅粪浇粪（水粪） ʂaŋ44mɔu24fɛ̃44
1245. 漾粪上土粪 Øiaŋ44fɛ̃44
1246. 攒粪积肥 tsã53fɛ̃44

167

1247. 水车井浇地的井 ʃuei53tʂʅ31tɕiəŋ53

1248. 绞水打水（从井里提水）tɕiou31ʃuei53

1249. 拉拉儿车大车（车胎是轮胎）la31lar24tʂʅ31

1250. 硬轱辘子车木轮车 ȵiəŋ44ku31lu0tsʅ0tʂʅ31

1251. 牛笼头牛笼嘴 ȵiəu24luəŋ24thou0

1252. 鼻圈子穿在牛鼻子里的铁环 pi24tɕhyã31tsʅ0

1253. 起圈打扫牲口圈 tɕhi53tɕyã44

1254. 搔子耙子 tsou31tsʅ0

1255. 囤存粮的器具 tuɛ̃44

1256. 磨把子磨把儿 mo44pa31tsʅ0

1257. 磨扇 mo44ʂã44

1258. 磨盘子磨盘 mo44phã24tsʅ0

1259. 细筛子筛粮食的筛子 ɕi44sæ53tsʅ0

1260. 大筛子筛草料的筛子 ta44sæ53tsʅ0

1261. 罗罗筛粉末状细物用的器具 luo24luo0

1262. 麦镰割麦的镰刀 mei31liã24

1263. 草镰割草的镰刀 tshou53liã24

1264. 麦积子麦堆 mei31tɕi44tsʅ0

1265. 铡子铡刀 tsa24tsʅ0

1266. 碾子碾中药的器具 ȵiã44tsʅ0

1267. 锹铁锹 ɕiã31

1268. 扁担 piã53tã0

1269. 水担带钩子的扁担，专门担水 ʃuei53tã0

1270. 扫帚 sou44tʃhu0

1271. 笤帚 thiɔu24tʃhu0

1272. 麦茬割麦后留下的茬印 mei31tsha24

1273. 棉桃儿棉花桃 miã24thɔur24

1274. 向葵子儿葵花子儿 ɕiaŋ53khuei24tsʅər53

1275. 红豆儿红小豆 xuəŋ24tour53

1276. 扁豆儿扁豆 piã53tour0

1277. 笋瓜 suɛ̃53kua31

1278. 荠儿菜荠荠菜 tɕiər53tshæ44

1279. 灰条菜灰灰菜 xuei31thiou31tshæ44

1280. 人苋菜苋菜 ʐə̃24xã31tshæ44

1281. 马荠儿菜马齿苋 ma53tɕiər53tshæ44

1282. 毛拉苔儿蒲公英 mou24la31thær24

1283. 喇叭花牵牛花 la53pa0xua31

1284. 牛舌头土大黄 ȵiou24ʂɤ24thou0

1285. 麦瓶瓶米瓦罐草 mei31phiəŋ24phiəŋ24

1286. 苞谷胡子玉米须 pou31ku31xu24tsʅ0

1287. 呛菜芥菜 tɕhiaŋ44tshæ0

1288. 苇子芦苇 øy44tsʅ0

1289. 臭蒿蒿臭蒿 tʂhou44xou31xou24

1290. 绿毛苔藓 liou31mu24

1291. 蒜骨朵大蒜 suã44ku31tou0

1292. 小蒜野蒜 ɕiou53suã44

1293. 枝枝儿树枝 tsʅ31tsiər0

1294. 松塔松球 suəŋ24tha31

1295. 桑核儿桑葚 saŋ31xɤr0

1296. 沙果儿 sa31kuor0

1297. 柿子 sʅ44tsʅ0

1298. 花生皮花生的红皮 xua24sɛ̃31phi24

1299. 花骨朵花蕾 xua24ku31tou0

1300. 花芯儿花蕊 xua24ɕiɛ̃r0

1301. 花瓣瓣儿花瓣 xua31pã44pãr0

1302. 头牲牲口 thou24ku31

1303. 骒马母马 khuo44ma53
1304. 马公子配种的马 ma53kuəŋ31tsʅ0
1305. 草驴母驴 tsou53ly24
1306. 叫驴公驴 tɕiou44ly24
1307. 狗连蛋狗交配 kou53liã24tā44
1308. 叫春猫发情 tɕiou44tʃhuẽ31
1309. 跑圈猪发情 phou53tɕyã44
1310. 寻驹子马发情 ɕiɛ̃24tɕy31tsʅ0
1311. 驴驹小驴 ly24tɕy31
1312. 羊娃儿羊羔 Øiaŋ24Øuar24
1313. 板凳狗哈巴狗 pã53təŋ0kou53
1314. 猪娃儿猪崽 tʃu31Øuar0
1315. 公鸡娃儿未成年的小公鸡
　　　 kuəŋ31tɕi31Øuar24
1316. 母鸡娃儿未成年的小母鸡
　　　 mu53tɕi31Øuar24
1317. 抱窝子正在孵蛋的母鸡
　　　 pou44Øuo31tsʅ0
1318. 鸭娃儿小鸭子 Øia31Øuar24
1319. 磕头虫啄木鸟
　　　 khɤ31thou24tʃhuəŋ24
1320. 狐子狐狸 xu24tsʅ0
1321. 蝎虎壁虎 ɕiɛ31xu0
1322. 咕咕等灰斑鸠 ku31ku0təŋ53
1323. 旋黄旋割布谷鸟
　　　 suã44xuaŋ24suã44kɤ31
1324. □□子猫头鹰 ɕiəŋ44xu31tsʅ0
1325. 恶老鼠老鹰 ŋɤ44lou31ʃu24
1326. 夜蝙虎蝙蝠 Øiɛ44piɛ31xu0
1327. 蜗蜗牛蜗牛 kua44kua44ŋiou24
1328. 蚰蜒蚯蚓 Øiou24Øiã31
1329. 臭虮臭虫 tshou44sei31
1330. 土蚂蚱蝗虫 thou53ma31tsa31

1331. 知了蝉 tsʅ24lou0
1332. 黄蜂马蜂 xuaŋ24fəŋ31
1333. 簸箕虫瓢虫 po44tɕhi0tʃhuəŋ0
1334. 花大姐椿象 xua31ta44tɕiɛ53
1335. 蛤蟆骨朵蝌蚪 xa24ma24kɯ31tou0
1336. 庄子庄基地 tʃuaŋ31tsʅ0
1337. 照壁子影壁 tsou44pi31tsʅ0
1338. 正房上房 tʂəŋ44faŋ24
1339. 厢房 ɕiaŋ31faŋ24
1340. 门房 mẽ24faŋ24
1341. 房脊 faŋ24tɕi31
1342. 柱石柱下石 tʃu44sʅ24
1343. 上梁盖房时安放大梁 ʂaŋ44liaŋ24
1344. 放线盖房时依图纸画线 faŋ44ɕiã44
1345. 台台儿台阶 thæ24thær0
1346. 头门正门 thou24mẽ24
1347. 门栓子门栓 mẽ24ʃuã31tsʅ0
1348. 过道儿走廊 kuo44tour53
1349. 锅头灶 kuo31thou0
1350. 磨道房磨房 mo44tou0faŋ24
1351. 笼笼子鸡罩 luəŋ24luəŋ0tsʅ0
1352. 柴积子柴草垛 tshæ24tɕi44tsʅ0
1353. 橱立柜 tʃhu24
1354. 板柜柜 pã53kuei44
1355. 桌围子桌子的围布 tʃuo31Øuei24tsʅ0
1356. 板凳长条凳 pã53təŋ0
1357. 方凳子方凳 faŋ31təŋ44tsʅ0
1358. 板凳娃儿小板凳 pã53təŋ0Øuar24
1359. 床板铺板 tʃhuaŋ24pã53
1360. 席芦苇编的 ɕi24
1361. 凉席竹子编的 liaŋ24ɕi24
1362. 端箱儿梳妆台房的小箱子
　　　 tuã31ɕiaŋr31

1363. 衣钩搭儿衣架（钉在墙上或门背后）
Øi24kou31tar0

1364. 尿盆子夜壶 ȵiɔu44phẽ31tsʅ0

1365. 暖壶盛热水后放被中取暖用的
nuã53xu24

1366. 电壶暖水瓶 tɕiã44xu24

1367. 风匣风箱 fəŋ31xã31

1368. 通条子通炉子的 thuəŋ31thiɔu0tsʅ0

1369. 炭锨子铲炉灰的 thã44ɕiã31tsʅ0

1370. 搓搓儿簸箕 tshuo31tshuor0

1371. 铲铲儿锅铲 tshã53tshãr0

1372. 铁壶烧水壶 tɕhiɛ31xu24

1373. 老碗大碗 lɔu31Øuã0

1374. 洋瓷搪瓷 Øiaŋ24tshʅ24

1375. 碟碟儿小盘子 tiẽ24tiɛr0

1376. 箸笼罐罐筷子筒
tʃu31luəŋ31kuã44kuã0

1377. 木头盘子端菜用的四方形托盘
mu31thou0phã24tsʅ0

1378. 菜墩子切肉的案板
tshæ44tuẽ31tsʅ0

1379. 碾槽研船 ȵiã53tshɔu24

1380. 笼蒸笼 luəŋ24

1381. 礤子礤床 tsha31tsʅ0

1382. 箅子 pi44tsʅ0

1383. 恶水泔水 ŋɤ31ʃuei0

1384. 揸布抹布 tʂã53pu0

1385. 推刨刨子 thuei31pou0

1386. 斧头 fu53thou0

1387. 凿子 tsuo24tsʅ0

1388. 墨斗子墨斗 mei24tou31tsʅ0

1389. 锤锤子小钉锤
tʃhuei24tʃhuei0tsʅ0

1390. 泥刀瓦刀 ȵi44tɔu31

1391. 泥匕抹刀 ȵi44pi31

1392. 板搓子泥板（瓦工用来盛抹墙物的木板）pã53tshuo31tsʅ0

1393. 铁墩子砧子 thiɛ24tuẽ31tsʅ0

1394. 鋻刀布 pi44tɔu31pu44

1395. 弹棉花弓（弹棉花）弓子
thã24miã24xua24kuəŋ31

1396. 梭子织布梭 suo31tsʅ0

1397. 胰子香皂 Øi44tsʅ0

1398. 罩子灯煤油灯（有玻璃罩的）
tsɔu44tsʅ0təŋ31

1399. 马灯大煤油灯 ma53təŋ31

1400. 花油灯油灯（用棉花油）
xua31Øiou24təŋ31

1401. 浆子糨糊 tɕiaŋ44tsʅ0

1402. 章子图章（私人的）tʂaŋ31tsʅ0

1403. 线拐子线轴 ɕiã44kuæ53tsʅ0

1404. 针沟子针鼻儿 tʂẽ24kou31tsʅ0

1405. 掼针穿针 kuã44tʂẽ31

1406. 搓搓板洗衣板 tshuo31tshuo0pã53

1407. 拐拐子拐杖（中式）kuæ53kuæ0tsʅ0

1408. 本家子一家子（同宗同姓的）
pẽ53tɕia31tsʅ0

1409. 把式内行 pa53ʂʅ0

1410. 生八愣儿外行 sẽ31pa31lẽr24

1411. 说话人荐头 ʂɤ31xua44zɤ̃0

1412. 后办下的二婚头 xou44pã44xa0ti0

1413. 犯人囚犯 fã44zẽ0

1414. 人贩子专门拐卖小孩儿的人
zẽ24fã44tsʅ0

1415. 东家老板 tuəŋ31tɕia31

1416. 伙计长工 xuo53tɕi0

1417. 徒弟娃学徒 thou24tɕi0Øua44
1418. 焊匠焊洋铁壶的 xã44tɕiaŋ0
1419. 奶爸奶妈之夫 næ53pa24
1420. 老爷曾祖父 lɔu53Øiɛ0
1421. 老奶曾祖母 lɔu31næ53
1422. 内兄弟妻之兄弟 luei44ɕyəŋ31ti44
1423. 带犊儿妇女改嫁带来的儿女 tæ44tuər53
1424. 秃子秃头 thou31tsʅ0
1425. 后脑巴巴子后脑勺 xou44nɔu53pa44pa0tsʅ0
1426. 眼窝仁儿瞳孔 ȵiã53Øuo31zʅ̃r24
1427. 鼻窟窿鼻孔 pi24khu31luə0
1428. 老牙大牙 lɔu53ȵia24
1429. 胳膊拐拐胳膊肘 kɯ31po0kuæ53kuæ0
1430. 胳肢窝腋窝 kɯ31tsʅ24Øuo31
1431. 指头蛋儿手指头肚 tsʅ31thou0tãr53
1432. 大腿窝儿腹股沟 ta44thuei53Øuor24
1433. 小腿猪娃子小腿肚 ɕiɔu53thuei53tʃu31Øua0tsʅ0
1434. 脚桃核儿脚踝 tɕyɛ31thɔu24xur24
1435. 腰子肾脏 Øiɔu31tsʅ0
1436. 尿脬膀胱 ȵiɔu44phɔu31
1437. 衣胞胎盘 Øi31pɔu31
1438. 垢圿洗澡时身上搓下来的污垢 kou53tɕia31
1439. 请先生请医生 tɕhiəŋ53ɕiã31səŋ31
1440. 烀火子拔火罐 ɤou31xuo53tsʅ0
1441. 眼橛儿麦粒肿 ȵiã53tɕyɛr24
1442. 昏晕 xuẽ31

1443. 吐下了呕吐 thu53xa0liɛ0
1444. 起疤疤子结痂 tɕhi53pa31pa0tsʅ0
1445. 生疮长疮 səŋ24tʃhuaŋ31
1446. 蝇子屎雀斑 Øiaŋ24tsʅ0sʅ53
1447. 臭胎子狐臭 tʂhou44thæ31tsʅ0
1448. 独眼儿龙一只眼 tou24ȵiãr53luəŋ24
1449. 塞塞嗓子沙哑 sæ31sæ0
1450. 羊羔疯癫痫 Øiaŋ24kɔu0fəŋ31
1451. 跛子瘸子 po53tsʅ0
1452. 结巴子结巴 tɕiɛ31pa31tsʅ0
1453. 豁豁子唇腭裂 xuo31xuo0tsʅ0
1454. 咬舌子大舌头 ȵiɔu53sɤ0tsʅ0
1455. 大氅大衣 ta44tʂhaŋ53
1456. 裤衩儿内裤 khu44tshar53
1457. 纽门儿扣眼儿 ȵiou53mẽr24
1458. 窝窝儿棉鞋 Øuo31Øuor0
1459. 尖鞋弓鞋 tɕia31xæ24
1460. 裹脚裹脚布 kuo53tɕyo31
1461. 帘帘子小孩儿的围嘴 liã24liã0tsʅ0
1462. 搋面和面 tshæ31miã44
1463. 黏面拌面 z̩ã24miã44
1464. 旗花面一种汤面 tɕhi24xua31miã44
1465. 臊子面一种汤面 tshou44tsʅ0miã44
1466. 托托烧饼 thuo31thuo0
1467. 酵子酵头 tɕiou44tsʅ0
1468. 荤油动物油 xuẽ31Øiou24
1469. 素油植物油 su44Øiou24
1470. 黑糖红糖 xei31thaŋ24
1471. 火镰旧时取火用具 xuo53liã0
1472. 火石用火镰打的那种石头 xuo53sʅ0
1473. 回门婚后第二天回娘家 xuei24mẽ24
1474. 后走寡妇再嫁 xou44tsou53
1475. 头首出生的第一个孩子 thou24ʂou0

1476. 把娃取了 打胎 pa31Øua44tɕhy31liɛ0
1477. 白事 丧事 pei24sɿ44
1478. 纸棍子 哭丧棒 tsɿ53kuɛ̃44tsɿ0
1479. 纸扎子 纸扎 tsɿ53tsa31tsɿ0
1480. 烧纸 纸钱 ʂou31tsɿ0
1481. 骨灰盒儿 骨灰坛子 ku31xuei31xuor24
1482. 耍货 玩具 ʃua53xuo0
1483. 抓子儿 用几个沙包或石子儿, 扔起其一, 做规定动作后再接住 tʃua31tsɿər53
1484. 翻绞绞 翻绳子 fã24tɕiɔu31tɕiɔu0
1485. 毛蛋 皮球 mɔu24tã44
1486. 打猴 打陀螺 ta53xou24
1487. 跳房 用沙包跳格子 thiɔu24faŋ24
1488. 倒鸡 斗腿 tɔu24tɕi31
1489. 打尜 一种游戏 ta53ka24
1490. 吃老鸹 一种游戏 Øiɔu31lɔu53Øua31
1491. 翻猫儿跟头 连续翻跟头 fã31mɔur24kɛ̃31thou0
1492. 柳木腿 踩高跷 liou53mu31thuei53
1493. 划船 跑旱船 xua24ʃuã24
1494. 嘴咧咧 努嘴 tsuei53liɛ31liɛ0
1495. 抪摩挲 phu24
1496. 挛 局部缝合 luã24
1497. 睄 粗略地看、瞟 sɔu24
1498. 挼 揉搓 ʒua24
1499. 抄手 笼着手（双手交叉伸到袖筒里） tshɔu31ʂou53
1500. 弹嫌 嫌弃 thã24ɕiã0
1501. 挂牵 挂念 kua44tɕhiã31
1502. 日弄 糊弄 zʅ31luəŋ0
1503. 撩乱 着手开始准备 liɔu24luã0
1504. 嚷人 讽刺人 zaŋ24zɛ̃24

1505. 鼓劲 使劲 ku53tɕiɛ̃44
1506. 声唤 呻吟 ʂəŋ31xuã0
1507. 砸瓜 笑话人 tsa24kua31
1508. 糟怪 说谎话 tsɔu31kuæ44
1509. 凫水 游泳 fu24ʃuei53
1510. 拾翻 胡乱翻东西 sɿ31fã0
1511. 生整 蛮干 səŋ31tʂəŋ53
1512. 胡黏 胡搅蛮缠 xu24ʐã24
1513. 没事寻事 无中生有 mo31sɿ44ɕiɛ̃24sɿ44
1514. 不够成儿 缺心眼 pu31kou44tʂhə̃r24
1515. 麻眼 难缠、难办 ma31ȵiã53
1516. 毛乱 心慌、心烦 mu24luã0
1517. 叵烦 心里烦 pho31fã0
1518. 屁干 话多 phi24kã31
1519. 不卯合 不来 pu31mɔu53
1520. 扎势 装模作样 tsa31ʂɿ44
1521. 熵闷 热 tɕhyəŋ53
1522. 木囊 磨蹭 mu44naŋ0
1523. 真个确确实实 tʂɛ̃31kɤ44
1524. 挣死八活 形容很费力 tsəŋ44sɿ53pa31xuo24
1525. 刻里马擦 形容速度快、手脚麻利 khɤ31li24ma01tsha0
1526. 瓷嘛二愣 不灵巧 tshɿ24ma0Øər44ləŋ44
1527. 瓜眉失眼 形容没眼色, 认不清形式 kua31mi24sɿ31ȵiã53
1528. 影影乎乎 非常模糊 Øiəŋ53Øiəŋ0xu31xu0
1529. 扑兮咪嗨 形容邋遢 pu31ɕi0læ0xæ0
1530. 棱棱坎坎 形容不平整 ləŋ24ləŋ0khã53khã0

1531. 丢东忘西忘性大
tiou24tuəŋ31Øuaŋ44ɕi31

1532. 麻迷儿不分是非不分
ma24mir24pu24fɛ̃31

1533. 踢踢踏踏走路不利索的样子
thi31thi0tha31tha0

1534. 三锤两棒子三下五除二
sã31tʃhuei24liaŋ53paŋ31tsʅ0

1535. 仄棱仰板形容跌跌撞撞的样子
tsei31ləŋ0ȵiaŋ53pã31

1536. 尕哒嘛西细小、细碎的东西
ka53ta0ma53ɕi0

1537. 根根儿筋筋儿事情的来龙去脉
kɛ̃31kɛ̃r24tɕiɛ̃31tɕiɛ̃r0

1538. 失急慌忙很匆忙，着急
ʂʅ31tɕi0xuaŋ31maŋ0

1539. 糟皮溜慌胡说话，说谎话
tsɔu31phi24liou44xuaŋ53

1540. 圪崂拐弯道路曲折迂回，多指说话不直率
kɯ31lou0kuæ53Øuã0

1541. 二五不挂不在乎
Øər44Øu53pu31kua44

1542. 二模沟子手艺不精的人
Øər44mo0kou53tsʅ0

1543. 跌跤趴扑一般指携带用品较多
tiɛ31tɕiɔu0pha24phu31

1544. 跛腰失胯腿脚有毛病、走路难看
po53Øiɔu31ʂʅ31khua53

1545. 背炕坯子睡觉
pei31khaŋ44phei31tsʅ0

1546. 背弓蛇腰腰身不正
pei44kuəŋ31ʂɤ24Øiɔu31

1547. 白脸失道举止不雅，说话不注意场合
pei24liã53ʂʅ31tɔu44

1548. 生伧冷倔死板、脾气倔、不灵活
səŋ31tshəŋ53ləŋ53tɕyɛ44

1549. 日鬼捣棒槌投机取巧
zʅ31kuei53tɔu53paŋ44tʃhuei0

1550. 反穿鞋倒穿袜特别着急衣帽不整
fã31tʃhuã31xæ24tɔu44tʃhuã24Øua31

第四章　语法与口头文化

第一节　语法例句

1. 你是哪里人？

    你是阿搭人嘛？／你屋在阿搭呢？

    ȵi53sʅ0ɵa53ta0zʅɛ̃24ma0？／ȵi24ɵu31tsæ44a53ta0ȵi0？

2. 我是陕西_____人。（说出所在县或市）

    我是泾阳人。

    ŋɤ53sʅ44tɕiəŋ31ɵiɑŋ0zʅɛ̃24.

3. 你今年多大？

    你今年多大了？／你老高寿？／你几岁了？

    ȵi53tɕiɛ̃31ȵiã24tuo31ta44liɛ0？／ȵi24lɔ53kɔu31ʂou44？／ȵi53tɕi53suei44liɛ0？

4. 我_____岁了。（说出自己的实际年龄）

    我今年七十了。

    ŋɤ53tɕiɛ̃31ȵiã24tɕhi31sʅ0liɛ0.

5. 你叫什么名字？

    你叫个啥？／你高姓大名？

    ȵi53tɕiuɔ44kɤ0sa44？／ȵi53kɔu31ɕiəŋ44ta44miəŋ24？

6. 我叫_____。（说出自己的名字）

    我叫李道尧。

    ŋɤ53tɕiɔu44li53tɔu44ɵiɔu24.

7. 你家住哪里？

    你屋在阿搭呢？／你住阿搭呢？

    ȵi24ɵu31tsæ44a53ta0ȵi0？／ȵi53tʃu44a53ta0ȵi0？

8. 我家住_____。（说出自己居住的地址）

    我屋在狼儿沟。

ŋɤ24Øu31tsæ44lãr24kou31.

9. 谁呀？我是老三。

你是谁嘛？我是老三。

n̠i53sɿ0sei24ma0? ŋɤ53sɿ0lɔu53sã31.

10. 老四呢？他正在跟一个朋友说着话呢。

老四呢？[人家]正跟个朋友说话呢。

lɔu53sɿ44Øn̠i0? n̠ia31tʂəŋ44kɛ̃31kɤ0phəŋ24Øiou0sʐ31xua44n̠i0.

11. 他还没有说完吗？

那说完了没？

nei44ʂɤ31Øuã24liɛ0mo0?

12. 还没有。大约再有一会儿就说完了。

还没呢，大概还得一下呢。

xæ24mo24n̠i0, ta44kæ44xæ24tei0Øi31xa44n̠i0.

13. 他说马上就走，怎么这半天了还在家呢？

他说就走呀么，咋是这半会儿还在屋呢。

tha31ʂɤ31tsou44tsou53Øia0mo0, tsa31sɿ0tʂei44pã44xueir53xæ24tsæ44Øu31n̠i0.

14. 你到哪儿去？我到城里去。

你到阿搭去呀？我到城里去一下。

n̠i53tɔu44Øa53ta0tɕhi44Øia0? ŋɤ53tɔu44tʂhəŋ24li53tɕhi44Øi31xa0.

15. 在那儿，不在这儿。

在兀儿呢，不在这儿。

tsæ44Øuãr53n̠i0, pu31tsæ44tʂɤr53.

16. 不是那么做，是要这么做的。

不是兀下弄呢，要这下做呢。

pu31sɿ44Øuei53xa0nuəŋ44n̠i0, Øiɔu44tʂei53xa0tsou44n̠i0.

17. 太多了，用不着那么多，只要这么多就够了。

太多了，要不了兀些，只要这些就够了。

thæ44tuo31liɛ0, Øiɔu44pu31liɔu53Øuei53ɕiɛ31, tsɿ31Øiɔu44tʂei53ɕiɛ31tsou44kou44liɛ0.

18. 这个大，那个小，这两个哪一个好点呢？

这个大，兀个碎，这两个阿个好？

tʂei53kɤ0ta44, Øuei53kɤ0suei44, tʂei44liaŋ53kɤ0a53kɤ0xɔu53?

19. 这个比那个好。

这个比兀个好。

tʂei53kɤ0pi53øuei53kɤ0xɔu53.

20. 这些房子不如那些房子好。

这些房不胜［人家］兀些房。/这些房比不上［人家］兀房。

tʂei53ɕiɛ31faŋ24pu31ʂəŋ44n̠ia31øuei53ɕiɛ31faŋ24. / tʂei53ɕiɛ31faŋ24pi53pu31ʂaŋ44 n̠ia31øuo53faŋ24.

21. 这句话用_____话怎么说？（填本地地名，本地音）

这话用泾阳话咋说呢？

tʂɤ53xua44øyəŋ44tɕiəŋ31øiaŋ0xua44tsa24ʂɤ31n̠i0?

22. 他今年多大岁数？

他今年多大了？

tha53tɕiɛ31n̠iã24tuo31ta44liɛ0?

23. 大概有三十来岁吧。

大概有三十来岁吧！/大模儿有三十来岁。

ta44kæ44øiou53sã53ʂʅ0læ24suei44pa0! / ta44mor53øiou53sã31ʂʅ0læ24suei44.

24. 这个东西有多重呢？

这东西有多重？

tʂɤ53tuəŋ31ɕi0øiou53tuo31tʃuəŋ44?

25. 有五十斤重呢！

咿！五十多斤呢！

øi53! øu53ʂʅ0tuo24tɕiɛ31n̠i0!

26. 拿得动吗？

拿得动？

na24ti0tuəŋ44?

27. 我拿得动，他拿不动。

我能拿动，他不行。

ŋɤ53nəŋ24na24tuəŋ44, tha53pu31ɕiəŋ24.

28. 真不轻，重得连我都拿不动了。

哎！真重的，我也拿不动。

øæ! tʂəŋ31tʃuəŋ44ti0, ŋɤ53øiɛ53na24pu31tuəŋ44.

29. 你说得很好，你还会说点儿什么呢？

你说好很，你还能说些啥嘛？

n̠i53ʂɤ31xɔu53xɛ̃53, n̠i53xæ24nəŋ24ʂɤ31ɕiɛ31sa44ma0?

30. 我嘴笨，我说不过他。

我兀嘴笨，说不过［人家］。

tsæ24Øuo53tsuei53pẽ44，ʂɤ31pu31kuo44ȵia24.

31. 说了一遍，又说了一遍。

说了一遍，还得说一遍。

ʂɤ31liɛ0Øi31piã44，xæ24tei0ʂɤ31Øi31piã44.

32. 请你再说一遍。

你给咱再说一遍些！

ȵi53kei53tsæ24tsæ44ʂɤ31Øi31piã44ɕiɛ0！

33. 不早了，快去吧！

不早了，快去！

pu31tsɔ53liɛ0，khuæ44tɕhi44！

34. 现在还很早呢。等一会儿再去吧。

这还早着很，等一下再说。

tsɤ53xa24tsɔu53tʂɤ0xɛ̃53，təŋ53Øi31xa0tsæ44ʂɤ31.

35. 吃了饭再去好吧？

吃毕了再去些。

tʂʅ24pi31liɛ0tsæ44tɕhi44ɕiɛ0.

36. 慢慢儿地吃啊！不要急嘛！

慢些吃，婹着急。

mã44ɕiɛ31tʂʅ31，pɔ31tʂou31tɕi24.

37. 坐着吃比站着吃好些。

坐下吃就比□下吃好。

tsuo44xa0tʂʅ31tsou44pi53nou31xa0tʂʅ31xɔu53.

38. 这个吃得那个吃不得。

这个能吃，兀个吃不得。

tsei53kɤ0nəŋ24tʂʅ31，Øuei53kɤ0tʂʅ31pi31tei24.

39. 他吃了饭了，你吃了饭没有呢？

［人家］都吃了，你吃了没？

ȵia31tou24tʂʅ31liɛ0，ȵi53tʂʅ31liɛ0mo24？

40. 他去过上海，我没有去过。

人家去过上海，咱没去过。

zẽ24Øia0tɕhi44kuo0ʂaŋ44xæ53，tsæ24mo31tɕhi44kuo0.

41. 来闻闻这朵花香不香？

闻一下，这花香不？

Øuɛ̃24Øi31xa0，tʂɤ44xua31ɕiaŋ31pu31？

42. 香得很，是不是？

香得很，得是？

ɕiaŋ31ti31xɛ̃53，tei31sʅ44？

43. 给我一本书！

给我一本书！

kei44ŋɤ53Øi31pɛ̃53ʃu31！

44. 我实在没有书嘛！

我就是没书么！

ŋɤ53tsou44sʅ0mo24ʃu31mo0！

45. 你告诉他。

你给他说。

ȵi53kei53tha53ʃuo31.

46. 好好儿地走！不要跑！

好好儿走，耍跑！

xɔ53xɔɹ24tsou53，pɔ31phɔ24！

47. 小心跌下去爬也爬不上来！

小心掉下去，爬不上来了着。

ɕiɔ53ɕiɛ̃31tiɔu44xa44tɕhi0，pha24pu31ʂaŋ44læ0liɛ0tʂɤ0.

48. 医生叫你多睡一睡。

大夫叫你多睡一下呢。

tæ44fu0tɕiɔu44ȵi53tuo31ʃuei44Øi31xa44ȵi0.

49. 吸烟或者喝茶都不可以。

抽烟、喝茶都不行。

tʂhou24Øiã31，xuo31tsha24tou24pu31ɕiaŋ24.

50. 烟也好，茶也好，我都不喜欢。

烟也罢，茶也罢，我都不爱。

Øiã31Øiɛ53pa44，tsha24Øiɛ53pa44，ŋɤ53tou24pu31ŋæ44.

51. 不管你去不去，反正我是要去的，我非去不可。

不管你去不，反正我要去的地方，我非去不可。

pu31kuã53ȵi53tɕhi44pu31，fã31tʂəŋ44ŋɤ53Øiɔu44tɕhi44ti0ti44faŋ31，ŋɤ53fei31

tɕhi44pu31khɤ53.

52. 你是哪一年来的。

    你阿一年来的？

    ȵi53ɵa53ɵi31ȵiã24læ24ti0？

53. 我是前年到的北京。

    我是前年才到北京来的。

    ŋɤ53sʅ44tɕhiã24ȵiã0tshæ24tɔu44pei31tɕiəŋ31læ24ti0.

54. 今天开会谁的主席？

    今儿开会，[人家]谁是主席嘛？

    tɕiẽr31khæ31xuei44，ȵia31sei24sʅ0tʃu53ɕi24ma0？

55. 你得请我的客。

    你得请我客。

    ȵi53tei31tɕhiəŋ53ŋɤ53khei31.

56. 这是他的书，那一本是他哥哥的。

    这一本是[人家]的书，兀一本是他哥的。

    tʂɤ53ɵi31pɛ̃53sʅ44ȵia44ti0ʃu31，ɵuei53ɵi31pɛ̃53sʅ44tha31kɤ24ti0.

57. 一边走，一边说。

    旋走旋说。

    suã44tsou53suã44ʂɤ31.

58. 看书的看书，看报的看报，写字的写字。

    看书的看书，看报的看报，写字的写字。

    khã44ʃu31ti0khã44ʃu31，khã44pɔu44ti0khã44pɔu44，ɕiɛ53tsʅ44ti0ɕiɛ53tsʅ44.

59. 越走越远，越说越多。

    越走越远，越说越多。

    ɵyɛ31tsou53ɵyɛ31ɵyã53，ɵyɛ24ʂɤ31ɵyɛ24tuo31.

60. 把那个东西拿给我。

    把兀个东西给我拿来。

    pa31ɵu53kɤ0tuəŋ31ɕi0kei53ŋɤ53na24læ24.

61. 有些地方把太阳叫日头。

    有些地方[人家]把太阳叫日头呢。

    ɵiou53ɕiɛ31ti44faŋ0ȵia31pa31thæ44ɵiaŋ0tɕiɔu44ɵɚr31thou0ȵi0.

62. 您贵姓？我姓王。

    你贵姓？我姓王。

    ȵi53kuei44ɕiəŋ44？ŋɤ53ɕiəŋ44ɵuaŋ24.

63. 你姓王，我也姓王，咱们两个人都姓王。

　　你姓王，我也姓王，咱俩都姓王。

　　ȵi53ɕiəŋ44ʘuaŋ24，ŋɤ53Øiɛ53ɕiəŋ44ʘuaŋ24，tsæ24liaŋ53tou24ɕiəŋ44ʘuaŋ24.

64. 你先去吧，我们等一会儿再去。

　　你先去吧，我这一伙等一下再去。

　　ȵi53ɕiã31tɕhi44pa0，ŋɤ31tʂei53Øi31xuo53təŋ53Øi31xa0tsæ44tɕhi44.

第二节　北风和太阳

北风跟太阳

有一回，北风跟太阳在那儿争论谁的本事大。争来争去就是分不出高低来。这时候路上来了个走道儿的，他身上穿着件厚大衣。他们俩就说好了，谁能先叫这个走道儿的脱下他的厚大衣，就算谁的本事大。北风就使劲地刮起来了，不过他刮得越是厉害，那个走道儿的把大衣裹得越紧。后来北风没法儿了，只好就算了。过了一会儿，太阳出来了。他火辣辣地一晒，那个走道儿的马上就把那件厚大衣脱下来了。这下儿北风只好承认，他们俩当中还是太阳的本事大。

北风跟日头爷

pei24fəŋ31kɛ̃31Ør31thou0Øiɛ44

有一回，北风跟日头爷在兀儿争谁的本事大呢，争来争去，就是分不出个高低。

Øiou53Øi31xuei24，pei24fəŋ31kɛ̃31Ør31thou0Øiɛ44tsæ44Øuar53tsəŋ31sei24ti0pɛ̃53sʅ0ta44ȵi0，tsəŋ31læ24tsəŋ31tɕhi44，tsou44sʅ0fɛ̃31pu24tʃhu31kɤ0kɔu24tɕi31.

这时候，路上来了个过路客，身上穿的厚棉袄。

tʂei53sʅ24xou0，lu44ʂaŋ0læ24liɛ0kɤ0kuo44lu44khei31，ʂɛ̃31saŋ0tʃhuã31ti0xou44miã24ŋɔu53.

北风就跟日头爷说，谁先能叫这个过路客把他兀棉袄脱了，就算谁的本事大。

pei24fəŋ31tsou44kɛ̃31Ør31thou0Øiɛ44ʃuo31，sei24ɕiã31nəŋ24tɕiou44tʂei44kɤ0kuo44lu44khei31pa31tha31Øuo53miã24ŋɔu0thuo31liɛ0，tsou44suã44sei24ti0pɛ̃53sʅ0ta44.

北风先来，它鼓劲儿刮，不过，没想到它刮得越厉害，过路客把棉袄裹得越紧。

pei24fəŋ31ɕiã31læ24，tha31ku53tɕiɛ̃r53kua31，pu31kuo44，mo31ɕiaŋ53tɔu44tha31kua31ti0ØyƐ31li44xæ0，kuo44lu44khei31pa31miã24ŋɔu53kuo53ti0ØyƐ31tɕiɛ̃53.

后来，北风没办法了，只好算了。

xou44læ24, pei24fəŋ31mo31pã44fa0liɛ0, tsʅ31xɔu53suã44liɛ0.

过了一会儿，日头爷出来了，鼓劲一晒，那个过路客热得赶紧把棉袄脱了。

xuo44liɛ0øi31xueir53，øɤr31thou0øiɛ44tʃhu31læ0liɛ0，ku53tɕiɛ44øi31sæ44，nei44 kɤ0kuo44lu44khei31zɤ31ti0kã31tɕiɛ̃53pa31miã24ŋu53thuo31liɛ0.

这一下，北风只好承认，还是[人家]日头爷本事大。

tsei53øi31xa0, pei24fəŋ31tsʅ31xɔu53tʂhəŋ24zẽ44, xæ24sʅ0ɲia44θər31thou0øiɛ44 pẽ53sʅ0ta44.

第三节　口头文化

一、歌谣

1. 月亮爷，明晃晃，开开城门洗衣裳。洗得白，捶得光，打发娃娃上学堂。读诗书，写文章，一考考上状元郎，喜报送到你门上，你看排场不排场。

2. 泥瓦匠，住草房；纺织娘，没衣裳；卖盐老婆喝淡汤。种田的，吃米糠；炒菜的，光闻香；编席的，睡光炕；做棺材的死路上。

3. 亲家母，你来啦，端个板凳你坐下，咱俩说说家常话。自从你女到我家，由十七到十八，头不梳，脸不洗，一天到晚睡得美。叫你娃，洗个碗，她拿碗去叫狗舔；叫你娃，洗个锅，清鼻留到锅耳朵；叫你娃，倒个灰，坐到粪堆就捉虱；叫你娃，看个磨，坐到磨房就睡着。

4. 他大舅他二舅，都是他舅；高桌子低板凳，都是木头；金疙瘩银疙瘩，还嫌不够；天在上地在下，你娃耍牛！

5. 谁跟我，摇尾巴，一觉踢到沟底下。沟底下，有狼哩，把娃吓得胡藏哩。

6. 一家四口人，都来把家分。老大胡子长，分了一间房；老二胡子短，分了一个碗；老三没胡子，分了个驴蹄子；老四爱喳喳，分了个烂刷刷。谁也不要妈，后院把猪拉。四个都是狼，长大忘了娘。

二、歇后语

1. 纳鞋底不用锥子——真（针）美。

2. 吃挂面不调盐——有言（盐）在先。

3. 锤子打磨石——实（石）打实（石）。

4. 碗大个西瓜一拃厚的皮——瓜实啦。

5. 老鼠钻到书箱里——咬文嚼纸（字）。

6. 狗掀门帘子——全凭一张嘴。

7. 吊死鬼擦粉——死要脸。

8. 正月十五贴门神——迟了半个月。

9. 狗撵鸭子——呱呱叫。

10. 擀杖吹火——一窍不通。

11. 红萝卜调辣子——吃出看不出。

12. 屎巴牛支桌子——硬撑。

13. 麻袋绣花——底子太差了。

14. 纸糊的墙——靠不住。

15. 秋后的蚂蚱——你蹦跶不了几天了。

16. 河里的泥鳅——翻不起大浪。

17. 双手敬礼——多此一举。

18. 丫鬟拿钥匙——当家不做主。

19. 木匠吊线——睁个眼，闭个眼。

20. 背的褡裢撵骆驼——撵上搭不上。

21. 狗喝面汤——耍舌头。

22. 省城的叫化子——口头高。

23. 钟楼底的麻雀——经过大世面。

24. 泾渭堡东边的河——清是清，浊是浊。

25. 月里的毛娃想吃咸阳的琥珀糖——碎心咋想着哩。

三、谚语

1. 人勤地有恩，遍地出黄金。

2. 要跟别人比种田，不和别人比过年。

3. 要吃来年饭，勤在田边转。

4. 五黄六月站一站，十冬腊月少顿饭。

5. 有收没收在于水，收多收少在于肥。

6. 庄稼要好，茬口勤倒。

7. 麦怕胡箕荞怕草，玉米怕得风吹倒。

8. 棉花不上粪，光长柴火棍。

9. 立夏种棉花，有苗没疙瘩。

10. 过了三月二十八，麦子豌豆乱扬花。

11. 有钱难买五月旱，六月连阴吃饱饭。

12. 庄稼汉要吃饭，三伏雨不断。

13. 白露早，寒露迟，秋分种麦正当时。

14. 夏旱不算旱，秋旱连根烂。

15. 正月怕暖，二月怕冷，三月怕霜，四月怕风，五月怕雨，六月怕旱。不冷不热，颗粒不结。

16. 麦熟一晌，蚕老一时。

17. 人怕亏心，树怕剥皮。

18. 家有十棵桐，后辈不受穷。

19. 桃三杏四梨五年，酸枣当年能赚钱，想吃核桃十多年。

20. 立秋摘花椒，白露打核桃。

21. 圈干槽净，牲口没病。

22. 打出来的黄牛，溜出来的马。

23. 驴老牙长，马老牙黄。

24. 长不过夏至，短不过冬至；热不过三伏，冷不过三九。

25. 头九暖，二九冻破脸；三九三，冻破砖；四九五九，闭门厮守；六九半，冰消散；七九八九，阳坡看柳；九九八十一，老婆老汉顺墙立。

26. 嵯峨山戴帽，长工睡大觉。

27. 东虹日头西虹雨，南虹呼噜大白雨。

28. 花美在于色，人美在于德。

29. 不怕人不敬，就怕己不正。

30. 打人不打脸，骂人不揭短。

31. 应人事小，误人事大。

32. 鼓空声大，人空话大。

33. 钟不敲不鸣，人不学不灵。

34. 独木片瓦难盖房，单砖只石难砌墙。

35. 要知父母恩，怀里抱子孙。

三原县篇

第一章 总 论

第一节 人文地理、历史沿革、人口概况

三原县地处陕西关中平原中部，渭河以北，隶属陕西省咸阳市，位于东经108°47′～109°10′，北纬34°34′～34°50′，为省会西安的北大门，距西安约36千米，距咸阳约40千米，距咸阳国际机场22千米，境内铁路、公路纵横交错，四通八达。东与临潼、富平、阎良相连，南与高陵接壤，西邻泾阳、淳化，北靠铜川新区、耀州区，总面积576.9平方千米。

三原史称"甲邑"，古称"池阳"，因境内有孟侯原、丰原、白鹿原而得名。古为京畿之地，自北魏太平真君七年（446年）置县，已有1500多年的历史，素有"衣食京师、亿万之口"美誉。隋文帝开皇三年（583年）以县隶雍州，后属京兆。五代时，改属耀州。元朝至元二十四年（1287年），县治迁徙至龙桥镇，即今之三原县城，历700余年。明代，三原县先属耀州，后改属西安府。1949年5月14日三原解放，县人民政府迁入城内。县城设陕甘宁边区三原分区专员公署，辖三原、泾阳、高陵、富平、耀县、铜川、淳化7县。1950年5月撤销三原分区，县隶属咸阳地区。1953年县改隶渭南地区；1956年10月改由省辖。1958年12月，泾阳、三原、高陵、淳化四县合并，统称三原县。1961年8月国务院批准陕西省调整专县行政区划，撤销泾阳、三原、高陵、淳化大县建制，恢复三原县制，隶属咸阳地区。1984年，咸阳地区改市后，三原县为咸阳市辖县。

至2021年，三原县辖1个街道办事处、9个镇，共141个行政村。据陕西省2018统计年鉴显示，全县常住人口41.17万，户籍人口40.81万，其中汉族约占总人口的99.9%，另有回族、满族、蒙古族、彝族等少数民族。

全县秦腔剧社众多，自明清时期开始，流行于县城和鲁桥一带，1949年后遍布全县；其次是眉户，1949年前眉户只在县城和陂西一带流行，后全县流行；另外还有豫剧，抗战时期由河南移民带来，现多以自乐班形式存在。

第二节　方言归属与内部差异

三原方言属于中原官话关中片。三原方言内部词汇、语法几乎没有差异，语音上差异也不大。大致可分为四个小片：①城关方言，主要分布在县城及周边平原地区，包括城关、鲁桥、西阳等多个乡镇，使用人口最多，其主要特点是不分尖团，精端见组字在齐齿呼前都读作 [tɕ、tɕh、ɕ] 声母。②陵前镇方言，主要分布在东部靠近富平的陵前镇一带，其特点是在齐齿呼前古精组字与端组字合流，读 [t、th] 声母，心邪母字读 [s] 声母。③陵前镇马额方言，主要分布在北部台塬地区，接近铜川耀州的陵前镇马额（原魏迴村）一带，由于受铜川方言的影响，其最大特点是把北京话中前鼻韵母 [en、in、un、ün] 四韵母的字分别读作 [ei、iei、uei、yei]；其次，马额方言听不出尖音的痕迹，全部合并为团音；另外，北京话 [p、ph] 二声母跟 [o、u] 二韵母拼合的音节，马额读作唇齿音声母 [pf、pfh]。④徐木方言，陂西镇安乐村以至徐木一带保留了典型的尖音，如"精、清、心"三字分别读作 [tsiŋ31、tshiŋ31、siẽ31]；另外，与马额相同的一点是，北京话 [p、ph] 二声母跟 [o、u] 二韵母拼合的音节，徐木也读作唇齿音声母 [pf、pfh]。[①]

近年来由于经济的快速发展及普通话的大力推广，方言的变化速度非常快，表现出与普通话趋同的势头。新老派之间存在明显的差异，如细音前的精端见三组字，老派大合流，三组都读舌面音声母 [tɕ、tɕh、ɕ]；新派则与普通话一致，精、见两组读舌面音声母 [tɕ、tɕh、ɕ]，端组读舌尖中音 [t、th] 声母。如，老派：踢 [tɕhi31] ／七 [tɕhi31] ／器 [tɕhi44]；新派：踢 [thi31] ／七 [tɕhi31] ／器 [tɕhi44]。再如微母合口三等字老派读 [v] 声母，新派为零声母，如（前为老派读音，后为新派读音）：武 [vu52/Øu52]，问 [vẽ44/Øuẽ44]，晚 [vã52/Øuã52]，味 [vei44/Øuei44]，网 [vɑŋ52/Øuɑŋ52]；溪母合口一等部分字，老派读为 [f] 声母，新派为 [kh] 声母，如：裤 [fu44/khu44]。

三原县还有多种以方言为基础和传播方式的戏剧、曲艺和民间故事等，如秦腔、眉户、王店木偶戏、古龙桥的传说、李靖的传说等。

第三节　发音人和调查人概况

方言发音人

1. 姓名：郑克强

[①] 李德林，孙立新. 三原方言 [M]. 中国文联出版社，2015 年，第 26～28 页。

2. 单位：陕西省咸阳市三原县南郊中学

3. 通信地址：陕西省咸阳市三原县临履大街南段南郊教师公寓

4. 性别：男　　民族：汉

5. 出生年月日（公历）：1957 年 5 月 10 日

6. 出生地（从省级至自然村级）：陕西省咸阳市三原县鲁桥镇盐店街村

7. 主要经历：1964～1977 年，在鲁桥镇上学、劳动；1977～1979 年，在彬县师范上学；1979～2017 年在县城教书，2017 年退休至今，在县城居住生活。

8. 文化程度：中专

9. 职业：教师

调查人

1. 姓名：卜晓梅

2. 单位：渭南师范学院

3. 通信地址：陕西省渭南市朝阳大街中段

4. 协助调查人姓名：宁　越

第二章 语　音

第一节　声　母

声母二十九个，包括零声母在内。

p 八兵病笔　　ph 派片爬平　　m 麦明门马　　f 飞蜂肥放　　v 味万问网
t 多毒东打　　th 讨台土透　　n 脑南能拿　　　　　　　　　l 连路老蓝
ts 资早贼字　　tsh 刺草寸全　　　　　　　　　s 丝山事酸
tʂ 张照镇治　　tʂh 车唱抽厂　　　　　　　　　ʂ 上手十身　　ʐ 热认让染
tʃ 猪追转桌　　tʃh 吹春出床　　　　　　　　　ʃ 鼠闩船顺　　ʒ 软润
tɕ 接酒九家　　tɕh 清天轻前　　ȵ 年牛女捏　　ɕ 想谢县先
k 高共歌敢　　kh 开快跪看　　ŋ 熬安我恶　　x 河灰好后
Ø 月云温王

说明：

① [n] 与 [ȵ] 为互补关系，因 [ȵ] 舌面音特征明显，故分立。
② [tʃ、tʃh、ʃ、ʒ] 实际发音部位略靠前；拼合口呼时，[u] 介音不明显。
③ [x] 发音部位略靠后。
④ 齐齿呼和撮口呼前的零声母摩擦重，合口呼前零声母无明显摩擦。

第二节　韵　母

韵母四十个，不包括儿化韵。

ɿ 丝试时指　　　　i 戏米急地　　　　u 五谷　　　　y 雨橘局曲
ʅ 十尺直知
ər 二儿耳
ɑ 茶辣八擦　　　　iɑ 牙鸭夏夹　　　uɑ 瓦话瓜夸
　　　　　　　　　iɛ 写茄节铁　　　　　　　　　　yɛ 靴月雪缺

ɤ 歌我磨婆　　　　　　　　　　uə 坐盒活锅　　　yɤ 学药绝脚
ɯ 疙核～桃咳
ɑɔ 包讨道脑　　　　　iɑɔ 笑桥浇鸟
ai 开菜抬来　　　　　iai 岩　　　　　　uai 快拐怀歪
ei 赔白色给　　　　　　　　　　　　　uei 鬼国回雷
ou 豆走透头　　　　　iou 油牛绿休
ã 南山半贪　　　　　iã 年件脸先　　　uã 短管宽欢　　yã 全远卷选
ẽ 根深春陈　　　　　iẽ 林新银勤　　　uẽ 村春滚魂　　yẽ 云军逊熏
ɑŋ 挡绑芒党　　　　　iɑŋ 想样江强　　uɑŋ 王窗黄装
əŋ 升灯梗坑　　　　　iəŋ 灵病拧听　　uəŋ 东红横通　yəŋ 用穷兄荣
ʐ 主猪乳

说明：

① [ɑ、iɑ、uɑ、ɑŋ、iɑŋ、uɑŋ] 中的主要元音是标准的舌面后低不圆唇元音 [ɑ]。

② [ɤ] 与唇音声母拼合时，有轻微的 [u] 的过渡音；在 [yɤ] 韵母中由于受介音 [y] 的影响，[ɤ] 发音时唇形略圆，实际接近 [o]；[ɤ] 与 [tʂ] 组声母拼合时，实际发音略靠前，接近 [ə]。

③ [ɯ] 与 [v] 拼合时，有明显的摩擦。

④ [ai] 韵母动程不大，主要元音略高。

⑤ [ɑɔ] 韵母发音动程较小。

⑥ [ou] 韵逢 24 调值时动程较明显，逢其他调值时动程不明显。

⑦ [ɑŋ] 组音中的 [ŋ] 读得较弱。

⑧ [ʐ] 为声化韵，除了自成音节外，还与声母 [tʃ、tʃh、ʃ] 拼合。

第三节　单字调

单字调四个。

阴平 31 东通百哭六麦　　阳平 24 门牛铜急毒白
上声 52 懂古统苦买老　　去声 44 动半寸卖乱地

第四节　连读变调

后字非轻声两字组连调模式见表 2-1。

表 2-1　后字非轻声两字组连调模式

后字 前字	1 阴平 31	2 阳平 24	3 上声 52	4 去声 44
1 阴平 31	24 + 31 31 + 31	31 + 24	31 + 52	31 + 44
2 阳平 24	24 + 31	24 + 24	31 + 52 24 + 52	24 + 44
3 上声 52	52 + 31	52 + 24	31 + 52 52 + 52	52 + 44
4 去声 44	44 + 31	44 + 24	44 + 52	52 + 44 44 + 44

非叠字组后字轻声两字组连调模式见表 2-2。

表 2-2　非叠字组后字轻声两字组连调模式

后字 前字	1 阴平 31	2 阳平 24	3 上声 52	4 去声 44
1 阴平 31	52 + 0 31 + 0	52 + 0	52 + 0 31 + 0	52 + 0
2 阳平 24	24 + 0	24 + 0	24 + 0	24 + 0
3 上声 52	52 + 0	52 + 0	31 + 0 52 + 0	52 + 0
4 去声 44	44 + 0	44 + 0	31 + 0 44 + 0	44 + 0

第五节　单　字

0001. 多 tuə31　　（白）/tɑ44
0002. 拖 thuə31　　（文）
0003. 大～小 tuə44
0004. 锣 luə24
0005. 左 tsuə52
0006. 歌 kɤ31
0007. 个一～ Øuai31
0008. 可 khɤ52
（白）/kɤ44
（文）

0009. 鹅 ŋɤ24	0040. 哑 ȵia52	声母 ku31	0103. 雾 vu44
0010. 饿 ŋɤ44	0041. 姐 tɕiɛ24	0072. 古 ku52	0104. 取 tɕhy52
0011. 河 xuɤ24	0042. 借 tɕiɛ44	0073. 苦 khu52	0105. 柱 tʃʐ44
0012. 茄 tɕhiɛ24	0043. 写 ɕiɛ52	0074. 裤 fu44	0106. 住 tʃʐ44
0013. 破 phɤ44	0044. 斜 ɕiɛ24	0075. 吴 Øu24	0107. 数动 sou52
0014. 婆 phɤ24	0045. 谢 ɕiɛ44	0076. 五 Øu52	0108. 数名 sou44
0015. 磨动 mɤ24	0046. 车 不是棋子	0077. 虎 xu52	0109. 主 tʃʐ52
～刀/mɤ44	tʂhɤ31	0078. 壶 xu24	0110. 输 ʃ31
～面	0047. 蛇 ʂɤ24	0079. 户 xu44	0111. 竖 ʃ44
0016. 磨名 mɤ44	0048. 射 ʂɤ44	0080. 乌 Øu31	0112. 树 ʃ44
0017. 躲 tuə52	0049. 爷 Øiɛ44	0081. 女 ȵy52	0113. 句 tɕy44
0018. 螺 luə24	0050. 野 Øiɛ52	0082. 吕 ly52	0114. 区地 ～thɕy31
0019. 坐 tsuə44	0051. 夜 Øiɛ44	0083. 徐 ɕy24	0115. 遇 Øy44
0020. 锁 suə52	0052. 瓜 kua31	0084. 猪 tʃʐ31	0116. 雨 Øy52
0021. 果 kuə52	0053. 瓦 Øua52	0085. 除 tʃhʐ24	0117. 芋 Øy44
0022. 过 kuə44	0054. 花 xua31	0086. 初 tshou31	0118. 裕 Øy31
0023. 课 khuə44	0055. 化 xua44	0087. 锄 tshou24	0119. 胎 thai31
0024. 火 xuə52	0056. 华中 ～xua31	0088. 所 suə52	0120. 台戏 ～thai24
0025. 货 xuə44	0057. 谱家 ～phu52	0089. 书 ʃ31	0121. 袋 tai44
0026. 祸 xuə44	0058. 布 pu44	0090. 鼠 ʃ52	0122. 来 lai24
0027. 靴 ɕyɛ31	0059. 铺动 phu31	0091. 如 Øʐ31	0123. 菜 tshai44
0028. 把量 pa52	0060. 簿 phu52	0092. 举 tɕy52	0124. 财 tshai24
0029. 爬 pha24	0061. 步 pu44	0093. 锯名 tɕy44	0125. 该 kai31
0030. 马 ma52	0062. 赌 tou52	0094. 去 tɕhy44	0126. 改 kai52
0031. 骂 ma44	0063. 土 thou52	0095. 渠 ～道 tɕhy24	0127. 开 khai31
0032. 茶 tsha24	0064. 图 thou24	0096. 鱼 Øy24	0128. 海 xai52
0033. 沙 sa31	0065. 杜 tou44	0097. 许 ɕy52	0129. 爱 ŋai44
0034. 假真 ～tɕia52	0066. 奴 nou24	0098. 余剩～,多～	0130. 贝 pei44
0035. 嫁 tɕia44	0067. 路 lou44	Øy24	0131. 带动 tai44
0036. 牙 ȵia24	0068. 租 tɕiou31	0099. 府 fu52	0132. 盖动 kai44
0037. 虾 ɕia31	0069. 做 tsou44	0100. 付 fu52	0133. 害 xai44
0038. 下底 ～xa44	0070. 错对 ～tshuə31	0101. 父 fu44	0134. 拜 pai44
0039. 夏春 ～ɕia44	0071. 箍 ～桶,注意	0102. 武 vu52	0135. 排 phai24

0136. 埋 mai24
0137. 戒 tɕiɛ44
0138. 摆 pai52
0139. 派 注意声调
　　　phai44 动/
　　　phai52 名
0140. 牌 phai24
0141. 买 mai52
0142. 卖 mai44
0143. 柴 tshai24
0144. 晒 sai44
0145. 街 tɕiɛ31
0146. 解～开 tɕiɛ52
0147. 鞋 xai24
0148. 蟹 注意声调
　　　ɕiɛ44
0149. 矮 ŋai52
0150. 败 phai44
0151. 币 pi44
0152. 制～造 tʂɻ44
0153. 世 sɻ44
0154. 艺 Øi44
0155. 米 mi52
0156. 低 tɕi31
0157. 梯 tɕhi31
0158. 剃 tɕhi24
0159. 弟 tɕi44
0160. 递 tɕi44
0161. 泥 ȵi24
0162. 犁 li24
0163. 西 ɕi31
0164. 洗 ɕi52
0165. 鸡 tɕi31

0166. 溪 ɕi31
0167. 契 tɕhi44
0168. 系 联～ ɕi44
0169. 杯 phei31
0170. 配 phei44
0171. 赔 phei24
0172. 背～诵 pei44
0173. 煤 mei24
0174. 妹 mei44
0175. 对 tuei44
0176. 雷 luei24
0177. 罪 tsuei44
0178. 碎 suei44
0179. 灰 xuei31
0180. 回 xuei24
0181. 外 Øuai44
0182. 会 开～ xuei44
0183. 怪 kuai44
0184. 块 khuai52
0185. 怀 xuai24
0186. 坏 xuai44
0187. 拐 kuai52
0188. 挂 kuɑ44
0189. 歪 注意声母
　　　Øuai31
0190. 画 xuɑ44
0191. 快 khuai44
0192. 话 xuɑ44
0193. 岁 suei44
0194. 卫 Øuei44
0195. 肺 fei44
0196. 桂 kuei44
0197. 碑 pi31

0198. 皮 phi24
0199. 被～子 pi44
0200. 紫 tsɻ31
0201. 刺 tshɻ44
0202. 知 tʂɻ31
0203. 池 tshɻ31
　　　涉～/tʂhɻ24
　　　～子
0204. 纸 tsɻ52
0205. 儿 Øər24
0206. 寄 tɕi44
0207. 骑 tɕhi24
0208. 蚁 注意韵母 Øi31
0209. 义 Øi44
0210. 戏 ɕi44
0211. 移 Øi24
0212. 比 pi52
0213. 屁 phi44
0214. 鼻 注意声调
　　　phi24
0215. 眉 mi24
0216. 地 tɕi44
0217. 梨 li24
0218. 资 tsɻ31
0219. 死 sɻ52
0220. 四 sɻ44
0221. 迟 tshɻ24
0222. 指 tsɻ52
0223. 师 sɻ31
0224. 二 Øər44
0225. 饥～饿 tɕi31
0226. 器 tɕhi44
0227. 姨 Øi24

0228. 李 li52
0229. 子 tsɻ52
0230. 字 tsɻ44
0231. 丝 sɻ31
0232. 祠 tshɻ24
0233. 寺 sɻ44
0234. 治 tsɻ44
0235. 柿 sɻ44
0236. 事 sɻ44
0237. 使 sɻ52
0238. 试 sɻ44
0239. 时 sɻ24
0240. 市 sɻ44
0241. 耳 Øər52
0242. 记 tɕi44
0243. 棋 tɕhi24
0244. 喜 ɕi52
0245. 意 Øi44
0246. 几～个 tɕi52
0247. 气 tɕhi44
0248. 希 ɕi31
0249. 衣 Øi31
0250. 嘴 tsuei52
0251. 随 suei24
0252. 吹 tʃhuei31
0253. 垂 tʃhuei24
0254. 规 khuei31
0255. 亏 khuei31
0256. 跪 注意声调
　　　khuei44
0257. 危 Øuei31
0258. 类 luei52
0259. 醉 tsuei44

0260. 追 tʃuei31
0261. 锤 tʃhuei24
0262. 水 ʃuei52
0263. 龟 kuei31
0264. 季 tɕi44
0265. 柜 kuei44
0266. 位 Øuei44
0267. 飞 fei31
0268. 费 fei44
0269. 肥 fei24
0270. 尾 Øi52
　　　（白）/Øuei52
　　　（文）
0271. 味 vi44
0272. 鬼 kuei52
0273. 贵 kuei44
0274. 围 Øuei24
0275. 胃 Øuei44
0276. 宝 pɔ52
0277. 抱 pɔ44
0278. 毛 mɔ24
0279. 帽 mɔ44
0280. 刀 tɔ31
0281. 讨 thɔ52
0282. 桃 thɔ24
0283. 道 tɔ44
0284. 脑 nɔ52
0285. 老 lɔ52
0286. 早 tsɔ52
0287. 灶 tsɔ44
0288. 草 tshɔ52
0289. 糙 注意声调
　　　tshɔ44

0290. 造 tsɔ44
0291. 嫂 sɔ52
0292. 高 kɔ31
0293. 靠 khɔ44
0294. 熬 ŋɔ24
0295. 好 ~坏 xɔ52
0296. 号 名 xɔ44
0297. 包 pɔ31
0298. 饱 pɔ52
0299. 炮 phɔ44
0300. 猫 mɔ24
0301. 闹 nɔ44
0302. 罩 tsɔ44
0303. 抓用手~牌
　　　tʃua31
0304. 找 ~零钱
　　　tsɔ52
0305. 抄 tshɔ31
0306. 交 tɕiɔ31
0307. 敲 tɕhiɔ31
0308. 孝 ɕiɔ44
0309. 校 学~ ɕiɔ44
0310. 表 手~ piɔ52
0311. 票 phiɔ44
0312. 庙 miɔ44
0313. 焦 tɕiɔ31
0314. 小 ɕiɔ52
0315. 笑 ɕiɔ44
0316. 朝 ~代 tʂhɔ24
0317. 照 tʂɔ44
0318. 烧 ʂɔ31
0319. 绕 ~线 ʐɔ52
0320. 桥 tɕhiɔ24

0321. 轿 tɕiɔ44
0322. 腰 Øiɔ31
0323. 要 重~ Øiɔ44
0324. 摇 Øiɔ24
0325. 鸟 注意声母
　　　n̠iɔ52
0326. 钓 tɕiɔ44
0327. 条 tɕhiɔ24
0328. 料 liɔ44
0329. 箫 ɕiɔ31
0330. 叫 tɕiɔ44
0331. 母 丈~，舅~
　　　mu52
0332. 抖 tou52
0333. 偷 thou31
0334. 头 thou24
0335. 豆 tou44
0336. 楼 lou24
0337. 走 tsou52
0338. 凑 tshou44
0339. 钩 注意声母
　　　kou24
0340. 狗 kou52
0341. 够 kou44
0342. 口 khou52
0343. 藕 ŋou52
0344. 后 前~ xou44
0345. 厚 xou44
0346. 富 fu44
0347. 副 fu44
0348. 浮 fu24
0349. 妇 fu44
0350. 流 liou24

0351. 酒 tɕiou52
0352. 修 ɕiou31
0353. 袖 ɕiou44
0354. 抽 tʂou31
0355. 绸 tʂhou24
0356. 愁 tshou24
0357. 瘦 sou44
0358. 州 tʂou31
0359. 臭 香~ tʂhou44
0360. 手 ʂou52
0361. 寿 ʂou44
0362. 九 tɕiou52
0363. 球 tɕhiou24
0364. 舅 tɕiou44
0365. 旧 tɕiou44
0366. 牛 n̠iou24
0367. 休 ɕiou31
0368. 优 Øiou31
0369. 有 Øiou52
0370. 右 Øiou44
0371. 油 Øiou24
0372. 丢 tiou31
0373. 幼 Øiou44
0374. 贪 thã31
0375. 潭 thã24
0376. 南 nã24
0377. 蚕 tshã24
0378. 感 kã52
0379. 含 ~一口水
　　　xã24
0380. 暗 ŋã44
0381. 搭 ta31
0382. 踏 注意声调

tʰɑ24

0383. 拉注意声调 lɑ31

0384. 杂 tsɑ24

0385. 鸽 kɤ31

0386. 盒 xuɤ24

0387. 胆 tã52

0388. 毯 tʰã52

0389. 淡 tã44

0390. 蓝 lã24

0391. 三 sã31

0392. 甘 kã31

0393. 敢 kã52

0394. 喊注意声调 xã52

0395. 塔 tʰɑ31

0396. 蜡 lɑ31

0397. 赚 tʃuã44/ tɕiã44（又）

0398. 杉~木,注意韵母 sã31

0399. 减 tɕiã52

0400. 咸~淡 xã24

0401. 插 tsʰɑ31

0402. 闸 tsɑ44

0403. 夹~子 tɕiɑ31

0404. 衫 sã31

0405. 监 tɕiã31

0406. 岩 Øiai24

0407. 甲 tɕiɑ31

0408. 鸭 ȵiɑ31

0409. 黏~液 z̩ã24

0410. 尖 tɕiã31

0411. 签~名 tɕʰiã24

0412. 占~领 tʂã44

0413. 染 z̩ã52

0414. 钳 tɕʰiã24

0415. 验 Øiã44

0416. 险 ɕiã52

0417. 厌 Øiã44

0418. 炎 Øiã44

0419. 盐 Øiã24

0420. 接 tɕiɛ31

0421. 折~叠 tʂɤ31

0422. 叶树~ Øiɛ31

0423. 剑 tɕiã44

0424. 欠 tɕʰiã44

0425. 严 Øiã24

0426. 业 ȵiɛ31

0427. 点 tiã52

0428. 店 tɕiã44

0429. 添 tɕʰiã31

0430. 甜 tɕʰiã24

0431. 念 ȵiã44

0432. 嫌 ɕiã24

0433. 跌注意声调 tɕiɛ31

0434. 贴 tɕʰiɛ31

0435. 碟 tɕʰiɛ24

0436. 协 ɕiɛ24

0437. 犯 fã44

0438. 法 fɑ31

0439. 品 pʰiẽ52

0440. 林 liẽ24

0441. 浸 tɕʰiẽ31

0442. 心 ɕiẽ31

0443. 寻 ɕiẽ24

0444. 沉 tʂʰẽ24

0445. 参人~ sẽ31

0446. 针 tsẽ31

0447. 深 ʂẽ31

0448. 任责~ z̩ẽ44

0449. 金 tɕiẽ31

0450. 琴 tɕʰiẽ24

0451. 音 Øiẽ31

0452. 立 lei31

0453. 集 tɕi31 动/ tɕʰi24 名

0454. 习 ɕi24

0455. 汁 tʂɿ31

0456. 十 ʂɿ24

0457. 入 Øʐ31

0458. 急 tɕi24

0459. 及 tɕi24

0460. 吸 ɕi31

0461. 单简~ tã31

0462. 炭 tʰã44

0463. 弹~琴 tʰã24

0464. 难~易 nã24

0465. 兰 lã24

0466. 懒 lã52

0467. 烂 lã44

0468. 伞注意声调 sã52

0469. 肝 kã31

0470. 看~见 kʰã44

0471. 岸 ŋã44

0472. 汉 xã44

0473. 汗 xã44

0474. 安 ŋã31

0475. 达 tɑ24

0476. 辣 lɑ31

0477. 擦 tsʰɑ31

0478. 割 kɤ31

0479. 渴 kʰɤ31

0480. 扮 pã44

0481. 办 pã44

0482. 铲 tsʰã52

0483. 山 sã31

0484. 产注意声母 tsʰã52

0485. 间房~,一~房 tɕiã31

0486. 眼 ȵiã52

0487. 限 ɕiã44

0488. 八 pɑ31

0489. 扎 tsɑ31

0490. 杀 sɑ31

0491. 班 pã31

0492. 板 pã52

0493. 慢 mã44

0494. 奸 tɕiã31

0495. 颜 Øiã24

0496. 瞎 xɑ31

0497. 变 piã44

0498. 骗欺~ pʰiã44

0499. 便方~ piã44

0500. 棉 miã24

0501. 面~孔 miã44

0502. 连 liã24

0503. 剪 tɕiã52

0504. 浅 tɕʰiã52

0505. 钱 tɕʰiã24

0506. 鲜 ɕiã52

0507. 线 ɕiã44

0508. 缠 tʂhã24	0541. 显 ɕiã52	0573. 脱 thuə31	声调 tɕhiã31
0509. 战 tʂã44	0542. 现 ɕiã44	0574. 夺 tuə24	0602. 绝 tɕyɤ24
0510. 扇 名 ʂã44	0543. 烟 Øiã31	0575. 阔 khuə31	0603. 雪 ɕyɛ31
0511. 善 ʂã44	0544. 憋 piɛ31	0576. 活 xuə24	0604. 反 fã52
0512. 件 tɕiã44	0545. 篾 mi24	0577. 顽 ~皮，~固 vã24	0605. 翻 fã31
0513. 延 Øiã24	0546. 铁 tɕhiɛ31		0606. 饭 fã44
0514. 别 ~人 piɛ24	0547. 捏 ȵiɛ31	0578. 滑 xuɑ24	0607. 晚 vã52
0515. 灭 miɛ31	0548. 节 tɕiɛ31	0579. 挖 Øuɑ31	0608. 万 麻将牌 vã44
0516. 列 liɛ31	0549. 切 动 tɕhiɛ31	0580. 闩 ʃã31	0609. 劝 tɕhyã44
0517. 撤 tʂhɤ52	0550. 截 tɕhiɛ24 动/ tɕiɛ31 量	0581. 关 ~门 kuã31	0610. 原 Øyã24
0518. 舌 ʂɤ52		0582. 惯 kuã44	0611. 冤 Øyã31
0519. 设 ʂɤ31	0551. 结 tɕiɛ31	0583. 还 动 xuã24	0612. 园 Øyã24
0520. 热 zɤ31	0552. 搬 pã31	0584. 还 副 xɑ24	0613. 远 Øyã52
0521. 杰 tɕiɛ24	0553. 半 pã44	0585. 弯 Øuã31	0614. 发 头~ fɑ31
0522. 孽 ȵiɛ31	0554. 判 phã44	0586. 刷 ʃuɑ31	0615. 罚 fɑ24
0523. 建 tɕiã44	0555. 盘 phã24	0587. 刮 kuɑ31	0616. 袜 vɑ31
0524. 健 tɕiã44	0556. 满 mã52	0588. 全 tshuã24	0617. 月 Øyɛ31
0525. 言 Øiã24	0557. 端 ~午 tuã31	0589. 选 suã52	0618. 越 Øyɛ31
0526. 歇 ɕiɛ31	0558. 短 tuã52	0590. 转 ~眼，~送 tʃuã52	0619. 县 ɕiã44
0527. 扁 piã52	0559. 断 绳~了 tuã44		0620. 决 tɕyɛ52
0528. 片 phiã44	0560. 暖 luã52	0591. 传 ~下来 tʃhuã24	0621. 缺 tɕhyɛ31
0529. 面 ~条 miã44	0561. 乱 luã44		0622. 血 ɕiɛ31
0530. 典 tɕiã52	0562. 酸 suã31	0592. 传 ~记 tʃuã44	0623. 吞 thəŋ31
0531. 天 tɕhiã31	0563. 算 suã44		0624. 根 kẽ31
0532. 田 tɕhiã24	0564. 官 kuã31	0593. 砖 tʃuã31	0625. 恨 xẽ44
0533. 垫 tɕiã44	0565. 宽 khuã31	0594. 船 tʃhuã24	0626. 恩 ŋẽ31
0534. 年 ȵiã24	0566. 欢 xuã31	0595. 软 ʐuã52	0627. 贫 phiẽ24
0535. 莲 liã24	0567. 完 Øuã24	0596. 卷 ~起 tɕyã52	0628. 民 miẽ24
0536. 前 tɕhiã24	0568. 换 xuã44	0597. 圈 圆~ tɕhyã31	0629. 邻 liẽ24
0537. 先 ɕiã31	0569. 碗 Øuã52	0598. 权 tɕhyã24	0630. 进 tɕiẽ44
0538. 肩 tɕiã31	0570. 拨 pɤ31	0599. 圆 Øyã24	0631. 亲 tɕhiẽ31
0539. 见 tɕiã44	0571. 泼 phɤ31	0600. 院 Øyã44	0632. 新 ɕiẽ31
0540. 牵 tɕhiã31	0572. 末 mɤ31	0601. 铅 ~笔，注意	0633. 镇 tʂẽ44

0634. 陈 tʂẽ24
0635. 震 tʂẽ44
0636. 神 ʂẽ24
0637. 身 ʂẽ31
0638. 辰 ʂẽ24
0639. 人 ʐẽ24
0640. 认 ʐẽ44
0641. 紧 tɕiẽ52
0642. 银 Øiẽ24
0643. 印 Øiẽ44
0644. 引 Øiẽ52
0645. 笔 pi31
0646. 匹 phi52
0647. 密 mi31
0648. 栗 li31
0649. 七 tɕhi31
0650. 侄 tʂʅ24
0651. 虱 sei31
0652. 实 ʂʅ24
0653. 失 ʂʅ31
0654. 日 Øər31
0655. 吉 tɕi31
0656. 一 Øi31
0657. 筋 tɕiẽ31
0658. 劲 有～ tɕiẽ44
0659. 勤 tɕhiẽ24
0660. 近 tɕiẽ44
0661. 隐 Øiẽ52
0662. 本 pẽ52
0663. 盆 phẽ24
0664. 门 mẽ24
0665. 墩 tuẽ31
0666. 嫩 luẽ44

0667. 村 tshuẽ31
0668. 寸 tshuẽ44
0669. 蹲注意声母 tuẽ31
0670. 孙～子 suẽ31
0671. 滚 kuẽ52
0672. 困 khuẽ44
0673. 婚 xuẽ31
0674. 魂 xuẽ24
0675. 温 Øuẽ31
0676. 卒棋子 tsou24
0677. 骨 ku31
0678. 轮 luẽ24
0679. 俊注意声母 tsuẽ44
0680. 笋 suẽ52
0681. 准 tʃuẽ252
0682. 春 tʃhuẽ31
0683. 唇 ʃuẽ24
0684. 顺 ʃuẽ44
0685. 纯 tʃhuẽ24
0686. 闰 ʒuẽ44
0687. 均 tɕyẽ31
0688. 匀 Øiẽ24
0689. 律 ly31
0690. 出 tʃhu31
0691. 橘 tɕy31
0692. 分动 fẽ31
0693. 粉 fẽ52
0694. 粪 fẽ44
0695. 坟 fẽ24
0696. 蚊 vẽ24
0697. 问 vẽ44

0698. 军 tɕyẽ31
0699. 裙 tɕhyẽ24
0700. 熏 ɕyẽ31
0701. 云～彩 Øyẽ24
0702. 运 Øyẽ44
0703. 佛～像 fɤ24
0704. 物 vɤ31
0705. 帮 paŋ31
0706. 忙 maŋ24
0707. 党 taŋ52
0708. 汤 thaŋ31
0709. 糖 thaŋ24
0710. 浪 laŋ44
0711. 仓 tshaŋ31
0712. 钢 kaŋ31
0713. 糠 khaŋ31
0714. 薄形 phɤ24
0715. 摸注意声调 mɔŋ31
0716. 托 thuə31
0717. 落 luə31
0718. 作 tsuə31
0719. 索 suə31
0720. 各 kɤ31
0721. 鹤 xuə31
0722. 恶形，入声 ŋɤ31
0723. 娘 ȵiaŋ24
0724. 两斤～ liaŋ52
0725. 亮 liaŋ44
0726. 浆 tɕiaŋ31
0727. 抢 tɕhiaŋ52
0728. 匠 tɕiaŋ44

0729. 想 ɕiaŋ52
0730. 像 ɕiaŋ44
0731. 张量 tsaŋ31
0732. 长～短 tʂhaŋ24
0733. 装 tʃuaŋ31
0734. 壮 tʃuaŋ44
0735. 疮 tʃhuaŋ31
0736. 床 tʃhuaŋ24
0737. 霜 ʃuaŋ31
0738. 章 tsaŋ31
0739. 厂 tʂhaŋ52
0740. 唱 tʂhaŋ44
0741. 伤 ʂaŋ31
0742. 尝 ʂaŋ24
0743. 上～去 ʂaŋ44
0744. 让 ʐaŋ44
0745. 姜生～ tɕiaŋ31
0746. 响 ɕiaŋ52
0747. 向 ɕiaŋ44
0748. 秧 Øiaŋ31
0749. 痒 Øiaŋ52
0750. 样 Øiaŋ44
0751. 雀注意声母 tɕhyɤ31
0752. 削 suə31
0753. 着火～了 tʂhuə24
0754. 勺 ɕyɤ24
0755. 弱 ʐuə24
0756. 脚 tɕyɤ31
0757. 约 Øyɤ31
0758. 药 Øyɤ31
0759. 光～线 kuaŋ31

0760. 慌 xuaŋ31
0761. 黄 xuaŋ24
0762. 郭 kuə31
0763. 霍 xuə31
0764. 方 faŋ31
0765. 放 faŋ44
0766. 纺 faŋ52
0767. 房 faŋ24
0768. 防 faŋ24
0769. 网 vaŋ52
0770. 筐 khuaŋ31
0771. 狂 khuaŋ24
0772. 王 Øuaŋ24
0773. 旺 Øuaŋ44
0774. 缚 fɤ52
0775. 绑 paŋ52
0776. 胖 phaŋ44
0777. 棒 paŋ44
0778. 桩 tʃuaŋ31
0779. 撞 tʃhuaŋ44
0780. 窗 tʃhuaŋ31
0781. 双 ʃuaŋ31
0782. 江 tɕiaŋ31
0783. 讲 tɕiaŋ52
0784. 降 投～ ɕiaŋ24
0785. 项 xaŋ44
　　　（白）/ɕiaŋ44
　　　（文）
0786. 剥 pɤ31
0787. 桌 tʃuə31
0788. 镯 tʃhuə24
0789. 角 tɕyə31
0790. 壳 tɕhyɤ31

　　　（白）/khɤ31
　　　（文）
0791. 学 ɕyɤ24
0792. 握 Øuə31
0793. 朋 phəŋ24
0794. 灯 təŋ31
0795. 等 təŋ52
0796. 凳 təŋ44
0797. 藤 thəŋ24
0798. 能 nəŋ24
0799. 层 tshəŋ24
0800. 僧注意声母
　　　səŋ31
0801. 肯 khẽ52
0802. 北 pei31
0803. 墨 mei24
0804. 得 tei31
0805. 特 thei24
0806. 贼 tsei24
0807. 塞 sei31
0808. 刻 khei31
0809. 黑 xei31
0810. 冰 piŋ31
0811. 证 tsəŋ44
0812. 秤 tshəŋ44
0813. 绳 ʂəŋ24
0814. 剩 ʂəŋ4
0815. 升 ʂəŋ31
0816. 兴高～ ɕiŋ44
0817. 蝇注意声母
　　　Øiŋ24
0818. 逼 pi31
0819. 力 li31

0820. 息 ɕi31
0821. 直 tʂʅ24
0822. 侧注意声母
　　　tshei31
0823. 测 tshei31
0824. 色 sei31
0825. 织 tʂʅ31
0826. 食 ʂʅ24
0827. 式 ʂʅ31
0828. 极 tɕi24
0829. 国 khuei31
0830. 或 xuei24
0831. 猛 məŋ52
0832. 打注意韵母 ta52
0833. 冷 ləŋ52
0834. 生 səŋ31
0835. 省 ～长 səŋ52
0836. 更 三～，打～
　　　tɕiŋ31/kəŋ31
　　　（又）
0837. 梗注意韵母
　　　kəŋ52
0838. 坑 khəŋ31
0839. 硬 ȵiŋ44
0840. 行 ～为，～走
　　　ɕiŋ24
0841. 百 pei31
0842. 拍 phei31
0843. 白 pei24
0844. 拆 tshei31
0845. 择 tshei24
　　　（白）/tsei24
　　　（文）
0846. 窄 tsei31

0847. 格 kei31
0848. 客 khei31
0849. 额 ŋei31
0850. 棚 phəŋ24
0851. 争 tsəŋ31
0852. 耕 kəŋ31
0853. 麦 mei31
0854. 摘 tsei31
0855. 策 tshei31
0856. 隔 kei31
0857. 兵 piŋ31
0858. 柄注意声调
　　　piŋ52
0859. 平 phiŋ24
0860. 病 piŋ44
0861. 明 miŋ24
0862. 命 miŋ44
0863. 镜 tɕiŋ44
0864. 庆 tɕhiŋ44
0865. 迎 Øiŋ24
0866. 影 Øiŋ52
0867. 剧戏～ tɕy44
0868. 饼 piŋ52
0869. 名 miŋ24
0870. 领 liŋ52
0871. 井 tɕiŋ52
0872. 清 tɕhiŋ31
0873. 静 tɕiŋ44
0874. 姓 ɕiŋ44
0875. 贞 tsẽ31
0876. 程 tʂhəŋ24
0877. 整 tʂəŋ52
0878. 正 ～反 tʂəŋ44

0879. 声 ʂəŋ31
0880. 城 tʂhəŋ24
0881. 轻 tɕhiŋ31
0882. 赢 Øiŋ24
0883. 积 tɕi31
0884. 惜 ɕi31
0885. 席 ɕi24
0886. 尺 tʂhʅ31
0887. 石 ʂʅ24
0888. 益 Øi31
0889. 瓶 phiŋ24
0890. 钉 名 tɕiŋ31
0891. 顶 tɕiŋ52
0892. 厅 tɕhiŋ31
0893. 听 ~见，注意
    声调 tɕhiŋ31
0894. 停 tɕhiŋ24
0895. 挺 tɕhiŋ52
0896. 定 tɕiŋ44
0897. 零 liŋ24
0898. 青 tɕhiŋ31
0899. 星 ɕiŋ31
0900. 经 tɕiŋ31
0901. 形 ɕiŋ24
0902. 壁 pi31
0903. 劈 phi52
0904. 踢 tɕhi31
0905. 笛 tɕhi24
0906. 历衣~ li24
0907. 锡 ɕi31
0908. 击 tɕi31
0909. 吃 tʂhʅ31
0910. 横 xuŋ44
0911. 划计~ xuɑ44

0912. 兄 ɕyŋ31
0913. 荣 Øyŋ24
0914. 永 Øyŋ52
0915. 营 Øiŋ24
0916. 蓬 ~松 phəŋ24
0917. 东 tuŋ31
0918. 懂 tuŋ52
0919. 冻 tuŋ44
0920. 通 thuŋ31
0921. 桶注意声调
    thuŋ52
0922. 痛 thuŋ44
0923. 铜 thuŋ24
0924. 动 tuŋ44
0925. 洞 tuŋ44
0926. 聋注意声调
    nəŋ24
0927. 弄注意声母
    nəŋ44
0928. 棕 tsuŋ52
0929. 葱 tshuŋ31
0930. 送 suŋ44
0931. 公 kuŋ31
0932. 孔 khuŋ52
0933. 烘~干 xuŋ31
0934. 红 xuŋ24
0935. 翁 Øuŋ31
0936. 木 mu31
0937. 读 tou24
0938. 鹿 lou31
0939. 族 tsou24
0940. 谷稻~ ku31
0941. 哭 fu31（白）/
    khu31（文）

0942. 屋 Øu31
0943. 冬 ~至 tuŋ31
0944. 统注意声调
    thuŋ52
0945. 脓注意声调
    nəŋ24
0946. 松 ~紧 suŋ31
0947. 宋 suŋ44
0948. 毒 tou24
0949. 风 fəŋ31
0950. 丰 fəŋ31
0951. 凤 fəŋ44
0952. 梦 məŋ44
0953. 中当~ tʂuŋ31
0954. 虫 tʂhuŋ24
0955. 终 tʂuŋ31
0956. 充 tʂhuŋ52
0957. 宫 kuŋ31
0958. 穷 tɕhyŋ24
0959. 熊注意声母
    ɕyŋ24
0960. 雄注意声母
    ɕyŋ24
0961. 福 fu31
0962. 服 fu2
0963. 目 mu31
0964. 六 liou31
0965. 宿住~，~舍
    ɕy31
0966. 竹 tsou31
0967. 畜 ~生 tshou31
0968. 缩 suə31
0969. 粥 tsou31
0970. 叔 sou24

0971. 熟 sou24
0972. 肉 ʐou44
0973. 菊 tɕy31
0974. 育 Øy44
0975. 封 fəŋ31
0976. 蜂 fəŋ31
0977. 缝一条~ fəŋ44
0978. 浓 luŋ24
0979. 龙 luŋ24
0980. 松 ~树，注意
    声调 suŋ31
0981. 重轻~ tʂuŋ44
0982. 肿 tʂuŋ52
0983. 种 ~树
    tʂuŋ44
0984. 冲 tʂhuŋ31
0985. 恭 kuŋ31
0986. 共 kuŋ44
0987. 凶吉~ ɕyŋ31
0988. 拥注意声调
    Øyŋ31
0989. 容 Øyŋ2
0990. 用 Øyŋ44
0991. 绿 liou31
0992. 足 tɕy31
0993. 烛 tsou24
0994. 赎 sou24
0995. 属 sou24
0996. 褥 ʐou31
0997. 曲~折，歌~
    tɕhy31
0998. 局 tɕy24
0999. 玉 Øy31
1000. 浴 Øy31

第三章 词 汇

第一节 规定词汇

一、天文、地理

（一）天文

0001. 太阳~下山了 太阳 thai44Øiaŋ0/
　　　日头 Øər31thou0
0002. 月亮~出来了 月亮 Øyɛ52liaŋ0
0003. 星星 星星 ɕiŋ52ɕiŋ0
0004. 云 云 Øyẽ24
0005. 风 风 fəŋ31
0006. 台风 台风 thai24fəŋ31
0007. 闪电名词 闪电 ʂa52tɕiã44
0008. 雷 雷 luei24
0009. 雨 雨 Øy52
0010. 下雨 下雨 ɕia44Øy52
0011. 淋衣服被雨~湿了 淋 luẽ24
0012. 晒~粮食 晒 sai44
0013. 雪 雪 ɕyɛ31
0014. 冰 冰□ piŋ52liaŋ0
0015. 冰雹 冷子 ləŋ52tsʅ0
0016. 霜 霜 ʂuaŋ31
0017. 雾 雾 vu44
0018. 露 露水 lou44ʃuei0

0019. 虹统称 虹 tɕiaŋ44
0020. 日食 日食 Øər52ʂʅ0
0021. 月食 月食 Øyɛ52ʂʅ0
0022. 天气 天气 tɕhiã31tɕhi44
0023. 晴天~ 晴 tɕhiŋ24
0024. 阴天~ 阴 ȵiẽ31
0025. 旱天~ 旱 xã44/干 kã31
0026. 涝天~ 涝 laɔ44
0027. 天亮 天明 tɕhiã31miŋ24

（二）地貌

0028. 水田 水地 ʃuei52tɕi44
0029. 旱地浇不上水的耕地 旱地 xã44tɕi44
0030. 田埂 地畔子
　　　tɕi44pã44tsʅ0/梁子 liaŋ24tsʅ0
0031. 路野外的 路 lou44
0032. 山 山 sã31
0033. 山谷 山沟 sã24kou31
0034. 江大的河 河 xuə24
0035. 溪小的河 泉子 tshuã24tsʅ0
0036. 水沟儿较小的水道 水沟儿
　　　ʃuei52kour0
0037. 湖 湖 xu24

0038. 池塘　涝池 lɑɔ44tshʅ0

0039. 水坑儿地面上有积水的小洼儿　水窝窝儿 ʃuei52ʊə24ɵuər0

0040. 洪水　大水 tɑ44ʃuei52/洪水 xuŋ24ʃuei52

0041. 淹被水～了　淹 n̠iã31

0042. 河岸　河岸 xuə24ŋã44/河边边儿 xuə24piã52piãr0

0043. 坝拦河修筑拦水的　坝 pɑ44

0044. 地震　地震 tɕi44tʂẽ44/地动 tɕi44tuŋ44

0045. 窟窿小的　碎窟窿儿 suei44khu31luə̃r0/眼眼儿 n̠iã52n̠iãr0

0046. 缝儿统称　缝儿 fə̃r52

（三）物象

0047. 石头统称　石头 ʂʅ24thou0

0048. 土统称　土 thou52

0049. 泥湿的　泥 n̠i24

0050. 水泥旧称　洋灰 Øiaŋ24xuei31

0051. 沙子　沙子 sɑ52tsʅ0

0052. 砖整块的　浑砖 xuẽ24tʃuã31

0053. 瓦整块的　浑瓦 xuẽ24Øuɑ52

0054. 煤　炭 thã44

0055. 煤油　煤油 mei24Øiou24

0056. 炭木炭　柴炭 tshai24thã0

0057. 灰烧成的　灰 xuei31

0058. 灰尘桌面上的　灰圢 xuei52tɕhiã0

0059. 火　火 xuə52

0060. 烟烧火形成的　烟 Øiã31

0061. 失火　着火 tʂhuə24xuə52

0062. 水　水 ʃuei52

0063. 凉水　凉水 liaŋ24ʃuei0

0064. 热水如洗脸的热水，不是指喝的开水　热水 zʅ31ʃuei0

0065. 开水喝的　汤 thaŋ31

0066. 磁铁　吸铁石 ɕi31tɕhiɛ31ʂʅ24

二、时间、方位

（一）时间

0067. 时候吃饭的～　时候 sʅ24xou0

0068. 什么时候　啥时儿 sɑ44sər24

0069. 现在　□□ tʂẽ24tʂẽ0

0070. 以前十年～　前 tɕhiɑ24

0071. 以后十年～　后 xou44

0072. 一辈子　一辈子 Øi31pei44tsʅ0

0073. 今年　今年 tɕiẽ31n̠iã24

0074. 明年　明年 miŋ24n̠iã0

0075. 后年　后年 xou44n̠iã0

0076. 去年　年时 n̠iã24sʅ0

0077. 前年　前年 tɕhiã24n̠iã0

0078. 往年过去的年份　往年 vaŋ52n̠iã24

0079. 年初　年初 n̠iã24tshou31

0080. 年底　年底 n̠iã24tɕi52

0081. 今天　今儿 tɕiər31

0082. 明天　明儿 miə̃r24

0083. 后天　后儿 xour52/后个儿 xou52kər0

0084. 大后天　外后儿 Øuai44xour0

0085. 昨天　夜个儿 Øiɛ24kər0

0086. 前天　前儿个 tɕhiãr24kə0

0087. 大前天　大前儿个 tɑ44tɕhiãr24kə0

0088. 整天　成天 tʂhəŋ24tɕhiã31

0089. 每天　见天 tɕiã44tɕhiã31

0090. 早晨　早晨 tsɑɔ52ʂẽ0/赶早

kã31tsɔ52

0091. 上午　上午 ʂaŋ44Øu52

0092. 中午　晌午 ʂaŋ31Øu0/晌午端 ʂaŋ31Øu24tuã31

0093. 下午　后晌 xou44ʂaŋ31/晌午偏 ʂaŋ31Øu24phiã31

0094. 傍晚　麻麻黑儿 ma24ma24xər52

0095. 白天　白儿 per24

0096. 夜晚与白天相对，统称　黑啦 xei31lɑ0

0097. 半夜　半夜 pã44Øiɛ44

0098. 正月农历　正月 tʂəŋ31Øyɛ31

0099. 大年初一农历　初一 tshou24Øi31

0100. 元宵节　正月十五 tʂəŋ31Øyɛ31ʂʅ31Øu52

0101. 清明　清明 tɕhiŋ52miŋ0

0102. 端午　端午节 tuã31Øu24tɕiɛ31

0103. 七月十五农历，节日名　无

0104. 中秋　八月十五 pa31Øyɛ31ʂʅ24Øu52

0105. 冬至　冬至 tuŋ31tsʅ44

0106. 腊月农历十二月　腊月 la31Øyɛ31

0107. 除夕农历　年三十儿 ȵiã24sã31ʂər24

0108. 历书　黄历 xuaŋ24li0

0109. 阴历　阴历 Øiẽ31li0

0110. 阳历　阳历 Øiaŋ24li0

0111. 星期天　星期天 ɕiŋ31tɕhi24tɕhiã31

（二）方位

0112. 地方　地方 tɕi44faŋ0

0113. 什么地方　啥地方 sɑ44tɕi44faŋ0

0114. 家里　屋里 Øu31li0

0115. 城里　城里 tʂhəŋ24li0

0116. 乡下　乡里 ɕiaŋ52li0

0117. 上面从～滚下来　上岸 ʂaŋ44ŋɑ0

0118. 下面从～爬上去　下岸 xɑ44ŋɑ0

0119. 左边　左帮 tsuə52paŋ0

0120. 右边　右帮 Øiou44paŋ0

0121. 中间排队排在～　中间 tʂuŋ24tɕiã31/当□里 taŋ31tʂhuŋ24li0

0122. 前面排队排在～　前头 tɕhiã24thou0

0123. 后面排队排在～　后头 xou44thou0

0124. 末尾排队排在～　梢梢 sɔ52sɑ0/巴巴尾儿 pa44pa44Øir24

0125. 对面　对岸儿 tuei44ŋãr52

0126. 面前　面前 miã44tɕhiã0

0127. 背后　背后 pei44xu0

0128. 里面躲在～　里首 li52ʂou0

0129. 外面衣服晒在～　外首 Øuai44ʂou0

0130. 旁边　偏岸儿 phiã31ŋãr52

0131. 上碗在桌子～　上头 ʂaŋ44thou0

0132. 下凳子在桌子～　下头 xɑ44thou0/底下 ti52xɑ0

0133. 边儿桌子的～　边边儿 piã31piãr24

0134. 角儿桌子的～　角角儿 tɕyɤ31tɕyər24

0135. 上去他～了　上去 ʂaŋ44tɕhi0

0136. 下来他～了　下来 xɑ44lai0

0137. 进去他～了　进去 tɕiẽ44tɕhi0

0138. 出来他～了　出来 tʂh52lai0

0139. 出去他～了　出去 tʂh52tɕhi0

0140. 回来他～了　回来 xuei24lai0

0141. 起来天冷～了　[起来] 来 tɕhiɛ52lai0

三、植物

（一）一般植物

0142. 树　树 ʃɤ44

0143. 木头　木头 mu52thou0

0144. 松树统称　松树 suŋ52ʃɤ0

0145. 柏树统称　柏树 pei52ʃɤ0

0146. 杉树　杉树 sã31ʃɤ0

0147. 柳树　柳树 liou52ʃɤ0

0148. 竹子统称　竹子 tsou52tsɿ0

0149. 笋　笋 suẽ52

0150. 叶子　叶叶儿 ȵie52ȵier0

0151. 花　花儿 xuɐr31

0152. 花蕾花骨朵儿　花骨朵儿 xua24ku52tour0

0153. 梅花　梅花儿 mei24xuɐr0

0154. 牡丹　牡丹 mu52tã31

0155. 荷花　莲花儿 liã24xuɐr0／荷花儿 xɤ24xuɐr0

0156. 草　草 tshɑɔ52

0157. 藤　蔓 vã44

0158. 刺名词　刺 tshɿ44

0159. 水果　水果 ʃuei31kuə52

0160. 苹果　苹果 phiŋ24kuə0

0161. 桃子　桃 thɑɔ24

0162. 梨　梨 li24

0163. 李子　梅李子 mei24li52tsɿ0

0164. 杏　杏 xəŋ44

0165. 橘子　橘子 tɕy31tsɿ0

0166. 柚子　柚子 ȵiou44tsɿ0

0167. 柿子　柿子 sɿ44tsɿ0

0168. 石榴　石榴 ʂɿ24liou0

0169. 枣　枣儿 tsaɔr52

0170. 栗子　栗子 li31tsɿ0

0171. 核桃　核桃 xɯ24thɑɔ0

0172. 银杏白果　白果儿 pei24kuər52

0173. 甘蔗　甘蔗 kã31tʂɤ24

0174. 木耳　木耳 mu31ɵər0

0175. 蘑菇野生的　蘑菇 mɤ24ku31

0176. 香菇　香菇 ɕiaŋ24ku31

（二）农作物

0177. 稻子指植物　水稻 ʃuei31thɑɔ52

0178. 稻谷指籽实（脱粒后是大米）　稻谷 thɑɔ52ku0

0179. 稻草脱粒后的　稻草 thɑɔ31tshɑɔ0

0180. 大麦指植物　大麦 tɑ44mei31

0181. 小麦指植物　麦 mei31

0182. 麦秸脱粒后的　麦秸 mei52tɕia0

0183. 谷子指植物（籽实脱粒后是小米）　谷 ku31

0184. 高粱指植物　稻黍 thɑɔ31ʃɤ0

0185. 玉米指成株的植物　御麦 ɵy44mei31／苞谷 paɔ31ku31

0186. 棉花指植物　棉花 miã24xuɑ31／花 xuɑ31

0187. 油菜油料作物，不是蔬菜　菜籽 tshai44tsɿ0

0188. 芝麻　芝麻 tsɿ52mɑ0

0189. 向日葵指植物　向日葵 ɕiaŋ44ɵər31khuei24

0190. 蚕豆　蚕豆儿 tshã24tour52

0191. 豌豆　豌豆 ɵuã52tou0

0192. 花生指果实，注意婉称　花生儿 xuɑ24sə̃r52

0193. 黄豆　黄豆 xuaŋ24tou0

0194. 绿豆　绿豆 liou52tou0

0195. 豇豆长条形的　豇豆 tɕiaŋ52tou0

0196. 大白菜东北～　白菜 pei24tshai0

0197. 包心菜卷心菜，圆白菜，球形的　莲花白 liã24xua31pei24

0198. 菠菜　菠菜 pɤ52tshai0

0199. 芹菜　芹菜 tɕhiẽ24tshai0

0200. 莴笋　莴笋 Øuə31suẽ0

0201. 韭菜　韭菜 tɕiou52tshai0

0202. 香菜芫荽　芫荽 Øiã24ɕy31

0203. 葱　葱 tshuŋ31

0204. 蒜　蒜 suã44

0205. 姜　姜 tɕiaŋ31

0206. 洋葱　洋葱 Øiaŋ24tshuŋ31

0207. 辣椒统称　辣子 la31tsŋ0

0208. 茄子统称　茄子 tɕhiɛ24tsŋ0

0209. 西红柿　洋柿子 Øiaŋ24sŋ44tsŋ0

0210. 萝卜统称　萝卜 luə24phu0

0211. 胡萝卜　红萝卜 xuŋ24luə24phu0

0212. 黄瓜　黄瓜 xuaŋ24kua31

0213. 丝瓜无棱的　丝瓜 sŋ31kua31

0214. 南瓜扁圆形或梨形，成熟时呈赤褐色　南瓜 nã24kua31

0215. 荸荠　无

0216. 红薯统称　红苕 xuŋ24ʂɔ24

0217. 马铃薯　洋芋 Øiaŋ24Øy44

0218. 芋头　芋头 Øy44thou0

0219. 山药圆柱形的　山药 sã31Øyɤ31

0220. 藕　莲菜 liã24tshai0

四、动物

(一) 一般动物

0221. 老虎　老虎 lɑɔ31xu0

0222. 猴子　猴 xou24

0223. 蛇统称　长虫 tʂhaŋ24tʃhuŋ0

0224. 老鼠家里的　老鼠 lɑɔ31ʃʐ0

0225. 蝙蝠　夜蝙蜂 Øiɛ44piɛ31fəŋ0

0226. 鸟儿飞鸟，统称　鸟儿 ȵiɑɔr52

0227. 麻雀　雀儿 tɕhiɑɔr52/宿子 sou52tsŋ0

0228. 喜鹊　喜鹊 ɕi52tɕhyɤ0

0229. 乌鸦　黑老鸹 xei31lɑɔ52Øua31

0230. 鸽子　鹁鸽儿 phu24kər0

0231. 翅膀鸟的，统称　翅膀 tshŋ44paŋ0

0232. 爪子鸟的，统称　爪子 tʃua52tsŋ0

0233. 尾巴　尾巴 Øi52pa0

0234. 窝鸟的　窝 Øuə31

0235. 虫子统称　虫虫儿 tʃhuŋ24tʃhuə̃r0

0236. 蝴蝶统称　蝴蝶儿 xu24tɕiɛr0

0237. 蜻蜓统称　蜻蜓 tɕhiŋ52tɕhiŋ0

0238. 蜜蜂　蜜蜂 mi31fəŋ31

0239. 蜂蜜　蜂蜜 fəŋ31mi31/蜂糖 fəŋ52thaŋ0

0240. 知了统称　知了儿 tsŋ44lɑɔr24

0241. 蚂蚁　蚍蚂蜂 phi24ma31fəŋ44

0242. 蚯蚓　蚰蜒 Øiou24Øiã0

0243. 蚕　蚕 tshã24

0244. 蜘蛛会结网的　蛛蛛 tʃʐ52tʃʐ0

0245. 蚊子统称　蚊子 vẽ24tsŋ0

0246. 苍蝇统称　蝇子 Øiŋ24tsŋ0

0247. 跳蚤咬人的　蛇蚤 kɯ31tsɑɔ31

0248. 虱子　虱 sei31

0249. 鱼　鱼 Øy24

0250. 鲤鱼　鲤鱼 li52Øy24

0251. 鳙鱼胖头鱼　无

0252. 鲫鱼　鲫鱼 tɕi31Øy24

0253. 甲鱼　鳖 piɛ31

0254. 鳞鱼的 鱼鳞甲 Øy24liẽ24tɕia52

0255. 虾统称 虾 ɕia31

0256. 螃蟹统称 螃蟹 phaŋ24xai0

0257. 青蛙统称 蛤蟆蛙 xɯ24ma0θua44

0258. 癞蛤蟆表皮多疙瘩 疥疙瘩 tɕiɛ44kɯ0ta24

（二）家畜、家禽

0259. 马 马 ma52

0260. 驴 驴 ly24

0261. 骡 骡子 luə24tsʅ0

0262. 牛 牛 ȵiou24

0263. 公牛统称 犍牛 tɕiã31ȵiou24

0264. 母牛统称 乳牛 ʐ52ȵiou24

0265. 放牛 放牛 faŋ44ȵiou24

0266. 羊 羊 Øiaŋ24

0267. 猪 猪 tʃʐ31

0268. 种猪配种用的公猪 角猪 tɕyɣ31tʃʐ31

0269. 公猪成年的,已阉的 牙猪 ȵia24tʃʐ31

0270. 母猪成年的,未阉的 母猪 mu52tʃʐ31

0271. 猪崽 猪娃儿 tʃʐ52Øuɐr0

0272. 猪圈 猪圈 tʃʐ31tɕyã44

0273. 养猪 看猪 khã24tʃʐ31

0274. 猫 猫 mɔ24

0275. 公猫 郎猫 laŋ24mɔ24

0276. 母猫 咪猫 mi44mɔ24

0277. 狗统称 狗 kou52

0278. 公狗 牙狗儿 ȵia24kour0

0279. 母狗 母狗 mu31kou0

0280. 叫狗～咬 ȵia52

0281. 兔子 兔 thou44

0282. 鸡 鸡 tɕi31

0283. 公鸡成年的,未阉的 公鸡 kuŋ31tɕi31

0284. 母鸡已下过蛋的 母鸡 mu52tɕi31

0285. 叫公鸡～（打鸣儿） 叫 tɕia44

0286. 下鸡～蛋 下 ɕia44

0287. 孵～小鸡 菢 pɔ44

0288. 鸭 鸭子 ȵia52tsʅ0

0289. 鹅 鹅 ŋɤ24

0290. 阉～公的猪 骟 ʂã44

0291. 阉～母的猪 劁 tɕhiɔ31

0292. 阉～鸡 无

0293. 喂～猪 喂 Øy44

0294. 杀猪统称,注意婉称 杀猪 sa24tʃʐ31

0295. 杀～鱼 杀 sa31

五、房舍、器具

（一）房舍

0296. 村庄一个～ 堡子 pu52tsʅ0/村 tshuẽ31

0297. 胡同统称：一条～ 巷子 xaŋ31sʅ0

0298. 街道 街上 tɕiai52ʂaŋ0

0299. 盖房子 盖房 kai44faŋ24

0300. 房子整座的,不包括院子 房 faŋ24

0301. 屋子房子里分隔而成的,统称 房子 faŋ24tsʅ0

0302. 卧室 房子 faŋ24tsʅ0

0303. 茅屋茅草等盖的 草房房儿 tshɔ52faŋ24fãr0

0304. 厨房 厨房 tʃhʐ24faŋ0

0305. 灶统称　灶火 tsɔ44xuə0

0306. 锅统称　锅 kuə31

0307. 饭锅煮饭的　锅 kuə31

0308. 菜锅炒菜的　锅 kuə31

0309. 厕所旧式的，统称　后头 xou44thou0/茅子 mɔ24tsŋ0

0310. 檩左右方向的　檩 liɛ52

0311. 柱子　柱子 tʂ44tsŋ0

0312. 大门　大门 ta44mẽ24/街门 tɕiai31mẽ24

0313. 门槛儿　门槛儿 mei24khɐr0

0314. 窗旧式的　窗 tʃhuaŋ31

0315. 梯子可移动的　梯子 tɕhi52tsŋ0

0316. 扫帚统称　扫帚 sɔ44tʃhʐ0

0317. 扫地　扫地 sɔ52ti44

0318. 垃圾　恶沙 ŋɤ52sa0

（二）家具

0319. 家具统称　家具 tɕia31tɕy44

0320. 东西我的～　过活 kuə44xuə0/东西 tuŋ52ɕi0

0321. 炕土、砖砌的，睡觉用　炕 khaŋ44

0322. 床木质的，睡觉用　床 tʃhuaŋ24

0323. 枕头　枕头 tʂẽ52thou0

0324. 被子　被儿 pir52

0325. 棉絮　套子 thɔ44tsŋ0

0326. 床单　单子 tã52tsŋ0

0327. 褥子　褥子 ʐou52tsŋ0

0328. 席子　席 ɕi24

0329. 蚊帐　蚊帐 vẽ24tsaŋ44

0330. 桌子统称　桌子 tʃuə52tsŋ0

0331. 柜子统称　柜 kuei44

0332. 抽屉桌子的　抽屉 tʂhou52tɕhi0

0333. 案子长条形的　几桌 tɕi31tʃuə31

0334. 椅子统称　椅子 øi52tsŋ0

0335. 凳子统称　凳子 təŋ44tsŋ0/板凳儿 pã52tɤr0

0336. 马桶有盖的　无

（三）用具

0337. 菜刀　切面刀 tɕhiɛ31miã44tɔ31

0338. 瓢舀水的　瓢 phiɔ24

0339. 缸　瓮 øuŋ44

0340. 坛子装酒的～　坛坛儿 thã24thãr0

0341. 瓶子装酒的～　瓶子 phiŋ24tsŋ0/瓶瓶儿 phiŋ24phiɤr0

0342. 盖子杯子的～　盖子 kai44tsŋ0

0343. 碗统称　碗 øuã52

0344. 筷子　筷子 khuai44tsŋ0

0345. 汤匙　勺勺儿 ɕɤ24ɕɤr0

0346. 柴火统称　柴 tshai24/柴火 tshai24xuə0

0347. 火柴　洋火 øiaŋ24xuə52

0348. 锁　锁子 suə52tsŋ0

0349. 钥匙　钥匙 øyɤ52sŋ0

0350. 暖水瓶　电壶 tɕia44xu24

0351. 脸盆　脸盆儿 liã52phɜ̃r0

0352. 洗脸水　洗脸水 ɕi31liã52ʃuei52

0353. 毛巾洗脸用　手巾儿 ʂou52tɕiẽr0

0354. 手绢　帕帕儿 pha52phɐr0/手帕儿 ʂou52phɐr0

0355. 肥皂洗衣服用　洋碱 øiaŋ24tɕiã52

0356. 梳子旧式的，不是篦子　木梳 mu52sou31

0357. 缝衣针　针 tʂẽ31

0358. 剪子　剪子 tɕiã52tsŋ0

0359. 蜡烛　蜡 lɑ31

0360. 手电筒　手电 ʂou52tɕiã44

0361. 雨伞挡雨的，统称　伞 sã52

0362. 自行车　车子 tʂhɤ52tsʅ0/
自行车儿 tsʅ44ɕiŋ24tʂhər52

六、服饰、饮食

（一）服饰

0363. 衣服统称　穿的 tʃhuã52tɕi0/
衣裳 Øi52ʂaŋ0

0364. 穿~衣服　穿 tʃhuã31

0365. 脱~衣服　脱 thuə31

0366. 系~鞋带　衿 tɕiẽ31

0367. 衬衫　衫子 sã52tsʅ0

0368. 背心带两条杠的，内衣　汗衫儿
xã44sãr31/背心儿 pei44ɕiə̃r31

0369. 毛衣　毛衣 mɑɔ24Øi31

0370. 棉衣　棉衣裳 miã24Øi31ʂaŋ0

0371. 袖子　袖子 ɕiou44tsʅ0

0372. 口袋衣服上的　布袋儿 pu44tɚ0

0373. 裤子　裤儿 fur52

0374. 短裤外穿的　半截裤儿
pã44tɕhiɛ0fur52

0375. 裤腿　裤腿 fu44thuei52

0376. 帽子统称　帽子 mɑɔ44tsʅ0

0377. 鞋子　鞋 xai24

0378. 袜子　袜子 vɑ31tsʅ0

0379. 围巾　围脖儿 Øuei24phər0

0380. 围裙　围裙儿 Øuei24tɕhyə̃r0

0381. 尿布　尿褯子 ȵiɑɔ44tɕhiɛ44tsʅ0

0382. 扣子　纽子 ȵiou52tsʅ0

0383. 扣~扣子　扣 khou44

0384. 戒指　箍子 ku52tsʅ0

0385. 手镯　镯子 tʃhuɑ24tsʅ0

0386. 理发　剃头 tɕhi24thou24

0387. 梳头　梳头 sou31thou24

（二）饮食

0388. 米饭　米饭 mi52fã44

0389. 稀饭用米熬的，统称　米汤
mi52thaŋ31

0390. 面粉麦子磨的，统称
面 miã44/麦面 mei31miã44

0391. 面条统称　面 miã44

0392. 面儿玉米~，辣椒~　面儿 miãr52

0393. 馒头无馅儿的，统称　蒸馍
tʂəŋ52mɤ0

0394. 包子　包子 pɑɔ52tsʅ0

0395. 饺子　煮角儿 tʃ52tɕyər0

0396. 馄饨　馄饨 xuẽ24tuẽ0

0397. 馅儿　馅儿 ɕyãr52

0398. 油条长条形的，旧称　油条
Øiou24tɕhiɑɔ24

0399. 豆浆　豆浆 tou44tɕiaŋ31

0400. 豆腐脑儿　豆腐脑儿
tou44fu0nɑɔr24

0401. 元宵食品　元宵 Øyã24ɕiɑɔ31

0402. 粽子　粽子 tsuŋ52tsʅ0

0403. 年糕用黏性大的米或米粉做的
年糕 ȵiã24kɑɔ31

0404. 点心统称　果碟儿 kuə52tɕhiɛr0

0405. 菜吃饭时吃的，统称　菜 tshai44

0406. 干菜统称　干菜 kã31tshai44

0407. 豆腐　豆腐 tou44fu0

0408. 猪血当菜的　猪血 tʃ24ɕiɛ31

0409. 猪蹄当菜的　猪蹄儿 tʃʐ31tɕhir24

0410. 猪舌头当菜的，注意婉称　口条儿 khou52tɕhiɔr24

0411. 猪肝当菜的，注意婉称　猪肝子 tʃʐ24kā52tsʅ0

0412. 下水猪、牛、羊的内脏　下水 ɕiɑ44ʃuei0

0413. 鸡蛋　鸡蛋 tɕi31tā44

0414. 松花蛋　变蛋 piā44tā44

0415. 猪油　大油 tɑ44Øiou24/荤油 xuē31Øiou24

0416. 香油　香油 ɕiaŋ31Øiou24/芝麻油 tsʅ52mɑ0Øiou24

0417. 酱油　清酱 tɕhiŋ31tɕiaŋ44

0418. 盐名词　盐 Øiā24

0419. 醋注意婉称　醋 tshou44

0420. 香烟　纸烟 tsʅ52Øiā31/烟 Øiā31

0421. 旱烟　旱烟 xā44Øiā31

0422. 白酒　酒 tɕiou52

0423. 黄酒　黄酒 xuaŋ24tɕiou52

0424. 江米酒酒酿，醪糟　醪糟儿 lɑɔ24tsɑɔr0

0425. 茶叶　茶 tshɑ24/茶叶 tshɑ24Øiɛ31

0426. 沏～茶　泼 phɤ31/泡 phɑɔ44

0427. 冰棍儿　冰棍儿 piŋ31kuɤr52

0428. 做饭统称　做饭 tsou44fā44

0429. 炒菜统称，和做饭相对　炒菜 tshɑɔ52tshai44

0430. 煮～带壳的鸡蛋　煮 tʃʐ52

0431. 煎～鸡蛋　煎 tɕiā31

0432. 炸～油条　炸 tshɑ24

0433. 蒸～鱼　蒸 tʂəŋ31

0434. 揉～面做馒头等　揉 zou24

0435. 擀～面，～皮儿　擀 kā52

0436. 吃早饭　吃早饭 tʂʅ31tsɑɔ52fā44

0437. 吃午饭　吃晌午饭 tʂʅ24ʂaŋ31Øu0fā44

0438. 吃晚饭　吃黑了饭 tʂʅ24xei31lɑɔ0fā44

0439. 吃～饭　吃 tʂʅ31

0440. 喝～酒　喝 xuə31

0441. 喝～茶　喝 xuə31

0442. 抽～烟　吃 tʂʅ31/抽 tʂhou31

0443. 盛～饭　舀 Øiɑɔ52

0444. 夹用筷子～菜　抄 tshɑɔ31

0445. 斟～酒　倒 tɑɔ44/斟 tʂē31

0446. 渴口～　渴 khɤ31/炕 khaŋ44

0447. 饿肚子～　饿 ŋɤ44/饥 tɕi31

0448. 噎吃饭～着了　噎 Øiɛ31

七、身体、医疗

（一）身体

0449. 头人的，统称　颡 sɑ24

0450. 头发　头发 thou24fa31

0451. 辫子　辫子 piā44tsʅ0

0452. 旋　旋 suā24

0453. 额头　额颅 ŋei52lou0

0454. 相貌　模囊儿 mu24nār0/模样儿 mu24Øiār0

0455. 脸洗～　脸 liā52

0456. 眼睛　眼窝 ŋiā52Øuə31

0457. 眼珠统称　眼窝珠子 ŋiā52Øuə24tʃʐ52tsʅ0

0458. 眼泪哭的时候流出来的　眼泪 ŋiā52ly0

0459. 眉毛　眼眉 ȵiã52mi24
0460. 耳朵　耳朵 Øər52tuə0
0461. 鼻子　鼻子 phi24tsʅ0
0462. 鼻涕统称　鼻 phi24
0463. 擤～鼻涕　擤 ɕiŋ52
0464. 嘴巴人的，统称　嘴 tsuei52
0465. 嘴唇　嘴唇儿 tsuei52ʃuɚr24
0466. 口水～流出来　涎水 xã31ʃuei0
0467. 舌头　舌头 ʂʅ24thou0
0468. 牙齿　牙 ȵia24
0469. 下巴　下巴儿 xɑ44pɐr0
0470. 胡子嘴周围的　胡子 xu24tsʅ0
0471. 脖子　脖浪 phɤ24laŋ0/
　　　脖项 phɤ24xaŋ0
0472. 喉咙　胡咙 xu24luŋ0
0473. 肩膀　胛骨儿 tɕia52kuɐr0
0474. 胳膊　胳膊 kɯ52phɤ0
0475. 手方言指（打√）：只指手√；包括臂：
　　　他的～摔断了　手 ʂou52
0476. 左手　左手 tsuə52ʂou0
0477. 右手　右手 Øiou44ʂou0
0478. 拳头　锤头儿 tʃhuei24thour0
0479. 手指　手指头 ʂou44tsʅ52thou0
0480. 大拇指　大门指头
　　　tɑ44mẽ0tsʅ52thou0
0481. 食指　二门指头
　　　Øər44mẽ0tsʅ52thou0
0482. 中指　中指 tʃuŋ31tsʅ0
0483. 无名指　无名指
　　　vu24miŋ24tsʅ0
0484. 小拇指　小门指头
　　　ɕiɑɔ52mẽ0tsʅ52thou0
0485. 指甲　指甲盖儿 tsʅ52Øiɑ0kɐr52

0486. 腿　腿 thuei52
0487. 脚方言指（打√）：只指脚√；包括小腿；包括小腿和大腿：他的～轧断了
　　　脚 tɕyɤ31
0488. 膝盖指部位　磕膝盖
　　　khɯ52tɕhi31kai44
0489. 背名词　脊背 tɕi52pei0
0490. 肚子腹部　肚子 tou44tsʅ0
0491. 肚脐　肚肚窝儿 tou44tou44Øuɐr24
0492. 乳房女性的　奶头 nai52thou0
0493. 屁股　沟子 kou52tsʅ0
0494. 肛门　沟门子 kou31mẽ24tsʅ0
0495. 阴茎成人的　锤子 tʃhuei24tsʅ0
0496. 女阴成人的　屄 phi31
0497. 㞎动词　合 ʂʅ31
0498. 精液　□ suŋ24
0499. 来月经注意婉称　身上来啦
　　　ʂẽ52ʂaŋ0lai24lɑ0
0500. 拉屎　解大手儿
　　　tɕiɛ52tɑ44ʂour52/屙 pɑ52
0501. 撒尿　尿 ȵiai44
0502. 放屁　放屁 faŋ44phi44
0503. 相当于"他妈的"的口头禅
　　　合他妈 ʂʅ31thɑ31mɑ24

（二）疾病、医疗

0504. 病了　病啦 piŋ44lɑ0/人不美
　　　zẽ24pu31mei52
0505. 着凉　冒风 mɑɔ44fəŋ31/着凉
　　　tʂhuə24liaŋ24
0506. 咳嗽　咳嗽 khɯ52sou0
0507. 发烧　发烧 fɑ24ʂɑɔ31
0508. 发抖　打颤 tɑ52tʂã44

0509. 肚子疼　肚子疼 tou44tsʅ0thəŋ24

0510. 拉肚子　屙哩 pɑ52li0/屙稀哩 pɑ52ɕi52li0

0511. 患疟疾　打摆子 tɑ31pai52tsʅ0

0512. 中暑　受热啦 ʂou44zɤ31lɑ0

0513. 肿　肿 tʃuŋ52

0514. 化脓　溃脓 xuei44nəŋ24

0515. 疤好了的　疤疤儿 pɑ52pɑr0

0516. 癣　癣 ɕiã52

0517. 痣凸起的　鹰子 Øiã52tsʅ

0518. 疙瘩蚊子咬后形成的　疙瘩 kɯ52tɑ0

0519. 狐臭　臭胎 tʂhou44thai31

0520. 看病　看病 khã44piŋ44

0521. 诊脉　号脉 xɑɔ44mei31

0522. 针灸　扎针 tsa24tʂẽ31

0523. 打针　打针 tɑ52tʂẽ31

0524. 打吊针　挂吊针 kuɑ44tɕiɑɔ44tʂẽ31

0525. 吃药统称　吃药 tʂhʅ24Øyɤ31

0526. 汤药　中药 tʃuŋ31Øyɤ31

0527. 病轻了　强啦 tɕhiɑŋ24lɑ0

八、婚丧、信仰

（一）婚育

0528. 说媒　说媒 ʃuə31mei24/说相 ʃuə31ɕiɑŋ44

0529. 媒人　媒人 mei24zẽ0

0530. 相亲　见面 tɕiã44miã44/背见 pei44tɕiã44

0531. 订婚　订婚 tɕiŋ44xuẽ31/定亲 tɕiŋ44tɕhiẽ31

0532. 嫁妆　陪房 phei24fɑŋ0

0533. 结婚统称　结婚 tɕiɛ24xuẽ31

0534. 娶妻子男子~，动宾　娶媳妇儿 tɕhy52ɕi52fur0

0535. 出嫁女子~　出门 tʃhʐ31mẽ24

0536. 拜堂　拜堂 pai44thɑŋ24

0537. 新郎　新女婿 ɕiẽ31ny52ɕi

0538. 新娘子　新媳妇儿 ɕiẽ24ɕi52fur0

0539. 孕妇　怀娃婆 xuai24Øuɑ44phɤ0/大肚子 tɑ44tou44tsʅ0

0540. 怀孕　有啥啦 Øiou52sɑ31lɑ0

0541. 害喜妊娠反应　害娃哩 xai44Øuɑ44li0

0542. 分娩　生娃 səŋ31Øuɑ44

0543. 流产　小产 ɕiɑɔ31tshã0/流产 liou44tshã0

0544. 双胞胎　双生子 ʃuɑŋ44səŋ31tsʅ0

0545. 坐月子　坐月子 tsuə44Øyɛ52tsʅ0

0546. 吃奶　吃奶 tʂhʅ31nai52

0547. 断奶　择奶 tshei24nai52

0548. 满月　满月 mã52Øyɛ31

0549. 生日统称　生日 səŋ31Øəɹ0

0550. 做寿　过生日 kuə44səŋ31Øəɹ0

（二）丧葬

0551. 死统称　死 sʅ52

0552. 死婉称，最常用的几种，指老人：他~了　不在啦 pu31tsai44lɑ0/老啦 lɑɔ31lɑ0

0553. 自杀　寻短见 ɕiẽ24tuã52tɕiã44/自杀 tsʅ44sɑ31

0554. 咽气　咽气 Øiã44tɕhi44

0555. 入殓　入殓 ʐu52liã0

0556. 棺材　寿器 ʂou44tɕhi0

0557. 出殡　埋人 mai24zẽ24

0558. 灵位　牌位 phai24Øuei0

0559. 坟墓单个的，老人的　坟 fẽ24

0560. 上坟　上坟 ʂaŋ44fẽ24

0561. 纸钱　纸钱儿 tsʅ52tɕhiãr24

（三）信仰

0562. 老天爷　老天爷 lɑ52tɕhiã31Øiẽ44

0563. 菩萨统称　菩萨 phu24sa0

0564. 观音　观音 kuã31Øiẽ31

0565. 灶神口头的叫法，其中如有方言亲属称谓要释义　灶火爷 tsɑ44xuə00iẽ44

0566. 寺庙　庙 miɑ44

0567. 祠堂　祠堂 tshʅ24thaŋ0

0568. 和尚　和尚 xuə24ʂaŋ0

0569. 尼姑　姑姑 ku52ku0

0570. 道士　道士 tɑʂ44sʅ0

0571. 算命统称　算卦 suã44kuɑ44

0572. 运气　运气 Øyẽ44tɕhi0

0573. 保佑　保佑 pɑʂ52Øiou44

九、人品、称谓

（一）人品

0574. 人一个～　人 ʐẽ24

0575. 男人成年的，统称　男人 nã24ʐẽ0

0576. 女人三四十岁已婚的，统称　女人 n̠y52ʐẽ0

0577. 单身汉　光棍汉 kuaŋ52kuẽ0xã0

0578. 老姑娘　老姑娘 lɑ52ku31n̠iaŋ0

0579. 婴儿　毛娃儿 mu24Øuɐr0

0580. 小孩儿三四岁的，统称　碎娃儿 suei44Øuɐr52

0581. 男孩儿统称：外面有个～在哭　男娃儿 nã24Øuɐr0/小子娃 ɕiɑ52tsʅ0Øua44

0582. 女孩儿统称：外面有个～在哭　女娃儿 n̠y52Øuɐr0

0583. 老人七八十岁的，统称　老人 lɑ52ʐẽ0

0584. 亲戚统称　亲亲 tɕhiẽ31tɕhiẽ0

0585. 朋友统称　朋友 phəŋ24Øiou0

0586. 邻居统称　隔壁儿 kei24pir52

0587. 客人　客 khei31

0588. 农民　庄稼汉 tʂuaŋ52tɕiɑ0xã0

0589. 商人　做生意的 tsou44səŋ52Øi0tɕi0

0590. 手艺人统称　手艺人 ʂou52Øi0ʐẽ24

0591. 泥水匠　泥水匠 n̠i24ʃuei0tɕiaŋ0

0592. 木匠　木匠 mu52tɕiaŋ0

0593. 裁缝　裁缝 tshai24faŋ0

0594. 理发师　剃头的 tɕhi24thou24tɕi0

0595. 厨师　厨子 tʃhʐ24tsʅ0

0596. 师傅　师傅 sʅ52fu0

0597. 徒弟　徒弟 thou24tɕi0/徒弟娃 thou24tɕi0Øua44

0598. 乞丐统称，非贬称（无统称则记成年男的）　要饭的 Øiɑ44fã44tɕi0

0599. 妓女　妓女 tɕi44n̠y52

0600. 流氓　流氓 liou24maŋ24/栽拐 tsai31kuai52

0601. 贼　贼娃子 tsei24Øua0tsʅ0/绺娃子 liou52Øua0tsʅ0

0602. 瞎子统称，非贬称（无统称则记成年男的）　瞎子 xa52tsʅ0

0603. 聋子统称，非贬称（无统称则记成年男

的）聋子 nəŋ24tsʅ0

0604. 哑巴统称，非贬称（无统称则记成年男的）　哑巴 ȵia52pa0

0605. 驼子统称，非贬称（无统称则记成年男的）　揹锅子 pei31kuə31tsʅ0

0606. 瘸子统称，非贬称（无统称则记成年男的）　跛子 pɤ52tsʅ0

0607. 疯子统称，非贬称（无统称则记成年男的）　疯子 fəŋ52tsʅ0

0608. 傻子统称，非贬称（无统称则记成年男的）　瓜子 kua52tsʅ0

0609. 笨蛋蠢的人　笨□ mẽ44suŋ24

（二）称谓

0610. 爷爷呼称，最通用的　爷 ɵiɛ44

0611. 奶奶呼称，最通用的　婆 phɤ24

0612. 外祖父叙称　外爷 ɵuei44ɵiɛ0

0613. 外祖母叙称　外婆 ɵuei44phɤ0

0614. 父母合称　父母 fu44mu52/ 大人 tuə44zə̃0

0615. 父亲叙称　大 ta24/伯 pei24

0616. 母亲叙称　妈 ma24

0617. 爸爸呼称，最通用的　大 ta24/伯 pei24

0618. 妈妈呼称，最通用的　妈 ma24

0619. 继父叙称　后大 xou44ta24

0620. 继母叙称　后妈 xou44ma24

0621. 岳父叙称　丈人 tʂaŋ44zə̃0

0622. 岳母叙称　丈母 tʂaŋ44mu0

0623. 公公叙称　阿公 ɵa52kuŋ31

0624. 婆婆叙称　阿家 ɵa52tɕia31

0625. 伯父呼称，统称　伯 pei24

0626. 伯母呼称，统称　娘 ȵiaŋ24

0627. 叔父呼称，统称　大大 ta24ta0/ 几大 tɕi52ta24

0628. 叔父呼称，排行最小的，如"幺叔" 　碎大儿 suei44tɚ24

0629. 叔母呼称，统称　婶婶儿 ʂẽ52ʂə̃r0

0630. 姑呼称，统称（无统称则记分称：比父大，比父小；已婚，未婚）　姑妈 ku31ma24 比父大/姑 ku24 比父小

0631. 姑父呼称，统称　姑大 ku31ta24/ 姑父 ku52fu0

0632. 舅舅呼称　舅大 tɕiou44ta24/ 舅 tɕiou44

0633. 舅妈呼称　妗妈 tɕiẽ44ma24/妗子 tɕiẽ44tsʅ0

0634. 姨呼称，统称（无统称则记分称：比母大，比母小；已婚，未婚）　姨妈 ɵi24ma24 比母大/姨 ɵi24 比母小

0635. 姨父呼称，统称　姨父大 ɵi24fu0ta24/姨父 ɵi24fu0

0636. 弟兄合称　弟兄 tɕi44ɕyŋ0

0637. 姊妹合称，注明是否可包括男性　姊们包括男性 tsʅ44mẽ0

0638. 哥哥呼称，统称　哥 kɤ24

0639. 嫂子呼称，统称　嫂 sɔ24

0640. 弟弟叙称　兄弟 ɕyŋ52tɕi0

0641. 弟媳叙称　弟妹 tɕi44mei44

0642. 姐姐呼称，统称　姐 tɕiɛ24

0643. 姐夫呼称　哥 kɤ24

0644. 妹妹叙称　妹子 mei44tsʅ0

0645. 妹夫叙称　妹夫 mei44fu0

0646. 堂兄弟叙称，统称　伯叔兄弟 pei31sou24ɕyŋ52tɕi0

0647. 表兄弟叙称，统称　老表

lɔ31piɔ52

0648. 妯娌弟兄妻子的合称　先后 ɕiã44xou0

0649. 连襟姊妹丈夫的关系，叙称　挑担 tɕhiɑ52tā0/担子 tā44tsʅ0

0650. 儿子叙称：我的～　娃 Øuɑ44/儿 Øər24

0651. 儿媳妇叙称：我的～　儿媳妇儿 Øər24ɕi52fur0

0652. 女儿叙称：我的～　女 n̠y52

0653. 女婿叙称：我的～　女婿 n̠y52ɕi0

0654. 孙子儿子之子　孙子 suẽ52tsʅ0

0655. 重孙子儿子之孙　重孙子 tʃhuŋ24suẽ31tsʅ0

0656. 侄子弟兄之子　侄儿 tʂʅ24Øer0

0657. 外甥姐妹之子　外甥 Øuai44səŋ31

0658. 外孙女儿之子　外孙子 Øuei44suẽ31tsʅ0

0659. 夫妻合称　两口子 liaŋ31khou0tsʅ0

0660. 丈夫叙称，最通用的，非贬称：她的～　掌柜的 tʂaŋ44kuei44tɕi0/老汉 lɑ52xã0

0661. 妻子叙称，最通用的，非贬称：他的～　掌柜的 tʂaŋ44kuei44tɕi0/老婆儿 lɑ52phər0

0662. 名字　名字 miŋ24tsʅ0

0663. 绰号　吆子号儿 Øiɑ52tsʅ0xɑr0

十、农、工、商、文

（一）农业

0664. 干活儿统称：在地里～　做活 tsou44xuə24

0665. 事情一件～　事 sʅ44

0666. 插秧　插秧 tshɑ24Øiaŋ31

0667. 割稻　割稻子 kɤ31thɑɔ52tsʅ0

0668. 种菜　务菜 vu44tshai44

0669. 犁名词　犁 li24

0670. 锄头　锄 tshou24

0671. 镰刀　镰 liã24

0672. 把儿刀～　把儿 pɐr52

0673. 扁担　水担 ʃuei52tā0

0674. 箩筐　筐子 khuaŋ52tsʅ0

0675. 筛子统称　筛子 sai52tsʅ0

0676. 簸箕农具，有梁的　搓斗儿 tshuə31tour0

0677. 簸箕簸米用　簸箕 pɤ44tɕhi31

0678. 独轮车　地轱辘 tɕi44ku31lou24

0679. 轮子旧式的，如独轮车上的　轱辘儿 ku24lour0

0680. 碓整体　无

0681. 臼　礓窝儿 tɕiaŋ31Øər31

0682. 磨名词　磨 mɤ44/砲扇 Øuei44ʂã0

0683. 年成　收成 ʂou52tʂhəŋ0

（二）工商业

0684. 走江湖统称　走江湖 tsou52tɕiaŋ52xu0

0685. 打工　打工 tɑ52kuŋ31

0686. 斧子　斧头 fu52thou0

0687. 钳子　钳子 tɕhiã24tsʅ0

0688. 螺丝刀　起子 tɕhi52tsʅ0

0689. 锤子　锤锤儿 tʃhuei24tʃhuər0

0690. 钉子　钉子 tɕiŋ52tsʅ0

0691. 绳子　绳 ʂəŋ24

0692. 棍子　棍 kuẽ44/棍棍儿

kuẽ44kuɔ̃r0

0693. 做买卖　做生意 tsou44səŋ52Øi0

0694. 商店　铺子 phu44tsʅ0

0695. 饭馆　馆子 kuā52tsʅ0/食堂 sʅ24thaŋ24

0696. 旅馆旧称　旅社 ly31ʂɤ44

0697. 贵　贵 kuei44

0698. 便宜　便宜 phiā24Øi0

0699. 合算　划算 xuɑ24suā44

0700. 折扣　折儿 tʂər24

0701. 亏本　折本儿 ʂɤ24pə̃r52

0702. 钱统称　钱 tɕhiɑ24/尜 kɑ24

0703. 零钱　零钱 liŋ24tɕhiɑ0

0704. 硬币　分分洋 fẽ52fẽ0Øiɑŋ24

0705. 本钱　本钱 pẽ52tɕhiɑ0/本儿 pə̃r52

0706. 工钱　工钱 kuŋ52tɕhiɑ0

0707. 路费　路费 lou44fei44/盘缠 phā24tʂhā0

0708. 花～钱　花 xuɑ31

0709. 赚卖一斤能～一毛钱　赚 tɕiā44/ʧhuā44（又）

0710. 挣打工～了一千块钱　挣 tsəŋ44

0711. 欠～他十块钱　争 tsəŋ31

0712. 算盘　算盘儿 suā44phãr0

0713. 秤统称　秤 tʂhəŋ44

0714. 称用秤～　称 tʂhəŋ31

0715. 赶集　着会 tʂhuə24xuei44/上会 ʂaŋ44xuei44

0716. 集市　集 tɕhi24

0717. 庙会　庙会 miɑ44xuei44

(三) 文化、娱乐

0718. 学校　学校 ɕyɤ24ɕiɑɔ44

0719. 教室　教室 tɕiɑɔ44ʂʅ0

0720. 上学　上学 ʂaŋ44ɕyɤ24

0721. 放学　放学 faŋ44ɕyɤ24

0722. 考试　考试 khɑɔ52ʂʅ44

0723. 书包　书包儿 ʃʐ24pɑɔr52

0724. 本子　本子 pẽ52tsʅ0

0725. 铅笔　铅笔 tɕhiā24pi31

0726. 钢笔　钢笔 kaŋ24pi31

0727. 圆珠笔　油笔 Øiou24pi31

0728. 毛笔　毛笔 mɑɔ24pi31

0729. 墨　墨 mei24

0730. 砚台　砚台 Øiā44thai0

0731. 信一封～　信 ɕiẽ44

0732. 连环画　娃娃儿书 Øuɑ24uɑŋ0ʃʐ31

0733. 捉迷藏　藏猫逮 tɕhiaŋ24mɑɔ24tai24

0734. 跳绳　跳绳 tɕhiɑɔ24ʂəŋ24

0735. 毽子　毽子 tɕiā44tsʅ0

0736. 风筝　风筝儿 fəŋ31tsə̃r0

0737. 舞狮　耍狮子 ʃuɑ52sʅ52tsʅ0

0738. 鞭炮统称　鞭炮 piā52phɑɔ0

0739. 唱歌　唱歌儿 tʂhaŋ44kər52

0740. 演戏　唱戏 tʂhaŋ44ɕi44

0741. 锣鼓统称　锣鼓 luə24ku52

0742. 二胡　胡胡儿 xu24xur0

0743. 笛子　笛子 tɕhi24tsʅ0

0744. 划拳　划拳 xuɑ44tɕhyā24

0745. 下棋　下棋 ɕiɑ44tɕhi24

0746. 打扑克　打牌 tɑ52phai24

0747. 打麻将　打麻将 tɑ52mɑ24tɕiaŋ44/耍牌 ʃuɑ52phai24

0748. 变魔术　耍魔术 ʃuɑ52mɤ24ʃʐu24

0749. 讲故事　说趣儿　ʃuə24tɕhyr52
0750. 猜谜语　猜趣儿　tshai31tɕhyr52
0751. 玩儿游玩：到城里～　耍　ʃua52
0752. 串门儿　串门子　tʃhuã44mẽ24tsɿ0
0753. 走亲戚　走亲亲
　　　　tsou52tɕhiẽ31tɕhiẽ0

十一、动作、行为

（一）具体动作

0754. 看～电视　看　khã44
0755. 听用耳朵～　听　tɕhiŋ31
0756. 闻嗅：用鼻子～　闻　vẽ24
0757. 吸～气　吸　ɕi31
0758. 睁～眼　睁　tsəŋ31
0759. 闭～眼　闭　pi44
0760. 眨～眼　眨　tsã31
0761. 张～嘴　张　tʂaŋ31
0762. 闭～嘴　闭　pi44
0763. 咬狗～人　咬　niɑ52
0764. 嚼把肉～碎　嚼　tshuɑ24
0765. 咽～下去　咽　Øiã44
0766. 舔人用舌头～　舔　tɕhiã52
0767. 含～在嘴里　噙　tɕhiẽ24
0768. 亲嘴　乖嘴儿　kuai31tsuər52
0769. 吮吸用嘴唇聚拢吸取液体，如吃奶时
　　　　咂　tsɑ31
0770. 吐上声，把果核儿～掉　唾　thuə44
0771. 吐去声，呕吐：喝酒喝～了　吐
　　　　thou52
0772. 打喷嚏　打喷嚏　tɑ52phẽ44tɕhi0
0773. 拿用手把苹果～过来　拿　nɑ24
0774. 给他～我一个苹果　给　kei44

0775. 摸～头　摸　mɑ31
0776. 伸～手　伸　ʂẽ31
0777. 挠～痒痒　搔　tsɑ31
0778. 掐用拇指和食指的指甲～皮肉　掐
　　　　tɕhiɑ31
0779. 拧～螺丝　拧　niŋ24/上　ʂaŋ44
0780. 拧～毛巾　扭　niou52
0781. 捻用拇指和食指来回～碎　捻　niã24
0782. 掰把橘子～开，把馒头～开　掰
　　　　pei31
0783. 剥～花生　剥　pɤ31
0784. 撕把纸～了　撕　sɿ31
0785. 折把树枝～断　折　tʂɤ52
0786. 拔～萝卜　拔　phɑ24
0787. 摘～花　摘　tsei31
0788. 站站立：～起来　立　lei31
0789. 倚斜靠：～在墙上　靠　khɑ44
0790. 蹲～下　跂蹴　kɯ24tɕiou0
0791. 坐～下　坐　tsuɑ44
0792. 跳青蛙～起来　蹦　piɛŋ44
0793. 迈跨过高物：从门槛上～过去
　　　　跷　tɕhiɑ31
0794. 踩脚～在牛粪上　踏　thɑ24
0795. 翘～腿　翘　tɕhiɑ44
0796. 弯～腰　猫　mɑ24
0797. 挺～胸　挺　tɕhiŋ52
0798. 趴～着睡　趴　phɑ24
0799. 爬小孩儿在地上～　爬　phɑ24
0800. 走慢慢儿～　走　tsou52
0801. 跑慢慢儿走，别～　跑　phɑ24
0802. 逃逃走：小偷儿～走了　跑　phɑ24
0803. 追追赶：～小偷儿　撵　niã52
0804. 抓～小偷儿　逮　tai24

0805. 抱把小孩儿～在怀里　抱pɑŋ44
0806. 背～孩子　背pei31
0807. 搀～老人　抇tʂhou31
0808. 推几个人一起～汽车　掀ɕiɑ31
0809. 摔跌：小孩儿～倒了　跌tɕiɛ31
0810. 撞人～到电线杆　撞tʃhuaŋ44
0811. 挡你～住我了，我看不见　挡tɑŋ44
0812. 躲躲藏：他～在床底下　藏tɕhiaŋ24
0813. 藏藏放，收藏：钱～在枕头下面　抬thai24
0814. 放把碗～在桌子上　搁kɤ31
0815. 摞砖～起来　摞luə44
0816. 埋～在地下　埋mai24
0817. 盖把茶杯～上　盖kai44
0818. 压用石头～住　压ȵia31
0819. 摁用手指按：～图钉　压ȵia44
0820. 捅用棍子～鸟窝　戳tʃhuə31
0821. 插把香～到香炉里　插tshɑ31
0822. 戳～个洞　戳tʃhuə31
0823. 砍～树　刷phiã52
0824. 剁把肉～碎做馅儿　斫tsɑ52
0825. 削～苹果　削suə31
0826. 裂木板～开了　绽tsã31
0827. 皱皮～起来　纵tsuŋ44
0828. 腐烂死鱼～了　臭tʂhou44/恶ŋɤ31
0829. 擦用毛巾～手　擦tshɑ31
0830. 倒把碗里的剩饭～掉　倒tɑ44
0831. 扔丢弃：这个东西坏了，～了它　撂liɑ44
0832. 扔投掷：比一比谁～得远　撂liɑ44
0833. 掉掉落，坠落：树上～下一个梨　跌tɕiɛ31
0834. 滴水～下来　滴tɕiɛ31
0835. 丢丢失：钥匙～了　遗øi24
0836. 找寻找：钥匙～到了　寻ɕiẽ24
0837. 捡～到十块钱　拾ʂɻ24
0838. 提用手把篮子～起来　提tɕhi24
0839. 挑～担　担tã31
0840. 扛把锄头～在肩上　掮tɕiɑ31
0841. 抬～轿　抬thai24
0842. 举～旗子　□tsou52
0843. 撑～伞　撑tshəŋ31
0844. 撬把门～开　撬tɕhiɑi44
0845. 挑挑选，选择：你自己～一个　挑tɕhiɑŋ31/拣tɕiã52
0846. 收拾～东西　拾掇ʂɻ24tuə31
0847. 挽～袖子　挽vã52
0848. 涮把杯子～一下　涮ʃuã44
0849. 洗～衣服　洗ɕi52
0850. 捞～鱼　捞lɑ24
0851. 拴～牛　拴ʃuã31
0852. 捆～起来　绑pɑŋ52/捆khuẽ52
0853. 解～绳子　解tɕiɛ52
0854. 挪～桌子　挪luə24
0855. 端～碗　端tuã31
0856. 摔碗～碎了　摔ʃuei31
0857. 掺～水　掺tshã31
0858. 烧～柴　烧ʂɑ31
0859. 拆～房子　拆tshei31
0860. 转～圈儿　转tʃuã44
0861. 揞用拳头～　揞tʃhuei24
0862. 打统称：他～了我一下　打tɑ52/挃tɕiɛ24
0863. 打架动手：两个人在～　打挃

tɑ52tʃhuei24

0864. 休息　歇 ɕiɛ31

0865. 打哈欠　张口儿 tʂaŋ31khour52

0866. 打瞌睡　丢盹儿 tɕiou31tuə̃r52

0867. 睡他已经～了　睡 ʃuei44

0868. 打呼噜　打呼噜 tɑ52xu52lou0/
打鼾水 tɑ52xã31ʃuei0

0869. 做梦　做睡梦 tsou52ʃuei44məŋ0

0870. 起床　起来 tɕhiɛ52lai0

0871. 刷牙　刷牙 ʃuɑ31n̪iɑ24

0872. 洗澡　洗澡 ɕi31tsɑɔ52

（二）抽象动作

0873. 想思索：让我～一下　想 ɕiaŋ52

0874. 想想念：我很～他　想 ɕiaŋ52

0875. 打算我～开个店　打算 tɑ52suã0

0876. 记得　记得 tɕi44tei0

0877. 忘记　忘啦 vaŋ44lɑ0

0878. 怕害怕：你别～　害怕 xai44phɑ44

0879. 相信我～你　信 ɕiẽ44

0880. 发愁　熬煎 ŋɑɔ52tɕiã31

0881. 小心过马路要～　小心 ɕiaɔ52ɕiẽ31

0882. 喜欢～看电视　爱 ŋai44

0883. 讨厌～这个人　熏 ɕyẽ44

0884. 舒服凉风吹来很～　善和 tʂhã52xuə0/舒坦 ʃʐ31thã0

0885. 难受生理的　难受 nã24ʂou44

0886. 难过心理的　难过 nã24kuə44

0887. 高兴　高兴 kɑɔ31ɕiŋ44

0888. 生气　着气 tʂhuə24tɕhi44

0889. 责怪　怪 kuai44

0890. 后悔　后悔 xou44xuei52

0891. 忌妒　眼红 n̪iã52xuŋ24

0892. 害羞　害羞 xai44ɕiou31

0893. 丢脸　丢人 tɕiou31ʐẽ24/□ ʃuẽ24

0894. 欺负　欺负 tɕhi52fu0

0895. 装～病　装 tʂuaŋ31

0896. 疼～小孩儿　爱 ŋai44

0897. 要我～这个　要 Øiaɔ44

0898. 有我～一个孩子　有 Øiou52

0899. 没有他～孩子　没有 mɤ31Øiou52

0900. 是我～老师　是 sʅ44

0901. 不是他～老师　不是 pu31sʅ44

0902. 在他～家　在 tsai44

0903. 不在他～家　不在 pu31tsai44

0904. 知道我～这件事　知道 tʂʅ52tɑɔ0

0905. 不知道我～这件事　知不道 tʂʅ31pu31tɑɔ44/不知道 pu31tʂʅ31tɑɔ44

0906. 懂我～英语　懂 tuŋ52

0907. 不懂我～英语　不懂 pu31tuŋ52

0908. 会我～开车　会 xuei44

0909. 不会我～开车　不会 pu31xuei44

0910. 认识我～他　认得 ʐẽ44tei0

0911. 不认识我～他　认不得 ʐẽ44pu31tei24

0912. 行应答语　能成 nəŋ24tʂhəŋ24

0913. 不行应答语　不得成 pu31tei0tʂhəŋ24

0914. 肯～来　愿意 Øyã44Øi0

0915. 应该～去　应该 Øiŋ24kai31

0916. 可以～去　能 nəŋ24

（三）言语

0917. 说～话　说 ʃuə31

0918. 话说～　话 xuɑ44

0919. 聊天儿　拉闲话 la44xã24xua0/
　　　谝闲传 phiã52xã24tʃhuã0

0920. 叫～他一声儿　叫 tɕiɑ44

0921. 吆喝大声喊　喊叫 xã52tɕiɑ0

0922. 哭小孩儿～　哭 fu31

0923. 骂当面～人　骂 mɑ44

0924. 吵架动嘴：两个人在～　嚷仗
　　　ʐaŋ52tʂaŋ44

0925. 骗～人　哄 xuŋ52

0926. 哄～小孩儿　哄 xuŋ52

0927. 撒谎　搔谎 tsɑɔ31xuaŋ52

0928. 吹牛　吹 tʃhuei31

0929. 拍马屁　溜沟子 liou44kou52tsʅ0

0930. 开玩笑　说笑 ʃuə31ɕiɑɔ44

0931. 告诉～他　给……说
　　　kei44…ʃuə31

0932. 谢谢致谢语　谢谢 ɕiɛ44ɕiɛ0

0933. 对不起致歉语　对不起
　　　tuei44pu31tɕhiɛ52

0934. 再见告别语　再见 tsai44tɕiã44

十二、性质、状态

（一）形貌

0935. 大苹果～　大 tɑ44

0936. 小苹果～　碎 suei44/小 ɕiɑɔ52

0937. 粗绳子～　壮 tʃuaŋ44/粗 tshou31

0938. 细绳子～　细 ɕi44

0939. 长线～　长 tʂhaŋ24/骂 tɕiɑ44

0940. 短线～　短 tuã52

0941. 长时间～　长 tʂhaŋ24

0942. 短时间～　短 tuã52

0943. 宽路～　宽 khuã31

0944. 宽敞房子～　宽展 khuã31tʂã0

0945. 窄路～　窄 tsei31

0946. 高飞机飞得～　高 kaɔ31

0947. 低鸟飞得～　低 tɕi31

0948. 高他比我～　高 kaɔ31

0949. 矮他比我～　低 tɕi31

0950. 远路～　骂 tɕiɑ44

0951. 近路～　近 tɕiẽ44

0952. 深水～　深 ʂẽ31

0953. 浅水～　浅 tɕhiã52

0954. 清水～　清 tɕhiŋ31

0955. 浑水～　稠 tʂhou24

0956. 圆　圆 ʮã24

0957. 扁　扁 piã52

0958. 方　方 faŋ31

0959. 尖　尖 tɕiã31

0960. 平　平 phiŋ24

0961. 肥～肉　肥 fei24

0962. 瘦～肉　瘦 sou44

0963. 肥形容猪等动物　肥 fei24

0964. 胖形容人　胖 phaŋ44

0965. 瘦形容人、动物　瘦 sou44

0966. 黑黑板的颜色　黑 xei31

0967. 白雪的颜色　白 pei24

0968. 红国旗的主颜色，统称　红 xuŋ24

0969. 黄国旗上五星的颜色　黄 xuaŋ24

0970. 蓝蓝天的颜色　蓝 lã24

0971. 绿绿叶的颜色　绿 liou31

0972. 紫紫药水的颜色　紫 tsʅ31

0973. 灰草木灰的颜色　灰 xuei31

（二）状态

0974. 多东西～　多 tuə31

0975. 少东西～　少 ʂɑɔ52

0976. 重担子～　重 tʃuŋ44/沉 tʂhẽ24

0977. 轻担子～　轻 tɕhiŋ31

0978. 直线～　端 tuã31

0979. 陡坡～，楼梯～　陡 tou52

0980. 弯弯曲：这条路是～的　弯弯儿 ɵuã52ɵuãr0

0981. 歪帽子戴～了　偏偏子 phiã52phiã0tsɿ0

0982. 厚木板～　厚 xou44

0983. 薄木板～　薄 phɤ24/枵 ɕiɑɔ31

0984. 稠稀饭～　稠 tʂhou24

0985. 稀稀饭～　稀 ɕi31

0986. 密菜种得～　稠 tʂhou24/密 mi31

0987. 稀稀疏：菜种得～　稀 ɕi31

0988. 亮指光线，明亮　亮 liaŋ44

0989. 黑指光线，完全看不见　黑 xei31

0990. 热天气～　热 zɤ31

0991. 暖和天气～　暖和 luã52xuə0

0992. 凉天气～　凉快 liaŋ24khuai0

0993. 冷天气～　冷 ləŋ52

0994. 热水～　热 zɤ31

0995. 凉水～　凉 liaŋ24

0996. 干干燥：衣服晒～了　干 kã31

0997. 湿潮湿：衣服淋～了　湿 ʂɿ31

0998. 干净衣服～　干净 kã52tɕiŋ0

0999. 脏肮脏，不干净，统称：衣服～　脏 tsɑŋ31

1000. 快锋利：刀子～　快 khuai44

1001. 钝刀子～　木 mu44

1002. 快坐车比走路～　快 khuai44

1003. 慢走路比坐车～　慢 mã44

1004. 早来得～　早 tsɑɔ52

1005. 晚来～了　迟 tshɿ24

1006. 晚天色～　晚 vã52

1007. 松捆得～　松 suŋ31

1008. 紧捆得～　紧 tɕiẽ52

1009. 容易这道题～　容易 ɵyŋ24ɵi0

1010. 难这道题～　难 nã24

1011. 新衣服～　新 ɕiẽ31

1012. 旧衣服～　旧 tɕiou44

1013. 老人～　老 lɑɔ52

1014. 年轻人～　年轻 ȵiã24tɕhiŋ31

1015. 软糖～　软 ʐuã52

1016. 硬骨头～　硬 ȵiŋ44

1017. 烂肉煮得～　烂 lã44/囊 nɑŋ31

1018. 煳饭烧～了　着 tʂhuə24

1019. 结实家具～　结实 tɕiɛ52ʂɿ0

1020. 破衣服～　烂 lã44

1021. 富他家很～　有钱 ɵiou52tɕhiã24

1022. 穷他家很～　穷 tɕhyŋ24

1023. 忙最近很～　忙 mɑŋ24

1024. 闲最近比较～　闲 xã24/清闲 tɕhiŋ52ɕiã0

1025. 累走路走得很～　乏 fɑ24

1026. 疼摔～了　疼 thəŋ24

1027. 痒皮肤～　咬 ȵɑɔ52

1028. 热闹看戏的地方很～　热闹 zɤ52nɑɔ0

1029. 熟悉这个地方我很～　熟 sou24

1030. 陌生这个地方我很～　生 səŋ31

1031. 味道尝尝～　味儿 vər52

1032. 气味闻闻～　味儿 vər52

1033. 咸菜～　咸 xã24

1034. 淡菜～　甜 tɕhiã24

1035. 酸　酸 suã31

1036. 甜　甜 tɕhiã24

1037. 苦　苦 khu52

1038. 辣　辣 la31

1039. 鲜鱼汤～　鲜 ɕiã31

1040. 香　香 ɕiaŋ31

1041. 臭　臭 tʂhou44

1042. 馊饭～　馊气 sʅ52tɕhi0

1043. 腥鱼～　腥 ɕiŋ31

（三）品性

1044. 好人～　好 xɑ52/嫽 liɑ24

1045. 坏人～　瞎 xɑ31

1046. 差东西质量～　烂葬 lɑ44tsaŋ44

1047. 对账算～了　对 tuei44

1048. 错账算～了　差 tshɑ44/错 tshuə31

1049. 漂亮形容年轻女性的长相：她很～　心疼 ɕiẽ31thəŋ24/倩 tɕhiã44

1050. 丑形容人的长相：猪八戒很～难看 nã24khã44

1051. 勤快　勤 tɕhiẽ24

1052. 懒　懒 lã52/身沉 ʂẽ31tʂhẽ24

1053. 乖　乖 kuai31/听话 tɕhiŋ31xua44

1054. 顽皮　捣 tɑ52

1055. 老实　老实 lɑ52ʂʅ0

1056. 傻痴呆　瓜 kua31

1057. 笨蠢　笨 mẽ44

1058. 大方不吝啬　大方 tɑ44faŋ31

1059. 小气吝啬　啬 sei31

1060. 直爽性格～　直 tʂʅ24

1061. 犟脾气～　犟 tɕiaŋ44

十三、数量

（一）数字

1062. 一～二三四五……，下同　一 Øi31

1063. 二　二 Øər44

1064. 三　三 sã31

1065. 四　四 sʅ44

1066. 五　五 Øu52

1067. 六　六 liou31

1068. 七　七 tɕhi31

1069. 八　八 pa31

1070. 九　九 tɕiou52

1071. 十　十 ʂʅ24

1072. 二十有无合音　二十无合音 Øər44ʂʅ0

1073. 三十有无合音　三十无合音 sã31ʂʅ0

1074. 一百　一百 Øi24pei31

1075. 一千　一千 Øi24tɕhiã31

1076. 一万　一万 Øi31vã44

1077. 一百零五　一百零五 Øi24pei31liŋ24Øu52

1078. 一百五十　一百五 Øi24pei31Øu52

1079. 第一～，第二　第一 tɕi44Øi31

1080. 二两重量　二两 Øər44liaŋ52

1081. 几个你有～孩子？　[几个] tɕiɛ31

1082. 俩你们～　俩 liaŋ31

1083. 仨你们～　三个 sã52kɤ0

1084. 个把　个把 kɤ44pɑ0

（二）量词

1085. 个一～人　个 Øuai31

1086. 匹一～马　匹 phi52

1087. 头一～牛　个 Øuai31

1088. 头一～猪　个 Øuai31

1089. 只一～狗　个 Øuai31

1090. 只一～鸡　个 Øuai31

1091. 只一～蚊子　个 Øuai31

1092. 条一～鱼　个 Øuai31

1093. 条一～蛇　个 Øuai31

1094. 张一～嘴　张 tʂaŋ31

1095. 张一～桌子　个 Øuai31

1096. 床一～被子　床 tʃhuaŋ24

1097. 领一～席子　张 tʂaŋ31/个 Øuai31

1098. 双一～鞋　双 ʃuaŋ31

1099. 把一～刀　把 pɑ52

1100. 把一～锁　个 Øuai31

1101. 根一～绳子　根儿 kə̃r31

1102. 支一～毛笔　个 Øuai31

1103. 副一～眼镜　个 Øuai31

1104. 面一～镜子　个 Øuai31

1105. 块一～香皂　块儿 khuɐr52

1106. 辆一～车　个 Øuai31

1107. 座一～房子　个 Øuai31

1108. 座一～桥　个 Øuai31

1109. 条一～河　条 tɕhiɔ24

1110. 条一～路　条 tɕhiɔ24

1111. 棵一～树　个 Øuai31

1112. 朵一～花　朵 tuə52

1113. 颗一～珠子　颗儿 khuɐr52

1114. 粒一～米　颗儿 khuɐr52

1115. 顿一～饭　顿 tuẽ44

1116. 剂一～中药　服 fu24

1117. 股一～香味　股 ku52

1118. 行一～字　行 xaŋ24

1119. 块一～钱　块 khuai52

1120. 毛角：一～钱　毛 mɑɔ24

1121. 件一～事情　个 Øuai31

1122. 点儿一～东西　点点儿 tɕiã24tɕiãr24

1123. 些一～东西　些 ɕiɛ24

1124. 下打一～，动量，不是时量　下 xɑ44

1125. 会儿坐了一～　时儿 sər24

1126. 顿打一～　顿 tuẽ44

1127. 阵下了一～雨　场 tʂhaŋ24/阵儿 tʂə̃r52

1128. 趟去了一～　回 xuei24

十四、代词、副词、介词、连词

(一) 代词

1129. 我～姓王　我 ŋɤ52

1130. 你～也姓王　你 ȵi52

1131. 您尊称　你 ȵi52

1132. 他～姓张　他 thɑ52/[人家] ȵiɑ44

1133. 我们不包括听话人：你们别去，～去　我 ŋɤ31

1134. 咱们包括听话人：他们不去，～去吧　咱 tshɑ44

1135. 你们～去　你 ȵi31

1136. 他们～去　[人家] ȵiɑ44

1137. 大家～一起干　大家 tɑ44ɕiɑ31

1138. 自己我～做的　自个儿 tsɿ44kər52

1139. 别人这是～的　[人家] ȵiɑ44

1140. 我爸～今年八十岁　我大 ŋɤ31tɑ24

1141. 你爸～在家吗？　你大 ȵi31tɑ24

1142. 他爸～去世了　他大 thɑ31tɑ24

1143. 这个我要～，不要那个　[这一]

个 tʂei52Øuai31

1144. 那个我要这个，不要～　[那一]
个 nai44Øuai0

1145. 哪个你要～杯子?　阿 [一个]
Øɑ31Øiɛ31

1146. 谁你找～?　谁 sei24

1147. 这里在～，不在那里　这儿 tʂɐr52/这搭 tʂʅ44tɑ31

1148. 那里在这里，不在～　兀儿 Øuɐr52/兀搭 Øu44tɑ31

1149. 哪里你到～去?　阿搭 Øɑ52tɑ0

1150. 这样事情是～的，不是那样的
[这一]下 tʂei52xɑ0

1151. 那样事情是这样的，不是～的
[兀一]下 Øuei52xɑ0

1152. 怎样什么样：你要～的?　啥号儿 sɑ44xɑr0/啥样儿 sɑ44Øiãr52

1153. 这么～贵啊?　这们 tʂẽ24mẽ0

1154. 怎么这个字～写?　咋 tsɑ31

1155. 什么这个是～字?　啥 sɑ44

1156. 什么你找～?　啥 sɑ44

1157. 为什么你～不去?　为啥 Øuei44sɑ0

1158. 干什么你在～?　做啥 tsou44sɑ0/弄啥 nəŋ44sɑ0

1159. 多少这个村有～人?　多少 tuɑ31ʂɑ0/多 tuɑ31

(二) 副词

1160. 很今天～热　很 xẽ52

1161. 非常比上条程度深：今天～热
冷□ ləŋ52suŋ24

1162. 更今天比昨天～热　还 xɑ24

1163. 太这个东西～贵，买不起　太 thai44

1164. 最弟兄三个中他～高　最 tsuei44

1165. 都大家～来了　都 tou24

1166. 一共～多少钱?　通满 thuŋ31mã52/一共 Øi31kuŋ44

1167. 一起我和你～去　一搭里 Øi24tɑ52li0/一搭儿 Øi31tɐr24

1168. 只我～去过一趟　只 tsʅ31

1169. 刚这双鞋我穿着～好　刚 kaŋ24

1170. 刚我～到　才 tshai24

1171. 才你怎么～来啊?　才 tshai24

1172. 就我吃了饭～去　就 tsou44

1173. 经常我～去　肯 khẽ52

1174. 又他～来了　可 khɤ31

1175. 还他～没回家　还 xɑ24

1176. 再你明天～来　可 khɤ31

1177. 也我～去；我～是老师　也 Øiɑ52

1178. 反正不用急，～还得及　反正 fã31tʂəŋ44

1179. 没有昨天我～去　没 mɤ31

1180. 不明天我～去　不 pu31

1181. 别你～去　嫑 pɑɔ31

1182. 甭不用，不必：你～客气　嫑 pɑɔ31

1183. 快天～亮了　快 khuai44

1184. 差点儿～摔倒了　稀乎儿 çi31xur24

1185. 宁可～买贵的　宁可 ŋiŋ24khɤ52/宁愿 ŋiŋ24Øyã44

1186. 故意～打破的　专门儿 tʂuã31mɐ̃r24

1187. 随便～弄一下　随便儿 suei24piãr52

1188. 白～跑一趟　白 pei24

1189. 肯定～是他干的　保准 pɑɔ52tʃuẽ52/指住 tʂɿ52tʃhʐ44

1190. 可能～是他干的　靠□ khɑɔ44ŋai24

1191. 一边～走，～说　旋……旋 suã44…suã44

(三) 介词、连词

1192. 和我～他都姓王　跟 kẽ31

1193. 和我昨天～他去城里了　跟 kẽ31

1194. 对他～我很好　对 tuei44

1195. 往～东走　迈 mai44/往 vaŋ44

1196. 向～他借一本书　问 vẽ44

1197. 按～他的要求做　照 tʂɑɔ44

1198. 替～他写信　替 tɕhi44

1199. 如果～忙你就别来了　要是 ɵiɑɔ44sɿ0/要 ɵiɑɔ44

1200. 不管～怎么劝他都不听　不论 pu31luẽ44/不管 pu31kuã52

第二节　自选词汇

1201. 扫帚星彗星 sɑɔ44tʃhu0ɕiŋ31

1202. 贼星流星 tsei24ɕiŋ31

1203. 七星勺北斗星 tɕhi31ɕiŋ31ɕyɤ24

1204. 白雨雷阵雨 pei24ɵy0

1205. 霖雨连阴雨 liẽ44ɵy0

1206. 冰溜子冰锥 piŋ31liou44tsɿ0

1207. 露水露 lou44ʃuei0

1208. 河滩 xuə24thã31

1209. 坝 pɑ44

1210. 排碱沟 phai24tɕiã52kou31

1211. 苇子壕芦苇荡 ɵy52tsɿ0xɑɔ24

1212. 渠水渠 tɕhy24

1213. 城里城市（相对乡村而言） tʂhəŋ24li0

1214. 乡里乡村（相对城市而言） ɕiaŋ31li0

1215. 白灰石灰 pei24xuei31

1216. 半截砖半块砖 pã44tɕhie24tʃuã31

1217. 砖头统称 tʃhã31thou0

1218. 浑砖完整的砖 xuẽ24tʃuã31

1219. 瓦渣瓦块（不浑全）ɵuɑ52tsɑ31

1220. 九月九重阳节 tɕiou52ɵyɛ31tɕiou52

1221. 腊八腊八节 lɑ52pɑ31

1222. 二月二龙抬头 ɵr44ɵyɛ31ɵər44

1223. 打春/立春立春 tɑ24tʃhuẽ31/li24tʃhuẽ31

1224. 忙罢麦子刚收完之后的一段时间 maŋ24pɑ44

1225. 春上/春天春天 tʃhuẽ52ʂaŋ0/tʃhuẽ31tɕhiã31

1226. 秋里/秋天秋天 tɕhiou52li0/tɕhiou31tɕhiã31

1227. 冬里冬天 tuŋ31li52

1228. 夏里/夏天夏天 ɕiɑ44li0/ɕiɑ44tɕhiã31

1229. 老早过去 lɑɔ31tsɑɔ52

1230. 跟前/四大圆里周围 kẽ52tɕhiã0/sɿ44tɑ44ɵyã24li0

1231. 兹忙半天，好一会儿 tsɿ31maŋ24

1232. 偏岸儿旁边 phiã31ŋãr52

1233. 臭椿臭椿树 tʂhou44tʃhuẽ31

1234. 香椿/香椿树香椿树
ɕiaŋ31tʃhuẽ31/ɕiaŋ31tʃhuẽ31ʃʐ44

1235. 桐树 thuŋ24ʃʐ0

1236. 杨树 Øiaŋ24ʃʐ0

1237. 桑树 saŋ52ʃʐ0

1238. 槐树 xuai24ʃʐ0

1239. 皂角树 tsɑɔ44tɕyə31ʃʐ44

1240. 枣树 tsɑɔ52ʃʐ0

1241. 柿子树 sɿ44tsɿ0ʃʐ44

1242. 核桃树 xɯ24thɑɔ0ʃʐ44

1243. 葡萄树 phu24thɑɔ0ʃʐ44

1244. 石榴树 ʂɿ24liou0ʃʐ44

1245. 黑豆 xei52tou0

1246. 豆子/黄豆黄豆 tou44tsɿ0/xuaŋ24tou0

1247. 棉花疙瘩棉花桃儿 miã24xua31kɯ52tɑ0

1248. 花秆/棉花秆棉花秆 xua31kã52/miã24xua31kã52

1249. 硬柴耐烧的柴火，一般指树干、木板等 ȵiŋ44tshai0

1250. 衣子麦衣 Øi52tsɿ0

1251. 御麦芯儿玉米芯 Øy44mei31ɕə̃r0

1252. 大辣子/大炮辣子柿子椒 ta44la52tsɿ0/ta44phɑ44la52tsɿ0

1253. 蚂蚱菜马齿苋 ma31tsɿ0tshai44

1254. 人苋菜野苋菜 z̩ẽ24xã31tshai44

1255. 刺林骨都儿蒺藜 tshɿ44liẽ0ku24tour0

1256. 灰条灰灰菜 xuei52tɕhɑɔ0

1257. 毛毛儿草狗尾巴草 mɑɔ24mɑɔr0tshɑɔ52

1258. 坷坷能蒲公英 kɯ31kɯ0nəŋ24

1259. 羊公子配种用的公羊 Øiaŋ24kuŋ31tsɿ0

1260. 公羊（阉过的） kuŋ31Øiaŋ24

1261. 奶羊母羊 nai52Øiaŋ24

1262. 细狗身形细长，善跑，关中一带经常用来田间逮野兔 ɕi44kou0

1263. 笨狗当地土狗 pẽ44kou0

1264. 狼狗 laŋ24kou0

1265. 长虫蛇 tʂhaŋ24tʃhuŋ0

1266. 秃蚂蚱蝗虫 thou31ma52tsɑ0

1267. 蛤蟆骨都儿蝌蚪 xɯ24ma0ku24tour0

1268. 屎巴牛儿/巴巴牛儿屎壳郎 sɿ44pa44ȵiour24/pa44pa44ȵiour24

1269. 鸡娃儿小鸡 tɕi52Øɐŋ0

1270. 黄鼠狼 xuaŋ24ʃʐ0laŋ24

1271. 野兔 Øiɛ52thou44

1272. 咕咕喵儿猫头鹰 ku44ku44miɑɔr52

1273. 花媳妇儿七星瓢虫 xua24ɕi52fur0

1274. 腻虫蚜虫 ȵi44tʃhuŋ0

1275. 上房正房 ʂaŋ44faŋ0

1276. 厢房侧房 ɕiaŋ52faŋ0

1277. 安间房中间拱起，两边房檐对称下垂 ŋã52tɕiã31faŋ24

1278. 平房楼板盖成的一层房屋 phiŋ24faŋ24

1279. 院子 Øyã44tsɿ0

1280. 马房马厩 ma52faŋ24

1281. 猪圈 tʃʐ31tɕyã44

1282. 狗窝 kou52Øuə31

1283. 照壁子萧墙 tʂɑɔ44pei31tsɿ0

1284. 大门/街门正门

tɑ44mẽ24/tɕiai31mẽ24

1285. 窑窝儿屋内墙上挖的小型储物洞 Øiɑɔ24Øuər31

1286. 面瓦瓮盛放面粉的陶器，较瓮粗且矮，开口大 miã44Øuɑ52Øuəŋ0

1287. 笞篮儿笞筹 phu24lãr0

1288. 勺舀饭勺 ɕyɤ24

1289. 案面板、菜板 ŋã44

1290. 笼蒸馍笼 luŋ24

1291. 甑算儿蒸箅 tɕiŋ44pir0

1292. 铲铲儿炒菜用 tshã52tshãr0

1293. 炭锨儿状似铲子的烧火工具，柄较长 thã44ɕiãr31

1294. 笓子蒸屉 pi44tsɿ0

1295. 草圈干草编成的圆形蒸器，与竹编垫子配合使用 tshɑɔ52tɕhyã31

1296. 恶水泔水 ŋɤ31ʃuei0

1297. 套子棉花胎 thɑɔ44tsɿ0

1298. 尿盆儿夜壶 ɳiɑɔ44phə̃r0

1299. 暖壶装上热水放在被窝取暖用 luã52xu24

1300. 电壶暖水瓶 tɕiã44xu24

1301. 桶汲水用的铁皮桶或塑料桶 thuŋ52

1302. 水担挑水用的扁担 ʃuei52tã0

1303. 架子车儿人力拉车 tɕiɑ44tsɿ44tʂhər31

1304. 牛隔头牛轭 ɳiou24kei52thou0

1305. 牛笼嘴 ɳiou24luŋ24tsuei0

1306. 牛鼻桊牛鼻环 ɳiou24phi24tɕhyã31

1307. 木匣四方形木质盛粮器具，敞口 mu52xã0

1308. 囤用竹席等围成的存粮食的器具 tuẽ44

1309. 碌碡石磙 lou52tshou0

1310. 笿笿儿筛粉末状细物用的器具 luə24luər0

1311. 筛子筛选面粉时，隔除麸皮、杂物的用具 sai52tsɿ0

1312. 扫帚扫地的扫帚 sɑɔ44tʃhu0

1313. 笤帚扫床用的小扫帚 tɕhiɑ24tʃhu0

1314. 衩衩裤儿开档裤 tshɑ44tshɑ0fur52

1315. 裆裆裤儿封档裤 tɑŋ52tɑŋ0fur52

1316. 背带儿裤儿背带裤 pei31tair52fur52

1317. 连脚棉裤儿连脚棉裤 liã24tɕyɤ31miã24fur0

1318. 窝窝棉鞋 Øuə52Øuə0

1319. 松紧鞋 suŋ31tɕiɛ52xai24

1320. 方口儿鞋方口鞋 fɑŋ31kour52xai24

1321. 带带儿鞋系带鞋 tai44tair0xai24

1322. 靸鞋拖鞋 sɑ52xai0

1323. 大襟袄大襟棉袄 tɑ44tɕiẽ31ŋɑɔ52

1324. 对门儿襟对襟袄 tuei44mə̃r0tɕiẽ31

1325. 袖袖儿袖套 ɕiou44ɕiour0

1326. 焯焯水 tsɑɔ44

1327. 爆快速高温爆炒 lã24

1328. 饦馏（馒头） thuə31

1329. 锅盔馍锅盔 kuə31khuei31mɤ44

1330. 凉粉儿凉粉 liaŋ24fə̃r0

1331. 鱼鱼儿玉米面做的鱼状的小吃 Øy24Øyr0

1332. 搅团 tɕiɑɔ52thuã0

1333. 火蝎子烫面薄饼 xuə52ɕiɛ52tsɿ0

1334. 耳塞耳屎 Øər52sei31

1335. 鼻痂鼻屎 phi24tɕiɑ31

1336. 垢圿身上的污垢 kou52tɕia31

1337. 脑巴后脑勺 nɑɔ52pa44

1338. 眼角屎眼屎 ȵiã52tɕyɤ31ʂʅ52

1339. 鼻脸凹鼻子两边凹陷的地方 phi24liã0Øuɑ44

1340. 辫子麻花辫 piã44tsʅ0

1341. 胳肘窝儿胳肢窝 kɯ31tʂou0Øuər24

1342. 胳肘拐儿胳膊肘 kɯ31tʂou0kuair52

1343. 桃核儿脚踝骨 thɑɔ24xur24

1344. 腿腕子脚踝 thuei52vã44tsʅ0

1345. 腿猪娃儿小腿肚子 thuei52tʃʐ31Øuɐŋ0

1346. 精沟子光屁股 tɕiŋ24kou52tsʅ0

1347. 精身子赤身 tɕiŋ24ʂẽ52tsʅ0

1348. 蝇子屎雀斑 Øiŋ24tsʅ0sʅ52

1349. 痨病肺结核 lɑɔ24piŋ44

1350. 噎食胃癌 Øiɛ52ʂʅ0

1351. 瞎瞎病绝症 xɑ52xɑ0piŋ44

1352. 洋鼓洋号过红白大事时吹打的西洋乐器，区别于当地乐器 Øiaŋ24ku52Øiaŋ24xɑɔ44

1353. 花轿 xua31tɕiɑɔ44

1354. 娶媳妇儿 tɕhy52ɕi52fur0

1355. 嫁女 tɕia44ȵy52

1356. 办人男子续弦 pã44ʐẽ24

1357. 另嫁改嫁 liŋ44tɕia44

1358. 过事操办红白大事等 kuɑ44sʅ44

1359. 鬼子唢呐 kuei52tsʅ0

1360. 食落过红白大事时抬送的供品等 sʅ24luɔ31

1361. 下官话媒人代表男方到女方家商定婚期等事宜 ɕia44kuã52xuɑ0

1362. 报丧人死亡后，本家通知所有亲朋，称报丧 pɑɔ44saŋ31

1363. 头七亡人去世第七天举行的祭奠仪式 thou24tɕhi31

1364. 三七亡人去世第三个七天举行的祭奠仪式 sã31tɕhi31

1365. 周年亡人去世第一年举行的祭奠仪式 tʂou52ȵiã0

1366. 三年亡人去世第三年举行的祭奠仪式，一般要立碑、唱戏、待客等 sã31ȵiã24

1367. 过寿给老人做寿 kuɑ44ʂou44

1368. 好日子老年人的生日 xɑɔ52ɚr31tsʅ0

1369. 送灯舅家在每年春节期间给12岁以内的外甥送灯笼的一种习俗 suŋ44təŋ31

1370. 百岁小孩子出生一百天 pei52tsuei0

1371. 谢承请帮忙的人吃饭表示感谢 ɕiɛ44tʂhəŋ0

1372. 全灯小孩13虚岁，即第一个本命年，家人常在春节期间择日宴请亲朋的一种习俗。全灯后，舅家不再给孩子"送灯" tʂhuã24təŋ31

1373. 老汉老头儿 lɑɔ52xã0

1374. 老婆儿老太婆 lɑɔ52phər0

1375. 乡里人乡下人 ɕiaŋ52li0ʐẽ24

1376. 一岸子人外地人 Øi31ŋã44tsʅ0ʐẽ24

1377. 姑婆儿对父母的姑姑的称呼 ku31phər24

1378. 姨婆儿对父母的姨姨的称呼 Øi24phər24

1379. 舅爷对父母的舅舅的称呼 tɕiou44Øiɛ44

1380. 小叔子丈夫的弟弟，叙称 ɕiɔ52sou31tsɿ0
1381. 大姑姐叙称，丈夫的姐姐 ta44ku31tɕiɛ24
1382. 小姑子叙称，丈夫的妹妹 ɕiɔ52ku31tsɿ0
1383. 妻哥妻子的哥哥，叙称 tɕhi31kɤ52
1384. 妻弟儿叙称，妻子的弟弟 tɕhi31tir52
1385. 她姨妈叙称，妻子的姐姐 tha31øi24ma24
1386. 她姨/妻妹儿叙称，小姨子 tha31øi24/tɕhi31mər52
1387. 瞎□坏人 xa31suŋ24
1388. 懒□懒人 lã52suŋ24
1389. 崽娃子调皮的小孩儿 tsai52øua31tsɿ0
1390. 啬皮吝啬的人 sei31phi24
1391. 蔫蔫怪言语少、城府深的人 ȵiã52ȵiã0kuai44
1392. 麦秸积麦秸垛 mei52tɕiã31tɕi44
1393. 耙耙子 pha44
1394. 犁 li24
1395. 扬场 øiaŋ24tʂhaŋ24
1396. 揭地犁地 tɕiɛ31tɕi44
1397. 耙地翻地 pha44tɕi44
1398. 摇耧手持耧摇动播种 øiɔ24lou24
1399. 碾场机械车辆碾砸麦子 ȵiã52tʂhaŋ24
1400. 锄地松土 tshou24tɕi44
1401. 上粪/上肥料（化肥）施肥 ʂaŋ44fẽ44/ʂaŋ44fei24liɔ44
1402. 渥粪积肥 øuɑ31fẽ44
1403. 糟/渥浸泡（衣物）tsɔ31/øuɑ31

1404. 浇地灌溉 tɕiɔ31tɕi44
1405. 吊水汲水 tɕiɔ44ʃuei52
1406. 窖水窖 tɕiɔ44
1407. 红苕窖菜窖 xuŋ24ʂɔ24tɕiɔ44
1408. 井水井 tɕiŋ52
1409. 机井机器打的深井 tɕi31tɕiŋ52
1410. 压水井将地下水引到地面的水井 ȵia31ʃuei52tɕiŋ52
1411. 要价开价 øiɔ44tɕia44
1412. 搞价还价 kɔ52tɕia44
1413. 经纪经纪人，买卖中间人 tɕiŋ52tɕi0
1414. 匠人各种工匠的统称 tɕiaŋ44zẽ0
1415. 息利息 ɕi31
1416. 墨毛笔用的墨汁 mei24
1417. 蓝水钢笔用的蓝色墨汁 lã24ʃuei52
1418. 牌刷儿板擦儿 phai24ʃuɐr31
1419. 粉锭儿粉笔 fẽ44tɕiã̃r52
1420. 钻笔刀儿卷笔刀 tsuã44pi24tɑɔr52
1421. 弹球儿 thã24tɕhiour24
1422. 打水漂在水面上掷瓦片等的一种游戏 ta52ʃuei52phiɔ31
1423. 跳房子游戏 tɕhiɑ44faŋ24tsɿ0
1424. 翻绞绞游戏 fã24tɕiɔ52tɕɔ0
1425. 压宝游戏 ȵia31pɔ52
1426. 踢毽子游戏 tɕhi31tɕiã44tsɿ0
1427. 滚铁环游戏 kuẽ52tɕhiɛ31xuã24
1428. 打四角摔方宝 ta52sɿ44tɕyɤ31
1429. 抓子儿/抓五儿用小石子儿或小瓦块儿，扔起其一，完成规定动作后再接住 tʃua31tsər24/tʃua24øur52
1430. 婆儿沙包 phər24
1431. 掐 tɕhia31
1432. 压住/摁住按压

ȵia52tʃhʐ0/ŋẽ44tʃhʐ0

1433. 打折锅 洗锅 tɑ52tʂɤ24kuə31

1434. 拾掇/打折 收拾

ʂʅ24tuə31/tɑ52tʂɤ31

1435. 拾掇/修修理 ʂʅ24tuə31/ɕiou31

1436. 睡躺 ʃuei44

1437. 跌倒 摔倒 tɕiɛ31tɑ0

1438. 埋 mai24

1439. 圈（把动物等）关起来 tɕhyã52

1440. 不列（条状物等）摆来摆去

pu31liɛ31

1441. 倒 倒掉 tɑɔ44

1442. 洒/漾 洒出来、溢出来 sɑ31/
Øiaŋ44

1443. 溢 溢出来 Øi31

1444. 铰剪 tɕiɑɔ52

1445. 紟/绑 系鞋带等 tɕiẽ31/paŋ52

1446. 害怕/怕恐怕 xai44phɑ44/phɑ44

1447. 括摸 估计 khuə31mɤ31

1448. 保猜想 pɑɔ52

1449. 惯娇惯 kuã44

1450. 操心 留神 tshɑɔ24ɕiẽ31

1451. 眼红 羡慕 ȵiã52xuŋ24

1452. 想 挂念 ɕiaŋ52

1453. 尺摸 揣酌 tʂhʅ31mɤ31

1454. 捏揣 磨叽 ȵiɛ31tʃhuai0

1455. 发躁 发怒 fɑ31tshɑɔ44

1456. 巴结 pɑ31tɕiɛ31

1457. 失嚓 指责 ʂʅ52tɕyɛ31

1458. 喊叫 吼 xã52tɕiɑɔ31

1459. 嘟囔/嘟嘟唠叨

tou52naŋ31/tou52tou0

1460. 闹腾/闹活 没事找事、惹事

nɑɔ44thəŋ0/nɑɔ44xuə0

1461. 立站 lei31

1462. 兴停 ɕiŋ44

1463. 扑挲 用手来回抚摸 phu24suə31

1464. 抻拉、扯 tʂhẽ44

1465. 拖 用力拉 tuẽ44

1466. 靸 踢踏着鞋 sɑ31

1467. 圆成 从旁促成某事 Øyã24tʂhəŋ0

1468. 浑 完整 xuẽ24

1469. 黑（光线）暗 xei31

1470. 深（颜色）暗 ʂẽ31

1471. 暄净 衣物颜色等看起来干净

suã52tɕiŋ0

1472. 瞎 不好 xɑ31

1473. 冷清 不热闹 ləŋ52tɕhiŋ0

1474. 软和 软绵绵 ʐuã52xuə0

1475. 光滑溜 kuaŋ44

1476. 穰和（口感）软和，褒义

ʐaŋ52xuə0

1477. 光光滑 kuaŋ31

1478. 难泥泞 nã44

1479. 死呆呆 呆板 sʅ52ŋai24ŋai0

1480. 难受（心理）难受 nã24ʂou44

1481. 灵 聪明 liŋ24

1482. 灵醒 机灵 liŋ24ɕiŋ0

1483. 活泛/活（处事）灵活

xuə24fã0/xuə24

1484. 心细细心 ɕiẽ31ɕi44

1485. 张张狂 tʂaŋ24

1486. 木呆头呆脑 mu44

1487. 圪里拐弯儿 弯弯曲曲

kɯ52li0kuai52Øuãr31

1488. 圪里圪崂 角角落落

kɯ31li0kɯ31lɑɔ24

1489. 善/善和合适 tṣhã52/tṣhã52xuə0

1490. 拽/□让人看着很舒服很享受的样子
tʃuai52/ʂɑ24

1491. 毛焦/叵烦烦躁 mɑɔ24tɕiɑɔ31/
phɤ52fã0

1492. 爨油泼辣子或炒芝麻等散发的香味
tshuã44

1493. 骚轻轻薄 sɑɔ24tɕhiŋ31

1494. 怄愁忧愁 ŋou52tshou0

1495. 疙里疙瘩（物体表面）不平
kɯ31li24kɯ31tɑ31

1496. 胡求麻达凑合，应付差事
xu24tɕiou0mɑ52tɑ0

1497. 扑气/拉洒邋遢
phu52tɕhi0/lɑ24sɑ0

1498. 把作别扭 pɑ52tsuə31

1499. 麻眼指事情不好办或者某人不好打交道
mɑ24n̠iã52

1500. 失眼行为举止令人讨厌 ʂʅ31n̠iã52

1501. 失塌（东西）坏了 ʂʅ52thɑ31

1502. 丧眼吃相难看，令人讨厌
sɑŋ31n̠iã52

1503. 阴阴险 Øiẽ31

1504. 能行形容人能干 nəŋ24ɕiŋ24

1505. ［一个］Øiɛ31

1506. 俩两个 liaŋ31

1507. 仨三个 sã31

1508. 三五个 sã31ɵu52kɤ0

1509. 十来个十几个 ʂʅ24lai52kɤ0

1510. 百十个一百个左右 pei52ʂʅ31kɤ0

1511. 他娃他儿子 thɑ31ɵuɑ44

1512. 我娃我儿子 ŋɤ31ɵuɑ44

1513. 你娃你儿子 n̠i31ɵuɑ44

1514. ［这一］下这么（做）tṣei52xɑ0

1515. ［兀一］下那么（做）Øuei52xɑ0

1516. 咋弄怎样做 tsɑ31nəŋ44

1517. 咋向怎么 tsɑ31ɕiɑŋ44

1518. 捏个儿/些微儿稍微
n̠iɛ31kər52/ɕiɛ31vər24

1519. 楞一直 ləŋ52

1520. 大模儿大概 tɑ44mur52

1521. 干脆 kã31tshuei44

1522. 得亏幸亏 tei24khuei31

1523. 迈（～后看）往 mai44

第四章　语法与口头文化

第一节　语法例句

1. 你是哪里人？
   你是阿搭人？
   ȵi52sʅ44ɵɑ52tɑ31ẓẽ24？

2. 我是_____人。（说出所在县或市）
   我是三原人。
   ŋɤ52sʅ44ʂã52ɵyã0ẓẽ24.

3. 你今年多大？
   你今年多大啦？
   ȵi52tɕiẽ31ȵiã24tuə31tɑ44lɑ0？

4. 我_____岁了。（说出自己的实际年龄）
   我六十三啦。
   ŋɤ52liou31sʅ24ʂã31lɑ0.

5. 你叫什么名字？
   你叫个啥？
   ȵi52tɕiɑɔ44kə0sɑ44？

6. 我叫_____。（说出自己的名字）
   郑克强。
   tʂəŋ44khei31tɕhiaŋ24.

7. 你家住哪里？
   你屋在阿搭哩？
   ȵi24ʊ31tsai44ɵɑ52tɑ31li0？

8. 我家在_____。（说出自己居住的地址）
   我屋在消防队隔壁儿哩。

ŋɤ24Øu31tsai44ɕiaɔ31faŋ24tuei44kei24pir52li0.

9. 谁呀？我是老三。

   谁？老三。

   sei24？laɔ52sã31.

10. 老四呢？他正在跟一个朋友（那儿）说着话呢。

    老四哩？［人家］跟［一个］朋友在［兀搭］儿说话哩。

    laɔ52sʅ44li0？ȵia44kẽ31Øiɛ44phəŋ24Øiou52tsai44Øuɐr52ʃuə31xua44li0.

11. 他还没有说完吗？

    他还没说毕？

    thɑ52xɑ24mɤ31ʃuə24pi31？

12. 还没有。大约再有一会儿就说完了。

    没。还得一时儿。

    mɤ31. xɑ24tei31Øi31sər24.

13. 他说马上就走，怎么这半天了还在家里呢？

    不是说马上就走哩么，咋还在屋里头哩？

    pu31sʅ44ʃuə31mɑ52ʂaŋ44tsou52tsou44li0mu0，tsɑ31xɑ24tsai44Øu31li0thou0li0？

14. 你到哪儿去？我到城里去。

    你到阿搭去呀？我城里去呀。

    ȵi52taɔ44Øɑ52tɑ31tɕhi44Øia0？ŋɤ52tʂhəŋ24li0tɕhi44Øia0.

15. 在那儿，不在这儿。

    在［兀搭儿］，没在［这搭儿］。

    tsai44Øuɐr52，mɤ31tsai44tʂɐr52.

16. 不是那么做，是要这么做的。

    不是［兀一］下，是［这一］下。

    pu31sʅ44Øuei52xɑ0，sʅ31tʂei52xɑ0.

17. 太多了，用不着那么多，只要这么多就够了。

    太多啦，要不了兀些，只要这一点儿。

    thai44tuə31lɑ0，Øiɑ44pu31liɑi52Øu44ɕiɛ24，tsʅ31Øiaɔ44tʂʅ44Øi31tɕiãr24.

18. 这个大，那个小，这两个哪一个好点呢？

    这［一个］大，兀［一个］碎，这俩阿［一个］好？

    tʂʅ44Øiɛ31tɑ44，Øu44Øiɛ31suei44，tʂʅ44liaŋ31Øɑ31Øiɛ31xɑɔ52？

19. 这个比那个好。

    这［一个］比那［一个］好。

tʂei52ø̞iɛ31pi52nai44ø̞iɛ31xɑɔ52.

20. 这些房子不如那些房子好。

    这些房不胜那些房。

    tʂʅ44ɕiɛ31faŋ24pu31ʂəŋ44nai44ɕiɛ31faŋ24.

21. 这句话用_____话怎么说？（填本地地名，本地音）

    [这一] 话用三原话咋说哩？

    tʂei52xuɑ44ø̞yŋ44sã52ø̞yã0xuɑ44tsa31ʃuə31li0？

22. 他今年多大岁数？

    他今年多大啦？

    thɑ52tɕiẽ31n̠iã24tuə31tɑ44la0？

23. 大概有三十来岁吧。

    三十来岁儿。

    sã52ʂʅ0lai0suer52.

24. 这个东西有多重呢？

    这有多重？

    tʂɤ44ø̞iou52tuə31tʃuŋ44？

25. 有五十斤重呢。

    五十斤。

    ø̞u52ʂʅ0tɕiẽ31.

26. 拿得动吗？

    能拿动不？

    nəŋ24nɑ24tuŋ0pu0？

27. 我拿得动，他拿不动。

    我能拿动，他拿不动。

    ŋɤ52nəŋ24nɑ24tuŋ0，n̠iɑ31nɑ24pu31tuŋ44.

28. 真不轻，重得连我都拿不动了。

    重很，连我都拿不动。

    tʃuŋ44xẽ52，liã24ŋɤ52tou31nɑ24pu31tuŋ44.

29. 你说得很好，你还会说点儿什么呢？

    说得好，你还能说些啥？

    ʃuə52tɕi0xɑɔ52，n̠i52xa24nəŋ24ʃuə31ɕiɛ31sa44？

30. 我嘴笨，我说不过他。

    咱说不过 [人家]。

tsʰɑ44ʃuə52pu31kuə44ȵiɑ44.

31. 说了一遍，又说了一遍。

    可说了一回。

    kʰɤ31ʃuə31lɑɔ0øi31xuei24.

32. 请你再说一遍。

    再说一回。

    tsai44ʃuə31øi31xuei24.

33. 不早了，快去吧！

    迟啦，赶紧去！

    tsʰŋ24lɑ0，kã31tɕiẽ52tɕhi44！

34. 现在还很早呢。等一会儿再去吧。

    早着哩。□一下去。

    tsɑɔ52tʂuə0li0. ɕiŋ44øi31xɑ44tɕhi44.

35. 吃了饭再去好吧？

    吃了饭去，咋相？

    tʂʰŋ31lɑɔ0fã44tɕhi44，tsɑ31ɕiaŋ44?

36. 慢慢儿地吃啊！不要急嘛！

    吃慢些！覅急！

    tʂʰŋ31mã44ɕiɛ31！pɑɔ31tɕi24！

37. 坐着吃比站着吃好些。

    坐下比立下吃好。

    tsuə44xɑ0pi44lei52xɑ0tʂʰŋ31xɑɔ52.

38. 这个吃得，那个吃不得。

    ［这一］［一个］能吃，兀［一个］吃不成。

    tʂei52øiɛ31nəŋ24tʂʰŋ31，øuei52øiɛ31tʂʰŋ31pu31tʂʰəŋ24.

39. 他吃了饭了，你吃了饭没有呢？

    ［人家］吃啦，你吃啦没？

    ȵiã44tʂʰŋ31lɑ0，ȵi52tʂʰŋ31lɑ0mu0?

40. 他去过上海，我没有去过。

    ［人家］去过上海，咱没去过。

    ȵiã44tɕhi44kuə0ʂaŋ44xai52，tsʰɑ44mɤ31tɕhi44kuə0.

41. 来闻闻这朵花香不香？

    来闻一下这花儿香不？

lai24vẽ24Øi31xɑ44tʂɤ52xuɐr24çiɑŋ31pu0?

42. 香得很，是不是？

香很，得是？

çiɑŋ31xẽ52，tei31sʅ44?

43. 给我一本书！

给咱一本儿书！

kei44tshɑ44Øi31pə̃r52ʃʒ31!

44. 我实在没有书嘛！

咱没书么！

tshɑ44mɤ24ʃʒ31mu0!

45. 你告诉他。

你给［人家］说。

ȵi44kei44ȵiã44ʃuə31.

46. 好好儿地走！不要跑！

好好儿走！耍跑！

xɑɔ31xɑɔr24tsou52! pɑɔ31phɑɔ24!

47. 小心跌下去爬也爬不上来！

小心跌下去上不来了！

çiɑɔ52çiẽ31tçiɛ31xɑ44tçhi0ʂɑŋ44pu31lai24lɑ0!

48. 医生叫你多睡一睡。

医生叫你多歇嘎儿。

Øi31səŋ31tçiɑɔ44ȵi52tuə24çiɛ52kãr0.

49. 吸烟或者喝茶都不可以。

抽烟喝茶都不行。

tʂhou24Øiã31xuə31tshɑ24tou24pu31çiŋ24.

50. 烟也好，茶也好，我都不喜欢。

烟、茶咱都不爱。

Øiã31、tshɑ24tshɑ44tou24pu31ŋai44.

51. 不管你去不去，反正我是要去的，我非去不可。

你去不去我都得去，我非去不可。

ȵi52tçhi44pu0tçhi44ŋɤ52tou31tei31tçhi44，ŋɤ52fei31tçhi44pu31khɤ52.

52. 你是哪一年来的？

你阿一年来的？

ȵi52ɑ31Øi31ȵiã24lai24tɕi0?

53. 我是前年到的北京。

    我前年来的北京。

    ŋɤ52tɕhiã24ȵiã52lai24tɕi0pei31tɕiŋ31.

54. 今天开会谁的主席？

    今儿开会主席是谁？

    tɕiə̃r31khai31xuei44tʃʐ52ɕi24sʅ44sei24?

55. 你得请我的客。

    你得请我。

    ȵi52tei31tɕhiŋ52ŋɤ52.

56. 这是他的书，那一本是他哥哥的。

    这［一个］是［人家］的书，兀［一个］是［人家］哥的。

    tʂʅ44Øiɛ31sʅ44ȵiã44tɕi0ʃʐ31，Øu44Øiɛ31sʅ44ȵia44kɤ24tɕi0.

57. 一边走，一边说。

    走着说着。

    tsou52tʂuə24ʃuə52tʂuə0.

58. 看书的看书，看报的看报，写字的写字。

    看书的看书，看报的看报，写字的写字。

    khã44ʃʐ52tɕi0khã44ʃʐ31，khã44pɔ44tɕi0khã44pɔ44，ɕiɛ52tsʅ44tɕi0ɕiɛ52tsʅ44.

59. 越走越远，越说越多。

    越走越远，越说越多。

    Øyɛ31tsou52Øuɛ31Øyã52，Øyɛ24ʃuə31Øyɛ24tuə31.

60. 把那个东西拿给我。

    把兀递给我。

    pɑ31Øuai52tɕi44kei31ŋɤ52.

61. 有些地方把太阳叫日头。

    有兀地方把太阳叫日头。

    Øiou52Øuai52tɕi44faŋ31pɑ31thai44Øiaŋ0tɕiɔ44Øɚ52thou0.

62. 您贵姓？我姓王。

    你姓啥？我姓王。

    ȵi52ɕiŋ44sɑ44? ŋɤ52ɕiŋ44Øuaŋ24.

63. 你姓王，我也姓王，咱们两个人都姓王。

    你姓王，我也姓王，咱俩都姓王。

ȵiŋ52ɕiŋ44Øuaŋ24，ŋɤ52Øiɛ52ɕiŋ44Øuaŋ24，tsha44liaŋ31tou24ɕiŋ44Øuaŋ24.

64. 你先去吧，我们等一会儿再去。

你先去，我□一下就来啦。

ȵi52ɕiã31tɕhi44，ŋɤ31ɕiŋ44Øi31xa44tsou44lai24lɑ0.

第二节　北风和太阳

北风跟太阳

有一回，北风跟太阳在那儿争论谁的本事大。争来争去就是分不出高低来。这时候路上来了个走道儿的，他身上穿着件厚大衣。他们俩就说好了，谁能先叫这个走道儿的脱下他的厚大衣，就算谁的本事大。北风就使劲地刮起来了，不过他刮得越是厉害，那个走道儿的把大衣裹得越紧。后来北风没法儿了，只好就算了。过了一会儿，太阳出来了。他火辣辣地一晒，那个走道儿的马上就把那件厚大衣脱下来了。这下儿北风只好承认，他们俩当中还是太阳的本事大。

北风跟太阳

pei24fəŋ31kẽ31thai44Øiɑŋ0

有一回，北风跟太阳在［兀搭］儿争纠谁的本事大。

Øiou52Øi31xuei24，pei24fəŋ31kẽ31thai44Øiɑŋ0tsai44Øuɐr52tsəŋ31tɕiou31sei24tɕi0pẽ52sʅ0tɑ44.

争纠了半天就是分不出个高低。

tsəŋ31tɕiou31lɑ0pã44tɕhiã31tsou44sʅ0fẽ31pu24tʃhɹ31kə0kaɔ24tɕi31.

阵阵儿刚好来了［一个］过路的，身上穿了［一个］厚大氅。

tʂẽ52tʂɹ̃r0kaŋ24xaɔ52lai24lɑ0Øiɛ31kuə44lou44tɕi0，ʂẽ52ʂaŋ0tʃhuã31lɑɔ0Øiɛ31xou44tɑ44tʂhaŋ52.

他俩就说，好啦，咱俩也要争啦，看谁先叫兀过路的把［人家］兀厚大氅脱了，就算谁的本事大。

tha24liaŋ31tsou44ʃuə31，xaɔ52lɑ0，tsha44liaŋ31Øiɛ52paɔ24tsəŋ31lɑ0，khã44sei24ɕiã31tɕiaɔ44Øuai52kuə44lou44tɕi0pa31ȵia44Øuai52xou44tɑ44tʂhaŋ52thuə31lɑɔ0，tsou44suã44sei24tɕi0pẽ52sʅ0tɑ44.

北风这一下就冷□冷□地刮，他刮得越美，［人家］兀过路的就把兀大氅裹得越紧。

236

pei24fəŋ31tʂʅ44Øi31xɑ0tsou44ləŋ52suŋ24ləŋ52suŋ24tɕi0kuɑ31，thɑ52kuɑ31tɕi0Øyɛ31mei52，ȵiɑ31Øuai52kuə44lou44tɕi0tsou44pɑ31Øuai52tɑ44tʂhaŋ52kuə52tɕi0Øyɛ31tɕiẽ52.

北风一看实实儿没招儿啦，只好就算啦。

pei24fəŋ31Øi31khã44ʂʅ24ʂər24mɤ24tʂɑɔr52lɑ0，tsʅ31xɑɔ52tsou44suã44lɑ0.

过了一时儿，太阳出来啦。

kuə44lɑɔ0Øi31sər24，thai44Øiaŋ0tʃhʐ52lai0lɑ0.

[人家]往[兀搭]儿一照，这一下兀过路的，一下热得满颡水，立马就把兀厚大氅脱下来啦。

ȵiɑ31vaŋ44ouɐr52Øi31tʂɑɔ44，tʂʅ44Øi31xɑ0Øuai52kuə44lou44tɕi0，Øi31xɑ44zɤ31tɕi0mã52sɑ24ʃuei52，li31mɑ52tsou44pɑ31Øuai52xou44tɑ44tʂhaŋ52thuə31xɑ44lai0lɑ0.

这一下，北风不得不承认，还是[人家]太阳的本事大。

tʂʅ44Øi31xɑ0，pei24fəŋ31pu24tei0pu31tʂhəŋ24zẽ44，xɑ24sʅ44ȵiɑ31thai44Øiaŋ0tɕi0pẽ52sʅ0tɑ44.

第三节　口头文化

一、歌谣

1. 月亮爷

月亮爷，亮光光，打开城门洗衣裳。

洗得白白的，捶得净净的，打发哥哥上咸阳。

出门骑的骡子马，回来坐的八台轿。

一对唢呐一对号，你看热闹不热闹。

2. 安抚曲

疙瘩疙瘩散散，嫑叫他妈见见；

他妈见见，心疼烂烂。

3. 催眠曲

哦，哦，我娃睡睡，猫推碨碨，

狗娃儿点灯，老鼠哭得害眼疼。

4. 二月二

二月二，打搅团，对门儿来了个黑老汉。

上你炕，砸你锅，把你妈吓得钻鸡窝。

5. 箩箩面面

箩箩面面，七斗斗，八罐罐。

白白献神仙，红红惯娃娃，剩下麸子喂骡马。

6. 面面土

面面土，贴膏药，先生来了就好了。

7. 荠荠菜

荠荠菜，开白花，阿家死啦你当家。

碾白面，捏煮角，面面辣子油泼下。

看你两口咋吃呀？

二、歇后语

1. 秃子出家——借了材料啦。

2. 穿个靴子和泥——不懂。

3. 枣核儿解板——两句（锯）儿。

4. 红萝卜调辣子——吃出看不出。

5. 屎巴牛儿支桌子——硬撑儿。

6. 头发梢儿拴辣子——抡红人儿。

7. 秃子颡上的毛——它不长，我也不想。

8. 秃子颡上的虱——明摆着哩。

9. 外甥娃打灯笼——照旧（舅）。

10. 扇着扇子说话——风言风语。

三、谚语、俗语

1. 一九二九冰上走；三九四九冻破手；五九六九，隔河看柳；七九六十三，行人把衣担；九九八十一，冷是不冷啦，就害肚里饥。

2. 太阳坡里下雨哩，姚婆子在屋里偷米哩。

3. 谷雨前后，点瓜种豆。

4. 冬上金，腊上银，正二月上粪是哄人。

5. 云往东，一场空；云往西，水汲汲；云往南，水漂船；云往北，白胡子老汉晒干麦。

6. 燕子低飞蛇溜道，大雨马上要来到。

四、故事：关于刘秀的传说

今个儿说一段传说。就说大家都知道，这个八哥儿能得很，但是为啥八哥儿一到陕西嘴就不能啦？还有黑老鸹这个脖项为啥是白颜色的？桑树为啥老啦，这肚皮儿就绽了缝子啦？为啥这香椿树长得这个叶儿跟其他树都不一样？还有马蹄子是浑的，为啥牛的兀蹄子是开的？这一切都跟刘秀有关系。

一个传说，据说当年刘秀走南阳，王莽的兵追得紧。刘秀没有办法，看着一个农民揭地哩，赶紧就爬到地里。结果叫八哥儿给看着啦，王莽那兵在后边就追着哩。八哥儿就喊叫："刘秀卧犁沟！刘秀卧犁沟！"刘秀一下就气得没办法。最后发咒说："咋能的八哥儿飞不过我潼关。"从此以后，这个八哥儿在河南在啥地方说话都说得很伶俐，但一过潼关，八哥就不行啦。另外哩，那个揭地里那个牛不知道刘秀将来要当皇上哩，是个贵人，一脚一下踏过去，把刘秀一下踏得！刘秀就诅咒，发咒说你这个蹄子永远都不得浑。而且，这个刘秀走到桑树底下，饿得实在不行啦。这下飞过来个黑老鸹。他是想上树摘桑葚儿哩，就是没一点力气。那个黑老鸹把那个桑树上成熟了的桑葚儿摘下来，一颗儿一颗儿地喂刘秀哩。刘秀说我以后再得了江山，要好好儿地谢承这个老鸹哩。后来经过打拼，刘秀终于得了天下。然后就叫人册封这个老鸹，给这个老鸹脖浪上挂一个银牌儿。所以你看老鸹浑身都是黑的，脖浪是白的，那是挂了个银牌儿，这是当年刘秀给挂的银牌儿。牛的兀蹄子从此以后就再也不得浑啦。当时这个封树神的时候，应该给桑树封，结果是冬天啦，树叶儿都落啦，结果哩，把这个册封的奖牌封给了椿树。所以这个香椿树开了春以后，长的那个树叶儿，长的跟个令剑一样的。结果哩，桑树出了力啦，但是哩没有得到册封。所以说桑树就生气的，肚皮上绽了多们宽的缝子。这确实是一个美丽的传说。

五、原创诗歌：大秦义商周莹祭

名园名邑育名花，家住鲁桥官宦家。锦绣诗文貌出众，玲珑聪颖尽人夸。
闺房灯下绣鸳鸯，玉女如今作嫁娘。独思夫婿谁家子，羞涩分神刺指伤。
一家有女百家求，怕见媒婆跑上楼。月老红绳早拴定，清河对岸驻兰舟。
头搽胭脂鬓贴黄，童稚也穿花衣裳。莲步轻移辞二老，低头进轿泪汪汪。
喇叭声齐队伍长，轿车骡马尘土扬。前头已近清河岸，孟店娘家在整妆。
笙竽高歌响梅庭，搀出娇娘缓步行。劲爆雄鸡堪祝福，百年好合绘前程。
盖头掀去两颊红，见我吴郎体态英。更深人静嘤嘤语，山誓海盟表初衷。
郎才女貌遭天妒，夫君憔悴病缠身。可怜夜半无常到，一梦阳间一梦阴。
新坟黄土埋谁人，夜夜清风泪湿巾。半载夫妻三生债，子规啼血唤郎君。
孝衫未脱萧墙祸，力挽狂澜坐厅堂。驭下仁慈清账目，凤姐当是主家娘。
巾帼持家挫折多，偏逢乱世起横波。仁心睿敏潮头立，商海纷传吴氏歌。
资助寒门亦慷慨，翻修文庙再捐银。高台教化迎祥瑞，诵佛布施济穷贫。

239

庚子八妖乱京华，长安慈禧暂安家。安吴捐银纾国难，诰命册封添茯茶。
苏鄂风帆满载盐，川甘闹市卷商帘。吴家财贸三江沸，诚信经营口碑添。
天不假年染重疴，岐伯束手困华佗。泉台此去家山远，再见吴郎泪涨河。
家园郊野奏哀乐，泾水呜咽哭逝梅。仲山披素叹归早，六七光阴兰桂颓。
牌楼高耸玉砌成，诰命敕封褒烈贞。毕竟尊荣难藉慰，芳名万里念周莹。
身后沉浮谁能料？荒坟就在祖陵旁。掘开深墓抛骸骨，冻土田间芦絮飏。
蜀水巴山清女梦，白云黄土周氏痛。利国为民胜儿男，不世厥功堪伯仲。
经过百年岁月长，可怜香骨遭祸殃。高陵赎得墓志铭，无家堪如有冢强。
"那年"热播铺荧屏，戏说媚俗视率赢。泉下魂灵难承领，凡间车马送和迎。
人言商贾争盈利，我看秦商更重情。已把诗心随酒入，还将旧债伴风行。
才见菊黄染满山，又听鸦雀叫河湾。贤淑懿德徽音盛，暂宿安吴青训班。
旧地重游热潮涌，摩肩接踵酒旗飘。诗笺铺就权当纸，敬畏之心趁势烧。

兴平市篇

第一章 总 论

第一节 人文地理、历史沿革、人口概况

兴平位于关中平原腹地，是古丝绸之路上一颗璀璨的明珠，素有"关中白菜心""平原米粮仓"等美称，人杰地灵，物阜民丰，总面积507平方千米，辖7镇、5个街道，164个行政村，21个社区居委会，总人口约55.5万，以汉族人口为主，另有回族、满族、壮族等30个少数民族。

兴平北依莽山，南眺终南，渭水流贯东西，四季分明，平原沃野，物产丰饶，是充满诗意的人类栖息之地。其历史悠久，文化底蕴深厚，民风淳朴，历来兴文重教。大约六七千年前的新石器时代就有先民在此生活（上新庄遗址、黄山遗址等），周时为秦先祖非子的封地，曾为周、秦、汉、唐的京畿之地。周称犬丘，秦称废丘，项羽灭秦后封章邯为雍王，公元前206年建都于此。汉高祖三年（前204年）置槐里县，故有槐里之称。因汉武帝刘彻葬槐里之茂乡，亦有茂陵之称，继之又有始平之称。唐中宗景龙二年（708年）送金城公主和蕃，至马嵬之百顷泊设帐饯别，故有金城县之谓。唐肃宗至德二年（757年），"兴平军"驻金城县，因平"安史之乱"有功，遂改金城县为兴平县，宋、元、明、清、民国以降，皆沿用兴平之名。1993年6月经国务院批准撤县设市，揭开了兴平历史的新篇章。

兴平是人文之都，公元前908年，周懿王自镐京迁都至今阜寨镇南佐村，后秦姚兴又于此建都称帝。英杰辈出，文臣武将，光耀史册，有西汉云中太守魏尚，飞将军李广，东汉战将马援，著名经学家马融，女史学家班昭，著名机械发明家马钧，清代农桑学家、农业教育家杨屾等。特别是陕西党组织创始人、西北地区马列主义先驱魏野畴及史可轩、张含辉、杜宗美、杨法震等革命英烈，更是名垂青史，功昭后人，让兴平这片厚土闪耀着红色光芒。

兴平是旅游旺地，地上地下文物遗存丰富，现境内已知文物古迹210处6548件，国宝级文物14件，汉武帝茂陵、霍去病墓、北塔（唐代）为国家级重点文物保护单位，唐杨贵妃墓、文庙大成殿、杨双山墓、班昭墓、窦马遗址为省级重点文物保护单

位，另有县级重点文物保护单位 35 处。茂陵是西汉帝王陵墓中规模最大、保存最完善的陵园，霍去病墓石刻群是现存最完整、规模最大的汉代大型石刻艺术。唐杨贵妃墓存放的从唐代至清代名人题咏的 38 通石刻，极具历史价值，其以"清冢留香、诗碑焕彩"而享誉海内外。文庙大成殿建于明洪武五年（1372 年），内有国家级书法艺术名碑隋代贺若谊碑，碑阴为宋徽宗御制的大观圣作之碑，实乃碑中精华。另有"兴平三宝"的铁城隍、铜关羽、玉石老君造像艺术等。

兴平地域文化源远流长，流光溢彩，千百年来，汉风唐韵滋润着这方水土上的乡民。著名女史学家班昭传承父兄遗志编纂完成了《汉书》，并著有章、赋、颂等 16 篇。东汉经学家、文学家马融潜心研究古文经学，先后注释了《诗》《易》《尚书》《论语》《淮南子》《离骚》等书籍。清代著名农学家、农业教育家杨屾一生积极开展农业实践和教育，著有《豳风广义》《知本提纲》等著作。近现代以来，关学传人张元际兴办"宏仁书院"，徐怀璋有《镜湖诗钞》，楹联艺术大师张过，文学艺术家峭石、冯萌献等人，薪火相传，以锦绣华章丰富了兴平的文化。

兴平自古就是个"戏窝子"，戏曲创作和演唱十分兴盛，秦腔为群众所喜爱而传唱不衰，曾涌现了焦晓春、昝金香等一批艺术家，积极发挥了高台教化的作用。另有皮影戏、板板戏、木偶戏、眉户等民间演唱艺术形式，现马嵬街道办王侯村南产分的皮影戏班，保存有《夜明珠》《空城计》《落凤坡》《法门寺》等 210 本唱本，并一直坚守为城乡群众演唱，焕发出古老艺术的光彩和魅力。西吴街道办良村以孔凡森为主的曲子坐唱，传承百年，以独特的演唱形式彰显地方文化特色。它们都已入选非物质文化遗产保护项目。还有剪纸、泥塑、面塑、布艺、戏曲脸谱等民间艺术，饱含韵味，古朴雅致，灵动传神，充满着无穷的魅力。

第二节　方言归属与内部差异

兴平方言属于中原官话关中片。关中地区"东府""西府"之分由来已久，尽管核心地带明确（东以西安为中心，西以宝鸡为中心），但两府的分界既无地理上的天然界限，从历来的行政区划看也是不固定的。这种地理和行政区划方面的因素决定了关中东西地区之间必然存在一个过渡地带，方言也是如此。从这个角度出发，我们将兴平方言看作是"过渡带"上的方言。

第三节 发音人和调查人概况

方言发音人（一）

1. 姓名：杨文华
2. 单位（退休前）：陕西省咸阳市兴平市丰仪镇大姑村
3. 通信地址：陕西省咸阳市兴平市丰仪镇大姑村五组
4. 性别：男　　民族：汉
5. 出生年月日（公历）：1949 年 3 月 22 日
6. 出生地（从省级至自然村级）：陕西省咸阳市兴平市丰仪镇大姑村
7. 主要经历：从出生至今一直生活在丰仪镇大姑村。
8. 文化程度：小学
9. 职业：农民

方言发音人（二）

1. 姓名：轩广文
2. 单位（退休前）：陕西省咸阳市兴平市丰仪镇大姑村
3. 通信地址：陕西省咸阳市兴平市丰仪镇大姑村三组
4. 性别：男　　民族：汉
5. 出生年月日（公历）：1944 年 7 月 3 日
6. 出生地（从省级至自然村级）：陕西省咸阳市兴平市丰仪镇大姑村
7. 主要经历：从出生至今一直生活在丰仪镇大姑村。
8. 文化程度：初中
9. 职业：农民

调查人

1. 姓名：亓娟莉、王一涛、张　攀
2. 单位：咸阳师范学院
3. 通信地址：陕西省咸阳市渭城区文林路东段 1 号
4. 协助调查人 1 姓名：边晓理
5. 协助调查人 2 姓名：刘升选
6. 协助调查人 3 姓名：魏　静

第二章　语　音

第一节　声　母

声母共二十八个，包括零声母在内。

p 八兵病部	ph 派片爬皮	m 麦明门马	f 飞风副饭	v 味问万
t 多东毒打	th 讨太土堂	n 南蓝年泥		l 脑老连路
ts 资租早贼	tsh 刺草村抄		s 丝酸山事	
tʂ 张照真整	tʂh 车唱抽城		ʂ 上射手拾	ʐ 热认绕让
tʃ 装柱砖抓	tʃh 床春初穿		ʃ 船顺书耍	ʒ 如授软润
tɕ 低挤几江	tɕh 天清全勤		ɕ 想谢县夏	
k 高共歌果	kh 开快看可	ŋ 熬安我额	x 河灰好后	
∅ 雨月云用				

说明：

① [th] 与合口韵，特别是与 [uo] 韵相拼时双唇颤动明显。
② [p、ph] 与 [u、o] 相拼时，带有唇齿擦化色彩，实际音值为 [pᶠ、pᶠʰ]。
③ [f] 与 [u、o] 相拼时，摩擦较重。
④ [n] 声母与齐齿呼、撮口呼相拼时，实际音值为 [ȵ]。
⑤ [x] 的发音部位略靠后，与合口呼相拼时摩擦较重。
⑥ [ts、tsh、s、tʂ、tʂh、ʂ] 与舌尖元音 [ɿ、ʅ] 相拼时，摩擦较重。
⑦ [tʃ] 类声母发音时，有比较明显的圆唇色彩。
⑧ [tʂ] 组声母与 [ɤ] 相拼时，中间有一个 [ʅ] 的介音成分。

第二节　韵　母

韵母三十九个。

ɿ 丝试指师	i 戏米急体	u 五主苦铺	y 雨局驴女
ʅ 十知吃			

ɚ 二儿耳
a 茶辣八塔　　　　ia 牙鸭夏家　　　　ua 瓦话瓜差
æ 开鞋菜外　　　　iæ 岩　　　　　　　uæ 外拐怀块
ɤ 歌壳我喝　　　　iɛ 写茄借铁
o 磨婆拨　　　　　　　　　　　　　　uo 多盒过托　　　yo 月学药越
ɔ 包讨道猫　　　　iɔ 笑桥浇鸟
ɯ 疙核
ei 赔飞色百　　　　　　　　　　　　uei 鬼国回雷
ou 豆走透凑　　　iou 油牛绿丢
ã 南山半碗　　　　iã 年件脸建　　　　uã 短管宽欢　　　yã 全远卷选
ẽ 根深春很　　　　iẽ 林新银今　　　　uẽ 村春滚困　　　yẽ 云军熏群
ɑŋ 挡绑芒糖　　　　iɑŋ 想样江亮　　　uɑŋ 王窗黄广
əŋ 升灯梗疼　　　　iəŋ 灵病拧平　　　uəŋ 东红工通　　yəŋ 用穷熊荣

说明：

① [ɿ] 的音值介于 [ɿ、ʮ] 之间。

② [ɚ] 发音时开口度较大，接近 [ar]。

③ [ou、iou] 动程很小。

④ [u] 类韵母拼 [tʃ] 类声母时，与声母结合得特别紧密。

⑤ [u] 类韵母与 [ts] 类声母相拼时，韵母舌位靠前，发音接近 [ʮ]。

第三节　单字调

单字调四个。

阴平 31　东春百搭节拍刻六麦叶　　　阳平 24　门牛油铜皮急毒白盒罚
上声 53　懂古九统苦讨草买老五　　　去声 44　动近后寸去卖路硬乱地

第四节　连读变调

后字非轻声两字组连调模式见表 2-1。

表 2-1　后字非轻声两字组连调模式

后字 前字	1 阴平 31	2 阳平 24	3 上声 53	4 去声 44
1 阴平 31	24+31 31+31	31+24	31+53	31+44

续表

后字 前字	1 阴平 31	2 阳平 24	3 上声 53	4 去声 44
2 阳平 24	24 + 31	24 + 24	24 + 53	24 + 44
3 上声 53	53 + 31	53 + 24	31 + 53 53 + 53	53 + 44
4 去声 44	44 + 31	44 + 24	44 + 53	44 + 44

非叠字组后字轻声两字组连调模式见表 2-2。

表 2-2 非叠字组后字轻声两字组连调模式

后字 前字	1 阴平 31	2 阳平 24	3 上声 53	4 去声 44
1 阴平 31	53 + 0 31 + 0	53 + 0	31 + 0	53 + 0 31 + 0
2 阳平 24	24 + 0	24 + 0	24 + 0	24 + 0
3 上声 53	53 + 0	53 + 0	53 + 0	53 + 0
4 去声 44	44 + 0	44 + 0	44 + 0	44 + 0

第五节 单 字

0001. 多 tuo31
0002. 拖 thuo31
0003. 大～小 tuo44
　　（白）/ta44
　　（文）
0004. 锣 luo24
0005. 左 tsuo53
0006. 歌 kɤ31
0007. 个一～ kɤ44
0008. 可 khɤ53
0009. 鹅 ŋɤ24
0010. 饿 ŋɤ44
0011. 河 xuo24

0012. 茄 tɕhiɛ24
0013. 破 pho44
0014. 婆 pho24/
　　pho44（又）
0015. 磨动 mo24
0016. 磨名 mo44
0017. 躲 tuo53
0018. 螺 luo24
0019. 坐 tsuo44
0020. 锁 suo53
0021. 果 kuo53
0022. 过 kuo44
0023. 课 khuo44

0024. 火 xuo53
0025. 货 xuo44
0026. 祸 xuo44
0027. 靴 ɕyo31
0028. 把量 pa31
0029. 爬 pha24
0030. 马 ma53
0031. 骂 ma44
0032. 茶 tsha24
0033. 沙 sa31
0034. 假真～ tɕia53
0035. 嫁 tɕia44
0036. 牙 nia24

0037. 虾 ɕia31
0038. 下底～ xa44
　　（白）/ɕia44
　　（文）
0039. 夏春～ ɕia44
0040. 哑 nia53
0041. 姐 tɕiɛ44
0042. 借 tɕiɛ44
0043. 写 ɕiɛ53
0044. 斜 ɕiɛ24
0045. 谢 ɕiɛ44
0046. 车不是棋子
　　tʂhɤ31

0047. 蛇 ʂɤ24
0048. 射 ʂɤ44
0049. 爷 Øiɛ44
0050. 野 Øiɛ53
0051. 夜 Øiɛ44
0052. 瓜 kua31
0053. 瓦 Øua53
0054. 花 xua31
0055. 化 xua44
0056. 华中~ xua31
0057. 谱家~，注意
声母 fu53
0058. 布 pu44
0059. 铺动 phu31
0060. 簿 po24
0061. 步 phu44
0062. 赌 tu53
0063. 土 thu53
0064. 图 thu24
0065. 杜 tu44
0066. 奴 lou24
0067. 路 lu44
0068. 租 tsu31
0069. 做 tsou44/
tsuo31（又）
0070. 错对~ tshuo31
0071. 箍~桶，
注意声母 ku31
0072. 古 ku53
0073. 苦 fu53
（白）/khu53
（文）
0074. 裤 fuər53~儿

0075. 吴 Øu24
0076. 五 Øu53
0077. 虎 xu53
0078. 壶 xu24
0079. 户 xu44
0080. 乌 Øu31
0081. 女 ny53
0082. 吕 ly53
0083. 徐 çy24
0084. 猪 tʃu31
0085. 除 tʃhu24
0086. 初 tʃhu31
0087. 锄 tʃhu24
0088. 所 ʃuo53
0089. 书 ʃu31
0090. 鼠 ʃu53
0091. 如 ʒu31
0092. 举 tçy53
0093. 锯名 tçy44
0094. 去 tçhi44
0095. 渠~道 tçhy24
0096. 鱼 Øy24
0097. 许 çy53
0098. 余剩~，多~
Øy24
0099. 府 fu53
0100. 付 fu53~出/
fu44 姓
0101. 父 fu44
0102. 武 vu53
0103. 雾 vu44
0104. 取 tçhy53
0105. 柱 tʃu44

0106. 住 tʃu44
0107. 数动 ʃu53
0108. 数名 ʃuər53
~儿
0109. 主 tʃu53
0110. 输 ʃu31
0111. 竖 ʃu44
0112. 树 ʃu44
0113. 句 tçy44
0114. 区地~ tçhy31
0115. 遇 Øy44
0116. 雨 Øy53
0117. 芋 Øy44
0118. 裕 Øy31
0119. 胎 thæ31
0120. 台戏~ thæ24
0121. 袋 tæ44
0122. 来 læ24
0123. 菜 tshæ44
0124. 财 tshæ24
0125. 该 kæ31
0126. 改 kæ53
0127. 开 khæ31
0128. 海 xæ53
0129. 爱 ŋæ44
0130. 贝 pei31
0131. 带动 tæ44
0132. 盖动 kæ44
0133. 害 xæ44
0134. 拜 pæ44
0135. 排 phæ24
0136. 埋 mæ24
0137. 戒 tçiɛ44

0138. 摆 pæ53
0139. 派注意声调
phæ53 帮~/
phæ44 指~
0140. 牌 phæ24
0141. 买 mæ53
0142. 卖 mæ44
0143. 柴 tshæ24
0144. 晒 sæ44
0145. 街 tçiɛ31
0146. 解~开 tçiɛ53
0147. 鞋 xæ24
0148. 蟹注意声调
xã53（白）/
çia31（文）/
çiɛ31（又）
0149. 矮 ŋæ53
0150. 败 phæ44
0151. 币 pi44
0152. 制~造 tʂʅ44
0153. 世 ʂʅ44
0154. 艺 Øi44
0155. 米 mi53
0156. 低 tçi31
0157. 梯 tçhi31
0158. 剃 tçhi24
0159. 弟 tçi44
0160. 递 tçi44
0161. 泥 ni24
0162. 犁 li24
0163. 西 çi31
0164. 洗 çi53
0165. 鸡 tçi31

0166. 溪 çi31
0167. 契 tçhi44
0168. 系联～çi44
0169. 杯 phei31
0170. 配 phei44
0171. 赔 phei24
0172. 背～诵 pei44
0173. 煤 mei24
0174. 妹 mei44
0175. 对 tuei44
0176. 雷 luei24
0177. 罪 tsuei44
0178. 碎 suei44
0179. 灰 xuei31
0180. 回 xuei24
0181. 外 Øuæ44
0182. 会开～xuei44
0183. 怪 kuæ44
0184. 块 khuæ53
0185. 怀 xuæ24
0186. 坏 xuæ44
0187. 拐 kuæ53
0188. 挂 kua44
0189. 歪注意声母 Øuæ31
0190. 画 xua44
0191. 快 khuæ44
0192. 话 xua44
0193. 岁 suei44
0194. 卫 Øuei44
0195. 肺 fei44
0196. 桂 kuei44
0197. 碑 pi31

0198. 皮 phi24
0199. 被～子 piər53 ～儿/pi44
0200. 紫 tsɿ31
0201. 刺 tshɿ44
0202. 知 tʂɿ31
0203. 池 tʂhɿ24
0204. 纸 tsɿ53
0205. 儿 Øər24
0206. 寄 tçi44
0207. 骑 tçhi24
0208. 蚁注意韵母 Øi53
0209. 义 Øi44
0210. 戏 çi24
0211. 移 pi53
0212. 比 pi53
0213. 屁 phi44
0214. 鼻注意声调 pi24
0215. 眉 mi24
0216. 地 tçi44
0217. 梨 li24
0218. 资 tsɿ31
0219. 死 sɿ53
0220. 四 sɿ44
0221. 迟 tshɿ24
0222. 指 tsɿ53
0223. 师 sɿ31
0224. 二 Øər44
0225. 饥～饿 tçi31
0226. 器 tçhi44
0227. 姨 Øi44
0228. 李 li53
0229. 子 tsɿ53

0230. 字 tsɿ44
0231. 丝 sɿ31
0232. 祠 tshɿ24
0233. 寺 sɿ44
0234. 治 tʂɿ44
0235. 柿 sɿ44
0236. 事 sɿ44
0237. 使 sɿ53
0238. 试 sɿ44
0239. 时 sɿ24
0240. 市 sɿ24
0241. 耳 Øər53
0242. 记 tçi44
0243. 棋 tçhi24
0244. 喜 çi53
0245. 意 Øi44
0246. 几～个 tçi53
0247. 气 tçhi44
0248. 希 çi31
0249. 衣 Øi31
0250. 嘴 tsuei53
0251. 随 suei24
0252. 吹 tʃhuei31
0253. 垂 tʃhuei24
0254. 规 khuei31
0255. 亏 khuei31
0256. 跪注意声调 khuei44
0257. 危 Øuei31
0258. 类 luei53
0259. 醉 tsuei44
0260. 追 tʃuei31
0261. 锤 tʃhuei24

0262. 水 ʃuei53
0263. 龟 kuei31
0264. 季 tçi44
0265. 柜 kuei44
0266. 位 Øuei44
0267. 飞 fei31
0268. 费 fei44
0269. 肥 fei24
0270. 尾 Øi53
0271. 味 vei44
0272. 鬼 kuei53
0273. 贵 kuei44
0274. 围 Øuei24
0275. 胃 Øuei44
0276. 宝 pɔ53
0277. 抱 pɔ44
0278. 毛 mu24/mɔ24
0279. 帽 mɔ44
0280. 刀 tɔ31
0281. 讨 thɔ53
0282. 桃 thɔ24
0283. 道 tɔ44
0284. 脑 lɔ53
0285. 老 lɔ53
0286. 早 tsɔ53
0287. 灶 tsɔ44
0288. 草 tshɔ53
0289. 糙注意声调 tshɔ44
0290. 造 tshɔ44
0291. 嫂 sɔ53
0292. 高 kɔ31

0293. 靠 khɔ44	0324. 摇 Øiɔ24	0353. 袖 ɕiou44	0384. 杂 tsa24
0294. 熬 ŋɔ24	0325. 鸟 注意声母 niɔr53 ～儿	0354. 抽 tʂhou31	0385. 鸽 kɤ31
0295. 好～坏 xɔ53		0355. 绸 tshou24	0386. 盒 xuo24
0296. 号名 xɔ44	0326. 钓 tɕiɔ44	0356. 愁 tshou24	0387. 胆 tã53
0297. 包 pɔ31	0327. 条 tɕhiɔ24	0357. 瘦 sou44	0388. 毯 thã53
0298. 饱 pɔ53	0328. 料 liɔ44	0358. 州 tʂou31	0389. 淡 tã44
0299. 炮 phɔ44	0329. 箫 ɕiɔ31	0359. 臭香～ tʂhou44	0390. 蓝 nã24
0300. 猫 mɔ24	0330. 叫 tɕiɔ44	0360. 手 ʂou53	0391. 三 sã31
0301. 闹 lɔ44	0331. 母丈～，舅～ mu53	0361. 寿 ʂou44	0392. 甘 kã31
0302. 罩 tsɔ44		0362. 九 tɕiou53	0393. 敢 kã53
0303. 抓用手～牌 tʂua31	0332. 抖 tou24/ thou53（又）	0363. 球 tɕhiou24	0394. 喊注意声调 xã53
		0364. 舅 tɕiou24	0395. 塔 tha31
0304. 找～零钱 tsɔ53	0333. 偷 thou31	0365. 旧 tɕiou44	0396. 蜡 la31
	0334. 头 thou24	0366. 牛 niou24	0397. 赚 tʃua44
0305. 抄 tshɔ31	0335. 豆 tou44	0367. 休 ɕiou31	0398. 杉～木，注意韵母 sã31
0306. 交 tɕiɔ31	0336. 楼 lou44	0368. 优 Øiou31	
0307. 敲 tɕhiɔ31	0337. 走 tsou53	0369. 有 Øiou53	0399. 减 tɕiã53
0308. 孝 ɕiɔ44	0338. 凑 tshou44	0370. 右 Øiou44	0400. 咸～淡 xã24
0309. 校学～ ɕiɔ44	0339. 钩注意声母 kou31	0371. 油 Øiou24	0401. 插 tsha31
0310. 表手～ piɔ53		0372. 丢 tiou31	0402. 闸 tsa44
0311. 票 phiɔ44	0340. 狗 kou53	0373. 幼 Øiou44	0403. 夹～子 tɕia31
0312. 庙 miɔ44	0341. 够 kou44	0374. 贪 thã31	0404. 衫 sã31
0313. 焦 tɕiɔ31	0342. 口 khou53	0375. 潭 thã24	0405. 监 tɕiã31
0314. 小 ɕiɔ53	0343. 藕 ŋou53	0376. 南 nã24	0406. 岩 Øiæ24
0315. 笑 ɕiɔ44	0344. 后前～ xou44	0377. 蚕 tshã24	0407. 甲 tɕia31
0316. 朝～代 tʂhɔ24	0345. 厚 xou44	0378. 感 kã53	0408. 鸭 nia31
0317. 照 tʂɔ44	0346. 富 fu44	0379. 含～一口水 xã24	0409. 黏～液 tɕia24
0318. 烧 ʂɔ31	0347. 副 fu44		0410. 尖 tɕiã31
0319. 绕～线 ʐɔ53	0348. 浮 fu24	0380. 暗 ŋã44	0411. 签～名 tɕhiã31
0320. 桥 tɕhiɔ24	0349. 妇 fu44	0381. 搭 ta31	0412. 占～领 tʂã44
0321. 轿 tɕhiɔ44	0350. 流 liou24	0382. 踏注意声调 tha24	0413. 染 ʐã53
0322. 腰 Øiɔ31	0351. 酒 tɕiou53		0414. 钳 tɕhiã24
0323. 要重～ Øiɔ44	0352. 修 ɕiou31	0383. 拉注意声调 la31	0415. 验 Øiã44

0416. 险 ɕiā53	0447. 深 ʂẽ31	0479. 渴 khɤ31	0510. 扇名 ʂā44
0417. 厌 Øiā44	0448. 任责~ zẽ44	0480. 扮 pā53	0511. 善 ʂā44
0418. 炎 Øiā44	0449. 金 tɕiẽ31	0481. 办 pā44	0512. 件 tɕhiā44
0419. 盐 Øiā24	0450. 琴 tɕhiẽ24	0482. 铲 tshā53	0513. 延 Øiā24
0420. 接 tɕiɛ31	0451. 音 Øiẽ31	0483. 山 sā31	0514. 别~人 piɛ24
0421. 折~叠 tʂɤ31	0452. 立 lei31	0484. 产注意声母 tshā53	0515. 灭 miɛ31
0422. 叶树~ Øiɛ31	0453. 集 tɕi24		0516. 列 liɛ31
0423. 剑 tɕiā44	0454. 习 ɕi24	0485. 间房~，一~房 tɕiā31	0517. 撤 tʂhɤ53
0424. 欠 tɕhiā44	0455. 汁 tʂʅ31		0518. 舌 ʂɤ24
0425. 严 niā24/ Øiā24（又）	0456. 十 ʂʅ24	0486. 眼 niā53	0519. 设 ʂɤ31
	0457. 入 ʐu31	0487. 限 ɕiā44	0520. 热 zɤ31
0426. 业 niɛ31	0458. 急 tɕi24	0488. 八 pa31	0521. 杰 tɕiɛ24
0427. 点 tɕiā53	0459. 及 ɕi31	0489. 扎 tsa31	0522. 孽 niɛ31
0428. 店 tɕiā44	0460. 吸 ɕi31	0490. 杀 sa31	0523. 建 tɕiā44
0429. 添 tɕhiā31	0461. 单简~ tā31	0491. 班 pā31	0524. 健 tɕiā44
0430. 甜 tɕhiā24	0462. 炭 thā44	0492. 板 pā53	0525. 言 niā24
0431. 念 niā44	0463. 弹~琴 thā24	0493. 慢 mā44	0526. 歇 ɕiɛ31
0432. 嫌 ɕiā24	0464. 难~易 nā24	0494. 奸 tɕiā31	0527. 扁 piā53
0433. 跌注意声调 tɕiɛ31	0465. 兰 nā24	0495. 颜 niā24	0528. 片 phiā44
	0466. 懒 nā53	0496. 瞎 xa31	0529. 面~条 miā44
0434. 贴 tɕhiẽ31	0467. 烂 nā44	0497. 变 piā44	0530. 典 tiā53
0435. 碟 tɕiɛ24	0468. 伞注意声调 sā53	0498. 骗欺~ phiā44	0531. 天 tɕhiā31
0436. 协 ɕiɛ24		0499. 便方~ piā44	0532. 田 tɕhiā24
0437. 犯 fā44	0469. 肝 kā31	0500. 棉 miā24	0533. 垫 tɕiā44
0438. 法 fa31	0470. 看~见 khā44	0501. 面~孔 miā44	0534. 年 niā24
0439. 品 phiẽ53	0471. 岸 ŋā44	0502. 连 liā24	0535. 莲 liā24
0440. 林 liẽ24	0472. 汉 xā44	0503. 剪 tɕiā53	0536. 前 tɕhiā24
0441. 浸 tɕiẽ31	0473. 汗 xā44	0504. 浅 tɕhiā53	0537. 先 ɕiā31
0442. 心 ɕiẽ31	0474. 安 ŋā31	0505. 钱 tɕhiā24	0538. 肩 tɕiā31
0443. 寻 ɕiẽ24	0475. 达 ta24	0506. 鲜 ɕiā53	0539. 见 tɕiā44
0444. 沉 tshẽ24	0476. 辣 la31	0507. 线 ɕiā44	0540. 牵 tɕhiā31
0445. 参人~ sẽ31	0477. 擦 tsha31	0508. 缠 tʂhā24	0541. 显 ɕiā53
0446. 针 tsẽ31	0478. 割 kɤ31	0509. 战 tʂā44	0542. 现 ɕiā44

0543. 烟 Øiā31
0544. 憋 piɛ31
0545. 篾 mi44
0546. 铁 tɕhiɛ31
0547. 捏 niɛ31
0548. 节 tɕiɛ31
0549. 切动 tɕhiɛ31
0550. 截 tɕhiɛ24
0551. 结 tɕiɛ31
0552. 搬 pā31
0553. 半 pā44
0554. 判 phā44
0555. 盘 phā24
0556. 满 mā53
0557. 端～午 tuā31
0558. 短 tuā53
0559. 断绳～了 tuā44
0560. 暖 lyā53
0561. 乱 lyā44
0562. 酸 suā31
0563. 算 suā44
0564. 官 kuā31
0565. 宽 khuā31
0566. 欢 xuā31
0567. 完 Øuā24
0568. 换 xuā44
0569. 碗 Øuā53
0570. 拨 po31
0571. 泼 pho31
0572. 末 mo31
0573. 脱 thuo31
0574. 夺 tuo24
0575. 阔 khuo31

0576. 活 xuo24
0577. 顽～皮，～固 Øuā24
0578. 滑 xua24
0579. 挖 Øua31
0580. 闩 ʃuā44
0581. 关～门 kuā31
0582. 惯 kuā44
0583. 还动 xuā24
0584. 还副 xa24
0585. 弯 Øuā31
0586. 刷 ʃua31
0587. 刮 kua31
0588. 全 tshuā24
0589. 选 ɕyā53
0590. 转～眼，～送 tʃuā53
0591. 传～下来 tʃhuā24
0592. 传～记 tʃuā44
0593. 砖 tʃuā31
0594. 船 ʃuā24
0595. 软 ʒuā53
0596. 卷～起 tɕyā53
0597. 圈圆～ tɕhyā31
0598. 权 tɕhyā24
0599. 圆 Øyā24
0600. 院 Øyā44
0601. 铅～笔，注意声调 tɕhiā31
0602. 绝 tɕyo24
0603. 雪 ɕyo31

0604. 反 fā53
0605. 翻 fā31
0606. 饭 fā44
0607. 晚 vā53
0608. 万麻将牌 vā44
0609. 劝 tɕhyā44
0610. 原 Øyā24
0611. 冤 Øyā31
0612. 园 Øyā24
0613. 远 Øyā53
0614. 发头～ fa31
0615. 罚 fa24
0616. 袜 va31
0617. 月 Øyo31
0618. 越 Øyo31
0619. 县 ɕiā44
0620. 决 tɕyo53
0621. 缺 tɕhyo31
0622. 血 ɕiɛ31
0623. 吞 thəŋ31
0624. 根 kɛ̃31
0625. 恨 xɛ̃44
0626. 恩 ŋɛ̃31
0627. 贫 phiɛ̃24
0628. 民 miɛ̃24
0629. 邻 liɛ̃24
0630. 进 tɕiɛ̃44
0631. 亲 tɕhiɛ̃31
0632. 新 ɕiɛ̃31
0633. 镇 tʂɛ̃44
0634. 陈 tʂhɛ̃24
0635. 震 tʂɛ̃44
0636. 神 ʂɛ̃24

0637. 身 ʂɛ̃31
0638. 辰 tʂhɛ̃24
0639. 人 zɛ̃24
0640. 认 zɛ̃44
0641. 紧 tɕiɛ̃53
0642. 银 Øiɛ̃24
0643. 印 Øiɛ̃44
0644. 引 Øiɛ̃53
0645. 笔 pi31
0646. 匹 phi53
0647. 密 mi31
0648. 栗 li31
0649. 七 tɕhi31
0650. 侄～儿 tʂʅ24
0651. 虱 sei31
0652. 实 ʂʅ24
0653. 失 ʂʅ31
0654. 日 Øər31
0655. 吉 tɕi31
0656. 一 Øi31
0657. 筋 tɕiɛ̃31
0658. 劲有～ tɕiɛ̃44
0659. 勤 tɕhiɛ̃24
0660. 近 tɕiɛ̃44
0661. 隐 Øiɛ̃53
0662. 本 pɛ̃53
0663. 盆 phɛ̃24
0664. 门 mɛ̃24
0665. 墩 tuɛ̃31
0666. 嫩 lyɛ̃44
0667. 村 tshuɛ̃31
0668. 寸 tshuɛ̃44

0669. 蹲注意声母 tuɛ̃31
0670. 孙~子 suɛ̃31
0671. 滚 kuɛ̃53
0672. 困 khuɛ̃44
0673. 婚 xuɛ̃31
0674. 魂 xuɛ̃24
0675. 温 Øuɛ̃31
0676. 卒棋子 tsu24
0677. 骨 ku31
0678. 轮 lyɛ̃24
0679. 俊注意声母 tɕyɛ̃44
0680. 笋 suɛ̃53
0681. 准 tʃuɛ̃53
0682. 春 tʃhuɛ̃31
0683. 唇 ʃuɛ̃24
0684. 顺 ʃuɛ̃44
0685. 纯 tʃhuɛ̃24
0686. 闰 ʒuɛ̃44
0687. 均 tɕyɛ̃31
0688. 匀 Øiɛ̃24
0689. 律 ly31
0690. 出 tʃhu31
0691. 橘 tɕy31
0692. 分动 fɛ̃31
0693. 粉 fɛ̃53
0694. 粪 fɛ̃44
0695. 坟 fɛ̃24
0696. 蚊 vɛ̃24
0697. 问 vɛ̃44
0698. 军 tɕyɛ̃31
0699. 裙 tɕhyɛ̃24

0700. 熏 ɕyɛ̃31
0701. 云~彩 Øyɛ̃24
0702. 运 Øyɛ̃44
0703. 佛~像 fo24
0704. 物 vo31
0705. 帮 paŋ31
0706. 忙 maŋ24
0707. 党 taŋ53
0708. 汤 thaŋ31
0709. 糖 thaŋ24
0710. 浪 naŋ44
0711. 仓 tshaŋ31
0712. 钢 kaŋ31
0713. 糠 khaŋ31
0714. 薄形 po24
0715. 摸注意声调 mɔ31/mo31（又）
0716. 托 thuo31
0717. 落 luo31
0718. 作 tsuo31
0719. 索 suo31
0720. 各 kɤ31
0721. 鹤 xuo31
0722. 恶形,入声 ŋɤ31
0723. 娘 niaŋ24
0724. 两斤~ liaŋ53
0725. 亮 liaŋ44
0726. 浆 tɕiaŋ31
0727. 抢 tɕhiaŋ53
0728. 匠 tɕiaŋ44
0729. 想 ɕiaŋ53

0730. 像 ɕiaŋ44
0731. 张量 tʂaŋ31
0732. 长~短 tʂhaŋ24
0733. 装 tʃuaŋ31
0734. 壮 tʃuaŋ44
0735. 疮 tʃhuaŋ31
0736. 床 tʃhuaŋ24
0737. 霜 ʃuaŋ31
0738. 章 tʂaŋ31
0739. 厂 tʂhaŋ53
0740. 唱 tʂhaŋ44
0741. 伤 ʂaŋ31
0742. 尝 ʂaŋ24
0743. 上~去 ʂaŋ44
0744. 让 ʐaŋ44
0745. 姜生~ tɕiaŋ31
0746. 响 ɕiaŋ53
0747. 向 ɕiaŋ44
0748. 秧 Øiaŋ31
0749. 痒 Øiaŋ53
0750. 样 Øiaŋ44
0751. 雀注意声母 tɕyo31
0752. 削 ʃuo31
0753. 着火~了 tʃhuo24
0754. 勺 ɕyo24
0755. 弱 ʒuo24
0756. 脚 tɕyo31
0757. 约 Øyo31
0758. 药 Øyo24
0759. 光~线 kuaŋ31
0760. 慌 xuaŋ31

0761. 黄 xuaŋ24
0762. 郭 kuo31
0763. 霍 xuo31
0764. 方 faŋ31
0765. 放 faŋ44
0766. 纺 faŋ53
0767. 房 faŋ24
0768. 防 faŋ24
0769. 网 vaŋ53
0770. 筐 khuaŋ31
0771. 狂 khuaŋ24
0772. 王 Øuaŋ24
0773. 旺 Øuaŋ44
0774. 缚 fo53
0775. 绑 paŋ53
0776. 胖 phaŋ44
0777. 棒 paŋ44
0778. 桩 tʃuaŋ31
0779. 撞 tʃhuaŋ44
0780. 窗 tʃhuaŋ31
0781. 双 ʃuaŋ31
0782. 江 tɕiaŋ31
0783. 讲 tɕiaŋ53
0784. 降投~ ɕiaŋ24
0785. 项 xaŋ44
0786. 剥 po31
0787. 桌 tʃuo31
0788. 镯 tsuo24
0789. 角 tɕyo31
0790. 壳 tɕhyo31/khɤr31 ~儿
0791. 学 tɕyo24
0792. 握 Øuo31

0793. 朋 phəŋ24
0794. 灯 təŋ31
0795. 等 təŋ53
0796. 凳 təŋ44
0797. 藤 thəŋ24
0798. 能 nəŋ24
0799. 层 tshəŋ24
0800. 僧注意声母 tsəŋ31/səŋ31（又）
0801. 肯 khẽ53
0802. 北 pei31
0803. 墨 mei24
0804. 得 tei31
0805. 特 thei24
0806. 贼 tsei24
0807. 塞 sei31/tsei31（又）
0808. 刻 khei31
0809. 黑 xei31
0810. 冰 piəŋ31
0811. 证 tʂəŋ44
0812. 秤 tʂhəŋ44
0813. 绳 ʂəŋ24
0814. 剩 ʂəŋ44
0815. 升 ʂəŋ31
0816. 兴高～ɕiəŋ44
0817. 蝇注意声母 Øiəŋ24
0818. 逼 pi31
0819. 力 li31
0820. 息 ɕi31
0821. 直 tʂʅ24
0822. 侧注意声母 tshei31
0823. 测 tshei31
0824. 色 sei31
0825. 织 tʂʅ31
0826. 食 ʂʅ24
0827. 式 ʂʅ31
0828. 极 tɕi24
0829. 国 kuei31
0830. 或 xuei24
0831. 猛 məŋ53
0832. 打注意韵母 ta53
0833. 冷 ləŋ53
0834. 生 səŋ31
0835. 省～长 səŋ53
0836. 更三～，打～ kəŋ31
0837. 梗注意韵母 kəŋ53
0838. 坑 khəŋ31
0839. 硬 niəŋ44
0840. 行～为，～走 ɕiəŋ24
0841. 百 pei31
0842. 拍 phei31
0843. 白 pei24
0844. 拆 tshei31
0845. 择 tsei24
0846. 窄 tsei31
0847. 格 kei31
0848. 客 khei31
0849. 额 ŋei31
0850. 棚 phəŋ24
0851. 争 tsəŋ31
0852. 耕 kəŋ31
0853. 麦 mei31
0854. 摘 tsei31
0855. 策 tshei31
0856. 隔 kei31
0857. 兵 piəŋ31
0858. 柄注意声调 piəŋ53
0859. 平 phiəŋ24
0860. 病 piəŋ44
0861. 明 miəŋ24
0862. 命 miəŋ44
0863. 镜 tɕiəŋ44
0864. 庆 tɕhiəŋ44
0865. 迎 Øiəŋ24
0866. 影 niəŋ53/Øiəŋ53（又）
0867. 剧戏～tɕy44
0868. 饼 piəŋ53
0869. 名 miəŋ24
0870. 领 liəŋ53
0871. 井 tɕiəŋ53
0872. 清 tɕhiəŋ31
0873. 静 tɕiəŋ44
0874. 姓 ɕiəŋ44
0875. 贞 tʂẽ31
0876. 程 tʂhəŋ24
0877. 整 tʂəŋ53
0878. 正～反 tʂəŋ44
0879. 声 ʂəŋ31
0880. 城 tʂhəŋ24
0881. 轻 tɕhiəŋ31
0882. 赢 Øiəŋ24
0883. 积 tɕi31
0884. 惜 ɕi31
0885. 席 ɕi24
0886. 尺 tʂhʅ31
0887. 石 ʂʅ24
0888. 益 Øi31
0889. 瓶 phiəŋ24
0890. 钉名 tɕiəŋ31
0891. 顶 tɕiəŋ53
0892. 厅 tɕhiəŋ31
0893. 听～见，注意声调 tɕhiəŋ31
0894. 停 tɕhiəŋ24/tɕhian44（又）
0895. 挺 tɕhiəŋ53
0896. 定 tɕiəŋ44
0897. 零 liəŋ24
0898. 青 tɕhiəŋ31
0899. 星 ɕiəŋ31
0900. 经 tɕiəŋ31
0901. 形 ɕiəŋ24
0902. 壁 pi31
0903. 劈 phi53
0904. 踢 tɕhi31
0905. 笛 tɕi24
0906. 历农～li31
0907. 锡 ɕi31
0908. 击 tɕi31
0909. 吃 tʂʅ31
0910. 横 ɕyo24（白）/xuəŋ44（文）
0911. 划计～xua44

0912. 兄 ɕyəŋ31
0913. 荣 Øyəŋ24
0914. 永 Øyəŋ53
0915. 营 Øiəŋ24
0916. 蓬 ~松 phəŋ24
0917. 东 tuəŋ31
0918. 懂 tuəŋ53
0919. 冻 tuəŋ44
0920. 通 thuəŋ31
0921. 桶 注意声调 thuəŋ53
0922. 痛 thuəŋ44
0923. 铜 thuəŋ24
0924. 动 tuəŋ44
0925. 洞 tuəŋ44
0926. 聋 注意声调 nəŋ24
0927. 弄 注意声母 nəŋ44
0928. 粽 tsuəŋ53
0929. 葱 tshuəŋ31
0930. 送 suəŋ44
0931. 公 kuəŋ31
0932. 孔 khuəŋ53
0933. 烘 ~干 xuəŋ31
0934. 红 xuəŋ24

0935. 翁 Øuəŋ31
0936. 木 mu31
0937. 读 tu24
0938. 鹿 lou31
0939. 族 tsu24
0940. 谷 稻~ ku31
0941. 哭 fu31（白）/ khu31（文）
0942. 屋 Øu31
0943. 冬 ~至 tuəŋ31
0944. 统 注意声调 thuəŋ53
0945. 脓 注意声母 nəŋ24
0946. 松 ~紧 suəŋ31
0947. 宋 suəŋ44
0948. 毒 tu24
0949. 风 fəŋ31
0950. 丰 fəŋ31
0951. 凤 fəŋ44
0952. 梦 məŋ44
0953. 中 当~ tʃuəŋ31
0954. 虫 tʃhuəŋ24
0955. 终 tʃuəŋ31
0956. 充 tʃhuəŋ53
0957. 宫 kuəŋ31

0958. 穷 tɕhyəŋ24
0959. 熊 注意声母 ɕyəŋ24
0960. 雄 注意声母 ɕyəŋ24
0961. 福 fu31
0962. 服 fu24
0963. 目 mu31
0964. 六 liou31
0965. 宿 住~，~舍 ɕy31
0966. 竹 tʃu31
0967. 畜 ~生 ɕy31
0968. 缩 ʃuo31
0969. 粥 tsou31
0970. 叔 ʃu31
0971. 熟 ʃu24
0972. 肉 zou44
0973. 菊 tɕy31
0974. 育 Øy44
0975. 封 fəŋ31
0976. 蜂 fəŋ31
0977. 缝 一条~ fəŋ44
0978. 浓 nəŋ24
0979. 龙 nəŋ24
0980. 松 ~树，注意声调 suəŋ31

0981. 重轻 ~ tʃuəŋ44
0982. 肿 tʃuəŋ53
0983. 种 ~树 tʃuəŋ44
0984. 冲 tʃhuəŋ31
0985. 恭 kuəŋ31
0986. 共 kuəŋ44
0987. 凶 吉~ ɕyəŋ31
0988. 拥 注意声调 Øyəŋ31
0989. 容 Øyəŋ24
0990. 用 Øyəŋ44
0991. 绿 liou31
0992. 足 tɕy31（白）/tsu31（文）
0993. 烛 tʃu31
0994. 赎 ʃu24
0995. 属 ʃu53
0996. 褥 ʒu31
0997. 曲 ~折，歌~ tɕy31
0998. 局 tɕy24
0999. 玉 Øy31
1000. 浴 Øy31

第三章　词　汇

第一节　规定词汇

一、天文、地理

（一）天文

0001. 太阳~下山了　爷娘 Øiɛ44niaŋ0/太阳 thæ44Øiaŋ0
0002. 月亮~出来了　光光爷 kuaŋ24kuaŋ0Øiɛ44/月亮 Øyo53liaŋ0
0003. 星星　宿宿 ɕiou53ɕiou0/星星 ɕiəŋ53ɕiəŋ0
0004. 云　云 Øyɛ̃24
0005. 风　风 fəŋ31
0006. 台风　台风 thæ24fəŋ31
0007. 闪电名词　闪电 ʂã53tɕiã44
0008. 雷　呼噜爷 xu31lu0Øiɛ44/雷 luei24
0009. 雨　雨 Øy53
0010. 下雨　爷下呢 Øiɛ44xa44ni0/下雨 xa44Øy53
0011. 淋衣服被雨~湿了　淋 lyɛ̃24
0012. 晒~粮食　晒 sæ44
0013. 雪　雪 ɕyo31
0014. 冰　冰 piəŋ31
0015. 冰雹　冷子 nəŋ53tsɿ0
0016. 霜　霜 ʃuaŋ31
0017. 雾　雾 vu44
0018. 露　露水 lou44ʃuei0
0019. 虹统称　虹 tɕiaŋ44
0020. 日食　天狗吃爷娘 tɕhiã31kou53tʂhɿ31Øiɛ44niaŋ0/日食 Øər53ʂɿ0
0021. 月食　天狗吃月亮 tɕhiã31kou53tʂhɿ24Øyo31liaŋ0
0022. 天气　天气 tɕhiã31tɕhi44
0023. 晴天~　晴 tɕhiəŋ24
0024. 阴天~　阴 niɛ̃31
0025. 旱天~　旱 xã44
0026. 涝天~　涝 lɔ44
0027. 天亮　天明咧 tɕhiã31miəŋ24liɛ0

（二）地貌

0028. 水田　水浇地 ʃuei53tɕiɔ31tɕi44
0029. 旱地浇不上水的耕地　旱地 xã44tɕi44
0030. 田埂　塄 nəŋ24
0031. 路野外的　小路 ɕiɔ53lou44/生产路 səŋ31tʂhan53lou44

0032. 山　山 sã31

0033. 山谷　沟道子 kou31tɔ44tsʅ0

0034. 江大的河　江 tɕiaŋ31

0035. 溪小的河　小河 ɕiɔ53xuo24

0036. 水沟儿较小的水道　水渠 ʃuei53tɕhy24/水沟沟 ʃuei53kou31kou0

0037. 湖　湖 xu24

0038. 池塘　涝池 lɔ44tʂʅ0

0039. 水坑儿地面上有积水的小洼儿　水坑坑 ʃuei53khəŋ53khəŋ0

0040. 洪水　洪水 xuəŋ44ʃuei53

0041. 淹被水～了　淹 niã31

0042. 河岸　河岸 xuo24ŋã44

0043. 坝拦河修筑拦水的　坝 pa44

0044. 地震　地动 tɕi44tuəŋ44/地震 tɕi44tʂuɛ̃44

0045. 窟窿小的　窟窿 fu53nəŋ0

0046. 缝儿统称　缝缝 fəŋ44fəŋ0

（三）物象

0047. 石头统称　石头 ʂʅ24thou0

0048. 土统称　土 thu53

0049. 泥湿的　泥 ni24/泥水 ni24ʃuei53

0050. 水泥旧称　洋灰 Øiaŋ24xuei31

0051. 沙子　沙子 sa53tsʅ0

0052. 砖整块的　砖 tʃuã31

0053. 瓦整块的　瓦 Øua53

0054. 煤　炭 thã44

0055. 煤油　煤油 mei24Øiou24

0056. 炭木炭　木炭 mu31thã44

0057. 灰烧成的　灰 xuei31

0058. 灰尘桌面上的　堂土 thaŋ24thu0

0059. 火　火 xuo53

0060. 烟烧火形成的　烟 Øiã31

0061. 失火　着火 tʃhuo24xuo53/失火 ʂʅ31xuo53

0062. 水　水 ʃuei53

0063. 凉水　凉水 liaŋ24ʃuei53

0064. 热水如洗脸的热水，不是指喝的开水　热水 ʐɤ31ʃuei0/温温水 Øuɛ̃53Øuɛ̃0ʃuei53

0065. 开水喝的　开水 khæ31ʃuei53

0066. 磁铁　吸铁石 ɕi31tɕhiɛ31ʂʅ24

二、时间、方位

（一）时间

0067. 时候吃饭的～　时间 sʅ24tɕiã31

0068. 什么时候　啥时候儿 sa44sʅ24xər0

0069. 现在　如今 ʐu24tɕiɛ̃31/壬儿 ʐə̃r24

0070. 以前十年～　那那 læ44læ44/那阵番 læ44tʂaŋ0fã31/原先 yã24ɕiã31

0071. 以后十年～　以后 Øi31xou44/将来 tɕiaŋ31læ24

0072. 一辈子　一辈子 Øi31pei44tsʅ0

0073. 今年　今年 tɕiɛ̃31niã24

0074. 明年　过年 kuo44niã24

0075. 后年　后年 xou44niã24

0076. 去年　年时个 niã24sʅ31kɤ0

0077. 前年　前年 tɕhiã24niã0

0078. 往年过去的年份　往年 vaŋ53niã24

0079. 年初　年初 niã24tʃhu31

0080. 年底　年跟间 niã24kɛ̃53tɕiã31/年底 niã24tɕi0

0081. 今天　今儿 tɕiɛ̃r31

0082. 明天　明儿 miãr24

0083. 后天　后儿 xəur53

0084. 大后天　外后儿 Øuæ44xəur0

0085. 昨天　夜儿个 Øiɛr53kɤ0

0086. 前天　前儿个 tɕhiãr24kɤ0

0087. 大前天　大前儿个 ta44tɕhiãr24kɤ0

0088. 整天　一天天 Øi24tɕhiã53tɕhiã0

0089. 每天　天天儿 tɕhiã24tɕhiã53

0090. 早晨　早起 tsɔ31tɕhi53

0091. 上午　晌午 ʂaŋ31Øu0

0092. 中午　无

0093. 下午　晃儿 xuãr53

0094. 傍晚　才黑 tshæ24xei31

0095. 白天　白儿 peir24

0096. 夜晚与白天相对，统称　黑唡 xei31liɛ0

0097. 半夜　半晚晞 pã44Øuã53ɕi31/半夜 pã44Øiɛ44

0098. 正月农历　正月 tʂəŋ310yo31

0099. 大年初一农历　大年初一 ta44niã24tʃhu310i31

0100. 元宵节　正月十五 tsəŋ310yo31ʂʅ24Øu53

0101. 清明　上坟 ʂaŋ44fɚ24

0102. 端午　五月端午 Øu53Øyo31ta310u53

0103. 七月十五农历，节日名　无

0104. 中秋　八月十五 pa310yo31ʂʅ24Øu53

0105. 冬至　冬至 tuəŋ31tʂʅ44

0106. 腊月农历十二月　腊月 la31Øyo31

0107. 除夕农历　大年三十儿 ta44niã24sã31ʂʅər24

0108. 历书　历头 li53thou0

0109. 阴历　阴历 Øiɛ̃31li0

0110. 阳历　阳历 Øiaŋ24li0

0111. 星期天　礼拜儿 li53pær0/星期日 ɕiəŋ53tɕhi0Øər31

（二）方位

0112. 地方　地方 tɕi44faŋ0

0113. 什么地方　啥地方 sa44tɕi44faŋ0

0114. 家里　屋里 Øu53li0

0115. 城里　城里 tʂhəŋ24li0

0116. 乡下　乡下 ɕiaŋ31ɕia44/农村 nəŋ24tshuɛ31

0117. 上面从~滚下来　上头 ʂaŋ44thou0

0118. 下面从~爬上去　下头 xa44thou0

0119. 左边　左边个 tsuo53piã31kɤ0

0120. 右边　右边个 Øiou44piã31kɤ0

0121. 中间排队排在~　中间 tʃuəŋ24tɕiã31

0122. 前面排队排在~　头里 thou24li0/前面儿 tɕhiã24miãr0

0123. 后面排队排在~　后头 xou44thou0/后面儿 xou44miãr0

0124. 末尾排队排在~　后尾巴 xou44Øi53pa0

0125. 对面　对岸儿 tuei44ŋãr53

0126. 面前　跟前 kɛ53tɕhiã24

0127. 背后　后头 xou44thou0/背后 pei44xou0

0128. 里面躲在~　里头 li53thou0

0129. 外面衣服晒在~　外头 Øuæ44thou0

0130. 旁边 一偏儿 Øi24phiãr53
0131. 上碗在桌子～ 上 ʂaŋ44
0132. 下凳子在桌子～ 下 xa44
0133. 边儿桌子的～ 边边 piã53piã0
0134. 角儿桌子的～ 角角 tɕyo53tɕyo0
0135. 上去他～了 上去 ʂaŋ44tɕhi0
0136. 下来他～了 下来 xa44læ0
0137. 进去他～了 进去 tɕiẽ44tɕhi0
0138. 出来他～了 出来 tʃhu53læ0
0139. 出去他～了 出去 tʃhu53tɕhi0
0140. 回来他～了 回来 xuei24læ0
0141. 起来天冷～了 起来 tɕhi53læ0

三、植物

（一）一般植物

0142. 树 树 ʃu44
0143. 木头 木头 mu53thou0
0144. 松树统称 松树 suəŋ31ʃu44
0145. 柏树统称 柏树 pei31ʃu44
0146. 杉树 杉树 sã31ʃu44
0147. 柳树 柳树 liou53ʃu44
0148. 竹子统称 竹子 tʃu53tsʅ0
0149. 笋 笋 suɛ53
0150. 叶子 叶子 Øiɛ53tsʅ0/叶叶儿 Øiɛ53Øiɛr0
0151. 花 花 xua31
0152. 花蕾花骨朵儿 花骨朵 xua24ku53tu0
0153. 梅花 梅花 mei24xua31
0154. 牡丹 牡丹 mu53tã31
0155. 荷花 莲花 liã24xua31
0156. 草 草 tshɔ53

0157. 藤 蔓 vã44
0158. 刺名词 刺 tshʅ44
0159. 水果 水果 ʃuei31kuo53
0160. 苹果 苹果 piəŋ24kuo53
0161. 桃子 桃 thɔ24
0162. 梨 梨 li24
0163. 李子 梅李 mei24li0
0164. 杏 杏 xəŋ44
0165. 橘子 橘子 tɕy31tsʅ0
0166. 柚子 柚子 Øiou44tsʅ0
0167. 柿子 柿子 sʅ44tsʅ0
0168. 石榴 石榴 ʂʅ24liou0
0169. 枣 枣儿 tsɔr53
0170. 栗子 毛栗 mɔ24li31
0171. 核桃 核桃 xɯ24thɔ0
0172. 银杏白果 银杏 Øiẽ24xəŋ44
0173. 甘蔗 甘蔗 kã31tʂɤ24
0174. 木耳 [木耳] muər31
0175. 蘑菇野生的 蘑菇 mo24ku31
0176. 香菇 香菇 ɕiaŋ31ku31

（二）农作物

0177. 稻子指植物 稻子 thɔ53tsʅ0
0178. 稻谷指籽实（脱粒后是大米） 稻子颗颗 thɔ53tsʅ0khuo53khuo0
0179. 稻草脱粒后的 稻草 thɔ31tshɔ0
0180. 大麦指植物 大麦 ta44mei31
0181. 小麦指植物 麦 mei31
0182. 麦秸脱粒后的 麦秸 mei53tɕiã0
0183. 谷子指植物（籽实脱粒后是小米） 谷 ku31
0184. 高粱指植物 稻黍 thɔ31ʃu0
0185. 玉米指成株的植物 御麦 Øy44mei31

0186. 棉花指植物　棉花 miã24xua31

0187. 油菜油料作物，不是蔬菜　菜籽儿 tshæ44tsɿər53

0188. 芝麻　芝麻 tsɿ53ma0

0189. 向日葵指植物　[向日]葵 ɕiãr53khuei24

0190. 蚕豆　蚕豆儿 tshã24təur53

0191. 豌豆　豌豆 vã53tou0

0192. 花生指果实，注意婉称　花生儿 xua24sẽr53

0193. 黄豆　豆子 tou44tsɿ0/黄豆 xuaŋ24tou44

0194. 绿豆　绿豆 liou53tou0

0195. 豇豆长条形的　豇豆 tɕiaŋ53tou0

0196. 大白菜东北～　白菜 pei24tshæ0

0197. 包心菜卷心菜，圆白菜，球形的　莲花白 liã24xua31pei24

0198. 菠菜　青菜 tɕhiəŋ53tshæ0/菠菜 pho53tshæ0

0199. 芹菜　芹菜 tɕhiɛ̃24tshæ0

0200. 莴笋　莴笋 Øuo31suẽ0

0201. 韭菜　韭菜 tɕiou53tshæ0

0202. 香菜芫荽　芫荽 Øiã24suei31

0203. 葱　葱 tshuaŋ31

0204. 蒜　蒜 suã44

0205. 姜　生姜 səŋ31tɕiaŋ31

0206. 洋葱　洋葱 Øiaŋ24tshuaŋ31

0207. 辣椒统称　辣子 la53tsɿ0

0208. 茄子统称　茄子 tɕhiɛ24tsɿ0

0209. 西红柿　洋柿子 Øiaŋ24sɿ44tsɿ0

0210. 萝卜统称　萝卜 luo24pu0

0211. 胡萝卜　红萝卜 xuəŋ24luo24pu0

0212. 黄瓜　黄瓜 xaŋ24kuo31

0213. 丝瓜无棱的　沽婆瓜 tsã53pho24kua31

0214. 南瓜扁圆形或梨形，成熟时呈赤褐色　南瓜 nã24kuo31

0215. 荸荠　无

0216. 红薯统称　红芋 xuəŋ24Øy44

0217. 马铃薯　洋芋 Øiaŋ24Øy44/土豆儿 thu53təur53

0218. 芋头　无

0219. 山药圆柱形的　山药 sã31Øyo31

0220. 藕　莲菜 liã24tshæ0

四、动物

（一）一般动物

0221. 老虎　老虎 lɔ31xu0

0222. 猴子　猴 xou24

0223. 蛇统称　长虫 tʂhaŋ24tʃhuəŋ31/蛇 tʂhã44

0224. 老鼠家里的　老鼠 lɔ31ʃu0

0225. 蝙蝠　夜蝙虎 Øiɛ44piã31xu0

0226. 鸟儿飞鸟，统称　鸟儿 niɔr53

0227. 麻雀　雀儿 tɕhiɔr53

0228. 喜鹊　野雀儿 Øiɛ31tɕhiɔr53

0229. 乌鸦　老鸹 lɔ53Øuo31

0230. 鸽子　鹁鸽儿 pu24kɤr0

0231. 翅膀鸟的，统称　膀子 paŋ53tsɿ0

0232. 爪子鸟的，统称　爪爪 tsɔ53tsɔ0

0233. 尾巴　尾巴 Øi53pa0

0234. 窝鸟的　窝 Øuo31

0235. 虫子统称　虫虫 tʃhuəŋ24tʃhuəŋ0

0236. 蝴蝶统称　蛾儿 ŋɤr24

0237. 蜻蜓统称　蚂螂 ma24laŋ0

260

0238. 蜜蜂　蜂 fəŋ31

0239. 蜂蜜　蜂糖 fəŋ53thaŋ0

0240. 知了 统称　知蛋儿 tsʅ31tãr24

0241. 蚂蚁　蚂蚁虫 ma31Øiɛ44tʃhuəŋ0

0242. 蚯蚓　蛐鳝 tɕhy53ʂã0

0243. 蚕　蚕儿 tshãr24

0244. 蜘蛛 会结网的　蛛蛛 tʃu53tʃu0

0245. 蚊子 统称　蚊子 vuẽ24tsʅ0

0246. 苍蝇 统称　蝇子 Øiəŋ24tsʅ0

0247. 跳蚤 咬人的　虼蚤 kɯ31tsɔ31

0248. 虱子　虱 sei31

0249. 鱼　鱼 Øy24

0250. 鲤鱼　鲤鱼 li53Øy24

0251. 鳙鱼 胖头鱼　无

0252. 鲫鱼　无

0253. 甲鱼　鳖 piɛ31

0254. 鳞 鱼的　鳞 liẽ24

0255. 虾 统称　虾 ɕia31

0256. 螃蟹 统称　螃蟹 phaŋ24xã0

0257. 青蛙 统称　青蛙 tɕhiəŋ53Øua0

0258. 癞蛤蟆 表皮多疙瘩　疥肚 tɕiɛ44tu0

（二）家畜、家禽

0259. 马　马 ma53

0260. 驴　驴 ly24

0261. 骡　骡子 luo24tsʅ0

0262. 牛　牛 niou24

0263. 公牛 统称　犍牛 tɕiã31niou24

0264. 母牛 统称　乳牛 ʐu53niou24

0265. 放牛　放牛 faŋ44niou24

0266. 羊　羊 Øiaŋ24

0267. 猪　猪 tʃu31/唠唠 lɔ24lɔ0

0268. 种猪 配种用的公猪　猪公子 tʃu24kuəŋ31tsʅ0

0269. 公猪 成年的，已阉的　牙猪 nia24tʃu31

0270. 母猪 成年的，未阉的　豵 tsha24

0271. 猪崽　猪娃儿 tʃu53uar24

0272. 猪圈　猪圈 tʃu31tɕyã44

0273. 养猪　看猪 khã24tʃu31

0274. 猫　猫 mɔ24/咪 mi44

0275. 公猫　郎猫 naŋ24mɔ24

0276. 母猫　咪猫 mi44mɔ24

0277. 狗 统称　狗 kou53

0278. 公狗　牙狗 nia24kou31

0279. 母狗　母狗 mu31kou31

0280. 叫狗 ~　叫唤 tɕiɔ44xuã0

0281. 兔子　兔 thu44

0282. 鸡　鸡 tɕi31/咕咕儿 kou24kəur24

0283. 公鸡 成年的，未阉的　公鸡 kuəŋ31tɕi31

0284. 母鸡 已下过蛋的　草鸡 tshɔ53tɕi31/母鸡 mu53tɕi31

0285. 叫公鸡 ~（打鸣儿）　叫鸣 tɕiɔ44miəŋ24

0286. 下鸡 ~蛋　下 xa44

0287. 孵 ~小鸡　菢 pu53

0288. 鸭　鸭子 nia53tsʅ0

0289. 鹅　鹅 ŋɤ24

0290. 阉 ~公的猪　骟 ʂa44

0291. 阉 ~母的猪　劁 tɕhiɔ31

0292. 阉 ~鸡　无

0293. 喂 ~猪　喂 Øuei44

0294. 杀猪 统称，注意婉称　杀猪 sa24tʃu31

0295. 杀 ~鱼　杀 sa31

五、房舍、器具

（一）房舍

0296. 村庄一个~　堡子 pu53tsɿ0
0297. 胡同统称：一条~　巷道子 xaŋ31tɔ44tsɿ0
0298. 街道　街道 tɕiɛ31tɔ44
0299. 盖房子　盖房 kæ44faŋ24
0300. 房子整座的，不包括院子　屋 Øu31
0301. 屋子房子里分隔而成的，统称　房子 faŋ24tsɿ0
0302. 卧室　房子 faŋ24tsɿ0
0303. 茅屋茅草等盖的　草棚 tshɔ53phəŋ24
0304. 厨房　灶房 tsɔ44faŋ24
0305. 灶统称　锅头 kuo53thou0
0306. 锅统称　锅 kuo31
0307. 饭锅煮饭的　锅 kuo31
0308. 菜锅炒菜的　炒瓢 tshɔ53phiɔ24
0309. 厕所旧式的，统称　茅子 mɔ24tsɿ0
0310. 檩左右方向的　檩 liɛ̃53
0311. 柱子　柱子 tʃu44tsɿ0
0312. 大门　头门 thou24mɛ̃24/大门 ta44mɛ̃24
0313. 门槛儿　门槛儿 mɛ̃24khãr0
0314. 窗旧式的　窗子 tʃuaŋ53tsɿ0
0315. 梯子可移动的　梯子 tɕhi53tsɿ0
0316. 扫帚统称　扫子 sɔ44tsɿ0/笤子 tɕhiɔ24tsɿ0
0317. 扫地　扫地 sɔ53tɕi44
0318. 垃圾　渣货 tsa53xuo0/垃圾 la31tɕi31

（二）家具

0319. 家具统称　家具 tɕia31tɕy44
0320. 东西我的~　东西 tuəŋ53çi0
0321. 炕土、砖砌的，睡觉用　炕 khaŋ44
0322. 床木质的，睡觉用　床 tʃhuaŋ24
0323. 枕头　枕头 tʂẽ53thou0
0324. 被子　被儿 piər53
0325. 棉絮　套子 thɔ44tsɿ0
0326. 床单　单子 tã53tsɿ0
0327. 褥子　褥子 ʒu53tsɿ0
0328. 席子　席 çi24
0329. 蚊帐　蚊帐 vẽ24tʂaŋ44
0330. 桌子统称　桌子 tʃuo53tsɿ0
0331. 柜子统称　柜 kuei44
0332. 抽屉桌子的　抽屉 tʂhou53tɕhi0
0333. 案子长条形的　案 ŋã44
0334. 椅子统称　靠子 khɔ44tsɿ0
0335. 凳子统称　杌凳儿 Øu31tə̃r44
0336. 马桶有盖的　无

（三）用具

0337. 菜刀　切面刀 tɕhiɛ31miã44tɔ31
0338. 瓢舀水的　马勺 ma53ʂɔ24
0339. 缸　缸子 kaŋ53tsɿ0
0340. 坛子装酒的~　坛子 thã24tsɿ0
0341. 瓶子装酒的~　瓶子 phiəŋ24tsɿ0
0342. 盖子杯子的~　盖盖儿 kæ44kær0
0343. 碗统称　碗 Øuã53
0344. 筷子　筷子 khuæ44tsɿ0
0345. 汤匙　勺勺儿 ʂɔ24ʂɔr0
0346. 柴火统称　柴 tʂhæ24
0347. 火柴　洋火 Øiaŋ24xuo53

0348. 锁　锁子 suo53tsɿ0
0349. 钥匙　钥匙 ȵyo53sɿ0
0350. 暖水瓶　电壶 tɕiã44xu24
0351. 脸盆　洗脸盆儿 ɕi31liã53phɛ̃r24
0352. 洗脸水　洗脸水 ɕi31liã53ʃuei53
0353. 毛巾洗脸用　手巾 ʂou53tɕiɛ̃31
0354. 手绢　手帕 ʂou53pha0
0355. 肥皂洗衣服用　洋碱 ȵiaŋ24tɕiã53
0356. 梳子旧式的，不是篦子　木梳 mu53ʃu0
0357. 缝衣针　针 tʂɛ̃31
0358. 剪子　剪子 tɕiɛ̃53tsɿ0
0359. 蜡烛　洋蜡 ȵiaŋ24la31
0360. 手电筒　手电 ʂou53tɕiã44
0361. 雨伞挡雨的，统称　伞 sã53
0362. 自行车　自行车儿 tsɿ44ɕiaŋ24tʂɤr53

六、服饰、饮食

（一）服饰

0363. 衣服统称　衣裳 ȵi53ʂaŋ0
0364. 穿～衣服　穿 tʃhuaŋ31
0365. 脱～衣服　脱 thuo31
0366. 系～鞋带　绑 paŋ53
0367. 衬衫　衫子 sã53tsɿ0
0368. 背心带两条杠的，内衣　背心儿 pei44xiɛ̃r31
0369. 毛衣　毛衣 mɔ24ȵi31
0370. 棉衣　棉袄儿 miã24ŋɔr53
0371. 袖子　袖子 ɕiou44tsɿ0
0372. 口袋衣服上的　插口 tsha31khou0
0373. 裤子　裤儿 fuər53

0374. 短裤外穿的　半截裤儿 pã44tɕiɛ31fuər53
0375. 裤腿　裤儿腿 fuər53thuei53
0376. 帽子统称　帽子 mɔ44tsɿ0
0377. 鞋子　鞋 xæ24
0378. 袜子　袜子 va53tsɿ0
0379. 围巾　围脖 ȵuei24po0
0380. 围裙　裙帘 tɕhyɛ24liã0
0381. 尿布　褯子 tɕiɛ44tsɿ0
0382. 扣子　纽码儿 niou53mar0
0383. 扣～扣子　扣 khou44
0384. 戒指　戒指 tɕiɛ44tsɿ0
0385. 手镯　镯子 tsuo24tsɿ0
0386. 理发　推头 thuei31thou24/剃头 tɕhi24thou24/理发 li53fa31
0387. 梳头　梳头 ʃu31thou24

（二）饮食

0388. 米饭　米饭 mi53fã44
0389. 稀饭用米熬的，统称　米汤 mi53thaŋ31
0390. 面粉麦子磨的，统称　面 miã44
0391. 面条统称　面 miã44
0392. 面儿玉米～，辣椒～　面面 miã44miã0/面儿 miãr53
0393. 馒头无馅儿的，统称　馍 mo44
0394. 包子　包子 pɔ53tsɿ0
0395. 饺子　饺子 tɕiɔ53tsɿ0/角角儿 tɕyo53tɕyor0
0396. 馄饨　馄饨 xuɛ̃44tuɛ̃0
0397. 馅儿　馅子 ɕyã44tsɿ0
0398. 油条长条形的，旧称　油条 ȵiou24tɕhiɔ24

0399. 豆浆　豆浆 tou44tɕiaŋ31

0400. 豆腐脑儿　豆腐脑儿 tou44fu0lɔr24

0401. 元宵食品　元宵 Øyã24ɕiɔ31

0402. 粽子　粽子 tsuəŋ53tsʅ0

0403. 年糕用黏性大的米或米粉做的　年糕儿 niã24kɔr31

0404. 点心统称　点心 tɕiã53ɕiɛ̃0

0405. 菜吃饭时吃的，统称　菜 tshæ44

0406. 干菜统称　干菜 kã31tshæ44

0407. 豆腐　豆腐 tou44fu31

0408. 猪血当菜的　猪血 tʃu24ɕiɛ31

0409. 猪蹄当菜的　猪蹄子 tʃu31tɕhi24tsʅ0

0410. 猪舌头当菜的，注意婉称　口条 khou53tɕhiɔ24

0411. 猪肝当菜的，注意婉称　猪肝子 tʃu24kã53tsʅ0

0412. 下水猪、牛、羊的内脏　下水 ɕia44ʃuei0

0413. 鸡蛋　鸡蛋 tɕi31tã44

0414. 松花蛋　变蛋 piã44tã44

0415. 猪油　脂油 tsʅ31Øiou24

0416. 香油　香油 ɕiaŋ31Øiou24

0417. 酱油　酱 tɕiaŋ44

0418. 盐名词　盐 Øiã24

0419. 醋注意婉称　醋 tshu44

0420. 香烟　纸烟 tsʅ53Øiã31

0421. 旱烟　旱烟 xã44Øiã31

0422. 白酒　白酒 pei24tɕiou53/烧酒 ʂɔ31tɕiou53

0423. 黄酒　黄酒 xuaŋ24tɕiou53

0424. 江米酒酒酿，醪糟　醪糟 lɔ24tsɔ0

0425. 茶叶　茶叶 tsha24Øiɛ0

0426. 沏~茶　泡 phɔ44

0427. 冰棍儿　冰棍儿 piəŋ31kuɛ̃r53

0428. 做饭统称　做饭 tsou44fã44

0429. 炒菜统称，和做饭相对　炒菜 tshɔ53tshæ44

0430. 煮~带壳的鸡蛋　煮 tʃu53

0431. 煎~鸡蛋　摊 thã31

0432. 炸~油条　炸 tsa24

0433. 蒸~鱼　蒸 tʂəŋ31

0434. 揉~面做馒头等　揉 zou24

0435. 擀~面，~皮儿　擀 kã53

0436. 吃早饭　吃早起饭 tʂʅ31tsɔ53tɕhi0fã44

0437. 吃午饭　吃响午饭 tʂʅ31ʂaŋ31Øu0fã44

0438. 吃晚饭　喝汤 xuo24thaŋ31

0439. 吃~饭　吃 tʂʅ31

0440. 喝~酒　喝 xuo31

0441. 喝~茶　喝 xuo31

0442. 抽~烟　吃 tʂʅ31/抽 tʂhou31

0443. 盛~饭　舀 Øiɔ53

0444. 夹用筷子~菜　抄 tshɔ31/夹 tɕia31

0445. 斟~酒　倒 tɔ44

0446. 渴口~　渴 khɤ31

0447. 饿肚子~　饥 tɕi31/饿 ŋɤ44

0448. 噎吃饭~着了　噎 Øiɛ31

七、身体、医疗

（一）身体

0449. 头人的，统称　大脑 tuo53naŋ0

0450. 头发　髦絃 mɔ44kã31

0451. 辫子　髦辫子 mɔ44piã44tsʅ0/
辫子 piã44tsʅ0

0452. 旋　旋儿 ɕyãr24

0453. 额头　额颅 ŋẽ53lou0

0454. 相貌　模样 mu24Øiɑŋ0

0455. 脸洗~　脸 liã53

0456. 眼睛　眼 niã53/眼窝
niã53Øuo31

0457. 眼珠统称　眼豆豆 niã53tou44tou0

0458. 眼泪哭的时候流出来的　眼泪
niã53ly0

0459. 眉毛　眼眉儿 niã53miər24

0460. 耳朵　耳朵 Øər53tuo0

0461. 鼻子　鼻子 pi24tsʅ0

0462. 鼻涕统称　鼻涕 pi24tɕhi0

0463. 擤~鼻涕　擤 ɕiəŋ53

0464. 嘴巴人的，统称　嘴 tsuei53

0465. 嘴唇　嘴唇儿 tsuei53ʃuẽr24

0466. 口水~流出来　涎水 xa31ʃuei0

0467. 舌头　舌头 ʂʅ24thou0

0468. 牙齿　牙 nia24

0469. 下巴　下巴 xa44pa0

0470. 胡子嘴周围的　胡子 xu24tsʅ0

0471. 脖子　脖项 po24xɑŋ44

0472. 喉咙　胡咙 xu24lou0

0473. 肩膀　胛骨 tɕia53kuo0

0474. 胳膊　胳膊 kɯ53pho0

0475. 手方言指（打√）：只指手√；包括臂：
他的~摔断了　手 ʂou53

0476. 左手　左手 tsuo53ʂou53

0477. 右手　右手 Øiou44ʂou53

0478. 拳头　锤头 tʃuei24thou0

0479. 手指　指头 tsʅ53thou0

0480. 大拇指　大拇指头
ta44mu31tsʅ31tou0

0481. 食指　二拇指头 Øər44mu31tsʅ31
tou0/食指 sʅ24tsʅ31

0482. 中指　中拇指头
tʃuəŋ31mu31tsʅ31tou0

0483. 无名指　无名指 vu24miəŋ24tsʅ31

0484. 小拇指　碎拇指头
suei31mu31tsʅ31tou0

0485. 指甲　指甲 tsʅ53tɕia0

0486. 腿　腿 thuei53

0487. 脚方言指（打√）：只指脚√；包括小
腿；包括小腿和大腿：他的~轧断了
脚 tɕyo31

0488. 膝盖指部位　磕能盖儿
khɤ31nəŋ31kær53

0489. 背名词　脊背乎 tɕi31pei44xu0

0490. 肚子腹部　肚子 tu44tsʅ0

0491. 肚脐　肚子窝儿 tu44tsʅ0Øuor24

0492. 乳房女性的　奶奶 niɛ24niɛ0

0493. 屁股　沟子 kou53tsʅ0

0494. 肛门　沟窟窿 kou24fu31nəŋ0

0495. 阴茎成人的　㞗 tɕhiou24

0496. 女阴成人的　屄 phi31

0497. 肏动词　合 zʅ31

0498. 精液　□ suəŋ24

0499. 来月经注意婉称　身上来咧
ʂẽ53ʂɑŋ0læ24liɛ0

0500. 拉屎　屙屎 pa31sʅ53

0501. 撒尿　尿尿 niɔ44niɔ44

0502. 放屁　放屁 fɑŋ44phi44

0503. 相当于"他妈的"的口头禅

他妈的屄 tha31ma31ti24phi31

（二）疾病、医疗

0504. 病了　不好咧 pu31xɔ53liɛ0/病咧 piəŋ44liɛ0

0505. 着凉　凉咧 liaŋ24liɛ0

0506. 咳嗽　咳嗽 khɯ53sou0

0507. 发烧　发烧 fa24ʂɔ31

0508. 发抖　打颤 ta53tʂã44

0509. 肚子疼　肚子疼 tu44tsʅ0thəŋ24

0510. 拉肚子　屙稀屎 pa53ɕi31sʅ53

0511. 患疟疾　发摆子 fa31pæ53tsʅ0

0512. 中暑　热木咧 zɤ31mu44liɛ0

0513. 肿　肿 tʃuəŋ53

0514. 化脓　流脓呢 liou24nəŋ24ni0

0515. 疤好了的　疤疤 pa53pa0

0516. 癣　癣 ɕiã53

0517. 痣凸起的　鹰子 Øiã53tsʅ0

0518. 疙瘩蚊子咬后形成的　疙瘩 kɯ53ta0

0519. 狐臭　圪搂窝子臭 kɯ31lou31Øuo24tsʅ0tʂhou44

0520. 看病　看病 khã44piəŋ44

0521. 诊脉　评脉 phiəŋ24mei31/号脉 xɔ44mei31

0522. 针灸　扎针 tsa24tʂɛ̃31

0523. 打针　打针 ta53tʂə̃31

0524. 打吊针　挂吊针 kua44tɕiɔ53tʂɛ̃31

0525. 吃药统称　吃药 tʂʅ24Øo31

0526. 汤药　汤药 thaŋ31Øo31

0527. 病轻了　病轻了 piəŋ44tɕhiəŋ31liɔ0

八、婚丧、信仰

（一）婚育

0528. 说媒　说媒 ʃuo31mei24

0529. 媒人　媒人 mei24zɤ̃0

0530. 相亲　见面 tɕiã44miã44

0531. 订婚　换帖 xuã44tɕhiɛ31

0532. 嫁妆　陪房 phei24faŋ24

0533. 结婚统称　结婚 tɕiɛ24xuɛ̃31

0534. 娶妻子男子～，动宾　娶媳妇 tɕhy53ɕi53fu0

0535. 出嫁女子～　起发 tɕhi53fa31

0536. 拜堂　拜堂 pæ44thaŋ24

0537. 新郎　新女婿 ɕiɛ̃31ny53ɕi0

0538. 新娘子　新媳妇 ɕiɛ̃24ɕi53fu0

0539. 孕妇　重身婆娘 tʃhuəŋ24sɛ̃31pho24niaŋ0

0540. 怀孕　有啥咧 Øiou53sa0liɛ0

0541. 害喜妊娠反应　择饭 tsei24fã44

0542. 分娩　生娃 səŋ31Øua44

0543. 流产　小月 ɕiɔ53Øyo31

0544. 双胞胎　双胞胎 ʃuaŋ31pɔ24thæ31

0545. 坐月子　坐月子 tsuo44Øyo53tsʅ0

0546. 吃奶　吃奶奶 tʂʅ31niɛ24niɛ0

0547. 断奶　摘奶 tsei24læ53

0548. 满月　满月 mã53Øyo31

0549. 生日统称　生儿 sɛ̃r31

0550. 做寿　做生儿 tsuo44sɛ̃r0

（二）丧葬

0551. 死统称　死 sʅ53

0552. 死婉称，最常用的几种，指老人：他～

了 走咧 tsou31liɛ0/殁咧 mo31liɛ0

0553. 自杀 自尽 tsʅ44tɕiɛ̃44
0554. 咽气 断气咧 tuã44tɕhi44liɛ0
0555. 入殓 入殓 ʒu31liã44
0556. 棺材 棺子 kuã53tsʅ0
0557. 出殡 起灵 tɕhi53liəŋ24
0558. 灵位 牌位 phæ24Øuei0
0559. 坟墓单个的，老人的 坟 fɛ̃24/墓子 mu44tsʅ0
0560. 上坟 上坟 ʂaŋ44fɛ̃24
0561. 纸钱 烧纸 ʂɔ31tsʅ53

（三）信仰

0562. 老天爷 老天爷 lɔ53tɕhiã31Øiɛ44
0563. 菩萨统称 菩萨 phu24sa0
0564. 观音 观音菩萨 kuã31iɛ̃31phu24sa0
0565. 灶神口头的叫法，其中如有方言亲属称谓要释义 灶爷 tsɔ44Øiɛ0
0566. 寺庙 庙 miɔ44
0567. 祠堂 祠堂 tshʅ24thaŋ0
0568. 和尚 和尚 xuo24ʂaŋ0
0569. 尼姑 尼姑 ni24ku0
0570. 道士 道人 tɔ44ʐẽ0
0571. 算命统称 算卦 suã44kua44
0572. 运气 运气 Øyɛ̃44tɕhi0
0573. 保佑 保佑 pɔ53Øiou44

九、人品、称谓

（一）人品

0574. 人一个~ 人 ʐẽ24
0575. 男人成年的，统称 外头家 Øuei44thou0tɕia31
0576. 女人三四十岁已婚的，统称 屋里家 Øu53li0tɕia31/婆娘 pho24niaŋ0
0577. 单身汉 光棍 kuaŋ53kuɛ̃0
0578. 老姑娘 老女子 lɔ31ny53tsʅ0
0579. 婴儿 月亮娃儿 Øyo53liaŋ0Øuar24/碎娃儿 suei44Øuar53
0580. 小孩儿三四岁的，统称 碎娃 suei44Øua44
0581. 男孩儿统称：外面有个~在哭 小子娃 ɕiɔ53tsʅ0ua44/牛牛儿娃 niou24niour0ua44
0582. 女孩儿统称：外面有个~在哭 女子娃 ny53tsʅ0ua44
0583. 老人七八十岁的，统称 老人 lɔ53ʐẽ24
0584. 亲戚统称 亲亲 tɕhiɛ̃53tɕhiɛ̃0
0585. 朋友统称 伙计 xuo53tɕi0/朋友 phəŋ24Øiou0
0586. 邻居统称 邻家 liɛ̃24tɕia31
0587. 客人 客人 kei53ʐẽ0
0588. 农民 庄稼汉 tʃuaŋ53tɕia0xã0
0589. 商人 做买卖的 tsuo44mæ53mæ0tɕi0
0590. 手艺人统称 匠人 tɕiaŋ44ʐẽ0
0591. 泥水匠 瓦工 Øua53kuəŋ0
0592. 木匠 木匠 mu53tɕiaŋ0
0593. 裁缝 裁缝 tshæ24fəŋ0
0594. 理发师 剃头的 tɕhi24thou24tɕi0
0595. 厨师 厨子 tʃhu24tsʅ0
0596. 师傅 师傅 sʅ53fu0
0597. 徒弟 徒弟 thu24tɕi0
0598. 乞丐统称，非贬称（无统称则记成年男

的) 叫花 tɕiɔ44xua31

0599. 妓女　婊子 piɔ53tsʅ0

0600. 流氓　流氓 liou24maŋ24

0601. 贼　绺娃子 liou53Øua0tsʅ0/
贼娃子 tsei24Øua0tsʅ0

0602. 瞎子统称，非贬称（无统称则记成年男的）　瞎子 xa53tsʅ0

0603. 聋子统称，非贬称（无统称则记成年男的）　聋子 nəŋ24tsʅ0

0604. 哑巴统称，非贬称（无统称则记成年男的）　哑巴 nia53pa0

0605. 驼子统称，非贬称（无统称则记成年男的）　揹锅 pei31kuo31

0606. 瘸子统称，非贬称（无统称则记成年男的）　跛子 po53tsʅ0

0607. 疯子统称，非贬称（无统称则记成年男的）　疯子 fəŋ53tsʅ0

0608. 傻子统称，非贬称（无统称则记成年男的）　瓜子 kua53tsʅ0

0609. 笨蛋蠢的人　闷□ mẽ44suəŋ24

（二）称谓

0610. 爷爷呼称，最通用的　爷 Øiɛ44

0611. 奶奶呼称，最通用的　婆 pho44

0612. 外祖父叙称　舅舅爷 tɕiou24tɕiou0Øiɛ44

0613. 外祖母叙称　舅舅婆 tɕiou24tɕiou0pho44

0614. 父母合称　大人 tuo44zẽ0

0615. 父亲叙称　我爸 ŋɤ31pa44/我大 ŋɤ31ta44

0616. 母亲叙称　我妈 ŋɤ31ma24/我娘 ŋɤ31niaŋ44

0617. 爸爸呼称，最通用的　大 ta44/爸 pa44

0618. 妈妈呼称，最通用的　娘 niaŋ44/妈 ma24

0619. 继父叙称　后大 xou44ta44/后爸 xou44pa44

0620. 继母叙称　后娘 xou44niaŋ44/后妈 xou44ma24

0621. 岳父叙称　丈人大 tʂaŋ44zẽ31ta44

0622. 岳母叙称　丈母娘 tʂaŋ44mei0niaŋ44

0623. 公公叙称　阿家大 Øa53tɕia0ta44

0624. 婆婆叙称　阿家妈 Øa53tɕia0ma24

0625. 伯父呼称，统称　伯 pei24

0626. 伯母呼称，统称　妈 ma31

0627. 叔父呼称，统称　爸爸 pa44pa44

0628. 叔父呼称，排行最小的，如"幺叔"　碎爸 suei44pa44

0629. 叔母呼称，统称　姨 Øi24

0630. 姑呼称，统称（无统称则记分称：比父大，比父小；已婚，未婚）　姑妈 ku24ma24 大，已婚/姑 ku24，大，未婚/姑 ku24 小

0631. 姑父呼称，统称　姑父 ku53fu31

0632. 舅舅呼称　舅 tɕiou24

0633. 舅妈呼称　妗妗 tɕiẽ44tɕiẽ44

0634. 姨呼称，统称（无统称则记分称：比母大，比母小；已婚，未婚）　姨妈 Øi44ma24 大，已婚/姨 Øi24 大，未婚/姨 Øi44 小

0635. 姨父呼称，统称　姨夫 Øi44fu0

0636. 弟兄合称　弟兄们 tɕi44ɕyəŋ31mẽ0

0637. 姊妹合称，注明是否可包括男性　姊儿妹 tsʅɤr53mei0

0638. 哥哥呼称，统称　哥 kɤ24

0639. 嫂子呼称，统称　嫂子 sɔ53tsʅ0

0640. 弟弟叙称　兄弟 ɕyəŋ53tɕi0

0641. 弟媳叙称　兄弟媳妇 ɕyəŋ53tɕi0ɕi53fu0

0642. 姐姐呼称，统称　姐 tɕiɛ44

0643. 姐夫呼称　姐夫 tɕiɛ53fu0

0644. 妹妹叙称　妹子 mei44tsʅ0

0645. 妹夫叙称　妹夫 mei44fu0

0646. 堂兄弟叙称，统称　家屋兄弟 tɕia53ʮu31ɕyəŋ31tɕi0

0647. 表兄弟叙称，统称　表兄弟 piɔ53ɕyəŋ31tɕi44

0648. 妯娌弟兄妻子的合称　先后们 xiã44xu0mɤ̃0

0649. 连襟姊妹丈夫的关系，叙称　一担 ʮi31tã44

0650. 儿子叙称：我的～　娃 ʮua44

0651. 儿媳妇叙称：我的～　儿媳妇 ʮər24ɕi53fu0

0652. 女儿叙称：我的～　女 ny53

0653. 女婿叙称：我的～　女婿 ny53ɕi0

0654. 孙子儿子之子　孙子 suɛ̃53tsʅ0

0655. 重孙子儿子之孙　重孙 tʂhuəŋ24suɛ̃31

0656. 侄子弟兄之子　侄儿 tʂʅ34ʮər0

0657. 外甥姐妹之子　外甥 ʮuæ44səŋ31

0658. 外孙女儿之子　外孙 ʮuæ44suɛ̃31

0659. 夫妻合称　两口子 liaŋ31khou0tsʅ0

0660. 丈夫叙称，最通用的，非贬称：她的～　男人 nã24zɤ̃0/我人 ŋɤ31zɤ̃0/老汉 lɔ53xã0/娃他爸 ʮua44tha31pa44

0661. 妻子叙称，最通用的，非贬称：他的～　媳妇 ɕi53fu0/老婆 lɔ53pho0/内当家 luei44taŋ31tɕia31

0662. 名字　名字 miəŋ24tsʅ0

0663. 绰号　外号儿 ʮuæ44xɔr53

十、农、工、商、文

（一）农业

0664. 干活儿统称：在地里～　做活呢 tsuo44xuo24ni0

0665. 事情一件～　事 sʅ44

0666. 插秧　无

0667. 割稻　无

0668. 种菜　种菜 tʂuaŋ44tshæ44

0669. 犁名词　犁 li24

0670. 锄头　锄 tʂhu24

0671. 镰刀　镰 liã24

0672. 把儿刀～　把把儿 pa44par0

0673. 扁担　扁担 piã53tã0

0674. 箩筐　筐子 kuaŋ53tsʅ0

0675. 筛子统称　筛子 sæ53tsʅ0

0676. 簸箕农具，有梁的　担笼 tã44nəŋ0

0677. 簸箕簸米用　簸箕 po44tɕi0

0678. 独轮车　土车 thu53tʂɤ31

0679. 轮子旧式的，如独轮车上的　轱辘 ku24lou0

0680. 碓整体　礁窝锤锤儿 tɕiaŋ31ʮuo31tʂhuei24tʂhueir0

0681. 臼　礁窝 tɕiaŋ31ʮuo31

0682. 磨名词　磨子 mo44tsʅ0

0683. 年成　收成 ʂou53tʂhəŋ0/光景 kuaŋ31tɕiəŋ53

（二）工商业

0684. 走江湖统称　江湖人 tɕiaŋ53xu0ẓẽ24

0685. 打工　拉长工 la31tʂhaŋ24kuaŋ31/打短工 ta53tuã53kuaŋ31/打工 ta53kuaŋ31

0686. 斧子　斧头 fu53thou0

0687. 钳子　钳子 tɕhiã24tsʅ0

0688. 螺丝刀　起子 tɕhi53tsʅ0

0689. 锤子　锤锤 tʃhuei24tʃhuei0

0690. 钉子　钉子 tɕiəŋ53tsʅ0

0691. 绳子　绳 ʂəŋ24 粗/绳子 ʂəŋ24tsʅ0 细

0692. 棍子　光光 kuaŋ24kuaŋ0 短/棍 kuẽ44 长

0693. 做买卖　做买卖 tsou44mæ53mæ0

0694. 商店　商店 ʂaŋ31tɕiã44

0695. 饭馆　饭馆儿 fã44kuãr53/饭店 fã44tɕiã44

0696. 旅馆旧称　旅社 ly31ʂɤ44/店 tɕiã44

0697. 贵　贵 kuei44

0698. 便宜　便宜 phiã24ø̃i0/贱 tɕiã44

0699. 合算　划算 xua24suã0/能划着 nəŋ24xua24tʃhuo0

0700. 折扣　折扣 tʂɤ31khou44

0701. 亏本　折咧 ʂɤ24liɛ0

0702. 钱统称　钱 tɕhiã24/尜 ka24

0703. 零钱　零钱 liəŋ24tɕhiã24

0704. 硬币　分分元 fẽ53fẽ0ɤ̃0yã24

0705. 本钱　本钱 pẽ53tɕhiã0

0706. 工钱　工钱 kuəŋ53tɕhiã0

0707. 路费　路费 lou44fei44/盘缠 pã24tʂhã0

0708. 花～钱　花 xua31

0709. 赚卖一斤能～一毛钱　长 tʂhaŋ24/挣 tsəŋ44

0710. 挣打工～了一千块钱　挣 tsəŋ44

0711. 欠～他十块钱　该 kæ31/短 tuã53/欠 tɕhiã44

0712. 算盘　盘子 phã24tsʅ0/算盘 suã44phã0

0713. 秤统称　秤 tʂhəŋ44

0714. 称用秤～　赀 tsʅ44/称 tʂhəŋ31

0715. 赶集　赶集 kæ53tɕi24

0716. 集市　集 tɕi24

0717. 庙会　会 xuei44

（三）文化、娱乐

0718. 学校　学校 ɕyo24ɕiɔ44

0719. 教室　教室 tɕiɔ44sʅ0

0720. 上学　上学 ʂaŋ44ɕyo24/念书 niã44ʃu31

0721. 放学　放学 faŋ44ɕyo24

0722. 考试　考试 kɔ53sʅ44

0723. 书包　书包儿 ʃu24pɔr53

0724. 本子　本子 pẽ53tsʅ0

0725. 铅笔　铅笔 tɕhiã31pi31

0726. 钢笔　水笔 ʃuei53pi31

0727. 圆珠笔　原子笔 yã24tsʅ0pi31

0728. 毛笔　大字笔 ta44tsʅ0pi31/小字笔 ɕiɔ53tsʅ0pi31/生花 səŋ53xuo0

0729. 墨　墨 mei24

0730. 砚台　砚台 Øiã44thæ31

0731. 信一封~　信 çiɛ̃44

0732. 连环画　小人书 çiɔ53zɛ̃24ʃu31

0733. 捉迷藏　藏猫儿屋
tɕhiaŋ24miɔr3Øu44

0734. 跳绳　跳绳 tɕhiɔ44ʂəŋ24

0735. 毽子　毽子 tɕiã44tsɿ0

0736. 风筝　风筝 fəŋ31tsəŋ31

0737. 舞狮　耍狮子 ʃua53sɿ53tsɿ0

0738. 鞭炮统称　炮 phɔ44

0739. 唱歌　唱歌 tʂhaŋ44kɤ31

0740. 演戏　唱戏 tʂhaŋ44çi44

0741. 锣鼓统称　锣鼓家伙
luo24ku31tɕia53xou0

0742. 二胡　二胡 Øər44xu24

0743. 笛子　笛 tɕi24

0744. 划拳　划拳 xua31tɕhyã24/
猜拳 tshæ31tɕhyã24

0745. 下棋　下棋 çia44tɕhi24

0746. 打扑克　打牌 ta53phæ24

0747. 打麻将　搓麻将 tshuo31ma24
tɕiaŋ44/打麻将 ta53ma24tɕiaŋ44

0748. 变魔术　耍把戏 ʃua31pa53çi0

0749. 讲故事　讲故事 tɕiaŋ53ku44sɿ44

0750. 猜谜语　猜谜语儿
tshæ31mi24Øyər53

0751. 玩儿游玩：到城里~　耍 ʃua53/
逛 kuaŋ44

0752. 串门儿　串门子 tʃhuã44mɛ̃24tsɿ0

0753. 走亲戚　走亲亲
tsou53tɕhiɛ̃53tɕhiɛ̃0

十一、动作、行为

（一）具体动作

0754. 看~电视　看 khã44

0755. 听用耳朵~　听 tɕhiəŋ31

0756. 闻嗅：用鼻子~　闻 vɛ̃24

0757. 吸~气　吸 çi31

0758. 睁~眼　睁 tsəŋ31

0759. 闭~眼　闭 pi44/合 xuo24

0760. 眨~眼　眨 tsã53

0761. 张~嘴　张 tʂaŋ31

0762. 闭~嘴　抿 miɛ̃24

0763. 咬狗~人　咬 niɔ53

0764. 嚼把肉~碎　嚼 tɕiɔ24

0765. 咽~下去　咽 Øiã44

0766. 舔人用舌头~　舔 tɕhiã53

0767. 含~在嘴里　噙 tɕhiɛ̃24

0768. 亲嘴　逗嘴儿 tou44tsueir53

0769. 吮吸用嘴唇聚拢吸取液体，如吃奶时
咂 tsa31

0770. 吐上声，把果核儿~掉　唾 thuo44

0771. 吐去声，呕吐：喝酒喝~了　吐
thu53

0772. 打喷嚏　打喷嚏 ta53pɛ̃44tɕhi0

0773. 拿用手把苹果~过来　搌 xaŋ53

0774. 给他~我一个苹果　给 kei53

0775. 摸~头　摸 mo31/揣 tʃhuæ31

0776. 伸~手　伸 ʂɛ̃31

0777. 挠~痒痒　抓 tsɔ31

0778. 掐用拇指和食指的指甲~皮肉　掐
tɕhia31

0779. 拧~螺丝　拧 niəŋ24

0780. 拧～毛巾　扭 niou53

0781. 捻用拇指和食指来回～碎　捻 niã53

0782. 掰把橘子～开，把馒头～开　掰 pei31

0783. 剥～花生　剥 pɔ31

0784. 撕把纸～了　扯 tshɤ53/撕 sɿ31

0785. 折把树枝～断　折 tʂɤ53

0786. 拔～萝卜　拔 pa24

0787. 摘～花　摘 tsei31

0788. 站站立：～起来　立 lei31

0789. 倚斜靠：～在墙上　靠 khɔ44

0790. 蹲～下　圪蹴 kɯ24tɕiou0

0791. 坐～下　坐 tsuo24

0792. 跳青蛙～起来　跳 tɕiɔ44/蹦 piɛ44

0793. 迈跨过高物：从门槛上～过去　跷 tɕiɔ31/跨 khua53

0794. 踩脚～在牛粪上　踏 tha24

0795. 翘～腿　翘 tɕhi44

0796. 弯～腰　弯 Øuã31/猫 mɔ24

0797. 挺～胸　挺 tɕhiəŋ53/顶 tɕiəŋ24

0798. 趴～着睡　趴 pha24

0799. 爬小孩儿在地上～　爬 pha24

0800. 走慢慢儿～　走 tsou53

0801. 跑慢慢儿走，别～　跑 phɔ53

0802. 逃逃跑：小偷儿～走了　溜咧 liou44liɛ0

0803. 追追赶：～小偷儿　撵 niã53

0804. 抓～小偷儿　逮 tæ31

0805. 抱把小孩儿～在怀里　搭 tɕhia44

0806. 背～孩子　背 pei31

0807. 搀～老人　搀 tshã31

0808. 推几个人一起～汽车　掀 ɕia31

0809. 摔跌：小孩儿～倒了　跸 pã44/栽 tsæ31

0810. 撞人～到电线杆　碰 phəŋ44/对 tuei24

0811. 挡你～住我了，我看不见　挡 taŋ44

0812. 躲躲藏：他～在床底下　藏 tɕhiaŋ24

0813. 藏藏放，收藏：钱～在枕头下面　抬 thæ24

0814. 放把碗～在桌子上　搁 kɤ24

0815. 摞把砖～起来　摞 luo44

0816. 埋～在地下　埋 mæ24

0817. 盖把茶杯～上　盖 kæ44

0818. 压用石头～住　压 nia31

0819. 摁用手指按：～图钉　摁 ŋẽ44/压 nia31

0820. 捅用棍子～鸟窝　捅 thuəŋ53/戳 tshuo31

0821. 插把香～到香炉里　插 tsha31

0822. 戳～个洞　戳 tshuo31

0823. 砍～树　□ tʂɔ31

0824. 剁把肉～碎做馅儿　斫 tsa53

0825. 削～苹果　削 ɕiɔ31/suo31

0826. 裂木板～开了　张 tʂaŋ31

0827. 皱皮～起来　皱 tsuəŋ44

0828. 腐烂死鱼～了　臭 tʂhou44

0829. 擦用毛巾～手　沾 tʂã31

0830. 倒把碗里的剩饭～掉　倒 tɔ44

0831. 扔丢弃：这个东西坏了，～了它　撂 liɔ44/撇 phiɛ31/扔 ʐəŋ53

0832. 扔投掷：比一比谁～得远　撂 liɔ44/扔 ʐəŋ53

0833. 掉掉落，坠落：树上～下一个梨　跌 tɕiɛ31

0834. 滴水～下来　滴 tɕiɛ31

0835. 丢丢失：钥匙～了　遗 Øi24

0836. 找寻找：钥匙～到了　寻 ɕiɛ̃24

0837. 捡～到十块钱　拾 ʂʅ24

0838. 提用手把篮子～起来　提 tɕhi24

0839. 挑～担　担 tã31

0840. 扛把锄头～在肩上　掮 tɕiɛ̃24

0841. 抬～轿　抬 thæ24

0842. 举～旗子　□ tsou53

0843. 撑～伞　撑 tshəŋ31

0844. 撬把门～开　撬 tɕhiɔ44

0845. 挑挑选，选择：你自己～一个　拣 tɕiã53

0846. 收拾～东西　拾掇 ʂʅ24tuo0

0847. 挽～袖子　挽 vã53

0848. 涮把杯子～一下　涮 ʃuã44

0849. 洗～衣服　洗 ɕi53

0850. 捞～鱼　搭 ta31

0851. 拴～牛　拴 ʃuã31

0852. 捆～起来　绑 paŋ53

0853. 解～绳子　解 tɕiɛ53

0854. 挪～桌子　搬 pã31/挪 luo24

0855. 端～碗　端 tuã31

0856. 摔碗～碎了　踤 pã44/摔 ʃuei31

0857. 掺～水　掺 tshã31/兑 tuei44

0858. 烧～柴　烧 ʂɔ31

0859. 拆～房子　拆 tshei31

0860. 转～圈儿　转 tʃuã44

0861. 捶用拳头～　捶 tʃhuei24

0862. 打统称：他～了我一下　捶 tɕiɛ24/揩 khæ24/打 ta53

0863. 打架动手：两个人在～　打捶 ta53tʃhuei24

0864. 休息　歇 ɕiɛ31

0865. 打哈欠　打瞌睡 ta53kɤ53ʃuei0

0866. 打瞌睡　丢盹 tɕiou31tuɛ̃53

0867. 睡他已经～了　睡下 ʃuei44xa0

0868. 打呼噜　打鼾睡 ta53xã44ʃuei0

0869. 做梦　做睡梦 tsuo31ʃuei44məŋ0

0870. 起床　起来咧 tɕhiɛ53læ0liɛ0

0871. 刷牙　刷牙 ʃu31nia24

0872. 洗澡　洗身上 ɕi31ʂɛ̃53ʂaŋ31/洗澡 ɕi31tsɔ53

(二) 抽象动作

0873. 想思索：让我～一下　想 ɕiaŋ53/思量 sʅ53liaŋ0

0874. 想想念：我很～他　想 ɕiaŋ53

0875. 打算我～开个店　谋识 mou24ʂʅ0/打算 ta53suã0

0876. 记得　记得 tɕi44tei0

0877. 忘记　忘咧 Øuaŋ44liɛ0

0878. 怕害怕：你别～　怕 pha44/怯火 tɕhiɛ31xuo53

0879. 相信我～你　相信 ɕiaŋ31ɕiɛ̃44

0880. 发愁　熬煎 ŋɔ53tɕiã0/抓大脑 tsɔ24tuo53nɑŋ0

0881. 小心过马路要～　操心 tshɔ24ɕiɛ̃31

0882. 喜欢～看电视　爱 ŋæ44

0883. 讨厌～这个人　犯病 fã44piəŋ44

0884. 舒服凉风吹来很～　自在 tsʅ44tsæ0/善活 tʂhã53xuo0

0885. 难受生理的　难受 nã24ʂou44

0886. 难过心理的　难过 nã24kuo44

0887. 高兴　高兴 kɔ31ɕiəŋ44

0888. 生气　着气 tʃhuo24tɕhi44

0889. 责怪　怪 kuæ44/埋怨 mæ24ɵyã44

0890. 后悔　后悔 xou44xuei53

0891. 忌妒　眼红 niã53xuəŋ24

0892. 害羞　□ ʃuɛ̃24

0893. 丢脸　丧德 saŋ44tei31/丢人 tɕiou31zɛ̃24

0894. 欺负　欺负 tɕhi53fu0

0895. 装～病　装 tʃuaŋ31

0896. 疼～小孩儿　心疼 ɕiɛ̃31thəŋ24/爱 ŋæ44

0897. 要我～这个　要 ɵiɔ44

0898. 有我～一个孩子　有 ɵiou53

0899. 没有他～孩子　没 mo24

0900. 是我～老师　是 sʅ44

0901. 不是他～老师　不是 pu31sʅ44

0902. 在他～家　在 tsæ44/到 tɔ44

0903. 不在他～家　不在 pu31tsæ44/没到 mo31tɔ44

0904. 知道我～这件事　知道 tsʅ53tɔ0

0905. 不知道我～这件事　知不道 tsʅ31pu0tɔ44

0906. 懂我～英语　会 xuei44

0907. 不懂我～英语　不会 pu31xuei44

0908. 会我～开车　会 xuei44

0909. 不会我～开车　不会 pu31xuei44

0910. 认识我～他　认得 zɛ̃44tei0

0911. 不认识我～他　认不得 zɛ̃44pu31tei44

0912. 行应答语　能行 nəŋ24ɕiəŋ24

0913. 不行应答语　不行 pu31ɕiəŋ24/不成 pu31tʂhəŋ24

0914. 肯～来　愿意 ɵyo53ɵi0

0915. 应该～去　应该 ɵiəŋ24kæ31

0916. 可以～去　能 nəŋ24

（三）言语

0917. 说～话　说 ʃuo31

0918. 话说～　话 xua44

0919. 聊天儿　谝闲传 phiã53xã24tʃhua24/扯淡 tʂhɤ53tã44（不含贬义）

0920. 叫～他一声儿　叫 tɕiɔ44

0921. 吆喝大声喊　吆喝 ɵiɔ53xuo0

0922. 哭小孩儿～　哭 fu31

0923. 骂当面～人　骂 ma44

0924. 吵架动嘴：两个人在～　惹气 zɤ53tɕhi44

0925. 骗～人　骗 phiã44/日弄 zʅ53nuəŋ0/哄 xuəŋ53

0926. 哄～小孩儿　哄 xuəŋ53

0927. 撒谎　搔怪 tsɔ31kuæ44

0928. 吹牛　吹牛皮 tʃhuei31niou24phi0/谝大话 piã53ta44xua44

0929. 拍马屁　舔沟子 tɕhiã53kou53tsʅ0

0930. 开玩笑　说耍话 ʃuo31ʃua53xua44

0931. 告诉～他　给……说 kei53…ʃuo31

0932. 谢谢致谢语　谢谢 ɕiɛ44ɕiɛ0

0933. 对不起致歉语　对不起 tuei44pu0tɕhi53

0934. 再见告别语　走咧 tsou31liɛ0

十二、性质、状态

(一) 形貌

0935. 大苹果~　　大 tuo44

0936. 小苹果~　　碎 suei44

0937. 粗绳子~　　壮 tʃuaŋ44

0938. 细绳子~　　细 ɕi44

0939. 长线~　　长 tʂhaŋ24

0940. 短线~　　短 tuã53

0941. 长时间~　　长 tʂhaŋ24

0942. 短时间~　　短 tuã53

0943. 宽路~　　宽 khuã31

0944. 宽敞房子~　　宽敞 khuã31tʂhuaŋ53

0945. 窄路~　　窄 tsei31

0946. 高飞机飞得~　　高 kɔ31

0947. 低鸟飞得~　　低 tɕi31

0948. 高他比我~　　高 kɔ31

0949. 矮他比我~　　低 tɕi31

0950. 远路~　　远 Øyã53

0951. 近路~　　近 tɕiɛ̃44/捷 tɕiɛ24

0952. 深水~　　深 ʂɛ̃31

0953. 浅水~　　浅 tɕhiã53

0954. 清水~　　清 tɕhiəŋ31

0955. 浑水~　　浑 xuɛ̃44

0956. 圆　　圆 Øyã24

0957. 扁　　扁 piã53

0958. 方　　方 faŋ31

0959. 尖　　尖 tɕiɛ̃31

0960. 平　　平 phiəŋ24

0961. 肥~肉　　肥 fei24

0962. 瘦~肉　　瘦 sou44

0963. 肥形容猪等动物　　肥 fei24

0964. 胖形容人　　胖 phaŋ44

0965. 瘦形容人、动物　　瘦 sou44

0966. 黑黑板的颜色　　黑 xei31

0967. 白雪的颜色　　白 pei24

0968. 红国旗的主颜色, 统称　　红 xuəŋ24

0969. 黄国旗上五星的颜色　　黄 xuaŋ24

0970. 蓝蓝天的颜色　　蓝 nã24

0971. 绿绿叶的颜色　　绿 liou31

0972. 紫紫药水的颜色　　紫 tsʅ31

0973. 灰草木灰的颜色　　灰 xuei31

(二) 状态

0974. 多东西~　　多 tuo31

0975. 少东西~　　少 ʂɔ53

0976. 重担子~　　沉 tʂhɛ̃24

0977. 轻担子~　　轻 tɕhiəŋ31

0978. 直线~　　端 tuã31

0979. 陡坡~, 楼梯~　　陡 tou53

0980. 弯弯曲: 这条路是~的　　弯 Øuã31

0981. 歪帽子戴~了　　斜 ɕiɛ24/歪 Øuæ31

0982. 厚木板~　　厚 xou44

0983. 薄木板~　　薄 po24

0984. 稠稠饭~　　稠 tʂhou24/酽 niã44

0985. 稀稀饭~　　稀 ɕi31

0986. 密菜种得~　　稠 tʂhou24

0987. 稀稀疏: 菜种得~　　稀 ɕi31

0988. 亮光线, 明亮　　明 miəŋ24/亮 liaŋ44

0989. 黑指光线, 完全看不见　　黑 xei31

0990. 热天气~　　热 zɤ31

0991. 暖和天气~　　暖和 lyã53xuo0

0992. 凉天气~　　凉 liaŋ24

0993. 冷天气~　　冷 nəŋ53

0994. 热水~ 热 zɤ31
0995. 凉水~ 凉 liaŋ24
0996. 干干燥：衣服晒~了 干 kā31
0997. 湿潮湿：衣服淋~了 湿 ʂʅ31
0998. 干净衣服~ 干净 kā53tɕiəŋ0/净 tɕiəŋ44
0999. 脏肮脏，不干净，统称：衣服~ 脏 tsaŋ31
1000. 快锋利：刀子~ 镲 tshā24/利 li44
1001. 钝刀子~ 木 mu44
1002. 快坐车比走路~ 快 khuæ44
1003. 慢走路比坐车~ 慢 mā44
1004. 早来得~ 早 tsɔ53
1005. 晚来~了 迟 tshʅ24
1006. 晚天色~ 黑 xei31
1007. 松捆得~ 松 suəŋ31
1008. 紧捆得~ 紧 tɕiɛ̃53
1009. 容易这道题~ 简单 tɕiā53tā31
1010. 难这道题~ 难 nā24
1011. 新衣服~ 新 ɕiɛ̃31
1012. 旧衣服~ 旧 tɕiou44/陈 tʂhɛ̃24
1013. 老人~ 年纪大咧 niā24tɕi31ta44liɛ0/老 lɔ53
1014. 年轻人~ 年轻 niā24tɕhiəŋ31
1015. 软糖~ 软 ʐuā53
1016. 硬骨头~ 硬 niəŋ44/硬邦 niəŋ44paŋ0
1017. 烂肉煮得~ 烂 nā44
1018. 煳饭烧~了 焦 tɕiɔ31
1019. 结实家具~ 结实 tɕiɛ53ʂʅ0
1020. 破衣服~ 烂 nā44
1021. 富他家很~ 有得很 øiou53ti0xɛ̃53/富 fu44

1022. 穷他家很~ 穷 tɕhyəŋ24
1023. 忙最近很~ 忙 maŋ24
1024. 闲最近比较~ 闲 xā24
1025. 累走路走得很~ 乏 fa24/困 khuɛ̃44
1026. 疼摔~了 疼 thəŋ24
1027. 痒皮肤~ 咬 niɔ53
1028. 热闹看戏的地方很~ 热闹 zɤ53lɔ0
1029. 熟悉这个地方我很~ 熟惯 ʃu24kuā0
1030. 陌生这个地方我很~ 生 səŋ31
1031. 味道尝尝~ 味道儿 vei44tɔr0
1032. 气味闻闻~ 气气 tɕhi44tɕhi0
1033. 咸菜~ 咸 xā24
1034. 淡菜~ 甜 tɕhiā24
1035. 酸 酸 suā31
1036. 甜 甜 tɕhiā24
1037. 苦 苦 fu53/□ lɔ44
1038. 辣 辣 la31
1039. 鲜鱼汤~ 鲜 ɕiā53
1040. 香 香 ɕiaŋ31
1041. 臭 臭 tʂhou44
1042. 馊饭~ 飔气 sʅ53tɕhi0
1043. 腥鱼~ 腥 ɕiəŋ31

（三）品性

1044. 好人~ 好 xɔ53
1045. 坏人~ 瞎 xa31
1046. 差东西质量~ 假 tɕia53/不行 pu31ɕiəŋ24
1047. 对账算~了 对 tuei44
1048. 错账算~了 错 tshuo31
1049. 漂亮形容年轻女性的长相：她很~

心疼 ɕiɛ̃31thəŋ24

1050. 丑形容人的长相：猪八戒很～
难看 nã24khã44

1051. 勤快　勤 tɕhiɛ̃24

1052. 懒　懒 nã53

1053. 乖　乖 kuæ31

1054. 顽皮　捣蛋 tɔ53tã44/怪 kuæ53

1055. 老实　实诚 ʂʅ24tʂhəŋ0

1056. 傻痴呆　瓜 kua31

1057. 笨蠢　闷 mɛ̃44

1058. 大方不吝啬　大方 ta44fɑŋ31

1059. 小气吝啬　啬皮 sei31phi24/咕咕
儿客 kou24kour0khei31

1060. 直爽性格～　直性子
tʂʅ24ɕiəŋ44tsʅ0

1061. 犟脾气～　犟 tɕiɑŋ44

十三、数量

（一）数字

1062. 一～二三四五……，下同　一 Øi31

1063. 二　二 Øər44

1064. 三　三 sã31

1065. 四　四 sʅ44

1066. 五　五 Øu53

1067. 六　六 liou31

1068. 七　七 tɕhi31

1069. 八　八 pa31

1070. 九　九 tɕiou53

1071. 十　十 ʂʅ24

1072. 二十有无合音　二十无合音 Øər44ʂʅ0

1073. 三十有无合音　三十无合音 sã53ʂʅ0

1074. 一百　一百 Øi24pei31

1075. 一千　一千 Øi24tɕhiã31

1076. 一万　一万 Øi31Øuã44

1077. 一百零五　一百零五
Øi24pei31liəŋ24Øu53

1078. 一百五十　一百五十
Øi24pei31Øu53ʂʅ0/百五
pei31Øu53

1079. 第一～，第二　第一 tɕi44Øi31

1080. 二两重量　二两 Øər44liɑŋ53

1081. 几个你有～孩子？　几个 tɕi53kɤ0

1082. 俩你们～　两个 liɑŋ53kɤ0

1083. 仨你们～　三个 sã53kɤ0

1084. 个把　个把子 kɤ44pa0tsʅ0

（二）量词

1085. 个一～人　个 kɤ44

1086. 匹一～马　个 kɤ44/匹 phi53

1087. 头一～牛　个 kɤ44/头 thou24

1088. 头一～猪　个 kɤ44/头 thou24

1089. 只一～狗　个 kɤ44/条 tɕhiɔ24

1090. 只一～鸡　个 kɤ44/只 tsʅ31

1091. 只一～蚊子　个 kɤ44

1092. 条一～鱼　条 tɕhiɔ24/个 kɤ44

1093. 条一～蛇　个 kɤ44/条 tɕhiɔ24

1094. 张一～嘴　张 tʂɑŋ31

1095. 张一～桌子　个 kɤ44/张 tʂɑŋ31

1096. 床一～被子　床 tʂhuɑŋ24

1097. 领一～席子　张 tʂɑŋ31

1098. 双一～鞋　双 ʃuɑŋ31

1099. 把一～刀　把 pa53/个 kɤ44

1100. 把一～锁　把 pa53

1101. 根一～绳子　条 tɕhiɔ24

1102. 支一～毛笔　支 tsʅ31

1103. 副一～眼镜　副 fu24

1104. 面一～镜子　面 miã44

1105. 块一～香皂　块儿 khuar53

1106. 辆一～车　辆 liaŋ53

1107. 座一～房子　座子 tsuo44tsʅ0/院子 øyã44tsʅ0

1108. 座一～桥　个 kɤ44

1109. 条一～河　条 tɕiɔ24

1110. 条一～路　条 tɕiɔ24

1111. 棵一～树　棵 khuo53/个 kɤ44

1112. 朵一～花　朵 tuo53

1113. 颗一～珠子　颗 khuo53

1114. 粒一～米　粒 li24

1115. 顿一～饭　顿 tuẽ44

1116. 剂一～中药　服 fu24

1117. 股一～香味　股 ku53

1118. 行一～字　行 xɑŋ24

1119. 块一～钱　块 khuæ53

1120. 毛角：一～钱　毛 mɔ24

1121. 件一～事情　件 tɕiã44/样 øiɑŋ44

1122. 点儿一～东西　点儿 tɕiar53

1123. 些一～东西　些 ɕiɛ31

1124. 下打一～，动量，不是时量　下 xa44

1125. 会儿坐了一～　会儿 xueir53

1126. 顿打一～　顿 tuẽ44

1127. 阵下了一～雨　阵 tʂẽ44

1128. 趟去了一～　回 xuei24/趟 thɑŋ53

十四、代词、副词、介词、连词

（一）代词

1129. 我～姓王　我 ŋɤ53

1130. 你～也姓王　你 ni53

1131. 您尊称　无

1132. 他～姓张　他 thɤ53

1133. 我们不包括听话人：你们别去，～去　我们 ŋɤ31mẽ0/我 ŋɤ31/我的 ŋɤ31tɕi0

1134. 咱们包括听话人：他们不去，～去吧　咱 tsæ24

1135. 你们～去　你的 ni31tɕi0/你 ni31

1136. 他们～去　他们 thɤ31mẽ0/他 thɤ31/他的 thɤ31tɕi0

1137. 大家～一起干　大家 ta44tɕia31

1138. 自己我～做的　自家 tsʅ44tɕia31/自己 tsʅ44tɕi31

1139. 别人这是～的　[人家] niã24/人家 ʐẽ24tɕia31

1140. 我爸～今年八十岁　我爸 ŋɤ31pa44/我大 ŋɤ31ta44

1141. 你爸～在家吗？　你爸 ni31pa44/你大 ni31ta44

1142. 他爸～去世了　他爸 thɤ31pa44/他大 thɤ31ta44

1143. 这个我要～，不要那个　[这一]个 tʂei53kɤ0

1144. 那个我要这个，不要～　[兀一]个 øuei53kɤ0/那个 læ53kɤ0

1145. 哪个你要～杯子？　打个 ta53kɤ0

1146. 谁你找～？　谁 sei24

1147. 这里在～，不在那里　这儿 tʂeir53/这搭 tʂʅ44ta0

1148. 那里在这里，不在～　兀儿 øuar53/兀搭儿 øu31tar0

1149. 哪里你到～去？　打搭儿 ta53tar0

1150. 这样事情是～的，不是那样的
[这一]样 tṣei44∅iaŋ31

1151. 那样事情是这样的，不是～的
那样 læ53∅iaŋ44

1152. 怎样什么样：你要～的？ 啥样儿 sa44∅iãr53

1153. 这么～贵啊？ 这么 tṣei24mɤ0

1154. 怎么这个字～写？ 咋么 tsa53mɤ0

1155. 什么这个是～字？ 啥 sa44

1156. 什么你找～？ 啥 sa44

1157. 为什么你～不去？ 为啥 ∅uei44sa44

1158. 干什么你在～？ 干啥 kã44sa44

1159. 多少这个村有～人？ 多少 tuo31ʂɔ53

（二）副词

1160. 很今天～热 很 xɛ̃53/热很 zɛ31xɛ̃53

1161. 非常比上条程度深：今天～热 特别 thei24piɛ24

1162. 更今天比昨天～热 更 kəŋ44

1163. 太这个东西～贵，买不起 很 xɛ̃53/贵很 kuei44xɛ̃53

1164. 最弟兄三个中他～高 最 tsuei44

1165. 都大家～来了 都 tou31/满 mã53

1166. 一共～多少钱？ 一满 ∅i31mã53/总共 tsuəŋ53kuaŋ44

1167. 一起我和你～去 一搭儿 ∅i31tar24

1168. 只我～去过一趟 只 tsʅ31

1169. 刚这双鞋我穿着～好 刚 kaŋ24

1170. 刚我～到 刚 kaŋ24

1171. 才你怎么～来啊？ 才 tshæ24

1172. 就我吃了饭～去 就 tsou44

1173. 经常我～去 肯 khɛ̃53

1174. 又他～来了 可 khɤ31

1175. 还他～没回家 还 xa24

1176. 再你明天～来 再 tsæ44

1177. 也我～去；我～是老师 也 ∅ia53

1178. 反正不用急，～还来得及 横顺 çyo24ʃuɛ44/反正 fã31tṣəŋ44

1179. 没有昨天我～去 没 mo31

1180. 不明天我～去 不 pu31

1181. 别你～去 覅 pɔ31

1182. 甭不用，不必：你～客气 覅 pɔ31

1183. 快天～亮了 快 khuæ44

1184. 差点儿～摔倒了 稀乎儿 çi31xuər53/错点儿 tshuo44tçiãr53

1185. 宁可～买贵的 宁愿 niaŋ24∅yã44

1186. 故意～打破的 当怪儿 taŋ24kuær53

1187. 随便～弄一下 搞着 kɔ53tʂɤ0/随便儿 suei24piãr53

1188. 白～跑一趟 闲 xã24

1189. 肯定～是他干的 就是 tsou44sʅ0

1190. 可能～是他干的 大模儿 ta44mor53/估摸 ku31mo31

1191. 一边～走，～说 旋 suã44

（三）介词、连词

1192. 和我～他都姓王 连 liã24/跟 kɛ̃31/和 xuo24

1193. 和我昨天～他去城里了 连 liã24

1194. 对他～我很好 对 tuei44

1195. 往～东走 搁 kɤ24/朝 tṣhɔ24

1196. 向～他借一本书 问 vɛ̃44/

向 ɕiaŋ44

1197. 按～他的要求做　按 ŋā44

1198. 替～他写信　替 tɕhi44/代 tæ44

1199. 如果～忙你就别来了　假如
tɕia53ʒu31/要是 Øiɔ44sɿ31

1200. 不管～怎么劝他都不听　不论
pu31lyɛ̃44

第二节　自选词汇

1201. 爷娘坡太阳地儿 Øiɛ44niaŋ0pho31

1202. 阴凉坡儿阴凉地儿
Øiɛ̃53liaŋ0phor31

1203. 贼星流星 tsei24ɕiaŋ31

1204. 旋儿风旋风 ɕyār24fəŋ31

1205. 黑云乌云 xei31yɛ̃24

1206. 稀屎雪雨夹雪 ɕi31sɿ24ɕyo31

1207. 糁糁雪雪粒 tsəŋ53tsəŋ0ɕyo31

1208. 响呼噜爷打雷 ɕiaŋ53xu31lu0Øiɛ24

1209. 毛丝儿雨毛毛雨 mu24sɿər31Øy53

1210. 冰凌锥儿冰溜子
piəŋ31liəŋ31tsueir53

1211. 面沙地沙土地 miā44sa31tɕi44

1212. 滩里河滩 thā53li0

1213. 野地荒地 Øiɛ53tɕi44

1214. 畦子菜畦 ɕi44tsɿ0

1215. 大鸡窝子雪鹅毛雪
ta44tɕi53Øuo31tsɿ0ɕyo31

1216. 石头蛋儿小石子 ʂɿ24thou0tār53

1217. 砖头蛋儿小砖头块儿
tʃuā53thou0tār53

1218. 胡箕蛋儿小土块儿
xu24tɕi31tār53

1219. 爷庙神庙 Øiɛ44miɔ44

1220. 门上大门外头 maŋ24ʂaŋ0

1221. 后门道后门外 xou44mɛ̃24tɔ44

1222. 坷楞儿里面 khɤ53nə̃r31

1223. 坛场场面 thā24tʂhaŋ0

1224. 圪崂儿卡卡夹缝
kɤ31lɔr0tɕhia44tɕhia0

1225. 宽展宽敞、平坦 khuā31tʂā0

1226. 赶早大清早 kā31tsɔ53

1227. 冬里冬天 tuəŋ53li0

1228. 擦黑儿天快黑了 tsha24xueir53

1229. 套绳套环 thɔ44səŋ24

1230. 磨盘子磨片 mo44phā24tsɿ0

1231. 磨扇磨扇子 mo44ʂā44

1232. 磨脐子磨轴 mo44tɕhi24tsɿ0

1233. 圪崂拐角儿旮旯拐角
kɤ31lɔ0kuæ53tɕyor0

1234. 场地场院 tʂhaŋ24tɕi44

1235. 麦秸地麦堆 mei31tɕiɛ31tɕi44

1236. 粪堆粪堆/粪坑 fɛ̃44tuei31

1237. 攒粪积肥 tsā53fɛ̃44

1238. 起圈清理打扫牲畜圈 tɕhi53tɕyā44

1239. 坷能盖儿蒲公英 khɤ31nəŋ0kær53

1240. 木儿菜马齿苋 muər31tshæ44

1241. 人苋菜人苋，苋菜的一种
ʐɤ24xā31tshæ44

1242. 车轱辘儿车前子 tʂhɤ31ku31luɛ̃r24

1243. 呛子芥菜 tɕhiaŋ44tsʮ0

1244. 荠儿菜荠荠菜 tɕiər53tshæ44

1245. 灰灰条灰灰菜 xuei31xuei31tɕhiɔ24

1246. 棉花疙瘩棉桃 miã24xua31kɯ53ta0

1247. 御麦棒棒玉米棒
Øy44mei31paŋ24paŋ0

1248. 御麦芯芯玉米芯
Øy44mei31ɕiẽ53ɕiẽ0

1249. 蒜骨朵儿大蒜 suã44ku53tuor0

1250. 担瓶花儿打碗花儿
tã31phiəŋ24xuar53

1251. 苇子芦苇 Øy53tsʮ0

1252. 臭蒿子蒿子 tʂhou44xɔ53tsʮ0

1253. 狗尿尿狗尿苔 kou53niɔ44niɔ44

1254. 板凳狗儿哈巴狗 pã53təŋ0kəur53

1255. 鸹报报啄木鸟 tɕhiã31pɔ31pɔ24

1256. 蜗蜗牛儿蜗牛 kua53kua0niəur24

1257. 屎巴牛儿屎壳郎
sʮ53pha31niəur24

1258. 蛆蚓蛆 tɕhy53nia0

1259. 湿湿虫潮湿虫 ʂʮ53ʂʮ0tʃhuəŋ0

1260. 蛛蛛络网蜘蛛网
tʃu31tʃu0lɔ24Øuaŋ0

1261. 恶老鼠老鹰 ŋɤ55lɔ31ʃu0

1262. 黄鼠田鼠 xuaŋ24ʃu0

1263. 臭班虫椿象 tʂhou44pã0tʃhuəŋ0

1264. 金巴牛儿金龟子
tɕiẽ31pha31niəur24

1265. 鸥枭猫头鹰 tshʮ53tɕiẽ0

1266. 蝎虎牛儿壁虎 ɕiɤ31xu0niəur24

1267. 头牯家养的大牲畜 thou24ku31

1268. 顶棚天花板 tɕiəŋ53phəŋ0

1269. 被儿套子被套 piər53thɔ44tsʮ0

1270. 花瓶瓶花瓶 xua31phiəŋ24phiəŋ0

1271. 绾笔字连笔字 Øuã53pi31tsʮ44

1272. 钎子通条 tɕhiã53tsʮ0

1273. 酒盅盅酒盅 tɕiou53ʃuəŋ53ʃuəŋ0

1274. 锅项锅台后面，连着热炕
kuo31xaŋ44

1275. 草圈锅上的草垫子 tshɔ53tɕhyã0

1276. 汽馏水蒸馏水 tɕhi44liou31ʃuei0

1277. 磨石磨刀石 mo44ʂʮ0

1278. 脚盆尿盆 tɕyo53phẽ0

1279. 擀杖擀面杖 kã53tʂaŋ0

1280. 水担扛水的扁担 ʃuei53tã0

1281. 恶水桶泔水罐 ŋɤ31ʃuei31thuəŋ53

1282. 揞布抹布 tʂã53phu0

1283. 洋瓷碗搪瓷碗 Øiaŋ24tshʮ24Øuã53

1284. 礤子礤床儿 tsha53tsʮ0

1285. □□子水印子、水痕 Øyo44yo0tsʮ0

1286. 针沟子针眼儿 tʂẽ24kou53tsʮ0

1287. 掼针穿针 kuã24tʂẽ31

1288. 二尾子阴阳人 Øər44ni31tsʮ0

1289. 房客租房人 faŋ24khei31

1290. 回回回民 xuei24xuei0

1291. 二杆子鲁莽的人 Øər44kã53tsʮ0

1292. 黏糨子糊涂人 zã24tɕiaŋ44tsʮ0

1293. 呼喇海不拘小节的人 xu44la31xæ53

1294. 害祸惹是生非的人 xæ44xuo0

1295. 万货儿干啥啥不成的人 vã44xuor0

1296. 麦客割麦人 mei31khei31

1297. 毛毛儿客小偷小摸的人
mɔ24mɔr0khei31

1298. 鸡客/咕咕儿客小气的人
tɕi31khei31/kou24kour31khei31

1299. 先生老师 ɕiã31səŋ31

1300. 能行人有本事的人 nəŋ24ɕiaŋ24zɿ̃24
1301. 鞋匠做鞋的 xæ24tɕiaŋ0
1302. 老娘婆接生婆 lɔ53niaŋ0pho0
1303. 鼻子窟窿鼻孔 pi24tsʅ0fu53nəŋ0
1304. 咬舌子大舌头 niɔ53ʂɤ0tsʅ0
1305. 磕能盖儿膝盖 khɤ31nəŋ0kær53
1306. 肋子肋骨 lei53tsʅ0
1307. 出水出汗 tʃhu31ʃuei53
1308. 蚰蜒雀斑 ɵiou24ɵiã0
1309. 腰子肾脏 ɵiɔ53tsʅ0
1310. 斜斗眼儿斜眼 ɕiɛ24tou44niãr53
1311. 尿脬膀胱 niɔ44phɔ31
1312. 豁豁漏气豁牙 xuo31xuo0lou44tɕhi44
1313. 帘帘儿围嘴 liã24liãr0
1314. 稀汤汤稀饭 ɕi24thaŋ53thaŋ0
1315. 麻食 ma24ʂʅ0
1316. 搅团 tɕiɔ53thuã0
1317. 蛤蟆娃浆水鱼鱼儿 xɤ24mɤ0ɵua44
1318. 菜疙瘩蒸菜饭 tshæ44kɯ53taʔ0
1319. 浇汤面面食 tɕiɔ31thaŋ31miã44
1320. 拨刀面面食 po31tɔ31miã44
1321. 卤汁面面食 lou53tsʅ31miã44
1322. 水水儿面面食 ʃuei53ʃueir0miã44
1323. 涎水面面食 xa31ʃuei31miã44
1324. 锅盔锅盔 kuo31khuei31
1325. 酵子酵母 tɕiɔ44tsʅ0
1326. 荞粉凉粉 tɕhiɔ24fɛ̃31
1327. 调和调料 tɕhiɔ24xuo0
1328. 水水儿蘸汁儿 ʃuei53ʃueir0
1329. 耍媳妇闹洞房 ʃua53ɕi53fu0
1330. 熬娘家新婚后回娘家小住 ŋɔ24niaŋ24tɕia31
1331. 投漂洗 thou24
1332. 捏水拧水 nyo31ʃuei53
1333. 掏耳塞掏耳朵 thɔ31ɵrɛ53sei31
1334. □熟放熟（把水果）tã44ʃu24
1335. 庭子监狱 tɕhiaŋ53tsʅ0
1336. 行情随礼 ɕiaŋ24tɕhiaŋ24
1337. 待客招待人 tæ44khei31
1338. 难缠难说话 nã24tʂhã24
1339. 断出去撵出去 tuã44tʃu31tɕhi0
1340. 气长理直气壮 tɕhi44tʂhaŋ24
1341. 争气争光 tsəŋ31tɕhi44
1342. 围人会和人相处 ɵuei24zɿ̃24
1343. 洋布机织布 ɵiaŋ24pu44
1344. 拉账欠账 la31tʂaŋ44
1345. 压秤分量沉；斤两不够 nia44tʂhəŋ44
1346. 耍货儿玩具 ʃua53xuor0
1347. 挖摸儿撒石头 ɵua53mor24
1348. 打𤞏牛儿打陀螺 ta53tɕiaŋ24niəur24
1349. 毛蛋儿皮球 mɔ24tãr53
1350. 栽猫儿头跟翻跟头 fã31mɔr24thou24kɛ̃31
1351. 打泰山小儿游戏 ta53thæ44sã31
1352. 移沟蛋丢手绢 ɵi24kou24tã44
1353. 吙老鸹小儿游戏 ɵiɔ31lɔ53ɵua0
1354. 翻绞绞翻绳子 fã24tɕiɔ53tɕiɔ0
1355. 踢油锅踢沙包 tɕhi31ɵiou24kuo31
1356. 着盖子滚铜钱 tʂɔ24kæ24tsʅ0
1357. 圪搂咯吱 kɯ24lou0
1358. 跌个沟墩子跌倒 tɕiɛ31kɤ0kou24tuɛ̃53tsʅ0
1359. 栽低头 tsã31

1360. □管不管、懒得管 suəŋ24kuã53
1361. □式子啥样子 suəŋ24ʂʅ53tsɔ0
1362. 瞎□坏人 xa31suəŋ24
1363. 显豁显摆、炫耀 ɕiã53xuo0
1364. 克化消化 khei53xuo0
1365. 盘盘脚盘腿坐 phã24phã24tɕyo31
1366. 抄抄手抄着手 tshɔ53thɔ0ʂou53
1367. 卜拉拨 pu53la0
1368. 抪抚摸 phu24
1369. 爹伸高 tsa44
1370. 打撼清理炊具或吃剩饭 ta53tʂɤ̃0
1371. 搅和搅拌 tɕiɔ53xuo0
1372. 背不住体力不支、受不了
   pei31pu31tʃu44
1373. 凶服长衫孝服 ɕyəŋ31fu24
1374. 孝服短衫孝服 ɕiɔ44fu24
1375. 纸棍孝子棍 tsʅ53kuɛ̃0
1376. 鏨小裂缝 tsã31
1377. 活人和人相处 xuo24zʅ24
1378. 日弄糊弄 zʅ53nəŋ0
1379. 刁野刁蛮 tɕiɔ31øiɛ53
1380. 没相没门儿 mo31ɕiaŋ44
1381. 倭傑舒服、美好 øuo24øiɛ31
1382. 浑囫囵、整个儿 xuɤ̃24
1383. 茶唎朽了、糟了（木头、布、纸）
   niɛ31liɛ0
1384. 品麻傲气、不搭理 phiɛ̃53ma24
1385. 日塌坏了 zʅ53tha0
1386. 替另替换 tɕhi24liəŋ44
1387. 欺心勤奋、努力、勤快 tɕhi31ɕiɛ31
1388. 撒拐调皮捣蛋 sa31kuæ53
1389. 挖抓抓东西、想要做什么事情
   øua31tʃua31

1390. 打个到去一下就走 ta53kɤ0tɔ44
1391. 反乱乱翻、胡整 fã53lyã0
1392. 两耽耽误了 liaŋ53tã31
1393. 投到等到……时候 thou24tɔ44
1394. 当见无意中碰见 taŋ24tɕiã44
1395. 磨洋工干活磨蹭
   mo24øiaŋ24kuaŋ31
1396. 漾撒 øiaŋ44
1397. 装填充：～棉袄 tʃuaŋ44
1398. 拾不［起来］摔倒后爬不起来
   ʂʅ24pu31tɕiɛ53
1399. 跐进去伸进去 tshʅ53tɕiəŋ44tɕhi0
1400. 打抢抢劫 ta31tɕhiaŋ31
1401. 招嘴搭理 tʂɔ24tsuei53
1402. 得能得势 tei31nəŋ24
1403. □乱子惹事 tuaŋ53lyã44tsɔ0
1404. 掴不着够不着 kæ44pu31tʃuo24
1405. 支应应付 tsʅ53øiəŋ0
1406. 撩乱准备 liɔ24lyã31
1407. 歪人教训人 øuæ31zɛ̃24
1408. 拿不稳没把握 la24pu31øuɛ̃53
1409. 亏人丢人 khuei31zɛ̃24
1410. 人逊不招人喜欢 zɛ̃24ɕyɛ̃44
1411. 嚷人讽刺人、笑话人 zaŋ24zɛ̃24
1412. 折色褪色 ʂɤ24sei31
1413. 犯病生气、忌讳 fã44piəŋ44
1414. 睡魔住咧鬼压床
   ʃuei53øiã31tʃhu31liɛ0
1415. 说胡话说梦话 ʃuo31xu24xua44
1416. 吃胀咧吃撑了 tʂhʅ31tʂaŋ44liɛ0
1417. 鼓劲使劲 ku53tɕiɛ̃44
1418. 声唤呻吟/多嘴 ʂəŋ53xuã0
1419. 没眉眼没头绪 mo31mi24niã0

1420. 圪拧扭摆 kɯ24niəŋ0
1421. 转圈圈儿打转 tʃuā44tɕhyā53tɕhyār0
1422. 聚气憋气 tɕy44tɕhi44
1423. 四行不归不像样
       sʅ44xaŋ24pu24kuei31
1424. 撒欢子撒欢 sa24xuā53tsʅ0
1425. 硬邦人有本事/小孩子身体好
       niəŋ44paŋ0
1426. 糟怪骗人；说怪话 tsɔ31kuæ44
1427. 胡黏胡搅蛮缠 xu24zɑ̃24
1428. 犟嘴顶嘴 tɕiaŋ44tsuei53
1429. 捎话 sɔ31xua44
1430. 嘴硬 tsuei53niəŋ44
1431. 口严嘴紧 khou53niɑ̃24
1432. 惜样小孩儿长得好；活做得好
       ɕi31ɕiaŋ44
1433. 傍肩儿差不多 paŋ24tɕiār53
1434. 脏嘛咕咚很脏
       tsaŋ31ma0ku31tuəŋ0
1435. 麻达小麻烦 ma24ta31
1436. 人来疯人越多越兴奋、越胡闹
       zɛ̃24læ31fəŋ31
1437. 细发节俭 ɕi44fa0
1438. 瞎眉日眼没眼色
       xa31mi24zʅ31niɑ̃53
1439. 瓷不愣登反应慢的人
       tshʅ24pu31nəŋ31təŋ0
1440. 瓜眉日眼傻乎乎的
       kua31mi24zʅ31niɑ̃53
1441. 手紧拮据 ʂou53tɕiɛ̃53
1442. 皮薄小气 phi44po24
1443. 皮张厚大方 phi24tʂaŋ31xou44
1444. 叵烦心烦 phɔ53fā0

1445. 毛乱心情杂乱 mu24lyā0
1446. 吊儿郎当办事不认真
       tɕiɔ53ər0naŋ44taŋ44
1447. 疙里疙瘩不平整
       kɯ31li0kɯ31ta0
1448. 失眼不合常理 ʂʅ31niɑ̃31
1449. 白气说话冒失；办事荒唐
       pei24tɕhi44
1450. 苦叨麻烦 ʂɔ24tɔ31
1451. 一搭儿一起、一块儿 ø̃i24tar53
1452. 争火厉害、能干 tsəŋ31xuo53
1453. 嘴噘脸吊吊脸子
       tsuei53tɕyo31liā53tɕiɔ44
1454. 刻里马擦办事利索
       kɤ24li0ma31tsha0
1455. 木囊磨蹭 mu44naŋ0
1456. 游玩散步 øiou24øuā0
1457. 崩弹 pəŋ31
1458. □贴 pia31
1459. 沙一沙过滤 sa44øi0sa44
1460. 控水沥水 khuaŋ44ʃuei53
1461. 虚泡泡儿蓬松 ɕy31phɔ44phɔr0
1462. 真个儿确实 tʂəŋ31kər24
1463. 贵贱不管怎样 kuei44tɕiā44
1464. 活活儿生生的 xuo24xuor24
1465. 习习儿表示程度深 ɕi24ɕiər0
1466. 影影乎乎模模糊糊
       øiəŋ53øiəŋ0xu31xu0
1467. 稀里半擦偶尔 ɕi31li0pā44tsha44
1468. 瞎好好歹 xa31xɔ53
1469. 气病痨病 ɕi44piəŋ44
1470. 潮福子天花 tʂhɔ24fu53tsʅ0
1471. 黄水痂脓疮 xuaŋ24ʃuei31tɕiaŋ31

1472. 四六风抽风（婴儿出生不久）
sɿ44liou31fəŋ31

1473. 百日咳小孩儿百日咳 pei31ʮər24xæ31

1474. 点花花种牛痘 tɕiã53xua53xua0

1475. 瘤疱疹 liou44

1476. 羊羔儿疯癫痫 ɵiɑŋ24kɔr0fəŋ31

1477. 食积积食 ʂɿ24tɕhi31

1478. 热痱痱子 zɤ53fei0

1479. 饥嗝儿打嗝 tɕi53kər0

1480. 怄人气人 ŋou31zɛ̃24

1481. 扎势装腔作势 tsa31ʂɿ44

1482. 看相着办看情况
khã44ɕiaŋ44tʃuo31pã44

1483. 尺谋估计、大概 tʂhɿ53mo0

1484. 争些儿差一点儿 tsəŋ31ɕiɛr31

1485. 沟里卡里沟道里
kou31li31tɕhia44li0

1486. 挨去咧完蛋了 ŋæ24tɕhi31liɛ0

1487. 干馍客只吃饭不干活的人
kã53mo0khei31

1488. 纤烦说话啰嗦 tɕhiã31fã0

1489. 日嘛教训人 zʅ53tɕyo0

1490. 日眼特别令人讨厌的 zʅ31niɑ53

1491. 扎咧程度深 tsa31liɛ0

1492. 很程度深（后置）xɛ̃53

1493. 得劲儿大程度深 tei31tɕiər53ta44

1494. 嘎儿一下（语缀）kɤr0

1495. 摞摞儿—摞摞 luo44luor0

1496. 咧表完成 liɛ0

1497. 着呢表强调 tʃuo31ni0

1498. 急急火火急匆匆
tɕi24tɕi0xuo31xuo0

1499. 黏嘛咕咚黏黏的、不清楚
zã24ma0ku31tuəŋ0

1500. 黑嘛咕咚黑黑的
xei31ma0ku31tuəŋ0

1501. 啰啰嗦嗦啰嗦 luo31luo0suo31suo0

1502. 尕哒嘛西零碎东西
ka53ta0ma53ɕi0

1503. 扑兮咪獬邋遢 phu53ɕi31læ0xæ0

1504. 东铺西挖忙叨叨
tuəŋ24phu31ɕi24ɵua31

1505. 急扑急挖着急忙慌
tɕi24phu31tɕi24ɵua31

1506. 棱棱坎坎沟沟坎坎
nəŋ24nəŋ0khã53khã0

1507. 鸡毛蒜皮 tɕi31mɔ24suã44phi24

1508. 丢人现眼 tɕiou31zɛ̃24ɕiã53niã53

1509. 日急慌忙忙乱、慌张
zʅ53tɕi31xuɑŋ31maŋ0

1510. 打捶闹仗打架、吵嘴
ta53tʃhuei24lɔ44tsaŋ44

1511. 日鬼捣棒槌办事不实诚
zʅ31kuei53tɔ53paŋ44tʃhuei0

第四章　语法与口头文化

第一节　语法例句

1. 你是哪里人？

    你屋在打搭？/你是打搭人？/你啥地方人？（远，外地）

    ni24ɒu31tsæ44ta53ta0？/ni53sɿ44ta53ta0zɣɛ̃24？/ni53sɿ44sa44tɕi44fɑŋ0zɣɛ̃24？

2. 我是陕西_____人。（说出所在县或市）

    我是陕西兴平人。/我屋在陕西兴平。

    ŋɣ53sɿ44ʂã53ɕi31ɕiəŋ53phiəŋ31zɣɛ̃24. / ŋɣ24ɒu31tsæ44ʂã53ɕi31ɕiəŋ53phiəŋ31.

3. 你今年多大？

    几岁咧？（小孩儿）/你今年多大年龄咧？/你今年多大年纪咧？

    tɕi53suei44liɛ0？/ni53tɕiɛ̃31niã24tuo31ta55niã24liəŋ44liɛ0？/ni53tɕiɛ̃31niã24tuo31ta44niã24tɕi0liɛ0？

4. 我_____岁了。（说出自己的实际年龄）

    六十八咧！

    liou31ʂɿ24pa31liɛ0！

5. 你叫什么名字？

    你叫个啥？（小孩儿）/高姓大名？

    ni53tɕiɔ44kɣ0sa44？/kɔ31ɕiəŋ44ta44miəŋ24？

6. 我叫_____。（说出自己的名字）

    我叫杨文华。

    ŋɣ53tɕiɔ44Øiaŋ24Øuɛ̃24xua31.

7. 你家住哪里？

    你家住打搭？/你屋在打搭？

    ni53tɕia31tʃu44ta53ta0？/ni24ɒu31tsæ44ta53ta0？

8. 我家住_____。（说出自己居住的地址）

我到大姑村。

ŋɤ53tɔ44tuo44Øu31tsuɛ̃31.

9. 谁呀？我是老三。

谁呢？我！／老三！／我是老三！

sei24ni0？ŋɤ53/lɔ53sã31！／ŋɤ53sʅ44lɔ53sã31！

10. 老四呢？他正在跟一个朋友说着话呢。

老四呢？正跟他伙计说话呢。

lɔ53sʅ44ni0？tʂəŋ44kɛ̃31thɤ31xuo53tɕi0ʃuo31xua44ni0.

11. 他还没有说完吗？

还没说完呢？

xæ24mo31ʃuo31Øuã24ni0？

12. 还没有。大约再有一会儿就说完了。

还没完，大模儿再一会儿就完咧。

xæ24mo31Øuã24，ta44mor53tsæ44Øi31xueir53tsou44Øuã24liɛ0.

13. 他说马上就走，怎么这半天了还在家里呢？

他说走呢么，咋么半天还到屋里呢？

thɤ53ʃuo31tsou53ni0mo0，tsa31mo0pã44tɕiã31xuã24tɔ44Øu31li0ni0？

14. 你到哪儿去？我到城里去。

你到打搭去呢？我到县里去呢。

ni53tɔ44ta53ta0tɕhi44ni0？ŋɤ53tɔ44ɕiã44li0tɕhi44ni0.

15. 在那儿，不在这儿。

在那儿，不在这儿。

tsæ44nar53，pu31tsæ44tʂɤr53.

16. 不是那么做，是要这么做的。

不是那么弄，这么弄。

pu31sʅ44Øuei53mo0naŋ44，tʂei53mo0naŋ44.

17. 太多了，用不着那么多，只要这么多就够了。

太多咧，用不了那些，只要这些就行咧。

thæ44tuo31liɛ0，Øyəŋ44pu31liɔ53læ53ɕiɛ0，tsʅ31Øiɔ44tʂei53ɕiɛ0tsou44ɕiəŋ24liɛ0.

18. 这个大，那个小，这两个哪一个好点呢？

这个大，那个碎，这两个打个好？

tʂei53kɤ0ta44，læ53kɤ0tsuei44，tʂei44liaŋ53kɤ0ta53kɤ0xɔ53？

19. 这个比那个好。

这个比那个好。

tʂei53kɤ0pi53læ53kɤ0xɔ53.

20. 这些房子不如那些房子好。

这个不胜那个。/这个比不上那个。

tʂei53kɤ0pu31ʂən44Øuei53kɤ0. /tʂei53kɤ0pi53pu31ʂaŋ44Øuei53kɤ0.

21. 这句话用＿＿话怎么说？（填本地地名，本地音）

这话用兴平话咋么说呢？

tʂɤ53xua44Øyəŋ44çiəŋ53phiəŋ31xua44tsa53mo0ʃuo31ni0?

22. 他今年多大岁数？

兀今年多大咧？

Øuo53tçiɛ̃31niã24tuo31ta44liɛ0?

23. 大概有三十来岁吧。

大模儿有三十岁。/有三十来岁。

ta44mor53Øiou53sã53ʂʅ31suei44. /Øiou53ʂã53ʂʅ31læ0tsuei44.

24. 这个东西有多重呢？

这个东西有多重？

tʂɤ53kɤ0tuəŋ53çi0Øiou53tuo31tʃuəŋ44?

25. 有五十斤重呢。

有个五十斤重。

Øiou53kɤ0Øu53ʂʅ31tçiɛ̃31tʃuəŋ44.

26. 拿得动吗？

拿得动？

na24tei0tuəŋ44?

27. 我拿得动，他拿不动。

我能拿动，他拿不动。

ŋɤ53nəŋ24na24tuəŋ44, thɤ53la24pu31tuəŋ44.

28. 真不轻，重得连我都拿不动了。

[这么]重！连我都拿不动。

tʂɛ̃24tʃuəŋ44！liã24ŋɤ53tou31la24pu31tuəŋ44.

29. 你说得很好，你还会说点儿什么呢？

你说得好得很，你还能说些啥？

ni53ʃuo31ti0xɔ53tçi0xɛ̃53，ni53xuã24nəŋ24ʃuo31çiɛ31sa44?

30. 我嘴笨，我说不过他。

我这嘴拙得很，说不过［人家］兀。

ŋɤ53tʂɤ53tsuei53tʃuo31ti0xɛ̃53，ʃuo31pu31kuo44niã31Øuo53.

31. 说了一遍，又说了一遍。

说了一遍又一遍。

ʃuo31liɔ0Øi31piã44Øiou44Øi31piã44.

32. 请你再说一遍。

再说一遍。/你给咱再说一遍。

tsæ44ʃuo31Øi31piã44./ni53kei53tsæ24tsæ44ʃuo31Øi31piã44.

33. 不早了，快去吧！

不早咧，赶快走！/不早咧，快走些！

pu24tsɔ31liɛ0，kã53khuæ44tsou53！/pu24tsɔ31liɛ0，khuæ44tsou53çiɛ0！

34. 现在还很早呢。等一会儿再去吧。

还早着呢，停一会儿再走。

xuã24tsɔ53tʃuo0ni0，tçhiəŋ44Øi31xueir53tsæ44tsou53.

35. 吃了饭再去好吧？

吃了饭再走，得行？/饭一吃再走！

tʂʅ31liɔ0fã44tsæ44tsou53，tei31çiəŋ24？/fã44Øi24tʂʅ31tsæ44tsou53！

36. 慢慢儿地吃啊！不要急嘛！

慢慢儿吃，甭着急。/慢慢儿吃，甭急些。

mã44mãr53tʂʅ31，pɔ24tsɔ31tçi24./mã44mãr53tʂʅ31，pɔ31tçi24çiɛ31.

37. 坐着吃比站着吃好些。

坐着吃比站着吃好。

tsuo44tʃuo0tʂʅ31pi53tsã44tʃuo0tʂʅ31xɔ53.

38. 这个吃得，那个吃不得。

这能吃，兀吃不成。

tʂɤ53nəŋ24tʂʅ31，Øuo53tʂʅ31pu31tʂəŋ24.

39. 他吃了饭了，你吃了饭没有呢？

他把饭吃咧，你吃咧没？/他吃咧饭咧，你把饭吃咧么？

tha53pa31fã44tʂʅ31liɛ0，ni53tʂʅ31liɛ0mo24？/tha53tʂʅ31liɛ0fã44liɛ0，ni53pa31fã44tʂʅ31liɛ0mo24？

40. 他去过上海，我没有去过。

他去过上海，我没去过。

tha53tçhi44kuo0ʂaŋ44xæ53，ŋɤ53mo31tçhi44kuo0.

41. 来闻闻这朵花香不香？

　　你来闻这花香不香？

　　ni53læ24vẽ24tʂɤ53xua31ɕiaŋ31pu0ɕiaŋ31？

42. 香得很，是不是？

　　香得很，得是？

　　ɕiaŋ31ti0xẽ53，tei31sʅ44？

43. 给我一本书！

　　把你兀书给我一本儿！

　　pa31ni53Øuo53ʃu31kei53ŋɤ53Øi31pẽr53！

44. 我实在没有书嘛！

　　我就是没有么！

　　ŋɤ53tsou44sʅ31mo31Øiou53mo0！

45. 你告诉他。

　　你给他说。

　　ni53kei53tha53ʃuo31.

46. 好好儿地走！不要跑！

　　好好儿走，婑跑！

　　xɔ53xɔr24tsou53，pɔ31phɔ53！

47. 小心跌下去爬也爬不上来！

　　操心跌下去咧，跌下去就爬不上来咧！

　　tshɔ24tɕiẽ31tɕiɛ53xa44tɕhi0liɛ0，tɕiɛ31xa44tɕhi0tsou44pa24pu31ʂaŋ44læ0liɛ0！

48. 医生叫你多睡一睡。

　　大夫叫你多睡一会儿。

　　tæ44fu0tɕi ɔ44ni53tuo31ʃuei44Øi31xueir53.

49. 吸烟或者喝茶都不可以。

　　吃烟喝茶都不行。

　　tʂʅ24Øiã31xuo31tsha24tou31pu31ɕiəŋ24.

50. 烟也好，茶也好，我都不喜欢。

　　烟连茶我都不爱。

　　Øiã31liã24tsha24ŋɤ53tou31pu31ŋæ44.

51. 不管你去不去，反正我是要去的，我非去不可。

　　不管你去不去，我就是要去呢。

　　pu31kuã53ni53tɕhi44pu0tɕhi44，ŋɤ53tsou44sʅ0iɔ44tɕhi44ni0.

52. 你是哪一年来的？

　　你是打一年来的？

　　ni53sๅ44ta53øi31niã24læ24tɕi0?

53. 我是前年到的北京。

　　我是前年个到北京来的。

　　ŋɤ53sๅ44tɕiã24niã31kɤ0tɔ44pei31tɕiəŋ31læ24tɕi0.

54. 今天开会谁的主席？

　　今儿开会呢，主席是谁呢？/今儿开会呢，谁是主席呢？

　　tɕiɛ̃r31khæ31xuei44ni0，tʃu53ɕi24sๅ31sei24ni0？/ɕiɛ̃r31khæ31xuei44ni0，sei24sๅ31tʃu53ɕi24ni0？

55. 你得请我的客。

　　你得请客。/你得请我的客。

　　ni53tei31tɕhiəŋ53khei31./ni53tei31tɕhiəŋ53ŋɤ53ti0khei31.

56. 这是他的书，那一本是他哥哥的。

　　这是他的书，兀是他哥的。

　　tʂɤ53sๅ44tha53ti0ʃu31，øuo53sๅ44tha31kɤ24ti0.

57. 一边走，一边说。

　　旋走旋说。

　　suã44tsou53suã44ʃuo31.

58. 看书的看书，看报的看报，写字的写字。

　　看书的看书，看报的看报，写字的写字。

　　kã44ʃu31ti0kã44ʃu31，kã44pɔ44ti0kã44pɔ44，ɕiɛ53tsๅ44ti0ɕiɛ53tsๅ44.

59. 越走越远，越说越多。

　　越走越远，越说越多。

　　øyo31tsou53øyo31yã53，øyo24ʃuo31øyo24tuo31.

60. 把那个东西拿给我。

　　把那个东西给我。

　　pa31læ53kɤ0tuəŋ31ɕi0kei53ŋɤ53.

61. 有些地方把太阳叫日头。

　　有些地方把太阳叫爷娘。

　　øiou53ɕiɛ31tɕi44faŋ0pa31thæ44øiaŋ0tɕiɔ44øiɛ44niaŋ0.

62. 您贵姓？我姓王。

　　你贵姓？我姓王。

ni53kuei44ɕiəŋ44？ŋɤ53ɕiəŋ44Øuaŋ24.

63. 你姓王，我也姓王，咱们两个人都姓王。

你姓王，我姓王，咱两都姓王。

ni53ɕiəŋ44Øuaŋ24，ŋɤ53ɕiəŋ44Øuaŋ24，tsæ24liaŋ53tou31ɕiəŋ44Øuaŋ24.

64. 你先去吧，我们等一会儿再去。

你先去，我等一会儿再去。

ni53ɕiã31tɕhi44，ŋɤ31təŋ53Øi31xueir53tsæ44tɕhi44.

第二节　北风和太阳

北风跟太阳

有一回，北风跟太阳在那儿争论谁的本事大。争来争去就是分不出高低来。这时候路上来了个走道儿的，他身上穿着件厚大衣。他们俩就说好了，谁能先叫这个走道儿的脱下他的厚大衣，就算谁的本事大。北风就使劲地刮起来了，不过他刮得越是厉害，那个走道儿的把大衣裹得越紧。后来北风没法儿了，只好就算了。过了一会儿，太阳出来了。他火辣辣地一晒，那个走道儿的马上就把那件厚大衣脱下来了。这下儿北风只好承认，他们俩当中还是太阳的本事大。

北风与爷娘

pei31fəŋ31Øy53Øiɛ44niaŋ0

有一天，北风和爷娘在挣扯，看谁的本事大，争来争去就是分不出个上下来。

Øiou53Øi24tɕhiã31，pei31fəŋ31xuo24Øiɛ44niaŋ0tsæ44tsəŋ31tʂhɤ53，khã44sei24ti0pə̃53sɿ0ta44，tsəŋ31læ24tsəŋ31tɕhi44tɕiou44sɿ0fə̃31pu24tʃu31kɤ0ʂaŋ44xa44læ0.

这时，来咧个过路的，他身上穿了个大棉袄儿。

tʂɤ53sɿ24，læ24liɛ0kɤ0kuo44lou44tɕi0，tha53ʂɛ̃31ʂaŋ0tʃuã31liɛ0kɤ0ta44miã24ŋɤr53.

他两个说好咧，谁能先叫这个过路的把大袄儿脱下来，就算谁的本事大。

tha31liaŋ53kɤ0ʃuo31xɔ53liɛ0，sei24nəŋ24ɕiã31tɕiɔ44tʂei53kɤ0kuo44lou44tɕi0pa31ta44ŋɤr53thuo31xa44læ0，tsou44suã44sei24ti0pə̃53sɿ0ta44.

北风就鼓劲地刮起来咧，不过他刮得越厉害，那个过路的把大袄儿就裹得越紧，北风没辙咧。

pei24fəŋ31tsou44ku53tɕiɛ̃44tɕi0kua31tɕhi53læ0liɛ0，pu31kuo44tha53kua31ti0yo31li44xæ0，læ53kɤ0kuo44lou44tɕi0pa31ta44ŋɤr53tsou44kuo53ti0yo31tɕiɛ̃53，pei31fəŋ31mo31 tʂɤ24liɛ0.

过了一时儿，爷娘出来咧，火辣辣地一晒，那个过路的热得就把大袄儿脱下来咧。
kuo44liɔ0ɕi0sʅɤr24，øiɛ44niaŋ0tʃu31læ0liɛ0，xuo53la31la0tɕi0ɕi31sæ44，læ53kɤ0 kuo44lou44tɕi0zɤ31tɕi0tsou44pa31ta44ŋɔr53thuo31xa44læ0liɛ0.

这下北风只好承认，还是［人家］爷娘的本事大。
tʂɤ53xa0pei31fəŋ31tsʅ31xɔ53tʂhəŋ24zẽ344，xa24sʅ44niã31øiɛ44niaŋ0ti0pẽ53sʅ0ta44.

第三节　口头文化

一、民间表演：江湖拳・出条子

哎，铜锣一响，英雄出场。
太阳一出往西朝，哎，朝在西地北邙桥。
北邙桥上紫金树，哎，树大根深长得个牢。
过路的君子来过桥，哎，摇三摇来摇三摇。
人要教训井要淘，井淘三次吃清水。
哎，人投三师武艺高，武艺高来武艺高，
哎，胆大狸猫把虎教，百般的武艺都教成。
哎，猛虎回头要吃猫，狸猫听言事不好。
哎，松柏树上把命逃，猛虎跪倒把师父叫。
百般的武艺都教成，为什么把上树不与我教？
狸猫回头开言道，师傅把上树教与你，
哎，师傅就一命归阴曹！
这才是交人交君子，浇树浇松柏。
见笑！

二、快板：捉鹌鹑

山西省，洪洞县，吃了饭，没事干。
背了个搭搭子胡求转，个不觉来到一庙院。
低头进了一层殿，抬起头，用目看。
只见两个判官对面站，一个叫个肥瘦判官，一个叫个瘦肥判官。
肥瘦判官手里拿的个胡板短，瘦肥判官手里拿的个短胡板。
肥瘦判官要拿他的胡板短换瘦肥判官的短胡板。

莫要换,莫要换,
胡板短就是个短胡板,短胡板就是个胡板短。
还要转,还要转,
不觉进了个二层殿,见了两个罗汉对面站。
一个叫个粉红罗汉,一个叫个红粉罗汉。
粉红罗汉手里拿的个粉红帆,红粉罗汉手里拿的个红粉帆。
粉红罗汉要拿他的粉红帆换红粉罗汉的红粉帆。
莫要换,莫要换,
粉红帆就是红粉帆,红粉帆就是粉红帆。
还要转,还要转,
不觉进了三层殿,见一老道坐上边。
他的徒弟我知道,大徒弟叫登打,二徒弟叫打登,
三徒弟叫别便,四徒弟叫便别,五徒弟叫车盆,六徒弟叫盆车。
登打会念经,打登会敲钟,别便会吹管,
便别会吹笙,车盆会做饭,盆车会拉风。
登打要敲打登的钟,打登要念登打的经。
便别要吹别便的管,别便要吹便别的笙。
盆车要做车盆的饭,车盆要拉盆车的风。
莫要换,莫要换,
登打愿念经,打登愿敲钟,别便愿吹管,
便别愿吹笙,车盆愿做饭,盆车愿拉风。
还要转,还要转,
不觉出了这庙院,
低头来到一饭店,抬起头,用目看,
食谱上边的样样都齐全。
炸三块,拌豆丝,过油肉,辣子鸡,
雪花极品,糖醋里脊,炒猪肝,炒腰花,
砂锅豆腐,烩三鲜。
要吃鱼,有的是,清蒸鱼、醋溜鱼、黄酥焖鱼、油炸鱼,
吃了这些还不算,再把那主食表一番。
包子、饺子和花卷,还有大米和稀饭,
这个饭馆开得善,就是不会打搅团,打搅团。

三、曲子坐唱：八仙庆寿

五更：汉钟离芭蕉扇，啊……

洞宾献龙泉，啊……

张果老骑驴大笑连呀天，啊……

曹国舅一催叫声声旋，

韩湘子献花篮，啊……

何仙姑随后边，啊……

蓝采和手拿云雨颠呀板，啊……

铁拐李火葫芦藏仙丹，

众八仙到此间嗯啊，啊……前来庆寿宴，

东方朔侯紧跟上白猿，啊……

又来了贺胡二神仙。

啊……

又来了贺胡二神仙。

大连仙：此房盖得甚威严，周公查看鲁班修，盖在了八卦乾字口，

咿呀诶，啥子花儿开，咿呀，梅花烙呀啊……

荣华富贵万万年。

呀咿呦，啥子叫了花儿，花儿梅花烙呀咿乎……

刘海本是赤脚仙，

行走步步撒金钱，

一撒得都把鳌头堆散，咿呀嘿。

啥子花儿开，咿呀，梅花烙呀啊……

二撒二仙把道传，咿呀嘿。

啥子叫了花儿，花儿梅花烙呀咿乎……

三撒三元找吉地，

四撒四季保平安，

五撒得五子多魁首，咿呀嘿。

啥子花儿开，咿呀，梅花烙呀啊……

六撒六位入了朝歌，咿呀嘿。

啥子花儿开，咿呀，梅花烙呀啊……

七撒七是团圆庆啊，啥子叫了花儿，花儿梅花烙呀咿乎……

八撒八仙庆寿诞，

九撒的九十同世到老，

啥子花儿开，咿呀，梅花烙呀啊……

十撒十的双状元，咿呀嘿。

啥子叫了花儿，花儿梅花烙呀咿乎……

撒钱的一毕回头呀看，咿呀嘿。

啥子花儿开，咿呀，梅花烙呀啊……

又来了福禄寿三仙，咿呀嘿。

啥子叫了花儿，花儿梅花烙呀咿乎……

定刚：福星上前把福赐，一呀二三啊三二一啊。

禄星上前忙加呀冠，一呀二三啊三二一啊。

寿星上前把寿添，一呀二三啊三二一啊。

张迁送子到门前，一呀二三啊三二一啊。

锁住金马三学仕，一呀二三啊三二一啊。

又出文武双状元，一呀二三啊三二一啊。

甘花索罗真罕见，一呀二三啊三二一啊。

苍松翠柏甚罕然，一呀二三啊三二一啊。

长寿山前常游玩，一呀二三啊三二一啊。

把灵芝长在瑶池呀边，一呀二三啊三二一啊。

四、皮影戏 弦板腔：薛平贵征东

（唱）为人也有兴和的败，还是天宫早安排。

孔子的绝粮在陈的蔡，姜太公稳坐在钓鱼台。

百里奚的家贫逃在了外，伍员的乞讨在大的街。

关云长的只管把姓的卖，刘备当年的卖草鞋。

东征我的不敢显名的姓，唐营里的埋没一英雄。

毛氏的恩嫂恩难得报，想起了我的恩兄王茂生。

何一日，才显名呀。

哎，英雄之名何时运。

（白）末将山西龙门县人氏，姓薛名礼字仁贵。

随主征东以来，屡建奇功，不能得见天子。昨日得了汗马城，刺死了盖贤殿，安营下寨，心慌目乱，出营采猎（哎）一回了呀。

（唱）这几年来运不得通，手拿着这草把撞暮钟。

旁人撞钟叮当得响，偏我的撞钟钟不鸣。

粉白个墙上写大的字,皂蘬旗上画乌龙。

粉墙个写字呀字不得亮,皂旗诶的画龙不成得功。

张士贵的招军龙门县,告奋勇吃粮的奔边关。

登州西我把地穴的探,我得了九牛二虎力量丹。

玄母的娘娘亲赐的点,无字的天书个有密言。

阵前个神弓穿云的箭,白虎的钢鞭带身边。

东辽国,何日完呀啊……

哎……那时再把我妻见。

五、其他自选文本

(一)谚语、俗语

1. 宁叫父母双亡,不叫改朝换代。

2. 国泰天色顺,官清民自安。

3. 家贫见孝心,国难显忠臣。

4. 国事大于家事,忠孝不能两全。

5. 好人护三村,好狗护三邻。

6. 要知朝中事,路上问野人。

7. 喝不下三桶恶水,当不了官人。

8. 村看村,户看户,群众看的是干部。

9. 要得公道,打个颠倒。

10. 要知父母恩,怀里抱儿孙。

11. 从小看大,三岁看老,小时偷针,大了偷金。

12. 肚子饿了给一口,强时有了给一斗。

13. 丰年常当欠年过,遇到荒年不受饿。

14. 家有三声,日月兴隆。

15. 拉了粮不怕官,孝敬父母不怕天。

16. 身正不怕影子斜,肚子无冷病,不怕吃西瓜。

17. 为人不做亏心事,半夜打门心不惊。

18. 响鼓不用重槌打,灵人不用多说话。

19. 人怕输理,狗怕夹尾。

20. 靠亲戚,指邻里,不如自己学勤俭。

21. 地不平,有人铲,人歪人,天便管。

22. 燕子低飞蛇过道，大雨不久必来到。

23. 早看东南，晚看西北。

24. 东虹日头西虹雨，南虹出来发白雨，北虹出来卖儿女。

25. 三月响雷麦谷堆，十月响雷墓骨堆。

26. 初三初四不见月，阴阴晴晴半个月。

27. 收秋不收秋，就看五月二十六。

28. 二十六日落一点，快到耀州买老碗。

29. 云往东，一股风；云往西，水汲汲；云往南，水漂船；云往北，晒干麦。

30. 猛晴没好天，等不到鸡叫唤。

31. 早烧不出门，晚烧晒死人。

32. 重阳无雨看十三，十三无雨一冬干。

33. 日食三日不由夜，日晕隔天雨，月晕午间风。

34. 南山北山戴帽，大雨不久必到。

35. 参不落，地不冻，有牛有籽尽管种。

36. 椿骨都绽，种棉蛋，枣芽发，种芝麻。

37. 做庄稼没窍，凭的是屎尿。

38. 种地不倒茬，十有九年瞎。

39. 湿斩糜子干斩谷，露水不落种豆豆。

40. 稠麦好看，稀麦吃饭。

41. 七月白露八月种，秋分当时忙不停。

42. 有收没收在于水，收多收少在于肥。

43. 闰年闰月不种瓜，留些闲地种芝麻。

44. 务庄稼三到，深耕浇水施肥料。

45. 苞谷想过千，地皮不要干。

46. 摇楼撒籽揉麦秸，扬场折行里外铣，赶车打的左右鞭。

47. 关中妇女有三爱，棉花搅团苜蓿菜。

48. 二月二，龙抬头，大家小户炒豆豆。

49. 过了三月三，行人穿衣单。

50. 过了春分，不上新坟。

51. 麦穗黄，女看娘，女不看娘麦不黄。

52. 吃顿扎根面，苗旺麦上石；吃罢开场饭，割麦出力干。

53. 年怕中秋月怕半，日子活盼得吃午饭。

54. 十月一，送棉衣。

55. 十月天，碗里转，麻利婆娘两顿饭。

56. 过年好，穿新袄，吃白馍，看热闹。

57. 借着吃，打着还，跟着碌碡过个年。

58. 黑一千，麻一万，白鸡好看不下蛋。

59. 左眼跳财，右眼跳崖。

60. 宁叫男大十，不叫女大一。

61. 女死不得见，男死退一半。

62. 男子嘴大吃四方，女子嘴大吃细糠。

（二）歇后语

1. 石头腌咸菜——一言难尽。

2. 屎巴牛推碌碡——不自量力。

3. 疯狗咬爷娘——不知天高地厚。

4. 玉麦秆插墙——临时的。

5. 黄鼠狼给鸡拜年——没怀好心。

6. 老鼠钻风箱——两头受气。

7. 背的背笼看戏——日眼踅地方。

8. 芝麻开花——节节高。

9. 瞎子点灯——白费蜡。

10. 揩锅上坡——缺前（钱）。

11. 瓜地庵子——揭料料。

12. 给牛弹琴——没用。

13. 头上放钥匙——开头难。

14. 提罐罐作揖——寻着墩底。

15. 穿大袄作揖——豁得开。

16. 老婆收鸡蛋——缭缭撩。

17. 弯镰打刺刀——改邪归正咧。

18. 月亮娃吃捶头——得咧手咧。

19. 娶媳妇抬棺罩——单另的轿。

20. 背的鸡笼下店呢——咕咕儿客。

（三）民谚歌谣

1. 吃好些，穿烂些，少说闲话走慢些。

2. 烙、烙、烙，烙馍来，馍焦了，翻过来。蛋蛋娃，快回来，你婆给你洗手来。

3. 玲玲娃，打电话，飞机来了耍害怕。

4. 牛哭哩，猪笑哩；饲养员，偷料哩。

5. 亲孙子，真金子，心疼外孙，不如抱个树根。

6. 爷爷婆，红堂堂，把狗拴到门墩上。

7. 娃娃勤，爱死人；娃娃懒，拿个杆杆往出赶。

8. 扯罗罗，哄蛋蛋，量麦子，磨面面，杀个公鸡做饭饭，做的啥饭？做的肉肉饭。你一碗，我一碗，蛋蛋吃了八碗半，他爸回来没见面。

9. 咪咪猫，上高窑。金蹄蹄，银爪爪。上树树，逮雀雀。扑隆隆，都飞了，看把老猫气死了。

10. 老鸹老鸹一溜溜，武帝陵上炒豆豆，你一碗，我一碗，把你憋死我不管。

11. 天皇皇，地皇皇，我家有个夜哭郎。行路君子看一遍，我家小儿得安康！

12. 拾一斗，红旗手，拾一石，是模范。拾一火车皮，北京去见毛主席！

13. 花野鹊，尾巴长，娶个媳妇不认娘。娘的心在儿身上，儿的心在石头上。

14. 三天不打，上房揭瓦；一天一顿，欢喜不尽。

15. 咱俩好，咱俩好，咱俩上县买手表。你掏钱，我戴表，你看咱俩好不好。

16. 东方红，拖拉机，揭了一地大胡萁。队长来了发脾气，快把机子吆回去。

17. 手心手背，狼心狗肺，一人一家，吹胀捏塌。

18. 秃子秃子光，出门不揎棒，碰见黄狗咬，就拿头来撞。

19. 中国车子外国带，我娃骑上跑得快；中国车子外国圈，我娃骑上跑得欢。

20. 旦旦女，八岁咧，我婆说我长大咧。我爸问我做啥呢，我帮我妈哄娃哩。择洋葱，剥蒜哩，我帮我妈做饭哩。拴狗呢，纺线哩，老鸡窝里收蛋呢！

21. 光光爷，开白花，有个大女给谁家？给到县里王魁家。王魁爱戴缨缨帽，媳妇爱戴满头花，梳妆打扮回娘家。

22. 月亮月亮亮晶晶，我到河边洗衣裳，洗着洗着雨来了，急急忙忙回来了。小伙担着水来了，姑娘戴着花来了，老婆抱着娃来了，老汉跟着骂来了。

23. 扯箩箩，磨面面，杀公鸡，擀细面。婆一碗，爷一碗，两个小伙两半碗。

24. 新年好，穿新衣，戴新帽，吃白馍，砸核桃。

25. 月明夜，亮晃晃，开开城门洗衣裳。洗得干干净净的，捣得邦邦硬硬的，打发哥哥穿整齐，提上馍笼走亲戚。

26. 谁跟我，摇尾巴，一脚踢到沟底下。沟底下，有狼哩，把娃吓得胡藏哩。

27. 泥瓦匠，住草房；纺织娘，没衣裳。卖盐老婆喝淡汤。种地的，吃米糠；炒菜的，光闻香；编席的，睡光炕；做棺材的，死路上。

28. 一家四口人，都来把家分。老大胡子长，分了一间房；老二胡子短，分了一个碗；老三没胡子，分了个驴蹄子；老四爱喳喳，分了个烂刷刷。大家不要妈，后院把猪拉。四个都是狼，长大忘了娘。

29. 屎巴牛点灯，点出先生。先生算卦，算出黑娃。黑娃敲锣，敲出她婆。她婆碾米，碾出她女。她女刮锅，刮出她哥。她哥上柜，上出他伯。他伯碾场，碾出黄狼。黄狼挖枣刺，挖出他嫂子。

30. 我大爱吃山核桃，把我卖到山屹崂。桌子擀面抬得高，板凳擀面折断腰。半截擀杖没牙刀，漏气风箱要我烧。我妈只图把我卖，我受的难过谁知道？天知道，地知道，剩下就是我知道。拄擀杖骂媒人，媒人真是没良心。说下这媒烂舌跟！

31. 见了媳妇像孝子，见了老娘像豹子。年轻媳妇穿料子，老汉老婆穿套子。

32. 苜蓿花，拌拌汤，鬼子死在河岸上。麦稍黄，日本亡。麦搭镰，日本完。

33. 猴娃猴娃搬石头，砸了猴娃脚趾头。猴娃猴娃你甭哭，给你娶个花媳妇。娶下媳妇打搭睡？牛槽里睡。铺啥呀？铺簸箕。盖啥呀？盖筛子。枕啥呀？枕棒槌。棒槌滚得骨碌碌，猴娃媳妇睡得呼噜噜。

武功县篇

第一章 总 论

第一节 人文地理、历史沿革、人口概况

武功县地处关中平原西部,东迄兴平市,西邻杨凌示范区、宝鸡扶风县,北接乾县,南隔渭河与西安市周至县相望,总面积397.8平方千米。武功县建县有2300多年的历史,相传,县域为炎帝后裔姜姓封地,古称有邰国。秦孝公十二年(前350年)设郡县,邰地分为武功(今眉县和岐山南部、太白县东部及周至一带)、邰(今扶风南部和武功一带)、美阳(今扶风北部)三县,属内史。武功县治所在渭河南今周至、眉县之间。秦末,武功、邰、美阳俱属雍国。唐武德三年(620年)置稷州,以武功等五县隶之。贞观元年(627年)废稷州,武功改隶雍州。明、清沿袭旧制,属西安府。1913年废府设道,属关中道。1917年废道,直属省辖。1927年10月,陕西省第九行政督察区成立,武功属其管辖。1949年5月19日武功县解放,隶陕甘宁边区咸阳分区。9月,将武功县渭河南的三厂区,划归盩厔(今作周至)。1950年5月,改属宝鸡专员公署。1956年6月,撤专署,归省直辖。1961年9月,武功县建制恢复,治所由武功镇迁至普集镇,隶属宝鸡专区。1983年10月,武功县改属咸阳市。

截至2021年,武功县辖7个镇,6个社区居委会,183个行政村,户籍人口43.68万。县域内属汉民族聚居区,汉族占总人口的99.9%。少数民族仅占全县总人口的0.1%,少数民族中90%为回族。

第二节 方言归属与内部差异

武功县方言属于中原官话关中片。与兴平市方言一样,我们将武功县方言也看作是"过渡带"上的方言。就本市地理位置、人口分布及方言使用情况看,未见有方言岛存在。

第三节　发音人和调查人概况

方言发音人（一）

1. 姓名：黄征
2. 单位（退休前）：陕西省咸阳市武功县大庄镇观音堂村支部书记
3. 通信地址：陕西省咸阳市武功县大庄镇观音堂村
4. 性别：男　　民族：汉
5. 出生年月日（公历）：1953 年 5 月 18 日
6. 出生地（从省级至自然村级）：陕西省咸阳市武功县大庄镇观音堂村
7. 主要经历：一直生活在农村，任大庄镇观音堂村支部书记，有着十几年村两委工作的经历。
8. 文化程度：小学
9. 职业：村支书

方言发音人（二）

1. 姓名：刘志宏
2. 单位（退休前）：陕西省咸阳市武功县文化馆
3. 通信地址：陕西省咸阳市武功县游凤镇岸底村
4. 性别：男　　民族：汉
5. 出生年月日（公历）：1958 年 8 月
6. 出生地（从省级至自然村级）：陕西省咸阳市武功县游凤镇岸底村
7. 主要经历：在文化馆上班，是当地有名的司仪，讲得一口民间故事，吟得一口歌谣。
8. 文化程度：高中
9. 职业：干部

方言发音人（三）

1. 姓名：杨少普
2. 单位（退休前）：陕西省咸阳市武功县剧团
3. 通信地址：陕西省咸阳市武功县南仁乡下寨村
4. 性别：男　　民族：汉

5. 出生年月日（公历）：1958 年 4 月
6. 出生地（从省级至自然村级）：陕西省咸阳市武功县南仁乡下寨村
7. 主要经历：在剧团工作，热爱秦腔事业。
8. 文化程度：小学
9. 职业：干部

方言发音人（四）

1. 姓名：王忠耀
2. 单位（退休前）：陕西省咸阳市武功县大庄镇观音堂村
3. 通信地址：陕西省咸阳市武功县大庄镇观音堂村
4. 性别：男　　民族：汉
5. 出生年月日（公历）：1958 年 9 月 2 日
6. 出生地（从省级至自然村级）：陕西省咸阳市武功县大庄镇观音堂村
7. 主要经历：农民出身，几十年都在家乡学习、生活、工作，一直没有离开过家乡。
8. 文化程度：高中
9. 职业：农民

调查人

1. 姓名：王一涛
2. 单位：咸阳师范学院
3. 通信地址：陕西省咸阳市渭城区文林路东段 1 号
4. 协助调查人 1 姓名：赵露露
5. 协助调查人 2 姓名：郭　涛

第二章 语　音

第一节 声　母

声母二十八个，包括零声母在内。

p 八兵病笔	ph 派片爬平	m 麦明门马	f 飞蜂肥放	v 味问武万
t 多毒东打	th 讨天土透	n 年泥鸟眼		l 脑南连路
ts 资早贼再	tsh 刺草寸从		s 丝山事瘦	
tʂ 张照桌镇	tʂh 车唱抽厂		ʂ 上手十身	ʐ 热认让扔
tʃ 装柱专桌	tʃh 床春吹出		ʃ 船顺书所	ʒ 如挼弱润
tɕ 挤几九家	tɕh 清全轻前		ɕ 想谢县先	
k 高共歌敢	kh 开快跪看	ŋ 熬安我恶	x 河灰好后	
∅ 月云味用				

说明：

① ［th］与合口韵，特别是与［uo］韵相拼时双唇颤动明显。

② ［p、ph］与［u、o］相拼时，带有唇齿擦化色彩，实际音值为［pf、pfh］。

③ ［f］与［u、o］相拼时，摩擦较重。

④ ［n］声母与齐齿呼、撮口呼相拼时，实际音值为［ȵ］。

⑤ ［x］的发音部位略靠后，与合口呼相拼时摩擦较重。

⑥ ［ts、tsh、s、tʂ、tʂh、ʂ］与舌尖元音［ɿ、ʅ］相拼时，摩擦较重。

⑦ ［tʃ］类声母发音时，有比较明显的圆唇色彩。

⑧ ［tʂ］组声母与［ɤ］相拼时，中间有一个［ʅ］的介音成分。

第二节 韵　母

韵母三十八个。

ɿ 丝试时指	i 戏米急地	u 五主猪谷	y 雨橘局曲

ɿ 十尺直

ər 二儿

a 茶辣八擦　　　　　ia 牙鸭夏夹　　　　　ua 瓦话瓜夸

æ 开菜抬来　　　　　　　　　　　　　　　uæ 快拐怀歪

ɤ 歌壳我可　　　　　iɛ 写茄节铁

o 磨婆拨　　　　　　　　　　　　　　　　uo 坐盒活锅　　　　yo 月学药绝

ɔ 包讨道脑　　　　　iɔ 笑桥浇鸟

ɯ 疙核

ei 赔白色给　　　　　　　　　　　　　　　uei 鬼国回雷

ou 豆走透头　　　　　iou 油牛绿休

ã 南山半贪　　　　　iã 年件脸先　　　　　uã 短管宽欢　　　yã 全远卷选

ɛ̃ 根深春陈　　　　　iɛ̃ 林新银勤　　　　　uɛ̃ 村春滚魂　　　yɛ̃ 云军逊熏

ɑ̃ 挡绑芒党　　　　　iɑ̃ 想样江强　　　　　uɑ̃ 王窗黄装

əŋ 升灯梗坑　　　　　iəŋ 灵病拧听　　　　　uəŋ 东红横通　　　yəŋ 用穷兄荣

说明：

① [ɿ] 的音值介于 [ɿ、ʅ] 之间。

② [ər] 发音时开口度较大，接近 [ar]。

③ [ou、iou] 动程很小。

④ [u] 类韵母拼 [tʃ] 类声母时，与声母结合得特别紧密。

⑤ [u] 类韵母与 [ts] 类声母相拼时，韵母舌位靠前，发音接近 [ʉ]。

⑥ [i] 为单韵母与 [t] 类声母相拼时，音值接近 [ɿ]。

第三节　单字调

单字调四个。

阴平 31 东春百搭节拍刻六麦叶　　阳平 24 门牛油铜皮急毒白盒罚

上声 53 懂古九统苦讨草买老五　　去声 44 动近后寸去卖路硬乱地

第四节　连读变调

后字非轻声两字组连调模式见表 2-1。

表2-1 后字非轻声两字组连调模式

前字＼后字	1 阴平 31	2 阳平 24	3 上声 53	4 去声 44
1 阴平 31	24 + 31 31 + 31	31 + 24	31 + 53	31 + 44
2 阳平 24	24 + 31	24 + 24	24 + 53	24 + 44
3 上声 53	53 + 31	53 + 24	31 + 53 53 + 53	53 + 44
4 去声 44	44 + 31	44 + 24	44 + 53	44 + 44

非叠字组后字轻声两字组连调模式见表2-2。

表2-2 非叠字组后字轻声两字组连调模式

前字＼后字	1 阴平 31	2 阳平 24	3 上声 53	4 去声 44
1 阴平 31	53 + 0 31 + 0	53 + 0	31 + 0	53 + 0
2 阳平 24	24 + 0	24 + 0	24 + 0	24 + 0
3 上声 53	31 + 0 53 + 0	53 + 0	53 + 0	53 + 0
4 去声 44	44 + 0	44 + 0	44 + 0	44 + 0

第五节 单 字

0001. 多 tuo31
0002. 拖 thuo31
0003. 大～小 ta44（文）/tuo44（白）
0004. 锣 luo24
0005. 左 tsuo53
0006. 歌 kɤ31
0007. 个一～ kɤ44
0008. 可 khɤ53
0009. 鹅 ŋɤ24
0010. 饿 ŋɤ44
0011. 河 xuo24
0012. 茄 tɕhiɛ24
0013. 破 pho44
0014. 婆 pho44/pho24（又）
0015. 磨名 mo44
0016. 磨动 mo24
0017. 躲 tuo53
0018. 螺 luo24
0019. 坐 tsuo44
0020. 锁 suo53
0021. 果 kuo53
0022. 过 kuo44
0023. 课 khuo44
0024. 火 xuo53
0025. 货 xuo44
0026. 祸 xuo44
0027. 靴 ɕyo31
0028. 把量 pa31
0029. 爬 pha24
0030. 马 ma53
0031. 骂 ma44
0032. 茶 tsha24
0033. 沙 sa31
0034. 假真～ tɕia53
0035. 嫁 tɕia44
0036. 牙 nia24
0037. 虾 ɕia31

0038. 下底~ xa44
0039. 夏春~ ɕia44
0040. 哑 Øia53/
　　　nia53（又）
0041. 姐 tɕiɛ53
0042. 借 tɕiɛ44
0043. 写 ɕiɛ53
0044. 斜 ɕiɛ24
0045. 谢 ɕiɛ44
0046. 车不是棋子
　　　tʂʅ31
0047. 蛇 ʂɤ24
0048. 射 ʂɤ44
0049. 爷 Øiɛ44
0050. 野 Øiɛ53
0051. 夜 Øiɛ44
0052. 瓜 kua31
0053. 瓦 Øua53
0054. 花 xua31
0055. 化 xua44
0056. 华中~ xua31
0057. 谱家~，注
　　　意声母 phu53
0058. 布 pu44
0059. 铺动 phu31
0060. 簿 pu44
0061. 步 pu44
0062. 赌 tu53
0063. 土 thu53
0064. 图 thu24
0065. 杜 tu44
0066. 奴 lou24
0067. 路 lu44

0068. 租 tsu31
0069. 做 tsuo31
0070. 错对~ tshuo31
0071. 箍~桶，注意
　　　声母 ku31
0072. 古 ku53
0073. 苦 khu53
0074. 裤 khu44/
　　　fuər53 ~儿
0075. 吴 Øu24
0076. 五 Øu53
0077. 虎 xu53
0078. 壶 xu24
0079. 户 xu44
0080. 乌 Øu31
0081. 女 ny53
0082. 吕 ly53
0083. 徐 ɕy24
0084. 猪 tʃu31
0085. 除 tʃhu24
0086. 初 tʃhu31
0087. 锄 tʃhu24
0088. 所 ʃuo53
0089. 书 ʃu31
0090. 鼠 ʃu53
0091. 如 ʒu31
0092. 举 tɕy53
0093. 锯名 tɕy44
0094. 去 tɕhy44
0095. 渠~道 tɕhy24
0096. 鱼 Øy24
0097. 许 ɕy53
0098. 余剩~，多~

　　　Øy24
0099. 府 fu53
0100. 付 fu44
0101. 父 fu44
0102. 武 vu53
0103. 雾 vu44
0104. 取 tɕhy53
0105. 柱 tʃu44
0106. 住 tʃu44
0107. 数名 ʃu44
0108. 数动 ʃu53
0109. 主 tʃu53
0110. 输 ʃu31
0111. 竖 ʃu44
0112. 树 ʃu44
0113. 句 tɕy44
0114. 区地~ tɕhy31
0115. 遇 Øy44
0116. 雨 Øy53
0117. 芋 Øy24
0118. 裕 Øy24
0119. 胎 thæ31
0120. 台戏~ thæ24
0121. 袋 tæ44
0122. 来 læ24
0123. 菜 tshæ44
0124. 财 tshæ24
0125. 该 kæ31
0126. 改 kæ53
0127. 开 khæ31
0128. 海 xæ53
0129. 爱 ŋæ44
0130. 贝 pei44

0131. 带动 tæ44
0132. 盖动 kæ44
0133. 害 xæ44
0134. 拜 pæ44
0135. 排 phæ24
0136. 埋 mæ24
0137. 戒 tɕiɛ44
0138. 摆 pæ53
0139. 派注意声调
　　　phæ53
0140. 牌 phæ24
0141. 买 ma53
0142. 卖 mæ44
0143. 柴 tshæ24
0144. 晒 sæ44
0145. 街 tɕiɛ31
0146. 解~开 tɕiɛ53
0147. 鞋 xæ24
0148. 蟹注意声调
　　　ɕiɛ44
0149. 矮 ŋæ53
0150. 败 pæ44
0151. 币 pi44
0152. 制~造 tsʅ44
0153. 世 sʅ44
0154. 艺 Øi44
0155. 米 mi53
0156. 低 ti31
0157. 梯 tɕhi31
0158. 剃 tɕhi24
0159. 弟 ti44
0160. 递 ti44
0161. 泥 ni24

0162. 犁 li24
0163. 西 ɕi31
0164. 洗 ɕi53
0165. 鸡 tɕi31
0166. 溪 ɕi31
0167. 契 tɕhi31
0168. 系联~ ɕi44
0169. 杯 phei31
0170. 配 phei44
0171. 赔 phei24
0172. 背~诵 pei44
0173. 煤 mei24
0174. 妹 mei44
0175. 对 tuei44
0176. 雷 luei24
0177. 罪 tsuei44
0178. 碎 suei44
0179. 灰 xuei31
0180. 回 xuei24
0181. 外 Øuæ44
0182. 会开~ xuei44
0183. 怪 kuæ44
0184. 块 khuæ53
0185. 怀 xuæ24
0186. 坏 xuæ44
0187. 拐 kuæ53
0188. 挂 kua44
0189. 歪注意声母 Øuæ53
0190. 画 xua44
0191. 快 khuæ44
0192. 话 xua44
0193. 岁 suei44/

tsuei44（又）
0194. 卫 Øuei44
0195. 肺 fei44
0196. 桂 kuei44
0197. 碑 pi31
0198. 皮 phi24
0199. 被~子 piər53
~儿
0200. 紫 tsɿ31
0201. 刺 tshɿ44
0202. 知 tʂɿ31
0203. 池 tʂhɿ24
0204. 纸 tsɿ53
0205. 儿 Øər24
0206. 寄 tɕi44
0207. 骑 tɕhi24
0208. 蚁注意韵母 Øi44
0209. 义 Øi44
0210. 戏 tɕi44
0211. 移 Øi24
0212. 比 pi53
0213. 屁 phi44
0214. 鼻注意声调 pi24
0215. 眉 mei24
0216. 地 tɕi44
0217. 梨 li24
0218. 资 tsɿ31
0219. 死 sɿ53
0220. 四 sɿ44
0221. 迟 tʂhɿ24/
tshɿ24（又）
0222. 指 tsɿ53
0223. 师 sɿ31

0224. 二 Øər44
0225. 饥~饿 tɕi31
0226. 器 tɕhi44
0227. 姨 Øi24
0228. 李 li53
0229. 子 tsɿ53
0230. 字 tsɿ44
0231. 丝 sɿ31
0232. 祠 tshɿ24
0233. 寺 sɿ44
0234. 治 tʂɿ44
0235. 柿 sɿ44
0236. 事 sɿ44
0237. 使 sɿ53
0238. 试 sɿ44
0239. 时 sɿ24
0240. 市 sɿ24
0241. 耳 Øər53
0242. 记 tɕi44
0243. 棋 tɕhi24
0244. 喜 ɕi53
0245. 意 Øi44
0246. 几~个 tɕi53
0247. 气 tɕhi44
0248. 希 ɕi31
0249. 衣 Øi31
0250. 嘴 tsuei53
0251. 随 suei24
0252. 吹 tʃhuei31
0253. 垂 tʃhuei24
0254. 规 khuei31
0255. 亏 khuei31
0256. 跪注意声调

kuei44
0257. 危 Øuei31
0258. 类 luei44
0259. 醉 tsuei44
0260. 追 tʃuei31
0261. 锤 tʃhuei24
0262. 水 ʃuei53
0263. 鳖 piɛ31
0264. 季 tɕi44
0265. 柜 kuei44
0266. 位 Øuei44
0267. 飞 fei31
0268. 费 fei44
0269. 肥 fei24
0270. 尾 ʒuei53
（白）/Øi53
（文）
0271. 味 vei44
0272. 鬼 kuei53
0273. 贵 kuei44
0274. 围 Øuei24
0275. 胃 Øuei44
0276. 宝 pɔ53
0277. 抱 pɔ44
0278. 毛 mɔ24
0279. 帽 mɔ44
0280. 刀 tɔ31
0281. 讨 thɔ53
0282. 桃 thɔ24
0283. 道 tɔ44
0284. 脑 lɔ53
0285. 老 lɔ53
0286. 早 tsɔ53

0287. 灶 tsɔ44
0288. 草 tshɔ53
0289. 糙注意声调 tshɔ44
0290. 造 tshɔ44
0291. 嫂 sɔ53
0292. 高 kɔ31
0293. 靠 khɔ44
0294. 熬 ŋɔ24
0295. 好～坏 xɔ53
0296. 号名 xɔ44
0297. 包 pɔ31
0298. 饱 pɔ53
0299. 炮 phɔ44
0300. 猫 mɔ24
0301. 闹 lɔ44
0302. 罩 tsɔ44
0303. 抓用手～牌 tʃua31
0304. 找～零钱 tsɔ53
0305. 抄 tshɔ31
0306. 交 tɕiɔ31
0307. 敲 tɕhiɔ31
0308. 孝 ɕiɔ44
0309. 校学～ɕiɔ44
0310. 表手～ piɔ53
0311. 票 phiɔ44
0312. 庙 miɔ44
0313. 焦 tɕiɔ31
0314. 小 ɕiɔ53
0315. 笑 ɕiɔ44
0316. 朝～代 tshɔ24

0317. 照 tʂɔ44
0318. 烧 ʂɔ31
0319. 绕～线 ʐɔ53
0320. 桥 tɕhiɔ24
0321. 轿 tɕiɔ44
0322. 腰 Øiɔ31
0323. 要重～ Øiɔ44
0324. 摇 Øiɔ24
0325. 鸟注意声母 niɔ53
0326. 钓 tiɔ44
0327. 条 thiɔ24
0328. 料 liɔ44
0329. 箫 ɕiɔ31
0330. 叫 tɕiɔ44
0331. 母丈～，舅～ mu53
0332. 抖 thou53
0333. 偷 thou31
0334. 头 thou24
0335. 豆 tou44
0336. 楼 lou24
0337. 走 tsou53
0338. 凑 tshou44
0339. 钩注意声母 kou31
0340. 狗 kou53
0341. 够 kou44
0342. 口 khou53
0343. 藕 ŋou53
0344. 后前～xou44
0345. 厚 xou44
0346. 富 fu44

0347. 副 fu44
0348. 浮 fu24
0349. 妇 fu44
0350. 流 liou24
0351. 酒 tɕiou53
0352. 修 ɕiou31
0353. 袖 ɕiou44
0354. 抽 tʂhou31
0355. 绸 tʂhou24
0356. 愁 tshou24
0357. 瘦 sou44
0358. 州 tʂou31
0359. 臭香～ tʂhou44
0360. 手 ʂou53
0361. 寿 ʂou44
0362. 九 tɕiou53
0363. 球 tɕhiou24
0364. 舅 tɕiou44
0365. 旧 tɕiou44
0366. 牛 niou24
0367. 休 ɕiou31
0368. 优 Øiou31
0369. 有 Øiou53
0370. 右 Øiou44
0371. 油 Øiou24
0372. 丢 tiou31
0373. 幼 Øiou44
0374. 贪 thã31
0375. 潭 thã24
0376. 南 lã24
0377. 蚕 tshã24
0378. 感 kã53
0379. 含～一口水

xã24
0380. 暗 ŋã44
0381. 搭 ta31
0382. 踏注意声调 tha24
0383. 拉注意声调 la31
0384. 杂 tsa24
0385. 鸽 kɤ31
0386. 盒 xuo24
0387. 胆 tã53
0388. 毯 thã53
0389. 淡 tã44
0390. 蓝 lã24
0391. 三 sã31
0392. 甘 kã31
0393. 敢 kã53
0394. 喊注意声调 xã53
0395. 塔 tha31
0396. 蜡 la31
0397. 赚 tʃuã44
0398. 杉～木，注意韵母 sã31
0399. 减 tɕiã53
0400. 咸～淡 ɕiã24
0401. 插 tsha31
0402. 闸 tsa44
0403. 夹～子 tɕia31
0404. 衫 sã31
0405. 监 tɕiã31
0406. 岩 Øiɛ24
0407. 甲 tɕia31
0408. 鸭 Øia31
0409. 黏～液 ʐã24

0410. 尖 tɕiã31
0411. 签～名 tɕhiã31
0412. 占～领 tʂã44
0413. 染 ʐã53
0414. 钳 tɕhiã24
0415. 验 Øiã44
0416. 险 ɕiã53
0417. 厌 Øiã44
0418. 炎 Øiã44
0419. 盐 Øiã24
0420. 接 tɕiɛ31
0421. 折～叠 tʂɤ53
0422. 叶树～ Øiɛ31
0423. 剑 tɕiã53
0424. 欠 tɕhiã44
0425. 严 Øiã24
0426. 业 ȵiɛ31
0427. 点 tiã53
0428. 店 tiã44
0429. 添 thiã31
0430. 甜 thiã24
0431. 念 niã44
0432. 嫌 ɕiã24
0433. 跌注意声调 tiɛ31
0434. 贴 thiɛ31
0435. 碟 tiɛ24
0436. 协 ɕiɛ24
0437. 犯 fã44
0438. 法 fa31
0439. 品 phiẽ53
0440. 林 liẽ24
0441. 浸 tɕiẽ31

0442. 心 ɕiẽ31
0443. 寻 ɕiẽ24
0444. 沉 tʂhẽ24
0445. 参人～ sẽ31
0446. 针 tʂẽ31
0447. 深 ʂẽ31
0448. 任责～ ʐẽ44
0449. 金 tɕiẽ31
0450. 琴 tɕhiẽ24
0451. 音 Øiẽ31
0452. 立 li31
0453. 集 tɕhi31
0454. 习 ɕi24
0455. 汁 tʂʅ31
0456. 十 ʂʅ24
0457. 入 ʐu31
0458. 急 tɕi24
0459. 及 tɕi24
0460. 吸 ɕi31
0461. 单简～ tã31
0462. 炭 thã44
0463. 弹～琴 thã24
0464. 难～易 lã24
0465. 兰 lã24
0466. 懒 lã53
0467. 烂 lã44
0468. 伞注意声调 sã53
0469. 肝 kã31
0470. 看～见 khã44
0471. 岸 ŋã44
0472. 汉 xã44
0473. 汗 xã44
0474. 安 ŋã31

0475. 达 ta24
0476. 辣 la31
0477. 擦 tsha31
0478. 割 kɤ31
0479. 渴 khɤ31
0480. 扮 pã44
0481. 办 pã44
0482. 铲 tshã53
0483. 山 sã31
0484. 产注意声母 tshã53
0485. 间房～，一～房 tɕiã31
0486. 眼 niã53
0487. 限 ɕiã44
0488. 八 pa31
0489. 扎 tsa31
0490. 杀 sa31
0491. 班 pã31
0492. 板 pã53
0493. 慢 mã44
0494. 奸 tɕiã31
0495. 颜 Øiã24
0496. 瞎 xa31
0497. 变 piã44
0498. 骗欺～ phiã44
0499. 便方～ piã44
0500. 棉 miã24
0501. 面～孔 miã44
0502. 连 liã24
0503. 剪 tɕiã53
0504. 浅 tɕhiã53
0505. 钱 tɕhiã24

0506. 鲜 ɕiã53
0507. 线 ɕiã44
0508. 缠 tʂhã24
0509. 战 tʂã44
0510. 扇名 ʂã44
0511. 善 ʂã44
0512. 件 tɕiã44
0513. 延 Øiã24
0514. 别～人 piɛ24
0515. 灭 miɛ31
0516. 列 liɛ31
0517. 撤 tʂhɤ53
0518. 舌 ʂɤ24
0519. 设 ʂɤ31
0520. 热 ʐɤ31
0521. 杰 tɕiɛ24
0522. 孽 ȵiɛ31
0523. 建 tɕiã44
0524. 健 tɕiã44
0525. 言 Øiã24
0526. 歇 ɕiɛ31
0527. 扁 piã53
0528. 片 phiã53
0529. 面～条 miã44
0530. 典 tiã53
0531. 天 thiã31
0532. 田 thiã24
0533. 垫 tiã44
0534. 年 niã24
0535. 莲 liã24
0536. 前 tɕhiã24
0537. 先 ɕiã31
0538. 肩 tɕiã31

0539. 见 tɕiã44
0540. 牵 tɕhiã31
0541. 显 ɕiã53
0542. 现 ɕiã44
0543. 烟 Øiã31
0544. 憋 piɛ31
0545. 篾 mi24
0546. 铁 thiɛ31
0547. 捏 niɛ31
0548. 节 tɕiɛ31
0549. 切动 tɕhiɛ31
0550. 截 tɕiɛ24
0551. 结 tɕiɛ31
0552. 搬 pã31
0553. 半 pã44
0554. 判 phã44
0555. 盘 phã24
0556. 满 mã53
0557. 端～午 tuã31
0558. 短 tuã53
0559. 断绳～了 tuã44
0560. 暖 luã53
0561. 乱 luã44
0562. 酸 suã31
0563. 算 suã44
0564. 官 kuã31
0565. 宽 khuã31
0566. 欢 xuã31
0567. 完 Øuã24
0568. 换 xuã44
0569. 碗 Øuã53
0570. 拔 pa24
0571. 泼 pho31

0572. 末 mo31
0573. 脱 thuo31
0574. 夺 tuo24
0575. 阔 khuo31
0576. 活 xuo24
0577. 顽～皮，～固 Øuã24
0578. 滑 xua24
0579. 挖 Øua31/Øuã31（又）
0580. 闩 ʃuã44
0581. 关～门 kuã31
0582. 惯 kuã44
0583. 还副 xa24
0584. 还动 xuã2
0585. 弯 Øuã31
0586. 刷 ʃua31
0587. 刮 kua31
0588. 全 tɕhyã24
0589. 选 ɕyã53
0590. 转～眼，～送 tʃuã53
0591. 传～下来 tʃhua24
0592. 传～记 tʃuã44
0593. 砖 tʃuã31
0594. 船 ʃuã24
0595. 软 ʒuã53
0596. 卷～起 tɕyã53
0597. 圈圆～ tɕhyã31
0598. 权 tɕhuã24
0599. 圆 Øyã24

0600. 院 Øyã44
0601. 铅～笔，注意声调 tɕhiã31
0602. 绝 tɕyo24
0603. 雪 ɕyo31
0604. 反 fã53
0605. 翻 fã31
0606. 饭 fã44
0607. 晚 vã53
0608. 万麻将牌 vã44
0609. 劝 tɕhyã44
0610. 原 Øyã24
0611. 冤 Øyã31
0612. 园 Øyã24
0613. 远 Øyã53
0614. 发头～fa31
0615. 罚 fa24
0616. 袜 va31
0617. 月 Øyo31
0618. 越 Øyo31
0619. 县 ɕiã44
0620. 决 tɕyo53
0621. 缺 tɕhyo31
0622. 血 ɕiɛ31
0623. 吞 thəŋ31
0624. 根 kɛ̃31
0625. 恨 xɛ̃44
0626. 恩 ŋɛ̃31
0627. 贫 phiɛ̃24
0628. 民 miɛ̃24
0629. 邻 liɛ̃24
0630. 进 tɕiɛ̃44
0631. 亲 tɕhiɛ̃31

0632. 新 ɕiɛ̃31
0633. 镇 tʂɛ̃44
0634. 陈 tʂhɛ̃24
0635. 震 tʂɛ̃44
0636. 神 ʂɛ̃24
0637. 身 ʂɛ̃31
0638. 辰 tʂhɛ̃24
0639. 人 zɛ̃24
0640. 认 zɛ̃44
0641. 紧 tɕiɛ̃53
0642. 银 Øiɛ̃24
0643. 印 Øiɛ̃44
0644. 引 Øiɛ̃53
0645. 笔 pi31
0646. 匹 phi24
0647. 密 mi31
0648. 栗 li31
0649. 七 tɕhi31
0650. 侄 tʂʅ24
0651. 虱 sei31
0652. 实 ʂʅ24
0653. 失 ʂʅ31
0654. 日 zʅ31（文）/Øər31（白）
0655. 吉 tɕi31
0656. 一 Øi31
0657. 筋 tɕiɛ̃31
0658. 劲有～tɕiɛ̃44
0659. 勤 tɕhiɛ̃24
0660. 近 tɕiɛ̃44
0661. 隐 Øiɛ̃53

314

0662. 本 pẽ53
0663. 盆 phẽ24
0664. 门 mẽ24
0665. 墩 tuẽ31
0666. 嫩 lyẽ44
0667. 村 tshuẽ31
0668. 寸 tshuẽ44
0669. 蹲注意声母 tuẽ31
0670. 孙～子 suẽ31
0671. 滚 kuẽ53
0672. 困 khuẽ44
0673. 婚 xuẽ31
0674. 魂 xuẽ24
0675. 温 Øuẽ31
0676. 卒棋子 tsu24
0677. 骨 ku31
0678. 轮 luẽ24
0679. 俊注意声母 tɕyẽ44
0680. 笋 suẽ53
0681. 准 tʃuẽ53
0682. 春 tʃhuẽ31
0683. 唇 ʃuẽ24
0684. 顺 ʃuẽ44
0685. 纯 tʃhuẽ24
0686. 闰 ʒuẽ44
0687. 均 tɕyẽ31
0688. 匀 Øyẽ24
0689. 律 ly31
0690. 出 tʃhu31
0691. 橘 tɕy31

0692. 分动 fẽ31
0693. 粉 fẽ53
0694. 粪 fẽ44
0695. 坟 fẽ24
0696. 蚊 vẽ24
0697. 问 vẽ44
0698. 军 tɕyẽ31
0699. 裙 tɕhyẽ24
0700. 熏 ɕyẽ31
0701. 云～彩 Øyẽ24
0702. 运 Øyẽ44
0703. 佛～像 fo24
0704. 物 vo31
0705. 帮 pã31
0706. 忙 mã24
0707. 党 tã53
0708. 汤 thã31
0709. 糖 thã24
0710. 浪 lã44
0711. 仓 tsã31
0712. 钢 kã31
0713. 糠 khã31
0714. 薄形 po24
0715. 摸注意声调 mo31
0716. 托 thuo31
0717. 落 luo31
0718. 作 tsuo31
0719. 索 suo31
0720. 各 kɤ31
0721. 鹤 xuo31
0722. 恶形，入声

ŋɤ31
0723. 娘 niã24
0724. 两斤～ liã53
0725. 亮 liã44
0726. 浆 tɕiã31
0727. 抢 tɕhiã53
0728. 匠 tɕiã44
0729. 想 ɕiã53
0730. 像 ɕiã44
0731. 张量 tʂã31
0732. 长～短 tʂhã24
0733. 装 tʃuã31
0734. 壮 tʃuã44
0735. 疮 tʃhuã31
0736. 床 tʃhuã24
0737. 霜 ʃuã31
0738. 章 tʂã31
0739. 厂 tʂhã53
0740. 唱 tʂhã44
0741. 伤 ʂã31
0742. 尝 ʂã24
0743. 上～去 ʂã44
0744. 让 zã44
0745. 姜生～ tɕiã31
0746. 响 ɕiã53
0747. 向 ɕiã44
0748. 秧 Øiã31
0749. 痒 Øiã53
0750. 样 Øiã44
0751. 雀注意声母 tɕhyo31
0752. 削 ɕiɔ31

0753. 着火～了 tʃhuo31
0754. 勺 ʃuo24
0755. 弱 ʒuo31
0756. 脚 tɕyo31
0757. 约 Øyo31
0758. 药 Øyo31
0759. 光～线 kuã31
0760. 慌 xuã31
0761. 黄 xuã24
0762. 郭 kuo31
0763. 霍 xuo31
0764. 方 fã31
0765. 放 fã44
0766. 纺 fã53
0767. 房 fã24
0768. 防 fã24
0769. 网 vã53
0770. 筐 khuã31
0771. 狂 khuã24
0772. 王 Øuã24
0773. 旺 Øuã44
0774. 缚 fo24
0775. 绑 pã53
0776. 胖 phã44
0777. 棒 pã44
0778. 桩 tʃuã31
0779. 撞 tʃhuã44
0780. 窗 tʃhuã31
0781. 双 ʃuã31
0782. 江 tɕiã31
0783. 讲 tɕiã53

0784. 降投～ɕiã24
0785. 项 xã44
0786. 剥 po31
0787. 桌 tʃuo31
0788. 镯 tsuo24
0789. 角 tɕyo31
0790. 壳 khɤ31
0791. 学 tɕyo24
0792. 握 Øuo31
0793. 朋 phəŋ24
0794. 灯 təŋ31
0795. 等 təŋ53
0796. 凳 təŋ44
0797. 藤 thəŋ24
0798. 能 ləŋ24
0799. 层 tshəŋ24
0800. 僧注意声母 səŋ31
0801. 肯 khẽ53
0802. 北 pei31
0803. 墨 mei24
0804. 得 tei31
0805. 特 thei24
0806. 贼 tsei24
0807. 塞 sei31
0808. 刻 khei31
0809. 黑 xei31
0810. 冰 piəŋ31
0811. 证 tʂəŋ44
0812. 秤 tʂhəŋ44
0813. 绳 ʂəŋ24
0814. 剩 ʂəŋ44
0815. 升 ʂəŋ31

0816. 兴高～ɕiəŋ44
0817. 蝇注意声母 Øiəŋ24
0818. 逼 pi31
0819. 力 li31
0820. 息 ɕi31
0821. 直 tʂʅ24
0822. 侧注意声母 tshei31
0823. 测 tshei31
0824. 色 sei31
0825. 织 tʂʅ31
0826. 食 ʂʅ24
0827. 式 ʂʅ31
0828. 极 tɕi24
0829. 国 kuei31
0830. 或 xuei24
0831. 猛 məŋ53
0832. 打注意韵母 ta53
0833. 冷 ləŋ53
0834. 生 səŋ31
0835. 省～长 səŋ53
0836. 更三～，打～ kəŋ44
0837. 梗注意韵母 kəŋ31
0838. 坑 khəŋ31
0839. 硬 niəŋ44
0840. 行～为，～走 ɕiəŋ24
0841. 百 pei31
0842. 拍 phei31
0843. 白 pei24

0844. 拆 tshei31
0845. 择 tsei24
0846. 窄 tsei31
0847. 格 kei31
0848. 客 khei31
0849. 额 ŋẽ31
0850. 棚 phəŋ24
0851. 争 tsəŋ31
0852. 耕 kəŋ31
0853. 麦 mei31
0854. 摘 tsei31
0855. 策 tshei31
0856. 隔 kei31
0857. 兵 piəŋ31
0858. 柄注意声调 piəŋ53
0859. 平 phiəŋ24
0860. 病 piəŋ44
0861. 明 miəŋ24
0862. 命 miəŋ44
0863. 镜 tɕiəŋ44
0864. 庆 tɕhiəŋ44
0865. 迎 Øiəŋ24
0866. 影 Øiəŋ53
0867. 剧戏～tɕy44
0868. 饼 piəŋ53
0869. 名 miəŋ24
0870. 领 liəŋ53
0871. 井 tɕiəŋ53
0872. 清 tɕhiəŋ31
0873. 静 tɕiəŋ44
0874. 姓 ɕiəŋ44
0875. 贞 tʂẽ31

0876. 程 tʂhəŋ24
0877. 整 tʂəŋ53
0878. 正～反 tʂəŋ44
0879. 声 ʂəŋ31
0880. 城 tʂhəŋ24
0881. 轻 tɕhiəŋ31
0882. 赢 Øiəŋ24
0883. 积 tɕi31
0884. 惜 ɕi31
0885. 席 ɕi24
0886. 尺 tʂhʅ31
0887. 石 ʂʅ24
0888. 益 Øi31
0889. 瓶 phiəŋ24
0890. 钉名 tiəŋ31
0891. 顶 tiəŋ53
0892. 厅 thiəŋ31
0893. 听～见，注意声调 thiəŋ31
0894. 停 thiəŋ44
0895. 挺 thiəŋ53
0896. 定 tiəŋ44
0897. 零 liəŋ24
0898. 青 tɕhiəŋ31
0899. 星 ɕiəŋ31
0900. 经 tɕiəŋ31
0901. 形 ɕiəŋ24
0902. 壁 pi31
0903. 劈 phi53
0904. 踢 tɕhi31
0905. 笛 ti24
0906. 历农～li31
0907. 锡 ɕi31

0908. 击 tɕi31
0909. 吃 tʂʅ31
0910. 横 xuəŋ44（白）/xəŋ24（文）
0911. 划计～xua44
0912. 兄 ɕyəŋ31
0913. 荣 Øyəŋ24
0914. 永 Øyəŋ53
0915. 营 Øiəŋ24
0916. 蓬～松 phəŋ24
0917. 东 tuəŋ31
0918. 懂 tuəŋ53
0919. 冻 tuəŋ44
0920. 通 thuəŋ31
0921. 桶 注意声调 thuəŋ53
0922. 痛 thuəŋ44
0923. 铜 thuəŋ24
0924. 动 tuəŋ44
0925. 洞 tuəŋ44
0926. 聋 注意声调 luəŋ24
0927. 弄 注意声母 luəŋ44
0928. 粽 tsuəŋ53
0929. 葱 tshuəŋ31
0930. 送 suəŋ44
0931. 公 kuəŋ31
0932. 孔 khuəŋ53
0933. 烘～干 xuəŋ31
0934. 红 xuəŋ24
0935. 翁 Øuəŋ31
0936. 木 mu31
0937. 读 tu24
0938. 鹿 lu31
0939. 族 tsu24
0940. 谷稻～ku31
0941. 哭 khu31
0942. 屋 Øu31
0943. 冬～至 tuəŋ31
0944. 统 注意声调 thuəŋ53
0945. 脓 注意声调 ləŋ24
0946. 松～紧 suəŋ31
0947. 宋 suəŋ44
0948. 毒 tu24
0949. 风 fəŋ31
0950. 丰 fəŋ31
0951. 凤 fəŋ44
0952. 梦 məŋ44
0953. 中当～tʃuəŋ31
0954. 虫 tʃhuəŋ24
0955. 终 tʃuəŋ31
0956. 充 tʃhuəŋ53
0957. 宫 kuəŋ31
0958. 穷 tɕhyəŋ24
0959. 熊 注意声母 ɕyəŋ24
0960. 雄 注意声母 ɕyəŋ24
0961. 福 fu31
0962. 服 fu24
0963. 目 mu31
0964. 六 liou31
0965. 宿住～，～舍 ɕy31
0966. 竹 tʃu31
0967. 畜～生 ɕy31
0968. 缩 ʃuo31
0969. 粥（无）
0970. 叔 ʃu24
0971. 熟 ʃu24
0972. 肉 ʐou44
0973. 菊 tɕy31
0974. 育 Øy44
0975. 封 fəŋ31
0976. 蜂 fəŋ31
0977. 缝一条～fəŋ24①
0978. 浓 luəŋ24
0979. 龙 luəŋ24
0980. 松～树，注意声调 suəŋ31
0981. 重 轻～tʃuəŋ44
0982. 肿 tʃuəŋ53
0983. 种～树 tʃuəŋ44
0984. 冲 tʃhuəŋ31
0985. 恭 kuəŋ31
0986. 共 kuəŋ44
0987. 凶吉～ɕyəŋ31
0988. 拥 注意声调 Øyəŋ31
0989. 容 Øyəŋ24
0990. 用 Øyəŋ44
0991. 绿 ly31
0992. 足 tsu31
0993. 烛 tʃu31
0994. 赎 ʃu24
0995. 属 ʃu24/ʃu53
0996. 褥 ʐu31
0997. 曲～折，歌～tɕhy31
0998. 局 tɕy24
0999. 玉 Øy31
1000. 浴 Øy31

---

① 应为缝 [fəŋ44]。

第三章 词 汇

第一节 规定词汇

一、天文、地理

（一）天文

0001. 太阳～下山了　太阳 thæ44øiã0/
　　　日头 zๅ31thou0

0002. 月亮～出来了　月亮 øyo31liã0/
　　　光光 kuã24kuã0

0003. 星星　星星 ɕiəŋ53ɕiəŋ0/
　　　宿宿 ɕiou53ɕiou0

0004. 云　云 øyɛ̃24

0005. 风　风 fəŋ31

0006. 台风　无

0007. 闪电名词　闪电 ʂã53tiã44

0008. 雷　响雷 ɕiã53luei24/响呼噜
　　　ɕiã53xu31lu0/呼噜爷 xu31lu0øiɛ44

0009. 雨　雨 øy53

0010. 下雨　下雨 ɕia44øy53/天下呢
　　　thiã31ɕia44ni0/爷下呢
　　　øiɛ44ɕia44ni0

0011. 淋衣服被雨～湿了　淋 liɛ44

0012. 晒～粮食　晒 sæ44

0013. 雪　雪 ɕyo31

0014. 冰　冰 piəŋ31/冰棱 piəŋ31ləŋ0

0015. 冰雹　冷子 ləŋ53tsๅ0/瞎瞎雨
　　　xa31xa0øy53

0016. 霜　霜 ʂuɑ31

0017. 雾　雾 vu44

0018. 露　露水 lou44ʃuei0

0019. 虹统称　虹 tɕiã31

0020. 日食　日食 zๅ31ʂๅ0

0021. 月食　月食 øyo53ʂๅ0

0022. 天气　天气 thiã31tɕhi44

0023. 晴天～　晴 tɕhiəŋ24

0024. 阴天～　阴 øiɛ̃31

0025. 旱天～　旱 xã44

0026. 涝天～　涝 lɔ44

0027. 天亮　天明咧 thiã31miəŋ24liɛ0/
　　　天亮咧 thiã31liã44liɛ0

（二）地貌

0028. 水田　水浇地 ʃuei53tɕiɔ31ti44

0029. 旱地浇不上水的耕地　旱地 xã44ti44

0030. 田埂　塄 ləŋ24

0031. 路野外的　小路儿 ɕiɔ53luɚ53

0032. 山　山 sã31

0033. 山谷　山沟沟儿 sã24kou31kour24

0034. 江大的河　河 xuo24

0035. 溪小的河　河 xuo24

0036. 水沟儿较小的水道　水渠 ʃuei53tɕhy24

0037. 湖　河 xuo24

0038. 池塘　涝池 lɔ44tʃhʅ0

0039. 水坑儿地面上有积水的小洼儿　水坑儿 ʃuei53khə̃r24

0040. 洪水　洪水 xuəŋ44ʃuei53

0041. 淹被水～了　淹咧 niã31liɛ0

0042. 河岸　河岸 xuo24ŋã44

0043. 坝拦河修筑拦水的　无

0044. 地震　地震 tɕi44tʂɛ̃44/地动 tɕi44tuəŋ44

0045. 窟窿小的　窟窿眼睛 fu31nuəŋ0niã53tɕiɛ̃0/窟窿儿 fu53nə̃r24

0046. 缝儿统称　缝缝儿 fəŋ44fə̃r24

（三）物象

0047. 石头统称　石头 ʂʅ24thou0

0048. 土统称　土 thu53

0049. 泥湿的　泥 ni24

0050. 水泥旧称　水泥 ʃuei53ni24/洋灰 Øiɑŋ24xuei31

0051. 沙子　沙子 sa31tsʅ0

0052. 砖整块的　砖 tʃuã31/砖头儿 tʃuã31tour24

0053. 瓦整块的　瓦 Øua53

0054. 煤　炭 thã44/煤 mei24

0055. 煤油　煤油 mei24Øiou24

0056. 炭木炭　木炭 mu31thã44

0057. 灰烧成的　灰 xuei31

0058. 灰尘桌面上的　堂土 thã24thu0

0059. 火　火 xuo53

0060. 烟烧火形成的　烟 Øiã31

0061. 失火　着火咧 tʃhuo24xuo53liɛ0

0062. 水　水 ʃuei53

0063. 凉水　凉水 liã24ʃuei53

0064. 热水如洗脸的热水，不是指喝的开水　热水 zɤ31ʃuei53/温温儿水 Øuẽ53Øuẽr24ʃuei53/起生儿水 tɕhi31ʂə̃r24ʃuei53

0065. 开水喝的　开水 khæ31ʃuei53

0066. 磁铁　吸铁石 ɕi31tɕhiɛ31ʂʅ24

二、时间、方位

（一）时间

0067. 时候吃饭的～　时候 sʅ24xou0/时儿 sʅə̃r24

0068. 什么时候　啥时儿 sa44sʅə̃r24/啥时间 sa44sʅ24tɕiã31

0069. 现在　这会儿 tʂɤ44xueir53/壬个儿 zə̃r24kɤr0

0070. 以前十年～　前 tɕhiã24/原先 Øyã24ɕiã31/那一阵子 la44Øi31tʂɛ̃44tsʅ0

0071. 以后十年～　给后去 kei53xou44tɕhi0

0072. 一辈子　一辈子 Øi31pei44tsʅ0

0073. 今年　今年 tɕiɛ̃31niã24

0074. 明年　过年 kuo44niã24/明年 miəŋ24niã24

0075. 后年　后年 xou44niã24

0076. 去年　年时 niã24sʅ0
0077. 前年　前年 tɕhiã24niã24
0078. 往年过去的年份　以往 Øi53Øuã53
0079. 年初　年初 niã24tʃhu31
0080. 年底　年跟底儿 niã24kẽ31tir53/
腊月跟底儿 la31Øyo31kẽ31tir53/
年底 niã24ti53
0081. 今天　今儿 tɕier31
0082. 明天　明儿 miãr24
0083. 后天　后儿 xour53
0084. 大后天　外后儿 Øuæ44xour0
0085. 昨天　夜儿 Øiar53
0086. 前天　前儿 tɕhiãr24
0087. 大前天　大前儿 ta44tɕhiãr24
0088. 整天　成天 tʂhəŋ24thiã31/
一天天儿 Øi24thiã31thiãr24
0089. 每天　天天 thiã31thiã31
0090. 早晨　早起 tsɔ53tɕhi0/
早上 tsɔ53ʂã0
0091. 上午　晌午 ʂã31Øu0
0092. 中午　中午 tʃuəŋ310u53
0093. 下午　晃儿 xuãr53
0094. 傍晚　才黑 tshæ24xei31
0095. 白天　白天 pei24thiã31
0096. 夜晚与白天相对，统称　黑咧 xei53liɛ0
0097. 半夜　半晚晞 pã44Øuã53ɕi31/
半晚上 pã44Øuã53ʂã0/半夜 pã44Øiɛ44
0098. 正月农历　正月儿 tʂəŋ53Øyor0
0099. 大年初一农历　大年初一儿 ta44niã24tʃhu31Øir24
0100. 元宵节　过十五 kuo44ʂʅ24Øu53

0101. 清明　清明 tɕhiəŋ31miəŋ0
0102. 端午　五月端 Øu53Øyo24tuã31
0103. 七月十五农历，节日名　七月十五 tɕhi31Øyo31ʂʅ24Øu53
0104. 中秋　八月十五 pa31Øyo31ʂʅ24Øu53
0105. 冬至　冬至 tuəŋ31tʂʅ44
0106. 腊月农历十二月　腊月 la31Øyo31
0107. 除夕农历　三十晚 sã31ʂʅ24Øuã53
0108. 历书　历头 li31thou0
0109. 阴历　阴历 Øiɛ̃31li0
0110. 阳历　阳历 Øiã24li0
0111. 星期天　礼拜天 li53pæ0tiã31/
星期日 ɕiəŋ53tɕhi0zʅ31

（二）方位

0112. 地方　地方 ti44fã0
0113. 什么地方　啥地方 sa24ti44fã0
0114. 家里　屋 Øu53
0115. 城里　城里 tʂhəŋ24li53
0116. 乡下　农村 nuəŋ24tshuẽ31
0117. 上面从～滚下来　上头 ʂã44thou0
0118. 下面从～爬上去　下头 xa44thou0
0119. 左边　左帮 tsuo53pã0
0120. 右边　右帮 Øiou44pã0
0121. 中间排队排在～　当腰儿 tã31Øiɔr24/中间 tʃuəŋ24tɕiã31
0122. 前面排队排在～　前头 tɕhiã24thou0/头里 thou24Øi0/前面 tɕhiã24miã0
0123. 后面排队排在～　后头 xou44thou0/后面 xou44miã0
0124. 末尾排队排在～　后头头儿呢

xou44thou0thour24ni0

0125. 对面　对面儿 tuei44miãr53

0126. 面前　跟前 kẽ31tɕhiã0

0127. 背后　脊背后头
tɕi53pei44xɯ44thou0

0128. 里面躲在～　里弯 li53ɸuã0/里头 li53thou0

0129. 外面衣服晒在～　外头 ɸuæ44thou0

0130. 旁边　跟前 kẽ31tɕhiã0

0131. 上碗在桌子～　上头 ʂã44thou0

0132. 下凳子在桌子～　下头 xa44thou0

0133. 边儿桌子的～　边边儿 piã31piãr24

0134. 角儿桌子的～　角角儿 tɕyo31tɕyor24

0135. 上去他～了　上去 ʂã44tɕhi0

0136. 下来他～了　下来 xa44læ0

0137. 进去他～了　进去 tɕiẽ44tɕhi0

0138. 出来他～了　出来 tʃhu31læ0

0139. 出去他～了　出去 tʃhu31tɕhi0

0140. 回来他～了　回来 xuei24læ0

0141. 起来天冷～了　无

三、植物

（一）一般植物

0142. 树　树 ʃu44

0143. 木头　木头 mu31thou0

0144. 松树统称　松树 suəŋ31ʃu44

0145. 柏树统称　柏树 pei31ʃu44

0146. 杉树　水杉 ʃuei53sã31

0147. 柳树　柳树 liou53ʃu44

0148. 竹子统称　竹子 tʃu53tsʅ0

0149. 笋　笋 ʃuẽ53

0150. 叶子　叶子 ɸiɛ31tsʅ0/叶叶儿 ɸiɛ31ɸiɛr24

0151. 花　花 xua31

0152. 花蕾花骨朵儿　花骨朵儿 xua31ku31tur24

0153. 梅花　梅花 mei24xua31

0154. 牡丹　牡丹 mu53tã31

0155. 荷花　荷花 xuo24xua31/莲花 liã24xua31

0156. 草　草 tshɔ53/草草儿 tshɔ31tshɔr24

0157. 藤　蔓蔓儿 ɸuã44ɸuãr53

0158. 刺名词　枣枣 tsɔ53tsɔ24

0159. 水果　水果 ʃuei31kuo53

0160. 苹果　苹果 piəŋ24kuo53

0161. 桃子　桃 thɔ24

0162. 梨　梨 li24

0163. 李子　梅李儿 mei24lir24/李子 li31tsʅ0

0164. 杏　杏 xəŋ44

0165. 橘子　橘子 tɕy31tsʅ0

0166. 柚子　柚子 ɸiou24tsʅ0

0167. 柿子　柿子 sʅ44tsʅ0

0168. 石榴　石榴 ʂʅ24liou0

0169. 枣　枣儿 tsɔr53

0170. 栗子　毛栗儿 mɔ24lir24

0171. 核桃　核桃儿 xɯ24thɔr0

0172. 银杏白果　银杏 ɸiẽ24ɕiəŋ44

0173. 甘蔗　甘蔗 kã31tsɤ24

0174. 木耳　[木耳] muər31

0175. 蘑菇野生的　蘑菇 mo24ku31

0176. 香菇　香菇 ɕiã24ku31

321

（二）农作物

0177. 稻指植物　稻子 thɔ53tsʅ0

0178. 稻谷指籽实（脱粒后是大米）
　　　稻谷 thɔ53ku0

0179. 稻草脱粒后的　稻草 thɔ31tshɔ0

0180. 大麦指植物　大麦 ta44mei31

0181. 小麦指植物　麦 mei31/小麦 ɕiɔ53mei31

0182. 麦秸脱粒后的　麦草 mei31tshɔ0

0183. 谷子指植物（籽实脱粒后是小米）
　　　谷 ku31

0184. 高粱指植物　稻黍 thɔ31ʃu0

0185. 玉米指成株的植物　御麦 Øy44mei31

0186. 棉花指植物　棉花 miã24xua31

0187. 油菜油料作物，不是蔬菜　菜籽儿 tshæ44tsʅər53/蛮荆儿 mã24tɕiɛ̃r0

0188. 芝麻　芝麻 tsʅ31ma0

0189. 向日葵指植物　向日葵 ɕiã53Øər31khuei24/向葵 ɕiã53khuei24

0190. 蚕豆　大豆 təu44tou44

0191. 豌豆　豌豆 Øuã31tou0

0192. 花生指果实，注意婉称　豆角儿 tou44tɕyor24

0193. 黄豆　白豆子 pei24tou44tsʅ0/豆子 tou44tsʅ0/黄豆 xuã24tou0

0194. 绿豆　绿豆 liou53tou0

0195. 豇豆长条形的　豇豆 tɕiã31tou0

0196. 大白菜东北～　白菜 pei24tshæ0

0197. 包心菜卷心菜，圆白菜，球形的　莲花白 liã24xua31pei24

0198. 菠菜　菠菜 po31tshæ0/青菜 tɕhiəŋ31tshæ0

0199. 芹菜　芹菜 tɕhiɛ̃24tshæ0

0200. 莴笋　莴笋 Øuo31suɛ̃0

0201. 韭菜　韭菜 tɕiou53tshæ0

0202. 香菜芫荽　香菜 ɕiã31tshæ44/芫荽 Øiã24suei31

0203. 葱　葱 tshuəŋ31

0204. 蒜　蒜 suã44

0205. 姜　生姜 ʂəŋ31tɕiã31

0206. 洋葱　洋葱 Øiã24tshuəŋ31

0207. 辣椒统称　辣子 la31tsʅ0

0208. 茄子统称　茄子 tɕhiɛ24tsʅ0

0209. 西红柿　洋柿子 Øiã24sʅ44tsʅ0

0210. 萝卜统称　萝卜 luo24phu0

0211. 胡萝卜　红萝卜 xuəŋ24luo24phu0

0212. 黄瓜　黄瓜 xuã24kua31

0213. 丝瓜无棱的　丝瓜儿 sʅ31kuar24

0214. 南瓜扁圆形或梨形，成熟时呈赤褐色　番瓜 fã31kua31

0215. 荸荠　无

0216. 红薯统称　红芋 xuəŋ24Øy44

0217. 马铃薯　洋芋 Øiã24Øy44

0218. 芋头　无

0219. 山药圆柱形的　无

0220. 藕　莲菜 liã24tshæ0

四、动物

（一）一般动物

0221. 老虎　老虎 lɔ31xu0

0222. 猴子　猴 xou24

0223. 蛇统称　长虫 tʂhã24tʃhuəŋ0

0224. 老鼠家里的　老鼠 lɔ31ʃu0

0225. 蝙蝠　夜蝙虎 Øiɛ44piɔ31xu0

0226. 鸟儿飞鸟，统称　鸟儿 niɔr53／
雀雀儿 tɕhiɔr53tɕhiɔr24

0227. 麻雀　雀儿 tɕhiɔr53

0228. 喜鹊　野雀儿 Øiɛ53tɕhiɔr0

0229. 乌鸦　老鸹 lɔ53Øua31

0230. 鸽子　鹁鸽儿 pu24kɔr0

0231. 翅膀鸟的，统称　膀子 pã53tsɿ0

0232. 爪子鸟的，统称　爪爪儿 tʃua53tʃuar24

0233. 尾巴　尾巴 Øi53pa0

0234. 窝鸟的　窝 Øuo31

0235. 虫子统称　虫虫儿 tʃhuəŋ24tʃhuər24

0236. 蝴蝶统称　蛾儿 ŋɤr24

0237. 蜻蜓统称　蚂螂 ma24lã0

0238. 蜜蜂　蜜蜂 mi31fəŋ31

0239. 蜂蜜　蜂糖 fəŋ31thã0

0240. 知了统称　瓜知了 kua31tsɿ53lɔ0

0241. 蚂蚁　蚂蚁虫 ma31Øiɛ44tʃhuəŋ0

0242. 蚯蚓　蛐鳝 tɕhy31ʂã31

0243. 蚕　蚕儿 tshãr24

0244. 蜘蛛会结网的　蛛蛛 tʃu31tʃu0

0245. 蚊子统称　蚊子 Øuẽ24tsɿ0

0246. 苍蝇统称　苍蝇 tsã31Øiəŋ0／
蝇子 Øiəŋ24tsɿ0

0247. 跳蚤咬人的　虼蚤 kɯ31tsɔ31

0248. 虱子　虱 sei31

0249. 鱼　鱼 Øy24

0250. 鲤鱼　鲤鱼 li53Øy24

0251. 鳙鱼胖头鱼　无

0252. 鲫鱼　无

0253. 甲鱼　鳖 piɛ31

0254. 鳞鱼的　鳞 liɛ̃24

0255. 虾统称　虾 ɕia31

0256. 螃蟹统称　螃蟹 phã24ɕiɛ0／
螃虾 phã24ɕia31

0257. 青蛙统称　青蛙 tɕhiəŋ31Øua0

0258. 癞蛤蟆表皮多疙瘩　疥肚儿 tɕiɛ44tur24

（二）家畜、家禽

0259. 马　马 ma53

0260. 驴　驴 ly24

0261. 骡　骡子 luo24tsɿ0

0262. 牛　牛 niou24

0263. 公牛统称　犍牛 tɕiã31niou24

0264. 母牛统称　乳牛 ʐu53niou24

0265. 放牛　放牛 fã44niou24

0266. 羊　羊 Øiã24

0267. 猪　猪 tʃu31／唠唠 lɔ24lɔ0

0268. 种猪配种用的公猪　种公猪 tʃuəŋ53kuəŋ31tʃu31

0269. 公猪成年的，已阉的　牙猪 nia24tʃu31

0270. 母猪成年的，未阉的　豭 tsha24

0271. 猪崽　猪娃儿 tʃu31Øuar24

0272. 猪圈　猪圈 tʃu31tɕyã44

0273. 养猪　看猪 khã24tʃu31

0274. 猫　猫 mɔ24

0275. 公猫　郎猫 lã24mɔ0

0276. 母猫　咪猫 mi53mɔ0

0277. 狗统称　狗 kou53

0278. 公狗　牙狗 nia24kou0

0279. 母狗　母狗 mu31kou0

0280. 叫狗～ 狗叫呢 kou53tɕiɔ44ni0/
狗咬呢 kou53niɔ53ni0

0281. 兔子 兔 tʰu44

0282. 鸡 鸡 tɕi31

0283. 公鸡成年的，未阉的 公鸡 kuəŋ31tɕi31

0284. 母鸡已下过蛋的 母鸡 mu53tɕi31

0285. 叫公鸡～（打鸣儿） 叫鸣 tɕi44miəŋ24

0286. 下鸡～蛋 下（蛋） ɕia31（tã44）

0287. 孵～小鸡 菢 pʰu44

0288. 鸭 鸭子 Øia31tsɿ0

0289. 鹅 鹅 ŋɤ24

0290. 阉～公的猪 劁 tʰiɔ53

0291. 阉～母的猪 劁 tʰiɔ53

0292. 阉～鸡 无

0293. 喂～猪 喂 Øuei44

0294. 杀猪统称，注意婉称 杀猪 sa24tʃu31

0295. 杀～鱼 杀 sa31

五、房舍、器具

（一）房舍

0296. 村庄一个～ 庄子 tʃuã31tsɿ0/
堡子 pu53tsɿ0/村子 tshuɛ̃31tsɿ0/
寨子 tsæ44tsɿ0

0297. 胡同统称：一条～ 道道儿 tɔ44tɔr24

0298. 街道 街道 tɕiɛ31tɔ44

0299. 盖房子 盖房 kæ44fã24

0300. 房子整座的，不包括院子 房 fã24

0301. 屋子房子里分隔而成的，统称 房子 fã24tsɿ0

0302. 卧室 房子 fã24tsɿ0

0303. 茅屋茅草等盖的 草棚 tshɔ53pʰəŋ24

0304. 厨房 灶火儿 tsɔ44xuor24

0305. 灶统称 锅头 kuo31tʰou24

0306. 锅统称 锅 kuo31

0307. 饭锅煮饭的 饭锅 fã44kuo31

0308. 菜锅炒菜的 炒锅 tshɔ53kuo31

0309. 厕所旧式的，统称 茅子 mɔ24tsɿ0/后院儿 xou44Øyãr24

0310. 檩左右方向的 檩 liɛ̃53

0311. 柱子 柱子 tʃu44tsɿ0

0312. 大门 头门 tʰou24mɛ̃24

0313. 门槛儿 门槛儿 mɛ̃24kʰã0

0314. 窗旧式的 窗子 tʃuã53tsɿ0

0315. 梯子可移动的 梯子 tʰi31tsɿ0

0316. 扫帚统称 扫帚 sɔ44tʃu0

0317. 扫地 扫脚底 sɔ53tɕyo24ti0

0318. 垃圾 垃圾 la31tɕi31

（二）家具

0319. 家具统称 家具 tɕia31tɕy44

0320. 东西我的～ 东西 tuəŋ53ɕi0

0321. 炕土、砖砌的，睡觉用 炕 kʰã44

0322. 床木质的，睡觉用 床 tʃʰuã24

0323. 枕头 枕头 tʃɛ̃53tʰou0

0324. 被子 被儿 piər53

0325. 棉絮 套子 tʰɔ44tsɿ0

0326. 床单 单子 tã31tsɿ0

0327. 褥子 褥子 ʐu31tsɿ0

0328. 席子 席 ɕi24

0329. 蚊帐　蚊帐 Øuẽ24tʂã44

0330. 桌子统称　桌子 tʃuo31tsɿ0

0331. 柜子统称　柜 kuei44

0332. 抽屉桌子的　抽屉儿 tʂhou31thir24

0333. 案子长条形的　案子 ŋã44tsɿ0

0334. 椅子统称　椅子 Øi53tsɿ0

0335. 凳子统称　板凳儿 pã53tɤ̃r24

0336. 马桶有盖的　无

(三) 用具

0337. 菜刀　切菜刀 tɕhiɛ31tshæ44tɔ31/菜刀 tshæ44tɔ31

0338. 瓢舀水的　马勺 ma53çyo24

0339. 缸　瓮 Øuəŋ44

0340. 坛子装酒的~　坛坛儿 thã24thãr24

0341. 瓶子装酒的~　瓶子 phiəŋ24tsɿ0

0342. 盖子杯子的~　盖盖儿 kæ44kær24

0343. 碗统称　碗 Øuã31

0344. 筷子　筷子 khuæ44tsɿ0

0345. 汤匙　勺勺儿 çyo24çyor24

0346. 柴火统称　柴 tshæ24

0347. 火柴　火柴 xuo53tshæ24/洋火 Øiã24xuo53

0348. 锁　锁子 suo53tsɿ0

0349. 钥匙　钥匙 Øyo31sɿ0

0350. 暖水瓶　电壶 tiã44xu24

0351. 脸盆　脸盆儿 liã53phɛ̃r24

0352. 洗脸水　洗脸水 çi53liã53ʃuei53

0353. 毛巾洗脸用　手巾儿 ʂou53tɕiɛ̃r24/毛巾 mɔ24tɕiɛ31

0354. 手绢　手帕儿 ʂou53phar24

0355. 肥皂洗衣服用　肥皂 fei24tsɔ44/洋碱 Øiã24tɕiã53

0356. 梳子旧式的，不是篦子　木梳 mu53ʃu31

0357. 缝衣针　针 tʂɛ̃31

0358. 剪子　剪子 tɕiɛ53tsɿ0

0359. 蜡烛　洋蜡 Øiã24la31

0360. 手电筒　手电 ʂou53tiã44/手电筒 ʂou53tiã44thuəŋ53

0361. 雨伞挡雨的，统称　伞 sã53

0362. 自行车　自行车 tsɿ44çiəŋ24tʂɤ31

六、服饰、饮食

(一) 服饰

0363. 衣服统称　衣裳 Øi31ʂã0

0364. 穿~衣服　穿 tʃhuã31

0365. 脱~衣服　脱 thuo31

0366. 系~鞋带　绑 pã53

0367. 衬衫　布衫儿 pu44sãr24/衫子 sã31tsɿ0/衬衣 tshɛ̃44Øi31/衬衫 tshɛ̃44sã31

0368. 背心带两条杠的，内衣　筒筒儿 thuəŋ53thuə̃r24/背心儿 pei44xiɛ̃r24

0369. 毛衣　毛衣 mɔ24Øi31

0370. 棉衣　棉袄 miã24ŋɔ0/褂褂儿 kua44kuar24

0371. 袖子　袖子 çiou44tsɿ0

0372. 口袋衣服上的　口口儿 khou53khour24/插口儿 tsha31khour24

0373. 裤子　裤儿 fuər53

0374. 短裤外穿的　半截裤儿 pã44tɕiɛ24fuər53

0375. 裤腿　裤腿 fuər53thuei53

0376. 帽子统称　帽子 mɔ44tsʅ0

0377. 鞋子　鞋 xæ24

0378. 袜子　袜子 Øua31tsʅ0

0379. 围巾　围巾 Øuei24tɕiɛ̃31/
围脖儿 Øuei24por24

0380. 围裙　油裙儿 Øiou24tɕhyɛ̃r24

0381. 尿布　褯子 tɕhiɛ44tsʅ0

0382. 扣子　纽子 niou53tsʅ0

0383. 扣～扣子　扣 khou44

0384. 戒指　戒指 tɕiɛ44tsʅ0

0385. 手镯　镯儿 tsuor24

0386. 理发　推头 thuei31thou24/剃头 thi24thou24/理发 li53fa0

0387. 梳头　梳头 ʃu31thou24

（二）饮食

0388. 米饭　蒸饭 tʂəŋ31fã0

0389. 稀饭用米熬的，统称　米汤 mi53thã31

0390. 面粉麦子磨的，统称　麦面 mei31miã44

0391. 面条统称　面 miã44

0392. 面儿玉米～，辣椒～　面 miã44/面子 miã44tsʅ0

0393. 馒头无馅儿的，统称　馍 mo31

0394. 包子　包子 pɔ31tsʅ0

0395. 饺子　饺子 tɕiɔ53tsʅ0

0396. 馄饨　馄饨 xuɛ̃44tuɛ̃0

0397. 馅儿　馅子 ɕyã44tsʅ0

0398. 油条长条形的，旧称　油条 Øiou24tɕhiɔ24

0399. 豆浆　豆浆 tou44tɕiã31

0400. 豆腐脑儿　豆腐脑儿 tou44fu0lɔr53

0401. 元宵食品　元宵 Øyã24ɕiɔ31/汤圆儿 thã31Øyãr24

0402. 粽子　粽子 tsuəŋ44tsʅ0

0403. 年糕用黏性大的米或米粉做的　无

0404. 点心统称　点心 tiã53ɕiɛ̃0

0405. 菜吃饭时吃的，统称　菜 tshæ44

0406. 干菜统称　干菜 kã31tshæ44

0407. 豆腐　豆腐 tou44fu0

0408. 猪血当菜的　血板板 ɕiɛ31pã24pã0

0409. 猪蹄当菜的　猪蹄子 tʃu31thi24tsʅ0

0410. 猪舌头当菜的，注意婉称　口条 khou53thiɔ24

0411. 猪肝当菜的，注意婉称　肝子 kã31tsʅ0

0412. 下水猪、牛、羊的内脏　下水儿 ɕia44ʃueir24

0413. 鸡蛋　鸡蛋 tɕi31tã44

0414. 松花蛋　变蛋 piã44tã44

0415. 猪油　脂油 tsʅ31Øiou24

0416. 香油　香油 ɕiã31Øiou24

0417. 酱油　酱油儿 tɕiã44Øiour24

0418. 盐名词　盐 Øiã24

0419. 醋注意婉称　醋 tshu44

0420. 香烟　纸烟 tsʅ53Øiã31

0421. 旱烟　旱烟 xã44Øiã31

0422. 白酒　辣酒 la31tɕiou53/烧酒 ʂɔ31tɕiou53/白酒 pei24tɕiou53

0423. 黄酒　黄酒 xuã24tɕiou53

0424. 江米酒酒酿，醪糟　醪糟儿 lɔ24tsɔr24

0425. 茶叶　茶叶儿 tsha24Øiɛr24

0426. 沏 ~茶　泡茶 phɔ44tsha24
0427. 冰棍儿　冰棍儿 piəŋ31kuẽr53
0428. 做饭统称　做饭 tsou44fā44
0429. 炒菜统称，和做饭相对　爁菜 lā24tshæ44/炒菜 tshɔ53tshæ44
0430. 煮 ~带壳的鸡蛋　煮 tʃu53
0431. 煎 ~鸡蛋　摊 thã31
0432. 炸 ~油条　炸 tsa44
0433. 蒸 ~鱼　蒸 tʂəŋ31
0434. 揉 ~面做馒头等　揉 zou24
0435. 擀 ~面，~皮儿　擀 kā53
0436. 吃早饭　吃早起饭 thʂɿ31tsɔ53tɕhi0fā44
0437. 吃午饭　吃晌午饭 thʂɿ31ʂã31ʅu0fā44
0438. 吃晚饭　喝汤 xuo24thã31
0439. 吃 ~饭　吃 tʂɿ31
0440. 喝 ~酒　喝 xuo31
0441. 喝 ~茶　喝 xuo31
0442. 抽 ~烟　吃 tʂɿ31/抽 tshou31
0443. 盛 ~饭　舀 Øiɔ53
0444. 夹用筷子~菜　抄 tshɔ31/夹 tɕia31
0445. 斟 ~酒　倒 tɔ44
0446. 渴口~　渴 khɤ31
0447. 饿肚子~　饥 tɕi31/饿 ŋɤ44
0448. 噎吃饭~着了　噎 Øiɛ31

七、身体、医疗

（一）身体

0449. 头人的，统称　颡 sa24/大脑 tuo24lã0/头 thou24

0450. 头发　髦絞儿 mɔ44kãr24
0451. 辫子　髦辫子 mɔ44piā44tsɿ0/辫子 piā44tsɿ0
0452. 旋　旋儿 ɕyãr24
0453. 额头　额颅 ŋẽ31lou24
0454. 相貌　模样 mu24Øiã0
0455. 脸洗~　脸 liã53
0456. 眼睛　眼睛 niã53tɕiəŋ0
0457. 眼珠统称　眼睛豆豆 niã53tɕiəŋ0tou44tou0
0458. 眼泪哭的时候流出来的　眼泪 niã53luei0
0459. 眉毛　眉毛 mi24mɔ0
0460. 耳朵　耳朵 Øər53tuo0
0461. 鼻子　鼻子 pi24tsɿ0
0462. 鼻涕统称　流鼻 liou24pi24
0463. 擤 ~鼻涕　擤 ɕiəŋ53
0464. 嘴巴人的，统称　嘴巴 tsuei53pa0
0465. 嘴唇　嘴唇儿 tsuei5tʃuẽr24
0466. 口水 ~流出来　涎水 xã31ʃuei0
0467. 舌头　舌头 ʂɤ24thou0
0468. 牙齿　牙 nia24
0469. 下巴　下巴儿 xa44par24
0470. 胡子嘴周围的　胡子 xu24tsɿ0
0471. 脖子　脖项 po24xã0
0472. 喉咙　喉咙 xou24luəŋ0
0473. 肩膀　胛骨儿 tɕia31kuor24
0474. 胳膊　胳膊 kɯ31pho0
0475. 手方言指（打√）：只指手√；包括臂：他的~摔断了　手 ʂou53
0476. 左手　左手 tsuo53ʂou53
0477. 右手　右手 Øiou44ʂou53
0478. 拳头　锤头儿 tʃuei24thour24

0479. 手指　指头 tsʅ31thou0

0480. 大拇指　大门指头 ta44mɛ̃0tsʅ31tou0

0481. 食指　二门指头 Øər44mɛ̃3tsʅ31tou0

0482. 中指　中门指头 tʃuəŋ31mɛ̃0tsʅ31tou0

0483. 无名指　无名指 Øu24miəŋ24tsʅ31

0484. 小拇指　碎门指头 suei31mɛ̃0tsʅ31tou0

0485. 指甲　指甲 tsʅ31tɕia31

0486. 腿　腿 thuei53

0487. 脚方言指（打√）：只指脚√；包括小腿；包括小腿和大腿：他的～轧断了　脚 tɕyo31

0488. 膝盖指部位　膝楼盖儿 tɕhi31lou31kær53

0489. 背名词　脊背儿 tɕi31peir24

0490. 肚子腹部　肚子 tu44tsʅ0

0491. 肚脐　肚脐窝儿 tu44tɕi24Øuor31

0492. 乳房女性的　奶头 næ53thou0

0493. 屁股　沟蛋子 kou31tã44tsʅ0

0494. 肛门　沟门子 kou31mɛ̃24tsʅ0

0495. 阴茎成人的　屎 tɕhiou24

0496. 女阴成人的　屄 phi31

0497. 肏动词　合 Øer31

0498. 精液　□ suəŋ24

0499. 来月经注意婉称　身上来咧 sɛ̃31sã0læ24liɛ0

0500. 拉屎　屙屎 pa31sʅ53

0501. 撒尿　尿尿 niɔ44niɔ44

0502. 放屁　放屁 fã44phi44

0503. 相当于"他妈的"的口头禅 你个恶儿 ni53kuo0ŋɤr24/贼日的 tsei24zʅ31ti0

(二) 疾病、医疗

0504. 病了　病咧 piəŋ44liɛ0

0505. 着凉　受凉咧 ʂou44liã24liɛ0

0506. 咳嗽　咳嗽 khɯ31sou0

0507. 发烧　发烧 fa24ʃɔ31

0508. 发抖　打颤 ta53tʂã44

0509. 肚子疼　肚子疼 tu44tsʅ0thəŋ24

0510. 拉肚子　屙稀屎 pa53ɕi31sʅ0/拉稀屎 la24ɕi31sʅ0

0511. 患疟疾　打摆子 ta31pæ53tsʅ0

0512. 中暑　中暑 tʃuəŋ44ʃu53

0513. 肿　肿 tʃuəŋ53

0514. 化脓　淌脓呢 thã53nuəŋ24ni0

0515. 疤好了的　疤疤儿 pa31par24

0516. 癣　癣 ɕyã53

0517. 痣凸起的　痣 tsʅ44

0518. 疙瘩蚊子咬后形成的　疙瘩 kɯ31ta24

0519. 狐臭　臭胎 tʂhou44thæ31

0520. 看病　看病 khã44piəŋ44

0521. 诊脉　评脉 pei24mei31

0522. 针灸　扎针 tsa24tʂɛ̃31

0523. 打针　打针 ta53tʂɛ̃31

0524. 打吊针　打吊针 ta53tiɔ44tʂɛ̃31

0525. 吃药统称　吃药 tʂhʅ24Øyo31

0526. 汤药　汤药 thã31Øyo31

0527. 病轻了　病轻咧 piəŋ44tɕhiəŋ31liɛ0

八、婚丧、信仰

（一）婚育

0528. 说媒　说媒 ʃuo31mei24

0529. 媒人　媒人 mei24ʐɛ̃0

0530. 相亲　见面 tɕiã44miã44

0531. 订婚　定亲 tiəŋ44tɕiɛ̃31

0532. 嫁妆　陪房 phei24fã0

0533. 结婚统称　结婚 tɕiɛ24xuɛ̃31

0534. 娶妻子男子～，动宾　娶媳妇儿 tɕhy53ɕi31fur24

0535. 出嫁女子～　起发 tɕhi53fa31

0536. 拜堂　拜堂 pæ44thã24

0537. 新郎　新女婿 ɕiɛ̃31ny53ɕi0

0538. 新娘子　新媳妇儿 ɕiɛ̃24ɕi31fur0

0539. 孕妇　怀娃婆 xuæ24ɵua44pho0

0540. 怀孕　有啥 ɵiou53sa0

0541. 害喜妊娠反应　择饭 tsei24fã44

0542. 分娩　生娃 səŋ31ɵua44

0543. 流产　小月 ɕiɔ53ɵyo31

0544. 双胞胎　双生儿 suã44ʂə̃r31

0545. 坐月子　坐月子 tsuo44ɵyo31tsɿ0

0546. 吃奶　吃奶 tʂhɿ31læ53

0547. 断奶　摘奶 tsei24læ53

0548. 满月　满月 mã53ɵyo31

0549. 生日统称　过生儿 kuo44sə̃r31

0550. 做寿　做生儿 tsuo44sə̃r31

（二）丧葬

0551. 死统称　死 sɿ53

0552. 死婉称，最常用的几种，指老人：他～了　殁咧 mo31liɛ0

0553. 自杀　自尽 tsɿ44tɕiɛ44

0554. 咽气　断气 tuã44tɕhi44

0555. 入殓　入殓 ʐu31liã44

0556. 棺材　棺材 kuã31tshæ0/棺板 kuã31pã53/棺子 kuã31tsɿ0

0557. 出殡　起丧 tɕhi53sã31

0558. 灵位　牌位儿 phæ24ɵueir53

0559. 坟墓单个的，老人的　墓子 mu44tsɿ0

0560. 上坟　上坟 ʂã44fɛ̃24

0561. 纸钱　烧纸 ʂɔ31tsɿ53

（三）信仰

0562. 老天爷　老天爷 lɔ53thiã31ɵiɛ44

0563. 菩萨统称　菩萨 phu24sa0

0564. 观音　观音菩萨 kuã31ɵiɛ̃31phu24sa0

0565. 灶神口头的叫法，其中如有方言亲属称谓要释义　灶爷 tsɔ44ɵiɛ0/灶婆 tsɔ44pho24

0566. 寺庙　庙 miɔ44

0567. 祠堂　祠堂 tshɿ24thã0

0568. 和尚　和尚 xuo24ʂã0

0569. 尼姑　尼姑 ni24ku0

0570. 道士　道人 tɔ44ʐɛ̃0

0571. 算命统称　算卦 suã44kua44

0572. 运气　运气 ɵyɛ̃44tɕhi0

0573. 保佑　保佑 pɔ53ɵiou44

九、人品、称谓

（一）人品

0574. 人一个～　人 ʐɛ̃24

0575. 男人成年的，统称　男人 lã24ʐɛ̃24

0576. 女人三四十岁已婚的，统称 ［屋里］家 ʮuei31tɕia31

0577. 单身汉　单身汉 tã53ʂɛ̃31xã0

0578. 老姑娘　老姑娘 lɔ31ku31niã0

0579. 婴儿　月亮娃儿 ʮyo31liã00uar24

0580. 小孩儿三四岁的，统称 碎娃 suei44ʮua44

0581. 男孩儿统称：外面有个～在哭 男娃 læ24ʮua44

0582. 女孩儿统称：外面有个～在哭 女娃 ny53ʮua44

0583. 老人七八十岁的，统称 老人 lɔ53zɤ̃24

0584. 亲戚统称　亲亲 tɕhiɛ̃31tɕhiɛ̃0

0585. 朋友统称　朋友 phəŋ24ʮiou0

0586. 邻居统称　邻家 liɛ̃24tɕia31

0587. 客人　客 kei31

0588. 农民　庄稼汉 tʃuã53tɕia31xã0

0589. 商人　做生意的 tsou44ʂəŋ31ʮi0ti0

0590. 手艺人统称　匠人 tɕiã44zɤ̃0

0591. 泥水匠　匠人 tɕiã44zɤ̃0

0592. 木匠　木匠 mu31tɕiã0

0593. 裁缝　裁缝 tshæ24fəŋ0

0594. 理发师　待张 tæ44tʂã31/剃头的 tɕhi24thou24ti0

0595. 厨师　厨子 tʃhu24tsɿ0

0596. 师傅　师傅 sɿ31fu0

0597. 徒弟　徒弟 tu24ti0

0598. 乞丐统称，非贬称（无统称则记成年男的） 叫花儿 tɕiɔ44xuar24/要着吃的 ʮiɔ44tʂɤ0tʂhɿ31ti0

0599. 妓女　鸡 tɕi31

0600. 流氓　流氓 liou24mã24

0601. 贼　贼 tsei24/贼娃儿 tsei24ʮuar24

0602. 瞎子统称，非贬称（无统称则记成年男的） 瞎子 xa31tsɿ0

0603. 聋子统称，非贬称（无统称则记成年男的） 聋子 luəŋ24tsɿ0

0604. 哑巴统称，非贬称（无统称则记成年男的） 哑巴 nia53pa0

0605. 驼子统称，非贬称（无统称则记成年男的） 驼背 thuo24pei44/揹锅儿 pei31kuor24

0606. 瘸子统称，非贬称（无统称则记成年男的） 跛子 po53tsɿ0

0607. 疯子统称，非贬称（无统称则记成年男的） 疯子 fəŋ31tsɿ0

0608. 傻子统称，非贬称（无统称则记成年男的） 瓜子 kua31tsɿ0

0609. 笨蛋蠢的人 笨□ pɛ̃44suəŋ24

（二）称谓

0610. 爷爷呼称，最通用的 爷 ʮiɛ44

0611. 奶奶呼称，最通用的 婆 pho44

0612. 外祖父叙称　外家爷 ʮuei44tɕia31ʮiɛ44/外爷 ʮuei44ʮiɛ44

0613. 外祖母叙称　外婆 ʮuei44pho44

0614. 父母合称　我爸我妈 ŋɤ31pa44ŋɤ31ma24

0615. 父亲叙称　我大 ŋɤ31ta24/我爹 ŋɤ31tiɛ24/我爸 ŋɤ53pa44

0616. 母亲叙称　我妈 ŋɤ31ma24

0617. 爸爸呼称，最通用的 大喔 ta24ʮuo31/爹喔 tiɛ24ʮuo31/爸喔 pa44ʮuo31

0618. 妈妈呼称，最通用的　妈喔 ma24Øuo31

0619. 继父叙称　爸 pa44

0620. 继母叙称　娘 niã24

0621. 岳父叙称　丈人爸 tʂã44zɤ̃0pa44／丈母爸 tʂã44mu31pa44／丈母叔 tʂã44mu31ʃu24

0622. 岳母叙称　丈母娘 tʂã44mu31niã44

0623. 公公叙称　阿公 Øa31kuəŋ0

0624. 婆婆叙称　婆子 pho24tsɤ0

0625. 伯父呼称，统称　伯 pei24

0626. 伯母呼称，统称　老妈 lɔ53ma24

0627. 叔父呼称，统称　爸 pa44

0628. 叔父呼称，排行最小的，如"幺叔"　碎爸 suei44pa44

0629. 叔母呼称，统称　娘 niã44

0630. 姑呼称，统称（无统称则记分称：比父大，比父小；已婚，未婚）　姑妈 ku31ma24 比父大／姑 ku24 比父小

0631. 姑父呼称，统称　姑父 ku31fu0

0632. 舅舅呼称　舅 tɕiou44

0633. 舅妈呼称　妗妗 tɕiẽ44tɕiẽ44

0634. 姨呼称，统称（无统称则记分称：比母大，比母小；已婚，未婚）　姨妈 Øi44ma24 比母大／姨 Øi44 比母小

0635. 姨父呼称，统称　姨夫 Øi44fu0

0636. 弟兄合称　兄弟们 ti44çyəŋ0mẽ0

0637. 姊妹合称，注明是否可包括男性　姊儿妹 包括男性 tsɤ53mei0

0638. 哥哥呼称，统称　哥 kɤ24

0639. 嫂子呼称，统称　嫂 sɔ53

0640. 弟弟叙称　兄弟 çyəŋ31ti0／老二 lɔ53θeɤr44

0641. 弟媳叙称　兄弟媳妇儿 çyəŋ31ti24çi31furˠ0

0642. 姐姐呼称，统称　姐 tɕiɛ53

0643. 姐夫呼称　哥 kɤ24

0644. 妹妹叙称　妹子 mei44tsɤ0

0645. 妹夫叙称　妹夫 mei44fu0

0646. 堂兄弟叙称，统称　堂兄 thã24çyəŋ31

0647. 表兄弟叙称，统称　表兄 piɔ53çyəŋ31

0648. 妯娌弟兄妻子的合称　先后 xiã31xuo44

0649. 连襟姊妹丈夫的关系，叙称　挑担 tɕhiɔ53tã31／一担 Øi31tã44／担子 tã44tsɤ0

0650. 儿子叙称：我的～　娃 Øua44

0651. 儿媳妇叙称：我的～　儿媳妇儿 Øər24çi31furˠ0

0652. 女儿叙称：我的～　女子 ny53tsɤ0

0653. 女婿叙称：我的～　女婿 ny53çi0

0654. 孙子儿子之子　孙子 suɛ31tsɤ0

0655. 重孙子儿子之孙　重孙儿 tʃhuəŋ24suɛ̃r24

0656. 侄子弟兄之子　侄儿 tsɿ24Øer0

0657. 外甥姐妹之子　外甥 Øuæ44səŋ0

0658. 外孙女儿之子　外孙儿 Øuei44suɛ̃r31

0659. 夫妻合称　两口儿 liã31khour24

0660. 丈夫叙称，最通用的，非贬称：她的～　男人 lã24zɤ̃0／外头人 Øuei44thou0zɤ̃24／我家人 ŋɤ31tɕia31zɤ̃24／娃他爸

Øua44tha31pa44

0661. 妻子叙称，最通用的，非贬称：他的～　老婆儿 lɔ53por24/掌柜的 tʂã53kuei44ti0/娃他妈 Øua44tha31ma24/我［屋里］家 ŋɤ24Øuei31tɕia31

0662. 名字　名字 miəŋ24tsʅ0

0663. 绰号　外号儿 Øuæ44xɔr53

十、农、工、商、文

（一）农业

0664. 干活儿统称：在地里～　做活儿 tsuo44xuor24

0665. 事情一件～　事情 sʅ44tɕhiəŋ0/事儿 sʅər53

0666. 插秧　无

0667. 割稻　无

0668. 种菜　种菜 tʃhuəŋ44tshæ44

0669. 犁名词　犁 li24

0670. 锄头　锄 tʃhu24

0671. 镰刀　镰 liã24

0672. 把儿刀～　把把儿 pa44par24

0673. 扁担　扁担 piã53tã44

0674. 箩筐　筐子 khuã53tsʅ0

0675. 筛子统称　筛子 sæ53tsʅ0

0676. 簸箕农具，有梁的　搓搓儿 tshuo31tshuor24/搓兜儿 tshuo31tour24

0677. 簸箕簸米用　簸箕 po44tɕi0

0678. 独轮车　推车儿 thuei53tʂʅr24

0679. 轮子旧式的，如独轮车上的　车轱辘 tʂhɤ31ku24luɛ̃0

0680. 碓整体　碓窝儿 tɕiaŋ31Øuor24

0681. 臼　碓窝儿 tɕiaŋ31Øuor24

0682. 磨名词　石磨子 ʂʅ24mo44tsʅ0

0683. 年成　光景 kuã31tɕiəŋ0/收成 ʂou31tʂhəŋ0

（二）工商业

0684. 走江湖统称　走江湖的 tsou53tɕiã53xu0ti0

0685. 打工　拉长工 la31tʂhã24kuəŋ31/打短工 ta53tuã53kuəŋ31/打工 ta53kuəŋ31

0686. 斧子　斧头 fu53thou0

0687. 钳子　钳子 tɕhiã24tsʅ0

0688. 螺丝刀　起子 tɕhi53tsʅ0

0689. 锤子　锤锤儿 tʃhuei24tʃhueir24

0690. 钉子　钉钉儿 tiəŋ31tiə̃r24

0691. 绳子　大绳 ta44ʂəŋ24/井绳 tɕiəŋ53ʂəŋ24/粗绳 tshu31ʂəŋ24/绳绳儿 ʂəŋ24ʂə̃r24/线线儿 ɕiã44ɕiãr53

0692. 棍子　杠子 kã44tsʅ0/棍 kuɛ̃44/棍棍儿 kuɛ̃44kuɛ̃r24/杆杆儿 kã53kãr24/棒棒儿 pã44pãr24

0693. 做买卖　做买卖 tsou44mæ31mæ0/做生意 tsou44səŋ31Øi0

0694. 商店　铺子 phu44tsʅ0/小卖部 ɕiɔ53mæ44pu44/商店 ʂã31tiã44

0695. 饭馆　食堂 ʂʅ24thã24/饭馆 fã44kuã53/饭店 fã44tiã44

0696. 旅馆旧称　店 tiã44

0697. 贵　贵 kuei44

0698. 便宜　便宜 phiã24Øi31/贱 tɕiã44

0699. 合算　合算 xuo24ʃuā44/划算 xua24ʃuā0/划着 xua24tʃhuo0

0700. 折扣　折扣 tsɤ31khou44

0701. 亏本　亏唡 kuei31liɛ0/赔唡 pei24liɛ0/折唡 ʂɤ24liɛ0

0702. 钱统称　钱 tɕhiã24

0703. 零钱　零钱 liəŋ24tɕhiã24

0704. 硬币　分分洋 fɛ̃31fɛ̃0ØiÃ24

0705. 本钱　本钱 pẽ53tɕhiã0

0706. 工钱　工钱 kuəŋ31tɕhiã0

0707. 路费　路费 lu44fei44/盘缠 pā24tʂhā0

0708. 花～钱　花 xua31

0709. 赚卖一斤能～一毛钱　长 tʂhã24/挣 tsəŋ44/赚 tʃuā44

0710. 挣打工～了一千块钱　挣 tsəŋ44

0711. 欠～他十块钱　争 tsəŋ31/该 kæ31/短 tuā53/欠 tɕhiã44

0712. 算盘　盘子 phā24tsɿ0

0713. 秤统称　秤 tʂhəŋ44

0714. 称用秤～　称 tʂhəŋ31/觜 tsɿ44

0715. 赶集　跟会 kɛ̃31xuei44

0716. 集市　集 tɕi24

0717. 庙会　庙会 miɔ44xuei44

（三）文化、娱乐

0718. 学校　书房 ʃu31fã0/学校 ɕyo24ɕiɔ44

0719. 教室　教室 tɕiɔ44ʂʅ0

0720. 上学　上学 ʂã44ɕyo24/念书 niã44ʃu31

0721. 放学　下学 xa44ɕyo24/放学 fã44ɕyo24

0722. 考试　考试 kɔ53sɿ44

0723. 书包　书包 ʃu24pɔ31

0724. 本子　本本儿 pẽ53pẽr24

0725. 铅笔　铅笔 tɕhiã24pi31

0726. 钢笔　水笔 ʃuei53pi31

0727. 圆珠笔　原子笔 Øyã24tsɿ53pi31

0728. 毛笔　毛笔 mɔ24pi31/大字笔 ta44tsɿ44pi31/小字笔 ɕiɔ53tsɿ44pi31

0729. 墨　墨 mei24/墨汁 mei24tsʅ31

0730. 砚台　砚瓦 Øiã44Øua31

0731. 信一封～　信 ɕiẽ44

0732. 连环画　娃娃书 Øua24ua24ʃu31

0733. 捉迷藏　藏猫儿 tɕhiã24miɔr24

0734. 跳绳　跳绳 thiɔ44ʂəŋ24

0735. 毽子　（踢）毽子（thi31）tɕiã44tsɿ0

0736. 风筝　风筝儿 fəŋ31tsɤr0

0737. 舞狮　耍狮子 ʃua53sɿ31tsɿ0

0738. 鞭炮统称　炮 phɔ44

0739. 唱歌　唱歌 tʂhã44kɤ31

0740. 演戏　唱戏 tʂhã44ɕi44

0741. 锣鼓统称　家伙 tɕia53xuo0

0742. 二胡　胡胡儿 xu31xur24

0743. 笛子　笛 ti24

0744. 划拳　划拳 xua24tɕhyã24

0745. 下棋　下棋 ɕia44tɕhi24

0746. 打扑克　耍牌 ʃua53pæ24

0747. 打麻将　打麻将 ta53ma24tɕiã44

0748. 变魔术　耍把戏 ʃua53pa53ɕi0

0749. 讲故事　讲故事 tɕiã53ku44sɿ44

0750. 猜谜语　猜谜语 tʂhæ31mi24Øy53

0751. 玩儿游玩：到城里～　耍 ʃua53/

逛 kuã44

0752. 串门儿　串门子 tʃhuã44mɛ̃24tsʅ0

0753. 走亲戚　走亲亲 tsou53tɕhiɛ̃31tɕhiɛ̃0

十一、动作、行为

（一）具体动作

0754. 看　~电视　看 kã44

0755. 听用耳朵~　听 thiəŋ31

0756. 闻嗅：用鼻子~　闻 Øuɛ̃24

0757. 吸　~气　吸 ɕi31

0758. 睁　~眼　睁 tsəŋ31

0759. 闭　~眼　闭 pi44/合 xuo24/挤 tɕi53

0760. 眨　~眼　眨 tsã53

0761. 张　~嘴　张 tʂã31

0762. 闭　~嘴　闭 pi44/眯 mi24

0763. 咬狗~人　咬 niɔ53

0764. 嚼把肉~碎　嚼 tɕiɔ24

0765. 咽　~下去　咽 Øiã44

0766. 舔人用舌头~　舔 thiã53

0767. 含　~在嘴里　嘁 tɕhiɛ̃24

0768. 亲嘴　绑 pã53

0769. 吮吸用嘴唇聚拢吸取液体，如吃奶时　咂 tsa24

0770. 吐上声，把果核儿~掉　唾 thuo44

0771. 吐去声，呕吐：喝酒喝~了　吐 thu53

0772. 打喷嚏　打喷嚏 ta53pɛ̃44tɕhi0

0773. 拿用手把苹果~过来　拿 la24/取 tɕhy53/揎 xã53

0774. 给他~我一个苹果　给 kei44

0775. 摸　~头　摸 mo31/揣 tʃhuæ53/摸揣 mo31tʃhuæ0

0776. 伸　~手　抻 tʂhɛ̃31

0777. 挠　~痒痒　挖 Øua31

0778. 掐用拇指和食指的指甲~皮肉　掐 tɕhia31

0779. 拧　~螺丝　拧 niəŋ24/上 ʂã44

0780. 拧　~毛巾　□ tsou53

0781. 捻用拇指和食指来回~碎　撮 tshuo31

0782. 掰把橘子~开，把馒头~开　掰 pei31

0783. 剥　~花生　剥 pɔ31

0784. 撕把纸~了　扯 tʂhɤ53

0785. 折把树枝~断　折 tʂɤ24

0786. 拔　~萝卜　拔 pa24

0787. 摘　~花　折 tʂɤ53

0788. 站站立：~起来　立 li31

0789. 倚斜靠：~在墙上　贴 tɕhiɛ31/靠 khɔ31

0790. 蹲　~下　蹴 tɕhiou44

0791. 坐　~下　坐 tsuo24

0792. 跳青蛙~起来　跳 tɕhiɔ24/蹦 pəŋ44

0793. 迈跨过高物：从门槛上~过去　跷 tɕhiɔ31/跨 khua53

0794. 踩脚~在牛粪上　蹴 tɕhiɔ44

0795. 翘　~腿　翘 tɕhiɔ44

0796. 弯　~腰　猫 mɔ24

0797. 挺　~胸　挺 thiəŋ53

0798. 趴　~着睡　趴 pha24

0799. 爬小孩儿在地上~　爬 pha24

0800. 走慢慢儿~　走 tsou53

0801. 跑慢慢儿走，别～ 跑phɔ53
0802. 逃逃跑：小偷儿～走了 跑phɔ53/溜liou44
0803. 追追赶：～小偷儿 撵niã53
0804. 抓～小偷儿 逮tæ31
0805. 抱把小孩儿～在怀里 搭tɕia44
0806. 背～孩子 背pei31
0807. 搀～老人 搀tshã31/扶fu24
0808. 推几个人一起～汽车 掀ɕiã31/推thuei31
0809. 摔跌：小孩儿～倒 跸pã44
0810. 撞人～到电线杆 碰phəŋ31/对tuei24
0811. 挡你～住我了，我看不见 嚓tsha31
0812. 躲躲藏：他～在床底下 藏下咧 tɕhiã24xa0liɛ0
0813. 藏藏放，收藏：钱～在枕头下面 抬thæ24/藏tɕhiã24
0814. 放把碗～在桌子上 搁kɤ44
0815. 摞把砖～起来 摞luo44
0816. 埋～在地下 埋mæ24
0817. 盖把茶杯～上 盖kæ44
0818. 压用石头～住 压nia44
0819. 摁用手指按：～图钉 压nia44
0820. 捅用棍子～鸟窝 捅thuəŋ53/戳tʃhuo31
0821. 插把香～到香炉里 插tsha31
0822. 戳～个洞 戳tʃhuo31/剜ʔuã31
0823. 砍～树 砍khã53/剁tuo44/伐fa24
0824. 剁把肉～碎做馅儿 斫tsa53
0825. 削～苹果 削ɕiɔ31

0826. 裂木板～开了 绽tsã31/裂liɛ31
0827. 皱皮～起来 皱tsou44
0828. 腐烂死鱼～了 臭tʂhou44
0829. 擦用毛巾～手 擦tsha31
0830. 倒把碗里的剩饭～掉 倒tɔ44
0831. 扔丢弃：这个东西坏了，～了它 撂liɔ44/撇phiɛ31/扔ʔər53
0832. 扔投掷：比一比谁～得远 撇phiɛ31/撂liɔ44
0833. 掉掉落，坠落：树上～下一个梨 跌tiɛ31
0834. 滴水～下来 滴tiɛ31
0835. 丢丢失：钥匙～了 丢tiou31/遗ʔi24
0836. 找寻找：钥匙～到了 寻ɕiəŋ24
0837. 捡～到十块钱 拾ʂʅ24
0838. 提用手把篮子～起来 提tɕhi24
0839. 挑～担 担tã31
0840. 扛把锄头～在肩上 捐tɕhiã24
0841. 抬～轿 抬thæ24
0842. 举～旗子 举tɕy53
0843. 撑～伞 打ta53
0844. 撬把门～开 抬thæ24/撬tɕhiã44
0845. 挑挑选，选择：你自己～一个 拣tɕiã53/挑thiɔ31
0846. 收拾～东西 拾掇ʂʅ24tuo0/收拾ʂou31ʂʅ0
0847. 挽～袖子 摒piã53
0848. 涮把杯子～一下 涮ʃuã44
0849. 洗～衣服 洗ɕi53
0850. 捞～鱼 搭ta31
0851. 拴～牛 拴ʃuã31
0852. 捆～起来 绑pã53

0853. 解～绳子　解 tɕiɛ53

0854. 挪～桌子　挪 luo24

0855. 端～碗　端 tuã31

0856. 摔碗～碎了　跸 pæ44/摔 ʃuei31/
打 ta53

0857. 掺～水　掺 tshã31/兑 tuei44

0858. 烧～柴　烧 ʂɔ31

0859. 拆～房子　拆 tshei31

0860. 转～圈儿　转 tʃuã44

0861. 捶用拳头～　捶 tʃhuei24/砘 tuɛ̃44

0862. 打统称:他～了我一下　打 ta53

0863. 打架动手:两个人在～　打捶
ta53tʃhuei24

0864. 休息　歇 ɕiɛ31

0865. 打哈欠　打昏习 ta31xuɛ̃31ɕi0

0866. 打瞌睡　丢盹 tiou31tuɛ̃53

0867. 睡他已经～了　睡下咧
ʃuei44xa0liɛ0

0868. 打呼噜　扯酣睡 tʂɿ53xã44ʃuei0/
打呼噜 ta53xu31lu0

0869. 做梦　做梦 tsou44məŋ44/做睡梦
tsou31ʃuei44məŋ0

0870. 起床　起来 tɕhiɛ53læ0

0871. 刷牙　刷牙 ʃua31nia24

0872. 洗澡　洗澡 ɕi53tsɔ53

(二) 抽象动作

0873. 想思索:让我～一下　思量
sɿ31liã0/想 ɕiã53

0874. 想想念:我很～他　心慌
ɕiɛ24xuã31

0875. 打算我～开个店　打算 ta53ʃuã0/
谋 mei24

0876. 记得　记得［起来］
tɕi44tei0tɕhiɛ53

0877. 忘记　忘 Øuã44

0878. 怕害怕:你别～　害怕
xæ44pha44/怕 pha44/怯火儿
tɕhiɛ31xuor24

0879. 相信我～你　相信 ɕiã31ɕiɛ̃44

0880. 发愁　愁 tshou24

0881. 小心过马路要～　操心
tshɔ24ɕiɛ31/小心 ɕiɔ53ɕiɛ31

0882. 喜欢～看电视　爱 ŋæ44

0883. 讨厌～这个人　恶□ Øu24su0

0884. 舒服凉风吹来很～　善活
tshã53xuo0/舒服 ʃu31fu0

0885. 难受生理的　不自在
pu31tsɿ44tsæ0/不嵌活
pu31tɕhiã44xuo0

0886. 难过心理的　心难过
ɕiɛ31nã24kuo31

0887. 高兴　高兴 kɔ31ɕiəŋ44

0888. 生气　着气 tʃhuo24tɕhi44

0889. 责怪　怪 kuæ31/埋怨
mæ24Øyã44

0890. 后悔　后悔 xou44xuei0

0891. 忌妒　眼红 niã53xuəŋ24

0892. 害羞　□ ʃuɛ̃24

0893. 丢脸　丢人丧德
tiou31zɛ̃24sã44tei31

0894. 欺负　欺负 tɕhi31fu0

0895. 装～病　装 tʃuã31

0896. 疼～小孩儿　心疼 ɕiɛ31thəŋ24/
爱 ŋæ44

0897. 要我～这个　要 Øiɔ44

0898. 有我～一个孩子　有 Øiou53
0899. 没有他～孩子　没有 mo31Øiou53
0900. 是我～老师　是 sɿ44
0901. 不是他～老师　不是 pu31sɿ44
0902. 在他～家　到 tɔ44
0903. 不在他～家　没到 mo31tɔ44
0904. 知道我～这件事　知道 tʂɿ31tɔ0
0905. 不知道我～这件事　知不道 tʂɿ31pu0tɔ44
0906. 懂我～英语　会 xuei44
0907. 不懂我～英语　不会 pu31xuei44
0908. 会我～开车　会 xuei44
0909. 不会我～开车　不会 pu31xuei44
0910. 认识我～他　认得 zɤ̃44tei0
0911. 不认识我～他　认不得 zɤ̃44pu0tei44
0912. 行应答语　能行 nəŋ24ɕiəŋ24
0913. 不行应答语　不行 pu31ɕiəŋ24
0914. 肯～来　想 ɕiã53
0915. 应该～去　该 kæ31/应该 Øiəŋ24kæ31
0916. 可以～去　能 nəŋ24

（三）言语

0917. 说～话　说 ʂɤ31
0918. 话说～　话 xua44
0919. 聊天儿　谝闲传 piã53xã24tʃhuã24
0920. 叫～他一声儿　叫 tɕiɔ44
0921. 吆喝大声喊　呐喊 la31xã53
0922. 哭小孩儿～　哭 fu31
0923. 骂当面～人　诉说 su44ʂɤ31
0924. 吵架动嘴：两个人在～　骂仗 ma44tʂã44

0925. 骗～人　哄 xuəŋ53/骗 phiã44/日弄 zʐ31nuəŋ0
0926. 哄～小孩儿　哄 xuəŋ53
0927. 撒谎　搔怪 tsɔ31kuæ44
0928. 吹牛　吹牛皮 tʃhuei31niou24phi0
0929. 拍马屁　拍马屁 phei31ma53phi44/舔钩子 thiã53kou31tsɿ0
0930. 开玩笑　耍笑 ʃua53ɕiɔ44
0931. 告诉～他　给……说 kei53…ʂɤ31
0932. 谢谢致谢语　给我帮了忙咧 kei44ŋɤ53pã31liɛ0mã24liɛ0
0933. 对不起致歉语　对不住咧 tuei44pu31tʃu44liɛ0
0934. 再见告别语　走咧 tsou53liɛ0

十二、性质、状态

（一）形貌

0935. 大苹果～　大 ta44
0936. 小苹果～　碎 suei44
0937. 粗绳子～　壮 tʃuã44
0938. 细绳子～　细 ɕi44
0939. 长线～　长 tʂhã24
0940. 短线～　短 tuã53
0941. 长时间～　长 tʂhã24
0942. 短时间～　短 tuã53
0943. 宽路～　宽 khuã31
0944. 宽敞房子～　宽敞 khuã31tʂhã53
0945. 窄路～　窄 tsei31
0946. 高飞机飞得～　高 kɔ31
0947. 低鸟飞得～　低 ti31

0948. 高 他比我~　　高 kɔ31
0949. 矮 他比我~　　低 ti31
0950. 远 路~　　远 Øyã53
0951. 近 路~　　近 tɕiẽ44/捷 tɕiɛ24
0952. 深 水~　　深 ʂẽ31
0953. 浅 水~　　浅 tɕhiã53
0954. 清 水~　　清 tɕhiəŋ31
0955. 浑 水~　　浑 xuẽ44
0956. 圆　　圆 Øyã24
0957. 扁　　扁 piã53
0958. 方　　方 fã31
0959. 尖　　尖 tɕiẽ31
0960. 平　　平 phiəŋ24
0961. 肥 ~肉　　肥 fei24
0962. 瘦 ~肉　　瘦 sou44
0963. 肥 形容猪等动物　　肥 fei24
0964. 胖 形容人　　胖 phã44
0965. 瘦 形容人、动物　　瘦 sou44
0966. 黑 黑板的颜色　　黑 xei31
0967. 白 雪的颜色　　白 pei24
0968. 红 国旗的主颜色，统称　　红 xuəŋ24
0969. 黄 国旗上五星的颜色　　黄 xuã24
0970. 蓝 蓝蓝天的颜色　　蓝 lã24
0971. 绿 绿叶的颜色　　绿 liou31
0972. 紫 紫药水的颜色　　紫 tsɿ53
0973. 灰 草木灰的颜色　　灰 xuei31

（二）状态

0974. 多 东西~　　多 tuo31
0975. 少 东西~　　少 ʂɔ53
0976. 重 担子~　　重 tʃuəŋ44
0977. 轻 担子~　　轻 tɕhiəŋ31
0978. 直线~　　端 tuã31

0979. 陡 坡~，楼梯~　　陡 tou53
0980. 弯 弯曲: 这条路是~的　　弯 Øuã31
0981. 歪 帽子戴~了　　斜 ɕiɛ24
0982. 厚 木板~　　厚 xou44
0983. 薄 木板~　　薄 po24
0984. 稠 稠饭~　　稠 tʂhou24
0985. 稀 稀饭~　　稀 ɕi31
0986. 密 菜种得~　　密 mi31
0987. 稀稀疏: 菜种得~　　稀 ɕi31
0988. 亮 指光线, 明亮　　亮 liã44
0989. 黑 指光线, 完全看不见　　黑 xei31
0990. 热 天气~　　热 zɤ31
0991. 暖和 天气~　　暖和 lyã53xuo0
0992. 凉 天气~　　凉 liã24
0993. 冷 天气~　　冷 nəŋ53
0994. 热 水~　　热 zɤ31
0995. 凉 水~　　凉 liã24
0996. 干 干燥: 衣服晒~了　　干 kã31
0997. 湿 潮湿: 衣服淋~了　　湿 ʂɿ31
0998. 干净 衣服~　　干净 kã53tɕiəŋ0
0999. 脏 肮脏, 不干净, 统称: 衣服~　　脏 tsã31
1000. 快 锋利: 刀子~　　镵 tshã24
1001. 钝 刀子~　　木 mu44
1002. 快 坐车比走路~　　快 khuæ44
1003. 慢 走路比坐车~　　慢 mã44/
　　　　　　　　　蔫 niã31
1004. 早 来得~　　早 tsɔ53
1005. 晚 来~了　　迟 tshɿ24/晚 Øuã53
1006. 晚 天色~　　黑 xei31
1007. 松 捆得~　　松 suəŋ31
1008. 紧 捆得~　　紧 tɕiẽ53
1009. 容易 这道题~　　容易 Øyəŋ24Øi0/

简单 tɕiã53tã31

1010. 难这道题～ 难 nã24
1011. 新衣服～ 新 ɕiɛ̃31
1012. 旧衣服～ 陈 tʂhɛ̃24/旧 tɕiou44
1013. 老人～ 上年纪咧
　　　 ʂã44niã24tɕi0liɛ0/老咧 lɔ53liɛ0
1014. 年轻人～ 年轻 niã24tɕiɛ̃31
1015. 软糖～ 软 ʐuã53
1016. 硬骨头～ 硬 niəŋ44
1017. 烂肉煮得～ 烂 lã44
1018. 煳饭烧～了 焦 tɕiɔ31
1019. 结实家具～ 结实 tɕiɛ31ʂʅ0
1020. 破衣服～ 烂 lã44
1021. 富他家很～ 财东 tʂhæ24tuəŋ31
1022. 穷他家很～ 穷 tɕhyəŋ24
1023. 忙最近很～ 忙 mã24
1024. 闲最近比较～ 闲 xã24
1025. 累走路走得很～ 乏 fa24/困 khuɛ̃44
1026. 疼摔～了 疼 thəŋ24
1027. 痒皮肤～ 痒 Øiã53/咬 niɔ53
1028. 热闹看戏的地方很～ 热闹 ʐɤ31lɔ0
1029. 熟悉这个地方我很～ 熟悉 ʃu24ɕi0/熟惯 ʃu24kuã0
1030. 陌生这个地方我很～ 生 səŋ31
1031. 味道尝尝～ 味 Øuei44
1032. 气味闻闻～ 气味儿 tɕhi44Øueir53
1033. 咸菜～ 咸 xã24
1034. 淡菜～ 甜 thiã24
1035. 酸 酸 suã31
1036. 甜 甜 thiã24

1037. 苦 □ lɔ44
1038. 辣 辣 la31
1039. 鲜鱼汤～ 鲜 ɕiã53
1040. 香 香 ɕiã31
1041. 臭 臭 tʂhou44
1042. 馊饭～ 撕气 sʅ31tɕhi0
1043. 腥鱼～ 腥 ɕiəŋ31

（三）品性

1044. 好人～ 好 xɔ53
1045. 坏人～ 瞎 xa31
1046. 差东西质量～ 差 tsha31
1047. 对账算～了 对 tuei44
1048. 错账算～了 瞎 xa31
1049. 漂亮形容年轻女性的长相：她很～
　　　 漂亮 phiɔ44liã0/心疼 ɕiɛ31thəŋ24
1050. 丑形容人的长相：猪八戒很～
　　　 丑 tʂhou53/难看 lã24khã44
1051. 勤快 勤勤 tɕhiɛ̃24tɕhiɛ̃0
1052. 懒 懒 lã53
1053. 乖 乖 kuæ31
1054. 顽皮 调皮 thiɔ44phi24/怪 kuæ53
1055. 老实 老实 lɔ53ʂʅ0/实诚 ʂʅ24tʂhəŋ0
1056. 傻痴呆 瓜 kua31
1057. 笨蠢 笨 pɛ̃44/闷 mɛ̃44
1058. 大方不吝啬 大方 ta44fã31
1059. 小气吝啬 小气 ɕiɔ53tɕhi44/啬皮 sei31phi24
1060. 直爽性格～ 直 tʂʅ24
1061. 犟脾气～ 犟 tɕiã44

十三、数量

(一) 数字

1062. 一～二三四五……，下同　一 Øi31
1063. 二　二 Øɚr44
1064. 三　三 sã31
1065. 四　四 sʅ44
1066. 五　五 Øu53
1067. 六　六 liou31
1068. 七　七 tɕhi31
1069. 八　八 pa31
1070. 九　九 tɕiou53
1071. 十　十 sʅ24
1072. 二十有无合音　无
1073. 三十有无合音　无
1074. 一百　一百 Øi24pei31
1075. 一千　一千 Øi24tɕhiã31
1076. 一万　一万 Øi31Øuã44
1077. 一百零五　一百零五 Øi24pei31liəŋ24Øu53
1078. 一百五十　一百五十 Øi24pei31Øu53sʅ0/百五 pei31Øu53
1079. 第一～，第二　第一 ti44Øi31
1080. 二两重量　二两 Øɚr44liã53
1081. 几个你有～孩子？　几个 tɕi53kɤ0
1082. 俩你们～　两 liã53
1083. 仨你们～　三 sæ31
1084. 个把　个把 kɤ44pa0

(二) 量词

1085. 个～人　个 kɤ44
1086. 匹～马　匹 phi24
1087. 头～牛　头 thou24
1088. 头～猪　头 thou24/个 kɤ44
1089. 只～狗　个 kɤ44
1090. 只～鸡　个 kɤ44
1091. 只～蚊子　个 kɤ44
1092. 条～鱼　个 kɤ44/条 thiɔ24
1093. 条～蛇　个 kɤ44
1094. 张～嘴　张 tʂã31
1095. 张～桌子　个 kɤ44
1096. 床～被子　个 kɤ44
1097. 领～席子　张 tʂã31
1098. 双～鞋　双 ʃuã31
1099. 把～刀　把 pa31/个 kɤ44
1100. 把～锁　个 kɤ44
1101. 根～绳子　条 thiɔ24
1102. 支～毛笔　支 tsʅ31
1103. 副～眼镜　个 kɤ44
1104. 面～镜子　个 kɤ44
1105. 块～香皂　块儿 khuar53
1106. 辆～车　个 kɤ44/辆 liã53
1107. 座～房子　座 tsuo44
1108. 座～桥　座 tsuo44/个 kɤ44
1109. 条～河　条 thiɔ24
1110. 条～路　条 thiɔ24
1111. 棵～树　棵 khuo53/个 kɤ44
1112. 朵～花　朵 tuo53
1113. 颗～珠子　颗 khuo53/个 kɤ44
1114. 粒～米　颗 khuo53/粒 li31
1115. 顿～饭　顿 tuẽ44
1116. 剂～中药　服 fu24
1117. 股～香味　股 ku53
1118. 行～字　行 xã44

1119. 块一~钱　块 khuæ53

1120. 毛角：一~钱　毛 mɔ24

1121. 件一~事情　件 tɕiã44/样 Øiã44

1122. 点儿一~东西　点点儿 tiã53tiãr24

1123. 些一~东西　些 ɕiɛ31

1124. 下打一~，动量，不是时量　下 xa44

1125. 会儿坐了一~　时儿 sʅər24

1126. 顿打一~　顿 tuẽ44

1127. 阵下了一~雨　阵 tʂẽ44

1128. 趟去了一~　回 xuei24

十四、代词、副词、介词、连词

（一）代词

1129. 我 ~姓王　我 ŋɤ53

1130. 你 ~也姓王　你 ni53

1131. 您尊称　你 ni53

1132. 他 ~姓张　他 tha53

1133. 我们不包括听话人：你们别去，~去　我家 ŋɤ31tɕia0/我们 ŋɤ31mɛ̃0/我的 ŋɤ53ti0

1134. 咱们包括听话人：他们不去，~去吧　咱 tsæ24

1135. 你们 ~去　你家 ni31tɕia24

1136. 他们 ~去　他家 tha31tɕia24

1137. 大家 ~一起干　大家 ta44tɕia31

1138. 自己我 ~做的　自己 tsʅ44tɕi31

1139. 别人这是 ~的　人家 zẽ2tɕia31

1140. 我爸 ~今年八十岁　我爸 ŋɤ31pa44/我伯 ŋɤ31pei24/我大 ŋɤ31ta24/我爹 nɤ31tiɛ24

1141. 你爸 ~在家吗？　你爸 ni31pa44/你伯 ni31pei24/你爹 ni31tiɛ24/你大 ni31ta24

1142. 他爸 ~去世了　他爸 tha31pa44/他大 tha31ta24/他伯 tha31pei24/他爹 tha31tiɛ24

1143. 这个我要 ~，不要那个　[这一]个 tʂʅ53kɤ0

1144. 那个我要这个，不要 ~　兀个 Øu44kɤ0/[那一]个 la44kɤ0

1145. 哪个你要 ~杯子？　哪个 la44kɤ0

1146. 谁你找 ~？　谁 sei24

1147. 这里在 ~，不在那里　这儿 tʂɤr53/这搭 tʂʅ44ta0

1148. 那里在这里，不在 ~　那搭 la44ta0/兀搭 Øu44ta0

1149. 哪里你到 ~去？　打搭 ta53ta0

1150. 这样事情是 ~的，不是那样的　这么个 tʂʅ44mu0kɤ0

1151. 那样事情是这样的，不是 ~的　兀么个 Øu44mu0kɤ0/那么个 la44mɤ0kɤ0

1152. 怎样什么样：你要 ~的？　啥样子 sa44Øiã44tsʅ0

1153. 这么 ~贵啊？　这么 tʂʅ44mo0

1154. 怎么这个字 ~写？　咋些 tsa53ɕiɛ0

1155. 什么这个是 ~字？　啥 sa44

1156. 什么你找 ~？　啥 sa44

1157. 为什么你 ~不去？　为啥 Øuei44sa44

1158. 干什么你在 ~？　做啥 tsou44sa44

1159. 多少这个村有 ~人？　多少 tuo31ʂɔ53

（二）副词

1160. 很 今天~热 （热）很（zɣ44）/（热）得很（zɣ44） tei0xɛ53
1161. 非常 比上条程度深：今天~热 特别 thei24piɛ24
1162. 更 今天比昨天~热 还 xa24
1163. 太 这个东西~贵，买不起 太（贵）thæ44（kuei44）
1164. 最 弟兄三个中他~高 最 tsuei44
1165. 都 大家~来了 都 tou31
1166. 一共 ~多少钱？ 一满 Øi31mã53/总满共 tsuəŋ53mã53kuəŋ44
1167. 一起 我和你~去 一搭 Øi31ta31
1168. 只 我~去过一趟 只 tsʅ31
1169. 刚 这双鞋我穿着~好 刚 kã24
1170. 刚 我~到 才 tshæ24
1171. 才 你怎么~来啊？ 才 tshæ24
1172. 就 我吃了饭~去 就 tsou44
1173. 经常 我~去 肯 khɛ53/经常 tɕiəŋ31tʂhã24
1174. 又 他~来了 可 khɣ53
1175. 还 他~没回家 还 xa24
1176. 再 你明天~来 再 tsæ44
1177. 也 我~去；我~是老师 也 Øiɛ53
1178. 反正 不用急，~还来得及 反正 fã31tʂəŋ44/横顺 ɕyo24ʃuɛ̃44
1179. 没有 昨天我~去 没 mo31
1180. 不 明天我~去 不 pu31
1181. 别 你~去 嫑 pɔ31
1182. 甭 不用，不必：你~客气 嫑 pɔ31
1183. 快 天~亮了 快 khuæ44
1184. 差点儿 ~摔倒了 争一点儿 tsəŋ31Øi31tiãr53/差一点儿 tsha31Øi31tiãr53/错一点儿 tshuo44Øi31tiãr53/稀乎儿 ɕi31xur24
1185. 宁可 ~买贵的 宁可 niəŋ24khɣ53/宁愿 niəŋ24Øyã44
1186. 故意 ~打破的 立成 li44tʂhəŋ24
1187. 随便 ~弄一下 随便 suei24piã53/搞着 kɔ53tʂɔ0
1188. 白 ~跑一趟 白 pei24
1189. 肯定 ~是他干的 就是 tsou44sʅ0
1190. 可能 ~是他干的 大模儿 ta44mor53
1191. 一边 ~走，~说 旋 ɕyã24

（三）介词、连词

1192. 和 我~他都姓王 连 liã24/跟 kɛ̃31/和 xuo24
1193. 和 我昨天~他去城里了 连 liã24/跟 kɛ̃31
1194. 对 他~我很好 对 tuei44
1195. 往 ~东走 给 kei44
1196. 向 ~他借一本书 向 ɕiã44
1197. 按 ~他的要求做 照 tʂɔ44
1198. 替 ~他写信 替 thi53
1199. 如果 ~忙你就别来了 再 tsæ44
1200. 不管 ~怎么劝他都不听 不论 pu31luɛ̃44

第二节　自选词汇

1201. 门上门口 mã24ʂã031
1202. 准的全 tʂuẽ53ti0
1203. 按不住保不齐 ŋã44pu31tʃu31
1204. 泛长寻常 fã44tʂhã24
1205. 交衔处关键时刻 tɕiɔ53ɕiã0tʃhu31
1206. 麻擦黑天刚黑 ma24tsha24xei31
1207. 呲走叫某人离开 tshʅ31tsou53
1208. 哩饭大口吃饭 tiɛ24fã44
1209. 恶水泔水 ŋɤ31ʃuei0
1210. 裤带 fu44tæ0
1211. 旰话废话 kã44xua31
1212. 惯娃宠爱孩子 kuã44∅ua44
1213. 掼针穿针 kuã24tʂẽ31
1214. 拐带欺骗 kuæ53tæ0
1215. 诡随阴险的人 kuei53suei0
1216. 夯土打地基 xã31thu53
1217. 胡谝说话不靠谱 xu24phiã53
1218. 眯闷打盹儿 mi24mẽ0
1219. 捻弄促成 niã53luəŋ0
1220. 掐住捏住 tɕhia53tʃu0
1221. 怯活怕干活 tɕhiɛ44xuo24
1222. 包藏隐瞒 pɔ44tɕhiã0
1223. 撒歪刁蛮 sa24∅uæ31
1224. 坛场大场面 thã24tʂhã0
1225. 弹嫌嫌弃 thã24ɕiã31
1226. 椙磨转圈说 ɕyã44mo0
1227. 横横行不守规矩 ɕyo24ɕyo53xəŋ24
1228. 砸呱说风凉话 tsa24kua31
1229. 扒住抓住 pia31tʃu0
1230. 把稳稳当 pa31∅uẽ53

1231. 白日鬼哄人 pei24zʅ31kuei53
1232. 白吃先生什么都不懂的人
　　　pei24tʂhʅ31ɕiã31səŋ0
1233. 白锤啥都不懂 pei24tʃuei24
1234. 百不咋不要紧 pei31pu31tsa53
1235. 镬活厉害 tshã24xuo0
1236. 差池差异 tsha31tʂhʅ0
1237. 踩踏开销 tshæ53tha0
1238. 歹和刚好合适 tæ53xuo0
1239. 扽紧拉紧 tuẽ44tɕiẽ53
1240. 鬼钻子精明 kuei53tsuã44tsʅ0
1241. 鬼钻钻儿精明的人
　　　kuei53tsuã44tsuãr24
1242. 胡黏胡说 xu24zã24
1243. 硬扎做事坚决 niəŋ44tsa31
1244. 可撑胆大 khɯ24tʂhəŋ31
1245. 出脱出众 tʃhu31thuo31
1246. 稀钱值钱 ɕi31tɕhiã0
1247. 搡眼贪馋出丑的样子 ʂã31niã53
1248. 半争儿二杆子 pã44tʂər24
1249. 木囊行动迟缓 mu44lã31
1250. 头牯牲口 thou24ku31
1251. 失迹丢失 ʂʅ31tɕi44
1252. 拾[起来]猛得一下站起来
　　　ʂʅ24tɕhiæ53
1253. 犟巴颅犟 tɕiã44pã31lou24
1254. 没浓气没意思 mo31nuəŋ24tɕhi0
1255. 胡出出心神不定 xu24tʃhu31tʃhu0
1256. 不认黄不认输 pu31zẽ44xuã24
1257. 捞闲毛白干了 lɔ24xã24mɔ24

1258. 日塌咧坏了，糟了 zʅ31ta31liɛ0

1259. 赖活凑活 læ44xuo0

1260. 提起笤斗都动由一件事引起后续反应的事 thi24tɕhi31luo24tou53tou31tuəŋ31

1261. 种下糜子出来谷事与愿违 tʃuəŋ44xa31mi24tsʅ0tʃhu31læ24ku31

1262. 臊皮丢脸 sɔ44phi24

1263. 低搭矮人一截 ti31ta31

1264. 刁□霸道 tiɔ31suəŋ24

1265. 此□揪面笨 tshʅ31suəŋ24øa24miã53

1266. [姑家] 婆姑婆 kua31pho44

1267. 勤勤勤快 tɕhiɛ24tɕhiɛ0

1268. 细麻条儿瘦高个 ɕi44ma31thiɔr24

1269. 自在舒服 tsʅ44tsæ0

1270. 等嘎子等一会儿 təŋ53ka31tsʅ0

1271. 碱口袋子口儿扎不上 tɕiã31khou31

1272. 踅摸有目的的观察 ɕyo24mo0

1273. 腥魃品行卑劣 øuo31tʃhuo31

1274. 面情软不拒绝人 miã44tɕhiəŋ24ʒuã53

1275. 爷婆儿阳光下 øiɛ44phor24

1276. 阴凉被遮挡的凉快处 øiɛ̃31liã31

1277. 停当赶快 thiəŋ24tã0

1278. 捏灭弄灭 niɛ24miɛ31

1279. 斩截做事利索 tsã53tɕiɛ24

1280. 吃风吹风 tʂʅ31fəŋ31

1281. 难畅困难 lã24tʂhã24

1282. 品麻悠闲 piɛ̃53ma0

1283. 漂趣事情没办好，脸上无光彩 phiɔ53tɕhy44

1284. 刨挦胡乱翻东西 pɔ24ɕiã31

1285. 褯子尿布 tɕhiɛ31tsʅ0

1286. 搭娃抱娃 tɕhia31øua24

1287. 倭傺生活安乐 øuo24øiɛ31

1288. 预实身体结实 xã31ʂʅ0

1289. 蛮娃漂亮 mã24øua31

1290. 惜样漂亮 ɕi31øiã44

1291. 轲层非常 khɯ24tshəŋ0

1292. 蛮漂亮 mã24

1293. 绵软内向 miã24ʒuã31

1294. 柔穰客气，温和 ʐou24ʐã0

1295. 掸哒批评 thã44ta0

1296. 讹头讹人 ŋɤ24thou0

1297. 呢的脾气不好 øər24ti0

1298. 缚刮住控制住 fo24kua31tʃu0

1299. 箍住缠住 ku53tʃu0

1300. 机撺麻利 tɕi31tʃua0

1301. 科摸估计 khɤ53mo0

1302. 抵当能靠得住 ti44tã0

1303. 撂杂故意说风凉话 liɔ44tsa24

1304. 虑当准备 ly44tã0

1305. 豁海大方 xuo31xæ0

1306. 赍贵珍贵 tɕi53kuei31

1307. 列辙做事有原则 liɛ24tʂɤ0

1308. 愣腾笨 nəŋ31thəŋ0

1309. 遮拧巴 tʂɤ24

1310. 毛焦不安 mɔ24tɕiɔ31

1311. 别来重来 phiɛ24læ24

1312. 嵌和热情 tɕhia44xuo0

1313. 曲卡窄小 tɕhy31tɕhia0

1314. 软颡软弱的人 ʒuã53sa24

1315. 软稀软弱 ʒuã53ɕi31

1316. 撒拐故意搞乱 sa31kuæ53

1317. 抬下存下 tæ24xa31

1318. 趟然放心 thã44zʅã0

1319. 踢踏花钱 thi31tha31

1320. 淘气挖嗓生气
tho24tɕhi44øua31sã53

1321. 微来豪分差了一点点
øuei24læ0xɔ24ɕi31

1322. 汪汤汪水心里难过
øuã31thã31øuã31ʃuei53

1323. 显豁显摆 ɕiã53xuo0

1324. 咋个向怎么样 tsa53kɤ0ɕiã31

1325. 遇合一见如故 øy44xuo0

1326. 缀住抓住 tʃuei44tʃu31

1327. 赞念念叨 tsã44niã0

1328. 糟怪哄人 tsɔ31kuæ44

1329. 折顺顺利 tʂɤ24ʃuẽ44

1330. 撂掷做事不讲信用 liɔ44tʂʅ44

1331. 戳和背后找茬 tʃhuo31xuo0

1332. 麻迷儿野蛮 ma24mir24

1333. 牙得很厉害 nia24ti0xẽ53

1334. 咬牙鬼厉害 niɔ53øia0kuei53

1335. 没居劲不知足 mo24tɕy31tɕiẽ0

1336. 摆亏欠委屈 pæ53khuei31tɕhiã0

1337. 焦毛疥狗不干净
tɕiɔ31mɔ0tɕiɛ44kou53

1338. 庄子深耳背 tʃuã31tsɤ0ʂẽ31

1339. 欺扎难受 tɕhi31tsa0

1340. 窄缩窄小 tsei31suo0

1341. 堉麻螂形容小孩儿瘦小
tɕhyo44ma24lã0

1342. 干［模儿］无缘无故 kã44mur44

1343. 浑馍全馍 xuẽ24mo24

1344. 半个馍 pã44kɤ0mo24

1345. 克介快 khɤ31tɕiɛ0

1346. 血头毛大脑头部面部都是血，头发凌
乱 ɕiɛ31thou24mɔ24tuo24lã0

1347. 费水水儿费事儿 fei44ʃuei53ʃueir24

1348. 泥抹拖拉，胡乱应付 ni44mo0

1349. 活泛头脑灵活，应变能力强
xuo24fã0

1350. 枈治修理，排除故障 phei31tʂʅ0

1351. 够劲够意思 kou44tɕiẽ44

1352. 己畅热情 tɕi53tʂhã24

1353. 运搭暗示 øyẽ44ta0

1354. 灭熄灭 miɛ31

1355. 贯钱挂钱"门笺" kuã44tɕhiã24

1356. 贯钱客不懂礼貌的人
kuã44tɕhiã24khei31

1357. □手扶在哪里；贴上，黏上 pia31

1358. 茶呆头呆脑，没精神 niɛ31

1359. 送端午 suəŋ44tã31øu31

1360. 曲连儿馍圆圈状的馍
tɕhy31liãr24mo44

1361. 箸笼罐放筷子的地方
tʃu24lou31kuã53

1362. 下数做事有规矩 xa44ʃu31

1363. 不向堂形容一个人做事不行
pu31ɕiã44thã24

1364. 鸹鸟禽啄东西 tɕhiẽ31

1365. 挃指打一顿 tiɛ24

1366. □忽然 tʃhu31

1367. 扔用力揉压 tuẽ44

1368. 对碰上了 tuei24

1369. 外家妈妈家 øuei44tɕia0

1370. 熬娘家回娘家 ŋa24niã24tɕia0

1371. 拜门子拜访 pæ44mẽ24ts0

1372. 差铺失眠 tsha44phu44
1373. 犯重重复 fã44tʃhuəŋ24
1374. 唠叨啰嗦 lɔ24tɔ31
1375. 呕人恶心人 ŋou53zɤ̃24
1376. 汪实茂盛 Øuã31ʂʅ0
1377. 挽花子玩心眼 Øuã53xua31tsʅ0
1378. □住放高 tsou53tʃu31
1379. 扔下放下 Øər53xa0
1380. 混汤三搅稀里糊涂
　　　xuɛ̃44thã31sã31tɕiɔ53
1381. 争得很厉害 tsəŋ31ti0xɛ̃53
1382. 拉扯抚养 la31tʂʅɤ0
1383. 牛行马不曳人心不齐，步调不一
　　　niou24xəŋ24ma53pu31Øiɛ31
1384. 惹贱惹祸 zɤ53tɕiã44
1385. 耍搭神仙贪玩
　　　ʃua53ta0ʂɛ̃24ɕiã31
1386. 耍搭神贪玩的人 ʃua53ta0ʂɛ̃24
1387. 晃荡神不负责任、不讲信用的人
　　　xuã44tã0ʂɛ̃24
1388. 苶腐朽，侵蚀 niɛ31
1389. 意故儿故意 li44kur24
1390. 搭摘捡 ɕiã31
1391. 碌碡以前夏忙的时候碾场用的农具
　　　lou31tʃu0
1392. 掀推 ɕiã31
1393. 马甲渡难过的渡口或过不去的关口
　　　ma53tɕia31tu44
1394. 爷端咧暑热或温暖的太阳高悬头顶
　　　（上午12时）Øiɛ44tuã31liɛ0
1395. 打鸡起半夜 ta53tɕi24tɕhi0
1396. 半晃半下午 pã44xuã53
1397. 细淑长相精细、优雅 ɕi44ʃu31

1398. 眼红嫉妒 niã53xuəŋ24
1399. 停当已经办好 thiəŋ24tã31
1400. 迎人很体面，圆满 Øiəŋ24zɤ̃24xɛ̃53
1401. 滋润心情舒畅，生活舒适 tsʅ31ʐuɛ̃0
1402. 官官的公共的，大家的
　　　kuã31kuã24ti0
1403. 吃生米不讲道理 tʂʅ24səŋ31mi0
1404. 不合适娃或大人有病
　　　pu31xuɔ24tʂʅ44
1405. 眯口狼言语少，心肠狠
　　　mi24khou53lã24
1406. 争得拿头走路冒失，二得很
　　　tsəŋ31ti0na24thou24tsou53lu44
1407. 没拘谨太随便 mo24tɕy31tɕiɛ̃31
1408. 韭菜割镰镰重复做一件事
　　　tɕiou53tshæ0kɤ31liã24liã0
1409. 教乖教训人 tɕiɔ24kuæ31
1410. 哄劝 xuəŋ53tɕhyo0
1411. 亮耳恐吓 liã44ər53
1412. 扑腾办大事 phu31thəŋ0
1413. 殃咧指年轻人死了或发生意外死去
　　　ʂɤ24liɛ0
1414. 乞鬼鬼应给而舍不得给的人
　　　tɕhi31kuei53kuei0
1415. 把鞋勾上把鞋穿上
　　　pa31xæ24kou31ʂã0
1416. 塌伙失败 tha31xuo0
1417. 费手费事 fei44ʃou53
1418. 紧螺丝严格管理和要求
　　　tɕiɛ̃53luo24sʅ31
1419. 拧呲推脱，推辞 niəŋ24tshʅ0
1420. 残的人别的人 tshã24ti0zɤ̃24
1421. 烫茶泡茶 thã44tsha24

1422. 日弄 糊弄 zๅ31nuəŋ31

1423. 把做 心里不舒服 pa53tsuo0

1424. 见面 相亲 tɕiã44miã44

1425. 有啥咧 怀孕了 Øiou53sa44liɛ0

1426. 吃宴席 去吃宴席 tʂๅ31Øiã44ɕi24

1427. 风匣 风箱 fəŋ31khæ31

1428. 吃烟 抽烟 tʂๅ24Øiã31

1429. 推头 理发 thuei31thou24

1430. 锅溢咧 下面条等因汤滚咧流出来了
    kuo24Øy44liɛ0

1431. 撕气 剩饭变味 sๅ31tɕhi31

1432. 汽馍 溜馍、热馍 tɕhi44mo24

1433. 甑把儿 蒸隔 tɕiəŋ31par24

1434. 到后院儿去 上厕所
    tɔ44xou44Øyãr53tɕhi0

1435. 上会 去赶集 ʂã44xuei44

1436. 挃活 厉害 tiɛ24xuo24

1437. 挃一顿 打一顿 tiɛ24Øi31tuẽ44

1438. 难畅 为难 lã24tʂã0

1439. 谝闲传 聊天，说话
    phiã53xã24tʃhuã24

1440. 扎势 摆架子，打肿脸充胖子，厉害
    tsa31ʂๅ44

1441. 骚情 热情过分，讨好献媚之嫌
    sɔ24tɕhiɛ0

1442. 毛乱 不舒服、不适，思绪烦乱
    mu22luã0

1443. 麻达 麻烦、问题 ma24ta0

1444. 趔远 一边去，离远点 liɛ44Øyã53

1445. 辟远 滚一边去 phi44Øyã53

1446. 撒帖 帖儿订婚 sa53thiɛ31thiɛr24

1447. 割一刀肉 买一块肉
    kɤ31Øi24tsๅ31zou44

1448. 礼肉 订婚时作为礼物的肉 li53zou31

1449. 扫灰 大扫除 sɔ53xuei31

1450. 过岁 过一岁生日 kuo44tsuei31

1451. 坠命钱 压岁钱
    tʃuei44miəŋ44tɕhiã24

1452. 拴个红 给满月孩子的钱
    ʃuã31kɤ0xuəŋ24

1453. 打背子 做鞋底子用的 ta53pei44tsๅ0

1454. 刻鞋底子 剪鞋底子
    khei44xæ24ti53tsๅ0

1455. 上鞋底 缝合 ʂã44xæ24ti53

1456. 暖窝儿鞋 棉鞋 nuã53Øuor24xæ24

1457. 拴拴包 香包 ʃuã31ʃuã24pɔ31

1458. 眼眨毛 睫毛 niã53tsa31mɔ24

1459. 下苦钱 工钱 ɕia44fu53tɕhiã24

1460. 下苦 干活 ɕia44khu53

1461. 猪窝 猪圈 tʃu24Øuo31

1462. □得跟猪窝一样 屋子里很乱很脏
    tuəŋ53ti0kɛ̃31tʃu24Øuo31Øi31Øiã44

1463. 干净得能晾搅团 打扫得很干净
    kã31tɕiɛ44ti0nəŋ24liã44tɕiɔ53thuã24

1464. 下锅菜 绿菜 ɕia44kuo31tshæ44

1465. 见不得 很厌恶，憎恨 tɕiã44pu31tei0

1466. 心都不好咧 很厌恶，憎恨
    ɕiɛ̃31tou31pu31xɔ53liɛ0

1467. 打锤 打架 ta53tʃuei24

1468. 骂仗 吵架 ma44tʂã44

1469. 试伙 试一下 sๅ44xuo0

1470. 席包 储存粮食的工具 ɕi24pɔ31

1471. 粜粮食 卖粮食 thi44liã24ʂๅ0

1472. 脚垫儿 脚下面 tɕyo31tiãr53

1473. 游玩 旅行 Øiou24Øuã0

1474. 罢咧 一般 pa44liɛ0

1475. 毕咧 结束了 pi31liɛ0
1476. 麻利 动作快，干脆利落 ma24li44
1477. 忒得很 很好，很棒 tei24ti0xɛ̃53
1478. 扎咧 非常 tsa53liɛ0
1479. 散伙 散架 sã53xuo31
1480. 没眉眼 没头头绪 mo31mi24niã31
1481. 饿贼 饿死鬼 ŋɤ44tsei24
1482. 二锤子 二杆子 Øər44tʃhuei24tsʅ0
1483. 生生愣 头青 səŋ31səŋ0
1484. 崽娃子 长辈称呼晚辈（戏称）
       tsæ53Øua24tsʅ0
1485. 圪崂卡卡 角落、偏僻
       kɯ31lɔ0tɕhia44tɕhia0
1486. 瓜实咧 太笨了 kua31ʂʅ24liɛ0
1487. 实腾腾 非常老实 ʂʅ24təŋ31təŋ53
1488. 啥货 什么东西 sa44xuo44
1489. 二货 二杆子 Øər44xuo31
1490. 烂货 差劲的人 lã44xuo31
1491. 扇你个撇子 打你一巴掌
       ʂã31ni53kɤ0piɛ31tsʅ0
1492. 耍着 识别搭理 pɔ24tʂɔ31ʂʅ0
1493. 灵醒 清醒 liəŋ24ɕiəŋ44
1494. □管 不行 suəŋ24kuã53
1495. 尿不顶 不行 tɕhiou24pu31tiəŋ53
1496. 日把欻 不行 zʅ31pa0tʃhua53
1497. 糁糁儿饭 苞谷粥 tʂɛ̃31tʂɛ̃r24fã44
1498. 圪巴 锅巴 kɯ31pa0
1499. 锅盔 一种饼 kuo31khuei31
1500. 豆豆儿馍 一种馍 tou44tour0mo44
1501. 醪糟儿 食物 lɔ24tsər24
1502. 油糕 食物 Øiou24kɔ31
1503. 北韩麻糖 食物
       pei31xã31ma24thã0
1504. 饸饹面 面食 xuo24luo0miã44
1505. 石头馍 面食 ʂʅ24thou0mo44
1506. 搅团 面食 tɕiɔ53thuã0
1507. 汤汤面 面食 thã31thã24miã44
1508. 凉鱼鱼 面食 liã24Øy24Øy0
1509. 拔刀面 面食 pa24tɔ31miã44
1510. 扯面 面食 tʂɤ53miã0
1511. 三角面 面食 sã31tɕyor24miã44
1512. 刮刮锅巴 kua31kua24
1513. 手工挂面 手工面食
       ʂou53kuəŋ31kua44miã31
1514. 长宁醋醋 tʂhã24niəŋ24tshu44
1515. 土织布 布料 thu53tsʅ31pu44
1516. 寻着咧 找见 ɕiɛ̃24tʃhuo0liɛ0
1517. 稀欠 稀罕 ɕi31tɕiã0
1518. 嘴没没 吃相 ʐu53mo31
1519. □死 丢人 ʃuɛ̃24sʅ0
1520. 色相 不雅的样子 sei31ɕiã44
1521. 顶能 顶嘴 tiəŋ31nəŋ24
1522. 毛毛雨 小雨 mɔ24mɔ0Øy53
1523. 白雨 雨 pei24Øy53
1524. 黏牙棘手 事 zã24nia24
1525. 鼻疙瘩 鼻头 pi24kɤ31ta24
1526. 耳朵蛋蛋 耳垂 Øər53tuo31tã44tã0
1527. 红咧绿咧 （指脾气）好了坏了
       xuəŋ24liɛ0liou31liɛ0
1528. 热死黄天 天气很热
       zɤ31sʅ0xuã24tiã31
1529. 热死黄杠 没精神
       zɤ31sʅ53xuã24kã44
1530. 撇里撇脱 没有牵挂
       phiɛ53li0phiɛ53thuo31
1531. 抬脚割掌 拿东西速度快（贬义）

thæ24tɕyo31kɤ31tʂã53

1532. 吸吸呼呼 做事没主意，不果断
ɕi31ɕi0xu31xu0

1533. 急急扑扑 急急忙忙
tɕi24tɕi0phu31phu0

1534. 光光堂堂 做事圆满
kuã31kuã0thã24thã0

1535. 片片扇扇 破烂、凌乱
phiã53phiã0ʂã44ʂã0

1536. 阳阳夵夵 没精神
Øiã24Øiã0ka53ka0

1537. 枝枝蔓蔓 不干脆
tsʅ31tsʅ0vã44vã0

1538. 瓷茶愣腾 笨
tshʅ24niɛ24ləŋ0thəŋ0

1539. 刚邦硬正 做事正派
kã31pã31niəŋ44tʂəŋ44

1540. 飞谝冒撂 吹牛
fei31phiã53mɔ44liɔ44

1541. 失急不拉慌张张 ʂʅ31tɕi0pu31la0

1542. 丢人失马 丢面子，损失财产
tiou31zɛ̃24ʂʅ31ma53

1543. 人物精精儿 出人头地，抛头露面
zɛ̃24vu31tɕiɛ31tɕiɛ̃r24

1544. 胡里马叉 做事草率
xu24li0ma31tsha0

1545. 刻里马擦 快点，形容人动作快
khɯ31li0ma0tsha0

1546. 瓷嘛咯噔 不机灵
tshʅ24ma0kɤ0təŋ0

1547. 瓷嘛二愣 迟钝、走神
tshʅ24ma0Øər44ləŋ44

1548. 撕气没味 缺乏生机活力
sʅ31tɕhi31mo31Øuei44

1549. 黑嘛咕咚 表示在夜晚看不见
xei31ma24ku0tuəŋ0

1550. 黑嘛老鼠 表示在夜晚看不见
xei31ma24lɔ31ʃu31

1551. 屹垯嘛西 一河滩乱七八糟一大堆
kɯ31ta0ma53ɕi0Øi31xuo24thã31

1552. 一岸子去 一边去 Øi24ŋã44tsʅ0tɕhy0

1553. 野羔儿 大夫游医
Øiɛ53kɔr24tæ44fu0

1554. 二尾巴争 无精打采的样子
Øər44ni31pa31tsəŋ31

1555. 尾儿巴争 不清醒
ni44Øər0pa31tsəŋ31

1556. 二五魔子 办事不得力
Øər44Øu42Øiã53tsʅ0

1557. 硬头孤爪 过于直接
niəŋ44thou0ku31tʃua31

1558. 五麻六怪 出尔反尔
Øu53ma0liou31kuæ44

第四章　语法与口头文化

第一节　语法例句

1. 你是哪里人？

    你是打搭人？／你屋到搭呢？

    ni53sɿ44ta31ta0tzẽ24？／ni24Øu31tɔ44ta31ni0？

2. 我是陕西_____人。（说出所在县或市）

    我是陕西武功人。／我［屋里］到陕西武功。

    ŋɤ53sɿ44ʂã53ɕi31vu53kuəŋ31zẽ24．／ŋɤ24Øuei31tɔ44ʂã53ɕi31vu53kuəŋ31．

3. 你今年多大？

    你几岁咧？／你多大年龄咧？／你高寿？

    ni31tɕi53tsuei44liɛ0？／ni31tuo31ta55niã24lieŋ44liɛ0？／ni53kɔ31ʂou44？

4. 我_____岁了。（说出自己的实际年龄）

    我今年六十三咧！

    ŋɤ53tɕiɛ31niã24liou31ʂɿ0sã31liɛ0！

5. 你叫什么名字？

    你叫个啥？／咋称呼呢？

    ni53tɕiɔ44kɤ0sa44？／tsa53tʂhəŋ53xu0ni0？

6. 我叫_____。（说出自己的名字）

    我叫黄征。

    ŋɤ31tɕiɔ44xuã24tʂəŋ31．

7. 你家住哪里？

    你屋到搭住着？

    ni24Øu31tɔ44ta53tʃu44tʂɤ0？

8. 我家住_____。（说出自己居住的地址）

    我［屋里］到观塘住着。

ŋɤ24Øuei31tɔ44kuã31thã53tʃu44tsɤ0。

9. 谁呀？我是老三。

   谁一个？我是老三。

   sei24Øi31kɤ0？ ŋɤ53sʅ44lɔ53sã31。

10. 老四呢？他正在跟一个朋友说着话呢。

    老四呢？在那儿跟谁说话着。

    lɔ53sʅ44ni0？ tsæ44lar53kẽ31sei24ʂɤ31xua44tsɤ0。

11. 他还没有说完吗？

    那咋还没说完呢？

    la44tsa53xa24mo31ʂɤ31Øuã24ni0？

12. 还没有。大约再有一会儿就说完了。

    还没儿呢，还得一成。

    xa24mor24ni0，xa24tei31Øi31tʂhəŋ24。

13. 他说马上就走，怎么这半天了还在家里呢？

    那说不停就走呢，咋还到［屋里］木囊着。

    læ44ʂɤ31pu31thiəŋ44tsou44tsou53ni0，tsa53xa24tɔ44Øuei31mu44nã0tsɤ0。

14. 你到哪儿去？我到城里去。

    你到打搭去？我到城里边去。

    ni53tɔ44ta53ta0tɕhi44？ ŋɤ53tɔ44tʂəŋ24li53piã0tɕhi44。

15. 在那儿，不在这儿。

    到那搭呢，没到这搭。

    tɔ44la53ta0ni0，mo31tɔ44tʂʅ44ta0。

16. 不是那么做，是要这么做的。

    不是那么做的，是这么弄的。

    pu31sʅ44la44mo0tsou44ti0，sʅ44tsɤ53mo0nuəŋ44ti0。

17. 太多了，用不着那么多，只要这么多就够了。

    太多咧，用不下那么多，只要这么一点点儿就够咧。

    thæ44tuo31liɛ0，Øyəŋ44pu0xa44læ53mo0tuo31，tsʅ31Øiɔ44tsei53mo0Øi31tia53tiar0 tsou44kou44liɛ0。

18. 这个大，那个小，这两个哪一个好点呢？

    这一个大，那一个碎，这两个打个到底好呢？

    tsʅ53Øi31kɤ0ta44，la44Øi31kɤ0suei44，tsʅ44liã53kɤ0ta31kɤ0tɔ44ti53xɔ53ni0？

19. 这个比那个好。

这一个比那一个好。

tʂʅ53øi31kɤ0pi53læ44øi31kɤ0xɔ53.

20. 这些房子不如那些房子好。

这搭的房子不胜那搭的。

tʂʅ53ta31ti0fã24tsʅ0pu31ʂəŋ44la44ta0ti0.

21. 这句话用＿＿话怎么说？（填本地地名，本地音）

这一句话用武功的话咋说呢？

tʂei44øi31tɕy44xua44øyəŋ44vu53kuəŋ31ti0xua44tsa53ʂɤ31ni0？

22. 你今年多大岁数？

你今年多大咧？

ni53tɕiɛ̃31niã24tuo31ta44liɛ0？

23. 大概有三十来岁吧。

大模儿有三十几。

ta44mor53øiou53sã31ʂʅ0tɕi53.

24. 这个东西有多重呢？

这一个东西有多重？

tʂei53øi31kɤ0tuəŋ31ɕi0øiou53tuo31tʃuəŋ44？

25. 有五十斤重呢。

大摸儿有五十多斤。

ta31mor53øiou53øu53ʂʅ0tuo24tɕiɛ̃31.

26. 拿得动吗？

拿得动？

la24tei0tuəŋ44？

27. 我拿得动，他拿不动。

差不多，他够呛。

tsha31pu24tuo31，tha31kou44tɕhiã44.

28. 真不轻，重得连我都拿不动了。

这还不轻，连我都拿不动。

tʂɤ53xæ24pu24tɕhiəŋ31，liã24ŋɤ53tou31la24pu31tuəŋ44.

29. 你说得很好，你还会说点儿什么呢？

你说得好得很，你还能说一点儿啥？

ni53ʂɤ31ti0xɔ53ti0xɛ̃53，ni53xã24nəŋ24ʂɤ31øi31tiãr53sa24？

30. 我嘴笨，我说不过他。

咱那个嘴笨，说不过人家。

tsã24læ53kɤ0tʃuei53pɛ̃44, ʂɤ31pu31kuo44ʐɛ̃24tɕia31.

31. 说了一遍，又说了一遍。

给你说了一遍又一遍。

kei53ni53ʂɤ31liɔ0Øi31piã44Øiou44Øi31piã44.

32. 请你再说一遍。

你再说一遍。

ni53tsæ44ʂɤ31Øi31piã44.

33. 不早了，快去吧！

时间不早咧，赶紧走！

sʅ24tɕiã31pu31tsɔ53liɛ0, kã31tɕiɛ̃53tsou53!

34. 现在还很早呢。等一会儿再去吧。

这会还早着呢，停一时去。

tʂɤ44xuei53xæ24tsɔ53tʂɤ0ni0, thiəŋ44Øi31sʅ24tɕhi44.

35. 吃了饭再去好吧?

吃了饭再走，得行?

tʂʅ31liɔ0fã44tsæ44tsou53, tei31ɕiəŋ24?

36. 慢慢儿地吃啊！不要急嘛！

慢慢吃，耍急。

mã44mã0tʂʅ31, pɔ31tɕi24.

37. 坐着吃比站着吃好些。

坐着吃比立下吃好。

tsuo44tʂɤ0tʂʅ31pi53li44xa44tʂʅ31xɔ53.

38. 这个吃得，那个吃不得。

这个能吃，那个吃不成。

tʂɤ53kɤ0nəŋ24tʂʅ31, la44kɤ0tʂʅ31pu31tʂhəŋ24.

39. 他吃了饭了，你吃了饭没有呢?

他把饭吃咧，你咋没吃?

tha31pa53fã44tʂʅ31liɛ0, ni31tsa53mo24tʂʅ31?

40. 他去过上海，我没有去过。

[那一] 去过上海，我没去过。

la44tɕhi44kuo0ʂã44xæ53, ŋɤ53mo31tɕhi44kuo0.

41. 来闻闻这朵花香不香?

353

来，把这个花闻一下，看这个香不香？

læ24，pa31tʂei44kɣ0xua31vɛ̃24Øi0xa0，khã44tʂei44kɣ0ɕiã31pu0ɕiã31？

42. 香得很，是不是？

闻起香得很，得是？

vɛ̃24tɕhi53ɕiã31ti0xɛ̃53，tei31sʅ44？

43. 给我一本书！

给我一本书！

kei31ŋɣ53Øi31pɛ̃53ʃu31！

44. 我实在没有书嘛！

我实在是没书！

ŋɣ53sʅ24tsæ44sʅ0mo31ʃu31！

45. 你告诉他。

你给他说。

ni31kei53tha24ʂɣ31.

46. 好好儿地走！不要跑！

好好儿走，甭跑！

xɔ53xɔr24tsou53，pɔ31phɔ53！

47. 小心跌下去爬也爬不上来！

小心跌下去咧，就爬不上来咧！

ɕiɔ53ɕiɛ̃24tiɛ31xa0tɕhy0liɛ0，tsou44pha24pu31ʂã44læ0liɛ0！

48. 医生叫你多睡一睡。

医生叫你多睡。

Øi31səŋ31tɕiɔ44ni53tuo31ʃuei44.

49. 吸烟或者喝茶都不可以。

吃烟喝茶都不行。

tʂʅ24Øiã31xuo31tsha24tou31pu31ɕiəŋ24.

50. 烟也好，茶也好，我都不喜欢。

烟连茶我都不爱。

Øiã44liã24tsha24ŋɣ53tou31pu0ŋæ44.

51. 不管你去不去，反正我是要去的，我非去不可。

不管你去不去，反正我要去呢，而且还是非去不可。

pu31kuã53ni53tɕhi44pu0tɕhi44，fã31tʂəŋ44ŋɣ53Øiɔ44tɕhi44ni0，Øər24tɕhiɛ53xæ24sʅ44fei31tɕhi44pu31khɣ53.

52. 你是哪一年来的？

你是哪一年来的？

ni53ʂʅ44la53Øi31niã24læ24ti0？

53. 我是前年到的_____。

我是前年到武功来的。

ŋɤ53sʅ0tɕiã24niã0tɔ44vu53kuəŋ31læ24ti0.

54. 今天开会谁的主席？

今儿开会，谁主持着？

tɕiɛ̃r31khæ31xuei44，sei24tʃu53tʂhʅ0tʂɤ0？

55. 你得请我的客。

我帮了你，怕请一下呢。

ŋɤ53pã31liɔ0ni53，pha44tɕhiəŋ53Øi31xa44ni0.

56. 这是他的书，那一本是他哥哥的。

这一本儿是他的，那一本儿是他哥的。

tʂɤ53Øi31pẽr53sʅ44tha53ti0，la44Øi31pẽr53sʅ44tha31kɤ24ti0.

57. 一边走，一边说。

旋走旋说。

suã44tsou53suã44ʂɤ31.

58. 看书的看书，看报的看报，写字的写字。

各人弄各人的事去。

kɤ31zɛ̃24nã44kɤ31zɛ̃24ti0sʅ44tɕhi0.

59. 越走越远，越说越多。

越走越远，越说越多。

Øyo31tsou53Øyo31Øyã53，Øyo24ʂɤ31Øyo24tuo31.

60. 把那个东西拿给我。

把那个东西给我。

pa31læ53kɤ0tuəŋ31çi0kei31ŋɤ53.

61. 有些地方把太阳叫日头。

有的那地方把太阳叫日头。

Øiou53ti0la53ti44fã0pa31thæ44Øiã0tɕiɔ44zʅ31thou0.

62. 您贵姓？我姓王。

你贵姓？我姓王。

ni53kuei44çiəŋ31？ŋɤ53çiəŋ44Øuã24.

355

63. 你姓王，我也姓王，咱们两个人都姓王。

    你姓王，我姓王，咱两都姓王。

    ni53ɕiəŋ44Øuã24, ŋɤ53ɕiəŋ44Øuã24, tsæ24liã53tou31ɕiəŋ44Øuã24.

64. 你先去吧，我们等一会儿再去。

    你先走，我再等一会儿再去。

    ni53ɕiã31tsou53, ŋɤ53tsæ44təŋ53Øi31xueir53tsæ44tɕhy44.

第二节　北风和太阳

北风跟太阳

　　有一回，北风跟太阳在那儿争论谁的本事大。争来争去就是分不出高低来。这时候路上来了个走道儿的，他身上穿着件厚大衣。他们俩就说好了，谁能先叫这个走道儿的脱下他的厚大衣，就算谁的本事大。北风就使劲地刮起来了，不过他刮得越是厉害，那个走道儿的把大衣裹得越紧。后来北风没法儿了，只好就算了。过了一会儿，太阳出来了。他火辣辣地一晒，那个走道儿的马上就把那件厚大衣脱下来了。这下儿北风只好承认，他们俩当中还是太阳的本事大。

北风跟太阳

pei24fəŋ31kɛ̃31thæ44Øiã0

　　有一回，北风跟太阳两个争论谁的本事大，争来争去，不分高低。

　　Øiou53Øi31xuei24, pei24fəŋ31kɛ̃31thæ44Øiã0liã53kɤ0tsəŋ31lyɛ̃44sei24ti0pɛ̃53sʅ0ta44, tsəŋ31læ24tsəŋ31tɕhi44, pu24fɛ̃31kɔ24ti31.

　　在这个时间，来了个过路的，身上穿个大棉袄儿。

　　tsæ44tʂei44kɤ0sʅ24tɕiã31, læ24liɛ0kɤ0kuo44lu44ti0, ʂɛ̃31ʂaŋ0tʃhuã31kɤ0ta44miã24ŋɤr53.

　　两人说，这好咧，咱俩打赌。

　　liã53ʐɛ̃24ʂɤ31, tʂei53xɔ53liɛ0, tsã24lia53ta31tu53.

　　看谁先把这个穿棉袄儿的人的这个棉袄儿能说得脱下来，就算谁本事大。

　　khã31sei24ɕiã31pa31tʂei53kɤ0tʃhuã31miã24ŋɤr53ti0ʐɛ̃24ti0tʂei44kɤ0miã24ŋɤr53nəŋ24ʂɤ31ti0thuo31xa0læ0, tsou44suã44sei24ti0pɛ̃53sʅ0ta44.

　　太阳说："北风，那你先来。"

　　tæ44Øiã0ʂɤ31: "pei24fəŋ31, la44ni53ɕiã31læ24."

北风说："好！"

pei24fəŋ31ʂɤ31："xɔ53！"

北风这就使劲地刮风，我非把你棉袄儿吹下来不可。

pei24fəŋ31tʂei31tsou44sʅ53tɕiɛ̃44ti0kua53fəŋ0，ŋɤ53fei31pa53ni53miã24ŋɔr53tʃhuei31xa44læ0pu31khɤ53.

结果风越大，那个人把棉袄儿裹得越紧。

tɕiɛ̃31kuo53fəŋ31Øyo31ta44，na44kɤ0zɛ̃24pa53miã24ŋɔr53kuo53ti0Øyo31tɕiɛ̃53.

最后，北风说："我没办法。"

tsuei44xou44，pei24fəŋ31ʂɤ31："ŋɤ53mo31pã44fa0."

太阳说："那就该我上。"

thæ44Øiã0ʂɤ31："la44tsou44kæ31ŋɤ53ʂã44."

结果太阳把乌云拨散，火辣辣地一照，穿棉袄儿的人自动把棉袄儿脱咧，因为他太热咧。

tɕiɛ̃31kuo53thæ44Øiã0pa31Øu31Øyɛ̃24po31sã44，xuo53la0la0ti0Øi31tʂɔ44，tʃhuã31miã24ŋɔr53ti0zɛ̃24tsʅ44tuəŋ44pa31miã24ŋɔr53thuo31liɛ0，Øiɛ̃31Øuei24tha53thæ44zʅɤ31liɛ0.

最后，北风说："我输了，还是你本事大。"

tsuei44xou44，pei24fəŋ31ʂɤ31："ŋɤ53ʃu31liɛ0，xæ24sʅ44ni53pɛ̃53sʅ0ta44."

第三节　口头文化

一、快板

1. 魅力武功聊方言

秦川腹地武功县，人杰地灵天地宽。

农耕文化厚积淀，物华天宝年代远。

魅力武功多方言，贡献中华实非凡。

词汇数量过万千，丰富汉语大辞典。

秦腔秦韵秦人语，字字铿锵声润圆。

说声武功土方言，贴近距离添情感。

民风淳朴语亲切，勤劳厚道建家园。

武功方言有特点，词缀充足前后添。

重声轻韵像流水，抑扬顿挫语速缓。

饭后茶余谝闲传，怀里抱着蛮蛋蛋。

蹲下身子叫歇嘎，毛乱本意是忧烦。
吃嘎喝嘎再歇嘎，制止呐喊别吱哇。
物品毁坏叫零干，也有俗称叫日塌。
先后先后是妯娌，快叫刻里加马嚓。
女子出嫁叫起发，髦絃会意是头发。
鼓掌拍手叫呱唧，数落旁人叫咂瓜。
女人漂亮称稀样，西施美女村姑仿。
英俊娃子骑摩托，麻利婆娘走四方。
父亲称谓爸大爹，亲情如春嘹扎咧。
关系和睦美瓜咧，富裕殷实称倭傑。
武功人勤地生金，约定俗成方言新。
独具魅力普通话，剔除糟粕求精华。
方言虽说很灵活，影响交流不利落。
走南闯北语不通，雾里看花鼓里蒙。
顺应时代求发展，力减方言少麻烦。
人人学说普通话，天南海北是一家。
告别武功方言话，和谐武功美如画。
项目带动促发展，武功腾飞跨骏马。

2. 夸武功

物华天宝武功县，武功八景最奇观。
姜嫄古墓小华山，教稼台立后稷官。
苏武节碑龙门传，上阁钟声闻九天。
碜山晚照晒书卷，报本塔上飞胡燕。
东桥水波花柳鲜，二水塔影两河湾。

3. 武功四大怪

武功县不在武功镇，普集镇不在普集街。
大庄不大，小村不小。

4. 武功好

武功县的领导干部好，村民群众好。
男女老少好，父老乡亲好。
山也好，水也好，天也好，地也好。
天天好，月月好，年年好。
今年好，明年好，后年好，一年更比一年好。

好好好，好得实在不得了！

5. 猫

说一个猫道一个猫，我今天说的都是猫。

猫家庄有个猫员外，员外的老婆也姓猫。

生了一窝猫儿子，个个生来都姓猫。

东隔壁有一个白鼻疙瘩猫，西隔壁有个黑鼻疙瘩猫。

东隔壁的白鼻疙瘩猫要咬西隔壁的黑鼻疙瘩猫。

西隔壁的黑鼻疙瘩猫要咬东隔壁的白鼻疙瘩猫。

郎猫咬咪猫，一下子咬躁了。

郎猫在后边撵，咪猫在前面跑。

撵撵撵，跑跑跑，一下撵到南城沟。

对住沟子放了个屁，一窝猫娃儿停当了。

二、民间故事：李世民的故事

大千世界，无奇不有！话说古时候，七溪河从乾县进入老龙潭，奔流而下，流入武功境内，过了游凤、苏房以后，正要穿过武功镇直达渭河。突然，锦西的龙王发现天降祥瑞，哎呀！不好，此地将有天子降生，赶快拐道顺着山坡下流走。就在七溪河改道拐弯流过之后，公元599年1月23日，在武功镇别馆，李渊的别宅里，降生了一个孩子。孩子到了两岁的时候，李渊的夫人抱着孩子在外面槐树下乘凉。一位姓贾的书生路过，端详了一会儿说："哎呀！这孩子龙凤之姿、天日之表，年逢弱冠，必能济世安民。"于是李渊就给孩子取名为世民。

李世民小时候，在武功的鸽山庙上学读书，每天要经过七溪河。一天傍晚，李世民放学回家过河的时候，不小心把书本儿掉在了河里，李世民看着湿了的书本，心想：母亲十分关心我的上学读书，我把书本弄湿了咋办呢？李世民急中生智，突然朝着西边大喊一声："太阳太阳返回来，帮我把书晒一晒，太阳太阳返回来，帮我把书晒一晒。"咦，果然奇迹出现，一轮红红的太阳从西边升起，李世民把书本晒干，高高兴兴地回家去了。

李世民随父创下大唐基业，登基之后，经常回武功探亲，看望武功的乡亲。当年李世民梦游歇河，恶鬼索命，武功的城隍救了李世民的命。李世民非常感激，遂下旨将武功城隍庙称为东城隍府。天下的城隍戴相帽，唯有武功城隍戴王帽，成为福德王。

三、秦腔

1. 苏武牧羊

叹苏武被困在，哎……沙漠苦海，沙漠苦海，哎……

眼睁睁君臣们两地分开。

想当年，哎……在朝把官拜，朝朝带露五更来，

闲了无事游郊外，闷了花园把宴排。

我一家大小举家团圆，欢欢乐乐多安泰，一家人岂不快乐哉？

到今儿牧羊北海外，冻得我冷冷冷冷冷冷冷冷轻轻痛悲哀。

身上无衣又无盖，肚内无食饿难挨。

我有心将身投北海，诚恐落个无用才。

无奈我忍饥挨饿冒风披雪，暂忍耐，苍天爷何一日把眼睁开。

2. 乾坤带——唐太宗李世民唱段

有为王打坐在长安地面，风调雨顺太平年。

想当年，我父王临潼山，杨广贼领兵杀家眷。

那当日多亏了秦好汉，才救我举家回太原。

恨西地莫里沙越律反叛，打来了战表要夺江山。

张太师当殿拿本参谏，秦驸马领兵去边关，

却怎么日久未回转。此事叫王操心间，

将身儿打坐在金銮宝殿。

常随官，看御酒，解王心烦。

3. 苏武李陵塞外相会

李陵：见仁兄，把我的心疼来，不由叫人痛伤怀。弟兄们相会在荒郊外。我含羞带愧。

苏武：跪尘埃。

李陵：观见兄衣衫褴褛，

苏武：衣冠歹。

李陵：珠泪滚滚，

苏武：洒下来。

李陵：弟奉命领兵，

苏武：边关外。

李陵：征战胡儿，

苏武：显将才。

李陵：胡儿骁勇，

苏武：我兵败。

李陵：为国尽忠，

苏武：理应该。

李陵：谁料想误中奸计阵前被擒，

苏武：纵然间一死也畅快。

李陵：可怜我求生不能、求死不得。

苏武：你怎样安排？

李陵：他劝我暂且投降北国。

苏武：你就该不瞅又不睬，

李陵：无奈了我暂且投降北国。

苏武：你就大不该，

李陵：且留我有用之身。

苏武：你名誉坏，

李陵：弟以死报国。

苏武：我看将来，

李陵：弟将骂名。

苏武：留后代，

李陵：连累我一家大小妻子儿男。

苏武：惹祸灾，

李陵：小弟今日。

苏武：来北海，

李陵：相劝仁兄。

苏武：为何来，

李陵：劝仁兄暂且投降北国。

苏武：我岂肯半路之中把节改，

李陵：把兄的美名天下传扬。

苏武：不能救国我无才，

李陵：是这等冰天雪地，这样苦愁。

苏武：我忍耐，

李陵：苍天自有。

苏武：巧安排，

李陵：弟得罪。

苏武：兄不怪，

李陵：兄弟恩情。

苏武：分不开，

合唱：似这等沙漠荒郊，弟兄双双从头相会多感慨，弟兄们如醉又如呆。

苏武：贤弟请起莫下拜，

李陵：同坐沙丘叙心怀。

四、其他自选文本

（一）谚语

1. 话不说不明，灯不拨不亮。

2. 出门门槛低，进门门槛高。

3. 吃了人的嘴软，拿了人的手短。

4. 人狂没好事，狗狂挨砖头。

5. 秀才不怕良衫破，就怕肚里没实货。

6. 老子英雄儿好汉，他爸挑葱儿卖蒜。

7. 吃嘎喝嘎，坐在炕上暖嘎。

8. 六月的萝卜，少教（窖）。

9. 腊月的鸡蛋，不懂（冻）。

10. 擀面杖吹火，一窍不通。

11. 飞机上料照片，丢人不知深浅。

12. 枣胡扯板，两句（据）儿。

13. 锤子打磨扇，石打石。

14. 车渠的料礓石，久喘。

15. 不听老人言，吃亏在眼前。

16. 人活七十七，领教不为低。

17. 一天省一口，一年省一斗。

18. 开水煮鸭子，肉烂了，嘴还硬得蹦蹦。

19. 兔子不吃窝边草，槽里无食猪咬猪。

20. 话说三遍淡如水，说的多了驴拌嘴。

21. 早起一时，松缓一天。

22. 人在人情在，礼多人不怪。

23. 没有金刚钻，甭揽瓷器活。

24. 饭饱生余事，饥寒生盗贼。

25. 强的怕硬的，硬的怕横的，横的怕不要命的。

26. 一镢头挖不出个井，一口吃不成个胖子。

27. 一个和尚担水吃，两个和尚抬水吃，三个和尚没水吃。

28. 要吃泉中水，离不了地里鬼。要的公道，打个颠倒。

29. 枪打出头鸟，雨淋出檐椽。

30. 出拳不打笑面虎，有理不打上门客。

31. 不读一家书，不识一家字。

32. 骂人要揭短，打人要打脸。

33. 满瓶不响，半瓶咣当。

34. 难时帮一口，胜过有时帮一斗。

35. 要得人不知，除非己莫为。

36. 拾到篮篮都是菜。

37. 火心要空，人心要实。

38. 人活脸，树活皮。

39. 三人一条心，黄土变成金。

40. 三个臭皮匠，顶个诸葛亮。

41. 刨树要刨根，交人要交心。

42. 话要说到心上，肥要施到根上。

43. 跟啥人学啥人。

44. 宁给娃个好心肠，不给娃个好模样。

45. 吃不穷，穿不穷，计划不到一世穷。

46. 练武不习文，终究是个野蛮人。

47. 久练功自纯，勤悟理自通。

48. 正月响雷墓骨堆，三月响雷麦谷堆。

49. 燕子掠地蛇过道，老牛大叫雨就到。

50. 早烧不出门，晚烧热死人。

51. 瓦渣云，热死人。

52. 夜晴没好天，等不到鸡叫唤。

53. 初三初四不见月，阴阴晴晴半个月。

54. 月亮长毛，有雨快跑。

55. 庄稼汉要吃面，立夏十日旱。

56. 麦种泥窝窝，来年吃馍馍。

57. 头锄浅，二锄深，三锄把土壅到根。

58. 男的是个耙耙，女的是个匣匣；不怕耙耙没齿，就怕匣匣没底。

59. 东家游西家转，到头落个穷光蛋。

（二）歇后语

1. 背着儿媳妇朝华山——出力不讨好。

2. 黑字写到白纸上——抹不掉。

3. 搬起石头砸自己的脚——自找苦吃。

4. 搬梯子想上天——办不到。

5. 光墙上挂帘子——门都没有。

6. 半夜弹琴——暗中取乐。

7. 半斤换八两——谁都不吃亏。

8. 拿着铁耙锄地——摊得太宽。

9. 铁路警察跑到公路上——管得太宽。

10. 背着米面要饭吃——硬装穷。

11. 闭着眼睛卖布——胡扯。

12. 月亮娃吃拳头——得了手咧。

13. 捏住额颅擤鼻——差得远。

14. 擦上粉上吊——死要脸。

15. 唱戏的挂胡子——假的。

16. 穿上孝衫道喜——胡闹。

17. 大夫开的棺材铺——死活都要钱。

18. 大姑娘出嫁——头一回。

19. 寡妇把儿死了——没指望。

20. 法娃他妈把娃丢咧——没法儿咧。

21. 过河的碰上船——正巧。

22. 瞎子点灯——白费蜡。

23. 半夜看《三国》——替古人担忧。

24. 挂面调醋——有言（盐）在先。

25. 大年三十看历图——没日子咧。

26. 坐轿打瞌睡——不知抬举。

27. 和尚打架——抓不住辫子。

28. 沟蛋子绑橼——横横行。

29. 精沟子穿围裙——顾前不顾后。

30. 做梦娶媳妇——想得美。

31. 老汉吃柿子——尽捡软的捏。

32. 秃子头上戴络络——错前错后都不是。

33. 睡到半夜腰起弓呢——心起巧咧。

34. 蚂蚁叼瓜子——好大的招牌。

35. 爷爷哄孙子——老不正经。

36. 碟碟喝凉水——看到底。

37. 秃子头上的虱——明摆着呢。

38. 外甥打灯笼——照旧（舅）。

39. 戴的牛铃推磨子——图邻家好听呢。

40. 弹棉花娶媳妇——不是一功来的。

41. 狗戴的罐罐——胡扑呢。

42. 狗吃牛粪呢——图摊摊大呢。

43. 巧儿落在神像上——跟爷斗嘴。

44. 拔节的竹笋——天天向上。

45. 针尖对麦芒——尖对尖。

46. 马尾穿豆腐——提不起。

47. 皂角胡儿掷骰子——没点点。

48. 站在河边撒尿——随大流。

49. 冰糖调黄瓜——干（甘）脆。

50. 冰山上盖房——不牢靠。

51. 菠菜煮豆腐——一清（青）二白。

52. 早上的露水——不久长。

53. 茶壶煮饺子——肚子里有货，嘴里道（倒）不出。

54. 吃了萤火虫——心里明白。

55. 吃了秤砣——铁了心。

56. 出了洞的老鼠——东张西望。

57. 错贴了门神——反脸。

58. 打墙板——上下翻。

59. 雷声大，雨点小——虚张声势。

60. 大路上的电杆——靠边站。

61. 大海里捞针——不知从何下手。

62. 大风地里吃炒面——张不开嘴。

63. 大水冲了龙王庙——自家人不认自家人。

64. 电杆上晒衣服——好大的架子。

65. 发不了芽的豆子——瞎种。

66. 老鼠钻风箱——两头受气。

67. 高山上吹喇叭——名（鸣）声远扬。

68. 狗逮老鼠——多管闲事。

69. 牛犊子驾辕——晃乎大。

70. 狗吃粽子——不解腰腰。

71. 烧红的烙铁——不敢染。

72. 芝麻地里撒黄豆——杂种。

73. 竹子长杈——节外生枝。

74. 砖头砌墙——后来居上。

75. 扎花被面补裤子——大材小用。

76. 老鼠掉进书箱里——咬文嚼字。

77. 红萝卜调辣子——吃出看不出。

78. 花果山上的猴——无法无天。

79. 黄鼠狼给鸡拜年——没安好心。

80. 兔子的尾巴——长不了。

81. 鲜花插在牛粪上——不配。

82. 哑巴吃黄莲——有苦难言。

83. 腰里别扁担——横行霸道。

84. 黄连树下弹琴——苦中作乐。

85. 六月的韭菜——不论（嫩）。

86. 十月的萝卜——心不实。

87. 鸭子浮水——呱呱叫。

88. 瓜地大瓜——瓜种。

89. 猪鼻子插葱——装相（象）。

90. 墙里的柱子——不显身。

91. 瞎巧碰上好谷穗——把运气不当本事。

92. 竹竿上绑鸡毛——毯子不小。

93. 麻袋上绣花——底子太差。

94. 上集没拿口袋——存心不良（量）。

95. 木匠吊线——睁一只眼闭一只眼。

96. 娶媳妇抬官罩——单另的轿。

97. 土地爷哄吃娃的馍——没神气。

98. 土地爷头上戴升子——硬亏。

99. 孙悟空放屁——臭倒天官。

100. 石灰窑吹喇叭——白气冲天。

101. 马勺长在树上——怪事。

102. 老虎吃天——没处下爪。

103. 张飞卖肉——只说不割。

104. 张飞卖豆腐——软中有硬。

105. 张飞穿针——粗中有细。

106. 刘备借荆州——只借不还。

107. 泥菩萨过河——自身难保。

108. 张果老倒骑驴——往后看。

109. 孙悟空回到了花果山——又神气起来咧。

110. 白娘子喝雄黄酒——现了原形。

111. 包文正断案——铁面无私。

112. 土地爷放屁——神气。

乾县篇

第一章 总 论

第一节 人文地理、历史沿革、人口概况

乾县地处陕西省关中平原中部偏西，渭北高原南缘，省城西安之西北，位于北纬34°19′～34°45′，东经108°00′～108°24′。东接礼泉县，南连兴平、武功二县，西邻扶风县，北靠永寿、麟游二县，总面积1002.71平方千米。

乾县在黄帝时称好畤，为祭天之所。夏朝时为雍州之域，商时为岐周之地，春秋战国时属秦。秦孝公十二年（前350年）始置好畤县。秦始皇统一六国，建都咸阳，好畤属京畿辅地，北魏时改好畤为漠西县，隋改为上宜县，唐又置好畤，唐睿宗文明元年（684年），唐高宗取葬县北之梁山，谓"乾陵"，遂更县名为"奉天"，以奉祀乾陵。唐德宗建中四年（783年）因朱泚之乱，德宗避难奉天。叛平，于兴元元年（784年）升奉天为赤县，由京都直辖。唐昭宗乾宁二年（895年）以奉天县置乾州。尔后屡有更迭，到1913年改乾州为乾县，隶属关中道。1927年国民政府成立，废道，乾县直属陕西省政府。1937年设立行政督察区，乾县隶属陕西省第七行政督察区。1941年，乾县由二等县编为三等县，直至1949年中华人民共和国成立。1949年5月，乾县解放，归属陕甘宁边区彬县分区。1950年5月，全省整编为九个专区，本县划归宝鸡专区。1956年10月，撤销宝鸡专区，改由省直辖。1959年1月，乾县、永寿、礼泉三县合一，县名乾县，直属省辖。1961年10月，恢复原三县旧制，乾县改属咸阳专区。1968年9月改专区为地区，归属未变。1984年，实行市管县，咸阳地区改置为咸阳市，从此乾县为咸阳市管辖。

截至2020年，乾县辖1办15镇173个行政村，全县共约62万人。各乡镇以汉族人口为主体，回族主要分布在城关街道、薛录、梁村等地，其他如阳洪、峰阳等镇亦有零星分布。其余少数民族主要分布在城关街道。

第二节 方言归属与内部差异

乾县方言属于中原官话关中片。乾县方言既有深臻摄与曾梗通摄舒声字不混、不

分尖团的特征，又有泥来母洪音前完全相混的特征，加之乾县地处中原官话关中片向秦陇片过渡的地带，我们认为是较为典型的过渡型方言。

第三节　发音人和调查人概况

方言发音人（一）

1. 姓名：张显庆
2. 单位（退休前）：陕西省咸阳市乾县灵源镇佛留学校
3. 通信地址：陕西省咸阳市乾县阳洪镇三坳村
4. 性别：男　　民族：汉
5. 出生年月日（公历）：1946 年 11 月 29 日
6. 出生地（从省级至自然村级）：陕西省咸阳市乾县阳洪镇三坳村
7. 主要经历：1966 年 7 月毕业于乾县阳洪镇农业中学；1966 年 8 月至 1975 年 3 月在阳洪镇三坳村务农；1975 年 4 月至 2005 年 9 月在乾县灵源镇佛留学校担任民办教师；2005 年 10 月至今退休在家。
8. 职业：教师

方言发音人（二）

1. 姓名：杨小孔
2. 单位（退休前）：陕西省咸阳市乾县阳洪镇上旦村
3. 通信地址：陕西省咸阳市乾县阳洪镇上旦村
4. 性别：女　　民族：汉
5. 出生年月日（公历）：1956 年 5 月 19 日
6. 出生地（从省级至自然村级）：陕西省咸阳市乾县阳洪镇杨庄村
7. 主要经历：1972 年 7 月毕业于乾县阳洪中学；1972 年 8 月至 1978 年 12 月在乾县阳洪镇杨庄村务农；1979 年 1 月至今在乾县阳洪镇上旦村务农。
8. 职业：农民

调查人

1. 姓名：王应龙
2. 单位：宝鸡文理学院关陇方言民俗研究中心

3. 通信地址：陕西省宝鸡市高新大道 1 号
4. 协助调查人 1 姓名：吴鹏轩
5. 协助调查人 2 姓名：苗　娟
6. 协助调查人 3 姓名：强会苗

第二章 语 音

第一节 声 母

声母二十八个，包括零声母在内。

p 八兵补报　　ph 派片爬皮　　m 麦明门毛　　f 飞蜂副饭　　v 味万问网
t 多东到读　　th 讨土毒特　　　　　　　　　　　　　　　　l 连路老南
ts 资早窄扎　　tsh 刺贼草差　　　　　　　　s 丝山事色
tʂ 张照桌镇　　tʂh 车唱抽陈　　　　　　　　ʂ 上手十设　　ʐ 热认让黏
tʃ 装柱竹砖　　tʃh 床春吹穿　　　　　　　　ʃ 船顺书水　　ʒ 如捼润软
tɕ 挤几九举　　tɕh 清权轻砌　　ȵ 年泥女牛　　ɕ 想谢县夏
k 高共歌靠　　kh 开快跪看　　ŋ 熬安我恶　　x 河灰好后
ø 月云味要

说明：

① [th] 与合口韵，特别是与 [uo] 韵相拼时双唇颤动明显。

② [p、ph] 与 [u、ɤ] 相拼时，唇齿发生轻微摩擦。

③ [tʂ、tʂh] 与 [ɔ、ou、ɑŋ、əŋ] 相拼时，发音部位靠后，实际音值接近 [t̠、t̠h]。

④ [tʃ、tʃh、ʃ、ʒ] 与开口呼相拼时，[tʃ、tʃh] 发音状态是舌尖抵住下齿龈，舌叶略微抬高，气流冲破阻碍摩擦成声，双唇略向外翻，圆唇状态不明显，[tʃ] 气流较弱，[tʃh] 气流较强；[ʃ、ʒ] 发音时，舌尖与下齿龈形成窄缝，舌叶略微抬高，气流从窄缝中摩擦成声，双唇略向外翻，圆唇状态不明显，[ʒ] 声带颤动。

⑤ [x] 的发音部位略靠后，与合口呼相拼时摩擦较重。

第二节 韵 母

韵母三十九个，不包括儿化韵。

ɿ 丝试指师　　　　i 戏米急提　　　　u 五主猪补　　　　y 雨橘局女
ʅ 十尺知

ɚ 二儿耳

a 茶辣八打	ia 牙鸭夏架	ua 瓦话瓜夸	
æ 开鞋菜排	iæ 岩	uæ 快拐怀歪	
ɤ 歌壳我可	iɛ 写茄节贴		yɛ 靴月
ɔ 包讨道套	iɔ 笑桥浇鸟		
ɯ 疙核			
		uo 坐盒活过	yo 学药越
ei 赔白色格		ui 鬼国回类	
ou 豆走透投	iu 油牛绿修		
ã 南山半盘	iã 年件脸县	uã 短管宽换	yã 全远卷选
ən 根深春很	in 林新银金	un 村春滚困	yn 云军群熏
aŋ 挡绑忙堂	iaŋ 想样江强	uaŋ 王窗黄狂	
əŋ 升灯梗腾	iŋ 灵病拧瓶	uŋ 东红通工	yŋ 用穷兄荣

说明：

① [a、ia、ua] 中的 [a] 实际音值接近 [ʌ]。

② [u] 与双唇音、唇齿音相拼时，摩擦较重，实际音值接近 [ʋ]。

③ [u] 类韵母拼 [tʃ] 类声母时，与声母结合得特别紧密。

④ [ei、ou] 的实际发音动程较短。

⑤ [aŋ、iaŋ、uaŋ、əŋ、iəŋ、uəŋ、yəŋ] 韵的 [ŋ] 韵尾比较松，应为 [ỹ]。

第三节　单字调

单字调四个。

阴平 31　东春百搭节拍刻六麦叶　　阳平 24　门牛油铜皮急毒白盒罚

上声 53　懂古九统苦讨草买老五　　去声 44　动近后寸去卖路硬乱地

第四节　连读变调

后字非轻声两字组连调模式见表 2-1。

表 2-1　后字非轻声两字组连调模式

后字 前字	1 阴平 31	2 阳平 24	3 上声 53	4 去声 44
1 阴平 31	24+31 31+31	31+24	31+53	31+44

374

续表

前字＼后字	1 阴平 31	2 阳平 24	3 上声 53	4 去声 44
2 阳平 24	24 +31	24 +24	24 +53	24 +44
3 上声 53	53 +31	53 +24	31 +53 53 +53	53 +44
4 去声 44	44 +31	44 +24	44 +53	44 +44

非叠字组后字轻声两字组连调模式见表 2 -2。

表 2 -2　非叠字组后字轻声两字组连调模式

前字＼后字	1 阴平 31	2 阳平 24	3 上声 53	4 去声 44
1 阴平 31	53 +0 31 +0	53 +0 24 +0	53 +0	53 +0
2 阳平 24	24 +53	24 +53	24 +53	24 +53
3 上声 53	53 +0	53 +0	53 +0	53 +0
4 去声 44	44 +0	44 +0	44 +0	44 +0

第五节　单　字

0001. 多 tuo31
0002. 拖 thuo31
0003. 大～小 tɑ44
0004. 锣 luo24
0005. 左 tsuo53
0006. 歌 kɤ31
0007. 个一～ kɤ44
0008. 可 khɤ53
0009. 鹅 ŋɤ24
0010. 饿 ŋɤ44
0011. 河 xuo24
0012. 茄 tɕhiɛ24
0013. 破 phɤ44
0014. 婆 phɤ24
0015. 磨动 mɤ24
0016. 磨名 mɤ44
0017. 躲 tuo53
0018. 螺 luo24
0019. 坐 tsuo53
0020. 锁 suo53
0021. 果 kuo53
0022. 过 kuo44
0023. 课 khuo44
0024. 火 xuo53
0025. 货 xuo44
0026. 祸 xuo44
0027. 靴 ɕyo31
0028. 把量 pɑ53
0029. 爬 pha24
0030. 马 ma53
0031. 骂 ma44
0032. 茶 tsha24
0033. 沙 sa31
0034. 假真～ tɕiɑ53
0035. 嫁 tɕia44
0036. 牙 ȵia24
0037. 虾 ɕia31
0038. 下底～ xɑ44
0039. 夏春～ ɕiɑ44
0040. 哑 ȵia53
0041. 姐 tɕiɛ24
0042. 借 tɕiɛ44
0043. 写 ɕiɛ53
0044. 斜 ɕiɛ24
0045. 谢 ɕiɛ44
0046. 车不是棋子 tʂhɤ31
0047. 蛇 ʂɤ24
0048. 射 ʂɤ44
0049. 爷 Øiɛ44
0050. 野 Øiɛ53
0051. 夜 Øiɛ44

0052. 瓜 kua31
0053. 瓦 Øua53
0054. 花 xua31
0055. 化 xua44
0056. 华中~ xuɑ31
0057. 谱家~，注
意声母 phu53
0058. 布 pu44
0059. 铺动 phu31
0060. 簿 phu44
0061. 步 phu44
0062. 赌 tu53
0063. 土 thu53
0064. 图 thu24
0065. 杜 tu44
0066. 奴 lou24
0067. 路 lou44
0068. 租 tɕy31
0069. 做 tsu44
0070. 错对~ tshuo31
0071. 箍~桶，注意
声母 ku31
0072. 古 ku53
0073. 苦 fu53
0074. 裤 fu44
0075. 吴 Øu24
0076. 五 Øu53
0077. 虎 xu53
0078. 壶 xu24
0079. 户 xu44
0080. 乌 Øu31
0081. 女 ȵy53
0082. 吕 ly53
0083. 徐 ɕy24

0084. 猪 tʃu31
0085. 除 tʃhu24
0086. 初 tʃhu31
0087. 锄 tʃhu24
0088. 所 ʃuo53
0089. 书 ʃu31
0090. 鼠 ʃu53
0091. 如 ʒu31
0092. 举 tɕy53
0093. 锯名 tɕy44
0094. 去 tɕhi44
0095. 渠~道 tɕhy24
0096. 鱼 Øy24
0097. 许 ɕy53
0098. 余剩~，多~
Øy24
0099. 府 fu53
0100. 付 fu53
0101. 父 fu44
0102. 武 vu53
0103. 雾 vu44
0104. 取 tɕhy53
0105. 柱 tʃu44
0106. 住 tʃu44
0107. 数动 ʃu53
0108. 数名 ʃu44
0109. 主 tʃu53
0110. 输 ʃu31
0111. 竖 ʃu44
0112. 树 ʃu44
0113. 句 tɕy44
0114. 区地~ tɕhy31
0115. 遇 Øy44
0116. 雨 Øy53

0117. 芋 Øy24
0118. 裕 Øy31
0119. 胎 thæ31
0120. 台戏~ thæ24
0121. 袋 tæ44
0122. 来 læ24
0123. 菜 tshæ44
0124. 财 tshæ24
0125. 该 kæ31
0126. 改 kæ53
0127. 开 khæ31
0128. 海 xæ53
0129. 爱 ŋæ44
0130. 贝 pei44
0131. 带动 tæ44
0132. 盖动 kæ44
0133. 害 xæ44
0134. 拜 pæ44
0135. 排 phæ24
0136. 埋 mæ24
0137. 戒 tɕiɛ44
0138. 摆 pæ53
0139. 派注意声调
phæ44
0140. 牌 phæ24
0141. 买 mæ53
0142. 卖 mæ44
0143. 柴 tsæ24
0144. 晒 sæ44
0145. 街 kæ31
0146. 解~开 tɕiɛ53
0147. 鞋 xæ24
0148. 蟹注意声调
xæ53

0149. 矮 ŋæ53
0150. 败 phæ44
0151. 币 pi44
0152. 制~造 tʂɿ44
0153. 世 ʂɿ44
0154. 艺 Øi44
0155. 米 mi53
0156. 低 ti31
0157. 梯 thi31
0158. 剃 thi24
0159. 弟 ti44
0160. 递 ti44
0161. 泥 ȵi24
0162. 犁 li24
0163. 西 ɕi31
0164. 洗 ɕi53
0165. 鸡 tɕi31
0166. 溪 ɕi31
0167. 契 tɕhi53
0168. 系联~ ɕi44
0169. 杯 phei31
0170. 配 phei44
0171. 赔 phei24
0172. 背~诵 pei44
0173. 煤 mei24
0174. 妹 mei44
0175. 对 tui44
0176. 雷 lui24
0177. 罪 tsui44
0178. 碎 sui44
0179. 灰 xui31
0180. 回 xui24
0181. 外 Øuæ44
0182. 会开~ xui44

0183. 怪 kuæ44
0184. 块 khuæ53
0185. 怀 xuæ24
0186. 坏 xuæ44
0187. 拐 kuæ53
0188. 挂 kua44
0189. 歪注意声母
　　　Øuæ31
0190. 画 xua44
0191. 快 khuæ44
0192. 话 xua44
0193. 岁 tsui44
0194. 卫 Øui44
0195. 肺 fei44
0196. 桂 kui44
0197. 碑 pi31
0198. 皮 phi24
0199. 被～子 pi44
0200. 紫 tsʅ31
0201. 刺 tshʅ44
0202. 知 tʂʅ31
0203. 池 tʂhʅ24
0204. 纸 tsʅ53
0205. 儿 Øər24
0206. 寄 tɕi44
0207. 骑 tɕhi24
0208. 蚁注意韵母 Øi44
0209. 义 Øi44
0210. 戏 çi44
0211. 移 Øi24
0212. 比 pi53
0213. 屁 phi44
0214. 鼻注意声调 pi24
0215. 眉 mi24

0216. 地 ti44
0217. 梨 li24
0218. 资 tsʅ31
0219. 死 sʅ53
0220. 四 sʅ44
0221. 迟 tshʅ24
0222. 指 tsʅ53
0223. 师 sʅ31
0224. 二 Øər44
0225. 饥～饿 tɕi31
0226. 器 tɕhi44
0227. 姨 Øi24
0228. 李 li53
0229. 子 tsʅ53
0230. 字 tsʅ44
0231. 丝 sʅ31
0232. 祠 tshʅ24
0233. 寺 sʅ44
0234. 治 tʂʅ44
0235. 柿 sʅ44
0236. 事 sʅ44
0237. 使 sʅ53
0238. 试 sʅ44
0239. 时 sʅ24
0240. 市 sʅ24
0241. 耳 Øər53
0242. 记 tɕi44
0243. 棋 tɕhi24
0244. 喜 çi53
0245. 意 Øi44
0246. 几～个 tɕi53
0247. 气 tɕhi44
0248. 希 çi31
0249. 衣 Øi31

0250. 嘴 tsui53
0251. 随 sui24
0252. 吹 tʃhui31
0253. 垂 tʃhui24
0254. 规 khui31
0255. 亏 khui31
0256. 跪注意声调
　　　khui44
0257. 危 Øui31
0258. 类 lui44
0259. 醉 tsui44
0260. 追 tʃui31
0261. 锤 tʃhui24
0262. 水 ʃui53
0263. 龟 kui31
0264. 季 tɕi44
0265. 柜 kui44
0266. 位 Øui44
0267. 飞 fei31
0268. 费 fei44
0269. 肥 fei24
0270. 尾 Øi53
0271. 味 vei44
0272. 鬼 kui53
0273. 贵 kui44
0274. 围 Øui24
0275. 胃 Øui44
0276. 宝 pɔ53
0277. 抱 pɔ44
0278. 毛 mɔ24
0279. 帽 mɔ44
0280. 刀 tɔ31
0281. 讨 thɔ53
0282. 桃 thɔ24

0283. 道 tɔ44
0284. 脑 lɔ53
0285. 老 lɔ53
0286. 早 tsɔ53
0287. 灶 tsɔ44
0288. 草 tshɔ53
0289. 糙注意声调
　　　tshɔ44
0290. 造 tsɔ44
0291. 嫂 sɔ24
0292. 高 kɔ31
0293. 靠 khɔ44
0294. 熬 ŋɔ24
0295. 好～坏 xɔ53
0296. 号名 xɔ44
0297. 包 pɔ31
0298. 饱 pɔ53
0299. 炮 phɔ44
0300. 猫 mɔ24
0301. 闹 lɔ44
0302. 罩 tsɔ44
0303. 抓用手～牌
　　　tʃuɑ31
0304. 找～零钱
　　　tsɔ53
0305. 抄 tshɔ31
0306. 交 tɕiɔ31
0307. 敲 tɕhiɔ31
0308. 孝 çiɔ44
0309. 校学～ çiɔ44
0310. 表手～ piɔ53
0311. 票 phiɔ44
0312. 庙 miɔ44
0313. 焦 tɕiɔ31

377

陕西方言集成

乾县篇

0314. 小 ɕiɔ53	0345. 厚 xou44	0379. 含 ~一口水 xã24	0410. 尖 tɕiã31
0315. 笑 ɕiɔ44	0346. 富 fu44	0380. 暗 ŋã44	0411. 签 ~名 tɕhiã31
0316. 朝 ~代 tʂhɔ24	0347. 副 fu44	0381. 搭 ta31	0412. 占 ~领 tʂã44
0317. 照 tʂɔ44	0348. 浮 fu24	0382. 踏注意声调 tha24	0413. 染 ʐã53
0318. 烧 ʂɔ31	0349. 妇 fu44		0414. 钳 tɕhiã24
0319. 绕 ~线 ʐɔ53	0350. 流 liu24	0383. 拉注意声调 la31	0415. 验 Øiã44
0320. 桥 tɕhiɔ24	0351. 酒 tɕiu53	0384. 杂 tsa24	0416. 险 ɕiã53
0321. 轿 tɕhiɔ44	0352. 修 ɕiu31	0385. 鸽 kɤ31	0417. 厌 Øiã44
0322. 腰 Øiɔ31	0353. 袖 ɕiu44	0386. 盒 xuo24	0418. 炎 Øiã44
0323. 要重~ Øiɔ44	0354. 抽 tʂhou31	0387. 胆 tã53	0419. 盐 Øiã24
0324. 摇 Øiɔ24	0355. 绸 tʂhou24	0388. 毯 thã53	0420. 接 tɕiɛ31
0325. 鸟注意声母 ȵiɔ53	0356. 愁 tshou24	0389. 淡 tã44	0421. 折 ~叠 tʂɤ53
	0357. 瘦 sou44	0390. 蓝 lã24	0422. 叶树~ Øiɛ31
0326. 钓 tiɔ44	0358. 州 tʂou31	0391. 三 sã31	0423. 剑 tɕiã44
0327. 条 thiɔ24	0359. 臭香~ tʂhou44	0392. 甘 kã31	0424. 欠 tɕhiã44
0328. 料 liɔ44	0360. 手 ʂou53	0393. 敢 kã53	0425. 严 ȵiã24
0329. 箫 ɕiɔ31	0361. 寿 ʂou44	0394. 喊注意声调 xã53	0426. 业 ȵiɛ31
0330. 叫 tɕiɔ44	0362. 九 tɕiou53	0395. 塔 tha31	0427. 点 tiã53
0331. 母丈~, 舅~ mu53	0363. 球 tɕhiou24	0396. 蜡 la31	0428. 店 tiã44
	0364. 舅 tɕiu44	0397. 赚 tʃua44	0429. 添 thiã31
0332. 抖 tou24	0365. 旧 tɕiu44	0398. 杉 ~木, 注意韵母 sã31	0430. 甜 thiã24
0333. 偷 thou31	0366. 牛 ȵiu24		0431. 念 ȵiã44
0334. 头 thou24	0367. 休 ɕiu31	0399. 减 tɕiã53	0432. 嫌 ɕiã24
0335. 豆 tou44	0368. 优 Øiã31	0400. 咸 ~淡 xã24	0433. 跌注意声调 tiɛ31
0336. 楼 lou24	0369. 有 Øiu53	0401. 插 tsha31	
0337. 走 tsou53	0370. 右 Øiu44	0402. 闸 tsa44	0434. 贴 thiɛ31
0338. 凑 tshou44	0371. 油 Øiu24	0403. 夹 ~子 tɕia31	0435. 碟 tiɛ24
0339. 钩注意声母 kou31	0372. 丢 tiu31	0404. 衫 sã31	0436. 协 ɕiɛ24
	0373. 幼 Øiu44	0405. 监 tɕiã31	0437. 犯 fã44
0340. 狗 kou53	0374. 贪 thã31	0406. 岩 Øiæ24	0438. 法 fa31
0341. 够 kou44	0375. 潭 thã24	0407. 甲 tɕia31	0439. 品 phin53
0342. 口 khou53	0376. 南 lã24	0408. 鸭 Øia31	0440. 林 lin24
0343. 藕 ŋou53	0377. 蚕 tshã24	0409. 黏 ~液 ʐã24	0441. 浸 tɕin31
0344. 后前~ xou44	0378. 感 kã53		0442. 心 ɕin31

0443. 寻 ɕin24	0477. 擦 tsha31	0509. 战 tʂã44	0543. 烟 Øiã31
0444. 沉 tʂhən24	0478. 割 kuo31	0510. 扇名 ʂã44	0544. 憋 piɛ31
0445. 参人~ sən31	0479. 渴 khɤ31	0511. 善 ʂã44	0545. 篾 mi24
0446. 针 tʂən31	0480. 扮 pã44	0512. 件 tɕiã44	0546. 铁 thiɛ31
0447. 深 ʂən31	0481. 办 pã44	0513. 延 Øiã24	0547. 捏 ȵiɛ31
0448. 任责~ ʐən44	0482. 铲 tshã53	0514. 别~人 piɛ24	0548. 节 tɕiɛ31
0449. 金 tɕin31	0483. 山 sã31	0515. 灭 miɛ31	0549. 切动 tɕhiɛ31
0450. 琴 tɕhin24	0484. 产注意声母 tshã53	0516. 列 liɛ31	0550. 截 tɕiɛ24
0451. 音 Øin31		0517. 撤 tʂhɤ53	0551. 结 tɕiɛ31
0452. 立 li31	0485. 间房~，一~房 tɕiã31	0518. 舌 ʂɤ24	0552. 搬 pã31
0453. 集 tɕi24		0519. 设 ʂɤ31	0553. 半 pã44
0454. 习 ɕi24	0486. 眼 ȵiã53	0520. 热 ʐɤ31	0554. 判 phã44
0455. 汁 tʂʅ31	0487. 限 ɕiã44	0521. 杰 tɕiɛ24	0555. 盘 phã24
0456. 十 ʂʅ24	0488. 八 pa31	0522. 孽 ȵiɛ31	0556. 满 mã53
0457. 入 ʐu31	0489. 扎 tsa31	0523. 建 tɕiã44	0557. 端~午 tuã31
0458. 急 tɕi24	0490. 杀 sa31	0524. 健 tɕiã44	0558. 短 tuã53
0459. 及 tɕi24	0491. 班 pã31	0525. 言 Øiã24	0559. 断绳~了 tuã44
0460. 吸 ɕi31	0492. 板 pã53	0526. 歇 ɕiɛ31	0560. 暖 luã53
0461. 单简~ tã31	0493. 慢 mã44	0527. 扁 piã53	0561. 乱 luã44
0462. 炭 thã44	0494. 奸 tɕiã31	0528. 片 phiã53	0562. 酸 suã31
0463. 弹~琴 thã24	0495. 颜 Øiã24	0529. 面~条 miã44	0563. 算 suã44
0464. 难~易 lã24	0496. 瞎 xa31	0530. 典 tiã53	0564. 官 kuã31
0465. 兰 lã24	0497. 变 piã44	0531. 天 thiã31	0565. 宽 khuã31
0466. 懒 lã53	0498. 骗欺~ phiã44	0532. 田 thiã24	0566. 欢 xuã31
0467. 烂 lã44	0499. 便方~ piã44	0533. 垫 tiã44	0567. 完 Øuã24
0468. 伞注意声调 sã53	0500. 棉 miã24	0534. 年 ȵiã24	0568. 换 xuã44
0469. 肝 kã31	0501. 面~孔 miã44	0535. 莲 liã24	0569. 碗 Øuã53
0470. 看~见 khã44	0502. 连 liã24	0536. 前 tɕhiã24	0570. 拨 pɤ31
0471. 岸 ŋã44	0503. 剪 tɕiã53	0537. 先 ɕiã31	0571. 泼 phɤ31
0472. 汉 xã44	0504. 浅 tɕhiã53	0538. 肩 tɕiã31	0572. 末 mɤ31
0473. 汗 xã44	0505. 钱 tɕhiã24	0539. 见 tɕiã44	0573. 脱 tuo31
0474. 安 ŋã31	0506. 鲜 ɕiã53	0540. 牵 tɕhiã31	0574. 夺 tuo24
0475. 达 ta24	0507. 线 ɕiã44	0541. 显 ɕiã53	0575. 阔 khuo31
0476. 辣 la31	0508. 缠 tʂhã24	0542. 现 ɕiã44	0576. 活 xuo24

0577. 顽 ~皮，~固 Øuã24	0606. 饭 fã44	0640. 认 zʅən44	0673. 婚 xun31
0578. 滑 xuɑ24	0607. 晚 vã53	0641. 紧 tçin53	0674. 魂 xun24
0579. 挖 Øuɑ31	0608. 万麻将牌 vã44	0642. 银 Øin24	0675. 温 vən31
0580. 闩 ʃuã44	0609. 劝 tɕhyã44	0643. 印 Øin44	0676. 卒棋子 tsu24
0581. 关 ~门 kuã31	0610. 原 Øyã24	0644. 引 Øin53	0677. 骨 ku31
0582. 惯 kuã44	0611. 冤 Øyã31	0645. 笔 pi31	0678. 轮 lun24
0583. 还动 xuã24	0612. 园 Øyã24	0646. 匹 phi24	0679. 俊注意声母 tɕyn44
0584. 还副 xɑ24	0613. 远 Øyã53	0647. 密 mi31	
0585. 弯 Øuã31	0614. 发头 ~fɑ31	0648. 栗 li31	0680. 笋 sun53
0586. 刷 ʃua31	0615. 罚 fa24	0649. 七 tɕhi31	0681. 准 tʃun53
0587. 刮 kua31	0616. 袜 va31	0650. 侄 tsʅ24	0682. 春 tʃhun31
0588. 全 tɕhyã24	0617. 月 Øyo31	0651. 虱 sei31	0683. 唇 ʃun24
0589. 选 ɕyã53	0618. 越 Øyo31	0652. 实 ʂʅ24	0684. 顺 ʃun44
0590. 转 ~眼，~送 tʃuã44	0619. 县 ɕiã44	0653. 失 ʂʅ31	0685. 纯 tʃhun24
0591. 传 ~下来 tʃhuã24	0620. 决 tɕyo53	0654. 日 Øər31	0686. 闰 ʒun44
	0621. 缺 tɕhyo31	0655. 吉 tɕi31	0687. 均 tɕyn31
0592. 传 ~记 tʃuã44	0622. 血 ɕiɛ31	0656. 一 Øi31	0688. 匀 Øin24
	0623. 吞 thəŋ31	0657. 筋 tɕin31	0689. 律 ly31
0593. 砖 tʃuã31	0624. 根 kən31	0658. 劲有~ tɕin44	0690. 出 tʃhu31
0594. 船 ʃuã24	0625. 恨 xən44	0659. 勤 tɕhin24	0691. 橘 tɕy31
0595. 软 ʒuã53	0626. 恩 ŋən31	0660. 近 tɕin44	0692. 分动 fən31
0596. 卷 ~起 tɕyã53	0627. 贫 phin24	0661. 隐 Øin53	0693. 粉 fən53
0597. 圈圆 ~ tɕhyã31	0628. 民 min24	0662. 本 pən53	0694. 粪 fən44
0598. 权 tɕhyã24	0629. 邻 lin24	0663. 盆 phən24	0695. 坟 fən24
0599. 圆 Øyã24	0630. 进 tɕin44	0664. 门 mən24	0696. 蚊 vən24
0600. 院 Øyã44	0631. 亲 tɕhin31	0665. 墩 tun31	0697. 问 vən44
0601. 铅 ~笔，注意声调 tɕhiã31	0632. 新 ɕin31	0666. 嫩 lun44	0698. 军 tɕyn31
	0633. 镇 tʂən44	0667. 村 tshun31	0699. 裙 tɕhyn24
	0634. 陈 tʂhən24	0668. 寸 tshun44	0700. 熏 ɕyn31
	0635. 震 tʂən44	0669. 蹲注意声母 tun31	0701. 云 ~彩 Øyn24
0602. 绝 tɕyo24	0636. 神 ʂən24		0702. 运 Øyn44
0603. 雪 ɕyo31	0637. 身 ʂən31	0670. 孙 ~子 sun31	0703. 佛 ~像 fɤ24
0604. 反 fã53	0638. 辰 tʂhən24	0671. 滚 kun53	0704. 物 vɤ31
0605. 翻 fã31	0639. 人 zʅən24	0672. 困 khun44	0705. 帮 pɑŋ31

0706. 忙 maŋ24
0707. 党 taŋ53
0708. 汤 thaŋ31
0709. 糖 thaŋ24
0710. 浪 laŋ44
0711. 仓 tshaŋ31
0712. 钢 kaŋ31
0713. 糠 khaŋ31
0714. 薄形 pɤ24
0715. 摸注意声调 mɔ31
0716. 托 thuo31
0717. 落 luo31
0718. 作 tsuo31
0719. 索 suo31
0720. 各 kɤ31
0721. 鹤 xuo31
0722. 恶形，入声 ŋɤ31
0723. 娘 ȵiaŋ24
0724. 两斤～liaŋ53
0725. 亮 liaŋ44
0726. 浆 tɕiaŋ31
0727. 抢 tɕhiaŋ53
0728. 匠 tɕiaŋ44
0729. 想 ɕiaŋ53
0730. 像 ɕiaŋ44
0731. 张量 tʂaŋ31
0732. 长～短 tʂhaŋ24
0733. 装 tʃuaŋ31
0734. 壮 tʃuaŋ44
0735. 疮 tʃhuaŋ31
0736. 床 tʃhuaŋ24
0737. 霜 ʃuaŋ31

0738. 章 tʂaŋ31
0739. 厂 tʂhaŋ53
0740. 唱 tʂhaŋ44
0741. 伤 ʂaŋ31
0742. 尝 ʂaŋ24
0743. 上～去 ʂaŋ44
0744. 让 ʐaŋ44
0745. 姜生～tɕiaŋ31
0746. 响 ɕiaŋ53
0747. 向 ɕiaŋ44
0748. 秧 Øiaŋ31
0749. 痒 Øiaŋ53
0750. 样 Øiaŋ44
0751. 雀注意声母 tɕhyo31
0752. 削 ɕiɔ31
0753. 着火～了 tʃhuo24
0754. 勺 ʃuo24
0755. 弱 ʐuo31
0756. 脚 tɕyo31
0757. 约 Øyo31
0758. 药 Øyo31
0759. 光～线 kuaŋ31
0760. 慌 xuaŋ31
0761. 黄 xuaŋ24
0762. 郭 kuo31
0763. 霍 xuo31
0764. 方 faŋ31
0765. 放 faŋ44
0766. 纺 faŋ53
0767. 房 faŋ24
0768. 防 faŋ24
0769. 网 vaŋ53

0770. 筐 khuaŋ31
0771. 狂 khuaŋ24
0772. 王 Øuaŋ24
0773. 旺 Øuaŋ44
0774. 缚 fɤ24
0775. 绑 paŋ53
0776. 胖 phaŋ44
0777. 棒 paŋ44
0778. 桩 tʃuaŋ31
0779. 撞 tʃhuaŋ44
0780. 窗 tʃhuaŋ31
0781. 双 ʃuaŋ31
0782. 江 tɕiaŋ31
0783. 讲 tɕiaŋ53
0784. 降投～ɕiaŋ24
0785. 项 xaŋ44
0786. 剥 pɔ31
0787. 桌 tʃuo31
0788. 镯 tʃuo24
0789. 角 tɕyo31
0790. 壳 tɕhyo31
0791. 学 ɕyo24
0792. 握 ȵyo31
0793. 朋 phəŋ24
0794. 灯 təŋ31
0795. 等 təŋ53
0796. 凳 təŋ44
0797. 藤 thəŋ24
0798. 能 ləŋ24
0799. 层 tshəŋ24
0800. 僧注意声母 səŋ31
0801. 肯 khəŋ53
0802. 北 pei31

0803. 墨 mei24
0804. 得 tei31
0805. 特 thei24
0806. 贼 tsei24
0807. 塞 sei31
0808. 刻 khei31
0809. 黑 xei31
0810. 冰 piŋ31
0811. 证 tʂəŋ44
0812. 秤 tʂhəŋ44
0813. 绳 ʂəŋ24
0814. 剩 ʂəŋ44
0815. 升 ʂəŋ31
0816. 兴高～ɕiŋ44
0817. 蝇注意声母 Øiŋ24
0818. 逼 pi31
0819. 力 li31
0820. 息 ɕi31
0821. 直 tʂʅ24
0822. 侧注意声母 tshei31
0823. 测 tshei31
0824. 色 sei31
0825. 织 tʂʅ31
0826. 食 ʂʅ24
0827. 式 ʂʅ31
0828. 极 tɕi24
0829. 国 kui31
0830. 或 xui24
0831. 猛 məŋ53
0832. 打注意韵母 ta53
0833. 冷 ləŋ53
0834. 生 səŋ31

0835. 省 ~长 səŋ53
0836. 更三~，打~ kəŋ31
0837. 梗注意韵母 kəŋ31
0838. 坑 khəŋ31
0839. 硬 ȵiŋ44
0840. 行~为，~走 ɕiŋ24
0841. 百 pei31
0842. 拍 phei31
0843. 白 pei24
0844. 拆 tshei31
0845. 择 tsei24
0846. 窄 tsei31
0847. 格 kei31
0848. 客 khei31
0849. 额 ŋən31
0850. 棚 phəŋ24
0851. 争 tsəŋ31
0852. 耕 kəŋ31
0853. 麦 mei31
0854. 摘 tsei31
0855. 策 tshei31
0856. 隔 kei31
0857. 兵 piŋ31
0858. 柄注意声调 piŋ53
0859. 平 phiŋ24
0860. 病 piŋ44
0861. 明 miŋ24
0862. 命 miŋ44
0863. 镜 tɕiŋ44
0864. 庆 tɕhiŋ44

0865. 迎 Øiŋ24
0866. 影 ȵiŋ53
0867. 剧戏~ tɕy44
0868. 饼 piŋ53
0869. 名 miŋ24
0870. 领 liŋ53
0871. 井 tɕiŋ53
0872. 清 tɕhiŋ31
0873. 静 tɕiŋ44
0874. 姓 ɕiŋ44
0875. 贞 tsən31
0876. 程 tʂhəŋ24
0877. 整 tsəŋ53
0878. 正~反 tsəŋ44
0879. 声 ʂəŋ31
0880. 城 tʂhəŋ24
0881. 轻 tɕhiŋ31
0882. 赢 Øiŋ24
0883. 积 tɕi31
0884. 惜 ɕi31
0885. 席 ɕi24
0886. 尺 tʂʅ31
0887. 石 ʂʅ24
0888. 益 Øi31
0889. 瓶 phiŋ24
0890. 钉名 tiŋ31
0891. 顶 tiŋ53
0892. 厅 thiŋ31
0893. 听~见，注意声调 thiŋ31
0894. 停 thiŋ44
0895. 挺 thiŋ53
0896. 定 tiŋ44
0897. 零 liŋ24

0898. 青 tɕhiŋ31
0899. 星 ɕiŋ31
0900. 经 tɕiŋ31
0901. 形 ɕiŋ24
0902. 壁 pi31
0903. 劈 phi53
0904. 踢 thi31
0905. 笛 ti24
0906. 历农~ li31
0907. 锡 ɕi31
0908. 击 tɕi31
0909. 吃 tʂhʅ31
0910. 横 xuŋ44
0911. 划计~ xuɑ24
0912. 兄 ɕyŋ31
0913. 荣 Øyŋ24
0914. 永 Øyŋ53
0915. 营 Øiŋ24
0916. 蓬~松 phəŋ24
0917. 东 tuŋ31
0918. 懂 tuŋ53
0919. 冻 tuŋ44
0920. 通 thuŋ31
0921. 桶注意声调 thuŋ53
0922. 痛 thuŋ44
0923. 铜 thuŋ24
0924. 动 tuŋ44
0925. 洞 tuŋ44
0926. 聋注意声调 luŋ24
0927. 弄注意声母 luŋ44
0928. 粽 tsuŋ44

0929. 葱 tshuŋ31
0930. 送 suŋ44
0931. 公 kuŋ31
0932. 孔 khuŋ53
0933. 烘~干 xuŋ31
0934. 红 xuŋ24
0935. 翁 Øuŋ31
0936. 木 mu31
0937. 读 tu24
0938. 鹿 lou31
0939. 族 tsu24
0940. 谷稻~ ku31
0941. 哭 fu31
0942. 屋 Øu31
0943. 冬~至 tuŋ31
0944. 统注意声调 thuŋ53
0945. 脓注意声调 luŋ24
0946. 松~紧 suŋ31
0947. 宋 suŋ44
0948. 毒 tu24
0949. 风 fəŋ31
0950. 丰 fəŋ31
0951. 凤 fəŋ44
0952. 梦 məŋ44
0953. 中当~ tʃuŋ31
0954. 虫 tʃhuŋ24
0955. 终 tʃuŋ31
0956. 充 tʃhuŋ53
0957. 宫 kuŋ31
0958. 穷 tɕhyŋ24
0959. 熊注意声母 ɕyŋ24

0960. 雄注意声母 ɕyŋ24
0961. 福 fu31
0962. 服 fu24
0963. 目 mu31
0964. 六 liu31
0965. 宿住～，～舍 ɕy31
0966. 竹 tʃu31
0967. 畜～生 ɕy31
0968. 缩 ʃuo31
0969. 粥 tʃu31
0970. 叔 ʃu31
0971. 熟 ʃu24
0972. 肉 zou44
0973. 菊 tɕy31
0974. 育 øy44
0975. 封 fəŋ31
0976. 蜂 fəŋ31
0977. 缝一条～ fəŋ44
0978. 浓 luŋ24
0979. 龙 luŋ24
0980. 松～树，注意声调 suŋ31
0981. 重轻～ tʃuŋ44
0982. 肿 tʃuŋ53
0983. 种～树 tʃuŋ44
0984. 冲 tʃhuŋ31
0985. 恭 kuŋ31
0986. 共 kuŋ44
0987. 凶吉～ ɕyŋ31
0988. 拥注意声调 øyŋ31
0989. 容 øyŋ24
0990. 用 øyŋ44
0991. 绿 liu31
0992. 足 tɕy31
0993. 烛 tʃu31
0994. 赎 ʃu24
0995. 属 ʃu53
0996. 褥 ʒu31
0997. 曲～折，歌～ tɕhy31
0998. 局 tɕy24
0999. 玉 øy31
1000. 浴 øy31

第三章 词 汇

第一节 规定词汇

一、天文、地理

（一）天文

0001. 太阳~下山了 爷 Øiɛ44

0002. 月亮~出来了 高高爷 kɔ31kɔ0Øiɛ44

0003. 星星 宿宿 ɕiu53ɕiu0

0004. 云 云 Øyn24

0005. 风 风 fəŋ31

0006. 台风 台风 thæ24fəŋ31

0007. 闪电名词 闪电婆 ʂã53tiã44phɤ0

0008. 雷 呼噜爷 xu31lou0Øiɛ44

0009. 雨 雨 Øy53

0010. 下雨 下雨 ɕia44Øy53

0011. 淋衣服被雨~湿了 淋 lin24

0012. 晒~粮食 晒 sæ44

0013. 雪 雪 ɕyo31

0014. 冰 冰溜子 piŋ31liu44tsʅ0/冰棱 piŋ53liŋ0

0015. 冰雹 冷子 ləŋ53tsʅ0

0016. 霜 霜 ʃuaŋ31

0017. 雾 雾 vu44

0018. 露 露水 lou44ʃui0

0019. 虹统称 虹 tɕiaŋ44

0020. 日食 日食 Øər53ʂʅ0

0021. 月食 月食 Øyo53ʂʅ0

0022. 天气 天气 thiã53tɕhi0

0023. 晴天~ 晴 tɕhiŋ24

0024. 阴天~ 阴 ȵin31

0025. 旱天~ 旱 xã44

0026. 涝天~ 涝 lɔ44

0027. 天亮 天明 thiã31miŋ24

（二）地貌

0028. 水田 水浇地 ʃui53tɕiɔ31ti44

0029. 旱地浇不上水的耕地 旱地 xã44ti44

0030. 田埂 塄坎 ləŋ44khæ0

0031. 路野外的 路 lou44

0032. 山 山 sã31

0033. 山谷 沟 kou31/沟里 kou53li0

0034. 江大的河 江 tɕiaŋ31

0035. 溪小的河 河渠 xuo24tɕhy24

0036. 水沟儿较小的水道 水道 ʃui53tɔ0

0037. 湖 湖 xu24

0038. 池塘 涝处 lɔ44tʃhu0

0039. 水坑儿地面上有积水的小洼儿
　　　 水坑坑 ʃui53khəŋ53khəŋ0
0040. 洪水　 洪水 xuŋ44ʃui53
0041. 淹被水～了　 淹 ȵiã31
0042. 河岸　 河边 xuo24piã53
0043. 坝拦河修筑拦水的　 坝 pɑ44
0044. 地震　 地震 ti44tʂən44
0045. 窟窿小的　 窟窿 fu53ləŋ0
0046. 缝儿统称　 缝缝 fəŋ44fəŋ0

(三) 物象

0047. 石头统称　 石头 ʂɿ24thou53
0048. 土统称　 土 thu53
0049. 泥湿的　 泥 ȵi24
0050. 水泥旧称　 洋灰 Øiaŋ24xui31
0051. 沙子　 沙子 sɑ53tsɿ0
0052. 砖整块的　 砖头 tʃuã53thou0
0053. 瓦整块的　 瓦 Øuɑ53
0054. 煤　 炭 thɑ44
0055. 煤油　 煤油 mei24Øiu24
0056. 炭木炭　 木炭 mu53thɑ0
0057. 灰烧成的　 灰 xui31
0058. 灰尘桌面上的　 灰圢 xui53tɕhiɑ0
0059. 火　 火 xuo53
0060. 烟烧火形成的　 烟 Øiã31
0061. 失火　 着火 tʃhuo24xuo53
0062. 水　 水 ʃui53
0063. 凉水　 凉水 liaŋ24ʃui0
0064. 热水如洗脸的热水，不是指喝的开水
　　　 温水 vən31ʃui0
0065. 开水喝的　 开水 khæ31ʃui0
0066. 磁铁　 吸铁石 ɕi31thiɛ31ʂɿ24

二、时间、方位

(一) 时间

0067. 时候吃饭的～　 时间 sɿ24tɕiɑ̃53
0068. 什么时候　 啥时 sɑ44sɿ0
0069. 现在　 壬庚 zən24kei53
0070. 以前十年～　 前 tɕhiã24
0071. 以后十年～　 后 xou44
0072. 一辈子　 一辈辈 Øi31pei44pei0
0073. 今年　 今年 tɕin53ȵiã0
0074. 明年　 过年 kuo44ȵiã0
0075. 后年　 后年 xou44ȵiã0
0076. 去年　 年时 ȵiã24sɿ53
0077. 前年　 前年 tɕhiã24ȵiã53
0078. 往年过去的年份　 先年 ɕiã31ȵiã24
0079. 年初　 开年 khæ31ȵiã24
0080. 年底　 年跟前 ȵiã24kən53tɕiã0
0081. 今天　 今儿 tɕiãr31
0082. 明天　 明儿 miɛr24
0083. 后天　 后儿 xour53
0084. 大后天　 外后儿 Øuæ44xour53
0085. 昨天　 夜儿 Øiãr53
0086. 前天　 前儿 tɕhiãr24
0087. 大前天　 上前儿 ʂaŋ44tɕhiãr24
0088. 整天　 成天 tʂhəŋ24thiã53
0089. 每天　 天天 thiã24thiã31
0090. 早晨　 赶早 kã31tsɔ53／早上
　　　 tsɔ53ʂaŋ0
0091. 上午　 吃了饭 tʂhɿ31li0fã44
0092. 中午　 晌午 ʂaŋ310u0
0093. 下午　 后晌 xuŋ44ʂaŋ0
0094. 傍晚　 黑得了 xei53tei0liɛ0

0095. 白天　白日 pei24ʐ̩ən53

0096. 夜晚与白天相对，统称　黑了 xei31liɛ0

0097. 半夜　半晚上 pã44vã53ʂaŋ0

0098. 正月农历　正月 tʂəŋ53Øyo0

0099. 大年初一农历　大年初一 ta44n̢iã24tʃhu31Øi31

0100. 元宵节　正月十五 tʂəŋ31Øyo31ʂ̩24ou53

0101. 清明　清明 tɕhiu53mu0

0102. 端午　端午 tuã31Øu0

0103. 七月十五农历，节日名　无

0104. 中秋　八月十五 pa31Øyo0ʂ̩24ou53

0105. 冬至　冬至 tuŋ31tsɿ44

0106. 腊月农历十二月　腊月 la53Øyo0

0107. 除夕农历　大年三十儿 ta44n̢iã24sã31ʂ̩r24

0108. 历书　历头 li53thou0

0109. 阴历　阴历 Øin31li0

0110. 阳历　阳历 Øiaŋ24li53

0111. 星期天　礼拜日 li53pæ24Øər31

（二）方位

0112. 地方　地方 ti44faŋ0

0113. 什么地方　啥地方 sa44ti44faŋ0

0114. 家里　屋里 Øu53li0

0115. 城里　城里 tʂhəŋ24li0

0116. 乡下　乡里 ɕiaŋ53li0

0117. 上面从～滚下来　上头 ʂaŋ44thou0

0118. 下面从～爬上去　下头 xa44thou0

0119. 左边　左帮 tsuo53paŋ0

0120. 右边　右帮 Øiu44paŋ0

0121. 中间排队排在～　中间 tʃuŋ24tɕiã31/当中 taŋ31tʃhuŋ24

0122. 前面排队排在～　前岸 tɕhiã24ŋã53

0123. 后面排队排在～　后岸 xou44ŋã0

0124. 末尾排队排在～　巴巴尾儿 pa44pa44Øir53

0125. 对面　对岸 tui44ŋã53

0126. 面前　跟前 kən53tɕiã0

0127. 背后　后岸 xou44ŋã0

0128. 里面躲在～　里岸 li53ŋã0

0129. 外面衣服晒在～　外岸 Øuæ44ŋã0

0130. 旁边　偏傍 phiã53paŋ0

0131. 上碗在桌子～　上 ʂaŋ44

0132. 下凳子在桌子～　下 xa44

0133. 边儿桌子的～　边边 piã53piã0

0134. 角儿桌子的～　角角 tɕyo53tɕyo0

0135. 上去他～了　上去 ʂaŋ44tɕhi0

0136. 下来他～了　下来 xa44læ0

0137. 进去他～了　进去 tɕin44tɕhi0

0138. 出来他～了　出来 tʃhu53læ0

0139. 出去他～了　出去 tʃhu53tɕhi0

0140. 回来他～了　回来 xui24læ0

0141. 起来天冷～了　起来 tɕhiɛ53læ0

三、植物

（一）一般植物

0142. 树　树 ʃu44

0143. 木头　木头 mu53thou0

0144. 松树统称　松树 suŋ53ʃu0

0145. 柏树统称　柏树 pei53ʃu0

0146. 杉树　杉树 sa53ʃu0

0147. 柳树　柳树 liu53ʃu0

0148. 竹子统称　竹子 tʃu53tsɿ0
0149. 笋　竹笋 tʃu31sun53
0150. 叶子　叶叶 øiɛ53øiɛ0
0151. 花　花 xuɑ31
0152. 花蕾花骨朵儿　花苞苞
　　　xuɑ24pɔ53pɔ0 花苞荖
　　　xuɑ31pɔ44lɔ0
0153. 梅花　梅花 mei24xuɑ53
0154. 牡丹　牡丹花 mu53tã31xuɑ31
0155. 荷花　荷花 xuo24xuɑ53
0156. 草　草 tshɔ53
0157. 藤　蔓蔓 vã44vã0
0158. 刺名词　刺 tshɿ44
0159. 水果　果麦 kuo53mei31
0160. 苹果　苹果 phiŋ24kuo53
0161. 桃子　桃 thɔ24
0162. 梨　梨 li24
0163. 李子　梅李儿 mei31lir53／李梅
　　　li53mei0
0164. 杏　杏 xəŋ44
0165. 橘子　橘子 tɕy31tsɿ0
0166. 柚子　柚子 øiu44tsɿ0
0167. 柿子　柿子 sɿ44tsɿ0
0168. 石榴　石榴 ʂɿ24liu53
0169. 枣　枣儿 tsɔr53
0170. 栗子　毛栗 mɔ24li0
0171. 核桃　核桃 xɯ24thɔ53
0172. 银杏白果　银杏 øin24ɕiŋ44
0173. 甘蔗　甘蔗 kã31tʂɤ24
0174. 木耳　木耳 mu31øər0
0175. 蘑菇野生的　麦钻钻
　　　mei31tsuã31tsuã24
0176. 香菇　香菇 ɕiaŋ24ku31

（二）农作物

0177. 稻子指植物　稻子 thɔ44tsɿ0
0178. 稻谷指籽实（脱粒后是大米）
　　　大米 tɑ44mi53
0179. 稻草脱粒后的　稻草 thɔ31tshɔ0
0180. 大麦指植物　大麦 tɑ44mei31
0181. 小麦指植物　麦 mei31
0182. 麦秸脱粒后的　麦草 mei31tshɔ0
0183. 谷子指植物（籽实脱粒后是小米）
　　　谷 ku31
0184. 高粱指植物　稻黍 thɔ31ʃu0
0185. 玉米指成株的植物　御麦 øy44mei31
0186. 棉花指植物　棉花 miã24xuɑ53
0187. 油菜油料作物，不是蔬菜　菜籽
　　　tshæ44tsɿ0
0188. 芝麻　芝麻 tsɿ53mɑ0
0189. 向日葵指植物　向日葵
　　　ɕiaŋ44øɹe31khui24
0190. 蚕豆　蚕豆 tshã24tou44
0191. 豌豆　豌豆 øuã53tou0
0192. 花生指果实，注意婉称　花生
　　　xuɑ24səŋ31
0193. 黄豆　白豆子 pei24tou44tsɿ0
0194. 绿豆　绿豆 liu53tou0
0195. 豇豆长条形的　豇豆 tɕiaŋ53tou0
0196. 大白菜东北～　白菜 pei24tshæ53
0197. 包心菜卷心菜，圆白菜，球形的　莲
　　　花白 liã24xuɑ31pei24
0198. 菠菜　菠菜 pɤ53tshæ0
0199. 芹菜　芹菜 tɕhin24tshæ53
0200. 莴笋　莴笋 øuo31sun44
0201. 韭菜　韭菜 tɕiu53tshæ0

0202. 香菜芫荽　芫荽 ɕiã24sui53
0203. 葱　葱 tshuŋ31
0204. 蒜　蒜 suã44
0205. 姜　生姜 səŋ31tɕiaŋ31
0206. 洋葱　洋葱 ɕiaŋ24tshuŋ31
0207. 辣椒统称　辣子 la53tsʅ0
0208. 茄子统称　茄子 tɕhiɛ24tsʅ0
0209. 西红柿　洋柿子 ɕiaŋ24sʅ44tsʅ0
0210. 萝卜统称　萝卜 luo24pu53
0211. 胡萝卜　红萝卜 xuŋ24luo24pu0
0212. 黄瓜　黄瓜 xuaŋ24kua53
0213. 丝瓜无棱的　丝瓜 sʅ31kua0
0214. 南瓜扁圆形或梨形，成熟时呈赤褐色
　　　南瓜 la24kua53
0215. 荸荠　荸荠 pi31tɕi31
0216. 红薯统称　红芋 xuŋ24ɕy24
0217. 马铃薯　洋芋 ɕiaŋ24ɕy24
0218. 芋头　芋头儿 ɕy24thour24
0219. 山药圆柱形的　山药 sã31ɕyo31
0220. 藕　莲菜 liã24tshæ53

四、动物

（一）一般动物

0221. 老虎　老虎 lɔ31xu0
0222. 猴子　猴 xou24
0223. 蛇统称　长虫 tshaŋ24tʃhuŋ53
0224. 老鼠家里的　老鼠 lɔ31ʃu0
0225. 蝙蝠　夜蝙虎 ɕiɛ44piã53xu0
0226. 鸟儿飞鸟，统称　鸟鸟 ȵiɔ53ȵiɔ0
0227. 麻雀　雀儿 tɕhiɔr53
0228. 喜鹊　嘎哇 ka53ɕua0
0229. 乌鸦　老鸹 lɔ53ɕua31

0230. 鸽子　鹁鸽 pu24kɔ53
0231. 翅膀鸟的，统称　膀子 paŋ53tsʅ0
0232. 爪子鸟的，统称　爪爪 tʃua53tʃua0
0233. 尾巴　尾巴 ɕi53pa0
0234. 窝鸟的　雀儿窝 tɕhiɔr53ɕuo0
0235. 虫子统称　虫虫 tʃhuŋ24tʃhuŋ53
0236. 蝴蝶统称　蛾儿 ŋɤr24
0237. 蜻蜓统称　蚂螂 ma31laŋ0
0238. 蜜蜂　蜂 fəŋ31
0239. 蜂蜜　蜂糖 fəŋ53thaŋ0
0240. 知了统称　知了 tsʅ24lɔ53
0241. 蚂蚁　蚍蚂蜂 phi24ma53fəŋ31
0242. 蚯蚓　蛐蟮 tɕhy53ʂã0
0243. 蚕　蚕儿 tshãr24
0244. 蜘蛛会结网的　蛛蛛 tʃu53tʃu0
0245. 蚊子统称　蚊子 vəŋ24tsʅ53
0246. 苍蝇统称　蝇子 ɕiŋ24tsʅ53
0247. 跳蚤咬人的　虼蚤 kɯ31tsɔ31
0248. 虱子　虱 sei31
0249. 鱼　鱼 ɕy24
0250. 鲤鱼　鲤鱼 li53ɕy24
0251. 鳙鱼胖头鱼　鳙鱼 ɕyŋ31ɕy24
0252. 鲫鱼　鲫鱼 tɕi31ɕy24
0253. 甲鱼　鳖 piɛ31
0254. 鳞鱼的　鱼鳞 ɕy24lin24
0255. 虾统称　虾 ɕia31
0256. 螃蟹统称　螃蟹 phaŋ24xæ53
0257. 青蛙统称　疥疙蛙 tɕiɛ44kɯ31ua24
0258. 癞蛤蟆表皮多疙瘩　疥疤毒
　　　tɕiɛ44pa31tu0

（二）家畜、家禽

0259. 马　马 ma53

0260. 驴　驴 ly24

0261. 骡　骡子 luo24tsɿ53

0262. 牛　牛 ɲiu24

0263. 公牛统称　犍牛 tɕiã31ɲiu24

0264. 母牛统称　乳牛 ʐu53ɲiu24

0265. 放牛　放牛 faŋ44ɲiu24

0266. 羊　羊 ɕiaŋ24

0267. 猪　猪 tʃu31

0268. 种猪配种用的公猪　角猪 tɕyo31tʃu31

0269. 公猪成年的，已阉的　牙猪 ɲia24tʃu31

0270. 母猪成年的，未阉的　㹎 tsha24

0271. 猪崽　猪娃 tʃu53ɕua31

0272. 猪圈　猪圈 tʃu31tɕyã44/猪窝 tʃu24ɕuo31

0273. 养猪　看猪 khã24tʃu31/喂猪 ɕui44tʃu31

0274. 猫　猫 mɔ24

0275. 公猫　郎猫 laŋ24mɔ24

0276. 母猫　咪猫 mi44mɔ24

0277. 狗统称　狗 kou53

0278. 公狗　牙狗 ɲia24kou53

0279. 母狗　母狗 mu31kou53

0280. 叫狗～　咬 ɲiɔ53

0281. 兔子　兔 thu44

0282. 鸡　鸡 tɕi31

0283. 公鸡成年的，未阉的　公鸡 kuŋ31tɕi31

0284. 母鸡已下过蛋的　母鸡 mu53tɕi31

0285. 叫公鸡～（打鸣儿）　叫鸣 tɕiɔ44miŋ24

0286. 下鸡～蛋　下 ɕia44

0287. 孵～小鸡　菢 pu53

0288. 鸭　鸭子 ɕia53tsɿ0

0289. 鹅　鹅 ŋɤ24

0290. 阉～公的猪　劁 thiɔ31

0291. 阉～母的猪　摘 tsei24

0292. 阉～鸡　无

0293. 喂～猪　喂 ɕui44

0294. 杀猪统称，注意婉称　杀猪 sa24tʃu31

0295. 杀～鱼　杀 sa31

五、房舍、器具

（一）房舍

0296. 村庄一个～　堡子 pu53tsɿ0

0297. 胡同统称：一条～　巷子 xaŋ53tsɿ0

0298. 街道　街道 kæ31tɔ44

0299. 盖房子　盖房 kæ44faŋ24

0300. 房子整座的，不包括院子　房 faŋ24

0301. 屋子房子里分隔而成的，统称　屋里 ɕu53li0

0302. 卧室　房子 faŋ24tsɿ53

0303. 茅屋茅草等盖的　庵子 ŋã53tsɿ0

0304. 厨房　灶房 tsɔ44faŋ0

0305. 灶统称　灶 tsɔ44

0306. 锅统称　锅 kuo31

0307. 饭锅煮饭的　锅 kuo31

0308. 菜锅炒菜的　炒锅 tshɔ53kuo31/炒勺 tshɔ53ʃuo24

0309. 厕所旧式的，统称　后院 xou44ɕyã0

0310. 檩左右方向的　檩条 lin53thiɔ0

0311. 柱子　柱子 tʃu44tsɿ0

0312. 大门　头门 tou24mən24

0313. 门槛儿　门槛 mən24khã53

0314. 窗旧式的　窗子 tʃhuaŋ53tsʅ0

0315. 梯子可移动的　梯子 thi53tsʅ0

0316. 扫帚统称　扫子 sɔ44tsʅ0

0317. 扫地　扫地 sɔ53ti44

0318. 垃圾　垃圾 lɑ31tɕi0

（二）家具

0319. 家具统称　家具 tɕiɑ31tɕy24

0320. 东西我的～　东西 tuŋ53ɕi0

0321. 炕土、砖砌的，睡觉用　炕 khaŋ44

0322. 床木质的，睡觉用　床 tʃhuaŋ24

0323. 枕头　枕头 tʂən53thou0

0324. 被子　被儿 piər53

0325. 棉絮　棉花 miã24xuɑ31

0326. 床单　单子 tã53tsʅ0

0327. 褥子　褥子 ʐu53tsʅ0

0328. 席子　席 ɕi24

0329. 蚊帐　蚊帐 vən24tʂaŋ44

0330. 桌子统称　桌子 tʃuo53tsʅ0

0331. 柜子统称　柜 kui44

0332. 抽屉桌子的　抽掀 tʃhou53ɕiã0

0333. 案子长条形的　案 ŋã44

0334. 椅子统称　椅子 Øi53tsʅ0

0335. 凳子统称　板头 pã53thou0

0336. 马桶有盖的　尿桶 ȵiɕi44thuŋ53

（三）用具

0337. 菜刀　刀 tɔ31

0338. 瓢舀水的　马勺 mɑ53ʃuo0/勺 ʃuo24

0339. 缸　瓮 Øuəŋ44

0340. 坛子装酒的～　坛坛 thã24thã53

0341. 瓶子装酒的～　瓶瓶 phiŋ24phiŋ53

0342. 盖子杯子的～　盖盖 kæ44kæ0

0343. 碗统称　碗 Øuã53

0344. 筷子　筷子 khuæ44tsʅ0

0345. 汤匙　勺勺 ʃuo24ʃuo53

0346. 柴火统称　柴 tshæ24

0347. 火柴　洋火 Øiaŋ24xuo53

0348. 锁　锁子 suo53tsʅ0

0349. 钥匙　钥匙 Øyo53sʅ0

0350. 暖水瓶　电壶 tiã44xu24

0351. 脸盆　脸盆 liã53phəŋ0

0352. 洗脸水　洗脸水 ɕi31liã31ʃui53

0353. 毛巾洗脸用　羊肚手巾 Øiaŋ24tu53ʂou53tɕin31

0354. 手绢　帕帕 phɑ53phɑ0

0355. 肥皂洗衣服用　洋碱 Øiaŋ24tɕiã53

0356. 梳子旧式的，不是篦子　木梳 mu53ʃu0

0357. 缝衣针　针 tʂən31

0358. 剪子　剪子 tɕiã53tsʅ0

0359. 蜡烛　蜡 lɑ31

0360. 手电筒　手电 ʂou53tiã44

0361. 雨伞挡雨的，统称　伞 sã53

0362. 自行车　车子 tʂhɤ53tsʅ0

六、服饰、饮食

（一）服饰

0363. 衣服统称　衣裳 Øi53ʂaŋ0

0364. 穿～衣服　穿 tʃhuã31

0365. 脱～衣服　脱 thuo31

0366. 系～鞋带　绑 paŋ53

0367. 衬衫　衬衣 tshən44Øi31

0368. 背心带两条杠的，内衣　背心

pei44ɕin31

0369. 毛衣　毛衣 mɔ24Øi31

0370. 棉衣　棉袄 miã24ŋɔ53

0371. 袖子　袖子 ɕiu44tsɿ0

0372. 口袋衣服上的　兜兜 tou53tou0

0373. 裤子　裤儿 fur53

0374. 短裤外穿的　半截裤儿 pã44tɕiɛ31fur53

0375. 裤腿　裤腿 fu44thui31

0376. 帽子统称　帽子 mɔ44tsɿ0

0377. 鞋子　鞋 xæ24

0378. 袜子　袜子 vɑ53tsɿ0

0379. 围巾　围脖 Øui24pɤ53

0380. 围裙　围裙 Øui24tɕhyn53

0381. 尿布　褯子 tɕhiɛ44tsɿ0

0382. 扣子　纽子 ȵiu53tsɿ0

0383. 扣~扣子　扣 khou44

0384. 戒指　戒指 tɕiɛ44tsɿ31

0385. 手镯　镯子 tʃuo24tsɿ53

0386. 理发　剃头 thi24thou24/推头 thui31thou24

0387. 梳头　梳头 ʃu31thou24

（二）饮食

0388. 米饭　大米饭 tɑ44mi53fã44

0389. 稀饭用米熬的，统称　米汤 mi53thaŋ31

0390. 面粉麦子磨的，统称　面 miã44

0391. 面条统称　面 miã44

0392. 面儿玉米~，辣椒~　面 miã44

0393. 馒头无馅儿的，统称　蒸馍 tʂəŋ53mɤ0

0394. 包子　包子 pɔ53tsɿ0

0395. 饺子　角角 tɕyo53tɕyo0

0396. 馄饨　馄饨 xun44tun0

0397. 馅儿　馅子 ɕyã44tsɿ0

0398. 油条长条形的，旧称　油条 Øiu24thiɔ24

0399. 豆浆　豆浆 tou44tɕiaŋ31

0400. 豆腐脑儿　豆腐脑 tou44fu31lɔ53

0401. 元宵食品　元宵 Øiã24ɕiɔ53

0402. 粽子　粽子 tsuŋ44tsɿ0

0403. 年糕用黏性大的米或米粉做的　黏糕 zã24kɔ53

0404. 点心统称　点心 tiã53ɕin31

0405. 菜吃饭时吃的，统称　菜 tshæ44

0406. 干菜统称　干菜 kã31tshæ44

0407. 豆腐　豆腐 tou44fu0

0408. 猪血当菜的　猪血 tʃu24ɕiɛ31

0409. 猪蹄当菜的　猪蹄蹄 tʃu31thi24thi53

0410. 猪舌头当菜的，注意婉称　口条 khou53thi24

0411. 猪肝当菜的，注意婉称　肝子 kã53tsɿ0

0412. 下水猪、牛、羊的内脏　下水 ɕia44ʃui0

0413. 鸡蛋　鸡蛋 tɕi31tã44

0414. 松花蛋　变蛋 piã44tã44

0415. 猪油　大油 tɑ44Øiu24/荤油 xun31Øiu24

0416. 香油　香油 ɕiaŋ31Øiu24

0417. 酱油　酱油 tɕiaŋ44Øiu24

0418. 盐名词　盐 Øiã24

0419. 醋注意婉称　醋 tshu44

0420. 香烟　纸烟 tsɿ53Øiã31

0421. 旱烟　旱烟 xæ44Øiã31

0422. 白酒　烧酒 ʂɔ31tɕiu53

0423. 黄酒　黄酒 xuaŋ24tɕiu53

0424. 江米酒酒酿，醪糟　醪糟
　　　　lɔ24tsɔ53

0425. 茶叶　茶叶 tshɑ24Øiɛ53

0426. 沏～茶　泼 phɤ31

0427. 冰棍儿　冰棍儿 piŋ31kunr53

0428. 做饭统称　做饭 tsu44fã44

0429. 炒菜统称，和做饭相对　炒菜
　　　　tshɔ53tshæ44

0430. 煮～带壳的鸡蛋　煮 tʃu53

0431. 煎～鸡蛋　煎 tɕiã31

0432. 炸～油条　炸 tsɑ44

0433. 蒸～鱼　蒸 tʂəŋ31

0434. 揉～面做馒头等　揉 ʐou24

0435. 擀～面，～皮儿　擀 kã53

0436. 吃早饭　吃早上饭
　　　　tʂʅ24tsɔ31ʂaŋ0fã44/吃早起饭
　　　　tʂʅ24tsɔ31tɕhiɛ0fã44

0437. 吃午饭　吃晌午饭
　　　　tʂʅ24ʂaŋ31Øu0fã44

0438. 吃晚饭　吃黑了饭
　　　　tʂʅ24xei31liɛ0fã44

0439. 吃～饭　吃 tʂʅ31

0440. 喝～酒　喝 xuo31

0441. 喝～茶　喝 xuo31

0442. 抽～烟　吃 tʂʅ31

0443. 盛～饭　舀 Øiɔ53

0444. 夹用筷子～菜　抄 tshɔ31
　　　　夹 tɕiɑ31

0445. 斟～酒　倒 tɔ44/看 khã44

0446. 渴口～　渴 khɤ31

0447. 饿肚子～　饥 tɕi31

0448. 噎吃饭～着了　噎 Øiɛ31

七、身体、医疗

（一）身体

0449. 头人的，统称　大脑 tuo24lɔ53/
　　　　颡 sɑ24

0450. 头发　髦絃 mɔ44kæ31

0451. 辫子　髦辫辫 mɔ44piã44piã0

0452. 旋　旋 ɕyã44

0453. 额头　额颅 ŋəŋ53lou0

0454. 相貌　模样 mu24Øiaŋ53

0455. 脸洗～　脸 liã53

0456. 眼睛　眼窝 n̠iã53Øuo31

0457. 眼珠统称　眼仁儿 n̠iã53ʐənr24
　　　　眼仁子 n̠iã53ʐən24tsʅ53

0458. 眼泪哭的时候流出来的　眼泪
　　　　n̠iã53lui0

0459. 眉毛　眼眉儿 n̠iã53mir24

0460. 耳朵　耳朵 Øər53tuo0

0461. 鼻子　鼻子 pi24tsʅ53

0462. 鼻涕统称　清鼻 tɕhiŋ31pi24

0463. 擤～鼻涕　擤 ɕiŋ53

0464. 嘴巴人的，统称　嘴 tsui53

0465. 嘴唇　嘴唇儿 tsui53ʃunr24

0466. 口水～流出来　涎水 xɑ31ʃui31

0467. 舌头　舌头 ʂɤ24thou53

0468. 牙齿　牙 n̠iɑ24

0469. 下巴　下巴 xɑ44pɑ0

0470. 胡子嘴周围的　胡子 xu24tsʅ53

0471. 脖子　脖项 pɤ24xaŋ53

0472. 喉咙　胡咙眼 xu24lou0n̠iã53

0473. 肩膀　胛骨 tɕiɑ31kuo31

0474. 胳膊　胳膊 kɯ53pɤ0

0475. 手方言指（打√）：只指手√；包括臂：
他的～摔断了　手 ʂou53

0476. 左手　左手 tsuo31ʂou53

0477. 右手　右手 Øiu44ʂou53

0478. 拳头　锤头 tʃhui24thou53

0479. 手指　手指头 ʂou53tsɿ53thou0

0480. 大拇指　大拇指头
tɑ44mei31tsɿ53thou0

0481. 食指　二拇指头
Øər44mei31tsɿ53thou0

0482. 中指　中指 tʃuŋ31tsɿ31

0483. 无名指　无名指
vu24miŋ24tsɿ53

0484. 小拇指　小拇尓 ɕiɔ53mei31kɑ24

0485. 指甲　指甲 tsɿ53tɕiɑ31

0486. 腿　腿 thui53

0487. 脚方言指（打√）：只指脚√；包括小
腿；包括小腿和大腿：他的～轧断了
脚 tɕyo31

0488. 膝盖指部位　磕膝盖
khɯ53tɕhi31kæ44

0489. 背名词　脊背 tɕi53pei0

0490. 肚子腹部　肚子 tu44tsɿ0

0491. 肚脐　脖脖 pɤ24pɤ53

0492. 乳房女性的　奶奶 ȵiɛ24ȵiɛ53

0493. 屁股　沟子 kou53tsɿ0

0494. 肛门　沟门儿 kou31mənr24

0495. 阴茎成人的　尿 kou24/锤子
tʃhui24tsɿ0

0496. 女阴成人的　屄 phi31

0497. 㚻动词　合 zɿ31

0498. 精液　□ suŋ24

0499. 来月经注意婉称　身上来了
ʂən53ʂaŋ0læ24liɛ0

0500. 拉屎　屙屎 pɑ31sɿ53

0501. 撒尿　尿尿 ȵiɔ44ȵiɔ44

0502. 放屁　放屁 faŋ44phi44

0503. 相当于"他妈的"的口头禅
他妈屄 thɑ31mɑ24phi31

（二）疾病、医疗

0504. 病了　不嵌活 pu31tɕhiã44xou0

0505. 着凉　凉了 liaŋ24liɛ0

0506. 咳嗽　咳嗽 khɯ53sou0

0507. 发烧　发烧 fɑ24ʂɔ31

0508. 发抖　打颤 tɑ53tʂã44

0509. 肚子疼　肚子疼 tu44tsɿ0thəŋ24

0510. 拉肚子　屙稀屎 pɑ53ɕi31sɿ31/
跑后 phɔ53xou44

0511. 患疟疾　发摆子 fɑ31pæ53tsɿ31

0512. 中暑　热木了 zɤ31mu44liɛ0

0513. 肿　肿了 tʃuŋ31liɛ0

0514. 化脓　熟脓 ʃu24luŋ24/发了
fɑ31liɛ0

0515. 疤好了的　疤疤 pɑ53pɑ0

0516. 癣　癣 ɕiã53

0517. 痣凸起的　瘊子 xou24tsɿ53/
魇子 Øiã53tsɿ31

0518. 疙瘩蚊子咬后形成的　疙瘩
kɯ53tɑ31

0519. 狐臭　臭眼 tʂhou44ȵiã0

0520. 看病　看病 khã44piŋ44/照识
tʂɔ44sɿ31

0521. 诊脉　号脉 xɔ44mei31

0522. 针灸　扎针　tsɑ24tʂən31

0523. 打针　打针　tɑ53tʂən31

0524. 打吊针　挂吊针　kuɑ44tiɔ44tʂən31

0525. 吃药统称　喝药　xuo24yo31

0526. 汤药　中药　tʃuŋ31Øyo31

0527. 病轻了　病轻了　piŋ44tɕhiŋ31liɛ0

八、婚丧、信仰

（一）婚育

0528. 说媒　说媒　ʂuo31mei24

0529. 媒人　媒人　mei24ʐən53

0530. 相亲　预面　Øy44miã44

0531. 订婚　订婚　tiŋ44xun31

0532. 嫁妆　陪房　phei24faŋ53

0533. 结婚统称　结婚　tɕiɛ24xun31

0534. 娶妻子男子～，动宾　娶媳妇
　　　tɕhy53ɕi53fu0

0535. 出嫁女子～　出门　tʃhu31mən24

0536. 拜堂　拜天地　pæ44thiã53ti0

0537. 新郎　新女婿　ɕin31ɲy53ɕi0

0538. 新娘子　新媳妇　ɕin24ɕi53fu0

0539. 孕妇　怀娃婆娘
　　　xuæ24uɑ44phɤ24ɲiaŋ53

0540. 怀孕　有啥了　Øiu53sɑ44liɛ0/
　　　怀娃　xuæ24uɑ44

0541. 害喜妊娠反应　择饭　tsei24fã44
　　　害娃　xæ44Øuɑ44

0542. 分娩　抓娃　tʃuɑ31Øuɑ44

0543. 流产　小月　ɕiɔ31Øyo31

0544. 双胞胎　双生子　ʃuaŋ44ʂəŋ31tsɿ0

0545. 坐月子　坐月　tshuo44Øyo31

0546. 吃奶　吃奶　tʂʰɿ31læ53

0547. 断奶　择奶　tsei24læ53

0548. 满月　出月　tʃhu31Øyo31

0549. 生日统称　过晬　kuo44tsui44

0550. 做寿　好天　xɔ53thiã31

（二）丧葬

0551. 死统称　死　sɿ53

0552. 死婉称，最常用的几种，指老人：他～了
　　　殁 mɤ31/老百年 lɔ53pei31ɲiã0

0553. 自杀　寻短见　ɕin24tuã53tɕiã44

0554. 咽气　断气　tuã44tɕhi0

0555. 入殓　入殓　ʐu53liã31

0556. 棺材　材木　tshæ24mu53

0557. 出殡　出丧　tʃhu24ʂaŋ31

0558. 灵位　灵牌　liŋ24phæ53

0559. 坟墓单个的，老人的　坟　fən24

0560. 上坟　上坟　ʂaŋ44fən24

0561. 纸钱　纸票　tsɿ53phiɔ44

（三）信仰

0562. 老天爷　老天爷　lɔ53thiã31Øiɛ44

0563. 菩萨统称　菩萨　phu24sɑ53

0564. 观音　观音　kuã31Øin31

0565. 灶神口头的叫法，其中如有方言亲属称
　　　谓要释义　灶爷　tsɔ44Øiɛ0

0566. 寺庙　庙上　miɔ44ʂaŋ0

0567. 祠堂　祠堂　tshɿ24thaŋ53

0568. 和尚　和尚　xuo24ʂaŋ53

0569. 尼姑　尼姑　ɲi24ku53

0570. 道士　道人　tɔ44ʐən0

0571. 算命统称　算卦　suã44kuɑ44

0572. 运气　运气　Øyn44tɕhi31

0573. 保佑　保佑　pɔ53Øiu44

九、人品、称谓

（一）人品

0574. 人一个~　人 zən24
0575. 男人成年的，统称　外头 Øui44thou0
0576. 女人三四十岁已婚的，统称　婆娘 phɤ24n̠iaŋ53
0577. 单身汉　光棍汉 kuaŋ53kun0xɑ̃0
0578. 老姑娘　老女子 lɔ31n̠y31tsʅ0
0579. 婴儿　月娃 Øyo53Øuɑ0
0580. 小孩儿三四岁的，统称　碎娃 sui44Øuɑ44
0581. 男孩儿统称：外面有个~在哭　娃子娃 Øuɑ24tsʅ0Øuɑ44
0582. 女孩儿统称：外面有个~在哭　女子娃 n̠y53tsʅ0Øuɑ44
0583. 老人七八十岁的，统称　老的 lɔ53ti0
0584. 亲戚统称　亲亲 tɕhin53tɕhin0
0585. 朋友统称　伙家 xuo53Øɑ0
0586. 邻居统称　隔壁儿 kei24pir53/邻家 lin24tɕiɑ53
0587. 客人　客 khei31
0588. 农民　庄稼汉 tʂaŋ53Øɑ31xɑ̃0
0589. 商人　生意人 ʂəŋ53Øi31z̩ən0
0590. 手艺人统称　匠人 tɕiaŋ44z̩ən0
0591. 泥水匠　匠人 tɕiaŋ44z̩ən0
0592. 木匠　木匠 mu53tɕiaŋ0
0593. 裁缝　裁缝 tshæ24fəŋ53
0594. 理发师　剃头匠 thi24thou24tɕiaŋ53
0595. 厨师　厨子 tʃhu24tsʅ53
0596. 师傅　师傅 sʅ53fu0
0597. 徒弟　徒弟 thu24ti53
0598. 乞丐统称，非贬称（无统称则记成年男的）　要吃的 Øiɔ53tʂhʅ31ti0/叫花 tɕiɔ44xuɑ31
0599. 妓女　婊子 piɔ53tsʅ0
0600. 流氓　流氓 liu24maŋ24
0601. 贼　贼娃子 tsei24Øuɑ53tsʅ0/绺娃子 liu53Øuɑ31tsʅ0
0602. 瞎子统称，非贬称（无统称则记成年男的）　瞎子 xɑ53tsʅ0
0603. 聋子统称，非贬称（无统称则记成年男的）　聋子 luŋ24tsʅ53
0604. 哑巴统称，非贬称（无统称则记成年男的）　哑巴 n̠ia53pɑ0
0605. 驼子统称，非贬称（无统称则记成年男的）　揹锅 pei31kuo31
0606. 瘸子统称，非贬称（无统称则记成年男的）　跛子 pɤ53tsʅ0
0607. 疯子统称，非贬称（无统称则记成年男的）　疯子 fəŋ53tsʅ0
0608. 傻子统称，非贬称（无统称则记成年男的）　瓜子 kuɑ53tsʅ0
0609. 笨蛋蠢的人　闷□ mən44suŋ24

（二）称谓

0610. 爷爷呼称，最通用的　爷 Øiɛ44
0611. 奶奶呼称，最通用的　婆 phɤ24
0612. 外祖父叙称　外爷 Øui44Øiɛ44
0613. 外祖母叙称　外婆 Øui44phɤ24
0614. 父母合称　老的 lɔ53ti0
0615. 父亲叙称　大 tɑ24/伯 pei24/爸 pɑ44

0616. 母亲叙称　妈 ma24

0617. 爸爸呼称，最通用的　爸 pa44

0618. 妈妈呼称，最通用的　妈 ma24

0619. 继父叙称　后爸 xou44pa44

0620. 继母叙称　后妈 xou44ma24

0621. 岳父叙称　丈母爸 tṣaŋ44mu31pa44

0622. 岳母叙称　丈母娘 tṣaŋ44mu31ȵia44

0623. 公公叙称　阿公 Øa53kuŋ31

0624. 婆婆叙称　婆子 pʰɤ31tsɿ53

0625. 伯父呼称，统称　伯 pei24

0626. 伯母呼称，统称　大妈 ta44ma24/妈妈 ma31ma24

0627. 叔父呼称　爸爸 pa44pa44

0628. 叔父呼称，排行最小的，如"幺叔"　碎爸 sui44pa44

0629. 叔母呼称，统称　娘 ȵia44/娘娘 ȵia44ȵia44

0630. 姑呼称，统称（无统称则记分称：比父大，比父小；已婚，未婚）　姑 ku24

0631. 姑父呼称，统称　姑父 ku53fu0

0632. 舅舅呼称　舅 tɕiu44

0633. 舅妈呼称　妗子 tɕhin44tsɿ0

0634. 姨呼称，统称（无统称则记分称：比母大，比母小；已婚，未婚）　姨 Øi24

0635. 姨父呼称，统称　姨父 Øi24fu53

0636. 弟兄合称　弟兄 ti44çyŋ31

0637. 姊妹合称，注明是否可包括男性　姊妹包括男性 tsɿ53mei31

0638. 哥哥呼称，统称　哥 kɤ24

0639. 嫂子呼称，统称　嫂 sɔ24

0640. 弟弟叙称　兄弟 çyŋ53ti0

0641. 弟媳叙称　兄弟媳妇 çyŋ31ti44çi53fu0

0642. 姐姐呼称，统称　姐 tɕiɛ24

0643. 姐夫呼称　姐夫 tɕiɛ53fu31

0644. 妹妹叙称　妹子 mei44tsɿ0

0645. 妹夫叙称　妹夫 mei44fu31

0646. 堂兄弟叙称，统称　伯叔弟兄 pei31ʃu31ti44çyŋ53

0647. 表兄弟叙称，统称　表兄弟 piɔ53çyŋ31ti44

0648. 妯娌弟兄妻子的合称　先后 çiã44xu31

0649. 连襟姊妹丈夫的关系，叙称　挑担 tʰiɔ53tã31

0650. 儿子叙称：我的～　儿 Øər24/后人 xou44ʐən0

0651. 儿媳妇叙称：我的～　儿媳妇 Øər24çi53fu0

0652. 女儿叙称：我的～　女子 ȵy53tsɿ0

0653. 女婿叙称：我的～　女婿 ȵy53çi0

0654. 孙子儿子之子　孙子 sun53tsɿ0

0655. 重孙子儿子之孙　重孙 tʃhuŋ24sun53

0656. 侄子弟兄之子　侄儿 tsɿ24Øər0

0657. 外甥姐妹之子　外甥 Øui44səŋ0

0658. 外孙女儿之子　外孙 Øui44sun0

0659. 夫妻合称　两口 liaŋ31kʰou0

0660. 丈夫叙称，最通用的，非贬称：她的～　男人 lã31ʐən53

0661. 妻子叙称，最通用的，非贬称：他的～　媳妇 çi53fu0/婆娘 pʰɤ24ȵiaŋ53

0662. 名字　名字 miŋ24tsɿ53

0663. 绰号　外号儿 Øuæ44xɔr53

十、农、工、商、文

（一）农业

0664. 干活儿统称：在地里～　做活 tsu44xuo24

0665. 事情一件～　事 sɿ44

0666. 插秧　插秧 tshɑ24Øiaŋ31

0667. 割稻　割稻子 kuo31thɔ53tsɿ0

0668. 种菜　务菜 vu44tshæ44

0669. 犁名词　犁 li24

0670. 锄头　锄 tʃhu24

0671. 镰刀　镰 liɑ24

0672. 把儿刀～　把把 pɑ44pɑ0

0673. 扁担　扁担 piɑ53tɑ̃31

0674. 筐筐　筐筐 khuaŋ53khuaŋ0

0675. 筛子统称　筛子 sæ53tsɿ0

0676. 簸箕农具，有梁的　搓搓 tshuo53tshuo0

0677. 簸箕簸米用　簸箕 pɤ44tɕi0

0678. 独轮车　地轱辘车子 ti44ku31lu24tʂɤ53tsɿ0

0679. 轮子旧式的，如独轮车上的　轱辘 ku53lou0

0680. 碓整体　礓锤 tɕiaŋ53tʃhui0

0681. 臼　礓窝 tɕiaŋ31Øuo0

0682. 磨名词　磨子 mɤ44tsɿ0

0683. 年成　年干 ȵiɑ24kɑ̃53/年份 ȵiɑ24fən53

（二）工商业

0684. 走江湖统称　走江湖 tsou53tɕiaŋ53xu0

0685. 打工　做活 tsu44xuo24

0686. 斧子　斧头 fu53thou0

0687. 钳子　钳子 tɕhiɑ̃24tsɿ53

0688. 螺丝刀　起子 tɕhi53tsɿ0

0689. 锤子　锤锤 tʃhui24tʃhui53

0690. 钉子　钉子 tiŋ53tsɿ0

0691. 绳子　绳绳 ʂəŋ24ʂəŋ53

0692. 棍子　棍棍 kun44kun0

0693. 做买卖　做生意 tsu44səŋ53Øi31

0694. 商店　铺子 phu44tsɿ0

0695. 饭馆　馆子 kuɑ̃53tsɿ0

0696. 旅馆旧称　店 tiɑ̃44

0697. 贵　贵 kui44

0698. 便宜　贱 tɕiɑ̃44

0699. 合算　划来 xuɑ24læ53

0700. 折扣　打折 tɑ53tʂɤ24

0701. 亏本　折本 ʂɤ24pən53

0702. 钱统称　钱 tɕhiɑ̃24/票子 phiɔ44tsɿ0

0703. 零钱　毛毛钱 mɔ24mɔ53tɕhiɑ̃24

0704. 硬币　分分钱 fən53fən0tɕhiɑ̃24

0705. 本钱　本钱 pən53tɕhiɑ̃0

0706. 工钱　工钱 kuŋ53tɕhiɑ̃0

0707. 路费　盘缠 phɑ̃24tʂhɑ̃53

0708. 花～钱　花 xuɑ31

0709. 赚卖一斤能～一毛钱　赚 tʃuɑ̃44

0710. 挣打工～了一千块钱　挣 tsəŋ44

0711. 欠～他十块钱　该 kæ31

0712. 算盘　算盘 suɑ̃44phɑ̃0

0713. 秤统称　秤 tʂhəŋ44

0714. 称用秤～　訾 tsɿ44

0715. 赶集　跟集 kən31tɕi24

0716. 集市　集 tɕi24

0717. 庙会　爷会 Øiɛ44xui44

（三）文化、娱乐

0718. 学校　书坊 ʃu53faŋ0/学堂 ɕyɛ24thaŋ53

0719. 教室　教室 tɕiɔ44ʂʅ0

0720. 上学　念书 ȵiã44ʃu31

0721. 放学　放学 faŋ44ɕyɛ24

0722. 考试　考试 khɔ53ʂʅ44

0723. 书包　书包 ʃu24pɔ53

0724. 本子　本本 pən53pən0

0725. 铅笔　铅笔 tɕhiã24pi31

0726. 钢笔　水笔 ʃui53pi31

0727. 圆珠笔　油笔 Øiu24pi31

0728. 毛笔　毛笔 mɔ24pi31

0729. 墨　墨 mei24

0730. 砚台　砚台 Øiã44thæ31

0731. 信一封~　信 ɕin44

0732. 连环画　娃娃儿书 Øuɑ24Øuar53ʃu31

0733. 捉迷藏　藏猫老活 tɕhiaŋ24mɔ24lɔ44xuo53

0734. 跳绳　跳绳 thiɔ24ʂəŋ24

0735. 毽子　毽子 tɕiã44tsʅ0

0736. 风筝　风筝 fəŋ31tsəŋ31

0737. 舞狮　耍狮子 ʃuɑ53sʅ53tsʅ0

0738. 鞭炮统称　鞭炮 piã53phɔ44

0739. 唱歌　唱歌儿 tʂhaŋ44kɤr53

0740. 演戏　唱戏 tʂhaŋ44ɕi44

0741. 锣鼓统称　锣鼓家什 luo24ku53tɕiɑ53sʅ0

0742. 二胡　二胡 Øɿ eɻ44xu0

0743. 笛子　笛 ti24

0744. 划拳　划拳 xuɑ31tɕhyã24

0745. 下棋　下棋 ɕiɑ44tɕhi24

0746. 打扑克　打牌 tɑ53phæ24

0747. 打麻将　打麻将 tɑ53mɑ24tɕiaŋ44

0748. 变魔术　耍把戏 ʃuɑ31pɑ53ɕi0

0749. 讲故事　讲故事 tɕiaŋ53ku53sʅ44

0750. 猜谜语　猜谜 tshæ31mi44

0751. 玩儿游玩：到城里~　耍 ʃuɑ53

0752. 串门儿　串门子 tʃhuã44məŋ24tsʅ53

0753. 走亲戚　走亲亲 tsou53tɕhin53tɕhin0

十一、动作、行为

（一）具体动作

0754. 看~电视　看 khã44

0755. 听用耳朵~　听 thiŋ31

0756. 闻嗅：用鼻子~　闻 vən24

0757. 吸~气　吸 ɕi31

0758. 睁~眼　睁 tsəŋ31

0759. 闭~眼　闭 pi44

0760. 眨~眼　眨 tsã53

0761. 张~嘴　张 tʂaŋ31

0762. 闭~嘴　闭 pi44

0763. 咬狗~人　咬 ȵiɔ53

0764. 嚼把肉~碎　嚼 tɕiɔ24

0765. 咽~下去　咽 Øiã44

0766. 舔人用舌头~　舔 thiã53

0767. 含~在嘴里　噙 tɕhin24

0768. 亲嘴　绑 paŋ24

0769. 吮吸用嘴唇聚拢吸取液体，如吃奶时　嗤 tsɑ31

0770. 吐上声，把果核儿~掉　唾 thuo44

0771. 吐去声，呕吐：喝酒喝～了　吐 thu53

0772. 打喷嚏　打喷嚏 tɑ53phən44thiɛ0

0773. 拿用手把苹果～过来　拿 lɑ24

0774. 给他～我一个苹果　给 kei44

0775. 摸　～头　揣 tʃhuæ53

0776. 伸　～手　抻 tʂhən31

0777. 挠　～痒痒　搔 tsɔ31

0778. 掐用拇指和食指的指甲～皮肉　掐 tɕhiɑ31

0779. 拧　～螺丝　上 ʂaŋ44

0780. 拧　～毛巾　扭 ȵiu53

0781. 捻用拇指和食指来回～碎　捻 ȵiɑ53

0782. 掰把橘子～开，把馒头～开　掰 pei31

0783. 剥　～花生　剥 pɔ31

0784. 撕把纸～了　扯 tʂʅ53

0785. 折把树枝～断　折 tʂʅ53

0786. 拔　～萝卜　拔 pɑ24

0787. 摘　～花　摘 tsei53

0788. 站站立：～起来　立 li31

0789. 倚斜靠：～在墙上　靠 khɔ44

0790. 蹲　～下　蹴 tɕiu44

0791. 坐　～下　坐 tsuo44

0792. 跳青蛙～起来　跳 thiɔ24

0793. 迈跨过高物：从门槛上～过去　跷 tɕhiɔ31

0794. 踩脚～在牛粪上　踏 thɑ24

0795. 翘　～腿　翘 tɕhiɔ44

0796. 弯　～腰　蜷 tɕhyɑ24

0797. 挺　～胸　挺 thiŋ53

0798. 趴　～着睡　趴 phɑ24

0799. 爬小孩儿在地上～　爬 phɑ24

0800. 走慢慢儿～　走 tsou53

0801. 跑慢慢儿走，别～　跑 phɔ53

0802. 逃逃跑：小偷儿～走了　跑 phɔ24

0803. 追追赶：～小偷儿　撵 ȵiã53

0804. 抓　～小偷儿　拉 lɑ31

0805. 抱把小孩儿～在怀里　抱 pɔ44

0806. 背　～孩子　背 pei31

0807. 搀　～老人　搀 tʂhã31

0808. 推几个人一起～汽车　掀 ɕiã31

0809. 摔跌：小孩儿～倒了　跌 tiɛ31

0810. 撞人～到电线杆　碰 phəŋ44

0811. 挡你～住我了，我看不见　堵 tu53/挡 taŋ44

0812. 躲躲藏：他～在床底下　藏 tɕhiaŋ24

0813. 藏藏放，收藏：钱～在枕头下面　藏 tɕhiaŋ24

0814. 放把碗～在桌子上　放 faŋ44

0815. 撂把砖～起来　撂 luo44

0816. 埋　～在地下　埋 mæ24

0817. 盖把茶杯～上　盖 kæ44

0818. 压用石头～住　压 ȵiɑ44

0819. 摁用手指按：～图钉　按 ŋɑ̃44

0820. 捅用棍子～鸟窝　戳 tʃhuo31

0821. 插把香～到香炉里　插 tʂhɑ31

0822. 戳　～个洞　戳 tʃhuo31

0823. 砍　～树　伐 fɑ24

0824. 剁把肉～碎做馅儿　斫 tsɑ53

0825. 削　～苹果　削 ɕiɔ31

0826. 裂木板～开了　裂 liɛ31

0827. 皱皮～起来　出 tʃhu31

0828. 腐烂死鱼～了　臭了 tʂhou44liɛ0

0829. 擦用毛巾～手　擦 tʂhɑ31

0830. 倒把碗里的剩饭～掉　倒 tsɔ44

0831. 扔丢弃：这个东西坏了，～了它
　　　撇 phiɛ31

0832. 扔投掷：比一比谁～得远
　　　撇 phiɛ31

0833. 掉掉落，坠落：树上～下一个梨
　　　跌 tiɛ31

0834. 滴水～下来　滴 tiɛ31

0835. 丢丢失：钥匙～了　丢 tiu31

0836. 找寻找：钥匙～到了　寻 ɕin24

0837. 捡　～到十块钱　拾 ʂʅ24

0838. 提用手把篮子～起来　提 thi24

0839. 挑　～担　担 tā31

0840. 扛把锄头～在肩上　掮 tɕhiɛ24

0841. 抬　～轿　抬 thæ24

0842. 举　～旗子　打 tɑ53

0843. 撑　～伞　打 tɑ31

0844. 撬把门～开　别 piɛ24

0845. 挑挑选，选择：你自己～一个
　　　挑 thiɔ31

0846. 收拾　～东西　拾掇 ʂʅ24tuo53

0847. 挽　～袖子　挽 vā53

0848. 涮把杯子～一下　涮 ʃuā44

0849. 洗　～衣服　洗 ɕi53

0850. 捞　～鱼　捞 lɔ24

0851. 拴　～牛　拴 ʃuā31

0852. 捆　～起来　绑 paŋ53

0853. 解　～绳子　解 tɕiɛ53

0854. 挪　～桌子　挪 luo24

0855. 端　～碗　端 tuā31

0856. 摔碗～碎了　跘 pā44

0857. 掺　～水　掺 tshā31

0858. 烧　～柴　烧 ʂɔ31

0859. 拆　～房子　拆 tshei31

0860. 转　～圈儿　转 tʃuā44

0861. 捶用拳头～　砸 tsɑ24

0862. 打统称：他～了我一下　挃 tiɛ24

0863. 打架动手：两个人在～　打捶
　　　tɑ53tʃhui24

0864. 休息　缓嘎 xuā53kɑ0

0865. 打哈欠　打哈欠 tɑ53xuo53ɕiā0

0866. 打瞌睡　丢盹 tiu31tun53

0867. 睡他已经～了　睡下 ʃui44xɑ0

0868. 打呼噜　打呼噜 tɑ53xu53lou0

0869. 做梦　睡睡梦 ʃui44ʃui44məŋ0

0870. 起床　起来 tɕhiɛ53læ0

0871. 刷牙　刷牙 ʃuɑ31ȵiɑ24

0872. 洗澡　洗澡 ɕi31tsɔ53

（二）抽象动作

0873. 想思索：让我～一下　思量
　　　sʅ53liaŋ0

0874. 想想念：我很～他　想 ɕiaŋ53

0875. 打算我～开个店　尺算 tʂhʅ53suā0

0876. 记得　记起 tɕi44tɕhiɛ0

0877. 忘记　忘了 ɸuaŋ44liɛ0

0878. 怕害怕：你别～　害怕 xæ44phɑ44

0879. 相信我～你　信 ɕin44

0880. 发愁　熬煎 ŋɔ53tɕiā0

0881. 小心过马路要～　操心 tshɔ24ɕin31

0882. 喜欢　～看电视　爱 ŋæ44

0883. 讨厌　～这个人　眼黑 ȵiā53xei31

0884. 舒服凉风吹来很～　受活 ʂou44xuo0

0885. 难受生理的　不嵌活
　　　pu31tɕhiā44xuo0

0886. 难过心理的　难受 lā24ʂou44

0887. 高兴　高兴 kɔ31ɕiŋ44

0888. 生气　着气 tʃhuo24tɕhi44

0889. 责怪　怪 kuæ44

0890. 后悔　后悔 xou44xui31

0891. 忌妒　眼红 ȵiã53xuŋ24

0892. 害羞　□ ʃun24

0893. 丢脸　丢人 tiu31ʐən24

0894. 欺负　欺负 tɕhi53fu31

0895. 装～病　装 tʃuaŋ31

0896. 疼～小孩儿　爱 ŋæ44

0897. 要我～这个　要 Øiɔ44

0898. 有我～一个孩子　有 Øiu53

0899. 没有他～孩子　没 mɤ31

0900. 是我～老师　是 sʅ44

0901. 不是他～老师　不是 pu31sʅ44

0902. 在他～家　在 tsæ44

0903. 不在他～家　没在 mɤ31tsæ44

0904. 知道我～这件事　知道 tʂʅ53tɔ31

0905. 不知道我～这件事　知不道 tʂʅ31pu31tɔ44

0906. 懂我～英语　会 xui44

0907. 不懂我～英语　不会 pu31xui44

0908. 会我～开车　会 xui44

0909. 不会我～开车　不会 pu31xui44

0910. 认识我～他　认得 ʐən44tei31

0911. 不认识我～他　认不得 ʐən44pu31tei24

0912. 行应答语　能成 ləŋ24tʃhəŋ24

0913. 不行应答语　没相 mɤ31ɕiaŋ44

0914. 肯～来　肯 khən53

0915. 应该～去　该 kæ31

0916. 可以～去　能 ləŋ24

（三）言语

0917. 说～话　说 ʃuo31

0918. 话说～　话 xuɑ44

0919. 聊天儿　谝闲传 phiã53xã24tʃhuɑ53

0920. 叫～他一声儿　叫 tɕiɔ44

0921. 吆喝大声喊　吆喝 Øiɔ53xuo31/呐喊 lɑ31xã53

0922. 哭小孩儿～　哭 fu31

0923. 骂当面～人　骂 mɑ44

0924. 吵架动嘴：两个人在～　骂仗 mɑ44tʂaŋ44

0925. 骗～人　哄 xuŋ53

0926. 哄～小孩儿　哄 xuŋ53

0927. 撒谎　搔谎 tsɔ31xuaŋ53

0928. 吹牛　吹 tʃhui31

0929. 拍马屁　舔沟子 thiã53kou53tsʅ0

0930. 开玩笑　说笑 ʃuo31ɕiɔ44

0931. 告诉～他　说给 ʃuo53kei31

0932. 谢谢致谢语　麻烦你了 mɑ24fã53ȵi53liɛ0

0933. 对不起致歉语　不好意思 pu31xɔ53Øi44sʅ0

0934. 再见告别语　下回见 ɕiɑ44xui31tɕiã44

十二、性质、状态

（一）形貌

0935. 大苹果～　大 tɑ44

0936. 小苹果～　碎 sui44

0937. 粗绳子～　壮 tʃuaŋ44

0938. 细绳子～　细 ɕi44

0939. 长线~　　长 tʂhaŋ24
0940. 短线~　　短 tuã53
0941. 长时间~　　长 tʂhaŋ24
0942. 短时间~　　短 tuã53
0943. 宽路~　　宽 khuã31
0944. 宽敞房子~　　宽展 khuã31tʂã0
0945. 窄路~　　窄 tsei31
0946. 高飞机飞得~　　高 kɔ31
0947. 低鸟飞得~　　低 ti31
0948. 高他比我~　　高 kɔ31
0949. 矮他比我~　　低 ti31
0950. 远路~　　远 Øyã53
0951. 近路~　　近 tɕin44
0952. 深水~　　深 ʂən31
0953. 浅水~　　浅 tɕhiã53
0954. 清水~　　清 tɕhiŋ31
0955. 浑水~　　浑 xun44
0956. 圆　　圆 Øyã24
0957. 扁　　扁 piã53
0958. 方　　方 faŋ31
0959. 尖　　尖 tɕiã31
0960. 平　　平 phiŋ24
0961. 肥~肉　　肥 fei24
0962. 瘦~肉　　瘦 sou44
0963. 肥形容猪等动物　　肥 fei24
0964. 胖形容人　　胖 phaŋ44
0965. 瘦形容人、动物　　癯 tɕhyo44
0966. 黑黑板的颜色　　黑 xei31
0967. 白雪的颜色　　白 pei24
0968. 红国旗的主颜色, 统称　　红 xuŋ24
0969. 黄国旗上五星的颜色　　黄 xuaŋ24
0970. 蓝蓝天的颜色　　蓝 lã24
0971. 绿绿叶的颜色　　绿 liu31

0972. 紫紫药水的颜色　　紫 tsʅ31
0973. 灰草木灰的颜色　　灰 xui31

（二）状态

0974. 多东西~　　多 tuo31
0975. 少东西~　　少 ʂɔ53
0976. 重担子~　　沉 tʂən24
0977. 轻担子~　　轻 tɕhiŋ31
0978. 直线~　　端 tuã31
0979. 陡坡~, 楼梯~　　陡 tou53
0980. 弯弯曲: 这条路是~的　　弯 Øuã31
0981. 歪帽子戴~了　　偏 phiã31
0982. 厚木板~　　厚 xou44
0983. 薄木板　　薄 pɤ24
0984. 稠稀饭~　　稠 tʂhou24
0985. 稀稀饭~　　稀 ɕi31/清 tɕhiŋ31
0986. 密菜种得~　　稠 tʂhou24
0987. 稀稀疏: 菜种得~　　稀 ɕi31
0988. 亮指光线, 明亮　　亮 liaŋ44
0989. 黑指光线, 完全看不见　　黑 xei31
0990. 热天气~　　热 zɤ31
0991. 暖和天气~　　暖和 luã53xuo0
0992. 凉天气~　　凉 liaŋ24
0993. 冷天气~　　冷 ləŋ53
0994. 热水~　　热 zɤ31
0995. 凉水~　　冰 piŋ31
0996. 干干燥: 衣服晒~了　　干 kã31
0997. 湿潮湿: 衣服淋~了　　湿 ʂʅ31
0998. 干净衣服~　　干净 kã53tɕiŋ0
0999. 脏肮脏, 不干净, 统称: 衣服~　　脏 tsaŋ31
1000. 快锋利: 刀子~　　利 li44
1001. 钝刀子~　　老 lɔ53

1002. 快坐车比走路~　快 khæ44
1003. 慢走路比坐车~　慢 mã44/
　　　 蔫 ȵiã31
1004. 早来得~　早 tsɔ53
1005. 晚来~了　迟 tshʅ24
1006. 晚天色~　黑了 xei31liɛ0
1007. 松捆得~　松 suŋ31
1008. 紧捆得~　紧 tɕin53
1009. 容易这道题~　容易 Øyŋ24ɵi53
1010. 难这道题~　难 lã24
1011. 新衣服~　新 ɕin31
1012. 旧衣服~　旧 tɕiu44
1013. 老人~　老 lɔ53
1014. 年轻人~　年轻 ȵiã24tɕhiŋ31
1015. 软糖~　软 ʐuã53
1016. 硬骨头~　硬 ȵiŋ44
1017. 烂肉煮得~　烂 lã44
1018. 煳饭烧~了　焦 tɕiɔ31
1019. 结实家具~　结实 tɕiɛ53ʂʅ0
1020. 破衣服~　烂 lã44
1021. 富他家很~　财东 tshæ31tuŋ53
1022. 穷他家很~　穷 tɕhyŋ24
1023. 忙最近很~　忙 mɑŋ24
1024. 闲最近比较~　闲 xã24
1025. 累走路走得很~　乏 fɑ24
1026. 疼摔~了　疼 thəŋ24
1027. 痒皮肤~　咬 ȵiɔ53
1028. 热闹看戏的地方很~　热闹 ʐɤ53lɔ0
1029. 熟悉这个地方我很~　熟 ʃu24
1030. 陌生这个地方我很~　生 səŋ31
1031. 味道尝尝~　味道 vei44tɔ0
1032. 气味闻闻~　气气 tɕhi44tɕhi0

1033. 咸菜~　咸 xã24
1034. 淡菜~　甜 thiã24
1035. 酸　酸 suã31
1036. 甜　甜 thiã24
1037. 苦　苦 fu53
1038. 辣　辣 lɑ31
1039. 鲜鱼汤~　鲜 ɕiã53
1040. 香　香 ɕiaŋ31/馢 tshuã44
1041. 臭　臭 tʂhou44
1042. 馊饭~　𣻳气 sʅ53tɕhi0
1043. 腥鱼~　腥气 ɕiŋ53tɕhi0

（三）品性

1044. 好人~　好 xɔ53
1045. 坏人~　瞎 xɑ31
1046. 差东西质量~　差 tshɑ31
1047. 对账算~了　对 tui44
1048. 错账算~了　错 tshuo31
1049. 漂亮形容年轻女性的长相：她很~
　　　 心疼 ɕin53thəŋ0
1050. 丑形容人的长相：猪八戒很~
　　　 难看 lã24khã44
1051. 勤快　勤谨 tɕhin24tɕin53
1052. 懒　懒 lã53
1053. 乖　蛮 mã24
1054. 顽皮　淡耳子 tã44Øər31tʂʅ0
1055. 老实　实诚 ʂʅ24tʂhəŋ53
1056. 傻痴呆　瓜 kuɑ31
1057. 笨蠢　闷 mən44
1058. 大方不吝啬　大方 tɑ44fɑŋ31
1059. 小气吝啬　啬皮 sei31phi24
1060. 直爽性格~　直肠子 tʂʅ24tʂhɑŋ53tsʅ0

1061. 犟脾气~　犟 tɕiaŋ44

十三、数量

（一）数字

1062. 一~二三四五……，下同　一 Øi31
1063. 二　二 Øər44
1064. 三　三 sã31
1065. 四　四 sɿ44
1066. 五　五 Øu53
1067. 六　六 liu31
1068. 七　七 tɕhi31
1069. 八　八 pa31
1070. 九　九 tɕiu53
1071. 十　十 ʂɿ24
1072. 二十有无合音　二十无合音 Øər44ʂɿ0
1073. 三十有无合音　三十无合音 sã53ʂɿ0
1074. 一百　一百 Øi24pei31
1075. 一千　一千 Øi24tɕhiã31
1076. 一万　一万 Øi31vã44
1077. 一百零五　一百零五 Øi31pei31liŋ24Øu53
1078. 一百五十　百五 pei31Øu53
1079. 第一~，第二　第一 ti44Øi31
1080. 二两重量　二两 Øər44liaŋ53
1081. 几个你有~孩子？　几个 tɕi53kɤ0
1082. 俩你们~　俩 liaŋ53
1083. 仨你们~　三 sã31
1084. 个把　个别 kɤ44piɛ24

（二）量词

1085. 个一~人　个 kɤ44

1086. 匹一~马　匹 phi24
1087. 头一~牛　头 thou24
1088. 头一~猪　头 thou24
1089. 只一~狗　个 kɤ44
1090. 只一~鸡　个 kɤ44
1091. 只一~蚊子　个 kɤ44
1092. 条一~鱼　个 kɤ44
1093. 条一~蛇　个 kɤ44
1094. 张一~嘴　个 kɤ44
1095. 张一~桌子　张 tʂaŋ31
1096. 床一~被子　个 kɤ44
1097. 领一~席子　张 tʂaŋ31
1098. 双一~鞋　双 ʃuaŋ31
1099. 把一~刀　把 pa53
1100. 把一~锁　个 kɤ44
1101. 根一~绳子　条 thiɔ24
1102. 支一~毛笔　个 kɤ44
1103. 副一~眼镜　副 fu24
1104. 面一~镜子　个 kɤ44
1105. 块一~香皂　块儿 khuær53
1106. 辆一~车　辆 liaŋ53
1107. 座一~房子　个 kɤ44
1108. 座一~桥　座 tsuo53
1109. 条一~河　条 thiɔ24
1110. 条一~路　条 thiɔ24
1111. 棵一~树　个 kɤ44
1112. 朵一~花　朵 tuo53
1113. 颗一~珠子　个 kɤ44
1114. 粒一~米　颗 khuo53
1115. 顿一~饭　顿 tun44
1116. 剂一~中药　付 fu53
1117. 股一~香味　股 ku53
1118. 行一~字　行 xaŋ24

1119. 块一~钱　块 khuæ53

1120. 毛角：一~钱　毛 mɔ24

1121. 件一~事情　个 kɤ44

1122. 点儿一~东西　点点 tiã53tiã0

1123. 些一~东西　些 ɕiɛ31

1124. 下打一~，动量，不是时量　下 xɑ44

1125. 会儿坐了一~　下儿 xɑr53

1126. 顿打一~　顿 tun44

1127. 阵下了一~雨　下儿 xɑr53

1128. 趟去了一~　回 xui24

十四、代词、副词、介词、连词

（一）代词

1129. 我~姓王　我 ŋɤ53

1130. 你~也姓王　你 n̻i53

1131. 您尊称　无

1132. 他~姓张　他 thɤ53

1133. 我们不包括听话人：你们别去，~去
　　我 ŋɤ31/我家 ŋɤ31tɕia31

1134. 咱们包括听话人：他们不去，~去吧
　　咱 tsɑ24

1135. 你们~去　你 n̻i31/你家 n̻i31tɕia31

1136. 他们~去　他 thɤ31/他家 thɤ31tɕia31

1137. 大家~一起干　大家 tɑ44øiɑ0

1138. 自己我~做的　各家 kɤ53tɕia31

1139. 别人这是~的　旁人 phaŋ24zən53

1140. 我爸~今年八十岁　我爸 ŋɤ31pɑ44

1141. 你爸~在家吗？　你爸 n̻i31pɑ44

1142. 他爸~去世了　他爸 thɤ31pɑ44

1143. 这个我要~，不要那个　这个 tʂʅ44kɤ31

1144. 那个我要这个，不要~　兀个 øu44kɤ31/[那一]个 læ44kɤ31

1145. 哪个你要~杯子？打个 tɑ31kɤ31

1146. 谁你找~？　谁 sei24

1147. 这里在~，不在那里　这搭 tʂʅ44tɑ31

1148. 那里在这里，不在~　兀搭 øu44tɑ31/那搭 læ44tɑ31

1149. 哪里你到~去？　打搭 tɑ53tɑ31

1150. 这样事情是~的，不是那样的　这么个 tʂʅ44mɤ0kɤ0

1151. 那样事情是这样的，不是~的　那么个 læ44mɤ0kɤ0

1152. 怎样什么样：你要~的？　怎么个 tsʅ53mɤ0kɤ0

1153. 这么~贵啊？　这么 tʂʅ44mɤ0

1154. 怎么这个字~写？　怎么 tsʅ53mɤ0

1155. 什么这个是~字？　啥 sɑ44

1156. 什么你找~？　啥 sɑ44

1157. 为什么你~不去？　为啥 øui44sɑ44

1158. 干什么你在~？　做啥 tsu44sɑ44

1159. 多少这个村有~人？　多少 tuo31ʂo0

（二）副词

1160. 很今天~热　很 xən53

1161. 非常比上条程度深：今天~热　特别 thei24piɛ24

1162. 更今天比昨天～热　还 xɑ24
1163. 太这个东西～贵，买不起　太 thæ44
1164. 最弟兄三个中他～高　最 tsui44
1165. 都大家～来了　都 tou31
1166. 一共～多少钱？　满共 mɑ̃53kuŋ44
1167. 一起我和你～去　一搭儿 Øi31tar24
1168. 只我～去过一趟　只 tsʅ31
1169. 刚这双鞋我穿着～好　刚 kaŋ24
1170. 刚我～到　刚 kaŋ24/才 tshæ24
1171. 才你怎么～来啊？　才 tshæ24
1172. 就我吃了饭～去　就 tsou44
1173. 经常我～去　常 tʂhaŋ24
1174. 又他～来了　可 khɤ31
1175. 还他～没回家　还 xɑ24
1176. 再你明天～来　再 tsæ44
1177. 也我～去；我～是老师　也 Øiɑ53
1178. 反正不用急，～还来得及　反正 fã31tʂəŋ44
1179. 没有昨天我～去　没 mɤ31
1180. 不明天我～去　不 pu31
1181. 别你～去　嫑 pɔ31

1182. 甭不用，不必：你～客气　嫑 pɔ31
1183. 快天～亮了　快 khuæ44
1184. 差点儿～摔倒了　险乎儿 ɕiɑ̃44xuor53
1185. 宁可～买贵的　哪怕 lɑ53pɑ44
1186. 故意～打破的　意故儿 li44kur53
1187. 随便～弄一下　随便 sui24piã53
1188. 白～跑一趟　白 pei24
1189. 肯定～是他干的　保险 pɔ31ɕiɑ̃53
1190. 可能～是他干的　兴许 ɕiŋ44ɕy53
1191. 一边～走，～说　旋 suã44

(三) 介词、连词

1192. 和我～他都姓王　连 liã24
1193. 和我昨天～他去城里了　跟 kən31
1194. 对他～我很好　对 tui44
1195. 往～东走　赶 kɑ̃44
1196. 向～他借一本书　跟 kən31
1197. 按～他的要求做　按 ŋã44
1198. 替～他写信　替 thi44
1199. 如果～忙你就别来了　要不 Øiɔ44pu31
1200. 不管～怎么劝他都不听　不管 pu31kuã53

第二节　自选词汇

1201. 晒爷晒太阳 sæ44Øiɛ44
1202. 烧霞 ʂɔ44
1203. 白雨大阵雨 pei24Øy53
1204. 霖雨连阴雨 lin44Øy31
1205. 悠悠风微风 Øiu53Øiu24fəŋ31

1206. 糁糁雪小雪 tsən53tsən0ɕyo31
1207. 刮风吹风 kuɑ53fəŋ31
1208. 黑云乌云 xei31Øyn24
1209. 旋儿风龙卷风 ɕyãr24fəŋ31
1210. 外岸外头 Øuæ44ŋã0

406

1211. 业过刚才 ȵiɛ53kuo0
1212. 老早过去 lɔ31tsɔ53
1213. 门儿大门外 manr24
1214. 当时即时、立即 taŋ31sʅ24
1215. 扫帚星彗星 sɔ44tʃu0ɕiŋ31
1216. 外后年大后年 Øuæ44xou44ȵiã0
1217. 上半天前半天 ʂaŋ44pā31thiã31
1218. 爷端了正午太阳直射头顶时分
    Øiɛ44tuā31liɛ0
1219. 才黑儿天刚黑时 tshæ24xær53
1220. 鸡叫了凌晨3点以后
    tɕi31tɕiɔ44liɛ0
1221. 鸡叫头遍后半夜
    tɕi31tɕiɔ44thou24piā53
1222. 麻明儿黎明时分 ma24miŋr24
1223. 夜黑昨晚 Øiã53xei31
1224. 扳扳土俗传可吃的土，又叫观音土
    pã53pã0thu31
1225. 崖哇哇回声 læ24Øua53Øua0
1226. 犁沟犁镂过的浅沟、地界
    li24kou53
1227. 趄坡子稍斜的土坡或田地
    tɕhiɛ44phɤ0tsʅ0
1228. 胡箕土疙瘩，也指土坯 xu24tɕi53
1229. 上正半月正月
    ʂaŋ44tʂəŋ31pā31Øyo31
1230. 脚底屋内地面 tɕyo24ti53
1231. 自小从幼年起 tsʅ44ɕiɔ53
1232. 二阴子多云天气 Øər44ȵin31tsʅ0
1233. 毛毛雨小雨 mɔ24mɔ53Øy53
1234. 下霖霜冻雨 ɕia44lin24ʃuaŋ53
1235. 白眼狼没有良心的人
    pei24ȵiã53laŋ24

1236. 嫽人好人 liɔ24ʐən0
1237. 游狗游手好闲，不务正业的人
    Øiu24kɔ53
1238. 匪蹬蹬胆大妄为的人
    fei53təŋ24təŋ53
1239. 麻迷婆娘脾气暴躁、难缠的人
    ma34miɛ24phɤ24ȵiaŋ53
1240. 家娃没见过世面的人 tɕia31Øua44
1241. 啬皮很吝啬的人 sei31phi24
1242. 笨□手脚笨拙的人 pən44suŋ24
1243. 濮气形容女人干活不麻利 phu31tɕhi31
1244. 木囊做事干活缓慢 mu44laŋ0
1245. 败家子光花钱不挣钱的人
    phæ44tɕia31tsʅ0
1246. 自□自高自大的人 tsʅ44suŋ24
1247. 日弄山忽悠人的人 ʐʅ53luŋ0sã31
1248. 擎□软弱、腼腆的人 tɕhiŋ44suŋ24
1249. 干□爱说怪话的人 kā44suŋ24
1250. 倔□脾气强硬、说话生硬的人
    tɕyɛ44suŋ24
1251. 二愣头脑有问题的人 Øər44laŋ44
1252. 冷腾愚蠢糊涂的人 laŋ53thəŋ0
1253. 姚婆后娘，贬称 Øiɔ24phɤ53
1254. 争□勇气十足不怕事的人 tsəŋ31suŋ24
1255. 一家子无邻居的人家 Øi31tɕia24tsʅ0
1256. 绝业绝户人的家业 tɕyɛ24ȵia53
1257. 拿法操作方法 la24fa53
1258. 爷子两个爷儿俩
    Øiɛ31tsʅ0liaŋ53kɤ0
1259. 弟兄两个兄弟俩 ti44ɕyŋ0liaŋ53kɤ0
1260. 先后两个妯娌俩
    ɕiã44xu0liaŋ53kɤ0
1261. 收麦夏收 ʂou24mei31

1262. 五黄六月 夏季、收麦的季节 Øu53xuaŋ31liu31Øyo31

1263. 芒天 三夏大忙 maŋ24thiã53

1264. 芒罢 夏收毕 maŋ24pa44

1265. 凉圈 把牲口拴～去 liaŋ44tɕyã44

1266. 木锨 轻巧扬场专用器具 mu31ɕiã31

1267. 牛鼻圈 系在牛鼻中隔上的小木、铁圈，用以牵牛 ȵiu24pi24tɕhyã53

1268. 刀片 麦镰上安装的刀片 zʅn44phiã0

1269. □土 把土端走或装筐 tshei31thu53

1270. 扒草 用手把草整理后喂进铡口 ʒu44tshɔ53

1271. 光场 把土场泼湿或雨后碾平 khuaŋ31tʂhaŋ24

1272. 碾生场 碾轧头遍小麦 ȵiã53səŋ53tʂhaŋ0

1273. 碾乱场 把田禾抖乱碾轧 ȵiã53luã44tʂhaŋ0

1274. 扬场 将场里麦和糠扬起借风力分开 Øiaŋ24tʂhaŋ24

1275. 木耙 晒粮食用的木齿耙 mu31pha24

1276. 掠场 扬场时用扫把轻落麦衣 luo53tʂhaŋ24

1277. 衣子 麦糠 Øi53tsʅ0

1278. 木权 收场时用来拾取零丝麦草的权 mu31tshɑ0

1279. 尖权 用来转运麦草的农具，下有两轮，齿有椽子粗细 tɕiã31tshɑ0

1280. 撵场 给别人割麦子挣钱 ȵiã31tʂhaŋ53

1281. 麦钩 拉麦草时用的两个刺刺的铁钩 mei31kou31

1282. 摆麦 用木耧种麦 pæ53mei31

1283. 碾子 比碌碡细而长的一种碾压土壤工具 ȵiã53tsʅ0

1284. 拥脖 套在马、驴、骡脖子上的一种厚隔带 Øyŋ53pɤ0

1285. 撑棍 撑住驴或马的嘴与磨子的木棍，以防偷吃 tshəŋ53kun0

1286. 暗眼 磨面时把牲口眼睛蒙住 ŋã31ȵiã0

1287. 牛笼嘴 牲口嘴上带的用具、防偷吃 ȵiu24luŋ24tsui53

1288. 岔子 嚼子 tshɑ44tsʅ0

1289. 漾粪 上粪施肥 Øiaŋ44fən44

1290. 垫圈 牲口圈里撒干土 tiã44tɕyã44

1291. 起圈 把牲口圈内的粪便运出去 tɕhi53tɕyã44

1292. 畔子 田垄 pã44tsʅ0

1293. 泥模 抹墙的工具 ȵi44mɤ0

1294. 铡子 铡刀 tsa24tsʅ0

1295. 扎墙 砌墙 tsa31tɕhiaŋ24

1296. 墁墙 用黄土拌的泥水涂抹墙使其更光 mã44tɕhiaŋ24

1297. 砖墁地 砖铺地 tʃua31mã44ti44

1298. 下磉 打地基 ɕia44saŋ53

1299. 饮砖 将砖用水浸湿 ȵin44tʃua31

1300. 火镰 旧时击打取火种的工具 xuo53liã0

1301. 槤枷 用于捶打谷物的农具 liã24tɕia53

1302. 渠箱 一种拉东西时装在车厢后面的挡板 tɕhy24ɕiaŋ53

1303. 拉拉车 牲畜牵引的胶轮车，载重量大 la31la24tʂhɤ53

1304. 灰耙 烧炕时捅火的工具 xui53pha0

1305. 洒壶 淋水壶 sa53xu24

1306. 呱啦鸡毛腿沙鸡 kua53la24tɕi31

1307. □□猫头鹰 ɕiŋ44xu0

1308. 鸹鸹报啄木鸟 tɕhiã31tɕhiã0pɔ44

1309. 蜗蜗牛蜗牛 kua44kua44ȵiu24

1310. 叫驴公驴 tɕiɔ44ly24

1311. 草驴母驴 tshɔ31ly24

1312. 羝羊公绵羊 ti53ɕiaŋ24

1313. 驹骝羊山羊 tɕy53liu31ɕiaŋ24

1314. 骚户公山羊 sɔ53xu0

1315. 寻驹马、驴发情 ɕin24tɕy31

1316. 寻羔羊发情 ɕin24kɔ31

1317. 叫春猫发情 tɕiɔ44tʃhun31

1318. 寻犊牛发情 ɕin24tu24

1319. 跑食猪发情 phɔ53ʂʅ24

1320. 练儿子狗发情 lia44Øər24tsʅ53

1321. 毛缨谷莠子 mɔ24Øiŋ53

1322. 蔓子芥子，芥末 mã44tsʅ0

1323. 咪咪毛狗尾草 mi44mi44mɔ24

1324. 猫儿眼中药的一种，也叫甘遂
mɔ24Øər0ȵiã53

1325. 拐线用线拐子把瓜儿拐成绺子
kuæ53ɕia31

1326. 摆摊子卖东西摆摊设点，泛指地摊
pæ53thã53tsʅ0

1327. 开门面在集镇开设固定门店
khæ31mən24miã0

1328. 笼头用绳绾成，拴上缰绳，套在牲畜头上，控制牲口用具 luŋ24thou53

1329. 毛色泛指牲口颜色 mɔ24sei53

1330. 倒毛脱毛、换毛 tɔ44mɔ24

1331. 叫草反刍 tɕiɔ44tshɔ53

1332. 咕咕等灰斑鸠 ku44ku44təŋ53

1333. 饿老鼠老鹰 ŋɤ44lɔ31ʃu31

1334. 燕雀燕子 Øiã44tɕhiɔ0

1335. 麦牛麦象 mei31ȵiu24

1336. 屎巴牛儿屎壳郎 sʅ53pa31ȵiur24

1337. 猴子蝗虫 xou24tsʅ53

1338. 醋虫食醋中的蝇蛆 tshu44tʃhuŋ24

1339. 瞌头虫麦秆蝇、害虫
khuo31thou24tʃhuŋ53

1340. 蛰了动物冬眠 tsɤ24liɛ0

1341. 芽芽麦出了芽的麦
ȵia24ȵia53mei53

1342. 香椿一种可食用的椿树叶子
ɕiaŋ31tʃhun31

1343. 空秆带有甜味玉米秆 khuŋ44kã31

1344. 鲜物刚成熟的水果 ɕiã31vu31

1345. 榆树一树种 Øy24ʃu53

1346. 榆钱钱榆树结的籽，像铜钱
Øy24tɕhiã53tɕhiã24

1347. 麦禾瓶花似瓶状，麦田害草
mei31xuo31phiŋ24

1348. 地软软地耳、菌生，多长塄边
ti44ʐuã31ʐuã24

1349. 窝窝棉布鞋 Øuo53Øuo0

1350. 筒袖是特制的半截棉袖，套进手腕袖口，以防止冻手 thuŋ53ɕiu0

1351. 褂褂薄棉衣 kua44kua0

1352. 大氅棉（厚）风衣 ta44tʃhaŋ53

1353. 箍子银饰类戒指 ku53tsʅ0

1354. 杌杌杌凳 Øu53Øu0

1355. 锅盔厚烧饼 kuo31khui31

1356. 辫粉粉条 phiã44fən0

1357. 炕桌饭桌 khaŋ44tʃuo31

1358. 甑笆加进锅里用来蒸馍的器具
tɕiŋ44pa0

1359. 箩箩 筛选面粉时，隔出麸皮、杂物的用具 luo24luo0
1360. 箸篓罐 放筷子的器具 tʃu44lou31kuã53
1361. 笸篮 盛粮食用，竹编大圆篮 phu24lã53
1362. 铲锅刀 刀锅铲 tsã53kuo31tɔ53tsɔ0
1363. 接嘴漏斗 tɕiɛ31tsui31
1364. 电壶 热水瓶 tiã44xu24
1365. 锅头 锅台 kuo53thou0
1366. 灶火 烧火做饭的地方 tsɔ44xou0
1367. 锅灶 专指妇女做饭技术 kuo53tsɔ0
1368. 麦饭 用面和菜等蒸的饭 mei53fã0
1369. 刮刮 锅巴 kuɑ53kuɑ0
1370. 起面 用酵子发好的面 tɕhi53miã0
1371. 死面 未发酵的面 sʅ53miã0
1372. 捞面 用刀切细长面条 li24miã0
1373. 油卷卷 多层加油蒸的花卷馍 ʊiu24tɕyã53tɕyã0
1374. 驴蹄子 乾县盛行的一种厚而硬的面食 ly24thi24tsʅ53
1375. 合合馍 一种中间夹菜的烧饼 xuo24xuo0mɤ44
1376. 面脬 擀面时防止面粘的玉米面 miã44phu31
1377. 流水席 客人如流水般坐席吃饭 liu24ʃui53ɕi24
1378. 麻糖 麻花 mɑ24thaŋ53
1379. 酰子 用麦粒酿制成的消暑汤汁 fu24tsʅ53
1380. 克化 消化 khei53xuɑ0
1381. 恶水 泔水 ŋɤ31ʃui0
1382. 瓦瓮儿 盛水或放面的陶瓷器，较低 ʊuɑ53ʊuŋr44
1383. 笓子 齿小而密的小梳子 pi44tsʅ0
1384. 界墙 隔开两邻或两室的墙 tɕiɛ44tɕhiaŋ24
1385. 捻弄 修理 n̩iã53luŋ0
1386. 针线笸篮 放针线的柳编篮篮 tʂən53ɕiã0phu24lã53
1387. 活绪头 活结 xuo24tɕhy53tou0
1388. 缠纽门 一种缠绕式系法 phiã24n̩iu53mei0
1389. 瓦渣 瓦片 ʊuɑ53tsɑ31
1390. 供桌 祭祀摆放供品的桌子 kuŋ44tʃuo31
1391. 锅门儿 灶台进柴的门户 kuo53mənr24
1392. 风毪 风箱 fəŋ53ɕiã0
1393. 锅板 锅盖 kuo31pã0
1394. 锅刷 洗锅用的刷子 kuo31ʃuɑ0
1395. 锅墨 铁锅外底炭墨，可作中药，名即"百草霜" kuo53mei0
1396. 清油 菜油 tɕhiŋ31ʊiu24
1397. 蓆盖 盖在蒸笼上收气的席片 ɕi24kæ53
1398. 瓦缸 盛面用的陶土缸 ʊuɑ53kaŋ31
1399. 擀杖 擀面杖 kã53tʂaŋ0
1400. 笊篱 水中过滤食物的器具 tsɔ44li0
1401. 线类 一种绕线的纺织工具 ɕiã44lui0
1402. 风底 灶底过灰的铁齿子 fəŋ31ti0
1403. 瓦刀 泥刀 ʊuɑ44tɔ31
1404. 草盆 用麦草编的圆形草垫坐具 tshɔ53phən0
1405. 尿盆 夜间撒尿用的瓦盆 n̩iɔ44phən0
1406. 拐拐 拐杖 kuæ53kuæ0
1407. 奔颅 前额 pən53lou31
1408. 豁豁嘴 兔嘴 xuo53xuo31tsui53
1409. 胭脂骨 颧骨 ʊiã31tsʅ0ku31

1410. 后马勺脑袋后面突出的部分 xou44mɑ53ʃou0

1411. 胳搔窝儿腋下 kɯ31tsɔ31ɤuor24

1412. 肋子肋骨 lei53tsʅ0

1413. 精溜子赤身裸体 tɕiŋ31liu44tsʅ0

1414. 沟蛋小孩儿的阴囊 kou24tã44

1415. 牛牛讳称小孩儿的阴茎 ȵiu24ȵiu0

1416. 踝拉骨踝骨 xuɑ24lɑ53ku31

1417. 涅胎盘 ȵiɛ31

1418. 锤头拳头 tʃhui31thou53

1419. 身坯体型 ʂən31phei31

1420. 发福指年长一点的人发胖了 fɑ24fu31

1421. 变狗小儿生病 piã44kou53

1422. 熥热敷 thu31

1423. 当花花天花 taŋ24xuɑ53xuɑ0

1424. 缠腰蛇带状疱疹 tʂhã24ɤiɔ31ʂɤ24

1425. 羊羔疯癫痫 ɤiaŋ24kɔ53fəŋ31

1426. 方子处方 faŋ53tsʅ0

1427. 痀人病哮喘 tɕy53zʅən0piŋ44

1428. 起发女孩子出嫁 tɕhi53fa31

1429. 头车结婚时接新娘的专车 tou24tʂhɤ53

1430. 下帖儿子结婚时给亲戚朋友发请柬 ɕia44thiɛ31

1431. 办人续弦 pã44zʅən24

1432. 坐喝亲家双方见面给娃订婚宴请 tsuo44xuo31

1433. 咽气断气 ɤiã44tɕhi44

1434. 引路灯勾魂灯 ɤin53lou44təŋ31

1435. 攒材做棺材 tshuã24tshæ24

1436. 枋板棺材板 faŋ31pã53

1437. 守丧守灵 ʂou53saŋ31

1438. 孝帽男孝子服用 ɕiɔ44mɔ0

1439. 孝衫女孝子服用 ɕiɔ44sã31

1440. 孝袍男重孝子服用 ɕiɔ44phɔ24

1441. 鞔鞋往鞋上覆以白布而成为孝鞋 mã24xæ24

1442. 纸棍哭丧棒 tsʅ53kun0

1443. 送埋送葬 suŋ44mæ24

1444. 抬埋埋葬亡人 thæ24mæ53

1445. 打锤打架 tɑ53tʃhui24

1446. 吃瞎张占人便宜，白吃别人的饭 tʂʅ24xɑ53tʂaŋ31

1447. 揭纸买纸 tɕiɛ31tsʅ53

1448. 灌油买油 kuã44ɤiu24

1449. 扯布买布料 tʂhɤ53pu44

1450. 称盐买盐 tʂhəŋ31ɤiã24

1451. 逮猪娃买小猪 tæ24tʃu53ɤuɑ0

1452. 割肉买肉 kuo31zʅou44

1453. 磨价讨价还价 mɤ24tɕia44

1454. 打屄脸打脸（贬） tɑ53phi31liã53

1455. 搧撒儿子打耳光 ʂã24phir31tsʅ0

1456. 枯触不停地做令人厌烦的动作 khu53tʃhu0

1457. 觚上穿上衣服的袖子 tshʅ53ʂaŋ0

1458. 蹦跳 piɛ44

1459. 摆拨任意指使别人 pæ31pɤ31

1460. 损上拿上 xã53ʂaŋ0

1461. 指天划宿宿指手画脚 tsʅ53thiã31xuɑ44ɕiu53ɕiu0

1462. 楞楞小孩子学着站立 ləŋ44ləŋ44

1463. 相端观看、琢磨 ɕiaŋ44tuã31

1464. 砸呱唠叨埋怨人 tsa24kuɑ53

1465. 把作受作难 pɑ53tsuo31

1466. 吡派、叫 tshʅ31

1467. 搲用手指甲抠 ɤuɑ31

1468. 尺谋衡量、估计 tʂhʅ31mɤ31

1469. 拾翻 胡乱翻东西 ʂʅ44fã0
1470. 投 用清水再洗一次 thou44
1471. 弹嫌 找毛病 thã24ɕiã53
1472. 散伙 散了 sã44xuo0
1473. 勾勾 引诱 kou53kou0
1474. 严窝严实 ȵiã24øuo53
1475. 搜腾 收罗 sou53thəŋ0
1476. 和和绳、和线 xuo24
1477. 泛漾 溢出或撒落 fã44øiaŋ31
1478. 刁抢 tiɔ31
1479. 铸 熔铸金属 tsu24
1480. 逗 用手揣摸 tou44
1481. 岔开错开 tsha44khæ31
1482. 嘻嘻哈哈 做事不庄重
　　　ɕi31ɕi24xɑ53xɑ0
1483. 扑分咪儬 女性过于邋遢者
　　　phu53tɕhi31læ0xæ0
1484. 言镵 说话厉害 øiã24tshã24
1485. 干淑 老年妇女干净利落，漂亮贤惠
　　　kã44ʃu0
1486. 日把欻 不好 zʅ31pa31tʃhua53
1487. 胡抓胡挖 指人行动处事无条理
　　　xu24tʃua31xu24øa31
1488. 硬头骨抓 指人性格暴躁、生硬
　　　ȵiŋ44thou0ku31tʃua31
1489. 秧得很 轻狂、调皮 øiaŋ31ti0xəŋ53
1490. 瓜娃不叽 傻乎乎的样子
　　　kua53øua31pu0tɕi0
1491. 二二思思 三心二意
　　　ør44ər0sʅ31sʅ0
1492. 刻气马擦 很快地

　　　khɯ31tɕhi0ma53tsha31
1493. 撕气没味 说话没有一点意思
　　　sʅ53tɕhi31mɤ31vei44
1494. 差窍 智力不健全 tsha31tɕhi44
1495. 麻眼 动作迟缓；糟糕 ma31ȵiã53
1496. 麻缠 麻烦事 ma24tʂhã24
1497. 不当 可怜 pu53taŋ0
1498. 力练 干练 li53liã0
1499. 活道 大方活泼 xuo24tɔ53
1500. 热火 热情 zɤ53xuo0
1501. 花哨 女人活泼（褒）xua53sɔ0
1502. 泼实 干活卖力 phɤ53ʂʅ0
1503. 白生生 白得耐看 pei24səŋ53səŋ0
1504. 黑丢丢 黑而不难看 xei31tiu31tiu0
1505. 妖精 妩媚、妖娆 øi31tɕiŋ31
1506. 齐整 好得很 tɕhi24tʂəŋ53
1507. 嚷人 挖苦，讽刺的意思 zaŋ24zən24
1508. 红堂瓜水 形象人很健康
　　　xuŋ24thaŋ53kua31ʃui0
1509. 黑瘦黑瘦 又黑又瘦
　　　xei31sou44xei31sou44
1510. 细长细长 又细又长
　　　ɕi44tʂhaŋ24ɕi44tʂhaŋ24
1511. 白胖白胖 又白又胖
　　　pei24phaŋ44pei24phaŋ44
1512. 黄亮黄亮 又黄又亮
　　　xuaŋ24liaŋ44xuaŋ24liaŋ44
1513. 歇耗 娇气 ɕiɛ53xɔ0
1514. 一满 全部 øi31mã53
1515. 一老 从来，向来 øi31lɔ53
1516. 溢外格外 øy44uæ44

第四章 语法与口头文化

第一节 语法例句

1. 你是哪里人？
   你是打搭人？
   ȵi53sʅ31tɑ53tɑ0zˏən24?

2. 我是陕西_____人。（说出所在县或市）
   我是陕西乾县人。
   ŋɤ53sʅ31ʂã53ɕi31tɕhiã24ɕiã44zˏən24.

3. 你今年多大？
   你今年多岁数？
   ȵi53tɕin31ȵiã24tuo31sui44ʃu0?

4. 我_____岁了。（说出自己的实际年龄）
   我七十二了。
   ŋɤ53tɕhi31sʅ31Ø ər44liɛ0.

5. 你叫什么名字？
   你叫啥名字？
   ȵi53tɕiɔ44sɑ44miŋ24tsʅ0?

6. 我叫_____。（说出自己的名字）
   我叫张显庆。
   ŋɤ53tɕiɔ44tʂaŋ31ɕiã53tɕhiŋ44.

7. 你家住哪里？
   你屋到搭呢？
   ȵi53Øu31tɔ44tɑ53ȵi0?

8. 我家住_____。（说出自己居住的地址）
   我屋到阳洪镇山坳村。

ŋɤ24Øu31tɔ44Øiɑŋ24xuŋ53tʂəŋ44sã31ȵiɔ24tshun31.

9. 谁呀？我是老三。

　　谁？我是老三。

　　sei24？ ŋɤ53sʅ31lɔ53sã31.

10. 老四呢？他正在跟一个朋友说着话呢。

　　老四呢？［人家］正跟一个伙说话呢。

　　lɔ53sʅ44ȵiO？ȵiã31tʂəŋ44kən31Øi31kɤ0xuo53ʃuo31xuɑ44ȵiO.

11. 他还没有说完吗？

　　他还没说毕？

　　thɑ53xɑ24mɤ31ʂuo31pi31？

12. 还没有。大约再有一会儿就说完了。

　　还没毕。科摸还得一下下。

　　xɑ24mɤ24pi31. khuo31mɤ31xɑ24tei0Øi31xɑ44xɑ0.

13. 他说马上就走，怎么这半天了还在家里呢？

　　他说当下就走也，咋么这半天了还到屋呢？

　　thɑ53ʃuo31tɑŋ44ɕiɑ44tsou44tsou53tɕiɑ0，tsɑ31mɤ0tʂʅ44pæ̃44thiæ̃31liɛ0xɑ24tɔ44Øu53ȵiO？

14. 你到哪儿去？我到城里去。

　　你到打搭去呀？我到州里去呀。

　　ȵi53tɔ44tɑ53tɑ0tɕhi44Øiɑ0？ŋɤ53tɔ44tʂou53li0tɕhi44Øiɑ0.

15. 在那儿，不在这儿。

　　到兀搭，不到这搭。

　　tɔ44Øu44tɑ31，pu3tɔ44tʂʅ44tɑ31.

16. 不是那么做，是要这么做的。

　　不是那么做，要这么做。

　　pu31sʅ44læ44mɤ0tsuo31，Øiɔ44tʂʅ44mɤ0tsuo31.

17. 太多了，用不着那么多，只要这么多就够了。

　　多得很，用不了，这些就够了。

　　tuo31ti0xən53，Øyŋ44pu0liɔ53，tʂʅ44ɕiɛ31tsou44kou44liɛ0.

18. 这个大，那个小，这两个哪一个好点呢？

　　这个大，兀个碎，打个好？

　　tʂʅ44kɤ0tɑ44，Øu53kɤ0sui44，tɑ31kɤ0xɔ53？

19. 这个比那个好。

这个比兀个好。

tʂʅ44kɤ0pi53Øu53kɤ0xɔ53.

20. 这些房子不如那些房子好。

这些房子么有兀些房子好。

tʂʅ44ɕiɛ0faŋ24tsʅ53mɤ31Øiu53Øu44ɕiɛ0faŋ24tsʅ53xɔ53.

21. 这句话用_____话怎么说？（填本地地名，本地音）

这话用乾县话咋说呢？

tʂɤ53xuɑ44Øyŋ44tɕhiã24ɕiã44xuɑ44tsɑ24ʃuo53ɲ̩i0?

22. 他今年多大岁数？

他今年多岁数了？

thɤ53tɕin53ɲ̩iã31tuo31sui44ʃu31liɛ0?

23. 大概有三十来岁吧。

科摸三十来岁。

Khuo53mɤ0sã53ʂʅ0læ24sui44.

24. 这个东西有多重呢？

这东西有多分量？

tʂɤ53tuŋ53ɕi0Øiu53tuo31fən44liaŋ0?

25. 有五十斤重呢。

有五十来斤。

Øiu53Øu53ʂʅ0læ31tɕin31.

26. 拿得动吗？

拿得起？

lɑ24ti0tɕhiɛ53?

27. 我拿得动，他拿不动。

我能拿起，他拿不起。

ŋɤ53ləŋ24lɑ24tɕhiɛ53, thɑ53lɑ24pu31tɕhiɛ53.

28. 真不轻，重得连我都拿不动了。

真的不轻，连我都拿不起。

tʂən53ti0pu24tɕhiŋ31, liã24ŋɤ53tou31lɑ24pu53tɕhiɛ53.

29. 你说得很好，你还会说点儿什么呢？

你说得嫽得很，还能说些啥？

ɲ̩i53ʃuo31ti0liɔ24ti0xəŋ53, xɑ24ləŋ24ʃuo31ɕiɛ31sɑ44?

30. 我嘴笨，我说不过他。

我嘴拙，说不过他。

ŋɤ53tsui53tʂɤ31, ʃuo31pu31kuo44tha53.

31. 说了一遍，又说了一遍。

说了一遍，还说一遍。

ʃuo31liɛ0Øi31piã44, xɑ24ʃuo31Øi31piã44.

32. 请你再说一遍。

你再说一遍。

ȵi53tsæ44ʃuo31Øi31piã44.

33. 不早了，快去吧！

不早了，快去！

pu24tsɔ53liɛ0, khuæ44tɕhi44!

34. 现在还很早呢。等一会儿再去吧。

壬庚还早呢。等嘎再去。

z̩ən24kei53xɑ24tsɔ53ȵi0. təŋ53kɑ0tsæ44tɕhi44.

35. 吃了饭再去好吧？

吃了饭去，行不？

tʂʰʅ31liɛ0fã44tɕhi44, ɕiŋ24pu0?

36. 慢慢儿地吃啊！不要急嘛！

慢些吃，甭急！

mã44ɕiɛ31tʂʰʅ31, pɔ31tɕi24!

37. 坐着吃比站着吃好些。

坐下吃比立下吃嚽活。

tsuo44xɑ0tʂʰʅ31pi53li44xɑ0tʂʰʅ31tɕhiã44xuo0.

38. 这个吃得，那个吃不得。

这个能吃，兀个吃不成。

tʂʅ44kɤ0ləŋ24tʂʰʅ31, Øu44kɤ0tʂʰʅ31pu31tʂhəŋ24.

39. 他吃了饭了，你吃了饭没有呢？

他吃了，你吃了么？

tha53tʂʰʅ31liɛ0, ȵi53tʂʰʅ31liɛ0mɤ0?

40. 他去过上海，我没有去过。

他去过上海，我没去过。

thaɤ53tɕhi44kuo0ʂaŋ44xæ53, ŋɤ53mɤ31tɕhi44kuo0.

41. 来闻闻这朵花香不香？

来闻嘎，这花香不？

læ24vən24ka53，tʂɤ53xuɑ24ɕiaŋ31pu31？

42. 香得很，是不是？

香得很，得［是啊］？

ɕiaŋ53ti0xən53，tei31sɑ53？

43. 给我一本书！

给我给一本书！

kei53ŋɤ53kei53ø̸i31pən53ʃu31！

44. 我实在没有书嘛！

我真的没书么！

ŋɤ53tʂən53ti0mɤ24ʃu31mɤ0！

45. 你告诉他。

你给他说。

ȵi53kei44tha53ʃuo31.

46. 好好儿地走！不要跑！

好好的走，叓跑！

xɔ53xɔ24ti0tsou53，pɔ31phɔ53！

47. 小心跌下去爬也爬不上来！

操心跌下去了，跌下去了咋么都爬不上来！

tshɔ24ɕin31tiɛ53xɑ0tɕhi0liɛ0，tiɛ53xɑ0tɕhi0liɛ0tsa31mɤ31tou31pha24pu31ʂaŋ44læ0！

48. 医生叫你多睡一睡。

大夫叫你多睡嘎。

tæ44fu0tɕiɔ44ȵi53tuo31ʃui44ka0.

49. 吸烟或者喝茶都不可以。

吃烟、喝茶都没相。

tʂʅ24ø̸iã31，xuo31tshɑ24tou31mɤ31ɕiaŋ44.

50. 烟也好，茶也好，我都不喜欢。

烟也罢，茶也罢，我都不爱。

ø̸iã31ø̸iɑ0pɑ44，tshɑ24ø̸iɑ0pɑ44，ŋɤ53tou31pu31næ44.

51. 不管你去不去，反正我是要去的，我非去不可。

不管你去不去，我非去不可。

pu31kuã53ȵi53tɕhi44pu0tɕhi44，ŋɤ53fei31tɕhi44pu31khɤ53.

52. 你是哪一年来的？

你哪一年来的？

ȵi53lɑ31Øi31ȵiã24læ24ti0?

53. 我是前年到的北京。

我前年到北京的。

ŋɤ53tɕhiã24ȵiã0tɔ44pei31tɕiŋ31ti0.

54. 今天开会谁的主席？

今儿开会，谁是主席？

tɕiŋr31khæ31xui44，sei24sʅ0tʃu53ɕi24?

55. 你得请我的客。

你得请我客！

ȵi53tei31tɕhiŋ53ŋɤ53khei31!

56. 这是他的书，那一本是他哥哥的。

这是他的书，兀一本是他哥的。

tʂɤ53sʅ44thɑ53ti0ʃu31，Øui53Øi31pən53sʅ31thɑ31kɤ24ti0.

57. 一边走，一边说。

旋走旋说。

suã44tsou53suã44ʃuo31.

58. 看书的看书，看报的看报，写字的写字。

看书的看书，看报的看报，写字的写字。

khã44ʃu53ti0khã44ʃu31，khã44pɔ44ti0khã44pɔ44，ɕiɛ53tsʅ44ti0ɕiɛ53tsʅ44.

59. 越走越远，越说越多。

越走越远了，越说越多了。

Øyo31tsou53Øyo24Øyã31liɛ0，Øyo24ʃuo31Øyo24tuo31liɛ0.

60. 把那个东西拿给我。

把那个东西给我拿来。

pɑ31læ44kɤ0tuŋ53ɕi0kei44ŋɤ53lɑ24læ24.

61. 有些地方把太阳叫日头。

有兀地方把太阳叫爷呢。

Øiu53Øuo53ti44faŋ0pɑ31thæ44iaŋ0tɕiɔ44Øiɛ44ȵi0.

62. 您贵姓？我姓王。

你姓啥？我姓王。

ȵi53ɕiŋ44sɑ44? ŋɤ53ɕiŋ44Øuaŋ24.

63. 你姓王，我也姓王，咱们两个人都姓王。

你姓王，我也姓王，咱俩都姓王。

ȵi53ɕiŋ44ɵuaŋ24, ɤɣ53ɵia53ɕiŋ44ɵuaŋ24, tsɑ44liaŋ53tou31ɕiŋ44ɵuaŋ24.

64. 你先去吧，我们等一会儿再去。

你先去，我等嘎就来了。

ȵi53ɕiæ̃31tɕhi44, ɤɣ31təŋ53ka0tsou44læ24liɛ0.

第二节　北风和太阳

北风跟太阳

有一回，北风跟太阳在那儿争论谁的本事大。争来争去就是分不出高低来。这时候路上来了个走道儿的，他身上穿着件厚大衣。他们俩就说好了，谁能先叫这个走道儿的脱下他的厚大衣，就算谁的本事大。北风就使劲地刮起来了，不过他刮得越是厉害，那个走道儿的把大衣裹得越紧。后来北风没法儿了，只好就算了。过了一会儿，太阳出来了。他火辣辣地一晒，那个走道儿的马上就把那件厚大衣脱下来了。这下儿北风只好承认，他们俩当中还是太阳的本事大。

北风跟爷
pei24fəŋ31kən31ɵiɛ44

有一回，北风跟爷到冗儿争辩谁的本事大。

ɵiu53ɵi31xui24, pei24fəŋ31kən31ɵiɛ44tɔ44ɵuar53tsəŋ53piã0sei24ti0pən53sʅ0tɑ44.

争来争去就是分不出个高低。

tsəŋ31læ24tsəŋ31tɕhi44tsou44sʅ0fən31pu24tʃhu31kɤ0kɔ24ti31.

这时来了个过路的，他身上穿着厚棉袄。

tʂɤ44sʅ24læ24liɔ0kɤ0kuo44lou44ti0, tha53ʂən53ʂaŋ0tʃuã31tʂuo0xou44miã24ŋɔ53.

北风就跟爷说，谁能先叫这个过路的脱了他的厚棉袄，就算谁的本事大。

pei24fəŋ31tsou44kən31ɵiɛ44ʃuo31, sei24ləŋ24ɕiã31tɕiɔ44tʂʅ44kɤ0kuo44lou44ti0thuo31liɔ0tha53ti0xou44miã24ŋɔ53, tsou44suã44sei24ti0pən53sʅ0tɑ44.

爷说，能行！爷先叫北风试伙一下。

ɵiɛ44ʃuo31, ləŋ24ɕiŋ24! ɵiɛ44ɕiã31tɕiɔ44pei24fəŋ31sʅ44xuo0ɵi31xa0.

北风愣□愣□地吹，不过，他吹得越厉害，那个过路的把棉袄裹得越紧，后来北风干急没办法，只好算了。

pei24fəŋ31ləŋ53suŋ24ləŋ53suŋ24ti0tʃhui31, pu31kuo44, tha53tʃhui53ti0ɵyo31li44 xæ0, læ44kɤ0kuo44lou44ti0pa31miã24ŋɔ53kuo53ti0Øyo31tçin53, xou44læ0pei24fəŋ31kā31tçi24mɤ31pã44fa0, tsʅ31xɔ53suã44liɛ0.

一下下儿，爷出来了，晒得热死杠活，那个过路的实在着不住了，立马就把厚棉袄脱了。

Øi31xa44xar53, Øiɛ44tʃhu53læ0liɛ0, sæ44ti0zɤ31sʅ53kaŋ44xuo24, læ44kɤ0kuo44lou44ti0sʅ24tsæ44tʂɔ24pu31tʃhu44liɛ0, li31ma53tsou44pa31xou44miã24ŋɔ53thuo31liɛ0.

这一下，北风只得承认，他俩当中还是爷的本事大。

tʂei53Øi31xa0, pei24fəŋ31tsʅ24tei31tʂhəŋ24zən44, tha31liaŋ53taŋ31tʃuŋ31xa24sʅ44Øiɛ44ti0pən53sʅ0ta44.

第三节　口头文化

一、故事：龟城的传说

　　秦朝时，乾县这一坨地方叫好畤县。唐高宗李治殁了后，埋到县北的梁山上，朝廷就把好畤县改叫奉天县。武则天殁了后，跟唐高宗一搭埋到乾陵。自从这搭埋了两个皇上后，皇亲国戚七七斋斋都要来祭拜。唐德宗时，有个人叫桑道茂，能掐会算。一天，他给皇帝说："奉天那搭有天子王气，在那儿加高城墙、修建城壕，防顾出个啥闪失。"德宗皇帝就下令让他负责这事。

　　建好后，城的北门向外抻出很长一截子，像乌龟脖项得很，南门短短的，像乌龟尾巴得很，东门、西门、小东门、小西门，把龟的四个爪爪像扎咧，城内南北十字凸起，把龟的脊背像扎咧，城内的九楼八涝池跟七十二个半巷子，就像乌龟身上的花纹图案。规模比原来大了很多，城墙上能走人能跑马。后来朱泚叛乱，快要打到长安城跟前，唐德宗觉得形势不妙，想要跑，可知不道往打搭跑。这时，他想起桑道茂当年说的话，就带人跑到奉天。朱泚攻打奉天城七个来月，城池牢固，一直打不下来。后来各路唐军赶到奉天，平了叛乱。

　　传说，老早的龟城，头朝南，尾朝北。门外有两头神牛，每到半夜，两头牛拉着龟城旋转，生人来到城外找不着城门。一天夜里，当南门转到北门的位置时，一位神通广大的外地喇嘛偷走了一头神牛，神牛刚走到西北方向时，鸡叫了，神牛不走了，化成一座石牛。从此，奉天城就变成头朝北、尾朝南，即现在这个样子。

二、歌谣

1. 灶坨坨

荞麦花，蹦蹦开，我跟我婆铡硬柴。

我婆把我手铡咧，我把我婆起发咧。

我爷回来跟我要婆呢，我说，爷儿爷，

灶爷板板有个白坨坨，我爷说，我不要那个白坨坨，

光要那个秃老婆，白日给我做吃喝，黑了给我能暖脚。

2. 纺棉花

棉车棉，嘤嘤嘤，一两棉花纺一冬。

娘家去了一月半，回来纺个"雀儿蛋"。

先给公公婆婆看，公公婆婆打到砖缝里，

叫了十个搬砖的，叫了十个掮锨的，

有心不叫搬砖的，有心不叫掮锨的，娃子女子没穿的。

3. 麦草铺

麦草铺，铺麦草，麦草铺里藏虼蚤。

伙计正在睡觉呢，一口咬得胡叫呢，

翻过身来压虼蚤，蹦儿蹦儿可蹦了。

蹦到铁匠二叔家，二叔正在打铁呢，一口咬得滴血呢。

蹦到姑娘绣楼上，姑娘正在绣花呢，一口咬得胡抓呢。

蹦到老爷堂上咧，老爷正在审案呢，一口咬得胡转呢。

4. 缠脚歌

青果果，两半个，我妈给我缠碎脚。

瓷瓦蠡得血淌呢，裹脚缠得骨响呢，

妈要缠，大要放，大咧成了个四不像。

脚大咧，娘怕咧，怕得婆家变卦咧。

三、曲艺

1. 韩信算卦（弦板腔唱段）

太白金星下凡间，不觉一时到长安。

今日没有别的事，来到长安摆卦摊。

别的人儿我不算，单等韩信来此间。

金字牌上写大字，上写阴阳二神仙。

众位看官前边站，算的不准不收钱。
年年有个三月三，韩信打马进长安。
穿街过巷走得快，不觉来到大街前。
眼观众人围着看，将军下马站一边。
踮脚举目抬头看，问先生算卦能要多少钱。
算卦先生开言道：叫声将军你听我言。
你想算命往前站，算的不准不要钱。
官宦人家五两三，阴阳二气穷人不要钱。
韩信听罢开言道，求先生给我算一番。
你算我何日交好运，你算我何日做好官。
你算我何日官星满，你算我能活多少年。
先生算完开言道：叫声将军听根苗。
我算你十二交好运，二十二岁做高官。
三十二岁官星满，我算你活不过三十三。
韩信听言气炸胆，骂声老道你口胡言。
名师算我寿满七十二，你为何说我阳寿不过三十三。
腰里抽出青钢剑，要杀你老道丧黄泉。
你先不要怒冲冠，我有话儿你听心间。
自古算卦不留情，留情的卦儿实不灵。
南门外你受高皇拜，短你阳寿一八年。
问路你把樵夫斩，短你阳寿二八年。
九里山前活埋母，短你阳寿三八年。
清井吃水下毛片，短你阳寿四八年。
乌江岸逼着霸王死，短你阳寿五八年。
损德丧德统满算，五八短你四十年。
韩信听罢忙跪倒，口称先生道行高。
一不该接受高皇拜，二不该问路斩樵夫。
三不该山前活埋母，四不该乌江逼霸王。
五不该清水下毛片，到如今错了怨谁来。
我没东西赠与你，满斗金银作礼当。
先生听罢开言道，后悔谢罪都迟了。
斗金斗银我不稀罕，我活人不用亡人钱。
今儿格把卦算明了，将军命殒九月天。

初三十三二十三，死日不离一个三。
九月十三韩信丧，未阳宫里将军亡。
韩信算卦我唱一遍，众位君子听心间。
为人做事休短见，阳寿不减只会添。
人心长来天心长，狼心狗肺不久长。
人心短来天心短，因果报应理当然。

2. 孙夫人祭江（皮影弦板腔唱段）

江岸上，三炷香，魂飞飘荡，为夫主，只哭得，泪洒长江。
清早起，坐深宫，侍女禀上，她言说，把奴夫，命丧长江。
听一言，脱紫衣，孝服更换，深宫内，哭坏了，孙氏尚香，
想祭奠，我的娘，不命前往，无奈了，碰明柱，我想命亡。
你家住大树绿桑地，在桃园结义刘关张。
曹孟德，他虽然，兵多将广，起新野，走樊城，兵败当阳，
小陆逊，用大兵，甚是狂妄，烧连营，七百里，兵遭祸殃。
刘夫君，白帝城，今把命丧，把恩爱，当就了，浪里飘扬，
可怜你，为江山，南征北战，可怜你，为汉室，终到灭亡，
可怜你，待弟兄，恩高义广，可怜你，忠烈士，付于汪洋，
奴为你，牡丹亭，懒把香上，奴为你，荷花池，难以乘凉，
实想说，过江来，将娘探望，谁料想，我夫妻，今分两张。
孙尚香，江岸上，愁眉观望，又只见，波浪滚，江水滔滔，
两岸上，顺水舟，来来往往，一时间，惊动了，水面鸳鸯。
白昼间，在江心，游波戏浪，到晚来，一对对，对对成双，
那鸳鸯，它本是，天生地养，难道说，孙尚香，不如鸳鸯。
再不能，绡罗帐，同把荣享，再不能，夫妻们，恩爱情长，
思想起来心头怅，岂能恩爱两分张，哭哭啼啼拜母江岸上。
我要落，青丝名表孙尚香，哎——倒不如，扑江死，一命皆亡。

礼泉县篇

第一章 总 论

第一节 人文地理、历史沿革、人口概况

礼泉县位于东经108°17′～108°41′，北纬34°20′～34°50′，属于关中平原中部。东邻泾阳，西邻乾县，南与兴平、咸阳相连，北与淳化、永寿接壤。总面积1018平方千米。

礼泉历史悠久，钟灵毓秀。自秦始皇二十六年（公元前221年）建县，距今2200年。夏属雍州，周称焦获，秦叫谷口县（一作瓠口），西汉置谷口邑，属左冯翊管辖，后改为谷喙县，东汉并入池阳，南北朝时改称宁夷县。隋文帝开皇十八年（598年），因境内有泉，味甘如醴，且旁有醴泉宫，故更名为醴泉县。唐武德元年（618年）分县境东部地置温秀县，其后废醴泉县入温秀县，贞观元年（627年）废温秀县。贞观十年（636年）析云阳、咸阳二县于泔北镇（今泔河袁一带）复置醴泉县，属雍州；开元元年（713年）属京兆府，乾宁二年（895年）属乾州。唐末县治徙今县东南旧县村。五代后唐属京兆府。北宋徙今县东南故县村；北宋政和八年（1118年）属醴州。金、元属乾州。元末移治今址。明嘉靖三十八年（1559年）改属西安府。1914年属关中道。1928年直属省。1949年属邠县分区。1950年属咸阳专区。1953年属宝鸡专区。1956年直属省。1958年并入乾县，1961年复置，属咸阳专区。1964年因醴字生僻，改醴泉县为礼泉县。1968年属咸阳地区。1983年属咸阳市。

截至2018年，礼泉县辖1办11镇213个行政村，人口50万。各乡镇以汉族人口为主体，回族等其他5个少数民族占总人口的0.02%。

第二节 方言归属与内部差异

礼泉方言属于中原官话关中片，也属于关中东西地区之间"过渡带"上的方言。境内方言的差异主要体现在赵镇一带与城关等绝大多数地区的不尽一致上：一方面赵镇一带把古代汉语"精清从"三母拼今齐齿呼的字读作舌尖中音［t、tʰ］二声母，而与"端透定"三母字合流。另外，赵镇一带部分词语与城关等绝大多数地区也有一定差异。

第三节　发音人和调查人概况

方言发音人（一）

1. 姓名：何练凯
2. 单位（退休前）：陕西省咸阳市礼泉县皇甫初中
3. 通信地址：陕西省咸阳市礼泉县城关街道办皇甫村
4. 性别：男　　民族：汉族
5. 出生年月日（公历）1946 年 12 月 1 日
6. 出生地：陕西省咸阳市礼泉县城关街道办皇甫村
7. 主要经历：1963 年初中毕业回家务农，后来担任教师，一直都在本地工作、生活。
8. 文化程度：高中
9. 职业：教师

方言发音人（二）

1. 姓名：廉振宇
2. 单位（退休前）：陕西省咸阳市礼泉县赵镇中心小学
3. 通信地址：陕西省咸阳市礼泉县赵镇石鼓东村
4. 性别：男　　民族：汉族
5. 出生年月日（公历）：1950 年 8 月 8 日
6. 出生地：陕西省咸阳市礼泉县赵镇石鼓东村
7. 主要经历：1972 年高中毕业回家务农，后来担任教师，一直都在本地工作、生活。
8. 文化程度：高中
9. 职业：教师

调查人

1. 姓名：孙立新
2. 单位：陕西国际商贸学院，陕西省社会科学院
3. 通讯地址：陕西省西安市含光南路 177 号
4. 协助调查人 1 姓名：靳小燕
5. 协助调查人 2 姓名：李　超

第二章 语 音[①]

第一节 声 母

声母二十五个，包括零声母在内。

p 八兵补病　　ph 派片爬皮　　m 麦明门毛　　f 飞蜂副饭　　v 味万问无
t 多东到读　　th 讨土特通　　n 囊能　　　　　　　　　　　l 连路老来
ts 资早窄扎　　tsh 刺贼草差　　　　　　　　　s 丝山事色　　z 如锐
tʂ 张照桌镇　　tʂh 车唱抽陈　　　　　　　　　ʂ 上手十设　　ʐ 热认让黏
tɕ 挤几九举　　tɕh 清权轻砌　　　　　　　　　ɕ 想谢县夏
k 高共歌靠　　kh 开快跪看　　ŋ 熬安我恶　　x 河灰好后
Ø 月云味要

说明：

[n] 声母逢开口呼后鼻韵母读作 [n]，逢细音读作 [ȵ]。

第二节 韵 母

韵母四十四个。

ɿ 丝试指师　　i 戏米急提　　u 五主猪补　　ʮ 猪出书如　　y 雨橘局女
ʅ 十尺知
ər 二儿耳

a 茶辣八打　　ia 牙鸭夏架　　ua 瓦话瓜夸
æ 开鞋菜排　　iæ 岩阶　　　　uæ 快拐怀
　　　　　　　iɛ 写茄节贴

[①] 按邢向东、张双庆在《近八十年来关中方言微观演变研究》及《当代关中方言的调查及声母、介音演变研究》中的调查，礼泉方言中的知系合口字发音，声母应为舌叶音声母 [tʃ、tʃh、ʃ、ʒ]，介音仍为合口呼韵头 [u]，本书中其他区县也都按此方式记录知系合口字。但礼泉方言调查人孙立新老师坚持自己的调查记音，即声母仍为 [ts、tsh、s、z]，韵母介音为 [ʮ]。本着对调查人的尊重，我们在集成编纂时保留调查人的记音方式。特此说明！

428

ɤ 歌壳我可　　　　　　　　uɤ 坐说盒托　　　yɤ 桌弱　　　　　yɛ 靴月
ɯ 疙核
au 包讨道套　　　iau 笑桥浇鸟
ei 赔白色格　　　　　　　　ui 鬼国回类
ɤu 豆走透投　　　iɤu 油牛绿修
ā 南山半盘　　　iā 年件脸县　　　uā 短管宽换　　yā 转拴软穿　　yā 权远卷选
ē 根深春很　　　iē 林新银金　　　uē 村春滚困　　yē 春顺准润　　yē 云军群熏
aŋ 挡绑忙堂　　　iaŋ 想样江强　　uaŋ 王窗黄狂　　yaŋ 床双装
əŋ 升灯梗腾　　　iŋ 灵病拧瓶　　　uŋ 东红通工　　yəŋ 中充　　　　yŋ 用穷兄荣

说明：

① [ts、tsh、s、z] 四个声母与 [ʅ] 类韵母配合时，[ʅ] 的实际音值为 [ɿ]。

② [u] 韵母在与舌尖前声母拼合时，实际音值为 [ʅ]。

③ [iē、yē] 韵母的实际音值分别为 [iɛ̃、yɛ̃]。

④ [aŋ、iaŋ、əŋ、iŋ] 韵母的实际音值分别为 [aỹ、iaỹ、əỹ、iỹ]。

第三节　单字调

单字调四个。

阴平 31 东春百搭节拍刻六麦叶　　　阳平 35 门牛油铜皮急毒白盒罚
上声 53 懂古九统苦讨草买老五　　　去声 44 动近后寸去卖路硬乱地

第四节　连读变调

后字非轻声两字组连调模式见表 2-1。

表 2-1　后字非轻声两字组连调模式

后字 前字	1 阴平 31	2 阳平 35	3 上声 53	4 去声 44
1 阴平 31	35+31 31+31	31+35	31+53	31+44
2 阳平 35	35+31	35+35	35+53	35+44
3 上声 53	53+31	53+35	31+53 53+53	53+44
4 去声 44	44+31	44+35	44+53	44+44

非叠字组后字轻声两字组连调模式见表2-2。

表2-2 非叠字组后字轻声两字组连调模式

前字＼后字	1 阴平 31	2 阳平 35	3 上声 53	4 去声 44
1 阴平 31	53 + 0 31 + 0	53 + 0 35 + 0	53 + 0	53 + 0
2 阳平 35	35 + 53	35 + 53	35 + 53	35 + 53
3 上声 53	44 + 0 53 + 0	53 + 0	53 + 0	53 + 0
4 去声 44	44 + 0	44 + 0	44 + 0	44 + 0

第五节　单　字

0001. 多 tuɤ31
0002. 拖 thuɤ31
0003. 大 ～小 tuɤ44
　　（白）/ta44
　　（文）
0004. 锣 luɤ24
0005. 左 tsuɤ53
0006. 歌 kɤ31
0007. 个 一～ kɤ31/
　　kɤ44（又）
0008. 可 khɤ53
0009. 鹅 ŋɤ24
0010. 饿 ŋɤ44
0011. 河 xu35
0012. 茄 tɕhiɛ35
0013. 破 phɤ44
0014. 婆 phɤ24
0015. 磨动 mɤ35
　　磨刀/mɤ44
　　磨面

0016. 磨名 mɤ44
0017. 躲 tuɤ53
0018. 螺 luɤ35
0019. 坐 tsuɤ44
0020. 锁 suɤ53
0021. 果 ku53
0022. 过 kuɤ44
0023. 课 khuɤ44
0024. 火 xuɤ53
0025. 货 xu31 ～郎/
　　xuɤ44 百～
0026. 祸 xuɤ35
　　着～/xuɤ44
　　～害
0027. 靴 ɕyɤ31
0028. 把量 pa53
0029. 爬 pha35
0030. 马 ma53
0031. 骂 ma44
0032. 茶 tsha35

0033. 沙 sa31
0034. 假真～ tɕia53
0035. 嫁 tɕia44
0036. 牙 nia35
0037. 虾 ɕia31
0038. 下底～ xa44
　　（白）/ɕia44
　　（文）
0039. 夏春～ ɕia44
0040. 哑 nia53
0041. 姐 tɕiɛ35 呼称/
　　tɕiɛ53 姐夫
0042. 借 tɕiɛ44
0043. 写 ɕiɛ53
0044. 斜 ɕiɛ35
0045. 谢 ɕiɛ44
0046. 车不是棋子
　　tʂhɤ31
0047. 蛇 ʂɤ24
0048. 射 ʂɤ44

0049. 爷 Øiɛ44
　　（白）/Øiɛ35
　　（文）
0050. 野 Øiɛ53
0051. 夜 Øiɛ44
0052. 瓜 kua31
0053. 瓦 Øua53
0054. 花 xua31
0055. 化 xua44
0056. 华中～ xua31
0057. 谱家～，注
　　意声母 phu53
0058. 布 phu44/
　　pu44（又）
0059. 铺动 phu31
0060. 簿 phu44
0061. 步 phu44
0062. 赌 tu53
0063. 土 thu53
0064. 图 thu35

0065. 杜 tu44
0066. 奴 lɤu35
0067. 路 lɤu44
0068. 租 tsu31
0069. 做 tuɤu44
0070. 错对～ tshuɤ31
0071. 箍～桶，注意声母 ku31
0072. 古 ku53
0073. 苦 fu53（白）/khu53（文）
0074. 裤 fu44（白）/khu44（文）
0075. 吴 Øu35
0076. 五 Øu53
0077. 虎 xu53
0078. 壶 xu35
0079. 户 xu44
0080. 乌 Øu31
0081. 女 ny53
0082. 吕 ly53
0083. 徐 çy35
0084. 猪 tsʮ31
0085. 除 tshʮ35
0086. 初 tshʮ31
0087. 锄 tshʮ35
0088. 所 sʮɤ53
0089. 书 sʮ31
0090. 鼠 sʮ53
0091. 如 zʮ31
0092. 举 tçy53
0093. 锯名 tçy44

0094. 去 tçhi44/tçhy44（又）
0095. 渠～道 tçhy35
0096. 鱼 Øy35
0097. 许 çy53
0098. 余剩～，多～ Øy35
0099. 府 fu53
0100. 付 fu53/fu44（又）
0101. 父 fu44
0102. 武 vu53
0103. 雾 mu44（白）/vu44（文）
0104. 取 tçhy53
0105. 柱 tsʮ44
0106. 住 tshʮ44（白）/tsʮ44（文）
0107. 数动 sʮ53
0108. 数名 sʮ44
0109. 主 tsʮ53
0110. 输 sʮ31
0111. 竖 sʮ44
0112. 树 sʮ44
0113. 句 tçy44
0114. 区地～ tçhy31
0115. 遇 Øy44
0116. 雨 Øy53
0117. 芋 Øy35
0118. 裕 Øy31
0119. 胎 thæ31
0120. 台戏～ thæ35

0121. 袋 tæ44
0122. 来 læ35
0123. 菜 tshæ44
0124. 财 tshæ35
0125. 该 kæ31
0126. 改 kæ53
0127. 开 khæ31
0128. 海 xæ53
0129. 爱 ŋæ44
0130. 贝 pei44
0131. 带动 tæ44
0132. 盖动 kæ44
0133. 害 xæ44
0134. 拜 pæ44
0135. 排 phæ35
0136. 埋 mæ35
0137. 戒 tçiɛ44
0138. 摆 pæ53
0139. 派注意声调 phæ53～别/phæ44～活
0140. 牌 phæ35
0141. 买 mæ53
0142. 卖 mæ44
0143. 柴 tshæ24
0144. 晒 sæ44
0145. 街 tçiɛ31
0146. 解～开 tçiɛ53
0147. 鞋 xæ35（白）/çiæ35（文）
0148. 蟹注意声调 xæ44（白）/

çiɛ44（文）
0149. 矮 ŋæ53
0150. 败 phæ44
0151. 币 pi44
0152. 制～造 tʂʅ44
0153. 世 ʂʅ44
0154. 艺 Øi44
0155. 米 mi53
0156. 低 ti31
0157. 梯 thi31
0158. 剃 thi35
0159. 弟 ti44
0160. 递 ti44
0161. 泥 ni35～土/ni44～壁
0162. 犁 li35
0163. 西 çi31
0164. 洗 çi53
0165. 鸡 tçi31
0166. 溪 çi31
0167. 契 tçhi53
0168. 系联～ çi44
0169. 杯 phei31
0170. 配 phei44
0171. 赔 phei24
0172. 背～诵 pei44
0173. 煤 mei24
0174. 妹 mei44
0175. 对 tuei35/tuei44（又）
0176. 雷 luei35
0177. 罪 tsuei44
0178. 碎 suei44

0179. 灰 xuei31	0209. 义 Øi44	0240. 市 ʂɿ35	0269. 肥 fei35
0180. 回 xuei35	0210. 戏 çi44	0241. 耳 Øər53	0270. 尾 Øi53/
0181. 外 Øuei44/	0211. 移 Øi35	0242. 记 tçi44	zɥei53（又）
Øuæ44（又）	0212. 比 pi53	0243. 棋 tçhi35	0271. 味 vei44
0182. 会 开~ xuei44	0213. 屁 phi44	0244. 喜 çi53	0272. 鬼 kuei53
0183. 怪 kuæ44	0214. 鼻 注意声调 pi35	0245. 意 Øi44	0273. 贵 kuei44
0184. 块 khuæ53	0215. 眉 mi35	0246. 几 ~个 tçi31	0274. 围 Øuei35
0185. 怀 xuæ35	0216. 地 ti44	（白）/tçi53	0275. 胃 Øuei44
0186. 坏 xuæ44	0217. 梨 li35	（文）	0276. 宝 pau53
0187. 拐 kuæ53	0218. 资 tsɿ31	0247. 气 tçhi44	0277. 抱 pau44
0188. 挂 kua44	0219. 死 sɿ53	0248. 希 çi31	0278. 毛 mu35
0189. 歪 注意声母	0220. 四 sɿ44	0249. 衣 niɛ31 ~包/	（白）/mau35
Øuæ31	0221. 迟 tʂhɿ35/	Øi31 ~裳	（文）
0190. 画 xua44	tʂhɿ35（又）	0250. 嘴 tsuei53	0279. 帽 mau44
0191. 快 khuæ44	0222. 指 tsɿ53 ~导/	0251. 随 suei35	0280. 刀 tau31
0192. 话 xua44	tsɿ31 ~甲	0252. 吹 tshɥei31	0281. 讨 thau53
0193. 岁 suei44	0223. 师 sɿ31	0253. 垂 tshɥei35	0282. 桃 thau35
0194. 卫 Øuei44	0224. 二 Øər44	0254. 规 khuei31	0283. 道 tau44
0195. 肺 fei44	0225. 饥 ~饿 tçi31	0255. 亏 khuei31	0284. 脑 lau53
0196. 桂 kuei44	0226. 器 tçhi44	0256. 跪 注意声调	0285. 老 lau53
0197. 碑 pi31	0227. 姨 Øi35	khuei44	0286. 早 tsau53
0198. 皮 phi35	0228. 李 li53	0257. 危 Øuei31	0287. 灶 tsau44
0199. 被 ~子 pi44	0229. 子 tsɿ53	0258. 类 luei53	0288. 草 tshau53
0200. 紫 tsɿ31	0230. 字 tsɿ44	0259. 醉 tsuei44	0289. 糙 注意声调
0201. 刺 tshɿ44 ~激/	0231. 丝 sɿ31	0260. 追 tsɥei31	tshau44
tshɿ53 ~猬	0232. 祠 tshɿ35	0261. 锤 tsɥei35	0290. 造 tsau44
0202. 知 tʂɿ31	0233. 寺 sɿ44	0262. 水 sɥei53	0291. 嫂 sau53
0203. 池 tʂhɿ24	0234. 治 sɿ44	0263. 龟 kuei31	0292. 高 kau31
0204. 纸 tsɿ53	0235. 柿 sɿ44	0264. 季 tçi44	0293. 靠 khau44
0205. 儿 Øər35	0236. 事 sɿ44	0265. 柜 kuei44	0294. 熬 ŋau35/
0206. 寄 tçi44	0237. 使 sɿ53	0266. 位 Øuei44	ŋau31（又）
0207. 骑 tçhi35	0238. 试 sɿ44	0267. 飞 fei31	0295. 好 ~坏 xau53
0208. 蚁 注意韵母 Øi53	0239. 时 sɿ35	0268. 费 fei44	0296. 号名 xau44

0297. 包 pau31
0298. 饱 pau53
0299. 炮 phau44
0300. 猫 mau35
0301. 闹 lau55
0302. 罩 tsau44
0303. 抓用手～牌 tsʯa31
0304. 找～零钱 tsau53
0305. 抄 tshau31
0306. 交 tɕiau31
0307. 敲 tɕhiau31
0308. 孝 ɕiau44
0309. 校学～ɕiau44
0310. 表手～piau53
0311. 票 phiau44
0312. 庙 miau44
0313. 焦 tɕiau31
0314. 小 ɕiau53
0315. 笑 ɕiau44
0316. 朝～代 tshau35
0317. 照 ʐau44（白）/tʂau44（文）
0318. 烧 ʂau31 ～火/ʂau44 早～
0319. 绕～线 ʐau53
0320. 桥 tɕhiau35
0321. 轿 tɕhiau44
0322. 腰 Øiau31
0323. 要重～Øiau44
0324. 摇 Øiau35

0325. 鸟注意声母 niau53
0326. 钓 tiau44
0327. 条 thiau35
0328. 料 liau44
0329. 箫 ɕiau31
0330. 叫 tɕiau44
0331. 母丈～，舅～mu53
0332. 抖 thu31（白）/tɤu35（文）
0333. 偷 thɤu31
0334. 头 thɤu35
0335. 豆 tɤu44
0336. 楼 lɤu35
0337. 走 tsɤu53
0338. 凑 tshɤu44
0339. 钩注意声母 kɤu31
0340. 狗 kɤu53
0341. 够 kɤu44
0342. 口 khɤu53
0343. 藕 ŋɤu53
0344. 后前～xɤu44
0345. 厚 xɤu44
0346. 富 fu44
0347. 副 fu44
0348. 浮 fu35
0349. 妇 fu44
0350. 流 liɤu35 ～水/liɤu44 二～子
0351. 酒 tɕiɤu53

0352. 修 ɕiɤu31
0353. 袖 ɕiɤu44
0354. 抽 tʂhɤu31
0355. 绸 tʂhɤu24
0356. 愁 tʂhɤu35
0357. 瘦 sɤu44
0358. 州 tʂhɤu31
0359. 臭香～tʂhɤu44
0360. 手 ʂɤu53
0361. 寿 ʂɤu44
0362. 九 tɕiɤu53
0363. 球 tɕhiɤu35
0364. 舅 tɕiɤu35 呼称/tɕiɤu44 叙称
0365. 旧 tɕiɤu44
0366. 牛 niɤu35
0367. 休 ɕiɤu31
0368. 优 Øiɤu31
0369. 有 Øiɤu53
0370. 右 Øiɤu44
0371. 油 Øiɤu35 ～水/Øiɤu44 ～子
0372. 丢 tiɤu31
0373. 幼 Øiɤu44
0374. 贪 thã31
0375. 潭 thã35
0376. 南 lã35
0377. 蚕 tshã35
0378. 感 kã53
0379. 含～一口水 xã35

0380. 暗 ŋã44
0381. 搭 ta31
0382. 踏注意声调 tha35 脚踏实地/tha31 踏实
0383. 拉注意声调 la31
0384. 杂 tsa35
0385. 鸽 kau31（白）/kɤ31（文）
0386. 盒 xuo35
0387. 胆 tã53
0388. 毯 thã53
0389. 淡 tã44
0390. 蓝 lã35
0391. 三 sã31
0392. 甘 kã31
0393. 敢 kã53
0394. 喊注意声调 xã53
0395. 塔 tha31
0396. 蜡 la31
0397. 赚 tsʯã44
0398. 杉～木，注意韵母 sa31/sã31（又）
0399. 减 tɕiã53
0400. 咸～淡 xã35（白）/ɕiã35（文）
0401. 插 tsha31
0402. 闸 tsa44
0403. 夹～子 tɕia31
0404. 衫 sã31

0405. 监 tɕiã31	0432. 嫌 ɕiã35	0460. 吸 ɕi31	0491. 班 pã31
0406. 岩 Øiæ35	0433. 跌注意声调 tiɛ31	0461. 单简~ tã31	0492. 板 pã53
0407. 甲 tɕia31 ~等/ tɕia44 ~长	0434. 贴 thiɛ31	0462. 炭 thã44	0493. 慢 mã44
0408. 鸭 Øia31	0435. 碟 tiɛ35	0463. 弹 ~琴 thã35	0494. 奸 tɕiã31
0409. 黏~液 z̩ã35	0436. 协 ɕiɛ35	0464. 难 ~易 lã35	0495. 颜 Øiã35
0410. 尖 tɕiã31/ tɕiã53 鼻子~	0437. 犯 fã44	0465. 兰 lã35	0496. 瞎 xa31
0411. 签 ~名 tɕhiã35	0438. 法 fa31	0466. 懒 lã53	0497. 变 piã44
0412. 占 ~领 tʂã44	0439. 品 phiẽ53	0467. 烂 lã44	0498. 骗欺~ phiã44
0413. 染 z̩ã53 污~/ z̩ã44 ~布	0440. 林 liẽ35	0468. 伞注意声调 sã53	0499. 便方~ piã44
0414. 钳 tɕhiã35	0441. 浸 tɕiẽ31	0469. 肝 kã31	0500. 棉 miã35
0415. 验 Øiã44	0442. 心 ɕiẽ31	0470. 看 ~见 khã44	0501. 面 ~孔 miã44
0416. 险 ɕiã53	0443. 寻 ɕiẽ35（白）/ɕyẽ35（文）	0471. 岸 ŋã44	0502. 连 liã35
0417. 厌 Øiã44	0444. 沉 tʂhẽ35	0472. 汉 xã44	0503. 剪 tɕiã53
0418. 炎 Øiã44	0445. 参人~ sẽ31	0473. 汗 xã44	0504. 浅 tɕhiã53
0419. 盐 Øiã35	0446. 针 tʂẽ31	0474. 安 ŋã31	0505. 钱 tɕhiã35
0420. 接 tɕiɛ31	0447. 深 ʂẽ31	0475. 达 ta35	0506. 鲜 ɕiã31
0421. 折 ~叠 tʂɤ31	0448. 任责~ z̩ẽ44	0476. 辣 la31	0507. 线 ɕiã44
0422. 叶树~ Øiɛ31	0449. 金 tɕiẽ31	0477. 擦 tsha31	0508. 缠 tʂhã35
0423. 剑 tɕiã44	0450. 琴 tɕhiẽ35	0478. 割 kuɤ31	0509. 战 tʂã44
0424. 欠 tɕhiã44	0451. 音 Øiẽ31	0479. 渴 khɤ31	0510. 扇名 ʂã44
0425. 严 niã35（白）/Øiã35（文）	0452. 立 lei31（白）/li31（文）	0480. 扮 pã44	0511. 善 tʂhã53（白）/ʂã44（文）
0426. 业 niɛ31	0453. 集 tɕi31 ~体/ tɕi35 ~市	0481. 办 pã44	0512. 件 tɕiã44
0427. 点 tiã53	0454. 习 ɕi35	0482. 铲 tshã53	0513. 延 Øiã35
0428. 店 tiã44	0455. 汁 tʂʅ31	0483. 山 sã31	0514. 别 ~人 piɛ35
0429. 添 thiã31	0456. 十 ʂʅ24	0484. 产注意声母 tshã53	0515. 灭 miɛ31
0430. 甜 thiã35	0457. 入 z̩ʮ31	0485. 间房~，一~房 tɕiã31	0516. 列 liɛ31
0431. 念 niã44	0458. 急 tɕi35	0486. 眼 niã53	0517. 撤 tʂhɤ53
	0459. 及 tɕi35	0487. 限 ɕiã44	0518. 舌 ʂɤ35
		0488. 八 pa31	0519. 设 ʂɤ31
		0489. 扎 tsa31	0520. 热 z̩ɤ31
		0490. 杀 sa31	0521. 杰 tɕiɛ35

0522. 孽 niɛ31
0523. 建 tɕiã44
0524. 健 tɕiã44
0525. 言 niã35
（白）/Øiã35
（文）
0526. 歇 ɕiɛ31
0527. 扁 piẽ53
（白）/piã53
（白）
0528. 片 phiã53 ~面/
phiã44 ~片
0529. 面 ~条 miã44
0530. 典 tiã53
0531. 天 thiã31
0532. 田 thiã35
0533. 垫 tiã44
0534. 年 niã35
0535. 莲 liã35
0536. 前 tɕhiã35
0537. 先 ɕiã31 祖~/
ɕiã44 ~后：
妯娌
0538. 肩 tɕiã31
0539. 见 tɕiã44
0540. 牵 tɕhiã31
0541. 显 ɕiã53
0542. 现 ɕiã44
0543. 烟 Øiã31
0544. 憋 piɛ31
0545. 篾 miɛ31
0546. 铁 thiɛ31
0547. 捏 niɛ31
0548. 节 tɕiɛ31

0549. 切动 tɕhiɛ31
0550. 截 tɕiɛ35 ~断/
tɕiɛ31 半~
0551. 结 tɕiɛ31
0552. 搬 pã31
0553. 半 pã44
0554. 判 phã44
0555. 盘 phã35
0556. 满 mã53
0557. 端 ~午 tuã31
0558. 短 tuã53
0559. 断绳 ~了 tuã44
0560. 暖 luã53
0561. 乱 luã44
0562. 酸 suã31
0563. 算 suã44
0564. 官 kuã31
0565. 宽 khuã31
0566. 欢 xuã31
0567. 完 Øuã35
0568. 换 xuã44
0569. 碗 Øuã53
0570. 拨 pɤ31
0571. 泼 phɤ31 ~水/
pɤ31 活~
0572. 末 mɤ31
0573. 脱 thuɤ31
0574. 夺 tuɤ35
0575. 阔 khuɤ31
0576. 活 xuɤ35
0577. 顽 ~皮，~固
vã35/Øuã35
（又）

0578. 滑 xua35
0579. 挖 Øua31
0580. 闩 sua44
0581. 关 ~门 kuã31
0582. 惯 kuã44
0583. 还动 xuã35
0584. 还副 xæ35
0585. 弯 Øuã31
0586. 刷 sua31
0587. 刮 kua31
0588. 全 tɕhyã35
0589. 选 ɕyã53
0590. 转 ~眼，~送
tsyã53
0591. 传 ~下来
tshyã35
0592. 传 ~记
tsyã44
0593. 砖 tsyã31
0594. 船 syã35
0595. 软 zyã53
0596. 卷 ~起 tɕyã53
0597. 圈圆 ~tɕhyã31
0598. 权 tɕhyã35
0599. 圆 Øyã35
0600. 院 Øyã44
0601. 铅 ~笔，注意
声调 tɕhiã31
0602. 绝 tɕyɤ35
0603. 雪 ɕyɤ31
0604. 反 fã53 ~复/
fã31 ~正
0605. 翻 fã31

0606. 饭 fã44
0607. 晚 vã53
0608. 万麻将牌 vã44
0609. 劝 tɕhyã44
0610. 原 Øyã35
0611. 冤 Øyã31
0612. 园 Øyã35
0613. 远 Øyã53 ~近/
Øyã44 ~路：
绕道
0614. 发头 ~fa31
0615. 罚 fa35
0616. 袜 va31
0617. 月 Øyɤ31
0618. 越 Øyɤ31
0619. 县 ɕiã44
0620. 决 tɕyɤ53
0621. 缺 tɕhyɤ31
0622. 血 ɕiɛ31
0623. 吞 thəŋ31
0624. 根 kẽ31
0625. 恨 ɕyẽ44
（白）/xẽ44
（文）
0626. 恩 ŋẽ31
0627. 贫 phiẽ35
0628. 民 miẽ35
0629. 邻 liẽ35
0630. 进 tɕiẽ44
0631. 亲 tɕhiẽ31
0632. 新 ɕiẽ31
0633. 镇 tʂẽ44
0634. 陈 tʂhẽ35

0635. 震 tṣẽ44
0636. 神 ṣẽ35
0637. 身 ṣẽ31
0638. 辰 ṣẽ35
（白）/tṣhẽ35
（文）
0639. 人 ẓẽ35
0640. 认 ẓẽ44
0641. 紧 tɕiẽ53
0642. 银 Øiẽ35
0643. 印 Øiẽ44
0644. 引 Øiẽ53
0645. 笔 pi31
0646. 匹 phi53
0647. 密 mi31
0648. 栗 li31/li53 姓氏
0649. 七 tɕhi31
0650. 侄 tʂʅ35
0651. 虱 sei31
0652. 实 ʂʅ35
0653. 失 ʂʅ31
0654. 日 Øər31
0655. 吉 tɕi31
0656. 一 Øi31～个/Øi44～定
0657. 筋 tɕiẽ31
0658. 劲有～tɕiẽ44
0659. 勤 tɕhiẽ35
0660. 近 tɕiẽ44
0661. 隐 Øiẽ53
0662. 本 pẽ53
0663. 盆 phẽ35
0664. 门 mẽ35

0665. 墩 tuẽ31
0666. 嫩 luẽ44
0667. 村 tshuẽ31
0668. 寸 tshuẽ44
0669. 蹲 注意声母 tuẽ31
0670. 孙～子 suẽ31
0671. 滚 kuẽ53
0672. 困 khuẽ44
0673. 婚 xuẽ31
0674. 魂 xuẽ35
0675. 温 Øuẽ31
0676. 卒棋子 tsu35
0677. 骨 ku31
0678. 轮 luẽ35
0679. 俊 注意声母 tɕyẽ44
0680. 笋 suẽ53
0681. 准 tsuẽ53
0682. 春 tshuẽ31
0683. 唇 ṣẽ35
（白）/sɥẽ35
（文）
0684. 顺 sɥẽ44
0685. 纯 tshuẽ35
0686. 闰 zɥẽ44
0687. 均 tɕyẽ31
0688. 匀 Øiẽ35
（白）/Øyẽ35
（文）
0689. 律 ly31
0690. 出 tshʅ31
0691. 橘 tɕy31
0692. 分动 fẽ31

0693. 粉 fẽ53
0694. 粪 fẽ44
0695. 坟 fẽ35
0696. 蚊 vẽ35
0697. 问 vẽ44
0698. 军 tɕyẽ31
0699. 裙 tɕhyẽ35
0700. 熏 ɕyẽ31
0701. 云～彩 Øyẽ35
0702. 运 Øyẽ44
0703. 佛～像 fɤ35
0704. 物 vɤ31
0705. 帮 paŋ31
0706. 忙 maŋ35
0707. 党 taŋ53
0708. 汤 thaŋ31
0709. 糖 thaŋ35
0710. 浪 naŋ44
0711. 仓 tshaŋ31
0712. 钢 kaŋ31
0713. 糠 khaŋ31
0714. 薄形 pɤ35
0715. 摸 注意声调 mau31（白）/mɤ31（文）
0716. 托 tuɤ31
0717. 落 luɤ31
0718. 作 tsuɤ31
0719. 索 suɤ31
（白）/suɤ53
（文）
0720. 各 tɕia44
（白）/kɤ31

（文）
0721. 鹤 xuɤ31
0722. 恶形，入声 ŋɤ31
0723. 娘 niaŋ35/niaŋ44（又）
0724. 两斤～liaŋ53
0725. 亮 liaŋ44
0726. 浆 tɕiaŋ31
0727. 抢 tɕhiaŋ53
0728. 匠 tɕiaŋ44
0729. 想 ɕiaŋ53
0730. 像 ɕiaŋ44
0731. 张量 tṣaŋ31
0732. 长～短 tṣhaŋ35
0733. 装 tsɥaŋ31
0734. 壮 tsɥaŋ44
0735. 疮 tshɥaŋ31
0736. 床 tshɥaŋ35
0737. 霜 sɥaŋ31
0738. 章 tṣaŋ31
0739. 厂 tṣhaŋ53
0740. 唱 tṣhaŋ44
0741. 伤 ṣaŋ31
0742. 尝 ṣaŋ35
0743. 上～去 ṣaŋ44
0744. 让 ẓaŋ44
0745. 姜生～tɕiaŋ31
0746. 响 ɕiaŋ53
0747. 向 ɕiaŋ44
0748. 秧 Øiaŋ31
0749. 痒 Øiaŋ53

0750. 样 Øiaŋ44
0751. 雀注意声母 tɕhiau53（白）/tɕhyɤ31（文）
0752. 削 ɕiau31（白）/ɕyɤ31（文）
0753. 着火～了 tʂhuɤ35
0754. 勺 ʂuɤ35
0755. 弱 zɥɤ35
0756. 脚 tɕyɤ31
0757. 约 nyɤ31（白）/Øyɤ31（文）
0758. 药 Øyɤ31
0759. 光～线 kuaŋ31
0760. 慌 xuaŋ31
0761. 黄 xuaŋ35
0762. 郭 kuɤ31
0763. 霍 xuɤ31
0764. 方 faŋ31
0765. 放 faŋ44
0766. 纺 faŋ53
0767. 房 faŋ35
0768. 防 faŋ35
0769. 网 vaŋ53
0770. 筐 khuaŋ31
0771. 狂 khuaŋ35
0772. 王 Øuaŋ35
0773. 旺 Øuaŋ44
0774. 缚 fɤ35～笤帚/fɤ53束～

0775. 绑 paŋ53
0776. 胖 phaŋ44
0777. 棒 paŋ44
0778. 桩 tsɥaŋ31
0779. 撞 tshɥaŋ44
0780. 窗 tshɥaŋ31
0781. 双 sɥaŋ31/sɥaŋ44～生
0782. 江 tɕiaŋ31
0783. 讲 tɕiaŋ53
0784. 降投～ɕiaŋ35
0785. 项 xaŋ44（白）/ɕiaŋ44（文）
0786. 剥 pau31（白）/pɤ31（文）
0787. 桌 tsɥɤ31
0788. 镯 tsɥɤ35
0789. 角 tɕyɤ31
0790. 壳 khɤ31（白）/tɕhyɤ31（文）
0791. 学 ɕyɤ35
0792. 握 nyɤ31（白）/Øuɤ31（文）
0793. 朋 phəŋ35
0794. 灯 təŋ31
0795. 等 təŋ53
0796. 凳 təŋ44
0797. 藤 thəŋ35
0798. 能 nəŋ35
0799. 层 tshəŋ35

0800. 僧注意声母 səŋ31
0801. 肯 khẽ53
0802. 北 pei31
0803. 墨 mei35
0804. 得 tei31～到/tei35认不～
0805. 特 thei35
0806. 贼 tsei35
0807. 塞 sei31
0808. 刻 khei31
0809. 黑 xei31
0810. 冰 piŋ31
0811. 证 tʂəŋ44
0812. 秤 tʂhəŋ44
0813. 绳 ʂəŋ35
0814. 剩 ʂəŋ44
0815. 升 ʂəŋ31
0816. 兴高～ɕiŋ44
0817. 蝇注意声母 Øiŋ35
0818. 逼 pi31
0819. 力 li31
0820. 息 ɕi31
0821. 直 tʂʅ35
0822. 侧注意声母 tshei31
0823. 测 tshei31
0824. 色 sei31
0825. 织 tʂʅ31
0826. 食 ʂʅ35
0827. 式 ʂʅ31
0828. 极 tɕi35

0829. 国 kuei31
0830. 或 xuei35
0831. 猛 məŋ53
0832. 打注意韵母 ta53
0833. 冷 ləŋ53
0834. 生 səŋ31
0835. 省～长 səŋ53
0836. 更三～，打～ kəŋ31
0837. 梗注意韵母 kəŋ53
0838. 坑 khəŋ31
0839. 硬 niŋ44
0840. 行～为，～走 ɕiŋ35
0841. 百 pei31
0842. 拍 phei31
0843. 白 pei35
0844. 拆 tshei31
0845. 择 tsei35
0846. 窄 tsei31
0847. 格 kei31
0848. 客 khei31
0849. 额 ŋẽ31
0850. 棚 phəŋ35
0851. 争 tsəŋ31
0852. 耕 tɕiɛ31（白）/kəŋ31（文）
0853. 麦 mei31
0854. 摘 tsei31
0855. 策 tshei31
0856. 隔 kei31

0857. 兵 piŋ31
0858. 柄注意声调 piŋ53
0859. 平 phiŋ35
0860. 病 piŋ44
0861. 明 miŋ35
0862. 命 miŋ44
0863. 镜 tçiŋ44
0864. 庆 tçhiŋ44
0865. 迎 Øiŋ35
0866. 影 Øiŋ53
0867. 剧戏~ tçy44
0868. 饼 piŋ53
0869. 名 miŋ35
0870. 领 liŋ53
0871. 井 tçiŋ53
0872. 清 tçhiŋ31
0873. 静 tçiŋ44
0874. 姓 çiŋ44
0875. 贞 tṣẽ31
0876. 程 tṣhəŋ35
0877. 整 tṣəŋ53
0878. 正~反 tṣəŋ44
0879. 声 ṣəŋ31
0880. 城 tṣhəŋ35
0881. 轻 tçhiŋ31
0882. 赢 Øiŋ35
0883. 积 tçi31 ~累/ tçi44 麦秸~
0884. 惜 çi31
0885. 席 çi35
0886. 尺 tṣʅ31
0887. 石 ṣʅ35

0888. 益 Øi31
0889. 瓶 phiŋ35
0890. 钉名 tiŋ31
0891. 顶 tiŋ35
（白）/tiŋ31
（白）/tiŋ53
（文）
0892. 厅 thiŋ31
0893. 听~见，注意声调 thiŋ31
0894. 停 thiŋ44 ~止/ thiŋ35 ~当
0895. 挺 thiŋ53
0896. 定 tiŋ44
0897. 零 liŋ35
0898. 青 tçhiŋ31
0899. 星 çiŋ31
0900. 经 tçiŋ31
0901. 形 çiŋ35
0902. 壁 pi31
0903. 劈 phia53
（白）/phi53
（文）
0904. 踢 thi31
0905. 笛 ti35
0906. 历农~ li35/ li31（又）
0907. 锡 çi31
0908. 击 tçiɛ31
（白）/tçi31
（文）
0909. 吃 tṣhʅ31
0910. 横 çyɤ35
（白）/xəŋ35

（文）
0911. 划计~ xua44
0912. 兄 çyŋ31
0913. 荣 Øyŋ35
0914. 永 Øyŋ53
0915. 营 Øiŋ35
0916. 蓬~松 phəŋ35
0917. 东 tuŋ31
0918. 懂 tuŋ53
0919. 冻 tuŋ44
0920. 通 thuŋ31
0921. 桶注意声调 thuŋ53
0922. 痛 thuŋ44
0923. 铜 thuŋ35
0924. 动 tuŋ44
0925. 洞 thuŋ44
（白）/tuŋ44
（文）
0926. 聋注意声调 luŋ35
0927. 弄注意声母 nəŋ44
0928. 粽 tsuŋ44
0929. 葱 tshuŋ31
0930. 送 suŋ44
0931. 公 kuŋ31
0932. 孔 khuŋ53
0933. 烘~干 xuŋ31
0934. 红 xuŋ35
0935. 翁 Øuŋ31
0936. 木 mu31/ mu44（又）
0937. 读 tu35

0938. 鹿 lɤu31
0939. 族 tsɤu35
0940. 谷稻~ ku31
0941. 哭 fu31
（白）/khu31
（文）
0942. 屋 Øu31
0943. 冬~至 tuŋ31
0944. 统注意声调 thuŋ53
0945. 脓注意声调 luŋ35
0946. 松~紧 suŋ31
0947. 宋 suŋ44
0948. 毒 tu35
0949. 风 fəŋ31
0950. 丰 fəŋ31
0951. 凤 fəŋ44
0952. 梦 məŋ44
0953. 中当~ tsʯəŋ31
0954. 虫 tshʯəŋ35
0955. 终 tsʯəŋ31
0956. 充 tshʯəŋ53
0957. 宫 kuŋ31
0958. 穷 tçhyŋ35
0959. 熊注意声母 çyŋ35
0960. 雄注意声母 çyŋ35
0961. 福 fu31
0962. 服 fu35
0963. 目 mu31
0964. 六 liɤu31

0965. 宿住~，~舍 ɕy31
0966. 竹 tsʉ31
0967. 畜~生 tshʉ31
0968. 缩 sʉɤ31
0969. 粥 tsɤu31
0970. 叔 sʉ31 叙称/ sʉ35 呼称
0971. 熟 sʉ35
0972. 肉 zʉ31（白）/ zɤu44（文）
0973. 菊 tɕy31
0974. 育 Øy44
0975. 封 fəŋ31
0976. 蜂 fəŋ31
0977. 缝一条~ fəŋ44
0978. 浓 luŋ35
0979. 龙 luŋ35
0980. 松~树，注意声调 suŋ31
0981. 重轻~ tsʉəŋ44
0982. 肿 tsʉəŋ53
0983. 种~树 tsʉəŋ44
0984. 冲 tshʉəŋ31
0985. 恭 kuŋ31
0986. 共 kuŋ44
0987. 凶吉~ ɕyŋ31
0988. 拥注意声调 Øyŋ31
0989. 容 Øyŋ35
0990. 用 Øyŋ44
0991. 绿 liɤu31（白）/lɤu31（文）
0992. 足 tɕy31
0993. 烛 tsʉ31
0994. 赎 sʉ35
0995. 属 sʉ35~于/sʉ53~马的
0996. 褥 zʉ31
0997. 曲~折，歌~ tɕhy31
0998. 局 tɕy35
0999. 玉 Øy31
1000. 浴 Øy31

第三章 词 汇

第一节 规定词汇

一、天文、地理

（一）天文

0001. 太阳~下山了　爷 Øiɛ44／
日头 Øər53thɤu0

0002. 月亮~出来了　月亮 Øyɤ53liaŋ0／
月亮光光 Øyɤ53liaŋ0kuaŋ35kuaŋ0

0003. 星星　星星 ɕiŋ53ɕiŋ0／宿宿 ɕiɤu53ɕiɤu0

0004. 云　云 Øyẽ35

0005. 风　风 fəŋ31

0006. 台风　台风 thæ35fəŋ31

0007. 闪电名词　闪电 ʂa53tiã44

0008. 雷　雷 luei35

0009. 雨　雨 Øy53

0010. 下雨　下雨 ɕia44Øy53

0011. 淋衣服被雨~湿了　淋 luẽ35

0012. 晒~粮食　晒 sæ44

0013. 雪　雪 ɕyɤ31

0014. 冰　冰 piŋ31

0015. 冰雹　冷子 ləŋ53tsʅ0

0016. 霜　霜 suaŋ31

0017. 雾　雾气 vu44tɕhi44／雾 vu44

0018. 露　露水 lɤu44sɥei0

0019. 虹统称　虹 tɕiaŋ44

0020. 日食　日食 Øər53ʂʅ0／天狗吃日头 thiã31kɤu53tʂhʅ35Øər53thɤu0

0021. 月食　月食 Øyɤ53ʂʅ0／天狗吃月亮 thiã31kɤu53tʂhʅ35Øyɤ53liaŋ0

0022. 天气　天气 thiã31tɕhi44

0023. 晴天~　晴 tɕhiŋ35

0024. 阴天~　阴 niẽ31

0025. 旱天~　旱 xã44／干 kã31

0026. 涝天~　涝 lau44／雨涝 Øy53lau44

0027. 天亮　天明 thiã31miŋ35／
天亮 thiã31liaŋ44

（二）地貌

0028. 水田　水地 sɥei53ti44／水浇地 sɥei53tɕiau31ti44

0029. 旱地浇不上水的耕地　旱地 xã44ti44

0030. 田埂　地梁梁 ti44liaŋ35liaŋ0

0031. 路野外的　路 lɤu44

0032. 山　山 sã31

0033. 山谷　山卡卡 sã31tɕhia44tɕhia0

0034. 江大的河　江 tɕiaŋ31

0035. 溪小的河　溪 ɕi31

0036. 水沟儿较小的水道　水渠 sɥei53tɕhy35

0037. 湖　湖 xu35

0038. 池塘　涝池 lau53tʂhʅ0

0039. 水坑儿地面上有积水的小洼儿　积水壕 tɕi31sɥei53xau35/水窝窝小的 sɥei53ɵuɤ53ɵuɤ0

0040. 洪水　洪水 xuəŋ44sɥei53/大水 ta44sɥei53

0041. 淹被水~了　淹 niã31

0042. 河岸　河岸岸 xuɤ35ŋã44ŋã0/河岸 xuɤ35ŋã44

0043. 坝拦河修筑拦水的　坝 pa44

0044. 地震　地动 ti44tuŋ44/地震 ti44tʂẽ44

0045. 窟窿小的　窟窿 fu31luŋ0/眼眼 niã53niã0

0046. 缝儿统称　缝子 fəŋ44tsʅ0

（三）物象

0047. 石头统称　石头 ʂʅ35thɤu0

0048. 土统称　土 thu53

0049. 泥湿的　泥 ni35

0050. 水泥旧称　洋灰 ɵiaŋ35xuei31/洋石灰 ɵiaŋ35ʂʅ35xuei31

0051. 沙子　沙子 sa53tsʅ0

0052. 砖整块的　砖 tsɥã31

0053. 瓦整块的　瓦 ɵua53

0054. 煤　炭 thã44

0055. 煤油　煤油 mei35ɵiɤu35

0056. 炭木炭　木炭 mu31thã44

0057. 灰烧成的　灰 xuei31

0058. 灰尘桌面上的　灰圢 xuei53tɕhiã0

0059. 火　火 xuɤ53

0060. 烟烧火形成的　烟 ɵiã31

0061. 失火　失火 ʂʅ31xuɤ0/着火 tʂhuɤ35xuɤ53

0062. 水　水 sɥei53

0063. 凉水　凉水 liaŋ35sɥei53

0064. 热水如洗脸的热水，不是指喝的开水　热水 zɤ31sɥei53/温温水 ɵuẽ53ɵuẽ0sɥei53

0065. 开水喝的　开水 khæ31sɥei53/滚水 kuẽ31sɥei53

0066. 磁铁　吸铁石 ɕi31thiɛ31ʂʅ35

二、时间、方位

（一）时间

0067. 时候吃饭的~　时候儿 sʅ35uɤur0/时 sʅ35/当当 taŋ53taŋ0

0068. 什么时候　几时 tɕi53sʅ0/啥时候儿 sa44sʅ35uɤur0

0069. 现在　如今 zʅ35tɕiẽ53

0070. 以前十年~　前 tɕhiã35/以前 ɵi31tɕhiã35

0071. 以后十年~　后 uɤu44/以后 ɵi31uɤu44

0072. 一辈子　一辈子 ɵi31pei44tsʅ0/一老儿 ɵi31laur53

0073. 今年　今年 tɕiẽ31niã35/当年 taŋ31niã35

0074. 明年　明年 miŋ35niã53/来年 læ35niã53/过年 kuɤ44niã0

441

0075. 后年　后年 uɤu44niã0

0076. 去年　年时 niã35sɿ53

0077. 前年　前年 tɕhiã35niã53

0078. 往年 过去的年份　往年 vaŋ53niã0

0079. 年初　开年儿 khæ31niar35

0080. 年底　年底 niã35ti53

0081. 今天　今儿 tɕiẽr31

0082. 明天　明儿 miə̃r35

0083. 后天　后儿 uɤur44

0084. 大后天　外后儿 Øuæ44xɤur53

0085. 昨天　夜儿 Øiɛr53

0086. 前天　前儿 tɕhiar35

0087. 大前天　上前儿 ʂaŋ44tɕhiar35

0088. 整天　整天 tʂəŋ53thiã31/
成天 tʂhəŋ35thiã31

0089. 每天　天天 thiã35thiã31/
天天天 thiã31thiã35thiã31

0090. 早晨　早上 tsau53ʂaŋ0

0091. 上午　晌午 ʂaŋ31Øu0

0092. 中午　晌午 ʂaŋ31Øu0/晌午端
ʂaŋ31Øu35tuã31/爷端 Øiɛ44tuã31

0093. 下午　[后晌] 晌 xuŋ44ʂaŋ31/
晃儿 xuãr53

0094. 傍晚　才黑儿 tʂhæ35xeir53

0095. 白天　白儿 peir35

0096. 夜晚 与白天相对，统称　黑了
xei31liau0

0097. 半夜　半夜 pã44Øiɛ44

0098. 正月 农历　正月 tʂəŋ53Øɤ0

0099. 大年初一 农历　初一 tʂhɿ31Øi31

0100. 元宵节　正月十五
tʂəŋ31Øɤ31sɿ35Øu53/十五
sɿ35Øu53

0101. 清明　清明 tɕhiŋu53mu0

0102. 端午　端午 tuã31Øu0

0103. 七月十五 农历，节日名　无

0104. 中秋　八月十五
pa31Øɤ31sɿ35Øu53/八月节
pa31Øɤ35tɕiɛ31

0105. 冬至　冬至 tuŋ31tsɿ44

0106. 腊月 农历十二月　腊月 la53Øɤ0/
腊月时光 la53Øɤ0sɿ35kuaŋ31

0107. 除夕 农历　大年三十儿
ta44niã35sã31ʂɿər35

0108. 历书　历头 li53thɤu0

0109. 阴历　农历 luŋ35li0/阴历
Øiẽ31li0

0110. 阳历　阳历 Øiaŋ35li0

0111. 星期天　星期 ɕiŋ53tɕhi0/
星期日 ɕiŋ31tɕhi35Øər31

（二）方位

0112. 地方　地方 ti44faŋ0

0113. 什么地方　打搭 ta53ta0/
啥地方 sa44ti44faŋ0

0114. 家里　屋里 Øu53li0

0115. 城里　城里 tʂhəŋ35li53

0116. 乡下　乡里 ɕiaŋ53li0

0117. 上面 从~滚下来　上头
ʂaŋ44thɤu0/上岸 ʂaŋ44ŋã0

0118. 下面 从~爬上去　下头 xa44thɤu0/
底下 ti44xa0/下岸 xa44ŋã0

0119. 左边　左边 tsuɤ44piã31/里首
li31ʂɤu0

0120. 右边　右边 Øiɤu44piã31/外首
Øuæ44ʂɤu0

0121. 中间排队排在~ 当中 taŋ35tsyəŋ31

0122. 前面排队排在~ 前岸 tɕhiã35ŋã0/前头 tɕhiã35thɤu0

0123. 后面排队排在~ 后岸 uɤu44ŋã0/后头 uɤu44thɤu0

0124. 末尾排队排在~ 巴巴尾儿 pa44pa44Øiər53

0125. 对面 对面儿 tuei44miãr53

0126. 面前 面前 miã44tɕhiã0/跟前 kẽ53tɕhiã0

0127. 背后 后岸 uɤu44ŋã0/脊背后岸 tɕi31pei31uɤu44ŋã0

0128. 里面躲在~ 里岸 li53ŋã0/里湾 li53Øuã0/后头 xɯ53thɤu0

0129. 外面衣服晒在~ 外头 Øuæ44thɤu0/外岸 Øuæ44ŋã0

0130. 旁边 半个 paŋ44kɤ0/跟前 kẽ53tɕhiã0

0131. 上碗在桌子~ 上 ʂaŋ44/上岸 ʂaŋ44ŋã0/上首 ʂaŋ44ʂɤu0

0132. 下凳子在桌子~ 下 xa44/下岸 xa44ŋã0/下首 xa44ʂɤu0

0133. 边儿桌子的~ 边边 piã53piã0

0134. 角儿桌子的~ 角角 tɕyɤ53tɕyɤ0

0135. 上去他~了 上去 ʂaŋ44tɕhi0

0136. 下来他~了 下来 xa44læ0

0137. 进去他~了 进去 tɕiẽ44tɕhi0

0138. 出来他~了 出来 tshʅ53læ0

0139. 出去他~了 出去 tshʅ53tɕhi0

0140. 回来他~了 回来 xuei35læ0

0141. 起来天冷~了 开 khæ31

三、植物

（一）一般植物

0142. 树 树 sʅ44

0143. 木头 木头 mu53thɤu0

0144. 松树统称 松树 suŋ53sʅ0

0145. 柏树统称 柏树 pei53sʅ0

0146. 杉树 杉树 sã53sʅ0

0147. 柳树 柳树 liɤu53sʅ0

0148. 竹子统称 竹子 tsʅ53tsʅ0

0149. 笋 笋 suẽ53

0150. 叶子 叶叶 Øiɛ53Øiɛ0

0151. 花 花 xua31

0152. 花蕾花骨朵儿 花骨朵 xua35ku53tu0/花苞苞 xua35pau53pau0

0153. 梅花 梅花 mei35xua31

0154. 牡丹 牡丹 mu53tã31/mau53tã31

0155. 荷花 莲花 liã35xua31

0156. 草 草 tshau53

0157. 藤 蔓 vã44

0158. 刺名词 刺 tshʅ44

0159. 水果 果子 kuɤ53tsʅ0/水果 sɥei31kuɤ53

0160. 苹果 苹果 phiŋ35kuɤ53

0161. 桃子 桃 thau35

0162. 梨 梨 li35

0163. 李子 梅李 mei35li53

0164. 杏 杏 xəŋ44

0165. 橘子 橘子 tɕy31tsʅ0

0166. 柚子 柚子 Øiɤu44tsʅ0

0167. 柿子 柿子 sʅ44tsʅ0

443

0168. 石榴　石榴 ʂʅ35liɤu53

0169. 枣　枣儿 tsaur53

0170. 栗子　毛栗 mau35li0

0171. 核桃　核桃 xɯ35thau53

0172. 银杏白果　银杏 Øiẽ35xəŋ44

0173. 甘蔗　甘蔗 kā31tʂɤ35

0174. 木耳　木耳 mu31Øər0

0175. 蘑菇野生的　蘑菇 mɤ35ku31

0176. 香菇　香菇 ɕiaŋ31ku31

(二) 农作物

0177. 稻子指植物　稻子 thau53tsʅ0

0178. 稻谷指籽实（脱粒后是大米）　无

0179. 稻草脱粒后的　稻草 thau31tshau0

0180. 大麦指植物　大麦 ta44mei31

0181. 小麦指植物　麦 mei31/小麦 ɕiau53mei31

0182. 麦秸脱粒后的　麦秸 mei53tɕiā0

0183. 谷子指植物（籽实脱粒后是小米）　谷 ku31

0184. 高粱指植物　稻黍 thau31sʅ31

0185. 玉米指成株的植物　御麦 Øy44mei31

0186. 棉花指植物　棉花 miā35xua53

0187. 油菜油料作物，不是蔬菜　菜籽 tshæ44tsʅ0

0188. 芝麻　芝麻 tsʅ53ma0

0189. 向日葵指植物　向日葵 ɕiaŋ44Øər31khuei35

0190. 蚕豆　大豌豆 ta44Øuā53tɤu0

0191. 豌豆　豌豆 Øuā53tɤu0

0192. 花生指果实，注意婉称　花生儿 xua35sə̃r53/落花生儿 luɤ31xua35sə̃r53

0193. 黄豆　大豆 ta44tɤu44

0194. 绿豆　锅绿 kuɤ31liɤu31

0195. 豇豆长条形的　豇豆 tɕiaŋ53tɤu0

0196. 大白菜东北～　白菜 pei35tshæ0

0197. 包心菜卷心菜，圆白菜，球形的　莲花白 liā35xua31pei35

0198. 菠菜　菠菜 pɤ53tshæ0/青菜 tɕhiŋ31tshæ44

0199. 芹菜　芹菜 tɕhiẽ35tshæ53

0200. 莴笋　莴笋 Øuɤ31suẽ31

0201. 韭菜　韭菜 tɕiɤu53tshæ0

0202. 香菜芫荽　芫荽 Øiā35ɕy31/香菜 ɕiaŋ31tshæ44

0203. 葱　葱 tshuŋ31

0204. 蒜　蒜 suā44

0205. 姜　生姜 səŋ31tɕiaŋ31

0206. 洋葱　洋葱 Øiaŋ35tshuŋ31

0207. 辣椒统称　辣子 la53tsʅ0

0208. 茄子统称　茄子 tɕhiɛ35tsʅ0

0209. 西红柿　洋柿子 Øiaŋ35sʅ44tsʅ0/番茄 fā31tɕhiɛ35

0210. 萝卜统称　萝卜 luɤ35pu0

0211. 胡萝卜　红萝卜 xuŋ35luɤ35pu0

0212. 黄瓜　黄瓜 xuaŋ35kua31

0213. 丝瓜无棱的　丝瓜 sʅ31kua31

0214. 南瓜扁圆形或梨形，成熟时呈赤褐色　南瓜 lā35kua53

0215. 荸荠　无

0216. 红薯统称　红苕 xuəŋ35ʂau35/红芋 xuəŋ35Øy35

0217. 马铃薯　洋芋 Øiaŋ35Øy35

0218. 芋头　无

0219. 山药圆柱形的　山药 sã35Øyɤ31

0220. 藕　莲菜 liã35tshæ53

四、动物

（一）一般动物

0221. 老虎　老虎 lau31xu0／虎 xu53

0222. 猴子　猴 uɤu35

0223. 蛇统称　长虫 tʂhaŋ35tshyəŋ0

0224. 老鼠家里的　老鼠 lau31sʅ0

0225. 蝙蝠　夜蝙虎儿 Øiɛ44piŋ31xuər35

0226. 鸟儿飞鸟，统称　雀雀 tɕhiau53tɕhiau0／鸟鸟 niau53niau0

0227. 麻雀　雀儿 tɕhiaur53

0228. 喜鹊　嘎鸹 ka44Øua0

0229. 乌鸦　老鸹 lau44Øua0

0230. 鸽子　鹁鸽儿 pu35kaur53／pu35kər53

0231. 翅膀鸟的，统称　膀子 paŋ53tsʅ0／翅膀 tshʅ35paŋ53

0232. 爪子鸟的，统称　爪爪 tsau53tsau0

0233. 尾巴　尾巴 Øi53pa0／zyei53pa0

0234. 窝鸟的　窝 Øuɤ31

0235. 虫子统称　虫虫 tshyəŋ35tshyəŋ0

0236. 蝴蝶统称　蛾儿 ŋɤr35

0237. 蜻蜓统称　蚂螂 ma31laŋ0

0238. 蜜蜂　蜜蜂 mi31fəŋ31／蜂 fəŋ31

0239. 蜂蜜　蜂糖 fəŋ53thaŋ0

0240. 知了统称　知了 tsʅ35lau53

0241. 蚂蚁　虮蚂蜉 phi35ma53fu0

0242. 蚯蚓　蛐蟮 tɕhy53ʂã0

0243. 蚕　蚕儿 tshãr35

0244. 蜘蛛会结网的　蛛蛛 tsʅ31tsʅ0

0245. 蚊子统称　蚊子 vẽ35tsʅ0

0246. 苍蝇统称　蝇子 Øiŋ35tsʅ0

0247. 跳蚤咬人的　虼蚤 kɯ31tsau31

0248. 虱子　虱 sei31

0249. 鱼　鱼 Øy35

0250. 鲤鱼　鲤鱼 li53Øy35

0251. 鳙鱼胖头鱼　无

0252. 鲫鱼　鲫鱼 tɕi31Øy35

0253. 甲鱼　鳖 piɛ31

0254. 鳞鱼的　甲 tɕia31

0255. 虾统称　虾 ɕia31／虾米小的 ɕia31mi0

0256. 螃蟹统称　螃蟹 phaŋ35ɕiɛ0

0257. 青蛙统称　蛤蟆 xɯ35ma53／蛤蟆蛙 xɯ35ma53Øua44／水疥沟蛙儿 sʅei53tɕiɛ44kɤu31Øuar35

0258. 癞蛤蟆表皮多疙瘩　疥肚蛙 tɕiɛ44tu0Øua44／旱疥肚 xã44tɕiɛ44tu0

（二）家畜、家禽

0259. 马　马 ma53

0260. 驴　驴 ly35

0261. 骡　骡子 luɤ35tsʅ0

0262. 牛　牛 niɤu35

0263. 公牛统称　犗牛种公牛 phau31niɤu35／牛公子种公牛 niɤu35kuŋ31tsʅ0／犍牛阉割了的公牛 tɕiã31niɤu35

0264. 母牛统称　乳牛 zʅ53niɤu35

0265. 放牛　放牛 faŋ44niɤu35

0266. 羊　羊 Øiaŋ35

0267. 猪　猪 tsʅ31

0268. 种猪配种用的公猪　角猪 tɕyɤ31tsʅ31/猪公子 tsʅ35kuŋ31tsŋ0

0269. 公猪成年的，已阉的　牙猪 nia35tsʅ31

0270. 母猪成年的，未阉的　母猪 mu53tsʅ31/老母猪 lau31mu53tsʅ31/母猪豵 mu53tsʅ31tsha35

0271. 猪崽　猪娃 tsʅ53Øua0/猪娃儿 tsʅ31Øuar35

0272. 猪圈　猪圈 tsʅ31tɕyã44

0273. 养猪　看猪 khã35tsʅ31

0274. 猫　猫 mau35

0275. 公猫　郎猫 laŋ35mau35

0276. 母猫　咪猫 mi44mau35

0277. 狗统称　狗 kɤu53

0278. 公狗　牙狗 nia35kɤu53

0279. 母狗　母狗 mu31kɤu53

0280. 叫狗～咬 niau53/叫唤 tɕiau44xuã0

0281. 兔子　兔 thu44

0282. 鸡　鸡 tɕi31

0283. 公鸡成年的，未阉的　公鸡 kuŋ31tɕi31

0284. 母鸡已下过蛋的　母鸡 mu53tɕi31/草鸡 tshau53tɕi31

0285. 叫公鸡～（打鸣儿）　叫鸣 tɕiau44miŋ35

0286. 下鸡～蛋　下 ɕia44

0287. 孵～小鸡　菢 pu44

0288. 鸭　鸭子 Øia53tsŋ0

0289. 鹅　鹅 ŋɤ35

0290. 阉～公的猪　劁 thiau31

0291. 阉～母的猪　劁 thiau31

0292. 阉～鸡　无

0293. 喂～猪　喂 Øuei44

0294. 杀猪统称，注意婉称　杀猪 sa35tsʅ31

0295. 杀～鱼　杀 sa31

五、房舍、器具

（一）房舍

0296. 村庄一个～　村子 tshuẽ53tsŋ0

0297. 胡同统称：一条～　胡同 xu35thuŋ53/巷子 xaŋ53tsŋ0

0298. 街道　街道 tɕiɛ31tau44

0299. 盖房子　盖房 kæ44faŋ35

0300. 房子整座的，不包括院子　房 faŋ35

0301. 屋子房子里分隔而成的，统称　房子 faŋ35tsŋ53

0302. 卧室　房子 faŋ35tsŋ53

0303. 茅屋茅草等盖的　草房 tshau53faŋ35/草棚 tshau53phəŋ35/茅草房 mau35tshau53faŋ35

0304. 厨房　灶房 tsau44faŋ35

0305. 灶统称　锅头 kuɤ53thɤu0

0306. 锅统称　锅 kuɤ31

0307. 饭锅煮饭的　锅 kuɤ31

0308. 菜锅炒菜的　炒瓢 tshau53phiau35

0309. 厕所旧式的，统称　茅子 mau35tsŋ0/茅房 mau35faŋ0

0310. 檩左右方向的　檩 liẽ53/檩条儿 liẽ53thiaur35/檩条子

liẽ53thiau0tsʅ0

0311. 柱子　柱子 tsʅ44tsʅ0
0312. 大门　头门 thɤu35mẽ35
0313. 门槛儿　门槛 mẽ35khã53
0314. 窗旧式的　窗子 tshyaŋ53tsʅ0
0315. 梯子可移动的　梯子 thi53tsʅ0
0316. 扫帚统称　扫子 sau44tsʅ0
0317. 扫地　扫埌地扫室内 sau53tɕhyɤ35ti53/扫地扫外边 sau53ti44
0318. 垃圾　渣货 tsa53xuɤ0

(二) 家具

0319. 家具统称　家具 tɕia31tɕy44
0320. 东西我的～　东西 tuŋ53ɕi0
0321. 炕土、砖砌的, 睡觉用　炕 khaŋ44
0322. 床木质的, 睡觉用　床 tshyaŋ35
0323. 枕头　枕头 tʂẽ53thɤu0
0324. 被子　被儿 piər53
0325. 棉絮　套子 thau44tsʅ0
0326. 床单　单子 tã53tsʅ0
0327. 褥子　褥褥 zʅ53zʅ0/褥子 zʅ53tsʅ0
0328. 席子　席 ɕi35
0329. 蚊帐　蚊帐 vẽ35tʂaŋ44
0330. 桌子统称　桌子 tsuɤ53tsʅ0
0331. 柜子统称　柜 kuei44
0332. 抽屉桌子的　抽屉 tʂhɤu53thi0
0333. 案子长条形的　条桌 thiau35tsuɤ31/书案 sʅ31ŋã44
0334. 椅子统称　椅子 ɕi53tsʅ0
0335. 凳子统称　板凳 pã53təŋ0
0336. 马桶有盖的　无

(三) 用具

0337. 菜刀　切面刀 tɕhiɛ31miã44tau31/刀 tau31
0338. 瓢舀水的　马勺 ma53ʂuɤ0/瓢 phiau35
0339. 缸　瓮 Øuŋ44
0340. 坛子装酒的～　坛坛 thã35thã0
0341. 瓶子装酒的～　瓶瓶 phiŋ35phiŋ0
0342. 盖子杯子的～　盖盖 kæ44kæ0
0343. 碗统称　碗 Øuã53
0344. 筷子　筷子 khuæ44tsʅ0
0345. 汤匙　勺勺 ʂuɤ35ʂuɤ53
0346. 柴火统称　柴火 tshæ35xuɤ53/柴 tshæ35
0347. 火柴　洋火 Øiaŋ35xuɤ53
0348. 锁　锁子 suɤ53tsʅ0
0349. 钥匙　钥匙 Øyɤ53sʅ0
0350. 暖水瓶　电壶 tiã44xu35
0351. 脸盆　脸盆儿 liã53phẽr35
0352. 洗脸水　洗脸水 ɕi31liã53sɥei53
0353. 毛巾洗脸用　手巾儿 ʂɤu44tɕiẽr0
0354. 手绢　帕帕 pha53pha0/手帕儿 ʂɤu53phar0
0355. 肥皂洗衣服用　洋碱 Øiaŋ35tɕiã53
0356. 梳子旧式的, 不是篦子　木梳 mu53sʅ0
0357. 缝衣针　缝衣裳针 fəŋ35Øi53ʂaŋ0tʂẽ31
0358. 剪子　剪子 tɕiã53tsʅ0
0359. 蜡烛　蜡 la31
0360. 手电筒　手电 ʂɤu53tiã44
0361. 雨伞挡雨的, 统称　雨伞 Øy31sã53/

伞 sã53

0362. 自行车　自行车 tsʅ44ɕiŋ35tʂɤ31/
车子 tʂɤ53tsʅ0

六、服饰、饮食

（一）服饰

0363. 衣服统称　衣裳 Øi53ʂaŋ0/
衣服 Øi53fu0

0364. 穿～衣服　穿 tshɥã31

0365. 脱～衣服　脱 thuɤ31

0366. 系～鞋带　绑 paŋ53

0367. 衬衫　衬衣 tshẽ44Øi31/
衬衫 tshẽ44sã31

0368. 背心带两条杠的，内衣　背心 pei44ɕiẽ31

0369. 毛衣　毛衣 mau35Øi31

0370. 棉衣　棉袄 miã35ŋau53/棉衣 miã35Øi31

0371. 袖子　袖子 ɕiɤu44tsʅ0

0372. 口袋衣服上的　衩衩 tsha53tsha0

0373. 裤子　裤儿 fur53

0374. 短裤外穿的　半截裤儿 pã44tɕiɛ0fur53

0375. 裤腿　裤儿腿 fur53thuei53

0376. 帽子统称　帽子 mau44tsʅ0

0377. 鞋子　鞋 xæ35

0378. 袜子　袜子 va53tsʅ0

0379. 围巾　围脖儿 Øuei35pər53

0380. 围裙　围帘 Øuei35liã53

0381. 尿布　褯子 tɕhiɛ44tsʅ0

0382. 扣子　纽子 niɤu53tsʅ0

0383. 扣～扣子　扣 khɤu44

0384. 戒指　箍子 ku53tsʅ0

0385. 手镯　镯子 tsʅɤ35tsʅ0

0386. 理发　推头 thuei31thɤu35/剃头 thi35thɤu35

0387. 梳头　梳头 sʅ31thɤu35

（二）饮食

0388. 米饭　白米饭 pei35mi53fã44

0389. 稀饭用米熬的，统称　米汤 mi53thaŋ31

0390. 面粉麦子磨的，统称　面 miã44/灰面 xuei31miã44

0391. 面条统称　面 miã44

0392. 面儿玉米～，辣椒～　面儿 miã44Øər0/面子 miã44tsʅ0

0393. 馒头无馅儿的，统称　蒸馍 tʂəŋ53mɤ0

0394. 包子　包子 pau53tsʅ0

0395. 饺子　煮馍 tsɥ44mɤ0

0396. 馄饨　馄饨 xuẽ44tuẽ0

0397. 馅儿　馅子饺子的 ɕyã44tsʅ0/瓤瓤包子的 ʐaŋ35ʐaŋ0

0398. 油条长条形的，旧称　油条 Øiɤu35thiau35

0399. 豆浆　豆浆 tɤu44tɕiaŋ31

0400. 豆腐脑儿　豆腐脑儿 tɤu44fu0laur53

0401. 元宵食品　元宵 Øiã35ɕiau31

0402. 粽子　粽子 tsuŋ53tsʅ0

0403. 年糕用黏性大的米或米粉做的　无

0404. 点心统称　点心 tiã53ɕiẽ31

0405. 菜吃饭时吃的，统称　菜 tshæ44

0406. 干菜统称　干菜 kã31tshæ44

0407. 豆腐　豆腐 tɤu44fu0

0408. 猪血当菜的　猪血 tsʅ35ɕiɛ31

0409. 猪蹄当菜的　猪蹄儿 tsʅ31thir35

0410. 猪舌头当菜的，注意婉称　猪舌头 tsʅ31ʂɤ35thɤu0／口条 khɤu53thiau35

0411. 猪肝当菜的，注意婉称　猪肝子 tsʅ35kã53tsʅ0

0412. 下水猪、牛、羊的内脏　下水 ɕia44sɥei0／里物 li53vɤ31／头蹄里物 thɤu35thi0li53vɤ31

0413. 鸡蛋　鸡蛋 tɕi31tã44

0414. 松花蛋　变蛋 piã44tã44

0415. 猪油　脂油 tsʅ31ØiɤU35／大油 ta44Øiɤu35／猪油 tsʅ31Øiɤu35

0416. 香油　香油 ɕiaŋ31Øiɤu35

0417. 酱油　酱 tɕiaŋ44

0418. 盐名词　盐 Øiã35

0419. 醋注意婉称　醋 tshu44

0420. 香烟　纸烟 tsʅ53Øiã31

0421. 旱烟　旱烟 xã44Øiã31

0422. 白酒　烧酒 ʂau31tɕiɤu0

0423. 黄酒　黄酒 xuaŋ35tɕiɤu53

0424. 江米酒酒酿，醪糟　醪糟 lau35tsau0

0425. 茶叶　茶叶 tsha35Øiɛ53

0426. 沏～茶　泼 phɤ31

0427. 冰棍儿　冰棍儿 piŋ31kuẽr53

0428. 做饭统称　做饭 tsɤu44fã44

0429. 炒菜统称，和做饭相对　炒菜 tshau53tshæ44／燣菜 lã35tshæ44

0430. 煮～带壳的鸡蛋　煮 tsʅ53

0431. 煎～鸡蛋　煎 tɕiã31

0432. 炸～油条　炸 tsa35

0433. 蒸～鱼　蒸 tʂəŋ31

0434. 揉～面做馒头等　揉 ʐɤu35

0435. 擀～面，～皮儿　擀 kã53

0436. 吃早饭　吃早上饭 tʂʅ35tsau31ʂaŋ0fã44

0437. 吃午饭　吃响午饭 tʂʅ35ʂaŋ31Øu0fã44

0438. 吃晚饭　喝汤 xuɤ35thaŋ31

0439. 吃～饭　吃 tʂʅ31

0440. 喝～酒　喝 xuɤ31

0441. 喝～茶　喝 xuɤ31

0442. 抽～烟　吃 tʂʅ31

0443. 盛～饭　舀 Øiau53

0444. 夹用筷子～菜　抄 tshau31

0445. 斟～酒　倒 tau44

0446. 渴口～　渴 khɤ31／炕 khaŋ44

0447. 饿肚子～　饥 tɕi31／饿 ŋɤ44／饿人 ŋɤ44ʐə̃0

0448. 噎吃饭～着了　噎 Øiɛ31

七、身体、医疗

（一）身体

0449. 头人的，统称　头 thɤu35／颡 sa35／大脑含贬义 tuɤ53lau0

0450. 头发　头发 thɤu35fa53

0451. 辫子　髦辫儿 mau44piãr44／髦絯 mau44kæ31

0452. 旋　旋 ɕyã44

0453. 额头　额颅 ŋɛ53lɤu0

0454. 相貌　模样 mu35Øiaŋ53

0455. 脸洗～　脸 liã53

0456. 眼睛　眼窝 niã53Øuɤ31

0457. 眼珠统称　眼睛仁儿
niã53tɕiŋ31ẓẽr35

0458. 眼泪哭的时候流出来的　眼泪
niã44luei31

0459. 眉毛　眼眉儿 niã53mir35

0460. 耳朵　耳朵 Øər53tuɤ0

0461. 鼻子　鼻子 pi35tsʅ0

0462. 鼻涕统称　鼻 pi35

0463. 擤～鼻涕　擤 ɕiŋ53

0464. 嘴巴人的，统称　嘴 tsuei53

0465. 嘴唇　嘴唇儿 tsuei53ʂʅ̃ɚr35/
tsuei53ʂẽr35

0466. 口水～流出来　涎水 xa31sʅuei31

0467. 舌头　舌头 ʂɤ35thɤu53

0468. 牙齿　牙 nia35

0469. 下巴　下巴 xa44pa0

0470. 胡子嘴周围的　胡子 xu35tsʅ0

0471. 脖子　脖项 pɤ35xaŋ53

0472. 喉咙　喉咙 uɤu35luŋ0

0473. 肩膀　胛骨 tɕia53kuɤ0

0474. 胳膊　胳膊 kɯ53pɤ0/梢把 sau53pa0

0475. 手方言指（打√）：只指手√；包括臂：他的～摔断了　手 ʂɤu53

0476. 左手　左手 tsuɤ53ʂɤu53

0477. 右手　右手 Øiɤu44ʂɤu53

0478. 拳头　锤头 tshɥei35thɤu0

0479. 手指　手指头 ʂɤu53tsʅ53thɤu0

0480. 大拇指　大门指头
ta44mẽ24tsʅ53thɤu0

0481. 食指　食指 ʂʅ35tsʅ0

0482. 中指　中指 tsʅuəŋ31tsʅ0

0483. 无名指　无名指 vu35miŋ35tsʅ0

0484. 小拇指　小门指头
ɕiau53mẽ0tsʅ53thɤu0

0485. 指甲　指甲 tsʅ53tɕia31/
指甲盖儿 tsʅ53tɕia31kær53

0486. 腿　腿 thuei53

0487. 脚方言指（打√）：只指脚√；包括小腿；包括小腿和大腿：他的～轧断了　脚 tɕyɤ31

0488. 膝盖指部位　磕膝盖
khɯ31ɕi31kæ44

0489. 背名词　脊背 tɕi53pei0

0490. 肚子腹部　肚子 tu44tsʅ0

0491. 肚脐　脖脖 pɤ35pɤ53

0492. 乳房女性的　奶奶 niɛ35niɛ0/
奶头 læ53thɤu0/奶 læ53

0493. 屁股　沟子 kɤu53tsʅ0

0494. 肛门　沟门子 kɤu31mẽ35tsʅ0

0495. 阴茎成人的　屌 tɕiɤu35/
锤子 tshɥei35tsʅ0

0496. 女阴成人的　屄 phi31

0497. 㞗动词　合 zʅ31

0498. 精液　□ suŋ35/精 tɕiŋ31

0499. 来月经注意婉称　身上来咧
ʂẽ53ʂaŋ0læ35liɛ0

0500. 拉屎　屙 pa53/屙屎 pa31sʅ53

0501. 撒尿　尿 niau44/尿尿 niau44niau44

0502. 放屁　放屁 faŋ44phi44

0503. 相当于"他妈的"的口头禅
把他家的 pa31tha35tɕia31ti0

（二）疾病、医疗

0504. 病了　难过 lã35kuɤ44/不乖小孩儿

pu35kuæ31/变狗小孩儿 piã44kɤu53

0505. 着凉　着凉 tʂhuɤ35liaŋ35/
凉咧 liaŋ35liɛ0

0506. 咳嗽　咳嗽 khɯ53sɤu0

0507. 发烧　发烧 fa35ʂau31

0508. 发抖　打颤 ta53tʂã44/抖抖 thu53thu0

0509. 肚子疼　肚子疼 tu44tsʅ0thəŋ35

0510. 拉肚子　拉肚子 la31tu44tsʅ0/
拉稀 la35ɕi31/望后去 vaŋ44uɤu44tɕhi44

0511. 患疟疾　打摆子 ta31pæ53tsʅ0

0512. 中暑　受热 ʂu44zɤ31

0513. 肿　胀 tʂaŋ44/肿 tsuŋ53

0514. 化脓　熟脓 sʅ35luŋ35/溃脓 xuei44luŋ35/发 fa31

0515. 疤好了的　疤疤 pa53pa0

0516. 癣　癣 ɕiã53

0517. 痣凸起的　黶痣 Øiã31tsʅ0

0518. 疙瘩蚊子咬后形成的　疙瘩 kɯ53ta0/丁丁 tiŋ53tiŋ0

0519. 狐臭　狐臭 xu35tʂhɤu53

0520. 看病　看病 khã44piŋ44

0521. 诊脉　号脉 xau44mei31

0522. 针灸　扎针 tsa35tʂẽ31/用艾灸 Øyŋ44ŋæ44tɕiɤu31

0523. 打针　打针 ta53tʂẽ31

0524. 打吊针　打吊针 ta53tiau44tʂẽ31

0525. 吃药统称　吃药 tʂhʅ35Øyɤ31/喝药 xuɤ35Øyɤ31

0526. 汤药　汤药 thaŋ31Øyɤ31

0527. 病轻了　轻省咧 tɕhiŋ31səŋ0liɛ0

八、婚丧、信仰

(一) 婚育

0528. 说媒　说媒 ʂuɤ31mei35/说媳妇给男的 ʂuɤ31ɕi53fu0/说婆家给女的 ʂuɤ31phɤ35tɕia53

0529. 媒人　媒人 mei35zẽ53/媒婆女性媒人 mei35phɤ0

0530. 相亲　相亲 ɕiaŋ35tɕhiẽ31

0531. 订婚　下帖 ɕia44thiɛ31

0532. 嫁妆　陪房 phei35faŋ53

0533. 结婚统称　成亲 tʂhəŋ35tɕhiẽ31/结婚 tɕiɛ35xuẽ31

0534. 娶妻子男子~，动宾　娶媳妇 tɕhy44ɕi53fu0

0535. 出嫁女子~　过门 kuɤ44mẽ35

0536. 拜堂　拜堂 pæ44thaŋ35/拜天地 pæ44thiã31ti44

0537. 新郎　新女婿 ɕiẽ31ny53ɕi0

0538. 新娘子　新媳妇 ɕiẽ35ɕi53fu0

0539. 孕妇　怀娃婆 xuæ35Øua44phɤ0/大肚子婆娘 ta44tu44tsʅ0phɤ35niaŋ0

0540. 怀孕　怀娃 xuæ35Øua44/有啥 Øiɤu53sa0/有喜 Øiɤu31ɕi53

0541. 害喜妊娠反应　害娃 xæ44Øua44/择饭 tsei35fã44

0542. 分娩　抓娃 tsʅa31Øua44

0543. 流产　小产 ɕiau31tʂhã53

0544. 双胞胎　双生 sʅaŋ44səŋ31/双生子 sʅaŋ44səŋ31tsʅ0

0545. 坐月子　坐月子 tsuɤ44Øyɤ53tsʅ0

0546. 吃奶　吃奶奶 tʂhʅ31niɛ35niɛ31/

吃奶 tʂʅ31læ53

0547. 断奶　摘奶 tsei35læ53
0548. 满月　满月 mã53Øyɤ31
0549. 生日统称　生日 səŋ31Øər31
0550. 做寿　过寿 kuɤ44ʂʅu44

（二）丧葬

0551. 死统称　死 sʅ53
0552. 死婉称，最常用的几种，指老人：他～了　走 tsɤu53/不在 pu31tsæ44/过世 kuɤ44sʅ44
0553. 自杀　自尽 tsʅ44tɕiẽ44/寻自尽 ɕiẽ35tsʅ44tɕiẽ44/寻短见 ɕiẽ35tuã53tɕiã44
0554. 咽气　断气 tuã44tɕhi44
0555. 入殓　入殓 zu̥31liã44
0556. 棺材　材木 tshæ35mu53
0557. 出殡　起灵 tɕhi53liŋ35
0558. 灵位　灵牌 liŋ35phæ0
0559. 坟墓单个的，老人的　坟 fẽ35
0560. 上坟　上坟 ʂaŋ44fẽ35
0561. 纸钱　纸钱 tsʅ53tɕhiã0/阴票子 Øiẽ31phiau44tsʅ0

（三）信仰

0562. 老天爷　老天爷 lau53thiã31Øiɛ44
0563. 菩萨统称　菩萨 phu35sa53/菩萨爷 phu35sa53Øiɛ0
0564. 观音　观音 kuã31Øiẽ31
0565. 灶神口头的叫法，其中如有方言亲属称谓要释义　灶王爷 tsau44Øuaŋ0Øiɛ44
0566. 寺庙　寺庙 sʅ44miau44/寺院 sʅ44Øyã44

0567. 祠堂　祠堂 tshʅ35thaŋ0
0568. 和尚　和尚 xuɤ35ʂaŋ0
0569. 尼姑　尼姑 ni35ku31
0570. 道士　道士 tau44sʅ0
0571. 算命统称　算卦 suã44kua44
0572. 运气　运气 Øyẽ44tɕhi0
0573. 保佑　保佑 pau53Øiɤu44

九、人品、称谓

（一）人品

0574. 人一个～　人 zʅ̥ẽ35
0575. 男人成年的，统称　外头人 Øuæ44thɤu0zʅ̥ẽ35/男人 lã35zʅ̥ẽ53
0576. 女人三四十岁已婚的，统称　屋里人 Øu53li0zʅ̥ẽ35/女人 ny53zʅ̥ẽ0
0577. 单身汉　光棍汉 kuaŋ53kuẽ0xã0/光棍儿 kuaŋ31kuẽr53
0578. 老姑娘　老姑娘 lau53ku53niaŋ0/老女子 lau31ny53tsʅ0
0579. 婴儿　碎子儿 suei44tsər53/碎子儿娃 suei44tsər53Øua44
0580. 小孩儿三四岁的，统称　碎娃 suei44Øua44
0581. 男孩儿统称：外面有个～在哭　小子娃 ɕiau44tsʅ0Øua44
0582. 女孩儿统称：外面有个～在哭　女子娃 ny53tsʅ0Øua44
0583. 老人七八十岁的，统称　老人 lau53zʅ̥ẽ35/老汉老婆 lau44xã0lau53phɤ0/老人家 lau53zʅ̥ẽ35tɕia31
0584. 亲戚统称　亲亲 tɕhiẽ31tɕhiẽ0

0585. 朋友统称　老伙儿 lau31xuər53/伙家 xuɤ53tɕia31

0586. 邻居统称　隔壁儿 kei35pir53/邻家 liẽ35tɕia31

0587. 客人　客 khei31

0588. 农民　庄稼汉 tsʮaŋ53tɕia31xã0

0589. 商人　做生意的 tsɤu44səŋ53Øi31ti0

0590. 手艺人统称　匠人 tɕiaŋ44zẽ0/手艺人 ʂɤu53Øi31zẽ35

0591. 泥水匠　泥水匠 ni35sʮei53tɕiaŋ0

0592. 木匠　木匠 mu53tɕiaŋ0

0593. 裁缝　裁缝 tshæ35fəŋ53/做衣服的 tsɤu44Øi53fu31ti0

0594. 理发师　待招 tæ44tʂaŋ31/推头的 thuei31thɤu35ti0/剃头的 thi35thɤu35ti0

0595. 厨师　厨子 tshʅ35tsŋ0/灶夫 tsau44fu0

0596. 师傅　师傅 sŋ53fu0

0597. 徒弟　徒弟 thu35ti0/徒弟娃 thu35ti0Øua44/学徒 ɕyɤ35thu35/学徒娃 ɕyɤ35thu35Øua44/相公生意行 ɕiaŋ44kuŋ31/相公娃儿生意行 ɕiaŋ44kuŋ31Øuar53

0598. 乞丐统称，非贬称（无统称则记成年男的）　叫花 tɕiau44xua31/要馍的 Øiau44mɤ44ti0

0599. 妓女　窑子 Øiau35tsŋ0/窑子客 Øiau35tsŋ0khei31/婊子 piau53tsŋ0/婊子客 piau53tsŋ0khei31

0600. 流氓　二流子 Øər44liɤu44tsŋ0

0601. 贼　贼 tsei35/贼娃子 tsei35Øua0tsŋ0/绺娃子 liɤu53Øua0tsŋ0

0602. 瞎子统称，非贬称（无统称则记成年男的）　瞎子 xa53tsŋ0

0603. 聋子统称，非贬称（无统称则记成年男的）　聋子 luŋ35tsŋ0

0604. 哑巴统称，非贬称（无统称则记成年男的）　哑巴 nia53pa0

0605. 驼子统称，非贬称（无统称则记成年男的）　揹锅 pei31kuɤ31/锅锅 kuɤ53kuɤ0

0606. 瘸子统称，非贬称（无统称则记成年男的）　跛子 pɤ53tsŋ0/跛子腿儿 pɤ53tsŋ0thueir53/拐子 kuæ53tsŋ0

0607. 疯子统称，非贬称（无统称则记成年男的）　疯子 fəŋ53tsŋ0

0608. 傻子统称，非贬称（无统称则记成年男的）　瓜子 kua53tsŋ0

0609. 笨蛋蠢的人　闷□ mẽ44suŋ35/木□ mu31suŋ35/笨□ pẽ44suŋ35

（二）称谓

0610. 爷爷呼称，最通用的　爷 Øiɛ35

0611. 奶奶呼称，最通用的　婆 phɤ35

0612. 外祖父叙称　舅家爷 tɕiɤu35tɕia31Øiɛ35

0613. 外祖母叙称　舅家婆 tɕiɤu35tɕia31phɤ35

0614. 父母合称　大人 tuɤ44zẽ0

0615. 父亲叙称　男大人 lã35tuɤ44zẽ0

0616. 母亲叙称　女大人 ny53tuɤ44zẽ0

0617. 爸爸呼称，最通用的　大 ta35

0618. 妈妈呼称，最通用的　妈 ma35

453

0619. 继父叙称　后大 uɤu44ta35

0620. 继母叙称　后妈 uɤu44ma35/姚婆贬 Øiau35phɤ53/姚婆子 Øiau35phɤ53tsʅ0

0621. 岳父叙称　丈人 tʂaŋ44zʅ̃0/丈人爸 tʂaŋ44zʅ̃0pa44/丈人叔 tʂaŋ44zʅ̃0sʅ35

0622. 岳母叙称　丈母娘 tʂaŋ44mu31niaŋ35/丈母姨 tʂaŋ44mu31Øi35

0623. 公公叙称　阿公 Øa53kuŋ31

0624. 婆婆叙称　阿家 Øa53tɕia31

0625. 伯父呼称，统称　伯 pei35

0626. 伯母呼称，统称　妈 ma35

0627. 叔父呼称，统称　大 ta35

0628. 叔父呼称，排行最小的，如"幺叔"　碎大 suei44ta35

0629. 叔母呼称，统称　娘 nia35

0630. 姑呼称，统称（无统称则记分称：比父大，比父小；已婚，未婚）　姑 ku35/姑妈父亲的姐姐 ku31ma35

0631. 姑父呼称，统称　姑夫 ku53fu0/姑伯父亲的姐夫 ku31pei35

0632. 舅舅呼称　舅叙称 tɕiɤu44/舅呼称 tɕiɤu35

0633. 舅妈呼称　妗子 tɕiẽ44tsʅ0/妗妈母亲的嫂子 tɕiẽ44ma35

0634. 姨呼称，统称（无统称则记分称：比母大，比母小；已婚，未婚）　姨 Øi35/姨妈母亲的姐姐 Øi35ma35

0635. 姨父呼称，统称　姨夫 Øi35fu0/姨伯母亲的姐夫 Øi35pei35

0636. 弟兄合称　弟兄 ti44ɕyŋ0

0637. 姊妹合称，注明是否可包括男性　姊妹包括男性 tsʅ44mei0

0638. 哥哥呼称，统称　哥 kɤ35

0639. 嫂子呼称，统称　嫂 sau53

0640. 弟弟叙称　兄弟 ɕyŋ53ti0

0641. 弟媳叙称　兄弟媳妇 ɕyŋ31ti35ɕi53fu0

0642. 姐姐呼称，统称　姐 tɕiɛ35

0643. 姐夫呼称　姐夫 tɕiɛ44fu31/哥 kɤ35

0644. 妹妹叙称　妹子 mei44tsʅ0

0645. 妹夫叙称　妹夫 mei44fu0

0646. 堂兄弟叙称，统称　伯叔弟兄 pei31sʅ31ti44ɕyŋ31/伯叔兄弟 pei31sʅ31ɕyŋ31ti44/叔伯弟兄 sʅ31pei31ti44ɕyŋ31/叔伯兄弟 sʅ31pei31ɕyŋ31ti44

0647. 表兄弟叙称，统称　表兄弟 piau44ɕyŋ31ti44/表弟兄 piau53ti44ɕyŋ31

0648. 妯娌弟兄妻子的合称　先后 ɕiã44xu0

0649. 连襟姊妹丈夫的关系，叙称　一担 Øi31tã44/挑担 thiau53tã31/两挑儿 liaŋ31thiauɻ53

0650. 儿子叙称：我的～　儿 Øəɻ35/儿子 Øəɻ35tsʅ0

0651. 儿媳妇叙称：我的～　儿媳妇 Øəɻ35ɕi53fu0/媳妇 ɕi53fu0/娃媳妇 Øua44ɕi53fu0

0652. 女儿叙称：我的～　女子 ny53tsʅ0

0653. 女婿叙称：我的～　女婿 ny53ɕi0

0654. 孙子儿子之子　孙子 suẽ53tsʅ0

0655. 重孙子儿子之孙　重孙

tshyəŋ35suẽ53/重孙子
tshyəŋ35suẽ53tsʅ0

0656. 侄子弟兄之子　侄儿 tsʅ35ɵər0

0657. 外甥姐妹之子　外甥 ɵuæ44səŋ0

0658. 外孙女儿之子　外孙 ɵuæ44suẽ31/
外孙子 ɵuæ44suẽ53tsʅ0

0659. 夫妻合称　两口子 liaŋ31khɤu0tsʅ0

0660. 丈夫叙称，最通用的，非贬称：她的～
男人 lā35zẽ53/外头人 ɵuæ55
thɤu0zẽ35/掌柜的 tʂaŋ53kuei44ti0/
女婿结婚前后 ny53çi31

0661. 妻子叙称，最通用的，非贬称：他的～
婆娘 phɤ35niaŋ53/女人
ny53zẽ31/内掌柜 luei44tʂaŋ53
kuei44/屋里人 ɵu53li0zẽ35/媳妇
结婚前后 çi53fu0

0662. 名字　名字 miŋ35tsʅ0

0663. 绰号　外号儿 ɵuæ44xaur53/
吆号儿 ɵiau53xaur0

十、农、工、商、文

（一）农业

0664. 干活儿统称：在地里～　做活
tsɤu44xuɤ35/干活 kā44xuɤ35

0665. 事情一件～　事 sʅ44/
事情 sʅ44tçiŋ0

0666. 插秧　栽稻子 tsæ31thau53tsʅ0

0667. 割稻　割稻子 kuɤ31thau53tsʅ0

0668. 种菜　种菜 tsʅuŋ44tshæ44/
务菜 vu44tshæ44

0669. 犁名词　犁 li35

0670. 锄头　锄 tshʅu35

0671. 镰刀　镰 liã35

0672. 把儿刀～　把 pa44/把把 pa44pa0

0673. 扁担　扁担 piã53tā31/担子
tā44tsʅ0

0674. 箩筐　筐子 khuaŋ53tsʅ0/
筐筐 khuaŋ53khuaŋ0

0675. 筛子统称　筛子 sæ53tsʅ0

0676. 簸箕农具，有梁的　搓搓 tshʅuɤ53
tshʅuɤ0/小簸箕 çiau53pɤ44tçi0/
粪簸箕用来担粪的 fẽ44pɤ44tçi0

0677. 簸箕簸米用　簸箕 pɤ44tçi0/
大簸箕 ta44pɤ44tçi0

0678. 独轮车　地轱辘车子
ti44ku31lɤu35tshʅɤ53tsʅ0

0679. 轮子旧式的，如独轮车上的　车轱辘
tshʅɤ35ku53lɤu31/车轱辘子
tshʅɤ35ku53lɤu31tsʅ0/车脚子
tshʅɤ35tçyɤ53tsʅ0

0680. 碓整体　大碾窝子
ta44tçiaŋ31ɵuɤ31tsʅ0

0681. 臼　碎碾窝子
suei44tçiaŋ31ɵuɤ31tsʅ0

0682. 磨名词　磨子 mɤ44tsʅ0

0683. 年成　收成 ʂu53tʂhəŋ0

（二）工商业

0684. 走江湖统称　走江湖
tsɤu53tçiaŋ31xu35/跑江湖
phau53tçiaŋ53xu0

0685. 打工　做活 tsɤu44xuɤ35/下苦
çia44fu53/çia44khu53

0686. 斧子　斧头 fu53thɤu0

0687. 钳子　钳子 tçhiã35tsʅ0

0688. 螺丝刀 起子 tɕhi53tsʅ0/改锥 kæ53tsʅɥei0

0689. 锤子 锤锤小的 tshɥei35tshɥei53/钉锤大的 tiŋ53tshɥei0

0690. 钉子 钉子 tiŋ53tsʅ0

0691. 绳子 绳 ʂəŋ35

0692. 棍子 棍 kuẽ44

0693. 做买卖 做生意 tsɤu44səŋ53Øi0/做买卖 tsɤu44mæ31mæ0

0694. 商店 铺子 phu44tsʅ0

0695. 饭馆 馆 kuã53tsʅ0

0696. 旅馆旧称 客店 khei31tiã44/店 tiã44

0697. 贵 贵 kuei44

0698. 便宜 便宜 phiã35Øi53/贱 tɕiã44

0699. 合算 划算 xua35suã53/划着 xua35tʂhuɤ0/划来 xua35læ53

0700. 折扣 折扣 tʂɤ31khɤu44

0701. 亏本 折 ʂɤ35/赔 phei35

0702. 钱统称 钱 tɕhiã35/票子 phiau44tsʅ0/尜谑称 ka35

0703. 零钱 零钱 liŋ35tɕhiã35

0704. 硬币 钢镚儿 kaŋ31pəɻ53

0705. 本钱 本 pẽ53/本钱 pẽ53tɕhiã0

0706. 工钱 工钱 kuŋ53tɕhiã0

0707. 路费 盘缠 phã35tʂhã53

0708. 花~钱 花 xua31

0709. 赚卖一斤能~一毛钱 赚 tsʅã44

0710. 挣打工~了一千块钱 挣 tsəŋ44

0711. 欠~他十块钱 争 tsəŋ31/赊 kæ31/欠 tɕhiã44

0712. 算盘 盘子 phã35tsʅ0

0713. 秤统称 秤 tʂhəŋ44

0714. 称用秤~ 称 tʂhəŋ31/赀 tsʅ44/约 Øiau31/过 kuɤ44

0715. 赶集 上会 ʂaŋ44xuei44/跟集 kẽ31tɕi35/逛集 kuaŋ44tɕi35

0716. 集市 会 xuei44/集 tɕi35

0717. 庙会 庙会 miau44xuei44/爷会 Øiɛ44xuei44

（三）文化、娱乐

0718. 学校 学校 ɕyɤ35ɕiau44/学堂 ɕyɤ35thaŋ53/书房私塾 sʅ53faŋ0

0719. 教室 教室 tɕiau44sʅ0

0720. 上学 上学 ʂaŋ44ɕyɤ35/念书 niã44sʅ31

0721. 放学 放学 faŋ44ɕyɤ35/下学 xa44ɕyɤ35

0722. 考试 考试 khau53sʅ44

0723. 书包 书包儿 sʅ35pauɻ53

0724. 本子 本本 pẽ53pẽ0

0725. 铅笔 铅笔 tɕhiã31pi31

0726. 钢笔 水笔 sʅɥei53pi31

0727. 圆珠笔 油笔 Øiɤu35pi31

0728. 毛笔 大字笔小学生写大字的 ta44tsʅ0pi31/小字笔小学生写小字的 ɕiau53tsʅ0pi31/毛笔 mau35pi31

0729. 墨 墨 mei35

0730. 砚台 砚台 Øiã44thæ0

0731. 信一封~ 信 ɕiẽ44

0732. 连环画 娃娃书 Øua35Øua35sʅ31/小人书 ɕiau53ʐẽ35sʅ31

0733. 捉迷藏 藏猫儿对 tɕhiaŋ35mau35Øəɻ0tuei44

0734. 跳绳 跳绳 thiau35ʂəŋ35

456

0735. 毽子　毽子 tɕiã44tsʅ0
0736. 风筝　风筝 fəŋ31tsəŋ31
0737. 舞狮　耍狮子 sɥa53sʅ53tsʅ0
0738. 鞭炮统称　鞭炮 piã53phau44
0739. 唱歌　唱歌儿 tʂhaŋ44kər53
0740. 演戏　唱戏 tʂhaŋ44ɕi44
0741. 锣鼓统称　锣鼓 luɣ35ku53/.
　　　锣鼓家伙 luɣ35ku53tɕia53xuɣ0
0742. 二胡　二胡儿 Ør44xu31Ør0
0743. 笛子　笛 ti35
0744. 划拳　划拳 xua31tɕhyã35/
　　　猜拳 tshæ31tɕhyã35
0745. 下棋　下棋 ɕia44tɕhi35/
　　　走棋 tsɣu53tɕhi35
0746. 打扑克　耍牌 sɥa53phæ35/
　　　耍扑克儿 sɥa53phu53khər0
0747. 打麻将　打麻将 ta53ma35tɕiaŋ44
0748. 变魔术　耍把戏儿 sɥa31pa53ɕir0
0749. 讲故事　说书 ʂuɣ35sʅ31
0750. 猜谜语　猜口破
　　　tshæ31khɣu53phɣ0
0751. 玩儿游玩：到城里～　逛 kuaŋ44/
　　　耍 sɥa53
0752. 串门儿　串门子 tshɥã44mẽ35tsʅ0
0753. 走亲戚　走亲亲
　　　tsɣu53tɕhiẽ31tɕhiẽ0

十一、动作、行为

（一）具体动作

0754. 看～电视　看 khã44
0755. 听用耳朵～　听 thiŋ31
0756. 闻嗅：用鼻子～　闻 vẽ35

0757. 吸～气　吸 ɕi31
0758. 睁～眼　睁 tsəŋ31
0759. 闭～眼　闭 pi44/抿 miẽ35
0760. 眨～眼　眨 tsã53
0761. 张～嘴　张 tʂaŋ31
0762. 闭～嘴　闭 pi44
0763. 咬狗～人　咬 niau53
0764. 嚼把肉～碎　嚼 tɕiau35
0765. 咽～下去　咽 Øiã44
0766. 舔人用舌头～　舔 thiã53
0767. 含～在嘴里　含 xã35
0768. 亲嘴　绑嘴 paŋ35tsuei53
0769. 吮吸用嘴唇聚拢吸取液体，如吃奶时
　　　嗞 tsa31
0770. 吐上声，把果核儿～掉　唾 thuɣ44
0771. 吐去声，呕吐：喝酒喝～了　吐
　　　thu53
0772. 打喷嚏　打喷嚏 ta53phẽ44thiɛ0
0773. 拿用手把苹果～过来　拿 la35
0774. 给他～我一个苹果　给 kei44
0775. 摸～头　摸 mau31/揣 tshɥæ53
0776. 伸～手　□ tʂhʅ31/抻 tʂhẽ31/
　　　张 tʂaŋ31/伸 ʂẽ31
0777. 挠～痒痒　搔 tsau31
0778. 掐用拇指和食指的指甲～皮肉　掐
　　　tɕhia31
0779. 拧～螺丝　上 ʂaŋ44/紧 tɕiẽ53
0780. 拧～毛巾　扭 niɣu53
0781. 捻用拇指和食指来回～碎
　　　趾 tshʅ53
0782. 掰把橘子～开，把馒头～开　掰
　　　pei31
0783. 剥～花生　剥 pau31

0784. 撕把纸～了　扯 tʂʰɤ53

0785. 折把树枝～断　折 tʂɤ53

0786. 拔～萝卜　拔 pa35

0787. 摘～花　摘 tsei31/卸 ɕiɛ44

0788. 站站立：～起来　立 lei31/站 tsã44

0789. 倚斜靠：～在墙上　靠 kʰau44/笡 tɕʰiɛ44

0790. 蹲～下　圪蹴 kɯ53tɕʰiɤu31

0791. 坐～下　坐 tsuɤ44

0792. 跳青蛙～起来　跳 tʰiau35/蹦 piɛ44

0793. 迈跨过高物：从门槛上～过去　跷 tɕʰiau31

0794. 踩脚～在牛粪上　踏 tʰa35

0795. 翘～腿　担 tã31

0796. 弯～腰　猫 mau35

0797. 挺～胸　挺 tʰiŋ53

0798. 趴～着睡　趴 pʰa35

0799. 爬小孩儿在地上～　爬 pʰa35

0800. 走慢慢儿～　走 tsɤu53

0801. 跑慢慢儿走，别～　跑 pʰau53/跑 pʰau35

0802. 逃逃跑：小偷儿～走了　跑 pʰau35/溜 liɤu44

0803. 追追赶：～小偷儿　撵 niã53

0804. 抓～小偷儿　逮 tæ31

0805. 抱把小孩儿～在怀里　抱 pau44/搭 tɕʰia44

0806. 背～孩子　背 pei31

0807. 搀～老人　扶 fu35/搀 tsʰã31

0808. 推几个人一起～汽车　掀 ɕia31

0809. 摔跌：小孩儿～倒了　趵 pã44/摔 sɥei31

0810. 撞人～到电线杆　对 tʰuei35/碰 pʰəŋ44/撞 tʂʰɥaŋ44

0811. 挡你～住我了，我看不见　挡 taŋ44/影 Øiŋ53/叉 tsʰa35

0812. 躲躲藏：他～在床底下　藏 tɕʰiaŋ35

0813. 藏藏放，收藏：钱～在枕头下面　抬 tʰæ35

0814. 放把碗～在桌子上　搁 kɤ35

0815. 摞把砖～起来　摞 luɤ44

0816. 埋～在地下　埋 mæ35

0817. 盖把茶杯～上　盖 kæ44

0818. 压用石头～住　压 nia44

0819. 摁用手指按：～图钉　按 ŋã44/摁 ŋẽ31/压 nia44

0820. 捅用棍子～鸟窝　戳 tʂʰɤ31

0821. 插把香～到香炉里　插 tsʰa31

0822. 戳～个洞　戳 tʂʰɤ31

0823. 砍～树　砍 kʰã53/斫 tsa53/剁 tuɤ44

0824. 剁把肉～碎做馅儿　斫 tsa53

0825. 削～苹果　削 ɕiau31

0826. 裂木板～开了　绽 tsã31/炸 tsa44

0827. 皱皮～起来　皱 tsuŋ44/绐 tʂʰɤ31

0828. 腐烂死鱼～了　瞎 xa31

0829. 擦用毛巾～手　擦 tsʰa31

0830. 倒把碗里的剩饭～掉　倒 tau44

0831. 扔丢弃：这个东西坏了，～了它　撂 liau44/撇 pʰiɛ31

0832. 扔投掷：比一比谁～得远　撂 liau44

0833. 掉掉落，坠落：树上～下一个梨　跌 tiɛ31

0834. 滴水～下来　滴 tiɛ31

0835. 丢丢失：钥匙～了　遗 Øi35/失遗 ʂʅ53Øi0/掉 tiau44

0836. 找寻找：钥匙～到了　寻 ɕiẽ35/找寻 tsau53ɕiẽ0

0837. 捡～到十块钱　拾 ʂʅ35

0838. 提用手把篮子～起来　提 thi35

0839. 挑～担　担 tã31

0840. 扛把锄头～在肩上　掮 tɕiɛ35

0841. 抬～轿　抬 thæ35

0842. 举～旗子　打 ta53

0843. 撑～伞　撑 tshəŋ31

0844. 撬把门～开　撬 tɕiau44

0845. 挑挑选，选择：你自己～一个　拣 tɕiã53

0846. 收拾～东西　拾掇 ʂʅ35tuɤ0/收拾 ʂɤu53ʂʅ0

0847. 挽～袖子　挽 vã53

0848. 涮把杯子～一下　涮 sɥã44

0849. 洗～衣服　洗 ɕi53

0850. 捞～鱼　捞 lau35

0851. 拴～牛　拴 sɥã31

0852. 捆～起来　绑 paŋ53/扎 tsa53

0853. 解～绳子　解 tɕiɛ53

0854. 挪～桌子　挪 luɤ35

0855. 端～碗　端 tuã31

0856. 摔碗～碎了　踔无意 pã44/摔有意 sɥei31

0857. 掺～水　掺 tshã31/兑 tuei44

0858. 烧～柴　烧 ʂau31

0859. 拆～房子　拆 tshei31

0860. 转～圈儿　转 tsɥã44

0861. 捶用拳头～　捶 tshɥei35/敦 tuẽ31

0862. 打统称：他～了我一下　打 ta53/挃 tiɛ35/戳 tshɥɤ31

0863. 打架动手：两个人在～　打锤 ta53tshɥei35

0864. 休息　歇 ɕiɛ31

0865. 打哈欠　打哈欠 ta44xuɤ53tɕhiã0/张口儿 tʂaŋ31khɤur53

0866. 打瞌睡　丢盹 tiɤu31tuẽ53

0867. 睡他已经～了　睡 sɥei44

0868. 打呼噜　打呼噜 ta53xu31lɤu0

0869. 做梦　做睡梦 tsɤu44sɥei44məŋ0

0870. 起床　起来 tɕhiɛ53læ0

0871. 刷牙　刷牙 sɥa31Øia35

0872. 洗澡　洗身上 ɕi44ʂẽ53ʂaŋ0/洗澡 ɕi31tsau53

（二）抽象动作

0873. 想思索：让我～一下　想 ɕiaŋ53/思量 sʅ53liaŋ0/尺谋 tʂʅ31mu0

0874. 想想念：我很～他　想 ɕiaŋ53

0875. 打算我～开个店　安谋 ŋã35mu53/想 ɕiaŋ53/打算 ta53suã0

0876. 记得　记得 tɕi44tei0/记着 tɕi44tʂuɤ0

0877. 忘记　忘 Øuaŋ44

0878. 怕害怕：你别～　害怕 xæ44pha44/怯火 tɕhiɛ31xuɤ53

0879. 相信我～你　信 ɕiẽ44/信服 ɕiẽ44fu35

0880. 发愁　熬煎 ŋau53tɕiã0/发熬煎 fa35ŋau53tɕiã0/发愁 fa31tshɤu35

0881. 小心过马路要～　小心 ɕiau44ɕiẽ31

0882. 喜欢～看电视　爱 ŋæ44

459

0883. 讨厌 ～这个人　熏 ɕyẽ44/
　　　见不得 tɕiã44pu53tei35

0884. 舒服凉风吹来很～　倭僳
　　　Øuɤ35Øiɛ0/好受 xau53ʂɣu44

0885. 难受生理的　难受 lã35ʂɣu44/
　　　难过 lã35kuɤ44/不美 pu31mei53/
　　　不美气 pu31mei53tɕhi44

0886. 难过心理的　难过 lã35kuɤ44/
　　　难受 lã35ʂɣu44/挠人 lau35ʐẽ0

0887. 高兴　高兴 kau31ɕiŋ44

0888. 生气　着气 tʂhuɤ35tɕhi44

0889. 责怪　怪 kuæ44/怨 Øyã44

0890. 后悔　后悔 uɤu44xuei0

0891. 忌妒　嫉妒 tɕi44kɣu31/
　　　见不得 tɕiã44pu31tei35

0892. 害羞　嫌□ ɕiã35sɣẽ35

0893. 丢脸　丢人 tiɣu31ʐẽ35

0894. 欺负　欺负 tɕhi53fu0

0895. 装～病　装 tsʮaŋ31

0896. 疼～小孩儿　疼 thəŋ35/
　　　心疼 ɕiẽ31thəŋ35

0897. 要我～这个　要 Øiau44

0898. 有我～一个孩子　有 Øiɤu53

0899. 没有他～孩子　没 mɣ31

0900. 是我～老师　是 sʅ44

0901. 不是他～老师　不是 pu31sʅ44

0902. 在他～家　到 tau44/在 tsæ44

0903. 不在他～家　没到 mɣ31tau44/
　　　没在 mɣ31tsæ44

0904. 知道我～这件事　知道 tsʅ53tau0

0905. 不知道我～这件事　知不道
　　　tsʅ31pu31tau44

0906. 懂我～英语　懂 tuŋ53/会 xuei44

0907. 不懂我～英语　不懂 pu31tuŋ53/
　　　不会 pu31xuei44

0908. 会我～开车　会 xuei44

0909. 不会我～开车　不会 pu31xuei44

0910. 认识我～他　认得 ʐẽ44tei31

0911. 不认识我～他　认不得
　　　ʐẽ44pu31tei35

0912. 行应答语　能行 nəŋ35ɕiŋ35/
　　　能成 nəŋ35tʂhəŋ35

0913. 不行应答语　不行 pu31ɕiŋ35/
　　　不成 pu31tʂhəŋ35/弄不成
　　　nəŋ44pu31tʂhəŋ35

0914. 肯～来　悦意 Øyɤ53Øi0/
　　　愿意 Øyã44Øi0

0915. 应该～去　该 kæ31

0916. 可以～去　能 nəŋ35

（三）言语

0917. 说～话　说 ʂuɤ31

0918. 话说～　话 xua44

0919. 聊天儿　谝闲传
　　　phiã53xã35tʂhʮã53/扯淡
　　　tʂhɤ53tã44

0920. 叫～他一声儿　叫 tɕiau44

0921. 吆喝大声喊　呐喊 la31xã53

0922. 哭小孩儿～　哭 fu31

0923. 骂当面～人　骂 ma44/日嚷
　　　ʐʅ53tɕyɤ0

0924. 吵架动嘴：两个人在～　闹仗
　　　lau44tʂaŋ44/骂仗 ma44tʂaŋ44

0925. 骗～人　哄 xuŋ53

0926. 哄～小孩儿　哄 xuŋ53

0927. 撒谎　搔慌 tsau31xuaŋ53

0928. 吹牛　吹牛 tshɥei31niɤu35/
　　　吹牛皮 tshɥei31niɤu35phi35
0929. 拍马屁　舔沟子 thiã53kɤu53tsʅ0/
　　　溜沟子 liɤu44kɤu53tsʅ0
0930. 开玩笑　说笑儿 ʂuɤ31ɕiaur53
0931. 告诉~他　给说 kei44ʂuɤ31
0932. 谢谢致谢语　多谢 tuɤ31ɕiɛ44
0933. 对不起致歉语　对不住
　　　tuei44pu31tsʅ44
0934. 再见告别语　再见 tsæ44tɕiã44

十二、性质、状态

（一）形貌

0935. 大苹果~　大 ta44
0936. 小苹果~　碎 suei44
0937. 粗绳子~　壮 tsʅaŋ44
0938. 细绳子~　细 ɕi44
0939. 长线~　长 tʂhaŋ35
0940. 短线~　短 tuã53
0941. 长时间~　长 tʂhaŋ35
0942. 短时间~　短 tuã53
0943. 宽路~　宽 khuã31
0944. 宽敞房子~　宽展 khuã31tʂã0/
　　　宽敞 khuã31tʂhaŋ53
0945. 窄路~　窄 tsei31
0946. 高飞机飞得~　高 kau31
0947. 低鸟飞得~　低 ti31
0948. 高他比我~　高 kau31
0949. 矮他比我~　低 ti31
0950. 远路~　远 Øyã53
0951. 近路~　近 tɕiɛ̃44
0952. 深水~　深 ʂẽ31

0953. 浅水~　浅 tɕhiã53
0954. 清水~　清 tɕhiŋ31
0955. 浑水~　浑 xuẽ44
0956. 圆　圆 Øyã35
0957. 扁　扁 piã53
0958. 方　方 faŋ31
0959. 尖　尖 tɕiã31
0960. 平　平 phiŋ35
0961. 肥~肉　肥 fei35
0962. 瘦~肉　瘦 sɤu44
0963. 肥形容猪等动物　肥 fei35
0964. 胖形容人　胖 phaŋ44
0965. 瘦形容人、动物　瘦 sɤu44/
　　　瘠瘦 tɕi53sɤu0
0966. 黑黑板的颜色　黑 xei31
0967. 白雪的颜色　白 pei35
0968. 红国旗的主颜色，统称　红 xuŋ35
0969. 黄国旗上五星的颜色　黄 xuaŋ35
0970. 蓝蓝天的颜色　蓝 lã35
0971. 绿绿叶的颜色　绿 liɤu31
0972. 紫紫药水的颜色　紫 tsʅ31
0973. 灰草木灰的颜色　灰 xuei31/
　　　灰灰 xuei53xuei0

（二）状态

0974. 多东西~　多 tuɤ31
0975. 少东西~　少 sau53
0976. 重担子~　重 tsʅəŋ44
0977. 轻担子~　轻 tɕhiŋ31
0978. 直线~　端 tuã31
0979. 陡坡~，楼梯~　陡 tɤu53
0980. 弯弯曲：这条路是~的　弯 Øuã31
0981. 歪帽子戴~了　歪 Øuæ31/偏

phiã31

0982. 厚木板~ 厚 uɤu44
0983. 薄木板~ 薄 pɤ35
0984. 稠稀饭~ 稠 tʂhɤu35
0985. 稀稀饭~ 稀 ɕi31
0986. 密菜种得~ 稠 tʂhɤu35
0987. 稀稀疏：菜种得~ 稀 ɕi31
0988. 亮指光线，明亮 亮 liaŋ44
0989. 黑指光线，完全看不见 黑 xei31
0990. 热天气~ 热 zɤ31
0991. 暖和天气~ 暖和 luã53xuɤ0
0992. 凉天气~ 凉 liaŋ35
0993. 冷天气~ 冷 ləŋ53
0994. 热水~ 热 zɤ31
0995. 凉水~ 凉 liaŋ35
0996. 干干燥：衣服晒~了 干 kã31
0997. 湿潮湿：衣服淋~了 湿 ʂʅ31
0998. 干净衣服~ 干净 kã53tɕiŋ0/净 tɕiŋ44/绚净 ɕyã53tɕiŋ0
0999. 脏肮脏，不干净，统称：衣服~ 脏 tsaŋ31
1000. 快锋利：刀子~ 镲 tʂhã35/镲活 tʂhã35xuɤ53/快 khuæ44/利 li44
1001. 钝刀子~ 齉 naŋ53/木 mu31
1002. 快坐车比走路~ 快 khuæ44
1003. 慢走路比坐车~ 慢 mã44
1004. 早来得~ 早 tsau53
1005. 晚来~了 迟 tsʅ35
1006. 晚天色~不早 pu31tsau53/快黑 khuæ44xei31
1007. 松捆得~ 松 suŋ31
1008. 紧捆得~ 紧 tɕiẽ53
1009. 容易这道题~ 简单 tɕiã53tã31/

好弄 xau53nəŋ44
1010. 难这道题~ 难 lã35
1011. 新衣服~ 新 ɕiẽ31
1012. 旧衣服~ 旧 tɕiɤu44
1013. 老人~ 老 lau53
1014. 年轻人~ 年轻 niã35tɕhiŋ31
1015. 软糖~ 软 zɥã53
1016. 硬骨头~ 硬 niŋ44
1017. 烂肉煮得~ 燶 luŋ44/到 tau44/烂 lã44
1018. 煳饭烧~了 着 tʂhɤ35/落锅 luɤ31kuɤ31
1019. 结实家具~ 结实 tɕiɛ53ʂʅ0/实在 ʂʅ35tsæ53
1020. 破衣服~ 烂 lã44
1021. 富他家很~ 财东 tshæ35tuŋ31/有钱 Øiɤu53tɕhiã35
1022. 穷他家很~ 恓惶 ɕi53xuaŋ0/可怜 khɤ53liã0/紧巴 tɕiẽ53pa0
1023. 忙最近很~ 忙 maŋ35
1024. 闲最近比较~ 闲 xã35
1025. 累走路走得很~ 乏 fa35
1026. 疼摔~了 疼 thəŋ35
1027. 痒皮肤~ 咬 niau53/咬人 niau53zə0
1028. 热闹看戏的地方很~ 热闹 zɤ53lau0
1029. 熟悉这个地方我很~ 熟 sɥ35/熟惯 sɥ35kuã53
1030. 陌生这个地方我很~ 生 səŋ31
1031. 味道尝尝~ 味儿 veir53
1032. 气味闻闻~ 气味儿 tɕhi44veir53
1033. 咸菜~ 咸 xã35

1034. 淡菜～　甜 thiã35/淡 tã44

1035. 酸　　酸 suã31

1036. 甜　　甜 thiã35

1037. 苦　　苦 fu53

1038. 辣　　辣 la31

1039. 鲜鱼汤～　□ tɕiã53

1040. 香　　香 ɕiaŋ31

1041. 臭　　臭 tʂʮu44

1042. 馊饭～　　馊气 sʅ53tɕhi0

1043. 腥鱼～　　腥气 ɕiŋ53tɕhi0

（三）品性

1044. 好人～　　好 xau53

1045. 坏人～　　瞎 xa31

1046. 差东西质量～　瞎 xa31

1047. 对账算～了　对 tuei44

1048. 错账算～了　瞎 xa31

1049. 漂亮形容年轻女性的长相：她很～
　　　乖 kuæ31/好看 xau53khã44/
　　　惜 ɕi31/蛮 mã35

1050. 丑形容人的长相：猪八戒很～　丑
　　　tʂʮu53/难看 lã35khã44

1051. 勤快　勤谨 tɕhiẽ35tɕiẽ53

1052. 懒　　懒 lã53

1053. 乖　绵贴 miã35thiɛ31/乖 kuæ31/
　　　听话 thiŋ31xua44

1054. 顽皮　调皮 thiau44phi35/
　　　捣蛋 tau53tã44

1055. 老实　实诚 ʂʅ35tʂhəŋ53

1056. 傻痴呆　瓜 kua31

1057. 笨蠢　闷 mẽ44/蠢 tshʮẽ53/
　　　愚 Øy35

1058. 大方不吝啬　大方 ta44faŋ31/舍得

　　　ʂɤ53tei31/皮张厚
　　　phi35tʂaŋ31uɤu44

1059. 小气吝啬　啬 sei31/啬皮
　　　sei31phi35/皮薄 phi35pɤ35/
　　　抠掐 khɤu53tɕhia0

1060. 直爽性格～　爽快 sʮaŋ53khuæ0

1061. 犟脾气～　犟 tɕiaŋ44

十三、数量

（一）数字

1062. 一～二三四五……，下同　一 Øi31

1063. 二　二 Øər44

1064. 三　三 sã31

1065. 四　四 sʅ44

1066. 五　五 Øu53

1067. 六　六 liɤu31

1068. 七　七 tɕhi31

1069. 八　八 pa31

1070. 九　九 tɕiɤu53

1071. 十　十 ʂʅ35

1072. 二十有无合音　二十无合音
　　　Øər44ʂʅ0

1073. 三十有无合音　三十无合音 sã53ʂʅ0

1074. 一百　一百 Øi35pei31

1075. 一千　一千 Øi35tɕhiã31

1076. 一万　一万 Øi31vã44

1077. 一百零五　一百零五
　　　Øi35pei31liŋ35Øu53

1078. 一百五十　百五 pei31Øu53/一百
　　　五 Øi35pei31Øu53/一百五十
　　　Øi35pei31Øu53ʂʅ0

1079. 第一～，第二　第一 ti44Øi31

1080. 二两重量　二两 Øɚr44liaŋ53

1081. 几个你有～孩子?　几个 tɕi53kɤ0/ tɕi31kɤ0

1082. 俩你们～　两个 liaŋ53kɤ0

1083. 仨你们～　三个 sā31kɤ0

1084. 个把　一半个 Øi31pā44kɤ0

（二）量词

1085. 个一～人　个 kɤ0/kɤ44
1086. 匹一～马　个 kɤ0/kɤ44
1087. 头一～牛　个 kɤ0/kɤ44
1088. 头一～猪　个 kɤ0/kɤ44
1089. 只一～狗　个 kɤ0/kɤ44
1090. 只一～鸡　个 kɤ0/kɤ44/ 只 tʂʅ31
1091. 只一～蚊子　个 kɤ0/kɤ44
1092. 条一～鱼　个 kɤ0/kɤ44/ 条 thiau35
1093. 条一～蛇　个 kɤ0/kɤ44/ 条 thiau35
1094. 张一～嘴　个 kɤ0/kɤ44
1095. 张一～桌子　个 kɤ0/kɤ44
1096. 床一～被子　床 tshʯaŋ35
1097. 领一～席子　页 Øiɛ31
1098. 双一～鞋　双 sʯaŋ31
1099. 把一～刀　个 kɤ0/kɤ44
1100. 把一～锁　个 kɤ0/kɤ44
1101. 根一～绳子　条 thiau35
1102. 支一～毛笔　个 kɤ0/kɤ44/ 支 tsʅ31
1103. 副一～眼镜　副 fu44
1104. 面一～镜子　个 kɤ0/kɤ44

1105. 块一～香皂　个 kɤ0/kɤ44/ 块儿 khuær53
1106. 辆一～车　挂 kua44/ 挂子 kua44tsʅ0
1107. 座一～房子　座 tsuɤ44
1108. 座一～桥　架 tɕia44
1109. 条一～河　条 thiau35
1110. 条一～路　条 thiau35
1111. 棵一～树　个 kɤ0/kɤ44
1112. 朵一～花　个 kɤ0/kɤ44/枝 tsʅ31
1113. 颗一～珠子　个 kɤ0/kɤ44/ 颗 khuɤ53
1114. 粒一～米　颗 khuɤ53
1115. 顿一～饭　顿 tuē44
1116. 剂一～中药　服 fu35
1117. 股一～香味　股 ku53/ 股子 ku53tsʅ0
1118. 行一～字　行 xaŋ44
1119. 块一～钱　块 khuæ53
1120. 毛角: 一～钱　毛 mau35
1121. 件一～事情　个 kɤ0/kɤ44/ 件 tɕiā44
1122. 点儿一～东西　点儿 tiār53/ 些 ɕiɛ31
1123. 些一～东西　些 ɕiɛ31
1124. 下打一～，动量，不是时量　下 xa44
1125. 会儿坐了一～　下 xa44
1126. 顿打一～　顿 tuē44
1127. 阵下了一～雨　崩子 pəŋ31tsʅ0/ 阵儿 tʂē53Øɚr0/阵子 tʂē44tsʅ0
1128. 趟去了一～　趟 thaŋ53/回 xuei35

十四、代词、副词、介词、连词

(一) 代词

1129. 我 ~姓王 我 ŋɤ53
1130. 你 ~也姓王 你 ni53
1131. 您尊称 无
1132. 他 ~姓张 他 tha53
1133. 我们不包括听话人：你们别去，~去 我 ŋɤ31
1134. 咱们包括听话人：他们不去，~去吧 咱 tsæ35
1135. 你们 ~去 你 ni31
1136. 他们 ~去 他 thɤ31
1137. 大家 ~一起干 大家伙儿 ta44tɕia31xuər53
1138. 自己我 ~做的 自己 tsʅ44tɕi0/自个儿 tsʅ44kər53/自家 tsʅ44tɕia31
1139. 别人这是 ~的 残的人 tshã35ti53ʐẽ35/残的 tshã35ti53/旁人 phaŋ35ʐẽ53
1140. 我爸 ~今年八十岁 我大 ŋɤ31ta35
1141. 你爸 ~在家吗？ 你大 ni31ta35
1142. 他爸 ~去世了 他大 thɤ31ta35
1143. 这个我要 ~，不要那个 这个 tsʅ44kɤ0/这一个 tsʅ44i31kɤ0
1144. 那个我要这个，不要 ~ [那一]个 læ44kɤ0/[兀一]个 Øuei44kɤ0/兀 Øuɤ53
1145. 哪个你要 ~杯子？ 哪个 la53kɤ0
1146. 谁你找 ~？ 谁 sei35

1147. 这里在 ~，不在那里 这搭 tsʅ44ta0
1148. 那里在这里，不在 ~ 那搭 læ44ta0/兀搭 Øu44ta0
1149. 哪里你到 ~去？ 哪搭 la53ta0/打搭 ta53ta0
1150. 这样事情是 ~的，不是那样的 这样 tsʅ44Øiaŋ0
1151. 那样事情是这样的，不是 ~ 的 [兀个]样 Øuɤ53Øiaŋ0/兀样 Øu44Øiaŋ0/那样 læ44Øiaŋ0
1152. 怎样什么样：你要 ~的？ 咋样 tsa53Øiaŋ0
1153. 这么 ~贵啊？ [这么] tsẽ44
1154. 怎么这个字 ~写？ 咋 tsa53
1155. 什么这个是 ~字？ 啥 sa44
1156. 什么你找 ~？ 啥 sa44
1157. 为什么你 ~不去？ 为啥 Øuei44sa0
1158. 干什么你在 ~？ 做啥 tsɤu44sa0
1159. 多少这个村有 ~人？ 多 tuɤ31/多少 tuɤ31ʂau53

(二) 副词

1160. 很今天 ~热 很 xẽ53
1161. 非常比上条程度深：今天 ~热 格外 kei31Øuæ44/特别 thei35piɛ35/特 thei35
1162. 更今天比昨天 ~热 才 tshæ35/还 xæ35
1163. 太这个东西 ~贵，买不起 太 thæ44
1164. 最弟兄三个中他 ~高 最 tsuei44/

465

顶 tiŋ53

1165. 都 大家~来了　都 tʂɤu31/tʂɤu35

1166. 一共 ~多少钱?　满共 mã53kuŋ44/一共 Øi31kuŋ44/总共 tsuŋ53kuŋ44/共总 kuŋ44tsuŋ53/共满 kuŋ44mã53

1167. 一起 我和你~去　一搭儿 Øi31tar35

1168. 只 我~去过一趟　只 tsʅ31

1169. 刚 这双鞋我穿着~好　刚 kaŋ35

1170. 刚 我~到　刚 kaŋ35

1171. 才 你怎么~来啊?　才 tshæ35

1172. 就 我吃了饭~去　就 tsɤu44

1173. 经常 我~去　肯 khẽ53/常 tʂhaŋ35/肯常 khẽ53tʂhaŋ35/爱 ŋæ44

1174. 又 他~来了　可 khɤ31

1175. 还 他~没回家　还 xæ35

1176. 再 你明天~来　再 tsæ44/可 khɤ31

1177. 也 我~去;我~是老师　也 Øiɛ53

1178. 反正 不用急,~还来得及　反正 fã31tʂəŋ44

1179. 没有 昨天我~去　没 mɤ31

1180. 不 明天我~去　不 pu31

1181. 别 你~去　覅 pɤ31

1182. 甭 不用,不必:你~客气　覅 pɤ31/不用 pu31Øyŋ44

1183. 快 天~亮了　快 khuæ44

1184. 差点儿 ~摔倒了　错一点儿 tshuɤ44Øi31tiãr53/稀乎儿 çi35xuər53

1185. 宁可 ~买贵的　宁 niŋ44/宁可 niŋ44khɤ53

1186. 故意 ~打破的　单故拧儿 tã31ku44nir53

1187. 随便 ~弄一下搞的 kau44ti0/随便儿 suei35piãr53

1188. 白 ~跑一趟　白 pei35

1189. 肯定 ~是他干的　□的 ŋæ35ti0/靠□ khau44ŋæ35/靠住 khau44tsʅ31/保险 pau31çiã53

1190. 可能 ~是他干的　大模儿 ta44mur53

1191. 一边 ~走,~说　旋 suã44

(三) 介词、连词

1192. 和 我~他都姓王　跟 kẽ31/连 liã35

1193. 和 我昨天~他去城里了　跟 kẽ31/连 liã35

1194. 对 他~我很好　对 tuei44

1195. 往 ~东走　望 vaŋ44/迈 mæ44/朝 tʂhau35/向 çiaŋ44

1196. 向 ~他借一本书　问 vẽ44/跟 kẽ31

1197. 按 ~他的要求做　照 tʂau44

1198. 替 ~他写信　替 thi44

1199. 如果 ~忙你就别来了　如果 zʅ31kuɤ53/假如 tçia53zʅ31

1200. 不管 ~怎么劝他都不听　不管 pu31kuã53/不论 pu31luẽ44

第二节　自选词汇

1201. 阳坡阳面 Øiaŋ35phɤ0
1202. 晒暖暖/晒暖和/晒爷晒太阳
    sæ44luã53luã0/sæ44luã53xuɤ0/
    sæ44Øiɛ44
1203. 贼星星/贼星流星
    tsei35çiŋ53çiŋ0/ tsei35çiŋ31
1204. 扫子星彗星 sau44tsʅ0çiŋ31
1205. 参王爷参星 sẽ53Øuaŋ0Øiɛ0
1206. 风圆风晕 fəŋ31Øyã35
1207. 雨圆雨晕 Øy53Øyã35
1208. 呼噜爷雷公 xu31lɤu0Øiɛ44
1209. 响雷打雷 çiaŋ53luei35
1210. 早烧朝霞 tsau53ʂau44
1211. 晚烧晚霞 vã53ʂau44
1212. 悠悠风微风 Øiɤu53Øiɤu35fəŋ31
1213. 戗面风/戗风逆风
    tçhiaŋ31miã44fəŋ31/
    tçhiaŋ31fəŋ31
1214. 白雨暴雨 pei35Øy53
1215. 大欻欻白雨瓢泼大雨
    ta44tshʅa53tshʅa0pei35Øy53
1216. 霖雨连阴雨 liẽ44Øy53
1217. 鸡娃子雪鹅毛大雪
    tçi53Øua31tsʅ0çyɤ31
1218. 糁糁雪霰 tʂẽ53tʂẽ0çyɤ31
1219. 冰棱柱儿冰柱 piŋ31ləŋ0tsyər53
1220. 淋霜霜冻 liɛ35sʅaŋ31
1221. 起雾下雾 tçhi53vu44
1222. 沟洼洼沟壑 kɤu31Øua44Øua0
1223. 地畔子地界 ti44pã44tsʅ0
1224. 地顶头儿地头 ti44tiŋ31thɤur35
1225. 胡箕土坯 xu35tçi0
1226. 胡箕蛋儿土块 xu35tçi0tãr53
1227. 料礓石礓石 liau44tçiaŋ31ʂʅ0
1228. 堂土路上或地里的尘土 thaŋ35thu53
1229. 黄胶泥夹杂礓石的黄泥
    xuaŋ35tçiau31ni35
1230. 瓦渣碎瓦片 Øua53tsa0
1231. 蜂屎结成块的煤渣 fəŋ31sʅ30
1232. 屁温水稍有温度的水
    phi44Øuẽ31sʅei53
1233. 老早过去 lau31tsau53
1234. 二月二/龙抬头青龙节
    Øər44Øyɤ31Øər44/luŋ35thæ35thɤu35
1235. 大节大尽 ta44tçiɛ31
1236. 小节小尽 çiau44tçiɛ31
1237. 上正时月春节期间
    ʂaŋ44tʂəŋ31sʅ35Øyɤ31
1238. 东岸东边 tuŋ53ŋã0
1239. 西岸西边 çi53ŋã0
1240. 南岸南边 lã35ŋã0
1241. 北岸北边 pei53ŋã0
1242. 当地/本地/这儿本地 taŋ31ti44/
    pẽ53ti44/tʂɤər53
1243. 一岸子外地 Øi31ŋã44tsʅ0
1244. 走过/趔开走开 tsɤu53kuɤ0/
    liɛ44khæ31
1245. 避/避斯/避蛋滚蛋 phi53/
    phi53sʅ0/phi53tã44
1246. 起去起来并且离去 tçhiɛ53tçhi0

1247. 咕咕等臭椿树的籽粒
ku44ku44təŋ53

1248. 棉花咕嘟棉蕾
miã35xua53ku53tu0

1249. 一骨朵蒜一头大蒜
Øi35ku53tu0suã44

1250. 元米/酒米/糯米糯米
Øyã35mi53/tɕiɤu31mi53/
luɤ44mi53

1251. 地儿菜荠菜 tiər53tshæ44

1252. 米蒿/米蒿蒿黄花蒿
mi44xau31/mi44xau31xau35

1253. 臭蒿蒿臭蒿子
tʂhɤu44xau31xau35

1254. 王八留王不留行
Øuaŋ35pa31liɤu35

1255. 马刺蓟大蓟 ma53tshʅ44tɕiẽ31

1256. 刺蓟小蓟 tshʅ44tɕiẽ31

1257. 羊胡子香附子 Øiaŋ35xu35tsʅ0

1258. 打碗花野牵牛花 ta31Øuã53xua31

1259. 麦花瓶儿米瓦罐草
mei31xua31phiə̃r35

1260. 人苋菜苋菜 zẽ35xã0tshæ44

1261. 马耳菜马齿苋 ma31Øər31tshæ44

1262. 灰条/灰条菜灰灰菜 xuei53thiau0/
xuei31thiau31tshæ44

1263. 壳蒌蒌蒲公英 khɯ31lɤu31lɤu35

1264. 油白菜乌白菜 Øiɤu35pei35tshæ0

1265. 独独扫子地肤菜
tu35tu0sau44tsʅ0

1266. 指甲花凤仙花 tsʅ53tɕia0tshau31

1267. 酸酸/酸酸叶/猫尿春瓦松
suã53suã0/suã31suã0Øiɛ44/
mau35niau44tshyẽ3

1268. 地软/地软软地木耳
ti44zฺã0/ti44zฺã53zฺã35

1269. 绿毛苔藓；地衣 liɤu31mu35

1270. 狗尿苔野生毒蘑菇
kɤu53niau44thæ0

1271. 绒线花合欢花 zɥŋ35ɕiã53xua31

1272. 桑杏桑葚 saŋ53xəŋ0

1273. 撇股树木等的斜枝 phiɛ31ku0

1274. 梨瓜甜瓜 li35kua0

1275. 白兔娃儿梨瓜一种个小的白皮甜瓜
pei35thu44Øuar0li35kua0

1276. 王凯瓜绿皮且有十条线的甜瓜
Øuaŋ35khæ53kua31

1277. 梭子瓜梭子形的甜瓜
tshuɤ53tsʅ0kua31

1278. 节节草锉草 tɕiɛ53tɕiɛ0tshau53

1279. 狐子/野狐狐狸 xu35tsʅ0/Øiɛ44xu0

1280. 黄鼠黄鼬 xuaŋ35sʅ53

1281. □□猫头鹰 ɕiŋ44xu0

1282. 麻野鹊灰喜鹊 ma35Øiɛ53tɕhiau0

1283. 旋黄旋割布谷鸟
suã44xuaŋ35suã44kuɤ31

1284. 咕咕等/唏咕嘟杜鹃鸟
ku44ku44təŋ53/ɕi31ku35tu31

1285. 饿老鼠老鹰 ŋɤ44lau31sʅ31

1286. 鸹鸹报啄木鸟 tɕhiã31tɕhiã0pau44

1287. 地蝼蝼/素素虫蝼蛄
ti44lɤu31lɤu35/su44su0tshyŋ0

1288. 湿湿虫潮虫 ʂʅ53ʂʅ0tshyŋ0

1289. 蚰蜒蜈蚣 Øiɤu35Øiã53

1290. 蝎虎溜壁虎 ɕiɛ31xu31liɤu44

1291. 蜗蜗牛儿/蜗儿牛蜗牛

kua53kua0niɤur35/

kua53øər0niɤu35

1292. 臭虮臭虫 tʂhɤu44sei31

1293. 呱呱嘀关睢 kua31kua0ti0

1294. 牛□壁虱 niɤu35piẽ31

1295. 牛牴角牛角 niɤu35ti31tɕyɤ3

1296. 寻犊牛发情 ɕiẽ35tu35

1297. 犦牛牛交配 phɤ31niɤu35

1298. 草驴母驴 tshau53ly35

1299. 壳阆子猪架子猪

khɯ53laŋ0tsʅ0tsʅ31

1300. 奶条母猪自幼骟了的 læ53thiau0

1301. 羊公子种公羊 øiaŋ35kuŋ31tsʅ0

1302. 鸡罩窝鸡抱窝 tɕi31tsau44øuɤ31

1303. 呱蛋母鸡下蛋前叫唤 kua53tã44

1304. 猫打春猫叫春，猫发情

mau35ta53tshɥẽ31

1305. 狗练蛋狗交配 kɤu53liã44tã44

1306. 耩食虫蛔虫 tɕiaŋ53ʂʅ0tshɥəŋ0

1307. 土蚂蚱蝗虫 thu53ma31tsa31

1308. 勺把捞儿蝌蚪 ʂuɤ35pa31laur35

1309. 花花羊羔儿七星瓢虫

xua53xua0øiaŋ35kaur53

1310. 麦蛾儿麦子生的小飞蛾

mei31ŋər35

1311. 麦麦牛/麦牛麦子生的小甲虫

mei31mei0niɤu35/mei31niɤu35

1312. 门儿门上、门前 mẽr35

1313. 担子大梁 tã44tsʅ0

1314. 单背房厦房 tã53pei0faŋ35

1315. 插栿厦房的梁 tsha53fu0

1316. 柱顶石柱础 tsʅ44tiŋ0sʅ0

1317. 窗格子窗棂 tshɥaŋ35kei53tsʅ0

1318. 贼关子暗关子 tsei35kuã53tsʅ0

1319. 门闩子门钉锦 mẽ35sɥã44tsʅ0

1320. 过道走廊 kuɤ44tau0

1321. 照壁影壁 tsau44pi31

1322. 院顾丹墀 øyã44tɕhiŋ31

1323. 圆锤子打墙用的锤子

øyã35tshɥei53tsʅ0

1324. 平底儿锤子打土坯用的锤子

phiŋ35tiər53tshɥei53tsʅ0

1325. 缚笤子做笤帚 fɤ35thiau35tsʅ0

1326. 笸篮笸箩 phu35lã0

1327. 针线笸篮放置针线的笸箩

tʂẽ53ɕiã0phu35lã0

1328. 担笼/籵笼有木头系的篮子

tã44luŋ0/fẽ44luŋ0

1329. 老笼很大的担草的篮子 lau31luŋ0

1330. 草筛筛草的筛子 tshau31sæ0

1331. 小筛筛粮食等的筛子 ɕiau31sæ0

1332. 灶火锅台附近烧火处 tsau44xuɤ0

1333. 风氽风箱 faŋ53xaŋ0

1334. 箸笼/箸笼罐儿筷子笼

tsʅ44luŋ0/tsʅ44luŋ0kuãr53

1335. 瓾箅算子 tɕiŋ44pi31

1336. 砸蒜捣蒜 tsa35suã44

1337. 礓窝锤碓杵 tɕiaŋ31uɤ31tshɥei35

1338. 铲锅刀锅铲 tshã53kuɤ35tau53

1339. 瓦瓮儿陶制的瓮 øua53øuãr53

1340. 瓷瓮瓷制的缸 tshʅ35øuŋ44

1341. 老瓮很高大的缸 lau53øuŋ44

1342. 揾布锅台上用的抹布 tʂã53phu0

1343. 胰子香皂 øi44tsʅ0

1344. 土布/粗布/老布土布 thu53pu44/

tshu31pu44/lau53pu44

1345. 涎水帘帘涎布
xa31sɥei0liã35liã0

1346. 衩衩裤儿开裆裤
tsha44tsha0fuər53

1347. 帊织物不密 pha31

1348. 绉香包缝制香包
tʂʅ31ɕiaŋ35pau53

1349. 敹/挛缝（破了的口子）
liau35/luã35

1350. 袄婴幼儿的抱裙 ɕyɤ35tsʅ0

1351. 耐褿耐脏 læ44tshau35

1352. 失褿衣服等脏得无法洗 ʂʅ53tshau0

1353. 绽临时缝在一起 tsã44

1354. 縻/□縻 mi35/ɕiɤu35

1355. 绲边/襘边缝衣服的边子
kuẽ53piã31/kuei44piã31

1356. 穿针/掼针穿针 tʂhɥã35tʂẽ31/
kuã35tʂẽ31

1357. 绷插入（绳头等） piã53

1358. 缊绤 Øiẽ53

1359. 縢子织布机上固定筘的装置
ʂəŋ44tsʅ0

1360. 絣粉线弹粉线 pəŋ31fẽ53ɕiã44

1361. 泥鞋雨鞋 ni35xæ35

1362. 泥屐木屐 ni35tɕi31

1363. 油糕糖糕 Øiɤu35kau53

1364. 麻糖麻花 ma35thaŋ0

1365. 发发馍/锅塌塌发糕
fa53fa0mɤ44/kuɤ53tha31tha35

1366. 圪粑馍锅贴 kɯ53pa0mɤ44

1367. 面𫗦擀面条时为防止粘所用的面粉
miã44phu0

1368. 花馍面花 xua31mɤ44

1369. 龙磺硫磺 luŋ35xuaŋ53

1370. 清油植物油 tɕhiŋ31Øiɤu35

1371. 荤油动物油 xuẽ31Øiɤu35

1372. 唑肉大量地吃肉 tiɛ35ʐɤu44

1373. 唑饭放开肚皮吃饭 tiɛ35fã44

1374. 燴火烤火 ɕiɛ31xuɤ53

1375. 撅面和擀面条的面 tʂhæ31miã44

1376. 爁臊子炒肉丁 lã35sau44tsʅ0

1377. 溚水往煮面条等的沸锅里倒少量凉水
tɕiã44sɥei53

1378. 抿酒少量饮酒 miẽ53tɕiɤu53

1379. 炕馍焙馒头或饼子等 khaŋ44mɤ44

1380. 清皮饭食表面凝结的皮 tɕhiŋ44phi35

1381. 泡泡发髻 phau44phau0

1382. 囟门口儿囟门 ɕiẽ44mẽ31khɤur53

1383. 前奔颅前额长的 tɕhiã35pẽ53lɤu0

1384. 前奔颅后马勺前额长并且后脑勺也长
tɕhiã35pẽ53lɤu0uɤu44ma53ʂuɤ0

1385. 后马勺后脑勺 uɤu44ma53ʂuɤ0

1386. 马勺窝儿脖子后凹进去的部分
ma53ʂuɤ0Øuər35

1387. 精颡赤着头没戴帽子 tɕiŋ31sa35

1388. 精身子赤着上身 tɕiŋ35ʂẽ53tsʅ0

1389. 精脚片赤着脚 tɕiŋ31tɕyɤ31phiã53

1390. 精沟浪荡一丝不挂
tɕiŋ31kɤu31laŋ44taŋ44

1391. 精尿浪荡男性一丝不挂
tɕiŋ53tɕhiɤu0laŋ44taŋ44

1392. 眼眨毛儿睫毛 niã53tsəŋ0muər35

1393. 眼角屎眼眵 niã53tɕyɤ31sʅ53

1394. 眼橛眼角麦粒肿 niã53tɕyɤ35

1395. 鸡蒙眼夜盲症 tɕi31məŋ0niã53

1396. 胭脂骨颧骨 Øiã31tsʅ0ku31

1397. 鼻梁洼儿眼睑 pi35liaŋ35Øuar53
1398. 酒籽粉刺 tɕiɣu31tsʅ0
1399. 蚰蜒雀斑 Øiɣu35Øiã53
1400. 耳塞耳垢 Øər53sei31
1401. 誾誾声沙哑的声音
　　　sæ53sæ35ʂəŋ31
1402. 胳肢窝儿腋窝 kɯ31tsʅ0Øuər53
1403. 腔子胸腔 tɕhiaŋ53tsʅ0
1404. 肋子肋骨 lei53tsʅ0
1405. 肋扇成片的肋骨 lei53ʂã0
1406. 骭骨梁梁小腿骨
　　　kã31ku31liaŋ35liaŋ0
1407. 腿猪娃儿小腿肚
　　　thuei44tsʅ31Øuar35
1408. 踝儿骨/桃核儿踝骨
　　　xua35Øər53ku31/thau35xur3
1409. 呵喽哮喘 xɯ53lɣu0
1410. 掬然哮喘等导致的呼吸不畅
　　　tɕy53ʐã0
1411. 熰热敷 thu31
1412. 出籽籽患小疮 tshʅ31tsʅ53tsʅ0
1413. 疮瘊小毒疮 tshʅaŋ31khuɣ31
1414. 害冷怕冷 xæ44nəŋ53
1415. 害热怕热 xæ44ʐɣ31
1416. 跐烂咧蹭破了 tshʅ53lã44liɛ0
1417. 垢圿身上的污垢 kɣu53tɕia0
1418. 过事过红白喜事等 kuɣ44sʅ44
1419. 支事红白喜事期间帮忙的 tʂʅ31sʅ44
1420. 起发女子嫁女 tɕhi53fa0ny53tsʅ0
1421. 做上门筵席嫁女前一天款待添箱的亲
　　　友 tsɣu44ʂaŋ44mẽ31Øiã35ɕi0
1422. 绣房闺房 ɕiɣu44faŋ0
1423. 新房子洞房 ɕiẽ31faŋ35tsʅ0

1424. 耍媳妇闹房 sɥa53ɕi53fu0
1425. 出/后走女人再嫁 tshʅ31/
　　　uɣu44tsɣu53
1426. 男寡妇鳏夫 lã35kua53fu0
1427. 办人/办老婆鳏夫娶亲
　　　pã44ʐẽ35/pã44lau53phɣ0
1428. 月娃子/毛娃初生婴儿
　　　Øyɣ53Øua0tsʅ0/mu35Øua0
1429. 上门儿入赘 ʂaŋ44mẽr35
1430. 招人招女婿 tsau31ʐẽ35
1431. 枋/枋板棺材板 faŋ31/faŋ31pã53
1432. 割材/割材木做棺材
　　　kuɣ31tshæ35/kuɣ31tshæ35mu53
1433. 套材棺椁 thau44tshæ0
1434. 老衣寿衣 lau53Øi31
1435. 鞔鞋/鞔白鞋把白布缝在布鞋上成为
　　　孝鞋 mã35xæ35/mã35pei35xæ35
1436. 打墓掘墓 ta53mu44
1437. 黑堂墓穴 xei53thaŋ0
1438. 老坟祖茔 lau53fẽ35
1439. 乱葬坟乱葬岗子 luã44tsaŋ0fẽ35
1440. 纸棍哭丧棒 tsʅ44kuẽ0
1441. 埋人/葬埋人埋葬死者
　　　mæ35ʐẽ35/tsaŋ44mæ0ʐẽ35
1442. 送埋送葬 suŋ44mæ35
1443. 大木匠擅长盖房子的木匠
　　　ta44mu31tɕiaŋ0
1444. 小木匠擅长做家具、门窗的木匠
　　　ɕiau53mu31tɕiaŋ0
1445. 车木匠擅长做各种车辆的木匠
　　　tʂhɣ31mu31tɕiaŋ0
1446. 材木匠/枋木匠擅长做棺材的木匠
　　　tshæ35mu31tɕiaŋ0/

faŋ31mu31tɕiaŋ0

1447. 二杆子/生生/不够成儿/成儿不够/没熟成/二百五莽夫 Øər44kã53tsɿ0/səŋ53səŋ0/pu31kɤu44tʂhə̃r35/tʂhə̃r35pu31kɤu44/mɤ31sɿ35tʂhəŋ35/Øər44pei31Øu53

1448. 顶神神汉 tiŋ53ʂẽ0

1449. 神婆巫婆 ʂẽ35phɤ53

1450. 烧山/烧棒男性淫荡者 ʂau31sã31/ʂau31paŋ44

1451. 麻迷儿女性不懂道理者 ma35mir35

1452. 带犊子母亲再嫁所带的子女 tæ44tu31tsɿ0

1453. 半迷儿业务不精者 pã44mir53

1454. 啬皮吝啬鬼 sei31phi35

1455. 死狗/死狗烂娃/赖皮无赖之徒 sɿ31kɤu53/sɿ31kɤu53lã44ua44/læ44phi35

1456. 白眼儿狼忘恩负义者 pei35niãr53laŋ35

1457. 瞎□坏蛋 xa31suŋ35

1458. 害货害人虫 xæ44xuɤ0

1459. 呼喇海不计较个人得失者 xu35la31xæ53

1460. 大沟子马大哈 ta44kɤu53tsɿ0

1461. 实㥪人诚实之人 ʂɿ35tɕhyɤ53zẽ35

1462. 二尾儿中性的人或畜 Øər44nir0

1463. 丈人哥大舅子 tʂaŋ44zẽ0kɤ35

1464. 丈人兄弟小舅子 tʂaŋ44zẽ0ɕyŋ53ti0

1465. 爷儿两父子俩 Øiɛ35Øər0liaŋ53

1466. 娘儿们三个母亲与子女仨 niaŋ35Øər0mẽ0sã53kɤ0

1467. 爷孙两祖孙俩 Øiɛ35suẽ31liaŋ53

1468. 婆孙三个祖母与孙辈仨 phɤ35suẽ31sã53kɤ0

1469. 老爷曾祖父 lau53Øiɛ35

1470. 老婆曾祖母 lau53phɤ35

1471. 老老爷高祖父 lau53lau53Øiɛ35

1472. 老老婆高祖母 lau53lau53phɤ35

1473. 舅爷父母的舅父 tɕiɤu35Øiɛ35

1474. 妗婆父母的舅母 tɕiẽ44phɤ35

1475. 姑夫爷父母的姑父 ku31fu0Øiɛ44

1476. 姑婆父母的姑母 ku31phɤ35

1477. 姨夫爷父母的姨父 Øi35fu0Øiɛ44

1478. 姨婆父母的姨娘 Øi35phɤ35

1479. 叔异族叔父 sɿ35

1480. 姨异族叔母 Øi35

1481. 拉长工扛长工 la31tʂhaŋ35kuŋ31

1482. 擩麦秸积擩麦草垛子 lɤ44mei53tɕiã31tɕi44

1483. 鐾斗犁镜 pi31tɤu0

1484. 拥拥/拥帮/拥脖套包 Øyŋ53Øyŋ0/Øyŋ53paŋ31/Øyŋ53pɤ0

1485. 碌碡碌碡 lɤu53tʂhɿẽ0

1486. 拨架碌碡架子 pɤ53tɕia0

1487. 破碌碡砺碌碡使得管用 tuã44lɤu53tʂhɿẽ0

1488. 破磨子砺石磨使得管用 tuã44mɤ44tsɿ0

1489. 三曲有三个弯曲铁钩的捞桶工具 sã31tɕhy31

1490. 漏锄板子中间有大孔的锄头 lɤu44tʂhʅ0

1491. 垰锄板子中间无大孔的锄头

phã53tshʅ0

1492. 劀/砍砍（楔子等）phiã53/khã53
1493. 漾粪撒粪 Øiaŋ44fẽ44
1494. 打不起秤的最大称量小 ta53pu31tɕhiɛ53
1495. 割肉买肉 kuɤ31ʐɤu44
1496. 灌油买油 kuã44Øiɤu35
1497. 称盐买盐 tʂhəŋ31Øiã35
1498. 量粮食买粮食；籴粮 liaŋ35liaŋ35ʂʅ0
1499. 扯布买布料 tʂhɤ53pu44
1500. 丢方占方 tiɤu35faŋ31
1501. 对鸡双方用手把一只脚提起来碰膝盖且以碰倒等论输赢的游戏 tuei35tɕi31
1502. 胡胡胡琴的统称 xu35xu53
1503. 嗡胡低音二胡 Øuŋ53xu0
1504. 铙钹/镲钹铙钹 lau35phɤ31/tɕhia53phɤ31
1505. 佮弦/合弦唱戏时与音乐合拍 kuɤ31ɕiã35/xuɤ35ɕiã35
1506. 会楞楞婴儿学会站立 xuei44nəŋ44nəŋ0
1507. 杂杂婴儿开始移步 tsa35tsa53
1508. 端端端着孩子大小便 tuã53tuã0
1509. 不卯合不来，有隔阂 pu31mau53
1510. 垫背打小报告 tiã44pei44
1511. 抬杠/顶㧘/揭横车互相反驳 thæ35kaŋ44/tiŋ35nəŋ35/tɕiɛ31ɕyɤ35tʂhɤ31
1512. 责蹬人戏弄人 tsei53təŋ0ʐẽ35
1513. 眼红羡慕 niã53xuŋ35
1514. 下话说下情 ɕia44xua44
1515. 胡[造谣] 造谣 xu35tʂhau35

1516. 拚摩挲 phu35
1517. 跐蹭 tshŋ31
1518. 尺谋/课当估计，掂量 tʂhʅ31mu31/khuɤ44taŋ31
1519. 断走/撵断赶走 tuã44tsɤu53/niã53tuã0
1520. 搅开把阻挡人前进的东西向左右拨开 xuɤ31khæ31
1521. 澗地浇地使得有墒情 mẽ31ti44
1522. 澗水剃头以前把头发弄湿 mẽ44sɥei53
1523. 撑扎坚持，支持着 tʂhəŋ53tsa31
1524. 抿缝子抹缝子 miẽ53fəŋ44tsʅ0
1525. 挃/搥/搧/搊教训性地揍 tiɛ35/tʂhɥei35/piã53/tsɤu44
1526. 抻用不太大的劲拉 tʂhẽ44
1527. 搨用杆状物打 khuɤ44
1528. 摽/撤打（了一砖头）piau31/phiɛ31
1529. □用大力抓住；管束 khæ35
1530. □乱子闯乱子 tuŋ53luã44tsʅ0
1531. □脏/□弄脏 tuŋ44tsaŋ31/tuŋ53
1532. 丢剥脱去上衣 tiɤu53pɤ31
1533. 撂挪人中途舍弃共事者 liau44tʂʅ0ʐẽ35
1534. 谢承酬谢，答谢 ɕiɛ44tʂhəŋ0
1535. 两耽咧两头都落空了 liaŋ53tã31liɛ0
1536. 卖牌自夸 mæ44phæ0
1537. 显哗/显点点显摆 ɕiã53xua0/ɕiã53tiã53tiã0
1538. 捻弄/捏揣摆布 niã53luŋ0/niɛ53tshɥɤ0
1539. 伤脸/伤脸敦沟子翻脸 ʂaŋ31liã53/

473

ʂaŋ31liã53tuẽ35kɤu53tsʅ0

1540. 挤眉瞪眼/挤眉弄眼使眼色 tɕi53mi0təŋ44niã53/ tɕi53mi0nəŋ44niã53

1541. 趴扑/前趴扑马趴 pha35phu53/tɕhiã35pha35phu31

1542. 仰板/后仰板仰巴脚 niaŋ44pã0/uɤu44niaŋ53pã0

1543. 侧棱子 摔得侧身跌倒 tshei53nəŋ0tsʅ0

1544. 嘴偎地/狗吃屎含贬义，嘴啃地 tsuei53Øuei31ti44/ kɤu53tʂhʅ31sʅ53

1545. 踏识 打听，了解 tha35ʂʅ0

1546. 下晌 歇晌 ɕia44ʂaŋ53

1547. 下凉 乘凉 ɕia44liaŋ35

1548. 日囊 惯坏 zʅ53naŋ0

1549. 影儿惦记着 Øiə̃r53

1550. 耳识/着识/理识 理睬 Øər53ʂʅ0/ tʂau35ʂʅ0/li44ʂʅ0

1551. 不瞅睬 不理睬 pu35tshɤu53tshæ0

1552. 搡赖着不走 saŋ31

1553. 驳擦 辩驳 pɤ53tsha0

1554. 瞅□□ 从贫贱者身上找缺点错误 tshɤu44læ31tæ0

1555. 搧撒 儿子打耳光 ʂã31phiɛr31tsʅ0

1556. 齐茬 整齐划一 tɕhi35tsha0

1557. 屈卡 地方窄小 tɕhy53tɕhia0

1558. 燋煎（把油烧煎）tɕiau44

1559. 人镪活 人厉害 zẽ35tshã35xuɤ53

1560. 淹/木囊 举止迟缓 niã31/mu44naŋ0

1561. 堎铮 女性穿着整洁得体 nəŋ35tsəŋ0

1562. 嫩面 从脸上看不显老 luẽ44miã0

1563. 受看 并不难看 ʂɤu44khã44

1564. 机钻 聪明伶俐 tɕi53tsuã0

1565. 戳撑 敢作敢为 tshʯɤ35tshəŋ31

1566. 低搭 下贱；丢人 ti31ta31

1567. 高栽 高贵 kau31tsæ31

1568. 硬邦 强壮 niŋ44paŋ0

1569. 软细 软弱 zʯã53ɕi44

1570. 耳背/耳沉 听力不好 Øər53pei44/ Øər53tʂhẽ35

1571. 口敞 爱说脏话或说话保密性差 khɤu31tʂhaŋ53

1572. 口黏 表达不清晰 khɤu53zʅ̃ã35

1573. 口细/口头儿高 爱吃好的 khɤu53ɕi44/khɤu53thɤu31 Øər35kau31

1574. 宽展 宽裕 khuã31tʂã0

1575. 痴笨 笨手笨脚 tshʅ53pẽ0

1576. 胆正 遇到险要等很冷静 tã53tʂəŋ44

1577. 浑全 完整无缺 xuẽ35tɕhyã53

1578. 落虎 马虎 la53xu0

1579. 绵软 温柔 miã35zʯã53

1580. 硬气 有志气，拒绝外援 niŋ44tɕhi44

1581. 黏络 感情亲和 zʯã35luɤ0

1582. 狰眉霍眼 面目狰狞 tsəŋ31mi0xuɤ31niã53

1583. 手稠 做某种生意的人多 ʂɤu53tshɤu35

1584. 轻省 轻松 tɕhiŋ31səŋ0

1585. 傻白 惨白 ʂa31pei35

1586. 实诚/实在 诚实 ʂʅ35tʂhəŋ53/ ʂʅ35tsæ53

1587. 细法/细致 细心 ɕi44fa0/ɕi44tʂʅ0

1588. 细详 节俭 ɕi44ɕiaŋ0

1589. 惜样 样子好看 ɕi31Øiaŋ44

474

1590. 严嘈/严窝严实 niã35tsã53/
niã35Øuɤ31

1591. 黑嘛咕咚黑咕隆咚
xei53ma0ku31tuŋ0

1592. 明朗花水灯火辉煌
miŋ35naŋ0xua31sɥei0

1593. 瞎眉日眼特指视力很差
xa31mi24ʑʅ31niã53

1594. 烟散雾罩烟雾腾腾
Øiã31sã31vu44tsau44

1595. 掐尺等寸不多不少正好
tɕhia35tʂʅ31təŋ53tshuẽ44

1596. 贼头缩脑鬼鬼祟祟
tsei35thɤu35sɥɤ31lau53

1597. 汉小力薄/汉小力怯个子不高，力气不大 xã44ɕiau53li31pɤ35/
xã44ɕiau53li35tɕhiɛ31

1598. 砖头瓦块东西放得很凌乱，并且不平整 tsɥã53thɤu0Øua31khuæ0

1599. 黑丑黑丑又黑又丑
xei31tʂhɤu53xei31tʂhɤu53

1600. 黑瘦黑瘦又黑又瘦
xei31sɤu44xei31sɤu44

1601. 白胖白胖又白又胖
pei35phaŋ44pei35phaŋ44

1602. 胖大胖大肥胖并且块头大
phaŋ44ta44phaŋ44ta44

1603. 细高细高又细又高
ɕi44kau31ɕi44kau31

1604. 细长细长又细又长
ɕi44tʂhaŋ35ɕi44tʂhaŋ35

1605. 死沉死沉很沉重
sʅ53tʂhẽ35sʅ53tʂhẽ35

第四章　语法与口头文化

第一节　语法例句

1. 你是哪里人？

   你是哪里人？/你是打搭人？

   ni53ʂɿ0la53li0zₑẽ35？/ni0ʂɿ31ta53ta0zₑẽ35？

2. 我是陕西_____人。（说出所在县或市）

   我是陕西礼泉人。

   ŋɤ53ʂɿ0ʂã53ɕi31li53tɕhyã0zₑẽ35.

3. 你今年多大？

   你今年多大咧？/你今年高寿？（问长者）

   ni53tɕiẽ31niã35tuɤ31ta44liɛ0？/ni53tɕiẽ31niã35kau31ʂɤu44？

4. 我____岁了。（说出自己的实际年龄）

   我七十一岁咧。

   ŋɤ53tɕhi31ʂɿ35Øi53suei44liɛ0.

5. 你叫什么名字？

   你叫啥名字？

   ni53tɕiau44sa44miŋ35tsɿ53？

6. 我叫_____。（说出自己的名字）

   我叫何练凯。

   ŋɤ53tɕiau44xuɤ35liã44khæ53.

7. 你家住哪里？

   你屋到打搭呢？/你屋在打搭呢？

   ni35Øu31tau44ta53ta0ni0？/ni35Øu31tsæ44ta53ta0ni0？

8. 我家住_____。（说出自己居住的地址）

   我屋到皇甫村呢。/我屋在皇甫村呢。

ŋɤ35ɵu31tau44xuaŋ35pu53tshuē31ni0. / ŋɤ35ɵu31tsæ44xuaŋ35pu53tshuē31ni0.

9. 谁呀？我是老三。

   谁？我是老三。

   sɥei35？ ŋɤ53sʅ0lau53sā31.

10. 老四呢？他正在跟一个朋友说着话呢。

    老四呢？他跟个老伙儿正说话呢。

    lau53sʅ44ni0？tha53kē31kɤ0lau31xuɤr53tsəŋ44ʂuɤ31xua44ni0.

11. 他还没有说完吗？

    他还没说毕？

    tha53xæ35mɤ35ʂuɤ35pi31？

12. 还没有。大约再有一会儿就说完了。

    还没毕。大模儿再有一时儿就说毕咧。

    xæ31mɤ35pi31. ta44mur53tsæ44ɵiɤu53ɵi31sər35tsɤu44ʂuɤ35pi31liɛ0.

13. 他说马上就走，怎么这半天了还在家里呢？

    他说马上就走，咋［这么］大功夫咧还在屋里呢？

    tha53ʂuɤ31ma53ʂaŋ0tsɤu44tsɤu53，tsa31tʂē44ta44kuŋ53fu0liɛ0xæ35tsæ44ɵu53li0ni0？

14. 你到哪儿去？我到城里去。

    你到打搭去呀？我到城里头去呀。/你在打搭去呀？我在城里头去呀。

    ni53tau44ta53ta0tɕhi44ɵia0？ ŋɤ53tau44tʂhəŋ35li53thɤu0tɕhi44ɵia0. /
    ni53tsæ44ta53ta0tɕhi44ɵia0？ ŋɤ53tsæ44tʂhəŋ35li53thɤu0tɕhi44ɵia0.

15. 在那儿，不在这儿。

    在兀搭，不在这搭。/到兀搭，没到这搭。

    tsæ44ɵu44ta0，pu31tsæ44tʂʅ44ta0. /tau44ɵu44ta0，mɤ31tau44tʂʅ44ta0.

16. 不是那么做，是要这么做的。

    不是兀样做，是这样做。

    pu31sʅ44ɵu53ɵiaŋ0tsɤu44，sʅ44tʂɤ53ɵiaŋ0tsɤu44.

17. 太多了，用不着那么多，只要这么多就够了。

    太多咧，用不了那些，只要这些就够咧。

    thæ44tuɤ31liɛ0，ɵyŋ44pu31liau53læ44ɕiɛ31，tsʅ31ɵiau44tsʅ44ɕiɛ31tsɤu44kɤu44liɛ0.

18. 这个大，那个小，这两个哪一个好点呢？

    这个大，那个碎，这两个打个好一点儿呢？

    tsʅ44kɤ0ta44，læ44kɤ0suei44，tsʅ44liaŋ53kɤ0ta31kɤ0xau53ɵi31tiār53ni0？

19. 这个比那个好。

477

这个比兀个好。

tʂʅ44kɤ0pi53Øu44kɤ0xau53.

20. 这些房子不如那些房子好。

这些房不如兀些房好。

tʂʅ44ɕiɛ31faŋ35pu35zʅ310u44ɕiɛ31faŋ35xau53.

21. 这句话用___话怎么说？（填本地地名，本地音）

这句话用礼泉话咋说？

tʂɤ44tɕy44xua44Øyŋ44li53tɕhyā0xua44tsa35ʂuɤ31？

22. 他今年多大岁数？

［兀个］今年多大岁数？

Øuɤ53tɕiẽ31niã35tuɤ31ta44suei44sʅ0？

23. 大概有三十来岁吧。

大模儿有三十几儿。

ta55mur53Øiɤu53sā53ʂʅ0tɕir53.

24. 这个东西有多重呢？

这有多重呢？

tʂɤ44Øiɤu53tuɤ31tsʅəŋ44ni0？

25. 有五十斤重呢。

有五十斤重呢。

Øiɤu53Øu53ʂʅ0tɕiē31tsʅəŋ44ni0.

26. 拿得动吗？

拿得动？/拿得动吗？/拿得起？/拿得起吗？

la35tei0tuŋ44？/la35tei0tuŋ44ma0？/la35tei0tɕiɛ53？/la35tei0tɕiɛ53ma0？

27. 我拿得动，他拿不动。

我能拿动，他拿不动。/我能拿起，他拿不起。

ŋɤ53nəŋ35la35tuŋ53，tha53la35pu31tuŋ44. /

ŋɤ53nəŋ35la35tɕiɛ53，tha53la35pu31tɕiɛ53.

28. 真不轻，重得连我都拿不动了。

真不轻，沉得连我都拿不动哩。

tʂē35pu35tɕhiŋ31，tʂhē35ti0liã35ŋɤ53tɤu31la35pu31tuŋ44li0.

29. 你说得很好，你还会说点儿什么呢？

你说得好很，你还能说点儿啥呢？

ni53ʂuɤ31ti0xau53xē53，ni53xæ35nəŋ35ʂuɤ31tiār53sa44ni0？

30. 我嘴笨，我说不过他。

 我嘴拙，说不过［兀个］。

 ŋɤ53tsuei53tʂɤ31, ʂuɤ31pu31kuɤ44Øuɤ53.

31. 说了一遍，又说了一遍。

 说咧一遍，可说咧一遍。

 ʂuɤliɛ0Øi31piã44, khɤ35ʂuɤ31liɛ0Øi31piã44.

32. 请你再说一遍。

 你给咱再说一遍。

 ni53kei53tsæ35tsæ44ʂuɤ31Øi31piã44.

33. 不早了，快去吧！

 不早咧，快去些！

 pu31tsau44liɛ0, khuæ44tɕhi44ɕiɛ0!

34. 现在还很早呢，等一会儿再去吧。

 如今还早得很呢，等一时儿再去。

 zʮ35tɕiẽ31xæ35tsau53tiOxẽ53ni0, təŋ53Øi31sʅɚ35tsæ44tɕhi44.

35. 吃了饭再去好吧？

 把饭吃了再去得成？

 pa31fã44tʂhʅ31liau0tsæ44tɕhi44tei31tʂhəŋ35?

36. 慢慢儿地吃啊！不要急嘛！

 慢慢儿吃！嫑急些！

 mã44mãr53tʂhʅ31! pɤ31tɕi35ɕiɛ0!

37. 坐着吃比站着吃好些。

 坐着吃比立着吃强些儿。

 tsuɤ44tʂuɤ0tʂhʅ31pi53li44tʂuɤ0tʂhʅ31tɕhiaŋ35ɕiɛr53.

38. 这个吃得，那个吃不得。

 这能吃，［兀个］吃不成。

 tʂɤ53nəŋ35tʂhʅ31, Øuɤ53tʂhʅ31pu31tʂhəŋ35.

39. 他吃了饭了，你吃了饭没有呢？

 ［兀个］把饭吃咧，你吃咧没？

 Øuɤ53pa31fã44tʂhʅ31liɛ0, ni53tʂhʅ31liɛ0mɤ31?

40. 他去过上海，我没有去过。

 ［兀个］到上海去过，我没去过。

 Øuɤ53tau44ʂaŋ44xæ53tɕhi44kuɤ0, ŋɤ53mɤ31tɕhi44kuɤ0.

41. 来闻闻这朵花香不香？

    来闻一下这花香不香？

    læ35vẽ35Øi31xa44tʂɤ53xua31ɕiaŋ31pu35ɕiaŋ31？

42. 香得很，是不是？

    香得很，得是？

    ɕiaŋ31ti0xẽ53，tei31sʅ44？

43. 给我一本书！

    给我一本书！

    kei44ŋɤ53Øi31pẽ53sʅ31！

44. 我实在没有书嘛！

    我真的没书！

    ŋɤ53tʂẽ53ti0mɤ35sʅ31！

45. 你告诉他。

    你给他说。／你给［兀个］说。

    ni53kei53tha53ʂuɤ31.／ni53kei53Øuɤ53ʂuɤ31.

46. 好好儿地走！不要跑！

    好好儿走！委跑！

    xau53xaur35tsɤu53！pɤ31phau35！

47. 小心跌下去爬也爬不上来！

    小心掉下去爬不上来了！

    ɕiau53ɕiẽ31tiau44xa44tɕhi0pha35pu31ʂaŋ44læ0liau0！

48. 医生叫你多睡一睡。

    大夫叫你多睡一时儿。

    tæ44fu0tɕiau44ni53tuɤ31sʅei44Øi31sʅər35.

49. 吸烟或者喝茶都不可以。

    吃烟喝茶都不行。／吃烟喝茶都不成。

    tʂʅ35Øiã53xuɤ31tsha35tɤu35pu31ɕiŋ35.／tʂʅ35Øiã53xuɤ31tsha35tɤu35pu31tʂhəŋ35.

50. 烟也好，茶也好，我都不喜欢。

    烟茶我都不爱。

    Øiã31tsha35ŋɤ53tɤu35pu31ŋæ44.

51. 不管你去不去，反正我要去呢。我非去不成。

    不论你去不去，反正我非去不成。

    pu31luẽ44ni53tɕhi44pu31tɕhi44，fã31tʂəŋ44ŋɤ53fei31tɕhi44pu31tʂhəŋ35.

480

52. 你是哪一年来的？

 你是打一年来的？

 ni53sʅ0ta53Øi31niã35læ35ti0？

53. 我是前年到的北京。

 我前年到北京来的。/我前年在北京来的。

 ŋɤ53tɕhiã35niã53tau44pei31tɕiŋ31læ35ti0. / ŋɤ53tɕhiã35niã53tsæ44pei31tɕiŋ31læ35ti0.

54. 今天开会谁的主席？

 [今日] 开会谁是主席？/ [今日] 开会主席是谁？

 tɕiẽr31khæ31xuei44sɥei35sʅ0tsʅ53ɕi35？/ tɕiẽr31khæ31xuei44tsʅ53ɕi35sʅ44sei35？

55. 你得请我的客。

 你得把我请一下。/你得请我的客。

 ni53tei31pa31ŋɤ53tɕhiŋ53Øi31xa0. / ni53tei31tɕhiŋ53ŋɤ53ti35khei31.

56. 这是他的书，那一本是他哥哥的。

 这是他的书，兀本是他哥的。

 tʂɤ44sʅ0tha53ti0sʅ31，Øu44pẽ53sʅ44tha31kɤ35ti0.

57. 一边走，一边说。

 旋走旋说。

 suã44tsɤu53suã44ʂuɤ31.

58. 看书的看书，看报的看报，写字的写字。

 看书的看书，看报的看报，写字的写字。

 khã44sʅ53ti0khã44sʅ31，khã44pau44ti0khã44pau44，ɕiɛ53tsʅ44ti0ɕiɛ53tsʅ44.

59. 越走越远，越说越多。

 越走越远，越说越多。

 Øyɤ31tsɤu53Øyɤ31Øyã53，Øyɤ35ʂuɤ31Øyɤ35tuɤ31.

60. 把那个东西拿给我。

 把 [兀个] 东西拿给我。

 pa31Øuɤ53tuŋ53ɕi0la35kei53ŋɤ53.

61. 有些地方把太阳叫日头。

 有些地方把太阳叫日头。

 Øiɤu53ɕiɛ31ti44faŋ0pa31thæ44Øiaŋ0tɕiau44Øər53thɤu0.

62. 您贵姓？我姓王。

 你贵姓？我姓王。

 ni53kuei44ɕiŋ44？ŋɤ53ɕiŋ44Øuaŋ35.

63. 你姓王，我也姓王，咱们两个人都姓王。

    你姓王，我也姓王，咱两个都姓王。

    ni53ɕiŋ44Øuaŋ35，ŋɤ53Øiɛ53ɕiŋ55Øuaŋ35，tsæ35liaŋ53kɤ0tɤu35ɕiŋ44Øuaŋ35.

64. 你先去吧，我们等一会儿再去。

    你先去，我等一时儿再去。

    ni53ɕiã31tɕhi44，ŋɤ31təŋ53Øi31sɿər35tsæ44tɕhi44.

第二节　北风和太阳

北风跟太阳

有一回，北风跟太阳在那儿争论谁的本事大。争来争去就是分不出高低来。这时候路上来了个走道儿的，他身上穿着件厚大衣。他们俩就说好了，谁能先叫这个走道儿的脱下他的厚大衣，就算谁的本事大。北风就使劲地刮起来了，不过他刮得越是厉害，那个走道儿的把大衣裹得越紧。后来北风没法儿了，只好就算了。过了一会儿，太阳出来了。他火辣辣地一晒，那个走道儿的马上就把那件厚大衣脱下来了。这下儿北风只好承认，他们俩当中还是太阳的本事大。

北风跟日头爷

pei35fəŋ31kẽ31Øər53thɤu0Øiɛ44

那一回，北风跟日头爷在［兀个］儿争纠谁的本事大呢。

læ44Øi31xuei35，pei35fəŋ31kẽ31Øər53thɤu0Øiɛ44tsæ44Øuər53tsəŋ31tɕiɤu31sʮei35ti0pẽ53sɿ0ta44ni0.

争纠来争纠去，就是分不出个高低。

tsəŋ31tɕiɤu31læ35tsəŋ31tɕiɤu31tɕhi44，tsɤu44sɿ0fẽ31pu35tshʮ31kɤ0kau35ti31.

如今，来了个过路的，他穿咧个厚大氅。

zʮ35tɕiẽ31，læ35liau0kɤ0kuɤ44lɤu44ti0，tha53tshʮã31liɛ0kɤ0uɤu44ta44tʂhaŋ53.

他两个就说好咧，谁先叫这个过路的把厚大氅脱了，就算谁本事大。

tha31liaŋ53kɤ0tsɤu44ʂuɤ31xau53liɛ0，sei35ɕiã31tɕiau44tʂɿ44kɤ0kuɤ44lɤu44ti0，pa31uɤu44ta44tʂhaŋ53thuɤ31liau0，tsɤu44suã44sei35pẽ53sɿ0ta44.

北风就冷□地吹开咧，不过他吹得越争，兀个过路的就把厚大氅裹得越紧。

pei35fəŋ31tsɤu44ləŋ53suŋ35ti0tshɥei31khæ31liɛ0，pu31kuɤ44tha53tshɥei53ti0Øɤ35tsəŋ31，Øu44kɤ0kuɤ44lɤu44ti0tsɤu44pa31uɤu44ta44tʂhaŋ53kuɤ53ti0Øɤ31tɕiẽ53.

后来北风法儿他妈把法儿死咧——没法儿咧，只得算咧。

uɤu44læ0pei35fəŋ31far53tha31ma35pa31far53sʅ31liɛ0——mɤ31far53liɛ0，tsʅ35tei31suã44liɛ0.

停咧一时儿，日头出来咧。

thiŋ44liɛ0ø i31sʅər35，Øər53thɤu0tshʅ53læ0liɛ0.

他热刚刚地一晒，兀个过路的立地就把厚大氅脱咧。

tha53ʐɤ31kaŋ35kaŋ53tiØi31sæ44，Øu44kɤ0kuɤ44lɤu44ti0li31ti44tsɤu44pa31uɤu44ta44tʂhaŋ53thuɤ31liɛ0.

这下，北风只得认皇，他两个还是日头的本事大。

tʂʅ44xa0，pei35fəŋ31tsʅ35tei31ʐɤ44xuaŋ35，tha31liaŋ53kɤ0xæ35sʅ0ø ər53thɤu0ti0pẽ53sʅ0ta44.

第三节　口头文化

一、谚语

1. 麦黄谷黄，绣女儿下床。
2. 春骨朵绽，种棉蛋；枣芽发，种棉花。
3. 清明前后一场雨，强似庄稼汉中个举。
4. 五月十三滴一点，耀州城里买大碗，买个大碗吃米饭。
5. 有钱难买五月旱，六月连阴吃饱饭。
6. 指亲戚，靠邻里，不如自己学勤谨。
7. 吃不穷，穿不穷，打算不到一世穷。
8. 为人不做亏心事，半夜敲门心不惊。
9. 东虹日头西虹雨，南虹出来发白雨，北虹出来卖儿女。
10. 云往东，一股风；云往南，水漂船；云往西，水汲汲；云往北，瓦瓮黑。
11. 头九暖，二九冻破脸；三九三，冻破砖；四九半，冻了锅里饭；五九六九，阳坡晒绿；七九八九，河边育柳；九九八十一，老汉顺墙立；天气不冷了，光害肚子饥。
12. 过一冬至，长一枣刺；过一腊八，长一权把；过个年，长一椽。

二、歇后语

1. 吃了包子开面钱呢——混账。
2. 皂角核儿掷骰子——轻的没有点点子。

3. 绱鞋的不拿锥子——真（针）好。

4. 红萝卜调辣子——吃出没看出。

5. 墙缝里的柱子——不显身。

6. 剃头担子——一头儿热。

7. 茶壶里煮饺子——嘴里道（倒）不出。

8. 两手提竹篮——左难（篮）右难（篮）。

9. 挂面不调盐——有言（盐）在先。

10. 尿脬打人——臊气难闻。

11. 石灰窑里砸一砖——白气冲天。

12. 背的麸子上集哩——调（粜）皮。

三、歌谣

1. 礼泉有个顶天寺

礼泉有个顶天寺，把天磨得咯吱吱。礼泉有个薄太后塔，离天只有丈七八。

2. 娶了媳妇忘了娘

灰喜鹊儿，尾巴长，娶了媳妇忘了娘。媳妇酒肉吃得香，老娘顿顿喝淡汤。早知是个白眼狼，不如送他见阎王。

3. 哭嫁歌

你大你妈没银钱，遇见个媒人嘴儿馋。把娃卖到山里边，得了银子三两三。拿回家去胡吃穿，丢下女儿实可怜。提起婆家好心酸，井又深来路又远。扳住辘轳骂媒人，媒人狗日没良心。吃青草，屙粪蛋，给他妈撂到浆水罐。他妈当是黑馍蛋，一看才是粪蛋蛋。

4. 大实话

太阳一出照西墙，东墙底下有阴凉。酒盅没有老碗大，筷子哪比扁担长。一只袜子不成对，两只袜子刚一双。妈妈弟兄娃叫舅，哥的丈母姨嫂叫娘。七月阴雨九月霜，五黄六月分外忙。我说此话你不信，女娃长大变婆娘。

5. 可怜天下父母心

蛋蛋儿娃，娘疼心，自小长大娘用心。吃饭穿衣随儿心，上学念书娘操心。长大订婚娘费心，娶下媳妇娘放心。没料半路瞎了心，两口合伙儿狠了心。分我老人太痛心，不管吃穿太伤心。你两狗日没良心，可怜天下父母心。

6. 划不着

喊破嗓子敲破钟，社员迟迟不上工。村头儿等，路边候，到了地里还想溜。你来我也来，男打扑克儿女纳鞋。你走我也走，工分儿都是七八九。集体活，慢慢儿磨，做得多了划不着。你上坡,我上坡,记的工分儿一样多。你下田,我下田,画的圈圈儿一样圆。

7. 歌唱责任田

官凭印,虎凭山,致富凭的大包干。自从有了责任田,农民个个笑开颜。鸭满池塘鸡满院,牛羊成群猪满圈。粮食多得没处放,苹果葡萄吊串串。家家日子过得善,幸福生活万万年。

淳化县篇

第一章 总 论

第一节 人文地理、历史沿革、人口概况

淳化县地处陕西省中部偏西，咸阳市北部，渭北黄土高原沟壑区南缘，位于东经108°18′～108°50′，北纬34°43′～35°03′。北接旬邑，南接泾阳、礼泉，东与三原、耀州毗邻，西隔泾河与永寿、彬州市相望，总面积983.81平方千米。

淳化历史悠久，秦代在县北部云阳宫旁设云阳县，属内史。汉武帝后元二年（前87年）置云陵县，二县俱属左冯翊；东汉废云陵县。三国魏罢云阳县，改设抚夷护军，西晋废。前秦苻坚在县东部今固贤增设三原护军，北魏太平真君七年（446年）废，于此设三原县，永安元年（528年）县治迁今三原县境。北宋淳化四年（993年）析云阳县地于梨园镇（今城关镇）置淳化县，以"淳化"年号为名。金、元、明、清属邠州。1914年属关中道。1928年直属省。1934年中共陕甘特委在县北山马家设赤淳县，1935年改名赤水县，同时在安社村又设立淳耀县，属关中特区。1943年淳耀县迁今耀州区庙湾镇。1940年属关中分区。1949年省赤水县入淳化县，属三原分区。1950年属咸阳专区。1953年属宝鸡专区。1956年直属省。1958年并入三原县，1961年复设淳化县，属咸阳专区。1968年属咸阳地区。1983年属咸阳市。淳化文化底蕴深厚，文物遗存丰富，生态环境优越，特色产业驰名。是中国苹果之乡、全国绿化模范县、国家级生态示范区。"淳如诗，美如画""深呼吸，来淳化"的生态旅游品牌享誉西咸，是大西安绿色农产品供应基地和文化生态旅游首选地。

截至2020年，淳化县辖7镇、1办，128个行政村、3个社区。常住人口141756人。

第二节 方言归属与内部差异

淳化县方言属于中原官话关中片，也属于关中东西地区之间"过渡带"上的方言。淳化方言以城关社区话（旧城关镇）为代表，就本县地理位置、人口分布及方言使用

情况看，未见有方言岛存在。

第三节　发音人和调查人概况

方言发音人（一）

1. 姓名：蒙邦新
2. 单位（退休前）：陕西省咸阳市淳化县档案局
3. 通信地址：陕西省咸阳市淳化县档案局家属楼
4. 性别：男　　民族：汉
5. 出生年月日（公历）：1958 年 5 月 22 日
6. 出生地（从省级至自然村级）：陕西省咸阳市淳化县十里塬镇蒙家村
7. 主要经历：学习、生活基本都在农村，能说会写，多才多艺。
8. 文化程度：中专
9. 职业：干部

方言发音人（二）

1. 姓名：冯朝智
2. 单位（退休前）：陕西省咸阳市淳化县基层学校
3. 通信地址：陕西省咸阳市淳化县方里镇冯寨村
4. 性别：男　　民族：汉
5. 出生年月日（公历）：1946 年 12 月 24 日
6. 出生地（从省级至自然村级）：陕西省咸阳市淳化县方里镇冯寨村
7. 主要经历：在基层学校任教，是当地有名的文艺爱好者，能歌善舞，多才多艺。
8. 文化程度：中师
9. 职业：教师

方言发音人（三）

1. 姓名：张兴秀
2. 单位（退休前）：陕西省咸阳市淳化县方里镇文化站
3. 通信地址：陕西省咸阳市淳化县方里镇徐村
4. 性别：男　　民族：汉
5. 出生年月日（公历）：1947 年 11 月 2 日

6. 出生地（从省级至自然村级）：陕西省咸阳市淳化县方里镇徐村

7. 主要经历：在文化站工作，热爱文艺事业。

8. 文化程度：初中

9. 职业：干部

方言发音人（四）

1. 姓名：刘永华

2. 单位（退休前）：陕西省咸阳市淳化县劳动人事局

3. 通信地址：陕西省咸阳市淳化县官庄镇北庄坳村

4. 性别：男　　民族：汉

5. 出生年月日（公历）：1945年3月6日

6. 出生地（从省级至自然村级）：陕西省咸阳市淳化县官庄镇北庄坳村

7. 主要经历：几十年都在家乡学习、生活、工作，爱好文艺，精通书法、历史。

8. 文化程度：中师

9. 职业：干部

调查人

1. 姓名：王一涛

2. 单位：咸阳师范学院

3. 通信地址：陕西省咸阳市渭城区文林路东段1号

4. 协助调查人1 姓名：赵露露

5. 协助调查人2 姓名：郭　涛

第二章　语　音

第一节　声　母

声母二十九个，包括零声母在内。

p 八兵补报　　ph 派片坡爬　　m 麦明门毛　　　　f 飞蜂副饭
t 多东到读　　th 讨土通特　　n 南能脑　　　　　l 连路老来
ts 资早窄扎　　tsh 刺贼草差　　　　　　　s 丝山事色　　z 肉
tʂ 张照桌镇　　tʂh 车唱抽陈　　　　　　　ʂ 上手十设　　ʐ 热认让黏
tʃ 装柱竹砖　　tʃh 床春吹穿　　　　　　　ʃ 船顺书水　　ʒ 如授润
tɕ 挤几九举　　tɕh 清权轻砌　　ȵ 年泥女牛　　ɕ 想谢县夏
k 高共歌靠　　kh 开快跪看　　ŋ 熬安我恶　　　x 河灰好后
Ø 月云味要

说明：

① [th] 与合口韵，特别是与 [uo] 韵相拼时双唇颤动明显。
② [p、ph] 与 [u、o] 相拼时，带有唇齿擦化色彩，实际音值为 [pf、pfh]。
③ [f] 与 [u、o] 相拼时，摩擦较重。
④ [x] 的发音部位略靠后，与合口呼相拼时摩擦较重。
⑤ [ts、tsh、s、tʂ、tʂh、ʂ] 与舌尖元音 [ɿ、ʅ] 相拼时，摩擦较重。
⑥ [tʃ] 类声母发音时，有比较明显的圆唇色彩。
⑦ [tʂ] 组声母与 [ɤ] 相拼时，中间有一个 [ʅ] 的介音成分。

第二节　韵　母

韵母四十个，不包括儿化韵。

ɿ 丝试指师　　　i 戏米急提　　　u 五主猪补　　　y 雨橘局女
ʅ 十尺知
ər 二儿耳

a 茶辣八打　　ia 牙鸭夏架　　ua 瓦话瓜夸
æ 开鞋菜排　　iæ 岩　　　　　uæ 快拐怀歪
ɤ 歌壳我可　　iɛ 写茄节贴　　　　　　　　yɛ 靴月雪
o 磨婆拨　　　　　　　　　　uo 坐盒活过　yo 学药
ɔ 包讨道套　　iɔ 笑桥浇鸟
ɯ 疙核
ei 赔白色格　　　　　　　　　uei 鬼国回类
ou 豆走透投　iou 油牛绿修
ã 南山半盘　　iã 年件脸县　　uã 短管宽换　yã 全远卷选
ẽ 根深春很　　iẽ 林新银金　　uẽ 村春滚困　yẽ 云军群熏
ɑŋ 挡绑忙堂　　iɑŋ 想样江强　　uɑŋ 王窗黄狂
əŋ 升灯梗腾　　iəŋ 灵病拧瓶　　uəŋ 东红通工　yəŋ 用穷兄荣

说明：

① [ʅ] 的音值介于 [ʅ、ɤ] 之间。

② [ɚ] 发音时开口度较大，接近 [ar]。

③ [u] 类韵母拼 [tʃ] 类声母时，与声母结合得特别紧密。

④ [u] 类韵母与 [ts] 类声母相拼时，韵母舌位靠前，发音接近 [ɤ]。

⑤ [i] 为单韵母与 [t] 类声母相拼时，音值接近 [ʅ]。

第三节　单字调

单字调四个。

阴平 31 东春百搭节拍刻六麦叶　　阳平 24 门牛油铜皮急毒白盒罚

上声 53 懂古九统苦讨草买老五　　去声 44 动近后寸去卖路硬乱地

第四节　连读变调

后字非轻声两字组连调模式见表 2–1。

表 2–1　后字非轻声两字组连调模式

前字＼后字	1 阴平 31	2 阳平 24	3 上声 53	4 去声 44
1 阴平 31	24 + 31 31 + 31	31 + 24	31 + 53	31 + 44

续表

前字＼后字	1 阴平 31	2 阳平 24	3 上声 53	4 去声 44
2 阳平 24	24 + 31	24 + 24	24 + 53	24 + 44
3 上声 53	53 + 31	53 + 24	31 + 53 53 + 53	53 + 44
4 去声 44	44 + 31	44 + 24	44 + 53	44 + 44

非叠字组后字轻声两字组连调模式见表 2-2。

表 2-2 非叠字组后字轻声两字组连调模式

前字＼后字	1 阴平 31	2 阳平 24	3 上声 53	4 去声 44
1 阴平 31	53 + 0 31 + 0	53 + 0 24 + 0	53 + 0	53 + 0
2 阳平 24	24 + 53	24 + 53	24 + 53	24 + 53
3 上声 53	53 + 0	53 + 0	53 + 0	53 + 0
4 去声 44	44 + 0	44 + 0	44 + 0	44 + 0

第五节 单 字

0001. 多 tuo31
0002. 拖 thuo31
0003. 大～小 tuo44/ta44
0004. 锣 luo24
0005. 左 tsuo44
0006. 歌 kɤ53[1]
0007. 个一～ kɤ44
0008. 可 khɤ53
0009. 鹅 ŋɤ24
0010. 饿 ŋɤ44
0011. 河 xuo24
0012. 茄 tɕhiɛ24
0013. 破 pho44
0014. 婆 pho24
0015. 磨动 mo24
0016. 磨名 mo44
0017. 躲 tuo53
0018. 螺 luo24
0019. 坐 tsuo44
0020. 锁 suo53
0021. 果 kuo53
0022. 过 kuo44
0023. 课 khuo44
0024. 火 xuo53
0025. 货 xuo44
0026. 祸 xuo44
0027. 靴 ɕyɛ31
0028. 把量 pa31
0029. 爬 pha24
0030. 马 ma53
0031. 骂 ma44
0032. 茶 tsha24
0033. 沙 sa31
0034. 假真～ tɕia53
0035. 嫁 tɕia44
0036. 牙 ȵia24
0037. 虾 ɕia31
0038. 下底～ xa44（白）/ɕia44（文）
0039. 夏春～ ɕia44
0040. 哑 ȵia53
0041. 姐 tiɛ24

---

[1] 应为歌 [kɤ31]。

0042. 借 tiɛ44
0043. 写 ɕiɛ53
0044. 斜 ɕiɛ24
0045. 谢 ɕiɛ44
0046. 车 不是棋子 tʂʅ31
0047. 蛇 ʂʅ24
0048. 射 ʂʅ44
0049. 爷 Øiɛ44
0050. 野 Øiɛ53
0051. 夜 Øiɛ44
0052. 瓜 kua31
0053. 瓦 Øua53
0054. 花 xua31
0055. 化 xua44
0056. 华 中~xua31
0057. 谱 家~，注意声母 phu53
0058. 布 pu44
0059. 铺 动 phu31
0060. 簿 phu53
0061. 步 pu44
0062. 赌 tou53
0063. 土 thou53
0064. 图 thou24
0065. 杜 tou44
0066. 奴 nou24
0067. 路 lou44
0068. 租 tiou31
0069. 做 tsou44
0070. 错 对~ tshuo31
0071. 箍 ~桶，注意声母 ku31
0072. 古 ku53
0073. 苦 khu53
0074. 裤 fuər53 ~儿
0075. 吴 Øu24
0076. 五 Øu53
0077. 虎 xu53
0078. 壶 xu24
0079. 户 xu44
0080. 乌 Øu31
0081. 女 n̠y53
0082. 吕 ly53
0083. 徐 ɕy24
0084. 猪 tʃu31
0085. 除 tʃhu24
0086. 初 tshou31
0087. 锄 tshou24
0088. 所 ʃuo53
0089. 书 ʃu31
0090. 鼠 ʃu53
0091. 如 ʒu31
0092. 举 tɕy53
0093. 锯 名 tɕy44
0094. 去 tɕhy44
0095. 渠 ~道 tɕhy24
0096. 鱼 Øy24
0097. 许 ɕy53
0098. 余 剩~，多~ Øy24
0099. 府 fu53
0100. 付 fu53
0101. 父 fu44
0102. 武 Øu53
0103. 雾 Øu44
0104. 取 tɕhy53
0105. 柱 tʃu44
0106. 住 tʃu44
0107. 数 动 sou53
0108. 数 名 sou44
0109. 主 tʃu53
0110. 输 ʃu31
0111. 竖 ʃu44
0112. 树 ʃu44
0113. 句 tɕy44
0114. 区 地~ tɕhy31
0115. 遇 Øy44
0116. 雨 Øy53
0117. 芋 Øy44
0118. 裕 Øy31
0119. 胎 thæ31
0120. 台 戏~ thæ24
0121. 袋 tæ44
0122. 来 læ24
0123. 菜 tshæ44
0124. 财 tshæ24
0125. 该 kæ31
0126. 改 kæ53
0127. 开 khæ31
0128. 海 xæ53
0129. 爱 ŋæ44
0130. 贝 pei44
0131. 带 动 tæ44
0132. 盖 动 kæ44
0133. 害 xæ44
0134. 拜 pæ44
0135. 排 phæ24
0136. 埋 mæ24
0137. 戒 tɕiɛ44
0138. 摆 pæ53
0139. 派 注意声调 phæ44
0140. 牌 phæ24
0141. 买 mæ53
0142. 卖 mæ44
0143. 柴 tshæ24
0144. 晒 sæ44
0145. 街 tɕiɛ31
0146. 解 ~开 tɕiɛ53
0147. 鞋 xæ24
0148. 蟹 注意声调 xæ53
0149. 矮 ŋæ53
0150. 败 phæ44
0151. 币 pi44
0152. 制 ~造 tʂʅ44
0153. 世 ʂʅ44
0154. 艺 Øi44
0155. 米 mi53
0156. 低 ti31
0157. 梯 thi31
0158. 剃 thi24
0159. 弟 ti44
0160. 递 ti44
0161. 泥 n̠i24
0162. 犁 li24
0163. 西 ɕi31
0164. 洗 ɕi53
0165. 鸡 tɕi31
0166. 溪 ɕi31

0167. 契 tɕhi31
0168. 系联~ ɕi44
0169. 杯 phei31
0170. 配 phei44
0171. 赔 phei24
0172. 背~诵 pei44
0173. 煤 mei24
0174. 妹 mei44
0175. 对 tuei44
0176. 雷 luei24
0177. 罪 tsuei44
0178. 碎 suei44
0179. 灰 xuei31
0180. 回 xuei24
0181. 外 Øuæ44
0182. 会开~ xuei44
0183. 怪 kuæ44
0184. 块 khuæ53
0185. 怀 xuæ24
0186. 坏 xuæ44
0187. 拐 kuæ53
0188. 挂 kua44
0189. 歪注意声母 Øuæ31
0190. 画 xua44
0191. 快 khuæ44
0192. 话 xua44
0193. 岁 tsuei44/ suei44（又）
0194. 卫 Øuei44
0195. 肺 fei44
0196. 桂 kuei44
0197. 碑 pi31

0198. 皮 phi24
0199. 被~子 piər53 ~儿
0200. 紫 tsɿ31
0201. 刺 tshɿ44
0202. 知 tʂɿ31
0203. 池 tʂhɿ24
0204. 纸 tsɿ53
0205. 儿 Øər24
0206. 寄 tɕi44
0207. 骑 tɕhi24
0208. 蚁注意韵母 Øi31
0209. 义 Øi44
0210. 戏 ɕi44
0211. 移 Øi24
0212. 比 pi53
0213. 屁 phi44
0214. 鼻注意声调 phi24
0215. 眉 mi24
0216. 地 ti44
0217. 梨 li24
0218. 资 tsɿ31
0219. 死 sɿ53
0220. 四 sɿ44
0221. 迟 tʂhɿ24
0222. 指 tsɿ53
0223. 师 sɿ31
0224. 二 Øər44
0225. 饥~饿 tɕi31
0226. 器 tɕhi44
0227. 姨 Øi24
0228. 李 li53

0229. 子 tsɿ53
0230. 字 tsɿ44
0231. 丝 sɿ31
0232. 祠 tshɿ24
0233. 寺 sɿ44
0234. 治 tsɿ44
0235. 柿 sɿ44
0236. 事 sɿ44
0237. 使 sɿ53
0238. 试 sɿ44
0239. 时 sɿ24
0240. 市 sɿ44
0241. 耳 Øər53
0242. 记 tɕi44
0243. 棋 tɕhi24
0244. 喜 ɕi53
0245. 意 Øi44
0246. 几~个 tɕi53
0247. 气 tɕhi44
0248. 希 ɕi31
0249. 衣 Øi31
0250. 嘴 tsuei53
0251. 随 suei24
0252. 吹 tʂhuei31
0253. 垂 tʂhuei24
0254. 规 khuei31
0255. 亏 khuei31
0256. 跪注意声调 khuei44
0257. 危 Øuei31
0258. 类 luei53
0259. 醉 tsuei44
0260. 追 tʂhuei31

0261. 锤 tʂhuei24
0262. 水 ʃuei53
0263. 龟 kuei31
0264. 季 tɕi44
0265. 柜 kuei44
0266. 位 Øuei44
0267. 飞 fei31
0268. 费 fei44
0269. 肥 fei24
0270. 尾 Øi53（文）/ Øuei53（白）
0271. 味 Øuei44
0272. 鬼 kuei53
0273. 贵 kuei44
0274. 围 Øuei24
0275. 胃 Øuei44
0276. 宝 pɔ53
0277. 抱 pɔ44
0278. 毛 mɔ24
0279. 帽 mɔ44
0280. 刀 tɔ31
0281. 讨 thɔ53
0282. 桃 thɔ24
0283. 道 tɔ44
0284. 脑 nɔ53
0285. 老 lɔ53
0286. 早 tsɔ53
0287. 灶 tsɔ44
0288. 草 tshɔ44
0289. 糙注意声调 tshɔ44
0290. 造 tsɔ44
0291. 嫂 sɔ24

0292. 高 kɔ31	0323. 要重～ Øiɔ44	0353. 袖 ɕiou44	0384. 杂 tsa24
0293. 靠 khɔ44	0324. 摇 Øiɔ24	0354. 抽 tʂhou31	0385. 鸽 kɤ53
0294. 熬 ŋɔ24	0325. 鸟注意声母	0355. 绸 tʂhou24	0386. 盒 xuo24
0295. 好～坏 xɔ53	ȵiɔr53 ～儿	0356. 愁 tshou24	0387. 胆 tã53
0296. 号名 xɔ44	0326. 钓 tiɔ44	0357. 瘦 sou44	0388. 毯 thã53
0297. 包 pɔ31	0327. 条 thiɔ24	0358. 州 tʂou31	0389. 淡 tã44
0298. 饱 pɔ53	0328. 料 liɔ44	0359. 臭香～ tshou44	0390. 蓝 lã24
0299. 炮 phɔ44	0329. 箫 ɕiɔ31	0360. 手 ʂou53	0391. 三 sã31
0300. 猫 mɔ24	0330. 叫 tɕiɔ44	0361. 寿 ʂou44	0392. 甘 kã31
0301. 闹 nɔ44	0331. 母丈～，舅～ mu53	0362. 九 tɕiou53	0393. 敢 kã53
0302. 罩 tsɔ44		0363. 球 tɕhiou24	0394. 喊注意声调 xã53
0303. 抓用手～牌 tʃua31	0332. 抖 tou53	0364. 舅 tɕiou44	0395. 塔 tha31
	0333. 偷 thou31	0365. 旧 tɕiou44	0396. 蜡 la31
0304. 找～零钱 tsɔ53	0334. 头 thou24	0366. 牛 ȵiou24	0397. 赚 tɕia44
	0335. 豆 tou44	0367. 休 ɕiou31	0398. 杉～木，注意韵母 sã31
0305. 抄 tshɔ31	0336. 楼 lou24	0368. 优 Øiou31	
0306. 交 tɕiɔ31	0337. 走 tsou53	0369. 有 Øiou53	0399. 减 tɕiã53
0307. 敲 tɕhiɔ31	0338. 凑 tshou44	0370. 右 Øiou44	0400. 咸～淡 xã24
0308. 孝 ɕiɔ44	0339. 钩注意声母 kou31	0371. 油 Øiou24	0401. 插 tsha31
0309. 校学～ ɕiɔ44		0372. 丢 tiou31	0402. 闸 tsa44
0310. 表手～ piɔ53	0340. 狗 kou53	0373. 幼 Øiou44	0403. 夹～子 tɕia31
0311. 票 phiɔ44	0341. 够 kou44	0374. 贪 thã31	0404. 衫 sã31
0312. 庙 miɔ44	0342. 口 khou53	0375. 潭 thã24	0405. 监 tɕiã31
0313. 焦 tiɔ31	0343. 藕 ŋou53	0376. 南 nã24	0406. 岩 Øiæ24
0314. 小 ɕiɔ53	0344. 后前～ xou44	0377. 蚕 tshã24	0407. 甲 tɕia31
0315. 笑 ɕiɔ44	0345. 厚 xou44	0378. 感 kã53	0408. 鸭 ȵia31
0316. 朝～代 tshɔ24	0346. 富 fu44	0379. 含～一口水 xã24	0409. 黏～液 ʐã24
0317. 照 tʂɔ44	0347. 副 fu24		0410. 尖 tiã31
0318. 烧 ʂɔ31	0348. 浮 fu24	0380. 暗 ŋã44	0411. 签～名 tɕhiã31
0319. 绕～线 ʐɔ53	0349. 妇 fu44	0381. 搭 ta31	0412. 占～领 tʂã44
0320. 桥 tɕhiɔ24	0350. 流 liou24	0382. 踏注意声调 tha24	0413. 染 ʐã53
0321. 轿 tɕhiɔ44	0351. 酒 tiou53		0414. 钳 tɕhiã24
0322. 腰 Øiɔ31	0352. 修 ɕiou31	0383. 拉注意声调 la31	0415. 验 Øiã44

0416. 险 ɕiã53
0417. 厌 Øiã44
0418. 炎 Øiã44
0419. 盐 Øiã24
0420. 接 tiɛ31
0421. 折~叠 tʂɤ53
0422. 叶树~ Øiɛ31
0423. 剑 tɕiã44
0424. 欠 tɕhiã44
0425. 严 n̠iã24（白）/Øiã24（文）
0426. 业 n̠iɛ31
0427. 点 tiã53
0428. 店 tiã44
0429. 添 thiã31
0430. 甜 thiã24
0431. 念 n̠iã44
0432. 嫌 ɕiã24
0433. 跌注意声调 tiɛ31
0434. 贴 tɕhiɛ31
0435. 碟 tiɛ24
0436. 协 ɕiɛ24
0437. 犯 fã44
0438. 法 fa31
0439. 品 phiẽ53
0440. 林 liẽ24
0441. 浸 tiẽ31
0442. 心 ɕiẽ31
0443. 寻 ɕiẽ24
0444. 沉 tʂhẽ24

0445. 参人~ tshã31①
0446. 针 tʂẽ31
0447. 深 ʂẽ31
0448. 任责~ ʐ̩ẽ44
0449. 金 tɕiẽ31
0450. 琴 tɕhiẽ24
0451. 音 Øiẽ31
0452. 立 lei31
0453. 集 tɕi31
0454. 习 ɕi24
0455. 汁 tʂʅ31
0456. 十 ʂʅ24
0457. 入 ʐu31
0458. 急 tɕi24
0459. 及 tɕi24
0460. 吸 ɕi31
0461. 单简~ tã31
0462. 炭 thã44
0463. 弹~琴 thã24
0464. 难~易 nã24
0465. 兰 lã24
0466. 懒 lã53
0467. 烂 lã44
0468. 伞注意声调 sã53
0469. 肝 kã31
0470. 看~见 khã44
0471. 岸 ŋã44
0472. 汉 xã44
0473. 汗 xã44
0474. 安 ŋã31

0475. 达 ta24
0476. 辣 la31
0477. 擦 tsha31
0478. 割 kɤ31
0479. 渴 khɤ31
0480. 扮 pã44
0481. 办 pã44
0482. 铲 tshã53
0483. 山 sã31
0484. 产注意声母 tshã53
0485. 间房~，一~房 tɕiã31
0486. 眼 n̠iã53
0487. 限 ɕiã44
0488. 八 pa31
0489. 扎 tsa31
0490. 杀 sa31
0491. 班 pã31
0492. 板 pã53
0493. 慢 mã44
0494. 奸 tɕiã31
0495. 颜 Øiã24
0496. 瞎 xa31
0497. 变 piã44
0498. 骗欺~ phiã44
0499. 便方~ piã44
0500. 棉 miã24
0501. 面~孔 miã44
0502. 连 liã24
0503. 剪 tiã53

0504. 浅 tɕhiã53
0505. 钱 tɕhiã24
0506. 鲜 ɕiã53
0507. 线 ɕiã44
0508. 缠 tshã24
0509. 战 tʂã44
0510. 扇名 ʂã44
0511. 善 ʂã44
0512. 件 tɕiã44
0513. 延 Øiã24
0514. 别~人 piɛ24
0515. 灭 miɛ31
0516. 列 liɛ31
0517. 撤 tʂhɤ53
0518. 舌 ʂʅ24
0519. 设 ʂʅ31
0520. 热 ʐʅ31
0521. 杰 tɕiɛ24
0522. 孽 n̠iɛ31
0523. 建 tɕiã44
0524. 健 tɕiã44
0525. 言 Øiã24（文）/n̠iã24（白）
0526. 歇 ɕiɛ31
0527. 扁 piɛ53
0528. 片 phiã44
0529. 面~条 miã44
0530. 典 tiã53
0531. 天 thiã31
0532. 田 thiã24

① 应为参［sẽ31］。

0533. 垫 tiã44	0566. 欢 xuã31	0595. 软 ʒuã53	0627. 贫 phiẽ24
0534. 年 ȵiã24	0567. 完 Øuã24	0596. 卷～起 tɕyã44	0628. 民 miẽ24
0535. 莲 liã24	0568. 换 xuã44	0597. 圈圆～ tɕhyã31	0629. 邻 liẽ24
0536. 前 tɕhiã24	0569. 碗 Øuã53	0598. 权 tɕhyã24	0630. 进 tɕiẽ44
0537. 先 ɕiã31	0570. 拨 po31	0599. 圆 Øyã24	0631. 亲 tɕhiẽ31
0538. 肩 tɕiã31	0571. 泼 pho31	0600. 院 Øyã44	0632. 新 ɕiẽ31
0539. 见 tɕiã44	0572. 末 mo31	0601. 铅～笔，注意声调 tɕhiã31	0633. 镇 tʂẽ44
0540. 牵 tɕhiã31	0573. 脱 thuo31		0634. 陈 tʂhẽ24
0541. 显 ɕiã53	0574. 夺 tuo24	0602. 绝 tɕyo24	0635. 震 tʂẽ44
0542. 现 ɕiã44	0575. 阔 khuo31	0603. 雪 ɕyɛ31	0636. 神 ʂẽ24
0543. 烟 Øiã31	0576. 活 xuo24	0604. 反 fã53	0637. 身 ʂẽ31
0544. 憋 piɛ31	0577. 顽～皮，～固 Øuã24	0605. 翻 fã31	0638. 辰 tʂhẽ24
0545. 篾 miɛ53		0606. 饭 fã44	0639. 人 ʐẽ24
0546. 铁 tɕhiɛ31	0578. 滑 xuo24	0607. 晚 Øuã53	0640. 认 ʐẽ44
0547. 捏 ȵiɛ31	0579. 挖 Øua31	0608. 万麻将牌 Øuã44	0641. 紧 tɕiẽ53
0548. 节 tiɛ31	0580. 闩 ʃuã44	0609. 劝 tɕyã44	0642. 银 Øiẽ24
0549. 切动 tɕhiɛ31	0581. 关～门 kuã31	0610. 原 Øyã24	0643. 印 Øiẽ44
0550. 截 thiɛ24	0582. 惯 kuã44	0611. 冤 Øyã31	0644. 引 Øiẽ53
0551. 结 tɕiɛ31	0583. 还动 xuã24	0612. 园 Øyã24	0645. 笔 pi31
0552. 搬 pã31	0584. 还副 xã24	0613. 远 Øyã53	0646. 匹 phi53
0553. 半 pã44	0585. 弯 Øuã31	0614. 发头～ fa31	0647. 密 mi31
0554. 判 phã44	0586. 刷 ʃua31	0615. 罚 fa24	0648. 栗 li31
0555. 盘 phã24	0587. 刮 kua31	0616. 袜 Øua31	0649. 七 tɕhi31
0556. 满 mã53	0588. 全 tɕhyã24	0617. 月 Øyɛ31	0650. 侄 tʂʅ24
0557. 端～午 tuã31	0589. 选 ɕyã53	0618. 越 Øyɛ31	0651. 虱 ʂʅ31
0558. 短 tuã53	0590. 转～眼，～送 tʃuɛ53	0619. 县 ɕiã44	0652. 实 ʂʅ24
0559. 断绳～了 tuã44		0620. 决 tɕyɛ53	0653. 失 ʂʅ31
0560. 暖 luã53	0591. 传～下来 tʃhuã24	0621. 缺 tɕhyɛ31	0654. 日 ʐʅ31
0561. 乱 luã44		0622. 血 ɕiɛ31	0655. 吉 tɕi31
0562. 酸 suã31	0592. 传～记 tʃhuã44	0623. 吞 thəŋ31	0656. 一 Øi31
0563. 算 suã44		0624. 根 kẽ31	0657. 筋 tɕiẽ31
0564. 官 kuã31	0593. 砖 tʃuã31	0625. 恨 xẽ44	0658. 劲有～ tɕiẽ44
0565. 宽 khuã31	0594. 船 ʃuã24	0626. 恩 ŋẽ31	0659. 勤 tɕhiẽ24

0660. 近 tɕhiẽ44
0661. 隐 Øiẽ53
0662. 本 pẽ53
0663. 盆 phẽ24
0664. 门 mẽ24
0665. 墩 tuẽ31
0666. 嫩 luẽ44
0667. 村 tshuẽ31
0668. 寸 tshuẽ44
0669. 蹲 注意声母
　　　 tuẽ31
0670. 孙 ~子 suẽ31
0671. 滚 kuẽ53
0672. 困 khuẽ44
0673. 婚 xuẽ31
0674. 魂 xuẽ24
0675. 温 Øuẽ31
0676. 卒 棋子 tsou24
0677. 骨 ku31
0678. 轮 luẽ24
0679. 俊 注意声母
　　　 tsuẽ44
0680. 笋 suẽ53
0681. 准 tʃuẽ53
0682. 春 tʃhuẽ31
0683. 唇 ʃuẽ24
0684. 顺 ʃuẽ44
0685. 纯 tʃhuẽ24
0686. 闰 ʒuẽ44
0687. 均 tɕyẽ31
0688. 匀 Øiẽ24
0689. 律 ly31

0690. 出 tʃhu31
0691. 橘 tɕy31
0692. 分 动 fẽ31
0693. 粉 fẽ53
0694. 粪 fẽ44
0695. 坟 fẽ24
0696. 蚊 Øuẽ24
0697. 问 Øuẽ44
0698. 军 tɕyẽ31
0699. 裙 tɕhyẽ24
0700. 熏 ɕyẽ31
0701. 云 ~彩 Øyẽ24
0702. 运 Øyẽ44
0703. 佛 ~像 fo24
0704. 物 Øuo31
0705. 帮 paŋ31
0706. 忙 maŋ24
0707. 党 taŋ53
0708. 汤 thaŋ31
0709. 糖 thaŋ24
0710. 浪 laŋ44
0711. 仓 tshaŋ31
0712. 钢 kaŋ31
0713. 糠 khaŋ31
0714. 薄 形 pho24
0715. 摸 注意声调
　　　 mo31
0716. 托 thuo53
0717. 落 luo31
0718. 作 tsuo31
0719. 索 suo31
0720. 各 kɤ31

0721. 鹤 xuo31
0722. 恶 形，入声
　　　 ŋɤ31
0723. 娘 ȵiaŋ24
0724. 两 斤~ liaŋ53
0725. 亮 liaŋ44
0726. 浆 tɕiaŋ31
0727. 抢 tɕhiaŋ53
0728. 匠 tɕiaŋ44
0729. 想 ɕiaŋ53
0730. 像 ɕiaŋ44
0731. 张 量 tʂaŋ31
0732. 长 ~短 tʂhaŋ24
0733. 装 tʃuaŋ31
0734. 壮 tʃuaŋ44
0735. 疮 tshuaŋ31
0736. 床 tʃhuaŋ24
0737. 霜 ʃuaŋ31
0738. 章 tʂaŋ31
0739. 厂 tʂhaŋ53
0740. 唱 tʂhaŋ44
0741. 伤 ʂaŋ31
0742. 尝 ʂaŋ24
0743. 上 ~去 ʂaŋ44
0744. 让 ʐaŋ44
0745. 姜 生~ tɕiaŋ31
0746. 响 ɕiaŋ53
0747. 向 ɕiaŋ44
0748. 秧 Øiaŋ31
0749. 痒 Øiaŋ53
0750. 样 Øiaŋ44
0751. 雀 注意声母

　　　 tɕhyo31
0752. 削 suo53
0753. 着 火~了
　　　 tɕhyo24
0754. 勺 ɕyo35
0755. 弱 luo24
0756. 脚 tɕyo31
0757. 约 Øyo31
0758. 药 Øyo31
0759. 光 ~线 kuaŋ31
0760. 慌 xuaŋ31
0761. 黄 xuaŋ24
0762. 郭 kuo31
0763. 霍 xuo31
0764. 方 faŋ31
0765. 放 faŋ44
0766. 纺 faŋ53
0767. 房 faŋ24
0768. 防 faŋ24
0769. 网 Øuaŋ53
0770. 筐 khuaŋ31
0771. 狂 khuaŋ24
0772. 王 Øuaŋ24
0773. 旺 Øuaŋ44
0774. 缚 fu53
0775. 绑 paŋ53
0776. 胖 phaŋ44
0777. 棒 paŋ44
0778. 桩 tʃuaŋ31
0779. 撞 tʃhuaŋ44
0780. 窗 tʃhuaŋ31
0781. 双 ʃuaŋ31

499

0782. 江 tɕiaŋ31
0783. 讲 tɕiaŋ53
0784. 降投～ tɕiaŋ44①
0785. 项 xaŋ44
0786. 剥 po31
0787. 桌 tʃuor53 ～儿
0788. 镯 tʃuo24
0789. 角 tɕyo31
0790. 壳 khɤr53 ～儿
0791. 学 ɕyo24
0792. 握 Øuo31
0793. 朋 phəŋ24
0794. 灯 təŋ31
0795. 等 təŋ53
0796. 凳 təŋ44
0797. 藤 thəŋ24
0798. 能 nəŋ24
0799. 层 tshəŋ24
0800. 僧注意声母 səŋ31
0801. 肯 khẽ53
0802. 北 pei31
0803. 墨 mei24
0804. 得 tei31
0805. 特 thei24
0806. 贼 tsei24
0807. 塞 sei31
0808. 刻 khei31

0809. 黑 xei31
0810. 冰 piəŋ31
0811. 证 tsəŋ44
0812. 秤 tshəŋ31
0813. 绳 ʂəŋ24
0814. 剩 ʂəŋ44
0815. 升 ʂəŋ31
0816. 兴高～ ɕiəŋ31②
0817. 蝇注意声母 Øiəŋ24
0818. 逼 pi31
0819. 力 lei31
0820. 息 ɕi31
0821. 直 tʂʅ24
0822. 侧注意声母 tshei31
0823. 测 tshei31
0824. 色 sei31
0825. 织 tʂʅ31
0826. 食 ʂʅ24
0827. 式 ʂʅ31
0828. 极 tɕi24
0829. 国 kuei31
0830. 或 xuei24
0831. 猛 məŋ53
0832. 打注意韵母 ta53
0833. 冷 ləŋ53
0834. 生 səŋ31
0835. 省～长 səŋ53
0836. 更三～，打～ kəŋ44③
0837. 梗注意韵母 kəŋ53
0838. 坑 khəŋ31
0839. 硬 ȵiəŋ44
0840. 行～为，～走 ɕiəŋ24
0841. 百 pei31
0842. 拍 phei31
0843. 白 pei24
0844. 拆 tshei31
0845. 择 tsei24
0846. 窄 tsei31
0847. 格 kei31
0848. 客 khei31
0849. 额 ŋei31
0850. 棚 phəŋ24
0851. 争 tsəŋ31
0852. 耕 kəŋ31
0853. 麦 mei31
0854. 摘 tsei31
0855. 策 tshei31
0856. 隔 kei31
0857. 兵 piəŋ31
0858. 柄注意声调 piəŋ53
0859. 平 phiəŋ24
0860. 病 piəŋ44
0861. 明 miəŋ24
0862. 命 miəŋ44
0863. 镜 tɕiəŋ44

0864. 庆 tɕhiəŋ44
0865. 迎 Øiəŋ24
0866. 影 Øiəŋ53
0867. 剧戏～ tɕy44
0868. 饼 piəŋ53
0869. 名 miəŋ24
0870. 领 liəŋ53
0871. 井 tiəŋ53
0872. 清 tɕhiəŋ31
0873. 静 tiəŋ44
0874. 姓 ɕiəŋ44
0875. 贞 tsẽ31
0876. 程 tʂhəŋ24
0877. 整 tʂəŋ53
0878. 正～反 tʂəŋ44
0879. 声 ʂəŋ31
0880. 城 tʂhəŋ24
0881. 轻 tɕhiəŋ31
0882. 赢 Øiəŋ24
0883. 积 tɕi31
0884. 惜 ɕi31
0885. 席 ɕi24
0886. 尺 tʂhʅ31
0887. 石 ʂʅ24
0888. 益 Øi31
0889. 瓶 phiəŋ24
0890. 钉名 tiəŋ31
0891. 顶 tiəŋ53
0892. 厅 tɕhiəŋ31
0893. 听～见，注意声调 tɕhiəŋ31

---

① 应为降 [ɕiaŋ24]。
② 应为 [ɕiəŋ44]。
③ 应为 [kəŋ31]。

0894. 停 tɕiəŋ44
0895. 挺 tɕiəŋ53
0896. 定 tiəŋ44
0897. 零 liəŋ24
0898. 青 tɕhiəŋ31
0899. 星 ɕiəŋ31
0900. 经 tɕiəŋ31
0901. 形 ɕiəŋ24
0902. 壁 pi31
0903. 劈 phi53
0904. 踢 tɕhi31
0905. 笛 tɕi24
0906. 历农~ li24
0907. 锡 ɕi31
0908. 击 tɕi31
0909. 吃 tʂɿ31
0910. 横 xuəŋ44
0911. 划计~ xua44
0912. 兄 ɕyəŋ31
0913. 荣 Øyəŋ24
0914. 永 Øyəŋ53
0915. 营 Øiəŋ24
0916. 蓬~松 phəŋ24
0917. 东 tuəŋ31
0918. 懂 tuəŋ53
0919. 冻 tuəŋ44
0920. 通 thuəŋ31
0921. 桶 注意声调 thuəŋ53
0922. 痛 thuəŋ44

0923. 铜 thuəŋ24
0924. 动 tuəŋ44
0925. 洞 tuəŋ44
0926. 聋 注意声调 nəŋ24
0927. 弄 注意声母 luəŋ44
0928. 粽 tsuəŋ31
0929. 葱 tshəŋ31
0930. 送 suəŋ44
0931. 公 kuəŋ31
0932. 孔 khuəŋ53
0933. 烘~干 xuəŋ31
0934. 红 xuəŋ24
0935. 翁 Øuəŋ31
0936. 木 mu31
0937. 读 tou24
0938. 鹿 lou31
0939. 族 tsou24
0940. 谷稻~ ku31
0941. 哭 fu31（白）/ khu31（文）
0942. 屋 Øu31
0943. 冬~至 tuəŋ31
0944. 统 注意声调 thuəŋ53
0945. 脓 注意声母 nəŋ24
0946. 松~紧 suəŋ31
0947. 宋 suəŋ44

0948. 毒 tou24
0949. 风 fəŋ31
0950. 丰 fəŋ31
0951. 凤 fəŋ44
0952. 梦 məŋ44
0953. 中当~ tʃuəŋ31
0954. 虫 tʃhuəŋ24
0955. 终 tʃuəŋ31
0956. 充 tʃhuəŋ53
0957. 宫 kuəŋ31
0958. 穷 tɕhyəŋ24
0959. 熊 注意声母 ɕyəŋ24
0960. 雄 注意声母 ɕyəŋ24
0961. 福 fu31
0962. 服 fu24
0963. 目 mu31
0964. 六 liou31
0965. 宿住~，~舍 ɕy31
0966. 竹 tsou31
0967. 畜~生 tshou31
0968. 缩 suo31
0969. 粥 tsou31
0970. 叔 sou53
0971. 熟 sou24
0972. 肉 zou44
0973. 菊 tɕy31
0974. 育 Øy44

0975. 封 fəŋ31
0976. 蜂 fəŋ31
0977. 缝一条~ fəŋ44
0978. 浓 nəŋ24
0979. 龙 luəŋ24
0980. 松~树，注意声调 suəŋ31
0981. 重轻~ tʃuəŋ44
0982. 肿 tʃuəŋ31
0983. 种~树 tʃuəŋ53
0984. 冲 tʃhuəŋ31
0985. 恭 kuəŋ31
0986. 共 kuəŋ44
0987. 凶吉~ ɕyəŋ31
0988. 拥 注意声调 Øyəŋ31
0989. 容 Øyəŋ24
0990. 用 Øyəŋ44
0991. 绿 liou31
0992. 足 tɕy31
0993. 烛 tsou31
0994. 赎 sou24
0995. 属 sou24
0996. 褥 zou31
0997. 曲~折，歌~ tɕhy31
0998. 局 tɕhy24
0999. 玉 Øy31
1000. 浴 Øy31

第三章 词 汇

第一节 规定词汇

一、天文、地理

（一）天文

0001. 太阳~下山了　日头 Øər53thou0
0002. 月亮~出来了　月亮爷 Øyɛ53liaŋ0iɛ44/月亮 Øyɛ53liaŋ0
0003. 星星　星星 ɕiəŋ53ɕiəŋ0
0004. 云　云 Øyẽ24
0005. 风　风 fəŋ31
0006. 台风　台风 thæ24fəŋ31
0007. 闪电名词　闪电 ʂã53tiã44
0008. 雷　雷 luei24
0009. 雨　雨 Øy53
0010. 下雨　下雨 ɕia44Øy53
0011. 淋衣服被雨~湿了　淋 liẽ24/着水了 tʃhuo24ʃuei0ɕi0
0012. 晒~粮食　晒 sæ44
0013. 雪　雪 ɕyɛ31
0014. 冰　冰 piəŋ31
0015. 冰雹　冷子 ləŋ53tsɿ0/冰雹 piəŋ24po0
0016. 霜　霜 ʃuaŋ31
0017. 雾　雾 Øu44
0018. 露　露水 lou44ʃuei0
0019. 虹统称　虹 xuəŋ24/tiaŋ44
0020. 日食　日食 Øɛ53ʂɿ0/天狗吃日头 thiã31kou53tʂhɿ31Øər53thou0
0021. 月食　天狗吃月亮 thiã31kou53tʂhɿ31Øyɛ53liaŋ0/月食 Øyɛ53ʂɿ0
0022. 天气　天气 thiã31tɕhi44
0023. 晴天~　晴 tɕhiəŋ24
0024. 阴天~　阴 ȵiẽ31
0025. 旱天~　旱 xã44/干 kã31
0026. 涝天~　涝 lɔ44
0027. 天亮　天明咧 thiã31miəŋ24liɛ0/天亮 thiã31liaŋ44

（二）地貌

0028. 水田　无
0029. 旱地浇不上水的耕地　旱地 xã44ti44
0030. 田埂　田干 thiã24kã31
0031. 路野外的　路 lou44/小路 ɕiɔ53lou44
0032. 山　山 sã31
0033. 山谷　山沟 sã24kou31

0034. 江大的河　湖 xu24

0035. 溪小的河　水湖 ʃuei53xu24

0036. 水沟儿较小的水道　水沟 ʃuei53kou31

0037. 湖　湖 xu24

0038. 池塘　涝池 lɔ53tʂʅ0

0039. 水坑儿地面上有积水的小洼儿　水坑 ʃuei53khəŋ31

0040. 洪水　洪水 xuəŋ44ʃuei53

0041. 淹被水～了　淹 ȵiã31

0042. 河岸　河边 xuo24piã31/河岸 xuo24ŋã44

0043. 坝拦河修筑拦水的　坝 pa44

0044. 地震　地震 ti44tʂẽ44

0045. 窟窿小的　窟窿 khu31luəŋ0

0046. 缝儿统称　缝缝儿 fəŋ44fɚ0

（三）物象

0047. 石头统称　石头 ʂʅ24thou53

0048. 土统称　土 thou53

0049. 泥湿的　泥 ȵi24/泥水 ȵi24ʃuei53/稀泥 çi31ȵi24

0050. 水泥旧称　水泥 ʃuei53ȵi24/洋灰 Øiaŋ24xuei31

0051. 沙子　沙子 sa53tsʅ0

0052. 砖整块的　灰砖 xuei24tʃuã31

0053. 瓦整块的　灰瓦 xuei31Øua53

0054. 煤　炭 thã44

0055. 煤油　煤油 mei24Øiou24

0056. 炭木炭　木炭 mu31thã44/柴炭 tshæ24thã53

0057. 灰烧成的　灰 xuei31

0058. 灰尘桌面上的　尘土 tʂhẽ24thou53

0059. 火　火 xuo53

0060. 烟烧火形成的　烟 Øiã31

0061. 失火　着火 tɕhyo24xuo53

0062. 水　水 ʃuei53

0063. 凉水　凉水 liaŋ24ʃuei53/冰水 piəŋ31ʃuei53

0064. 热水如洗脸的热水，不是指喝的开水　热水 zɚ31ʃuei53/温水 Øuẽ31ʃuei53

0065. 开水喝的　煎水 tiã31ʃuei53/开水 khæ31ʃuei53

0066. 磁铁　吸铁石 çi31thiɛ31ʂʅ24

二、时间、方位

（一）时间

0067. 时候吃饭的～　时候 sʅ24xou53/时 sʅ24

0068. 什么时候　啥时候 sa44sʅ24xou53

0069. 现在　现在 çiã44tsæ44/壬给 zẽ44kei0

0070. 以前十年～　老早 lɔ31tsɔ53

0071. 以后十年～　斜干儿 çiɛ24kãr0/以后 Øi31xou44

0072. 一辈子　一道滚 Øi31tɕ44kuẽ53/一辈子 Øi31pei44tsʅ0

0073. 今年　今年 tɕiẽ31ȵiã24

0074. 明年　明年 miəŋ24ȵiã24

0075. 后年　后年 xou44ȵiã24

0076. 去年　年时 ȵiã24sʅ53

0077. 前年　前年 tɕhiã24ȵiã53

0078. 往年过去的年份　往年 Øuaŋ53ȵiã24

0079. 年初　年初 ȵiã24tshou31

0080. 年底 年底 ȵiã24ti53

0081. 今天 今儿 tɕiẽr31

0082. 明天 明儿 miə̃r24

0083. 后天 后儿 xour53/后天 xou44thiã31

0084. 大后天 外后天 Øuæ44xou44thiã31

0085. 昨天 夜来 Øiɛ24læ53

0086. 前天 前天 tɕhiã24thiã53/前日 tɕhiã24Øər31

0087. 大前天 上前日 ʂaŋ44tɕhiã24Øər31

0088. 整天 全天 tshuã24thiã31

0089. 每天 成天日 tʂhəŋ24thiã53Øər31

0090. 早晨 早起 tsɔ53tɕhi0/早上 tsɔ53ʂaŋ0

0091. 上午 晌乎 ʂaŋ31xu0

0092. 中午 无

0093. 下午 后夜 xou44Øiɛ44/后晌 xou44ʂaŋ31

0094. 傍晚 擦黑儿 tsha24xeir53/麻次眼 ma24tsʅ53ȵiã0

0095. 白天 白儿 peir24/白天 pei24thiã53

0096. 夜晚与白天相对，统称 黑了 xei31lɤ0/晚上 Øuã53ʂaŋ0

0097. 半夜 半晚晞 pã44Øuã53ɕi31/半夜 pã44Øiɛ44

0098. 正月农历 正月 tʂəŋ31Øyɛ31

0099. 大年初一农历 大年初一 ta44ȵiã24tshou24Øi31

0100. 元宵节 正月十五 tʂəŋ31Øyɛ31ʂʅ24Øu53

0101. 清明 清明 tɕhiəŋ53miəŋ0/清明节 tɕhiəŋ53miəŋ24tiɛ31

0102. 端午 端午 tuã31Øu0/端午节 tuã31Øu24tiɛ31

0103. 七月十五农历，节日名 无

0104. 中秋 八月十五 pa31Øyɛ31ʂʅ24Øu53/中秋节 tʃuəŋ24tɕhiou24tiɛ31

0105. 冬至 冬至 tuəŋ31tsʅ44

0106. 腊月农历十二月 腊月 la31Øyɛ31

0107. 除夕农历 过年 kuo44ȵiã24

0108. 历书 历书 li24ʃu31/黄历 xuaŋ24li24/历头 li24thou0

0109. 阴历 农历 luəŋ24li0/阴历 ȵiẽ31li0

0110. 阳历 阳历 Øiaŋ24li0

0111. 星期天 星期天 ɕiəŋ53tɕhi24thiã31/礼拜日 li53pæ24Øər31/礼拜天 li53pæ24thiã31

（二）方位

0112. 地方 地方 ti44faŋ0

0113. 什么地方 啥地方 sa44ti44faŋ0

0114. 家里 屋里 Øu53li0

0115. 城里 城里 tʂhəŋ24li0

0116. 乡下 乡下 ɕiaŋ31ɕia44

0117. 上面从～滚下来 上岸 ʂaŋ44ŋã0/上头 ʂaŋ44thou0

0118. 下面从～爬上去 下岸 ɕia44ŋã0/下头 xa44thou0

0119. 左边 左帮个儿 tsuo44paŋ0kɤr0

0120. 右边 右帮个儿 Øiou44paŋ0kɤr0

0121. 中间排队排在～ 中间 tʃuəŋ24tɕi31

0122. 前面排队排在～　前岸儿
　　　 tɕhiã24ŋãr53／头里 thou24li53／
　　　 前头 tɕhiã24thou53

0123. 后面排队排在～　后岸儿
　　　 xou44ŋãr0／后头 xou44thou0／
　　　 后弯 xou44Øuã31

0124. 末尾排队排在～　后岸 xou44ŋã0

0125. 对面　对岸儿 tuei44Øãr53

0126. 面前　跟前 kẽ53tɕhiã0

0127. 背后　脊背后岸
　　　 ti53pæ0xou44ŋã0

0128. 里面躲在～　里岸儿 li53ŋãr0／
　　　 里头 li53thou0

0129. 外面衣服晒在～　外头
　　　 Øuæ44thou0／外岸 Øuæ44ŋã0

0130. 旁边　跟前 kẽ53tɕhiã0

0131. 上碗在桌子～　上岸儿 ʂaŋ44ŋãr0

0132. 下凳子在桌子～　下岸儿 xa44ŋãr0

0133. 边儿桌子的～　边边儿 piã53piãr0

0134. 角儿桌子的～　角角儿
　　　 tɕyo53tɕyor0

0135. 上去他～了　上去 ʂaŋ44tɕhy0

0136. 下来他～了　下来 xa44læ0

0137. 进去他～了　进去 tiẽ44tɕhy0

0138. 出来他～了　出来 tʃhu53læ0

0139. 出去他～了　出去 tʃhu53tɕhy0

0140. 回来他～了　回来 xuei24læ53

0141. 起来天冷～了　起来 tɕhi53læ0

三、植物

（一）一般植物

0142. 树　树 ʃu44

0143. 木头　木头 mu53thou0
0144. 松树统称　松树 suəŋ53ʃu0
0145. 柏树统称　柏树 pei53ʃu0
0146. 杉树　无
0147. 柳树　柳树 liou53ʃu0
0148. 竹子统称　竹子 tsou53tsʐ0
0149. 笋　笋 suẽ53
0150. 叶子　叶叶 Øiɛ53Øiɛ0
0151. 花　花 xua31
0152. 花蕾花骨朵儿　花骨朵
　　　 xua31ku53tou0
0153. 梅花　梅花儿 mei24xuar53
0154. 牡丹　牡丹 mu53tã31
0155. 荷花　荷花儿 xuo24xuar53
0156. 草　草 tshɔ53
0157. 藤　瓜蔓蔓 kua31Øuã44Øuã0
0158. 刺名词　刺 tshʐ44
0159. 水果　果馍 kuo53mo0
0160. 苹果　苹果 piəŋ24kuo0
0161. 桃子　毛桃 mɔ24thɔ24
0162. 梨　梨 li24
0163. 李子　梅李 mei24li53
0164. 杏　杏 xəŋ44
0165. 橘子　橘子 tɕy31tsʐ0
0166. 柚子　柚子 Øiou44tsʐ0
0167. 柿子　柿子 sʐ44tsʐ0
0168. 石榴　石榴 sʐ24liou53
0169. 枣　枣儿 tsɔr53
0170. 栗子　栗子 li31tsʐ0
0171. 核桃　核桃 xɯ24thɔ53
0172. 银杏白果　无
0173. 甘蔗　甘蔗 kã31tʂɤ24
0174. 木耳　木耳 mu31Øɚr0

0175. 蘑菇野生的　蘑菇 mɤ24ku31
0176. 香菇　当菇 taŋ44ku31

（二）农作物

0177. 稻指植物　无
0178. 稻谷指籽实（脱粒后是大米）　无
0179. 稻草脱粒后的　无
0180. 大麦指植物　大麦 ta44mei31
0181. 小麦指植物　麦 mei31
0182. 麦秸脱粒后的　麦秸 mei53tɕiã0
0183. 谷子指植物（籽实脱粒后是小米）
　　　谷 ku31
0184. 高粱指植物　稻黍 thɔ53sou0
0185. 玉米指成株的植物　御麦 Øy44mei31
0186. 棉花指植物　棉花 miã24xua53
0187. 油菜油料作物，不是蔬菜　菜籽儿 tshæ44tsʅ53
0188. 芝麻　芝麻 tsʅ53ma0
0189. 向日葵指植物　葵花 khuei24xua31／向日葵 ɕiaŋ53Øər31khuei24
0190. 蚕豆　蚕豆 tshã24tou53
0191. 豌豆　豌豆 Øuã53tou0
0192. 花生指果实，注意婉称　花生 xua24səŋ53
0193. 黄豆　豆子 tou44tsʅ0
0194. 绿豆　绿豆 liou53tou0
0195. 豇豆长条形的　豇豆 tɕiaŋ53tou0
0196. 大白菜东北～　白菜 pei24tshæ53
0197. 包心菜卷心菜，圆白菜，球形的　包包白 pɔ53pɔ0phei24
0198. 菠菜　菠菜 po53tshæ0

0199. 芹菜　芹菜 tɕiẽ24tshæ53
0200. 莴笋　莴笋 Øuo31suẽ0
0201. 韭菜　韭菜 tɕiou53tshæ0
0202. 香菜芫荽　芫荽 Øiã24ɕy53
0203. 葱　葱 tshuəŋ31
0204. 蒜　蒜 suã44
0205. 姜　生姜 səŋ31tɕiaŋ31
0206. 洋葱　洋葱 Øiaŋ24tshuəŋ31
0207. 辣椒统称　辣子 la31tsʅ0
0208. 茄子统称　茄子 tɕhiɛ24tsʅ53
0209. 西红柿　洋柿子 Øiaŋ24sʅ44tsʅ0
0210. 萝卜统称　萝卜 luo24pho53
0211. 胡萝卜　红萝卜 xuəŋ24luo24pho53
0212. 黄瓜　黄瓜 xuaŋ24kua53
0213. 丝瓜无棱的　丝瓜 sʅ31kua31
0214. 南瓜扁圆形或梨形，成熟时呈赤褐色
　　　南瓜 nã24kua53
0215. 荸荠　无
0216. 红薯统称　红芋 xuəŋ24Øy44
0217. 马铃薯　洋芋 Øiaŋ24Øy44／土豆 thu53tou44
0218. 芋头　无
0219. 山药圆柱形的　山药 sã24Øyo31
0220. 藕　莲菜 liã24tshæ53

四、动物

（一）一般动物

0221. 老虎　老虎 lɔ31xu31
0222. 猴子　猴 xou24
0223. 蛇统称　长虫 tʂaŋ24tʃhuəŋ53／蛇 tʂha44
0224. 老鼠家里的　老鼠 lɔ31ʃu31

0225. 蝙蝠　夜蝙虎 Øiɛ44piã31xu0

0226. 鸟儿飞鸟，统称　雀儿 tɕhyor53

0227. 麻雀　雀儿 tɕhyor53

0228. 喜鹊　嘎鸱 kaŋ53Øua0

0229. 乌鸦　黑老鸱 xei31lɔ53Øua31

0230. 鸽子　鹁鸽儿 phu24kɔr53

0231. 翅膀鸟的，统称　翅膀 tshŋ44paŋ0

0232. 爪子鸟的，统称　爪爪 tsɔ53tsɔ0

0233. 尾巴　尾巴 Øi53pa0

0234. 窝鸟的　窝 Øuo31

0235. 虫子统称　虫 tʃhuəŋ24

0236. 蝴蝶统称　蛾儿 ŋɤr24

0237. 蜻蜓统称　蜻蜻 tɕhiəŋ53tɕhiəŋ0

0238. 蜜蜂　蜂 fəŋ31

0239. 蜂蜜　糖 thaŋ24/蜂糖 fəŋ53thaŋ0

0240. 知了统称　知道 tʂŋ53tɔ0

0241. 蚂蚁　虮蚂蜂 phi24ma53fəŋ31

0242. 蚯蚓　锤石 tʃhuei24ʂŋ24

0243. 蚕　姑娘 ku53ȵiaŋ0

0244. 蜘蛛会结网的　蛛蛛 tʃu53tʃu0

0245. 蚊子统称　蚊子 Øuẽ24tsŋ53

0246. 苍蝇统称　蝇子 Øiəŋ24tsŋ53

0247. 跳蚤咬人的　虼蚤 kɯ31tsɔ31

0248. 虱子　虱 sei31

0249. 鱼　鱼 Øy24

0250. 鲤鱼　鲤鱼 li53Øy24

0251. 鳙鱼胖头鱼　鳅鱼 tɕhiou31Øy24

0252. 鲫鱼　鲫鱼 ti31Øy24

0253. 甲鱼　鳖 piɛ31

0254. 鳞鱼的　鳞 liẽ24

0255. 虾统称　虾 ɕia31

0256. 螃蟹统称　螃蟹 phaŋ24xæ53

0257. 青蛙统称　疥狗娃 tɕiɛ44kou0Øua24

0258. 癞蛤蟆表皮多疙瘩　疥肚子 tɕiɛ44tou0tsŋ0

（二）家畜、家禽

0259. 马　马 ma53

0260. 驴　驴 ly24/叫驴 tɕiɔ44ly24

0261. 骡　骡子 luo24tsŋ53

0262. 牛　牛 ȵiou24

0263. 公牛统称　犍牛 tɕiã31ȵiou24

0264. 母牛统称　乳牛 ʐu53ȵiou24

0265. 放牛　放牛 faŋ44ȵiou24

0266. 羊　羊 Øiaŋ24

0267. 猪　猪 tʃu31

0268. 种猪配种用的公猪　捉猪娃 tʃuo31tʃu53Øua0

0269. 公猪成年的，已阉的　猪 tʃu31

0270. 母猪成年的，未阉的　猳 tsha24

0271. 猪崽　猪娃 tʃu53Øua0

0272. 猪圈　猪圈 tʃu31tɕhyã44

0273. 养猪　育猪 Øy44tʃu31

0274. 猫　猫 mɔ24

0275. 公猫　郎猫 laŋ24mɔ24

0276. 母猫　狸狸猫 li24li0mɔ24

0277. 狗统称　狗 kou53

0278. 公狗　狗 kou53

0279. 母狗　草狗 tshɔ31kou0

0280. 叫狗～　咬 ȵiɔ53

0281. 兔子　兔 thou44

0282. 鸡　鸡 tɕi31

0283. 公鸡成年的，未阉的　公鸡 kuəŋ31tɕi31

0284. 母鸡已下过蛋的　母鸡 mu53tɕi31

0285. 叫公鸡~（打鸣儿）
叫鸣 tɕiẽ44miəŋ24

0286. 下鸡~蛋 下 ɕia44

0287. 孵~小鸡 菢 phu53

0288. 鸭 鸭子 ȵia53tsɿ0

0289. 鹅 鹅 ŋɤ24

0290. 阉~公的猪 择 tshæ24/骟 ʂã44

0291. 阉~母的猪 择 tshæ24/骟 ʂã44

0292. 阉~鸡 无

0293. 喂~猪 育 ȵy44

0294. 杀猪统称，注意婉称 杀猪 sa24tʃu31

0295. 杀~鱼 杀 sa31

五、房舍、器具

（一）房舍

0296. 村庄一个~ 村里 tshuẽ53li0

0297. 胡同统称：一条~ 无

0298. 街道 街道 tɕiɛ31tɔ44

0299. 盖房子 盖房 kæ44faŋ24

0300. 房子整座的，不包括院子 屋里 ȵu53li0

0301. 屋子房子里分隔而成的，统称 房子 faŋ24tsɿ53

0302. 卧室 房子 faŋ24tsɿ53

0303. 茅屋茅草等盖的 无

0304. 厨房 屋里 ȵu53li0

0305. 灶统称 锅头 kuo53thou0

0306. 锅统称 锅 kuo31

0307. 饭锅煮饭的 锅 kuo31

0308. 菜锅炒菜的 炒瓢 tshɔ53phiɔ24

0309. 厕所旧式的，统称 茅子 mɔ24tsɿ53/后院 xou44ȵyã0

0310. 檩左右方向的 檩条儿 liẽ53tɕhiɔr24

0311. 柱子 柱子 tʃu44tsɿ0

0312. 大门 大门 ta44mẽ24/头门 thou24mẽ24

0313. 门槛儿 门槛儿 mẽ24khãr53

0314. 窗旧式的 窗子 tʃhuaŋ53tsɿ0

0315. 梯子可移动的 梯子 tɕhi53tsɿ0

0316. 扫帚统称 笤子 tɕhiɔ24tsɿ53

0317. 扫地 扫院 sɔ53ȵyã44

0318. 垃圾 脏□ tsaŋ31fa31

（二）家具

0319. 家具统称 家具 tɕia31tɕy44

0320. 东西我的~ 东西 tuəŋ53ɕi0

0321. 炕土、砖砌的，睡觉用 炕 khaŋ44

0322. 床木质的，睡觉用 床 tʃhuaŋ24

0323. 枕头 枕头 tsẽ53thou0

0324. 被子 被儿 piər53

0325. 棉絮 棉花 miã24xua53

0326. 床单 单子 tã53tsɿ0

0327. 褥子 褥子 zou53tsɿ0

0328. 席子 席 ɕi24

0329. 蚊帐 蚊帐 ȵuẽ24tʃaŋ44

0330. 桌子统称 桌子 tʃuo53tsɿ0

0331. 柜子统称 柜 kuei44/柜子 kuei44tsɿ0

0332. 抽屉桌的 抽屉 tʃhou53tɕhi0

0333. 案子长条形的 香案 ɕiaŋ53ŋã0

0334. 椅子统称 椅子 ȵi53tsɿ0

0335. 凳子统称 板凳 pã53təŋ0

0336. 马桶有盖的 无

（三）用具

0337. 菜刀　切面刀 tɕhiɛ31miã44tɔ31／
匝刀 tsa53tɔ0

0338. 瓢舀水的　勺 ɕyo24

0339. 缸　瓮 Øuəŋ44

0340. 坛子装酒的～　坛坛 thã24thã53

0341. 瓶子装酒的～　瓶 phiəŋ24

0342. 盖子杯子的～　盖儿 kær53

0343. 碗统称　碗 Øuã53

0344. 筷子　筷子 khuæ44tsʅ0

0345. 汤匙　勺勺儿 ɕyo24ɕyor53

0346. 柴火统称　柴 tshæ24

0347. 火柴　洋火 Øiaŋ24xuo53

0348. 锁　锁子 suo53tsʅ0

0349. 钥匙　钥匙 Øyo53sʅ0

0350. 暖水瓶　电壶 tiã44xu24

0351. 脸盆　脸盆儿 liã53phɚ0

0352. 洗脸水　洗脸水 ɕi31liã53ʃuei53

0353. 毛巾洗脸用　手巾 ʂou53tɕiẽ31

0354. 手绢　手帕 ʂou53pha0

0355. 肥皂洗衣服用　洋碱 Øiaŋ24tɕiã53

0356. 梳子旧式的，不是篦子　木梳
mu53sou0

0357. 缝衣针　针 tʂẽ31

0358. 剪子　剪子 tiã53tsʅ0

0359. 蜡烛　蜡 la31

0360. 手电筒　手电 ʂou53tiã44

0361. 雨伞挡雨的，统称　伞 sã53

0362. 自行车　自行车儿
tsʅ44ɕiəŋ24tʂɤr53

六、服饰、饮食

（一）服饰

0363. 衣服统称　衣服 Øi53fu0

0364. 穿～衣服　穿 tʃhuã31

0365. 脱～衣服　脱 thuo31

0366. 系～鞋带　绑 paŋ53

0367. 衬衫　衬衫 tshẽ44sã31

0368. 背心带两条杠的，内衣　背心儿
pei44ɕiẽr31

0369. 毛衣　毛衣 mɔ24Øi53

0370. 棉衣　棉袄儿 miã24ŋɔr53

0371. 袖子　袖子 ɕiou44tsʅ0

0372. 口袋衣服上的　祫祫 tsha53tsha0

0373. 裤子　裤儿 khur53

0374. 短裤外穿的　半截裤儿
pã44tɕiɛ31khur53

0375. 裤腿　裤儿腿 khur53thuei53

0376. 帽子统称　帽子 mɔ44tsʅ0

0377. 鞋子　鞋 xæ24

0378. 袜子　袜子 Øua53tsʅ0

0379. 围巾　围巾儿 Øuei24tɕiẽr53

0380. 围裙　围裙 Øuei24tɕhyẽ53

0381. 尿布　褯子 tɕiɛ44tsʅ0

0382. 扣子　纽子 ȵiou53tsʅ0

0383. 扣～扣子　扣儿 khour53

0384. 戒指　戒指 tɕiɛ44tsʅ31

0385. 手镯　镯 tʃhuo24

0386. 理发　剃头 tɕhi24thou24

0387. 梳头　梳头 sou31thou24

（二）饮食

0388. 米饭　米饭 mi53fã44

0389. 稀饭用米熬的，统称　米汤 mi53thaŋ31

0390. 面粉麦子磨的，统称　面 miã44

0391. 面条统称　面 miã44

0392. 面儿玉米～，辣椒～　面 miã44

0393. 馒头无馅儿的，统称　蒸馍 tʂəŋ53mo0

0394. 包子　包子 pɔ53tsɿ0

0395. 饺子　饺子 tɕiɔ53tsɿ0／角角儿 tɕyo53tɕyor0／煮馍 tsɿ53mo0

0396. 馄饨　馄饨 xuẽ24tuẽ53

0397. 馅儿　馅儿 ɕyãr53

0398. 油条长条形的，旧称　油条 Øiou24tɕhiɔ24

0399. 豆浆　豆浆 tou44tiaŋ31

0400. 豆腐脑儿　豆腐脑儿 tou44fu0nɔr53

0401. 元宵食品　元宵 Øyã24ɕiɔ31

0402. 粽子　粽子 tsuəŋ53tsɿ0

0403. 年糕用黏性大的米或米粉做的　年糕 ȵiã24kɔ31

0404. 点心统称　点心 tiã53ɕiẽ31

0405. 菜吃饭时吃的，统称　菜 tshæ44

0406. 干菜统称　干菜 khã31tshæ44

0407. 豆腐　豆腐 tou44fu0

0408. 猪血当菜的　血巴巴 ɕiɛ24pa53pa0

0409. 猪蹄当菜的　猪蹄子 tʃu31thi24tsɿ53

0410. 猪舌头当菜的，注意婉称　猪舌头 tʃu31ʂɤ24thou53

0411. 猪肝当菜的，注意婉称　猪肝儿 tʃu24kãr53

0412. 下水猪、牛、羊的内脏　下水 ɕia44ʃuei31

0413. 鸡蛋　鸡蛋 tɕi53tã0

0414. 松花蛋　松花蛋 suŋ31xua31tã44

0415. 猪油　猪油 tʃu31Øiou24

0416. 香油　香油 ɕiaŋ31Øiou24

0417. 酱油　酱油 tiaŋ44Øiou24

0418. 盐名词　盐 Øiã24

0419. 醋注意婉称　醋 tshou44

0420. 香烟　烟 Øiã31／纸烟 tsɿ53Øiã31

0421. 旱烟　旱烟 xã44Øiã31

0422. 白酒　酒 tiou53

0423. 黄酒　黄酒 xuaŋ24tiou53

0424. 江米酒酒酿，醪糟　醪糟 lɔ24tsɔ53

0425. 茶叶　茶叶 tsha24Øiɛ53

0426. 沏～茶　泼 pho31

0427. 冰棍儿　冰棍儿 piəŋ31kuẽr53

0428. 做饭统称　做饭 tsou44fã44

0429. 炒菜统称，和做饭相对　炒菜 tshɔ53tshæ44

0430. 煮～带壳的鸡蛋　煮 tʃu53

0431. 煎～鸡蛋　煎 tiã31

0432. 炸～油条　炸 tsha24

0433. 蒸～鱼　蒸 tʂəŋ31

0434. 揉～面做馒头等　揉 ʐou24

0435. 擀～面，～皮儿　擀 kã53

0436. 吃早饭　吃早上饭 tʂhɿ31tsɔ53ʂaŋ0fã44

0437. 吃午饭　吃晌乎饭 tʂhɿ24tʂaŋ31xu0fã44

0438. 吃晚饭　喝汤 xuo24thaŋ31

0439. 吃～饭　吃 tʂhɿ31

0440. 喝～酒　喝 xuo31

0441. 喝～茶　喝 xuo31

0442. 抽～烟　吸 ɕi31／吃 tʂhɿ31／

抽 tʂhou31

0443. 盛～饭　盛饭 ʂəŋ24fã44

0444. 夹用筷子～菜　夹 tɕia31/
抄 tshɔ31

0445. 斟～酒　倒 tɔ44

0446. 渴口～　渴 khɤ31

0447. 饿肚子～　饥 tɕi31

0448. 噎吃饭～着了　噎 Øiɛ31

七、身体、医疗

(一) 身体

0449. 头人的，统称　颡 sa24

0450. 头发　头发 thou24fa53

0451. 辫子　辫子 piã44tsɿ0

0452. 旋　□ Øyẽ44

0453. 额头　额颅 ŋæ53lou0

0454. 相貌　模样 mo24Øiaŋ53

0455. 脸洗～　脸 liã53

0456. 眼睛　眼窝 ȵiã53Øuo31

0457. 眼珠统称　眼珠子 ȵiã53tʃu53tsɿ0

0458. 眼泪哭的时候流出来的　眼泪
ȵiã53luei0

0459. 眉毛　眼眉 ȵiã53mi24

0460. 耳朵　耳朵 Øər53tuo0

0461. 鼻子　鼻子 phi24tsɿ53

0462. 鼻涕统称　鼻 phi24

0463. 擤～鼻涕　擤 ɕiəŋ53

0464. 嘴巴人的，统称　口 khou53

0465. 嘴唇　嘴唇儿 tsuei53ʃuẽr24

0466. 口水～流出来　涎水 xã31ʃuei0

0467. 舌头　舌头 ʂɤ24thou53

0468. 牙齿　牙 ȵia24

0469. 下巴　下巴 xa44pa0

0470. 胡子嘴周围的　胡子 xu24tsɿ53

0471. 脖子　脖项 pho24xaŋ53

0472. 喉咙　喉 xou24

0473. 肩膀　肩膀 tɕiã31paŋ53

0474. 胳膊　胳膊 kɯ53pho0

0475. 手方言指（打√）：只指手√；包括臂：
他的～摔断了　手 ʂou53

0476. 左手　左手 tsuo44ʂou53

0477. 右手　右手 Øiou44ʂou53

0478. 拳头　锤头 tʃhuei24thou53

0479. 手指　指头 tsɿ53thou0

0480. 大拇指　大拇指 ta44mu53tsɿ0

0481. 食指　食指 ʂɿ24tsɿ0

0482. 中指　中指 tʂuəŋ31tsɿ0

0483. 无名指　无名指
Øu24miəŋ24tsɿ0

0484. 小拇指　小拇指 ɕiɔ53mu53tsɿ0

0485. 指甲　指甲 tsɿ53ȵia0

0486. 腿　腿 thuei53

0487. 脚方言指（打√）：只指脚√；包括小
腿；包括小腿和大腿：他的～轧断了
脚 tɕyo31

0488. 膝盖指部位　膝盖 tɕhi31kæ44

0489. 背名词　脊背 ti53pei0

0490. 肚子腹部　肚子 tou53tsɿ0

0491. 肚脐　脐脐眼儿
phu24tɕiou31ȵiãr53

0492. 乳房女性的　奶头 næ53thou0

0493. 屁股　沟子 kou53tsɿ0

0494. 肛门　肛门 kaŋ53mẽ0

0495. 阴茎成人的　㞗 tɕhiou24

0496. 女阴成人的　屄 phi31

0497. 龠动词　合 ȿʅ31

0498. 精液　精 tiəŋ31/□ suəŋ24

0499. 来月经注意婉称　身上来了 ʂẽ53ʂaŋ0læ24liɔ0

0500. 拉屎　屙 pa53

0501. 撒尿　尿 ȵiɔ44

0502. 放屁　放屁 faŋ44phi44

0503. 相当于"他妈的"的口头禅 他妈的屄 tha31ma24ti0phi31

（二）疾病、医疗

0504. 病了　病了 piəŋ44liɔ0

0505. 着凉　着凉 tɕhyo24liaŋ44/ 凉了 liaŋ24liɔ53

0506. 咳嗽　咳嗽 khɯ53sou0

0507. 发烧　发烧 fa24ʂɔ31

0508. 发抖　颤哩 tʂã44li0/发抖 fa31tou53

0509. 肚子疼　肚子疼 tou44tsʅ0thəŋ24

0510. 拉肚子　拉肚子 la31tou44tsʅ0/ 拉稀哩 la24ɕi53li0/屙稀屎 pa53ɕi31sʅ53

0511. 患疟疾　发摆子 fa31pæ53tsʅ0/ 患疟疾 xuã44ɵyo53ti0

0512. 中暑　中暑 tʂuaŋ31ʃu53/热木了 zʅɤ31mu44liɔ0

0513. 肿　肿啦 tʂuəŋ31la0

0514. 化脓　化脓 xua44nuəŋ24

0515. 疤好了　疤疤 pa53pa0

0516. 癣　癣 ɕiã53

0517. 痣凸起的　痣 tsʅ44/靥子 ɵiã53tsʅ0

0518. 疙瘩蚊子咬后形成的　疙瘩 kɯ53ta0

0519. 狐臭　狐臭 xu24ɕiou53

0520. 看病　看病 khã44piəŋ44

0521. 诊脉　诊脉 tʂẽ24mei31/评脉 phiəŋ24mei31/把脉 pa53mei31

0522. 针灸　针灸 tʂẽ31tɕiou53/扎针 tsa24tʂẽ31

0523. 打针　打针 ta53tʂẽ31

0524. 打吊针　吊药 tiɔ44ɵyo31

0525. 吃药统称　吃药 tʂʅ24ɵyo31/喝药 xuo24ɵyo31

0526. 汤药　汤药 thaŋ310ɵyo31/中药 tʂuaŋ310ɵyo31

0527. 病轻了　病轻了 piəŋ44tɕhiəŋ31liɔ0

八、婚丧、信仰

（一）婚育

0528. 说媒　说媒 ʃuo31mei24/介绍 tɕiɛ53ʂɔ24

0529. 媒人　介绍人 tɕiɛ53ʂɔ24zẽ53

0530. 相亲　见面 tɕiã44miã44

0531. 订婚　订婚 tiəŋ44xuẽ31

0532. 嫁妆　陪嫁 phei24tɕia44/嫁妆 tɕia44tʂuaŋ31

0533. 结婚统称　结婚 tɕiɛ24xuẽ31

0534. 娶妻子男子～，动宾　娶媳妇 tɕhy53ɕi53fu0

0535. 出嫁女子～　起发 tɕhi53fa31/出门 tʃhu31mẽ24

0536. 拜堂　拜堂 pæ44thaŋ24

0537. 新郎　新女婿 ɕiẽ31ȵy53ɕi0

0538. 新娘子　新媳妇 ɕiẽ24ɕi53fu0

0539. 孕妇　怀娃婆娘 xuæ24ɵua44pho24ȵiaŋ53

0540. 怀孕　怀孕 xuæ24ɵiẽ44/怀娃

xuæ24Øua44/有啥啦 Øiou53sa31la0

0541. 害喜妊娠反应 择饭 tsei24fã44

0542. 分娩 生娃 ʂəŋ31Øua44

0543. 流产 小月 ɕiɔ53Øyɛ31

0544. 双胞胎 双生子 ʃuaŋ44ʂəŋ31tsʅ0

0545. 坐月子 坐月 tsuo44Øyɛ31

0546. 吃奶 吃奶 tʂhʅ31næ53

0547. 断奶 摘奶 tsei31næ53

0548. 满月 满月 mã53Øyɛ31

0549. 生日统称 生日 ʂəŋ53Øɚ31

0550. 做寿 好日子 xɔ53Øɚ31tsʅ0/过生日 kuo44ʂəŋ31Øɚ31

（二）丧葬

0551. 死统称 死啦 sʅ31la0

0552. 死婉称，最常用的几种，指老人：他～了 殁啦 mo31la0/不在啦 pu31tsæ44la0

0553. 自杀 自尽 tsʅ44tiẽ44

0554. 咽气 断气啦 tuã44tɕhi44la0/没气啦 mo31tɕhi44la0

0555. 入殓 入殓 ʐu24liã31

0556. 棺材 材 tshæ24

0557. 出殡 埋人 mæ24ʐẽ24

0558. 灵位 牌位 phæ24Øuei53/灵位 liəŋ24Øuei53

0559. 坟墓单个的，老人的 坟 fẽ24

0560. 上坟 上坟 ʂaŋ44fẽ24

0561. 纸钱 烧纸 ʂɔ31tsʅ53

（三）信仰

0562. 老天爷 老天爷 lɔ53thiã31Øiɛ44

0563. 菩萨统称 菩萨 phu24sa53

0564. 观音 观音菩萨 kuã31Øiẽ31phu24sa53

0565. 灶神口头的叫法，其中如有方言亲属称谓要释义 灶火爷 tsɔ44xuo31Øiɛ44

0566. 寺庙 庙 miɔ44

0567. 祠堂 祠堂 tshʅ24thaŋ24

0568. 和尚 和尚 xuo24ʂaŋ53

0569. 尼姑 尼姑 ȵi24ku31

0570. 道士 道士 tɔ44sʅ31

0571. 算命统称 算卦 suã44kua44

0572. 运气 运气 Øyẽ44tɕhi0

0573. 保佑 保佑 pɔ53Øiou44

九、人品、称谓

（一）人品

0574. 人一个～ 人 ʐẽ24

0575. 男人成年的，统称 外头人 Øuæ44thou0ʐẽ24/外岸人 Øuæ44ŋɑ0ʐẽ24/男人 nã24ʐẽ53

0576. 女人三四十岁已婚的，统称 屋里人 Øu53li0ʐẽ24/婆娘 pho24ȵiaŋ53

0577. 单身汉 光棍汉 kuaŋ53kuẽ0xã0

0578. 老姑娘 老女子 lɔ31ȵy53tsʅ0

0579. 婴儿 月娃儿 Øyɛ53Øuar0

0580. 小孩儿三四岁的，统称 碎娃 suei44Øua44

0581. 男孩儿统称：外面有个～在哭 小子娃 ɕiɔ53tsʅ0Øua44/牛牛娃 ȵiou24ȵiou0Øua44

0582. 女孩儿统称：外面有个～在哭 女娃 ȵy53Øua0/女子娃 ȵy53tsʅ0Øua44

0583. 老人七八十岁的，统称 老人

lɔ53ʐə̃24

0584. 亲戚统称　亲亲 tɕhiẽ31tɕhiẽ0

0585. 朋友统称　伙计 xuo53tɕi0/朋友 phəŋ24iou53

0586. 邻居统称　邻家 liẽ24tɕia53

0587. 客人　客 khei31

0588. 农民　庄稼汉 tʃuaŋ53tɕia0xã0

0589. 商人　做生意的 tsou44ʂəŋ53i0ti0

0590. 手艺人统称　手艺人 ʂou53i0ʐə̃24/匠人 tiaŋ44ʐə̃0

0591. 泥水匠　匠人 tiaŋ44ʐə̃0/瓦工 Øua53kuəŋ31/泥水匠 ȵi24ʃuei53tiaŋ0

0592. 木匠　木匠 mu53tiaŋ0/木工 mu31kuəŋ31

0593. 裁缝　裁缝 tshæ24fəŋ53

0594. 理发师　推头的 thuei31thou24ti53

0595. 厨师　厨子 tʃhu24tsɿ53

0596. 师傅　师傅 sɿ53fu0

0597. 徒弟　徒弟 thou24ti53

0598. 乞丐统称，非贬称（无统称则记成年男的）　叫花子 tɕiɔ44xua31tsɿ0/要饭的 Øiɔ44fã44ti0

0599. 妓女　妓女 tɕi44ȵy53/婊子 piɔ53tsɿ0

0600. 流氓　流氓 liou24maŋ24

0601. 贼　贼娃子 tsei24Øua53tsɿ0/绺娃子 liou53Øua0tsɿ0/小偷 ɕiɔ53thou53

0602. 瞎子统称，非贬称（无统称则记成年男的）　瞎子 xa53tsɿ0

0603. 聋子统称，非贬称（无统称则记成年男的）　聋子 nəŋ24tsɿ53

0604. 哑巴统称，非贬称（无统称则记成年男的）　哑巴 ȵia53pa0

0605. 驼子统称，非贬称（无统称则记成年男的）　揹锅子 pei31kuo31tsɿ0

0606. 瘸子统称，非贬称（无统称则记成年男的）　跛子 po53tsɿ0

0607. 疯子统称，非贬称（无统称则记成年男的）　疯子 fəŋ53tsɿ0

0608. 傻子统称，非贬称（无统称则记成年男的）　瓜子 kua53tsɿ0

0609. 笨蛋蠢的人　闷□ mẽ44suəŋ24

（二）称谓

0610. 爷爷呼称，最通用的　爷 Øiɛ44

0611. 奶奶呼称，最通用的　婆 pho24

0612. 外祖父叙称　外爷 Øuei44Øiɛ0

0613. 外祖母叙称　外婆 Øuei44pho0

0614. 父母合称　大人 tuo44ʐə̃0

0615. 父亲叙称　我大 ŋɤ31ta24

0616. 母亲叙称　我妈 ŋɤ31ma24

0617. 爸爸呼称，最通用的　爸 pa44/大 ta24

0618. 妈妈呼称，最通用的　妈 ma24

0619. 继父叙称　后大 xou44ta24

0620. 继母叙称　后妈 xou44ma24

0621. 岳父叙称　丈人 tʂaŋ44ʐə̃0

0622. 岳母叙称　丈母娘 tʂaŋ44mu0ȵiaŋ24

0623. 公公叙称　阿公 Øa53kuəŋ0

0624. 婆婆叙称　阿家 Øa53tɕia0

0625. 伯父呼称，统称　大伯 ta44pei24

0626. 伯母呼称，统称　大娘 ta44ȵiaŋ24

0627. 叔父呼称，统称　大大 ta44ta0

0628. 叔父呼称，排行最小的，如"幺叔"

碎大大 suei44ta44ta0

0629. 叔母呼称，统称　二妈 ɵər44ma24

0630. 姑呼称，统称（无统称则记分称：比父大，比父小；已婚，未婚）　姑 ku53

0631. 姑父呼称，统称　姑父 ku53fu0

0632. 舅舅呼称　舅 tɕiou44

0633. 舅妈呼称　妗子 tɕiɛ̃44tsʅ0

0634. 姨呼称，统称（无统称则记分称：比母大，比母小；已婚，未婚）　姨 ɵi24

0635. 姨父呼称，统称　姨夫 ɵi24fu53

0636. 弟兄合称　弟兄 ti44ɕyəŋ0

0637. 姊妹合称，注明是否可包括男性　姊妹 tsʅ44mei0

0638. 哥哥呼称，统称　哥 kɤ24

0639. 嫂子呼称，统称　嫂 ʂɔ24

0640. 弟弟叙称　兄弟 ɕyəŋ53ti0

0641. 弟媳叙称　兄弟媳妇 ɕyəŋ53ti0ɕi53fu0

0642. 姐姐呼称，统称　姐 tiɛ24

0643. 姐夫呼称　哥 kɤ24

0644. 妹妹叙称　妹子 mei44tsʅ0

0645. 妹夫叙称　妹夫 mei44fu0

0646. 堂兄弟叙称，统称　伯叔兄弟 pei31ʃu0ɕyəŋ53ti0

0647. 表兄弟叙称，统称　表哥表弟 piɔ53kɤ24piɔ53ti44

0648. 妯娌弟兄妻子的合称　先后 ɕiã44xu0

0649. 连襟姊妹丈夫的关系，叙称　一担子 ɵi31tã44tsʅ0

0650. 儿子叙称：我的～　娃 ɵua44

0651. 儿媳妇叙称：我的～　儿媳妇 ɵər24ɕi53fu0

0652. 女儿叙称：我的～　女子 ŋy53tsʅ0

0653. 女婿叙称：我的～　女婿 ŋy53ɕi0

0654. 孙子儿子之子　孙子 suɛ̃53tsʅ0

0655. 重孙子儿子之孙　重孙子 tʃhuəŋ24suɛ̃53tsʅ0

0656. 侄子弟兄之子　侄儿 tʂʅ24ɵər0

0657. 外甥姐妹之子　外甥 ɵuæ44səŋ0

0658. 外孙女儿之子　外孙子 ɵuæ44suɛ̃31tsʅ0

0659. 夫妻合称　两口子 liaŋ31khou0tsʅ0

0660. 丈夫叙称，最通用的，非贬称：她的～　外前人 ɵuæ44tɕhiã0zẽ24/男人 nã24zʅ53/我人 ŋɤ31zʅ24/掌柜的 tʂaŋ53kuei44ti0/老汉 lɔ53xã0/娃他爸 ɵua44tha31pa44

0661. 妻子叙称，最通用的，非贬称：他的～　屋里人 ɵu53li0zẽ24/婆娘 pho24ŋiaŋ53/老婆 lɔ53pho0

0662. 名字　名字 miəŋ24tsʅ53

0663. 绰号　外号儿 ɵuæ44xɔr53

十、农、工、商、文

（一）农业

0664. 干活儿统称：在地里～　做活 tsou44xuo24

0665. 事情一件～　事 sʅ44

0666. 插秧　无

0667. 割稻　无

0668. 种菜　种菜 tʃuəŋ44tshæ44

0669. 犁名词　犁 li24

0670. 锄头　锄 tshou24/锄头 tshou24thou53

0671. 镰刀　镰 liã24

0672. 把儿刀~　把把儿 pa44par0

0673. 扁担　担子 tã44tsʅ0

0674. 箩筐　筐子 khuaŋ53tsʅ0/笼 luəŋ53

0675. 筛子统称　筛子 sæ53tsʅ0

0676. 簸箕农具，有梁的　搓子 tshuo53tsʅ0

0677. 簸箕簸米用　簸箕 po44tɕhi0

0678. 独轮车　地轱辘车 ti44ku31lou24tʂɤ31

0679. 轮子旧式的，如独轮车上的　轱辘 ku53lou0

0680. 碓整体　礓锤 tɕiaŋ53tʃhuei0

0681. 臼　礓窝 tɕiaŋ53Øuo0

0682. 磨名词　磨子 mo44tsʅ0/硙子 Øuei44tsʅ0

0683. 年成　收成 ʂou53tʂhəŋ0

(二) 工商业

0684. 走江湖统称　走江湖 tsou53tɕiaŋ53xu0

0685. 打工　做活 tsou44xuo24

0686. 斧子　斧头 fu53thou0

0687. 钳子　钳子 tɕhiã24tsʅ53

0688. 螺丝刀　起子 tɕhi53tsʅ0

0689. 锤子　锤子 tʃhuei24tsʅ53/锤锤儿 tʃhuei24tʃhueir53

0690. 钉子　钉子 tiəŋ53tsʅ0

0691. 绳子　绳子 ʂəŋ24tsʅ53

0692. 棍子　棍 kuẽ44

0693. 做买卖　做生意 tsou44səŋ53Øi0/谋事儿 mu24sʅər53

0694. 商店　商店 ʂaŋ31tiã44

0695. 饭馆　饭馆儿 fã44kuãr53/饭店 fã44tiã44/食堂 ʂʅ24thaŋ24

0696. 旅馆旧称　店 tiã44/旅社 ly31ʂɤ44

0697. 贵　贵 kuei44

0698. 便宜　便宜 phiã24Øi53/贱 tiã44

0699. 合算　合适 xuo24tʂhʅ53

0700. 折扣　折扣 tʂɤ31khou44/打绊子 ta53pã44tsʅ0

0701. 亏本　亏了 khuei31lɤ0/折了 ʂɤ24lɤ53

0702. 钱统称　钱 tɕhiã24

0703. 零钱　零钱 liəŋ24tɕhiã24

0704. 硬币　分分洋 fẽ53fẽ0Øiaŋ24

0705. 本钱　本 pẽ53/本钱 pẽ53tɕhiã0

0706. 工钱　血汗钱 ɕiɛ31xã44tɕhiã0/费用 fei44Øyəŋ44

0707. 路费　盘缠 phã24tʂhã53/路费 lou44fei44

0708. 花~钱　花 xua31

0709. 赚卖一斤能~一毛钱　赚 tɕiã44

0710. 挣打工~了一千块钱　挣 tsəŋ44

0711. 欠~他十块钱　争 tsəŋ31/短 tuã53/欠 tɕhiã44

0712. 算盘　算盘 suã44phã0

0713. 秤统称　秤 tʂhəŋ44

0714. 称用秤~　称 tʂhəŋ31/货 tsʅ44

0715. 赶集　跟集 kẽ31tɕhi24

0716. 集市　集市 tɕhi24sʅ44

0717. 庙会　庙会 miɔ44xuei44

(三) 文化、娱乐

0718. 学校　学校 ɕyo24ɕiɔ44

0719. 教室　教室 tɕiɔ44ʂʅ0

0720. 上学　上学 ʂaŋ44ɕyo24/念书 ȵiã44ʃu31

0721. 放学　放学 faŋ44ɕyo24

0722. 考试　考试 khɔ53sʅ44

0723. 书包　书包儿 ʃu24pɔr53

0724. 本子　本子 pẽ53tsʅ0

0725. 铅笔　铅笔 tɕhiã24pi31

0726. 钢笔　钢笔 kaŋ24pi31/水笔 ʃuei53pi31

0727. 圆珠笔　原子笔 Øyã24tsʅ53pi31

0728. 毛笔　毛笔 mɔ24pi31

0729. 墨　墨 mei24

0730. 砚台　砚台 Øiã44thæ0

0731. 信一封~　信 ɕiẽ44

0732. 连环画　连环画 liã24xuã53xua44/娃娃书 Øua24Øua0ʃu31

0733. 捉迷藏　藏猫儿 tɕhiaŋ24mɔr24/猫逮老鼠 mɔ24tæ24lɔ31ʃu31

0734. 跳绳　跳绳 thiɔ44ʂəŋ24

0735. 毽子　毽子 tɕiã44tsʅ0

0736. 风筝　风筝 fəŋ31tsəŋ0

0737. 舞狮　耍狮子 ʃua53sʅ53tsʅ0

0738. 鞭炮统称　炮 phɔ44

0739. 唱歌　唱歌儿 tʂhaŋ44kɤr53

0740. 演戏　演戏 Øiã53ɕi44/唱戏 tʂhaŋ44ɕi44

0741. 锣鼓统称　锣鼓 luo24ku53

0742. 二胡　瓮子 Øuəŋ53tsʅ0/二胡 Øər44xu24

0743. 笛子　笛子 thi24tsʅ53

0744. 划拳　猜拳 tshæ31tɕhyã24/划拳 xua44tɕhyã24

0745. 下棋　下棋 ɕia44tɕhi24

0746. 打扑克　打牌 ta53phæ24/打扑克 ta53phu53khɤ0

0747. 打麻将　打麻将 ta53ma24tiaŋ44

0748. 变魔术　耍把戏 ʃua31pa53ɕi0

0749. 讲故事　讲故事儿 tɕiaŋ53ku44sʅər53

0750. 猜谜语　猜谜 tshæ31mi24/说趣趣 ʃuo24tɕhy53tɕhy0

0751. 玩儿游玩：到城里~　耍 ʃua53

0752. 串门儿　串门子 tʂhuã44mẽ24tsʅ53/逛 kuaŋ44

0753. 走亲戚　出门 tʂhu31mẽ24/走亲亲 tsou53tɕhiẽ31tɕhiẽ0

十一、动作、行为

（一）具体动作

0754. 看~电视　看 khã44

0755. 听用耳朵~　听 tɕhiəŋ31

0756. 闻嗅：用鼻子~　闻 Øuẽ24

0757. 吸~气　吸 ɕi31

0758. 睁~眼　睁 tsəŋ31

0759. 闭~眼　闭 pi44

0760. 眨~眼　眨 tsã53

0761. 张~嘴　张 tʂaŋ31

0762. 闭~嘴　闭 pi44

0763. 咬狗~人　咬 ȵiɔ53

0764. 嚼把肉~碎　搓 tshuo31

0765. 咽~下去　咽 Øiã44

0766. 舔人用舌头~　舔 tɕhiã53

0767. 含~在嘴里　含 xã24/噙 tɕhiẽ24

0768. 亲嘴 忙哩 mɑŋ24li53

0769. 吮吸用嘴唇聚拢吸取液体，如吃奶时 吸 ɕi31

0770. 吐上声，把果核儿～掉 唾 thuo44

0771. 吐去声，呕吐：喝酒喝～了 吐 thu53

0772. 打喷嚏 打喷嚏 ta53phẽ44thi0

0773. 拿用手把苹果～过来 拿 na24

0774. 给他～我一个苹果 给 kei44

0775. 摸～头 摸 mo31

0776. 伸～手 伸 ʂẽ31

0777. 挠～痒痒 抓 tʃua31

0778. 掐用拇指和食指的指甲～皮肉 掐 tɕhia31

0779. 拧～螺丝 拧 ȵiəŋ24

0780. 拧～毛巾 拧 ȵiəŋ24

0781. 捻用拇指和食指来回～碎 捻 ȵiã24

0782. 掰把橘子～开，把馒头～开 掰 pei31

0783. 剥～花生 剥 po31

0784. 撕把纸～了 撕 sɿ31/扯 tʂhɤ53

0785. 折把树枝～断 折 ʂɤ24

0786. 拔～萝卜 拔 pha24

0787. 摘～花 摘 tsei31

0788. 站站立：～起来 立 lei31/站 tsã44

0789. 倚斜靠：～在墙上 靠 khɔ44

0790. 蹲～下 圪蹴 kɯ53tiou0

0791. 坐～下 坐 tsuo44

0792. 跳青蛙～起来 跳 thiɔ24

0793. 迈跨过高物：从门槛上～过去 迈 mæ44/跨 khua44

0794. 踩脚～在牛粪上 踏 tha24/踩 tshæ53

0795. 翘～腿 翘 tɕhiɔ44

0796. 弯～腰 弯 Øuã31/猫 mɔ24

0797. 挺～胸 挺 tɕhiəŋ53

0798. 趴～着睡 趴 pha24

0799. 爬小孩儿在地上～ 爬 pha24

0800. 走慢慢儿～ 走 tsou53

0801. 跑慢慢儿走，别～ 跑 phɔ24

0802. 逃逃跑：小偷儿～走了 逃 thɔ24/溜 liou44

0803. 追追赶：～小偷儿 追 tʃuei31/撵 ȵiã53

0804. 抓～小偷儿 抓 tʃua31/逮 tæ24/捉 tʃuo31

0805. 抱把小孩儿～在怀里 搭 tɕhia44/抱 pɔ44

0806. 背～孩子 背 pei31

0807. 搀～老人 搀 tshã31

0808. 推几个人一起～汽车 推 thuei31/掀 ɕiã31

0809. 摔跌：小孩儿～倒了 跌 tiɛ31/跸 pã44/摔 ʃuæ53/栽 tsæ31

0810. 撞人～到电线杆 碰 phəŋ44/对 tuei24/撞 tʃhuɑŋ44

0811. 挡你～住我了，我看不见 挡 tɑŋ44/遮 tʂɤ31

0812. 躲躲藏：他～在床底下 藏 tɕhiɑŋ24

0813. 藏藏放，收藏：钱～在枕头下面 抬 thæ24/藏 tɕhiɑŋ24

0814. 放把碗～在桌子上 搁 kɤ24

0815. 摞把砖～起来 摞 luo44

0816. 埋～在地下 埋 mæ24

0817. 盖把茶杯～上 盖 kæ44

0818. 压用石头~住　压 ȵia31

0819. 摁用手指按：~图钉　摁 ŋẽ31

0820. 捅用棍子~鸟窝　戳 tʃhuo31/
捅 thuəŋ31

0821. 插把香~到香炉里　插 tsha31

0822. 戳　~个洞　戳 tʃhuo31

0823. 砍　~树　砍 khã53/刹
tuo44

0824. 剁把肉~碎做馅儿　斫 tsa53

0825. 削　~苹果　削 suo53

0826. 裂木板~开了　绽 tshã44

0827. 皱皮~起来　皱 tsou31

0828. 腐烂死鱼~了　瞎 xa31

0829. 擦用毛巾~手　擦 tsha31

0830. 倒把碗里的剩饭~掉　倒 tɔ44

0831. 扔丢弃：这个东西坏了，~了它
撂 liɔ44

0832. 扔投掷：比一比谁~得远
撂 liɔ44

0833. 掉掉落，坠落：树上~下一个梨
跌 tiɛ31

0834. 滴水~下来　滴 tiɛ31

0835. 丢丢失：钥匙~了　遗 Øi24

0836. 找寻找：钥匙~到了　寻 ɕiẽ24

0837. 捡　~到十块钱　拾 ʂʅ24

0838. 提用手把篮子~起来　提 thi24

0839. 挑　~担　担 tã31

0840. 扛把锄头~在肩上　掮 tiã31

0841. 抬　~轿　抬 thæ24

0842. 举　~旗子　打 ta53

0843. 撑　~伞　撑 tshəŋ31

0844. 撬把门~开　撬 tɕhiɔ44

0845. 挑挑选，选择：你自己~一个

拣 tɕiã53

0846. 收拾　~东西　拾掇 ʂʅ24tuo53

0847. 挽　~袖子　挽 Øuã53

0848. 涮把杯子~一下　涮 ʃuã44

0849. 洗　~衣服　洗 ɕi53

0850. 捞　~鱼　捞 lɔ24

0851. 拴　~牛　拴 ʃuã31

0852. 捆　~起来　捆 khuẽ53

0853. 解　~绳子　解 tɕiɛ53

0854. 挪　~桌子　挪 nuo24

0855. 端　~碗　端 tuã31

0856. 摔碗~碎了　摔 ʃuæ53

0857. 掺　~水　掺 tshã31/兑 tuei44

0858. 烧　~柴　烧 ʂɔ31

0859. 拆　~房子　拆 tshei31

0860. 转　~圈儿　转 tʃuã44

0861. 捶用拳头~　捶 tʃhuei24

0862. 打统称：他~了我一下　打 ta53

0863. 打架动手：两个人在~　打捶
ta53tʃhuei24

0864. 休息　歇 ɕiɛ31

0865. 打哈欠　打瞌睡 ta53khɤ53ʃuei0

0866. 打瞌睡　丢盹 tiou31tuẽ53

0867. 睡他已经~了　睡 ʃuei44/
睡下 ʃuei44xa0

0868. 打呼噜　打呼噜 ta53xu53lou0

0869. 做梦　做梦 tsou44məŋ44/做睡梦
tsou44ʃuei44məŋ0

0870. 起床　起来 tɕhi53læ0

0871. 刷牙　刷牙 ʃua31ȵia24

0872. 洗澡　洗身上 ɕi53ʂẽ53ʂaŋ0

（二）抽象动作

0873. 想思索：让我~一下　想 ɕiaŋ53

0874. 想想念：我很～他　想 ɕiaŋ53

0875. 打算我～开个店　谋识 mu44ʂʅ0/打算 ta53suã0

0876. 记得　记得 tɕi44tei0

0877. 忘记　忘咧 ɵuaŋ44lie0

0878. 怕害怕：你别～　害怕 xæ44pha44/怯火 tɕhie31xuo53

0879. 相信我～你　相信 ɕiaŋ31ɕiẽ44

0880. 发愁　熬煎 ŋɔ53tɕiã0

0881. 小心过马路要～　小心 ɕiɔ53ɕiẽ31

0882. 喜欢～看电视　爱 ŋæ44

0883. 讨厌～这个人　见不得 tɕiã44pu31tei24

0884. 舒服凉风吹来很～　善活 tʂhã53xuo0

0885. 难受生理的　难过 nã24kuo44

0886. 难过心理的　不好受 pu31xɔ53ʂou44

0887. 高兴　高兴 kɔ31ɕiəŋ44

0888. 生气　着气 tɕhyo24tɕhi44

0889. 责怪　埋怨 mæ24ɵyã44

0890. 后悔　后悔 xou44xuei53

0891. 忌妒　够嫉 kou44tɕi44

0892. 害羞　怕羞 pha44ɕiou31/□ ʃuẽ24

0893. 丢脸　丢人 tiou31z̩ẽ24/丧德 saŋ44tei31

0894. 欺负　欺负 tɕhi31fu0

0895. 装～病　装 tʃuaŋ31

0896. 疼～小孩儿　心疼 ɕie31təŋ24

0897. 要我～这个　要 ɵiɔ44

0898. 有我～一个孩子　有 ɵiou53

0899. 没有他～孩子　没 mo31

0900. 是我～老师　是 sʅ44

0901. 不是他～老师　不是 pu31sʅ44

0902. 在他～家　在 tsæ44/到 tɔ44

0903. 不在他～家　不在 pu31tsæ44/没到 mo31tɔ44

0904. 知道我～这件事　知道 tʂʅ53tɔ0

0905. 不知道我～这件事　不知道 pu31tʂʅ53tɔ24/知不道 tʂʅ53pu31tɔ44

0906. 懂我～英语　会 xuei44

0907. 不懂我～英语　不会 pu31xuei44

0908. 会我～开车　会 xuei44

0909. 不会我～开车　不会 pu31xuei44

0910. 认识我～他　认得 zẽ44tei0

0911. 不认识我～他　不认得 pu31zẽ44tei0

0912. 行应答语　能行 nəŋ24ɕiəŋ24

0913. 不行应答语　不行 pu31ɕiəŋ24

0914. 肯～来　愿意 ɵyã44ɵi0

0915. 应该～去　应该 ɵiəŋ24kæ31

0916. 可以～去　可以 khɤ53ɵi0

（三）言语

0917. 说～话　说 ʃuo31

0918. 话说～　话 xua44

0919. 聊天儿　聊天儿 liɔ24thiãr53/谝 phiã53

0920. 叫～他一声儿　叫 tɕiɔ44

0921. 吆喝大声喊　吼 xou53

0922. 哭小孩儿～　哭 khu31

0923. 骂当面～人　骂 ma44

0924. 吵架动嘴：两个人在～　嚷仗 zaŋ53tʂaŋ44

0925. 骗～人　合弄 ʂʅ53nuəŋ0/
　　　哄 xuəŋ53
0926. 哄～小孩儿　哄 xuəŋ53
0927. 撒谎　搔慌 tsɔ31xuaŋ53
0928. 吹牛　谝 phiã53
0929. 拍马屁　溜沟子 liou24kou53tsʅ0
0930. 开玩笑　耍 ʃua53
0931. 告诉～他　给 kei44/说 ʃuo31
0932. 谢谢致谢语　多亏你了
　　　tuo31khuei31n̩i53liə0
0933. 对不起致歉语　不应该
　　　pu31Øiəŋ24kæ31
0934. 再见告别语　走咧 tsou53liɛ0

十二、性质、状态

（一）形貌

0935. 大苹果～　大 ta44
0936. 小苹果～　碎 suei44
0937. 粗绳子～　壮 tʃuaŋ44
0938. 细绳子～　细 çi44
0939. 长线～　长 tʂhaŋ24
0940. 短线～　短 tuã53
0941. 长时间～　长 tʂhaŋ24
0942. 短时间～　短 tuã53
0943. 宽路～　宽 khuã31
0944. 宽敞房子～　宽敞 khuã31tʂhaŋ53
0945. 窄路～　窄 tsei31
0946. 高飞机飞得～　高 kɔ31
0947. 低鸟飞得～　低 ti31
0948. 高他比我～　高 kɔ31
0949. 矮他比我～　低 ti31
0950. 远路～　远 Øyã53

0951. 近路～　近 tiɛ44/捷 tiɛ24
0952. 深水～　深 ʂẽ31
0953. 浅水～　浅 tɕhiã53
0954. 清水～　清 tɕhiəŋ31
0955. 浑水～　浑 xuẽ44
0956. 圆　圆 Øyã24
0957. 扁　扁 piã53
0958. 方　方 faŋ31
0959. 尖　尖 tiã31
0960. 平　平 piəŋ24
0961. 肥～肉　肥 fei24
0962. 瘦～肉　瘦 sou44
0963. 肥形容猪等动物　肥 fei24
0964. 胖形容人　胖 phaŋ44
0965. 瘦形容人、动物　瘦 sou44
0966. 黑黑板的颜色　黑 xei31
0967. 白雪的颜色　白 pei24
0968. 红国旗的主颜色, 统称　红 xuəŋ24
0969. 黄国旗上五星的颜色　黄 xuaŋ24
0970. 蓝蓝天的颜色　蓝 lã24
0971. 绿绿叶的颜色　绿 liou31
0972. 紫紫药水的颜色　紫 tsʅ31
0973. 灰草木灰的颜色　灰 xuei31

（二）状态

0974. 多东西～　多 tuo31
0975. 少东西～　少 ʂɔ53
0976. 重担子～　重 tʃuəŋ44/沉 tʂhẽ24
0977. 轻担子～　轻 tɕhiəŋ31
0978. 直线～　直 tʂhʅ24/端 tuã31
0979. 陡坡～, 楼梯～　陡 tou53
0980. 弯弯曲：这条路是～的　弯 Øuã31
0981. 歪帽子戴～了　偏 phiã31

0982. 厚木板～　厚 xou44
0983. 薄木板～　薄 pho24
0984. 稠稀饭～　稠 tʂhou24
0985. 稀稀饭～　稀 ɕi31
0986. 密菜种得～　稠 tʂhou24
0987. 稀稀疏：菜种得～　稀 ɕi31
0988. 亮指光线，明亮　亮 liaŋ44
0989. 黑指光线，完全看不见　黑 xei31
0990. 热天气～　热 zɤ31
0991. 暖和天气～　暖和 luã53xuo0
0992. 凉天气～　凉 liaŋ24
0993. 冷天气～　冷 ləŋ53
0994. 热水～　热 zɤ31
0995. 凉水～　凉 liaŋ24
0996. 干干燥：衣服晒～了　干 kã31
0997. 湿潮湿：衣服淋～了　湿 ʂʅ31
0998. 干净衣服～　干净 kã31tiəŋ44/净 tiəŋ44
0999. 脏肮脏，不干净，统称：衣服～　脏 tsaŋ31
1000. 快锋利：刀子～　快 khuæ44/利 li44/镶 tshã24
1001. 钝刀子～　老 lɔ53/木 mu31/钝 tuẽ44
1002. 快坐车比走路～　快 khuæ44
1003. 慢走路比坐车～　慢 mã44
1004. 早来得～　早 tsɔ53
1005. 晚来～了　迟 tʂhʅ24
1006. 晚天色～　黑 xei31
1007. 松捆得～　松 suəŋ31
1008. 紧捆得～　紧 tɕiẽ53
1009. 容易这道题～　容易 Øyəŋ24Øi53/简单 tɕiã53tã31

1010. 难这道题～　难 nã24
1011. 新衣服～　新 ɕiẽ31
1012. 旧衣服～　旧 tɕiou44
1013. 老人～　老 lɔ53
1014. 年轻人～　年轻 n̻iã24tɕhiəŋ31
1015. 软糖～　软 ʐuã53
1016. 硬骨头～　硬 n̻iəŋ44
1017. 烂肉煮得～　烂 lã44
1018. 煳饭烧～了　焦 tiɔ31
1019. 结实家具～　结实 tɕiɛ53ʂʅ0
1020. 破衣服～　烂 lã44
1021. 富他家很～　财东 tshæ24tuəŋ53
1022. 穷他家很～　恓惶 ɕi53xuəŋ0/穷 tɕhyəŋ24
1023. 忙最近很～　忙 maŋ24
1024. 闲最近比较～　闲 xã24
1025. 累走路走得很～　憎 tsəŋ44
1026. 疼摔～了　疼 thəŋ24
1027. 痒皮肤～　咬 n̻iɔ53
1028. 热闹看戏的地方很～　热闹 zɤ31nɔ0
1029. 熟悉这个地方我很～　熟 sou24
1030. 陌生这个地方我很～　生 ʂəŋ31
1031. 味道尝尝～　味道 Øuei44tɔ0
1032. 气味闻闻～　气味儿 tɕhi44Øueir53/气气 tɕhi44tɕhi0
1033. 咸菜～　咸 xã24
1034. 淡菜～　淡 tã44
1035. 酸　酸 suã31
1036. 甜　甜 thiã24
1037. 苦　苦 khu53/□ lou44
1038. 辣　辣 la31
1039. 鲜鱼汤～　鲜 ɕiã53
1040. 香　香 ɕiaŋ31

1041. 臭　臭 tʂhou44

1042. 馊饭～　瞎 xa31/馊气 sʅ53tɕhi0

1043. 腥鱼～　腥 ɕiəŋ31/腥气 ɕiəŋ53tɕhi0

(三) 品性

1044. 好人～　好 xɔ53

1045. 坏人～　瞎 xa31

1046. 差东西质量～　烂□ lā44tsaŋ44

1047. 对账算～了　对 tuei44

1048. 错账算～了　错 tshuo31

1049. 漂亮形容年轻女性的长相: 她很～　心疼 ɕiẽ31thəŋ24

1050. 丑形容人的长相: 猪八戒很～　难看 nā24khā44

1051. 勤快　勤 tɕhiẽ24

1052. 懒　懒 lā53

1053. 乖　乖 kuæ31

1054. 顽皮　顽 ɸuā24/捣蛋 tɔ53tā44

1055. 老实　老实 lɔ53ʂʅ0/实诚 ʂʅ24tʂhəŋ0

1056. 傻痴呆　瓜 kua31

1057. 笨蠢　闷 mẽ44

1058. 大方不吝啬　大方 ta44faŋ0

1059. 小气吝啬　祸害 xuo44xæ44/啬 sei31

1060. 直爽性格～　直肚子 tʂhʅ24tou53tsʅ0

1061. 犟脾气～　犟 tɕiaŋ44

十三、数量

(一) 数字

1062. 一～二三四五……,下同　一 ɸi31

1063. 二　二 ɸər44

1064. 三　三 sā31

1065. 四　四 sʅ44

1066. 五　五 ɸu53

1067. 六　六 liou31

1068. 七　七 tɕhi31

1069. 八　八 pa31

1070. 九　九 tɕiou53

1071. 十　十 ʂʅ24

1072. 二十有无合音　二十无合音 ɸər44ʂʅ0

1073. 三十有无合音　三十无合音 sā53ʂʅ0

1074. 一百　一百 ɸi24pei31

1075. 一千　一千 ɸi24tɕhiā31

1076. 一万　一万 ɸi31uā44

1077. 一百零五　一百零五 ɸi24pei31liəŋ24ɸu53

1078. 一百五十　一百五十 ɸi24pei31ɸu53ʂʅ0/百五 pei31ɸu53

1079. 第一～,第二　第一 ti44ɸi31

1080. 二两重量　二两 ɸər44liaŋ53

1081. 几个你有～孩子?　几个 tɕi53kɤ44

1082. 俩你们～　两 liaŋ53

1083. 仨你们～　三 sā31

1084. 个把　个把 kɤ44pa0

(二) 量词

1085. 个一～人　个 kɤ44

1086. 匹一～马　匹 phi53

1087. 头一～牛　个 kɤ44/头 thou24

1088. 头一～猪　个 kɤ44/头 thou24

1089. 只一～狗　个 kɤ44/只 tsʅ31

1090. 只一～鸡　个 kɤ/只 tsʅ31

1091. 只一~蚊子　个 kɤ44

1092. 条一~鱼　条 thiɔ24

1093. 条一~蛇　个 kɤ44/条 thiɔ24

1094. 张一~嘴　个 kɤ44/张 tʂaŋ31

1095. 张一~桌子　个 kɤ44/张 tʂaŋ31

1096. 床一~被子　个 kɤ44/
床 tʃhuaŋ24

1097. 领一~席子　张 tʂaŋ31

1098. 双一~鞋　双 ʃuaŋ31

1099. 把一~刀　个 kɤ44

1100. 把一~锁　个 kɤ44

1101. 根一~绳子　条 thiɔ24

1102. 支一~毛笔　个 kɤ44

1103. 副一~眼镜　副 fu24

1104. 面一~镜子　个 kɤ44

1105. 块一~香皂　块儿 khuær53

1106. 辆一~车　辆 liaŋ53

1107. 座一~房子　座 tsuo44

1108. 座一~桥　座 tsuo44

1109. 条一~河　条 thiɔ24

1110. 条一~路　条 thiɔ24

1111. 棵一~树　个 kɤ44

1112. 朵一~花　朵 tuo53

1113. 颗一~珠子　颗 khuo53

1114. 粒一~米　粒 li24/颗 khuo53

1115. 顿一~饭　顿 tuẽ44

1116. 剂一~中药　服 fu24

1117. 股一~香味　股 ku53

1118. 行一~字　行儿 xãr24

1119. 块一~钱　块 khuæ53

1120. 毛角：一~钱　毛 mɔ24

1121. 件一~事情　件 tɕiã44

1122. 点儿一~东西　点儿 tiãr53

1123. 些一~东西　些 ɕiɛ31

1124. 下打一~，动量，不是时量　下 ɕia44

1125. 会儿坐了一~　会儿 xueir53

1126. 顿打一~　顿 tuẽ44

1127. 阵下了一~雨　阵 tʂẽ44

1128. 趟去了一~　趟儿 thãr53/回 xuei24

十四、代词、副词、介词、连词

（一）代词

1129. 我~姓王　我 ŋɤ53

1130. 你~也姓王　你 n̠i53

1131. 您尊称　无

1132. 他~姓张　他 tha53

1133. 我们不包括听话人：你们别去，~去　我们 ŋɤ24mẽ0/我的 ŋɤ53ti0

1134. 咱们包括听话人：他们不去，~去吧　咱 tsa24

1135. 你们~去　你们 n̠i24mẽ0/你的 n̠i53ti0

1136. 他们~去　他们 tha24mẽ0/他的 tha53ti0

1137. 大家~一起干　大家 ta44tɕia31/大伙儿 ta44xuor53

1138. 自己我~做的　一个 øi31kɤ44

1139. 别人这是~的　旁人 phaŋ24ʐẽ53/[人家] 人 n̠iɛ31ʐẽ24

1140. 我爸~今年八十岁　我大 ŋɤ53ta24

1141. 你爸~在家吗？　你大 n̠i31ta24

1142. 他爸~去世了　他大 tha31ta24

1143. 这个我要~，不要那个　这个

tʂɤ44kɤ0

1144. 那个我要这个，不要~ 兀个 Øu44kɤ0/［那一］个 na44kɤ0

1145. 哪个你要~杯子？ 哪［一个］ na53Øiɛ0

1146. 谁你找~？ 谁 ʃuei24

1147. 这里在~，不在那里 这儿 tʂɤ44Øər0/这搭 tʂɤ44ta0

1148. 那里在这里，不在~ 那搭 næ44ta0/兀搭 Øu44ta0

1149. 哪里你到~去？ 阿搭 Øa53ta0

1150. 这样事情是~的，不是那样的 这的 tʂɤ53ti0

1151. 那样事情是这样的，不是~的 那的 na53ti0

1152. 怎样什么样：你要~的？ 咋样 tsa53Øiaŋ44

1153. 这么~贵啊？ 真儿 tʂɛ̃r31/咋这贵哩 tsa31tʂɤ44kuei44li0

1154. 怎么这个字~写？ 咋 tsa31

1155. 什么这个是~字？ 啥子 sa44tsɿ0

1156. 什么你找~？ 啥 sa44

1157. 为什么你~不去？ 为啥 Øuei24sa44

1158. 干什么你在~？ 你干啥 ȵi53kã44sa44

1159. 多少这个村有~人？ 多少 tuo31ʂɔ53

（二）副词

1160. 很今天~热 热得很 zɤ53ti0xɛ̃53

1161. 非常比上条程度深：今天~热 热得没相 zɤ53ti0mo31ɕiaŋ44/热得

背不住 zɤ53ti0pei53pu31tʃhu44

1162. 更今天比昨天~热 还 xuã24

1163. 太这个东西~贵，买不起 太 thæ44

1164. 最弟兄三个中他~高 最 tsuei44

1165. 都大家~来了 都 tou31

1166. 一共~多少钱？ 一共 Øi31kuaŋ44/一满 Øi31mã53/ 总共 tsuəŋ53kuaŋ44

1167. 一起我和你~去 一起 Øi31tɕhi53/一伙儿 Øi31xuor53/ 一搭里 Øi31ta24li53

1168. 只我~去过一趟 就 tiou44

1169. 刚这双鞋我穿着~好 刚 kaŋ24

1170. 刚我~到 刚 kaŋ24/才 tshæ24

1171. 才你怎么~来啊？ 才 tshæ24

1172. 就我吃了饭~去 就 tiou44

1173. 经常我~去 缠么个 tshã24mo53kɤ0

1174. 又他~来了 可 khɤ31

1175. 还他~没回家 还 xuã24

1176. 再你明天~来 可 khɤ31

1177. 也我~去；我~是老师 也 Øiɛ53

1178. 反正不用急，~还来得及 横顺 çyɛ24ʃuẽ44/反正 fã31tʂəŋ44

1179. 没有昨天我~去 没有 mo31Øiou53/没得 mo31tei24

1180. 不明天我~去 不 pu31

1181. 别你~去 嫑 pɔ24

1182. 甭不用，不必：你~客气 嫑 pɔ24

1183. 快天~亮了 快 khuæ44

1184. 差点儿~摔倒了 差点儿 tsha31tiãr31/稀乎儿 çi31xur53

1185. 宁可～买贵的　宁愿 ȵiəŋ24Øyã44

1186. 故意～打破的　故宁 ku44ȵiəŋ0

1187. 随便～弄一下　搞得 kɔ53tei0/
随便儿 suei24piãr53

1188. 白～跑一趟　闲 xã24/白 pei24

1189. 肯定～是他干的　定 tiəŋ44

1190. 可能～是他干的　估摸 ku53mo0

1191. 一边～走，～说　旋 suã44

（三）介词、连词

1192. 和我～他都姓王　跟 kẽ31/
和 xuo24

1193. 和我昨天～他去城里了　跟 kẽ31

1194. 对他～我很好　对 tuei44

1195. 往～东走　朝 tʂhɔ24

1196. 向～他借一本书　为 Øuei24

1197. 按～他的要求做　按 ŋã44

1198. 替～他写信　帮 paŋ31/代 tæ44

1199. 如果～忙你就别来了　在 tsæ44

1200. 不管～怎么劝他都不听
不论 pu31luẽ44

第二节　自选词汇

1201. 咋啦怎么了 tsa53la0

1202. 咋向怎么样 tsa31ɕiaŋ44

1203. 咋弄哩怎么弄 tsa31nuəŋ44li0

1204. 得是是不是 tei31sʐ44

1205. 你弄啥哩你在干什么呢?
ȵi53nuəŋ44sa44li0

1206. 做啥哩干吗呢? tsou44sa44li0

1207. 阿搭哪里，什么地方? Øa53ta0

1208. 弄啥干什么呢? nuəŋ44sa44

1209. 咋处呀怎么办 tsa31tʃhu53Øia0

1210. 娃不乖小孩儿生病了 Øua44pu24kuæ31

1211. 眼木眼睛不好使，眼睛不亮
ȵiã53mu31

1212. 耳背耳聋 Øər53pei44

1213. 硬朗身体健康 ȵiəŋ44laŋ0

1214. 变狗小孩儿生病 piã44kou53

1215. 黄皮来呔形容人呈病态
xuaŋ24phi53lætæ0

1216. 凉了感冒了 liaŋ24liɔ53

1217. 出麸子出麻疹 tʃhu24fu53tsʐ0

1218. 声唤呻吟 ʂəŋ53xuã0

1219. 片片药西药 phiã53phiã24Øyo31

1220. 缠腰溜疱疹 tʂhã24Øiɔ31liou44

1221. 药吃反了药吃错了
Øyo31tʂhʐ24fã31liɔ0

1222. 红丁丁水痘 xuəŋ24tiəŋ53tiəŋ0

1223. 方子处方 faŋ53tsʐ0

1224. 下苦干力气活 ɕia44khu53

1225. 挣死扒活拼命干活，或者尽最大的力气干活 tʂəŋ44sʐ53pa31xuo24

1226. 扎墙砌墙 tsa31tɕhiaŋ24

1227. 胡箕用模具夯成的土坯 xu24tɕhi53

1228. 搭砖搬砖 tɕhia44tʃua31

1229. 拾掇屋里打扫房间
sʐ24tuo53Øu53li0

1230. 搂麦晒麦子时用木耙翻动麦子

lou24mei31

1231. 摊场 把割回的麦子，撒开在碾麦场晾晒
thã31tʂhaŋ24

1232. 碾场 机械车辆碾砸麦子
ȵiã53tʂhaŋ24

1233. 翻场 把麦场碾过的麦子，用杈翻动
fã31tʂhaŋ24

1234. 起场 把麦场碾过的麦草秸挑走
tɕhi53tʂhaŋ24

1235. 扬场 扬麦子 Øiaŋ24tʂhaŋ24

1236. 攮场 给别人割麦子挣钱
ȵiã53tʂhaŋ53

1237. 揭地 犁地 tɕiɛ31ti44

1238. 挖地 翻地 Øua31ti44

1239. 胡箕蛋儿 小土块 xu24tɕhi0tãr53

1240. 当小工 特指在建筑工地打工
taŋ31ɕiɔ53ʂuəŋ31

1241. 挣□ 力气大 tsəŋ31suəŋ24

1242. 火皮了 坏了，烂了 xuo53phi0liɔ0

1243. 咥 吃饭 tiɛ24

1244. 进馆子 去饭店吃饭 tiẽ44kuã53tsʐ0

1245. 漾了 不小心把水或饭菜倒在外面
Øiaŋ44liɔ0

1246. 打遮 洗锅碗，收拾厨房 ta53tʂʐ31

1247. 待承 招待客人 tæ44tʂhəŋ0

1248. 撇冒 用勺从汤锅里捞漂浮的油沫或泡沫
phiɛ31mɔ44

1249. 煎火 指水或饭非常热 tiã53xuo0

1250. 搋面 和面 tʂhæ31miã44

1251. 淋汤寡水 指饭菜没味道，也指说话没水平 liẽ24thaŋ53kua31ʃuei0

1252. 嫠面 用刀切细长面条 li24miã44

1253. 臊子面 伴有菜汤的长面条

sɔ44tsʐ0miã44

1254. 面片 指各种式样的短面条
miã44phiã53

1255. 拌汤 白面或杂面做的面糊糊
pã44thaŋ31

1256. 油花儿 花卷馍 Øiou24xuar53

1257. 托托馍 烧饼 thuo24thuo0mo44

1258. 蒸馍 馒头 tʂəŋ53mo0

1259. 酿皮儿 凉皮 ʐaŋ53phir24

1260. 粑粑馍 用玉米、高粱等粗粮蒸制的馍馍，扁平，块头大 pa53pa0mo44

1261. 沫糊 稀面糊 mo53xu0

1262. 刮刮 锅巴 kua53kua0

1263. 米汤 稀饭 mi53thaŋ31

1264. 麻糖 麻花 ma24thaŋ53

1265. 揌布 抹布，也叫抹捕 tʂã53phu0

1266. 下水 猪、羊动物的内脏 ɕia44ʃuei0

1267. 喝的馍 开水泡馍 xuo53ti0mo44

1268. 水水 调味的汁子 ʃuei53ʃuei0

1269. 善活 很舒服，享受；办事果断，精干利索 tʂhã53xuo0

1270. 恶水 泔水 ŋɤ31ʃuei0

1271. 礼当 走亲访友时带的礼品 li53taŋ0

1272. 冰锅冷灶 冷冷清清
piəŋ24kuo31ləŋ53tsɔ44

1273. 吃拉脱了 准备的饭菜不够吃了
tʂhʐ24la31thuo31liɔ0

1274. 一锅煮 烩面片 Øi24kuo31tʃu53

1275. 手孛起来 把手举起来
ʂou53tsa44tɕhi31læ0

1276. 傍间儿 差不多 paŋ24tɕhiãr53

1277. 合踏咧 坏了，也指事情发展不好
ʂʐ53tha0la0

1278. 紧沉紧凑，结实 tɕiẽ53tʂhə0

1279. 宽展充足，有余的 khuã31tʂã0

1280. 涝池池塘 lɔ53tʂʅ0

1281. 茶了坏了，不好了 ȵiɛ31liɔ0

1282. 齐茬整齐 tɕhi24tsha53

1283. 整齐令人羡慕 tʂəŋ53tɕi0

1284. 嵌和恰好合适 tɕiã44xuo0

1285. 塌伙指干某一件事半途而废，没有成功 tha53xuo0

1286. 倭傑令人满意或日子过得很舒心 ɵuo24ɵiɛ53

1287. 玄乎很危险 ɕyã24xu53

1288. 一满全部 ɵi31mã53

1289. 不挨边事情之间没有联系 pu31ɵiæ24piã53

1290. 嫽咋了很好，很美，非常好 liɔ24tsa0liɛ0

1291. 命细细独生子 mieŋ44ɕi44ɕi0

1292. 没麻达没问题 mo31ma24ta53

1293. 没下数没有规矩 mo31xa44sou0

1294. □管娃顺其发展，不管事 suəŋ24kuã53ua44

1295. 一把子人一群人 ɵi31pa53tsʅ0z̩ẽ24

1296. 包包系系一般指妇女们拿的用品较多 pɔ53pɔ0ɕi44ɕi44

1297. 大不走溜基本上过得去 ta44pu31tsou31liou53

1298. 人马山气形容人很多 z̩ẽ24ma53sã31tɕhi44

1299. 松里垮塌形容套得不紧，栓得不牢，或者物件衔接不好 suəŋ31li0khua31tha0

1300. 光光堂堂顺利 kuaŋ53kuaŋ0thaŋ31thaŋ0

1301. 胡求麻达草草了事 xu24tɕhiou53ma0ta0

1302. 黑嘛咕咚表示在夜晚看不见东西 xei53ma0ku24tuəŋ53

1303. 奈奈和和勉强 næ44næ0xuo31xuo0

1304. 乱马七活形容事情的头绪或者场面非常乱 luã44ma0tɕhi31xuo0

1305. 掐尺等寸指做某一活路用料刚合适，既不欠缺也不剩余 tɕhia31tʂhʅ31təŋ53tshuẽ44

1306. 一家子同姓，同名 ɵi24tɕia53tsʅ0

1307. 脏嘛咕咚不干净的意思 tsaŋ53ma0ku24tuəŋ0

1308. 撇油把漂浮的油捞出来 phiɛ31ɵiou24

1309. 胡叫冒答应指胡乱答应 xu24tɕi44mɔ44ta31ɵiəŋ44

1310. 将息保养 tiaŋ31ɕi0

1311. 礼让 li53z̩aŋ44

1312. 念想印象、形象 ȵiã44ɕiaŋ53

1313. □不顶什么作用也不起 suəŋ24pu31tiəŋ53

1314. 样样数数各种各样 ɵiaŋ44ɵiaŋ0sou44sou0

1315. 麻达麻烦 ma24ta53

1316. 崽娃子小男孩儿 tsæ53ɵua0tsʅ0

1317. 美扎了美极了 mei53tsa0la0

1318. 日鬼掺假，不实在；糊弄人 z̩ʅ31kuei53

1319. 栽拐坏蛋 tsæ31kuæ53

1320. 搔怪撒谎 tsɔ31kuæ44

1321. 凉着去没指望，不行 liaŋ24tɕyo53tɕhy0
1322. 光葫芦指男娃 kuaŋ31xu24lu53
1323. 嫽得很好得很 liɔ24tei0xẽ53
1324. 橛橛小木桩 tɕhyɛ24tɕhyɛ53
1325. 过节有矛盾 kuo44tiɛ31
1326. 毕啦一般，还行，过得去 pi31la0
1327. 罢啦一般，还行，过得去 pa44la0
1328. 诧铺在别人的床上睡不着觉 tsha44phu44
1329. 骨头 ku53tou0
1330. 下数规矩，制度 xa44sou0
1331. 合适 xuo24tʂʅ53
1332. 贱葬把商品货物以很低的价格出售 tiã44tsaŋ44
1333. 经管照料，管理 tɕiəŋ31kuã53
1334. 瞅对象说媳妇 tshou53tuei44ɕiaŋ44
1335. 下帖儿女结婚时给亲戚、朋友通知，谓之下帖，相当于发邀请函 ɕia44thiɛ31
1336. 扯结婚证去民政部门办理结婚证 tʂhɤ53tɕiɛ24xuẽ31tʂəŋ44
1337. 吃宴席参加婚宴 tʂhʅ31Øiã44ɕi24
1338. 过红事指结婚宴请 kuo44xuəŋ24sʅ44
1339. 耍房闹洞房 ʃua53faŋ24
1340. 头车结婚时接新娘的车 thou24tʂhʅ31
1341. 追往女子出门后，和娘家亲戚、亲人做亲戚 tsuei31Øuaŋ0
1342. 披红儿女结婚时，男方的舅家给两个孩子披红 phei31xuəŋ24
1343. 回门女子出嫁后第三天回娘家 xuei24mẽ24
1344. 老衣为老年人或病重人准备死亡时穿的衣服 lɔ53Øi31
1345. 孝衫儿孙在丧礼期或服孝期上坟时穿的特制白衫，形宽大 ɕiɔ44sã31
1346. 孝布人死后家人或亲友服孝、吊孝时佩戴的标识白布 ɕiɔ44pu44
1347. 报丧人死亡后，本家通知所有亲朋 pɔ44saŋ31
1348. 看穴请阴阳先生勘定墓穴，以及查看安葬时日 khã44ɕiɛ24
1349. 入殓成殓 ʐu53liã0
1350. 挡板棺材两头用的柏木板 taŋ44pã0
1351. 填墓埋丧 thiã24mu44
1352. 乐人吹鼓手 Øyo53ʐẽ0
1353. 起灵准备将棺柩抬往墓地 tɕhi53liəŋ24
1354. 哭丧祭奠 khu31saŋ44
1355. 墓坑棱墓穴 mu44kəŋ53ləŋ0
1356. 明梵墓穴里的方坑 miəŋ24tɕhiəŋ53
1357. 白事丧事 pei24sʅ44
1358. 纸棍缠着白纸条的柳树棍，男孝子哭丧时用 tsʅ53kuẽ0
1359. 纸活用纸做的各式祭品 tsʅ53xuo0
1360. 灵棚祭奠用的棚 liəŋ24phəŋ53
1361. 打怕老人安葬后三日内，孝子每晚去坟前守墓 ta53pha44
1362. 上房家里最主要的屋子，一般接待客人 ʂaŋ44faŋ24
1363. 下房亦称偏房，在主房两侧 xa44faŋ24
1364. 打泥炕用红黏土加黄土合成草泥，打制而成的土炕 ta53ȵi31khaŋ44

1365. 房房 小房子，或简陋的房子 faŋ24faŋ53

1366. 庵庵 庵棚，临时搭建的草棚 ŋã53ŋã0

1367. 窑窑 小窑洞 ɕiɔ24ɕiɔ53

1368. 拐窑 窑洞里面的暗洞 kuæ53ɕiɔ0

1369. 地坑庄子 下沉式窑洞 ti44kəŋ24tʃuaŋ53tsʅ0

1370. 棚棚 草棚 phəŋ24phəŋ53

1371. 堡子 村子 pu53tsʅ0

1372. 雨棚儿 比房低，有顶，没有橼墙，一般盖在家门口遮雨，放农具杂物等 ɵy53phər24

1373. 炕桌 饭桌 khaŋ44tʃuo31

1374. 方桌 八仙桌 faŋ31tʃuo0

1375. 盒盒 纸盒 xuo24xuo53

1376. 老瓮 盛水、放面的陶瓷瓮，较低 lɔ53ɵuəŋ0

1377. 板凳 pã53tou0

1378. 胰子 香皂 ɵi44tsʅ0

1379. 楦子 校正布鞋的模具 çyã44tsʅ0

1380. 粪笼笼 fẽ44luəŋ0

1381. 盆盆儿 小陶盆 phẽ24phər53

1382. 罐罐 小陶罐 kuã44kuã0

1383. 脚盆 尿盆（夜壶）tɕyo53phẽ0

1384. 木闲 矩形的盛放东西的家具 mu53xã0

1385. 甑片 箅子，是加进锅里用来蒸馍的器具 tiəŋ44phiã0

1386. 蒜窝 有石臼、铁臼，用来粉粹调料等 suã44ɵuo31

1387. 箩箩 筛选面粉时，隔除麦皮、杂物的用具 luo24luo53

1388. 瓮瓮 小坛子 ɵuəŋ44ɵuəŋ0

1389. 缸缸 特指搪瓷带把的杯子 kaŋ53kaŋ0

1390. 筷篓 放、插筷子的用具 khuæ44lou0

1391. 碗碗 小碗 ɵuã53ɵuã0

1392. 犁 旧式犁由铁铧、犁辕、犁头、犁壁组成 li24

1393. 笼头 用绳绾成，拴上缰绳，套在牲畜头上，可控制牲口行动 luəŋ24thou53

1394. 皮圈 亦叫嚼口或搓子。比笼头美观结实，有铁制皮圈嚼口套在牲畜嘴里，用头绳控制其行动 phi24tɕhyã53

1395. 权 扬场、翻场用的工具，可清除麦糠，倒出粮食。权头有木制、铁制两种，有三股、四股权刺，再安长木把使用 tsha31

1396. 骨都 用一尺长、直径10厘米左右的圆木一截，中间打眼安上长木把，是粉粹田地里土块的用具 ku53tou0

1397. 牛车 车轮由辋子、辐条、车头、车轴、键条、车辕、枕木、栏杆等组成，牛拉着在田地耕作的畜力车 ȵiou24tʂɤ31

1398. 锨 铁锨 çiã31

1399. 推耙 收集、堆麦子用的工具 thuei53pha0

1400. 地轱辘车儿 木轮手推车 ti44ku31lu24tʂhɤr53

1401. 蹦蹦车儿 农用机械三轮车 pəŋ44pəŋ44tʂhɤr31

1402. 窝窝 棉布鞋 ɵuo53ɵuo0

1403. 筒袖 是特制的半截棉袖，套进手腕袖口中，以加长衣袖，防止冻手 thuəŋ53çiou0

1404. 腰带 缠在腰间的布袋子 ɵiɔ53tæ0

1405. 夹夹 小孩儿穿用的筒形棉制衣服，无袖，在两肩上系扣 tɕia53tɕia0

530

1406. 夹袄带有里子布的上衣 tɕia31ŋ31
1407. 褂褂棉上衣 kua44kua0
1408. 大氅棉（厚）风衣 ta44tʂhaŋ53
1409. 衫子单层的外上衣 sā53tsŋ0
1410. 皱衣服缩水 tsou44
1411. 居里山羊 tɕy53li0
1412. 骚胡用来配种的公山羊 sɔ53xu0
1413. 羯子阉割的公绵羊 tɕiɛ53tsŋ0
1414. 羝羊用来配种的公绵羊
     ti53ØiaŋØ
1415. 叫驴公驴 tɕiɔ44ly24
1416. 草驴母驴 tshɔ53ly24
1417. 骡马母马 khuo44ma53
1418. 骟马阉割的公马 ʂā44ma53
1419. 奶条猪崽时就阉割了的母猪
     næ53tɕhiɔ0
1420. 壳郎架子猪，指已经长大了的瘦猪
     khɤ53laŋ0
1421. 老豮母猪 lɔ53tsha24
1422. 草狗母狗 tshɔ31kou31
1423. 郎猫公猫 laŋ24mɔ24
1424. 咪猫母猫 mi53mɔ24
1425. 蝎虎壁虎 ɕiɛ53xu0
1426. 鹁鸪儿鸽子 phu24kɤr53
1427. 蜗蜗牛蜗牛 kua44kua44n̩iou24
1428. 报报鸹啄木鸟 pɔ44pɔ44tɕhiā31
1429. 燕爪啦燕子 Øiā44tʃua31la24
1430. 嗡蝇蝉 Øu24ØiəŋØ
1431. 端相考虑，端详 tuā53ɕiaŋ0
1432. 日急慌忙着急，忙乱
     ʂŋ53tɕi0xuaŋ31maŋ0
1433. 说过唠叨 ʃuo53kuo0
1434. 不耳识不理睬 pu31Øər53ʂŋ31

1435. 胡扑腾乱干，胡干，折腾
     xu24phu53təŋ0
1436. 踢里倒腾象声词，响声很大
     tɕhi53li0tɔ44tuəŋ0
1437. 琢磨试探 tʃuo24mo0
1438. 迷瞪小睡，打瞌睡 mi24təŋ53
1439. □不讲卫生 tuəŋ53
1440. 跸勘胡折腾 pā44khā0
1441. 找茬儿有意闹事，找借口
     tsɔ53tshar24
1442. 灌米汤哄骗人，奉承人
     kuā44mi53taŋ31
1443. 歇几捶用拳头冲击几下
     ɕiɛ31tɕi31tʃhuei24
1444. 邦一下亲一下脸蛋 paŋ24Øi31ɕia44
1445. 仄棱不靠谱 tsei53ləŋ0
1446. 伿派他 tsŋ53
1447. 扡上穿上衣袖子 tshŋ53ʂaŋ0
1448. 跷过去跨过去 tɕhiɔ44kuo44tɕhy0
1449. 掼针穿针 kuā24tʂẽ31
1450. 摆用清水洗 pæ53
1451. 蹦跳 piɛ44
1452. □猜 pɔ53
1453. 枷给不得不给 tɕia31kei53
1454. 搭言主动上前说话 ta31Øiā24
1455. 臊了害羞 sɔ44li0
1456. 言镶说话的语言及语气厉害，伤人
     Øiā24tsha24
1457. 惭情羞愧，不好意思 tshæ53tɕhiəŋ24
1458. 弹嫌挑剔，计较 thā24ɕiā53
1459. 贫气不丰富，不丰满 phiẽ24tɕhi44
1460. 撵追赶 n̩iā53
1461. 搭用手抱 tɕhia44

1462. 扏塞 ʐu53

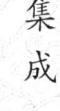

1463. 搯同"折" Øuo31

1464. 搣用手指甲抠 Øua31

1465. 胡整胡乱放东西，不过日子
xu24tʂəŋ53

1466. 打捶打架 ta53tʃhuei24

1467. 过岁特指小孩儿过生日
kuo44tsuei44

1468. 跟会/跟集赶会，赶集
kẽ31xuei44/kẽ31tɕhi24

1469. 出水掏腰包，出钱 tʃhu31ʃuei53

1470. 谋识计划，寻找 mu44sʅ0

1471. 楞楞小孩子学着站立 ləŋ44ləŋ0

1472. 捻弄小修理，私下通融
ȵiã53nuəŋ0

1473. 言喘说话的意思 ȵiã24tʃhuã53

1474. 撇下放下 phiɛ53xa0

1475. 试火试试 sʅ44xuo0

1476. 撕挖揪，抓 sʅ53Øua0

1477. 拾翻不安稳，乱动 sʅ44fã0

1478. 闪面儿露面 ʂã53miãr53

1479. 挖脱跑了 Øua31thuo31

1480. 揭脱跑了 tɕiɛ31thuo31

1481. 张脱跑了 tʂaŋ31thuo31

1482. 绾缠反反复复做某一件事
Øuã53tʂha0

1483. 耍钱赌博 ʃua53tɕhiã24

1484. 耍把戏儿玩魔术，表演杂技
ʃua31pa53ɕir0

1485. 手背搭双手交叉放在身后
ʂou53pei44ta31

1486. 舔沟子拍马屁 tɕhiã53kou53tsʅ

1487. 掀花花打纸牌 ɕiã24xua53xua0

1488. 歇火烤火 ɕiɛ53xuo0

1489. 捞油水谋取非法所得
lɔ24Øiou24ʃuei53

1490. 把活挃扎啦闯祸
pa31xuo24tiɛ24tsa0la0

1491. 细发细致，仔细节省 ɕi44fa0

1492. 细密指过日子有打算，不胡花钱
ɕi44mi0

1493. □做布鞋时的一道工序，"朊鞋口到子"
ʐuã44

1494. 靸指没有把鞋穿上 sa31

1495. 圪拧来回走动的样子 kɤ53ȵiəŋ0

1496. 支应服侍 tsʅ53Øiəŋ0

1497. 刻里马擦动作麻利，做事快
khɤ53li0ma0tsha0

1498. 天麻字眼天快黑了，看东西已经模糊
thiã53ma0tsʅ44ȵiã53

1499. 雾个登登大雾弥漫
Øu44kɤ0təŋ31təŋ0

1500. 黑嘛咕咚天黑，看不见，没有能见度
xei53ma0ku0tuəŋ0

1501. 胡吹冒料说话不切合实际
xu24tʃhuei31mɔ44liɔ44

1502. 看不来向指没眼色
kha44pu31læ24ɕiaŋ44

1503. 牛眉作社多指女子，不表态，不说话，不好意思 ȵiou24mi0tsuo31ʂɤ44

1504. 黑不溜秋形容皮肤黑而难看
xei31pu31liou0tɕhiou0

1505. 不踏梨勾指人不讲道理
pu31ta24li24kou53

1506. 瓷嘛愣登痴呆的样子
tshʅ24ma53ləŋ44təŋ44

532

1507. 二不愣登 呆头呆脑
Øɚ44pu31ləŋ44təŋ44

1508. 刚巴硬正 刚正，耿直，理直气壮
kaŋ31pa0ȵiəŋ44tʂəŋ44

1509. 瓜眉失眼 老实，呆呆的样子
kua53mi0ʂɻ24ȵiã53

1510. 磨磨叽叽 行动拖拉缓慢
mo44mo0tɕi31tɕi0

1511. 挺子邦子 意同"刻里马擦"，指办事迅速，不打绊子
thiəŋ53tsɻ0paŋ53tsɻ0

1512. 腻尔巴瞪 精神萎靡，见人不热情
ȵi53Øɚ0pa0təŋ0

1513. 牛皮哄哄 自高自大，骄傲自满
ȵiou24phi53xuəŋ0xuəŋ0

1514. 扑气邋遢 邋遢，不精干，不整洁，不干净
phu53tɕhi0la0ta0

1515. 尕哒嘛西 指乱七八糟一大堆
ka53ta0ma31ɕi0

1516. 黏嘛咕咚 不清楚
ẓã24ma0ku24tuəŋ53

1517. 人五人六 装模作样
ẓẽ24Øu53ẓẽ24liou31

1518. 甩手掌柜 不管事的人
ʃuæ53ʂou0tʂaŋ44ku53

1519. 撕气摆呆 死气沉沉，没有生气
sɻ53tɕhi0pæ0tæ0

1520. 土而么却 头上身上落满灰尘，或者形容人不干净
thu53Øɚ0mo31tɕhyo0

1521. 五麻六得 穿着颜色杂乱
Øu53ma0liou31tei0

1522. 榆木疙瘩 老实，善良，愚笨
Øy24mu53kɯ53ta0

1523. 失急忙慌 慌张
ʂɻ53tɕio0maŋ24xuaŋ31

1524. 糟皮溜慌 爱说谎话，骗人
tsɔ53phi0liou44xuaŋ53

1525. 赞尿包子 比喻人语言表达能力强，喜欢炫耀，有贬义
tsã44tɕhiou24pɔ53tsɻ0

1526. 撩猫逗狗 故意挑逗
liɔ24mɔ24tou44kou53

1527. 散里散活 走路懒散的样子
sã44li0sã44xuo0

1528. 嘴噘脸吊 不高兴，很生气
tsuei53tɕɥɛ31liã53tiɔ44

1529. 日眼吧咋 爱占便宜
ʂɻ31ȵiã53pa0tsa0

1530. 呲牙害口 难看的样子
tshɻ53ȵia0xæ44khou53

1531. 稀腰马跨 指人干活不出力，没精神
ɕi31Øiɔ31ma53khua44

1532. 遗鞋掉帽 丢三落四
Øi24xæ24tiɔ44mɔ44

1533. 络络蔓 讲话无聊而没有长短
luo53luo0Øuã44

1534. 吱哇 说话语无伦次 tsɻ53Øua0

1535. □ 形容小孩子瘦弱 tɕhyɛ44

1536. 霍脚扬手 手舞足蹈，放得开，轻浮，沉不住气 xuo31tɕyɛ31Øiaŋ44ʂou53

1537. 指天画星 瞎指挥，不知道高低
tsɻ53thiã31xua44ɕiəŋ53ɕiəŋ31

1538. 不搭眼 不中看 pu24ta31ȵiã53

1539. 踏摸物色 tha31mo0

1540. 牙长难受，不舒服 Øia24tʂhaŋ24

1541. 没祥水 没样子，没水平

mo31ɕiaŋ24ʃuei53

1542. 没□像没指望，没靠头
mo31suaŋ24ɕiaŋ44

1543. 黏嘛摊稀糊涂，不清楚，乱糟糟
ʐã24ma0thã31ɕi0

1544. 歇一下休息一会儿 ɕiɛ31Øi31xa0

1545. 堷底房内地面 tɕhyo24ti53

1546. 壬给现在 ʐẽ44kei0

1547. 下冷子下冰雹 ɕia44ləŋ53tsʅ0

1548. 晒暖暖晒太阳 sæ44luã53luã0

1549. 毛毛雨小雨 mɔ24mɔ0Øy53

1550. 霖雨下连阴雨 liẽ24Øy53

1551. 白雨大雨，暴雨 pei24Øy53

1552. 糁糁雪小雪 tsẽ53tsẽ24ɕyɛ31

1553. 黑云乌云 xei31Øyẽ24

1554. 瓦渣云火烧云 Øua53tsa31Øyẽ24

1555. 贼星彗星 tsei24ɕiəŋ31

1556. 乖的模样好看，多指小孩儿和少女
kuæ53ti0

1557. 日巴歘啥事都干不了
ʂʅ31pa0tʃhua53

1558. 干散利索，麻利，痛快 kã31sã53

1559. 木囊表示动作迟缓 mu44naŋ0

1560. 叵烦没精神，乏困 pho53fã0

1561. 攒劲干练，精干 tsã53tɕiẽ44

1562. 犟拐拐性格固执 tɕiaŋ44kuæ53kuæ0

1563. 哈□不招人喜欢 xa31suəŋ24

1564. 瓜子大脑有问题的人 kua53tsʅ0

1565. 脏腑表示心硬，狠毒 tsaŋ44fu0

1566. 稀乎儿差点 ɕi24xuɚ53

1567. 展拓放得开 tsã53thuo0

1568. 把式行家里手 pa53ʂʅ0

1569. 惜得很漂亮，貌美 ɕi53tei0xẽ53

1570. 心沉贪得无厌 ɕiẽ31tʂhẽ24

1571. 光景过活 kuaŋ31tɕiəŋ53

1572. 务□养活，收养 Øu44luã0

1573. 蛮得很漂亮得很，可爱 mã24tei0xẽ53

1574. 啬皮小气，吝啬 sei31phi24

1575. 诧生在生人面前拘束 tsha44səŋ31

1576. 瓷实比喻某人物质丰厚 tshʅ24ʂʅ53

534

第四章　语法与口头文化

第一节　语法例句

1. 你是哪里人？

    你是打里人？/你是阿搭人？/你屋到阿搭？

    ȵi53sʅ0ta24li53ʐẽ24？/ȵi53sʅ00a53ta31ʐẽ24？/ȵi24ʮu31tɔ44a53ta31？

2. 我是陕西_____人。（说出所在县或市）

    我是淳化人。/我屋在淳化。

    ŋɤ53sʅ0tʃhuẽ24xua53ʐẽ24./ŋɤ24ʮu31tsæ44tʃhuẽ24xua53.

3. 你今年多大？

    你今年多大了？/你几岁咧？/你高寿多少咧？

    ȵi53tɕiẽ31ȵiã24tuo31ta31liə0？/ȵi53tɕi53suei44liə0？/ȵi53kɔ31ʂou53tuo31ʂɔ53liə0？

4. 我_____岁了。（说出自己的实际年龄）

    我七十啦！

    ŋɤ53tɕhi53ʂʅ31la0！

5. 你叫什么名字？

    你叫个啥名字？/你叫个啥？

    ȵi53tɕiɔ44kɤ0sa44miəŋ24tsʅ53？/ȵi53tɕiɔ44kɤ0sa44？

6. 我叫_____。（说出自己的名字）

    我叫冯朝智。

    ŋɤ53tɕiɔ44fəŋ24tʂhɔ24tsʅ44.

7. 你家住哪里？

    你家在搭里？/你到阿搭住着哩？

    ȵi24tɕia31tsæ44ta24li53？/ȵi53tɔ44a53ta31tʃu44tʃuo31li0？

8. 我家住_____。（说出自己居住的地址）

    我家到淳化住的。

ŋɤ53tɕia31tɔ44tʃhuẽ24xua53tʃu44ti0.

9. 谁呀？我是老三。

你是谁？我是老三。

ɲi53sɿ0ʃuei24？ŋɤ53sɿ0lɔ53sã31.

10. 老四呢？他正在跟一个朋友说着话呢。

老四哩？他正跟人谝闲传哩。

lɔ53sɿ44li0？ta53tʂəŋ44kẽ31z̩ẽ24phiã53xã24tʃhuã53li0.

11. 他还没有说完吗？

他咋还没说完哩？

tha53tsa31xa24mo24ʃuo31øuã24li53？

12. 还没有。大约再有一会儿就说完了。

快了，他正说着哩，一会儿就完了。

khuæ44liɔ0，tha53tʂəŋ44ʃuo53tʃu31li0，øi31xueir53tiou44øuã24liɔ53.

13. 他说马上就走，怎么这半天了还在家里呢？

他说马上走哩，现在还急忙不走到家里停下。

tha53ʃuo31ma53ʂaŋ0tsou53li31，ɕiã44tsæ44xuã24tɕi31maŋ24pu31tsou53tɔ44 tɕia53li0thiəŋ44xa0.

14. 你到哪儿去？我到城里去。

你到打里去呀？我到城里去。

ɲi53tɔ44ta24li53tɕhy44øia31？ŋɤ53tɔ44tʂhəŋ24li53tɕhy44.

15. 在那儿，不在这儿

在兀搭，不在这搭。

tsæ44øu44ta0，pu31tsæ44tʂɤ44ta0.

16. 不是那么做，是要这么做的。

不是兀么做，要这么做。

pu31sɿ44øu44mo0tsuo31，øiɔ44tʂɤ44mo0tsuo31.

17. 太多了，用不着那么多，只要这么多就够了。

哎呀，太多咧，不要这多，有一点儿就够了。

øæ53øia0，thæ53tuo31liɛ0，pu31øiɔ44tʂɤ44tuo31，øiou53øi31tiãr31tiou44kou44liɔ0.

18. 这个大，那个小，这两个哪一个好点呢？

这个大，那个碎，你看阿一个好？

tʂɤ44kɤ0ta44，na53kɤ0suei44，ɲi53khã44øa31øi31kɤ0xɔ53？

19. 这个比那个好。

这个给那个好。/这个比那个好。

tʂɤ44kɤ0kei44na53kɤ0xɔ53. / tʂɤ44kɤ31pi53na44kɤ31xɔ53.

20. 这些房子不如那些房子好。

这些房子不胜那些房子。

tʂɤ44ɕiɛ31fɑŋ24tsʅ53puʅ31ʂəŋ44na44ɕiɛ31fɑŋ24tsʅ53.

21. 这句话用_____话怎么说？（填本地地名，本地音）

这一句话用淳化话咋说？

tʂɤ53Øi31tɕy44xua44Øyəŋ44tʃhuẽ24xua53xua44tsa24ʃuo31？

22. 他今年多大岁数？

他今年多大了？/兀今年多大了？

tha53tɕiɛ̃31n̠iã24tuo31ta44la0？/ Øu53tɕiɛ̃31n̠iã24tuo31ta31la0？

23. 大概有三十来岁吧。

大概有三十多岁。

ta44kæ44Øiou53sã53ʂʅ0tuo31suei44.

24. 这个东西有多重呢？

这个东西有多重？

tʂɤ44kɤ0tuəŋ53ɕi0Øiou53tuo31tʃuəŋ44？

25. 有五十斤重呢。

有五十斤重。

Øiou53Øu53ʂʅ0tɕiɛ̃31tʃuəŋ44.

26. 拿得动吗？

你拿得动吗？

n̠i53na24tei31tuəŋ44ma0？

27. 我拿得动，他拿不动。

我能拿动，他拿不动。

ŋɤ53nəŋ24na24tuəŋ53，tha53na24pu31tuəŋ53.

28. 真不轻，重得连我都拿不动了。

真沉，连我都拿不动。

tʂẽ53tʂhẽ24，liã24ŋɤ53tou31na24pu31tuəŋ44.

29. 你说得很好，你还会说点儿什么呢？

你说得很好，你还能说些啥？

n̠i53ʃuo53ti0xẽ53xɔ53，n̠i53xuã24nəŋ24ʃuo31ɕiɛ31sa44？

30. 我嘴笨，我说不过他。

我嘴笨，说不过你。

ŋɤ53tsuei53pẽ44，ʃuo31pu31kuo24n̨i53.

31. 说了一遍，又说了一遍。

你过来过去走着呢。

n̨i53kuo44læ31kuo44tɕhy0tsou53tʃuo0n̨i0.

32. 请你再说一遍。

你给我再说一下。

n̨i53kei44ŋɤ31tsæ44ʃuo31ɵi31xa0.

33. 不早了，快去吧！

你弄啥哩，赶紧去些！

n̨i53nuəŋ44sa44li0，kã31tɕiẽ53tɕhy44ɕiɛ0！

34. 现在还很早呢。等一会儿再去吧。

还早着呢，等一阵儿。

xuã24tsɔ53tʃuo0n̨i0，təŋ53ɵi31tsɚ31.

35. 吃了饭再去好吧？

那我吃了去，得行？

na24ŋɤ53tʂʅ31liɔ0tɕhy44，tei31ɕiəŋ24？

36. 慢慢儿地吃啊！不要急嘛！

吃慢些，不急。

tʂʅ31mã44ɕiɛ31，pu31tɕi24.

37. 坐着吃比站着吃好些。

坐下吃不要立下吃。

tsuo44ɕia0tʂʅ31pu31ɵiɔ44li53ɕia0tʂʅ31.

38. 这个吃得，那个吃不得。

你吃这，那个不敢吃。

n̨i53tʂʅ31tsɚ53，na53kɤ0pu31kã53tʂʅ31.

39. 他吃了饭了，你吃了饭没有呢？

他吃了饭了，你吃了没？

tha53tʂʅ31liɛ0fã44la0，n̨i53tʂʅ31liɛ0mo31？

40. 他去过上海，我没有去过。

［人家］兀还到上海去，我没去过。

n̨ia31ɵuæ53xuã24tɔ44ʂɑŋ44xæ53tɕhy31，ŋɤ53mo31tɕhy44kuo31.

41. 来闻闻这朵花香不香？

闻一下，看这花香？

Øuē24Øi31çia44，khã44tʂɤ53xua24çiaŋ31？

42. 香得很，是不是？

香得很，得是？

çiaŋ53ti0xē53，tei31sʅ44？

43. 给我一本书！

你给我拿一书。

n̠i53kei44ŋɤ53na24Øi24ʃu31.

44. 我实在没有书嘛！

我没有书！

ŋɤ53mo31Øiou53ʃu31！

45. 你告诉他。

你给他说。

n̠i53kei44tha53ʃuo31.

46. 好好儿地走！不要跑！

好好儿走，不敢跑了！

xɔ53xɔr24tsou53，pu31kã53phɔ53lɔ0！

47. 小心跌下去爬也爬不上来！

小心跌下去了，你爬都爬不上来。

çiɔ53çiē31tiɛ31çia44tɕhy0liɔ0，n̠i53pha24tou31pha24pu31ʂaŋ44læ0.

48. 医生叫你多睡一睡。

医生叫你多睡一会儿。

Øi44ʂəŋ31tçiɔ44n̠i53tuo31ʃuei44Øi31xueir53.

49. 吸烟或者喝茶都不可以。

吃烟喝茶都不行。

tʂhʅ24Øiã31xuo31tsha24tou31pu31çiəŋ24.

50. 烟也好，茶也好，我都不喜欢。

烟茶我都不着。

Øiã31tsha24ŋɤ53tou31pu31tʃuo24.

51. 不管你去不去，反正我是要去的，我非去不可。

你去不去，我今儿要去哩。

n̠i53tɕhy44pu31tɕhy44，ŋɤ53tɕiēr31Øiɔ44tɕhy44li31.

52. 你是哪一年来的？

539

你是阿一年来的？

ȵi53ʂʅ44ɑ31Øi31ȵiã31læ24ti31？

53. 我是前年到的北京。

我是前年来北京的。

ŋɤ53ʂʅ44tɕiã24ȵiã53læ24pei31tɕiəŋ31ti0.

54. 今天开会谁的主席？

今天开会是谁主席？

tɕiẽ31thiã31khæ31xuei44ʂʅ44ʃuei24tʃu53ɕi24？

55. 你得请我的客。

你要请我客哩。

ȵi44Øi44tɕhiəŋ53ŋɤ53khei53li0.

56. 这是他的书，那一本是他哥哥的。

这是他的书，那一本是他哥的。

tʂɤ44ʂʅ44tha53ti24ʃu31，na44Øi31pẽ53ʂʅ44tha31kɤ24ti53.

57. 一边走，一边说。

旋走旋说。

suã44tsou53suã44ʃuo31.

58. 看书的看书，看报的看报，写字的写字。

看书的看书，看报的看报，写字的写字么。

khã44ʃu53ti0khã44ʃu31，khã44pɔ44ti0khã44pɔ44，ɕiɛ53tsʅ44ti0ɕiɛ53tsʅ44mo0.

59. 越走越远，越说越多。

越走越远，越说越多。

Øyɛ31tsou53Øyɛ31Øyã53，Øyɛ24ʃuo31Øyɛ24tuo31.

60. 把那个东西拿给我。

把兀东西给我拿一下。

pa31Øuæ53tuəŋ53ɕi0kei24ŋɤ53na24Øi31ɕia0.

61. 有些地方把太阳叫日头

有些地方把太阳叫日头。

Øiou44ɕiɛ31ti44faŋ31pa31thæ44Øiaŋ31tɕiɔ44Øər53ʂʅ31.

62. 您贵姓？我姓王。

你姓啥？姓王。

ȵi53xiəŋ44sa44？xiəŋ44Øuɑŋ24.

63. 你姓王，我也姓王，咱们两个人都姓王。

你姓王，我姓王，咱两都姓王。

ȵi53ɕiəŋ44Øuɑŋ24，ŋɤ53ɕiəŋ44Øuɑŋ24，tsa24liaŋ53tou24ɕiəŋ44Øuɑŋ24.

64. 你先去吧，我们等一会儿再去。

你先走，我等一下再走。

ȵi53ɕiã31tsou53，ŋɤ53təŋ53Øi31ɕia44tsæ44tsou53.

第二节　北风和太阳

北风跟太阳

有一回，北风跟太阳在那儿争论谁的本事大。争来争去就是分不出高低来。这时候路上来了个走道儿的，他身上穿着件厚大衣。他们俩就说好了，谁能先叫这个走道儿的脱下他的厚大衣，就算谁的本事大。北风就使劲地刮起来了，不过他刮得越是厉害，那个走道儿的把大衣裹得越紧。后来北风没法儿了，只好就算了。过了一会儿，太阳出来了。他火辣辣地一晒，那个走道儿的马上就把那件厚大衣脱下来了。这下儿北风只好承认，他们俩当中还是太阳的本事大。

北风跟太阳

pei24fəŋ31kẽ31thæ44Øiɑŋ0

有一回，北风跟太阳在那儿争论谁的本事大，争来争去就是分不出高低来。

Øiou53Øi31xuei24，pei24fəŋ31kẽ31thæ44Øiɑŋ0tsæ44nar53tsəŋ31lyẽ44ʃuei24ti0pẽ53sʅ0ta44，tsəŋ31læ24tsəŋ31tɕhy44tiou44sʅ0fẽ24pu31tʃhu31kɔ24ti31læ24.

这时候路上来了个走道儿的，他身上穿着件厚大衣。

tsɤ44sʅ24xou31lou44ʂɑŋ0læ24liɔ0kɤ0tsou53tɔr53ti0，tha53ʂẽ53ʂɑŋ0tʃhuã53tʃuo0tɕiã44xou44ta44Øi31.

他们俩就说好了，谁能先叫这个走道儿的脱下他的厚大衣，就算谁的本事大。

tha31mẽ0lia53tiou31ʃuo31xɔ53liɛ0，ʃuei24nəŋ24ɕiã31tɕiɔ44tʂɤ44kɤ0tsou53tɔr53ti0thuo31ɕia44tha53ti0xou44ta44Øi31，tiou44suã44ʃuei24ti0pẽ53sʅ0ta44.

北风就使劲地刮起来了，不过他越是刮得厉害，那个走道儿的把大衣裹得越紧。

pei24fəŋ31tiou44sʅ53tɕi53ti0kua31tɕhi31læ24liɔ53，pu311kuo44tha53Øyɛ31sʅ44kua53ti0li44xæ31，na44kɤ0tsou53tɔr53ti0pa31ta44Øi31kuo53ti0Øyo31tɕiẽ53.

后来北风没法儿了，只好就算了。

xou44læ24pei24fəŋ31mo31far53liɔ0，tsʅ31xɔ53tiou44suã44liɔ0.

过了一会儿，太阳出来了。

kuo44liɔ31∅i31xueir53，thæ44∅iaŋ0tʃhu53læ31liɛ0.

它火辣辣地一晒，那个走道儿的马上就把那件厚大衣脱了下来。

tha53xuo53la31la0ti0∅i31sæ44，na44kɤ0tsou53tɔr53ti0ma53ʂaŋ0tiou44pa31na44tɕiā44xou44ta44∅i31thuo31liɔ0ɕia44læ0.

这下北风只好承认，他们俩当中还是太阳的本事大。

tʂɤ44ɕia44pei24fəŋ31tsʅ31xɔ53tʂhəŋ24ʐə̃44，tha31mẽ0liaŋ53taŋ24tʃuəŋ31xuā24sʅ44thæ44∅iaŋ0ti0pẽ53sʅ0ta44.

第三节　口头文化

一、谚语

1. 好出门不如歹在家。

2. 十里路上混个嘴，不如在家喝凉水。

3. 富人过年哩，穷人过难哩。

4. 人向有钱的，狗咬穿烂的。

5. 得势的猫儿强势虎，落架凤凰不如鸡。

6. 狼走千里吃肉，狗走千里吃屎。

7. 老虎不下狼儿子。

8. 嘴上甜罐子，心里辫辫子，脚下使绊子。

9. 一个槽上拴不了两个叫驴。

10. 人恶人怕天不怕，人善人欺天不欺。

11. 贼没脏，硬如钢。

12. 猫不上树狗撵哩。

13. 政策对了头，一步一层楼。

14. 干部带了头，群众有劲头。

15. 上面千条线，下面一根针。

16. 吃饭要尝哩，说话要详哩。

17. 愁闷瞌睡多，想钱睡不着。

18. 米靠碾，麦靠磨，遇到问题靠琢磨。

19. 死盯不行，吃了今儿没明儿。

20. 天下的弓都是弯的，世上的理都是端的。

21. 一人传虚,十人传实。灯不亮,要人拨,理不明,要人说。

22. 稻多打出米,人多讲出理。

23. 挡不住千人手,挡不住百人口。

24. 一人说话全有理,两人说话见高低。

25. 手里没捉的,嘴上没说的。

26. 不怕不识货,单怕货比货。

27. 砌墙先打基,吃蛋先养鸡。

28. 宁担一千,不担一偏。

29. 出水才见两腿泥。

30. 头绽醋,二梁油。

31. 靠山吃山,靠水吃水。

32. 舍不得娃,套不住狼。

33. 狗大自咬,女大自巧。

34. 麻壮缰绳牢。

35. 宁穿宽里寸,不穿长里尺。

36. 房是招牌地是累,攒下银钱催命鬼。

37. 会说的说圆了,不会说的说黏了。

38. 牛不喝水强按头。

39. 吃馍凭菜哩,打官司凭赖哩。

40. 教会的麻雀唱不圆,强迫的鸡婆不下蛋。

41. 为朋友割断吃食股。

42. 一争两丑,一让两有。

43. 空想一万,抵不住一个实干。

44. 鬼子有钱吹气粗,侄儿有钱不叫叔。

45. 有个瓜女婿,没有个瓜丈人。

46. 龙生龙,凤生凤,老鼠生儿会打洞。

47. 看到娘的脚后跟,知道女儿七八分。

48. 好日鬼,怕掏水。

49. 东风下雨是天吹下的,娃享福是他大积下的。

50. 做贼的紧关门,是非婆娘爱说人。

51. 英雄死在阵上,□汉死在炕上。

52. 男人面软一世穷,女人面软裤带松。

53. 能打狮子滚绣球,那怕走到天尽头。

543

54. 一日不读一日空，三日不读面目生。

55. 秀才学阴阳，哈哈笑一场。

56. 刀快还要加钢，马壮还要料强。

57. 灵人不用细提，响鼓不用重锤。

58. 有智者吃智，无智者吃力。

59. 吃一回亏，学一回乖；头回上当，二回眼亮。

60. 龙眼识宝，牛眼识草。

61. 麦干了值钱，人干了不值钱。

62. 人狂没好处，老鼠狂了猫咬住。

63. 荞麦地里刺蓟花，人家不夸自己夸。

64. 好娘不打戴花女，好老子不打齐肩儿。

65. 绳捆三道紧，账算三遍稳。

66. 识人劝，吃饱饭；识人教，武艺高。

67. 能大能小是条龙，只大不小是条虫。

68. 人过一百，形形色色。

69. 三个婆娘一台戏。

70. 媳妇跟阿家，外甥像舅舅。

71. 出嫁的女儿哭是笑，落榜的书生笑是哭。

72. 丑人爱作怪，黑馍光吃菜。

73. 灯没油咯黑下了，人没钱咯鬼下了。

74. 辈辈鸡儿辈辈鸣。

75. 人比人活不成，骡子比马驮不成。

76. 人皮难背。

77. 人老三个病，爱钱，怕死，没瞌睡。

78. 人多手稠，做活不愁。

79. 龙多了不住旱，婆娘多了怕做饭，伙计多了怕垫圈。

80. 歪人快马天生的，瓷□脸上无情的。

81. 没有乡里泥腿子，哪有城里油嘴子。

82. 男笑一哈哈，女笑一吱啦。

83. 婆娘当家驴揭地，娃娃做活淘死气。

84. 蔫工出细活。

85. 吃嚼过的馍没味道。

86. 紧车工，慢钳工，吊儿郎当当电工。

87. 一笔画不成龙，一锄挖不成井。

88. 人前一句话，马后一鞭杆。

89. 最辣的是红皮萝卜紫头蒜，最难的是迎头婆娘低头汉。

90. 有了一顿，没了撑棍。

91. 嫁鸡随鸡，嫁狗随狗。

92. 帮子不能当底子，媳妇不能当女子。

93. 三片生姜一根葱，能治咳嗽加冒风。

94. 勤劳长寿，懒汉多病。

95. 小病扛，大病躺，重病等着见阎王。

96. 春困秋乏夏打盹，睡不醒的冬三月。

97. 清明吹起坟头土，一旱四十五。

98. 三月三，种下葫芦拿担担。

99. 天怕日食地怕风，老人怕得白须生。

100. 黑云遮北斗，或风或雨有。

101. 星星稠，晒死牛；星星稀，淋死鸡。

102. 久晴大雾必雨，久雨大雾必晴。

103. 淳化有个大疙瘩，离天丢下丈七八。

104. 淳化的饸饹三原面，口镇的婆娘爱吃蒜。

105. 麦种泥窝窝，狗吃白馍馍。

106. 麦黄糜黄，绣姑娘下床。

107. 地是刮金板，人勤地不懒。

108. 吃馍吃边边，种地种滩滩。

二、童谣

1. 正月初一万象新，男女老少笑嘻嘻。

十五元宵雪打灯，高跷社火耍得红。

二月初二龙抬头，冰消雪化闹春耕。

三月清明土地绿，植树造林遍山沟。

四月立夏麦扬花，修渠饮水灌庄稼。

五月端五粽子酒，龙口夺食忙夏收。

六月小暑莫迟疑，抓紧回茬种谷糜。

七月白露打核桃，前后十天种麦好。

八月中秋月儿圆，瓜果蔬菜香满园。

九月重阳日西斜，姑娘下地拾棉花。

十月立冬天变冷，种完麦子把地整。

冬至过后天数九，家庭副业样样有。

腊八煮肉擀长面，锣鼓咚咚又一年。

2. 淳化有个黑松林，从南到北四十里。

秦皇汉武把宫建，七十二景美名传。

3. 教场热萝卜进过贡，通深沟黄瓜脆蹭蹭，

刘家沟柿子最胶黏，田河滩仙桃比蜜甜。

4. 正月过新年，家家人团圆。

当红军的哥哥上前线，叫人好思念。

临别话不断，常常挂耳边。

他为穷人打江山，我把心放宽。

哥哥上前线，妹妹常挂念。

封封书信心相连，知冷又知暖。

参军才一年，捷报寄回还。

男女老少齐称赞，红花挂门前。

哥哥上前线，妹妹搞生产。

为国杀敌流血汗，心啊心里甜。

5. 凉水碗里耀脸脸，去年想你到今年。

白日想你忘做活，银针蛮把妹手戳。

黑了想你睡不着，眼泪擦也擦不干。

梳油头，戴凤冠，端上椅子放门前。

坐着等着过路的客，给我情哥把话捎。

贪走两天走一天，叫哥骑马往回赶。

6. 你高点明灯做啥活？高点明灯做细活，绣花又用缎。

绫罗绸缎被暖开，金银枕头放床头。

脸像银盆嘴像桃，吃饱喝足无忧愁。

7. 嗡嗡纺棉花，纺了两把花。

口袋单子双暖开，半截砖头放炕头。

烂被套子盖身上，肚里饿得难睡着。

三、民间故事

1. 淳化县城名小吃

自古以来，淳化县城有热萝卜和豆腐脑两样名小吃，名气在外，无人不知。城南教场村的早熟热萝卜，三月上市，红皮白肉，香甜水脆，味道像酥梨，非常好吃。城内井水做的豆腐脑，又白又细，又嫩又软，像鸡蛋羹，加上香油调料实在可口。这两样小吃品质好是水土关系，名气大是因为这两样小吃作为贡品觐过皇上，能不出名吗？

传说在唐朝贞观年间，淳化当时叫云阳县，有个举子要进京城长安看望恩师，发愁穷乡僻壤没啥可带。正好春临三月，热萝卜已上市，他婆娘说兀东西在外地还是稀奇，你带上些图个新鲜，恩师肯定高兴。举子说好是好，可是东西太少。他转到南门口，有个卖豆腐脑的，他肚子饿要了一碗，又白又嫩，热气腾腾，吃一口香滑美味，无与伦比。他就对卖主说，这豆腐脑能不能带到长安去。卖主听说要带去长安送恩师，满口答应，行，没麻达，我今天回去给你挑上好豆子，连夜泡好磨浆，明早你来取，不放调料，两三天都坏不了，钱我不收，权当送你，在京城能扬功名就行啦。

第二天一早，他带了一罐豆腐脑，一筐热萝卜，骑马直奔长安看望恩师，恩师官拜中书令，师生见面，分外亲热。他说学生没啥好东西，只带些家乡土产小吃，恩师勿嫌。恩师说，你远道来看望我，何言嫌弃。说话间皇上驾到，谈了会儿军国大事，要回宫去，恩师道："圣上，我这儿有粗茶淡饭，不要嫌弃，品尝一点。"皇上高兴，顺势入座。饭菜端上后，热萝卜香脆可口，豆腐脑爽滑清香，都是他从来没吃过的美味，夸奖道："爱卿有福，此等上好食品，朕未曾用过。"中书令忙说，这是臣云阳县的一个学生带的家乡土产小吃，臣不敢独享，先请圣上尝鲜。皇上说："你给云阳县下道谕旨，把云阳县的热萝卜和豆腐脑列为宫廷用品，年年进贡。"从此，淳化教场热萝卜和豆腐脑名扬四海，久负盛誉。

2. 汉祖御泉，誉满神州

话说淳化县境内，山清水秀风水好，人杰地灵物产丰，历史悠久古迹存，华夏文明多传承。略举其要有，黄帝建明庭，秦修林光宫，汉扩甘泉宫，还有钩弋墓。史家原周鼎，金代铸铁钟，秦砖汉瓦俯拾是，汉祖御泉千古流。今日不说诸多古迹、遗址、文物、传说，单表汉高祖御用水源汉御泉，千古流淌不断，古今水质不变，真可谓上天赐的神水造福人间。

出县城西行南拐约 30 公里，到泾河北岸，淳化、彬县（今彬州市）交界处，从原面边伸延出一道土岭，顺沟而下直到泾河边，土岭尽头高高隆起，状似巨牛的头，伸长脖子在泾河畅饮，故称牛头山。传说古时候有一头神牛，在泾河畔游弋栖息，渴饮长河激流，饥食人间百草，困吸日月精华，年深月久，修炼成一座土山，位于泾河岸边，腹内酿化出圣洁之水。如今泉水从半山腰石岩缝隙涌出，下有小潭，是由地下深处自然溢出，拇指般粗细的五六股细流叮咚作响，注入池中冲起阵阵涟漪，日出水量一百多吨，池水晶莹透亮，清澈见底，甘甜醇香，醉人心脾。水中含有对人体有益的多种微量元素，是疏通血管、降低血脂、补充营养、延年益寿的天赐神水。

两千二百多年前，汉高祖刘邦率农名起义军的一支，首先攻破秦都咸阳城，随后称王汉中，几年后暗度陈仓，打败项羽，称帝咸阳。在国泰民安之际，皇宫内锦衣玉食，他早年听人传说秦始皇派人寻找长生不老药，多年没有结果，在东巡路上暴病驾崩，成千古遗恨。他不想做那无影的事，为与天地同寿，他下旨各地寻找甘甜水源，其中一路寻水人马在距咸阳西北一百多里的九宗山背后，见天空有紫气萦绕，追到牛头山下，有清泉涌出，饮之极为甘爽，大臣将水运回呈献高祖品尝，顿觉神清气爽，龙颜大悦，命为御泉，邻泉原畔的村庄也称御泉村，当地村民见证了朝廷修筑运水大道，运水车队每日络绎不绝，繁忙盛况，水工们赶着三牛拉的木轱辘车，一路车轮叮当，迎着朝阳，赶着黄昏，从御泉起运，长途跋涉，到未央殿放入水池，供皇帝绰饮，美人沐浴，日复一日，年复一年，劳费了多少人工畜力，只为保证专供皇帝的神圣之水。

往事越千年，人间世事经过多少轮回，唯一没变的是甘泉水仍在日夜流淌不息。如今通往御泉的混凝土大道宽阔平展，两旁杨柳夹道，绿荫遮蔽，到了玉泉原畔，视野旷远，沟壑纵横，泾水环绕，草木葱茏，锦鸡鸣叫，空谷传声，好一个人间仙境。让人感叹的是，不见当年牛拉水车的踪影，只有拉满桶装水的汽车在公路上疾驰，造化养人，祖辈生活在御泉村的人尽情享用琼浆玉液，多有长寿者，绵延生命长度，传承大汉基因。上世纪后期以来，当地政府为了让更多的人享用这益寿延年的佳品，先后办起酒厂、醋厂、矿泉水厂，如今的御泉富锶矿泉水厂，在年轻精干的女总经理杨丹的带领下，运用现代化的经营理念，全厂严格管理，车间规范操作，经过过滤、消毒、检验等程序，桶装泉水源源不断运往各地，让普通人也喝上了御用水，过上了帝王般的生活。

四、眉户戏：党的好干部郭秀明

省城住院两月半，与病魔较量在病床前，
每日里常把家乡思念，巍巍群山，茫茫苍原，
让我神驰心往、梦绕魂牵，小流域治理可上马？
水库的工程可曾按时完？果业项目可发展？
养殖业是否走在前，走在前。
村里的大事有人管，家里的事更让我把心担。

担心妻子负担重，担心老父气管炎，
女儿的家庭矛盾可和缓？儿子的终身大事更挂牵，
最思念小龙娃天真浪漫，揪胡子、拽头发，
噘小嘴、瞪小眼，口口声声把姥爷唤，
叫得人心里比蜜甜，比蜜甜。
为人子我不合格，为人父我心未全，
为人丈夫为人汉，更让我内疚，让我羞惭。
眼下又把胃癌患，病到晚期治愈难，
一生中留下多少遗憾，郭秀明实在心不甘，
明知在世时日短，要与死神抢时间，
清晨偷跑出医院，跋山涉水返家园。
走完最后路一段，真的想忠孝能两全，能两全。

五、单口相声：饲养员马宝山

淳化县，马家山，生产队饲养室门朝南，
春日三月个天气暖，门外的牲口拴了个满。
头头喂得滚膘圆，牛脊背上边能擀面。
儿马叫，蹄子弹，草驴撒欢把嘴拌。
大黄牛是哞哞地叫，牛犊子只往肚子下钻。
饮水池边青石板，胡子老汉坐上边。
手里拿着个旱烟袋，吧嗒吧嗒地吸旱烟。
跑来了一头小驴驹儿，兀蹦蹦跳跳到跟前。
又是亲来又是舔，一会儿闻闻老汉的烟。
老汉越看越喜欢，抚抚摸摸逗它玩。
要问这老汉的名和姓，他就是有名的模范饲养员马宝山。
马宝山，兀六十三，饲养牲口是模范。
许多人向他学经验，老汉只笑没啥谈。
多亏了他的兀助手马大年，忙替老汉发了言。
树有根，兀水有源，要知根底还得从头谈。
前几年村里把社办，头一个饲养员叫马八船。
起初因为他能干，哎！兀结果他才真麻眼。
草料不细圈不干，敷衍了事混天天。
槽上的牲口他不管，兀夜夜回家还睡了个甜。

嗯，兀不负责任还不算，偷摸饲料毛病全。
哑巴牲口真可怜，饿着肚子个把活干。
遇见愣娃猛加鞭，还嫌牲口走得慢。
时间没有个过半年，牲口简直不能看。
卧倒的牲口难起站，圈里抬牛是家常饭。
社员个个有意见，话零半半嫌得饲养员。
群众的眼睛真个尖，出现了好手马宝山。
老汉上任没几天，饲养室面貌大改变。
把牲口分类又编号，分槽喂养勤照料。
模范的事迹真不少，我这里主要谈两条。
嗯，开始有条大乳牛，兀腰弯肋子稀特别瘦。
兀没寻过头，还没下过牛。
遇见大风能刮倒，这个说是赔钱货，那个说不如杀了咥了肉。
老汉一听忙搭言，说你们先不要下断言，我来喂养着看一看。
乳牛遇上了马宝山，真是跌到福窖里边。
单另槽，单另圈，饲料又细料又面，精心喂个细心管。
牛吃草老汉朝前看，乳牛身上生了癣，按时给它把药换。
这头乳牛也真争气，不到两月大转变。
腿粗腰壮沟蛋圆，套车拉犁都能干。
前几向，配上种，今年又把牛犊子产。
这件事儿真稀罕，模范的事迹远近传。
去年大年三十晚，支部书记走进圈。
看二叔，笑满面，今晚我来换你的班。
老汉一听忙搭言，说书记不能这样办。
国庆节，阳历年，四时八节你把我换。
你的兀工作都不闲，难道就不歇几天？
况且咱听轮流决定，下驴驹子就在这几天。
要是一时管不好，牲口受罪人作难。
书记一听忙搭言，说二叔你把心放宽。
给驴接生我能干，请你莫要把心担。
书记劝老汉快回家，说了半晌不顶啥。
急得动手把老汉拉，老汉实在拗不过，只得听了书记的话。
老汉跷进家门槛，听见老婆正把孙儿喊，

说："圣美娃，乖蛋蛋，快叫你爷来吃饭，

一年忙了三百六十天，今晚回来要团一个年。"

老汉一听忙搭言，嗯，你妈你也换了个年。

逢年过节放假天，我迟回一步你就埋怨。

老汉进屋坐炕边，媳妇端茶又取烟。

全家团聚了大半晚，各自安眠还睡了个甜。

唯有老汉马宝山，翻来覆去难合眼。

想过去，比今天，新旧相比不一般。

老汉越思心越甜，悄悄起身把衣穿，跑到饲养室看一番。

老婆婆给她睡了个一夜没动弹，忽然听见锣鼓响连天。

大年初一到人间，老婆翻身睁开眼，看窗才亮了一点点。

要让老汉睡个美，轻手轻脚把衣穿。

下了炕，暗嘟囔，说马经理，成老将。

平时把你拉不上炕，我今日要叫你睡个大天亮。

睡够了，快起床，荷包鸡蛋来两双。

吃罢饭个把衣换，要看［人家］豫剧团把戏演。

老婆开门沉脸儿望，一看老汉没有在炕上。

喊得叫你脚手忙，你得得是去茅房。

老婆当老汉去后院，靠着后门大声喊。

你爹，你爹，老汉却在身后搭了言。

说啊，你妈夔再胡乱喊，快把这头小驴驹在炕上暖。

老婆听言扭头看，兀是啥要在东西床上暖。

开言就把老汉怨，［人家］白把你活了六十三。

你看新春家家都过年，老牛老马也歇三天。

书记关怀把你换，叫你回来歇个班。

谁教你不想安闲推时间，饲养室里跑了个欢。

你还说了一个善，把驴驹抱到炕上暖。

老汉一看防不住哩。

立即说话方法欠，你妈你也太封建。

如今不是解放前，人心热，干劲添。

谁管它过年不过年，老婆子没得顺气丸，软钉子碰得心口酸酸。

你快走，驴抱远，饲养室去和牛做伴。

头疼脑热少寻我，屋里就没有你个死老汉。

马宝山，闻言只想老伴和往常不一样。
咦，大概是怕驴驹脏，噢，暖牛犊的事情还没忘。
前次把牛犊在炕上暖，没小心给［人家］屄了一大摊。
哎，这次我守在跟前看，保险不叫你胡弹嫌。
兀哑巴牲口全凭人照管，它是咱队上的宝贝蛋。
兀老婆半晌才开言，好事硬光放出点。
说这个牲口我不管，这里不是暖驴店。
兀马宝山就暗自想，老伴和往常确实是不一样。
老汉想着想着他把身转，那是这向。
我把驴驹抱回圈，我看咱俩个缘分满，过不成干脆闹另干。
老汉拔腿向外走，这下把老婆给咥住了。
咦，老汉人都成了兀老将，平时都没和她闹过仗，
这回要是气坏他，那才后悔怨自家。
上前忙把老汉拉说，娃他爷，你还想跑呀。
你又不是十七八，闹另干你还想咋呀。
老汉噗嗤笑出声，哎！我看你也是个没才不算账。
两句话吓得你给败了兵，老伴才知上了当。
只得叫把驴驹在炕上放，老婆怒脸变笑脸。
咦，［人家］你才是个老熬煎。

六、故事：女儿要出嫁

女儿要出嫁，把人忙了个扎了！
咦，他大是个老木瓜，兀白吃五谷兀不顶啥。
女儿要是没有我这妈，兀出门也难带上一枝花。
我宁是抓养了三个女儿，［人家］兀个个都长得聪明伶俐。
［人家］可就是我个死老汉，那兀是个实实实实的个老实疙瘩子。
屋里兀啥啥都由我老婆子操心，兀打桩子盖房，起发姑娘办嫁妆，
兀一样事离了我都闹不成。
我大女儿出嫁的时候，我要了兀一点儿彩礼，
你看村里那些没言手下巴子，
他们都说长道短，［人家］还骂我是个要不够。
咦，［人家］旁人说就罢了么！
［人家］就我兀死老汉么，［人家］也跟上人家数话我呢。

今个是我二女儿出嫁的时候，我要了一点儿彩礼。
她兀婆家，兀是个啬啬啬啬的个啬皮，
你看咱要把娃给［人家］，给［人家］要了点儿彩礼，
兀就像挖［人家］身上的兀肉呢！兀就像挖［人家］身上的兀肉呢！
你看把［人家］难成的呦，难成的呦！
［人家］今儿个给一尺，［人家］明儿个给一寸，
［人家］今儿个给一条线，［人家］明儿个给一苗针，
他这次彩礼要是给不完的话，我女娃就不上他家的兀门！
灵草，快把你兀头收拾收拾！
看［人家］花轿到了么，你看这也没好的，那也没对的，
你看你爹那兀死挨刀子，［人家］要彩礼去，这个时候还没见回来的。
那我看去，那我看去，［人家］兀狼把兀给咥到路上咧！

七、快板：出南门

出南门，到南关，漫步走了呢下西关，
道路规划很整齐，楼房全部是新盖的，
两边路灯真耀眼，一到晚上像白天，
大小汽车来回穿，南关发展得像西安。
县城每逢一四集，街道热闹好生意，
个体商户摆摊点，淳化吃食子有特点。
山地能长洋芋蛋，北山有名的吃多面，
山东荞麦子黑颗颗，吃盔翘面压饸饹，
红白萝卜包煮馍，兀风味小吃很不错。
淳化县城说一段，听我再把城外谈。
咱淳化，多山川，东西南北面积宽，
地理风物很自然，气候湿润很不差，
实是实是种庄稼，新鲜事我说不完。
咱说东西两大塬，方里塬半在东边，
三凌耀县和三塬，条条大路通四方，把车一直到夕阳。
南北举才徐上村，号城方里的白菜心，特别是方镇大巨变，
新做嘹的有剧院，新修街道黑柏油，
两边盖得是商品楼，三六九日把集逢，
市场热闹好繁荣，一问还有个乡办厂，

时常听着个机器响，产得个奶粉炼乳全，都送到那西安珍珠泉。
过安塬，到秦庄，往上还有个园林厂，
园林场是大果园，万亩苹果赛冰盘，
秦冠秦香小国光，味道鲜美吃起香，
原产苹果百万斤，个吃不完了还出国。
细说慢叫个谈不尽，说了方里说润镇，
润镇塬，更不小，望去柿子胡家庙，
黄埔乡上靠河畔，过了泾河到彬县（今彬州市），
县上个农业很发达，工业发展得也不差，
链轨拖拉机把地翻，粮食年年胜往年，
各乡都有大企业，年年盈余好一些，
关中水地是两改建，新旧相比不一般。
过去有一个烂关中，如今关中是个好地方，
街面整个大修缮，新上门市新商店，
二五八日逢大集，周围群众来贸易。
润镇街上真新鲜，随新街道盖了个满，
润镇古街很名贵，三月十八有鼓会，
十里塬半到兀家，十里塬苹果人人夸，
品种优良个头美，果树茬子谁咱配。
县城美得我说不完，现在听我说县南，
袋袋儿桥，下南关，柏油公路是水河湾，
直通咸阳是到西安，车马畅通黑油光，三王沟口接泾阳。
这一川道多山贼，自古人称黑松林。
黑松林，有名声，四十里地好风景，
重倾来向小龙潭，水深没地没边沿，
山贼说是个黑牛湾，死牛憋尽心不端。
把水泥厂说设在它跟前，
这个厂是规模大，生产具有现代化，
年产万吨一千八，兀背后还有盐酸甲，
壤的个洋灰没麻达，工业农业都用它，
攀人们造福圣人桥，中间加了个棱子窑，
清水河岸石头多，石桥还有个打儿窝。
黑松林胜七十二景，看完就得三天整，

这些传说很当真，翻转回来说城北。
县城以北面积大，北上通到崖子洼，
崖子洼，再向西，交界靠的是旬邑。
崖子洼有的是大深山，煤层一直通铜川，
过去煤层没人挖，传兀都是个亮疙瘩，
如今矿井好设备，采煤全部用机器，
工人同志上下班，坐的轿车很眼宽。
矿井出炭功效高，年年产量超指标，
立在山顶往下看，有了林场再弄办，
树木茂密遮山凉，往下再走到铁王。
铁王有一个大疙瘩，离天只有丈七八，
相传埋的是汉高帝，历史悠久有名气。
说完东南到西北，淳化处处面貌新。
最后听我说农村。三中全会指行向，
淳化人民喜洋洋，传会出现了新形势，
我县实行了生产责任制，富民政策放得宽。
现在生产大包干，人欢马叫搞生产，
一家更比一家产，人心稳定去挣钱，
家家都种责任田，群众文化知识多，
人人种田讲科学，庄稼种了个入了门，
科学种田施化肥，事事如愿快人心。
一亩能打七八百，现在粮食过了八百，
种植兴起在后面，家有余粮有存钱，三年不说吃不完。
只要你走到淳化县，家家吃的是黏荞面，油泼辣子葱炸蒜，
手里拿着个软蒸馍，猪肉夹的是白坨坨，
出了东家是进西家，是顿顿吃饭锅滋啦，
就这还像不太赖，晚上还得四个菜，
一家大小围一圈，连吃带笑说得欢。
又问生活为啥好得很么，多亏党的兀政策美。

永寿县篇

第一章 总 论

第一节 人文地理、历史沿革、人口概况

永寿县位于陕西省中部偏西,地处渭北高原南缘,素有"秦陇咽喉,彬宁锁钥"之称。距省会西安 100 千米,距咸阳 73 千米。东与礼泉、淳化两县毗邻,南与乾县、扶风县接壤,西和麟游县相连,北与彬州市相接。南北最长 53.7 千米,东西最宽 37.3 千米,总面积 889 平方千米。

永寿县的历史非常久远,在夏代时,永寿属漆国地,在商、周时永寿县所在地是周的先祖公刘、太王的封地,当时属于豳国。春秋战国时属秦。据《元和郡县志》:永寿县"因(永寿)原而名"。西魏大统十四年(548 年)在今县北境广寿原置广寿县,北周大象元年(579 年)县治迁今永寿村,更名永寿县,属新平郡。隋开皇三年(583 年)废永寿县入新平县;十七年(597 年)在县南设上宜县(今县西南店头镇好畤河)。唐武德二年(619 年)复置永寿县,县治在麻亭(今旧县城),隶属豳州。北宋政和八年(1118 年)并属醴州。金代好畤县属乾州,永寿县属邠州。元至元五年(1268 年)废好畤县入奉天县,划永寿县属乾州。明、清因之。1914 年属关中道。1928 年直属省。1930 年县治由麻亭迁监军镇。1949 年属邠县分区。1950 年属宝鸡专区。1956 年直属省。1958 年永寿县并入乾县,1961 年复置,属咸阳专区。1968 年属咸阳地区。1983 年属咸阳市。

截至 2022 年,永寿县辖 6 镇、1 办,157 个行政村,总人口 20.34 万。

第二节 方言归属与内部差异

永寿方言属于中原官话的关中片。张维佳在其《演化与竞争:关中方言音韵结构的变迁》一书中将陕西关中方言细分为西府话和东府话。西府话包括 13 个市县,一般指的是宝鸡市及宝鸡市所属的各县。东府话包括 33 个市县,大体上包括西安、

咸阳、铜川、渭南地区以及陕南范围内的"四县"和陕北范围内的"六县"等。永寿县隶属于咸阳市，一直以来永寿方言被划归为东府话，但从地理位置上看，永寿县处于西府与东府之间的过渡地带，因此，永寿方言既具有西府话的特点，又带有东府话的特色。

第三节　发音人和调查人概况

方言发音人（一）

1. 姓名：杨瑞学
2. 单位（退休前）：陕西省咸阳市永寿县监军街道办蒿店村
3. 通信地址：陕西省咸阳市永寿县监军街道办蒿店村
4. 性别：男　　民族：汉
5. 出生年月日（公历）：1955 年 5 月 17 日
6. 出生地（从省级至自然村级）：陕西省咸阳市永寿县监军街道办蒿店村
7. 主要经历：一直生活在农村，有着十几年村主任工作的经历，热爱秦腔。
8. 文化程度：高中
9. 职业：村干部

方言发音人（二）

1. 姓名：杨瑞太
2. 单位（退休前）：陕西省咸阳市永寿县药材公司
3. 通信地址：陕西省咸阳市永寿县监军街道办蒿店村
4. 性别：男　　民族：汉
5. 出生年月日（公历）：1954 年 1 月 1 日
6. 出生地（从省级至自然村级）：陕西省咸阳市永寿县监军街道办蒿店村
7. 主要经历：一直在药材公司上班，退休后生活在农村，喜欢文艺。
8. 文化程度：小学
9. 职业：工人

调查人

1. 姓名：王一涛

2. 单位：咸阳师范学院
3. 通信地址：陕西省咸阳市渭城区文林路东段 1 号
4. 协助调查人 1 姓名：赵露露
5. 协助调查人 2 姓名：郭　涛

第二章 语 音

第一节 声 母

声母二十七个，包括零声母在内。

p 八兵病笔　　ph 派片爬平　　m 麦明门马　　f 飞蜂肥放
t 多毒东打　　th 讨天土透　　　　　　　　　　l 脑南连路
ts 资早贼再　　tsh 刺草寸从　　　　　　s 丝山事瘦
tʂ 张照桌镇　　tʂh 车唱抽厂　　　　　　ʂ 上手十身　　ʐ 热认让扔
tʃ 装柱竹　　　tʃh 床春吹　　　　　　　ʃ 船顺书　　　ʒ 如授
tɕ 挤几九家　　tɕh 清全轻前　　ȵ 年泥女捏　　ɕ 想谢县先
k 高共歌敢　　kh 开快跪看　　ŋ 熬安我恶　　x 河灰好后
ø 月云味用

说明：

① [th] 与合口韵，特别是与 [uo] 韵相拼时双唇颤动明显。
② [p、ph] 与 [u、o] 相拼时，带有唇齿擦化色彩，实际音值为 [pᶠ、pʰᶠ]。
③ [f] 与 [u、o] 相拼时，摩擦较重。
④ [x] 的发音部位略靠后，与合口呼相拼时摩擦较重。
⑤ [ts、tsh、s、tʂ、tʂh、ʂ] 与舌尖元音 [ɿ、ʅ] 相拼时，摩擦较重。
⑥ [tʃ] 类声母发音时，有比较明显的圆唇色彩。

第二节 韵 母

韵母三十九个，不包括儿化韵。

ɿ 丝试时指　　　i 戏米急地　　　u 五主猪谷　　　y 雨橘局曲
ʅ 十尺直
ər 二儿

a 茶辣八擦	ia 牙鸭夏夹	ua 瓦话瓜夸	
æ 开菜抬来	iæ 鞋岩	uæ 快拐怀歪	
ɤ 歌壳我可	iɛ 写茄节铁		
o 磨婆拨		uo 坐盒活锅	yo 月学药绝
ɔ 包讨道脑	iɔ 笑桥浇鸟		
ɯ 疙核			
ei 赔白色给		uei 鬼国回雷	
ou 豆走透头	iou 油牛绿休		
æ̃ 南山半贪	iæ̃ 年件脸先	uæ̃ 短管宽欢	yæ̃ 全远卷选
ɜ̃ 根深春陈	iɜ̃ 林新银勤	uɜ̃ 村春滚魂	yɜ̃ 云军逊熏
ɑŋ 挡绑芒党	iɑŋ 想样江强	uɑŋ 王窗黄装	
əŋ 升灯梗坑	ieŋ 灵病拧听	ueŋ 东红横通	yeŋ 用穷兄荣

说明：

① [ɿ] 的音值介于 [ɿ、ʮ] 之间。

② [ər] 发音时开口度较大，接近 [ar]。

③ [u] 类韵母拼 [tʃ] 类声母时，与声母结合得特别紧密。

④ [u] 类韵母与 [ts] 类声母相拼时，韵母舌位靠前，发音接近 [ʮ]。

第三节　单字调

单字调四个。

阴平 31 东春百搭节拍刻六麦叶　　阳平 24 门牛油铜皮急毒白盒罚

上声 53 懂古九统苦讨草买老五　　去声 44 动近后寸去卖路硬乱地

第四节　连读变调

后字非轻声两字组连调模式见表 2-1。

表 2-1　后字非轻声两字组连调模式

后字 前字	1 阴平 31	2 阳平 24	3 上声 53	4 去声 44
1 阴平 31	24 + 31 31 + 31	31 + 24	31 + 53	31 + 44
2 阳平 24	24 + 31	24 + 24	24 + 53	24 + 44

续表

后字 前字	1 阴平 31	2 阳平 24	3 上声 53	4 去声 44
3 上声 53	53 + 31	53 + 24	31 + 53 53 + 53	53 + 44
4 去声 44	44 + 31	44 + 24	44 + 53	44 + 44

非叠字组后字轻声两字组连调模式见表 2–2。

表 2–2　非叠字组后字轻声两字组连调模式

后字 前字	1 阴平 31	2 阳平 24	3 上声 53	4 去声 44
1 阴平 31	53 + 0 31 + 0	53 + 0 24 + 0	53 + 0	53 + 0
2 阳平 24	24 + 53	24 + 53	24 + 53	24 + 53
3 上声 53	44 + 0 53 + 0	44 + 0 53 + 0	53 + 0	53 + 0
4 去声 44	44 + 0	44 + 0	44 + 0	44 + 0

第五节　单　字

0001. 多 tuo31
0002. 拖 thuo31
0003. 大～小 tuo44
　　（白）/ta44
　　（文）
0004. 锣 luo24
0005. 左 tsuo53
0006. 歌 kɤ31
0007. 个一～ kɤ44
0008. 可 khɤ53
0009. 鹅 ŋɤ24
0010. 饿 ŋɤ44
0011. 河 xuo24

0012. 茄 tɕhiɛ24
0013. 破 pho44
0014. 婆 pho24
0015. 磨动 mo24
0016. 磨名 mo44
0017. 躲 tuo53
0018. 螺 luo24
0019. 坐 tsuo44
0020. 锁 suo53
0021. 果 kuo53
0022. 过 kuo44
0023. 课 khuo44
0024. 火 xuo53

0025. 货 xuo44
0026. 祸 xuo44
0027. 靴 ɕyo31
0028. 把量 pa31
0029. 爬 pha24
0030. 马 ma53
0031. 骂 ma44
0032. 茶 tsha24
0033. 沙 sa31
0034. 假真～ tɕia53
0035. 嫁 tɕia44
0036. 牙 ȵia24/
　　 Øia24（又）

0037. 虾 ɕia31
0038. 下底～ xa44
　　（白）/ɕia44
　　（文）
0039. 夏春～ ɕia44
0040. 哑 Øia53
0041. 姐 tɕiɛ24
0042. 借 tɕiɛ44
0043. 写 ɕiɛ53
0044. 斜 ɕiɛ24
0045. 谢 ɕiɛ44
0046. 车不是棋子
　　 tʂhɤ31

0047. 蛇 tʂhæ44/ ʂɤ24（又）
0048. 射 ʂɤ53
0049. 爷 Øiɛ44
0050. 野 Øiɛ53
0051. 夜 Øiɛ44
0052. 瓜 kua31
0053. 瓦 Øua53
0054. 花 xua31
0055. 化 xua44
0056. 华 中~ xua31
0057. 谱 家~，注意声母 phu53
0058. 布 pu44
0059. 铺 动 phu31
0060. 簿 phu44
0061. 步 phu44
0062. 赌 tu53
0063. 土 thu53
0064. 图 thu24
0065. 杜 tu44
0066. 奴 lou24
0067. 路 lou44
0068. 租 tçy31
0069. 做 tsou44
　　（白）/tsu44
　　（白）/tsuo31
　　（文）
0070. 错 对~ tshuo31
0071. 箍 ~桶，注意声母 ku44
0072. 古 ku53

0073. 苦 khu53
0074. 裤 fuər53 ~儿
0075. 吴 Øu24
0076. 五 Øu53
0077. 虎 xu53
0078. 壶 xu24
0079. 户 xu44
0080. 乌 Øu31
0081. 女 ȵy53
0082. 吕 ly53
0083. 徐 çy24
0084. 猪 tʂu31
0085. 除 tʂhu24
0086. 初 tʂhu31
0087. 锄 tʂhu24
0088. 所 ʂuo53
0089. 书 ʂu31
0090. 鼠 ʂu53
0091. 如 ʐu31
0092. 举 tçy53
0093. 锯 名 tçy44
0094. 去 tçhy44
0095. 渠 ~道 tçhy24
0096. 鱼 Øy24
0097. 许 çy53
0098. 余 剩~，多~ Øy24
0099. 府 fu53
0100. 付 fu44
0101. 父 fu44
0102. 武 Øu53

0103. 雾 Øu44
0104. 取 tçhy53
0105. 柱 tʃu44
0106. 住 tʃu44
0107. 数 动 ʃu53
0108. 数 名 ʃu44
0109. 主 tʃu53
0110. 输 ʃu31
0111. 竖 ʃu53
0112. 树 ʃu44
0113. 句 tçy44
0114. 区 地~ tçhy31
0115. 遇 Øy44
0116. 雨 Øy53
0117. 芋 Øy44
0118. 裕 Øy31
0119. 胎 thæ31
0120. 台 戏~ thæ24
0121. 袋 tæ44
0122. 来 læ24
0123. 菜 tshæ44
0124. 财 tshæ24
0125. 该 kæ31
0126. 改 kæ53
0127. 开 khæ31
0128. 海 xæ53
0129. 爱 ŋæ44
0130. 贝 pei44
0131. 带 动 tæ44
0132. 盖 动 kæ44
0133. 害 xæ44
0134. 拜 pæ44

0135. 排 phæ24
0136. 埋 mæ24
0137. 戒 tçiɛ44
0138. 摆 pæ53
0139. 派 注意声调 phæ53
0140. 牌 phæ24
0141. 买 mæ53
0142. 卖 mæ44
0143. 柴 tʂhæ24
0144. 晒 sæ44
0145. 街 tçiɛ31
0146. 解 ~开 tçiɛ53
0147. 鞋 xæ24（白）/çiæ24（文）
0148. 蟹 注意声调 çiɛ31
0149. 矮 ŋæ53
0150. 败 phæ44
0151. 币 pi44
0152. 制 ~造 tʂʅ44
0153. 世 ʂʅ44
0154. 艺 Øi44
0155. 米 mi53
0156. 低 ti31
0157. 梯 thi31
0158. 剃 thi44
0159. 弟 ti44
0160. 递 ti44
0161. 泥 ȵi24
0162. 犁 li24
0163. 西 çi31

564

0164. 洗 ɕi53
0165. 鸡 tɕi31
0166. 溪 ɕi31
0167. 契 tɕhi31
0168. 系联～ɕi44
0169. 杯 phei31
0170. 配 phei44
0171. 赔 phei24
0172. 背～诵 pei31①
0173. 煤 mei24
0174. 妹 mei44
0175. 对 tuei44
0176. 雷 luei24
0177. 罪 tsuei44
0178. 碎 suei44
0179. 灰 xuei31
0180. 回 xuei24
0181. 外 Øuæ44
0182. 会开～xuei44
0183. 怪 kuæ44
0184. 块 khuær53
　　　～儿
0185. 怀 xuæ24
0186. 坏 xuæ44
0187. 拐 kuæ53
0188. 挂 kua44
0189. 歪注意声母
　　　Øuæ31
0190. 画 xua44
0191. 快 khuæ44
0192. 话 xua44
0193. 岁 tsuei44/
　　　suei44（又）
0194. 卫 Øuei53
0195. 肺 fei44
0196. 桂 kuei44
0197. 碑 pi31
0198. 皮 phi24
0199. 被～子 piər53
　　　～儿
0200. 紫 tsʅ31
0201. 刺 tshʅ44
0202. 知 tʂʅ31
0203. 池 tʂhʅ24
0204. 纸 tsʅ53
0205. 儿 Øər24
0206. 寄 tɕi44
0207. 骑 tɕhi24
0208. 蚁注意韵母 Øi53
0209. 义 Øi44
0210. 戏 ɕi44
0211. 移 Øi24
0212. 比 pi53
0213. 屁 phi44
0214. 鼻注意声调 pi24
0215. 眉 mi24
0216. 地 ti44
0217. 梨 li24
0218. 资 tsʅ31
0219. 死 sʅ53
0220. 四 sʅ44
0221. 迟 tʂhʅ24
0222. 师 sʅ31
0223. 指 tsʅ53
0224. 二 Øər44
0225. 饥～饿 tɕi31
0226. 器 tɕhi44
0227. 姨 Øi24
0228. 李 li53
0229. 子 tsʅ53
0230. 字 tsʅ44
0231. 丝 sʅ31
0232. 祠 tshʅ24
0233. 寺 sʅ44
0234. 治 tsʅ44
0235. 柿 sʅ44
0236. 事 sʅ44
0237. 使 sʅ53
0238. 试 sʅ44
0239. 时 sʅ24
0240. 市 sʅ24
0241. 耳 Øər53
0242. 记 tɕi44
0243. 棋 tɕhi24
0244. 喜 ɕi53
0245. 意 Øi44
0246. 几～个 tɕi53
0247. 气 tɕhi44
0248. 希 ɕi31
0249. 衣 Øi31
0250. 嘴 tsuei53
0251. 随 suei24
0252. 吹 tʃhuei31
0253. 垂 tʃhuei24
0254. 规 khuei31
0255. 亏 khuei31
0256. 跪注意声调
　　　khuei44
0257. 危 Øuei31
0258. 类 luei53
0259. 醉 tsuei44
0260. 追 tʃhuei31
0261. 锤 tʃhuei24
0262. 水 ʃuei53
0263. 鳖 piɛ31
0264. 季 tɕi44
0265. 柜 kuei44
0266. 位 Øuei44
0267. 飞 fei31
0268. 费 fei24
0269. 肥 fei24
0270. 尾 ʒuei53
0271. 味 Øuei44
0272. 鬼 kuei53
0273. 贵 kuei44
0274. 围 Øuei24
0275. 胃 Øuei44
0276. 宝 pɔ53
0277. 抱 pɔ44
0278. 毛 mɔ24
0279. 帽 mɔ44
0280. 刀 tɔ31
0281. 讨 thɔ53
0282. 桃 thɔ24

① 应为背 [pei44]。

0283. 道 tɔ44
0284. 脑 lɔ53
0285. 老 lɔ53
0286. 早 tsɔ53
0287. 灶 tsɔ44
0288. 草 tshɔ53
0289. 糙 注意声调 tshɔ44
0290. 造 tsɔ44
0291. 嫂 sɔ53
0292. 高 kɔ31
0293. 靠 khɔ44
0294. 熬 ŋɔ24
0295. 好～坏 xɔ53
0296. 号 名 xɔ44
0297. 包 pɔ31
0298. 饱 pɔ53
0299. 炮 phɔ44
0300. 猫 mɔ24
0301. 闹 lɔ44
0302. 罩 tsɔ44
0303. 抓 用手～牌 tʃua31
0304. 找～零钱 tsɔ53
0305. 抄 tshɔ31
0306. 交 tɕiɔ31
0307. 敲 tɕhiɔ31
0308. 孝 ɕiɔ44
0309. 校 学～ ɕiɔ44
0310. 表 手～ piɔ53
0311. 票 phiɔ44
0312. 庙 miɔ44

0313. 焦 tɕiɔ31
0314. 小 ɕiɔ53
0315. 笑 ɕiɔ44
0316. 朝～代 tʂhɔ24
0317. 照 tʂɔ44
0318. 烧 ʂɔ31
0319. 绕～线 ʐɔ53
0320. 桥 tɕhiɔ24
0321. 轿 tɕiɔ44
0322. 腰 Øiɔ31
0323. 要 重～ Øiɔ44
0324. 摇 Øiɔ24
0325. 鸟 注意声母 ȵiɔ53
0326. 钓 tiɔ44
0327. 条 thiɔ24
0328. 料 liɔ44
0329. 箫 ɕiɔ31
0330. 叫 tɕiɔ44
0331. 母 丈～，舅～ mu53
0332. 抖 tou31/thou31（又）
0333. 偷 thou31
0334. 头 thou24
0335. 豆 tou44
0336. 楼 lou24
0337. 走 tsou53
0338. 凑 tshou44
0339. 钩 注意声母 kou31
0340. 狗 kou53
0341. 够 kou44

0342. 口 khou53
0343. 藕 ŋou53
0344. 后 前～ xou44
0345. 厚 xou44
0346. 富 fu44
0347. 副 fu24
0348. 浮 fu24
0349. 妇 fu44
0350. 流 liou24
0351. 酒 tɕiou53
0352. 修 ɕiou31
0353. 袖 ɕiou44
0354. 抽 tʂhou31
0355. 绸 tʂhou24
0356. 愁 tʂhou24
0357. 瘦 sou44
0358. 州 tʂou31
0359. 臭 香～ tʂhou44
0360. 手 ʂou53
0361. 寿 ʂou44
0362. 九 tɕiou53
0363. 球 tɕhiou24
0364. 舅 tɕiou44
0365. 旧 tɕiou44
0366. 牛 ȵiou24
0367. 休 ɕiou31
0368. 优 Øiou31
0369. 有 Øiou53
0370. 右 Øiou44
0371. 油 Øiou24
0372. 丢 tiou31
0373. 幼 Øiou44
0374. 贪 thæ31

0375. 潭 thæ24
0376. 南 læ24
0377. 蚕 tshæ24
0378. 感 kæ53
0379. 含～一口水 xæ24
0380. 暗 ŋæ44
0381. 搭 ta42
0382. 踏 注意声调 tha24
0383. 拉 注意声调 la31
0384. 杂 tsa24
0385. 鸽 kɤ31
0386. 盒 xuo24
0387. 胆 tæ53
0388. 毯 thæ53
0389. 淡 tæ44
0390. 蓝 læ24
0391. 三 sæ31
0392. 甘 kæ31
0393. 敢 kæ53
0394. 喊 注意声调 xæ53
0395. 塔 tha31
0396. 蜡 la31
0397. 赚 tʃuæ44
0398. 杉～木，注意韵母 sæ31
0399. 减 tɕiæ53
0400. 咸～淡 xæ24（白）/ɕiæ24（文）
0401. 插 tsha31

0402. 闸 tsa44
0403. 夹 ~子 tɕia31
0404. 衫 sæ̃31
0405. 监 tɕia31
0406. 岩 læ24（白）/ Øiæ24（文）
0407. 甲 tɕia31
0408. 鸭 Øia31
0409. 黏 ~液 n̠iæ̃24（文）/ ʐæ̃24（白）/ tʂæ̃31（又）
0410. 尖 tɕiæ̃31
0411. 签 ~名 tɕhiæ̃31
0412. 占 ~领 tʂæ̃44
0413. 染 ʐæ̃53
0414. 钳 tɕhiæ̃24
0415. 验 Øiæ̃44
0416. 险 ɕiæ̃53
0417. 厌 Øiæ̃44
0418. 炎 Øiæ̃44
0419. 盐 Øiæ̃24
0420. 接 tɕiɛ31
0421. 折 ~叠 tʂɤ31
0422. 叶 ~树 Øiɛ31
0423. 剑 tɕiæ̃44
0424. 欠 tɕhiæ̃44
0425. 严 n̠iæ̃24 / Øiæ̃24（又）
0426. 业 n̠iɛ31
0427. 点 tiæ̃53

0428. 店 tiæ̃44
0429. 添 thiæ̃31
0430. 甜 thiæ̃24
0431. 念 n̠iæ̃44
0432. 嫌 ɕiæ̃24
0433. 跌注意声调 tiɛ31
0434. 贴 thiɛ31
0435. 碟 tiɛ24
0436. 协 ɕiɛ24
0437. 犯 fã44
0438. 法 fa31
0439. 品 phiɛ̃53
0440. 林 liɛ̃24
0441. 浸 tɕiɛ̃31
0442. 心 ɕiɛ̃31
0443. 寻 ɕiɛ̃24（白）/ ɕyɛ̃24（文）
0444. 沉 tʂhɛ̃24
0445. 参人~ tshã31①
0446. 针 tʂɛ̃31
0447. 深 ʂɛ̃31
0448. 任责~ ʐɛ̃44
0449. 金 tɕiɛ̃31
0450. 琴 tɕhiɛ̃24
0451. 音 Øiɛ̃31
0452. 立 li31
0453. 集 tɕi24

0454. 习 ɕi24
0455. 汁 tʂɿ31
0456. 十 ʂɿ24
0457. 入 ʐu31
0458. 急 tɕi24
0459. 及 tɕi24
0460. 吸 ɕi31
0461. 单简~ tæ̃31
0462. 炭 thæ̃44
0463. 弹 ~琴 thæ̃24
0464. 难 ~易 læ̃24
0465. 兰 læ̃44
0466. 懒 læ̃53
0467. 烂 læ̃44
0468. 伞注意声调 sæ̃53
0469. 肝 kæ̃31
0470. 看 ~见 khæ̃44
0471. 岸 ŋæ̃44
0472. 汉 xæ̃44
0473. 汗 xæ̃44
0474. 安 ŋæ̃31
0475. 达 ta24
0476. 辣 la31
0477. 擦 tsha31
0478. 割 kɤ31
0479. 渴 khɤ31
0480. 扮 pæ̃44
0481. 办 pæ̃44
0482. 铲 tshæ̃53
0483. 山 sæ̃31

0484. 产注意声母 tshæ̃53
0485. 间房~，一~房 tɕiæ̃31
0486. 眼 n̠iæ̃53
0487. 限 ɕiæ̃44
0488. 八 pa31
0489. 扎 tsa31
0490. 杀 sa31
0491. 班 pæ̃31
0492. 板 pæ̃53
0493. 慢 mæ̃44
0494. 奸 tɕiæ̃31
0495. 颜 Øiæ̃24
0496. 瞎 xa31（白）/ ɕia31（文）
0497. 变 piæ̃44
0498. 骗欺~ phiæ̃44
0499. 便方~ piæ̃44
0500. 棉 miæ̃24
0501. 面 ~孔 miæ̃44
0502. 连 liæ̃24
0503. 剪 tɕiæ̃53
0504. 浅 tɕhiæ̃53
0505. 钱 tɕhiæ̃24
0506. 鲜 ɕiæ̃53
0507. 线 ɕiæ̃44
0508. 缠 tʂhæ̃24
0509. 战 tʂæ̃44
0510. 扇名 ʂæ̃44
0511. 善 ʂæ̃44

① 应为参［ʂɛ̃31］。

0512. 件 tɕiæ44	0544. 憋 piɛ31	0576. 活 xuo24	声调 tɕhiæ31
0513. 延 Øiæ24	0545. 篾 miɛ31	0577. 顽 ~皮，~固 Øuæ24	0602. 绝 tɕyo24
0514. 别 ~人 piɛ24	0546. 铁 tɕhiɛ31		0603. 雪 ɕyo31
0515. 灭 miɛ31	0547. 捏 ȵiɛ31	0578. 滑 xua24	0604. 反 fæ53
0516. 列 liɛ31	0548. 节 tɕiɛ31	0579. 挖 Øua31	0605. 翻 fæ31
0517. 撤 tʂʰɤ53	0549. 切动 tɕhiɛ31	0580. 刐 ʃuæ31	0606. 饭 fæ44
0518. 舌 ʂɤ24	0550. 截 tɕiɛ24	0581. 关 ~门 kuæ31	0607. 晚 Øuæ53
0519. 设 ʂɤ31	0551. 结 tɕiɛ31	0582. 惯 kuæ44	0608. 万 麻将牌 Øuæ44
0520. 热 ʐɤ31	0552. 搬 pæ31	0583. 还动 xuæ24	
0521. 杰 tɕiɛ24	0553. 半 pæ44	0584. 还副 xæ24	0609. 劝 tɕhyæ44
0522. 孽 ȵiɛ31	0554. 判 phæ44	0585. 弯 Øuæ31	0610. 原 Øyæ24
0523. 建 tɕiæ44	0555. 盘 phæ24	0586. 刷 ʃua31	0611. 冤 Øyæ31
0524. 健 tɕiæ44	0556. 满 mæ53	0587. 刮 kua31	0612. 园 Øyæ24
0525. 言 ȵiæ24/ Øiæ24（又）	0557. 端 ~午 tuæ31	0588. 全 tɕhyæ24	0613. 远 Øyæ53
	0558. 短 tuæ53	0589. 选 ɕyæ53	0614. 发头 ~fa31
0526. 歇 ɕiɛ31	0559. 断绳 ~了 tuæ44	0590. 转 ~眼，~送 tʃuæ44	0615. 罚 fa24
0527. 扁 piæ53			0616. 袜 Øua31
0528. 片 phiæ44	0560. 暖 lyæ53	0591. 传 ~下来 tʃhuæ24	0617. 月 Øyo31
0529. 面 ~条 miæ44	0561. 乱 lyæ44		0618. 越 Øyo31
0530. 典 tiæ53	0562. 酸 suæ31	0592. 传 ~记 tʃuæ44	0619. 县 ɕiæ44
0531. 天 thiæ31	0563. 算 suæ44		0620. 决 tɕyo53
0532. 田 thiæ24	0564. 官 kuæ31	0593. 砖 tʃuæ31	0621. 缺 tɕhyo31
0533. 垫 tiæ44	0565. 宽 khuæ31	0594. 船 ʃuæ24/ tʃhuæ24（又）	0622. 血 ɕiɛ31
0534. 年 ȵiæ24	0566. 欢 xuæ31		0623. 吞 thəŋ31
0535. 莲 liæ24	0567. 完 Øuæ24	0595. 软 ʐuæ53	0624. 根 kɛ31
0536. 前 tɕhiæ24	0568. 换 xuæ44	0596. 卷 ~起 tɕyæ53	0625. 恨 xɛ44
0537. 先 ɕiæ31	0569. 碗 Øuæ53		0626. 恩 ŋɛ31
0538. 肩 tɕiæ31	0570. 拨 po31	0597. 圈圆~ tɕhyæ31	0627. 贫 phiɛ24
0539. 见 tɕiæ44	0571. 泼 pho31		0628. 民 miɛ24
0540. 牵 tɕhiæ31	0572. 末 mo31	0598. 权 tɕhyæ24	0629. 邻 liɛ24
0541. 显 ɕiæ53	0573. 脱 thuo31	0599. 圆 Øyæ24	0630. 进 tɕiɛ44
0542. 现 ɕiæ44	0574. 夺 tuo24	0600. 院 Øyæ44	0631. 亲 tɕhiɛ31
0543. 烟 Øiæ31	0575. 阔 khuo31	0601. 铅 ~笔，注意	0632. 新 ɕiɛ31

0633. 镇 tʂɛ̃44
0634. 陈 tʂhɛ̃24
0635. 震 tʂɛ̃44
0636. 神 ʂɛ̃24
0637. 身 ʂɛ̃31
0638. 辰 tʂhɛ̃24
0639. 人 zɛ̃24
0640. 认 zɛ̃44
0641. 紧 tɕiɛ̃53
0642. 银 ȵiɛ̃24
0643. 印 ȵiɛ̃44
0644. 引 ȵiɛ̃53
0645. 笔 pi31
0646. 匹 phi24
0647. 密 mi31
0648. 栗 li24
0649. 七 tɕhi31
0650. 侄 tʂʅ24
0651. 虱 sei31
0652. 实 ʂʅ24
0653. 失 ʂʅ31
0654. 日 ʅər31
（白）/ zʅ31
（文）
0655. 吉 tɕi31
0656. 一 ȵi31
0657. 筋 tɕiɛ̃31
0658. 劲有~ tɕiɛ̃44
0659. 勤 tɕhiɛ̃24
0660. 近 tɕiɛ̃44
0661. 隐 ȵiɛ̃53
0662. 本 pɛ̃53

0663. 盆 phɛ̃24
0664. 门 mɛ̃24
0665. 墩 tuɛ̃31
0666. 嫩 lyɛ̃44
0667. 村 tshuɛ̃31
0668. 寸 tshuɛ̃44
0669. 蹲 注意声母 tuɛ̃31
0670. 孙 ~子 suɛ̃31
0671. 滚 kuɛ̃53
0672. 困 khuɛ̃44
0673. 婚 xuɛ̃31
0674. 魂 xuɛ̃24
0675. 温 ȵuɛ̃31
0676. 卒棋子 tsu24
0677. 骨 ku31
0678. 轮 lyɛ̃24
0679. 俊 注意声母 tɕyɛ̃44
0680. 笋 suɛ̃53
0681. 准 tʂuɛ̃53
0682. 春 tʂhuɛ̃31
0683. 唇 ʃuɛ̃24
0684. 顺 ʃuɛ̃44
0685. 纯 tʂhuɛ̃24
0686. 闰 ʒuɛ̃44
0687. 均 tɕyɛ̃31
0688. 匀 ȵyɛ̃24
0689. 律 ly31
0690. 出 tʂhu31
0691. 橘 tɕy31
0692. 分动 fɛ̃31

0693. 粉 fɛ̃53
0694. 粪 fɛ̃44
0695. 坟 fɛ̃24
0696. 蚊 ȵuɛ̃24
0697. 问 ȵuɛ̃44
0698. 军 tɕyɛ̃31
0699. 裙 tɕhyɛ̃24
0700. 熏 ɕyɛ̃31
0701. 云 ~彩 ȵyɛ̃24
0702. 运 ȵyɛ̃44
0703. 佛 ~像 fo24
0704. 物 ȵuo31
0705. 帮 paŋ31
0706. 忙 maŋ24
0707. 党 taŋ53
0708. 汤 thaŋ31
0709. 糖 thaŋ24
0710. 浪 laŋ44
0711. 仓 tshaŋ31
0712. 钢 kaŋ31
0713. 糠 khaŋ31
0714. 薄形 po24
0715. 摸 注意声调 mo31
0716. 托 thuo31
0717. 落 luo31
0718. 作 tsuo31
0719. 索 suo31
0720. 各 kɤ31
0721. 鹤 xuo31
0722. 恶形, 入声 ŋɤ31
0723. 娘 ȵiaŋ24

0724. 两斤 ~ liaŋ53
0725. 亮 liaŋ44
0726. 浆 tɕiaŋ31
0727. 抢 tɕhiaŋ53
0728. 匠 tɕiaŋ44
0729. 想 ɕiaŋ53
0730. 像 ɕiaŋ44
0731. 张量 tʂaŋ31
0732. 长 ~短 tʂhaŋ24
0733. 装 tʂuaŋ31
0734. 壮 tʂuaŋ44
0735. 疮 tʂhuaŋ31
0736. 床 tʂhuaŋ24
0737. 霜 ʃuaŋ31
0738. 章 tʂaŋ31
0739. 厂 tʂhaŋ53
0740. 唱 tʂhaŋ44
0741. 伤 ʂaŋ31
0742. 尝 ʂaŋ24
0743. 上 ~去 ʂaŋ44
0744. 让 zaŋ44
0745. 姜生~ tɕiaŋ31
0746. 响 ɕiaŋ53
0747. 向 ɕiaŋ44
0748. 秧 ȵiaŋ31
0749. 痒 ȵiaŋ53
0750. 样 ȵiaŋ44
0751. 雀 注意声母 tɕhyo31
0752. 削 ɕiɔ31/ ɕyo31
0753. 着火~了 tʂuo24/

tʃhuo24（又） 0784. 降投～ɕiaŋ24 0809. 黑 xei31 　　　kəŋ31
0754. 勺 ʃo24 0785. 项 xaŋ44 0810. 冰 piəŋ31 0837. 梗注意韵母
0755. 弱 ʐuo31 　　　（白）/ɕiaŋ44 0811. 证 tsəŋ44 　　　kəŋ31
0756. 脚 tɕyo31 　　　（文） 0812. 秤 tshəŋ44 0838. 坑 khəŋ31
0757. 约 øyo31 0786. 剥 pɔ31/ 0813. 绳 ʂəŋ24 0839. 硬 ȵiəŋ44
0758. 药 øyo31 　　　po31（又） 0814. 剩 ʂəŋ44 0840. 行～为，～走
0759. 光～线 kuaŋ31 0787. 桌 tʃuo31 0815. 升 ʂəŋ31 　　　ɕiəŋ24
0760. 慌 xuaŋ31 0788. 镯 tʃuo24 0816. 兴高～ 0841. 百 pei31
0761. 黄 xuaŋ24 0789. 角 tɕyo31 　　　ɕiəŋ31① 0842. 拍 phei31
0762. 郭 kuo31 0790. 壳 tɕhyo31 0817. 蝇注意声母 0843. 白 pei24
0763. 霍 xuo31 　　　（白）/khɤ31 　　　øiəŋ24 0844. 拆 tshei31
0764. 方 faŋ31 　　　（文） 0818. 逼 pi31 0845. 择 tsei24
0765. 放 faŋ44 0791. 学 ɕyo24 0819. 力 li31 0846. 窄 tsei31
0766. 纺 faŋ53 0792. 握 øuo31 0820. 息 ɕi31 0847. 格 kei31
0767. 房 faŋ24 0793. 朋 phəŋ24 0821. 直 tʂʅ24 0848. 客 khei31
0768. 防 faŋ24 0794. 灯 təŋ31 0822. 侧注意声母 0849. 额 ŋei31
0769. 网 øuaŋ53 0795. 等 təŋ53 　　　tshei31 0850. 棚 phəŋ24
0770. 筐 khuaŋ31 0796. 凳 təŋ44 0823. 测 tshei31 0851. 争 tsəŋ31
0771. 狂 khuaŋ24 0797. 藤 thəŋ24 0824. 色 sei31 0852. 耕 kəŋ31
0772. 王 øuaŋ24 0798. 能 ləŋ24 0825. 织 tʂʅ31 0853. 麦 mei31
0773. 旺 øuaŋ44 0799. 层 tshəŋ24 0826. 食 ʂʅ24 0854. 摘 tsei31
0774. 缚 fo24 0800. 僧注意声母 0827. 式 ʂʅ31 0855. 策 tshei31
0775. 绑 paŋ53 　　　səŋ53 0828. 极 tɕi24 0856. 隔 kei31
0776. 胖 phaŋ44 0801. 肯 khẽ53 0829. 国 kuei31 0857. 兵 piəŋ31
0777. 棒 paŋ44 0802. 北 pei31 0830. 或 xuei24 0858. 柄注意声调
0778. 桩 tʃuaŋ31 0803. 墨 mei24 0831. 猛 məŋ53 　　　piəŋ53
0779. 撞 tʃhuaŋ44 0804. 得 tei31 0832. 打注意韵母 ta53 0859. 平 phiəŋ24
0780. 窗 tʃhuaŋ31 0805. 特 thei24 0833. 冷 ləŋ53 0860. 病 piəŋ44
0781. 双 ʃuaŋ31 0806. 贼 tsei24 0834. 生 səŋ31 0861. 明 miəŋ24
0782. 江 tɕiaŋ31 0807. 塞 sei31 0835. 省～长 səŋ53 0862. 命 miəŋ44
0783. 讲 tɕiaŋ53 0808. 刻 khei31 0836. 更三～，打～ 0863. 镜 tɕiəŋ44

---

① 应为［ɕiəŋ44］。

0864. 庆 tɕhiəŋ44
0865. 迎 Øiəŋ24
0866. 影 Øiəŋ53
0867. 剧戏～tɕy44
0868. 饼 piəŋ42
0869. 名 miəŋ24
0870. 领 liəŋ53
0871. 井 tɕiəŋ53
0872. 清 tɕhiəŋ31
0873. 静 tɕiəŋ44
0874. 姓 ɕiəŋ44
0875. 贞 tʂẽ31
0876. 程 tʂhəŋ24
0877. 整 tʂəŋ53
0878. 正～反 tʂəŋ44
0879. 声 ʂəŋ31
0880. 城 tʂhəŋ24
0881. 轻 tɕhiəŋ31
0882. 赢 Øiəŋ24
0883. 积 tɕi31
0884. 惜 ɕi31
0885. 席 ɕi24
0886. 尺 tʂhʅ31
0887. 石 ʂʅ24
0888. 益 Øi31
0889. 瓶 phiəŋ24
0890. 钉名 tiəŋ31
0891. 顶 tiəŋ53
0892. 厅 thiəŋ31
0893. 听～见，注意声调 thiəŋ31
0894. 停 thiəŋ44
0895. 挺 thiəŋ53

0896. 定 tiəŋ44
0897. 零 liəŋ24
0898. 青 tɕhiəŋ31
0899. 星 ɕiəŋ31
0900. 经 tɕiəŋ31
0901. 形 ɕiəŋ24
0902. 壁 pi31
0903. 劈 phi53
0904. 踢 thi31
0905. 笛 ti24
0906. 历农～li24
0907. 锡 ɕi31
0908. 击 tɕi31
0909. 吃 tʂhʅ31
0910. 横 xuəŋ44/xəŋ24（又）
0911. 划计～xua44
0912. 兄 ɕyəŋ31
0913. 荣 Øyəŋ24
0914. 永 Øyəŋ53
0915. 营 Øiəŋ24
0916. 蓬～松 phəŋ24
0917. 东 tuəŋ31
0918. 懂 tuəŋ53
0919. 冻 tuəŋ44
0920. 通 thuəŋ31
0921. 桶注意声调 thuəŋ53
0922. 痛 thuəŋ44
0923. 铜 thuəŋ24
0924. 动 tuəŋ44
0925. 洞 tuəŋ44
0926. 聋注意声调 luəŋ24

0927. 弄注意声母 luəŋ44
0928. 粽 tsuəŋ31
0929. 葱 tshuəŋ31
0930. 送 suəŋ44
0931. 公 kuəŋ31
0932. 孔 khuəŋ53
0933. 烘～干 xuəŋ31
0934. 红 xuəŋ24
0935. 翁 Øuəŋ31
0936. 木 mu31
0937. 读 tu24
0938. 鹿 lou31
0939. 族 tsu24
0940. 谷稻～ku31
0941. 哭 fu31/khu31（又）
0942. 屋 Øu31
0943. 冬～至 tuəŋ31
0944. 统 thuəŋ53
0945. 脓注意声调 luəŋ24
0946. 松～紧 suəŋ31
0947. 宋 suəŋ44
0948. 毒 tu24
0949. 风 fəŋ31
0950. 丰 fəŋ31
0951. 凤 fəŋ44
0952. 梦 məŋ44
0953. 中当～tʃuəŋ31
0954. 虫 tʃhuəŋ24
0955. 终 tʃuəŋ31

0956. 充 tʃhuəŋ53
0957. 宫 kuəŋ31
0958. 穷 tɕhyəŋ24
0959. 熊注意声母 ɕyəŋ24
0960. 雄注意声母 ɕyəŋ24
0961. 福 fu31
0962. 服 fu24
0963. 目 mu31
0964. 六 liou31
0965. 宿住～，～舍 ɕy31
0966. 竹 tʃu31
0967. 畜～生 ɕy31
0968. 缩 ʃuo31
0969. 粥 tsou31
0970. 叔 ʃu24
0971. 熟 ʃu24
0972. 肉 zou44
0973. 菊 tɕy31
0974. 育 Øy44
0975. 封 fəŋ31
0976. 蜂 fəŋ31
0977. 缝一条～fəŋ24
0978. 浓 luəŋ24
0979. 龙 luəŋ24
0980. 松～树，注意声调 suəŋ31
0981. 重轻～tʃuəŋ44
0982. 肿 tʃuəŋ53
0983. 种～树 tʃuəŋ44

0984. 冲 tʃhuəŋ31　　　Øyəŋ31　　　0993. 烛 tʃu31　　　tɕhy31
0985. 恭 kuəŋ31　　　0989. 容 Øyəŋ24　　　0994. 赎 ʃu24　　　0998. 局 tɕy24
0986. 共 kuəŋ44　　　0990. 用 Øyəŋ44　　　0995. 属 ʃu53　　　0999. 玉 Øy31
0987. 凶 吉~ ɕyəŋ31　　　0991. 绿 liou31　　　0996. 褥 ʐu53　　　1000. 浴 Øy31
0988. 拥注意声调　　　0992. 足 tɕy31　　　0997. 曲 ~折，歌~

第三章　词　汇

第一节　规定词汇

一、天文、地理

（一）天文

0001. 太阳～下山了　太阳 thæ44øiaŋ0/日头 øər53thou0/
爷 øiɛ44

0002. 月亮～出来了　月亮 øyo53liaŋ0/
月亮爷 øyo53liaŋ0øiɛ44

0003. 星星　星星 ɕiaŋ53ɕiaŋ0/
宿宿 ɕiou53ɕiou0

0004. 云　云 øyɛ̃24

0005. 风　风 fəŋ31

0006. 台风　无

0007. 闪电名词　闪电 ʂæ53tiæ44

0008. 雷　响雷 ɕiaŋ53luei24/呼噜爷
xu53lu0øiɛ44

0009. 雨　雨 øy53

0010. 下雨　下呢 ɕia44ɳi0/下雨
ɕia44øy53

0011. 淋衣服被雨～湿了　淋 liɛ̃24/
下湿咧 ɕia44ʂʅ31liɛ0

0012. 晒～粮食　晒 sæ44

0013. 雪　雪 ɕyo31

0014. 冰　冰 piaŋ31/冰凌 piaŋ53liɛ̃0/
冰棱 piaŋ53ləŋ0

0015. 冰雹　冷子 ləŋ44tsʅ0

0016. 霜　霜 ʃuaŋ31

0017. 雾　雾 øu44/雾气 øu44tɕhi44

0018. 露　露 lou44/露水 lou44ʃuei53

0019. 虹统称　绛 tɕiaŋ44

0020. 日食　日食 øər53ʂʅ0/天狗吃月
亮 thiæ31kou53tʂhʅ31øyo53liaŋ0

0021. 月食　月食 øyo53ʂʅ0/天狗吃月
亮 thiæ31kou53tʂhʅ31øyo53liaŋ0

0022. 天气　天 thiæ31/天气
tɕhiæ31tɕhi44

0023. 晴天～　晴 tɕhiaŋ24/晴着呢
tɕhiaŋ24tʃuo44ɳi0

0024. 阴天～　阴 øiɛ̃31/阴着呢
øiɛ̃53tʃuo0ɳi0

0025. 旱天～　旱 xæ44/干 kæ31

0026. 涝天～　涝 lɔ44/雨水多咧
øy31ʃuei53tuo31liɛ0

0027. 天亮　天明咧 thiæ31miəŋ24liɛ0/
天亮咧 thiæ31liaŋ44liɛ0

（二）地貌

0028. 水田 无
0029. 旱地浇不上水的耕地 地 ti44
0030. 田埂 塄盖 ləŋ44kæ0
0031. 路野外的 生产路 ʂəŋ31tshæ̃53lou44
0032. 山 山 sæ̃31
0033. 山谷 沟 kou31
0034. 江大的河 无
0035. 溪小的河 河滩 xuo24thæ̃53
0036. 水沟儿较小的水道 水渠渠 ʃuei53tɕhy24tɕhy53
0037. 湖 无
0038. 池塘 涝池 lɔ44tʂʅ0
0039. 水坑儿地面上有积水的小洼儿 水坑坑 ʃuei53khəŋ53khəŋ0
0040. 洪水 发白雨 fɑ31pæ24y53
0041. 淹被水~了 灌水咧 kuæ̃44ʃuei53liɛ0
0042. 河岸 河岸 xuo24ŋæ̃44
0043. 坝拦河修筑拦水的 水坝 ʃuei53pɑ44
0044. 地震 地动了 ti44tuəŋ44liɔ0/地牛翻身 ti44niou24fæ̃24ʂə̃53
0045. 窟窿小的 窟窿 khu53luəŋ0/眼眼 ȵiæ̃44ȵiæ̃0
0046. 缝儿统称 缝缝 fəŋ44fəŋ0

（三）物象

0047. 石头统称 石头 ʂʅ24thou53
0048. 土统称 土 thu53
0049. 泥湿的 泥 ȵi24
0050. 水泥旧称 洋灰 Øiaŋ24xuei31
0051. 沙子 沙子 sa53tsʅ0
0052. 砖整块的 砖 tʃuæ̃31/砖头 tʃuæ̃53thou0
0053. 瓦整块的 瓦 Øua53
0054. 煤 炭 thæ̃44
0055. 煤油 煤油 mei24Øiou24
0056. 炭木炭 无
0057. 灰烧成的 灰 xuei31
0058. 灰尘桌面上的 灰 xuei31/灰尘 xuei31tʂhə̃24
0059. 火 火 xuo53
0060. 烟烧火形成的 烟 Øiæ̃31
0061. 失火 着火了 tʃhuo24xuo53liɛ0
0062. 水 水 ʃuei53
0063. 凉水 生水 ʂəŋ31ʃuei0/冰水 piəŋ31ʃuei0/凉水 liaŋ24ʃuei0
0064. 热水如洗脸的热水，不是指喝的开水 温水 Øuə̃31ʃuei0/温温水 Øuə̃53Øuə̃0ʃuei0/热水 zɤ31ʃuei0
0065. 开水喝的 煎水 tɕiæ̃31ʃuei0/滚水 kuə̃31ʃuei0/开水 khæ̃31ʃuei0
0066. 磁铁 吸铁石 ɕi31thiɛ31ʂʅ24

二、时间、方位

（一）时间

0067. 时候吃饭的~ 时间 sʅ24tɕiæ̃53
0068. 什么时候 啥时间 sa44sʅ24tɕiæ̃31/啥时候 sa44sʅ24xou0
0069. 现在 壬给 zə̃24kei53
0070. 以前十年~ 头里 thou24li53/以前 Øi31tɕhiæ24

0071. 以后十年～ 后来 xou44læ0
0072. 一辈子 一世 Øi31ʂɿ44
0073. 今年 今年 tɕiɛ̃31n̠iæ24
0074. 明年 明年 miəŋ24n̠iæ53
0075. 后年 后年 xou24n̠iæ24
0076. 去年 年时 n̠iæ24sɿ53
0077. 前年 前年 tɕhiæ24n̠iæ53
0078. 往年过去的年份 以年 Øi53n̠iæ0/
往年 Øuaŋ44n̠iæ0
0079. 年初 过毕年 kuo44pi31n̠iæ24
0080. 年底 年跟前 n̠iæ24kɛ̃53tɕhiæ0/
年跟跟儿 n̠iæ24kɛ̃31kɛ̃r24
0081. 今天 今儿 tɕiɛ̃r31
0082. 明天 明儿 miər24
0083. 后天 后儿 xour53
0084. 大后天 外后儿 Øuæ44xour0
0085. 昨天 夜来 Øiɛ44læ0
0086. 前天 前儿 tɕhiær24
0087. 大前天 上前儿 ʂaŋ44tɕhiær24
0088. 整天 一天 Øi24thiæ31
0089. 每天 天天 thiæ24thiæ31
0090. 早晨 今早儿 tɕiɛ̃31tsɔr53/早上 tsɔ44ʂaŋ0
0091. 上午 上午 ʂaŋ44Øu0
0092. 中午 爷端了 Øiɛ44tuã31liɛ0/
中午 tʂuəŋ31Øu53
0093. 下午 乎儿 xuər53/后响 xou44ʂaŋ0
0094. 傍晚 才黑了 tshæ24xei31liɛ0
0095. 白天 白儿 peir24
0096. 夜晚与白天相对，统称 晚上 Øuæ̃44ʂaŋ0/黑咧 xei31liɛ0
0097. 半夜 半晚上 pæ̃44Øuæ̃53ʂaŋ0/
半夜 pæ̃44Øiɛ44
0098. 正月农历 正月 tʂəŋ53Øyo0
0099. 大年初一农历 过年了 kuo44n̠iæ24liɛ53
0100. 元宵节 过十五 kuo44ʂɿ24Øu53/
打灯笼 ta53təŋ53luəŋ0
0101. 清明 清明 tɕhiəŋ53miəŋ0
0102. 端午 端午 tuæ31Øu0/
当午 taŋ31Øu0
0103. 七月十五农历，节日名 无
0104. 中秋 八月十五 pa53Øyo0ʂɿ31Øu53
0105. 冬至 冬至 tuəŋ31tsɿ44
0106. 腊月农历十二月 腊月 la53Øyo0
0107. 除夕农历 黑到日子 xei53tɔ0ʐər31tsɿ0
0108. 历书 历头 li53thou0
0109. 阴历 阴历 Øiɛ̃31li0
0110. 阳历 阳历 Øiaŋ24li0
0111. 星期天 礼拜儿 li44pær0/
礼拜天 li44pæ0thiæ31

(二) 方位

0112. 地方 地方 ti44faŋ0
0113. 什么地方 啥地方 sa44ti44faŋ0
0114. 家里 屋里 Øu53li0
0115. 城里 街道 tɕiɛ53tɔ0/县上 ɕiæ44ʂaŋ0
0116. 乡下 沟圈外岸 kou31tɕhy31Øuæ44ŋæ0/
乡下 ɕiaŋ31ɕia44/村里 tshuɛ̃53li0
0117. 上面从～滚下来 上岸 ʂaŋ44ŋæ0

0118. 下面从～爬上去　下岸 xa44ŋæ̃0
0119. 左边　左岸 tsuo53ŋæ̃0/
　　　左边 tsuo53piæ̃31
0120. 右边　右岸 Øiou44ŋæ̃0/
　　　右边 Øiou44piæ̃31
0121. 中间排队排在～　当中 taŋ24tʃuəŋ31
0122. 前面排队排在～　前岸
　　　tɕhiæ̃24ŋæ̃0
0123. 后面排队排在～　后岸 xou44ŋæ̃0
0124. 末尾排队排在～　尾巴 Øi53pa0
0125. 对面　对岸子 tuei44ŋæ̃44tsʅ0
0126. 面前　跟前 kɛ̃53Øiæ̃0
0127. 背后　脊背后 tɕi53pei0xou44/
　　　后面 xou44miæ̃0/背后 pei44xou0
0128. 里面躲在～　里岸 li53ŋæ̃0
0129. 外面衣服晒在～　外岸 Øuæ44ŋæ̃0
0130. 旁边　跟前 kɛ̃53Øiæ̃0
0131. 上碗在桌子～　上边 ʂaŋ44piæ̃0
0132. 下凳子在桌子～　下边 ɕia44piæ̃0
0133. 边儿桌子的～　边边 piæ̃53piæ̃0
0134. 角儿桌子的～　角角 tɕyo53tɕyo0
0135. 上去他～了　上去 ʂaŋ44tɕhi0
0136. 下来他～了　下来 xa44læ0
0137. 进去他～了　进去 tɕiɛ̃44tɕhi0
0138. 出来他～了　出来 tʃhu53læ0
0139. 出去他～了　出去 tʃhu53tɕhi0
0140. 回来他～了　回来 xuei24læ0
0141. 起来天冷～了　[起来] [起来] tɕhiɛ44tɕhiɛ0

三、植物

（一）一般植物

0142. 树　树 ʃu44

0143. 木头　木头 mu53thou0
0144. 松树统称　松树 suəŋ53ʃu0
0145. 柏树统称　柏树 pæ53ʃu0
0146. 杉树　杉树 sæ̃53ʃu0
0147. 柳树　柳树 liou44ʃu0
0148. 竹子统称　竹子 tʃu53tsʅ0
0149. 笋　笋 suɛ̃53
0150. 叶子　叶叶 Øiæ̃53Øiæ̃0/叶子 Øiæ̃53tsʅ0
0151. 花　花 xua31
0152. 花蕾花骨朵儿　花骨朵 xua31ku53tuo0
0153. 梅花　梅花儿 mei24xuar53
0154. 牡丹　牡丹 mu44tæ̃0
0155. 荷花　荷花儿 xuo24xuar53
0156. 草　草 tshɔ53
0157. 藤　蔓蔓 Øuæ̃44Øuæ̃0
0158. 刺名词　楂子 tsɔ44tsʅ0/楂刺 tsɔ44tshʅ0/刺刺 tshʅ44tshʅ0
0159. 水果　水果 ʃuei31kuo53
0160. 苹果　苹果 phiəŋ24kuo53
0161. 桃子　桃 thɔ24
0162. 梨　梨 li24
0163. 李子　李梅 li44mei0/李子 li44tsʅ0
0164. 杏　杏 xəŋ44
0165. 橘子　橘子 tɕy31tsʅ0
0166. 柚子　柚子 Øiou44tsʅ0
0167. 柿子　柿子 sʅ44tsʅ0
0168. 石榴　石榴 ʂʅ24liou53
0169. 枣　枣儿 tsɔr53
0170. 栗子　毛栗 mɔ24li53/栗子 li44tsʅ0
0171. 核桃　核桃 xɯ24thɔ53
0172. 银杏白果　银杏 Øiɛ̃24xəŋ44/

白果 pei24kuo53
0173. 甘蔗　甘蔗 kæ31tʂɤ24
0174. 木耳　[木耳] muər31
0175. 蘑菇野生的　蘑菇 mo24ku53/
　　　狗尿苔 kou53niɔ44thæ31
0176. 香菇　香菇 ɕiaŋ24ku31

（二）农作物

0177. 稻指植物　无
0178. 稻谷指籽实（脱粒后是大米）　无
0179. 稻草脱粒后的　稻草 thɔ31tshɔ31
0180. 大麦指植物　大麦 ta44mei31
0181. 小麦指植物　麦 mei31
0182. 麦秸脱粒后的　麦秆 mei31kæ31
0183. 谷子指植物（籽实脱粒后是小米）
　　　谷 ku31
0184. 高粱指植物　稻黍 thɔ31ʃu0
0185. 玉米指成株的植物　御麦
　　　Øy44mei31
0186. 棉花指植物　棉花 miæ24xua53
0187. 油菜油料作物，不是蔬菜　油菜
　　　Øiou24tshæ44/菜籽 tshæ44tsɿ0
0188. 芝麻　芝麻 tsɿ53ma0
0189. 向日葵指植物　向日葵
　　　ɕiaŋ44Øər31khuei24
0190. 蚕豆　蚕豆 tshæ24tou53
0191. 豌豆　豌豆 Øuæ53tou0
0192. 花生指果实，注意婉称　花生
　　　xua24səŋ31
0193. 黄豆　白豆子 pæ24tou44tsɿ0/
　　　豆子 tou44tsɿ0
0194. 绿豆　绿豆 liou53tou0
0195. 豇豆长条形的　豇豆 tɕiaŋ53tou0

0196. 大白菜东北～　白菜 pei24tshæ53
0197. 包心菜卷心菜，圆白菜，球形的　莲
　　　花白 liæ24xua31pei24
0198. 菠菜　菠菜 po53tshæ0
0199. 芹菜　芹菜 tɕhiẽ24tshæ53
0200. 莴笋　莴笋 Øuo31suẽ0
0201. 韭菜　韭菜 tɕiou44tshæ0
0202. 香菜芫荽　芫荽 Øiæ24suei53
0203. 葱　葱 tshuaŋ31
0204. 蒜　蒜 suã44
0205. 姜　姜 tɕiaŋ31/生姜 səŋ31tɕiaŋ31
0206. 洋葱　洋葱 Øiaŋ24tshuaŋ31
0207. 辣椒统称　辣子 la53tsɿ0
0208. 茄子统称　茄子 tɕhiɛ24tsɿ53
0209. 西红柿　洋柿子 Øiaŋ24sɿ44tsɿ0
0210. 萝卜统称　萝卜 luo24phu53
0211. 胡萝卜　红萝卜 xuəŋ24luo24phu53
0212. 黄瓜　黄瓜 xuaŋ24kua53
0213. 丝瓜无棱的　丝瓜 sɿ31kua31
0214. 南瓜扁圆形或梨形，成熟时呈赤褐色
　　　南瓜 læ24kua53
0215. 荸荠　无
0216. 红薯统称　红芋 xuəŋ24Øy44
0217. 马铃薯　洋芋 Øiaŋ24Øy44
0218. 芋头　无
0219. 山药圆柱形的　山药 sæ31Øyo31
0220. 藕　莲菜 liæ24tshæ53

四、动物

（一）一般动物

0221. 老虎　虎 xu53/老虎 lɔ31xu31
0222. 猴子　猴 xou24

0223. 蛇统称　长虫 tʂhaŋ24tʃhuəŋ53

0224. 老鼠家里的　老鼠 lɔ31ʃu31

0225. 蝙蝠　夜蝙呼噜 Øiɛ44piæ̃0xu31lu0

0226. 鸟儿飞鸟，统称　雀儿 tɕhiɔr53

0227. 麻雀　麻雀儿 ma24tɕhiɔr53

0228. 喜鹊　嘎嘎 ka44ka0

0229. 乌鸦　黑老鸹 xei24lɔ53Øua0

0230. 鸽子　鹁鸽儿 pu31kɔr53

0231. 翅膀鸟的，统称　膀子 paŋ44tsղ0

0232. 爪子鸟的，统称　爪爪 tʃua44tʃua0

0233. 尾巴　尾巴 Øi44pa0

0234. 窝鸟的　窝窝 Øuo53Øou0

0235. 虫子统称　虫虫 tʃhuəŋ24tʃhuəŋ53

0236. 蝴蝶统称　飞飞 fei53fei0

0237. 蜻蜓统称　蜢驴蜂 tʂɤ31ly24fəŋ53

0238. 蜜蜂　蜂 fəŋ31

0239. 蜂蜜　蜂糖 fəŋ53thaŋ0

0240. 知了统称　知了 tsղ24lɔ53

0241. 蚂蚁　蚍蚂蜉 phi31ma44fu0

0242. 蚯蚓　蛐蟮 tɕhy53ʂa̹0

0243. 蚕　蚕儿 tshær24

0244. 蜘蛛会结网的　蛛蛛 tʃu53tʃu0

0245. 蚊子统称　蚊子 Øuɛ̃24tsղ53/蚊末 Øuɛ̃24mo53

0246. 苍蝇统称　蝇子 Øiəŋ24tsղ53

0247. 跳蚤咬人的　虼蚤 kɯ31tsɔ31

0248. 虱子　虱 sei31

0249. 鱼　鱼 Øy24

0250. 鲤鱼　鲤鱼 li53Øy24

0251. 鳙鱼胖头鱼　无

0252. 鲫鱼　无

0253. 甲鱼　鳖 piɛ31

0254. 鳞鱼的　鳞 liɛ24

0255. 虾统称　虾米 ɕia31mi0

0256. 螃蟹统称　螃蟹 phaŋ24xæ53

0257. 青蛙统称　疥狗蛙儿 tɕiɛ44kou0Øuar24

0258. 癞蛤蟆表皮多疙瘩　疥狗蛙儿 tɕiɛ44kou0Øuar24

（二）家畜、家禽

0259. 马　马 ma53

0260. 驴　驴 ly24

0261. 骡　骡子 luo24tsղ53

0262. 牛　牛 ȵiou24

0263. 公牛统称　犍牛 tɕiæ44ȵiou24

0264. 母牛统称　乳牛 ʐu53ȵiou24

0265. 放牛　放牛 faŋ44ȵiou24

0266. 羊　羊 Øiaŋ24

0267. 猪　猪 tʃu31

0268. 种猪配种用的公猪　种猪 tʃuəŋ24tʃu31

0269. 公猪成年的，已阉的　牙猪 ȵia24tʃu31

0270. 母猪成年的，未阉的　猪婆 tʃu53pho0

0271. 猪崽　猪娃 tʃu53Øua0

0272. 猪圈　猪圈 tʃu31tɕhya̹44/圈圈 tɕhya̹44tɕhya̹0

0273. 养猪　喂猪 Øuei44tʃu31

0274. 猫　猫 mɔ24

0275. 公猫　牙猫 ȵia24mɔ24

0276. 母猫　咪猫 mi53mɔ24

0277. 狗统称　狗 kou53

0278. 公狗　牙狗 ȵia24kou53

0279. 母狗　母狗 mu53kou53

0280. 叫狗～咬　ȵiɔ53

0281. 兔子　兔 thu44

0282. 鸡　鸡 tɕi31

0283. 公鸡成年的，未阉的　公鸡 kuəŋ31tɕi31

0284. 母鸡已下过蛋的　母鸡 mu53tɕi31

0285. 叫公鸡～（打鸣儿）　叫 tɕi44

0286. 下鸡～蛋　下 xa44

0287. 孵～小鸡　暖 lyæ̃53

0288. 鸭　鸭子 Øia53tsʅ0

0289. 鹅　鹅 ŋɤ24

0290. 阉～公的猪　骟 ʂæ̃44

0291. 阉～母的猪　择 tsei24

0292. 阉～鸡　无

0293. 喂～猪　喂猪 Øuei44tʃu31

0294. 杀猪统称，注意婉称　杀猪 sa24tʃu31

0295. 杀～鱼　杀 sa31

五、房舍、器具

（一）房舍

0296. 村庄一个～　村 tshuɛ̃31

0297. 胡同统称：一条～　胡同 xu24thuəŋ53／巷子 xaŋ53tsʅ0

0298. 街道　街道 tɕiɛ31tɔ44

0299. 盖房子　盖房 kæ44faŋ24

0300. 房子整座的，不包括院子　房 faŋ24

0301. 屋子房子里分隔而成的，统称　屋 Øu31

0302. 卧室　屋 Øu31

0303. 茅屋茅草等盖的　草房 tshɔ53faŋ24

0304. 厨房　灶房 tsɔ44faŋ0

0305. 灶统称　锅头 kuo53thou31

0306. 锅统称　锅 kuo31

0307. 饭锅煮饭的　锅 kuo31

0308. 菜锅炒菜的　锅 kuo31

0309. 厕所旧式的，统称　后院 xou44Øyæ̃44

0310. 檩左右方向的　檩条 liɛ̃44thiɔ0

0311. 柱子　柱子 tʃu44tsʅ0

0312. 大门　大门 ta44mɛ̃24／头门 thou24mɛ̃24

0313. 门槛儿　门槛 mɛ̃24khæ̃53

0314. 窗旧式的　窗子 tʃhuaŋ53tsʅ0

0315. 梯子可移动的　梯子 thi53tsʅ0

0316. 扫帚统称　扫帚 sɔ44tʃu31

0317. 扫地　扫地 sɔ53ti44

0318. 垃圾　脏□ tsaŋ31fa31

（二）家具

0319. 家具统称　家具 tɕia31tɕy24

0320. 东西我的～　东西 tuəŋ53ɕi0

0321. 炕土、砖砌的，睡觉用　炕 khaŋ44

0322. 床木质的，睡觉用　床 tʃhuaŋ24

0323. 枕头　枕头 tʂɛ̃44thou0

0324. 被子　被儿 piər53

0325. 棉絮　套子 thɔ44tsʅ0／棉花 miæ̃24xua53

0326. 床单　单子 tæ̃53tsʅ0

0327. 褥子　褥子 ʒu53tsʅ0

0328. 席子　席 ɕi24

0329. 蚊帐　蚊帐 Øuɛ̃24tʂaŋ44

0330. 桌子统称　桌子 tʃuo53tsʅ0

0331. 柜子统称　柜 kuei44／衣柜

ɕi31kuei44

0332. 抽屉桌子的　抽屉 tʂhou53thi0

0333. 案子长条形的　案 ŋæ̃44

0334. 椅子统称　椅子 ɕi44tsʅ0

0335. 凳子统称　板头 pæ̃44thou0／
凳子 təŋ44tsʅ0

0336. 马桶有盖的　无

（三）用具

0337. 菜刀　刀 tɔ31

0338. 瓢舀水的　勺 ʃuo24

0339. 缸　瓮 ɕuəŋ44

0340. 坛子装酒的~　酒匣 tɕiou53ɕia0

0341. 瓶子装酒的~　瓶子 phiəŋ24tsʅ53

0342. 盖子杯子的~　盖盖 kæ44kæ0

0343. 碗统称　碗 ɕuæ̃53／饭碗 fæ̃44ɕuæ̃53

0344. 筷子　筷子 khuæ44tsʅ0

0345. 汤匙　勺勺 ʃuo24ʃuo53

0346. 柴火统称　柴 tshæ24／柴草 tshæ24tshɔ53

0347. 火柴　洋火 ɕiaŋ24xuo53

0348. 锁　锁子 suo53tsʅ0

0349. 钥匙　钥匙 ɕyo53sʅ0

0350. 暖水瓶　电壶 tiæ̃44xu24

0351. 脸盆　脸盆 liæ̃44phə̃0

0352. 洗脸水　水 ʃuei53

0353. 毛巾洗脸用　手巾 ʂou44tɕiẽ31

0354. 手绢　手帕 ʂou44pha0

0355. 肥皂洗衣服用　洋碱 ɕiaŋ24tɕiæ̃53

0356. 梳子旧式的，不是篦子　梳子 ʃʅ53tsʅ0／木梳 mu53ʃu31

0357. 缝衣针　针 tʂẽ31

0358. 剪子　剪子 tɕiæ̃44tsʅ0

0359. 蜡烛　洋蜡 ɕiaŋ24la31

0360. 手电筒　手电 ʂou53tiæ̃44

0361. 雨伞挡雨的，统称　伞 sæ̃53

0362. 自行车　自行车儿 tsʅ44ɕiəŋ24tʂhɤr53

六、服饰、饮食

（一）服饰

0363. 衣服统称　衣裳 ɕi53ʂaŋ0

0364. 穿~衣服　穿 tʃhuæ31

0365. 脱~衣服　脱 thuo31

0366. 系~鞋带　系 tɕi44

0367. 衬衫　衬衫 tshẽ44ʂæ̃31／衬衣 tshẽ44ɕi31

0368. 背心带两条杠的，内衣　背心 pei44ɕiẽ31

0369. 毛衣　毛衣 mɔ24ɕi53

0370. 棉衣　棉袄儿 miæ̃24ŋɔr53／棉褂褂 miæ̃24kua44kua0

0371. 袖子　袖子 ɕiou44tsʅ0

0372. 口袋衣服上的　袆袆 tsha53tsha0

0373. 裤子　裤儿 fuər53

0374. 短裤外穿的　半截裤儿 pæ̃44tɕiɛ31fuər0

0375. 裤腿　裤儿腿 fuər53thuei53

0376. 帽子统称　帽子 mɔ44tsʅ0

0377. 鞋子　鞋 xæ24

0378. 袜子　袜子 ɕua53tsʅ0

0379. 围巾　围巾儿 ɕuei24tɕiẽr53

0380. 围裙　油裙 ɕiou24tɕhyẽ53

0381. 尿布　褯子 tɕhiɛ44tsʅ0

0382. 扣子　扣子 khou44tsɿ0/纽扣儿 ȵiou53khour53

0383. 扣～扣子　扣 khou44

0384. 戒指　戒指 tɕiɛ44tsɿ31

0385. 手镯　[镯儿] tʃuor24

0386. 理发　剃头 thi44thou24/理发 li53fa31

0387. 梳头　梳头 ʃu31thou24

（二）饮食

0388. 米饭　米饭 mi53fæ̃44

0389. 稀饭用米熬的，统称　稀饭 ɕi31fæ̃31

0390. 面粉麦子磨的，统称　面 miæ̃44

0391. 面条统称　面 miæ̃44

0392. 面儿玉米～，辣椒～　面面 miæ̃44miæ̃0

0393. 馒头无馅儿的，统称　蒸馍 tʂəŋ53mo0

0394. 包子　包子 pɔ53tsɿ0

0395. 饺子　饺子 tɕiɔ44tsɿ0/角角儿 tɕyo53tɕyor0

0396. 馄饨　馄饨 xuɛ̃44tuɛ̃0

0397. 馅儿　馅子 ɕyæ̃44tsɿ0

0398. 油条长条形的，旧称　油条 Øiou24thiɔ24

0399. 豆浆　豆浆 tou44tɕiaŋ31

0400. 豆腐脑儿　豆腐脑儿 tou44fu31lɔr53

0401. 元宵食品　元宵 Øyæ̃24ɕiɔ53

0402. 粽子　粽子 tsuəŋ44tsɿ0

0403. 年糕用黏性大的米或米粉做的　年糕 ȵiæ̃24kɔ53

0404. 点心统称　点心 tiæ̃44ɕiɛ̃0

0405. 菜吃饭时吃的，统称　菜 tshæ44

0406. 干菜统称　干菜 kæ̃31tshæ0

0407. 豆腐　豆腐 tou44fu0

0408. 猪血当菜的　血条 ɕiɛ53thiɔ0

0409. 猪蹄当菜的　猪蹄儿 tʃu31thiər24/猪脚 tʃu24tɕyo31

0410. 猪舌头当菜的，注意婉称　猪舌头 tʃu31ʂɤ24thou53/口条 khou53thiɔ24

0411. 猪肝当菜的，注意婉称　肝子 kæ̃53tsɿ0/猪肝 tʃu24kæ̃31

0412. 下水猪、牛、羊的内脏　下水 ɕia44ʃuei0

0413. 鸡蛋　鸡蛋 tɕi53tæ̃0

0414. 松花蛋　松花蛋 suəŋ31xua31tæ̃44/变蛋 piæ̃44tæ̃44

0415. 猪油　猪油 tʃu31Øiou24

0416. 香油　香油 ɕiaŋ31Øiou24

0417. 酱油　酱油 tɕiaŋ44Øiou24

0418. 盐名词　盐 Øiæ̃24

0419. 醋注意婉称　醋 tshu44

0420. 香烟　纸烟 tsɿ44Øiæ̃31/烟 Øiæ̃31

0421. 旱烟　旱烟 xæ̃44Øiæ̃31

0422. 白酒　烧酒 ʂɔ31tɕiou31

0423. 黄酒　黄酒 xuaŋ24tɕiou53

0424. 江米酒酒酿，醪糟　醪糟 lɔ24tsɔ53

0425. 茶叶　茶叶 tsha24Øiæ̃53/茶 tsha24

0426. 沏～茶　泡 phɔ44

0427. 冰棍儿　冰棍儿 piəŋ31kuɛ̃r53

0428. 做饭统称　做饭 tsu44fæ̃44

0429. 炒菜统称，和做饭相对　炒菜 tshɔ53tshæ44/爁菜 læ24tshæ44

0430. 煮 ~带壳的鸡蛋　煮 tʃu53

0431. 煎 ~鸡蛋　煎 tɕiæ31

0432. 炸 ~油条　炸 tsa24

0433. 蒸 ~鱼　蒸 tʂəŋ31

0434. 揉 ~面做馒头等　揉 zou24

0435. 擀 ~面，~皮儿　擀 kæ53

0436. 吃早饭　吃早饭 tʂʅ31tsɔ53fæ44

0437. 吃午饭　吃晌午饭 tʂʅ44ʂaŋ31Øu0fæ44

0438. 吃晚饭　喝汤 xuo24thaŋ31

0439. 吃~饭　吃 tʂʅ31

0440. 喝~酒　喝 xuo31

0441. 喝~茶　喝 xou31

0442. 抽~烟　吃 tʂʅ31

0443. 盛~饭　舀 Øiɔ53

0444. 夹用筷子~菜　抄 tshɔ31

0445. 斟~酒　倒 tɔ44

0446. 渴口~　渴 khɤ31

0447. 饿肚子~　饥 tɕi31

0448. 噎吃饭~着了　噎 Øiɛ31

七、身体、医疗

（一）身体

0449. 头人的，统称　颡 sa24/头 thou24

0450. 头发　头发 thou24fa53/髦纥 mɔ44kæ31/毛发 mɔ24fa53

0451. 辫子　辫子 piæ44tsɿ0/髦辫子 mɔ44piæ44tsɿ0

0452. 旋　旋 ɕyæ44/头旋 thou24ɕyæ44

0453. 额头　额头 ŋæ53thou0/奔楼 pɛ̃31lou0

0454. 相貌　长相 tʂaŋ31ɕiaŋ44

0455. 脸洗~　脸 liæ53

0456. 眼睛　眼窝 ȵiæ53Øuo0/眼珠子 ȵiæ53tʃu0tsɿ0

0457. 眼珠统称　眼睛仁儿 ȵiæ53tɕiəŋ31zɛ̃r24

0458. 眼泪哭的时候流出来的　眼泪 ȵiæ53ly0

0459. 眉毛　眼眉儿 ȵiæ53mir24/眉毛 mi24mɔ53

0460. 耳朵　耳朵 Øər44tuo0

0461. 鼻子　鼻子 pi24tsɿ53

0462. 鼻涕统称　鼻 pi24

0463. 擤~鼻涕　擤 ɕiəŋ53

0464. 嘴巴人的，统称　嘴 tsuei53/口 khou53

0465. 嘴唇　嘴唇儿 tsuei53ʃuər24

0466. 口水~流出来　涎水 xa31ʃuei0

0467. 舌头　舌头 ʂɤ24thou53

0468. 牙齿　牙 ȵia24/Øia24

0469. 下巴　下巴 xa44pa31

0470. 胡子嘴周围的　胡子 xu24tsɿ53

0471. 脖子　脖子 po24tsɿ53/脖项 po24xaŋ53

0472. 喉咙　胡咙 xu24lu53

0473. 肩膀　胛膀 tɕia53paŋ0

0474. 胳膊　胳膊 kɯ53po31

0475. 手方言指（打√）：只指手√；包括臂：他的~摔断了　手 ʂou53

0476. 左手　左手 tsuo53ʂou0

0477. 右手　右手 Øiou44ʂou0

0478. 拳头　锤头 tʃuei24thou53

0479. 手指　指头 tsʅ53thou0

0480. 大拇指　大拇指头 ta44mu53tsʅ0thou0

0481. 食指　食指 ʂʅ24tsʅ0

0482. 中指　中指 tʃuəŋ31tsʅ0

0483. 无名指　无名指 Øu24miəŋ24tsʅ0

0484. 小拇指　小拇指 ɕiɔ53mu31tsʅ0

0485. 指甲　指甲 tsʅ53tɕia0/指甲盖　盖 tsʅ53tɕia0kæ44kæ0

0486. 腿　腿 thuei53

0487. 脚方言指（打√）：只指脚√；包括小腿；包括小腿和大腿：他的～轧断了　脚 tɕyo31

0488. 膝盖指部位　磕膝盖 khɯ53tɕhi0kæ44

0489. 背名词　脊背 tɕi53pei0

0490. 肚子腹部　肚子 tu44tsʅ0

0491. 肚脐　脖脐眼窝窝 phu24tɕhi0n̠iæ53uo24Øuo53

0492. 乳房女性的　奶奶 n̠iæ24n̠iæ53

0493. 屁股　沟子 kou53tsʅ0

0494. 肛门　沟子窟窿 kou53tsʅ0fu31luəŋ0

0495. 阴茎成人的　屌 tɕhiou24/□ tsou24

0496. 女阴成人的　屄 phi31

0497. 肏动词　合 ʂʅ31

0498. 精液　□ suəŋ24

0499. 来月经注意婉称　身上来咧 ʂɛ̃53ʂaŋ0læ24liɛ0

0500. 拉屎　屙 pa53

0501. 撒尿　尿 n̠iɔ44/尿尿 n̠iɔ44n̠iɔ44

0502. 放屁　放屁 faŋ44phi44

0503. 相当于"他妈的"的口头禅　把他的咧 pa31tha31ti0liɛ0

（二）疾病、医疗

0504. 病了　病咧 piəŋ44liɛ0/不乖咧 pu24kuæ31liɛ0

0505. 着凉　凉咧 liaŋ24liɛ53

0506. 咳嗽　咳嗽 khɯ53sou31

0507. 发烧　发烧 fa24ʂɔ31

0508. 发抖　颤呢 tʂæ̃44n̠i0

0509. 肚子疼　肚子疼 tu44tsʅ0thəŋ24

0510. 拉肚子　屙呢 pa44n̠i0/拉稀屎呢 la24ɕi31sʅ0n̠i0

0511. 患疟疾　发摆子 fa31pæ53tsʅ0

0512. 中暑　活晕咧 xuo53Øyɛ̃44liɛ0

0513. 肿　肿 tʃuəŋ53/肿咧 tʃuəŋ31liɛ0

0514. 化脓　化脓 xua44luəŋ24

0515. 疤好了的　疤疤 pa53pa0

0516. 癣　癣 ɕiæ̃53

0517. 痣凸起的　痣 tsʅ44

0518. 疙瘩蚊子咬后形成的　疙瘩 kɯ53ta0

0519. 狐臭　狐臭 xu24tʂhou44

0520. 看病　看病 khæ44piəŋ44

0521. 诊脉　瞟脉 phiɔ24mæ31

0522. 针灸　扎针 tsa24tʂɛ̃31

0523. 打针　打针 ta53ʂɛ̃31

0524. 打吊针　挂针 kua44tʂɛ̃31

0525. 吃药统称　吃药 tʂhʅ24Øyo31

0526. 汤药　草药 tshɔ53Øyo31

0527. 病轻了　病轻咧 piəŋ44tɕhiəŋ31liɛ0

八、婚丧、信仰

（一）婚育

0528. 说媒　说媒 ʃuo31mei24

0529. 媒人　媒人 mei24ʐə̃53

0530. 相亲　瞅对象 tshou53tuei44ɕiɑŋ44

0531. 订婚　订婚 tiəŋ44xuɛ̃31

0532. 嫁妆　陪房 phei24fɑŋ53

0533. 结婚统称　结婚 ɕiɛ24xuɛ̃31

0534. 娶妻子男子～，动宾　娶媳妇 tɕhy53ɕi53fu0

0535. 出嫁女子～　出门 tʃhu31mɜ̃24

0536. 拜堂　拜天地 pæ44thiɛ̃31ti44

0537. 新郎　新女婿 ɕiɛ̃31ȵy53ɕi0

0538. 新娘子　新媳妇 ɕiɛ̃31ɕi53fu0

0539. 孕妇　大肚子婆娘 ta44tu44tsɿ0pho24ȵiɑŋ53

0540. 怀孕　怀娃咧 xuæ24ua44liɛ0

0541. 害喜妊娠反应　有啥咧 øiou53sa0liɛ0

0542. 分娩　生娃 səŋ31ua44

0543. 流产　小月咧 ɕio53yo31liɛ0

0544. 双胞胎　双生子 suɑŋ44ʂəŋ0tsɿ0

0545. 坐月子　坐月呢 tsuo44yo53ȵi0

0546. 吃奶　吃奶 tʂhɿ31læ53/吃奶奶 tʂhɿ31ȵiæ24ȵiæ53

0547. 断奶　摘奶 tsei24læ53

0548. 满月　出月 tʃhu31øyo31

0549. 生日统称　[生儿] sər31

0550. 做寿　过寿 kuo44ʂou44

（二）丧葬

0551. 死统称　死 sɿ53

0552. 死婉称，最常用的几种，指老人：他～了　没咧 mo31liɛ0/走咧 tsou31liɛ0/死咧 sɿ31liɛ0

0553. 自杀　寻短见咧 ɕiɛ̃24tuæ53tɕiæ44liɛ0

0554. 咽气　咽了气咧 øiæ44liɛ0tɕhi44liɛ0/没气咧 mo31tɕhi44liɛ0

0555. 入殓　入殓 ʐu31liæ44

0556. 棺材　棺材 kuæ̃53tshæ0/材 tshæ24

0557. 出殡　埋人去了 mæ24ʐə̃24tɕhi53liɛ0

0558. 灵位　灵前 liəŋ24tɕhiæ̃53

0559. 坟墓单个的，老人的　坟 fɛ̃24/坟骨堆 fɛ̃24ku53tuei0

0560. 上坟　上坟 ʂɑŋ44fɛ̃24

0561. 纸钱　烧纸 ʂɔ31tsɿ53

（三）信仰

0562. 老天爷　天爷 thiæ̃53iɛ0

0563. 菩萨统称　菩萨 phu24sa53

0564. 观音　观音娘娘 kuæ̃31øiɛ̃31ȵiɑŋ24ȵiɑŋ53

0565. 灶神口头的叫法，其中如有方言亲属称谓要释义　灶爷 tsɔ44øiɛ0

0566. 寺庙　庙里 miɔ44li0

0567. 祠堂　祠堂 tshɿ24thɑŋ53

0568. 和尚　和尚 xuo24ʂɑŋ53

0569. 尼姑　尼姑 ȵi24ku53

0570. 道士　道士 tɔ44sɿ0

0571. 算命统称　算卦的 suæ44kua44ti0

0572. 运气　运气 øyɛ̃44tɕhi44

0573. 保佑　保佑 pɔ53Øiou44

九、人品、称谓

（一）人品

0574. 人一个～　人 zɛ̃24
0575. 男人成年的，统称　外头 Øuei44thou0
0576. 女人三四十岁已婚的，统称　婆娘 pho24ɲiaŋ53
0577. 单身汉　光棍 kuaŋ53kuɜ0
0578. 老姑娘　老女子 lɔ31ȵy31tsʅ0
0579. 婴儿　月里娃 Øyo53li0ua44
0580. 小孩儿三四岁的，统称　碎娃 suei44Øua44
0581. 男孩儿统称：外面有个～在哭　碎娃 suei44Øua44/男娃儿 læ24uar0
0582. 女孩儿统称：外面有个～在哭　女娃儿 ȵy53Øuar0
0583. 老人七八十岁的，统称　老人 lɔ53zɛ̃0
0584. 亲戚统称　亲亲 tɕhiɛ̃53tɕhiɛ̃31
0585. 朋友统称　朋友 phəŋ24Øiou53
0586. 邻居统称　邻家 liɛ̃24tɕia53
0587. 客人　客 kei31
0588. 农民　农民 luəŋ24miɛ̃24
0589. 商人　生意人 səŋ53Øi31zɛ̃24
0590. 手艺人统称　带手的 tæ44ʂou44ti0/手艺人 ʂou53Øi31zɛ̃24
0591. 泥水匠　泥水匠 ȵi24ʃuei44tɕiaŋ0/匠人 tɕiaŋ44zɛ̃0
0592. 木匠　木匠 mu53tɕiaŋ0

0593. 裁缝　裁缝 tshæ24fəŋ53
0594. 理发师　剃头的 thi44thou24ti53
0595. 厨师　大师傅 ta44sʅ31fu0
0596. 师傅　师傅 sʅ53fu0
0597. 徒弟　徒弟 thu24ti53
0598. 乞丐统称，非贬称（无统称则记成年男的）　要吃的 Øiɔ53tʂhʅ31ti0
0599. 妓女　妓女 tɕi44ȵy31
0600. 流氓　流氓 liou24maŋ24
0601. 贼　贼 tsei24/绺娃子 liou44Øua0tsʅ0/三只手 sæ̃31tsʅ31ʂou53/小偷儿 ɕiɔ53thour53
0602. 瞎子统称，非贬称（无统称则记成年男的）　瞎子 xa53tsʅ0
0603. 聋子统称，非贬称（无统称则记成年男的）　聋子 luəŋ24tsʅ53
0604. 哑巴统称，非贬称（无统称则记成年男的）　哑巴 ȵia44pa0
0605. 驼子统称，非贬称（无统称则记成年男的）　揹锅子 pei44kuo31tsʅ0/驼背 thuo24pei44
0606. 瘸子统称，非贬称（无统称则记成年男的）　跛子 po44tsʅ0
0607. 疯子统称，非贬称（无统称则记成年男的）　疯子 fəŋ53tsʅ0
0608. 傻子统称，非贬称（无统称则记成年男的）　瓜子 kua53tsʅ0
0609. 笨蛋蠢的人　闷□ mɛ̃44suəŋ24

（二）称谓

0610. 爷爷呼称，最通用的　爷 Øiɛ24
0611. 奶奶呼称，最通用的　婆 pho24

0612. 外祖父叙称　外爷 Øuei44ØiɛO
0613. 外祖母叙称　外婆 Øuei44phoO
0614. 父母合称　老的 lɔ53tiO
0615. 父亲叙称　爸 pa44
0616. 母亲叙称　妈 ma24
0617. 爸爸呼称，最通用的　爸 pa44
0618. 妈妈呼称，最通用的　妈 ma24
0619. 继父叙称　后爸 xou44paO
0620. 继母叙称　后妈 xou44ma24
0621. 岳父叙称　丈人 tʂaŋ44zẽO
0622. 岳母叙称　丈母娘 tʂaŋ44mu31ȵiaŋ44
0623. 公公叙称　婆子爸 pho24tsɿ31pa44
0624. 婆婆叙称　婆子娘 pho24tsɿ31ȵia44
0625. 伯父呼称，统称　伯 pei24
0626. 伯母呼称，统称　妈 ma24
0627. 叔父呼称，统称　大 ta24
0628. 叔父呼称，排行最小的，如"幺叔" 爸爸 pa24paO/叔父 ʃu31fu44/碎爸 suei44pa44/碎大 suei44ta24
0629. 叔母呼称，统称　娘娘 ȵia44ȵia31
0630. 姑呼称，统称（无统称则记分称：比父大，比父小；已婚，未婚）　姑 ku24
0631. 姑父呼称，统称　姑父 ku53fuO
0632. 舅舅呼称　舅 tɕiou44
0633. 舅妈呼称　妗子 tɕiɛ̃44tsɿO
0634. 姨呼称，统称（无统称则记分称：比母大，比母小；已婚，未婚）　姨 Øi24
0635. 姨父呼称，统称　姨夫 Øi44fu53
0636. 弟兄合称　兄弟 ɕyəŋ53tiO
0637. 姊妹合称，注明是否可包括男性　姊妹们包括男性 tsɿ44meiOmɛ̃O
0638. 哥哥呼称，统称　哥 kɤ24

0639. 嫂子呼称，统称　嫂嫂 sɔ44sɔO
0640. 弟弟叙称　弟弟 ti44tiO/兄弟 ɕyəŋ53tiO
0641. 弟媳叙称　兄弟媳妇 ɕyəŋ53tiOɕi53fuO
0642. 姐姐呼称，统称　姐 tɕiɛ24
0643. 姐夫呼称　哥 kɤ24/姐夫 tɕiɛ44fuO
0644. 妹妹叙称　妹子 mei44tsɿO
0645. 妹夫叙称　妹夫 mei44fuO
0646. 堂兄弟叙称，统称　伯叔兄弟 pei31ʃu31ɕyəŋ53tiO
0647. 表兄弟叙称，统称　姑舅兄弟 ku31tɕiouOɕyəŋ53tiO/表兄弟 piɔ53ɕyəŋ31ti44
0648. 妯娌弟兄妻子的合称　先后 xiã44xuO
0649. 连襟姊妹丈夫的关系，叙称　挑担 thiɔ44tã̄O
0650. 儿子叙称：我的～　娃 Øua44
0651. 儿媳妇叙称：我的～　儿媳妇 Ør24ɕi53fuO
0652. 女儿叙称：我的～　女子 ȵy44tsɿO
0653. 女婿叙称：我的～　女婿 ȵy44ɕiO
0654. 孙子儿子之子　孙子 suɛ̃53tsɿO
0655. 重孙子儿子之孙　重孙 tʃhuəŋ24suɛ̃53
0656. 侄子弟兄之子　[侄儿] tʂər24
0657. 外甥姐妹之子　外甥 Øuæ44səŋO
0658. 外孙女儿之子　外孙 Øuæ44suɛ̃O
0659. 夫妻合称　两口 liaŋ31khouO
0660. 丈夫叙称，最通用的，非贬称：她的～　娃他爸 Øua44tha31pa44/老汉

lɔ44xæ0

0661. 妻子叙称，最通用的，非贬称：他的～
屋里人 Øu53li0zɛ̃24／娃他妈
Øua44tha31ma24／老婆 lɔ53pho0

0662. 名字　名字 miəŋ24tsʅ53

0663. 绰号　外号儿 Øuæ44xɔr53

十、农、工、商、文

（一）农业

0664. 干活儿统称：在地里～　做活呢
tsu44xuo24ɲi53

0665. 事情一件～　事情 sʅ44tɕiəŋ0

0666. 插秧　无

0667. 割稻　无

0668. 种菜　种菜 tʃuəŋ44tshæ44

0669. 犁名词　犁 li24

0670. 锄头　锄 tʃhu24

0671. 镰刀　镰 liæ24

0672. 把儿刀～　把把儿 pa44par0

0673. 扁担　扁担 piæ44tæ31

0674. 箩筐　箩儿 luor24

0675. 筛子统称　筛筛 sæ44sæ0／
筛子 sæ44tsʅ0

0676. 簸箕农具，有梁的　搓 tshuo31

0677. 簸箕簸米用　簸箕 po44tɕi0

0678. 独轮车　狗脊梁车
kou44tɕi31liaŋ0tʂɤ31

0679. 轮子旧式的，如独轮车上的　轱辘
ku53lu0

0680. 碓整体　碓窝 tuei44Øuo31

0681. 臼　窝窝 Øuo53Øuo0

0682. 磨名词　磨 mo44

0683. 年成　年景 ɲiæ24tɕiəŋ53

（二）工商业

0684. 走江湖统称　外岸漂的
Øuæ44ŋæ31phiɔ53ti0

0685. 打工　打工 ta53kuəŋ31

0686. 斧子　斧头 fu44thou0

0687. 钳子　钳子 tɕhiæ24tsʅ53

0688. 螺丝刀　起子 tɕhi53tsʅ0

0689. 锤子　锤锤 tʃhuei24tʃhuei53

0690. 钉子　钉钉 tiəŋ53tiəŋ0

0691. 绳子　绳绳 ʂəŋ24ʂəŋ53

0692. 棍子　棍 kuɛ̃44

0693. 做买卖　做生意 tsu44səŋ53Øi0

0694. 商店　商店 ʂaŋ31tiæ44

0695. 饭馆　馆子 kuæ44tsʅ0

0696. 旅馆旧称　旅社 ly31ʂɤ53

0697. 贵　贵 kuei44

0698. 便宜　便宜 phiæ24Øi53／贱
tɕiæ44

0699. 合算　划算 xua24suæ53

0700. 折扣　折扣 tʂɤ31khou44

0701. 亏本　亏呢 khuei31ɲi0

0702. 钱统称　钱 tɕhiæ24

0703. 零钱　零钱 liəŋ24tɕhiæ24

0704. 硬币　硬币 ɲiəŋ44pi44

0705. 本钱　本钱 pɛ̃44tɕhiæ0

0706. 工钱　工钱 kuəŋ53tɕhiæ0

0707. 路费　盘缠 phæ24tʂhæ53

0708. 花～钱　花 xua31

0709. 赚卖一斤能～一毛钱　挣 tsəŋ44

0710. 挣打工～了一千块钱　挣 tsəŋ31

0711. 欠～他十块钱　欠 tɕhiæ44

0712. 算盘　盘子 phæ24tsʅ53
0713. 秤统称　秤 tʂhəŋ44
0714. 称用秤～　称 tʂhəŋ31
0715. 赶集　赶集 kɛ̃31tɕi24
0716. 集市　集 tɕi24/集市 tɕi24sʅ24
0717. 庙会　庙会 miɔ44xuei44

（三）文化、娱乐

0718. 学校　书房 ʂu53faŋ0/学校 ɕyo24ɕiɔ44
0719. 教室　教室 tɕiɔ44sʅ0
0720. 上学　上学 ʂaŋ44ɕyo24
0721. 放学　放学 faŋ44ɕyo24
0722. 考试　考试 khɔ53sʅ44
0723. 书包　书包 ʂu31pɔ31
0724. 本子　本子 pẽ44tsʅ0
0725. 铅笔　铅笔 tɕhiæ24pi31
0726. 钢笔　钢笔 kaŋ24pi31/水笔 ʂuei53pi31
0727. 圆珠笔　油笔 Øiou24pi31
0728. 毛笔　毛笔 mɔ24pi31
0729. 墨　墨 mei24
0730. 砚台　砚台 Øiæ44thæ31
0731. 信一封～　信 ɕiẽ44
0732. 连环画　小人儿书 ɕiɔ53zʅ̃r24ʂu31
0733. 捉迷藏　藏猫虎堆儿 tɕhiaŋ24mɔ24xu31tuər24
0734. 跳绳　跳绳儿 thiɔ44ʂər24
0735. 毽子　毽子 tɕiæ44tsʅ0
0736. 风筝　风筝 fəŋ31tsəŋ0
0737. 舞狮　耍狮子 ʂua44sʅ53tsʅ0
0738. 鞭炮统称　鞭炮 piæ31phɔ44

0739. 唱歌　唱歌 tʂhaŋ44kɤ31
0740. 演戏　唱戏 tʂhaŋ44ɕi44
0741. 锣鼓统称　锣锣鼓鼓 luo24luo0ku53ku0/锣锣家什 luo24luo31tɕia53sʅ0
0742. 二胡　二胡儿 Øə44xuər24
0743. 笛子　笛 ti24
0744. 划拳　猜拳 tʂhæ31tɕhyæ24
0745. 下棋　下棋 ɕia44tɕhi24
0746. 打扑克　打扑克儿 ta31phu44khɤr0
0747. 打麻将　打麻将 ta53ma24tɕiaŋ44
0748. 变魔术　耍把戏 ʂua31pa44ɕi0
0749. 讲故事　讲古今 tɕiaŋ53ku53tɕiẽ31
0750. 猜谜语　说口口 ʂuo31khou44khou0/猜谜语 tʂhæ31mi24Øy53
0751. 玩儿游玩：到城里～　耍 ʂua53
0752. 串门儿　串去咧 tʂhua44tɕhi0liɛ0
0753. 走亲戚　走亲戚 tsou53tɕhiẽ53tɕhiẽ0

十一、动作、行为

（一）具体动作

0754. 看～电视　看 khæ̃44
0755. 听用耳朵～　听 thiəŋ31
0756. 闻嗅：用鼻子～　闻 Øuẽ24
0757. 吸～气　吸 ɕi31
0758. 睁～眼　睁 tsəŋ31
0759. 闭～眼　挤 tɕi53
0760. 眨～眼　眨 tsæ31

0761. 张 ~嘴　张 tʂaŋ31
0762. 闭 ~嘴　抿 miɛ̃24
0763. 咬狗~人　咬 ȵiɔ53
0764. 嚼把肉~碎　嚼 tɕiɔ24
0765. 咽 ~下去　咽 ØiæE44
0766. 舔人用舌头~　舔 thiæ53
0767. 含 ~在嘴里　含 xæ24／噙 tɕiɛ̃24
0768. 亲嘴　绊嘴儿 pæ44tsuər53
0769. 吮吸用嘴唇聚拢吸取液体，如吃奶时　吸 ɕi31
0770. 吐上声，把果核儿~掉　唾 thuo44
0771. 吐去声，呕吐：喝酒喝~了　吐 thu53
0772. 打喷嚏　打喷嚏 ta31phɛ̃44thi0
0773. 拿用手把苹果~过来　搻 xæ53
0774. 给他~我一个苹果　给 kei53
0775. 摸 ~头　摸 mo31
0776. 伸 ~手　伸 ʂɛ̃31
0777. 挠 ~痒痒　抓 tʃua31
0778. 掐用拇指和食指的指甲~皮肉　掐 tɕhia31
0779. 拧 ~螺丝　拧 ȵiəŋ24
0780. 拧 ~毛巾　拧 ȵiəŋ24
0781. 捻用拇指和食指来回~碎　捏 ȵiɛ53
0782. 掰把橘子~开，把馒头~开　掰 pei31
0783. 剥 ~花生　剥 pɔ31
0784. 撕把纸~了　扯 tʂhɤ53
0785. 折把树枝~断　折 tʂɤ53
0786. 拔 ~萝卜　拔 pa24
0787. 摘 ~花　摘 tsei31
0788. 站站立：~起来　站 tsæ44
0789. 倚斜靠：~在墙上　靠 khɔ44

0790. 蹲 ~下　圪蹴 kɯ53tɕiou0
0791. 坐 ~下　坐 tsuo44
0792. 跳青蛙~起来　跳 thiɔ24
0793. 迈跨过高物：从门槛上~过去　跳 thiɔ24
0794. 踩脚~在牛粪上　踏 tha24
0795. 翘 ~腿　翘 tɕhiɔ44
0796. 弯 ~腰　弯 Øuæ31
0797. 挺 ~胸　挺 thiəŋ53／□ tiɛ44
0798. 趴 ~着睡　趴 pha24
0799. 爬小孩儿在地上~　爬 pha24
0800. 走慢慢儿~　走 tsou53
0801. 跑慢慢儿走，别~　跑 phɔ53
0802. 逃逃跑：小偷儿~走了　逃 thɔ24
0803. 追追赶：~小偷儿　撵 ȵiæ53
0804. 抓 ~小偷儿　抓 tʃua31
0805. 抱把小孩儿~在怀里　搭 tɕhia31
0806. 背 ~孩子　背 pei31
0807. 搀 ~老人　搀 tshæ31
0808. 推几个人一起~汽车　掀 ɕiæ31
0809. 摔跌：小孩儿~倒了　跌 tɕiɛ31／跘 pæ44
0810. 撞人~到电线杆　撞 tʃhuaŋ44／碰 phəŋ44
0811. 挡你~住我了，我看不见　挡 taŋ44
0812. 躲躲藏：他~在床底下　藏 tɕhiaŋ24
0813. 藏藏放，收藏：钱~在枕头下面　藏 tɕhiaŋ24
0814. 放把碗~在桌子上　放 faŋ44
0815. 摞把砖~起来　摞 luo44
0816. 埋 ~在地下　埋 mæ24
0817. 盖把茶杯~上　盖 kæ44
0818. 压用石头~住　压 ȵia44

0819. 摁用手指按：～图钉　摁 ŋɛ31

0820. 捅用棍子～鸟窝　戳 tshuo31

0821. 插把香～到香炉里　插 tsha31

0822. 戳～个洞　戳 tshuo31

0823. 砍～树　砍 kæ53/伐 fa24

0824. 剁把肉～碎做馅儿　剁 tuo44

0825. 削～苹果　削 ɕiɔ31

0826. 裂木板～开了　裂 liɛ31

0827. 皱皮～起来　皱 tsou31

0828. 腐烂死鱼～了　臭 tʂhou44

0829. 擦用毛巾～手　擦 tsha31

0830. 倒把碗里的剩饭～掉　倒 tɔ44

0831. 扔丢弃：这个东西坏了，～了它　撇 phiɛ31

0832. 扔投掷：比一比谁～得远　撂 liɔ44

0833. 掉掉落，坠落：树上～下一个梨　跌 tiɛ31

0834. 滴水～下来　跌 tiɛ31

0835. 丢丢失：钥匙～了　丢 tiou31

0836. 找寻找：钥匙～到了　寻 ɕiɛ24

0837. 捡～到十块钱　拾 ʂʅ24

0838. 提用把篮子～起来　提 thi24

0839. 挑～担　担 tæ31

0840. 扛把锄头～在肩上　掮 tɕhiæ24

0841. 抬～轿　抬 thæ24

0842. 举～旗子　举 tɕy53

0843. 撑～伞　撑 tshəŋ31

0844. 撬把门～开　撬 tɕhiɔ44

0845. 挑挑选，选择：你自己～一个　挑 thiɔ31

0846. 收拾～东西　拾掇 ʂʅ24tuo53

0847. 挽～袖子　挽 ǿuæ53

0848. 涮把杯子～一下　涮 ʃuæ44

0849. 洗～衣服　洗 ɕi53

0850. 捞～鱼　捞 lɔ24

0851. 拴～牛　拴 ʃuæ31

0852. 捆～起来　捆 khuɛ53

0853. 解～绳子　解 tɕiɛ53

0854. 挪～桌子　挪 luo24

0855. 端～碗　端 tuæ31/掇 tuo31

0856. 摔碗～碎了　跘 pæ44

0857. 掺～水　掺 tshæ31

0858. 烧～柴　烧 ʂɔ31

0859. 拆～房子　拆 tshei31

0860. 转～圈儿　转 tʃuæ44

0861. 捶用拳头～　捶 tʃhuei24

0862. 打统称：他～了我一下　打 ta53

0863. 打架动手：两个人在～　打捶 ta53tʃhuei24

0864. 休息　歇嘎子 ɕiɛ53ka0tsʅ0

0865. 打哈欠　打哈欠 ta53xuo0ɕiɛ0

0866. 打瞌睡　打瞌睡 ta53khɤ53ʃuei31/丢盹 tiou31tuɛ53

0867. 睡他已经～了　睡 ʃuei44

0868. 打呼噜　打呼噜 ta53xu53lu0/打鼾 ta53xæ31

0869. 做梦　做睡梦 tsu44ʃuei44məŋ0

0870. 起床　起来咧 tɕhi53læ0liɛ0

0871. 刷牙　刷牙 ʃua31ȵia24

0872. 洗澡　洗嘎子 ɕi44ka0tsʅ0/洗澡 ɕi44tsɔ53/洗身上 ɕi44ʂəŋ53ʂɑŋ0

（二）抽象动作

0873. 想思索：让我～一下　思量

sŋ53liaŋ0

0874. 想想念：我很~他 想 ɕiaŋ53

0875. 打算我~开个店 思量 sŋ53liaŋ0/
思谋 sŋ53mu0

0876. 记得 记得 tɕi44tei0

0877. 忘记 忘咧 øuaŋ44lie0

0878. 怕害怕：你别~ 怕 pha44

0879. 相信我~你 相信 ɕiaŋ31ɕiɛ̃44/
信得过 ɕiɛ̃44tei0kuo44

0880. 发愁 愁的 tʂhou24ti53

0881. 小心过马路要~ 小心 ɕiɔ53ɕiɛ̃31/操心 tʂhɔ24ɕiɛ̃31/
当心 taŋ24ɕiɛ̃31

0882. 喜欢 ~看电视 爱 ŋæ44

0883. 讨厌 ~这个人 日眼 ʐŋ31ȵiã53/
见不得 tɕiæ̃44pu0tei0

0884. 舒服凉风吹来很~ 美咂咧
mei53tsɑ0liɛ0/美得很 mei53ti0xɛ̃53

0885. 难受生理的 不舒服 pu24ʃu31fu31

0886. 难过心理的 不好受 pu31xɔ53ʂou44

0887. 高兴 高兴 kɔ31ɕiəŋ44

0888. 生气 着气 tʂhuo24tɕhi44

0889. 责怪 嫌弃 ɕiæ̃24tɕhi53

0890. 后悔 后悔 xou44xuei0

0891. 忌妒 眼红 ȵiæ̃53xuəŋ24

0892. 害羞 怕□ pha44ʃuɛ̃24

0893. 丢脸 丢人 tiou31ʐɛ̃24

0894. 欺负 有欺头 øiou53tɕhi53thou0

0895. 装 ~病 装 tʃuaŋ31

0896. 疼 ~小孩儿 爱 ŋæ44

0897. 要我 ~这个 要 øiɔ44

0898. 有我 ~一个孩子 有 øiou53

0899. 没有他 ~孩子 没 mo31

0900. 是我 ~老师 是 sŋ44

0901. 不是他 ~老师 不是 pu53sŋ0

0902. 在他 ~家 在 tsæ44/到 tɔ44

0903. 不在他 ~家 没在 mo31tsæ44/
没到 mo31tɔ44

0904. 知道我 ~这件事 知道 tʂŋ53tɔ0

0905. 不知道我 ~这件事 不知道
pu31tʂŋ53tɔ0

0906. 懂我 ~英语 会 xuei44

0907. 不懂我 ~英语 不会 pu31xuei44

0908. 会我 ~开车 会 xuei44

0909. 不会我 ~开车 不会 pu31xuei44

0910. 认识我 ~他 认得 ʐɛ̃44tei0

0911. 不认识我 ~他 不认得
pu31ʐɛ̃44tei0

0912. 行应答语 成 tʂhəŋ24/能成
ləŋ24tʂhəŋ24

0913. 不行应答语 不成 pu31tʂhəŋ24

0914. 肯 ~来 爱 ŋæ44

0915. 应该 ~去 应当 øiəŋ24taŋ31

0916. 可以 ~去 能 ləŋ24

（三）言语

0917. 说 ~话 说 ʃuo31

0918. 话说 ~ 话 xua44

0919. 聊天儿 谝闲传 phiæ̃53xã24tʃhuæ̃24

0920. 叫 ~他一声儿 叫 tɕiɔ44/
喊 xæ53

0921. 吆喝大声喊 吆喝 øiɔ53xuo0

0922. 哭小孩儿 ~ 哭 fu31

0923. 骂当面 ~人 骂 ma44

0924. 吵架动嘴：两个人在~ 闹仗
lɔ44tʂaŋ44

0925. 骗～人　骗 phiæ̃44

0926. 哄～小孩儿　哄 xuəŋ53

0927. 撒谎　搔谎 tsɔ31xuaŋ53

0928. 吹牛　谝大话 phiæ̃53ta44xua44

0929. 拍马屁　舔沟子 thiæ̃44kou53tsʅ0

0930. 开玩笑　说笑话儿 ʃuo31ɕiɔ44xuar0

0931. 告诉～他　给他说
kei44tha53ʃuo31

0932. 谢谢致谢语　多亏你
tuo24khuei31n̠i53

0933. 对不起致歉语　对不住
tuei44pu31tʃu44

0934. 再见告别语　走咧 tsou31liɛ0

十二、性质、状态

(一) 形貌

0935. 大苹果～　大 ta44

0936. 小苹果～　碎 suei44

0937. 粗绳子～　壮 tʃuaŋ44

0938. 细绳子～　细 ɕi44

0939. 长线～　长 tʂhaŋ24

0940. 短线～　短 tuæ̃53

0941. 长时间～　长 tʂhaŋ24

0942. 短时间～　短 tuæ̃53

0943. 宽路～　宽 khuæ̃31

0944. 宽敞房子～　敞亮 tʂhaŋ44liaŋ0

0945. 窄路～　窄 tsei31

0946. 高飞机飞得～　高 kɔ31

0947. 低鸟飞得～　低 ti31

0948. 高他比我～　高 kɔ31

0949. 矮他比我～　低 ti31

0950. 远路～　远 Øyæ̃53

0951. 近路～　近 tɕiẽ44

0952. 深水～　深 ʂẽ31

0953. 浅水～　浅 tɕhiæ̃53

0954. 清水～　清 tɕhiəŋ31

0955. 浑水～　浑 xuẽ44

0956. 圆　圆 Øyæ̃24

0957. 扁　扁 piæ̃53

0958. 方　方 faŋ31

0959. 尖　尖 tɕiæ̃31

0960. 平　平 phiəŋ24

0961. 肥～肉　肥 fei24

0962. 瘦～肉　瘦 sou44

0963. 肥形容猪等动物　肥 fei24

0964. 胖形容人　胖 phaŋ44

0965. 瘦形容人、动物　瘦 sou44

0966. 黑黑板的颜色　黑 xei31

0967. 白雪的颜色　白 pei24

0968. 红国旗的主颜色，统称　红 xuəŋ24

0969. 黄国旗上五星的颜色　黄 xuaŋ24

0970. 蓝蓝天的颜色　蓝 læ̃24

0971. 绿绿叶的颜色　绿 liou31

0972. 紫紫药水的颜色　紫 tsʅ31

0973. 灰草木灰的颜色　灰 xuei31

(二) 状态

0974. 多东西～　多 tuo31

0975. 少东西～　少 ʂɔ53

0976. 重担子～　重 tʃuaŋ44

0977. 轻担子～　轻 tɕhiəŋ31

0978. 直线～　直 tʂʅ24

0979. 陡坡～，楼梯～　立 li31

0980. 弯弯曲：这条路是～的　弯 Øuæ̃31

0981. 歪帽子戴～了　斜 ɕiɛ24

0982. 厚木板～　厚 xou44
0983. 薄木板～　薄 po24
0984. 稠稀饭～　稠 tʂhou24
0985. 稀稀饭～　稀 ɕi31
0986. 密菜种得～　稠 tʂhou24
0987. 稀稀疏：菜种得～　稀 ɕi31
0988. 亮指光线，明亮　亮 liaŋ44
0989. 黑指光线，完全看不见　黑 xei31
0990. 热天气～　热 zɤ31
0991. 暖和天气～　暖和 lyæ44xuo0
0992. 凉天气～　凉 liaŋ24/凉快 liaŋ24khuæ53
0993. 冷天气～　冷 ləŋ53
0994. 热水～　热 zɤ31
0995. 凉水～　凉 liaŋ24
0996. 干干燥：衣服晒～了　干 kæ31
0997. 湿潮湿：衣服淋～了　湿 ʂʅ31
0998. 干净衣服～　干净 kæ53tɕiəŋ0
0999. 脏肮脏，不干净，统称：衣服～　脏 tsaŋ31
1000. 快锋利：刀子～　利 li44
1001. 钝刀子～　老 lɔ53
1002. 快坐车比走路～　快 khuæ44
1003. 慢走路比坐车～　慢 mæ44
1004. 早来得～　早 tsɔ53
1005. 晚来～了　迟 tʂhʅ24
1006. 晚天色～　晚 ɵuæ53
1007. 松捆得～　松 suəŋ31
1008. 紧捆得～　紧 tɕiẽ53
1009. 容易这道题～　简单 tɕiæ44tæ0
1010. 难这道题～　难 næ24
1011. 新衣服～　新 ɕiẽ31
1012. 旧衣服～　旧 tɕiou44

1013. 老人～　老 lɔ53
1014. 年轻人～　年轻 ɲiæ24tɕhiəŋ31
1015. 软糖～　软 ʐuæ53
1016. 硬骨头～　硬 ɲiəŋ44
1017. 烂肉煮得～　烂 læ44
1018. 煳饭烧～了　着过了 tʂhuo24kuo44liɔ0
1019. 结实家具～　忙实 maŋ53ʂʅ0
1020. 破衣服～　烂 læ44
1021. 富他家很～　有钱 ɵiou53tɕhiæ24
1022. 穷他家很～　可怜 khɤ44liæ0
1023. 忙最近很～　忙 maŋ24
1024. 闲最近比较～　闲 xæ24
1025. 累走路走得很～　汪累 ɵuaŋ53luei0
1026. 疼摔～了　疼 thəŋ24
1027. 痒皮肤～咬 ɲiɔ53
1028. 热闹看戏的地方很～　热闹 zɤ53lɔ0
1029. 熟悉这个地方我很～　熟 ʃu24
1030. 陌生这个地方我很～　生得很 səŋ53ti0xẽ53
1031. 味道尝尝～　味道儿 ɵuei44tɔr0
1032. 气味闻闻～　气味儿 tɕhi44ɵuər53
1033. 咸菜～　咸 xæ24
1034. 淡菜～　甜 thiæ24
1035. 酸　酸 suæ31
1036. 甜　甜 thiæ24
1037. 苦　苦 khu53
1038. 辣　辣 la31
1039. 鲜鱼汤～　无
1040. 香　香 ɕiaŋ31
1041. 臭　臭 tʂhou44

1042. 馊饭~　馊气 sɿ53tɕhi0
1043. 腥鱼~　腥气 ɕiəŋ53tɕhi0

（三）品性

1044. 好人~　好 xɔ53
1045. 坏人~　坏 xuæ44/xa31
1046. 差东西质量~　坏 xa31
1047. 对账算~了　对 tuei44
1048. 错账算~了　坏 xa31
1049. 漂亮形容年轻女性的长相：她很~
　　　稀样 ɕi31iaŋ44/好看 xɔ53khæ44/
　　　心疼 ɕiẽ31thəŋ24
1050. 丑形容人的长相：猪八戒很~
　　　坏 xa31
1051. 勤快　勤苦 tɕhiẽ24khu53
1052. 懒　懒 læ53
1053. 乖　乖 kuæ31
1054. 顽皮　调皮 thiɔ44phi24
1055. 老实　老实 lɔ44ʂɿ0
1056. 傻痴呆　瓜 kua31
1057. 笨蠢　闷 mẽ44
1058. 大方不吝啬　不缺皮
　　　pu31tɕhyɔ53phi0
1059. 小气吝啬　缺皮棍儿
　　　tɕhyɔ53phi0kuẽr53
1060. 直爽性格~　爽快 ʃuaŋ44kuæ0
1061. 犟脾气~　牛 ȵiou24

十三、数量

（一）数字

1062. 一 ~二三四五……，下同　一 Øi31
1063. 二　二 Øər44

1064. 三　三 sæ31
1065. 四　四 sɿ44
1066. 五　五 Øu53
1067. 六　六 liou31
1068. 七　七 tɕhi31
1069. 八　八 pa31
1070. 九　九 tɕiou53
1071. 十　十 ʂɿ24
1072. 二十有无合音　无
1073. 三十有无合音　无
1074. 一百　一百 Øi24pei31
1075. 一千　一千 Øi24tɕhiæ31
1076. 一万　一万 Øi310uæ44
1077. 一百零五　一百零五
　　　Øi24pei31liəŋ240u53
1078. 一百五十　一百五十
　　　Øi24pei310u44ʂɿ0
1079. 第一~，第二　第一 ti44Øi31
1080. 二两重量　二两 Øər44liaŋ53
1081. 几个你有~孩子?　几个
　　　tɕi44kɤ31
1082. 俩你们~　两 liaŋ53
1083. 仨你们~　三 sæ31
1084. 个把　个把 kɤ44pɑ0

（二）量词

1085. 个一~人　个 kɤ44
1086. 匹一~马　匹 phi24
1087. 头一~牛　头 thou24/个 kɤ44
1088. 头一~猪　头 thou24/个 kɤ44
1089. 只一~狗　只 tʂɿ31/个 kɤ44
1090. 只一~鸡　只 tʂɿ31/个 kɤ44
1091. 只一~蚊子　个 kɤ44

1092. 条一~鱼　个 kɤ44

1093. 条一~蛇　条 thiɔ24/个 kɤ44

1094. 张一~嘴　张 tʂaŋ31/个 kɤ44

1095. 张一~桌子　个 kɤ44

1096. 床一~被子　条 thiɔ24/个 kɤ44

1097. 领一~席子　个 kɤ44

1098. 双一~鞋　双 ʃuɑŋ31

1099. 把一~刀　把 pa31/个 kɤ44

1100. 把一~锁　个 kɤ44

1101. 根一~绳子　条 thiɔ24

1102. 支一~毛笔　个 kɤ44

1103. 副一~眼镜　个 kɤ44/副 fu24

1104. 面一~镜子　面 miɛ44/个 kɤ44

1105. 块一~香皂　块儿 khuær53/个 kɤ44

1106. 辆一~车　辆 liaŋ53/个 kɤ44

1107. 座一~房子　栋 tuəŋ44/个 kɤ44

1108. 座一~桥　座 tsuo53/个 kɤ44

1109. 条一~河　条 thiɔ24/个 kɤ44

1110. 条一~路　条 thiɔ24/个 kɤ44

1111. 棵一~树　棵 khuo53/个 kɤ44

1112. 朵一~花　朵 tuo53/枝 tsɿ31/个 kɤ44

1113. 颗一~珠子　颗 khuo53/个 kɤ44

1114. 粒一~米　粒 li24/颗 khuo53/个 kɤ44

1115. 顿一~饭　顿 tuɛ̃44

1116. 剂一~中药　服 fu24

1117. 股一~香味　股子 ku44tsɿ0

1118. 行一~字　行儿 xɑr44

1119. 块一~钱　块 khuæ53

1120. 毛角：一~钱　毛 mɔ24

1121. 件一~事情　个 kɤ44

1122. 点儿一~东西　点儿 tiær53

1123. 些一~东西　些 ɕiɛ31

1124. 下打一~，动量，不是时量　下 xa44

1125. 会儿坐了一~　时儿 sər24

1126. 顿打一~　回 xuei24

1127. 阵下了一~雨　会儿 xuər53

1128. 趟去了一~　回 xuei24

十四、代词、副词、介词、连词

（一）代词

1129. 我~姓王　我 ŋɤ53

1130. 你~也姓王　你 n̠i53

1131. 您尊称　你 n̠i53

1132. 他~姓张　他 tha53

1133. 我们不包括听话人：你们别去，~去　我们 ŋɤ31mɛ̃0

1134. 咱们包括听话人：他们不去，~去吧　咱们 tsa24mɛ̃0

1135. 你们~去　你们 n̠i31mɛ̃0

1136. 他们~去　他们 tha31mɛ̃0

1137. 大家~一起干　大家 ta44tɕia31

1138. 自己我~做的　自己 tsɿ44tɕi31

1139. 别人这是~的　别人 piɛ24ʐɛ̃53

1140. 我爸~今年八十岁　我爸 ŋɤ31pa44

1141. 你爸~在家吗？　你爸 n̠i31pa44

1142. 他爸~去世了　他爸 tha31pa44

1143. 这个我要~，不要那个　这个 tʂɤ44kɤ0

1144. 那个我要这个，不要~　[那一]个 læ44kɤ0

1145. 哪个你要~杯子？　哪个 la44kɤ0

1146. 谁你找～? 谁 ʃuei24
1147. 这里在～，不在那里 这里 tʂɤ44li0
1148. 那里在这里，不在～ 那里 la44li0
1149. 哪里你到～去? 哪里 la44li0
1150. 这样事情是～的，不是那样的 这样 tʂɤ44Øiaŋ0
1151. 那样事情是这样的，不是～的 那样 la44Øiaŋ0
1152. 怎样什么样：你要～的? 怎样 tsẽ44Øiaŋ0
1153. 这么～贵啊? 这么 tʂɤ44mo0
1154. 怎么这个字～写? 怎么 tsẽ44mo0
1155. 什么这个是～字? 什么 ʂẽ44mo0/啥 sa44
1156. 什么你找～? 什么 ʂẽ44mo0/啥 sa44
1157. 为什么你～不去? 为什么 Øuei44ʂẽ0mo0/为啥 Øuei44sa0
1158. 干什么你在～? 干啥 kæ̃44sa0
1159. 多少这个村有～人? 多少 tuo31ʂɔ53

（二）副词

1160. 很今天～热 很 xẽ53
1161. 非常比上条程度深：今天～热 特 thei53/很 xẽ53
1162. 更今天比昨天～热 更 kəŋ44/还 xæ24
1163. 太这个东西～贵，买不起 太 thæ44
1164. 最弟兄三个中他～高 最 tsuei44
1165. 都大家～来了 都 tou24
1166. 一共～多少钱? 总的 tsuaŋ53ti0/一共 Øi31kuaŋ44
1167. 一起我和你～去 一块儿 Øi31khuær53/一起 Øi31tɕhi53
1168. 只我～去过一趟 只 tsʅ31
1169. 刚这双鞋我穿着～好 刚 kaŋ24/挺 thiaŋ53
1170. 刚我～到 才 tshæ24/刚 kaŋ24
1171. 才你怎么～来啊? 才 tshæ24
1172. 就我吃了饭～去 就 tsou44
1173. 经常我～去 常 tʂhaŋ24
1174. 又他～来了 可 khɤ53
1175. 还他～没回家 还 xæ24
1176. 再你明天～来 再 tsæ44
1177. 也我～去；我～是老师 也 Øiɛ53
1178. 反正不用急，～还来得及 反正 fæ̃31tʂəŋ44
1179. 没有昨天我～去 没 mo31
1180. 不明天我～去 不 pu31
1181. 别你～去 覅 pɔ31/别 piɛ24
1182. 甭不用，不必：你～客气 覅 pɔ31/别 piɛ24
1183. 快天～亮了 快 khuæ44
1184. 差点儿～摔倒了 稀乎儿 ɕi31xuər53
1185. 宁可～买贵的 宁 ȵiaŋ24
1186. 故意～打破的 故意 ku53Øi44
1187. 随便～弄一下 胡 xu24
1188. 白～跑一趟 白 pei24
1189. 肯定～是他干的 就是 tsou44sʅ0
1190. 可能～是他干的 可能 khɤ53ləŋ24
1191. 一边～走，～说 边 piæ31

（三）介词、连词

1192. 和我～他都姓王 和 xuo24/

连 liæ24

1193. 和我昨天～他去城里了　连 liæ24
1194. 对他～我很好　对 tuei44
1195. 往～东走　往 Øuaŋ44
1196. 向～他借一本书　外 Øuæ44/跟 kẽ31/朝 tʂhɔ24/向 ɕiaŋ44
1197. 按～他的要求做　照 tʂɔ44
1198. 替～他写信　给 kei53
1199. 如果～忙你就别来了　如果 ʐu31kuo53/要是 Øiɔ44sʅ0
1200. 不管～怎么劝他都不听　不论 pu31lyɛ̃44/不管 pu31kuæ̃53

第二节　自选词汇

1201. 阳光太阳 Øiaŋ24kuaŋ31
1202. 老天爷天 lɔ53thiæ53Øiɛ0
1203. 碎风微风 suei44fəŋ31
1204. 跑山雨小阵雨 phɔ44sæ31Øy53
1205. 毛毛雨小雨 mɔ24mɔ53Øy53
1206. 连阴雨 liæ24ȵiɛ̃53Øy53
1207. 白雨暴雨 pei24Øy53
1208. 鸡娃颡大雪 tɕi53Øua31sa24
1209. 糁糁雪小雪 tsɛ̃53tsɛ̃0ɕyo31
1210. 旋儿风龙卷风 ɕyæ31Øər24fəŋ31
1211. 黑云乌云 xei31Øyɛ̃24
1212. 贼宿流星 tsei24ɕiou53
1213. 扫帚星彗星 sɔ44tʃhu0ɕiaŋ31
1214. 天烧了彩霞 thiæ31ʂɔ44liɔ0
1215. 瓦瓦云火烧云 Øua44Øua0Øyɛ̃24
1216. 黑咧天黑 xei31liɛ0
1217. 半山不平丘陵 pæ̃44sæ31pu31phiəŋ24
1218. 坡坡地丘陵 pho53pho0ti44
1219. 地坑地坑窑洞 ti44khəŋ31
1220. 土路小路 thu53lou44
1221. 涝处池塘 lɔ44tʃhu31
1222. 阴坡太阳照不到的地方 Øiɛ̃31pho31

1223. 阳坡太阳能照到的地方 Øiaŋ24pho53
1224. 洼里低洼地带 Øua53li0
1225. 川道 tʃhuæ31tɔ44
1226. 塬高处的平地 Øyæ24
1227. 平坳凹地 phiaŋ24Øiɔ31
1228. 弯弯拐弯的地方 Øuæ53Øuæ31
1229. 塄盖地的两边 ləŋ44kæ0
1230. 春天 tʃhuɛ̃31thiæ31
1231. 夏天 ɕia44thiæ31
1232. 秋天 tɕhiou31thiæ31
1233. 冬天 tuəŋ31tiæ31
1234. 清早 tɕhiaŋ31tsɔ53
1235. 黑夜晚上 xei31Øiɛ44
1236. 捏过刚才 ȵiɛ53kuo31
1237. 打点时钟报时 ta44tiæ53
1238. 五黄六月夏收季节 Øu44xuaŋ0liou24Øyo31
1239. 秋收秋收季节 tɕhiou24ʂou31
1240. 芒罢夏季结束后 maŋ24pa44
1241. 壬会现在 ʐɛ̃24xuei53
1242. 啥时候什么时候 sa44sʅ24xou0
1243. 晃儿一下时间快 xuər31Øi31xa31
1244. 大模儿大概，估计 ta44mor53

597

1245. 天麻麻亮 天快亮时
    thiæ̃31ma24ma24liaŋ44

1246. 半晚上 午夜 pæ̃44øuæ̃44ʂaŋ0

1247. 驴年马月 不知道什么时候
    ly24ȵiæ24ma53øyo31

1248. 麻子眼 天擦黑 ma24tsɿ44ȵiæ0

1249. 打圆周围，附近 ta53øyæ̃24

1250. 东帮个 东边 tuaŋ31paŋ31kɤ0

1251. 西帮个 西边 ɕi31paŋ31kɤ0

1252. 南帮个 南边 læ̃24paŋ44kɤ0

1253. 北帮个 北边 pei31paŋ31kɤ0

1254. 东岸 东边 tuaŋ53ŋæ̃0

1255. 西岸 西边 ɕi53ŋæ̃0

1256. 南岸 南边 læ̃24ŋæ̃0

1257. 北岸 北边 pei53ŋæ̃0

1258. 高处 最上面 kɔ53tʃhu0

1259. 顶顶上 最上面 tiəŋ44tiəŋ0saŋ0

1260. 底下 最下面 ti44xa0

1261. 底底 最下面 ti44ti0

1262. 最里岸 最里面 tsuei44li44ŋæ̃0

1263. 老老 最里面 lɔ53lɔ0

1264. 坐上首 坐左边 tsuo44ʂaŋ44ʂou53

1265. 坐下首 坐右边 tsuo44xa44ʂou53

1266. 洋槐 刺槐 øiaŋ24xuæ24

1267. 中槐 国槐 tʃuaŋ31xuæ24

1268. 黑麦豆 黑豆 xei31mei53tou31

1269. 黄麦豆 黄豆 xuaŋ24mei53tou31

1270. 扁豆 piæ̃44tou31

1271. 梨瓜 甜瓜 li24kua53

1272. 洋姜 øiaŋ24tɕiaŋ53

1273. 苇子 芦苇 øy44tsɿ0

1274. 马欠 草木犀 ma53tɕhiæ̃44

1275. 菜籽儿 油菜籽 tshæ44tsər53

1276. 马刺棘 荆棘 ma53tshɿ44tɕi0

1277. 坷蒌蒌 蒲公英 khɤ31lou31lou24

1278. 车轮轮 车前草 tʃhɤ53lyæ̃31lyæ̃0

1279. 地软软 地鲜，土木耳
    ti44ʐuæ̃53ʐuæ̃0

1280. 芥疙瘩 芥菜 tɕiɛ44kɯ31ta0

1281. 头 牲畜的通称 thou24ku53

1282. 居里羊 山羊 tɕy53ly0øiaŋ24

1283. 骚户羊 公山羊 sɔ53xu0øiaŋ24

1284. 骟羊 被阉割的公绵羊 ʂaŋ44øiaŋ0

1285. 羝羊 用来配种的公绵羊 ti44øiaŋ0

1286. 叫驴 公驴 tɕiɔ44ly24

1287. 草驴 母驴 tshɔ53ly24

1288. 庄马 公马 tʃuaŋ31ma53

1289. 骒马 母马 khuo44ma53

1290. 骟马 阉割的公马 ʂæ̃44ma53

1291. 壳郎猪 肉猪，瘦猪 kɤ53laŋ24tʃu31

1292. 蝎虎遛 壁虎 ɕiɛ53xu31liou44

1293. 蜗蜗牛 蜗牛 kua53kua0niour24

1294. 鸹树虫 啄木鸟
    tɕhiæ̃31ʃu44tʃhuaŋ31

1295. 马燕唧/燕子 胡燕
    ma53øiæ̃44tɕhi31/øiæ̃44tsɿ31

1296. 树蛛蛛 蟋蟀 ʃu44tʃu31tʃu0

1297. 蚂蚱 蝗虫 ma53tsa31

1298. 螳螂 thaŋ24laŋ53

1299. 吃虱虫 吃虱子虫
    tʃhɿ31sei53tʃhuaŋ31

1300. 蚊末子 小蚊虫 øuæ̃24mo44tsɿ0

1301. □□ 猫头鹰 ɕiou44xu31

1302. 呱啦鸡 野鸡 kua44la0tɕi31

1303. 咕咕等 灰斑鸠 ku44ku0təŋ53

1304. 树蛛蛛 蛐蛐 ʃu44tʃu31tʃu31

1305. 壁虱臭虫 pi31sei31

1306. 簸箕虫 土鳖 po44tɕi0tʃhuəŋ0

1307. 马蚰蜒蜈蚣 ma53ɕiou24ɕiæ̃53

1308. 放线 盖房时依图纸画线
faŋ44ɕiæ̃44

1309. 上梁 盖房子安放大梁 ʂaŋ44liaŋ24

1310. 灌椽 往房檩上钉椽 kuæ̃44tʃuæ̃24

1311. 瓦刀 泥刀 Øua44tɔ31

1312. 撒瓦 给房顶安置覆盖瓦片
sa44Øua53

1313. 谢匠 房屋落成后答谢工匠的宴请
ɕiɛ44tɕiaŋ44

1314. 打墙 用夹板夯筑土墙 ta53tɕhiaŋ24

1315. 扎墙 砌墙 tsa31tɕhiaŋ24

1316. 房山花 房屋侧面的墙体
faŋ24sæ̃31xua31

1317. 挖地基 Øua31ti44tɕi31

1318. 上房 正屋 ʂaŋ44faŋ24

1319. 厦房 偏房，上房两侧 sa53faŋ24

1320. 门房 盖在门口的房子 mɛ̃24faŋ24

1321. 房房 小房子或简陋的房子
faŋ24faŋ53

1322. 开间 房屋中没有檐墙的房子
khæ31tɕiæ̃31

1323. 棚棚 临时搭建的草棚 phəŋ24phəŋ53

1324. 拐窑 在窑洞内侧壁开挖小窑
kuæ̃44Øiɔ0

1325. 窨子 崖壁上的窑洞，高窑
ȵiɛ̃44tsŋ0

1326. 窑窝 在墙上开挖的小洞，小窑洞
Øiɔ24Øuo53

1327. 水眼 下水道 ʃuei31ȵiæ̃31

1328. 渗井 地坑庄基院子的水窖
sæ̃44tɕhiəŋ31

1329. 风窗 在房顶或窑口墙上开的亮窗，通气透光用 fəŋ31tʃhuaŋ31

1330. 打硬炕 用红黏土加黄土合成草泥，加工制作而成的土炕 ta53ȵiəŋ31khaŋ44

1331. 土坯炕 用草和土合成土坯，做成的炕
thu53phei31khaŋ44

1332. 烧窑 烧作砖块 ʂɔ310iɔ24

1333. 庄子 院落 tʃuaŋ53tsŋ31

1334. 地坑桩子 下沉式窑洞
ti44khəŋ31tʃuaŋ53tsŋ0

1335. 胡箕 用模具夯成的土坯 xu24tɕhi53

1336. 打胡箕 用榉头、镢头等工具敲碎地里的土块 ta53xu24tɕhi53

1337. 供模子 协助打胡箕的人干活
kuəŋ31mu53tsŋ0

1338. 搭砖 搬砖 tɕhia44tʃuæ̃31

1339. 一头沉／高低柜 一边高一边低的柜子
Øi31thou31tshɛ̃24／kɔ24ti31kuei44

1340. 方桌 faŋ31tʃuo31

1341. 炕桌 放在炕上的桌子 khaŋ44tʃuo31

1342. 碎板头 小凳子 suei44pæ̃44thou31

1343. 柜 矩形的盛放东西的家具 kuei44

1344. 掌盘 矩形，较小又浅的盛放东西的家具
tʂaŋ44phæ̃0

1345. 碎盒盒 小盒子 suei44xuo24xuo53

1346. 碎盆盆 小陶盆 suei44phɛ̃24phɛ̃53

1347. 碎罐罐 小陶罐 suei44kuæ̃44kuæ̃0

1348. 老瓮 盛水的器具 lɔ44Øuəŋ0

1349. 尿盆 ȵiɛ44phɛ̃0

1350. 鞋旋子 校正布鞋的模具
xæ24ɕyæ44tsŋ31

1351. 胰子 香皂 Øi44tsŋ0

599

1352. 抹布 ma53phu0
1353. 洋钉子机制的小铁钉 Øiaŋ24tiəŋ53tsɿ0
1354. 磨石粗的磨刀石 mo24ʂɿ53
1355. 油石细的磨刀石 Øiou24ʂɿ53
1356. 镔铁页子薄铁皮 piẽ31thiɛ31Øiɛ53tsɿ0
1357. 扫帚 sɔ44tʃu53
1358. 棍棍棍子 kuẽ44kuẽ0
1359. 橛橛小木桩 tɕyo24tɕyo53
1360. 笓子齿小而密的梳子 pi44tsɿ0
1361. 案专门和面、擀面的木板 ŋæ44
1362. 甑把加进锅里用来蒸馍的器具 tɕiəŋ44pa31
1363. 窝窝有石臼、铁臼，用来粉碎调料的 Øuo53Øuo0
1364. 筤儿筛选面粉时，隔除麸皮、杂物的用具 luor24
1365. 铲锅刀刀小铁铲 tshæ̃44kuo31tɔ53tɔ0
1366. 大氅棉大衣 ta44tʂhaŋ53
1367. 袄儿棉上衣 ŋɔr53
1368. 布衫单层的外上衣 pu44sæ̃31
1369. 夹夹小孩儿穿筒形棉制衣服，无袖，在两肩上系扣 tɕia44tɕia0
1370. 夹袄带有里子布的夹衣 tɕia31ŋ0
1371. 半截袖儿短袖 pæ̃44tɕiɛ31ɕiour53
1372. 筒筒汗衫 thuəŋ44thuəŋ0
1373. 狗钻洞没有纽扣的上衣 kou53tsuæ̃31tuəŋ44
1374. 窝窝棉布鞋 Øuo53Øou0
1375. 猫娃鞋用五色布做成猫形的鞋子，一般用于小孩儿 mɔ24Øua53xæ24

1376. 腰带缠在腰间的布条 Øiɔ53tæ0
1377. □□鞋、袜等遮掩小腿的部分 ȵiɔ44ȵiɔ44
1378. 被儿被子 piər53
1379. 拔敷了指衣服线头开裂 pa24fu53liɛ0
1380. 花花绳用五色线拧成的绳子 xua53xua0ʂəŋ24
1381. 褯子尿布 tɕhiɛ44tsɿ0
1382. 手巾手帕 sou44tɕiɛ̃0
1383. 卷卷馍花卷 tɕyæ̃53tɕyæ̃0mo24
1384. 角角水饺 tɕyo53tɕyo0
1385. 麻食猫耳朵 ma24ʂɿ53
1386. 油饼 Øiou24piəŋ53
1387. 洋糖水果糖 Øiaŋ24thaŋ24
1388. 黑糖红糖 xei31thaŋ24
1389. 面食以小麦粉为主的食品 miæ̃44ʂɿ0
1390. 涎水面酸汤细面 xa31ʃuei0miæ̃44
1391. 剺面用刀切细的长面条 li24miæ̃44
1392. 哨子面伴有菜汤的长面条 sɔ44tsɿ0miæ̃44
1393. 片片面各种样式的短面条 phiæ̃44phiæ̃0miæ̃44
1394. 一锅煮煮面片 Øi24kuo31tʃu53
1395. 菜糊嘟用面粉和炒菜做的面糊糊 tshæ̃44xu24tu53
1396. 麻糖麻花 ma24thaŋ53
1397. 坨坨馍烧饼 thuo24thuo0mo44
1398. 粑粑馍特指用玉米、高粱等粗粮蒸制的馍馍，扁平，块头大 pa53pa0mo24
1399. 菜盒盒一种中间夹菜的烧饼 tshæ̃44xuo24xuo53

1400. 甜盘子 各种甜食
thiæ24phæ24tsʅ53

1401. 浆水菜 酸菜 tɕiæ31ʃuei31tshæ44

1402. 御面 凉皮 Øy44miæ̃0

1403. 刮刮 锅巴 kua53kua0

1404. 涪子 用麦粒酿制成的消暑汤汁
fu24tsʅ53

1405. 醪糟 用江米发酵而成的醪酒
lɔ24tsɔ53

1406. 糁糁 玉米屑稀饭 tsɛ̃53tsɛ̃0

1407. 开水 khæ31ʃuei53

1408. 温温水 温度不高的水
Øuɛ̃53Øuɛ̃0ʃuei31

1409. 烧酒 白酒，酿造白酒 ʂɔ31tɕiou0

1410. 搋面 和面 tshæ31miæ̃44

1411. 起面 用酵母发酵后的面团
tɕhi53miæ̃44

1412. 口干 口渴 khou53kæ̃31

1413. 咥饭 吃饭 tiɛ24fæ̃44

1414. 待承 招待客人 tæ44tʂhəŋ31

1415. 喝汤 吃晚饭 xuo24thaŋ31

1416. 下馆子 去饭店吃饭 xa44kuæ̃53tsʅ0

1417. 半碗 半碗饭 pɔ44Øuæ̃53

1418. 潲醋 酿造醋 tsa31tshu44

1419. 漾了 不小心把水或饭菜倒在外面
Øiaŋ44liɔ0

1420. 煎活 指水或饭非常热 tɕiæ̃53xuo0

1421. 飶气/瞎了 饭菜等发霉走味
sʅ53tɕhi31/xa31liɔ31

1422. 吃拉脱了 准备的饭菜不够吃了
tʂhʅ24la31thuo31liɔ0

1423. 遝水 给沸水里面加入凉水止沸
tɕiæ31ʃuei0

1424. 恶水 洗锅水 ŋɤ31ʃuei0

1425. 灶火 厨房锅台旁烧火的地方
tsɔ44xuo0

1426. 硬柴 各种废弃的树干 ȵiəŋ44tshæ0

1427. 油坊 榨油的铺子 Øiou24faŋ53

1428. 烧房 酿酒的作坊 ʂɔ53faŋ0

1429. 推磨子 磨面粉 thuei31mo44tsʅ0

1430. 红事 喜事，特指婚事 xuəŋ24sʅ44

1431. 瞅媳妇 谈对象 tshou44ɕi53fu0

1432. 找丈人家 给男娃说对象
tsɔ53tʂaŋ44zɛ̃31tɕia31

1433. 找婆家 给女娃说对象
tsɔ53pho24Øia31

1434. 挂锁锁 男方给女方的银圆
kua44suo44suo0

1435. 坐喝 亲家双方给女方的棉花、布
tsuo44xuo31

1436. 扯结婚证 去民政部门办结婚证
tʂhɤ53tɕiɛ24xuɛ̃31tʂəŋ44

1437. 下帖儿 女结婚时给亲戚朋友发请柬
ɕia44thiɛ31

1438. 换服 男女举行结婚仪式前一天，去祖坟祭奠，并换上结婚穿的新鞋 xuæ̃44fu24

1439. 掀脸 女孩出嫁时用细线夹去脸部汗毛，是一种美容方法 ɕiɛ24liæ̃53

1440. 起发 女孩子出嫁 tɕhy53fa31

1441. 上门宴席 女方给孩子办理结婚宴请
ʂaŋ44mɛ̃31Øiæ24ɕi53

1442. 拧女 男方娶亲前一天，派人去女方家沟通第二天婚礼上的事宜 ȵiəŋ44ȵy53

1443. 吃宴席 女方亲戚到男方家参加婚宴
tʂhʅ31Øiæ24ɕi53

1444. 头车 结婚时接新娘的专车

thou24tʂʅ53

1445. 搭红 儿女结婚时，男女方的舅家给两个孩子披红 ta31xuaŋ24

1446. 追往 女子出门后，和娘家亲戚、亲人做亲戚 tʃuei31ɵaŋ0

1447. 耍房闹洞房 ʃua53faŋ24

1448. 回门 女子出嫁后第三天回娘家 xuei24mɛ̃24

1449. 熬对月 女子出门第十天，娘家人从男方家把姑娘叫回 ŋ24tuei44ɵyo31

1450. 送娃 女子出门当日，娘家嫂子，或姑母，或姨母一人陪姑娘出嫁 suaŋ44ɵua44

1451. 搀女 新娘到婆家时，婆家嫂子搀扶新娘下车 tʂʰæ31ȵy53

1452. 贺喜 邻家朋友新婚之夜闹洞房前，放炮以示祝贺 xuo44ɕi53

1453. 送灯笼呢 姑娘出门第一年，娘家人给姑娘送红灯 suaŋ44təŋ53luəŋ0ni0

1454. 上坡/爬坡 要二茬彩礼钱 ʂaŋ44pʰo31/pʰa24pʰo31

1455. 陪房 陪嫁品 pʰei24faŋ53

1456. 外家洋 新郎家给新娘舅家的回礼 ɵuei44tɕia31ɵiaŋ24

1457. 白事 丧事 pei24sʅ44

1458. 材枋板 棺木用板 tʂʰæ24faŋ44pæ̃53

1459. 搭红 寿材完工时直系亲属庆贺 ta31xuaŋ24

1460. 老衣 寿衣 lɔ44ɵi31

1461. 孝布 人死后孝子或亲友服孝，吊孝时穿戴的白布 ɕiɔ44pu0

1462. 孝衫 孝子在服孝期间穿的白长衫 ɕi44sæ̃0

1463. 纸棍 哭丧棒 tsʅ44kuɛ̃0

1464. 纸火 用纸做的各式祭品 tsʅ44xuo0

1465. 亭子 房屋形状的纸火 tʰiəŋ24tsʅ53

1466. 乐人 吹鼓手 ɵyo53zɛ̃31

1467. 殁了 指人去世 mo44liɛ31

1468. 报丧 指人死亡后，告知所有亲朋 pɔ44saŋ31

1469. 入殓 成殓 ʐu31liæ̃44

1470. 守丧 孝子在灵柩前陪伴亡灵 ʂou53saŋ31

1471. 洗脸 女儿在灵堂前祭奠时给亡人洗脸 ɕi53liæ̃53

1472. 献饭 祭奠时由孝子给亡灵供奉祭品 ɕiæ̃44fæ̃44

1473. 烧纸 所有亲朋、邻居在灵前统一烧纸祭拜 ʂɔ31tsʅ53

1474. 起丧 将棺柩抬往墓地 tɕʰi53saŋ31

1475. 挑杆杆 由孙辈将各种纸火挑往墓地 tʰiɔ44kæ̃53kæ̃0

1476. 墓子 墓穴 mu44tsʅ0

1477. 陵寝 墓穴里的方坑 miəŋ24tɕʰiəŋ53

1478. 暖墓 埋丧 lyæ̃53mu44

1479. 圆墓 整理坟墓 ɵyæ̃24mu44

1480. 接灵牌 安葬完毕，由儿媳将老人遗像和牌位迎回家 tɕiɛ31liəŋ24pʰæ̃53

1481. 灵棚 祭奠用的棚 liəŋ24pʰəŋ24

1482. 打怕怕 老人安葬后三日内，孝子每晚去守墓，给亡灵作伴 ta53pʰa44pʰa0

1483. 头七 亡人去世第七天举行的祭奠仪式 tʰou24tɕʰi53

1484. 尽七 七期，即亡人去世第四十九天举行的祭奠仪式 tɕiæ̃44tɕʰi31

1485. 百日 亡人去世一百天举行的的祭奠仪式 pei31ɵər31

1486. 垫窝老小 tiæ44Øuo31

1487. 大伯丈夫的哥哥 ta44pei31

1488. 娘农村年龄大的子女称母亲 ȵia44

1489. 娘娘姊娘 ȵia44ȵia0

1490. 要吃的叫花子 Øiɔ44tʂʅ31ti0

1491. 认不得陌生人 zẽ44pu0tei0

1492. 半大老汉中年男人 pæ̃44ta0lɔ53xæ̃0

1493. 瞎□坏人 xa31suaŋ24

1494. 匠人有手艺的人 tɕiaŋ44zẽ0

1495. 窑匠既会烧制瓦砖，又会修整土窑洞的人 Øiɔ24tɕiaŋ53

1496. 铁匠能打铁的人 thiɛ53tɕiaŋ0

1497. 大工有技术的建筑工人 ta44kuəŋ31

1498. 小工在建筑工地从事辅助工作的人 ɕiɔ44kuəŋ31

1499. 赌棍喜欢赌博的人 tu53kuẽ44

1500. 头儿领导 thour24

1501. 干事/公家人干部 kæ̃44sʅ44/ kuəŋ31tɕia31zẽ0

1502. 死老汉女人对自己丈夫的谑称 sʅ53l44xæ̃0

1503. 戏子以唱戏为职业的人 ɕi44tsʅ31

1504. 蜂客养蜂人 fəŋ31khei31

1505. 麻迷儿性格执拗、不通情理的人 ma24mir24

1506. 麻迷婆娘指脾气暴躁、难缠的女人 ma24mi24pho24ȵiaŋ53

1507. 飞谝儿夸夸其谈的人 fei31phiar53

1508. 买卖人生意人 mæ31mæ0zẽ31

1509. 碎娃小孩儿，臭小子 suei44Øua44

1510. 黏婆娘不讲理的女人 zẽ24pho24ȵiaŋ53

1511. 能成人有本事的人 nəŋ24tʂəŋ24zẽ24

1512. 死狗赖皮 sʅ31kou53

1513. 二屎不懂事，胡来的人 Øər44tɕiou24

1514. 二杆子胆大妄为的人 Øər44kæ̃44tsʅ0

1515. 二愣儿大脑有问题的人 Øər44lər0

1516. 二流子好吃懒做、游手好闲的人 Øər44liou44tsʅ0

1517. 半吊子说话、做事不按规矩来的人 pæ̃44tiɔ44tsʅ0

1518. 女儿姑指带有女人气质的男人 ȵy53Øər31ku24

1519. 冷腾货愚蠢糊涂的人 ləŋ44thəŋ0xuo31

1520. 狗孙子说话嘴硬而办事胆怯的人 kou53suɛ̃53tsʅ0

1521. 犟□性格固执 tɕiaŋ44suaŋ24

1522. 人尖子指人优秀 zẽ24tɕiæ̃53tsʅ0

1523. 轱辘头儿堵头 ku53lou0tour24

1524. 没本事软弱无能 mo31pẽ44sʅ0

1525. 愣□笨蛋，不机灵 ləŋ53suəŋ24

1526. 闷□笨人 mẽ44suaŋ24

1527. 攒劲干练，精干 tsæ̃53tɕiẽ44

1528. 乖模样好看 kuæ31

1529. 乏得很累了 fa24tiɔxẽ53

1530. 麻皮儿邋遢不干练，不细心 ma24piər53la31tha0

1531. 品行动缓慢 piẽ53

1532. 稀/蛮漂亮，可爱 ɕi31/mæ̃24

1533. 如法漂亮，可爱 ʐu24fa53

1534. 啬皮小气，吝啬 sei31phi24

1535. 嫽人好人 liɔ24zẽ24

1536. 灵醒聪明，反应灵活 liəŋ24ɕiəŋ53

603

1537. 皮干多嘴 phi24kæ31

1538. 怯火 害怕，心里不踏实
tɕhiɛ31xuo53

1539. 搡眼 不被人喜欢的人或举动
saŋ31ȵiæ31

1540. 实诚 诚实，老实 ʂʅ24tʂhəŋ53

1541. 善活 很舒服得很，享受
tʂhã44xuo31xɛ̃53

1542. 觳觫 让人厌烦 Øuo24su53

1543. 显花 故意摆弄给人看 ɕiæ44xua0

1544. 细法 细致，仔细节省 ɕi44fa31

1545. 挣□ 厉害 tsəŋ31suəŋ24

1546. 黑不溜秋 皮肤黑而不难看
xei31pu31liou31tɕhiou31

1547. 活泛 机灵 xuo24fæ53

1548. 精脚 赤脚 tɕiəŋ24tɕyo31

1549. 跌踔 忙活，折腾 tiɛ53pæ31

1550. 鼓人 强迫人做事 ku53ʐɛ̃24

1551. 把抓人 折磨，使难受
pa44tʃua31ʐɛ̃24

1552. □给 tɕia31

1553. 扒塞 ʐu53

1554. 揣摸 tʃuæ53

1555. □管去不管 suəŋ31kuæ44tɕhi31

1556. 尕哒嘛西 乱七八糟的东西
ka53ta31ma53ɕi0

1557. 扭七趔八 不融洽，不团结
ȵiou53tɕi31liɛ24pa31

1558. 本事疙瘩 很有本事，很能干的人，又称本事蛋蛋 pɛ̃53ʂʅ31kɯ53ta0

1559. 不踏畔子 指人不讲道理
pu31tha24phæ̃44tsʅ0

1560. 瓷嘛咕咚 面无表情，不知害羞，或者

不灵活 tʂhʅ31ma44ku0tuəŋ0

1561. 瓷嘛二愣 痴呆的样子
tʂhʅ31ma31Øɚ44ləŋ44

1562. 二不愣登 呆头呆脑
Øɚ44pu0ləŋ44təŋ44

1563. 疯张冒撂 动作夸张，大声地胡说乱说
fəŋ31tʂaŋ31mɔ44liɔ44

1564. 瓜天苔地 傻，少见识
kua31thiæ31ʂɔ53ti44

1565. 干巴硬正 刚正，耿直，理直气壮，又称刚巴硬正 kæ31pa0ȵiəŋ44tʂəŋ44

1566. 瓜眉正眼 老实，呆板的样子
kua31mi31tʂəŋ44ȵiæ53

1567. 精沟浪荡 全身精光，不着衣服
tɕiɛ̃31kou31laŋ44taŋ44

1568. 二尾巴睁 精神萎靡，见人不热情
Øɚ44ȵi53pa31tsəŋ31

1569. 牛皮哄哄 自高自大，不可一世
ȵiou24phi53xuəŋ31xuəŋ0

1570. 扑兮咦懈 邋遢，不精干，不整洁，不干净 phu53tɕhi31læ31xæ31

1571. 人五人六 装模作样
ʐɛ̃24Øu53ʐɛ̃24liou31

1572. 甩手掌柜 不管事的主事者
ʃuæ31ʂou31tʂaŋ53kuə53

1573. 燃气摆呆 死气沉沉，没有生气，亦指某件事毫无起色 ʂʅ53tɕhi31pæ0tæ0

1574. 土而么却 头上身上落满灰尘，形容人土气，不干净 thu53Øɚ31mo31tɕhyo31

1575. 五麻六怪 颜色纷杂
Øu53ma0liou31kuæ44

1576. 榆木疙瘩 老实，善良，愚笨
Øy24mu53kɯ53ta31

1577. 失急忙慌着急，忙乱
ʂʅ53tɕi0maŋ31xuaŋ31

1578. 遭皮溜慌说谎话，骗人
tsɔ31phi24liou44xuaŋ53

1579. 再尿包包比喻人语言表达能力强，能言善辩，有贬义 tsæ44tɕhiou24pɔ53pɔ0

1580. 惹猫逗狗故意挑逗
zɤ53mɔ24tou44kou53

1581. 人物尖尖吃得开的红人
zɛ̃24ɵuo53tɕiæ53tɕiæ0

1582. 散里倒活走路不稳的样子
sæ̃44li31tɔ31xuo0

1583. 嘴噘脸吊待人态度不好
tsuei53tɕyo31liæ53tiɔ44

1584. 遗鞋掉帽丢三落四
Øi24xæ24tiɔ44mɔ44

1585. 砸洋炮儿说风凉话
tsa24Øiaŋ24pɔɹ53

1586. 仄棱仰板做事不按情理来
tsei53ləŋ31ȵiaŋ44pæ31

1587. 贼打火烧连哄带抢，说话办事急躁
tsei24ta44xuo31ʂɔ0

1588. 冰锅冷灶冷冷清清
piəŋ31kuo31ləŋ53tsɔ44

1589. 包包蛋蛋一般指携带用品较多
pɔ53pɔ0tæ̃44tæ̃0

1590. 挣死扒活拼命干活，或者尽最大力气干活 tsəŋ44sʅ31pa31xuo0

1591. 大不走溜儿基本上过得去
ta44pu31tsou31liouɹ53

1592. 松里垮塌形容套得不紧，拴得不牢，或物件衔接不好 suəŋ53li31kua31tha0

1593. 光光堂堂顺利
kuaŋ53kuaŋ31thaŋ31thaŋ0

1594. 胡求麻达草草了事
xu24tɕhiou44ma0ta0

1595. 黑求咕咚光线暗，看不清东西
xei53tɕhiou31ku0tuəŋ0

1596. 奈奈何何勉强
læ44læ0xuo31xuo0

1597. 乱七马活形容事情的头绪或者场面非常乱 lyæ̃44tɕhi31ma0xuo0

1598. 片片扇扇凌乱，无条理
phiæ̃44phiæ̃0ʂæ̃44sæ̃0

1599. 掐尺等寸刚合适，既不欠缺，也不剩余 tɕhia24tʂʅ31təŋ53tshuɛ̃44

1600. 脏嘛咕咚不干净
tsaŋ31ma0ku0tuəŋ0

1601. 黏嘛咕咚不利索，不清楚
zæ̃24ma53ku31tuəŋ31

1602. 蚂蚁四串形容人流接连不断
ma31Øi31sʅ44tʃhuæ̃44

1603. 叽叽嘎嘎形容妇女或儿童相聚一起谈笑，声音嘈杂 tɕi53tɕi0kɤ31kɤ0

1604. 稀里糊涂头脑混乱不清
ɕi53li31xu24tu53

1605. 磨磨曳曳行动拖拉缓慢
mo24mo53Øiɛ31Øiɛ0

1606. 黏黏串串概念不清
zæ̃24zæ̃53tʃhuæ̃44tʃhuæ̃31

1607. 模里模糊神志不清 mu44li0mu44xu0

1608. 好聚好散来去自由，不伤和气
xɔ53tɕy31xɔ53sæ̃44

1609. 大不咧咧态度无所谓或傲气十足的样子 ta44pu31liɛ31liɛ0

1610. 扭扭捏捏不大方

ȵiou44ȵiou31ȵiɛ31ȵiɛ0

1611. 胡吹冒料 说大话
xu24tʃhuei31mɔ44liɔ44

1612. 添盐加醋 无中生有
thiæ31Øiæ24tɕia31tshu44

1613. 猴里猴气 不稳重
xou24li0xou24tɕhi44

1614. 邋里邋遢 不利索 la53li0la31tha0

1615. 黄皮烂肉 形容人呈病态
xuɑŋ24phi24læ44ʐou44

1616. 是非精精 爱惹是非的人
sʅ44fei44tɕiɛ̃53tɕiɛ̃0

1617. 死狗摆呆 形容人难缠
sʅ31kou0pæ0tæ0

第四章 语法与口头文化

第一节 语法例句

1. 你是哪里人？

   你是打搭人？

   ni53sʅ31ta53ta31z̩ɛ̃31？

2. 我是陕西_____人。（说出所在县或市）

   我是陕西永寿人。／我是永寿人。

   ŋɤ53sʅ31sæ̃53ɕi31Øyəŋ44ʂou0z̩ɛ̃31. ／ ŋɤ53sʅ31Øyəŋ44ʂou0z̩ɛ̃31.

3. 你今年多大？

   你今年多大岁数咧？／你今年怎么大咧？

   ȵi53tɕiɛ̃31ȵiæ24tuo44ta44suei44ʃu0liɛ0？ ／ ȵi53tɕiɛ̃31ȵiæ24tsʅ44mo0ta44liɛ0？

4. 我_____岁了。（说出自己的实际年龄）

   我今年六十三岁咧。／六十三岁咧。

   ŋɤ53tɕiɛ̃31ȵiæ24liou53ʂʅ24sæ̃31suei44liɛ0. ／ liou53ʂʅ24sæ̃31suei44liɛ0.

5. 你叫什么名字？

   你说你叫个啥名字？／你叫啥？

   ȵi53ʃuo31ȵi53tɕiɔ44kɤ0sa44miəŋ24tsʅ0？ ／ ȵi53tɕiɔ44sa44？

6. 我叫_____。（说出自己的名字）

   我叫杨瑞学。

   ŋɤ53tɕiɔ44Øiaŋ24ʒuei44ɕyo24.

7. 你家住哪里？

   你家到打搭些呢？

   ȵi53tɕia31tɔ44ta53ta31ɕiɛ31ȵi0？

8. 我家住_____。（说出自己居住的地址）

   我屋到永寿县监军镇蒿店村。

ŋɤ53Øu31tɔ44Øyəŋ53ʂou0ɕiæ44tɕiæ31tɕyɛ31tʂɛ44xɔ53tiæ24tʃhuɛ31.

9. 谁呀？我是老三。

　　谁？我是老三。

　　sei24？ŋɤ53sʅ31lɔ53sæ31.

10. 老四呢？他正在跟一个朋友说着话呢。

　　老四呢？他正跟朋友说话呢。

　　lɔ53sʅ44n̠i0？tha53tʂəŋ53kɤ31phəŋ24Øiou0ʃuo31xua44n̠i0.

11. 他还没有说完吗？

　　他还没说完？

　　tha53xæ24mo24ʃuo31Øuæ24？

12. 还没有。大约再有一会儿就说完了。

　　还没有，大模儿一会儿就完了。

　　xæ24mo24Øiou53，ta44mor53Ø i31xuər53tɕiou31Øuæ24liɛ0.

13. 他说马上就走，怎么这半天了还在家里呢？

　　他说一时儿就走，怎么这一程还在屋里呢？

　　tha53ʃuo31Øi31sʅr24tsou44tsou53，tsʅ53mo31tʂɤ53Øi31tʂhəŋ24xæ24tsæ31Øu53li0n̠i0？

14. 你到哪儿去？我到城里去。

　　你到打搭去？我到城里去。

　　n̠i53tɔ53ta53ta31tɕhi31？ŋɤ53tɔ53tʂhəŋ24li53tɕhi44.

15. 在那儿，不在这儿。

　　到打搭呢，没到这儿。

　　tɔ44ta53ta31n̠i0，mo31tɔ53tʂɤr53.

16. 不是那么做，是要这么做的。

　　不是该兀么呢，是该这么呢。

　　pu31sʅ44kæ44Øu44mo0n̠i0，sʅ44kæ44tʂɤ44mo0n̠i0.

17. 太多了，用不着那么多，只要这么多就够了。

　　太多了，不要兀么多，就要这么多。

　　thæ44tuo31liɔ0，pu31Øiɔ44Øu44mo0tuo31，tsou44Øiɔ44tʂɤ44mo0tuo31.

18. 这个大，那个小，这两个哪一个好点呢？

　　这个大，兀个碎，这两个搭个好？

　　tʂɤ44kɤ0ta44，Øu44kɤ0suei44，tʂɤ44liaŋ53kɤ0ta31kɤ0xɔ53？

19. 这个比那个好。

　　这个比兀个好。

tʂɤ53kɤ0pi31ɵu44kɤ0xɔ53.

20. 这些房子不如那些房子好。

这个屋呢不比兀个屋呢好。

tʂɤ44kɤ0ɵu53n̠i0pu31pi53ɵu44kɤ00ɵu53n̠i0xɔ53.

21. 这句话用_____话怎么说？（填本地地名，本地音）

这一句话拿永寿话怎么说？

tʂɤ53Øi31tɕy31xua44la24Øyəŋ53ʂou0xua44tsɛ̃31mo24ʃuo31？

22. 他今年多大岁数？

他今年多大年龄咧？

ta53tɕiɛ31n̠iæ24tuo31ta44n̠iæ24liɛ̃44liɛ0？

23. 大概有三十来岁吧。

大概三十多咧。

ta44kæ44sæ̃53ʂʅ0tuo31liɛ0.

24. 这个东西有多重呢？

这个东西有怎么重？

tʂɤ44kɤ0tuəŋ53ɕi0Øiou53tsɛ̃53mo0tʂuəŋ44？

25. 有五十斤重呢。

五十斤重。

Øu53ʂʅ0tɕiɛ̃31tʃuəŋ44.

26. 拿得动吗？

你看你拿得动吗？

n̠i53khæ̃44n̠i53la24ti0tuəŋ44mo0？

27. 我拿得动，他拿不动。

我能拿动，他没试。

ŋɤ53ləŋ24la24tuəŋ0，tha53mo31sʅ44.

28. 真不轻，重得连我都拿不动了。

真不轻，我没法儿。

tʂɛ̃31pu24tɕhiəŋ31，ŋɤ53mo31far53.

29. 你说得很好，你还会说点儿什么呢？

你说得好得很，再给咱谝些啥？

n̠i53ʃuo53ti0xɔ53ti0xɛ̃44，tsæ44kæ53tsa24phiæ̃53ɕiɛ31sa44？

30. 我嘴笨，我说不过他。

我没事，兀能谝。

ŋɤ53mo31sŋ44，Øuo53ləŋ24phiæ̃53.

31. 说了一遍，又说了一遍。

    该说了几次了。

    kæ44ʃuo31lɤ0tɕi31tshŋ53liɛ0.

32. 请你再说一遍。

    你给咱再谝一下。

    ȵi53kæ53tsa24tsæ44phiæ̃53Øi31xa0.

33. 不早了，快去吧！

    你看都啥时候了，还不走？

    ȵi53khæ̃44tou31sa44sŋ24xou0liɛ0，xa24pu31tsou53？

34. 现在还很早呢。等一会儿再去吧。

    壬会儿还不行，等一会儿再走。

    ʐʅ24xuər53xa24pu31ɕiəŋ24，təŋ53Øi31xuər53tsæ44tsou53.

35. 吃了饭再去好吧？

    你把饭一吃再走。

    ȵi53pa31fæ̃44Øi24tʂŋ31tsæ44tsou53.

36. 慢慢儿地吃啊！不要急嘛！

    你逍遥吃，嫑急。

    ȵi53ɕiɔ53Øiɔ0tʂŋ31 pɔ31tɕi24.

37. 坐着吃比站着吃好些。

    你坐下吃，不要立下了。

    ȵi53tsuo44xa0tʂŋ31，pu31iɔ44li53xa0liɛ0.

38. 这个吃得，那个吃不得。

    这个好吃，兀个不能吃。

    tsɤ44kɤ0xɔ53tʂŋ31，Øu44kɤ0pu31ləŋ24tʂŋ31.

39. 他吃了饭了，你吃了饭没有呢？

    他吃饭，那你呢？

    tha53tʂŋ31fæ̃44，læ44ȵi53iɔ？

40. 他去过上海，我没有去过。

    你都上海去咧，我还没有去呢。

    ȵi53tou24ʂaŋ44xæ53tɕhi31liɛ0，ŋɤ53xa24mo31Øiou53tɕhi44ȵi0.

41. 来闻闻这朵花香不香？

    你来试一下，看这花香不香。

ȵi53læ24sʅ44Øi31xa0，khæ̃44tʂɤ53xua31ɕiaŋ53pu0ɕiaŋ0.

42. 香得很，是不是？

    香得很，是吗？

    ɕiaŋ53ti0xɛ̃53，sʅ44mo0?

43. 给我一本书！

    给我一本儿书。

    kei44ŋɤ53Øi31pɛ̃r53ʃu31.

44. 我实在没有书嘛！

    我真的没有书！

    ŋɤ53tʂɛ̃53ti0mo31Øiou53ʃu31！

45. 你告诉他。

    你给他说。

    ȵi53kɤ53tha53ʃuo31.

46. 好好儿地走！不要跑！

    慢慢儿走，不要跑！

    mæ44mær53tsou31，pu31Øiɔ44phɔ53！

47. 小心跌下去爬也爬不上来！

    小心跌下去，上不来！

    ɕiɔ53ɕiɛ̃31tiɛ31xa44tɕhi31，ʂaŋ44pu31læ24！

48. 医生叫你多睡一睡。

    大夫叫你多休息。

    tæ44fu0tɕiɔ44ȵi31tuo24ɕiou31ɕi31.

49. 吸烟或者喝茶都不可以。

    吃烟喝茶都不好。

    tʂʅ24Øiæ31xuo31tsha24tou24pu31xɔ53.

50. 烟也好，茶也好，我都不喜欢。

    烟，茶，我都不爱。

    Øiæ31，tsha24，ŋɤ53tou24pu31æ44.

51. 不管你去不去，反正我是要去的，我非去不可。

    不管你怎么，我非去不可。

    pu31kuæ53ȵi53tsʅ53mo0，ŋɤ53fei31tɕhi44pu44khɤ53.

52. 你是哪一年来的？

    你是打一年来的？

611

ȵi53sʅ44ta31ɵi31ȵiæ24læ24ti0?

53. 我是前年到的北京。

我前年去北京咧。

ŋɤ53tɕhiæ24ȵiæ53tɕhi44pei31tɕiaŋ31liɛ0.

54. 今天开会谁的主席？

今天开会，谁当主席？

tɕiẽ31thiæ31khæ31xuei44, sei24taŋ31tʃu53ɕi24?

55. 你得请我的客。

你要请我客。

ȵi53ɵiɔ53tɕhiaŋ53ŋɤ53khei31.

56. 这是他的书，那一本是他哥哥的。

这是他的书，兀一本儿是他哥的。

tʂɤ53sʅ44tha53ti0ʃu31, ɵuei53ɵi31pẽr53sʅ44tha31kɤ24ti0.

57. 一边走，一边说。

旋走旋说。

suæ44tsou53suæ24ʃuo31.

58. 看书的看书，看报的看报，写字的写字。

看书，看报，写字。

khæ44ʃu31, khæ44pɔ44, ɕiɛ53tsʅ44.

59. 越走越远，越说越多。

越走越远，越说越多。

ɵyo31tsou53ɵyo31ɵyæ53, ɵyo24ʃuo31ɵyo24tuo31.

60. 把那个东西拿给我。

把兀个东西给给我。

pa31ɵu53kɤ0tuaŋ31ɕi0kei44kei31ŋɤ53.

61. 有些地方把太阳叫日头。

有些地方把太阳叫日头。

ɵiou44ɕiɛ31ti44faŋ0pa31thæ44ɵiaŋ0tɕiɔ44ɵər53thou31.

62. 您贵姓？我姓王。

你姓啥？我姓王。

ȵi53ɕiaŋ44sa44? ŋɤ53ɕiaŋ44ɵuaŋ24.

63. 你姓王，我也姓王，咱们两个人都姓王。

咱都姓王，是一家子。

tsa44tou24ɕiəŋ44ɵuɑŋ24，sɿ44ɵi31tɕia53tsɿ31.

64. 你先去吧，我们等一会儿再去。

你先走，我后岸儿就来咧。

ȵi53ɕiæ31tsou53，ŋɤ53xou44ŋæɹ0tɕiou44læ24liɛ0.

第二节　北风和太阳

北风跟太阳

有一回，北风跟太阳在那儿争论谁的本事大。争来争去就是分不出高低来。这时候路上来了个走道儿的，他身上穿着件厚大衣。他们俩就说好了，谁能先叫这个走道儿的脱下他的厚大衣，就算谁的本事大。北风就使劲地刮起来了，不过他刮得越是厉害，那个走道儿的把大衣裹得越紧。后来北风没法儿了，只好就算了。过了一会儿，太阳出来了。他火辣辣地一晒，那个走道儿的马上就把那件厚大衣脱下来了。这下儿北风只好承认，他们俩当中还是太阳的本事大。

北风跟日头

pei24fəŋ31kɛ31thæ44ɵiɑŋ31

有一回，北风跟太阳在那儿争论谁的本事大。

ɵiou53ɵi31xuei24，pei24fəŋ31kɛ31thæ44ɵiɑŋ0tsæ44laɹ53tsəŋ31lyɛ̃44sei24ti0pɛ̃53sɿ0ta44.

争来争去，就是分不出个高低。

tsəŋ31læ24tsəŋ31tɕhy44，tsou44sɿ0fɛ̃24pu31tʃu31kɤ0kɔ24ti31.

这时候，路上来了个走路的，他身上穿了件厚大衣。

tʂɤ44sɿ24xou0，lou44ʂɑŋ0læ24lɤ0kɤ0tsou53lou44ti0，tha53ʂɛ̃53ʂɑŋ0tʃhuæ̃31lɤ0tɕiæ̃44xou44ta44ɵi31.

他兀两就说好咧，谁能叫这个走路的脱下他的厚大衣，就算谁的本事大。

tha31ɵu44liɑŋ53tɕiou44ʃuo24xɔ31liɛ0，sei24ləŋ24tɕiɔ44tʂɤ31kɤ0tsou53lou44ti0thuo53ɕia0tha53ti0xou44ta44ɵi31，tsou44suæ44sei24ti0pɛ̃53sɿ0ta44.

北风就死劲儿地吹起来咧。

pei24fəŋ31tsou44sɿ53tɕiəɹ53ti0tʃhuei24tɕhi53læ0liɛ0.

不过，它越吹，吹得越厉害，那个走路的把大衣裹得越紧。

pu31kuo44，tha53ɵyo24tʃhuei31，tʃhuei53ti31ɵyo31li44xæ0，lei44kɤ0tsou53lou44ti0 pa31ta44øi31kuo53ti0øyo31tɕiɛ̃53.

后来，北风没法咧，只好就算咧。

xou44læ0，pei24fəŋ31mo31fa53liɛ0，tsʅ31xɔ53tsou44suæ̃44liɛ0.

过了一会儿，太阳出来咧，它火辣辣地一晒，那个走路的马上就把大衣脱了下来。

kuo44lɤ0øi31xuər53，thæ44øiaŋ0tʃhu31læ0liɛ0，tha53xuo53la31la0ti0øi31sæ44，lei31kɤ0tsou53lou44ti0ma53ʂaŋ44tsou44pa31ta44øi31thuo31lɤ0ɕia44læ0.

这一下，北风只好承认，它们俩当中比，太阳的本事最大。

tʂɤ53øi31xa44，pei24fəŋ31tsʅ31xɔ53tʂhəŋ24zɤ̃44，ta53mɛ̃0liaŋ53taŋ24tʃuəŋ31pi31，thæ44øiaŋ0ti0pɛ̃53sʅ0tsuei44ta31.

第三节　口头文化

一、谚语

1. 头绽醋，二梁油。

2. 十里路外混个嘴，不如在家喝凉水。

3. 富人过年，穷人过难。

4. 好出门不如歹在家。

5. 嘴上甜罐子，心里辫辫子，脚下使绊子。

6. 一个槽上拴不了两个叫驴。

7. 贼没赃，硬如钢。

8. 猫不上树狗咬呢。

9. 吃饭要尝呢，说话要详呢。

10. 米靠碾，麦靠磨，遇到问题靠琢磨。

11. 得势猫儿强势虎，凤凰落架不如鸡。

12. 愁闷瞌睡多，想钱睡不着。

13. 天下的弓是弯的，世上的理是端的。

14. 挡得住千人手，挡不住百人口。

15. 一人说话全有理，两人说话见高低。

16. 不怕不识货，单怕货比货。

17. 靠山吃山，靠水吃水。

18. 狗大自咬，女大自巧。

19. 麻壮缰绳牢，房是招牌地是累，攒下银钱催命鬼。

20. 会说的说圆了，不会说的说黏了。

21. 牛不喝水强按头。

22. 吃馍凭菜呢，打官司凭赖呢。

23. 有个瓜女婿，没个瓜丈人。

24. 龙生龙，凤生凤，老鼠生儿会打洞。

25. 好日鬼，怕掏水。

26. 英雄死在阵上，□（suəŋ24）汉死在炕上。

27. 能打狮子滚绣球，那怕走到天尽头。

28. 人狂没好事，老鼠狂了猫咬住。

29. 荞麦地里刺蓟花，人家不夸自己夸。

30. 好老子不打肩膀齐的儿。

31. 灯没油黑下了，人没钱了鬼下了。

32. 丑人爱作怪，黑馍光就菜。

33. 三个婆娘一台戏。

34. 辈辈鸡儿辈辈鸣。

35. 人比人活不成，马比骡子驮不成。

36. 龙多了住旱，婆娘多了怕做饭。

37. 灵人快马天生的，瓷锤脸是个无情的。

38. 婆娘当家驴揭地，娃娃做活淘出气。

39. 有了一顿，没了切棍。

40. 嫁鸡随鸡，嫁狗随狗。

41. 四月八，场里不下地里下。

42. 天上瓦渣云，地上晒死人。

43. 东晴西暗，等不到吃饭。

44. 麦黄糜黄，绣女下床。

45. 阎王好见，小鬼难见。

46. 师傅引进门，修行在个人。

47. 当官不为民做主，不如回家卖红薯。

二、歇后语

1. 牛笼嘴——尿不满。

2. 驴粪蛋儿——外面儿光。

3. 娃屁到墙缝咧——连狗都没围下。

4. 狗掀门帘子——全凭嘴呢。

5. 戏台子底下的婆娘——有下家呢。

6. 狗看星星——不知道稀稠。

7. 老虎吃天爷——没处下爪。

8. 精沟子撵狼呢——胆大不知羞。

9. 尿脖打人——臊气难闻。

10. 猴的沟子——坐不住。

11. 瞎子夹的毡——胡扑呢。

12. 背的牛头——不认账。

13. 三岁卖蒸馍——啥事都经过。

14. 夹的报纸上坟呢——给你先人卖文呢。

15. 拉着牲口过河呢——谦虚过度。

16. 枣核儿扯板——两句儿。

17. 小葱拌豆腐——一清二白。

18. 红萝卜调辣子——吃出没看出。

19. 老鼠钻到风箱里咧——两头儿受气。

20. 十五个桶搅水——七上八下。

21. 瞎子掼针——冒碰呢。

22. 老鼠拉铁锨——大头在后。

23. 瞎猫逮了个死老鼠——碰到相上咧。

24. 狗坐轿子——不识抬举。

25. 狗撵鸭子——呱呱叫。

26. 猪鼻子插葱——装相（象）。

27. 狗皮袜子——没反正。

28. 猫吃糨子——光在嘴上挖抓呢。

29. 王八吃秤砣——铁咧心咧。

30. 提的罐罐过河呢——给鳖上汤呢。

三、快板

1. 搬砖

我的兀名字叫胡喧，有一个嗜好爱搬砖。

这个砖，不一般，一寸长，半寸宽，

基本造型是个扁扁，上面有条条和圈圈，又轻又光又美观。

不要看它么一点点，吸引力大得却无边。

羊皮袄，两面穿，说了正面说反面。

赌场这事难保险，一勺只能倒一碗，

牌又不能随便捡，手气不好干瞪眼。

一旦掉入兀烂泥潭，一下背得就没眉眼，

伤了神，输了钱，顿时一下比牛蔫。

想罢手，心不甘，想翻身那个没本钱，烂账拉了一河滩，

该了人家一圈圈，受人的气，看人的脸，人家骂咱快滚远。

你说伤感不伤感，你说羞先不羞先。

就像飞机上撂照片，把人丢得就没深浅。

这场面，有体验。

曾记得那一年的那一天，八月十五月正圆，

遇见王五李四和张三，此时正好有胡喧，

咱们四人去搬砖，我一听，要搬砖，心里喜，腿放欢。

张三家中门一关，一张方桌摆中间，

上面蒙了个花布单，旁边摆的是红塔山，

千瓦灯泡亮闪闪，光辉灿烂照人脸。

水倒好，茶起酽，我们四人开了战。

前几轮，捷报传，我一下赢了五千元。

脸上喜，心里甜，再接再厉再向前。

再看王五李四和张三，一个一个比牛蔫。

噘着个嘴，吊着个脸，对我的经济效益很不满。

他们暗下决心排万难，血债要用血来还。

一轮一轮再开战，他们个个糊了点，

大团结只是和我说再见。

只说再见不回转，气得我当时腿蛮颤，

两脚不住胡乱掸，头上不停冒冷汗，嘴里光把兀唾沫咽。

财运越来越疲软，经济滑坡很危险，

赢的兀钱全输完，还欠了人家三千元。

只觉天晕地又转，血压升高腿打颤。

他们对我不怜念，对我展开了车轮战。

张三逼我要现款，李四唾了我一脸，

只有王五最心残，把我的衣服全脱完。

身上冷，心发寒，答应给他们去借钱。
出了院门自盘算，肚子饿得个乱叫唤，
亲戚朋友都借遍，如今我该向哪一边？
今天这事情我怎么办？我怎么办？
对，坦白从宽去投案，给你个驴死笼头烂。
第二天，九点半，警察押来同案犯，
洋镯子，戴手腕，三人见我翻白眼。
你坐牢，我坐监，乌龟王八都一般。
白天有人来送饭，晚上有人把门看。
想解手，有尿罐，饮食起居都方便。
就是房子光线暗，太阳照进来没弹嫌。
半月后要公布要公判，把我们押到影剧院，
整整齐齐台前站，牌牌上写的是赌博犯。
热情的观众齐坐满，好像秦腔名家来表演。
公安局长一声喊，依法逮捕吓破了胆，
两只胳膊被绳拴，两手乖乖儿背后边。
我的兀腿光想软，幸亏警察把咱搀，
裤裆全是兀尿点点，你说可怜不可怜。
王五李四和张三，各判刑三年三月三十天，
因为我能投案，从轻判处一年半。
会开完，街上转，我们又到车上站。
警车开道乱叫唤，红灯不住亮闪闪。
热情的观众站两边，把我们展览又参观。
想起当年那场面，轰轰烈烈真壮观。
刑满释放回家转，一家人自奔前程讨方便。
我爸搬到了地下宫殿，我妈和阎王爷见了面，
我媳妇吐故纳新把人换，两个娃给到了长安县，
老叫驴给人把活干，老母鸡给人下了蛋，
两只羊光荣牺牲英勇就义在饭店，十只兔早已成了人家粪便，
猫娃和我都不见面，连老鼠都把我背叛。
海可枯，石可烂，只有狼狗心没变，
白天到处去要饭，晚上给我把门看，
提高警惕擦亮眼睛严防坏人来捣乱，

兢兢业业工作我家门前第一线。
狼狗一见我的面，赶紧围着我打转，
尾巴不停抡得欢，我的兀眼泪流不干，
抱住狼狗同声唤，一直哭了个大半天。
哭我的二老不见面，哭我的妻离子又散，
哭鸡哭猫哭兔哭驴哭我生前的好伙伴。
哭我的狼狗遭了难，哭我的房子顶棚烂，
哭我的门上没门扇，哭我的灯泡没电线，
哭我的缸里没有面，哭我的案底没有炭，哭我的空调冰箱和彩电。
哭断肠，哭断肝，悔不该不务正业去挣钱，
哭断肠，哭断肝，悔不该和人去搬砖，去搬砖！

2. 永寿赞

本人名叫杨曼丽，家离永寿五十里。
虽说归属永寿管，却跟麟游连畔畔，
村民居住太分散，十几户分遍几架山。
七零八落太零乱，家家户户破烂不堪。
院墙都是棍栅栏，破窑洞扎在半山间，
吃水磨面都困难，大路小路仄棱仰板，
出行弄啥不方便，整天为生活发熬煎。
说过去，想从前，兀就穷得没法谈。
党的政策指航线，各级政府真抓实干，
大手笔，高起点，分散的村全搬迁，
新村建设宏图展，施工队干劲大无边，
房屋盖起一排排，户户设计都规范，
家家就像小别墅，村子建得很美观，
水泥路面平又宽，花草树木栽两边，
太阳能路灯真好看，黑夜照得像白天。
广场建在村中间，漂亮简直像花园，
亭台坐椅有喷泉，健身器材都齐全。
有人打拳和练剑，有人散步走圈圈。
村上一伙婆娘们，扭着屁股跳得欢。
街道还有文化站，科普书籍天天看，
文化站里自乐班，天天唱戏和表演。

合作医疗设施全，不为看病发熬煎。
政府派来工作队，扶贫致富跨发展，
一对一，点对点，帮资金，计策献。
几户联办合作社，几户联建生态园。
规模大，企业化，规范作务效益显，
经济人日夜不合眼，手机电话不间断。
天天有产品往外拉，时时有票子进卷卷。
生态园，是亮点，城里人经常来参观。
还有咱兀采摘园，瓜果蔬菜样样全，
自己采摘心喜欢，绿色食品吃安全。
说一千，道一万，农村变化万万千。
村民人人讲奉献，家家户户争创先，
人人富，家有钱，日子过得比蜜甜，
环境好，心情好，生活好，精神好，社会主义就是好，
感谢党的好领导，好领导！

四、秦腔

1. 夜月飞

我夫妻结发来伉俪和好，舍不得恩爱情鸾凤相交，
她慷慨替人死，谁人能到。
青史上留芳名，千古风高。

2. 辕门二帐

孟伯仑进帐来禀明此话，辕门外来了个王位人家。
他为君我为臣理应迎驾，杨延景走上前忙把躬搭。
贤爷到了，请呀！
端一把朱红椅贤爷坐下，听臣把来路情细问根芽。
莫不是萧银宗发来人马，臣差去二督司前去剿杀。
如不然有为臣我提枪上马，兵不胜绝不能输于番家。
这不是那不是贤爷讲话，因何事驾临在臣的帐下？

3. 悔路

这就叫为救哥哥害了嫂嫂，这话我向他说得去了。
我周仁并非是忘恩义，为救兄无奈我献他妻。
这话向他说得去，我哥哥必不能怪我的。

待我回上了太宁驿，倒退一步再愁思。
纵然嫂嫂她愿去，哥哥回来我难辩白。

4. 花木兰

劝爹爹放宽心村头站稳，儿我有几句话禀告双亲。
遇国难我理应挥戈上阵，也为了尽孝道替父从军。
咱今日不把旁人恨，恨只恨土利子残害黎民。
若非是土利子兴兵内侵，女儿我怎能够远离家门。
但愿得此一去旗开得胜，平了贼儿回家再孝双亲。

旬邑县篇

第一章 总 论

第一节 人文地理、历史沿革、人口概况

　　旬邑县地处渭北黄土高原沟壑区，位于陕西省中部、咸阳市北部，东接铜川市耀州区，北依甘肃正宁，南傍淳化，西邻彬州市，全县总面积1811平方千米，总人口30万。全县共辖9镇、1个街道办——湫坡头镇、职田镇、张洪镇、郑家镇、清塬镇、底庙镇、土桥镇、马栏镇、太村镇和城关街道办，共179个行政村。

　　旬邑是一块古老的土地。古称豳，秦封邑，汉置县。周人先祖后稷四世孙公刘曾在此开疆立国，开创了古代农耕文明。出土的200至300多万年前的剑齿象化石和板齿犀牛化石，为世界之最，距今两千多年前的秦第二大国防工程——秦直道穿境而过，道路兵站遗址至今犹存。

　　旬邑是一块红色的土地。1926年建立了党组织，1928年爆发了声震渭北的"二八"起义，革命战争年代是陕甘宁边区的南大门、关中分区和陕北公学所在地，习仲勋、汪锋、贾拓夫、李维汉、张德生、赵佰平、王世泰等老一辈无产阶级革命家在此长期生活和战斗过。

　　旬邑是一块富饶的土地。自然资源储量丰富，煤炭储量达27亿吨，石油贮量2800万吨，药材192种，沙棘20万亩，草场46万亩，国有森林面积150万亩，木材总蓄积量430万立方米。石门山国家森林公园被誉为渭北高原上的"西双版纳"，是极好的自然风景旅游区。

　　旬邑是一块文化积淀深厚的土地。这里曾经是被《诗经》所反复吟唱的古豳之地。如今这里是"中国现代民间绘画之乡"和"中国民间剪纸之乡"，以"剪花娘子"民间艺术大师库淑兰的作品为代表的剪纸艺术驰名海内外。

　　旬邑是一块充满无限生机与活力的发展热土。这里民风淳朴，交通便利，社会稳定，信息畅通，环境优美，城镇基础设施完善，投资政策优惠，发展条件优越，是客商投资的热土，创业的圣地，发展前景十分广阔。

　　近年来，旬邑县先后荣获全国绿色小康县、中国果菜无公害十强县、中国优质苹

果基地重点县、全国苹果 20 强县、全国绿化模范县、国家卫生县城、全国生态文明先进县、全国科技进步先进县、全国科普示范县、省级园林城市、省级文明县城、陕西省造林绿化模范先进县、陕西省农村公路建设先进县、陕西省建设社会主义新农村"十大红旗"单位、全省农村社区建设先进县、全省扶贫绩效考核优秀县（区）、陕西省 2017 年电子商务进农村综合示范县、省级森林城市、中国天然氧吧、国家园林县城、陕西省诗词之乡。

第二节　方言归属与内部差异

旬邑方言属于中原官话关中片。据当地人口述，旬邑县境内方言口音大体可分为两种，一种以城关和职田、太村等镇为代表，一种以底庙镇为代表。城关等地属于中原官话关中片，底庙与甘肃接壤，与中原官话秦陇片相近。本县无呈区域分布的少数民族语言，在旬邑县马栏镇马栏村有回族，约 50 户共约 140 人集中居住，讲汉语。旬邑用方言唱的地方戏或曲艺主要有秦腔，其次为眉户、关中道情。

第三节　发音人和调查人概况

方言发音人（一）

1. 姓名：郭满仓
2. 单位（退休前）：陕西省咸阳市旬邑县城关街道东关小学
3. 通信地址：陕西省咸阳市旬邑县城关街道西关村
4. 性别：男　　民族：汉
5. 出生年月日（公历）：1957 年 8 月
6. 出生地（从省级至自然村级）：陕西省咸阳市旬邑县城关街道西关村
7. 主要经历：1957 年 8 月，出生在旬邑县城关镇西关村。1964～1970 年，在旬邑县城关小学就读，1970～1973 年，在旬邑中学读初中，1973～1976 年，在旬邑中学读高中，毕业后在家务农。1978 年参加工作，先后在旬邑县西关小学、小塔小学、东关小学工作至退休。
8. 文化程度：高中
9. 职业：教师

方言发音人（二）

1. 姓名：王新民

2. 单位（退休前）：陕西省咸阳市旬邑县土桥镇牙里村

3. 通信地址：陕西省咸阳市旬邑县土桥镇牙里村

4. 性别：男　　民族：汉

5. 出生年月日（公历）：1954 年

6. 出生地（从省级至自然村级）：陕西省咸阳市旬邑县土桥镇牙里村

7. 主要经历：出生并成长于旬邑县土桥镇牙里村，喜爱样板戏，多次参加大队、公社文艺演出。

8. 文化程度：初中

9. 职业：农民

调查人

1. 姓名：张　攀

2. 单位：咸阳师范学院

3. 通信地址：陕西省咸阳市渭城区文林路东段 1 号

4. 协助调查人 1 姓名：谭湘衡

5. 协助调查人 2 姓名：刘静婷

第二章 语 音

第一节 声 母

声母二十八个，包括零声母在内。

p 八帮宝半　　ph 爬片派皮　　m 明麦梦木　　f 风肥饭副　　v 王危问万
t 党多东刀　　th 糖毒讨托　　　　　　　　　　　　　　　　l 南路脑连
ts 资早组争　　tsh 刺草村贼　　　　　　　　s 丝酸山事
tʂ 张正照镇　　tʂh 车唱抽成　　　　　　　　ʂ 上射手升　　ʐ 热认绕让
tʃ 猪装桌砖　　tʃh 床春初穿　　　　　　　　ʃ 船顺书耍　　ʒ 如挼闰软
tɕ 急叫净讲　　tɕh 轻权劝欠　　ɲ 年女泥娘　　ɕ 县响选习
k 高共果钢　　kh 开快苦炕　　ŋ 熬安我恶　　x 河灰好户
ø 月云王用

说明：

① [ph] 与 [o、u] 韵母相拼时，唇齿发生轻微摩擦。

② [tʂ、ʂh] 与 [ɑŋ、əŋ、au、əu] 相拼时，发音部位靠后，实际音值接近 [t、th]。

③ [tʂ、tʂh、ʂ、ʐ] 与单韵母 [ɤ] 相拼时，实际音值中间有一个介音 [ɿ]。

④ [tʃ、tʃh、ʃ、ʒ] 与开口呼相拼时，[tʃ、tʃh] 发音状态是舌尖抵住下齿龈，舌叶略微抬高，气流冲破阻碍摩擦成声，双唇略向外翻，圆唇状态不明显，[tʃ] 气流较弱，[tʃh] 气流较强；[ʃ、ʒ] 发音时，舌尖与下齿龈形成窄缝，舌叶略微抬高，气流从窄缝中摩擦成声，双唇略向外翻，圆唇状态不明显，[ʒ] 声带颤动。

⑤ [x] 发音部位靠后，摩擦较重，实际音值接近 [χ]。

⑥ [t、th] 声母与合口呼韵母相拼时，双唇略颤。

第二节 韵 母

韵母三十九个，不包括儿化韵。

ɿ 丝纸迟　　　　　i 一锡地米　　　　u 五苦谷铺　　　　y 雨局女驴
ʅ 十知吃猪
ɚ 二儿
a 八辣茶塔　　　　ia 牙鸭嫁夏　　　　ua 瓦话瓜夸
ɤ 歌壳热折　　　　iɛ 写节业贴
o 磨婆薄拨　　　　　　　　　　　　uo 多盒过颗　　　　yo 学药勺靴
ɯ 疙核
ɛi 开鞋菜台　　　　iɛi 街解　　　　　uɛi 外块怪怀
au 包讨道炮　　　　iau 笑桥交表
ei 赔飞色给　　　　　　　　　　　uei 鬼雷灰国
əu 豆走够头　　　　iəu 油牛绿秀
ã 南山半炭　　　　iã 年件甜连　　　uã 短关换宽　　　yã 全院选卷
ẽ 根深恩闷　　　　iẽ 林新近亲　　　uẽ 村春笋棍　　　yẽ 云军裙熏
aŋ 党帮钢糖　　　　iaŋ 想样强亮　　　uaŋ 王窗黄光
əŋ 升灯冷耕　　　　iəŋ 灵病行拧　　　uəŋ 东红横松　　　yəŋ 用穷兄勇

说明：

①［u］与双唇音、唇齿音相拼时，摩擦较重，实际音值接近［ʋ］。

②［ɛi、iɛi、uɛi］中的［ɛ］实际音值舌位比［ɛ］要高，但未到［e］。

③［au、iau］中的［a］实际音值舌位比［a］略低，但比［ɔ］要高。

④［əŋ、iəŋ、uəŋ、yəŋ］韵尾的舌位没有［ŋ］那么靠后，实际音值接近［ɲ］。

⑤［a、ia、ua］中的［a］实际音值接近［ʌ］。

⑥［ɛi、iɛi、uɛi、ei、uei、au、iau、əu、iəu］的实际发音动程较短。

⑦［ʅ］与［tʃ、tʃh、ʃ、ʐ］相拼时，舌叶音声母的发音状态持续，但阻碍较轻，略带摩擦。

第三节　单字调

单字调四个。
阴平 31 东春百搭节拍刻六麦叶　　阳平 24 门牛油铜皮急毒白盒罚
上声 52 懂古九统苦讨草买老五　　去声 44 动近后寸去卖路硬乱地
说明：
①阴平为中降调，开头比 3 度略低，比 2 度稍高，记作 31。
②上声为高降调，收尾比 3 略低，比 2 高，记作 52。

第四节 连读变调

后字非轻声两字组连调模式见表2-1。

表2-1 后字非轻声两字组连调模式

前字＼后字	1 阴平31	2 阳平24	3 上声52	4 去声44
1 阴平31	24+31 31+31	31+24	31+52	31+44
2 阳平24	24+31	24+24	24+52	24+44
3 上声52	52+31	52+24	52+52	52+44
4 去声44	44+31	44+24	44+52	44+44

非叠字组后字轻声两字组连调模式见表2-2。

表2-2 非叠字组后字轻声两字组连调模式

前字＼后字	1 阴平31	2 阳平24	3 上声52	4 去声44
1 阴平31	52+0 31+0	52+0	31+0	52+0
2 阳平24	31+52 24+0	31+52	31+52	31+52
3 上声52	44+0 52+0	44+0	31+0	44+0 52+0
4 去声44	24+0 44+0	24+0	24+0	24+0

第五节 单 字

0001. 多 tuo31
0002. 拖 thuo31
0003. 大～小 thuo44（白）/ta44（文）
0004. 锣 luo24
0005. 左 tsuo44
0006. 歌 kɤ31
0007. 个一～ kɤ44（文）/øuɛiø0
0008. 可 khɤ52/khɤ21（又）
0009. 鹅 ŋɤ24
0010. 饿 ŋɤ44
0011. 河 xuo24
0012. 茄 tɕhiɛ24
0013. 破 pho44
0014. 婆 pho24
0015. 磨动 mo24～

（白）

629

刀/mo44 ~面

0016. 磨名 mo44
0017. 躲 tuo52
0018. 螺 luo24
0019. 坐 tshuo44
0020. 锁 suo52
0021. 果 kuo52
0022. 过 kuo44
0023. 课 khuo44
0024. 火 xuo52
0025. 货 xuo44
0026. 祸 xuo44
0027. 靴 ɕyo31
0028. 把量 pa52
0029. 爬 pha24
0030. 马 ma52
0031. 骂 ma44
0032. 茶 tsha24
0033. 沙 sa31
0034. 假真~ tɕia52
0035. 嫁 tɕia44
0036. 牙 ȵia24
0037. 虾 ɕia31
0038. 下底~ xa44
0039. 夏春~ ɕia44
0040. 哑 ȵia52
0041. 姐 tɕiɛ52
0042. 借 tɕiɛ44
0043. 写 ɕiɛ52
0044. 斜 ɕiɛ24
0045. 谢 ɕiɛ44
0046. 车不是棋子 tʂʰɤ31
0047. 蛇 ʂɤ24
0048. 射 ʂɤ52
0049. 爷 Øiɛ24
0050. 野 Øiɛ52
0051. 夜 Øiɛ44
0052. 瓜 kua31
0053. 瓦 Øua52
0054. 花 xua31
0055. 化 xua44
0056. 华中~ xua31
0057. 谱家~，注意声母 phu52
0058. 布 pu44
0059. 铺动 phu31
0060. 簿 phu52
0061. 步 phu44
0062. 赌 tu52
0063. 土 thu52
0064. 图 thu24
0065. 杜 thu44
0066. 奴 ləu24
0067. 路 ləu44
0068. 租 tsu31（白）/ tsəu31（文）
0069. 做 tsəu44/ tsuo31（又）
0070. 错对~ tshuo31
0071. 箍~桶，注意声母 ku31
0072. 古 ku52
0073. 苦 fu52/（白） khu52（文）
0074. 裤 fu44（白）/ khu44（文）
0075. 吴 Øu24
0076. 五 Øu52
0077. 虎 xu52
0078. 壶 xu24
0079. 户 xu44
0080. 乌 Øu31
0081. 女 ȵy52
0082. 吕 ly52
0083. 徐 ɕy24
0084. 猪 tʂʅ31
0085. 除 tʂʰʅ24
0086. 初 tshəu31
0087. 锄 tʂʰʅ24
0088. 所 ʃɤ52
0089. 书 ʃʅ31
0090. 鼠 ʃʅ52
0091. 如 ʒʅ31
0092. 举 tɕy52
0093. 锯 tɕy44
0094. 去 tɕhi44/ tɕhy44（又）
0095. 渠~道 tɕhy24
0096. 鱼 Øy24
0097. 许 ɕy52
0098. 余剩~，多~ Øy24
0099. 付 fu44
0101. 父 fu44
0102. 武 Øu52
0103. 雾 Øu44
0104. 取 tɕhy52
0105. 柱 tʃʅ44
0106. 住 tʃʅ44
0107. 数动 ʃʅ52/ səu52（又）
0108. 数名 ʃʅ44/ səu44（又）
0109. 主 tʃʅ52
0110. 输 ʃʅ31/ ʒʅ31（又）
0111. 竖 ʃʅ44
0112. 树 ʃʅ44
0113. 句 tɕy44
0114. 区地~ tɕhy31
0115. 遇 Øy44
0116. 雨 Øy52
0117. 芋 Øy44
0118. 裕 Øy31
0119. 胎 thɛi31
0120. 台戏~ thɛi24
0121. 袋 tɛi44
0122. 来 lɛi24
0123. 菜 tshɛi44
0124. 财 tshɛ24
0125. 该 kɛi31
0126. 改 kɛi52
0127. 开 khɛi31
0128. 海 xɛi52
0129. 爱 ŋɛi44
0130. 贝 pei44
0131. 带动 tɛi44
0132. 盖动 kɛi44

0133. 害 xɛi44
0134. 拜 pei44
0135. 排 phɛi24
0136. 埋 mɛi24
0137. 戒 tçiei44
0138. 摆 pei52
0139. 派注意声调
　　　phɛi44 动/
　　　phɛi52 名
0140. 牌 phɛi24
0141. 买 mɛi52
0142. 卖 mɛi44
0143. 柴 tshɛi24
0144. 晒 sɛi44
0145. 街 tçiɛi31
0146. 解～开 tçiɛi52
0147. 鞋 xɛi24
　　　（白）/çiɛi24
　　　（文）
0148. 蟹注意声调
　　　xɛi52
0149. 矮 lɛi52/
　　　ŋɛi52（又）
0150. 败 phɛi44
0151. 币 pi44
0152. 制～造 tʂɿ44
0153. 世 ʂɿ44
0154. 艺 Øi44
0155. 米 mi52
0156. 低 ti31
0157. 梯 tshi31
0158. 剃 tshi44
0159. 弟 tçhi44/

ti44（又）
0160. 递 tçhi44
0161. 泥 ȵi24
0162. 犁 li24
0163. 西 çi31
0164. 洗 çi52
0165. 鸡 tçi31
0166. 溪 çi44
0167. 契 tçhi44
0168. 系联～çi44
0169. 杯 phei31
0170. 配 phei44
0171. 赔 phei24
0172. 背～诵 pei44
0173. 煤 mei24
0174. 妹 mei44
0175. 对 tuei44
0176. 雷 luei24
0177. 罪 tsuei44
0178. 碎 suei44
0179. 灰 xuei31
0180. 回 xuei24
0181. 外 vei44/
　　　vei44（又）
0182. 会开～xuei44
0183. 怪 kuɛi44
0184. 块 khuɛi52
0185. 怀 xuɛi24
0186. 坏 xuɛi44
0187. 拐 kuɛi52
0188. 挂 kua44
0189. 歪注意声母
　　　Øuɛi52

0190. 画 xua44
0191. 快 khuɛi44
0192. 话 xua44
0193. 岁 suei44
0194. 卫 Øuei44
0195. 肺 fei44
0196. 桂 kuei44
0197. 碑 pi31
0198. 皮 phi24
0199. 被～子 pi44
0200. 紫 tsɿ31
0201. 刺 tshɿ52
0202. 知 tʂɿ31
0203. 池 tʂhɿ24
0204. 纸 tsɿ52
0205. 儿 zɿ24（白）/
　　　Øər24（文）
0206. 寄 tçi44
0207. 骑 tçhi24
0208. 蚁注意韵母 Øi44
0209. 义 Øi44
0210. 戏 çi44
0211. 移 Øi24
0212. 比 pi52
0213. 屁 phi44
0214. 鼻注意声调
　　　phi24
0215. 眉 mi24
0216. 地 tçhi44/
　　　ti44（又）
0217. 梨 li24
0218. 资 tsɿ31
0219. 死 sɿ52

0220. 四 sɿ44
0221. 迟 tʂhɿ24
0222. 指 tsɿ52
0223. 师 sɿ31
0224. 二 Øər44
0225. 饥～饿 tçi31
0226. 器 tçhi44
0227. 姨 Øi24
0228. 李 li52
0229. 子 tsɿ52
0230. 字 tshɿ44
0231. 丝 sɿ31
0232. 祠 tshɿ24
0233. 寺 sɿ44
0234. 治 tsɿ44
0235. 柿 sɿ44
0236. 事 sɿ44
0237. 使 sɿ52
0238. 试 sɿ44
0239. 时 sɿ24
0240. 市 sɿ44/
　　　sɿ24（又）
0241. 耳 Øər52
0242. 记 tçi44
0243. 棋 tçhi24
0244. 喜 çi52
0245. 意 Øi44
0246. 几～个 tçi52
0247. 气 tçhi44
0248. 希 çi31
0249. 衣 Øi31
0250. 嘴 tsuei52
0251. 随 suei24

0252. 吹 tʃei31
0253. 垂 tʃei44
0254. 规 khuei31
0255. 亏 khuei31
0256. 跪注意声调 khuei44
0257. 危 vei31
0258. 类 luei52
0259. 醉 tsuei44
0260. 追 tʃei31
0261. 锤 tʃhei24
0262. 水 ʃei52
0263. 龟 kuei31
0264. 季 tɕi44
0265. 柜 khuei44
0266. 位 vei44
0267. 飞 fei31
0268. 费 fei44
0269. 肥 fei24
0270. 尾 Øi52
（白）/ʒei52（文）
0271. 味 Øy44
（白）/vei44（文）
0272. 鬼 kuei52
0273. 贵 kuei44
0274. 围 Øuei24
0275. 胃 Øuei44
0276. 宝 pau52
0277. 抱 phu44
（白）/pau44（文）
0278. 毛 mu24

（白）/mau24（文）
0279. 帽 mau44
0280. 刀 tau31
0281. 讨 thau52
0282. 桃 thau24
0283. 道 tau44
0284. 脑 lau52
0285. 老 lau52
0286. 早 tsau52
0287. 灶 tsau44
0288. 草 tshau52
0289. 糙注意声调 tshau44
0290. 造 tshau44
0291. 嫂 sau52
0292. 高 kau31
0293. 靠 khau44
0294. 熬 ŋau24
0295. 好~坏 xau52
0296. 号名 xau44
0297. 包 pau31
0298. 饱 pau52
0299. 炮 phau44
0300. 猫 mau24
0301. 闹 lau44
0302. 罩 tsau44
0303. 抓用手~牌 tʃa31
0304. 找~零钱 tsau52
0305. 抄 tshau31
0306. 交 tɕiau31

0307. 敲 tɕhiau31
0308. 孝 ɕiau44
0309. 校学~ ɕiau44
0310. 表手~ piau52
0311. 票 phiau44
0312. 庙 miau44
0313. 焦 tɕiau31
0314. 小 ɕiau52
0315. 笑 ɕiau44
0316. 朝~代 tʂhau24
0317. 照 tʂau44
0318. 烧 ʂau31
0319. 绕~线 ʐau52
0320. 桥 tɕhiau24
0321. 轿 tɕhiau44
0322. 腰 Øiau31
0323. 要重~ Øiau44
0324. 摇 Øiau24
0325. 鸟注意声母 ȵiau52
0326. 钓 tiau44
0327. 条 tɕhiau24
0328. 料 liau44
0329. 箫 ɕiau31
0330. 叫 tɕiau44
0331. 母丈~, 舅~ mu52
0332. 抖 thəu52
0333. 偷 thəu31
0334. 头 thəu24
0335. 豆 təu44
0336. 楼 ləu24
0337. 走 tsəu52

0338. 凑 tshəu44
0339. 钩注意声母 kəu31
0340. 狗 kəu52
0341. 够 kəu44
0342. 口 khəu52
0343. 藕 ŋəu52
0344. 后前~ xəu44/xɯ44（又）
0345. 厚 xəu44
0346. 富 fu44
0347. 副 fu44
0348. 浮 fu24
0349. 妇 fu44
0350. 流 liəu24
0351. 酒 tsiəu52
0352. 修 siəu31
0353. 袖 siəu44
0354. 抽 tʂhəu31
0355. 绸 tʂhəu24
0356. 愁 tshəu24
0357. 瘦 səu44
0358. 州 tʂəu31
0359. 臭香~ tʂhəu44
0360. 手 ʂəu52
0361. 寿 ʂəu44
0362. 九 tɕiəu52
0363. 球 tɕhiou24
0364. 舅 tɕiəu44
0365. 旧 tɕhiəu44
0366. 牛 ȵiəu24
0367. 休 ɕiəu31

0368. 优 Øiəu31
0369. 有 Øiəu52
0370. 右 Øiou44
0371. 油 Øiəu24
0372. 丢 tiəu31
0373. 幼 Øiəu44
0374. 贪 thã31
0375. 潭 thã24
0376. 南 lã24
0377. 蚕 tshã24
0378. 感 kã52
0379. 含 ～一口水 xã24
0380. 暗 ŋã44
0381. 搭 ta31
0382. 踏 注意声调 tha24
0383. 拉 注意声调 la31
0384. 杂 tsa24
0385. 鸽 kɤ52
0386. 盒 xuo24
0387. 胆 tã52
0388. 毯 thã52
0389. 淡 thã44
0390. 蓝 lã24
0391. 三 sã31
0392. 甘 kã31
0393. 敢 kã52
0394. 喊 注意声调 xã52
0395. 塔 tha31
0396. 蜡 la31
0397. 赚 tʃã44
0398. 杉 ～木,注

意韵母 sã31
0399. 减 tɕiã52
0400. 咸 ～淡 xã24
（白）/ɕiã24
（文）
0401. 插 tsha31
0402. 闸 tsa44
0403. 夹 ～子 tɕia31
0404. 衫 sã31
0405. 监 tɕiã31
0406. 岩 Øiɛi24
0407. 甲 tɕia31
0408. 鸭 n̠ia31
0409. 黏 ～液 z̠ã24/n̠iã24（又）
0410. 尖 tɕiã31
0411. 签 ～名 tɕhiã31
0412. 占 ～领 tʂã44
0413. 染 z̠ã52
0414. 钳 tɕhiã24
0415. 验 Øiã44
0416. 险 ɕiã52
0417. 厌 Øiã44
0418. 炎 Øiã24
0419. 盐 Øiã24
0420. 接 tɕiɛ31
0421. 折 ～叠 tʂɤ52
0422. 叶 树～ Øiɛ31
0423. 剑 tɕiã44
0424. 欠 tɕhiã44
0425. 严 Øiã24
0426. 业 n̠iɛ31
0427. 点 tiã52

0428. 店 tiã44
0429. 添 tshiã31
0430. 甜 tshiã24
0431. 念 n̠iã44
0432. 嫌 ɕiã24
0433. 跌 注意声调 tiɛ31
0434. 贴 tɕhiɛ31
0435. 碟 tiɛ24
0436. 协 ɕiɛ24
0437. 犯 fã44
0438. 法 fa31
0439. 品 phiɛ̃52
0440. 林 liɛ̃24
0441. 浸 tɕhiɛ̃/tɕiɛ̃31（又）
0442. 心 siɛ̃31
0443. 寻 ɕiɛ̃24
0444. 沉 tʂhẽ24
0445. 参 人～ sɛ̃31
0446. 针 tʂɛ̃31
0447. 深 ʂɛ̃31
0448. 任 责～ z̠ɛ̃44
0449. 金 tɕiɛ̃31
0450. 琴 tɕhiɛ̃24
0451. 音 Øiɛ̃31
0452. 立 li31
0453. 集 tɕhi24
0454. 习 ɕi24
0455. 汁 tʂʅ31
0456. 十 ʂʅ24
0457. 入 ʐʅ31

0458. 急 tɕi24
0459. 及 tɕi24
0460. 吸 ɕi31
0461. 单 简～ tã31
0462. 炭 thã44
0463. 弹 ～琴 thã24
0464. 难 ～易 lã24
0465. 兰 lã24
0466. 懒 lã52
0467. 烂 lã44
0468. 伞 注意声调 sã52
0469. 肝 kã31
0470. 看 ～见 khã44
0471. 岸 ŋã44
0472. 汉 xã44
0473. 汗 xã44
0474. 安 ŋã31
0475. 达 ta24
0476. 辣 la31
0477. 擦 tsha31
0478. 割 kuo31
0479. 渴 khuo31
0480. 扮 pã31
0481. 办 pã44
0482. 铲 tshã52
0483. 山 sã31
0484. 产 注意声母 tshã52
0485. 间 房～，一 ～房 tɕiã31
0486. 眼 n̠iã52
0487. 限 ɕiã44
0488. 八 pa31

0489. 扎 tsa31	0522. 孽 ɲiɛ31	0554. 判 phã44	0583. 还动 xuã24
0490. 杀 sa31	0523. 建 tɕiã44	0555. 盘 phã24	0584. 还副 xã24
0491. 班 pã31	0524. 健 tɕiã44	0556. 满 mã52	0585. 弯 Øuã31
0492. 板 pã52	0525. 言 ɲiã24/Øiã24	0557. 端 ~午 tuã31	0586. 刷 ʃa31
0493. 慢 mã44	（又）	0558. 短 tuã52	0587. 刮 kua31
0494. 奸 tɕiã31	0526. 歇 ɕiɛ31	0559. 断绳 ~了	0588. 全 tshuã24
0495. 颜 ɲiã24	0527. 扁 piã52	thuã44/tuã44	0589. 选 suã52
0496. 瞎 xa31	0528. 片 phiã52	（又）	0590. 转 ~眼，~送
0497. 变 piã44	0529. 面 ~条 miã44	0560. 暖 lyã52	tʃã52
0498. 骗欺 ~ phiã44	0530. 典 tiã52	0561. 乱 lyã44	0591. 传 ~下来
0499. 便方 ~ piã44	0531. 天 tshiã31	0562. 酸 suã31	tʃhã24
0500. 棉 miã24	0532. 田 tɕhiã24	0563. 算 suã44	0592. 传 ~记 tʃã44
0501. 面 ~孔 miã44	0533. 垫 tɕiã44	0564. 官 kuã31	0593. 砖 tʃã31
0502. 连 liã24	0534. 年 ɲiã24	0565. 宽 khuã31	0594. 船 ʃã24
0503. 剪 tɕiã52	0535. 莲 liã24	0566. 欢 xuã31	0595. 软 ʒã52
0504. 浅 tɕhiã52	0536. 前 tɕhiã24	0567. 完 Øuã24	0596. 卷 ~起 tɕyã52
0505. 钱 tɕhiã24	0537. 先 ɕiã31	0568. 换 xuã44	0597. 圈圆 ~ tɕhyã31
0506. 鲜 ɕiã52	0538. 肩 tɕiã31	0569. 碗 Øuã52	0598. 权 tɕhyã24
0507. 线 ɕiã44	0539. 见 tɕiã44	0570. 拨 po31	0599. 圆 Øyã24
0508. 缠 tʃhã24	0540. 牵 tɕhiã31	0571. 泼 pho31	0600. 院 Øyã44
0509. 战 tʃã44	0541. 显 ɕiã52	0572. 末 mo31	0601. 铅 ~笔，注意
0510. 扇名 ʂã44	0542. 现 ɕiã52	0573. 脱 thuo31	声调 tɕhiã31
0511. 善 ʂã44	0543. 烟 Øiã31	0574. 夺 thuo24/	0602. 绝 tɕyo24
0512. 件 tɕiã44	0544. 憋 piɛ31	tuo24（又）	0603. 雪 ɕyo31
0513. 延 Øiã24	0545. 篾 mi24	0575. 阔 khuo31	0604. 反 fã52
0514. 别 ~人 piɛ24	0546. 铁 tshiɛ31	0576. 活 xuo24	0605. 翻 fã31
0515. 灭 miɛ31	0547. 捏 ɲiɛ31	0577. 顽 ~皮，~固	0606. 饭 fã44
0516. 列 liɛ31	0548. 节 tɕiɛ31	Øuã24	0607. 晚 vã52
0517. 撒 tʂɤ52	0549. 切动 tɕhiɛ31	0578. 滑 xua24	0608. 万麻将牌 vã44
0518. 舌 ʂɤ24	0550. 截 tɕhiɛ24	0579. 挖 Øua31	0609. 劝 tɕhyã44
0519. 设 ʂɤ31	0551. 结 tɕiɛ31	0580. 闩 fã44	0610. 原 Øyã24
0520. 热 zɤ31	0552. 搬 pã31	0581. 关 ~门 kuã31	0611. 冤 Øyã31
0521. 杰 tɕiɛ24	0553. 半 pã44	0582. 惯 kuã44	0612. 园 Øyã24

0613. 远 Øyã52
0614. 发头 ~ fa31
0615. 罚 fa24
0616. 袜 va31
0617. 月 Øyo31
0618. 越 Øyo31
0619. 县 çiã44
0620. 决 tçyo52
0621. 缺 tçhyo31
0622. 血 çiɛ31
0623. 吞 thəŋ31
0624. 根 kɛ31
0625. 恨 xɛ44
0626. 恩 ŋɛ31
0627. 贫 phiɛ24
0628. 民 miɛ24
0629. 邻 liɛ24
0630. 进 tçiɛ44
0631. 亲 tçhiɛ31
0632. 新 çiɛ31
0633. 镇 tʂɛ44
0634. 陈 tʂhɛ24
0635. 震 tʂɛ44
0636. 神 ʂɛ24
0637. 身 ʂɛ31
0638. 辰 ʂɛ24
0639. 人 zɛ24
0640. 认 zɛ44
0641. 紧 tçiɛ52
0642. 银 Øiɛ24
0643. 印 Øiɛ44
0644. 引 Øiɛ52

0645. 笔 pi31
0646. 匹 phi52
0647. 密 mi31
0648. 栗 li31
0649. 七 tçhi31
0650. 侄 tʂhɿ24
0651. 虱 sei31
0652. 实 tʂɿ24
0653. 失 tʂɿ31
0654. 日 Øər31（白）/ zɿ31（文）
0655. 吉 tçi31
0656. 一 Øi31
0657. 筋 tçiɛ31
0658. 劲有 ~ tçiɛ44
0659. 勤 tçhiɛ24
0660. 近 tçhiɛ44
0661. 隐 Øiɛ52
0662. 本 pɛ52
0663. 盆 phɛ24
0664. 门 mɛ24
0665. 墩 tuɛ31
0666. 嫩 lyɛ44
0667. 村 tshuɛ31
0668. 寸 tshuɛ44
0669. 蹲 注意声母 tuɛ31
0670. 孙 ~子 suɛ31
0671. 滚 kuɛ52
0672. 困 khuɛ44
0673. 婚 xuɛ31
0674. 魂 xuɛ24

0675. 温 Øuɛ31
0676. 卒棋子 tsəu24
0677. 骨 ku31
0678. 轮 lyɛ24
0679. 俊 注意声母 tsuɛ44
0680. 笋 suɛ52
0681. 准 tʃɛ52
0682. 春 tʃɛ31
0683. 唇 tʃɛ24/ʃɛ24（又）
0684. 顺 ʃɛ44
0685. 纯 tʃhɛ24
0686. 闰 ʒɛ44
0687. 均 tçyɛ31
0688. 匀 Øiɛ24
0689. 律 ly31
0690. 出 tʃhɿ31
0691. 橘 tçy31
0692. 分 动 fɛ31
0693. 粉 fɛ52
0694. 粪 fɛ44
0695. 坟 fɛ24
0696. 蚊 vɛ24
0697. 问 vɛ44
0698. 军 tçyɛ31
0699. 裙 tçhyɛ24
0700. 熏 çyɛ31
0701. 云 ~彩 Øyɛ24
0702. 运 Øyɛ44
0703. 佛 ~像 fo24
0704. 物 vo31

0705. 帮 paŋ31
0706. 忙 maŋ24
0707. 党 taŋ52
0708. 汤 thaŋ31
0709. 糖 thaŋ24
0710. 浪 laŋ44
0711. 仓 tshaŋ31
0712. 钢 kaŋ31
0713. 糠 khaŋ31
0714. 薄 形 pho24
0715. 摸 注意声调 mo31（白）/ mau31（文）
0716. 托 thuo31
0717. 落 luo31/ la31（又）
0718. 作 tsuo31
0719. 索 suo31
0720. 各 kɤ31
0721. 鹤 xuo31
0722. 恶 形，入声 ŋɤ31
0723. 娘 ȵia24/ ȵiaŋ24（又）
0724. 两斤 ~ liaŋ52
0725. 亮 liaŋ44
0726. 浆 tçiaŋ31
0727. 抢 tçhiaŋ31
0728. 匠 tçiaŋ44
0729. 想 çiaŋ52
0730. 像 çiaŋ44
0731. 张量 tʂaŋ31
0732. 长 ~短 tʂhaŋ24

0733. 装 tʃaŋ31
0734. 壮 tʃaŋ44
0735. 疮 tʃhaŋ31
0736. 床 tʃhaŋ24
0737. 霜 ʃaŋ31
0738. 章 tsaŋ31
0739. 厂 tʂhaŋ52
0740. 唱 tʂhaŋ44
0741. 伤 ʂaŋ31
0742. 尝 ʂaŋ24
0743. 上 ~去 ʂaŋ44
0744. 让 zaŋ44
0745. 姜生~ tɕiaŋ31
0746. 响 ɕiaŋ52
0747. 向 ɕiaŋ44
0748. 秧 ȵiaŋ31
0749. 痒 Øiaŋ52
0750. 样 Øiaŋ44
0751. 雀注意声母
　　　 tɕhiau31
0752. 削 ɕyo31
0753. 着火~了
　　　 tʃhɤ24
0754. 勺 ʃɤ24
0755. 弱 zɤ31
0756. 脚 tɕyo31
0757. 约 Øyo31
0758. 药 Øyo31
0759. 光~线 kuaŋ31
0760. 慌 xuaŋ31
0761. 黄 xuaŋ24
0762. 郭 kuo31
0763. 霍 xuo31

0764. 方 faŋ31
0765. 放 faŋ44
0766. 纺 faŋ52
0767. 房 faŋ24
0768. 防 faŋ24
0769. 网 vaŋ52
0770. 筐 khuaŋ31
0771. 狂 khuaŋ24
0772. 王 vaŋ24
0773. 旺 vaŋ44
0774. 缚 fo24
0775. 绑 paŋ52
0776. 胖 phaŋ44
0777. 棒 phaŋ44
0778. 桩 tʃaŋ31
0779. 撞 tʃhaŋ44
0780. 窗 tʃhaŋ31
0781. 双 ʃaŋ31
0782. 江 tɕiaŋ31
0783. 讲 tɕiaŋ52
0784. 降投~ ɕiaŋ24
0785. 项 xaŋ44
0786. 剥 po31
0787. 桌 tʃɤ31
0788. 镯 tʃɤ24
0789. 角 tɕyo31
0790. 壳 khɤ31
0791. 学 ɕyo24
0792. 握 Øuo31
0793. 朋 phəŋ24
0794. 灯 təŋ31
0795. 等 təŋ52
0796. 凳 təŋ44

0797. 藤 thəŋ24
0798. 能 ləŋ24
0799. 层 tshəŋ24
0800. 僧注意声母
　　　 səŋ31
0801. 肯 khẽ52
0802. 北 pei31
0803. 墨 mei24
0804. 得 tei31
0805. 特 thei24
0806. 贼 tshei24
0807. 塞 sei31
0808. 刻 khei31
0809. 黑 xei31
0810. 冰 piəŋ31
0811. 证 tsəŋ44
0812. 秤 tʂhəŋ44
0813. 绳 ʂəŋ24
0814. 剩 ʂəŋ44
0815. 升 ʂəŋ31
0816. 兴高~ ɕiəŋ44
0817. 蝇注意声母
　　　 Øiəŋ24
0818. 逼 pi31
0819. 力 li31
0820. 息 ɕi31
0821. 直 tʂʅ24
0822. 侧注意声母
　　　 tshei31
0823. 测 tshei31
0824. 色 sei31
0825. 织 tsʅ31
0826. 食 ʂʅ24

0827. 式 ʂʅ31
0828. 极 tɕi24
0829. 国 kuei31
0830. 或 xuei24
0831. 猛 məŋ53
0832. 打注意韵母 ta52
0833. 冷 ləŋ52
0834. 生 səŋ31
0835. 省 ~长 səŋ52
0836. 更三~，打~
　　　 kəŋ31
0837. 梗注意韵母
　　　 kəŋ31
0838. 坑 khəŋ31
0839. 硬 ȵiəŋ44
0840. 行 ~为，~走
　　　 ɕiəŋ24
0841. 百 pei31
0842. 拍 phei31
0843. 白 phei24
0844. 拆 tshei31
0845. 择 tshei24
0846. 窄 tsei31
0847. 格 kei31
0848. 客 khei31
0849. 额 ŋẽ31
0850. 棚 phəŋ24
0851. 争 tsəŋ31
0852. 耕 kəŋ31
0853. 麦 mei31
0854. 摘 tsei31
0855. 策 tshei31
0856. 隔 kei31

636

0857. 兵 piəŋ31
0858. 柄注意声调 piəŋ52
0859. 平 phiəŋ24
0860. 病 phiəŋ44/ piəŋ44（又）
0861. 明 miəŋ24
0862. 命 miəŋ44
0863. 镜 tɕiəŋ44
0864. 庆 tɕhiəŋ44
0865. 迎 Øiəŋ24
0866. 影 ɲiəŋ52/ Øiəŋ52（又）
0867. 剧戏～tɕy44
0868. 饼 piəŋ52
0869. 名 miəŋ24
0870. 领 liəŋ52
0871. 井 tɕiəŋ52
0872. 清 tshiŋ31
0873. 静 tɕiəŋ44
0874. 姓 siəŋ44
0875. 贞 tʂɛ̃31
0876. 程 tʂhəŋ24
0877. 整 tʂəŋ52
0878. 正～反 tʂəŋ44
0879. 声 ʂəŋ31
0880. 城 tʂhəŋ24
0881. 轻 tɕhiŋ31
0882. 赢 Øiəŋ24
0883. 积 tɕi31
0884. 惜 si31
0885. 席 ɕi24
0886. 尺 tʂʰʅ31

0887. 石 ʂʅ24
0888. 益 Øi31
0889. 瓶 phiəŋ24
0890. 钉名 tiəŋ31
0891. 顶 tiəŋ52
0892. 厅 tshiəŋ31
0893. 听～见,注意声调 tshiəŋ31
0894. 停 tshiəŋ44
0895. 挺 tshiəŋ52
0896. 定 tiəŋ44
0897. 零 liəŋ24
0898. 青 tshiəŋ31
0899. 星 siəŋ31
0900. 经 tɕiəŋ31
0901. 形 ɕiəŋ24
0902. 壁 pi31
0903. 劈 phi52
0904. 踢 tshi31
0905. 笛 tshi24
0906. 历农～li31
0907. 锡 ɕi31
0908. 击 tɕi31
0909. 吃 tʂʰʅ31
0910. 横 xuəŋ44/ xuəŋ24（又）/ ɕyo24（白）
0911. 划计～xua44
0912. 兄 ɕyəŋ31
0913. 荣 Øyəŋ24
0914. 永 Øyəŋ52
0915. 营 Øiəŋ24
0916. 蓬～松 phəŋ24

0917. 东 tuəŋ31
0918. 懂 tuəŋ52
0919. 冻 tuəŋ44
0920. 通 thuəŋ31
0921. 桶注意声调 thuəŋ52
0922. 痛 thuəŋ44
0923. 铜 thuəŋ24
0924. 动 tuəŋ44/ thuəŋ44（又）
0925. 洞 thuəŋ44
0926. 聋注意声调 luəŋ24
0927. 弄注意声母 luəŋ44
0928. 粽 tsuəŋ44
0929. 葱 tshuəŋ31
0930. 送 suəŋ44
0931. 公 kuəŋ31
0932. 孔 khuəŋ52
0933. 烘～干 xuəŋ31
0934. 红 xuəŋ24
0935. 翁 Øuəŋ31
0936. 木 mu31
0937. 读 thu24
0938. 鹿 ləu31
0939. 族 tshəu24
0940. 谷稻～ku31
0941. 哭 fu31（白）/ khu31（文）
0942. 屋 Øu31
0943. 冬～至 tuəŋ31
0944. 统注意声调

thuəŋ52
0945. 脓注意声调 luəŋ24
0946. 松～紧 suəŋ31
0947. 宋 suəŋ44
0948. 毒 thu24
0949. 风 fəŋ31
0950. 丰 fəŋ31
0951. 凤 fəŋ44
0952. 梦 məŋ44
0953. 中当～tʃəŋ31
0954. 虫 tʃhəŋ24
0955. 终 tʃəŋ31
0956. 充 tʃhəŋ52
0957. 宫 kuəŋ31
0958. 穷 tɕhyəŋ24
0959. 熊注意声母 ɕyəŋ24
0960. 雄注意声母 ɕyəŋ24
0961. 福 fu31
0962. 服 fu24
0963. 目 mu31
0964. 六 liəu31
0965. 宿住～,～舍 ɕy31
0966. 竹 tʃʅ31
0967. 畜～生 tʃʰʅ31
0968. 缩 ʃɤ31
0969. 粥 tsəu31
0970. 叔 səu24
0971. 熟 ʃʅ24
0972. 肉 zəu44

0973. 菊 tɕy31
0974. 育 Øy44
0975. 封 fəŋ31
0976. 蜂 fəŋ31
0977. 缝一条～ fəŋ44
0978. 浓 luəŋ24
0979. 龙 luəŋ24
0980. 松～树，注意声调 suəŋ31

0981. 重轻～ tʃhəŋ44
0982. 肿 tʃəŋ52
0983. 种～树 tʃəŋ44
0984. 冲 tʃhəŋ31
0985. 恭 kuəŋ31
0986. 共 kuəŋ44
0987. 凶吉～ ɕyəŋ31
0988. 拥注意声调 Øyəŋ31

0989. 容 Øyəŋ24
0990. 用 Øyəŋ44
0991. 绿 liəu31（白）/ly31（文）
0992. 足 tɕy31（白）/tsu31（文）

0993. 烛 tsəu31
0994. 赎 ʃɿ24
0995. 属 ʃɿ24
0996. 褥 ʐɿ31
0997. 曲～折，歌～ tɕhy31
0998. 局 tɕhy24
0999. 玉 Øy31
1000. 浴 Øy31

第三章 词 汇

第一节 规定词汇

一、天文、地理

（一）天文

0001. 太阳～下山了　日头 Øɐr52thəu0／太阳爷 thɛi44Øiaŋ0ciɛ44

0002. 月亮～出来了　月亮 Øyo52liaŋ0／月亮妣 Øyo52liaŋ0pa24

0003. 星星　星星 siəŋ52siəŋ0

0004. 云　云 Øyɛ̃24

0005. 风　风 fəŋ31

0006. 台风　台风 thɛi24fəŋ31

0007. 闪电名词　闪电 ʂã52tiã44

0008. 雷　呼噜爷 xu52lu0Øiɛ44／雷 luei24

0009. 雨　雨 Øy52

0010. 下雨　下哩 xa24li0／下雨 çia44Øy52

0011. 淋衣服被雨～湿了　着 tʃhɤ24／淋 liɛ̃24

0012. 晒～粮食　晒 sɛi44／晾 liaŋ44

0013. 雪　雪 çyo31

0014. 冰　墩墩 tuɛ̃52tuɛ̃0／冰 piəŋ31

0015. 冰雹　冷子 ləŋ44tsʅ0／冰雹 piəŋ24pau0

0016. 霜　霜 ʃaŋ31

0017. 雾　雾 Øu44

0018. 露　露水 ləu24ʃei0

0019. 虹统称　虹 tçiaŋ44

0020. 日食　天狗吃日头 tshiã31kəu52tʂhʅ31Øɐr52thəu0

0021. 月食　天狗吃月亮 tshiã31kəu52tʂhʅ31Øyo52liaŋ0

0022. 天气　天爷 tshiã52Øiɛ0／天 tshiã31

0023. 晴天～　光 kuaŋ31／晴 tçhiaŋ24

0024. 阴天～　阴 ȵiɛ̃31

0025. 旱天～　干 kã31／旱 xã44

0026. 涝天～　淹 ȵiã31／涝 lau44

0027. 天亮　天明 tshiã31miəŋ24／天亮 tshiã31liaŋ44

（二）地貌

0028. 水田　水浇地 ʃei52tçiau31tçhi44

0029. 旱地浇不上水的耕地　旱地 xã44tçhi44

0030. 田埂　畔子 pʰã44tsʅ0/
　　　 垄子 ləŋ24tsʅ0

0031. 路野外的　小路 ɕiau52ləu0/截路
　　　 tɕʰiɛ31ləu52

0032. 山　山 sã31

0033. 山谷　沟 kəu31

0034. 江大的河　江 tɕiaŋ31

0035. 溪小的河　碎河渠
　　　 suei44xuo24tɕʰy24

0036. 水沟儿较小的水道　水渠
　　　 ʃei52tɕʰy24

0037. 湖　湖 xu24

0038. 池塘　涝处 lau44tʃʅ0

0039. 水坑儿地面上有积水的小洼儿　水壕
　　　 ʃei52xau24/水窝子 ʃei52ʘuo52tsʅ0

0040. 洪水　洪水 xuəŋ24ʃei52

0041. 淹被水～了　淹ȵiã31/吹 tʃhei31

0042. 河岸　河畔 xuo24pʰã44/
　　　 河棱 xuo24ləŋ24

0043. 坝拦河修筑拦水的　坝 pa44/
　　　 水坝 ʃei52pa44

0044. 地震　地动 tɕʰi44tʰuəŋ44/
　　　 地摇 tɕʰi44ʘiau24

0045. 窟窿小的　窟窿 fu31ləŋ0

0046. 缝儿统称　缝子 fəŋ44tsʅ0

(三) 物象

0047. 石头统称　石头 ʂʅ31tʰəu52

0048. 土统称　土 tʰu52

0049. 泥湿的　泥 ȵi24

0050. 水泥旧称　洋灰 ʘiɑŋ24xuei31

0051. 沙子　沙子 sa52tsʅ0

0052. 砖整块的　砖头 tʃã52tʰəu0/
　　　 砖 tʃã31

0053. 瓦整块的　瓦 ʘua52

0054. 煤　炭 tʰã44/煤 mei24

0055. 煤油　煤油 mei24ʘiəu24

0056. 炭木炭　木炭 mu52tʰã0

0057. 灰烧成的　灰 xuei31

0058. 灰尘桌面上的　堂土 tʰaŋ24tʰu52/
　　　 土 tʰu52

0059. 火　火 xuo52

0060. 烟烧火形成的　烟 ʘiã31

0061. 失火　着火 tʃʰɤ24xuo52/起火
　　　 tɕʰi52xuo52

0062. 水　水 ʃei52

0063. 凉水　凉水 liaŋ31ʃei52/
　　　 冰水 piəŋ31ʃei52

0064. 热水如洗脸的热水，不是指喝的开水
　　　 温水 ʘuɛ̃31ʃei52/沙温子水
　　　 sa31ʘuɛ̃31tsʅ0ʃei52

0065. 开水喝的　煎水 tɕiã31ʃei52/
　　　 开水 kʰɛ31ʃei52

0066. 磁铁　吸铁石 ɕi31tɕʰiɛ31ʂʅ24

二、时间、方位

(一) 时间

0067. 时候吃饭的～　时景 sʅ31tɕiəŋ52/
　　　 时候 sʅ31xəu52

0068. 什么时候　啥时景
　　　 ʃɤ44sʅ31tɕiəŋ52/啥时候
　　　 ʃɤ44sʅ24xəu52

0069. 现在　壬给 ʐə̃24kei0/现在
　　　 ɕiã44tsɛi44

0070. 以前十年～　原先 ʘyã24ɕiã31

先头 ɕiã31thəu24

0071. 以后十年~　日后 Øər31xəu44/
后头 xɯ44thəu0

0072. 一辈子　一世 Øi31ʂʅ44/一辈子
Øi31pei44tsʅ0

0073. 今年　今年 tɕiɛ̃31n̠iã24

0074. 明年　明年 miəŋ31n̠iã52

0075. 后年　后年 xəu44n̠iã0

0076. 去年　年时 n̠iã31sʅ52

0077. 前年　前年 tɕhiã31n̠iã52

0078. 往年过去的年份　前几年
tɕhiã24tɕi31n̠iã24/往年
vaŋ52n̠iã24

0079. 年初　正月初上
tʂəŋ31Øyo31tʃhʅ52ʂaŋ0/年初
n̠iã24tʃhʅ31

0080. 年底　年尽 n̠iã24tɕiɛ̃44/年跟底
n̠iã24kɛ̃31ti52

0081. 今天　今儿 tɕiɛr31

0082. 明天　明儿 miə̃r24

0083. 后天　后儿 xəur44

0084. 大后天　外后儿 vɛi24xəur0

0085. 昨天　夜来 Øiɛ24lɛi0/昨天
tsuo31tɕhiã52

0086. 前天　前儿 tɕhiãr24

0087. 大前天　上前儿 ʂaŋ44tɕhiãr24

0088. 整天　成天 tʂhəŋ24tshiã31/整天
tʂəŋ52tshiã31

0089. 每天　天天 tshiã24tshiã31

0090. 早晨　早间 tsau31tɕi0

0091. 上午　半前 pã44tɕhiã24/上午
ʂaŋ24Øu0

0092. 中午　晌午 ʂaŋ310Øu0/中午
tʃəŋ310u0

0093. 下午　后晌 xəu44ʂaŋ0/下午
ɕia44Øu0

0094. 傍晚　半后晌 pã44xəu44ʂaŋ0/
快黑了 khuɛi44xei31la0

0095. 白天　白儿 pheir24/白天
phei31tshiã52

0096. 夜晚与白天相对，统称　黑了
xei31la0/晚上 vã52ʂaŋ0

0097. 半夜　半晚晞 pã44vã52ɕi0/
半夜 pã44Øiɛ44

0098. 正月农历　正月 tʂəŋ31Øyo31

0099. 大年初一农历　过年哩
kuo44n̠iã24li0/大年初一
ta44n̠iã24tʃhʅ31Øi31

0100. 元宵节　过十五哩
kuo44sʅ24u52li0/元宵节
Øyã24ɕiau0tsiɛ31

0101. 清明　清明 tshiəŋ52miəŋ0/

0102. 端午　端午 tuã310u0

0103. 七月十五农历，节日名　无

0104. 中秋　八月十五
pa31Øyo31ʂʅ24u52/中秋
tʃəŋ24tɕiəu31

0105. 冬至　冬至 tuəŋ31tsʅ44

0106. 腊月农历十二月　腊月 la31Øyo31

0107. 除夕农历　腊月三十儿
la31Øyo31sã31sʅər24/坐夜
tshuo44Øiɛ44

0108. 历书　历头 li52thəu0/老黄历
lau52xuaŋ24li31

0109. 阴历　农历 luəŋ24li0/阴历
Øiɛ̃31li0

0110. 阳历　阳历 Øiaŋ24li0/
　　　公历 kuəŋ31li0
0111. 星期天　礼拜日 li52pɛi0Øər31/
　　　星期 siəŋ52tɕhi0

（二）方位

0112. 地方　地方 ti24faŋ0
0113. 什么地方　啥地方 ʂɤ44ti24faŋ0
0114. 家里　屋里 Øu52li0/家里 tɕia52li0
0115. 城里　城里 tʂhəŋ24li52
0116. 乡下　乡里 ɕiaŋ52li0/
　　　农村 luəŋ24tshuɛ31
0117. 上面从~滚下来　上头 ʂaŋ24thəu0/上岸子 ʂaŋ24ŋā0tsʅ0
0118. 下面从~爬上去　下头 xa24thəu0/底子 ti44tsʅ0
0119. 左边　左帮跟 tsuo24paŋ0kɛ̃0/
　　　左边 tsuo24phiā31
0120. 右边　右帮跟 Øiəu24paŋ0kɛ̃0/
　　　右边 Øiəu24phiā31
0121. 中间排队排在~　当中 taŋ24tʃəŋ31/
　　　中间 tʃəŋ24tɕiā31
0122. 前面排队排在~　前岸子 tɕhiā31ŋā44tsʅ0/前头 tɕhiā31thəu52
0123. 后面排队排在~　后岸子 xəu24ŋā0tsʅ0/后头 xɯ44thəu0
0124. 末尾排队排在~　罢子 pa52tsʅ0/
　　　巴巴尾儿 pa24pa0Øiər52
0125. 对面　对岸子 tuei44ŋā0tsʅ0/
　　　对面 tuei44miā44
0126. 面前　面跟前 miā44kɛ̃31tɕhiā0/

　　　面前 miā44tɕhiā0
0127. 背后　后岸子 xəu24ŋā0tsʅ0/
　　　背后 pei24xəu0
0128. 里面躲在~　里岸子 li52ŋā0tsʅ0/
　　　里头 li52thəu0
0129. 外面衣服晒在~　外岸子 vɛi24ŋā0tsʅ0/外头 vɛi24thəu0
0130. 旁边　偏岸子 phiā31ŋā24tsʅ0/
　　　偏傍跟 phiā31paŋ24kɛ̃0
0131. 上碗在桌子~　上头 ʂaŋ44thəu0
0132. 下凳子在桌子~　下头 xa44thəu0
0133. 边儿桌子的~　边子 piā52tsʅ0/
　　　傍子 paŋ52tsʅ0
0134. 角儿桌子的~　角子 tɕyo52tsʅ0/
　　　角角 tɕyo52tɕyo0
0135. 上去他~了　上去 ʂaŋ24tɕhi0
0136. 下来他~了　下去 xa24tɕhi0
0137. 进去他~了　入去 ʐʅ52tɕhi0
0138. 出来他~了　出来 tʃhʅ52lɛi0
0139. 出去他~了　出去 tʃhʅ52tɕhi0
0140. 回来他~了　回 xuei24/回来 xuei31lɛi52
0141. 起来天冷~了　开 khɛi31

三、植物

（一）一般植物

0142. 树　树 ʃʅ44
0143. 木头　木头 mu52thəu0
0144. 松树统称　松树 suəŋ52ʃʅ0
0145. 柏树统称　柏树 pei52ʃʅ0
0146. 杉树　杉树 sā52ʃʅ0
0147. 柳树　柳树 liəu44ʃʅ0

642

0148. 竹子统称　竹子 tʃʅ52tsʅ0

0149. 笋　笋 suɛ̃52

0150. 叶子　叶子 øiɛ52tsʅ0／叶叶 øiɛ52øiɛ0

0151. 花　花 xua31

0152. 花蕾花骨朵儿　花苞子 xua31pau52tsʅ0／花疙瘩 xua31kɯ52ta0

0153. 梅花　梅花 mei31xua52

0154. 牡丹　牡丹花 mu52tã31xua52

0155. 荷花　荷花 xuo24xua31

0156. 草　草 tshau52 小的草／柴 tshɛi24 大的草

0157. 藤　蔓 vã44

0158. 刺名词　刺子 tshʅ52tsʅ0

0159. 水果　果馍 kuo44mo0／水果 ʃei31kuo52

0160. 苹果　苹果 phiəŋ31kuo52／果子 kuo44tsʅ0

0161. 桃子　桃 thau24

0162. 梨　梨 li24

0163. 李子　梅李子 mei31li52tsʅ0

0164. 杏　杏 xəŋ44

0165. 橘子　橘子 tɕy31tsʅ0

0166. 柚子　柚子 øiəu44tsʅ0

0167. 柿子　柿子 sʅ24tsʅ0

0168. 石榴　石榴 ʂʅ31liəu52

0169. 枣　枣儿 tsaur52

0170. 栗子　板栗子 pã44li31tsʅ0

0171. 核桃　核桃 khɯ31thau52

0172. 银杏白果　无

0173. 甘蔗　甜甜甘子 tshiã24tshiã0kã52tsʅ0／甘蔗 kã31tʂɤ24

0174. 木耳　[木耳] mur31

0175. 蘑菇野生的　蘑菇 mo24ku31／毛葫芦 mau31xu52lu0

0176. 香菇　香菇 ɕiaŋ24ku31

(二) 农作物

0177. 稻指植物　稻子 thau44tsʅ0

0178. 稻谷指籽实（脱粒后是大米）　稻谷 thau44ku0

0179. 稻草脱粒后的　稻草 thau31tshau0

0180. 大麦指植物　大麦 ta24mei0

0181. 小麦指植物　小麦 ɕiau52mei31／麦 mei31

0182. 麦秸脱粒后的　麦秸 mei52tɕia0／麦草 mei31tshau0

0183. 谷子指植物（籽实脱粒后是小米）　谷 ku31／谷子 ku31tsʅ0

0184. 高粱指植物　稻黍 thau31ʃʅ0／高粱 kau52liaŋ0

0185. 玉米指成株的植物　御麦 øy24mei0／苞谷 pau31ku31

0186. 棉花指植物　棉花 miã31xua52

0187. 油菜油料作物，不是蔬菜　菜籽 tshɛi24tsʅ0／油菜 øiəu24tshɛi44

0188. 芝麻　芝麻 tsʅ52ma0

0189. 向日葵指植物　[向日] 葵 ɕiãr52khuei24

0190. 蚕豆　蚕豆 tshã31təu0

0191. 豌豆　豌豆 øuã52təu0

0192. 花生指果实，注意婉称　花生 xua24səŋ31／落花生 luo31xua24səŋ0

0193. 黄豆　黄豆 xuɑŋ31təu0

0194. 绿豆　绿豆 ly52təu0

0195. 豇豆长条形的　豇豆 tɕiaŋ52təu0

0196. 大白菜东北～　白菜 phei31tsɛi52

0197. 包心菜卷心菜，圆白菜，球形的　包包白 pau52pau0phei24/莲花白 liã31xua52phei24

0198. 菠菜　菠菜 po52tshɛi0

0199. 芹菜　芹菜 tɕhiɛ31tshɛi52

0200. 莴笋　笋 suẽ52

0201. 韭菜　韭菜 tɕiəu44tshɛi0

0202. 香菜芫荽　芫荽 Øiã31ɕy52/香菜 ɕiaŋ31tshɛi44

0203. 葱　葱 tshuaŋ31

0204. 蒜　蒜 suã44

0205. 姜　生姜 səŋ31tɕiaŋ31

0206. 洋葱　洋葱 Øiaŋ24tshuaŋ31/葱头 tshuaŋ31thəu24

0207. 辣椒统称　辣子 la52tsʅ0

0208. 茄子统称　茄子 tɕhiɛ31tsʅ52

0209. 西红柿　洋柿子 Øiaŋ24sʅ44tsʅ0

0210. 萝卜统称　萝卜 luo31phu52

0211. 胡萝卜　红萝卜 xuəŋ24luo31phu52

0212. 黄瓜　黄瓜 xuaŋ31kua52

0213. 丝瓜无棱的　丝瓜 sʅ31kua31

0214. 南瓜扁圆形或梨形，成熟时呈赤褐色　番瓜 fã31kua31

0215. 荸荠　无

0216. 红薯统称　红芋 xuəŋ24Øy44/红苕 xuəŋ24ʂau24

0217. 马铃薯　洋芋 Øiaŋ24Øy44/土豆儿 thu52təur52

0218. 芋头　无

0219. 山药圆柱形的　山药 sã24Øyo31

0220. 藕　莲菜 liã31tshɛi52

四、动物

（一）一般动物

0221. 老虎　虎 xu52/老虎 lau31xu0

0222. 猴子　猴 xəu24/猴子 xəu31tsʅ52

0223. 蛇统称　长虫 tʃhaŋ31tʃhəŋ52/蛇 ʂɤ24

0224. 老鼠家里的　老鼠 lau31ʃʅ0

0225. 蝙蝠　夜蝙虎儿 Øiɛ44piã31xur0

0226. 鸟儿飞鸟，统称　鸟儿 ȵiaur52

0227. 麻雀　雀儿 ɕhiaur52

0228. 喜鹊　野雀儿 Øiɛ44tɕhiaur0/喜鹊 ɕi52tɕhyo31

0229. 乌鸦　嘎鸹 ka44Øua0/老鸹 lau52Øua31

0230. 鸽子　鹁鸽 phu31kɤ52/鸽子 kɤ31tsʅ52

0231. 翅膀鸟的，统称　翅膀 tshʅ24paŋ0

0232. 爪子鸟的，统称　爪子 tsua52tsʅ0

0233. 尾巴　尾巴 Øi44pa0

0234. 窝鸟的　鸟窝 ȵiau52Øuo31

0235. 虫子统称　虫 tʃhəŋ24/虫子 tʃhəŋ24tsʅ0

0236. 蝴蝶统称　花姑娘 xua31ku52ȵiaŋ0/蝴蝶儿 xu31tiɛr52

0237. 蜻蜓统称　蜻蜓 tshiəŋ52tɕhiəŋ0

0238. 蜜蜂　蜂 fəŋ31/蜜蜂 mi31fəŋ31

0239. 蜂蜜　蜂糖 fəŋ31thaŋ0/蜂蜜 fəŋ31mi31

0240. 知了统称　乌蝇 Øu31Øiəŋ52/知了 tsʅ31liau52

644

0241. 蚂蚁　虮蜉蚂 phi31fəŋ0ma0/
　　　 蚂蚁 ma31Øi0

0242. 蚯蚓　蛐蟮 tʃʅ52ʂã0/蚯蚓
　　　 tɕhiəu31Øiɛ̃52

0243. 蚕　蚕 tshã24

0244. 蜘蛛会结网的　蛛蛛 tʃʅ52tʃʅ0

0245. 蚊子统称　蠓子 mo52tsʅ0

0246. 苍蝇统称　蝇子 Øiəŋ31tsʅ52/
　　　 苍蝇 tshaŋ52Øiəŋ0

0247. 跳蚤咬人的　圪蚤 kɯ52tsau0

0248. 虱子　虱 sei31

0249. 鱼　鱼 Øy24

0250. 鲤鱼　鲤鱼 li52Øy24

0251. 鳙鱼胖头鱼　无

0252. 鲫鱼　无

0253. 甲鱼　鳖 piɛ31

0254. 鳞鱼的　鱼甲 Øy24tɕia0/鳞 liɛ̃24

0255. 虾统称　虾 ɕia31

0256. 螃蟹统称　螃蟹 phaŋ31xɛi52

0257. 青蛙统称　疥个娃 tɕiɛ24kɤ0ua44/
　　　 疥肚子 tɕiɛ24thu31tsʅ0

0258. 癞蛤蟆表皮多疙瘩　疥疙娃
　　　 tɕiɛ24kɤ0ua44/疥肚子
　　　 tɕiɛ24thu0tsʅ0

（二）家畜、家禽

0259. 马　马 ma52

0260. 驴　驴 ly24

0261. 骡　骡子 luo31tsʅ52

0262. 牛　牛 ȵiəu24

0263. 公牛统称　犍牛 tɕiã31ȵiəu24

0264. 母牛统称　乳牛 ʐʅ52ȵiəu24

0265. 放牛　放牛 faŋ44ȵiəu24

0266. 羊　羊 Øiaŋ24

0267. 猪　猪 tʃʅ31

0268. 种猪配种用的公猪　角猪子
　　　 tɕyo52tʃʅ31tsʅ0

0269. 公猪成年的，已阉的　牙猪
　　　 ȵia31tʃʅ52

0270. 母猪成年的，未阉的　猪婆
　　　 tʃʅ52pho0

0271. 猪崽　猪娃子 tʃʅ52Øua0tsʅ0

0272. 猪圈　猪圈 tʃʅ52tɕhyã0

0273. 养猪　看猪 khã24tʃʅ31

0274. 猫　猫 mau24

0275. 公猫　郎猫 laŋ31mau52

0276. 母猫　咪猫 mi24mau0

0277. 狗统称　狗 kəu52

0278. 公狗　牙狗子 ȵia31kəu52tsʅ0

0279. 母狗　草狗子 tshau31kəu0tsʅ0

0280. 叫狗～　咬 ȵiau52/叫 tɕiau44

0281. 兔子　兔 thu44

0282. 鸡　鸡 tɕi31

0283. 公鸡成年的，未阉的　公鸡
　　　 kuəŋ31tɕi31

0284. 母鸡已下过蛋的　鸡婆 tɕi52pho0

0285. 叫公鸡～（打鸣儿）
　　　 叫鸣 tɕiau44miəŋ24

0286. 下鸡～蛋　下 ɕia44

0287. 孵～小鸡　菢 phu44

0288. 鸭　鸭子 ȵia52tsʅ0

0289. 鹅　鹅 ŋɤ24

0290. 阉～公的猪　择 tshei24/骟 ʂã44

0291. 阉～母的猪　择 tshei24/骟 ʂã44

0292. 阉～鸡　无

0293. 喂～猪　喂 Øy44

645

0294. 杀猪统称，注意婉称　杀猪 sa24tʃʅ31

0295. 杀~鱼　杀 sa31

五、房舍、器具

（一）房舍

0296. 村庄一个~　村 tshuɛ̃31/堡子 pu52tsʅ0

0297. 胡同统称：一条~　巷子 xaŋ52tsʅ0/胡同 xu31thuəŋ52

0298. 街道　街头 tɕiɛ52thəu0

0299. 盖房子　盖房 kɛi44faŋ24/盖地方 kɛi44tɕhi44faŋ0

0300. 房子整座的，不包括院子　屋 ɸu31

0301. 屋子房子里分隔而成的，统称　房子 faŋ31tsʅ52

0302. 卧室　睡处 ʃei24tʃhʅ0

0303. 茅屋茅草等盖的　棚子 phəŋ24tsʅ0

0304. 厨房　灶房 tsau44faŋ24

0305. 灶统称　锅头 kuo52thəu0

0306. 锅统称　锅 kuo31

0307. 饭锅煮饭的　锅 kuo31

0308. 菜锅炒菜的　炒勺 tshau52ʃɤ24

0309. 厕所旧式的，统称　后院 xəu44yã44/茅房 mau31faŋ52

0310. 檩左右方向的　檩条儿 liɛ̃52tɕhiaur24

0311. 柱子　柱子 tʃhʅ24tsʅ0

0312. 大门　稍门 sau31mɛ̃24/头门 thəu24mɛ̃24

0313. 门槛儿　门槛 mɛ̃31khã52

0314. 窗旧式的　窗 tʃhaŋ31

0315. 梯子可移动的　梯子 tshi52tsʅ0

0316. 扫帚统称　扫帚 sau24tʃʅ0/笤帚 tɕhiau31tʃʅ52

0317. 扫地　扫地 sau52tɕhi44

0318. 垃圾　渣货 tsa52xuo0/垃圾 la31tɕi0

（二）家具

0319. 家具统称　家具 tɕia31tɕy44

0320. 东西我的~　东西 tuəŋ52ɕi0

0321. 炕土、砖砌的，睡觉用　炕 khaŋ44

0322. 床木质的，睡觉用　床 tʃhaŋ24

0323. 枕头　枕头 tʂə̃44thəu0

0324. 被子　被儿 pir52

0325. 棉絮　套子 thau44tsʅ0

0326. 床单　单子 tã52tsʅ0

0327. 褥子　褥子 ʐʅ52tsʅ0

0328. 席子　席子 ɕi24

0329. 蚊帐　蚊帐 vɛ̃24tʂaŋ44/帐子 tʂaŋ24tsʅ0

0330. 桌子统称　桌子 tʃɤ52tsʅ0

0331. 柜子统称　柜 khuei44

0332. 抽屉桌子的　抽屉 tʂhəu52tɕhi0/抽斗儿 tʂhəu31təur52

0333. 案子长条形的　条桌 tɕhiau31tʃɤ52

0334. 椅子统称　椅子 ɸi44tsʅ0

0335. 凳子统称　板床 pã44ʃaŋ0/凳子 təŋ24tsʅ0

0336. 马桶有盖的　无

（三）用具

0337. 菜刀　刀子 tau52tsʅ0

0338. 瓢舀水的　马勺 ma44ʃɤ0/勺 ʃɤ24

0339. 缸　瓮 Øuəŋ44

0340. 坛子装酒的～　坛子 thã24tsɿ0

0341. 瓶子装酒的～　瓶子 phiəŋ24tsɿ0

0342. 盖子杯子的～　盖子 kɛi44tsɿ0

0343. 碗统称　碗 Øuã52

0344. 筷子　筷子 khuɛi24tsɿ0/
　　　夹杆 tɕia31kã0

0345. 汤匙　勺子 ʃɤ24tsɿ0

0346. 柴火统称　柴火 tshɛi31xuo52/
　　　柴草 tshɛi31tshau52

0347. 火柴　洋火 Øiaŋ31xuo52/
　　　火柴 xuo44tshɛi0

0348. 锁　锁子 suo44tsɿ0

0349. 钥匙　钥匙 Øyo52sɿ0

0350. 暖水瓶　电壶 tiã44xu24

0351. 脸盆　脸盆子 liã44phẽ0tsɿ0

0352. 洗脸水　洗脸水 si31liã52ʃei52

0353. 毛巾洗脸用　手巾子
　　　ʂəu52tɕiẽ31tsɿ0

0354. 手绢　手帕子 ʂəu52pha0tsɿ0

0355. 肥皂洗衣服用　洋碱 Øiaŋ24tɕiã52

0356. 梳子旧式的，不是篦子　梳子
　　　ʃɿ52tsɿ0/木梳 mu24ʃɿ31

0357. 缝衣针　针 tʂẽ31

0358. 剪子　剪子 tɕiã44tsɿ0

0359. 蜡烛　洋蜡 Øiaŋ24la31/蜡 la31

0360. 手电筒　手电 ʂəu52tiã44/
　　　手灯 ʂəu52təŋ31

0361. 雨伞挡雨的，统称　伞 sã52

0362. 自行车　车子 tʂhɤ52tsɿ0/自行车
　　　tsɿ44ɕiəŋ24tʂhɤ0

六、服饰、饮食

(一) 服饰

0363. 衣服统称　衣裳 Øi52ʂaŋ0

0364. 穿～衣服　穿 tʃhã31

0365. 脱～衣服　脱 thuo31

0366. 系～鞋带　衿 tɕiẽ31/绑 paŋ52

0367. 衬衫　衫子 sã52tsɿ0/衬衣
　　　tshẽ24Øi31

0368. 背心带两条杠的，内衣　汗夹儿
　　　xã44tɕiar52

0369. 毛衣　毛衣 mau31Øi52

0370. 棉衣　棉袄 miã31ŋau52

0371. 袖子　袖子 siəu24tsɿ0

0372. 口袋衣服上的　兜子 təu52tsɿ0

0373. 裤子　裤儿 fuər52

0374. 短裤外穿的　短裤儿 tuã52fuər0

0375. 裤腿　裤腿 fu44thuei52

0376. 帽子统称　帽子 mau24tsɿ0

0377. 鞋子　鞋 xɛi24

0378. 袜子　袜子 va52tsɿ0

0379. 围巾　围脖子 Øuei31pho52tsɿ0

0380. 围裙　围裙子 Øuei31tɕhyẽ52tsɿ0

0381. 尿布　裼子 tɕhiɛ24tsɿ0

0382. 扣子　纽子 ȵiəu44tsɿ0

0383. 扣～扣子　衿 tɕiẽ31

0384. 戒指　戒指子 tɕiɛ24tsɿ31tsɿ0

0385. 手镯　镯子 tʃhɤ31tsɿ52

0386. 理发　推头 thuei31thəu24/剃头
　　　tshi44thəu24

647

0387. 梳头　梳头 ʃʅ31thəu24

(二) 饮食

0388. 米饭　米饭 mi52fã44
0389. 稀饭用米熬的，统称　米汤 mi52thaŋ31/稀饭 ɕi31fã44
0390. 面粉麦子磨的，统称　麦面 mei31miã0/面 miã44
0391. 面条统称　面 miã44/面条儿 miã44tɕhiaur24
0392. 面儿玉米～，辣椒～　面子 miã24tsʅ0
0393. 馒头无馅儿的，统称　馍 mo24/蒸馍 tʂəŋ52mo0
0394. 包子　包子 pau52tsʅ0
0395. 饺子　煮角子 tʃʅ52tɕyo31tsʅ0/饺子 tɕiau44tsʅ0
0396. 馄饨　馄饨 xuɛ24tuɛ0
0397. 馅儿　瓤子 ʐaŋ24tsʅ0/馅子 ɕyã24tsʅ0
0398. 油条长条形的，旧称　油条 Øiəu24tɕhiau24
0399. 豆浆　豆浆 təu24tɕiaŋ31
0400. 豆腐脑儿　豆花儿 təu24xuar0/豆腐脑儿 təu44fu0laur52
0401. 元宵食品　元宵 Øyã24ɕiau31
0402. 粽子　粽子 tsuəŋ24tsʅ0
0403. 年糕用黏性大的米或米粉做的　无
0404. 点心统称　点心 tiã44siɛ31
0405. 菜吃饭时吃的，统称　菜 tshɛi44
0406. 干菜统称　干菜 kã31tshɛi44
0407. 豆腐　豆腐 təu24fu0
0408. 猪血当菜的　猪血 tʃʅ24ɕiɛ31

0409. 猪蹄当菜的　猪蹄儿 tʃʅ31tɕhiər24/猪爪子 tʃʅ31tsua52tsʅ0
0410. 猪舌头当菜的，注意婉称　猪舌头 tʃʅ31ʂɤ31thəu52/口条 khəu44tɕhiau0
0411. 猪肝当菜的，注意婉称　猪肝子 tʃʅu24kã31tsʅ0
0412. 下水猪、牛、羊的内脏　里窝 li52Øuo31/下水 ɕia24ʃei0
0413. 鸡蛋　鸡蛋 tɕi52thã0
0414. 松花蛋　变蛋 phiã44thã44
0415. 猪油　大油 ta44Øiəu24/猪油 tʃʅ31iəu24
0416. 香油　香油 ɕiaŋ31Øiəu24/芝麻油 tsʅ52ma0Øiəu24
0417. 酱油　酱油 tɕiaŋ44Øiəu24
0418. 盐名词　盐 Øiã24
0419. 醋注意婉称　醋 tshu44
0420. 香烟　纸烟 tsʅ52Øiã31/香烟 ɕiaŋ24Øiã31
0421. 旱烟　旱烟 xã24Øiã31
0422. 白酒　烧酒 ʂau31tsiəu0/辣酒 la31tsiəu0
0423. 黄酒　黄酒 xuaŋ24tsiəu0
0424. 江米酒酒酿，醪糟　醪糟儿 lau31tsaur52
0425. 茶叶　茶 tsha24/茶叶 tsha31Øiɛ52
0426. 沏～茶　泡 phau44
0427. 冰棍儿　冰棍儿 piəŋ31kuɛ̃r52
0428. 做饭统称　做饭 tsəu44fã44
0429. 炒菜统称，和做饭相对　炒菜

tshau52tshɛi44

0430. 煮～带壳的鸡蛋　煮 tʃʅ52

0431. 煎～鸡蛋　煎 tɕiã31

0432. 炸～油条　炸 tsha24

0433. 蒸～鱼　蒸 tʂəŋ31

0434. 揉～面做馒头等　揉 ʐəu24

0435. 擀～面，～皮儿　擀 kã52

0436. 吃早饭　吃早饭 tʂʅ31tsau52fã44

0437. 吃午饭　吃晌午饭
tʂʅ24ʂaŋ31ʮ0fã44

0438. 吃晚饭　吃黑了饭
tʂʅ24xei31lau0fã44

0439. 吃～饭　吃 tʂʅ31

0440. 喝～酒　喝 xuo31

0441. 喝～茶　喝 xuo31

0442. 抽～烟　吃 tʂʅ31/抽 tʂhəu31/
吸 ɕi31

0443. 盛～饭　舀 Øiau52/盛 ʂəŋ24

0444. 夹用筷子～菜　抄 tshau31

0445. 斟～酒　看 kã44/倒 tau44

0446. 渴口～　渴 khuo31/干 kã31

0447. 饿肚子～　饥 tɕi31/犒 khau31

0448. 噎吃饭～着了　噎 Øiɛ31

七、身体、医疗

(一) 身体

0449. 头人的，统称　颡 sa24/头 thəu24

0450. 头发　头发 thəu31fa52

0451. 辫子　髦絃子 mau24kɛi31tsʅ0/
辫子 phiã24tsʅ0

0452. 旋　旋 suã44

0453. 额头　额颅 ŋɛ̃52ləu0

0454. 相貌　模样 mu31Øiaŋ52

0455. 脸洗～　脸 liã52

0456. 眼睛　眼窝 n̻iã52Øuo31

0457. 眼珠统称　眼窝仁儿
n̻iã52Øuo31 ʐə̃r24

0458. 眼泪哭的时候流出来的　眼泪
n̻iã44luei0

0459. 眉毛　眼眉儿 n̻iã52miər24/
眉儿 miər24

0460. 耳朵　耳朵 Øər44tuo0

0461. 鼻子　鼻子 phi31tsʅ52

0462. 鼻涕统称　鼻 phi24

0463. 擤～鼻涕　擤 ɕiəŋ52

0464. 嘴巴人的, 统称　嘴 tsuei52

0465. 嘴唇　嘴书皮 tsuei52ʂʅ31phi24

0466. 口水～流出来　涎水 xã31ʃei0

0467. 舌头　舌头 ʂɤ31thəu52

0468. 牙齿　牙 n̻ia24

0469. 下巴　下巴子 xa24pa0tsʅ0

0470. 胡子嘴周围的　胡子 xu31tsʅ52

0471. 脖子　脖子 pho31tsʅ52/脖浪骨
pho31laŋ44ku31

0472. 喉咙　胡咙 xu31ləu52

0473. 肩膀　胛骨子 tɕia31kuo0tsʅ0

0474. 胳膊　胳膊 kɯ52po0

0475. 手方言指（打√）：只指手√；包括臂：
他的～摔断了　手 ʂəu52

0476. 左手　左手 tsuo44ʂəu0

0477. 右手　右手 Øiəu44ʂou0

0478. 拳头　锤头子 tʃhei31thəu52tsʅ0

0479. 手指　手指头 ʂəu52tsʅ52thəu0

0480. 大拇指　大拇指头
ta44mei0tsʅ52thəu0

0481. 食指　食指 ʂʐ24tsʐ0
0482. 中指　中指 tʃəŋ31tsʐ0
0483. 无名指　无名指 vu24miəŋ24tsʐ0
0484. 小拇指　小拇指头 ɕiau52mei0tsʐ52thəu0
0485. 指甲　指甲 tsʐ52tɕia0
0486. 腿　腿 thuei52
0487. 脚方言指（打√）：只指脚√；包括小腿；包括小腿和大腿：他的～轧断了　脚 tɕyo31
0488. 膝盖指部位　磕膝盖 khɯ52tɕhi31kɛi44
0489. 背名词　脊背 tɕi52pei0
0490. 肚子腹部　肚子 thu24tsʐ0
0491. 肚脐　脖脐眼窝子 phu31tɕhi52ȵiã0ɵiau24tsʐ0
0492. 乳房女性的　奶头 lɛi44thəu0
0493. 屁股　沟子 kəu52tsʐ0
0494. 肛门　沟门子 kəu31mẽ31tsʐ52
0495. 阴茎成人的　屌 tɕhiəu24/锤子 tʃhei31tsʐ52
0496. 女阴成人的　屄 phi31/屄沟儿 pi31kəur52
0497. 肏动词　合 zʐ31
0498. 精液　□ suəŋ24
0499. 来月经注意婉称　身上来啦 ʂẽ52ʂaŋ0lɛi24liau0
0500. 拉屎　屙屎 pa52sʐ52
0501. 撒尿　尿尿 ȵiau44ȵiau44
0502. 放屁　放屁 faŋ44phi44
0503. 相当于"他妈的"的口头禅　你妈屄 ȵi31ma24phi31

（二）疾病、医疗

0504. 病了　有病 ɵiəu52phiəŋ44/病了 phiəŋ24la0
0505. 着凉　受凉 ʂəu44liaŋ24/凉了 liaŋ24la0
0506. 咳嗽　咳嗽 khɯ52səu0
0507. 发烧　烧哩 ʂau52li0/发烫 fa31thaŋ44
0508. 发抖　颤哩 tʂã24li0/抖哩 təu52li0
0509. 肚子疼　肚子疼 thu24tsʐ0thəŋ24
0510. 拉肚子　后走哩 xəu44tsəu52li0
0511. 患疟疾　发摆子 fa31pɛi52tsʐ
0512. 中暑　火晕啦 xuo52yẽ24la0
0513. 肿　胀 tʂaŋ44/肿 tʃəŋ52
0514. 化脓　熟脓啦 ʃu24luəŋ24la0
0515. 疤好了的　干疤子 kã31pa52tsʐ0
0516. 癣　癣 ɕiã52
0517. 痣凸起的　䴙子 ɵiã44tsʐ0
0518. 疙瘩蚊子咬后形成的　疙瘩 kɯ52ta0
0519. 狐臭　腋臭 ɵiɛ31tʂhəu44
0520. 看病　看病 khã44phiəŋ44
0521. 诊脉　捉脉 tʃɤ24mei31/评脉 phiəŋ24mei31
0522. 针灸　扎针 tsa23tʂẽ31
0523. 打针　打针 ta52tʂẽ31
0524. 打吊针　挂吊针 kua44tiau44tʂẽ31
0525. 吃药统称　吃药 tʂhʐ24ɵyo31
0526. 汤药　柴药 tshɛi24ɵyo31
0527. 病轻了　松番了 suəŋ52fã0la0

八、婚丧、信仰

（一）婚育

0528. 说媒　说媒 ʃɤ31mei24

0529. 媒人　媒人 mei31zɛ̃52/媒婆 mei24pho24

0530. 相亲　见面 tɕiã44miã44/看屋里 khã44Øu52li0

0531. 订婚　成事 tʂhəŋ24sʅ44

0532. 嫁妆　添箱 tshiã24ɕiaŋ31/陪房 phei24faŋ24

0533. 结婚统称　结婚 tɕiɛ24xuɛ̃31

0534. 娶妻子男子～，动宾　娶媳妇儿 tɕhy52ɕi52fuər0

0535. 出嫁女子～　出门 tʃhʅ31mɛ̃24/起发 tɕi31fa31

0536. 拜堂　拜堂 pɛi44thaŋ24

0537. 新郎　新女婿 siɛ̃31ȵy52ɕiɛ0

0538. 新娘子　新媳子 siɛ̃31ɕi52tsʅ0

0539. 孕妇　大肚子婆娘 ta44thu44tsʅ0pho31ȵiaŋ52

0540. 怀孕　有了 Øiəu52la0/不好了 pu31xau52la0

0541. 害喜妊娠反应　择饭 tshei24fã44

0542. 分娩　生娃 səŋ31Øua44

0543. 流产　小产 ɕiau52tshã52/小月 ɕiau52Øyo31

0544. 双胞胎　双生子 ʃaŋ24səŋ31tsʅ0

0545. 坐月子　坐月子 tʃhuo44Øyo31tsʅ0/到炕了 tau44khaŋ44la0

0546. 吃奶　吃奶 tʂhʅ31lɛi52/喂奶 vei44lɛi52

0547. 断奶　摘奶 tsei31lɛi52

0548. 满月　出月 tʃhʅ31Øyo31/满月 mã44Øyo31

0549. 生日统称　生日 səŋ31Øər0

0550. 做寿　过寿 kuo44ʂəu44

（二）丧葬

0551. 死统称　死 sʅ52

0552. 死婉称，最常用的几种，指老人：他～了　殁 mo31/老 lau52/走 tsəu52

0553. 自杀　寻无常了 ɕiɛ̃24u31tʂhaŋ52la0

0554. 咽气　断气 tuã44tɕhi44/没气 mo31tɕhi44

0555. 入殓　升殓 ʂəŋ31liã52/入殓 ɹʅ31liã44

0556. 棺材　棺材 kuã52tshiɛi0/棺木 kuã24mu31

0557. 出殡　起灵 tɕhi52liəŋ24

0558. 灵位　牌位 phɛi24Øuei52

0559. 坟墓单个的，老人的　坟 fɛ̃24/墓 mu44

0560. 上坟　祭坟 tɕi44fɛ̃24/上坟 ʂaŋ44fɛ̃24

0561. 纸钱　银票 Øiɛ̃24phiau44/烧纸 ʂau31tsʅ52

（三）信仰

0562. 老天爷　老天爷 lau52tshiã31Øiɛ44/天神爷 tshiã52ʂɛ̃0Øiɛ0

0563. 菩萨统称　菩萨 phu31sa52

0564. 观音　观音 kuã31Øiɛ̃31

0565. 灶神口头的叫法，其中如有方言亲属称谓要释义　灶爷 tsau24ɵiɛ0

0566. 寺庙　庙 miau44

0567. 祠堂　祠堂 tshɿ31thaŋ52

0568. 和尚　和尚 xuo31ʂaŋ52

0569. 尼姑　女和尚 ȵy52xuo31ʂaŋ0／尼姑 ȵi24ku31

0570. 道士　老道 lau52tau44／道士 tau24sɿ0

0571. 算命统称　算命 suã44miəŋ44／算卦 suã44kua44

0572. 运气　时运 sɿ24yɛ̃44／运气 ɵyɛ̃24tɕhi0

0573. 保佑　保佑 pau52ɵiəu44

九、人品、称谓

（一）人品

0574. 人一个～　人 zɿɛ̃24

0575. 男人成年的，统称　外前人 vɛi44tɕhiã0zɿɛ̃0／男人 lã31zɿɛ̃52

0576. 女人三四十岁已婚的，统称　屋里人 ɵu52li0zɿɛ̃24／女人 ȵy44zɿɛ̃0

0577. 单身汉　光棍儿 kuaŋ52kuɛ̃r52

0578. 老姑娘　老女子 lau31ȵy52tsɿ0

0579. 婴儿　月娃子 ɵyo52ɵua31tsɿ0

0580. 小孩儿三四岁的，统称　碎娃 suei44ua44

0581. 男孩儿统称：外面有个～在哭　男娃 lã24ɵua44／牛牛娃 ȵiəu24ȵiəu0ɵua44

0582. 女孩儿统称：外面有个～在哭　女娃 ȵy52ɵua44／女子 ȵy52tsɿ0

0583. 老人七八十岁的，统称　大人 thuo24zɿɛ̃0／老人 lau52zɿɛ̃0

0584. 亲戚统称　亲亲 tɕhiɛ̃31tɕhiɛ̃0

0585. 朋友统称　伙爷 xuo44ɵiɛ0／朋友 phəŋ31ɵiəu52

0586. 邻居统称　邻家 liɛ31ɵia52

0587. 客人　客人 khei52zɿɛ̃0

0588. 农民　庄稼汉 tʂuaŋ52tɕia0xã0／农民 luəŋ24miɛ̃24

0589. 商人　生意人 səŋ52ɵi31zɿɛ̃0

0590. 手艺人统称　技术人 tɕi44ʃɿ44zɿɛ̃0／能人 ləŋ24zɿɛ̃24

0591. 泥水匠　瓦工 ɵua44kuaŋ0／房木匠 faŋ31mu44tɕhiaŋ0

0592. 木匠　小木匠 siau52mu31tɕhiaŋ0

0593. 裁缝　裁缝 tshɛi31fəŋ52

0594. 理发师　剃头匠 tshi44thəu0tɕhiaŋ0

0595. 厨师　厨子 tʃhɿ31tsɿ52

0596. 师傅　师傅 sɿ52fu0

0597. 徒弟　学徒 ɕyo24thu24／徒弟 thu31tɕhi52

0598. 乞丐统称，非贬称（无统称则记成年男的）　叫花子 tɕiau24xua31tsɿ0／要饭哩 ɵiau44fã24li0

0599. 妓女　婊子 piau44tsɿ0

0600. 流氓　流氓 liou24maŋ24／瞎□ xa31suaŋ24

0601. 贼　贼娃子 tshei31ɵua52tsɿ0／绺娃子 liəu52ɵua0tsɿ0

0602. 瞎子统称，非贬称（无统称则记成年男的）　瞎子 xa52tsɿ0

0603. 聋子统称，非贬称（无统称则记成年男的）　聋子 luəŋ31tsɿ52

0604. 哑巴统称，非贬称（无统称则记成年男的）　哑巴 ȵia44pa0

0605. 驼子统称，非贬称（无统称则记成年男的）　揹锅子 pei31kuo31tsɿ0

0606. 瘸子统称，非贬称（无统称则记成年男的）　跛子 po52tsɿ0／拐子 kuɛi44tsɿ0

0607. 疯子统称，非贬称（无统称则记成年男的）　疯子 fəŋ52tsɿ0

0608. 傻子统称，非贬称（无统称则记成年男的）　瓜子 kua52tsɿ0

0609. 笨蛋蠢的人　闷□ mẽ44suəŋ24

（二）称谓

0610. 爷爷呼称，最通用的　爷 Øiɛ24

0611. 奶奶呼称，最通用的　妳 pa24／奶奶 lɛi44lɛi0

0612. 外祖父叙称　外爷 vei24Øiɛ0

0613. 外祖母叙称　外妳 vei24pa0

0614. 父母合称　老人 lau44ʐə̃0

0615. 父亲叙称　我大 ŋɤ31ta24

0616. 母亲叙称　我娘 ŋɤ31ȵia24

0617. 爸爸呼称，最通用的　大 ta24

0618. 妈妈呼称，最通用的　娘 ȵia24

0619. 继父叙称　后大 xəu44ta24／姚大 Øiau24ta24

0620. 继母叙称　后娘 xəu44ȵia24／姚婆子 Øiau31pho52tsɿ0

0621. 岳父叙称　丈人 tʂhɑŋ24ʐə̃0

0622. 岳母叙称　丈母姨 tʂhɑŋ24mu0Øi24

0623. 公公叙称　阿公 Øa52kuəŋ31

0624. 婆婆叙称　阿家 Øa52tɕia0

0625. 伯父呼称，统称　伯 pei52

0626. 伯母呼称，统称　大妈 ta44ma24／妈妈 ma52ma0

0627. 叔父呼称，统称　大大 ta31ta52

0628. 叔父呼称，排行最小的，如"幺叔"　碎大 suei44ta24

0629. 叔母呼称，统称　新娘 ɕiɛ̃31ȵia24

0630. 姑呼称，统称（无统称则记分称：比父大，比父小；已婚，未婚）　姑姑 ku52ku0

0631. 姑父呼称，统称　姑父 ku52fu0

0632. 舅舅呼称　舅舅 tɕiəu24tɕiəu0

0633. 舅妈呼称　妗子 tɕhiɛ24tsɿ0

0634. 姨呼称，统称（无统称则记分称：比母大，比母小；已婚，未婚）　姨 Øi24

0635. 姨父呼称，统称　姨夫 Øi31fu52

0636. 弟兄合称　弟兄 ti24ɕyəŋ0

0637. 姊妹合称，注明是否可包括男性　姊妹包括男性 tsɿ52mei0

0638. 哥哥呼称，统称　哥 kɤ31／哥哥 kɤ52kɤ0

0639. 嫂子呼称，统称　嫂子 sau52tsɿ0

0640. 弟弟叙称　兄弟 ɕyəŋ52tɕhi0

0641. 弟媳叙称　兄弟媳妇 ɕyəŋ52tɕhi0ɕi52fur0

0642. 姐姐呼称，统称　姐 tɕiɛ52

0643. 姐夫呼称　姐夫 tɕiɛ44fu0／大哥 ta24kɤ0

0644. 妹妹叙称　妹子 mei44tsɿ0

0645. 妹夫叙称　妹夫 mei24fu0

0646. 堂兄弟叙称，统称　弟兄 tɕhi24ɕyəŋ0

0647. 表兄弟叙称，统称　表弟兄 piau52tɕhi24ɕyəŋ0

0648. 妯娌弟兄妻子的合称　先后
siã31xəu44

0649. 连襟姊妹丈夫的关系，叙称　一担子
Øi31tã24tsŋ0/挑担 tɕhiau44tã0

0650. 儿子叙称：我的～　儿子
Øər24tsŋ0

0651. 儿媳妇叙称：我的～　儿媳子
Øər31ɕi52tsŋ0

0652. 女儿叙称：我的～　女子 n̠y52tsŋ0

0653. 女婿叙称：我的～　女婿 n̠y52ɕiə̃0

0654. 孙子儿子之子　孙子 suẽ52tsŋ0

0655. 重孙子儿子之孙　重孙子
tʃhəŋ31suẽ52tsŋ0

0656. 侄子弟兄之子　侄儿 tʂhŋ24Øər0

0657. 外甥姐妹之子　外甥 vɛi24səŋ0

0658. 外孙女儿之子　外孙子
vɛi24suẽ31tsŋ0

0659. 夫妻合称　两口子 liaŋ31khəu31tsŋ0

0660. 丈夫叙称，最通用的，非贬称：她的～
男人 lã31z̠ə̃52/老汉 lau44xã0

0661. 妻子叙称，最通用的，非贬称：他的～
婆娘 pho31n̠iaŋ52/屋里人
Øu52li0z̠ə̃24

0662. 名字　名字 miəŋ31tsŋ52

0663. 绰号　吆号儿 Øiau52xaur0/
外号儿 vɛi44xaur52

十、农、工、商、文

（一）农业

0664. 干活儿统称：在地里～　做活
tsəu44xuo24

0665. 事情一件～　事 sŋ44

0666. 插秧　无

0667. 割稻　无

0668. 种菜　种菜 tʃəŋ44tshɛi44

0669. 犁名词　犁 li24

0670. 锄头　锄 tʃhŋ24

0671. 镰刀　镰 liã24

0672. 把儿刀～　把子 pa44tsŋ0

0673. 扁担　担 tã44/扁担 piã52tã0

0674. 箩筐　筐子 khuaŋ52tsŋ0

0675. 筛子统称　筛子 sɛi52tsŋ0

0676. 簸箕农具，有梁的　笼 luəŋ52

0677. 簸箕簸米用　簸箕 po24tɕi0

0678. 独轮车　土车子 thu52tʃɤ31tsŋ0/
单轱辘车 tã31ku24lu0tʃɤ31

0679. 轮子旧式的，如独轮车上的　轱辘子
ku52lu0tsŋ0

0680. 碓整体　碾窝子 tɕiaŋ31Øuo31tsŋ0

0681. 臼　无

0682. 磨名词　磑子 Øuei24tsŋ0

0683. 年成　收成 ʂəu52tʃhəŋ0/年景
n̠iã31tɕiəŋ52

（二）工商业

0684. 走江湖统称　出闯去了
tʃhŋ31tʃhaŋ52tɕhi0la0

0685. 打工　做活 tsəu44xuo24/下苦
ɕia44fu52

0686. 斧子　斧头 fu44thəu0

0687. 钳子　钳子 tɕhiã31tsŋ52

0688. 螺丝刀　起子 tɕhi44tsŋ0

0689. 锤子　锤 tʃhei24

0690. 钉子　钉子 tiəŋ52tsŋ0

0691. 绳子　绳 ʂəŋ24/绳子 ʂən31tsŋ52

0692. 棍子　棍 kuɛ44/棍子 kuɛ44tsʅ0
0693. 做买卖　做生意 tsuo31səŋ52Øi0
0694. 商店　门市 mɛ̃31sʅ52/
商店 ʂaŋ31tiã44
0695. 饭馆　食堂 sʅ24thaŋ24/馆子 kuã52tsʅ0
0696. 旅馆旧称　旅社 ly31ʂɤ44
0697. 贵　贵 khuei44
0698. 便宜　贱 tɕhiã44
0699. 合算　划着 xua31tʃhɤ52
0700. 折扣　降价 tɕiaŋ44tɕia44
0701. 亏本　折本儿 ʂɤ24pɛ̃r52/亏了 khuei31la0
0702. 钱统称　钱 tɕhiã24/票子 phiau44tsʅ0
0703. 零钱　零钱 liəŋ24tɕhiã24/毛毛钱 mau31mau52tɕhiã24
0704. 硬币　钢洋 kaŋ31Øiaŋ24/分分洋 fɛ̃52fɛ̃0Øiaŋ24
0705. 本钱　本钱 pɛ̃44tɕhiã0
0706. 工钱　工价 kuəŋ31tɕia44/工钱 kuəŋ52tɕhiã0
0707. 路费　盘缠 phã31tʂhã52/路费 ləu44fei44
0708. 花～钱　花 xua31/葬 tsaŋ44
0709. 赚卖一斤能～一毛钱　长 tʂhaŋ24/挣 tsəŋ44
0710. 挣打工～了一千块钱　挣 tsəŋ44
0711. 欠～他十块钱　争 tsəŋ31/欠 tɕhiã44
0712. 算盘　盘子 phã24tsʅ0/算盘 phã24tsʅ0
0713. 秤统称　秤 tʂhəŋ44

0714. 称用秤～　赀 tsʅ44/称 tʂhəŋ31
0715. 赶集　跟集 kɛ31tɕhi24/逛集 kuaŋ44tɕhi24
0716. 集市　集 tɕhi24
0717. 庙会　庙会 miau44xuei44

（三）文化、娱乐

0718. 学校　书房 ʃʅ52faŋ0/学校 ɕyo24ɕiau44
0719. 教室　教室 tɕiau24sʅ0
0720. 上学　上学 ʂaŋ44ɕyo24/到学校去 tau44ɕyo24ɕiau44tɕhi0
0721. 放学　放学 faŋ44ɕyo24/放了 faŋ24la0
0722. 考试　考试 kau52sʅ44
0723. 书包　书包 ʃʅ31pau0
0724. 本子　本子 pɛ̃52sʅ0
0725. 铅笔　铅笔 tɕhiã24pi31
0726. 钢笔　水笔 ʃei52pi31/钢笔 kaŋ24pi31
0727. 圆珠笔　油笔 Øiəu24pi31/圆珠笔 Øyã31tʃʅ52pi31
0728. 毛笔　毛笔 mau24pi31
0729. 墨　墨 mei24
0730. 砚台　砚台 Øiã24thɛi0
0731. 信一封～　信 ɕiɛ̃44
0732. 连环画　小人书 ɕiau52zɛ̃24ʃʅ31
0733. 捉迷藏　捉猫老虎 tʃɤ31mau24lau31xu52
0734. 跳绳　跳绳 tɕhiau24ʂəŋ24
0735. 毽子　毽子 tɕiã24tsʅ0
0736. 风筝　风筝 fəŋ31tsəŋ0
0737. 舞狮　耍狮子 ʃua52sʅ52tsʅ0

0738. 鞭炮统称　鞭炮 piã31phau44/
花炮 xua31phau44

0739. 唱歌　唱歌 tʂhaŋ44kɤ0

0740. 演戏　唱戏 tʂhaŋ44ɕi44/
演戏 Øiã52ɕi44

0741. 锣鼓统称　锣鼓家什
luo31ku52tɕia52sʅ0

0742. 二胡　胡胡 xu31xu52

0743. 笛子　笛 tɕi24

0744. 划拳　划拳 xua44tɕyã24

0745. 下棋　下棋 ɕia44tɕhi24

0746. 打扑克　打扑克 ta52phu52khɤ0/
打牌 ta52phɛi24

0747. 打麻将　打麻将
ta52ma24tɕiaŋ44/打牌
ta52phɛi24

0748. 变魔术　耍魔术 ʂa52mo24ʂʅ44/
耍把戏 ʂa31pa44ɕi0

0749. 讲故事　讲故事 tɕiaŋ52ku44sʅ44

0750. 猜谜语　猜谜 tshɛi31mi24

0751. 玩儿游玩：到城里～耍 ʂa52

0752. 串门儿　串门子 tʂhã44mẽ31tsʅ52

0753. 走亲戚　走亲亲
tsəu52tɕhiɛ̃31tɕhiɛ̃0

十一、动作、行为

（一）具体动作

0754. 看～电视　看 khã44

0755. 听用耳朵～　听 tɕhiəŋ31

0756. 闻嗅：用鼻子～　闻 vɛ̃24

0757. 吸～气　吸 ɕi31

0758. 睁～眼　睁 tsəŋ31

0759. 闭～眼　挤 tɕi52

0760. 眨～眼　眨 tsã31

0761. 张～嘴　张 tʂaŋ31

0762. 闭～嘴　合 xuo24/闭 pi44

0763. 咬狗～人　咬 ȵiau52/吞 thəŋ31

0764. 嚼把肉～碎　嚼 tɕhyo24

0765. 咽～下去　咽 Øiã44

0766. 舔人用舌头～　舔 tɕhiã52

0767. 含～在嘴里　噙 tɕhiɛ̃24/含 xã24

0768. 亲嘴　绑嘴 paŋ24tsuei52

0769. 吮吸用嘴唇聚拢吸取液体，如吃奶时
咂 tsa31/吸 ɕi31

0770. 吐上声，把果核儿～掉　叹 thã44/
唾 thuo44

0771. 吐去声，呕吐：喝酒喝～了　吐 thu52

0772. 打喷嚏　打喷嚏 ta52phẽ24tɕhi0

0773. 拿用手把苹果～过来　拿 la24

0774. 给他～我一个苹果　给 kei44

0775. 摸～头　摸 mau31/揣 tʂhɛi52

0776. 伸～手　夌 tsa44/伸 sɛ̃31

0777. 挠～痒痒　搔 tsau31

0778. 掐用拇指和食指的指甲～皮肉　掐
tɕhia31

0779. 拧～螺丝　上 ʂaŋ44/拧 ȵiəŋ24

0780. 拧～毛巾　扭 ȵiəu52

0781. 捻用拇指和食指来回～碎　圪捻
kɯ52ȵiã0/捻 ȵiã52

0782. 掰把橘子～开，把馒头～开　掰
pei31

0783. 剥～花生　剥 po31

0784. 撕把纸～了　扯 tʂhɤ52/垮 kha52

0785. 折把树枝～断　折 tʂɤ52

0786. 拔～萝卜　拔 pha24

0787. 摘～花　摘 tsei31/掐 tɕhia31

0788. 站站立：～起来　立 li31

0789. 倚斜靠：～在墙上　靠 khau44

0790. 蹲～下　圪蹴 kɯ52tɕiəu0

0791. 坐～下　坐 tshuo44

0792. 跳青蛙～起来　蹦 piɛ44/跳 tɕhiau44

0793. 迈跨过高物：从门槛上～过去　跷 tɕhiau31/跨 khua52

0794. 踩脚～在牛粪上　踏 tha24

0795. 翘～腿　抬 thɛi24/夿 tsa44

0796. 弯～腰　□ tsã21/圈 tɕhyã31

0797. 挺～胸　挺 tɕhiəŋ52

0798. 趴～着睡　趴 pha24

0799. 爬小孩儿在地上～　爬 pha24

0800. 走慢慢儿～　走 tsəu52

0801. 跑慢慢儿走，别～　跑 phau52

0802. 逃逃跑：小偷儿～走了　跑 phau52/逃 thau24

0803. 追追赶：～小偷儿　撵 ɲiã52/追 tʃuei31

0804. 抓～小偷儿　捉 tʂɤ31/逮 tɛi31

0805. 抱把小孩儿～在怀里　搭 tɕhia44/抱 pau44

0806. 背～孩子　背 pei31

0807. 搀～老人　搀 tshã31/扶 fu24

0808. 推几个人一起～汽车　掀 ɕia31/推 thuei31

0809. 摔跌：小孩儿～倒了　跌 tiɛ31/摔 ʃɛi52/栽 tsɛi31

0810. 撞人～到电线杆　撞 tʃhaŋ44/碰 phəŋ44/对 tuei24

0811. 挡你～住我了，我看不见　挡 taŋ44

0812. 躲躲藏：他～在床底下　藏 tɕhiaŋ24

0813. 藏藏放，收藏：钱～在枕头下面　藏 tɕhiaŋ24

0814. 放把碗～在桌子上　搁 kuo31/放 faŋ44

0815. 撂把砖～起来　撂 luo44/垒 luei52

0816. 埋～在地下　埋 mɛi24

0817. 盖把茶杯～上　盖 kɛi44

0818. 压用石头～住　压 øia44

0819. 摁用手指按：～图钉　按 ŋã44

0820. 捅用棍子～鸟窝　戳 tʃhɤ31

0821. 插把香～到香炉里　插 tsha31

0822. 戳～个洞　戳 tʃhɤ31

0823. 砍～树　刷 phiã52

0824. 剁把肉～碎做馅儿　斫 tsa52

0825. 削～苹果　削 ɕyo31

0826. 裂木板～开了　绽 tsã31/裂 liɛ31

0827. 剥皮～起来　剥 tsəu44/出 tʃɻ31

0828. 腐烂死鱼～了　臭 tʂhəu44/瞎 xa31

0829. 擦用毛巾～手　擦 tsha31

0830. 倒把碗里的剩饭～掉　倒 tau44

0831. 扔丢弃：这个东西坏了，～了它　撂 liau44/撇 phiɛ31/扔 zəŋ52

0832. 扔投掷：比一比谁～得远　撇 phiɛ31/撂 liau44

0833. 掉掉落，坠落：树上～下一个梨　跌 tiɛ31/落 luo31

0834. 滴水～下来　跌 tiɛ31

0835. 丢丢失：钥匙～了　丢 tiəu31/遗 øi24

0836. 找寻找：钥匙～到了　寻 ɕiẽ24/找 tsau52

0837. 捡 ~到十块钱　拾 ʂʅ24

0838. 提用手把篮子~起来　提 tɕhi24

0839. 挑 ~担　担 tã31

0840. 扛把锄头~在肩上　掮 tiã31

0841. 抬 ~轿　抬 thɛi24/捏 tʂhəŋ31

0842. 举 ~旗子　□ tʂəu52/举 tɕy52

0843. 撑 ~伞　打 ta52/撑 tshəŋ31

0844. 撬把门~开　撬 tɕhiau44

0845. 挑挑选, 选择: 你自己~一个
　　　拣 tɕiã52/挑 tɕhiau31

0846. 收拾 ~东西　拾掇 ʂʅ31tuo52/
　　　收拾 ʂou52ʂʅ0

0847. 挽 ~袖子　㧚 piã52/挽 vã52

0848. 涮把杯子~一下　涮 ʃã44/
　　　冲 tʃhəŋ31

0849. 洗 ~衣服　洗 ɕi52

0850. 捞 ~鱼　捉 tʃɤ31/捞 lau24

0851. 拴 ~牛　拴 ʃã31/绑 paŋ52

0852. 捆 ~起来　捆 khuɛ̃52/绑 paŋ52

0853. 解 ~绳子　解 tɕiɛ52

0854. 挪 ~桌子　挪 luo24

0855. 端 ~碗　端 tuã31

0856. 摔碗 ~碎了　打 ta52/摔 ʃei52

0857. 掺 ~水　掺 tsã31/加 tɕia31

0858. 烧 ~柴　烧 ʂau31

0859. 拆 ~房子　拆 tshei31

0860. 转 ~圈儿　转 tʃã44

0861. 捶用拳头~　捶 tʃhei24/砸 tsha24

0862. 打统称: 他~了我一下　挃 tiɛ24/
　　　打 ta52

0863. 打架动手: 两个人在~　打锤
　　　ta52tʃhei24

0864. 休息　歇下 ɕiɛ52xa0

0865. 打哈欠　打哇哇 ta52ɤua52ɤua0/
　　　打瞌睡 ta52khuo52ʃei0

0866. 打瞌睡　丢盹 tɕiəu31tuɛ̃52

0867. 睡他已经~了　睡 ʃei44

0868. 打呼噜　打鼾睡 ta52xã31ʃei0/
　　　打呼噜爷 ta52xu52lu0ɤiɛ0

0869. 做梦　做梦 tsuo31məŋ44

0870. 起床　睡起来 ʃei44tɕhi52lɛi0

0871. 刷牙　刷牙 ʃa31n̠ia24

0872. 洗澡　洗身上 ɕi52ʂẽ52ʂaŋ0/
　　　洗澡 ɕi31tsau52

(二) 抽象动作

0873. 想思索: 让我~一下　想 siaŋ52/
　　　考虑 khau52ly52

0874. 想想念: 我很~他　想 siaŋ52

0875. 打算我~开个店　尺谋
　　　tʂhʅ31məu0/盘算 phã31suã52

0876. 记得　记得 tɕi24tei0/记着
　　　tɕi24tʃɤ0

0877. 忘记　忘了 vaŋ24la0/想不起
　　　ɕiaŋ52pu31tɕhi52

0878. 怕害怕: 你别~　害怕
　　　xɛi44pha44/怯火儿 tɕhiɛ31xuor52

0879. 相信我~你　信 siẽ44/相信
　　　siaŋ31siẽ44

0880. 发愁　发熬煎 fa31ŋau52tɕiã0/
　　　发愁 fa31tshəu24

0881. 小心过马路要~　操心
　　　tshau24siẽ0/小心 ɕiau44siẽ31

0882. 喜欢 ~看电视　爱 ŋɛi44/喜欢
　　　ɕi52xuã0

0883. 讨厌 ~这个人　见不得

tɕiã44pu31tei0/讨厌 thau52Øiã44

0884. 舒服凉风吹来很～　自在 tsʰʅ24tsʰɛi0/舒活 ʂəu24xuo0

0885. 难受生理的　难受 lã24ʂəu44/身上不自在 sɛ̃52ʂaŋ0pu31tsʰʅ44tsʰɛi0

0886. 难过心理的　难过 lã24kuo44/心里不自在 siɛ̃52li0pu31tsʰʅ44tsʰɛi0

0887. 高兴　高兴 kau31ɕiəŋ44

0888. 生气　着气 tʂʰɤ24tɕhi44/生气 səŋ31tɕhi44

0889. 责怪　怪 kuɛi44/怨 Øyã44

0890. 后悔　后悔 xəu24xuei52

0891. 忌妒　眼红 ŋiã52xuəŋ24/忌妒 tɕi44tu44

0892. 害羞　害臊 xɛi44sau44

0893. 丢脸　丢人 tiəu31zɛ̃24/丢丑 tiəu31tʂhəu52

0894. 欺负　欺负 tɕhi52fu0/要欺头 Øiau44tɕhi52thəu0

0895. 装～病　装 tʂaŋ31

0896. 疼～小孩儿　爱 ŋɛi44/心疼 siɛ̃31thəŋ24

0897. 要我～这个　要 Øiau44

0898. 有我～一个孩子　有 Øiəu52

0899. 没有他～孩子　没有 muo31Øiəu52

0900. 是我～老师　是 sʅ44

0901. 不是他～老师　不是 pu31sʅ44

0902. 在他～家　到 tau44/在 tsʰɛi44

0903. 不在他～家　没到 mo31tau44/不在 pu31tsʰɛi44

0904. 知道我～这件事　知道 tʂʅ52tau0/清楚 tsʰiəŋ31tʂʰʅ52

0905. 不知道我～这件事　不知道 pu31tʂʅ52tau0/不清楚 pu24tsʰiəŋ31tʂʰʅ52

0906. 懂我～英语　会 xuei44/懂 tuəŋ52

0907. 不懂我～英语　不会 pu31xuei44/不懂 pu31tuəŋ52

0908. 会我～开车　能 ləŋ24/会 xuei44

0909. 不会我～开车　不能 pu31ləŋ24/不会 pu31xuei44

0910. 认识我～他　认得 zɛ̃44ti0/认识 zɛ̃44ʂʅ0

0911. 不认识我～他　认不得 zɛ̃44pu31tei0/不认识 pu31zɛ̃44ʂʅ0

0912. 行应答语　能成 ləŋ24tʂhəŋ24

0913. 不行应答语　不得行 pu31tei31ɕiəŋ24/不行 pu31ɕiəŋ24

0914. 肯～来　情愿 tɕhiəŋ24Øyã44/愿意 Øyã44Øi0

0915. 应该～去　该 kɛi31/应该 Øiəŋ24kɛi31

0916. 可以～去　能 ləŋ24/可以 khɤ52Øi0

(三) 言语

0917. 说～话　说 ʃɤ31

0918. 话说～　话 xua44

0919. 聊天儿　谝干传 phiã52kã52tʂhã0

0920. 叫～他一声儿　喊 xã52/叫 tɕiau44

0921. 吆喝大声喊　吼叫 xəu44tɕiau0

0922. 哭小孩儿～　嚎 xau24/哭 fu31

0923. 骂当面～人　骂 ma44/吆喝 Øiau52xuo0

0924. 吵架动嘴：两个人在～　骂仗 ma44tʂaŋ44

659

0925. 骗~人　哄 xuəŋ52/日弄 zʅ52luəŋ0

0926. 哄~小孩儿　搞 kau52/哄 xuəŋ52

0927. 撒谎　搔谎 tsau31xuaŋ52/说谎 ʃɤ31xuaŋ52

0928. 吹牛　说大话 ʃɤ31ta44xua44/胡吹冒料 xu24tʃhei31mau44liau44

0929. 拍马屁　舔沟子 tɕhiã52kəu52tsʅ0/拍马屁 phei31ma52phi44

0930. 开玩笑　说笑 ʃɤ31ɕiau44/开玩笑儿 khɛi31øuã24ɕiaur52

0931. 告诉~他　给说 kei52ʃɤ31/告诉 kau24su0

0932. 谢谢致谢语　亏得你 khuei31ta0ȵi52/多亏你 tuo24khuei31ȵi52

0933. 对不起致歉语　对不起 tuei44pu31tɕhi52

0934. 再见告别语　再见 tsɛi44tɕiã44

十二、性质、状态

（一）形貌

0935. 大苹果~　大 thuo44/ta44

0936. 小苹果~　碎 suei44/小 ɕiau52

0937. 粗绳子~　壮 tʃaŋ44/粗 tshu31

0938. 细绳子~　细 ɕi44

0939. 长线~　长 tʂhaŋ24/吊 tiau44

0940. 短线~　短 tuã52/曲 tɕhy31

0941. 长时间~　长 tʂhaŋ24/大 ta44

0942. 短时间~　短 tuã52

0943. 宽路~　宽 khuã31

0944. 宽敞房子~　大 ta44/宽敞 khuã31tʂhaŋ52

0945. 窄路~　窄 tsei31

0946. 高飞机飞得~　高 kau31

0947. 低鸟飞得~　低 ti31

0948. 高他比我~　高 kau31/冒颡 mau24sa0

0949. 矮他比我~　低 ti31/矮ŋɛi52

0950. 远路~　远 øyã52/长 tʂhaŋ24

0951. 近路~　近 tɕhiɛ̃44/短 tuã52

0952. 深水~　深 ʂə̃31

0953. 浅水~　浅 tɕhiã52

0954. 清水~　清 tshiəŋ31

0955. 浑水~　浑 xuɛ̃44/稠 tʂhəu24

0956. 圆　圆 øyã24

0957. 扁　扁 piã52/吊 tiau44

0958. 方　方 faŋ31

0959. 尖　尖 tsiã31

0960. 平　平 phiəŋ24

0961. 肥~肉　肥 fei24

0962. 瘦~肉　瘦 səu44

0963. 肥形容猪等动物　肥 fei24

0964. 胖形容人　胖 phaŋ44

0965. 瘦形容人、动物　瘦 səu44/单薄 tã52pho0

0966. 黑黑板的颜色　黑 xei31

0967. 白雪的颜色　白 phei24

0968. 红国旗的主颜色，统称　红 xuəŋ24

0969. 黄国旗上五星的颜色　黄 xuaŋ24

0970. 蓝蓝天的颜色　蓝 lã24

0971. 绿绿叶的颜色　绿 ly31/青 tshiəŋ31

0972. 紫紫药水的颜色　紫 tsʅ31/雪青 ɕyo31tshiəŋ0

0973. 灰草木灰的颜色　灰 xuei31

（二）状态

0974. 多东西～　多 tuo31
0975. 少东西～　少 ʂau52
0976. 重担子～　重 tʃhəŋ44
0977. 轻担子～　轻 tɕhiəŋ31
0978. 直线～　直 tʂʅ24／端 tuã31
0979. 陡坡～，楼梯～　陡 təu52／立 li31
0980. 弯弯曲：这条路是～的　弯 Øuã31／扭 ȵiəu52
0981. 歪帽子戴～了　斜 siɛ24
0982. 厚木板～　厚 xəu44
0983. 薄木板～　薄 pho24
0984. 稠稀饭～　稠 tʂhəu24／糊 xu44
0985. 稀稀饭～　稀 ɕi31／清 tshiəŋ31
0986. 密菜种得～　稠 tʂhəu24
0987. 稀稀疏：菜种得～　稀 ɕi31
0988. 亮指光线，明亮　亮 liaŋ44／豁亮 xuo52liaŋ0
0989. 黑指光线，完全看不见　黑 xei31／暗 ŋã44
0990. 热天气～　热 zɤ31／烧 ʂau31
0991. 暖和天气～　暖和 lyã44xuo0
0992. 凉天气～　凉 liaŋ24
0993. 冷天气～　冷 ləŋ52／冻 tuəŋ44
0994. 热水～　烧 ʂau31／烫 thaŋ44
0995. 凉水～　凉 liaŋ24／冰 piəŋ31
0996. 干干燥：衣服晒～了　干 kã31
0997. 湿潮湿：衣服淋～了　湿 ʂʅ31
0998. 干净衣服～　净 tɕhiəŋ44／干净 kã52tɕhiəŋ0
0999. 脏肮脏，不干净，统称：衣服～　褿 tshau24／□ tshɛ̃52
1000. 快锋利：刀子～　快 khuɛi44／利 li44
1001. 钝刀子～　老 lau52／木 mu31
1002. 快坐车比走路～　快 khuɛi44
1003. 慢走路比坐车～　慢 mã44
1004. 早来得～　早 tsau52
1005. 晚来～了　晚 vã52／迟 tshʅ24
1006. 晚天色～　黑 xei31／晚 vã52
1007. 松捆得～　松 suəŋ31
1008. 紧捆得～　紧 tɕiɛ̃52
1009. 容易这道题～　简单 tɕiã52tã0／容易 Øyəŋ31Øi52
1010. 难这道题～　深 ʂə̃31／难 lã24
1011. 新衣服～　新 siɛ̃31
1012. 旧衣服～　旧 tɕhiəu44
1013. 老人～　老 lau52
1014. 年轻人～　年轻 ȵiã24tɕhiəŋ31
1015. 软糖～　软 ʐã52
1016. 硬骨头～　硬 ȵiəŋ44
1017. 烂肉煮得～　烂 lã44
1018. 煳饭烧～了　着 tʃhɤ24／焦 tɕiau31
1019. 结实家具～　结实 tɕiɛ52ʂʅ0／紧固 tɕiɛ52ku0
1020. 破衣服～　破 pho44／烂 lã44
1021. 富他家很～　富 fu44／财董 tshɛi31tuəŋ52
1022. 穷他家很～　穷 tɕhyəŋ24／恓惶 ɕi52xuaŋ0
1023. 忙最近很～　忙 maŋ24／紧 tɕiɛ̃52
1024. 闲最近比较～　闲 xã24
1025. 累走路走得很～　累 luei44／乏 fa24
1026. 疼摔～了　疼 thəŋ24

1027. 痒皮肤～　咬 ɲiau52
1028. 热闹看戏的地方很～　热闹 zʅɤ52lau0
1029. 熟悉这个地方我很～　熟 ʃɤ24
1030. 陌生这个地方我很～　生 səŋ31
1031. 味道尝尝～　味道 øy24tau0
1032. 气味闻闻～　味气 øy24tɕhi0
1033. 咸菜～　咸 xã24
1034. 淡菜～　甜 tshiã24/淡 thã44
1035. 酸　酸 suã31
1036. 甜　甜 tɕhiã24
1037. 苦　苦 fu52
1038. 辣　辣 la31
1039. 鲜鱼汤～　鲜 ɕiã52
1040. 香　香 ɕiaŋ31
1041. 臭　臭 tshəu44
1042. 馊饭～　馊气 sʅ52tɕhi0/坏 xuɛi44
1043. 腥鱼～　腥气 ɕiəŋ52tɕhi0

(三) 品性

1044. 好人～　好 xau52/嫽 liau24
1045. 坏人～　瞎 xa31/坏 xuɛi44
1046. 差东西质量～　次 tshʅ44/差 tsha31
1047. 对账算～了　对 tuei44
1048. 错账算～了　瞎 xa31/错 tshuo31
1049. 漂亮形容年轻女性的长相：她很～　乖 kuɛi31
1050. 丑形容人的长相：猪八戒很～　难看 lã24khã44
1051. 勤快　勤苦 tɕhiɛ̃31fu52/勤快 tɕhiɛ̃31khuɛi52
1052. 懒　懒 lã52
1053. 乖　听话 tɕhiaŋ31xua44/乖 kuɛi31
1054. 顽皮　捣蛋 tau52tã44
1055. 老实　实诚 ʂʅ31tʂhəŋ52/老实 lau44ʂʅ0
1056. 傻痴呆　瓜 kua31
1057. 笨蠢　笨 phɛ̃44/闷 mɛ̃44
1058. 大方不吝啬　大方 ta24faŋ31/舍得 ʂɤ52tei0
1059. 小气吝啬　啬皮 sei31phi24/小气 ɕiau52tɕhi44
1060. 直爽性格～　爽快 ʃaŋ52khuɛi0
1061. 犟脾气～　犟 tɕhiaŋ44/倔 tɕyo44

十三、数量

(一) 数字

1062. 一～二三四五……，下同　一 øi31
1063. 二　二 øər44
1064. 三　三 sã31
1065. 四　四 sʅ44
1066. 五　五 øu52
1067. 六　六 liəu31
1068. 七　七 tɕhi31
1069. 八　八 pa31
1070. 九　九 tɕiəu52
1071. 十　十 ʂʅ24
1072. 二十有无合音　二十无合音 øər24ʂʅ0
1073. 三十有无合音　三十无合音 sã52ʂʅ0
1074. 一百　一百 øi24pei31
1075. 一千　一千 øi24tɕhiã31
1076. 一万　一万 øi31uã44
1077. 一百零五　一百零五

ɵi24pei31liəŋ24ɵu52

1078. 一百五十　百五 pei31ɵu52／一百五十 ɵi24pei31ɵu52ʂʅ0

1079. 第一～，第二　第一 tɕi44ɵi31

1080. 二两重量　二两 ɵər44liaŋ52

1081. 几个你有～孩子？　几个 tɕi31ɵuɛi0／tɕi52kɤ44

1082. 俩你们～　俩个 lia31ɵuɛi0／俩 lia31

1083. 仨你们～　仨个 sa31ɵuɛi0／仨 sa31

1084. 个把　无

（二）量词

1085. 个一～人　个 ɵuɛi0／kɤ44
1086. 匹一～马　个 ɵuɛi0／匹 phi44
1087. 头一～牛　个 ɵuɛi0／头 thəu24
1088. 头一～猪　个 ɵuɛi0／头 thəu24
1089. 只一～狗　个 ɵuɛi0／只 tʂʅ31
1090. 只一～鸡　个 ɵuɛi0／只 tʂʅ31
1091. 只一～蚊子　个 kɤ44
1092. 条一～鱼　条 tɕhiau24
1093. 条一～蛇　条 tɕhiau24
1094. 张一～嘴　张 tʂaŋ31
1095. 张一～桌子　张 tʂaŋ31／个 kɤ44
1096. 床一～被子　床 tʃhaŋ24／个 kɤ44
1097. 领一～席子　张 tʂaŋ31／个 kɤ44
1098. 双一～鞋　双 ʃaŋ31
1099. 把一～刀　把 pa52
1100. 把一～锁　把 pa52
1101. 根一～绳子　根 kɛ̃31／条 tɕhiau24
1102. 支一～毛笔　支 tsʅ31／个 kɤ44
1103. 副一～眼镜　副 fu44

1104. 面一～镜子　个 kɤ44
1105. 块一～香皂　疙瘩 kɯ52ta0／块儿 khuɛir52
1106. 辆一～车　辆 liaŋ52
1107. 座一～房子　栋 thuəŋ44／座 tshuo44
1108. 座一～桥　架 tɕia44
1109. 条一～河　条 tɕhiau24
1110. 条一～路　条 tɕhiau24
1111. 棵一～树　棵 khuo52
1112. 朵一～花　支 tsʅ0／朵 tuo52
1113. 颗一～珠子　颗 khuo52
1114. 粒一～米　粒 li24
1115. 顿一～饭　顿 tuɛ̃44
1116. 剂一～中药　副 fu44
1117. 股一～香味　股子 ku52tsʅ0
1118. 行一～字　行 xaŋ44
1119. 块一～钱　块 khuɛi52
1120. 毛角：一～钱　毛 mau24／角 tɕyo31
1121. 件一～事情　件 tɕhiã44
1122. 点儿一～东西　点儿 tɕiãr52／点点 tiã44tiã0
1123. 些一～东西　些 siɛ31
1124. 下打一～，动量,不是时量　下 xa44
1125. 会儿坐了一～　时儿 sʅɚr24
1126. 顿打一～　顿 tuɛ̃44
1127. 阵下了一～雨　时儿 sʅɚr24／会儿 xueir52／阵儿 tʂɛ̃r52
1128. 趟去了一～　回 xuei24／绽 tshã44

十四、代词、副词、介词、连词

（一）代词

1129. 我～姓王　我 ŋɤ52

1130. 你~也姓王　你 ȵi52

1131. 您尊称　无

1132. 他~姓张　他 tha52/兀 Øuo52/〔人家〕ȵia24

1133. 我们不包括听话人：你们别去，~去　我 ŋɤ31/我们 ŋɤ31mɛ̃52

1134. 咱们包括听话人：他们不去，~去吧　咱 tsha24

1135. 你们~去　你 ȵi31/你们 ȵi31mɛ̃52

1136. 他们~去　他们 tha31mɛ̃52/兀些 Øu24ɕiɛ0

1137. 大家~一起干　大家 ta24Øia0

1138. 自己我~做的　自己 tshʅ24tɕi0/咱 tsha24

1139. 别人这是~的　旁人 phɑŋ31zɛ̃52/〔人家〕zã24

1140. 我爸~今年八十岁　我大 ŋɤ31ta24

1141. 你爸~在家吗？　你大 ȵi31ta24

1142. 他爸~去世了　他大 tha31ta24

1143. 这个我要~，不要那个　这 tsʅ52

1144. 那个我要这个，不要~　兀 Øuo52

1145. 哪个你要~杯子？　阿〔一个〕Øa52Øiɛ0

1146. 谁你找~？　谁 sei24

1147. 这里在~，不在那里　这搭 tsʅ24ta0/这儿 tsʅr52

1148. 那里在这里，不在~　兀搭 Øu24ta0/兀儿 Øuar52

1149. 哪里你到~去？　阿搭 Øa52ta0

1150. 这样事情是~的，不是那样的　这么个 tsʅ24mɛi0Øuɛi0/这 tsʅ52

1151. 那样事情是这样的，不是~的　兀么个 Øu44mɛi0Øuɛi0/兀 Øuo52

1152. 怎样什么样：你要~的？　〔怎么〕tsuo52

1153. 这么~贵啊？　这 tsʅ44

1154. 怎么这个字~写？　咋 tsa31/怎么 tsʅ52mo0

1155. 什么这个是~字？　啥 ʃɤ44

1156. 什么你找~？　啥 ʃɤ44

1157. 为什么你~不去？　为啥 vei44ʃɤ44/咋了 tsuo52li0

1158. 干什么你在~？　弄啥 luəŋ44ʃɤ44/做啥 tsəu44ʃɤ44

1159. 多少这个村有~人？　多少 tuo31ʂau52

(二) 副词

1160. 很今天~热　很 xɛ̃52

1161. 非常比上条程度深：今天~热　奇 tɕhi24

1162. 更今天比昨天~热　还 xa24

1163. 太这个东西~贵，买不起　哩很 li0xɛ̃52

1164. 最弟兄三个中他~高　最 tsuei44

1165. 都大家~来了　都 təu24

1166. 一共~多少钱？　一满 Øi31mã52

1167. 一起我和你~去　一搭 Øi52ta0

1168. 只我~去过一趟　只 tsʅ31

1169. 刚这双鞋我穿着~好　刚 kaŋ24

1170. 刚我~到　才 tshɛi24

1171. 才你怎么~来啊？　才 tshɛi24

1172. 就我吃了饭~去　就 tɕiəu44

1173. 经常我~去　肯 khɛ̃52

1174. 又他～来了　可 khɤ31

1175. 还他～没回家　还 xa31

1176. 再你明天～来　再 tsɛi44

1177. 也我～去；我～是老师　也 Øiɛ52

1178. 反正不用急，～还来得及　横顺 ɕyo24ʃẽ44/反正 fã31tʂəŋ44

1179. 没有昨天我～去　没 mo31

1180. 不明天我～去　不 pu31

1181. 别你～去　不要 pu31Øiau44/不 pu31

1182. 甭不用，不必：你～客气　不要 pu31Øiau44

1183. 快天～亮了　快 khuɛi44

1184. 差点儿～摔倒了　稀乎儿 ɕi31xur52

1185. 宁可～买贵的　宁愿 ȵiəŋ44Øyã44

1186. 故意～打破的　故意儿 ku52Øiər52/有意 Øiəu52Øi44

1187. 随便～弄一下　随便儿 suei24piãr52/搞的 kau52ti0

1188. 白～跑一趟　白 phei24/空 khuəŋ31

1189. 肯定～是他干的　就是 tɕhiəu44sɿ44

1190. 可能～是他干的　大模儿 ta44muər52

1191. 一边～走，～说　算 suã44

(三) 介词、连词

1192. 和我～他都姓王　跟 kẽ31/和 xuo24/赶 kã52

1193. 和我昨天～他去城里了　跟 kẽ31

1194. 对他～我很好　对 tuei44

1195. 往～东走　朝 tʂhau24/往 vaŋ44

1196. 向～他借一本书　问 vẽ44

1197. 按～他的要求做　照 tʂau44

1198. 替～他写信　代 tɛi44

1199. 如果～忙你就别来了　要是 Øiau44sɿ44/如果 ʐɿ31kuo52

1200. 不管～怎么劝他都不听　不论 pu31lyẽ52

第二节　自选词汇

1201. 贼星流星 tshei31ɕiəŋ52

1202. 扫帚星慧星 sau24tʃhɿ0ɕiəŋ31

1203. 悠悠子风微风 Øiəu52Øiəu24tsɿ0fəŋ31

1204. 旋风龙卷风 suã31fəŋ52

1205. 黄风沙尘暴 xuɑŋ24fəŋ31

1206. 跑山子雨间断小雨　phau44sã31tsɿ0Øy52

1207. 毛毛雨小雨 mau24mau0Øy52

1208. 白雨雷阵雨 phei24Øy52

1209. 点杆子雨暴雨 tɕiã24kã31tsɿ0Øy52

1210. 霖雨连阴雨 liɛ44Øy52

1211. 半阴子天半阴半晴　pã44Øiẽ31tsɿ0tɕhiã31

1212. 芒罢夏收结束 mɑŋ24pha44

1213. 五黄六月青黄不接的时候　Øu52xuɑŋ24liəu31Øyo31

1214. 十冬腊月寒冬 ʂʅ24tuəŋ24la31ŋyo31

1215. 半晃儿半后晌 pa44xuãr52

1216. 堉底室内地面 tɕhyo21ti52

1217. 梨瓜子甜瓜 li31kua52tsʅ0

1218. 板豆子菜豆角 pã44thəu31tsʅ0

1219. 羊角葱春天的大葱 Øiaŋ24tɕyo24tshuəŋ31

1220. 葱娃子小葱 tshuəŋ52Øua0tsʅ0

1221. 番瓜南瓜 fã31kua31

1222. 灰条条灰灰菜 xuei52tɕhiau31tɕhiau0

1223. 荠荠菜荠菜 tɕhi24tɕhi0tshɛi44

1224. 车轮轮车前草 tʂʅ31luẽ0luẽ0

1225. 珂蒌苔儿蒲公英 khɤ52ləu0thɛir24

1226. 打碗花喇叭花 ta21Øuã52xua31

1227. 苇子芦苇 Øy44tsʅ0

1228. 毛苕子草木栖 mau24ʂau31tsʅ52

1229. 蒿子蒿草 xau52tsʅ0

1230. 洋槐刺槐 Øiaŋ24xuɛi24

1231. 皂角皂荚 tshau24tɕyo31

1232. 刮刮锅巴 kua52kua0

1233. 细面精粉面 ɕi44miã44

1234. 红面粗麦面 xuəŋ31miã52

1235. 秋谷面杂粮 tɕhiəu31ku31miã0

1236. 吃货零食 tʂʅ31xuo0

1237. 糊嘟子面糊糊 xu24tu0tsʅ0

1238. 糁子玉米粥 tshẽ52tsʅ0

1239. 老鹄颡面疙瘩 lau52Øua31sa24

1240. 麻糖麻花 ma31thaŋ52

1241. 牛蹄窝椽头馍 ɲiəu31tɕhi52Øuo52

1242. 锅躺躺馍蒸的薄片馍 kuo31ta31ta0mo24

1243. 团叶子粗粮蒸的馍 thuã31Øiɛ44tsʅ0

1244. 倭佬鹰 Øuo24lau0

1245. □□猫头鹰 ɕiəu24xou0

1246. 咕咕等布谷鸟 ku52ku0təŋ52

1247. 呱啦鸡野鸡 kua52la0tɕi31

1248. 放羊娃瓢虫 faŋ24Øiaŋ0Øua44

1249. 燕唧唧燕子 Øiã24tɕi31tɕi0

1250. 蝎虎子壁虎 ɕiɛ52xu31tsʅ0

1251. 蚰蜒蚯蚓 Øiəu31Øiã52

1252. 蜗蜗牛蜗牛 kua52kua0ɲiəu24

1253. 瞎老鼠田鼠 xa31lau31ʃʅ0

1254. 旱虫子蚜虫 xã24tʃhəŋ31tsʅ0

1255. 仡里猫松鼠 kɯ24li0mau24

1256. 蚕褯子蚕茧 tshã24kua44tsʅ0

1257. 野狐子狐狸 Øiɛ44xu0tsʅ0

1258. 壳郎子架子猪 khɤ52laŋ0tsʅ0

1259. 羝羊种羊 ti44Øiaŋ0

1260. 骟羊骟割的公羊 ʂã24Øiaŋ0

1261. 僬子猪未产崽的母猪 tɕhiau52tsʅ0tʃʅ31

1262. 猪婆产后的母猪 tʃʅ52pho0

1263. 牙猪子骟割的公猪 ɲia31tʃʅ52tsʅ0

1264. 骡马母马 khuo44ma52

1265. 叫驴公驴 tɕiau44ly24

1266. 草驴母驴 tshau52ly24

1267. 家当家产 tɕia52taŋ0

1268. 籴子装油的瓷壶 tshuã52tsʅ0

1269. 风匏风箱 fəŋ52xã0

1270. 笼篮子、筐子 luəŋ24

1271. 胰子香皂 Øi44tsʅ0

1272. 窝窝棉鞋 Øuo52Øuo0

1273. 耍货子玩具 ʃa44xuo0tsʅ0

1274. 洋布棉布 Øiaŋ24pu44

666

1275. 甑片子 蒸馍的笼箅
　　　 tɕiən24phiã31tsʅ0
1276. 铲锅刀 锅铲 tshã52kuo31tau31
1277. 炕洞 khaŋ24thuəŋ0
1278. 胡箕 土坯 xu31tɕi52
1279. 包头 头巾 pau52thəu0
1280. 退槽子 不要的东西 thuei24tshau0tsʅ0
1281. 脑勺子 后脑勺 lau44ʃɤ31tsʅ0
1282. 牙岔骨 下颚 ȵia31tsha52ku31
1283. 胡咙 喉咙 xu31lu52
1284. 脚桃核 脚踝骨 tɕyo31thau24xu24
1285. 磕膝盖 膝盖骨 khɯ31tɕi0kɛi44
1286. 拢畔锁骨 luŋ52phã44
1287. 垢痂 尘垢 xəu44tɕia0
1288. 走首 走路的姿势 tsəu31ʂəu0
1289. 腿猪娃子 腿肚子
　　　 thuei52tʃʅ52Øua0tsʅ0
1290. 外家 舅家 vɛi24Øia0
1291. 姑妃 姑奶 ku52pa0
1292. 妗妃 妗奶 tɕhiɛ̃44pa24
1293. 姨妃 姨奶 Øi24pa24
1294. 老人 父亲的兄弟 lau44ʐə0
1295. 亲家母 tɕhiɛ̃24tɕia0mu52
1296. 干大 义父 kã31ta24
1297. 干妈 义母 kã31ma24
1298. 乡党 老乡 ɕiaŋ52taŋ0
1299. 给娃瞅下家 给姑娘找婆家
　　　 kei52Øua24tshəu52ɕia24tɕia0
1300. 耍房 闹洞房 ʃa52faŋ24
1301. 熬娘家 媳妇回娘家
　　　 ŋau24ȵiaŋ31Øia52
1302. 收生 接生 ʂəu31səŋ31
1303. 下帖 送请柬 ɕia44tɕhiɛ31

1304. 拉光棍 打光棍 la31kuaŋ52kuɛ̃0
1305. 殇了 小孩儿夭折 ʂaŋ31liau0
1306. 交木棺材 落成 tɕiau24mu31
1307. 不乖 小孩儿害病 pu24kuɛi31
1308. 觳觫 不合适的感觉 ku52səu0
1309. 声唤 呻吟 ʂəŋ52xuã0
1310. 害咬 身体发痒 xɛi44ȵiau52
1311. 出花子 出麻疹 tʃhʅ31xua52tsʅ0
1312. 沤罐子 拔火罐 əu44kuã31tsʅ0
1313. 扑尿里 尿频 phu31liau44li0
1314. 精沟子 光屁股 tɕiəŋ21kəu52tsʅ0
1315. 电光颡 秃子 tɕiã44kuaŋ21sa24
1316. 豁豁 兔唇 xuo52xuo0
1317. 咬舌子 吐字不清 ȵiau44ʂɤ31tsʅ0
1318. □一下 躺一会 tɕiã44Øi31ɕia0
1319. 跟集 赶集 kɛ31tɕhi24
1320. 上会 逛庙会 ʂaŋ44xuei44
1321. 揭纸 买纸 tɕiɛ31tsʅ52
1322. 扯布 买布 tshɤ52pu44
1323. 割肉 卖肉 kuo31ʐəu44
1324. 粜粮 卖粮食 tɕhiau44liaŋ24
1325. 籴粮 买粮食 liaŋ24liaŋ24
1326. 称调和 买调料
　　　 tshəŋ31tɕhiau31xuo52
1327. 捉鸡娃子 买小鸡 tʃɤ31tɕi52Øua0tsʅ0
1328. 逮猪娃子 买小猪
　　　 tɛi31tʃʅ52Øua0tsʅ0
1329. 拉砖 买砖 la24tʃã31
1330. 捏指头 讨价还价 ȵiɛ31tsʅ52thəu0
1331. 灸火 生火 tɕiəu44xuo52
1332. 捉柴 砍柴 tʃɤ31tshɛi24
1333. 破柴 劈柴 pho44tshɛi24
1334. 上树给果树施肥 ʂaŋ44ʃʅ44

667

1335. 揭地犁地 tɕiɛ31tɕhi44
1336. 打笼编织笼 ta52luəŋ52
1337. 修谋估计 ɕiəu31məu0
1338. 塌视物色 tha31ʂʅ52
1339. 贴赔亏损 tɕhiɛ52phei0
1340. 尺谋大概估计 tʂhʅ31məu0
1341. 夹较商量 tɕia31tɕiau0
1342. 出遛背着人说悄悄话 tʃhʅ52liəu0
1343. 哚哚抱小孩儿上厕所 tuo52tuo0
1344. 仰板仰面睡觉 ȵiaŋ44pã0
1345. 仄棱侧身睡觉 tsei52ləŋ0
1346. 打摅洗涮锅碗瓢盆 ta52tʂɤ0
1347. 拍手鼓掌 phei31ʂəu52
1348. 日塞爱挥霍 zʅ31sei31
1349. 拧次自作多情 ȵiəŋ31tshʅ52
1350. 哇人讹人 tiɛ24zẽ24
1351. 指教训导 tsʅ44tɕiau0
1352. 刁空儿挤时间 tiau31kuə̃r52
1353. 试伙试试 ʂʅ24xuo0
1354. 支应服侍 tsʅ52Øiəŋ0
1355. 将养调养 tɕiaŋ31Øiaŋ52
1356. 圪拧没事闲转 kɯ52ȵiəŋ0
1357. 拾翻翻腾东西 ʂʅ31fã31
1358. 捻弄修理物件 ȵiã44luəŋ0
1359. 弥够凑数、补足 mi24kəu44
1360. 回奉祈祷 xuei24fəŋ44
1361. 谢承感谢 ɕiɛ24tʂhəŋ0
1362. 谨让让来让去 tɕiɛ̃44zaŋ0
1363. 撂过无法继续的事情放弃 liau24kuo0
1364. 过活过日子 kuo24xuo31
1365. 避避离远点 phi44phi0
1366. 谨怕担惊受怕 tɕiɛ̃52pha44
1367. 对劲儿相好 tuei44tɕiə̃r52

1368. 弹嫌挑剔 thã31ɕiã52
1369. 相端观察试探 ɕiaŋ24tuã31
1370. 下苦干粗活 ɕia44khu52
1371. 毛乱心烦 mu31lyã52
1372. 不卯不和 pu31mau52
1373. 扑腾浪费 phu52thəŋ0
1374. 生整乱来 səŋ31tʂəŋ52
1375. 日弄陷害、捣鬼 zʅ52luəŋ0
1376. 日塌损坏 zʅ52tha0
1377. 倒灶破落 tau52tsau44
1378. 吊哒拖延 tiau24ta0
1379. 唎唎唠叨 liɛ52liɛ0
1380. 挣叫高声喊叫 tsəŋ24tɕiau0
1381. 胀皮打人 tsaŋ44phi24
1382. 扒揉推打 ʒʅ24saŋ0
1383. 吱哇大声吵嚷 tsʅ52Øua0
1384. 趔开让开 liɛ24khɛi0
1385. 扔开撒手 Øər44khɛi0
1386. 搅缠骚扰 tɕiau44tʂhã0
1387. 越外做事过分 Øyo31vɛi44
1388. 缠搅无事惹是生非 tʂhã31tɕiau52
1389. 怯伙惧怕 tɕhiɛ31xuo52
1390. 毕了完了 pi31liau0
1391. 背不住受不了 pei52pu31tʃʅ44
1392. 趔远些一边去，滚开 liɛ52Øyã52ɕiɛ0
1393. 没局色看不来眼色 muo31tɕy24sei31
1394. 不搭眼不理睬 pu24ta31ȵiã52
1395. 舔沟子拍马屁 tɕhiã52kəu31tsʅ0
1396. 胡拧次没事找事 xu24ȵiəŋ31tshʅ52
1397. 吃黑食骗人 tʂhʅ31xei31ʂʅ24
1398. 耍二述胡来 ʃua52Øər44tɕhiəu24
1399. 坐洋蜡骑虎难下 tshuo44Øiaŋ24la31
1400. 坐庭子蹲监牢 tshuo44tɕhiəŋ52tsʅ0

1401. 傍肩差不多 paŋ24tɕiã31

1402. 趄不在同一平面 tɕhiɛ44

1403. 廄小孩儿瘦弱 tɕhyo44

1404. 匪小孩儿调皮爱动 fei52

1405. 不比愤极不满意 pu31pi44fɛ̃0

1406. 瓷实富有 tshʅ31sʅ52

1407. 松番手里稍有余钱 suəŋ52fã0

1408. 麻眼不好办 ma31n̠ia52

1409. 日把欸不好 zʅ52pa31tʃha52

1410. 麻达麻烦 ma31ta52

1411. 悑惶艰难 ɕi52xuaŋ0

1412. 叵烦烦恼 pho52fã0

1413. 善活舒服 tʂhã44xuo0

1414. 镶活厉害 tʂhã31xuo52

1415. 灵醒聪明机灵 liəŋ31ɕiəŋ52

1416. 忤拗忤逆不孝 Øu52n̠iəu0

1417. 年馑年景不好 n̠ia31tɕiəŋ52

1418. 异样与众不同 Øi44Øiaŋ44

1419. 硬邦结实 n̠iəŋ24paŋ0

1420. 稀样美丽漂亮 ɕi31Øiaŋ44

1421. 俊样水灵秀气 tsuɛ̃44Øiaŋ0

1422. 攒劲儿各方面都好 tsã52tɕiɛ̃r52

1423. 体面好看 tɕhi44miã0

1424. 倭僸恰到好处 Øuo31Øiɛ52

1425. 列折精干 liɛ31tʂɤ52

1426. 圆泛办事周到，说话圆满 Øyã31fã52

1427. 干淑讲究的 kã24ʃʅ0

1428. 活泛办事灵活 xuo31fã52

1429. □然亲近热情 tɕiɛ̃24zʅã0

1430. 尖窜聪明伶俐 tɕia52tsuã0

1431. 冒标过头 mau24piau31

1432. 木囊迟缓 mu24laŋ0

1433. 得人爱讨人喜欢 tei31zɛ̃24ŋɛi44

1434. 麻迷子不讲道理 ma24mi31tsʅ52

1435. 诅里鬼扭捏 tsu24li0kuei52

1436. 捏揣干事不利索 n̠iɛ31tʃhɛi0

1437. 实确诚实 sʅ31tɕhyo52

1438. 刚善正好 kaŋ24tʂhã52

1439. 向望指望 ɕiaŋ52Øuaŋ44

1440. 有眼隙办事门道稠，办法多 Øiəu52n̠ia44ɕi0

1441. 码卡不顺利 ma31kha52

1442. 气长理直气壮 tɕhi44tʂhaŋ24

1443. 念想一直关系很好 n̠ia44ɕiaŋ0

1444. 麻眼麻烦 ma31n̠ia52

1445. 毛糙马虎 mau31tsau52

1446. 没能兮没本事、没能力 muo31ləŋ31ɕi52

1447. 不拘便手头缺钱 pu31tɕy52piã0

1448. 严嚷封闭严实 n̠ia31tʂhã52

1449. 酸清色泽绚丽、鲜艳 suã52tɕhiã0

1450. 榑整漂亮 ʃã31tʂəŋ0

1451. 齐整夸奖美好 tɕhi31tʂəŋ52

1452. 磣不好、丑陋或脏兮 tshɛ̃52

1453. 戳灯打罩子做事不灵便 tʃɤ24təŋ31ta52tsau44tsʅ0

1454. 品麻生活殷实 phiɛ̃52ma24

1455. 麻兮不利索 ma31ɕi52

1456. 削薄不结实 ɕiau52pho0

1457. 瞎塌了事情办坏了 xa52tha0la0

1458. 没相不行 muo31ɕiaŋ44

1459. 日能心灵手巧 zʅ31ləŋ24

1460. 扎势张狂 tsa31sʅ44

1461. 瓷锤呆板 tshʅ24tʃhei24

1462. 斯气做事慢慢腾腾 sʅ52tɕhi0

1463. 脏兮不干净卫生 tsaŋ31ɕi0

1464. 没眉眼说活办事没头绪
muo31mi31ȵiã52

1465. 噌一哈一刹那 tshẽ24Øi31xa0

1466. 咋相怎么样 tsa31ɕiaŋ44

1467. 害巴大概可能 xɛi24pa0

1468. 兴许差不多 ɕiəŋ31ɕy52

1469. 管屁哩不管 kuã44phi44li0

1470. 利咕当儿故意 li44ku31tãr52

1471. 不论咋相无论如何
pu31luẽ44tsa31ɕiaŋ44

1472. 没相眶没眼色的人
muo31ɕiaŋ24khuaŋ0

1473. 骚情鬼自作多情的人
sau24tɕhiəŋ0kuei52

1474. 赞溜子喜欢炫耀自己
tsã24liəu31tsɿ0

1475. 暖不热不知好歹的人
lyã52pu24zɿɤ31

1476. 喂不熟忘恩负义的人
Øuei44pu31ʃɿ24

1477. 二杆子说话、做事乱来的人
Øər44kã52tsɿ0

1478. 谝散说大话的人 phiã44sã0

1479. 挣散干活拼命的人 tsəŋ31sã0

1480. 有景说不来的人 Øiəu52tɕiəŋ52

1481. 拐刀皮啥都不懂的人
kuɛi52tau31phi24

1482. 开烧锅公公和儿媳在一起
khɛi24ʂau31kuo21

1483. 轱辘子赌徒 ku52lu0tsɿ0

1484. 搔谎溜儿爱说谎话的人
tsau31xuaŋ52liəur52

1485. 实委人诚实可靠的人
ʂɿ24Øuei52zɿɛ24

1486. 捏揣匠手巧的人
ȵiɛ52tʃhɛi21tɕhiaŋ0

1487. 欺生子做事强硬乱来的人
tɕhi31səŋ31tsɿ0

1488. 烧料子人前显富的人
ʂau52liau0tsɿ0

1489. 停□某人行动迟缓 tɕhiəŋ44suəŋ24

1490. 屁伤闲乱搞男女关系
phi31ʂaŋ31xã24

1491. 二尾子不男不女 Øər44ȵi21tsɿ0

1492. 日出怪胡搅蛮缠的人
zɿ31tʃhɿ31kuɛi44

1493. 黏□不明事理的人 zã24suəŋ24

1494. 张□嚣张 tʂaŋ24suəŋ24

1495. 蔫牛性格内向的人 ȵiã31niəu24

1496. 舌头客说是非的人
ʂɤ31thəu52khei31

1497. 眼眼客心眼多的人
ȵiã52ȵiã24khei31

1498. 逛散不务正业的人 kuaŋ24sã0

1499. 隔径外行 kei24tɕiəŋ0

1500. 游神爱闲逛的人 Øiəu31ʂɿ52

1501. 破鞋作风不正的女人 pho44xɛi24

1502. 利心近自私的人（褒义）
li44ɕiɛ̃31tɕhiɛ̃44

1503. 不搁人不合作 pu24kuo31zɿɛ24

1504. 吝□傲慢的人 liɛ̃44suəŋ24

1505. 扑了子说话信口开河的人
phu52liau0tsɿ0

1506. 料子货爱在人前显本事的人
liau24tsɿ0xuo44

1507. 缠死挽执着倔强的人

tʂhã31sʅ52Øuã0

1508. 耍死狗 无赖 ʃa52sʅ31kəu52

1509. 呼喇海 不拘小节的人
xu24la31xɛi52

1510. 半吊子 弱智 pã44tiau44tsʅ0

1511. 毛不顺 嚣张的人 mau24pu31ʃei44

1512. 日沟弯里 偏僻小径
zʅ31kəu0Øuã52li0

1513. 圪里拐弯 路崎岖不好走
kɯ31li0kuɛi52Øuã52

1514. 捏捏裹裹 凑活
ȵiɛ52ȵiɛ0kuo31kuo0

1515. 把汤漾了 说话不经过大脑
pa24thaŋ31Øiaŋ24la0

1516. 摘利胡桃 把麻烦事撇开
tsei31li44xu0thau24

1517. 胡吹冒料 说大话
xu24tʃhei31mau44liau44

1518. 拉老婆神 挑拨是非
la31lau52pho0ʂẽ0

1519. 胡屎麻达 不讲究
xu31tɕhiəu52ma31ta0

1520. 黏嘛塌兮 做事糊涂
zʐã31ma52tha31ɕi0

1521. 溜光锤锤 做事爱钻空子
liəu44kuaŋ31tʃhei31tʃhei52

1522. 瓷嘛咯噔 反应迟钝
tshʅ24ma52kɯ0təŋ0

1523. 浆水不唧 没有意义
tɕiaŋ31ʃei0pu31tɕi0

1524. 二不愣登 呆木板 Øər24pu31ləŋ44təŋ0

1525. 死气不拉 废话多 sʅ52tɕhi0pu31la0

1526. 扑兮咪懈 邋遢 pu52ɕi0lɛi0xɛi0

1527. 人马山气 人数众多
zɛ̃24ma52sa31tɕhi44

1528. 刻里马擦 立即，马上
khɯ52li0ma0tsha0

1529. 撩猫逗狗 挑逗
liau24mau24təu44kəu52

1530. 克里倒腾 吵闹得很
khɯ52li0tau44thəŋ0

1531. 得哩八哈 断断续续 tei52li0pa31xa31

1532. 轻薄撩扇 沉不住气
tɕhiəŋ52pho0liau52ʂã44

1533. 不够成色 脑子不够用的人
pu31kəu44tʂhəŋ31sei52

1534. 没诀茶啦 走投无路
mo24tɕyo24ȵiɛ0la0

1535. 二尾吧嗒 没精打采
Øər44ȵi31pa31ta0

1536. 借风扬场 借题发挥
tɕhiɛ44fəŋ31Øiaŋ24tʂhaŋ24

1537. 掐长弥短 善搞折中的人
tɕhia31tʂhaŋ24mi24tuã52

1538. 指屁哩吹灯哩 让不可靠的人做事
tsʅ52phi44li0tʃhei24təŋ52li0

1539. 胡叫冒答应 胡乱答应
xu24tɕiau44mau44ta52Øiəŋ0

1540. 屁硬沟子松 说话硬扎，办事稀松
phi31ȵiəŋ44kəu52tsʅ0suəŋ31

671

第四章　语法与口头文化

第一节　语法例句

1. 你是哪里人？
   你是阿搭人？
   ȵi52sʅ31ɵa52ta0zɛ̃24?

2. 我是陕西_____人。（说出所在县或市）
   我是陕西旬邑人。
   ŋɤ52sʅ31ʂã52ɕi31suɛ24ɵi0zɛ̃24.

3. 你今年多大？
   你今年多少了？/你几岁了？
   ȵi52tɕiɛ31ȵiã24tuo31ʂau52liɛ0? / ȵi52tɕi52suei44la0?

4. 我_____岁了。（说出自己的实际年龄）
   我六十二哩！
   ŋɤ52liəu31sʅ24ɵər44li0!

5. 你叫什么名字？
   你叫啥名字？
   ȵi52tɕiau44ʃɤ44miəŋ31tsʅ52?

6. 我叫_____。（说出自己的名字）
   我叫郭满仓。
   ŋɤ52tɕiau44kuo31mã52tsʰɑŋ31.

7. 你家住哪里？
   你到阿搭住着呢？
   ȵi52tau44ɵa52ta0tʃ44tsʐ0ȵi0?

8. 我家住_____。（说出自己居住的地址）
   我到西关住着呢。

ŋɤ52tau44ɕi24kuã31tʃʅ44tʂɤ0ȵi0.

9. 谁呀？我是老三。

　　谁？我是老三。

　　sei24？ŋɤ52sʅ31lau52sã31.

10. 老四呢？他正在跟一个朋友说着话呢。

　　老四呢？他正在跟一个人说话哩。

　　lɔ52sʅ44ȵi0？tha52tʂəŋ44tsɛi44kɛ̃31ɵi31kɤ44zɤ̃24ʃɤ31xua44li0.

11. 他还没有说完吗？

　　他话说毕了没？

　　tha52xua44ʃɤ24pi31lau0muo0？

12. 还没有。大约再有一会儿就说完了。

　　还没有，大模儿再一时就说完了。

　　xa24muo31ɵiou52，ta44mor52tsɛi44ɵi31sʅ24tɕiəu44ʃɤ31ɵuã24la0.

13. 他说马上就走，怎么这半天了还在家里呢？

　　他说壬给就走呀，怎么半天还到屋里呢？

　　tha52ʃɤ31zɛ̃24kei0tɕiəu44tsəu52ɵia0，tsʅ52muo31pã44tɕhiã3xa24tau44ɵu31li0li0？

14. 你到哪儿去？我到城里去。

　　你到阿搭去？我到城里去。

　　ȵi52tau44ɵa24ta0tɕhi44？ŋɤ52tau44tʂhəŋ24li0tɕhi0.

15. 在那儿，不在这儿。

　　在兀搭，没到这搭。

　　tau44ɵu44ta0，muo31tau44tʂɤ44ta0.

16. 不是那么做，是要这么做的。

　　不是那么做呢，是这么做呢。

　　pu3sʅ44ɵu44mɛ̃0tsuo31ȵi0，sʅ44tʂɤ44mɛ̃0tsuo31ȵi0.

17. 太多了，用不着那么多，只要这么多就够了。

　　太多咧，用不了兀些，只要这些就够了。

　　thɛi44tuo31liɛ0，ɵyəŋ44pu31liau52ɵu44ɕiɛ0，tsʅ31ɵiau44tʂɤ44ɕiɛ0tɕiəu44kəu44la0.

18. 这个大，那个小，这两个哪一个好点呢？

　　这个大，兀个碎，这俩，哪个好些？

　　tʂɤ31kɤ0thuo44，ɵu52kɤ0suei44，tʂɤ44liã31，la52kɤ0xau52ɕiɛ31？

19. 这个比那个好。

　　这个比那个好。

673

tʂei52kɤ0pi52lou44kɤ0xau52.

20. 这些房子不如那些房子好。

    这些屋子不胜那些屋子。/这些屋子比不上兀些。

    tʂei44ɕiɛ0ɤu52tsʅ0pu31ʂəŋ44ɤu44ɕiɛ0ɤu52tsʅ0. /

    tʂei44ɕiɛ0ɤu52tsʅ0pi52pu31ʂaŋ44ɤu44ɕiɛ0.

21. 这句话用_____话怎么说？（填本地地名，本地音）

    这话用旬邑话怎么说呢？

    tʂɤ52xua44ɵyəŋ44suɛ̃24ɵi31xua44tsʅ52mo0ʃɤ52li0?

22. 他今年多大岁数？

    他今年多少岁了？/他今年多大了？

    tha52tɕiɛ̃31ȵiã0tuo31ʂau52tsuei44la0? / tha52tɕiɛ̃31ȵiã24tuo31ta44la0?

23. 大概有三十来岁吧。

    大模儿三十来岁。

    ta44mor52sã52ʂʅ0lɛi24suei44.

24. 这个东西有多重呢？

    这个东西有多重？

    tʂei44kɤ0tuəŋ52ɕi0ɵiəu52tuo31tʃhəŋ44?

25. 有五十斤重呢。

    有五十斤重吧。

    ɵiəu52ɵu52ʂʅ24tɕiɛ̃31tʃhəŋ44pa0.

26. 拿得动吗？

    拿得动？/能拿动吗？

    la24tei31thuəŋ55? / ləŋ24la24thuəŋ44ma0?

27. 我拿得动，他拿不动。

    我能拿动，他拿不动。

    ŋɤ52ləŋ24la24thuəŋ, tha52la24pu31thuəŋ44.

28. 真不轻，重得连我都拿不动了。

    真的不轻，连我都拿不动。

    tʂɛ̃52ti0pu24tɕhiəŋ31, liã24ŋɤ52təu31la24pu31thuəŋ44.

29. 你说得很好，你还会说点儿什么呢？

    你说得好得很，你还能说些啥？

    ȵi52ʃɤ31ti0xau52ti0xɛ̃52, ȵi52xa24ləŋ24ʃɤ31ɕiɛ0ʂɤ44?

30. 我嘴笨，我说不过他。

我嘴笨，说不过兀。

ŋɤ52tsuei52phẽ44，ʃɤ31pu31kuo44ɵuo52.

31. 说了一遍，又说了一遍。

说了一绽又说了一绽。

ʃɤ31liau0ɵi31tshã44ɵiəu44ʃɤ31liau0ɵi31tshã44.

32. 请你再说一遍。

你再说上一绽。

ȵi52tsɛi44ʃɤ52ʂaŋ0ɵi31tshã44.

33. 不早了，快去吧！

时候不早咧，快去！

sʅ24xəu0pu31tsau52liɛ0，khuɛi44tɕhi44！

34. 现在还很早呢。等一会儿再去吧。

壬给还早得很着哩，等一会儿再去。

zẽ24kei0xa24tsau52ti0xɛ̃52tʃɤ0li0，təŋ52ɵi31xueir52tsɛi44tɕhi44.

35. 吃了饭再去好吧？

吃了再去，能行吗？／吃了再去，得行？

tʂhʅ31liau0tsɛi44tɕhi44，ləŋ24ɕiəŋ24ma0？／tʂhʅ31liau0tsɛi44tɕhi44，tei31ɕiəŋ24？

36. 慢慢儿地吃啊！不要急嘛！

慢慢儿吃，不急了！

mã52mãr52tʂhʅ3，pu31tɕi24lau0！

37. 坐着吃比站着吃好些。

坐下吃比立下吃好。

tshuo44xa0tʂhʅ31pi31li44xa0tʂhʅ31xau52.

38. 这个吃得，那个吃不得。

这个能吃，兀个吃不成。

tʂei44kɤ0ləŋ24tʂhʅ31，ɵu44kɤ0tʂhʅ52pu31tʂhəŋ24.

39. 他吃了饭了，你吃了饭没有呢？

他把饭吃了，你把饭吃了没有？／他吃了饭了，你吃了没有？

tha52pa31fã44tʂhʅ31la0，ȵi52pa31fã44tʂhʅ31lau0muo31ɵiəu52？／
tha52tʂhʅ31lau0fã44la0，ȵi52tʂhʅ31liau0muo31ɵiəu52？

40. 他去过上海，我没有去过。

他到上海去过，我没去过。

tha52tau44 ʂaŋ44xɛi52tɕhi44kuo31，ŋɤ52mo31tɕhi44kuo31.

675

41. 来闻闻这朵花香不香？

　　来，闻一下这花香不香？

　　lɛi24，Øuɛ̃24Øi31xa44tʂɤ52xua31ɕiaŋ31pu0ɕiaŋ31？

42. 香得很，是不是？

　　香得很，得是？

　　ɕiaŋ52ti0xɛ̃52，tei31sʅ44？

43. 给我一本书！

　　给我一本儿书！

　　kei52ŋɤ52Øi31pẽr52ʃʅ31！

44. 我实在没有书嘛！

　　我就是没有么！

　　ŋɤ52tɕiəu44sʅ44muo31Øiəu52mo0！

45. 你告诉他。

　　你给兀说。

　　ȵi52kei52Øuo52ʃɤ31.

46. 好好儿地走！不要跑！

　　好好儿走，不跑了！

　　xau52xaur24tsəu52，pu31phau52lau0！

47. 小心跌下去爬也爬不上来！

　　小心跌下去爬不上来！

　　ɕiau52ɕiɛ̃31tɕiɛ52xa0tɕhi0pha24pu31ʂaŋ44lɛi0！

48. 医生叫你多睡一睡。

　　医生叫你多睡嘎子。／医生叫你多睡一会儿。

　　Øi31səŋ31tɕiau44ȵi52tuo31ʃei44ka31tsʅ0.／Øi31səŋ31tɕiau44ȵi52tuo31ʃei44Øi31xueir52.

49. 吸烟或者喝茶都不可以。

　　抽烟喝茶都不行。

　　tʂhəu24Øiã31xuo31tsha24təu24pu31ɕiaŋ24.

50. 烟也好，茶也好，我都不喜欢。

　　烟和茶，我都不爱。

　　Øiã31xuo24tsha24，ŋɤ52təu24pu31ŋei44.

51. 不管你去不去，反正我是要去的，我非去不可。

　　管你去呀不去，我一定要去呢。

　　kuã52ȵi52tɕhi44Øa0pu31tɕhi44，ŋɤ52Øi31tiəŋ44Øiau44tɕhi44ȵi0.

52. 你是哪一年来的？

    你是阿一年来的？

    n̠i52sʐ44ɑ52ʯi31n̠iã24lɛi24ti52?

53. 我是前年到的北京。

    我是前年到北京来的。

    ŋɤ52tsʐ44tɕhiã24n̠iã24tau44pei31tɕiəŋ31lɛi24ti0.

54. 今天开会谁的主席？

    今儿开会，谁是主席嘛？

    tɕiɛ̃r31khɛi31xuei44, sei24sʐ0tʃʐ52ɕi24ma0?

55. 你得请我的客。

    你要请我这客呢。

    n̠i52ʯiau44tɕhiŋ52ŋɤ52tʂɤ0khei52n̠i0.

56. 这是他的书，那一本是他哥哥的。

    这是他的书，那一本是他哥的。

    tʂɤ52sʐ44tha52ti0ʃʐ31, ʯuo52ʯi31pẽ52sʐ44tha31kɤ52ti0.

57. 一边走，一边说。

    旋走旋说。

    suã44tsəu52suã44ʃɤ31.

58. 看书的看书，看报的看报，写字的写字。

    看书的看书，看报的看报，写字的写字。

    khã44ʃʐ31ti0khã44ʃʐ31, khã44pau44ti0khã44pau44, ɕiɛ52tshʐ44ti0ɕiɛ52tshʐ44.

59. 越走越远，越说越多。

    越走越远，越说越多。

    ʯyo31tsəu52ʯyo31ʯyã52, ʯyo24ʃɤ31ʯyo24tuo31.

60. 把那个东西拿给我。

    把兀个东西给我拿来！

    pa31ʯu44kɤ0tuəŋ52ɕi0kei52ŋɤ52la24lɛi0!

61. 有些地方把太阳叫日头。

    有些地方把太阳叫日头。

    ʯiəu52ɕiɛ31ti24faŋ0pa31thɛi44ʯiaŋ0tɕiau44ʯər52thəu0.

62. 您贵姓？我姓王。

    你姓啥？我姓王。

    n̠i52ɕiəŋ44ʃɤ44? ŋɤ52ɕiəŋ44ʯuaŋ24.

63. 你姓王，我也姓王，咱们两个人都姓王。

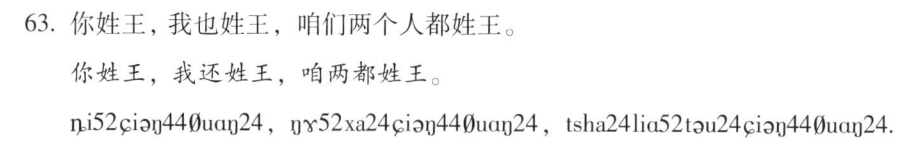

　　你姓王，我还姓王，咱两都姓王。

　　ȵi52ɕiəŋ44ʮuaŋ24，ɣɤ52xa24ɕiəŋ44ʮuaŋ24，tsha24lia52təu24ɕiəŋ44ʮuaŋ24.

64. 你先去吧，我们等一会儿再去。

　　你先去，我们等一下再去。

　　ȵi52ɕiã31tɕhi44，ɣɤ52mɛ̃0təŋ52øi31xa44tsɛi44tɕhi44.

第二节　北风和太阳

北风跟太阳

有一回，北风跟太阳在那儿争论谁的本事大。争来争去就是分不出高低来。这时候路上来了个走道儿的，他身上穿着件厚大衣。他们俩就说好了，谁能先叫这个走道儿的脱下他的厚大衣，就算谁的本事大。北风就使劲地刮起来了，不过他刮得越是厉害，那个走道儿的把大衣裹得越紧。后来北风没法儿了，只好就算了。过了一会儿，太阳出来了。他火辣辣地一晒，那个走道儿的马上就把那件厚大衣脱下来了。这下儿北风只好承认，他们俩当中还是太阳的本事大。

北风跟太阳爷

pei24fəŋ31kɛ̃31thɛi44ʮiaŋ0ɕiɛ44

有一天，北风和太阳爷在兀儿挣扯谁的本事大，争来争去，也没分出谁高谁低。

Øiəu52Øi24tshiã31，pei24fəŋ31xɤ24thɛi44ʮiaŋ0ɕiɛ44tsɛi44uor52tsəŋ31tʂʅ52sei24ti0pɛ̃52sʅ0thuo44，tsəŋ31lɛi24tsəŋ31tɕhi44，Øiɛ̃52muo31fɛ̃24tʃʅ31sei24kau31sei24ti31.

过了一时儿，路上来了个走道儿的，身上穿着一件厚棉袄儿。

kuo44lau0øi31sʅər24，ləu44ʂaŋ0lɛi24liau0kɤ0tsəu44taur52ti0，ʂɛ̃52ʂaŋ0tʃhã31tʃɤ0Øi31tɕhiã44xəu44miã24ŋaur52.

北风和太阳爷说好了，谁能叫这个走道儿的先把棉袄儿脱下来，就算谁的本事大。

pei24fəŋ31xɤ24thɛi44ʮiaŋ0ɕiɛ44ʃɤ31xau52la0，sei24ləŋ24tɕiau44tsɛi52kɤ0tsəu52taur52ti0ɕiã31pa52miã24ŋaur52thuo31xa24lɛi0，tɕiəu44suã44sei24ti0pɛ̃52sʅ0thuo44.

北风先来，它不停地刮，越刮越大，那个走道儿的把大棉袄儿衿得越紧。

pei24fəŋ31ɕiã31lɛi24，tha52pu31tɕhiəŋ24ti0kua31，Øyo24kua31Øyo31ta44，Øu44kɤ0tsəu52taur52ti0pa31ta44miã24ŋaur52tɕiɛ̃52ti0Øyo31tɕiɛ̃52.

北风一看没法了，只能认输。

pei24fəŋ31øi31khã44muo24fa31la0, tsʅ31ləŋ24zɛ̃44ʃʅ31.

过了一时儿，太阳爷出来了，它使劲一晒，那个走道儿的赶紧把身上的棉袄儿脱下来了。

kuo44lau0øi31sʅər24, thɛi44øiɑŋ0øiɛ44tʃhʅ52lɛi0la0, tha31sʅ52tɕiɛ̃44øi31sɛi44, øu44kɣ0tsəu44taur52ti0kã31tɕiɛ̃52pa31ʂɛ̃52ʂaŋ0ti0miã24ŋaur52thuo52xa0lɛi24la0.

这一下，北风只好说，还是[人家]太阳爷的本事大。

tʂei52øi31xa0, pei24fəŋ31tsʅ31xau52ʃɣ31, xa24sʅ44ɳia31thɛi44øiɑŋ0øiɛ44ti0pɛ̃52sʅ0thuo44.

第三节　口头文化

一、故事：跟事

赶早起来，我喝了两杯子茶，抽了两袋旱烟，夹了个锨跑到地里漾粪去了。[人家]我村里那二瓜子，跑到地里来，说是："二爷，今儿是啥日子嘛，你还到地里漾粪着呢。你娃他姨夫叫我给你捎个话，今儿给女子添箱哩。"我的天神呀，把人忙日塌咧! 既要种地，还要出门。我把粪三锤两棒子漾完，赶紧回去到屋里把衣服一换，骑了[一个]自行车，跑到我娃她姨夫那儿给[人家]女子添箱去咧。一进门，哎呀! 那客天客地，来了二三百客，人多得! 吃的是荞面饸饹，我吃了两碗饸饹，[人家]叫我给[人家]说话哩。两亲家为卷彩礼争得是面红耳赤，结果到后来，[人家]你一说，他一笑，哈哈一笑，两家和睦，屁事都没了。把原先说话的这人看得是脸红脖子粗。吃了晌午饭，[人家]叫我明儿去送女婿哩，把娃送嘎子。我的爷! 我忙得既要送女，还要种地。我给[人家]说我没工夫。"好爷哩，你叫我明儿把我那些秋种嘎子"!

二、歌谣：把我卖到泾阳县

一咕嘟蒜，两咕嘟蒜，
我大我娘爱吃蒜，把我卖到泾阳县，
去呀穿的烂衣衫，回来穿着十八件。
送我爷一件，我爷为我垫后院。
送我妣一件，我妣为我提上坨坨撑线线。
送我大一件，我大为我扯鞋面。
送我娘一件，我娘为我梳头缠尖尖。

送我姑一件，我姑为我出嫁撩轿杆。

送我姑父一件，我姑父为我出嫁转花毡。

送我哥一件，我哥叫我回娘院。

送我嫂一件，我嫂教我做茶饭。

送我姐一件，我姐为我扎鞋面。

送我姐夫一件，我姐夫为我出嫁响红鞭。

送我弟一件，我弟为我出嫁把轿杆。

送我妹一件，我妹为我哄蛋蛋。

送我外爷一件，儿时外爷抱我玩。

送我外妣一件，外妣的糖果核桃常不间断。

送我舅一件，我舅把我常挂牵。

送我妗子一件，我妗子教我学裁剪。

送我姨一件，我姨为我扎的花鞋垫。

送我姨夫一件，我姨夫为我把嫁添。

十八件衣衫全送完，姑表姊妹还没见面。

立马转回泾阳县，再备衣衫回娘院。

亲戚友人都送全，一家欢喜了话团圆，欢欢喜喜话团圆。

长武县篇

第一章 总 论

第一节 人文地理、历史沿革、人口概况

长武县，隶属于陕西省咸阳市，地处关中西陲，咸阳市西北部的泾河中游南侧，位于东经107°38′～107°58′，北纬34°59′～35°18′。东与彬州市毗邻，南与甘肃省灵台县相连，西与甘肃省泾川县接壤，北与甘肃省宁县、正宁县交界。南北最长处35.3千米，东西最宽处29.5千米，总面积为570.3平方千米。

长武县历史悠久，文化灿烂。秦始皇二十七年（前220年），始置鹑觚县，隶属北地郡领辖；东汉兴平二年（195年），改属新平郡；至三国魏黄初七年（226年），又改属扶风郡；西晋时，鹑觚县隶属雍州安定郡，永嘉之乱，鹑觚县归羌人占据，多民族杂居，局势动荡，县置有名无实；南北朝西魏元钦元年（552年），改设宜禄县，属泾川赵平郡；历经隋、唐、五代十国，北宋咸平四年（1001年），宜禄县改称长武县，隶属泾州保定郡，归彰化军节度；元至元十一年（1274年），废长武县，辖地并入庆元路泾州泾川县。明万历十一年（1583年）三月，复设长武县，隶属陕西布政使司西安府，从此，长武县境域规模趋于定型，相因沿袭。清乾隆三十四年（1769年），长武改为冲繁难要缺，属州直隶州领辖。民国时期，长武县先后属陕西省督军府、关中道、陕西省长支署；1940年新县制实施后，长武县为四等县，属第七行政区；长武县成立于1948年4月21日，因当时正值中国人民解放军西北野战军西府出击战役，未及设立工作部门。1949年7月25月，长武县解放，属陕甘宁边区分县行政督察区；1950年5月，长武县先后隶属咸阳专区、咸阳行政公署、咸阳地区行政公署；1983年9月，咸阳署改为地级市，长武县属咸阳市人民政府辖县。

全县有文物遗址128处，其中国家级文物保护单位1处，省市文物重点保护单位7处，唐昭仁寺以其虞书唐碑、大雄宝殿等文物吸引了境内外游客。长武县属中华民族古人类发祥地之一，是古丝绸之路陆地通道必经之地，又是历史上兵家必争之地。古公亶父因戎狄逼迫，迁于歧下，唐太宗与薛家父子酣战于"浅水原"，郭子仪长武驻军防守，范仲淹派宋良驻兵长武。因其历史上是"常常用武之地"而得名"长武"，也

是古丝绸之路陕西的最后一站。

截至2018年，长武县下辖1个街道、7个镇，133个行政村，总人口18万。

第二节　方言归属与内部差异

长武县大部分地区的方言属于中原官话关中片，而西部的枣园、巨家两镇方言应该划归为秦陇片。就本县地理位置、人口分布及方言使用情况看，未见有方言岛存在。

第三节　发音人和调查人概况

方言发音人（一）

1. 姓名：王玉昌
2. 单位（退休前）：陕西省咸阳市长武县彭公镇米家墩村
3. 通信地址：陕西省咸阳市长武县彭公镇米家墩村
4. 性别：男　　民族：汉
5. 出生年月日（公历）：1937年
6. 出生地（从省级至自然村级）：陕西省咸阳市长武县彭公镇米家墩村
7. 主要经历：一直生活在农村。
8. 文化程度：初中
9. 职业：农民

方言发音人（二）

1. 姓名：王科仁
2. 单位（退休前）：陕西省咸阳市长武县彭公镇米家墩村
3. 通信地址：陕西省咸阳市长武县彭公镇米家墩村
4. 性别：男　　民族：汉
5. 出生年月日（公历）：1959年
6. 出生地（从省级至自然村级）：陕西省咸阳市长武县彭公镇米家墩村
7. 主要经历：一直生活在农村。
8. 文化程度：初中
9. 职业：农民

方言发音人（三）

1. 姓名：陈德福
2. 单位（退休前）：陕西省咸阳市长武县枣园镇河川口村
3. 通信地址：陕西省咸阳市长武县枣园镇河川口村
4. 性别：男　　民族：汉
5. 出生年月日（公历）：1963 年
6. 出生地（从省级至自然村级）：陕西省咸阳市长武县枣园镇河川口村
7. 主要经历：一直生活在农村，曾任村会计。
8. 文化程度：初中
9. 职业：农民

方言发音人（四）

1. 姓名：孟政民
2. 单位（退休前）：陕西省咸阳市长武县长武中学
3. 通信地址：陕西省咸阳市长武县新区中心育才路长武中学
4. 性别：男　　民族：汉
5. 出生年月日（公历）：1941 年
6. 出生地（从省级至自然村级）：陕西省咸阳市长武县洪家镇回朝村
7. 主要经历：在长武县中学从事语文教学工作。
8. 文化程度：大学
9. 职业：教师

方言发音人（五）

1. 姓名：冯向东
2. 单位（退休前）：陕西省咸阳市长武县质量技术监督局
3. 通信地址：陕西省咸阳市长武县昭仁街道办东关村
4. 性别：男　　民族：汉
5. 出生年月日（公历）：1952 年
6. 出生地（从省级至自然村级）：陕西省咸阳市长武县昭仁街道办东关村
7. 主要经历：一直从事行政工作。
8. 文化程度：大专

9. 职业：干部

调查人

1. 姓名：王一涛
2. 单位：咸阳师范学院
3. 通信地址：陕西省咸阳市渭城区文林路东段 1 号
4. 协助调查人 1 姓名：赵露露
5. 协助调查人 2 姓名：郭　涛

第二章 语　音

第一节　声　母

声母二十七个，包括零声母在内。

p 八兵补报	ph 派片病皮	m 麦明门毛	f 飞蜂副饭
t 多东到读	th 讨土毒特		l 脑南连路
ts 资早窄扎	tsh 刺贼草差	s 丝山事色	
tʂ 张照桌镇	tʂh 车唱抽陈	ʂ 上手十设	ʐ 热认让黏
tʃ 装柱竹砖	tʃh 床春吹穿	ʃ 船顺书水	ʒ 如接润
tɕ 挤几九举	tɕh 清全轻砌	ȵ 年泥女宁	ɕ 想谢县夏
k 高共歌靠	kh 开快跪看	ŋ 熬安我恶	x 河灰好后
ø 月云味要			

说明：

① [th] 与合口韵，特别是与 [uo] 韵相拼时双唇颤动明显。

② [p、ph] 与 [u、o] 相拼时，带有唇齿擦化色彩，实际音值为 [pf、pfh]。

③ [f] 与 [u、o] 相拼时，摩擦较重。

④ [x] 的发音部位略靠后，与合口呼相拼时摩擦较重。

⑤ [ts、tsh、s、tʂ、tʂh、ʂ] 与舌尖元音 [ɿ、ʅ] 相拼时，摩擦较重。

⑥ [tʃ] 类声母发音时，有比较明显的圆唇色彩。

第二节　韵　母

韵母三十八个，不包括儿化韵。

ɿ 丝试指师	i 戏米急提	u 五主猪补	y 雨橘局女
ʅ 十尺知			
ər 二儿耳			

a 茶辣八打	ia 牙鸭夏架	ua 瓦话瓜夸	
æ 开鞋菜排		uæ 快拐怀歪	
ɣ 歌壳我可	iɛ 写茄节贴		
o 磨婆拨		uo 坐盒活过	yo 月学药越
ɔ 包讨道套	iɔ 笑桥浇鸟		
ɯ 疙核			
ei 赔白色贵		uei 鬼国回类	
ou 豆走透投	iou 油牛绿修		
æ̃ 南山半盘	iæ̃ 年件脸县	uæ̃ 短管宽换	yæ̃ 全远卷选
ɜ̃ 根深春很	iɜ̃ 林新银金	uɜ̃ 村春滚困	yɜ̃ 云军群熏
ɑ̃ 挡绑忙堂	iɑ̃ 想样江强	uɑ̃ 王窗黄狂	
əŋ 升灯梗腾	iəŋ 灵病拧瓶	uəŋ 东红通工	yəŋ 用穷兄荣

说明：

① [ɻ] 的音值介于 [ɻ、ʮ] 之间。

② [ər] 发音时开口度较大，接近 [ar]。

③ [u] 类韵母拼 [tʃ] 类声母时，与声母结合得特别紧密。

④ [u] 类韵母与 [ts] 类声母相拼时，韵母舌位靠前，发音接近 [ʮ]。

第三节 单字调

单字调四个。

阴平 31 东春百搭节拍刻六麦叶　　阳平 24 门牛油铜皮急毒白盒罚
上声 53 懂古九统苦讨草买老五　　去声 44 动近后寸去卖路硬乱地

第四节 连读变调

后字非轻声两字组连调模式见表 2-1。

表 2-1 后字非轻声两字组连调模式

后字 前字	1 阴平 31	2 阳平 24	3 上声 53	4 去声 44
1 阴平 31	24＋31 31＋31	31＋24	31＋53	31＋44
2 阳平 24	24＋31	24＋24	24＋53	24＋44

续表

前字＼后字	1 阴平 31	2 阳平 24	3 上声 53	4 去声 44
3 上声 53	53 + 31	53 + 24	31 + 53 53 + 53	53 + 44
4 去声 44	44 + 31	44 + 24	44 + 53	44 + 44

非叠字组后字轻声两字组连调模式见表 2-2。

表 2-2 非叠字组后字轻声两字组连调模式

前字＼后字	1 阴平 31	2 阳平 24	3 上声 53	4 去声 44
1 阴平 31	53 + 0 31 + 0	53 + 0	53 + 0	53 + 0
2 阳平 24	31 + 53 24 + 0	31 + 53	31 + 53	31 + 53
3 上声 53	44 + 0 53 + 0	44 + 0	31 + 0	44 + 0 53 + 0
4 去声 44	24 + 0	24 + 0	24 + 0	24 + 0 53 + 0

第五节 单　字

0001. 多 tuo31
0002. 拖 thuo31
0003. 大～小 ta44
0004. 锣 luo24
0005. 左 tsuo44
0006. 歌 kɤ31
0007. 个一～ kæ31
0008. 可 khɤ53
0009. 鹅 ŋɤ24
0010. 饿 Øuo44
0011. 河 xuo24

0012. 茄 tɕhiɛ24
0013. 破 pho44
0014. 婆 pho24
0015. 磨动 mo24
0016. 磨名 mo44
0017. 躲 tuo53
0018. 螺 luo24
0019. 坐 tshuo44
0020. 锁 suo53
0021. 果 kuo53
0022. 过 kuo44

0023. 课 khuo44
0024. 火 xuo53
0025. 货 xuo44
0026. 祸 xuo44
0027. 靴 ɕyo31
0028. 把量 pa53
0029. 爬 pha24
0030. 马 ma53
0031. 骂 ma44
0032. 茶 tsha24
0033. 沙 sa31

0034. 假真～ tɕia53
0035. 嫁 tɕia44
0036. 牙 ȵia24
0037. 虾 ɕia31
0038. 下底～ xa44
0039. 夏春～ ɕia44
0040. 哑 ȵia53
0041. 姐 tɕiɛ53
0042. 借 tɕiɛ44
0043. 写 ɕiɛ53
0044. 斜 ɕiɛ24

0045. 谢 ɕiɛ44
0046. 车不是棋子 tʂʰɤ31
0047. 蛇 ʂɤ24
0048. 射 ʂɤ53
0049. 爷 øiɛ24
0050. 野 øiɛ53
0051. 夜 øiɛ44
0052. 瓜 kua31
0053. 瓦 øua53
0054. 花 xua31
0055. 化 xua44
0056. 华中~ xua31
0057. 谱家~，注意声母 pʰu53
0058. 布 pu44
0059. 铺动 pʰu31
0060. 簿 pʰu44
0061. 步 pʰu44
0062. 赌 tu53
0063. 土 tʰu53
0064. 图 tʰu24
0065. 杜 tʰu44
0066. 奴 lou24
0067. 路 lu44
0068. 租 tɕy31
0069. 做 tsu44
0070. 错对~ tsʰuo31
0071. 箍~桶，注意声母 ku31
0072. 古 ku53
0073. 苦 fu53

(白)/kʰu53
(文)
0074. 裤 fu44
0075. 吴 øu24
0076. 五 øu53
0077. 虎 xu53
0078. 壶 xu24
0079. 户 xu44
0080. 乌 øu31
0081. 女 ȵy53
0082. 吕 ly53
0083. 徐 ɕy24
0084. 猪 tʃu31
0085. 除 tʃʰu24
0086. 初 tʃʰu31
0087. 锄 tʃʰu24
0088. 所 ʃuo53
0089. 书 ʃu31
0090. 鼠 ʃu53
0091. 如 ʒu31
0092. 举 tɕy53
0093. 锯名 tɕy44
0094. 去 tɕʰi44
0095. 渠~道 tɕʰy24
0096. 鱼 øy24
0097. 许 ɕy53
0098. 余剩~，多~ øy24
0099. 府 fu53
0100. 付 fu44
0101. 父 fu44
0102. 武 øu53
0103. 雾 øu44

0104. 取 tʃʰu53
0105. 柱 tʃu44
0106. 住 tʃu44
0107. 数动 ʃu53
0108. 数名 ʃu44
0109. 主 tʃu53
0110. 输 ʃu31
0111. 竖 ʃu53
0112. 树 ʃu44
0113. 句 tɕy44
0114. 区地~ tɕʰy31
0115. 遇 øy44
0116. 雨 øy53
0117. 芋 øy53
0118. 裕 øy31
0119. 胎 tʰæ24
0120. 台戏~ tʰæ24
0121. 袋 tæ44
0122. 来 læ24
0123. 菜 tsʰæ44
0124. 财 tsʰæ24
0125. 该 kæ31
0126. 改 kæ53
0127. 开 kʰæ31
0128. 海 xæ53
0129. 爱 ŋæ44
0130. 贝 pei31
0131. 带动 tæ44
0132. 盖动 kæ44
0133. 害 xæ44
0134. 拜 pæ44
0135. 排 pʰæ24
0136. 埋 mæ24

0137. 戒 tɕiɛ44
0138. 摆 pæ53
0139. 派注意声调 pʰæ53 名／pʰæ44 动
0140. 牌 pʰæ24
0141. 买 mæ53
0142. 卖 mæ44
0143. 柴 tsʰæ24
0144. 晒 sæ44
0145. 街 tɕi31
0146. 解~开 tɕiɛ53
0147. 鞋 xæ24
0148. 蟹注意声调 ɕiɛ53
0149. 矮 ŋæ53
0150. 败 pʰæ44
0151. 币 pi44
0152. 制~造 tʂʅ44
0153. 世 ʂʅ44
0154. 艺 øi44
0155. 米 mi53
0156. 低 ti31
0157. 梯 tɕʰi31
0158. 剃 tɕʰi44
0159. 弟 ti44
0160. 递 tɕʰi44
0161. 泥 ȵi24
0162. 犁 li24
0163. 西 ɕi31
0164. 洗 ɕi53
0165. 鸡 tɕi31
0166. 溪 ɕi31

689

0167. 契 tɕhi31
0168. 系联～ɕi44
0169. 杯 phei31
0170. 配 phei44
0171. 赔 phei24
0172. 背～诵 pei44
0173. 煤 mei24
0174. 妹 mei44
0175. 对 tuei44
0176. 雷 luei24
0177. 罪 tshuei44
0178. 碎 suei44
0179. 灰 xuei31
0180. 回 xuei24
0181. 外 Øuæ44
0182. 会开～xuei44
0183. 怪 kuæ44
0184. 块 khuæ53
0185. 怀 xuæ24
0186. 坏 xuæ44
0187. 拐 kuæ53
0188. 挂 kua44
0189. 歪注意声母
　　　Øuæ31
0190. 画 xua44
0191. 快 khuæ44
0192. 话 xua44
0193. 岁 suei44/
　　　tsuei44（又）
0194. 卫 Øuei44
0195. 肺 fei44
0196. 桂 kuei44
0197. 碑 pi31

0198. 皮 phi24
0199. 被～子 pi44
0200. 紫 tsʅ31
0201. 刺 tshʅ53
0202. 知 tsʅ31
0203. 池 tshʅ24
0204. 纸 tsʅ53
0205. 儿 Øər24
0206. 寄 tɕi44
0207. 骑 tɕhi24
0208. 蚁注意韵母 Øi31
0209. 义 Øi44
0210. 戏 ɕi44
0211. 移 Øi24
0212. 比 pi53
0213. 屁 phi44
0214. 鼻注意声调
　　　phi24
0215. 眉 mi24
0216. 地 thi44
0217. 梨 li24
0218. 资 tsʅ31
0219. 死 sʅ53
0220. 四 sʅ44
0221. 迟 tshʅ24
0222. 指 tsʅ53
0223. 师 sʅ31
0224. 二 Øər44
0225. 饥～饿 tɕi31
0226. 器 tɕhi44
0227. 姨 Øi24
0228. 李 li53
0229. 子 tsʅ53

0230. 字 tshʅ44
0231. 丝 sʅ31
0232. 祠 tshʅ24
0233. 寺 sʅ44
0234. 治 tsʅ44
0235. 柿 sʅ44
0236. 事 sʅ44
0237. 使 sʅ53
0238. 试 sʅ44
0239. 时 sʅ24
0240. 市 sʅ44
0241. 耳 Øər53
0242. 记 tɕi44
0243. 棋 tɕhi24
0244. 喜 ɕi53
0245. 意 Øi44
0246. 几～个 tɕi53
0247. 气 tɕhi44
0248. 希 ɕi31
0249. 衣 Øi31
0250. 嘴 tsuei53
0251. 随 suei24
0252. 吹 tʃhuei31
0253. 垂 tʃhuei24
0254. 规 khuei31
0255. 亏 khuei31
0256. 跪注意声调
　　　khuei44
0257. 危 Øuei31
0258. 类 luei53
0259. 醉 tsuei44
0260. 追 tʃuei31
0261. 锤 tʃhuei24

0262. 水 ʃuei53
0263. 龟 kuei31
0264. 季 tɕi44
0265. 柜 khuei44
0266. 位 Øuei44
0267. 飞 fei31
0268. 费 fei44
0269. 肥 fei24
0270. 尾 Øuei53/
　　　Øi53（又）
0271. 味 Øuei44
　　　（文）/Øy44
　　　（白）
0272. 鬼 kuei53
0273. 贵 kuei44
0274. 围 Øuei24
0275. 胃 Øuei44
0276. 宝 pɔ53
0277. 抱 pɔ44
0278. 毛 mɔ24
　　　（文）/mu24
　　　（白）
0279. 帽 mɔ44
0280. 刀 tɔ31
0281. 讨 thɔ53
0282. 桃 thɔ24
0283. 道 tɔ44/
　　　thɔ44（又）
0284. 脑 lɔ53
0285. 老 lɔ53
0286. 早 tsɔ53
0287. 灶 tsɔ44
0288. 草 tshɔ53
0289. 糙注意声调

tshɔ44
0290. 造 tshɔ44
0291. 嫂 sɔ53
0292. 高 kɔ31
0293. 靠 khɔ44
0294. 熬 ŋɔ24
0295. 好~坏 xɔ53
0296. 号名 xɔ44
0297. 包 pɔ31
0298. 饱 pɔ53
0299. 炮 phɔ44
0300. 猫 mɔ24
0301. 闹 lɔ44
0302. 罩 tsɔ44
0303. 抓用手~牌 tʃua31
0304. 找~零钱 tsɔ53
0305. 抄 tshɔ31
0306. 交 tɕiɔ31
0307. 敲 tɕhiɔ31
0308. 孝 ɕiɔ44
0309. 校学~ ɕiɔ44
0310. 表手~ piɔ53
0311. 票 phiɔ44
0312. 庙 miɔ44
0313. 焦 tɕiɔ31
0314. 小 ɕiɔ53
0315. 笑 ɕiɔ44
0316. 朝~代 tʂhɔ24
0317. 照 tʂɔ44
0318. 烧 ʂɔ31
0319. 绕~线 ʐɔ53

0320. 桥 tɕhiɔ24
0321. 轿 tɕiɔ44
0322. 腰 Øiɔ31
0323. 要重~ Øiɔ44
0324. 摇 Øiɔ24
0325. 鸟注意声母 ɲiɔ53
0326. 钓 tiɔ44
0327. 条 thiɔ24
0328. 料 liɔ44
0329. 箫 ɕiɔ31
0330. 叫 tɕiɔ44
0331. 母丈~，舅~ mu53
0332. 抖 thou53
0333. 偷 thou31
0334. 头 thou24
0335. 豆 thou44
0336. 楼 lu24
0337. 走 tsou53
0338. 凑 tshou44
0339. 钩注意声母 kou31
0340. 狗 kou53
0341. 够 kou44
0342. 口 khou53
0343. 藕 ŋou53
0344. 后前~ xou44
0345. 厚 xou44
0346. 富 fu44
0347. 副 fu44
0348. 浮 fu24
0349. 妇 fu44

0350. 流 liou24
0351. 酒 tɕiou53
0352. 修 ɕiou31
0353. 袖 ɕiou44
0354. 抽 tʂhou31
0355. 绸 tʂhou24
0356. 愁 tshou24
0357. 瘦 sou44
0358. 州 tsou31
0359. 臭香~ tshou44
0360. 手 ʂou53
0361. 寿 ʂou44
0362. 九 tɕiou53
0363. 球 tɕhiou24
0364. 舅 tɕiou44
0365. 旧 tɕhiou44
0366. 牛 ɲiou24
0367. 休 ɕiou31
0368. 优 Øiou31
0369. 有 Øiou53
0370. 右 Øiou44
0371. 油 Øiou24
0372. 丢 tiou31
0373. 幼 Øiou44
0374. 贪 thã31
0375. 潭 thã24
0376. 南 lã24
0377. 蚕 tshã24
0378. 感 kã53
0379. 含~一口水 xã24
0380. 暗 ŋã44
0381. 搭 ta31

0382. 踏注意声调 tha24
0383. 拉注意声调 la31
0384. 杂 tsa24
0385. 鸽 kɤ31
0386. 盒 xuo24
0387. 胆 tã53
0388. 毯 thã53
0389. 淡 thã44
0390. 蓝 lã24
0391. 三 sã31/sã31（又）
0392. 甘 kã31
0393. 敢 kã53
0394. 喊注意声调 xã53
0395. 塔 tha31
0396. 蜡 la31
0397. 赚 tʃuã44
0398. 杉~木，注意韵母 sã31
0399. 减 tɕiã53
0400. 咸~淡 ɕiã24（文）/xã2（白）
0401. 插 tsha31
0402. 闸 tsa44
0403. 夹~子 tɕia31
0404. 衫 sã31
0405. 监 tɕiã31
0406. 岩 Øiã24
0407. 甲 tɕia31
0408. 鸭 Øia31

0409. 黏 ~液 ʐæ̃24	0439. 品 phiɛ53	0471. 岸 ŋæ̃44	0501. 面 ~孔 miæ̃44
0410. 尖 tɕiæ̃31	0440. 林 liɛ̃24	0472. 汉 xæ̃44	0502. 连 liæ̃24
0411. 签 ~名 tɕhiæ̃31	0441. 浸 tɕiɛ̃31	0473. 汗 xæ̃44	0503. 剪 tɕiæ̃53
0412. 占 ~领 tʂæ̃44	0442. 心 ɕiɛ̃31	0474. 安 ŋæ̃31	0504. 浅 tɕhiæ̃53
0413. 染 ʐæ̃53	0443. 寻 ɕiɛ̃24	0475. 达 ta24	0505. 钱 tɕhiæ̃24
0414. 钳 tɕhiæ̃24	0444. 沉 tʂhɛ̃24	0476. 辣 la31	0506. 鲜 ɕiæ̃53
0415. 验 ø̃iæ̃44	0445. 参 人~ sɛ̃31	0477. 擦 tsha31	0507. 线 ɕiæ̃44
0416. 险 ɕiæ̃53	0446. 针 tʂɛ̃31	0478. 割 kuo31	0508. 缠 tʂhæ̃24
0417. 厌 ø̃iæ̃44	0447. 深 ʂɛ̃31	0479. 渴 khuo31	0509. 战 tʂæ̃44
0418. 炎 ø̃iæ̃44	0448. 任 ~责 ʐɛ̃24	0480. 扮 pæ̃44	0510. 扇 名 ʂæ̃44
0419. 盐 ø̃iæ̃24	0449. 金 tɕiɛ̃31	0481. 办 phæ̃44	0511. 善 ʂæ̃44
0420. 接 tɕiɛ31	0450. 琴 tɕhiɛ̃24	0482. 铲 tʂhæ̃53	0512. 件 tɕhiæ̃44
0421. 折 ~叠 tʂɤ53	0451. 音 ø̃iɛ̃31	0483. 山 sæ̃31	0513. 延 ø̃iæ̃24
0422. 叶 树~ ø̃iɛ31	0452. 立 li31	0484. 产 注意声母 tʂhæ̃53	0514. 别 ~人 phiɛ31
0423. 剑 tɕiæ̃44	0453. 集 tɕhi24		0515. 灭 miɛ31
0424. 欠 tɕhiæ̃44	0454. 习 ɕi24	0485. 间 房~，一~ 房 tɕiæ̃31	0516. 列 liɛ31
0425. 严 ø̃iæ̃24/ ȵiæ̃24（又）	0455. 汁 tʂɿ31		0517. 撒 tʂhɤ53
	0456. 十 ʂɿ24	0486. 眼 ȵiæ̃53	0518. 舌 ʂɤ24
0426. 业 ȵiɛ31	0457. 入 ʐu31	0487. 限 ɕiæ̃44	0519. 设 ʂɤ53
0427. 点 tiæ̃53	0458. 急 tɕi24	0488. 八 pa31	0520. 热 ʐɤ31
0428. 店 tiæ̃44	0459. 及 tɕi24	0489. 扎 tsa31	0521. 杰 tɕiɛ24
0429. 添 tɕhiæ̃31	0460. 吸 ɕi31	0490. 杀 sa31	0522. 孽 ȵiɛ31
0430. 甜 tɕhiæ̃24	0461. 单 简~ tæ̃31	0491. 班 pæ̃31	0523. 建 tɕiæ̃44
0431. 念 ȵiæ̃44	0462. 炭 thæ̃44	0492. 板 pæ̃53	0524. 健 tɕiæ̃44
0432. 嫌 ɕiæ̃24	0463. 弹 ~琴 thæ̃24	0493. 慢 mæ̃44	0525. 言 ø̃iæ̃24/ ȵiæ̃24（又）
0433. 跌 注意声调 tiɛ31	0464. 难 ~易 læ̃24	0494. 奸 tɕiæ̃31	
	0465. 兰 læ̃24	0495. 颜 ø̃iæ̃24/ ȵiæ̃24（又）	0526. 歇 ɕiɛ31
0434. 贴 thiɛ31	0466. 懒 læ̃53		0527. 扁 piæ̃53
0435. 碟 tɕhiɛ24	0467. 烂 læ̃44	0496. 瞎 xa31	0528. 片 phiæ̃44
0436. 协 ɕiɛ24	0468. 伞 注意声调 sæ̃53	0497. 变 piæ̃44	0529. 面 ~条 miæ̃44
0437. 犯 fæ̃44		0498. 骗欺 ~ phiæ̃44	0530. 典 tiæ̃53
0438. 法 fa31	0469. 肝 kæ̃31	0499. 便 方~ piæ̃44	0531. 天 tɕhiæ̃31
	0470. 看 ~见 khæ̃44	0500. 棉 miæ̃24	0532. 田 tɕhiæ̃24

0533. 垫 tɕiæ44	0565. 宽 khuæ31	0593. 砖 tʃuæ31	0622. 血 ɕiɛ31
0534. 年 ȵiæ24	0566. 欢 xuæ31	0594. 船 ʃuæ24	0623. 吞 thəŋ31
0535. 莲 liæ24	0567. 完 Øuæ24	0595. 软 ʐuæ53	0624. 根 kɛ31
0536. 前 tɕiæ24	0568. 换 xuæ44	0596. 卷 ~起 tɕyæ53	0625. 恨 xɛ44
0537. 先 ɕiæ31	0569. 碗 Øuæ53	0597. 圈 圆~ tɕhyæ44	0626. 恩 ŋɛ31
0538. 肩 tɕiæ31	0570. 拨 po31	0598. 权 tɕhyæ24	0627. 贫 phiɛ24
0539. 见 tɕiæ44	0571. 泼 pho31	0599. 圆 Øyæ24	0628. 民 miɛ24
0540. 牵 tɕhiæ31	0572. 末 mo31	0600. 院 Øyæ44	0629. 邻 liɛ24
0541. 显 ɕiæ53	0573. 脱 thuo31	0601. 铅 ~笔，注意声调 tɕhiæ31	0630. 进 tɕiɛ44
0542. 现 ɕiæ53	0574. 夺 tuo24	0602. 绝 tɕyo24	0631. 亲 tɕhiɛ31
0543. 烟 Øiæ31	0575. 阔 khuo31	0603. 雪 ɕyo31	0632. 新 ɕiɛ31
0544. 憋 piɛ31	0576. 活 xuo24	0604. 反 fæ53	0633. 镇 tʂɛ44
0545. 篾 mi24	0577. 顽 ~皮，~固 Øuæ24	0605. 翻 fæ31	0634. 陈 tʂhɛ24
0546. 铁 tɕhiɛ31	0578. 滑 xua24	0606. 饭 fæ44	0635. 震 tʂɛ44
0547. 捏 ȵiɛ31	0579. 挖 Øua31	0607. 晚 Øuæ53	0636. 神 ʂɛ24
0548. 节 tɕiɛ31	0580. 闩 ʃuæ44	0608. 万 麻将牌 Øuæ44	0637. 身 ʂɛ31
0549. 切 动 tɕhiɛ31	0581. 关 ~门 kuæ31	0609. 劝 tɕhyæ44	0638. 辰 tʂhɛ24
0550. 截 tɕhiɛ24	0582. 惯 kuæ44	0610. 原 Øyæ24	0639. 人 ʐɛ24
0551. 结 tɕiɛ31	0583. 还动 xuæ24	0611. 冤 Øyæ31	0640. 认 ʐɛ44
0552. 搬 pæ31	0584. 还副 xa24	0612. 园 Øyæ24	0641. 紧 tɕiɛ53
0553. 半 pæ44	0585. 弯 Øuæ31	0613. 远 Øyæ53	0642. 银 Øiɛ24
0554. 判 phæ44	0586. 刷 ʃua31	0614. 发头 ~fa31	0643. 印 Øiɛ44
0555. 盘 phæ24	0587. 刮 kua31	0615. 罚 fa24	0644. 引 Øiɛ53
0556. 满 mæ53	0588. 全 tɕhyæ24/ tshuæ24（又）	0616. 袜 Øua31	0645. 笔 pi31
0557. 端 ~午 tuæ31	0589. 选 ɕyæ53	0617. 月 Øyo31	0646. 匹 phi44
0558. 短 tuæ53	0590. 转 ~眼，~送 tʃuæ44	0618. 越 Øyo31	0647. 密 mi31
0559. 断绳~了 thuæ44	0591. 传 ~下来 tʃhuæ24	0619. 县 ɕiæ44	0648. 栗 li31
0560. 暖 lyæ53	0592. 传 ~记 tʃuæ44	0620. 决 tɕyo53	0649. 七 tɕhi31
0561. 乱 lyæ44		0621. 缺 tɕhyo31	0650. 侄 tʂʅ24
0562. 酸 suæ31			0651. 虱 sei31
0563. 算 suæ44			0652. 实 ʂʅ24
0564. 官 kuæ31			0653. 失 ʂʅ31

0654. 日 Øər31
0655. 吉 tɕi31
0656. 一 Øi31
0657. 筋 tɕiɛ̃31
0658. 劲有~tɕiɛ̃44
0659. 勤 tɕhiɛ̃24
0660. 近 tɕhiɛ̃44
0661. 隐 Øiɛ̃53
0662. 本 pɛ̃53
0663. 盆 phɛ̃24
0664. 门 mɛ̃24
0665. 墩 tuɛ̃31
0666. 嫩 lyɛ̃44
0667. 村 tshuɛ̃31
0668. 寸 tshuɛ̃44
0669. 蹲注意声母 tuɛ̃31
0670. 孙~子 suɛ̃31
0671. 滚 kuɛ̃53
0672. 困 khuɛ̃44
0673. 婚 xuɛ̃31
0674. 魂 xuɛ̃24
0675. 温 Øuɛ̃31
0676. 卒棋子 tshu24
0677. 骨 ku31
0678. 轮 lyɛ̃24
0679. 俊注意声母 tɕyɛ̃44
0680. 笋 ɕyɛ̃53
0681. 准 tʃuɛ̃53
0682. 春 tʃhuɛ̃31
0683. 唇 ʃuɛ̃24

0684. 顺 ʃuɛ̃44
0685. 纯 tʃhuɛ̃24
0686. 闰 ʐuɛ̃44
0687. 均 tɕyɛ̃31
0688. 匀 Øyɛ̃24
0689. 律 ly31
0690. 出 tʃhu31
0691. 橘 tɕy31
0692. 分动 fɛ̃31
0693. 粉 fɛ̃53
0694. 粪 fɛ̃44
0695. 坟 fɛ̃24
0696. 蚊 Øuɛ̃24
0697. 问 Øuɛ̃44
0698. 军 tɕyɛ̃31
0699. 裙 tɕhyɛ̃24
0700. 熏 ɕyɛ̃31
0701. 云~彩 Øyɛ̃24
0702. 运 Øyɛ̃44
0703. 佛~像 fo24
0704. 物 Øuo31
0705. 帮 pã31
0706. 忙 mã24
0707. 党 tã53
0708. 汤 thã31
0709. 糖 thã24
0710. 浪 lã44
0711. 仓 tshã31
0712. 钢 kã31
0713. 糠 khã31
0714. 薄形 pho24
0715. 摸注意声调

mo31（文）/ mɔ31（白）
0716. 托 thuo31
0717. 落 luo31
0718. 作 tsuo31
0719. 索 suo31
0720. 各 kɤ31
0721. 鹤 xuo31
0722. 恶形，入声 ŋɤ31
0723. 娘 ȵiã24/ȵia24（又）
0724. 两斤~liã53
0725. 亮 liã44
0726. 浆 tɕiã31
0727. 抢 tɕhiã53
0728. 匠 tɕhiã31
0729. 想 ɕiã53
0730. 像 ɕiã44
0731. 张量 tʂã31
0732. 长~短 tʂhã24
0733. 装 tʃuã31
0734. 壮 tʃuã44
0735. 疮 tʃuã31
0736. 床 tʃhuã24
0737. 霜 ʃuã31
0738. 章 tʂã31
0739. 厂 tʂhã53
0740. 唱 tʂhã44
0741. 伤 ʂã31
0742. 尝 ʂã24
0743. 上~去 ʂã44

0744. 让 ʐã44
0745. 姜生~tɕiã31
0746. 响 ɕiã53
0747. 向 ɕiã44
0748. 秧 Øiã31
0749. 痒 Øiã53
0750. 样 Øiã44
0751. 雀注意声母 tɕhiɔr53~儿
0752. 削 ɕyo31
0753. 着火~了 tʃhuo24
0754. 勺 ʃuo24
0755. 弱 ʐuo31
0756. 脚 tɕyo31
0757. 约 Øyo31
0758. 药 Øyo31
0759. 光~线 kuã31
0760. 慌 xuã31
0761. 黄 xuã24
0762. 郭 kuo31
0763. 霍 xuo31
0764. 方 fã31
0765. 放 fã44
0766. 纺 fã53
0767. 房 fã24
0768. 防 fã24
0769. 网 Øuã53
0770. 筐 khuã31
0771. 狂 khuã24
0772. 王 Øuã24
0773. 旺 Øuã44

0774. 缚 fo53
0775. 绑 pã53
0776. 胖 phã44
0777. 棒 phã44
0778. 桩 tʃuã31
0779. 撞 tʃhuã44
0780. 窗 tʃhuã31
0781. 双 ʃuã31
0782. 江 tɕiã31
0783. 讲 tɕiã53
0784. 降投～ɕiã24
0785. 项 xã44
0786. 剥 po31/pɔ31（又）
0787. 桌 tʃuo31
0788. 镯 tshuo24
0789. 角 tɕyo31
0790. 壳 khɤ31
0791. 学 ɕyo24
0792. 握 Øuo31
0793. 朋 phəŋ24
0794. 灯 təŋ31
0795. 等 təŋ53
0796. 凳 təŋ44
0797. 藤 thəŋ24
0798. 能 ləŋ24
0799. 层 tshəŋ24
0800. 僧注意声母 tsəŋ31
0801. 肯 khẽ53
0802. 北 pei31
0803. 墨 mei24
0804. 得 tei31/ti31

（又）
0805. 特 thei24
0806. 贼 tshei24
0807. 塞 sei31
0808. 刻 khei31
0809. 黑 xei31
0810. 冰 piəŋ31
0811. 证 tʂəŋ44
0812. 秤 tʂhəŋ44
0813. 绳 ʂəŋ24
0814. 剩 ʂəŋ44
0815. 升 ʂəŋ31
0816. 兴高～ɕiəŋ44
0817. 蝇注意声母 Øiəŋ24
0818. 逼 pi31
0819. 力 li31
0820. 息 ɕi31
0821. 直 tʂʅ24
0822. 侧注意声母 tshei31
0823. 测 tshei31
0824. 色 sei31
0825. 织 tʂʅ31
0826. 食 ʂʅ24
0827. 式 ʂʅ31
0828. 极 tɕi24
0829. 国 kuei31
0830. 或 xuei24
0831. 猛 məŋ53
0832. 打注意韵母 ta53
0833. 冷 ləŋ53
0834. 生 səŋ31

0835. 省～长 səŋ53
0836. 更三～,打～ kəŋ31
0837. 梗注意韵母 kəŋ53
0838. 坑 khəŋ31
0839. 硬 ȵiəŋ44
0840. 行～为,～走 ɕiəŋ24
0841. 百 pei31
0842. 拍 phei31
0843. 白 phei24
0844. 拆 tshei31
0845. 择 tshei24
0846. 窄 tsei31
0847. 格 kei31
0848. 客 khei31
0849. 额 ŋei31
0850. 棚 phəŋ24
0851. 争 tsəŋ31
0852. 耕 kəŋ31
0853. 麦 mei31
0854. 摘 tshei24
0855. 策 tshei31
0856. 隔 kei31
0857. 兵 piəŋ31
0858. 柄注意声调 piəŋ53
0859. 平 phiəŋ24
0860. 病 phiəŋ44
0861. 明 miəŋ24
0862. 命 miəŋ44
0863. 镜 tɕiəŋ44

0864. 庆 tɕhiəŋ44
0865. 迎 Øiəŋ24
0866. 影 Øiəŋ53/ȵiəŋ53（又）
0867. 剧戏～tɕy44
0868. 饼 piəŋ53
0869. 名 miəŋ24
0870. 领 liəŋ53
0871. 井 tɕiəŋ53
0872. 清 tɕhiəŋ31
0873. 静 tɕiəŋ44
0874. 姓 ɕiəŋ44
0875. 贞 tsẽ31
0876. 程 tʂhəŋ24
0877. 整 tsəŋ53
0878. 正～反 tsəŋ44
0879. 声 səŋ31
0880. 城 tʂhəŋ24
0881. 轻 tɕhiəŋ31
0882. 赢 Øiəŋ24
0883. 积 tɕi31
0884. 惜 ɕi31
0885. 席 ɕi24
0886. 尺 tʂhʅ31
0887. 石 ʂʅ24
0888. 益 Øi31
0889. 瓶 phiəŋ24
0890. 钉名 tiəŋ31
0891. 顶 tiəŋ53
0892. 厅 tɕhiəŋ31
0893. 听～见,注意声调 tɕhiəŋ31
0894. 停 tɕhiəŋ24

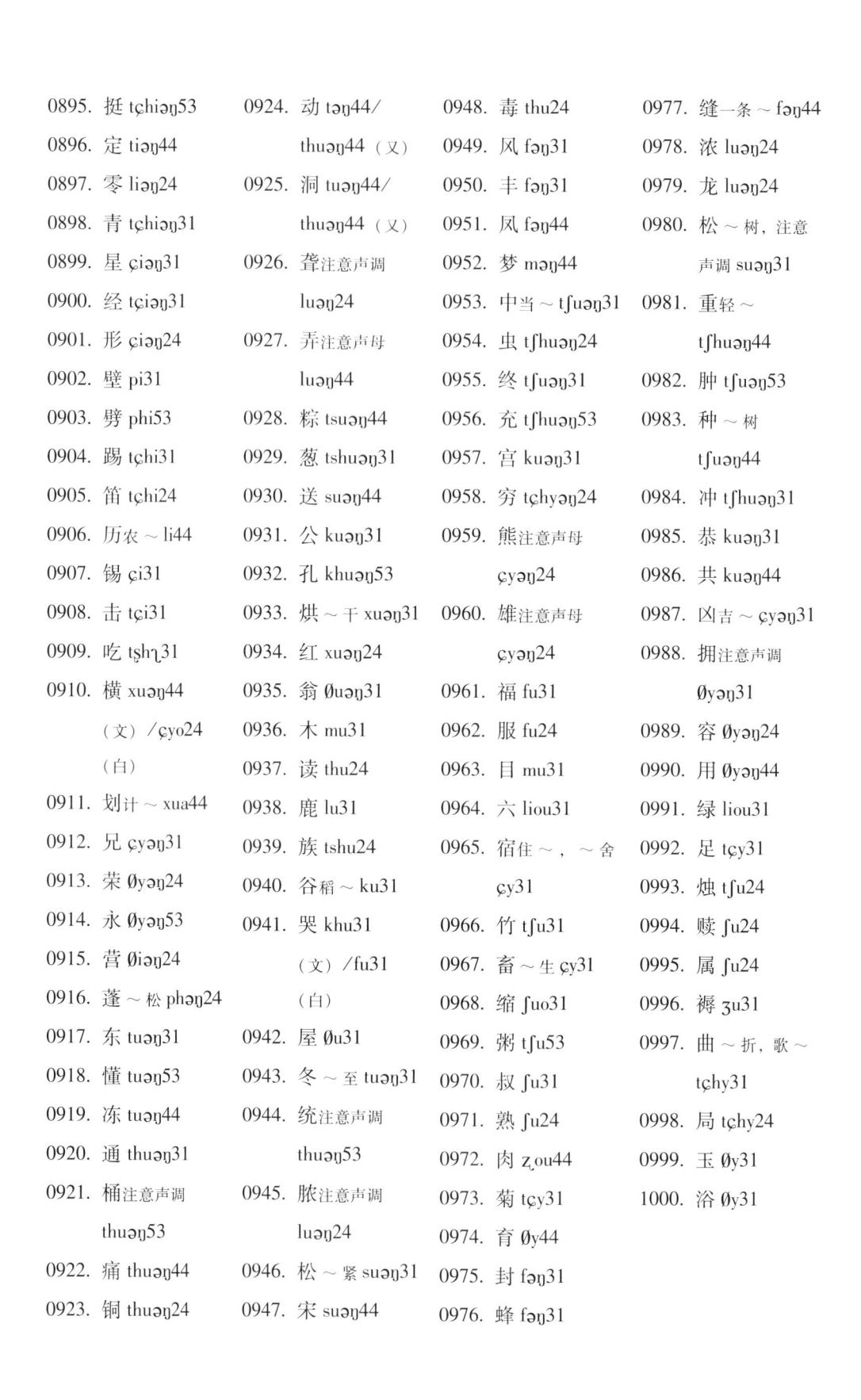

0895. 挺 tɕhiəŋ53
0896. 定 tiəŋ44
0897. 零 liəŋ24
0898. 青 tɕhiəŋ31
0899. 星 ɕiəŋ31
0900. 经 tɕiəŋ31
0901. 形 ɕiəŋ24
0902. 壁 pi31
0903. 劈 phi53
0904. 踢 tɕhi31
0905. 笛 tɕhi24
0906. 历农～li44
0907. 锡 ɕi31
0908. 击 tɕi31
0909. 吃 tʂʅ31
0910. 横 xuəŋ44
　　（文）/ɕyo24
　　（白）
0911. 划 计～xua44
0912. 兄 ɕyəŋ31
0913. 荣 Øyəŋ24
0914. 永 Øyəŋ53
0915. 营 Øiəŋ24
0916. 蓬～松 phəŋ24
0917. 东 tuəŋ31
0918. 懂 tuəŋ53
0919. 冻 tuəŋ44
0920. 通 thuəŋ31
0921. 桶 注意声调
　　thuəŋ53
0922. 痛 thuəŋ44
0923. 铜 thuəŋ24

0924. 动 təŋ44/
　　thuəŋ44（又）
0925. 洞 tuəŋ44/
　　thuəŋ44（又）
0926. 聋 注意声调
　　luəŋ24
0927. 弄 注意声母
　　luəŋ44
0928. 粽 tsuəŋ44
0929. 葱 tshuəŋ31
0930. 送 suəŋ44
0931. 公 kuəŋ31
0932. 孔 khuəŋ53
0933. 烘～干 xuəŋ31
0934. 红 xuəŋ24
0935. 翁 Øuəŋ31
0936. 木 mu31
0937. 读 thu24
0938. 鹿 lu31
0939. 族 tshu24
0940. 谷 稻～ku31
0941. 哭 khu31
　　（文）/fu31
　　（白）
0942. 屋 Øu31
0943. 冬～至 tuəŋ31
0944. 统 注意声调
　　thuəŋ53
0945. 脓 注意声调
　　luəŋ24
0946. 松～紧 suəŋ31
0947. 宋 suəŋ44

0948. 毒 thu24
0949. 风 fəŋ31
0950. 丰 fəŋ31
0951. 凤 fəŋ44
0952. 梦 məŋ44
0953. 中 ～当 tʃuəŋ31
0954. 虫 tʃhuəŋ24
0955. 终 tʃuəŋ31
0956. 充 tʃhuəŋ53
0957. 宫 kuəŋ31
0958. 穷 tɕhyəŋ24
0959. 熊 注意声母
　　ɕyəŋ24
0960. 雄 注意声母
　　ɕyəŋ24
0961. 福 fu31
0962. 服 fu24
0963. 目 mu31
0964. 六 liou31
0965. 宿 住～，～舍
　　ɕy31
0966. 竹 tʃu31
0967. 畜 ～生 ɕy31
0968. 缩 ʃuo31
0969. 粥 tʃu53
0970. 叔 ʃu31
0971. 熟 ʃu24
0972. 肉 ʐou44
0973. 菊 tɕy31
0974. 育 Øy44
0975. 封 fəŋ31
0976. 蜂 fəŋ31

0977. 缝 一条～fəŋ44
0978. 浓 luəŋ24
0979. 龙 luəŋ24
0980. 松 ～树，注意
　　声调 suəŋ31
0981. 重 轻～
　　tʃhuəŋ44
0982. 肿 tʃuəŋ53
0983. 种 ～树
　　tʃuəŋ44
0984. 冲 tʃhuəŋ31
0985. 恭 kuəŋ31
0986. 共 kuəŋ44
0987. 凶 吉～ɕyəŋ31
0988. 拥 注意声调
　　Øyəŋ31
0989. 容 Øyəŋ24
0990. 用 Øyəŋ44
0991. 绿 liou31
0992. 足 tɕy31
0993. 烛 tʃu24
0994. 赎 ʃu24
0995. 属 ʃu24
0996. 褥 ʐu31
0997. 曲 ～折，歌～
　　tɕhy31
0998. 局 tɕhy24
0999. 玉 Øy31
1000. 浴 Øy31

第三章　词　汇

第一节　规定词汇

一、天文、地理

（一）天文

0001. 太阳~下山了　日头爷 Øər44thou0Øiɛ44

0002. 月亮~出来了　月亮爷 Øyo53liã0Øiɛ0

0003. 星星　宿宿 ɕiou53ɕiou0

0004. 云　云 Øyɛ̃24

0005. 风　风 fəŋ31

0006. 台风　无

0007. 闪电名词　闪电 ʂæ̃53tiæ̃44

0008. 雷　呼噜爷 xu53lu0Øiɛ0/雷 luei24

0009. 雨　雨 Øy53

0010. 下雨　下雨 ɕia44Øy53

0011. 淋衣服被雨~湿了　淋 liɛ̃24

0012. 晒~粮食　晒 sæ44

0013. 雪　雪 ɕyo31

0014. 冰　冰凌 piəŋ53liəŋ0

0015. 冰雹　冷子 ləŋ44tsʅ0/哈哈雨 xa53xa0Øy53

0016. 霜　霜 ʃuã31

0017. 雾　雾 Øu44

0018. 露　露水 lou24ʃuei0

0019. 虹统称　虹 tɕiã44

0020. 日食　天狗吃日头 tɕhiæ̃31kou53tʂhʅ31Øər53thou0

0021. 月食　天狗吃月亮 tɕhiæ̃31kou53tʂhʅ31Øyo53liã0

0022. 天气　天气 tɕhiæ53tɕhi0

0023. 晴天~　晴 tɕhiəŋ24

0024. 阴天~　阴 ȵiɛ̃31

0025. 旱天~　干 kæ̃31/旱 xæ̃44

0026. 涝天~　无

0027. 天亮　天明咧 tɕhiæ̃31miəŋ24liɛ0

（二）地貌

0028. 水田　水田 ʃuei53thiæ̃24

0029. 旱地浇不上水的耕地　旱田 xæ̃44thiæ̃24

0030. 田埂　塄坎 ləŋ24khæ̃0

0031. 路野外的　小路 ɕiɔ53lu44/土路 thu53lu44

0032. 山　山 sæ31

0033. 山谷　沟里 kou53li0

0034. 江大的河　无

0035. 溪小的河　无

0036. 水沟儿较小的水道　水渠 ʃuei53tɕhy24

0037. 湖　无

0038. 池塘　涝池 lɔ24tʃhɿ0

0039. 水坑儿地面上有积水的小洼儿　水池子 ʃuei44tʃhɿ0tsɿ0

0040. 洪水　大水 ta44ʃuei53

0041. 淹被水~了　淹 ȵiæ31

0042. 河岸　河边 xuo24piæ44

0043. 坝拦河修筑拦水的　坝 pa44

0044. 地震　地动 tɕi44thuəŋ44

0045. 窟窿小的　眼眼 ȵiæ44ȵiæ0/ 眼眼子 ȵiæ44ȵiæ0tsɿ0

0046. 缝儿统称　缝 fəŋ44

(三) 物象

0047. 石头统称　石头 ʂɿ31thou53

0048. 土统称　土 thu53

0049. 泥湿的　泥 ȵi24

0050. 水泥旧称　洋灰 Øiã24xuei31

0051. 沙子　沙子 sa53tsɿ0

0052. 砖整块的　砖头 tʃuæ53thou0

0053. 瓦整块的　瓦 Øua53

0054. 煤　炭 thæ44

0055. 煤油　煤油 mei24Øiou24

0056. 炭木炭　木炭 mu31thæ44

0057. 灰烧成的　灰 xuei31

0058. 灰尘桌面上的　土 thu53

0059. 火　火 xuo53

0060. 烟烧火形成的　烟 Øiæ31

0061. 失火　着火咧 tʃhuo31xuo53liɛ0

0062. 水　水 ʃuei53

0063. 凉水　冰水 piəŋ31ʃuei53/凉水 liã24ʃuei53

0064. 热水如洗脸的热水，不是指喝的开水　热水 zʅ31ʃuei53

0065. 开水喝的　煎水 tɕiæ31ʃuei53/开水 khæ31ʃuei53

0066. 磁铁　吸铁石 ɕi31thiɛ53ʂʅ24

二、时间、方位

(一) 时间

0067. 时候吃饭的~　时间 sʅ31tɕiæ53

0068. 什么时候　几时 tɕi44sʅ0

0069. 现在　壬给 zẽ31kẽ53

0070. 以前十年~　过去 kuo24tɕhi0/早哩 tsɔ44li0/老早哩 lɔ31tsɔ44li0/以往 Øi31Øuã53

0071. 以后十年~　往后 Øuã53xou44

0072. 一辈子　一辈子 Øi31pei24tsʅ31

0073. 今年　今年 tɕiɛ53ȵiæ0

0074. 明年　过年 kuo44ȵiæ24/明年 miəŋ31ȵiæ53

0075. 后年　后年 xou24ȵiæ0

0076. 去年　年时 ȵiæ31sʅ53

0077. 前年　前年 tɕhiæ31ȵiæ53

0078. 往年过去的年份　往虚年 Øuã44ɕy31ȵiæ24/前几年 tɕhiæ24tɕi31ȵiæ24/那几年 lei24tɕi31ȵiæ24/兀几年 Øu24tɕi31ȵiæ24

0079. 年初　年初 ȵiæ24tʃhu31

0080. 年底　年底 ȵiæ24ti53

0081. 今天　今儿 tɕiər31

0082. 明天　明儿 miər24

0083. 后天　后儿 xour53

0084. 大后天　外后儿 ɵuæ24xour0

0085. 昨天　夜来 ɵiɛ24læ0

0086. 前天　前儿 tɕhiær24

0087. 大前天　上前儿 ʂã44tɕhiær24

0088. 整天　成天 tʂhəŋ24tɕhiæ31

0089. 每天　天天 tɕhiæ24tɕhiæ31/
见天 tɕiæ44tɕhiæ31

0090. 早晨　早起 tsɔ31tɕhi0/
清早 tɕhiəŋ31tsɔ53/
赶早 kæ31tsɔ53

0091. 上午　早起 tsɔ31tɕhi0

0092. 中午　晌午 ʂã31ɵu0

0093. 下午　后晌 xou24ʂã0/□xã53/
晃 xuã53

0094. 傍晚　擦黑 tsha31xei53

0095. 白天　白夜 phei24ɵiɛ53

0096. 夜晚与白天相对，统称　黑了 xei31liɔ0

0097. 半夜　半夜里 pæ24ɵiɛ0li0

0098. 正月农历　正月 tʂəŋ31ɵyo31

0099. 大年初一农历　大年初一 ta44ȵiæ24tʃhu31ɵi31

0100. 元宵节　正月十五 tʂəŋ31ɵyo31ʂʐ24ɵu53

0101. 清明　清明 tɕhiou53miəŋ0

0102. 端午　端午 tuæ31ɵu0/五月端午 ɵu53ɵyo24tuæ31ɵu0

0103. 七月十五农历，节日名　无

0104. 中秋　八月十五 pa31ɵyo31ʂʐ24ɵu53

0105. 冬至　冬至 tuəŋ31tsʐ53

0106. 腊月农历十二月　腊月 la31ɵyo31

0107. 除夕农历　大年三十儿 ta44ȵiæ24sæ31ʂʐr24

0108. 历书　历头 li53thou0

0109. 阴历　阴历 ɵiɛ̃31li31

0110. 阳历　阳历 ɵiã24li31

0111. 星期天　礼拜天 li44pæ24tɕhiæ31/星期日 ɕiəŋ53tɕhi24ɵər31

（二）方位

0112. 地方　地方 tɕhi24fã0

0113. 什么地方　打啊哩 ta44ɵa53li0/打些哩 ta53ɕiɛ24li0/阿搭哩 ɵa44ta0li0/阿搭些哩 ɵa44ta0ɕiɛ24li0

0114. 家里　屋里 ɵu53li0

0115. 城里　街里 tɕiɛ53li0

0116. 乡下　乡里 ɕiã53li0

0117. 上面从~滚下来　上岸 ʂã24ŋæ0/上岸子 ʂã24ŋæ0tsʐ0/上头 ʂã24thou0

0118. 下面从~爬上去　下岸 xa24ŋæ0/下岸子 xa24ŋæ0tsʐ0/下头 xa24thou0

0119. 左边　左岸子 tsuo24ŋæ0tsʐ0/左帮块 tsuo24pã0khuæ0/左手里 tsuo24ʂou0li0

0120. 右边　右岸子 ɵiou24ŋæ0tsʐ0/右帮块 ɵiou24pã0khuæ0/右手里 ɵiou24ʂou0li0

699

0121. 中间排队排在～　当中里
　　　 tã31tʃhuəŋ24li53
0122. 前面排队排在～　前头
　　　 tɕhiæ31thou53/前岸 tɕhiæ31ŋæ53
0123. 后面排队排在～　后头
　　　 xou24thou0/后岸 xou24ŋæ0
0124. 末尾排队排在～　巴巴尾
　　　 pa44pa44ø̞i53
0125. 对面　对岸子 tuei44ŋæ24tsʅ0/
　　　 对过儿 tuei44kuər53/
　　　 对面子 tuei44miæ24tsʅ0
0126. 面前　眼前里 ɲ̟iæ53tɕhiæ24li53
0127. 背后　脊背后头
　　　 tɕi53pei31xou24thou0/
　　　 背后 pei24xou0/背后地里
　　　 pei24xou0thi0li0
0128. 里面躲在～　里头 li44thou0/
　　　 里岸 li44ŋæ0
0129. 外面衣服晒在～　外头
　　　 ø̞uæ24thou0/外岸 ø̞uæ24ŋæ0
0130. 旁边　帮里 pã53li0/帮家凹里
　　　 pã53tɕia0ø̞ua24li0
0131. 上碗在桌子～　上 ʂã44/上头
　　　 ʂã24thou0/上岸 ʂã24ŋæ0
0132. 下凳子在桌子～　下 xa44/底下
　　　 ti44xa0/下头 xa24thou0/
　　　 下岸 xa24ŋæ0
0133. 边儿桌子的～　边边 piæ53piæ0
0134. 角儿桌子的～　角角 tɕyo53tɕyo0
0135. 上去他～了　上去 ʂã24tɕhi0
0136. 下来他～了　下来 xa24læ0
0137. 进去他～了　进去 tɕiɛ24tɕhi0
0138. 出来他～了　出来 tʃhu53læ0

0139. 出去他～了　出去 tʃhu53tɕhi0
0140. 回来他～了　回来 xuei31læ53
0141. 起来天冷～了　起来 tɕhiɛ44læ0/
　　　 开 khæ31

三、植物

（一）一般植物

0142. 树　树 ʃu44
0143. 木头　木头 mu53thou0
0144. 松树统称　松树 suəŋ53ʃu0
0145. 柏树统称　柏树 pei53ʃu0
0146. 杉树　无
0147. 柳树　柳树 liou44ʃu0
0148. 竹子统称　竹子 tʃu53tsʅ0
0149. 笋　笋 ɕyẽ53
0150. 叶子　叶子 ø̞iɛ53tsʅ0
0151. 花　花 xua31
0152. 花蕾花骨朵儿　花包包
　　　 xua31pɔ53pɔ0/花包子
　　　 xua31pɔ53tsʅ0/花骨朵
　　　 xua31ku53tu0
0153. 梅花　梅花 mei31xua53
0154. 牡丹　牡丹 mu44tã0
0155. 荷花　莲花 liæ31xua53/荷花
　　　 xɤ31xua53
0156. 草　草 tshɔ53
0157. 藤　藤条 thəŋ53thiɔ0
0158. 刺名词　刺刺 tshʅ44tshʅ0/
　　　 刺刺子 tshʅ44tshʅ0tsʅ0
0159. 水果　果木 kuo44mu0
0160. 苹果　苹果 phiəŋ24kuo53
0161. 桃子　桃 thɔ24

0162. 梨　梨 li24
0163. 李子　李梅 li44mei0／梅李子 mei31li53tsʅ0
0164. 杏　杏 xəŋ44
0165. 橘子　橘子 tɕy31tsʅ0
0166. 柚子　柚子 Øiou24tsʅ0
0167. 柿子　柿子 sʅ24tsʅ0
0168. 石榴　石榴 ʂʅ31liou53
0169. 枣　枣 tsɔ53
0170. 栗子　栗子 li31tsʅ0
0171. 核桃　核桃 xɯ31thɔ53
0172. 银杏白果　银杏 Øiẽ24xəŋ44
0173. 甘蔗　甘蔗 kæ31tʂɤ24
0174. 木耳　木耳 mu31Ør0
0175. 蘑菇野生的　狗尿苔 kou53n̩iɔ24thæ31
0176. 香菇　香菇 ɕiã31ku31

(二) 农作物

0177. 稻指植物　无
0178. 稻谷指籽实（脱粒后是大米）　无
0179. 稻草脱粒后的　无
0180. 大麦指植物　大麦 ta24mei0
0181. 小麦指植物　麦 mei31
0182. 麦秸脱粒后的　麦草 mei31tshɔ0／麦秸 mei31tɕiɛ31
0183. 谷子指植物（籽实脱粒后是小米）　谷 ku31
0184. 高粱指植物　稻黍 thɔ31ʃu0／高粱 kɔ53liã0
0185. 玉米指成株的植物　御麦 Øy24mei0
0186. 棉花指植物　棉花 miæ31xua53
0187. 油菜油料作物,不是蔬菜　菜籽 tshæ24tsʅ0
0188. 芝麻　芝麻 tsʅ53ma0
0189. 向日葵指植物　向日葵 ɕiã44Øər31khuei24
0190. 蚕豆　大豌豆 ta24Øuæ31thou0
0191. 豌豆　豌豆 Øuæ53thou0
0192. 花生指果实,注意婉称　落花生 luo31xua24səŋ0
0193. 黄豆　白豆子 phei31thou44tsʅ0
0194. 绿豆　绿豆 liou53thou0
0195. 豇豆长条形的　鸡肠豆子 tɕi53tʂhã0thou53tsʅ0
0196. 大白菜东北～　白菜 phei31tshæ53
0197. 包心菜卷心菜,圆白菜,球形的　莲花白 liæ24xua53phei24
0198. 菠菜　菠菜 po53tshæ0
0199. 芹菜　芹菜 tɕhiɛ31tshæ53
0200. 莴笋　莴笋 Øuo31ɕyẽ0
0201. 韭菜　韭菜 tɕiou44tshæ0
0202. 香菜芫荽　芫荽 Øiæ31suei53
0203. 葱　葱 tshuəŋ31
0204. 蒜　蒜 suæ44
0205. 姜　生姜 səŋ31tɕiã31
0206. 洋葱　洋葱 Øiã24tshuəŋ31
0207. 辣椒统称　辣子 la53tsʅ0／辣角子 la31tɕyo31tsʅ0
0208. 茄子统称　茄子 tɕhiɛ31tsʅ53
0209. 西红柿　洋柿子 Øiã24sʅ24tsʅ0
0210. 萝卜统称　萝卜 luo31phu53
0211. 胡萝卜　红萝卜 xuəŋ24luo31phu53
0212. 黄瓜　黄瓜 xuã31kua53
0213. 丝瓜无棱的　丝瓜 sʅ31kua31

0214. 南瓜扁圆形或梨形，成熟时呈赤褐色
　　　 南瓜 læ24kua53
0215. 荸荠　无
0216. 红薯统称　红芋 xuəŋ24Øy44
0217. 马铃薯　洋芋 Øiã24Øy44
0218. 芋头　无
0219. 山药圆柱形的　无
0220. 藕　莲菜 liæ31tshæ53

四、动物

（一）一般动物

0221. 老虎　老虎 lɔ31xu0
0222. 猴子　猴 xou24
0223. 蛇统称　长虫 tʂã31tʃhuəŋ53
0224. 老鼠家里的　老鼠 lɔ31ʃu0
0225. 蝙蝠　夜蝙虎 Øiɛ24piæ31xu24
0226. 鸟儿飞鸟，统称　鸟鸟 ȵiɛ44ȵiɛ0
0227. 麻雀　雀儿 tɕhiɔr53/雀雀 tɕhiɔ44tɕhiɔ0
0228. 喜鹊　野雀儿 Øiɛ44tɕhiɔr0
0229. 乌鸦　嘎鸹 ka53Øua31/老鸹 lɔ44Øua0
0230. 鸽子　鹁鸽 phu31kɔ53
0231. 翅膀鸟的，统称　膀子 pã44tsɿ0
0232. 爪子鸟的，统称　爪爪 tsɔ44tsɔ0
0233. 尾巴　尾巴 Øi44pha0
0234. 窝鸟的　窝 Øuo31
0235. 虫子统称　虫 tʃhuəŋ24/虫虫 tʃhuəŋ31tʃhuəŋ53/虫虫子 tʃhuəŋ31tʃhuəŋ53tsɿ0
0236. 蝴蝶统称　窝子 Øuo53tsɿ0/窝窝子 Øuo53Øuo0tsɿ0

0237. 蜻蜓统称　无
0238. 蜜蜂　蜂 fəŋ31
0239. 蜂蜜　蜂糖 fəŋ31thã0
0240. 知了统称　知喽子 tsɿ53lou0tsɿ0
0241. 蚂蚁　蚍蜂蚂 phi31fəŋ44ma0
0242. 蚯蚓　蛐鳝鳝 tɕhy53sã0sã0
0243. 蚕　蚕娃子 tshæ31Øua53tsɿ0
0244. 蜘蛛会结网的　蛛蛛子 tʃu53tʃu0tsɿ0
0245. 蚊子统称　蚊子 Øuẽ31tsɿ53
0246. 苍蝇统称　蝇子 Øiəŋ31tsɿ53
0247. 跳蚤咬人的　虼蚤 kɯ53tsɔ0
0248. 虱子　虱 sei31
0249. 鱼　鱼 Øy24
0250. 鲤鱼　鲤鱼 li53Øy24
0251. 鳙鱼胖头鱼　无
0252. 鲫鱼　无
0253. 甲鱼　鳖 piɛ31
0254. 鳞鱼的　鳞 liɛ24
0255. 虾统称　虾 ɕia31
0256. 螃蟹统称　螃蟹 phã31ɕiɛ53
0257. 青蛙统称　疥个娃 tɕiɛ24kɤ0ua44
0258. 癞蛤蟆表皮多疙瘩　疥肚子 tɕiɛ24thu0tsɿ0

（二）家畜、家禽

0259. 马　马 ma53
0260. 驴　驴 ly24
0261. 骡　骡子 luo31tsɿ53
0262. 牛　牛 ȵiou24
0263. 公牛统称　犍牛 tɕiæ53ȵiou0
0264. 母牛统称　乳牛 ʐu44ȵiou0

0265. 放牛　无

0266. 羊　羊 Øiã24/咩嘎嘎 mia24ka44ka44

0267. 猪　猪 tʃu31/猪唠唠 tʃu31lɔ44lɔ44

0268. 种猪配种用的公猪　角猪子 tɕyo31tʃu31tsɿ0

0269. 公猪成年的，已阉的　牙猪 ȵia31tʃu53

0270. 母猪成年的，未阉的　豵豵 tsha31tsha53/猪婆 tʃu53pho0

0271. 猪崽　猪娃子 tʃu53Øua0tsɿ0

0272. 猪圈　猪圈 tʃu31tɕhyæ̃44

0273. 养猪　育猪 Øy44tʃu31

0274. 猫　猫 mɔ24/猫咪咪 mɔ24mi44mi44

0275. 公猫　郎猫 lã31mɔ53

0276. 母猫　咪猫 mi44mɔ0

0277. 狗统称　狗 kou53

0278. 公狗　牙狗 ȵia31kou53

0279. 母狗　草狗 tshɔ31kou0

0280. 叫狗～　鸟 ȵiɔ53

0281. 兔子　兔 thu44

0282. 鸡　鸡 tɕi31/鸡咕咕 tɕi31kou44kou44

0283. 公鸡成年的，未阉的　公鸡 kuəŋ31tɕi31

0284. 母鸡已下过蛋的　母鸡 mu44tɕi0/鸡婆 tɕi53pho0

0285. 叫公鸡～（打鸣儿）　叫鸣 tɕiɔ44miəŋ24

0286. 下鸡～蛋　下 xa44

0287. 孵～小鸡　□ thu44

0288. 鸭　鸭子 Øia53tsɿ0

0289. 鹅　鹅 ŋɤ24

0290. 阉～公的猪　择 tshei24/劁 tɕhiɔ24

0291. 阉～母的猪　择 tshei24/劁 tɕhiɔ24

0292. 阉～鸡　□鸡 ɕiæ44tɕi31

0293. 喂～猪　育 Øy44

0294. 杀猪统称，注意婉称　杀猪 sa24tʃu31

0295. 杀～鱼　杀 sa31

五、房舍、器具

（一）房舍

0296. 村庄一个～　庄 tʃuã31

0297. 胡同统称：一条～　胡同 xu31thuəŋ53

0298. 街道　街道 tɕiɛ53thɔ0

0299. 盖房子　盖房 kæ44fã24

0300. 房子整座的，不包括院子　房 fã24

0301. 屋子房子里分隔而成的，统称　隔间 kei24tɕiæ̃31/套间 thɔ24tɕiæ̃0

0302. 卧室　睡处 ʃuei24tʃhu0/下处 xa24tʃhu0

0303. 茅屋茅草等盖的　草房 tshɔ53fã24

0304. 厨房　屋里 Øu53li0/灶房 tsɔ44fã24

0305. 灶统称　锅台子 kuo53thæ0tsɿ0

0306. 锅统称　锅 kuo31

0307. 饭锅煮饭的　锅 kuo31

0308. 菜锅炒菜的　炒勺 tshɔ53ʃuo24

0309. 厕所旧式的，统称　灰圈 xuei53tɕhyæ̃0/茅房 mɔ31fã53/茅子 mɔ31tsɿ53

0310. 檩左右方向的　檩条子 liɛ̃44thiɔ0tsɿ0

0311. 柱子　橱子 tʃhu31tsɿ53

0312. 大门　大门 ta44mɛ̃24

0313. 门槛儿　门槛 mɛ̃31khæ̃53

0314. 窗旧式的　窗子 tʃhuã53tsʅ0

0315. 梯子可移动的　梯子 tɕhi53tsʅ0

0316. 扫帚统称　扫帚 sɔ24tʃu0

0317. 扫地　扫地 sɔ53tɕhi44

0318. 垃圾　垃圾 la31tɕi31

（二）家具

0319. 家具统称　家具 tɕia31tɕy44/
　　　　　　　家什 tɕia53sʅ0

0320. 东西我的～　东西 tuəŋ53ɕi0

0321. 炕土、砖砌的，睡觉用　炕 khã44

0322. 床木质的，睡觉用　床 tʃhuã24

0323. 枕头　枕头 tʂɛ̃44thou0

0324. 被子　盖的 kæ24ti0

0325. 棉絮　套子 thɔ24tsʅ0

0326. 床单　单子 tæ̃53tsʅ0

0327. 褥子　褥子 ʐu53tsʅ0

0328. 席子　席 ɕi24

0329. 蚊帐　蚊帐 ʋuɛ̃24tʂã44

0330. 桌子统称　桌子 tʃuo53tsʅ31

0331. 柜子统称　柜 khuei44

0332. 抽屉桌子的　抽屉 tʂhou53thi0

0333. 案子长条形的　条桌 tɕhiɔ31tʃuo53

0334. 椅子统称　椅杌子 ʋi44u0tsʅ0/
　　　　　　　椅子 ʋi44tsʅ0

0335. 凳子统称　板凳 pæ̃44thəŋ0

0336. 马桶有盖的　马桶 ma31thuəŋ53

（三）用具

0337. 菜刀　匼刀 tsa44tɔ31

0338. 瓢舀水的　马勺 ma44ʃuo0

0339. 缸　瓮 ʋuəŋ44

0340. 坛子装酒的～　坛子 tæ̃241tsʅ0

0341. 瓶子装酒的　瓶子 phiəŋ24tsʅ0/
　　　　　　　瓶瓶子 phiəŋ31phiəŋ53tsʅ0

0342. 盖子杯子的～　盖子 kæ53tsʅ0/
　　　　　　　盖盖子 kæ24kæ0tsʅ0

0343. 碗统称　碗 ʋuæ̃53

0344. 筷子　筷子 khuæ24tsʅ0

0345. 汤匙　调羹子 tɕhiɔ31kɛ̃53tsʅ0/
　　　　　　　勺勺子 ʃuo31ʃuo53tsʅ0

0346. 柴火统称　柴 tshæ24

0347. 火柴　洋火 ʋiã31xuo53

0348. 锁　锁子 suo44tsʅ0

0349. 钥匙　钥匙 ʋyo53sʅ0

0350. 暖水瓶　电壶 tiæ̃44xu24

0351. 脸盆　脸盆 liæ̃44phɛ̃0

0352. 洗脸水　洗脸水 ɕi31liæ̃53ʃuei53

0353. 毛巾洗脸用　手巾 ʂou44tɕiɛ̃0

0354. 手绢　手帕 ʂou44pha0

0355. 肥皂洗衣服用　洋碱 ʋiã24tɕiæ̃53

0356. 梳子旧式的，不是篦子　梳子 ʃu53tsʅ0

0357. 缝衣针　针 tʂɛ̃31

0358. 剪子　剪子 tɕiæ̃44tsʅ0

0359. 蜡烛　蜡 la31/洋蜡 ʋiã24la31

0360. 手电筒　手电 ʂou53tiæ̃44

0361. 雨伞挡雨的，统称　伞 sæ̃53

0362. 自行车　车子 tʂhɤ53tsʅ0

六、服饰、饮食

（一）服饰

0363. 衣服统称　衣服 ʋi53fu0

0364. 穿～衣服　穿 tʃhuæ31

0365. 脱～衣服　脱 thuo31

0366. 系～鞋带　绾 Øuæ53

0367. 衬衫　衬衣 tʂhẽ24ʅ0

0368. 背心带两条杠的，内衣　背心 pei24çiẽ0

0369. 毛衣　毛衣 mɔ31ʅi53

0370. 棉衣　棉袄子 miæ24ŋɔ53tsʅ0

0371. 袖子　袖子 çiou24tsʅ0

0372. 口袋衣服上的　倒插 tɔ24tsha0/兜兜子 tou53tou0tsʅ0

0373. 裤子　裤 fu44

0374. 短裤外穿的　半截裤 pæ24tçhiɛ31fu44

0375. 裤腿　裤腿 fu44thuei53

0376. 帽子统称　帽子 mɔ24tsʅ0

0377. 鞋子　鞋 xæ24

0378. 袜子　袜子 Øua53tsʅ0

0379. 围巾　围脖子 Øuei31pho53tsʅ0

0380. 围裙　围裙子 Øuei31tçhyẽ53tsʅ0

0381. 尿布　裍子 tçhiɛ24tsʅ0

0382. 扣子　纽子 ɲiou44tsʅ0

0383. 扣～扣子　扣 khou44

0384. 戒指　箍子 ku44tsʅ0

0385. 手镯　镯子 tshuo31tsʅ53

0386. 理发　推头 thuei31thou24

0387. 梳头　梳头 ʃu31thou24

(二) 饮食

0388. 米饭　米饭 mi44fæ0/大米饭 ta44mi53fæ44

0389. 稀饭用米熬的，统称　米汤 mi44thã31

0390. 面粉麦子磨的，统称　面 miæ44

0391. 面条统称　面 miæ44

0392. 面儿玉米～，辣椒～　面子 miæ24tsʅ0

0393. 馒头无馅儿的，统称　馍 mo24

0394. 包子　包子 pɔ53tsʅ0

0395. 饺子　煮角子 tʃu44tçyo31tsʅ0

0396. 馄饨　无

0397. 馅儿　馅子 çyæ24tsʅ0

0398. 油条长条形的，旧称　油条 Øiou24tçhiɔ24

0399. 豆浆　豆浆 thou24tçiã0

0400. 豆腐脑儿　豆腐脑儿 thou24fu31lɔr53

0401. 元宵食品　元宵 Øyæ24çiɔ31

0402. 粽子　粽子 tsuəŋ24tsʅ0

0403. 年糕用黏性大的米或米粉做的　无

0404. 点心统称　点心 tiæ44çiẽ31/糕点 kɔ31tiæ53

0405. 菜吃饭时吃的，统称　菜 tshæ44

0406. 干菜统称　干菜 kæ31tshæ44

0407. 豆腐　豆腐 thou24fu0

0408. 猪血当菜的　猪血 tʃu24çiɛ31

0409. 猪蹄当菜的　猪蹄子 tʃu31thi24tsʅ53/猪脚 tʃu24tçyo31

0410. 猪舌头当菜的，注意婉称　口条 khou44thiɔ0

0411. 猪肝当菜的，注意婉称　肝子 kæ53tsʅ0

0412. 下水猪、牛、羊的内脏　下水 çia24ʃuei0

0413. 鸡蛋　鸡蛋 tçi53thæ0

0414. 松花蛋　变蛋 piæ44thæ44

0415. 猪油　大油 ta44ɸiou24／荤油 xuɛ̃31ɸiou24

0416. 香油　香油 ɕiã31ɸiou24

0417. 酱油　酱油 tɕiã44ɸiou24

0418. 盐名词　盐 ɸiæ̃24

0419. 醋注意婉称　醋 tshu44

0420. 香烟　纸烟 tsʅ44ɸiæ̃0

0421. 旱烟　旱烟 xæ̃24iæ̃0

0422. 白酒　烧酒 ʂɔ31tɕiou0

0423. 黄酒　黄酒 xuã31tɕiou53

0424. 江米酒酒酿，醪糟　醪糟子 lɔ31tsɔ44tsʅ0

0425. 茶叶　茶叶 tsha31ɸiɛ53

0426. 沏~茶　泡 phɔ44

0427. 冰棍儿　冰棍 piəŋ31kuɛ̃53

0428. 做饭统称　煮饭 tʃu53fæ̃44

0429. 炒菜统称，和做饭相对　炒菜 tshɔ53tshæ̃44

0430. 煮~带壳的鸡蛋　煮 tʃu53

0431. 煎~鸡蛋　煎 tɕiæ̃31

0432. 炸~油条　炸 tsha24

0433. 蒸~鱼　蒸 tʂəŋ31

0434. 揉~面做馑头等　揉 ʐou24／摅 tshæ̃31

0435. 擀~面，~皮儿　擀 kæ̃53

0436. 吃早饭　吃早起 tʂʅ24tsɔ31tɕhi0

0437. 吃午饭　吃晌午饭 tʂʅ24ʂã31ɸu31fæ̃44

0438. 吃晚饭　喝汤 xuo24thã31

0439. 吃~饭　吃 tʂʅ31／咥 tiɛ24／□ lã53

0440. 喝~酒　喝 xuo31

0441. 喝~茶　喝 xuo31

0442. 抽~烟　吃 tʂʅ31

0443. 盛~饭　舀 ɸiɔ53

0444. 夹用筷子~菜　抄 tshɔ31

0445. 斟~酒　倒 tɔ44

0446. 渴口~　炕 khã44／渴 khuo31

0447. 饿肚子~　饥 tɕi31／饿 ɸuo44

0448. 噎吃饭~着了　噎 ɸiɛ31

七、身体、医疗

（一）身体

0449. 头人的，统称　头 thou24／颡 sa24／头脑 tuo31lɔ0

0450. 头发　头发 thou31fa53

0451. 辫子　髦辫子 mɔ44phiæ̃24tsʅ0／髦絃子 mɔ24kæ̃31tsʅ0

0452. 旋　旋 ɕyæ̃44

0453. 额头　额颅 ŋei53lou0

0454. 相貌　模样 mo31ɸiã53

0455. 脸洗~　脸 liæ̃53

0456. 眼睛　眼窝 ȵiæ̃44ɸuo0

0457. 眼珠统称　眼仁子 ȵiæ̃53ʐɛ̃24tsʅ53／眼睛珠子 ȵiæ̃44tɕiəŋ31tʃu53tsʅ0

0458. 眼泪哭的时候流出来的　眼泪 ȵiæ̃44luei0

0459. 眉毛　眉眉 mi31mi53

0460. 耳朵　耳朵 ɸər44tuo0

0461. 鼻子　鼻子 phi31tsʅ53

0462. 鼻涕统称　鼻 phi24

0463. 擤~鼻涕　擤 ɕiəŋ53

0464. 嘴巴人的，统称　嘴 tsuei53

0465. 嘴唇　嘴唇 tsuei53ʃɛ̃24

0466. 口水～流出来　涎水 xæ31ʃuei0

0467. 舌头　舌头 ʂɤ31thou53

0468. 牙齿　牙 ȵia24

0469. 下巴　下巴 xa24pa0

0470. 胡子嘴周围的　胡子 xu31tsʅ53

0471. 脖子　脖项 pho31xã53/脖子 pho31tsʅ53

0472. 喉咙　胡咙眼 xu31lu44ȵiæ0

0473. 肩膀　胛骨 tɕia53kuo0

0474. 胳膊　胳臂 kɤ53pei0

0475. 手方言指（打√）：只指手√；包括臂：他的～摔断了　手 ʂou53

0476. 左手　左手 tsuo44ʂou0

0477. 右手　右手 Øiou44ʂou0

0478. 拳头　锤头子 tʃhuei31thou44tsʅ0

0479. 手指　指头 tsʅ53thou0

0480. 大拇指　大拇指头 ta24mu0tsʅ53thou0

0481. 食指　二拇指头 Øɚ24mu0tsʅ53thou0

0482. 中指　中指 tʃuəŋ31tsʅ0

0483. 无名指　无名指 Øu24miəŋ24tsʅ0

0484. 小拇指　小拇指头 ɕiɔ44mu0tsʅ53thou0

0485. 指甲　指甲 tsʅ53tɕia0/指甲盖 tsʅ53tɕia0kæ44

0486. 腿　腿 thuei53

0487. 脚方言指（打√）：只指脚√；包括小腿；包括小腿和大腿：他的～轧断了　脚 tɕyo31

0488. 膝盖指部位　磕膝盖 kɯ53ɕi0kæ44

0489. 背名词　脊背 tɕi53pei0

0490. 肚子腹部　肚子 thu24tsʅ0

0491. 肚脐　肚脐眼窝 phu31tɕhi44ȵiæ53Øuo31

0492. 乳房女性的　奶头 næ44thou0

0493. 屁股　沟子 kou53tsʅ0

0494. 肛门　沟门子 kou31mɛ̃24tsʅ53/屁眼子 phi24ȵiæ0tsʅ0

0495. 阴茎成人的　屌 tɕhiou24/锤子 tʃhuei31tsʅ53/老二 lɔ53Øɚ44

0496. 女阴成人的　屄 phi31

0497. 肏动词　合 zʅ31

0498. 精液　□ suəŋ24

0499. 来月经注意婉称　身上来咧 sɛ̃53sã0læ24liɛ53

0500. 拉屎　屙 pa53/屙屎 pa31sʅ53

0501. 撒尿　尿 ȵiɔ44/尿尿 ȵiɔ44ȵiɔ44

0502. 放屁　放屁 fã44phi44

0503. 相当于"他妈的"的口头禅　他妈的屄 tha31ma53ti0phi31

（二）疾病、医疗

0504. 病了　害病 xæ44phiəŋ44

0505. 着凉　凉了 liã31lia53/冒风了 mɔ24fəŋ31lia53

0506. 咳嗽　咳嗽 khɯ53sou0

0507. 发烧　发烧 fa24ʂɔ31

0508. 发抖　打颤 ta53tʂæ̃44/颤 tʂæ̃44

0509. 肚子疼　肚子疼 thu24tsʅ0thəŋ24

0510. 拉肚子　放后走 fã44xou44tsou53/跑后 phɔ53xou44/拉稀屎 la24ɕi31sʅ0

0511. 患疟疾 打摆子 ta31pæ44tsʅ0/放牛 fã44ȵiou24

0512. 中暑 无

0513. 肿 肿 tʃuəŋ53

0514. 化脓 熟脓 ʃu24luəŋ24

0515. 疤好了的 疤 pa31/伤疤 ʂã31pa31

0516. 癣 癣 ɕiæ̃53

0517. 痣凸起的 鹰子 Øiã44tsʅ0

0518. 疙瘩蚊子咬后形成的 疙瘩 kɯ53ta0

0519. 狐臭 无

0520. 看病 看病 khã44phiəŋ44

0521. 诊脉 号脉 xɔ44mei31

0522. 针灸 扎针 tsa24tʂɛ̃31

0523. 打针 打针 ta53tʂɛ̃31

0524. 打吊针 输水 ʃu31ʃuei53

0525. 吃药统称 吃药 tʂʅ24Øyo31

0526. 汤药 汤药 thã31Øyo31/柴药 tshæ31Øyo53

0527. 病轻了 罢了 pha24lia0/罢下了 pha24xa0lia0/好下了 xɔ44xa0lia0/轻省啦 tɕhiəŋ31səŋ31lia0/强些啦 tɕhiã31ɕiɛ53lia0

八、婚丧、信仰

（一）婚育

0528. 说媒 说媒 ʂɤ31mei24

0529. 媒人 媒人 mei31zɛ̃53/红爷 xuəŋ31Øiɛ53

0530. 相亲 见面 tɕi44miæ̃44

0531. 订婚 会亲 xuei44tɕhiɛ̃31/订婚 tiəŋ44xuɛ̃31

0532. 嫁妆 陪房 phei31fã53

0533. 结婚统称 结婚 tɕiɛ24xuɛ̃31

0534. 娶妻子男子~，动宾 娶媳子 tshu53ɕi53tsʅ0

0535. 出嫁女子~ 出门 tʃhu31mɛ̃24/起发 tɕi31fa31

0536. 拜堂 拜堂 pæ44thã24

0537. 新郎 新女婿 ɕiɛ̃31ȵy53ɕi0

0538. 新娘子 新媳妇 ɕiɛ̃31ɕi53fu0

0539. 孕妇 大肚子 ta44thu24tsʅ0/怀娃婆娘 xuæ24Øua44pho31ȵiã53

0540. 怀孕 身不空 ʂɛ̃31pu31kuəŋ44/有喜 Øiou31ɕi53

0541. 害喜妊娠反应 害娃 xæ44Øua24

0542. 分娩 养娃 Øiã53Øua24

0543. 流产 小月咧 ɕiɔ44Øyo31liɛ0

0544. 双胞胎 双生子 ʃuã24səŋ31tsʅ0

0545. 坐月子 坐月子 tshuo44Øyo53tsʅ0

0546. 吃奶 吃奶 tʂʅ31næ53

0547. 断奶 断奶 thuæ̃44næ53

0548. 满月 满月 mæ̃44Øyo31

0549. 生日统称 生日 səŋ31Øər31

0550. 做寿 过寿 kuo44ʂou44/贺寿 xuo44ʂou44

（二）丧葬

0551. 死统称 死 sʅ53

0552. 死婉称，最常用的几种，指老人：他~了 殁咧 mo31lia0/老去了 lɔ44tɕhi0lia0/下世了 xa44ʂʅ24lia0/享了福了 ɕiã53lia0fu31lia0

0553. 自杀 寻无常 ɕiɛ̃24u31tʂhã53

0554. 咽气 咽气 Øiɛ̃44tɕhi44

0555. 入殓 盛殓 ʂəŋ24liæ44

0556. 棺材　棺子 kuæ53tsʅ0/残 tshæ24/寿木 ʂou24mu0

0557. 出殡　抬埋 thæ31mæ53

0558. 灵位　灵牌 liəŋ31phæ53

0559. 坟墓单个的，老人的　坟 fɛ̃24

0560. 上坟　上坟 sã44fɛ̃24

0561. 纸钱　烧纸 ʂɔ31tsʅ53/纸钱 tsʅ44tɕhiæ0

(三) 信仰

0562. 老天爷　天爷 tɕhiæ53øiɛ0

0563. 菩萨统称　菩萨 phu31sa53

0564. 观音　观音菩萨 kuæ31iɛ̃31phu31sa53

0565. 灶神口头的叫法，其中如有方言亲属称谓要释义　灶爷 tsɔ44øiɛ24/灶奶 tsɔ44næ53

0566. 寺庙　庙 miɔ44

0567. 祠堂　祠堂 tshʅ31thã53

0568. 和尚　和尚 xɤ31ʂã53

0569. 尼姑　尼姑 ȵi31ku53

0570. 道士　道人 tɔ24zɛ̃0

0571. 算命统称　算卦 suæ31kua31

0572. 运气　运气 øyɛ̃44tɕhi44

0573. 保佑　保佑 pɔ53øiou44

九、人品、称谓

(一) 人品

0574. 人一个～　人 zɛ̃24

0575. 男人成年的，统称　男人 læ31zɛ̃53

0576. 女人三四十岁已婚的，统称　女人 ȵy44zɛ̃0

0577. 单身汉　单身汉 tæ24ʂɛ̃31xæ0/光棍 kuã53kuɛ̃0/光棍汉 kuã53kuɛ̃0xæ0

0578. 老姑娘　无

0579. 婴儿　月里娃 øyo53li0øua24

0580. 小孩儿三四岁的，统称　碎娃 suei44øua24

0581. 男孩儿统称：外面有个～在哭　男娃 læ24øua24/儿子娃 øər31tsʅ53øua24

0582. 女孩儿统称：外面有个～在哭　女子娃 ȵy44tsʅ0øua24/女娃 ȵy53øua24

0583. 老人七八十岁的，统称　老人 lɔ53zɛ̃24/老儿家 lɔ53ør0tɕia31

0584. 亲戚统称　亲亲 tɕhiɛ̃31tɕhiɛ̃0

0585. 朋友统称　朋友 phəŋ31øiou53

0586. 邻居统称　邻家 liɛ̃31tɕia53

0587. 客人　客 khei31

0588. 农民　庄稼汉 tʃuã53tɕia31xæ0

0589. 商人　生意人 səŋ53øi0zɛ241/买卖人 mæ31mæ0zɛ̃24

0590. 手艺人统称　匠人 tɕhiã24zɛ̃24

0591. 泥水匠　泥水匠 ȵi31ʃuei44tɕhiã0/泥瓦匠 ȵi31øua44tɕhiã0

0592. 木匠　木匠 mu53tɕhiã0

0593. 裁缝　裁缝 tshæ31fəŋ53

0594. 理发师　剃头匠 tɕhi24thou31tɕhiã0/待招 tæ24tʂɔ0/待张 tæ24tʂã0

0595. 厨师　厨子 tʃhu31tsʅ53

0596. 师傅　师傅 sʅ53fu0

0597. 徒弟　徒弟 thu31tɕhi53

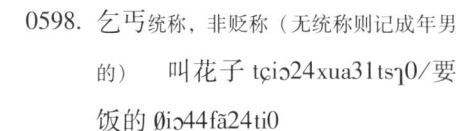

0598. 乞丐统称，非贬称（无统称则记成年男的）　叫花子 tɕiɔ24xua31tsʅ0/要饭的 øiɔ44fã24ti0

0599. 妓女　卖屄的 mæ44phi53ti0/婊子 piɔ44tsʅ0

0600. 流氓　流氓 liou24mã24

0601. 贼　贼 tshei24/贼娃子 tshei31ɵua53tsʅ0/绺客 liou44khei31/绺娃子 liou44ɵua0tsʅ0/三只手 sæ̃31tsʅ31ʂou53

0602. 瞎子统称，非贬称（无统称则记成年男的）　瞎子 xa53tsʅ0

0603. 聋子统称，非贬称（无统称则记成年男的）　聋子 luəŋ31tsʅ53

0604. 哑巴统称，非贬称（无统称则记成年男的）　哑巴 ȵia44pa0

0605. 驼子统称，非贬称（无统称则记成年男的）　揹锅子 pei24kuo31tsʅ0/背个子 pei24kɤ0tsʅ0

0606. 瘸子统称，非贬称（无统称则记成年男的）　拐子 kuæ44tsʅ0

0607. 疯子统称，非贬称（无统称则记成年男的）　疯子 fəŋ53tsʅ0

0608. 傻子统称，非贬称（无统称则记成年男的）　瓜子 kua53tsʅ0

0609. 笨蛋蠢的人　闷□ mæ̃44suəŋ24

（二）称谓

0610. 爷爷呼称，最通用的　爷 øiɛ24

0611. 奶奶呼称，最通用的　奶 læ53

0612. 外祖父叙称　舅爷 tɕiou44øiɛ24/外爷 ɵuei24øiɛ24

0613. 外祖母叙称　舅奶 tɕiou44læ53/舅妣 tɕiou24pa0

0614. 父母合称　老人 lɔ53ʐə̃24

0615. 父亲叙称　爹 tiɛ31/大 ta24/伯 pei53

0616. 母亲叙称　我妈 ŋɤ31ma53

0617. 爸爸呼称，最通用的　爹 tiɛ31/大 ta24/伯 pei31

0618. 妈妈呼称，最通用的　妈 ma53

0619. 继父叙称　后大 xou44ta24

0620. 继母叙称　后妈 xou44ma24

0621. 岳父叙称　姨父 øi31fu53/丈人 tʂhã24ʐə̃31

0622. 岳母叙称　姨 øi24/丈母娘 tʂhã24mu31ȵiã24

0623. 公公叙称　阿公大 øa53kuəŋ0ta24

0624. 婆婆叙称　婆婆妈 pho31pho53ma44

0625. 伯父呼称，统称　伯 pei44/大爹 ta44tiɛ53

0626. 伯母呼称，统称　大妈 ta44ma53

0627. 叔父呼称，统称　大 ta24

0628. 叔父呼称，排行最小的，如"幺叔"　碎大 suei44ta24

0629. 叔母呼称，统称　妈 ma53

0630. 姑呼称，统称（无统称则记分称：比父大，比父小；已婚，未婚）　姑 ku53

0631. 姑父呼称，统称　姑父 ku53fu0

0632. 舅舅呼称　舅 tɕiou53

0633. 舅妈呼称　妗子 tɕhiɛ̃24tsʅ0

0634. 姨呼称，统称（无统称则记分称：比母大，比母小；已婚，未婚）　姨 øi24

0635. 姨父呼称，统称　姨夫 øi31fu53

0636. 弟兄合称　弟兄们 thi24ɕyəŋ31mə̃0

710

弟兄 tɕhi24ɕyəŋ0

0637. 姊妹合称，注明是否可包括男性
姊妹包括男性 tsʅ44mei0

0638. 哥哥呼称，统称 哥 kɤ44

0639. 嫂子呼称，统称 嫂子 sɔ44tsʅ0

0640. 弟弟叙称 兄弟 ɕyəŋ53tɕhi0

0641. 弟媳叙称 兄弟媳妇
ɕyəŋ53tɕhi0ɕi53fu0

0642. 姐姐呼称，统称 姐 ɕiɛ53

0643. 姐夫呼称 姐夫 ɕiɛ44fu0

0644. 妹妹叙称 妹子 mei24tsʅ0

0645. 妹夫叙称 妹夫 mei24fu0

0646. 堂兄弟叙称，统称 伯叔兄弟
pei53ʃu31ɕyəŋ31tɕhi0

0647. 表兄弟叙称，统称 表兄弟
piɔ53ɕyəŋ31ti44

0648. 妯娌弟兄妻子的合称 先后
ɕiã24xou0

0649. 连襟姊妹丈夫的关系，叙称 两挑
liã31thiɔ53/一担柴 Øi31tã44tshæ24

0650. 儿子叙称：我的～ 儿 Øər24/
娃 Øua24

0651. 儿媳妇叙称：我的～ 媳妇 ɕi53fu0

0652. 女儿叙称：我的～ 女子 n̻y44tsʅ0

0653. 女婿叙称：我的～ 女婿 n̻y44ɕi0

0654. 孙子儿子之子 孙子 suɛ̃53tsʅ0

0655. 重孙子儿子之孙 重孙
tʃhuəŋ31suɛ̃53

0656. 侄子弟兄之子 侄儿 tʂhʅ24Øɚ0

0657. 外甥姐妹之子 外甥 Øuæ24səŋ0

0658. 外孙女儿之子 外孙子
Øuæ24suɛ̃31tsʅ0

0659. 夫妻合称 两口子 liã31khou31tsʅ0

0660. 丈夫叙称，最通用的，非贬称：她的～
男人 lã31zɤ̃53/老汉 lɔ44xã0/女婿
n̻y44ɕi0/外前人 Øuæ24tɕhiã0zɤ̃24/
掌柜的 tʂã53khuei24ti0

0661. 妻子叙称，最通用的，非贬称：他的～
媳子 ɕi53tsʅ0/婆娘 pho31n̻iã53/
老婆 lɔ44pho0/上锅的 ʂã44kuo53ti0/
屋里人 Øu53li0zɤ̃24

0662. 名字 名字 miəŋ31tsʅ53

0663. 绰号 绰子号 tʃhuo53tsʅ0xɔ44/
吆喝 Øiɔ53xuo0

十、农、工、商、文

（一）农业

0664. 干活儿统称：在地里～ 做活
tsu44xuo24

0665. 事情一件～ 事 sʅ44

0666. 插秧 无

0667. 割稻 无

0668. 种菜 种菜 tʃuəŋ44tshæ44/务菜
Øu44tshæ44

0669. 犁名词 犁 li24

0670. 锄头 锄 tʃhu24

0671. 镰刀 镰 liã24

0672. 把儿刀～ 把把 pa24pa0

0673. 扁担 扁担 piã44tã0

0674. 箩筐 笼 luəŋ53

0675. 筛子统称 筛子 sæ44tsʅ0

0676. 簸箕农具，有梁的 搓兜子
tshuo31tou31tsʅ0

0677. 簸箕簸米用 簸箕 po24tɕi0

0678. 独轮车 推车子 thuei31tʂhɤ31tsʅ0

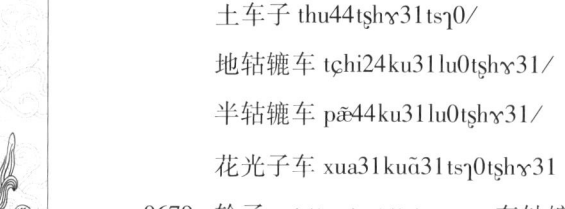

土车子 thu44tʂɤ31tsʅ0/
地轱辘车 tɕhi24ku31lu0tʂɤ31/
半轱辘车 pæ̃44ku31lu0tʂɤ31/
花光子车 xua31kuã31tsʅ0tʂɤ31

0679. 轮子旧式的，如独轮车上的 车轱辘 tʂɤ31ku53lu0

0680. 碓整体 碓窝 tuei24Øuo0

0681. 臼 碓窝 tuei24Øuo0

0682. 磨名词 䃺子 Øuei24tsʅ0/磨子 mo24tsʅ0

0683. 年成 年成 ȵiæ̃31tʂhəŋ53

(二) 工商业

0684. 走江湖统称 无

0685. 打工 拉长工 la31tʂhã31kuəŋ53/打短工 ta53tuæ̃44kuəŋ31/下苦 ɕia44fu53/受苦 ʂou44fu53/打工 ta53kuəŋ31

0686. 斧子 斧头 fu44thou0

0687. 钳子 钳子 tɕhiæ̃31tsʅ53

0688. 螺丝刀 起子 tɕhi44tsʅ0

0689. 锤子 锤锤子 tʃhuei31tʃhuei44tsʅ0

0690. 钉子 钉子 tiəŋ53tsʅ0

0691. 绳子 绳 ʂəŋ24/绳绳子 ʂəŋ31ʂəŋ44tsʅ0

0692. 棍子 光光短 kuã31kuã53/棍长 kuɛ̃44

0693. 做买卖 做生意 tsu44səŋ53Øi0

0694. 商店 铺子 phu24tsʅ0

0695. 饭馆 馆子 kuæ̃44tsʅ0

0696. 旅馆旧称 店 tiæ̃44

0697. 贵 贵 kuei44

0698. 便宜 欠 tɕhiæ̃44/便宜 phiæ̃31Øi53

0699. 合算 划算 xua31ʃuæ̃53/划得来 xua24ti53læ24

0700. 折扣 折扣 tʂɤ31khou44

0701. 亏本 贴咧 tɕhiɛ31lia0/赔咧 phei31lia53/折咧 ʂɤ31lia53/烂包咧 læ24pɔ31lia0

0702. 钱统称 钱 tɕhiæ̃24

0703. 零钱 零钱 liəŋ24tɕhiæ̃24

0704. 硬币 分分元 fɛ̃53fɛ̃0Øyæ̃24

0705. 本钱 本 pɛ̃53/本钱 pɛ̃44tɕhiæ̃0

0706. 工钱 工钱 kuəŋ53tɕhiæ̃0

0707. 路费 盘缠 phæ̃31tʂhæ̃53/盘费 phæ̃24fei44

0708. 花～钱 花 xua31

0709. 赚卖一斤能～一毛钱 赚 tʃuæ̃44/tɕiæ̃44

0710. 挣打工～了一千块钱 挣 tsəŋ44

0711. 欠～他十块钱 该 kæ31/欠 tɕhiæ̃44

0712. 算盘 算盘 suæ̃24phæ̃0

0713. 秤统称 秤 tʂhəŋ44

0714. 称用秤～ 称 tʂhəŋ31/货 tsʅ44

0715. 赶集 跟集 kɛ̃31tɕhi24

0716. 集市 集 tɕhi24

0717. 庙会 会 xuei44

(三) 文化、娱乐

0718. 学校 学校 ɕyo24ɕiɔ44

0719. 教室 教室 tɕiɔ24ʂʅ0

0720. 上学 上学 ʂã44ɕyo24/念书 ȵiæ̃44ʃu31

0721. 放学 放学 fã44ɕyo24

0722. 考试　考试 khɔ53sʅ44
0723. 书包　书包 ʃu31pɔ31
0724. 本子　本子 pẽ53tsʅ0
0725. 铅笔　铅笔 tɕhiæ24pi31
0726. 钢笔　水笔 ʃuei53pi31
0727. 圆珠笔　原子笔 Øyæ31tsʅ53pi31
0728. 毛笔　毛笔 mɔ24pi31
0729. 墨　墨 mei24
0730. 砚台　砚台 Øiæ24thɑ0
0731. 信一封~　信 ɕiɛ̃44
0732. 连环画　连环画 liæ31xuæ53xua44
0733. 捉迷藏　藏麻老猴 tshã24ma31lɔ44xou0
0734. 跳绳　跳绳 tɕhiɔ24ʂəŋ24
0735. 毽子　毽子 tɕyæ24tsʅ0
0736. 风筝　风筝 fəŋ31tsəŋ31
0737. 舞狮　耍狮子 ʃua53sʅ53tsʅ0
0738. 鞭炮统称　鞭炮 piæ44phɔ0
0739. 唱歌　唱歌儿 tʂhã44kɤr53
0740. 演戏　唱戏 tʂhã44ɕi44
0741. 锣鼓统称　锣鼓家什 lu31ku44tɕia31sʅ0
0742. 二胡　二胡 Øər24xu0
0743. 笛子　笛 tɕhi24
0744. 划拳　划拳 xua24tɕhyæ24
0745. 下棋　下棋 ɕia44tɕhi24
0746. 打扑克　打扑克 ta53phu44khei31/打牌 ta53phæ24
0747. 打麻将　打麻将 ta53ma24tɕiã44/垒长城 luei53tʂhã31tʂhəŋ53/搬砖 pæ24tʃuæ31
0748. 变魔术　耍把戏 ʃua53pa44ɕi0

0749. 讲故事　说古今 ʂɤ31ku44tɕiɛ̃0
0750. 猜谜语　□口子 tæ31khuo44tsʅ0
0751. 玩儿游玩：到城里~　逛 kuā44/浪 lã44/□ tshā44
0752. 串门儿　串门子 tʃhuæ44mɛ̃31tsʅ53/游门子 Øiou24mɛ̃31tsʅ53
0753. 走亲戚　走亲亲 tsou53tɕhiɛ̃31tɕhiɛ̃0

十一、动作、行为

（一）具体动作

0754. 看~电视　看 khæ44
0755. 听用耳朵~　听 tɕhiəŋ31
0756. 闻嗅：用鼻子~　闻 Øuɛ̃24
0757. 吸~气　吸 ɕi31
0758. 睁~眼　睁 tsəŋ31
0759. 闭~眼　闭 pi44/合 xuo24
0760. 眨~眼　眨 tsa31
0761. 张~嘴　张 tʂã31
0762. 闭~嘴　闭 pi44
0763. 咬狗~人　咬 ȵiɔ53
0764. 嚼把肉~碎　嚼 tɕhyo24
0765. 咽~下去　咽 Øiæ44
0766. 舔人用舌头~　舔 tɕhiæ53
0767. 含~在嘴里　噙 tɕhiɛ̃24
0768. 亲嘴　绑 pã24
0769. 吮吸用嘴唇聚拢吸取液体，如吃奶时　噱 ɕyo31
0770. 吐上声，把果核儿~掉　吐 thu53
0771. 吐去声，呕吐：喝酒喝~了　吐 thu53

0772. 打喷嚏　打喷嚏 ta53phẽ24tɕhi0
0773. 拿用手把苹果～过来　搢 xa53
0774. 给他～我一个苹果　给 kei44
0775. 摸～头　摸 mɔ31/揣 tʃhuæ53
0776. 伸～手　伸 ʂẽ31/呲 tshɿ31
0777. 挠～痒痒　搔 tsɔ31
0778. 掐用拇指和食指的指甲～皮肉　掐 tɕhia31
0779. 拧～螺丝　拧 ȵiəŋ24
0780. 拧～毛巾　拧 ȵiəŋ24
0781. 捻用拇指和食指来回～碎　捻 ȵiæ53
0782. 掰把橘子～开，把馒头～开　掰 pei31
0783. 剥～花生　剥 pɔ31
0784. 撕把纸～了　撕 sɿ31
0785. 折把树枝～断　折 tʂɤ53
0786. 拔～萝卜　爬 pha24
0787. 摘～花　择 tshei24
0788. 站站立：～起来　立 li31
0789. 倚斜靠：～在墙上　靠 khɔ44
0790. 蹲～下　圪蹴 kɯ53tɕiou0/蹴 tɕiou44
0791. 坐～下　坐 tshuo44
0792. 跳青蛙～起来　跳 tɕhiɔ24/蹦 piɛ44
0793. 迈跨过高物：从门槛上～过去　跷 tɕhiɔ31
0794. 踩脚～在牛粪上　踏 tha24
0795. 翘～腿　翘 tɕhiɔ44
0796. 弯～腰　弯 Øuæ31
0797. 挺～胸　挺 tɕhiəŋ53
0798. 趴～着睡　趴 pha24

0799. 爬小孩儿在地上～　爬 pha24
0800. 走慢慢儿～　走 tsou53
0801. 跑慢慢儿走，别～　跑 phɔ53
0802. 逃逃跑：小偷儿～走了　跑 phɔ24/溜 liou44
0803. 追追赶：～小偷儿　撵 ȵiæ53
0804. 抓～小偷儿　逮 tæ31/抓 tʃua31
0805. 抱把小孩儿～在怀里　抱 pɔ44/搭 tɕhia44
0806. 背～孩子　背 pei31
0807. 搀～老人　搀 tshæ31
0808. 推几个人一起～汽车　掀 ɕiæ31
0809. 摔跌：小孩儿～倒了　跘 pã44/跌 tiɛ31
0810. 撞人～到电线杆　撞 tʃuã44/碰 phəŋ44/对 tuei24
0811. 挡你～住我了，我看不见　挡 tã44/堵 tu53
0812. 躲躲藏：他～在床底下　藏 tɕhiã24
0813. 藏藏放，收藏：钱～在枕头下面　藏 tɕhiã24
0814. 放把碗～在桌子上　放 fã44/搁 kuo31
0815. 擩把砖～起来　擩 luo44
0816. 埋～在地下　埋 mæ24
0817. 盖把茶杯～上　盖 kei44
0818. 压用石头～住　压 ȵia31
0819. 摁用手指按：～图钉　压 ȵia31
0820. 捅用棍子～鸟窝　捅 thuəŋ53
0821. 插把香～到香炉里　插 tsha31
0822. 戳～个洞　戳 tʃhuo31
0823. 砍～树　伐 fa24
0824. 剁把肉～碎做馅儿　剁 tuo44/

斫 tsa53

0825. 削 ～苹果　削 ɕyo31
0826. 裂木板～开了　绽 tʂæ31
0827. 皱皮～起来　出 tʃhu31
0828. 腐烂死鱼～了　臭 tʂhou44
0829. 擦用毛巾～手　擦 tsha31
0830. 倒把碗里的剩饭～掉　倒 tɔ44
0831. 扔丢弃：这个东西坏了，～了它
　　　撂 liɔ44/扔 øre53/撇 phiɛ31
0832. 扔投掷：比一比谁～得远
　　　撂 liɔ44/扔 øre53
0833. 掉掉落，坠落：树上～下一个梨
　　　跌 tiɛ31
0834. 滴水～下来　跌 tiɛ31
0835. 丢丢失：钥匙～了　丢 tiou31/
　　　失遗 ʂɨ53øi0
0836. 找寻找：钥匙～到了　找 tsɔ53/
　　　寻 ɕiɛ̃24
0837. 捡～到十块钱　捡 tɕiæ̃53/拾 ʂɨ24
0838. 提用手把篮子～起来　提 tɕhi24
0839. 挑～担　担 tæ31
0840. 扛把锄头～在肩上　□ tɕiɛ24
0841. 抬～轿　抬 thæ24
0842. 举～旗子　□ tʂou53/搭 ta31
0843. 撑～伞　撑 tshəŋ31
0844. 撬把门～开　撬 tɕhiɔ44
0845. 挑挑选，选择：你自己～一个
　　　挑 tɕhiɔ31/拣 tɕiæ̃53
0846. 收拾～东西　拾掇 ʂɨ31tuo53/
　　　零整 liəŋ31tʂəŋ53
0847. 挽～袖子　挽 øuæ̃53/搧 piæ̃53
0848. 涮把杯子～一下　涮 ʃuæ44
0849. 洗～衣服　洗 ɕi53

0850. 捞～鱼　捞 lɔ24
0851. 拴～牛　拴 ʃuæ̃31
0852. 捆～起来　捆 khuẽ53/绑 pã53
0853. 解～绳子　解 tɕiɛ53
0854. 挪～桌子　挪 luo24
0855. 端～碗　端 tuæ̃31/掇 tuo31
0856. 摔碗～碎了　跸 phæ̃44
0857. 掺～水　掺 tshæ̃31/兑 tuei44
0858. 烧～柴　烧 ʂɔ31
0859. 拆～房子　拆 tshei31
0860. 转～圈儿　转 tʃuæ̃44
0861. 捶用拳头～　捶 tʃhuei24
0862. 打统称：他～了我一下　打 ta53/
　　　挃 tiɛ24/捶跑 tʃhuei31phɔ53
0863. 打架动手：两个人在～　打捶
　　　ta53tʃhuei24
0864. 休息　歇 ɕiɛ31/缓 xuæ̃53
0865. 打哈欠　打呵欠 ta53xɯ53tɕhiɛ0
0866. 打瞌睡　丢盹 tiou31tuẽ53/
　　　打盹 ta31tuẽ53
0867. 睡他已经～了　睡 ʃuei44
0868. 打呼噜　打呼噜 ta53xu53lu31/
　　　□里 la53li0
0869. 做梦　做睡梦 tsu44ʃuei24məŋ0/
　　　梦睡梦 məŋ44ʃuei24məŋ0
0870. 起床　起来 tɕhiɛ44læ0
0871. 刷牙　刷牙 ʃua31n̠ia24
0872. 洗澡　洗身上 ɕi53ʂẽ53ʂã0

(二) 抽象动作

0873. 想思索：让我～一下　想 ɕiã53
0874. 想想念：我很～他　想 ɕiã53
0875. 打算我～开个店　打划 ta44xua0/

想 ɕiã53

0876. 记得　记得 tɕi24ti0

0877. 忘记　忘 Øuã44

0878. 怕害怕：你别～　害怕 xæ44pha44/怯 tɕhiɛ31/怯火 tɕhiɛ31xuo53

0879. 相信我～你　信 ɕiẽ44

0880. 发愁　愁 tshou24

0881. 小心过马路要～　当心 tã24ɕiẽ31/留神 liou24ʂẽ24

0882. 喜欢～看电视　爱 ŋæ44

0883. 讨厌～这个人　日眼 zʅ31n̠iã53/眼黑 n̠iæ44xei31/见不得 tɕiæ24pu31ti0

0884. 舒服凉风吹来很～　受活 ʂou24xuo31/美 mei53

0885. 难受生理的　难受 læ24ʂou44

0886. 难过心理的　难过 læ24kuo44

0887. 高兴　高兴 kɔ31ɕiəŋ44/欢喜 xuæ31ɕi0

0888. 生气　着气 tʃhuo24tɕhi44/上气 ʂã44tɕhi44

0889. 责怪　怪 kuæ44/怨 Øyæ44

0890. 后悔　后悔 xou24xuei0

0891. 忌妒　心屈 ɕiẽ24ɕy31

0892. 害羞　羞 ɕiou31/臊 sɔ44/□ ʃuẽ24

0893. 丢脸　丢人 tiou31zẽ24

0894. 欺负　欺负 tɕhi53fu0

0895. 装～病　装 tʃuã31

0896. 疼～小孩儿　心疼 ɕiẽ31thəŋ24

0897. 要我～这个　要 Øiɔ44

0898. 有我～一个孩子　有 Øiou53

0899. 没有他～孩子　没 mo31/没有 mo31Øiou0

0900. 是我～老师　是 sʅ44

0901. 不是他～老师　不是 pu31sʅ44

0902. 在他～家　到 tɔ44

0903. 不在他～家　没到 mo31tɔ44

0904. 知道我～这件事　知道 tʂʅ53tɔ0

0905. 不知道我～这件事　不知道 pu31tʂʅ53tɔ0

0906. 懂我～英语　懂 tuəŋ53/会 xuei44

0907. 不懂我～英语　不懂 pu31tuəŋ53/不会 pu31xuei44

0908. 会我～开车　会 xuei44

0909. 不会我～开车　不会 pu31xuei44

0910. 认识我～他　认得 zẽ24ti0

0911. 不认识我～他　认不得 zẽ24pu31ti0

0912. 行应答语　能行 ləŋ24ɕiəŋ24/能成 ləŋ24tʂhəŋ24

0913. 不行应答语　不得成 pu53ti31tʂhəŋ24/不得行 pu53ti31ɕiəŋ24

0914. 肯～来　爱 ŋæ44/肯 khẽ53

0915. 应该～去　该 kæ31/应该 Øiəŋ24kæ31

0916. 可以～去　能 ləŋ24

（三）言语

0917. 说～话　说 ʂɤ31

0918. 话说～　话 xua44

0919. 聊天儿　谝传 phiæ53tʃhuæ24/谝闲传 phiæ53xæ24tʃhuæ24

0920. 叫～他一声儿　叫 tɕiɔ44

0921. 吆喝大声喊　叫唤 tɕiɔ24xuæ31/

喊叫 xæ44tɕiɔ0

0922. 哭小孩儿～ 哭 fu31

0923. 骂当面～人 骂 ma44／日嚗
zʅ53tɕyo0

0924. 吵架动嘴：两个人在～ 骂仗
ma44tʂã44

0925. 骗～人 哄 xuəŋ53

0926. 哄～小孩儿 哄 xuəŋ53

0927. 撒谎 编谎 piæ31xuã53／日鬼
zʅ31kuei53

0928. 吹牛 吹牛皮 tʃhuei31ȵiou24phi24／
说大话 ʂɤ31ta44xua44

0929. 拍马屁 舔沟子
tɕhiæ53kou53tsʅ0

0930. 开玩笑 说耍话 ʂɤ31ʃua44xua0

0931. 告诉～他 给……说
kei44… ʂɤ31

0932. 谢谢致谢语 谢谢 ɕiɛ44ɕiɛ0

0933. 对不起致歉语 对不起
tuei24pu31tɕhiɛ53

0934. 再见告别语 回头见
xuei24thou24tɕiæ44／走咧
tsou31lia0

十二、性质、状态

（一）形貌

0935. 大苹果～ 大 ta44

0936. 小苹果～ 碎 suei44

0937. 粗绳子～ 壮 tʃuã44

0938. 细绳子～ 细 ɕi44

0939. 长线～ 长 tʂhã24

0940. 短线～ 短 tuæ53

0941. 长时间～ 长 tʂhã24

0942. 短时间～ 短 tuæ53

0943. 宽路～ 宽 khuæ31

0944. 宽敞房子～ 宽展 khuæ31tʂæ0

0945. 窄路～ 窄 tsei31

0946. 高飞机飞得～ 高 kɔ31

0947. 低鸟飞得～ 低 ti31

0948. 高他比我～ 高 kɔ31

0949. 矮他比我～ 低 ti31

0950. 远路～ 远 øyæ53

0951. 近路～ 近 tɕhiɛ44

0952. 深水～ 深 sɛ31

0953. 浅水～ 浅 tɕhiæ53

0954. 清水～ 清 tɕhiəŋ31

0955. 浑水～ 浑 xuɛ24

0956. 圆 圆 øyæ24

0957. 扁 扁 piæ53

0958. 方 方 fã31

0959. 尖 尖 tɕiæ31

0960. 平 平 phiəŋ24

0961. 肥～肉 肥 fei24

0962. 瘦～肉 瘦 sou44

0963. 肥形容猪等动物 肥 fei24

0964. 胖形容人 胖 phã44

0965. 瘦形容人、动物 瘦 sou44

0966. 黑黑板的颜色 黑 xei31

0967. 白雪的颜色 白 phei24

0968. 红国旗的主颜色，统称 红 xuəŋ24

0969. 黄国旗上五星的颜色 黄 xuã24

0970. 蓝蓝天的颜色 蓝 læ24

0971. 绿绿叶的颜色 绿 liou31

0972. 紫紫药水的颜色 绛色 tɕiã24sei0

0973. 灰草木灰的颜色 灰 xuei31

（二）状态

0974. 多东西～ 多 tuo31
0975. 少东西～ 少 ʂɔ53
0976. 重担子～ 重 tʃhuəŋ44
0977. 轻担子～ 轻 tɕhiəŋ31
0978. 直线～ 端 tuæ̃31
0979. 陡坡～，楼梯～ 立 li31
0980. 弯弯曲：这条路是～的 弯 Øuæ̃31
0981. 歪帽子戴～了 斜 ɕiɛ24/偏 phiæ̃31
0982. 厚木板～ 厚 xou44/厚实 xou24ʂʅ0
0983. 薄木板～ 薄 pho24/消薄 ɕiɔ53pho0
0984. 稠稀饭～ 稠 tʂhou24
0985. 稀稀饭～ 稀 ɕi31/清 tɕhiəŋ31
0986. 密菜种得～ 稠 tʂhou24/稠满 tʂhou31mæ̃53
0987. 稀稀疏：菜种得～ 稀 ɕi31/稀刷刷 ɕi31ʃua31ʃua0
0988. 亮指光线，明亮 亮 liã44/明亮 miəŋ24liã44
0989. 黑指光线，完全看不见 黑 xei31/黑咕隆咚 xei31ku0luəŋ0tuəŋ0
0990. 热天气～ 热 zɤ31
0991. 暖和天气～ 暖和 lyæ̃44xuo0
0992. 凉天气～ 凉 liã24
0993. 冷天气～ 冷 ləŋ53/冻 tuəŋ44
0994. 热水～ 热 zɤ31/烧 ʂɔ31
0995. 凉水～ 凉 liã24/冰 piəŋ31
0996. 干干燥：衣服晒～了 干 kæ̃31
0997. 湿潮湿：衣服淋～了 湿 ʂʅ31

0998. 干净衣服～ 净 tɕhiəŋ44
0999. 脏肮脏，不干净，统称：衣服～ 脏 tsã31
1000. 快锋利：刀子～ 利 li44/快 khuæ44
1001. 钝刀子～ 老 lɔ53
1002. 快坐车比走路～ 快 khuæ44
1003. 慢走路比坐车～ 慢 mæ̃44
1004. 早来得～ 早 tsɔ53
1005. 晚来～了 迟 tshʅ24
1006. 晚天色～ 黑 xei31
1007. 松捆得～ 松 suəŋ31
1008. 紧捆得～ 紧 tɕiɛ̃53
1009. 容易这道题～ 容易 Øyəŋ31Øi53
1010. 难这道题～ 难 læ̃24
1011. 新衣服～ 新 ɕiɛ̃31
1012. 旧衣服～ 旧 tɕhiou44
1013. 老人～ 老 lɔ53/岁数大咧 tsuei24ʃu0ta24li0
1014. 年轻人～ 年轻 niæ̃24tɕhiəŋ31
1015. 软糖～ 软 ʐuæ̃53
1016. 硬骨头～ 硬 ȵiəŋ44
1017. 烂肉煮得～ 烂 læ̃44
1018. 煳饭烧～了 焦 tɕiɔ31
1019. 结实家具～ 结实 tɕiɛ53ʂʅ0
1020. 破衣服～ 烂 læ̃44
1021. 富他家很～ 富 fu44
1022. 穷他家很～ 穷 tɕhyəŋ24
1023. 忙最近很～ 忙 mã24
1024. 闲最近比较～ 闲 ɕiæ̃24
1025. 累走路走得很～ 挣 tsəŋ44/乏 fa24
1026. 疼摔～了 疼 thəŋ24

1027. 痒皮肤～ 咬 ȵiɔ53

1028. 热闹看戏的地方很～ 热闹 zɤ53lɔ0

1029. 熟悉这个地方我很～ 熟 ʃu24

1030. 陌生这个地方我很～ 生 səŋ31

1031. 味道尝尝～ 味道 Øuei24tɔ0

1032. 气味闻闻～ 贵 kuei44/气色 tɕhi24sei0

1033. 咸菜～ 咸 xæ24

1034. 淡菜～ 甜 tɕhiæ24

1035. 酸 酸 suæ31

1036. 甜 甜 tɕhiæ24

1037. 苦 苦 fu53

1038. 辣 辣 la31

1039. 鲜鱼汤～ □ tɕiæ53

1040. 香 香 ɕiã31/爨 tshuæ44

1041. 臭 臭 tʂhou44

1042. 馊饭～ 燍气 sɿ53tɕi0

1043. 腥鱼～ 腥气 ɕiəŋ53tɕhi0

(三) 品性

1044. 好人～ 好 xɔ53/歹 tæ53

1045. 坏人～ 瞎 xa31

1046. 差东西质量～ 烂脏 læ44tsã44/日瘪 zɿ31piɛ53

1047. 对账算～了 对 tuei44

1048. 错账算～了 错 tshuo31

1049. 漂亮形容年轻女性的长相：她很～ 惜 ɕi31/惜泛 ɕi53fã0/嫽 liɔ24/心疼 ɕiɛ̃31thəŋ24

1050. 丑形容人的长相：猪八戒很～ 丑 tʂhou53/难看 læ24khæ44

1051. 勤快 勤苦 tɕhiɛ̃31fu53

1052. 懒 懒 læ53

1053. 乖 乖 kuæ31

1054. 顽皮 淘气 thɔ24tɕhi44

1055. 老实 老实 lɔ44ʂɿ0/实诚 ʂɿ31tʂhəŋ53

1056. 傻痴呆 瓜 kua31

1057. 笨蠢 闷 mɛ̃44

1058. 大方不吝啬 大方 ta24fã0/霍嗨 xuo31xæ0

1059. 小气吝啬 啬 sei31

1060. 直爽性格～ 直 tʂʅ24

1061. 犟脾气～ 犟 tɕhiã44

十三、数量

(一) 数字

1062. 一～二三四五……，下同 一 Øi31

1063. 二 二 Øər44

1064. 三 三 sæ31

1065. 四 四 sɿ44

1066. 五 五 Øu53

1067. 六 六 liou31

1068. 七 七 tɕhi31

1069. 八 八 pa31

1070. 九 九 tɕiou53

1071. 十 十 ʂʅ24

1072. 二十有无合音 二十无合音 Øər24ʂʅ0

1073. 三十有无合音 三十无合音 sæ53ʂʅ0

1074. 一百 一百 Øi24pei31

1075. 一千 一千 Øi24tɕhiæ31

1076. 一万 一万 Øi31uæ44

1077. 一百零五 一百零五 Øi24pei31liɛ24Øu53

1078. 一百五十　一百五十 ȵi24pei31ɵu44ʂʅ0

1079. 第一～，第二　头一个 thou24ȵi44kæ0

1080. 二两重量　二两 ɵər24liã0

1081. 几个你有～孩子？　几个 tɕi31kæ0

1082. 俩你们～　两个 liã31kæ0

1083. 仨你们～　三个 sã31kæ0

1084. 个把　个把 kɤ24pa0

(二) 量词

1085. 个一～人　个 kæ0

1086. 匹一～马　个 kæ0

1087. 头一～牛　个 kæ0/头 thou24

1088. 头一～猪　个 kæ0/头 thou24

1089. 只一～狗　个 kæ0

1090. 只一～鸡　个 kæ0

1091. 只一～蚊子　个 kæ0

1092. 条一～鱼　条 tɕiɔ24

1093. 条一～蛇　个 kæ0

1094. 张一～嘴　张 tʂã31

1095. 张一～桌子　张 tʂã31

1096. 床一～被子　床 tʃhuã24

1097. 领一～席子　[一个] ȵiɛ31

1098. 双一～鞋　双 ʃuã31

1099. 把一～刀　个 kæ0/把 pa53

1100. 把一～锁　把 pa53

1101. 根一～绳子　条 tɕiɔ24

1102. 支一～毛笔　支 tsʅ31

1103. 副一～眼镜　副 fu44

1104. 面一～镜子　个 kæ0

1105. 块一～香皂　块 khuæ53

1106. 辆一～车　挂子 kua53tsʅ0

1107. 座一～房子　座 tshuo44

1108. 座一～桥　座 tshuo44

1109. 条一～河　条 tɕiɔ24

1110. 条一～路　条 tɕiɔ24

1111. 棵一～树　棵 kuo53

1112. 朵一～花　朵 tuo53

1113. 颗一～珠子　颗 kuo53

1114. 粒一～米　粒 li24/颗子 kuo53tsʅ0

1115. 顿一～饭　顿 tuɛ̃44

1116. 剂一～中药　服 fu44

1117. 股一～香味　股 ku53

1118. 行一～字　行 xã53/行子 xã53tsʅ0

1119. 块一～钱　块 khuæ53

1120. 毛角：一～钱　毛 mɔ24

1121. 件一～事情　件 tɕiæ44

1122. 点儿一～东西　点点儿 tiæ̃31tiæ̃r0/点点儿子 tiæ̃31tiæ̃r24tsʅ0/丁丁 tiəŋ44tiəŋ53/丁丁子 tiəŋ44tiəŋ53tsʅ0

1123. 些一～东西　些 ɕiɛ31

1124. 下打一～，动量，不是时量　下 xa53

1125. 会儿坐了一～　时子 sʅ24tsʅ0/时时 sʅ31sʅ53/一会会 ȵi31xuei24xuei0

1126. 顿打一～　顿 tuɛ̃44

1127. 阵下了一～雨　一阵阵 ȵi31tsɛ̃24tsɛ̃0/一阵子 ȵi31tsɛ̃53tsʅ0

1128. 趟去了一～　回 xuei24

十四、代词、副词、介词、连词

(一) 代词

1129. 我～姓王　我 ŋɤ53
1130. 你～也姓王　你 n̪i53
1131. 您尊称　无
1132. 他～姓张　他 tha53
1133. 我们不包括听话人：你们别去，～去　我 ŋɤ53/我的 ŋɤ31ti0
1134. 咱们包括听话人：他们不去，～去吧　咱 tɕhia24/咱的 tɕhia31ti53
1135. 你们～去　你 n̪i53/你的 n̪i31ti0
1136. 他们～去　他 tha53/他的 tha31ti0
1137. 大家～一起干　大家伙儿 ta24tɕia31xuər53
1138. 自己我～做　各家 kɤ31tɕia31/自家 tʂʅ24tɕia0
1139. 别人这是～的　别人 piɛ31ʐẽ53/旁人 phã31ʐẽ53
1140. 我爸～今年八十岁　我爹 ŋɤ31tiɛ53/我大 ŋɤ31ta24
1141. 你爸～在家吗？　你爹 n̪i31tiɛ31/你大 n̪i31ta24
1142. 他爸～去世了　他爹 tha31tiɛ53/他大 tha31ta24
1143. 这个我要～，不要那个　这改 tʂʅ44kæ53
1144. 那个我要这个，不要～　[那一]改 lei44kæ53/兀改 Øu44kæ53
1145. 哪个你要～杯子?　打改 ta31kæ31/打一改 ta31Øi31kæ0/啊改 Øa31kæ0/啊一改 Øa31Øi31kæ0
1146. 谁你找～?　谁 sei24
1147. 这里在～,不在那里　这搭 tʂʅ44ta53/[这搭] tʂa53/这搭些 tʂʅ44ta44ɕiɛ31/[这搭]些 tʂa44ɕiɛ31
1148. 那里在这里,不在～　兀搭 Øu44ta53/兀搭些 Øu44ta44ɕiɛ31/[兀儿] Øua53/[兀儿]些 Øua44ɕiɛ31
1149. 哪里你到～去?　搭 ta44/搭些 ta44ɕiɛ24/阿搭些 Øa44ta31ɕiɛ24/阿 Øa53/阿搭 Øa44ta31
1150. 这样事情是～的,不是那样的　这么该 tʂʅ44mɤ44kæ31
1151. 那样事情是这样的,不是～的　么该 mo44kæ31/那么该 læ44mo44kæ31/兀么该 Øu44mo44kæ31
1152. 怎样什么样：你要～的?　这么该 tʂʅ44mo44kæ31
1153. 这么～贵啊?　这么 tʂʅ44mo0
1154. 怎么这个字～写?　怎么 tsʅ53mo31
1155. 什么这个是～字?　啥 ʃuo44
1156. 什么你找～?　啥 ʃuo44
1157. 为什么你～不去?　为啥 Øuei44ʃuo0
1158. 干什么你在～?　做啥 tsu44ʃuo44/做里 tsuo24li0/咋里 tsua24li0
1159. 多少这个村有～人?　多少 tuo31ʂo53

(二) 副词

1160. 很今天～热　热得很 ʐɤ53ti0xẽ53

1161. 非常比上条程度深：今天～热　太 thæ53

1162. 更今天比昨天～热　还 xa24

1163. 太这个东西～贵，买不起　太贵 thæ53kuei44/贵得很 kuei24ti0xɛ̃53

1164. 最弟兄三个中他～高　顶 tiəŋ53/最 tsuei44

1165. 都大家～来了　都 tou31

1166. 一共～多少钱？　一共 Øi31kuəŋ44/一满 Øi31mæ̃53/满共 mæ̃53kuəŋ44/总共 tsuəŋ53kuəŋ44/共总 kuəŋ44tsuəŋ53

1167. 一起我和你～去　一搭 Øi53ta0

1168. 只我～去过一趟　只 tsʅ31

1169. 刚这双鞋我穿着～好　将 tɕiã31

1170. 刚我～到　将 tɕiã31

1171. 才你怎么～来啊？　才 tshæ24

1172. 就我吃了饭～去　就 tɕhiou44

1173. 经常我～去　常 tʂhã24/打常 ta53tʂhã24/肯 khɛ̃53

1174. 又他～来了　可 kɤ53

1175. 还他～没回家　还 xa24

1176. 再你明天～来　再 tsæ44

1177. 也我～去；我～是老师　也 Øia53

1178. 反正不用急，～还来得及　横顺 ɕyo24ʃu44/反正 fæ̃31tʂəŋ44

1179. 没有昨天我～去　没 mo31/没有 mo31Øiou53

1180. 不明天我～去　不 pu31

1181. 别你～去　覅 pɔ31

1182. 覅不用，不必：你～客气　覅 pɔ31

1183. 快天～亮了　快 khæ44

1184. 差点儿～摔倒了　稀乎 ɕi31xou53/稀乎乎 ɕi31xou53xou0

1185. 宁可～买贵的　宁 ȵiəŋ44

1186. 故意～打破的　宁故 ȵiəŋ44ku53

1187. 随便～弄一下　搞的 kɔ44ti31

1188. 白～跑一趟　白 phei24/白白的 phei24phei24ti0

1189. 肯定～是他干的　保险 pɔ31ɕiæ̃53

1190. 可能～是他干的　害怕 xa44pha44大模 ta44mu53/大可模儿 ta44kɤ31mor53/大约摸儿 ta44Øyo31mor53

1191. 一边～走，～说　旋 suæ̃44

(三) 介词、连词

1192. 和我～他都姓王　连 liæ̃24

1193. 和我昨天～他去城里了　跟 kɛ̃31

1194. 对他～我很好　对 tuei44

1195. 往～东走　放 fã44/向 ɕiã44/朝 tʂhɔ24

1196. 向～他借一本书　向 ɕiã44

1197. 按～他的要求做　按 ŋæ̃44/照 tʂɔ44

1198. 替～他写信　替 tɕhi44/给 kei44

1199. 如果～忙你就别来了　若□ ʒuo53xuæ̃0

1200. 不管～怎么劝他都不听　不举 pu31tɕy53/不管 pu31kuæ̃53

第二节　自选词汇

1201. 酽太阳光强 ȵiæ44
1202. 吹风刮风 tʃhuei24fəŋ31
1203. 浸地雨小雨 tɕiɛ̃31thi44øy53
1204. 㵵雨急速落下的样子 tʃhua31
1205. 稀屎雪一落地就融化的雪
　　　ɕi31sʅ31ɕyo53
1206. 二阴子多云间晴天
　　　øər24ȵiɛ̃31tsʅ0
1207. 干冷干燥而寒冷 kæ31ləŋ53
1208. 太后外后的下一天 thæ24xou31
1209. 夜来昨天 øiɛ24læ0
1210. 夜来晚昨晚 øiɛ24læ0øuæ53
1211. 黑晚昨晚 xei44øuæ53
1212. 一时时一会儿 øi31sʅ31sʅ53
1213. 兀会那会儿 øu24xuei31
1214. 这会子这会儿 tʂʅ24xuei31tsʅ0
1215. 这□这时候 tʂʅ24tsã0
1216. 三两年很少的几年 sæ31liɑ53ȵiæ24
1217. 大白天白天 ta44phei31thiæ53
1218. 晃儿下午 xuãr53
1219. 黑明儿没黑没明 xei31miə̃r24
1220. 后半儿下午 xou24pær0
1221. 年赶儿快过年的时候 ȵiæ31kær53
1222. 开过年过年以后
　　　khæ31kuo44ȵiæ24
1223. 年兀岸年前 ȵiæ24øu24ŋæ0
1224. 芒罢夏收完以后 mã24pha44
1225. 着集赶集 tʃhuo24tɕhi24
1226. 节头子节日 tiɛ53thou0tsʅ0
1227. 一面子一边 øi31miæ24tsʅ0
1228. 透透贯通宵 thou44thou0kuæ44
1229. 边岸子旁边 piæ53ŋæ0tsʅ0
1230. 帮旁边 pã31
1231. 帮里旁边 pã53li0
1232. 帮家洼里旁边 pã53tɕia31øua24li0
1233. 偏家洼里旁边
　　　phiæ53tɕia31øua24li0
1234. 头头儿物体的最顶端 thou24thour24
1235. 头头儿□物体的最顶端
　　　thou24thour24tsã31
1236. 南半块南边 næ31pæ44khuæ0
1237. 北半块北边 pei53pæ31khuæ0
1238. 后头头最里边 xou44thou31thou24
1239. 老里最里边 lɔ53li0
1240. 老□最里边 lɔ53tsã31
1241. 老老□最里边 lɔ53lɔ241tsã31
1242. 外前外面 øuæ24tɕhiæ0
1243. 当院里院子中间 tã31øyæ24li0
1244. 底□底下 ti53tsã31
1245. 盖顶子上边 kæ44tiəŋ44tsʅ0
1246. 架顶子上边 tɕia44tiəŋ44tsʅ0
1247. 黏胶胶树胶 ʐæ31tɕio44tɕio0
1248. 黄香松香 xuã31ɕiã53
1249. 花骨朵花蕾 xua24ku53tu0
1250. 花苞苞花蕾 xua31pɔ53pɔ0
1251. 扶子蔓打碗花 fu24tsʅ0øuæ44
1252. 鸡儿蔓打碗花 tɕiər53øuæ44
1253. 坷蓤蓤蒲公英 khɤ53lou31lou24
1254. 喇叭花牵牛花 la44pa24xua31
1255. 没脸花蜀葵 mɤ31liæ53xua31

1256. 梅儿花蜀葵 mei˞24xua31

1257. 冬阳菊大理花 tuəŋ53ɵiã24tɕy31

1258. 牛舌头土大黄 ȵiou24ʂɤ31thou53

1259. 木猎猎老罐草 mu31liɛ31liɛ24

1260. 驴黏黏茜草 ly31ʐã44ʐɤ0

1261. 麦花瓶米瓦罐草 mei53xua31phiəŋ24

1262. 老婆干粮土黄芪
      lɔ44pho0kæ̃53liã0

1263. 御米䕆玉米芒 ɵy24mei31phiɔ24

1264. 稠满禾苗密度大 tʂhou31mæ53

1265. 野生野兽 ɵiɛ44səŋ31

1266. 野狐子狐狸 ɵiɛ44xu31tsʅ0

1267. 长尾巴狼 tʂhã24ɵi44pha0

1268. 居里猫松鼠 tɕy53li0mɔ24

1269. 格狸猫松鼠 kɤ24li0mɔ24

1270. 瞎盼子鼹鼠 xa53fɛ̃31tsʅ0

1271. 咕咕等斑鸠 ku53ku31təŋ53

1272. 燕唧唧燕子 ɵiæ24tɕi31tɕi24

1273. 燕□□燕子 ɵiæ24tʃua31la24

1274. 花标老鹰 xua53piɔ31

1275. 报报鸽啄木鸟 pɔ44pɔ44tɕhiæ31

1276. 地蝼蝼蝼蛄 tɕi44lou31lou0

1277. 臭板板盲椿象 tʂhou24pæ31pæ̃0

1278. □子蟑螂 xou31tsʅ53

1279. 雨夹夹常于阵雨天出现的一种小甲虫，
      鹳虱 ɵy53tɕia31tɕia24

1280. 起窝子雏鸟飞出鸟巢
      tɕhi44ɵuo31tsʅ0

1281. 虼嚷嚷小虫子多而乱动的样子
      kɤ31ʐã31ʐã0

1282. 头牯牲口 thou31kou53

1283. 张口子货家畜 tʂã53khou0tsʅ0xuo44

1284. 高脚子骡马 kɔ31tɕyo31tsʅ0

1285. 大牲口指骡、马 ta24səŋ31khou0

1286. 踢骡子性烈，爱踢人的骡子
      tɕhi53luo31tsʅ0

1287. 居里黑羊 tɕy53ly0

1288. 骚猴公羊 sɔ53xou0

1289. 豬豬母猪 tsha31tsha53

1290. 奶条子从小就阉割了的母猪
      næ44thiɔ0tsʅ0

1291. 乱眼子狗分不清客人和主人的狗
      lyæ̃24ȵiæ31tsʅ0kou53

1292. 鸡咕咕鸡 tɕi31kou44kou44

1293. 罩窝鸡正在孵化鸡蛋的母鸡
      tsɔ44ɵuo44tɕi31

1294. 咪猫母猫 mi24mɔ0

1295. 嫩口子年龄小的牲畜
      lyɛ̃24khou31tsʅ0

1296. 灌角牛角做的给牲口喂药的用具
      kuæ24tɕyo31

1297. 啥药给牲口喂药 tæ̃44ɵyo31

1298. 经营牲口让牲口交配
      tɕiəŋ31ɵiəŋ24səŋ31khou0

1299. 烈跳牲口性烈，不好驾驭 liɛ53thiɔ0

1300. □特指猪用嘴拱 xuei53

1301. 抵仗牛或羊相斗 ti53tʂã44

1302. 鹐仗公鸡相斗 tɕhiæ31tʂã44

1303. 咬仗骡、马、驴、狗相斗 ȵiɔ53tʂã44

1304. 打滚驴、骡、马躺在地上翻滚
      ta31kuɛ̃53

1305. 鹐啄食 tɕhiæ31

1306. 叼啄食 tɔ31

1307. 调草特指牛反刍 tɕhiɔ44tshɔ53

1308. 肯吃牲畜食量大 khɛ̃53tʂʅ31

1309. 不肯吃食欲不振 pu31khɛ̃53tʂʅ31

1310. 踏蛋鸡交尾 tʰa24tʰæ̃44

1311. 老屋祖屋 lɔ53ɵu31

1312. 屋里家里 ɵu53li0

1313. 老屋里老家，故乡 lɔ53ɵu31li0

1314. 弯庄离家较远的为种地而修建的另一处宅院 tiɔ24tʃuã31

1315. 坐落人居住的地方 tshuo24luo31

1316. 窝窠谑称人居住的地方 ɵuo31kʰuo31

1317. 半明半暗窑洞的一部分深陷底下的宅院 pæ̃44miəŋ24pæ̃44ŋæ̃44

1318. 架板庄子窑洞上面又有窑洞，形似架板的宅院 tɕia24pæ̃31tʃuã31tsɿ0

1319. 碥道磨面的地方 ɵuei24tʰɔ0

1320. 洞子住地窑的人家出入的门洞 tʰuəŋ24tsɿ0

1321. 高窑居于窑洞上面的小窑洞 kɔ53ɵiɔ0

1322. 拐窑在窑洞内一侧的小暗室 kuæ44ɵiɔ0

1323. 箍窑用土坯箍成的小窑洞，其顶部为驴脊梁状 ku53ɵiɔ0

1324. 护崖墙子崖面子顶部夯筑的矮墙 xu24ŋæ̃31tɕʰiã241tsɿ0

1325. 房厦土木建筑的房屋的总称 fã31sa53

1326. 灰圈茅房，厕所 xuei53tɕʰyæ̃0

1327. 门楼子门楼 mẽ31lou44tsɿ0

1328. 骑门楼子一些有大车的人家在大门上面修建的小房子 tɕʰi24mẽ53lou241tsɿ0

1329. 土门子墙上挖洞安门的大门，极简陋 tʰu44mẽ31tsɿ0

1330. 脊兽屋脊上瓦制的兽形饰物 tɕi31ʂou44

1331. 担子房梁 tæ̃24tsɿ0

1332. 桶柱子大梁上的短柱 tʰuəŋ44tʃʰu0tsɿ0

1333. 顶棚天棚 tiəŋ44pʰəŋ0

1334. 柱顶石柱脚，垫在柱子底下的石头 tʃʰu24tiəŋ0ʂɿ24

1335. 装板子门门扇用薄木板镶嵌而成的门 tʃuã31pæ̃31tsɿ0mẽ24

1336. 门斗子门楣上的方格 mẽ31tou44tsɿ0

1337. 门道子门洞儿，大门里的过道 mẽ24tʰɔ24tsɿ0

1338. 水窖没有井水和泉水的地方专门储蓄雨水的窖 ʃuei44tɕiɔ0

1339. 渗井排水不畅的院落内挖的让雨水渗入地下的深坑 sẽ24tɕiẽ0

1340. 猫窗眼窝房屋门槛底部供猫出入的小洞 mɔ31tʃʰuã44ȵiæ̃31ɵuo31

1341. 水窗眼窝水道 ʃuei31tʃʰuã31ȵiæ̃31ɵuo31

1342. 水眼院墙底部让水流出院外的小洞 ʃuei53ȵiæ̃0

1343. 炕箕子做炕用的大土坯 kʰã24tɕi31tsɿ0

1344. 灰杷子烧炕时，推动柴火的木质用具 xuei53pʰa0tsɿ0

1345. 煨的烧炕后用来盖住火灰保持温度的柴草屑 ɵuei44ti0

1346. 裹泥给砌好的墙上涂上一层泥 kuo44ni31

1347. 墁墙壁涂上泥之后，用抹子将墙面抹平 mã44

1348. 墁墙墙壁涂上泥之后，用抹子将墙面抹平 mã44tɕʰiã24

1349. 两邻家邻居 liã53liẽ31tɕia53

1350. 倒窑 将原来的窑洞再往里深挖一些 tɔ44øiɔ24

1351. 扎墙 砌墙 tsa31tɕhiã24

1352. 打胡箕 打造土坯 ta53xu24tɕi53

1353. 前泥 没有麦草的泥 tɕhiæ24ni24

1354. 靠背椅子 带有靠背的椅子 khɔ24pei31øi31tsɿ0

1355. 靠子 带有靠背的椅子 khɔ24tsɿ0

1356. 水担 挑水用的担子 ʃuei44tæ31

1357. 老布 土布 lɔ53pu44

1358. 腰翘 上衣腰部的曲线 øiɔ31tɕhiɔ44

1359. 猫头鞋 小孩儿穿的鞋头绣有猫头饰的鞋 mɔ24thou24xæ24

1360. 络络子 妇女脑后用来笼住发簪线绳结成的小网袋 lyæ53lyæ0tsɿ0

1361. 合子布 用羊毛织的粗布 xuo31tsɿ53pu44

1362. 条毡子 单人铺的毛毡 tɕhiɔ31tʂæ44tsɿ0

1363. 酒谷 做黄酒的谷子 tɕiou44ku31

1364. 臊子菜 切碎的韭菜、香菜和葱花等 sɔ53tsɿ0tsæ44

1365. 龙杠 特指食用的鸡的脖子 luəŋ24kã44

1366. 油熟辣子 油泼辣子 øiou24ʃu24la53tsɿ0

1367. 甜盘子 长武特色小吃 tɕhiæ24phæ31tsɿ53

1368. 哄上坡 谑指搅团 xuəŋ53ʂã44pho31

1369. 玉米糁子 碎小的玉米粒 øy24mi0tʂɛ̃53tsɿ0

1370. 血条汤 长武特色小吃 ɕiɛ53tɕhiɔ24thã31

1371. 甜涪子 用大麦仁制作的一种类似醪糟的饮品 tɕhiæ24fu31tsɿ53

1372. 麻糖 麻花 ma31thã53

1373. 洋糖 水果糖 øiã24thã24

1374. 牛犊子 泛指各种花馍 ɲiou31thu44tsɿ0

1375. 馇酥 长武小吃 tsha31su31

1376. 黏馇糕 长武特色食品 ʐ̩31tsha44kɔ31

1377. 气死毛 小孩儿剃光头，在其脑后窝留的一小撮头发 tɕhi24sɿ0mɔ24

1378. 照子 眼睛 tʂɔ24tsɿ0

1379. 眼眨毛 睫毛 ɲiæ44tsa31mɔ24

1380. 笑涡涡 酒窝 ɕiɔ24uo31øo0

1381. 秃痂 头癣 thu31tɕia31

1382. 瘿瓜瓜 生长在脖子上的一种囊状溜子 øiəŋ44kua31kua24

1383. 气卵子 疝气 tɕhi24lyæ0tsɿ0

1384. 拘喘 哮喘 tɕy31tʃhuæ53

1385. 生疙子 小孩儿生病 səŋ31ɲi24tsɿ0

1386. 老病 老年人患的无法治愈的病 lɔ53phiəŋ44

1387. 颡癀 肿瘤 sã44xuã31

1388. 损无力 ɕyɛ̃53

1389. 沙 声音沙哑 sæ31

1390. 对活 痊愈 tuei24xuo31

1391. 吸罐子 中医拔罐子用的小瓷罐 ɕi53kuæ0tsɿ0

1392. 过事 办理红白喜事 kuo44sɿ44

1393. 跟事 携带礼物到过事的人家表示哀悼，或慰问、祝贺等 kɛ̃31sɿ44

1394. 支客 主人聘请的帮办事务的人 tsɿ31khei31

1395. 行情携带礼物到过事的人家做客 ɕiəŋ24tɕhiəŋ24

1396. 礼当礼物 li44tã0

1397. 坛场规模 tæ31tʂã53

1398. 风搅雪指几种饭菜同时上桌的酒席 fəŋ31tɕiɔ53ɕyo31

1399. 丰肥丰盛 fəŋ53fei0

1400. 薄缩形容酒席质量差 pho31ʃuo53

1401. 背见相亲 phei44tɕiæ̃0

1402. 礼钱彩礼 li44tɕhiæ̃0

1403. 追节订婚后，每逢重要节日，男方到女方家赠送礼物 tʃuei24tɕiɛ0

1404. 筵宴女儿出嫁的前一天摆酒席 Øiæ̃31Øiæ̃53

1405. 陪房嫁妆 phei31fã53

1406. 合荐鳏夫与寡妇结婚 xuo31tsha53

1407. 招人寡妇找人上门结婚 tʂɔ31ʐɤ̃24

1408. 显怀显示怀孕的征象 ɕiæ̃53xuæ24

1409. 收生接生 ʂou24ʂəŋ31

1410. 瘫月了已经过了预产期孩子还没生下来 thæ44Øyo31liɣ0

1411. 老衣人死后穿的衣服 lɔ44Øi0

1412. 墓骨堆墓穴上的封土 mu24ku31tuei31

1413. 哭棍孝杖 fu53kuɤ̃31

1414. 丧告讣告 sã31kɔ44

1415. 散孝给与死者关系很近或较近的来客散发孝服或孝布子 sæ̃44ɕiɔ44

1416. 行礼举行祭祀仪式 ɕiəŋ24li53

1417. 打醮设道场超度亡灵 ta31tɕiɔ44

1418. 姑奶父亲的姑母 ku31næ53

1419. 老生胎儿最小的儿子 lɔ44səŋ0thæ31Øɤe24

1420. 后人对人称自己的儿子 xou24ʐə̃0

1421. 大脚阿家谑称公公 ta24tɕyo31Øa53tɕia31

1422. 半路夫妻再婚男女 pæ̃24lu31fu31tɕhi31

1423. 末末孙子孙之孙，玄孙 mo53mo0suɛ̃53tsŋ0

1424. 己亲关系很近的亲戚 tɕi53tɕhiɛ̃31

1425. 阴阳风水先生，看风水的人 Øiɛ̃53Øiã0

1426. 顶门杠谑称过继的男孩 tiəŋ53məŋ24kã44

1427. 有家子富有的人 Øiou44tɕia31tsŋ0

1428. 超超优等生 tʂhɔ53tʂhɔ0

1429. 害货不成器的人 xæ44xuo31

1430. 囊包草包 lã53pɔ31

1431. 菜狗草包 tshæ44kou53

1432. 证见证人 tʂəŋ24tɕiɛ̃31

1433. 奶把子个头矮小的人 næ44pa31tsŋ0

1434. 狗口子胆小的人 kou44suəŋ31tsŋ0

1435. 独食子遇到好处不愿同别人分享的人 thu31ʂŋ44tsŋ0

1436. 嘴客只要嘴皮子而不实干的人 tsuei44khei31

1437. 坳心地塬面中心地带的田地 n̠iɔ31ɕiɛ̃31tɕhi44

1438. 拉拉车马车 la53la24tʂhɤ31

1439. 下脚子车轮和车轴 ɕia24tɕyo31tsŋ0

1440. 牛楇头架在牛脖子上的弓状轭头 n̠iou24kei53thou31

1441. 塌场碾场中间遇雨 tha53tʂã0

1442. 铺柜柜台 phu31khuei53

1443. 手稠买主很多 ʂou53tʂhou24

1444. 泥头子木偶戏 ȵi31thou44tsʅ0

1445. 印色印泥 Øiɛ̃24sei31

1446. 断驱赶 tuæ44

1447. 乱捵子好多人打一个人
lyæ̃44tiəŋ24tsʅ0

1448. 㨷打人 piæ53

1449. 泻火撒气 ɕiɛ44xuo53

1450. 撕挖互相揪打 sʅ53Øua0

1451. 熟皮打人 ʃu24phi24

1452. 掇双手捧、端起 tuo31

1453. 挣紧绑 tsəŋ44tɕiɛ̃53

1454. 阴治暗暗地伤害对方 Øiɛ̃53tsʅ0

1455. 挡拖起沉重的物体 tsou31

1456. 衿系 tɕiɛ̃31

1457. 㕷砍，削，用手掌抽打 phiæ53

1458. 止挡阻止 tsʅ44tā31

1459. 奔接触 pẽ44

1460. 奔不着案边子能力或资格达不到
pẽ24pu31tʃhuo24ŋæ̃24piæ̃31tsʅ0

1461. 数弄把不好的东西有代价地给人
ʃu44luəŋ0

1462. 搜腾搜寻 sou53thəŋ0

1463. 空水使容器口朝下，让里边的液体慢慢流下 khuəŋ44ʃuei53

1464. 栽使劲用牙咬 tsæ31

1465. 咚咚不停地自言自语的样子
tuəŋ53tuəŋ0

1466. 胡黏胡说 xu24zʅæ̃24

1467. 口哇编造事实或否认事实
khou53tiɛ24

1468. 盖抬为人掩饰，隐瞒真相 kæ24thæ0

1469. 眼黑讨厌 ȵiæ̃44xei31

1470. 凫上水势利 fu24ʂɑ̃24ʃuei0

1471. 耍钱赌博 ʃua53tɕhiæ24

1472. 寻病故意找人毛病 ɕiɛ24phiəŋ44

1473. 耍缰毁约，违背承诺 ʃua44tɕiā0

1474. 绾角子代人收拾残局
Øuæ53tɕyo53tsʅ0

1475. 不当可怜 pu31tā24

1476. 背头大承受能力强 pei53thou0ta44

1477. 抵当可靠 ti53tā31

1478. 歹好 tæ53

1479. 谨细精打细算 tɕiɛ̃53ɕi44

1480. 热已待人热情 zɤ53tɕi0

1481. 歪凶恶 Øuæ31

1482. 茶精神不振作 ȵiɛ24

1483. 言秃话少，不爱说话 Øiɛ24thu31

1484. 屄能能说会道 phi31ləŋ24

1485. 嘴黏不好意思说 tsuei53zʅæ̃24

1486. 磨掖磨蹭 mo24Øiɛ0

1487. 屎拉地经济特别紧张
tɕhiou24la31tɕhi44

1488. 决脆果断 tɕyo53tshuei0

1489. 炕渴，口干 khā44

1490. 失襺衣物长时间未洗或第一次没有洗干净而很难洗干净 sʅ53tshɔ0

1491. 老钝不锋利 lɔ53

1492. 齐芃芃茂密 tɕhi31phəŋ44phəŋ0

1493. 醒动动作或说话的声音 ɕiəŋ44thuəŋ0

1494. 越外额外 Øyo31Øuæ44

1495. 半拉子半个 pæ̃24la0tsʅ0

1496. 索利简直 suo31li44

1497. 一老一直 Øi31lɔ53

1498. □还，仍然 tsuo24

1499. 只嘎表示动作持续或反复 tsʅ31ka31

1500. 赶从 kæ31

1501. 打从 ta53

1502. 唵应答声 Øæ̃0

1503. 则助词 tsei0

1504. 给助词，直接表示被动、处置 kei0

1505. 走用于动词后，表祈使语气 tsou53

1506. 些用于假设句前一个分句的句尾，相当于"……的话" çiɛ0

1507. 嘎表示一会儿或一下的意思 ka0

1508. 来词尾 læ0

1509. 也句尾助词 tçia0

1510. 煞句尾助词，表祈使语气 sa0

1511. 得表示揣测的助词 tei0

1512. 一来……二来……表示列举 Øi53læ0…Øər24læ0…

1513. 一则……二则……表示列举 Øi53tsei0…Øər24tsei0…

第四章　语法与口头文化

第一节　语法例句

1. 你是哪里人？

   你是搭人？／你是搭的人？／你是搭些人？／你是搭些的人？／你是啊搭些人？／你是啊搭些的人？

   ȵi53sʅ0ta53zɿɛ̃24？／ȵi53sʅ0ta53tiozɿɛ̃24？／ȵi53sʅ0ta44ɕiɛ24zɿɛ̃24？／ȵi53sʅ0ta44ɕiɛ24tiozɿɛ̃24？／ȵi31sʅ00a53ta24ɕiɛ31zɿɛ̃24？／ȵi53sʅ00a53ta31ɕiɛ24tiozɿɛ̃24？

2. 我是陕西_____人。（说出所在县或市）

   我是陕西长武人。

   ŋɤ53sʅ0ʂā53ɕi31tʂhā24u53zɿɛ̃24.

3. 你今年多大？

   你今年多大咧？

   ȵi53tɕiɛ̃31ȵiæ24tuo31ta44liɛ0？

4. 我_____岁了。（说出自己的实际年龄）

   七十六咧。

   tɕhi31sʅ24liou31liɛ0.

5. 你叫什么名字？

   你叫个啥？

   ȵi53tɕiɔ44kɤ31ʃuo44？

6. 我叫_____。（_____说出自己的名字）

   我叫孟政民。

   ŋɤ53tɕiɔ44məŋ44tʂʂəŋ44miəŋ24.

7. 你家住哪里？

   你屋里到搭哩？／你屋里到搭些哩？／你屋里到啊搭哩？／你屋里到啊搭些哩？

   ȵi31u53li0tɔ44ta53liɛ0？／ȵi31u53li0tɔ44ta44ɕiɛ24li0？／ȵi31u53li0tɔ44a53ta31li0？／

ȵi31ɵu53li0tɔ44ɑ53ta24ɕiɛ31li0?

8. 我家住_____。（说出自己居住的地址）

我屋里到回超哩。

ŋɤ31ɵu53li0tɔ44xuei31tʂɔ53li0.

9. 谁呀？我是老三。

谁？我是老三。

sei24? ŋɤ53sʅ31lɔ53sæ̃31.

10. 老四呢？他正在跟一个朋友说着话呢。

老四哩？他正连一个朋友说话呢。

lɔ53sʅ44li0? tha31tʂəŋ44liæ24ɵi31kɤ0phəŋ24ɵiou31ʂɤ31xua24li0.

11. 他还没有说完吗？

还没说毕嘛？

xæ24mɤ31ʂɤ24pi0ma0?

12. 还没有。大约再有一会儿就说完了。

还没有，大可模儿再有一时时就说毕咧。

xæ24mɤ31ɵiou53, ta44khɤ31mor53tsæ44ɵiou53ɵi31sʅ24sʅ53tsou44ʂɤ24pi31liɛ0.

13. 他说马上就走，怎么这半天了还在家里呢？

他说赶紧走哩，怎么半天咧还到屋里哩？

tha31ʂɤ31kæ31tɕiɛ53tsou31li0, tsʅ31mɤ31pæ̃44tɕhiæ31liɛ0xæ24tɔ44ɵu31li0li0?

14. 你到哪儿去？我到城里去。

你到搭去也？我到街里去也。

ȵi53tɔ31ta53tɕhi31tɕia0? ŋɤ31tɔ31tɕiɛ53li0tɕhi44tɕia0.

15. 在那儿，不在这儿。

到兀搭，没到这搭。

tɔ44ɵu44ta0, mo31tɔ44tʂʅ44ta0.

16. 不是那么做，是要这么做的。

兀么不行，要这么哩。/兀么也不得成，要这么也哩。

ɵu44mɤ53pu31ɕiəŋ24, ɵiɔ44tʂʅ44mo53li0./ɵu44mɤ53tɕia31pu44tei31tʂhəŋ24, ɵiɔ44tʂʅ44mɤ53tɕia31li0.

17. 太多了，用不着那么多，只要这么多就够了。

太多咧，要不了那么多，这么些就足够咧。

tæ53tuo31liɛ0, ɵiɔ24pu31liɔ53læ44mɤ31tuo31, tʂʅ44mɤ0ɕiɛ31tɕiou31tɕy31kou44liɛ0.

18. 这个大，那个小，这两个哪一个好点呢？

这一个大，那一个碎，你看打一个好？

tṣei24ɵi31kɤ0ta44, læ24ɵi31kɤ0suei44, ȵi53khã44ta53ɵi31kɤ0xɔ53?

19. 这个比那个好。

这一个比那一个好。

tṣei24ɵi31kɤ0pi53læ24ɵi31kɤ0xɔ53.

20. 这些房子不如那些房子好。

这些房子没有那些房子好。

tṣei44ɕiɛ31fã24tsɿ0mo31ɵiou53læ44ɕiɛ31fã24tsɿ0xɔ53.

21. 这句话用_____话怎么说？（填本地地名，本地音）

这句话用长武话怎么说哩？

tṣɤ53tɕy0xua44ɵyəŋ44tʂhã24ɵu53xua44tsɛ̃53mɤ24ʂɤ53li0?

22. 他今年多大岁数？

他今年多大咧？

tha53tɕiɛ̃31ȵiæ24tuo31ta44liɛ0?

23. 大概有三十来岁吧。

他怕有三十几咧。

tha53pa44ɵiou53sæ̃53ʂɿ0tɕi53liɛ0.

24. 这个东西有多重呢？

这个东西有多重？

tsɿ44kɤ0tuəŋ31ɕi31ɵiou53tuo31tʃhuəŋ44?

25. 有五十斤重呢。

有五十斤重哩。

ɵiou31ɵu53ʂɿ0tɕhiɛ31tʃhuəŋ44liɛ0.

26. 拿得动吗？

能搢动吗？

ləŋ24xa44thuəŋ0ma0?

27. 我拿得动，他拿不动。

我能搢动，他搢不动。

ŋɤ53ləŋ24xa44thuəŋ0, tha53xa44pu31thuəŋ0.

28. 真不轻，重得连我都拿不动了。

重得很，连我都拿不动。

tʃhuəŋ24ti0xɛ̃53, liæ24ŋɤ53tou31xa53pu0thuəŋ44.

29. 你说得很好，你还会说点儿什么呢？

你说得好得很。你还会说些啥？

ȵi44ʂɤ53ti0xɔ53ti0xɛ̃53. ȵi53xæ̃24xuei44ʂɤ31ɕiɛ31ʃuo53？

30. 我嘴笨，说不过他。

我嘴笨，说不过他。

ŋɤ53tʃuei53phɛ̃44，ʂɤ53pu31kuo44ta53.

31. 说了一遍，又说了一遍。

将说一遍，可说咧。

tɕiã24ʂɤ31ɸi31piæ̃44，kɤ53ʂɤ31liɛ0.

32. 请你再说一遍。

再说一遍。

tsæ44ʂɤ31ɸi31piæ̃44.

33. 不早了，快去吧！

不早咧，快两去！

pu31tsɔ44liɛ0，khuæ44liã53tɕhi44！

34. 现在还很早呢。等一会儿再去吧。

还早着哩，等嘎子再去。

xæ̃24tsɔ44tʂuo0li0，təŋ53ka31tsʅ0tsæ44tɕhi44.

35. 吃了饭再去好吧？

饭吃了再去，行不行？

fæ̃44tʂʅ31lɤ0tsæ44tɕhi44，ɕiəŋ24pu0ɕiəŋ24？

36. 慢慢儿地吃啊！不要急嘛！

甭着急，慢慢吃。

pɔ31tʂɔ31tɕi24，mæ̃44mæ̃53tʂʅ31.

37. 坐着吃比站着吃好些。

坐下吃比立下吃强。

tshuo24xa0tʂʅ31pi53li53xa0tʂʅ31tɕhiã24.

38. 这个吃得，那个吃不得。

这改能吃，兀改吃不成。

tʂei44kæ53ləŋ24tʂʅ31，Øu44kæ53tʂʅ53pu31tʂhəŋ24.

39. 他吃了饭了，你吃了饭没有呢？

他吃咧，你吃了没？

tha53tʂʅ31liɛ0，ȵi53tʂʅ31liɛ0mɤ0？

40. 他去过上海，我没有去过。

上海他去过，我没去过。

ʂã44xæ53tha53tɕhi44kuo0，ŋɤ53mɤ31tɕhi44kuo0.

41. 来闻闻这朵花香不香？

来，闻嘎，看这花香不香？

læ24，Øuẽ31ka53，khã44tʂɤ53xua31ɕiã31pu0ɕiã31？

42. 香得很，是不是？

香得很，得是？

ɕiã53ti0xɛ̃53，tei31sʅ24？

43. 给我一本书！

给我一本子书！

kei44ŋɤ53Øi31pɛ̃53tsʅ0ʃu31！

44. 我实在没有书嘛！

我真的没有书！

ŋɤ53tʂẽ53ti0mɤ31Øiou53ʃu31！

45. 你告诉他。

你给他说。

ȵi53kei44tha53ʂɤ31.

46. 好好儿地走！不要跑！

慢慢儿走，甭跑！

mã44mær53tsou53，pɔ31phɔ24！

47. 小心跌下去爬也爬不上来！

小心着，看跌下去，爬不上来咧！

ɕiɔ44ɕiɛ̃31tʂuo31，kã44tiɛ53xa0tɕhi0，pha24pu31ʂã24læ0liɛ0！

48. 医生叫你多睡一睡。

大夫叫你多躺嘎。

thæ24fu0tɕiɔ44ȵi53tuo31thã44ka0.

49. 吸烟或者喝茶都不可以。

不具是吃烟还是喝茶都不行。

pu31tɕy53sʅ31tʂhʅ24Øiæ31xæ24sʅ31xuo31tsha24tou24pu31ɕiəŋ24.

50. 烟也好，茶也好，我都不喜欢。

不管是烟也罢，茶也罢，我都不爱。

pu31kuã53sʅ31Øiæ31iɛ31pha44，tsha24Øiɛ31pha44，ŋɤ53tou31pu31ŋæ44.

51. 不管你去不去，反正我是要去的，我非去不可。

不管你去不去，反正我不去不行。

pu31kuæ53ȵi53tɕhi44pu31tɕhi44，fæ̃31tʂəŋ44ŋɤ53pu31tɕhi44pu31ɕiəŋ24.

52. 你是哪一年来的？

你是啊一年来的？／你搭一年来的？

ȵi53sʅ44ø̃a53øi31ȵiæ24læ24ti0？／ȵi44ta31øi31ȵiæ24læ24ti0？

53. 我是前年到的北京。

我前年到北京的。

ŋɤ53tɕiæ31ȵiæ53tɔ44pei31tɕiəŋ31ti0.

54. 今天开会谁的主席？

今儿的会，谁的主席？

tɕiər31ti0xuei44，sei24ti53tʃu53ɕi24？

55. 你得请我的客。

你要请我的客哩。

ȵi53øiɔ44tɕhiəŋ53ŋɤ53ti0khei53li0.

56. 这是他的书，那一本是他哥哥的。

这本书是他的，那一本是他哥的。

tʂɤ44pẽ53ʃu31sʅ31tha44ti0，lei44øi31pẽ53sʅ31tha31kɤ53ti0.

57. 一边走，一边说。

旋走旋说。

suæ̃44tsou53suæ̃44ʂɤ31.

58. 看书的看书，看报的看报，写字的写字。

有的看书哩，有的看报哩，有的写字哩。

øiou53ti0khæ̃44ʃu53li0，øiou53ti0khæ̃44pɔ24li0，øiou53ti0ɕiɛ53tshʅ24li0.

59. 越走越远，越说越多。

越走越远咧，越说越多咧。

øyo31tsou53øyo31øyæ53lia0，øyo24ʂɤ31øyo24tuo31lia0.

60. 把那个东西拿给我。

把兀个撜来给我。

pa31øu44kɤ0xa53læ24kei53ŋɤ53.

61. 有些地方把太阳叫日头。

有的地方把太阳叫日头爷。

øiou53ti0tɕhi24fɑ̃31pa31thæ̃44øiã0tɕhiɔ44øɚ44thou0øiɛ0.

62. 您贵姓？我姓王。

贵姓？姓王。

kuei44ɕiəŋ44？ɕiəŋ44Øuã24.

63. 你姓王，我也姓王，咱们两个人都姓王。

你姓王，我啊姓王，咱两个五百年前是一家。

ȵi53ɕiəŋ44Øuã24，ŋɤ53a53ɕiəŋ44Øuã24，tsa24liã31kæ0u53pæ31ȵiæ24tɕhiæ24sʅ44Øi24tɕia31.

64. 你先去吧，我们等一会儿再去。

你先去，我的等嘎子再去。

ȵi53ɕiæ31tɕhi44，ŋɤ31ti0təŋ24ka31sʅ0tsæ44tɕhi44.

第二节 北风和太阳

北风跟太阳

有一回，北风跟太阳在那儿争论谁的本事大。争来争去就是分不出高低来。这时候路上来了个走道儿的，他身上穿着件厚大衣。他们俩就说好了，谁能先叫这个走道儿的脱下他的厚大衣，就算谁的本事大。北风就使劲地刮起来了，不过他刮得越是厉害，那个走道儿的把大衣裹得越紧。后来北风没法儿了，只好就算了。过了一会儿，太阳出来了。他火辣辣地一晒，那个走道儿的马上就把那件厚大衣脱下来了。这下儿北风只好承认，他们俩当中还是太阳的本事大。

北风跟日头爷

pei24fəŋ31kɛ̃31Øər44thou0Øiɛ0

有一回，北风跟日头爷到兀搭争论他两个谁的本事大哩，争过来争过去，争了半天，也没争出个眉眼。

Øiou53Øi31xuei24，pei24fəŋ0kɛ̃31Øər44thou0Øiɛ0tɔ44Øu53ta0tsəŋ31lyɛ̃44tha31liã53kɤ0sei24ti0pɛ̃53sʅ31ta24li0，tsəŋ31kuo44læ31tsəŋ31kuo44thi31，tsəŋ31liɛi0pæ44thiæ31，Øiɛ53mo31tsəŋ31tʃhu31kɤ0mi24ȵiæ53.

就在这时候，他两个看见一个过路的，穿着大氅。

tɕiou44tsæ44tsɤ53sʅ24xou31，tha31liã31kɤ0khæ̃44tɕiæ44Øi31kɤ0kuo44lu24ti0，tʃhuæ̃53tsɤ0ta44tʃhã53.

他两个就说，谁能先叫这个人脱下大氅，就算谁本事大。

tha31liã31kɤ0tɕiou44ʂʅ31，sei24ləŋ24ɕiæ̃31tɕiæ44tsɤ44kɤ0zə̃24thuo31ɕia0ta44tʂã53， tɕiou44suæ̃44sei24pɛ̃53sʅ0ta44.

他鼓劲吹，没料想风越大，那个人把大氅裹得越紧，还冻得不停地打颤哩。

tha31ku53tɕiɛ̃44tʃhuei31, mo31liɔ44ɕiã53fəŋ31ØyoƷ1ta31, læ44kɤ0zɛ̃24pa31ta44tʂhã53kuo53ti0Øyo31tɕiɛ̃53, xæ̃24tuəŋ24tei0pu31thiəŋ24ti0ta53tʂæ24li0.

北风没奈何，就不吹了。

pei24fəŋ31mɤ31læ44xuo0, tɕiou44pu24tʃuei31liɛ0.

过了一时时，日头爷出来了。

kuo24liɔ0i31sʅ31sʅ53, Ør44thou0Øiɛ0tʃu31læ0liɛ0.

他出劲嗮，那个过路的热得招不住了，就把大氅脱了。

tha53tʃhu31tɕiɛ̃44sæ31, læ44kɤ0kuo53lu24ti0zɤ53ti0tʂɔ24pu31tʃhu44liɛ0, tshou44pa31ta44tʂã53thuo31liɛ0.

这一下北风认输了，还是日头爷本事大。

tʂɤ31Øi31xa31pei24fəŋ31zɛ̃44ʃu31liɛ0, xæ̃24sʅ31Ør44thou0Øiɛ0pɛ̃53sʅ0ta44.

第三节　口头文化

一、四字格成语

1. 五王八侯
2. 人皮难背
3. 人球树根
4. 笨雀先飞
5. 话丑理端
6. 唈唈哝哝
7. 高声野气
8. 说明叫响
9. 打二咍咍
10. 均拉均扯
11. 穷家富路
12. 屎长毛短
13. 稀哩呼噜
14. 牛吼喇叭
15. 寻情钻眼

16. 合大不管
17. 面面偲偎
18. 熸干烤黄
19. 昏头跄脑
20. 糊哩颠顿
21. 腰蜷头低
22. 三棱暴翘
23. 圪拐圪拐
24. 睁眉豁眼
25. 鞋跌袜遗
26. 豁出亡命
27. 头比斗大
28. 猴不止已
29. 不懂汤头
30. 鞭打快牛
31. 骑驴寻驴
32. 瞅红灭黑
33. 少趣无乐
34. 圪哩圪老
35. 哑悄沉气
36. 脏马起火
37. 黑黢抹老
38. 黑古隆咚
39. 五抹六道
40. 乱鼓咚咚
41. 真米实曲
42. 暮不轰轰
43. 疙瘩零垂
44. 豁豁牙差
45. 絮哩絮索
46. 串串糊拉
47. <u>丝丝蔓蔓</u>
48. 水不唧唧

49. 胭不出出

50. 黏不搭搭

51. 横顺一样

52. 五黄六月

53. 黑明昼夜

54. 三天两头

二、俗语

1. 饿死鬼转世。
2. 鸡骨头马颡。
3. 孙子不养爷。
4. 有苗不愁长。
5. 胆大沟子松。
6. 肏不倒洋人。
7. 腰弯肋子稀。
8. 牛曳马不曳。
9. 猪嫌狗不爱。
10. 老牛吃嫩草。
11. 说风就是雨。
12. 眼窝里有水。
13. 蔫牛不下响。
14. 立客难打发。
15. 一物降一物。
16. 无利不起早。
17. 一正压百邪。
18. 死水怕勺舀。
19. 一屁一个谎。
20. 丑人多作怪。
21. 头后头没脑髓。
22. 热闹处卖母猪。
23. 瞎雀碰了个好谷穗。
24. 一把筷子不零卖。
25. 舔肥沟子咬瘦尿。

26. 求人不如求自己。

27. 人快不如家什快。

28. 编谎比猴上树还快。

29. 父在前，子不言。

30. 说大话，使小钱。

31. 人比人，吓死人。

32. 柏木桶，提不醒。

33. 狗咬狗，两嘴毛。

34. 不怕慢，单怕站。

35. 父愁子妻，子愁父亡。

36. 瞅而不瞅，睬而不睬。

37. 宁穿朋友衣，不戏朋友妻。

38. 是话不是话，说起放不下。

39. 打人不打脸，胁人不胁短。

40. 响鼓不用重锤，灵人不用细提。

41. 外甥再好隔姓着，侄儿再好心另着。

42. 天上下雨地上滑，自家跌倒自家爬。

43. 三九开了河，狗娃吃白馍。

44. 节气不饶人。

45. 有钱难买五月旱，六月连阴吃饱饭。

46. 夜晴没好天，等不得鸡叫唤。

47. 初三初四不见月，连阴带下得半月。

48. 南山戴帽，长工睡觉。

49. 七十二行，庄稼汉为王。

50. 爱地如珍宝，子孙穷不了。

51. 庄稼地里不用问，除了雨水便是粪。

52. 人哄地一时，地哄人一年。

53. 人哄地皮，地哄肚皮。

54. 七月白露八月种，八月白露不敢停。

55. 麦黄糜黄，绣女下床。

56. 寸草铡三刀，没料也上膘。

57. 三年人养树，十年树养人。

58. 人怕伤心，树怕伤根。

59. 穿衣吃饭量家当。

60. 吃不穷，喝不穷，打算不到一世穷。

61. 一天省一把，十年买匹马。

62. 三勤加一懒，想懒不得懒。三懒加一勤，想勤不得勤。

63. 早起一时，松活一天。

64. 驴啃脖子工骗工。

65. 人到事中迷，单怕没人提。

66. 告状一纸，结仇十年。

67. 灯不拨不亮，话不说不明。

68. 世上理，戏上比。

69. 要知父母恩，怀中抱儿孙。

70. 好借好还，再借不难。

71. 学好三年，学坏三天。

三、歇后语

1. 秦始皇修长城——磨民哩。

2. 康熙王他妈拾麦——散心哩。

3. 孙悟空当布衫——猴急了。

4. 货郎担鳖——不像货。

5. 袖筒揣棒槌——端入端出。

6. 看着碑子点头——强装识文字。

7. 碌碡顶门——石打石扛。

8. 三个钱放两处——一是一，二是二。

9. 狗看星星——不知稀稠。

10. 老虎不吃人——威名在外。

11. 头顶生疮，脚底流脓——坏透了。

12. 瞎子点灯——白费蜡烛。

13. 被窝里放屁——独吞。

14. 做梦娶媳妇哩——净想好事。

15. 鸡沟子里等着掏蛋哩——猴急了。

16. 十亩地里一枝谷——独苗。

17. 门缝里看人——把人看扁了。

18. 牛吃木耳——不知海味。

19. 婊子送客哩——虚情假意。
20. 老鼠舔猫屎哩——上门寻事哩。
21. 狗尿到碑子上了——识（湿）字不多。
22. 带的孝帽子拜天地哩——缘分尽了。
23. 割的卵子献神哩——把人疼死了，神还不高兴。
24. 狗咬屁屎的哩——不识人敬。
25. 曹操的卵子——大奸蛋。

四、打醮经文

1. 神前经卷

圣贤老爷神位高，一朵红云照九霄。眼观十万八千里，日府坛前走一遭。天地坛前满炉香，合家人等设供养。各位诸神欢喜寿，赐福消灾降吉祥。预奏功德不思议，无量无边享供养。清净道中云马供，香灯虔诚设醮事。奏上诸万灵三元，身光护万圣眼通明。无灾亦无彰永保道心宁。

2. 亡人经卷

信礼上元宫，紫微解，赐福天官，赦免亡灵。信礼中元宫，请虚解，赦罪地官，赦免亡灵。

信礼下元宫，洞阴解，解厄水官，赦免亡灵。

说：

且看古楼仰面气断咽喉，争名夺利几时休，万古千秋意丘，积攒下东仓西库，置买下壮田马牛，阎王发牌鬼来勾，生死谁敢停留，且看炉内焚香瓶中有，酒孝卷捧盏侍奉，高堂于亡灵　酒行一奠。

念：

一奠酒，设王相卧在冰上，惊起四海老龙王，忙将鲤鱼亲出现，孝顺亲娘。

说：

且看荒郊野外，又见白虎郊佳，无言无语卧流沙，日后风吹雨散，活时间堆金积玉，死后了不享荣华。三寸气断咬银牙，仰面西降月下，且看炉内焚香瓶中有酒，孝卷捧盏侍奉高堂于亡灵，酒行二奠。

念：

二奠酒设丁朗刻母孝娘灵前摆下十供养为娘，不用茶和膳两泪汪汪。

说：

为人得病睡在床，问住不言口不张，儿女虽多难替死，有钱难买回家乡。且看炉内焚香，瓶中有酒，孝卷捧盏侍奉高堂，于亡灵酒行三奠。

念：

三奠酒，设孟姜招下范郎，十冬腊月送衣裳，哭倒长城十万里，抱骨还乡，闻经听法早得超升。

五、社火戏

1. 张生喜盈盈

好一朵鲜花，好一朵鲜花，绕来绕去绕到了我家。奴只是不出门呀！手掌鲜花耍哎唉呔！

好一朵木梨花，好一朵木梨花，木梨子开花，结下了疙瘩。奴有心折朵戴呀！又恐怕看花人骂哎唉呔！

雪花雪花飘！雪花雪花飘！飘来飘去飘下了三尺三寸厚。飘下个雪美人儿，她比奴家子俊哎唉呔！

太阳出来了，太阳出来了，太阳之一出，雪美人儿消。早知道流水渠呀！奴把她怀抱哎唉呔！

八月里菊花香，九月里菊花黄，倒惹得张生翻过了粉墙。好一个崔莺莺呀！倒把个门关上哎唉呔！

张生跪门上，哀告小红娘，可怜我张生跪在了门儿上。你若是不开门呀！跪在了大天亮哎唉呔！

哗啦啦把门开，哗啦啦把门开，开开这门儿不见人进来。若不是偷情人呀！便是个妖魔鬼怪哎唉呔！

好一座名山，好一座名山，上山容易下山难。把一对花绣鞋呀！擦了个稀巴烂哎唉呔！

今日也来瞧，明日也来瞧，瞧来瞧去爹娘知道了。小哥哥刀尖死呀！小妹妹悬梁之挂哎唉呔！

2. 十个字

一字呔好比一根枪，岳飞枪挑小辽王，

梨泉枪一举辽王丧，惹下了袍天祸一场。

二字好比两根梁，梁山泊上坐宋江，

吴用军中为元帅，林冲武艺比人强，

武松昔日拳打虎，倒拔杨柳是花和尚。

三字竖看是川字，玉川龟山惹祸端，

双足踢死赛虎犬，打死世宽丧黄泉。

四字四面四堵墙，四川刘备称了王，

文凭孔明安天下，武凭关、张、赵、马、黄。
五字好比下山虎，猛虎下山谁敢堵，
打虎沟遇见李存孝，三拳两足降猛虎。
六字三点一横长，长寿古洞闹嚷嚷，
白云仙盗去灵芝草，才搭救官人一命还。
七字好比如彦言，彦章领兵苟家滩，
司建堂后边紧追赶，高鹞子大战先行官，
五龙二虎齐出现，彦章自刎苟家滩。
八字两撇分阴阳，先表阴来后表阳，
李翠莲死在阴曹府，到后来借尸还了阳。
九字好像一张弓，唐王搭箭射保平，
你说他射得狠不狠，惊动了瓦岗的众英雄，
前边跑的是单雄信，后边紧随小罗成，
程咬金怀抱宣花斧，赶上唐王遭险凶，
若不是秦琼到得早，有十个唐王活不成。
十字顺横一样长，长山子龙武艺强，
长坂坡前打一仗，长枪救主威名扬。

彬州市篇

第一章 总 论

第一节 人文地理、历史沿革、人口概况

彬州市，旧称邠州、豳州，隶属于陕西省咸阳市，地处渭北高原西部，泾河中下游，位于东经107°49′～108°22′，北纬34°51′～35°17′，总面积1185平方千米。东邻旬邑县、淳化县，西连长武县和甘肃省灵台县，南靠永寿县、麟游县，北与甘肃省正宁县接壤，南距咸阳120千米，西安150千米，北距甘肃平凉160千米，是连接秦陇的咽喉要道。全县版图似正写的"人"字，泾河自西而东斜贯其中，将全市分为南北两塬一道川。

彬州历史非常悠久，是中国古代农业的发祥地之一。3500年前，周族部落首领公刘在这里建立了一个叫"豳"的小国，可以看作是彬州名称的起源。著名的《诗经》"十五国风"中的《豳风》所描绘的就是现在彬州一带的风土人情。秦代时在这里设置漆县，东汉时设置新平郡，北魏时改为白土县。西魏时在这里设置豳州，唐开元年间改称邠州（古邠州辖地约为今旬邑、淳化、彬州、长武四地）。民国初年撤销邠州的建制，在原州治所在地设立邠县。因"邠"字属生僻字，1964年文字改革时，"邠县"改为"彬县"。2018年5月4日，经国务院批准，同意撤销彬县，设立县级彬州市，由省直辖，咸阳市代管。

截至2020年，彬州下辖2个街道、8个镇，156个行政村，总人口36.28万。

第二节 方言归属与内部差异

彬州话内部的一致性较强，据发音人称，泾河南北（南塬和北塬）话不太一样，但大部分集中于事物名词的叫法上略有不同，不构成系统的方言点差异。大部分地区的方言属于中原官话关中片，东北部的永乐镇，因与甘肃省正宁县毗邻，应该划归为中原官话秦陇片。就本县地理位置、人口分布及方言使用情况看，未见有方言岛存在。

第三节　发音人和调查人概况

方言发音人

1. 姓名：席祯祥
2. 单位（退休前）：陕西省咸阳市咸阳师范学院（咸阳电大）
3. 通信地址：陕西省咸阳市渭城区人民东路66号
4. 性别：男　　民族：汉
5. 出生年月日（公历）：1953年10月
6. 出生地（从省级至自然村级）：陕西省咸阳市彬州市义门镇罗店村
7. 主要经历：出生至初中毕业一直生活在农村，高中在县城就读，毕业后回乡成为民办教师。1975年至1978年，在南玉子公社工作，1978年至1984年，在彬县教育局工作，1984年后调入咸阳市教育局，后调入咸阳市电大，院校合并后在咸阳师范学院工作至退休。
8. 文化程度：大专
9. 职业：教师

调查人

1. 姓名：张　攀
2. 单位：咸阳师范学院
3. 通信地址：陕西省咸阳市渭城区文林路东段1号
4. 协助调查人姓名：刘静婷

第二章 语 音

第一节 声 母

声母二十七个，包括零声母在内。

p 八兵补报	pʰ 派片病皮	m 麦明门毛	f 飞蜂副饭
t 多东刀吊	tʰ 题台土托		l 脑南连路
ts 资早窄组	tsʰ 刺贼草差		s 丝山事洒
tʂ 张照桌州	tʂʰ 车唱抽陈		ʂ 上少十舌　ʐ 热认让黏
tʃ 装柱中砖	tʃʰ 床春吹住		ʃ 船顺书水　ʒ 如挼润软
tɕ 挤具九加	tɕʰ 清全轻砌	ȵ 年泥女牙	ɕ 想学县夏
k 高共歌靠	kʰ 开快跪看	ŋ 熬安我恶	x 河灰好后
ø 月云味二			

说明：

① [p、pʰ] 与 [u、o] 相拼时，带有唇齿擦化色彩，实际音值为 [pᶠ、pᶠʰ]。

② [f] 与 [u、o] 相拼时，摩擦较重。

③ [tʂ、tʂʰ] 与 [ɑŋ、ɤ、ɔ、ou] 相拼时，发音部位靠后，实际音值接近 [ʈ、ʈʰ]。

④ [x] 的发音部位略靠后，与合口呼相拼时摩擦较重。

⑤ [tʃ] 类声母发音时，[tʃ、tʃʰ] 发音状态是舌尖抵住下齿龈，舌叶略微抬高，气流冲破阻碍摩擦成声，双唇略向外翻，圆唇状态不明显，[tʃ] 气流较弱，[tʃʰ] 气流较强；[ʃ、ʒ] 发音时，舌尖与下齿龈形成窄缝，舌叶略微抬高，气流从窄缝中摩擦成声，双唇略向外翻，圆唇状态不明显，[ʒ] 声带颤动。

第二节 韵 母

韵母三十八个，不包括儿化韵。

ɿ 丝试指师	i 戏米急提	u 五主猪补	y 雨橘局女

ɿ 十尺知

ər 二儿耳

a 茶辣八瞎　　　ia 牙鸭夏架　　　ua 瓦话瓜话

æ 开鞋菜排　　　　　　　　　　　uæ 快拐怀歪

ɤ 歌壳我可　　　iɛ 写茄节贴

o 磨婆拨　　　　　　　　　　　　uo 坐盒活过　　　yo 月学药越

ɔ 包讨道套　　　iɔ 笑桥浇鸟

ɯ 疙核

ei 赔白色贵　　　　　　　　　　uei 鬼国回类

ou 豆走透投　　　iou 油牛绿修

æ̃ 南山半盘　　　iæ̃ 年件脸县　　uæ̃ 短管宽换　　yæ̃ 全远卷选

ẽ 根深春很　　　iẽ 林新银金　　　uẽ 村春滚困　　yẽ 云军群熏

ɑŋ 挡绑忙堂　　　iɑŋ 想样江强　　uɑŋ 王窗黄狂

əŋ 升灯梗腾　　　ieŋ 灵病拧瓶　　uəŋ 东红通工　　yəŋ 用穷兄荣

说明：

① [ɿ] 的音值介于 [ɿ、ʅ] 之间。

② [y] 的实际音值近 [ʏ]。

③ [u] 类韵母拼 [tʃ] 类声母时，与声母结合得特别紧密。

④ [u] 类韵母与 [ts] 类声母相拼时，韵母舌位靠前，发音接近 [ʮ]。

⑤ [ei、uei、ou、iou] 的实际发音动程较短。

第三节　单字调

单字调四个。

阴平 31 东春百搭节拍刻六麦叶　　阳平 24 门牛油铜皮急毒白盒罚

上声 52 懂古九统苦讨草买老五　　去声 44 动近后寸去卖路硬乱地

第四节　连读变调

后字非轻声两字组连调模式见表 2-1。

表2-1 后字非轻声两字组连调模式

前字＼后字	1 阴平 31	2 阳平 24	3 上声 52	4 去声 44
1 阴平 31	24＋31 31＋31	31＋24	31＋52	31＋44
2 阳平 24	24＋31 31＋52	24＋24 31＋52	24＋52	24＋44 31＋52
3 上声 52	52＋31 44＋31	52＋24	31＋52 52＋52	52＋44 44＋31
4 去声 44	44＋31 24＋31	44＋24	44＋52	44＋44

非叠字组后字轻声两字组连调模式见表2-2。

表2-2 非叠字组后字轻声两字组连调模式

前字＼后字	1 阴平 31	2 阳平 24	3 上声 52	4 去声 44
1 阴平 31	52＋0 31＋0	52＋0	52＋0	52＋0
2 阳平 24	31＋52 24＋0	31＋52	31＋52	31＋52
3 上声 52	44＋0 52＋0	44＋0	31＋0	44＋0 52＋0
4 去声 44	24＋0	24＋0	24＋0	24＋0 52＋0

第五节 单 字

0001. 多 tuo31
0002. 拖 thuo31
0003. 大 ~小 ta44
　　（文）/thuo44
　　（白）
0004. 锣 luo24
0005. 左 tsuo44
0006. 歌 kɤ31
0007. 个 一~ kɤ44
0008. 可 khɤ52
0009. 鹅 ŋɤ24
0010. 饿 Øuo44
0011. 河 xuo24
0012. 茄 tɕhiɛ24
0013. 破 pho44
0014. 婆 pho24
0015. 磨动 mo24
0016. 磨名 mo44
0017. 躲 tuo52
0018. 螺 luo24
0019. 坐 tshuo44
0020. 锁 suo52
0021. 果 kuo52
0022. 过 kuo44

0023. 课 khuo44
0024. 火 xuo52
0025. 货 xuo44
0026. 祸 xuo44
0027. 靴 ɕyo31
0028. 把量 pa52
0029. 爬 pha24
0030. 马 ma52
0031. 骂 ma44
0032. 茶 tsha24
0033. 沙 sa31
0034. 假真~ tɕia52
0035. 嫁 tɕia44
0036. 牙 ȵia24
0037. 虾 ɕia31
0038. 下底~ ɕia44
　　（文）/xa44
　　（白）
0039. 夏春~ ɕia44
0040. 哑 Øia52
0041. 姐 tsiɛ24
0042. 借 tsiɛ44
0043. 写 ɕiɛ52
0044. 斜 ɕiɛ24
0045. 谢 ɕiɛ44
0046. 车不是棋子
　　tʂhɤ31
0047. 蛇 ʂɤ24
0048. 射 ʂɤ52
0049. 爷 Øiɛ24
0050. 野 Øiɛ52
0051. 夜 Øiɛ44
0052. 瓜 kua31

0053. 瓦 Øua52
0054. 花 xua31
0055. 化 xua44
0056. 华中~ xua31
0057. 谱家~，注意
　　声母 phu52
0058. 布 pu44
0059. 铺动 phu31
0060. 簿 phu44
0061. 步 phu44
0062. 赌 tu52
0063. 土 thu52
0064. 图 thu24
0065. 杜 thu44
0066. 奴 lou24
0067. 路 lu44
0068. 租 tsu31
　　（文）/tɕy31
　　（白）
0069. 做 tsu44
0070. 错对~
　　tshuo31
0071. 箍~桶，注意
　　声母 ku31
0072. 古 ku52
0073. 苦 fu52
　　（白）/khu52
　　（文）
0074. 裤 fu44
0075. 吴 Øu24
0076. 五 Øu52
0077. 虎 xu52
0078. 壶 xu24
0079. 户 xu44

0080. 乌 Øu31
0081. 女 ȵy52
0082. 吕 ly52
0083. 徐 ɕy24
0084. 猪 tʃu31
0085. 除 tʃhu24
0086. 初 tʃhu31
0087. 锄 tʃhu24
0088. 所 ʃuo52
0089. 书 ʃu31
0090. 鼠 ʃu52
0091. 如 ʒu31
0092. 举 tɕy52
0093. 锯名 tɕy44
0094. 去 tɕhy44
　　（文）/tɕhi44
　　（白）
0095. 渠~道 tɕhy24
0096. 鱼 Øy24
0097. 许 ɕy52
0098. 余剩~，多~
　　Øy24
0099. 府 fu52
0100. 付 fu52
0101. 父 fu44
0102. 武 Øu52
0103. 雾 Øu44
0104. 取 tɕhy52
0105. 柱 tʃhu44
0106. 住 tʃhu44
0107. 数动 ʃu52
0108. 数名 ʃu44
0109. 主 tʃu52

0110. 输 ʃu31
0111. 竖 ʃu44
0112. 树 ʃu44
0113. 句 tɕy44
0114. 区地~ tɕhy31
0115. 遇 Øy44
0116. 雨 Øy52
0117. 芋 Øy44
0118. 裕 Øy31
0119. 胎 thæ31
0120. 台戏~ thæ24
0121. 袋 tæ44
0122. 来 læ24
0123. 菜 tshæ44
0124. 财 tshæ24
0125. 该 kæ31
0126. 改 kæ52
0127. 开 khæ31
0128. 海 xæ52
0129. 爱 ŋæ44
0130. 贝 pei44
0131. 带动 tæ44
0132. 盖动 kæ44
0133. 害 xæ44
0134. 拜 pæ44
0135. 排 phæ24
0136. 埋 mæ24
0137. 戒 tɕiɛ44
0138. 摆 pæ52
0139. 派注意声调
　　phæ52（名）/
　　phæ44（动）
0140. 牌 phæ24

751

0141. 买 mæ52	0173. 煤 mei24	0203. 池 tʂʰʅ24	0235. 柿 sʅ44
0142. 卖 mæ44	0174. 妹 mei44	0204. 纸 tʂʅ52	0236. 事 sʅ44
0143. 柴 tsʰæ24	0175. 对 tuei44	0205. 儿 Øər24	0237. 使 sʅ52
0144. 晒 sæ44	0176. 雷 luei24	0206. 寄 tɕi44	0238. 试 sʅ44
0145. 街 tɕiɛ31	0177. 罪 tshuei44	0207. 骑 tɕʰi24	0239. 时 sʅ24
0146. 解 ~开 tɕiɛ52	0178. 碎 suei44	0208. 蚁 注意韵母 Øi24	0240. 市 sʅ44
0147. 鞋 xæ24/ɕiɛ24（又）	0179. 灰 xuei31	0209. 义 Øi44	0241. 耳 Øər52
0148. 蟹 ɕiɛ31	0180. 回 xuei24	0210. 戏 ɕi44	0242. 记 tɕi44
0149. 矮 ŋæ52	0181. 外 Øuæ44（文）/Øuei44（白）	0211. 移 Øi24	0243. 棋 tɕʰi24
0150. 败 phæ44		0212. 比 pi52	0244. 喜 ɕi52
0151. 币 pi44	0182. 会 开~ xuei44	0213. 屁 pʰi44	0245. 意 Øi44
0152. 制 ~造 tʂʅ44	0183. 怪 kuæ44	0214. 鼻 注意声调 phi24	0246. 几 ~个 tɕi52
0153. 世 sʅ44	0184. 块 khuæ52	0215. 眉 mi24	0247. 气 tɕʰi44
0154. 艺 Øi44	0185. 怀 xuæ24	0216. 地 thi44	0248. 希 ɕi31
0155. 米 mi52	0186. 坏 xuæ44	0217. 梨 li24	0249. 衣 Øi31
0156. 低 ti31	0187. 拐 kuæ52	0218. 资 tsʅ31	0250. 嘴 tsuei52
0157. 梯 thi31	0188. 挂 kua44	0219. 死 sʅ52	0251. 随 suei24
0158. 剃 thi44	0189. 歪 注意声母 Øuæ52	0220. 四 sʅ44	0252. 吹 tʃhuei31
0159. 弟 ti44		0221. 迟 tʂʰʅ24	0253. 垂 tʃhuei24
0160. 递 thi44	0190. 画 xua44	0222. 指 tʂʅ52	0254. 规 khuei31
0161. 泥 n̠i24	0191. 快 khuæ44	0223. 师 sʅ31	0255. 亏 khuei31
0162. 犁 li24	0192. 话 xua44	0224. 二 Øər44	0256. 跪 注意声调 khuei44
0163. 西 ɕi31	0193. 岁 suei44	0225. 饥 ~饿 tɕi31	0257. 危 Øuei31
0164. 洗 ɕi52	0194. 卫 Øuei44	0226. 器 tɕʰi44	0258. 类 luei52
0165. 鸡 tɕi31	0195. 肺 fei44	0227. 姨 Øi24	0259. 醉 tsuei44
0166. 溪 ɕi31	0196. 桂 kuei44	0228. 李 li52	0260. 追 tʃhuei31
0167. 契 tɕʰi31	0197. 碑 pi31	0229. 子 tsʅ52	0261. 锤 tʃhuei24
0168. 系 联~ ɕi44	0198. 皮 phi24	0230. 字 tsʰʅ44	0262. 水 ʃuei52
0169. 杯 phei31	0199. 被 ~子 pi44	0231. 丝 sʅ31	0263. 龟 kuei31
0170. 配 phei44	0200. 紫 tsʅ31	0232. 祠 tsʰʅ24	0264. 季 tɕi44
0171. 赔 phei24	0201. 刺 tsʰʅ52	0233. 寺 sʅ24	0265. 柜 khuei44
0172. 背 ~诵 phei44	0202. 知 tʂʅ31	0234. 治 tʂʅ44	0266. 位 Øuei44

0267. 飞 fei31
0268. 费 fei44
0269. 肥 fei24
0270. 尾 ʐuei52
（白）／Øi52
（白）
0271. 味 Øuei44
（文）／Øy44
（白）
0272. 鬼 kuei52
0273. 贵 kuei44
0274. 围 Øuei24
0275. 胃 Øuei44
0276. 宝 pɔ52
0277. 抱 pɔ44
0278. 毛 mɔ24
（文）/mu24
（白）
0279. 帽 mɔ44
0280. 刀 tɔ31
0281. 讨 thɔ52
0282. 桃 thɔ24
0283. 道 thɔ44/
tɔ44（又）
0284. 脑 lɔ52
0285. 老 lɔ52
0286. 早 tsɔ52
0287. 灶 tsɔ44
0288. 草 tshɔ52
0289. 糙注意声调
tshɔ44
0290. 造 tsɔ44
0291. 嫂 sɔ52
0292. 高 kɔ31

0293. 靠 khɔ44
0294. 熬 ŋɔ24
0295. 好～坏 xɔ52
0296. 号名 xɔ44
0297. 包 pɔ31
0298. 饱 pɔ52
0299. 炮 phɔ44
0300. 猫 mɔ24
0301. 闹 lɔ44
0302. 罩 tsɔ44
0303. 抓用手～牌
tʃua31
0304. 找～零钱
tsɔ52
0305. 抄 tshɔ31
0306. 交 tɕiɔ31
0307. 敲 tɕhiɔ31
0308. 孝 ɕiɔ44
0309. 校学～ɕiɔ44
0310. 表手～ piɔ52
0311. 票 phiɔ44
0312. 庙 miɔ44
0313. 焦 tɕiɔ31
0314. 小 ɕiɔ52
0315. 笑 ɕiɔ44
0316. 朝～代 tshɔ24
0317. 照 tʂɔ44
0318. 烧 sɔ31
0319. 绕～线 ʐɔ52
0320. 桥 tɕhiɔ24
0321. 轿 tɕhiɔ44
0322. 腰 Øiɔ31
0323. 要重～Øiɔ44

0324. 摇 Øiɔ24
0325. 鸟注意声母
ȵiɔ52
0326. 钓 tiɔ44
0327. 条 thiɔ24
0328. 料 liɔ44
0329. 箫 ɕiɔ31
0330. 叫 tɕiɔ44
0331. 母丈～，舅～
mu52
0332. 抖 tou52
0333. 偷 thou31
0334. 头 thou24
0335. 豆 thou44
0336. 楼 lou24
0337. 走 tsou52
0338. 凑 tshou44
0339. 钩注意声母
kou31
0340. 狗 kou52
0341. 够 kou44
0342. 口 khou52
0343. 藕 ŋou52
0344. 后前～xou44
0345. 厚 xou44
0346. 富 fu44
0347. 副 fu44
0348. 浮 fu24
0349. 妇 fu44
0350. 流 liou24
0351. 酒 tsiou52
0352. 修 siou31
0353. 袖 ɕiou44

0354. 抽 tʂhou31
0355. 绸 tʂhou24
0356. 愁 tshou24
0357. 瘦 sou44
0358. 州 tsou31
0359. 臭香～tʂhou44
0360. 手 ʂou52
0361. 寿 ʂou44
0362. 九 tɕiou52
0363. 球 tɕhiou24
0364. 舅 tɕiou44
0365. 旧 tɕhiou44
0366. 牛 ȵiou24
0367. 休 ɕiou31
0368. 优 Øiou31
0369. 有 Øiou52
0370. 右 Øiou44
0371. 油 Øiou24
0372. 丢 tiou31
0373. 幼 Øiou44
0374. 贪 thã31
0375. 潭 thæ̃24
0376. 南 læ̃24
0377. 蚕 tshæ̃24
0378. 感 kæ̃52
0379. 含～一口水
xæ̃24
0380. 暗 ŋæ̃44
0381. 搭 ta31
0382. 踏注意声调
tha24
0383. 拉注意声调 la31
0384. 杂 tsa24

0385. 鸽 kɤ24
0386. 盒 xuo24
0387. 胆 tæ̃52
0388. 毯 thæ̃52
0389. 淡 thæ̃44
0390. 蓝 læ̃24
0391. 三 sæ̃31
0392. 甘 kæ̃31
0393. 敢 kæ̃52
0394. 喊注意声调 xæ̃52
0395. 塔 tha31
0396. 蜡 la31
0397. 赚 tʃuæ̃44
0398. 杉 ~木，注意韵母 sæ̃31
0399. 减 tɕiæ̃52
0400. 咸 ~淡 xæ̃24
0401. 插 tsha31
0402. 闸 tsa44
0403. 夹 ~子 tɕia31
0404. 衫 sæ̃31
0405. 监 tɕiæ̃31
0406. 岩 Øiæ̃24
0407. 甲 tɕia31
0408. 鸭 ȵia31
0409. 黏 ~液 zæ̃24
0410. 尖 tsiæ̃31
0411. 签 ~名 tshiæ̃31
0412. 占 ~领 tʂæ̃44
0413. 染 zæ̃52
0414. 钳 tɕiæ̃24

0415. 验 Øiæ̃44
0416. 险 ɕiæ̃52
0417. 厌 Øiæ̃44
0418. 炎 Øiæ̃44
0419. 盐 Øiæ̃24
0420. 接 tsiɛ31
0421. 折 ~叠 tʂɤ52
0422. 叶树~ Øiɛ31
0423. 剑 tɕiæ̃44
0424. 欠 tɕhiæ̃44
0425. 严 Øiæ̃24/ȵiæ̃24（又）
0426. 业 ȵiɛ31
0427. 点 tiæ̃52
0428. 店 tiæ̃44
0429. 添 tshiæ̃31
0430. 甜 tshiæ̃24
0431. 念 ȵiæ̃44
0432. 嫌 ɕiæ̃24
0433. 跌注意声调 tiɛ31
0434. 贴 tshiɛ31
0435. 碟 tshiɛ24
0436. 协 ɕiɛ24
0437. 犯 fæ̃44
0438. 法 fa31
0439. 品 phiɛ̃52
0440. 林 liɛ̃24
0441. 浸 tsiɛ̃31
0442. 心 ɕiɛ̃31
0443. 寻 ɕiɛ̃24
0444. 沉 tʂɛ̃24
0445. 参人~ sɛ̃31

0446. 针 tʂɛ̃31
0447. 深 ʂɛ̃31
0448. 任责~ zɛ̃44
0449. 金 tɕiɛ̃31
0450. 琴 tɕhiɛ̃24
0451. 音 Øiɛ̃31
0452. 立 li31
0453. 集 tɕhi24
0454. 习 ɕi24
0455. 汁 tʂɿ31
0456. 十 ʂɿ24
0457. 入 ʐu31
0458. 急 tɕi24
0459. 及 tɕi24
0460. 吸 ɕi31
0461. 单简~ tæ̃31
0462. 炭 thæ̃44
0463. 弹 ~琴 thæ̃24
0464. 难 ~易 læ̃24
0465. 兰 læ̃24
0466. 懒 læ̃52
0467. 烂 læ̃44
0468. 伞注意声调 sæ̃52
0469. 肝 kæ̃31
0470. 看 ~见 khæ̃44
0471. 岸 ŋæ̃44
0472. 汉 xæ̃44
0473. 汗 xæ̃44
0474. 安 ŋæ̃31
0475. 达 ta24
0476. 辣 la31
0477. 擦 tsha31

0478. 割 kuo31
0479. 渴 khuo31
0480. 扮 pæ̃44
0481. 办 pæ̃44
0482. 铲 tshæ̃52
0483. 山 sæ̃31
0484. 产注意声母 tshæ̃52
0485. 间房~，一~房 tɕiæ̃31
0486. 眼 ȵiæ̃52
0487. 限 ɕiæ̃44
0488. 八 pa31
0489. 扎 tsa31
0490. 杀 sa31
0491. 班 pæ̃31
0492. 板 pæ̃52
0493. 慢 mæ̃44
0494. 奸 tɕiæ̃31
0495. 颜 Øiæ̃24/ȵiæ̃24（又）
0496. 瞎 xa31
0497. 变 piæ̃44
0498. 骗欺~ phiæ̃44
0499. 便方~ piæ̃44
0500. 棉 miæ̃24
0501. 面 ~孔 miæ̃44
0502. 连 liæ̃24
0503. 剪 tsiæ̃52
0504. 浅 tshiæ̃52
0505. 钱 tshiæ̃24
0506. 鲜 ɕiæ̃52
0507. 线 ɕiæ̃44

0508. 缠 tʂhæ24
0509. 战 tʂæ44
0510. 扇名 ʂæ44
0511. 善 ʂæ44
0512. 件 tɕiæ44
0513. 延 Øiæ24
0514. 别~人 piɛ24/phiɛ24（又）
0515. 灭 miɛ31
0516. 列 liɛ31
0517. 撤 tʂʰʅ52
0518. 舌 ʂʅ24
0519. 设 ʂʅ52
0520. 热 zʅ31
0521. 杰 tɕiɛ24
0522. 孽 ȵiɛ31
0523. 建 tɕiæ44
0524. 健 tɕiæ44
0525. 言 ȵiæ24/Øiæ24（又）
0526. 歇 ɕiɛ31
0527. 扁 piæ52
0528. 片 phiæ52
0529. 面~条 miæ44
0530. 典 tiæ52
0531. 天 tshiæ31
0532. 田 tshiæ24
0533. 垫 thiæ44
0534. 年 ȵiæ24
0535. 莲 liæ24
0536. 前 tshiæ24
0537. 先 ɕiæ31
0538. 肩 tɕiæ31

0539. 见 tɕiæ44
0540. 牵 tɕhiæ31
0541. 显 ɕiæ52
0542. 现 ɕiæ52
0543. 烟 Øiæ31
0544. 憋 piɛ31
0545. 篾 mi24
0546. 铁 tshiɛ31
0547. 捏 ȵiɛ31
0548. 节 tsiɛ31
0549. 切动 tshiɛ31
0550. 截 tshiɛ24
0551. 结 tɕiɛ31
0552. 搬 pæ31
0553. 半 pæ44
0554. 判 phæ44
0555. 盘 phæ24
0556. 满 mæ52
0557. 端~午 tuæ31
0558. 短 tuæ52
0559. 断绳~了 tuæ44
0560. 暖 lyæ52
0561. 乱 lyæ44
0562. 酸 suæ31
0563. 算 suæ44
0564. 官 kuæ31
0565. 宽 khuæ31
0566. 欢 xuæ31
0567. 完 Øuæ24
0568. 换 xuæ44
0569. 碗 Øuæ52
0570. 拨 po31

0571. 泼 pho31
0572. 末 mo31
0573. 脱 thuo31
0574. 夺 tuo24
0575. 阔 khuo31
0576. 活 xuo24
0577. 顽~皮，~固 Øuæ24
0578. 滑 xua24
0579. 挖 Øua31
0580. 刖 ʃæ31
0581. 关~门 kuæ31
0582. 惯 kuæ44
0583. 还动 xuæ24
0584. 还副 xa24
0585. 弯 Øuæ31
0586. 刷 ʃua31
0587. 刮 kua31
0588. 全 tshuæ24
0589. 选 suæ52
0590. 转~眼，~送 tʃuæ44
0591. 传~下来 tʃhuæ24
0592. 传~记 tʃuæ44
0593. 砖 tʃuæ31
0594. 船 ʃuæ24
0595. 软 ʐuæ52
0596. 卷~起 tɕyæ52
0597. 圈圆~ tɕhyæ31

0598. 权 tɕhyæ24
0599. 圆 Øyæ24
0600. 院 Øyæ44
0601. 铅~笔，注意声调 tɕhiæ31
0602. 绝 tɕyo24
0603. 雪 ɕyo31
0604. 反 fæ52
0605. 翻 fæ31
0606. 饭 fæ44
0607. 晚 Øuæ52
0608. 万麻将牌 Øuæ44
0609. 劝 tɕhyæ44
0610. 原 Øyæ24
0611. 冤 Øyæ31
0612. 园 Øyæ24
0613. 远 Øyæ52
0614. 发头~ fa31
0615. 罚 fa24
0616. 袜 Øua31
0617. 月 Øyo31
0618. 越 Øyo31
0619. 县 ɕiæ44
0620. 决 tɕyo52
0621. 缺 tɕhyo31
0622. 血 ɕiɛ31
0623. 吞 thəŋ31
0624. 根 kɛ̃31
0625. 恨 xɛ̃44
0626. 恩 ŋɛ̃31
0627. 贫 phiɛ̃24
0628. 民 miɛ̃24

0629. 邻 liɛ̃24
0630. 进 tsiɛ̃44
0631. 亲 tshiɛ̃31
0632. 新 ɕiɛ̃31
0633. 镇 tʂɛ̃44
0634. 陈 tʂhɛ̃24
0635. 震 tʂɛ̃44
0636. 神 ʂɛ̃24
0637. 身 ʂɛ̃31
0638. 辰 tʂhɛ̃24
0639. 人 zɛ̃24
0640. 认 zɛ̃44
0641. 紧 tɕiɛ̃52
0642. 银 Øiɛ̃24
0643. 印 Øiɛ̃44
0644. 引 Øiɛ̃52
0645. 笔 pi31
0646. 匹 phi44
0647. 密 mi31
0648. 栗 li31
0649. 七 tshi31
0650. 侄 tʂʅ24
0651. 虱 sei31
0652. 实 ʂʅ24
0653. 失 ʂʅ31
0654. 日 Øər31
　　　（白）/ zʅ31
　　　（文）
0655. 吉 tɕi31
0656. 一 Øi31
0657. 筋 tɕiɛ̃31
0658. 劲有~ tɕiɛ̃44

0659. 勤 tɕhiɛ̃24
0660. 近 tɕhiɛ̃44
0661. 隐 Øiɛ̃52
0662. 本 pɛ̃52
0663. 盆 phɛ̃24
0664. 门 mɛ̃24
0665. 墩 tuɛ̃31
0666. 嫩 lyɛ̃44
0667. 村 tshuɛ̃31
0668. 寸 tshuɛ̃44
0669. 蹲注意声母
　　　tuɛ̃31
0670. 孙~子 suɛ̃31
0671. 滚 kuɛ̃52
0672. 困 khuɛ̃44
0673. 婚 xuɛ̃31
0674. 魂 xuɛ̃24
0675. 温 Øuɛ̃31
0676. 卒棋子 tshu24
0677. 骨 ku31
0678. 轮 lyɛ̃24
0679. 俊注意声母
　　　tsuɛ̃44
0680. 笋 suɛ̃52
0681. 准 tʃuɛ̃52
0682. 春 tʃhuɛ̃31
0683. 唇 ʃuɛ̃24
0684. 顺 ʃuɛ̃44
0685. 纯 tʃhuɛ̃24
0686. 闰 ʒuɛ̃44
0687. 均 tɕyɛ̃31
0688. 匀 Øyɛ̃24

0689. 律 ly31
0690. 出 tʃhu31
0691. 橘 tɕy31
0692. 分动 fɛ̃31
0693. 粉 fɛ̃52
0694. 粪 fɛ̃44
0695. 坟 fɛ̃24
0696. 蚊 Øuɛ̃24
0697. 问 Øuɛ̃44
0698. 军 tɕyɛ̃31
0699. 裙 tɕhyɛ̃24
0700. 熏 ɕyɛ̃31
0701. 云~彩 Øyɛ̃24
0702. 运 Øyɛ̃44
0703. 佛~像 fo24
0704. 物 Øuo31
0705. 帮 paŋ31
0706. 忙 maŋ24
0707. 党 taŋ52
0708. 汤 thaŋ31
0709. 糖 thaŋ24
0710. 浪 laŋ44
0711. 仓 tshaŋ31
0712. 钢 kaŋ31
0713. 糠 khaŋ31
0714. 薄形 pho24
0715. 摸注意声调
　　　mo31（文）/
　　　mɔ31（白）
0716. 托 thuo31
0717. 落 luo31
0718. 作 tsuo31
0719. 索 suo31

0720. 各 kɤ31
0721. 鹤 xuo24
0722. 恶形，入声
　　　ŋɤ31
0723. 娘 ȵiaŋ24
0724. 两斤~ liaŋ52
0725. 亮 liaŋ44
0726. 浆 tɕiaŋ31
0727. 抢 tɕhiaŋ52
0728. 匠 tɕiaŋ44
0729. 想 ɕiaŋ52
0730. 像 ɕiaŋ44
0731. 张量 tʂaŋ31
0732. 长~短 tʂhaŋ24
0733. 装 tʃaŋ31
0734. 壮 tʃaŋ44
0735. 疮 tʃaŋ31
0736. 床 tʃhuaŋ24
0737. 霜 ʃuaŋ31
0738. 章 tʂaŋ31
0739. 厂 tʂhaŋ52
0740. 唱 tʂhaŋ44
0741. 伤 ʂaŋ31
0742. 尝 ʂaŋ24
0743. 上~去 ʂaŋ44
0744. 让 zaŋ44
0745. 姜生~ tɕiaŋ31
0746. 响 ɕiaŋ52
0747. 向 ɕiaŋ44
0748. 秧 Øiaŋ31
0749. 痒 Øiaŋ52
0750. 样 Øiaŋ44
0751. 雀注意声母

tɕhyo31	0783. 讲 tɕiaŋ52	0809. 黑 xei31	0838. 坑 khəŋ31
0752. 削 ɕyo31	0784. 降投 ~ ɕiaŋ24	0810. 冰 piəŋ31	0839. 硬 ɲiaŋ44
0753. 着火 ~ 了	0785. 项 xaŋ44	0811. 证 tsəŋ44	0840. 行 ~ 为，~ 走
tʃhuo24	（白）/ɕiaŋ44	0812. 秤 tʂhəŋ44	ɕiaŋ24
0754. 勺 ʃuo24	（文）	0813. 绳 ʂəŋ24	0841. 百 pei31
0755. 弱 ʐuo24	0786. 剥 pɔ31/	0814. 剩 ʂəŋ44	0842. 拍 phei31
0756. 脚 tɕyo31	po31（又）	0815. 升 ʂəŋ31	0843. 白 phei24
0757. 约 Øyo31	0787. 桌 tʃuo31	0816. 兴高 ~ ɕiaŋ44	0844. 拆 tshei31
0758. 药 Øyo31	0788. 镯 tshuo24	0817. 蝇注意声母	0845. 择 tshei24
0759. 光 ~ 线 kuaŋ31	0789. 角 tɕyo31	Øiəŋ24	0846. 窄 tsei31
0760. 慌 xuaŋ31	0790. 壳 khɤ31	0818. 逼 pi31	0847. 格 kei31
0761. 黄 xuaŋ24	（文）/tɕhyo31	0819. 力 li31	0848. 客 khei31
0762. 郭 kuo31	（白）	0820. 息 ɕi31	0849. 额 ŋei31/ŋɤ̃31
0763. 霍 xuo31	0791. 学 ɕyo24	0821. 直 tʂʅ24	（又）
0764. 方 faŋ31	0792. 握 Øuo31	0822. 侧注意声母	0850. 棚 phəŋ24
0765. 放 faŋ44	（文）/ ɲyo31	tshei31	0851. 争 tsəŋ31
0766. 纺 faŋ52	（白）	0823. 测 tshei31	0852. 耕 kəŋ31
0767. 房 faŋ24	0793. 朋 phəŋ24	0824. 色 sei31	0853. 麦 mei31
0768. 防 faŋ24	0794. 灯 təŋ31	0825. 织 tʂʅ31	0854. 摘 tshei24
0769. 网 Øuaŋ52	0795. 等 təŋ52	0826. 食 ʂʅ24	0855. 策 tshei31
0770. 筐 khuaŋ31	0796. 凳 təŋ44	0827. 式 ʂʅ31	0856. 隔 kei31
0771. 狂 khuaŋ24	0797. 藤 thəŋ24	0828. 极 tɕi24	0857. 兵 piəŋ31
0772. 王 Øuaŋ24	0798. 能 ləŋ24	0829. 国 kuei31	0858. 柄注意声调
0773. 旺 Øuaŋ44	0799. 层 tshəŋ24	0830. 或 xuei24	piəŋ52
0774. 缚 fo24	0800. 僧注意声母	0831. 猛 məŋ52	0859. 平 phiəŋ24
0775. 绑 paŋ52	tsəŋ52	0832. 打注意韵母 ta52	0860. 病 phiəŋ44
0776. 胖 phaŋ44	0801. 肯 khɤ̃52	0833. 冷 ləŋ52	0861. 明 miəŋ24
0777. 棒 phaŋ44	0802. 北 pei31	0834. 生 səŋ31	0862. 命 miəŋ44
0778. 桩 tʃuaŋ31	0803. 墨 mei24	0835. 省 ~ 长 səŋ52	0863. 镜 tɕiəŋ44
0779. 撞 tʃhuaŋ44	0804. 得 tei31	0836. 更三 ~，打 ~	0864. 庆 tɕhiəŋ44
0780. 窗 tʃhuaŋ31	0805. 特 thei24	kəŋ31	0865. 迎 Øiəŋ24
0781. 双 ʃuaŋ31	0806. 贼 tshei24	0837. 梗注意韵母	0866. 影 ɲiəŋ52/
0782. 江 tɕiaŋ31	0807. 塞 sei31	kəŋ52	Øiəŋ52（又）
	0808. 刻 khei31		

0867. 剧戏～tɕy44	0899. 星 ɕiəŋ31	0927. 弄注意声母 luəŋ44	0955. 终 tʃuəŋ31
0868. 饼 piəŋ52	0900. 经 tɕiəŋ31	0928. 粽 tsuəŋ44	0956. 充 tʃhuəŋ52
0869. 名 miəŋ24	0901. 形 ɕiəŋ24	0929. 葱 tshuəŋ31	0957. 宫 kuəŋ31
0870. 领 liəŋ52	0902. 壁 pi31	0930. 送 suəŋ44	0958. 穷 tɕhyəŋ24
0871. 井 tsiəŋ52	0903. 劈 phi52	0931. 公 kuəŋ31	0959. 熊注意声母 ɕyəŋ24
0872. 清 tshiəŋ31	0904. 踢 thi31	0932. 孔 khuəŋ52	0960. 雄注意声母 ɕyəŋ24
0873. 静 tsiəŋ44	0905. 笛 thi24	0933. 烘～干 xuəŋ31	0961. 福 fu31
0874. 姓 ɕiəŋ44	0906. 历农～li24	0934. 红 xuəŋ24	0962. 服 fu24
0875. 贞 tṣɛ̃31	0907. 锡 ɕi31	0935. 翁 Øuəŋ31	0963. 目 mu31
0876. 程 tṣhəŋ24	0908. 击 tɕi31	0936. 木 mu31	0964. 六 liou31
0877. 整 tṣəŋ52	0909. 吃 tṣhʅ31	0937. 读 thu24	0965. 宿住～,～舍 ɕy31
0878. 正～反 tṣəŋ44	0910. 横 ɕyo24 （白）/ xuəŋ44 （文）	0938. 鹿 lu31	0966. 竹 tʃu31
0879. 声 ʂəŋ31		0939. 族 tshu24	0967. 畜～生 ɕy31
0880. 城 tṣhəŋ24	0911. 划计～xua44	0940. 谷稻～ku31	0968. 缩 ʃuo31
0881. 轻 tɕhiəŋ31	0912. 兄 ɕyəŋ31	0941. 哭 khu31 （文）/ fu31 （白）	0969. 粥 tsou31
0882. 赢 Øiəŋ24	0913. 荣 Øyəŋ24		0970. 叔 ʃu52
0883. 积 tsi31	0914. 永 Øyəŋ52	0942. 屋 Øu31	0971. 熟 ʃu24
0884. 惜 ɕi31	0915. 营 Øiəŋ24	0943. 冬～至 tuəŋ31	0972. 肉 ʐou44
0885. 席 ɕi24	0916. 蓬～松 phəŋ24	0944. 统注意声调 thuəŋ52	0973. 菊 tɕy31
0886. 尺 tṣhʅ31	0917. 东 tuəŋ31		0974. 育 Øy44
0887. 石 ʂʅ24	0918. 懂 tuəŋ52	0945. 脓注意声调 luəŋ24	0975. 封 fəŋ31
0888. 益 Øi31	0919. 冻 tuəŋ44	0946. 松～紧 suəŋ31	0976. 蜂 fəŋ31
0889. 瓶 phiəŋ24	0920. 通 thuəŋ31	0947. 宋 suəŋ44	0977. 缝一条～fəŋ44
0890. 钉名 tiəŋ31	0921. 桶注意声调 thuəŋ52	0948. 毒 thu24	0978. 浓 luəŋ24
0891. 顶 tiəŋ52		0949. 风 fəŋ31	0979. 龙 luəŋ24
0892. 厅 thiəŋ31	0922. 痛 thuəŋ44	0950. 丰 fəŋ31	0980. 松～树,注意声调 suəŋ31
0893. 听～见,注意声调 tshiəŋ31	0923. 铜 thuəŋ24	0951. 凤 fəŋ44	
	0924. 动 tuəŋ44/ thuəŋ44（又）	0952. 梦 məŋ44	0981. 重轻～tʃhuəŋ44
0894. 停 tshiəŋ44		0953. 中当～tʃuəŋ31	
0895. 挺 tshiəŋ52	0925. 洞 thuəŋ44	0954. 虫 tʃhuəŋ24	0982. 肿 tʃuəŋ52
0896. 定 tiəŋ44	0926. 声注意声调 luəŋ24		
0897. 零 liəŋ24			
0898. 青 tshiəŋ31			

0983. 种～树 tʃuəŋ44

0984. 冲 tʃhuəŋ31

0985. 恭 kuəŋ31

0986. 共 kuəŋ44

0987. 凶吉～ ɕyəŋ31

0988. 拥注意声调 Øyəŋ31

0989. 容 Øyəŋ24

0990. 用 Øyəŋ44

0991. 绿 ly31（文）/ liou31（白）

0992. 足 tɕy31

0993. 烛 tʃu31

0994. 赎 ʃu24

0995. 属 ʃu24

0996. 褥 ʐu31

0997. 曲～折，歌～ tɕhy31

0998. 局 tɕhy24

0999. 玉 Øy31

1000. 浴 Øy31

第三章 词 汇

第一节 规定词汇

一、天文、地理

（一）天文

0001. 太阳～下山了　日头 ɵər52thou0/
　　　日头爷 ɵər52thou0ɕiɛ24
0002. 月亮～出来了　月亮爷
　　　ɵyo52liaŋ0ɕiɛ24
0003. 星星　宿宿 ɕiou52ɕiou0/
　　　星星 ɕiəŋ52ɕiəŋ0
0004. 云　云 ɵyɛ̃24
0005. 风　风 fəŋ31
0006. 台风　台风 thæ24fəŋ31
0007. 闪电名词　闪电 ʂæ̃52tiɛ̃44
0008. 雷　呼噜爷 xu52lu0ɕiɛ24/雷 luei24
0009. 雨　雨 ɵy52
0010. 下雨　下雨 ɕia44ɵy52
0011. 淋衣服被雨～湿了　着 tʃhuo24/
　　　下 ɕia44/淋 liɛ̃24
0012. 晒～粮食　晒 sæ44
0013. 雪　雪 ɕyo31
0014. 冰　冰 piəŋ31
0015. 冰雹　冷子 ləŋ44tsʅ0
0016. 霜　霜 ʃuaŋ31
0017. 雾　烟雾 ɵiæ̃52ɵu0
0018. 露　露水 lou24ʃuei0
0019. 虹统称　虹 tɕiaŋ44
0020. 日食　日食 ɵər31ʂʅ24
0021. 月食　月食 ɵyo31ʂʅ24
0022. 天气　天气 tshiæ̃52tɕhi0
0023. 晴天～　晴 tshiəŋ24
0024. 阴天～　阴 ȵiɛ̃31
0025. 旱天～　干 kæ̃31/旱 xæ̃44
0026. 涝天～　涝 lɔ44
0027. 天亮　天明 tshiæ̃31miəŋ24/
　　　天亮 tshiæ̃31liaŋ44

（二）地貌

0028. 水田　水地 ʃuei52thi44
0029. 旱地浇不上水的耕地　旱地 xæ̃44thi44
0030. 田埂　间垄 tɕiæ̃44luəŋ0
0031. 路野外的　路 lu44
0032. 山　山 sæ̃31
0033. 山谷　山沟 sæ̃24kou31
0034. 江大的河　河 xuo24

0035. 溪小的河　小河 ɕiɔ44xou0

0036. 水沟儿较小的水道　水渠 ʃuei52tɕhy24

0037. 湖　无

0038. 池塘　涝池 lɔ44tʂʅ0

0039. 水坑儿地面上有积水的小洼儿　水坑 ʃuei52khəŋ31

0040. 洪水　洪水 xuəŋ44ʃuei52

0041. 淹被水～了　淹 n̠iæ31

0042. 河岸　河边 xuo24piæ31/河岸 xuo24ŋæ44

0043. 坝拦河修筑拦水的　坝 pa44

0044. 地震　地动 thi44tuəŋ44

0045. 窟窿小的　窟窿 fu31luəŋ0

0046. 缝儿统称　缝子 fəŋ24tsʅ0

(三) 物象

0047. 石头统称　石头 ʂʅ31thou52

0048. 土统称　土 thu52

0049. 泥湿的　泥 n̠i24

0050. 水泥旧称　水泥 ʃuei52n̠i24

0051. 沙子　沙子 sa52tsʅ0

0052. 砖整块的　砖 tʃuæ52

0053. 瓦整块的　瓦 Øua52

0054. 煤　炭 thæ44

0055. 煤油　煤油 mei24Øiou24

0056. 炭木炭　木炭 mu52thæ0

0057. 灰烧成的　灰 xuei31

0058. 灰尘桌面上的　灰土 tʂhɛ24thu52

0059. 火　火 xuo52

0060. 烟烧火形成的　烟 Øiæ31

0061. 失火　着火 tʃhuo24xuo52

0062. 水　水 ʃuei52

0063. 凉水　凉水 liaŋ24ʃuei52

0064. 热水如洗脸的热水，不是指喝的开水　热水 zɻ31ʃuei52

0065. 开水喝的　煎水 tsiæ31ʃuei52

0066. 磁铁　吸铁石 ɕi31thiɛ31ʂɻ24

二、时间、方位

(一) 时间

0067. 时候吃饭的～　时景 sʅ31tɕiəŋ52

0068. 什么时候　啥时景 ʃuo44sʅ24tɕiəŋ52

0069. 现在　壬庚 Øiəŋ31kəŋ52

0070. 以前十年～　过去 kuo44tɕhy52/原先 Øyæ24tɕiæ31

0071. 以后十年～　往后 Øuaŋ44xou44

0072. 一辈子　一辈子 Øi31pei44tsʅ0

0073. 今年　今年 tɕiɛ31n̠iæ24

0074. 明年　明年 miəŋ31n̠iæ52

0075. 后年　后年 xou24n̠iæ0

0076. 去年　年时 n̠iæ31sʅ52/去年 tɕhy24n̠iæ24

0077. 前年　前年 tshiæ31n̠iæ52

0078. 往年过去的年份　往年 Øuaŋ52n̠iæ24

0079. 年初　年初 n̠iæ24tʃhu31

0080. 年底　年跟前 n̠iæ24kɛ̃31tshiæ0/年底 n̠iæ24ti52

0081. 今天　今 tɕiɛ31

0082. 明天　明 miəŋ24

0083. 后天　后天 xou24tshæ31

0084. 大后天　外后儿 Øuæ24xour0

0085. 昨天　夜来 Øiɛ24læ0

0086. 前天 前那一天
tshiã24lei44Øi24tshiã31

0087. 大前天 大前天
ta44tshiã24tshiã31

0088. 整天 成天 tʂhəŋ24tshiã31

0089. 每天 天天 tshiã24tshiã31

0090. 早晨 早至 tsɔ31tsɿ0／赶早 kæ31tsɔ52

0091. 上午 前晌 tshiã31ʂaŋ52

0092. 中午 晌午 ʂaŋ31Øu0

0093. 下午 后晌 xou24ʂaŋ0

0094. 傍晚 麻刺眼 ma24tshɿ44ȵiæ0

0095. 白天 白天 phei31tshiæ52

0096. 夜晚 与白天相对，统称 晚上 Øuæ44ʂaŋ0

0097. 半夜 半夜 pæ44Øɛi44

0098. 正月农历 正月 tʂəŋ31Øyo31

0099. 大年初一农历 正月初一 tʂəŋ31Øyo24tʃhu31Øi31

0100. 元宵节 正月十五 tʂəŋ31Øyo31ʂɿ24Øu52

0101. 清明 清明 tɕhiou52miəŋ0

0102. 端午 端午 tuæ31Øu0

0103. 七月十五农历，节日名 无

0104. 中秋 八月十五 pa31Øyo31ʂɿ24Øu52

0105. 冬至 冬至 tuəŋ31tsɿ44

0106. 腊月农历十二月 腊月 la31Øyo31

0107. 除夕农历 年三十 ȵiæ24sæ31ʂɿ24

0108. 历书 历头 li52thou0

0109. 阴历 阴历 ȵiɛ31li0

0110. 阳历 阳历 Øiaŋ24li0

0111. 星期天 星期日 ɕiəŋ52tɕhi0Øər31

（二）方位

0112. 地方 地方 thi24faŋ0

0113. 什么地方 啥地方 ʃuo44thi24faŋ0

0114. 家里 屋里 Øu52li0

0115. 城里 城里 tʂhəŋ24li52

0116. 乡下 农村 luəŋ24tshuɛ̃31

0117. 上面从～滚下来 上岸 ʂaŋ24ŋæ0／上头 ʂaŋ24thou0

0118. 下面从～爬上去 下岸 xa24ŋæ0／下头 xa24thou0

0119. 左边 左岸 tsuo24ŋæ0

0120. 右边 右岸 Øiou24ŋæ0

0121. 中间排队排在～ 当中 taŋ52tʃhuəŋ0

0122. 前面排队排在～ 前岸 tɕhiæ31ŋæ52／前头 tɕhiæ31thou52

0123. 后面排队排在～ 后岸 xou24ŋæ0／后头 xou24thou0

0124. 末尾排队排在～ 巴巴尾 pa24pa0Øi52

0125. 对面 对岸儿 tuei44ŋæ̃r52

0126. 面前 面前 miæ44tshiæ0／跟前 kɛ̃52tshiæ0

0127. 背后 背后 phei24xou0

0128. 里面躲在～ 里岸 li44ŋæ0／里头 li44thou0

0129. 外面衣服晒在～ 外岸 Øuæ24ŋæ0／外头 Øuæ24thou0

0130. 旁边 偏岸儿 phiæ31ŋær52

0131. 上碗在桌子～ 上头 ʂaŋ24thou0

0132. 下凳子在桌子～ 底下 ti44xa0

0133. 边儿桌子的~　边边 piã52piã0

0134. 角儿桌子的~　角角子 tɕyo52tɕyo0tsɿ0

0135. 上去他~了　上去 ʂaŋ24tɕhi0

0136. 下来他~了　下来 xa24læ0

0137. 进去他~了　进去 tɕiɛ̃24tɕhi0

0138. 出来他~了　出来 tʃhu52læ0

0139. 出去他~了　出去 tʃhu52tɕhi0

0140. 回来他~了　回来 xuei31læ52

0141. 起来天冷~了　[起来] tɕhiɛ52/起来 tɕhiɛ52læ0

三、植物

（一）一般植物

0142. 树　树 ʃu44

0143. 木头　木头 mu52thou0

0144. 松树统称　松树 suəŋ52ʃu0

0145. 柏树统称　柏树 pei52ʃu0

0146. 杉树　杉树 sã44ʃu0

0147. 柳树　柳树 liou44ʃu0

0148. 竹子统称　竹子 tʃu52tsɿ0

0149. 笋　笋 suɛ̃52

0150. 叶子　叶子 ɵiɛ44tsɿ0

0151. 花　花 xua31

0152. 花蕾花骨朵儿　花骨朵 xua31ku52tu0

0153. 梅花　梅花 mei31xua52

0154. 牡丹　牡丹 mu44tæ0

0155. 荷花　荷花 xuo31xua52

0156. 草　草 tshɔ52

0157. 藤　蔓 ɵuæ44

0158. 刺名词　刺 tshɿ52

0159. 水果　水果 ʃuei31kuo52

0160. 苹果　苹果 phiəŋ31kuo52

0161. 桃子　桃 thɔ24

0162. 梨　梨 li24

0163. 李子　李子 li44tsɿ0/梅李子 mei31li52tsɿ0

0164. 杏　杏 xəŋ44

0165. 橘子　橘子 tɕy31tsɿ0

0166. 柚　柚子 ɵiou24tsɿ0

0167. 柿子　柿子 sɿ24tsɿ0

0168. 石榴　石榴 ʂɿ31liou52

0169. 枣　枣 tsɔ52

0170. 栗子　栗子 li31tsɿ0

0171. 核桃　核桃 xɯ31thɔ52

0172. 银杏白果　银杏 ɵiɛ̃24xəŋ44

0173. 甘蔗　甘蔗 kæ31tʂɤ24

0174. 木耳　木耳 mu31ɵər0

0175. 蘑菇野生的　蘑葫芦丁 mɔ31ku24lu0tiəŋ31

0176. 香菇　香菇 ɕiaŋ24ku31

（二）农作物

0177. 稻指植物　稻子 thɔ44tsɿ0

0178. 稻谷指籽实（脱粒后是大米）　稻谷 thɔ52ku0

0179. 稻草脱粒后的　稻草 thɔ31tshɔ0

0180. 大麦指植物　大麦 ta24mei0

0181. 小麦指植物　麦 mei31

0182. 麦秸脱粒后的　麦秸 mei52tɕiæ0

0183. 谷子指植物（籽实脱粒后是小米）　谷 ku31

0184. 高粱指植物　稻黍 thɔ31ʃu0

0185. 玉米指成株的植物　御麦

Øy24mei0
0186. 棉花指植物　棉花 miæ31xua52
0187. 油菜油料作物，不是蔬菜　菜籽 tshæ24tsʅ0
0188. 芝麻　芝麻 tsʅ52ma0
0189. 向日葵指植物　向日葵 çiaŋ44Øər31khuei24
0190. 蚕豆　蚕豆 tshæ31thou52
0191. 豌豆　豌豆 Øuæ52thou0
0192. 花生指果实，注意婉称　花生 xua24səŋ0
0193. 黄豆　黄豆 xuaŋ31thou52
0194. 绿豆　绿豆 liou52thou0
0195. 豇豆长条形的　豇豆 tçiaŋ52thou0
0196. 大白菜东北～　白菜 phei31tshæ52
0197. 包心菜卷心菜，圆白菜，球形的　莲花白 liæ24xua52phei24
0198. 菠菜　菠菜 po52tshæ0
0199. 芹菜　芹菜 tçhiɛ31tshæ52
0200. 莴笋　笋 suɛ̃52
0201. 韭菜　韭菜 tçiou44tshæ0
0202. 香菜芫荽　芫荽 Øiɛ̃31çyɛ̃52
0203. 葱　葱 tshuəŋ31
0204. 蒜　蒜 suæ̃44
0205. 姜　姜 tçiaŋ31
0206. 洋葱　洋葱 Øiaŋ24tshuəŋ31
0207. 辣椒统称　辣子 la52tsʅ0
0208. 茄子统称　茄子 tçhiɛ31tsʅ52
0209. 西红柿　洋柿子 Øiaŋ24sʅ24tsʅ0
0210. 萝卜统称　萝卜 luo31phu52
0211. 胡萝卜　红萝卜 xuəŋ24luo31phu52
0212. 黄瓜　黄瓜 xuaŋ31kua52

0213. 丝瓜无棱的　丝瓜 sʅ31kua31
0214. 南瓜扁圆形或梨形，成熟时呈赤褐色　金瓜 tçiɛ31kua31/南瓜 læ24kua52
0215. 荸荠　无
0216. 红薯统称　红芋 xuəŋ24Øy44/红苕 xuəŋ24sʅ24
0217. 马铃薯　洋芋 Øiaŋ24Øy44
0218. 芋头　无
0219. 山药圆柱形的　无
0220. 藕　莲菜 liæ31tshæ52

四、动物

（一）一般动物

0221. 老虎　老虎 lɔ31xu0
0222. 猴子　猴 xou24
0223. 蛇统称　长虫 tṣaŋ31tʃhuəŋ52/蛇 ʂɤ24
0224. 老鼠家里的　老鼠 lɔ31ʃu0
0225. 蝙蝠　夜蝙虎 Øiæ24piæ31xu0
0226. 鸟儿飞鸟，统称　雀儿 tçhiɔr52
0227. 麻雀　雀儿 tçhiɔr52
0228. 喜鹊　野雀儿 Øiɛ44tçhiɔr0
0229. 乌鸦　老鸹 lɔ44Øua0
0230. 鸽子　鹁鸽 phu31kɔ52
0231. 翅膀鸟的，统称　膀子 paŋ44tsʅ0
0232. 爪子鸟的，统称　爪子 tsɔ44tsʅ0
0233. 尾巴　尾巴 Øi44pha0
0234. 窝鸟的　窝 Øuo31
0235. 虫子统称　虫 tʃhuəŋ24
0236. 蝴蝶统称　蛾子 Øuo24tsʅ0
0237. 蜻蜓统称　蜻蜓 tshiəŋ52tshiəŋ0

0238. 蜜蜂　蜜蜂 mi31fəŋ31
0239. 蜂蜜　蜂糖 fəŋ31thaŋ0
0240. 知了统称　知喽子 tsʅ24lou0tsʅ0
0241. 蚂蚁　虮蜉蚂 phi31fu0ma0
0242. 蚯蚓　蛐鳝鳝 tɕhy52ʂæ̃0ʂæ̃0
0243. 蚕　蚕 tshæ24
0244. 蜘蛛会结网的　蛛蛛 tʃu52tʃu0
0245. 蚊子统称　蠓子 mo52tsʅ0
0246. 苍蝇统称　蝇子 ɕiəŋ31tsʅ52
0247. 跳蚤咬人的　虼蚤 kɯ52tsɔ0
0248. 虱子　虱 sei31
0249. 鱼　鱼 øy24
0250. 鲤鱼　鲤鱼 li52øy24
0251. 鳙鱼胖头鱼　无
0252. 鲫鱼　无
0253. 甲鱼　鳖 piɛ31
0254. 鳞鱼的　鳞 liɛ̃24
0255. 虾统称　虾 ɕia31
0256. 螃蟹统称　螃蟹 phaŋ31xæ52
0257. 青蛙统称　疥个娃
　　　tɕiɛ24kɤ0ua44
0258. 癞蛤蟆表皮多疙瘩　疥肚子
　　　tɕiɛ24thu0tsʅ0

（二）家畜、家禽

0259. 马　马 ma52
0260. 驴　驴 ly24
0261. 骡　骡子 luo31tsʅ52
0262. 牛　牛 ȵiou24
0263. 公牛统称　犏牛 phɔ52ȵiou0/犍牛
　　　tɕiæ31ȵiou24
0264. 母牛统称　乳牛 ʐu52ȵiou0
0265. 放牛　放牛 faŋ44ȵiou24

0266. 羊　羊 øiaŋ24
0267. 猪　猪 tʃu314
0268. 种猪配种用的公猪　角猪
　　　tɕyo31tʃu31
0269. 公猪成年的，已阉的　牙猪
　　　ȵia31tʃu52
0270. 母猪成年的，未阉的　猪婆
　　　tʃu52pho0
0271. 猪崽　猪娃 tʃu52øua0
0272. 猪圈　猪圈 tʃu31tɕhyæ̃44
0273. 养猪　喂猪 øuei44tʃu31
0274. 猫　猫 mɔ24
0275. 公猫　郎猫 laŋ24mɔ0
0276. 母猫　咪猫 mi44mɔ0
0277. 狗统称　狗 kou52
0278. 公狗　牙狗 ȵia31kou52
0279. 母狗　草狗 tshɔ31kou0
0280. 叫狗~　咬 ȵia52
0281. 兔子　兔 thu44
0282. 鸡　鸡 tɕi31
0283. 公鸡成年的，未阉的　公鸡
　　　kuəŋ31tɕi31
0284. 母鸡已下过蛋的　鸡婆 tɕi52pho0
0285. 叫公鸡~（打鸣儿）
　　　叫鸣 tɕiɔ44miəŋ24
0286. 下鸡~蛋　下 ɕia44
0287. 孵~小鸡　孵 fu24
0288. 鸭　鸭 ȵia31
0289. 鹅　鹅 ŋɤ24
0290. 阉~公的猪　择 tshei24
0291. 阉~母的猪　择 tshei24
0292. 阉~鸡　□ ɕia44
0293. 喂~猪　育 øy44

0294. 杀猪统称，注意婉称　杀猪 sa24tʃu31

0295. 杀~鱼　杀 sa31

五、房舍、器具

（一）房舍

0296. 村庄一个~　村 tshuɛ̃31
0297. 胡同统称：一条~　巷 xaŋ31/胡同 xu31thuəŋ52
0298. 街道　街 tɕiɛ31
0299. 盖房子　盖房 kæ44faŋ24
0300. 房子整座的，不包括院子　屋 Øu31
0301. 屋子房子里分隔而成的，统称　房 faŋ24
0302. 卧室　炕房 khaŋ44faŋ24
0303. 茅屋茅草等盖的　草棚棚 tshɔ53pəŋ24pəŋ0
0304. 厨房　屋里 Øu52li0
0305. 灶统称　灶 tsɔ44
0306. 锅统称　锅 kuo31
0307. 饭锅煮饭的　锅 kuo31
0308. 菜锅炒菜的　锅 kuo31
0309. 厕所旧式的，统称　茅子 mɔ31tsʅ52/后院 xou24Øyæ̃0
0310. 檩左右方向的　檩 liɛ̃52
0311. 柱子　柱子 tʃhu24tsʅ0
0312. 大门　稍门 sɔ31mɛ̃24
0313. 门槛儿　门槛 mɛ̃31khæ̃52
0314. 窗旧式的　窗 tʃhuaŋ31
0315. 梯子可移动的　梯子 thi52tsʅ0
0316. 扫帚统称　笤帚 thiɔ31tʃu52
0317. 扫地　扫地 sɔ52thi44

0318. 垃圾　渣货 tsa52xuo0/垃圾 la31tɕi31

（二）家具

0319. 家具统称　家具 tɕia31tɕy44
0320. 东西我的~　东西 tuəŋ52ɕi0
0321. 炕土、砖砌的，睡觉用　炕 khaŋ44
0322. 床木质的，睡觉用　床 tʃhuaŋ24
0323. 枕头　枕头 tʂɛ̃44thou0
0324. 被子　盖的 kæ24ti0
0325. 棉絮　套子 thɔ24tsʅ0
0326. 床单　单子 tæ̃52tsʅ0
0327. 褥子　褥子 ʐu52tsʅ0
0328. 席子　席 ɕi24
0329. 蚊帐　蚊帐 Øuɛ̃24tʂaŋ44
0330. 桌子统称　桌子 tʃuo52tsʅ0
0331. 柜子统称　柜子 khuei24tsʅ0
0332. 抽屉桌子的　抽屉 tʃhou52thi0
0333. 案子长条形的　案子 ŋæ̃24tsʅ0
0334. 椅子统称　椅子 Øi44tsʅ0
0335. 凳子统称　板头 pæ̃44thou0
0336. 马桶有盖的　无

（三）用具

0337. 菜刀　切面刀 tɕhiɛ31miæ̃44tɔ31
0338. 瓢舀水的　勺 ʃuo24
0339. 缸　缸 kaŋ31
0340. 坛子装酒的~　坛子 tæ̃24tsʅ0
0341. 瓶子装酒的~　瓶子 phiəŋ24tsʅ0
0342. 盖子杯子的~　盖子 kæ44tsʅ0
0343. 碗统称　碗 Øuæ̃52
0344. 筷子　筷子 khuæ24tsʅ0
0345. 汤匙　羹勺 kəŋ52ʃuo0

0346. 柴火统称　柴 tshæ24/柴火 tshæ31xuo52

0347. 火柴　洋火 ∅iaŋ31xuo52

0348. 锁　锁子 suo44tsʅ0

0349. 钥匙　钥匙 ∅yo52sʅ0

0350. 暖水瓶　电壶 tiæ44xu24

0351. 脸盆　脸盆 liæ52phẽ24

0352. 洗脸水　洗脸水 ɕi31liæ52ʃuei52

0353. 毛巾洗脸用　手巾 ʂou44tɕiɛ̃0

0354. 手绢　手帕 ʂou44pha0

0355. 肥皂洗衣服用　洋碱 ∅iaŋ24tɕiæ52

0356. 梳子旧式的，不是篦子　梳子 ʃu52tsʅ0

0357. 缝衣针　针 tʂɛ̃31

0358. 剪子　剪子 tɕiæ44tsʅ0

0359. 蜡烛　蜡 la31

0360. 手电筒　手电 ʂou52tiæ44

0361. 雨伞挡雨的，统称　伞 sæ52

0362. 自行车　自行车 tshʅ44ɕiəŋ24tʂʅ31

六、服饰、饮食

（一）服饰

0363. 衣服统称　衣裳 ∅i52ʂaŋ0

0364. 穿～衣服　穿 tʃhuæ31

0365. 脱～衣服　脱 thuo31

0366. 系～鞋带　绑 paŋ52/衿 tɕiɛ31

0367. 衬衫　衫子 sã52tsʅ0

0368. 背心带两条杠的，内衣　背心 pei24ɕiɛ̃0

0369. 毛衣　毛衣 mɔ24∅i31

0370. 棉衣　棉袄 miæ24ŋɔ52

0371. 袖子　袖子 ɕiou24tsʅ0

0372. 口袋衣服上的　兜兜 tou52tou0

0373. 裤子　裤 fu44

0374. 短裤外穿的　半截裤 pæ24tɕhiɛ31fu44

0375. 裤腿　裤腿 fu44thuei52

0376. 帽子统称　帽子 mɔ24tsʅ0

0377. 鞋子　鞋 xæ24

0378. 袜子　袜子 ∅ua52tsʅ0

0379. 围巾　围脖 ∅uei31pho52

0380. 围裙　围裙 ∅uei31tɕhyɛ̃52

0381. 尿布　褯子 tɕhiɛ24tsʅ0

0382. 扣子　纽子 ȵiou44tsʅ0

0383. 扣～扣子　扣 khou44

0384. 戒指　戒指 tɕiɛ24tsʅ0

0385. 手镯　镯子 tshuo31tsʅ52

0386. 理发　剃头 tshi44thou24/推头 thuei31thou24

0387. 梳头　梳头 ʃu31thou24

（二）饮食

0388. 米饭　米饭 mi44fã0

0389. 稀饭用米熬的，统称　米汤 mi44thaŋ31

0390. 面粉麦子磨的，统称　面 miæ44

0391. 面条统称　面 miæ44

0392. 面儿玉米～，辣椒～　面子 miæ24tsʅ0

0393. 馒头无馅儿的，统称　馍 mo24

0394. 包子　包子 pɔ52tsʅ0

0395. 饺子　煮角 tʃu52tɕyo31/饺子 tɕiɔ44tsʅ0

0396. 馄饨　馄饨 xuɛ̃24tuɛ̃0

0397. 馅儿　馅子 z̩aŋ24tsʅ0

0398. 油条长条形的，旧称　油条 Øiou24thiɔ24

0399. 豆浆　豆浆 thou44tɕiaŋ0

0400. 豆腐脑儿　豆腐脑儿 thou24fu0lɔr52

0401. 元宵食品　元宵 Øyæ̃24ɕiɔ31

0402. 粽子　粽子 tsuəŋ24tsʅ0

0403. 年糕用黏性大的米或米粉做的　无

0404. 点心统称　点心 tiæ̃44ɕiɛ̃31

0405. 菜吃饭时吃的，统称　菜 tshæ44

0406. 干菜统称　干菜 kæ̃31tshæ44

0407. 豆腐　豆腐 thou24fu0

0408. 猪血当菜的　猪血 tʃu24ɕiɛ31

0409. 猪蹄当菜的　猪蹄 tʃu31thi24

0410. 猪舌头当菜的，注意婉称　猪舌头 tʃu31ʂɤ24thou0/口条 khou52thiɔ0

0411. 猪肝当菜的，注意婉称　猪肝 tʃu24kæ̃31

0412. 下水猪、牛、羊的内脏　下水 ɕia24ʃuei0

0413. 鸡蛋　鸡蛋 tɕi52thæ̃0

0414. 松花蛋　变蛋 piæ̃44thæ̃44

0415. 猪油　脂油 tsʅ31Øiou24/大油 ta44Øiou24

0416. 香油　香油 ɕiaŋ31Øiou24

0417. 酱油　酱油 tsiaŋ44Øiou24

0418. 盐名词　盐 Øiæ̃24

0419. 醋注意婉称　醋 tshu44

0420. 香烟　纸烟 tsʅ44Øiæ̃0

0421. 旱烟　旱烟 xæ̃24Øiæ̃0

0422. 白酒　烧酒 ʂɔ31tɕiou0/白酒 phei24tɕiou0

0423. 黄酒　黄酒 xuaŋ24tɕiou0

0424. 江米酒酒酿，醪糟　醪糟 lɔ31tsɔ52

0425. 茶叶　茶叶 tsha31Øiɛ52

0426. 沏～茶　熬 ŋɔ24/泼 phɔ31

0427. 冰棍儿　冰棍 piəŋ31kuɛ̃44

0428. 做饭统称　做饭 tsu44fæ̃44

0429. 炒菜统称，和做饭相对　炒菜 tshɔ52tshæ44

0430. 煮～带壳的鸡蛋　煮 tʃu52

0431. 煎～鸡蛋　煎 tsiæ̃31

0432. 炸～油条　炸 tsha24

0433. 蒸～鱼　蒸 tsəŋ31

0434. 揉～面做馒头等　揉 ʐou24

0435. 擀～面，～皮儿　擀 kæ̃52

0436. 吃早饭　吃早至饭 tʂʅ24tsɔ31tsʅ0fæ̃44

0437. 吃午饭　吃响午饭 tʂʅ24ʂaŋ31Øu0fæ̃44

0438. 吃晚饭　喝汤 xuo24thaŋ31

0439. 吃～饭　咥 tiɛ24

0440. 喝～酒　喝 xuo31

0441. 喝～茶　喝 xuo31

0442. 抽～烟　吃 tʂʅ31/抽 tʂhou31

0443. 盛～饭　舀 Øiɔ52/盛 ʂəŋ24

0444. 夹用筷子～菜　抄 tshɔ31

0445. 斟～酒　看 khæ̃44 倒 tɔ44

0446. 渴口～　渴 khuo31

0447. 饿肚子～　饥 tɕi31/饿 Øuo44

0448. 噎吃饭～着了　噎 Øiɛ31

七、身体、医疗

（一）身体

0449. 头人的，统称　颡 sa24

0450. 头发　头发 thou31fa52

0451. 辫子　髦絃 mɔ24kæ0

0452. 旋　　旋 suæ̃44

0453. 额头　额颅 ŋei52lou0

0454. 相貌　模样 mo31ɸiaŋ52

0455. 脸洗～　脸 liæ̃52

0456. 眼睛　眼窝 ȵiæ̃44ɸuo0

0457. 眼珠统称　眼睛仁儿
ȵiæ̃52tɕiəŋ31zẽr24

0458. 眼泪哭的时候流出来的　眼泪
ȵiæ̃44luei0

0459. 眉毛　眉毛 mi31mɔ52

0460. 耳朵　耳朵 ɸər44tuo0

0461. 鼻子　鼻子 phi31tsɿ52

0462. 鼻涕统称　鼻 phi24

0463. 擤～鼻涕　擤 ɕiəŋ52

0464. 嘴巴人的，统称　嘴 tsuei52

0465. 嘴唇　嘴唇 tsuei52ʃuɛ̃24

0466. 口水～流出来　涎水 xæ̃31ʃuei0

0467. 舌头　舌头 ʂɤ31thou52

0468. 牙齿　牙 ȵia24

0469. 下巴　下巴 xa24pa0

0470. 胡子嘴周围的　胡子 xu31tsɿ52

0471. 脖子　脖项 pho31xaŋ52/脖子
pho31tsɿ52

0472. 喉咙　胡咙 xu31lu52

0473. 肩膀　胛骨 tɕia52kuo0

0474. 胳膊　胳膊 kɤ52po0

0475. 手方言指（打√）：只指手√；包括臂：
他的～摔断了　手 ʂou52

0476. 左手　左手 tsuo44ʂou0

0477. 右手　右手 ɸiou44ʂou0

0478. 拳头　锤头 tʃhuei31thou52

0479. 手指　手指头 ʂou52tsɿ52thou0

0480. 大拇指　大拇指 ta24mu0tsɿ0

0481. 食指　食指 ʂɿ24tsɿ0

0482. 中指　中指 tʃuəŋ31tsɿ0

0483. 无名指　无名指 ɸu24miəŋ24tsɿ0

0484. 小拇指　小拇指头
ɕiɔ44mu0tsɿ52thou0

0485. 指甲　指甲盖 tsɿ52tɕia0kæ44

0486. 腿　腿 thuei52

0487. 脚方言指（打√）：只指脚√；包括小
腿；包括小腿和大腿：他的～轧断了
脚 tɕyo31

0488. 膝盖指部位　磕膝盖
kɯ52ɕi0kæ44

0489. 背名词　脊背 tɕi52pei0

0490. 肚子腹部　肚子 thu24tsɿ0

0491. 肚脐　肚脐窝 phu31tɕhi52ɸiɔ24

0492. 乳房女性的　奶头 læ44thou0

0493. 屁股　沟子 kou52tsɿ0

0494. 肛门　沟门 kou31mɛ̃24

0495. 阴茎成人的　屌 tɕhiou24

0496. 女阴成人的　屄 phi31

0497. 肏动词　合 zɿ31

0498. 精液　□ suəŋ24

0499. 来月经注意婉称　身上来了
sẽ52saŋ0læ24la0

0500. 拉屎　屙 pa52

0501. 撒尿　尿 ȵiɔ44

0502. 放屁　放屁 faŋ44phi44

0503. 相当于"他妈的"的口头禅
把他家的 pa31tha52tɕia52ti0

（二）疾病、医疗

0504. 病了　得了病 tei31liɔ0phiəŋ44

0505. 着凉　凉了 liaŋ31la0

0506. 咳嗽　咳嗽 khɯ52sou0

0507. 发烧　烧得很 ʂɔ52tei0xɛ̃52

0508. 发抖　颤 tʂã44/抖 tou24

0509. 肚子疼　肚子疼 thu24tsɿ0thəŋ24

0510. 拉肚子　跑后 phɔ52xou44

0511. 患疟疾　放牛 faŋ44ȵiou24

0512. 中暑　中暑 tʃuaŋ44ʃu52

0513. 肿　肿 tʃuaŋ52

0514. 化脓　熟脓 ʃu24luaŋ24

0515. 疤好了的　疤 pa31

0516. 癣　癣 ɕiã52

0517. 痣凸起的　鬃子 Øiã44tsɿ0

0518. 疙瘩蚊子咬后形成的　疙瘩 kɯ52ta0

0519. 狐臭　狐臭 xu24tʂhou44

0520. 看病　看病 khã44phiəŋ44

0521. 诊脉　号脉 xɔ44mei31

0522. 针灸　扎针 tsa24tʂɛ̃31

0523. 打针　打针 ta52tʂɛ̃31

0524. 打吊针　打吊针 ta52tiɔ24tʂɛ̃31

0525. 吃药统称　吃药 tʂhɿ24Øyo31

0526. 汤药　汤药 thaŋ31Øyo31

0527. 病轻了　病轻了 phiəŋ44tɕhiəŋ31la0/松番了 suəŋ52fã0la0

八、婚丧、信仰

（一）婚育

0528. 说媒　说媒 ʂɤ31mei24

0529. 媒人　媒人 mei31zɛ̃52

0530. 相亲　看过伙 khã44kuo24xuo0

0531. 订婚　定亲 tiəŋ44tɕhiɛ̃31

0532. 嫁妆　陪房 phei31faŋ52

0533. 结婚统称　结婚 tɕiɛ24xuɛ31

0534. 娶妻子男子~，动宾　娶媳子 tɕhy52ɕi52tsɿ0

0535. 出嫁女子~　出门 tʃhu31mɛ̃24

0536. 拜堂　拜堂 pæ44thaŋ24

0537. 新郎　新女婿 ɕiɛ31ȵy52ɕiɛ0

0538. 新娘子　新媳妇 ɕiɛ̃31ɕi52fu0

0539. 孕妇　大肚子婆娘 ta44thu24tsɿ0phɔ31ȵiaŋ52

0540. 怀孕　身不空 ʂɛ̃31pu31khuəŋ44/怀娃 xuæ24ua44

0541. 害喜妊娠反应　害娃 xæ44ua44/馋饭 tʂhæ24fã44

0542. 分娩　生娃 səŋ31Øua24

0543. 流产　小月 ɕiɔ44Øyo31

0544. 双胞胎　双生子 ʃuaŋ24səŋ31tsɿ0

0545. 坐月子　坐月子 tshuo44Øyo52tsɿ0

0546. 吃奶　吃奶 tʂhɿ31læ52

0547. 断奶　摘奶 tshei24læ52/断奶 thuæ44læ52

0548. 满月　满月 mã44Øyo31

0549. 生日统称　生日 səŋ31Øər31

0550. 做寿　过寿 kuo44ʂou44

（二）丧葬

0551. 死统称　死 sɿ52

0552. 死婉称，最常用的几种，指老人：他~了　殁了 mo31la0/老去了 lɔ44tɕhi0la0/倒头了 tɔ52thou24la0/歇下了 ɕiɛ52xa0la0

0553. 自杀　寻无常 ɕiɛ24u31tʂhaŋ52

0554. 咽气　咽气 Øiã44tɕhi44

0555. 入殓　盛殓 ʂəŋ24liã44/入殓

ʐu31liæ̃44

0556. 棺材　材 tshæ24/寿器
　　　 ʂou44tɕhi0/棺木 kuæ31mu31

0557. 出殡　发丧 fa24saŋ0

0558. 灵位　牌位 phæ31ɵuei52

0559. 坟墓单个的，老人的　坟 fɛ̃24

0560. 上坟　上坟 saŋ44fɛ̃24

0561. 纸钱　烧纸 ʂɔ31tsʅ31

（三）信仰

0562. 老天爷　老天爷
　　　 lɔ52tshiæ̃31ɵiɛ24/天神 tshiæ̃52ʂʅ̃0

0563. 菩萨统称　菩萨 phu31sa52

0564. 观音　观音 kuæ31ɵiɛ̃31

0565. 灶神口头的叫法，其中如有方言亲属称
　　　谓要释义　灶爷 tsɔ24ɵiɛ0

0566. 寺庙　庙 miɔ44

0567. 祠堂　祠堂 tshʅ31thaŋ52

0568. 和尚　和尚 xɤ31ʂaŋ52

0569. 尼姑　尼姑 ȵi24ku31

0570. 道士　道士 tɔ24sʅ0

0571. 算命统称　算卦 suæ44kua44

0572. 运气　运气 ɵyɛ̃44tɕhi44

0573. 保佑　保佑 pɔ52ɵiou44

九、人品、称谓

（一）人品

0574. 人一个～　人 ʐə̃24

0575. 男人成年的，统称　外前人
　　　 ɵuæ44tshiæ0ʐə̃0

0576. 女人三四十岁已婚的，统称　屋人
　　　 ɵu52ʐə̃0

0577. 单身汉　光棍汉 kuaŋ52kuɛ̃0xæ0

0578. 老姑娘　老女子 lɔ31ȵy52tsʅ0

0579. 婴儿　月娃 ɵyo52ɵua0

0580. 小孩儿三四岁的，统称　碎娃
　　　 suei44ɵua24

0581. 男孩儿统称：外面有个～在哭　儿
　　　子娃 ɵər31tsʅ52ɵua44

0582. 女孩儿统称：外面有个～在哭　女
　　　子娃 ȵy52tsʅ0ɵua44

0583. 老人七八十岁的，统称　老人
　　　 lɔ44ʐə̃0

0584. 亲戚统称　亲戚 tɕhiɛ̃31tɕhi0

0585. 朋友统称　朋友 phəŋ31ɵiou52

0586. 邻居统称　邻家 liɛ̃31tɕia52

0587. 客人　客 khei31

0588. 农民　庄稼汉 tʃuaŋ52a0xæ0

0589. 商人　做生意人
　　　 tsu44səŋ52ɵi0ʐə̃24

0590. 手艺人统称　匠人 tɕhiaŋ24ʐə̃0

0591. 泥水匠　泥水匠 ȵi31ʃuei44tɕhiaŋ0

0592. 木匠　木匠 mu52tɕhiaŋ0

0593. 裁缝　裁缝 tshæ31fəŋ52

0594. 理发师　剃头匠
　　　 tɕhi24thou31tɕhiaŋ0

0595. 厨师　厨子 tʃhu31tsʅ52

0596. 师傅　师傅 sʅ52fu0

0597. 徒弟　徒弟 thu31thi52

0598. 乞丐统称，非贬称（无统称则记成年男
　　　的）　叫花子 tɕiɔ24xua31tsʅ0/要
　　　饭的 ɵiɔ44faŋ24ti0

0599. 妓女　婊子 piɔ44tsʅ0

0600. 流氓　流氓 liou24maŋ24

0601. 贼　贼 tshei24/贼娃子

tshei31Øua52tsʅ0/绺娃子 liou52Øua0tsʅ0

0602. 瞎子统称，非贬称（无统称则记成年男的）　瞎子 xa52tsʅ0

0603. 聋子统称，非贬称（无统称则记成年男的）　聋子 luəŋ31tsʅ52

0604. 哑巴统称，非贬称（无统称则记成年男的）　哑巴 n̠ia44pa0

0605. 驼子统称，非贬称（无统称则记成年男的）　揹锅 pei31kuo31

0606. 瘸子统称，非贬称（无统称则记成年男的）　拐子 kuæ44tsʅ0

0607. 疯子统称，非贬称（无统称则记成年男的）　疯子 fəŋ52tsʅ0

0608. 傻子统称，非贬称（无统称则记成年男的）　瓜子 kua52tsʅ0

0609. 笨蛋蠢的人　闷□ mẽ44suəŋ24/木□ mu44suəŋ24

（二）称谓

0610. 爷爷呼称，最通用的　爷 Øiɛ24
0611. 奶奶呼称，最通用的　妑 pa24
0612. 外祖父叙称　外爷 Øuei24Øiɛ0
0613. 外祖母叙称　舅妑 tɕiou24pa0
0614. 父母合称　大人 thuo24zɿ̃0/父母 fu24mu0
0615. 父亲叙称　大 ta24
0616. 母亲叙称　妈 ma52
0617. 爸爸呼称，最通用的　爹 tiɛ31/大 ta24
0618. 妈妈呼称，最通用的　妈 ma24
0619. 继父叙称　大 ta24
0620. 继母叙称　妈 ma24

0621. 岳父叙称　丈人 tʂhaŋ24zɿ̃0
0622. 岳母叙称　丈母娘 tʂhaŋ24mu31n̠iaŋ24
0623. 公公叙称　大 ta24/阿公 Øa52kuəŋ0
0624. 婆婆叙称　妈 ma24/阿家 Øa52tɕia0
0625. 伯父呼称，统称　伯 pei24
0626. 伯母呼称，统称　大妈 ta44ma24
0627. 叔父呼称，统称　大 ta24/叔 ʃu52
0628. 叔父呼称，排行最小的，如"幺叔"　碎大 suei44ta24/碎叔 suei44ʃu52
0629. 叔母呼称，统称　娘 n̠ia24/姨 Øi24
0630. 姑呼称，统称（无统称则记分称：比父大，比父小；已婚，未婚）　姑 ku31
0631. 姑父呼称，统称　姑父 ku52fu0
0632. 舅舅呼称　舅 tɕiou24
0633. 舅妈呼称　妗子 tɕhiɛ̃24tsʅ0
0634. 姨呼称，统称（无统称则记分称：比母大，比母小；已婚，未婚）　姨 Øi24
0635. 姨父呼称，统称　姨夫 Øi31fu52
0636. 弟兄合称　弟兄 thi24ɕyəŋ0
0637. 姊妹合称，注明是否可包括男性　姊妹包括男性 tsʅ44mei0
0638. 哥哥呼称，统称　哥 kɤ24
0639. 嫂子呼称，统称　嫂子 sɔ44tsʅ0
0640. 弟弟叙称　兄弟 ɕyəŋ52thi0
0641. 弟媳叙称　兄弟媳妇 ɕyəŋ52tɕhi0ɕi52fu0
0642. 姐姐呼称，统称　姐 tsiɛ24
0643. 姐夫呼称　姐夫 tsiɛ44fu0
0644. 妹妹叙称　妹子 mei24tsʅ0
0645. 妹夫叙称　妹夫 mei24fu0

0646. 堂兄弟叙称，统称　伯叔兄弟 pei31ʃu0ɕyəŋ52ti0

0647. 表兄弟叙称，统称　表兄表弟 piɔ52ɕyəŋ31piɔ52ti44

0648. 妯娌弟兄妻子的合称　先后 ɕiæ̃24xou0

0649. 连襟姊妹丈夫的关系，叙称　挑担 thiɔ31tæ̃0

0650. 儿子叙称：我的～　儿 Øər24

0651. 儿媳妇叙称：我的～　儿媳妇 Øər24ɕi52fu0

0652. 女儿叙称：我的～　女子 ȵy44tsʅ0

0653. 女婿叙称：我的～　女婿 ȵy44ɕi0

0654. 孙子儿子之子　孙子 suɛ̃52tsʅ0

0655. 重孙子儿子之孙　重孙 tʃhuəŋ31suɛ̃52

0656. 侄子弟兄之子　侄儿 tʂʅ24ɵr0

0657. 外甥姐妹之子　外甥 Øuæ24səŋ0

0658. 外孙女儿之子　外孙 Øuæ24suɛ̃31

0659. 夫妻合称　两口 liaŋ31khou31

0660. 丈夫叙称，最通用的，非贬称：她的～　我兀人 ŋɤ31uo52zɛ̃24/娃他大 Øu24tha31ta24

0661. 妻子叙称，最通用的，非贬称：他的～　媳子 ɕi52tsʅ0/婆娘 pho31ȵiaŋ52/老婆 lɔ44pho0

0662. 名字　名字 miəŋ31tsʅ52

0663. 绰号　吆子号 Øiɔ52tsʅ0xɔ44

十、农、工、商、文

（一）农业

0664. 干活儿统称：在地里～　做活 tsu44xuo24

0665. 事情一件～　事 sʅ44

0666. 插秧　无

0667. 割稻　无

0668. 种菜　种菜 tʃuəŋ44tshæ44

0669. 犁名词　犁 li24

0670. 锄头　锄 tʃhu24

0671. 镰刀　镰 liæ24

0672. 把儿刀～　把 pa44

0673. 扁担　扁担 piæ44tæ̃0

0674. 箩筐　筐子 khuaŋ52tsʅ0

0675. 筛子统称　筛子 sæ44tsʅ0

0676. 簸箕农具，有梁的　搓兜 tshuo31tou31

0677. 簸箕簸米用　簸箕 po24tɕi0

0678. 独轮车　土车 thu44tʂɤ31/高把车 kɔ31pa44tʂɤ31/地轱辘车 thi24ku31lu0tʂɤ31

0679. 轮子旧式的，如独轮车上的　轱辘 ku52lu0

0680. 碓整体　碓窝 tuei24Øuo0

0681. 臼　石窝窝子 sʅ24Øuo52Øuo0tsʅ0

0682. 磨名词　砲子 Øuei24tsʅ0

0683. 年成　年景 ȵiæ̃31tɕiəŋ52

（二）工商业

0684. 走江湖统称　无

0685. 打工　拉长工 la31tʂhaŋ31kuəŋ52/打短工 ta52tuæ̃44kuəŋ31

0686. 斧子　斧头 fu52thou0

0687. 钳子　钳子 tɕiæ̃31tsʅ52

0688. 螺丝刀　起子 tɕhi44tsʅ0/改锥 kæ52tʃuei31

0689. 锤子　锤子 tʃhuei31tsʅ52

0690. 钉子　钉子 tiəŋ52tsʅ0

0691. 绳子　绳 ʂəŋ24

0692. 棍子　棍 kuɛ̃44

0693. 做买卖　做生意 tsu44səŋ52Øi0

0694. 商店　铺子 phu24tsʅ0/
　　　商店 ʂaŋ31tiɛ̃44

0695. 饭馆　食堂 ʂʅ24thaŋ24

0696. 旅馆旧称　旅店 ly31tiɛ̃44/
　　　旅社 ly31ʂɤ44

0697. 贵　贵 kuei44

0698. 便宜　便宜 phiɛ̃31Øi52/
　　　贱 tɕhiã44

0699. 合算　划算 xua31suɛ̃44

0700. 折扣　降价 tɕiaŋ44tɕia44

0701. 亏本　贴钱 tɕhiɛ31tshiɛ̃24

0702. 钱统称　钱 tshiɛ̃24

0703. 零钱　零钱 liəŋ24tshiɛ̃24

0704. 硬币　分分钱 fɛ̃52fɜ̃0tshiɛ̃24

0705. 本钱　本钱 pɛ̃44tshiɛ̃0

0706. 工钱　工钱 kuəŋ52tshiɛ̃0

0707. 路费　路费 lu44fei44/脚钱
　　　tɕyo52tshiaŋ0 盘缠 phɛ̃31tʂhɛ̃52

0708. 花~钱　花 xua31

0709. 赚卖一斤能~一毛钱　赚 tʃu44/
　　　挣 tsəŋ44

0710. 挣打工~了一千块钱　挣 tsəŋ44

0711. 欠~他十块钱　欠 tɕhiɛ̃44/
　　　争 tsəŋ31/该 kæ31

0712. 算盘　算盘 suæ24phɛ̃0

0713. 秤统称　秤 tʂhəŋ44

0714. 称用秤~　称 tʂhəŋ31/
　　　约 Øyo31/赀 tsʅ44

0715. 赶集　跟集 kɛ31tɕhi24

0716. 集市　集上 tɕhi31ʂaŋ52

0717. 庙会　会 xuei44

（三）文化、娱乐

0718. 学校　学校 ɕyo24ɕi44/学堂
　　　ɕyo31thaŋ52

0719. 教室　教室 tɕiɔ24sʅ0

0720. 上学　上学 ʂaŋ44ɕyo24

0721. 放学　放学 faŋ44ɕyo24

0722. 考试　考试 khɔ52sʅ44

0723. 书包　书包 ʃu31pɔ31

0724. 本子　本子 pɛ̃52tsʅ0

0725. 铅笔　铅笔 tɕhiɛ̃24pi31

0726. 钢笔　水笔 ʃuei52pi31

0727. 圆珠笔　油笔 Øiou24pi31

0728. 毛笔　毛笔 mɔ24pi31

0729. 墨　墨 mei24

0730. 砚台　砚台 Øiɛ̃24thæ0

0731. 信一封~　信 ɕiɛ̃44

0732. 连环画　娃娃书 Øua31Øua52ʃu31

0733. 捉迷藏　藏猫老虎
　　　tɕhiaŋ24mɔ31lɔ52xu0

0734. 跳绳　跳绳 thiɔ24ʂəŋ24

0735. 毽子　毽子 tɕiɛ̃24tsʅ0

0736. 风筝　风筝 fəŋ31tsəŋ31

0737. 舞狮　耍狮子 ʃua52sʅ52tsʅ0

0738. 鞭炮统称　炮 phɔ44/鞭炮
　　　piɛ̃52phɔ44

0739. 唱歌　唱歌儿 tʂhaŋ44kɤr52

0740. 演戏　唱戏 tʂhaŋ44ɕi44

0741. 锣鼓统称　锣鼓 luo31ku52

0742. 二胡　瓮子 Øuəŋ52tsʅ0

0743. 笛子　笛 thi24
0744. 划拳　划拳 xua44tɕhyæ24
0745. 下棋　下棋 ɕia44tɕhi24
0746. 打扑克　打扑克 ta52phu52khɤ0
0747. 打麻将　打麻将 ta52ma24tɕiaŋ44/打牌 ta52phæ24
0748. 变魔术　耍把戏 ʃua52pa44ɕi0
0749. 讲故事　讲故事 tɕiaŋ52ku44sɿ44
0750. 猜谜语　报口破 pɔ52khou44pho0
0751. 玩儿游玩：到城里～　耍 ʃua52
0752. 串门儿　串门子 tʃhuæ44mɛ̃31tsɿ52
0753. 走亲戚　走亲戚 tsou52tɕhiɛ̃31tɕhi0

十一、动作、行为

（一）具体动作

0754. 看～电视　看 khæ44
0755. 听用耳朵～　听 tshiəŋ31
0756. 闻嗅：用鼻子～　闻 Øuɛ̃24
0757. 吸～气　吸 ɕi31
0758. 睁～眼　睁 tsəŋ31
0759. 闭～眼　挤 tsi52
0760. 眨～眼　眨 tsæ31
0761. 张～嘴　张 tʂaŋ31
0762. 闭～嘴　抿 miɛ̃24
0763. 咬狗～人　咬 ȵiɔ52
0764. 嚼把肉～碎　嚼 tɕhyo24
0765. 咽～下去　咽 Øiæ44
0766. 舔人用舌头～　舔 tshiæ52
0767. 含～在嘴里　嗛 tɕhiɛ̃24

0768. 亲嘴　绑 paŋ24
0769. 吮吸用嘴唇聚拢吸取液体，如吃奶时　咂 tsa31
0770. 吐上声，把果核儿～掉　唾 thuo44
0771. 吐去声，呕吐：喝酒喝～了　吐 thu52
0772. 打喷嚏　打喷嚏 ta52phɛ̃44tɕhi0
0773. 拿用手把苹果～过来　搷 xa52
0774. 给他～我一个苹果　给 kei44
0775. 摸～头　摸 mɔ31
0776. 伸～手　呲 tshɿ31/奓 tsa44/张 tʂaŋ31
0777. 挠～痒痒　搔 tsɔ31
0778. 掐用拇指和食指的指甲～皮肉　掐 tɕhia31
0779. 拧～螺丝　拧 ȵiəŋ24/上 ʂaŋ44
0780. 拧～毛巾　扭 ȵiou52
0781. 捻用拇指和食指来回～碎　捻 ȵiæ52
0782. 掰把橘子～开，把馒头～开　搬 pæ31/掰 pei31
0783. 剥～花生　剥 pɔ31
0784. 撕把纸～了　撕 sɿ31/扯 tʂhɤ52
0785. 折把树枝～断　折 tʂɤ52
0786. 拔～萝卜　拔 pha24/衔 ɕiæ24
0787. 摘～花　折 tʂɤ52
0788. 站站立：～起来　立 li31
0789. 倚斜靠：～在墙上　趄 tɕhiɛ44/靠 khɔ44
0790. 蹲～下　圪蹴 kɯ52tɕiou0
0791. 坐～下　坐 tshuo44
0792. 跳青蛙～起来　跳 thio24/蹦 piɛ44
0793. 迈跨过高物：从门槛上～过去

775

蹺 tɕhiɔ31

0794. 踩脚～在牛粪上　踏 tha24
0795. 翘～腿　翘 tɕhiɔ44
0796. 弯～腰　□ʂæ24/猫 mɔ24
0797. 挺～胸　□thiɛ44
0798. 趴～着睡　趴 pha24
0799. 爬小孩儿在地上～　爬 pha24
0800. 走慢慢儿～　走 tsou52
0801. 跑慢慢儿走，别～　跑 phɔ52
0802. 逃逃跑：小偷儿～走了　跑 phɔ24
0803. 追追赶：～小偷儿　追 tʃuei31/
　　　撵 ȵiæ52
0804. 抓～小偷儿　拉 la31/抓 tʃua31
0805. 抱把小孩儿～在怀里　搭 tɕhia44
0806. 背～孩子　背 pei31
0807. 搀～老人　搀 tshæ31
0808. 推几个人一起～汽车　掀 ɕiæ31
0809. 摔跌：小孩儿～倒了　跌 tiɛ31
0810. 撞人～到电线杆　碰 phəŋ44/
　　　对 tuei24
0811. 挡你～住我了，我看不见　挡 tɑŋ44
0812. 躲躲藏：他～在床底下
　　　藏 tɕhiɑŋ24
0813. 藏藏放，收藏：钱～在枕头下面
　　　藏 tɕhiɑŋ24
0814. 放把碗～在桌子上　搁 kuo31
0815. 摞把砖～起来　摞 luo44
0816. 埋～在地下　埋 mæ24
0817. 盖把茶杯～上　盖 kei44
0818. 压用石头～住　压 ȵia44
0819. 摁用手指按：～图钉　摁 ŋẽ44
0820. 捅用棍子～鸟窝　戳 tʃhuo31
0821. 插把香～到香炉里　插 tsha31

0822. 戳～个洞　戳 tʃhuo31/擩 ʒu44
0823. 砍～树　伐 fa24
0824. 剁把肉～碎做馅儿　剁 tuo44/
　　　斫 tsa52
0825. 削～苹果　削 ɕyo31
0826. 裂木板～开了　绽 tʂæ31
0827. 皱皮～起来　出 tʃhu31
0828. 腐烂死鱼～了　臭 tʂhou44/
　　　烂 læ44/瞎 xa31
0829. 擦用毛巾～手　擦 tsha31
0830. 倒把碗里的剩饭～掉　倒 tɔ44
0831. 扔丢弃：这个东西坏了，～了它
　　　扔 Øɚ52
0832. 扔投掷：比一比谁～得远　撂 liɔ44
0833. 掉掉落，坠落：树上～下一个梨
　　　跌 tiɛ31
0834. 滴水～下来　滴 tiɛ31
0835. 丢丢失：钥匙～了　丢 tiou31/
　　　失 ʂʅ31
0836. 找寻找：钥匙～到了　寻 ɕiẽ24
0837. 捡～到十块钱　拾 ʂʅ24
0838. 提用手把篮子～起来　提 thi24
0839. 挑～担　担 tæ31
0840. 扛把锄头～在肩上　掮 tiæ31
0841. 抬～轿　抬 thæ24
0842. 举～旗子　夯 tsou52
0843. 撑～伞　撑 tshəŋ31
0844. 撬把门～开　撬 tɕhiɔ44
0845. 挑挑选，选择：你自己～一个
　　　拣 tɕiæ52/挑 thiɔ31
0846. 收拾～东西　拾掇 ʂʅ31tuo52
0847. 挽～袖子　搧 piæ52
0848. 涮把杯子～一下　涮 ʃuæ44

0849. 洗～衣服　洗 ɕi52
0850. 捞～鱼　捞 lɔ24
0851. 拴～牛　拴 ʃuæ31
0852. 捆～起来　捆 khuẽ52
0853. 解～绳子　解 tɕiɛ52
0854. 挪～桌子　挪 luo24
0855. 端～碗　掇 tuo31
0856. 摔碗～碎了　摔 ʃuæ31/打 ta52
0857. 掺～水　掺 tshæ31
0858. 烧～柴　烧 ʂɔ31
0859. 拆～房子　拆 tshei31
0860. 转～圈儿　转 tʃuæ44
0861. 捶用拳头～　捶 tʃhuei24
0862. 打统称:他～了我一下　打 ta52
0863. 打架动手:两个人在～　打捶 ta52tʃhuei24
0864. 休息　歇 ɕiɛ31
0865. 打哈欠　打呵欠 ta52xuo31ɕiæ0
0866. 打瞌睡　丢盹 tiou31tuẽ52
0867. 睡他已经～了　睡 ʃuei44
0868. 打呼噜　打鼾睡 ta52xæ24ʃuei0
0869. 做梦　梦睡梦 məŋ44ʃuei24məŋ0
0870. 起床　起来 tɕhiɛ44læ0
0871. 刷牙　刷牙 ʃua31ȵia24
0872. 洗澡　洗澡 ɕi31tsɔ52

(二) 抽象动作

0873. 想思索:让我～一下　思量 sʅ31liaŋ0
0874. 想想念:我很～他　想 ɕiaŋ52
0875. 打算我～开个店　打算 ta44suæ0
0876. 记得　记得 tɕi24ti0
0877. 忘记　忘 ʋuaŋ44

0878. 怕害怕:你别～　害怕 xæ44pha44/怯火 tɕhiɛ31xuo52
0879. 相信我～你　相信 ɕiaŋ31ɕiɛ44
0880. 发愁　怄愁 ŋou52tshou0/熬煎 ŋɔ52tɕiæ0
0881. 小心过马路要～　小心 ɕiɔ44ɕiẽ31/当心 taŋ24ɕiẽ31
0882. 喜欢～看电视　爱 ŋæ44
0883. 讨厌～这个人　讨厌 thɔ52Øiæ44/眼黑 ȵiæ44xei31/熏 ɕyẽ44
0884. 舒服凉风吹来很～　受活 ʂou24xuo0
0885. 难受生理的　难受 læ24ʂou44
0886. 难过心理的　难过 læ24kuo44
0887. 高兴　高兴 kɔ31ɕiəŋ44/喜 ɕi52
0888. 生气　着气 tʃhuo24tɕhi44
0889. 责怪　怨 Øyæ44
0890. 后悔　后悔 xou24xuei0
0891. 忌妒　忌妒 tɕi44tu44/眼红 ȵiæ52xuəŋ24
0892. 害羞　害臊 xæ44ɕiou31/臊 sɔ44
0893. 丢脸　丢人 tiou31zẽ24
0894. 欺负　欺负 tɕhi52fu0
0895. 装～病　装 tʃuaŋ31
0896. 疼～小孩儿　心疼 ɕiẽ31thəŋ24
0897. 要我～这个　要 Øiɔ44
0898. 有我～一个孩子　有 Øiou52
0899. 没有他～孩子　没有 mo31Øiou0
0900. 是我～老师　是 sʅ44
0901. 不是他～老师　不是 pu31sʅ44
0902. 在他～家　在 tshæ44
0903. 不在他～家　没在 mo31tshæ44
0904. 知道我～这件事　知道 tsʅ52tɔ0

0905. 不知道我～这件事　不知道 pu31tṣʅ52tɔ0

0906. 懂我～英语　会 xuei44/知道 tṣʅ52tɔ0

0907. 不懂我～英语　不会 pu31xuei44/不知道 pu31tṣʅ52tɔ0

0908. 会我～开车　会 xuei44

0909. 不会我～开车　不会 pu31xuei44

0910. 认识我～他　认得 zɛ̃24tei0

0911. 不认识我～他　不认得 pu31zɛ̃24tei0

0912. 行应答语　能行 ləŋ24ɕiəŋ24

0913. 不行应答语　不得行 pu52ti31ɕiəŋ24

0914. 肯～来　肯 khɛ̃52/愿意 Øyo52Øi0

0915. 应该～去　该 kæ31

0916. 可以～去　能 ləŋ24

（三）言语

0917. 说～话　说 ʂɤ31

0918. 话说～　话 xua44

0919. 聊天儿　谝传 phiæ52tʃhuæ24

0920. 叫～他一声儿　叫 tɕiɔ44

0921. 吆喝大声喊　吆喝 Øiɔ52xuo0

0922. 哭小孩儿～　哭 fu31

0923. 骂当面～人　骂 ma44/日噘 zʅ52tɕyo0

0924. 吵架动嘴：两个人在～　骂仗 ma44tʂaŋ44

0925. 骗～人　哄 xuəŋ52/日弄 zʅ52luəŋ0

0926. 哄～小孩儿　哄 xuəŋ52

0927. 撒谎　搔谎 tsɔ31xuaŋ52

0928. 吹牛　吹牛皮 tʃhuei31ŋiou24phi24

0929. 拍马屁　舔沟子 tɕhiæ52kou52tsŋ0

0930. 开玩笑　丢留 tiou31liou24

0931. 告诉～他　给……说 kei44…ʂɤ31

0932. 谢谢致谢语　谢谢 ɕiɛ44ɕiɛ0/麻烦你了 ma24fæ24ɲi52liɛ0

0933. 对不起致歉语　对不住 tuei24pu31tʃu44

0934. 再见告别语　以后见 Øi31xou44tɕiæ44

十二、性质、状态

（一）形貌

0935. 大苹果～　大 ta44

0936. 小苹果～　碎 suei44

0937. 粗绳子～　壮 tʃuaŋ44

0938. 细绳子～　细 ɕi44

0939. 长线～　长 tʂhaŋ24/弯 tiæ44

0940. 短线～　短 tuæ52/曲 tɕhy31

0941. 长时间～　长 tʂhaŋ24/久 tɕiou52

0942. 短时间～　短 tuæ52

0943. 宽路～　宽 khuæ31

0944. 宽敞房子～　宽展 khuæ31tʂæ0

0945. 窄路～　窄 tsei31

0946. 高飞机飞得～　高 kɔ31

0947. 低鸟飞得～　低 ti31

0948. 高他比我～　高 kɔ31

0949. 矮他比我～　低 ti31

0950. 远路～　远 Øyæ52

0951. 近路～　近 tɕhiɛ̃44

0952. 深水～　深 sɛ̃31
0953. 浅水～　浅 tshiæ̃52
0954. 清水～　清 tshiəŋ31
0955. 浑水～　浑 xuɛ̃44
0956. 圆　圆 Øyæ24
0957. 扁　扁 piæ̃52
0958. 方　方 faŋ31
0959. 尖　尖 tsiæ̃31
0960. 平　平 phiəŋ24
0961. 肥 ～肉　肥 fei24
0962. 瘦 ～肉　瘦 sou44
0963. 肥形容猪等动物　肥 fei24
0964. 胖形容人　肥 fei24/胖 phaŋ44
0965. 瘦形容人、动物　瘦 sou44
0966. 黑黑板的颜色　黑 xei31
0967. 白雪的颜色　白 phei24
0968. 红国旗的主颜色，统称　红 xuəŋ24
0969. 黄国旗上五星的颜色　黄 xuaŋ24
0970. 蓝蓝天的颜色　蓝 læ24
0971. 绿绿叶的颜色　绿 liou31
0972. 紫紫药水的颜色　绛 tɕiaŋ44
0973. 灰草木灰的颜色　灰 xuei31

（二）状态

0974. 多东西～　多 tuo31
0975. 少东西～　少 ʂɔ52
0976. 重担子～　重 tʃhuəŋ44
0977. 轻担子～　轻 tɕhiəŋ31
0978. 直线～　直 tʂʅ24/端 tuæ̃31
0979. 陡坡～，楼梯～　立 li31
0980. 弯弯曲：这条路是～的　弯 Øuæ̃31
0981. 歪帽子戴～了　斜 siɛ24
0982. 厚木板～　厚 xou44

0983. 薄木板～　薄 pho24
0984. 稠稀饭～　稠 tʂhou24
0985. 稀稀饭～　稀 ɕi31
0986. 密菜种得～　密 mi31/稠 tʂhou24
0987. 稀稀疏：菜种得～　稀 ɕi31
0988. 亮指光线，明亮　亮 liaŋ44
0989. 黑指光线，完全看不见　黑 xei31/暗 ŋæ̃44
0990. 热天气～　热 zʅ31
0991. 暖和天气～　暖和 lyæ̃44xuo0
0992. 凉天气～　凉 liaŋ24
0993. 冷天气～　冷 ləŋ52/冻 tuəŋ44
0994. 热水～　热 zʅ31/烧 ʂɔ31/烫 thaŋ44
0995. 凉水～　凉 liaŋ24/冰 piəŋ31
0996. 干干燥：衣服晒～了　干 kæ̃31
0997. 湿潮湿：衣服淋～了　湿 ʂʅ31
0998. 干净衣服～　干净 kæ̃52tɕhiəŋ0/净 tɕhiəŋ44
0999. 脏肮脏，不干净，统称：衣服～　脏 tsaŋ31/褴 tshɔ24
1000. 快锋利：刀子～　利 li44/快 khuæ̃44
1001. 钝刀子～　老 lɔ52/钝 tuɛ̃44
1002. 快坐车比走路～　快 khuæ̃44
1003. 慢走路比坐车～　慢 mæ̃44
1004. 早来得～　早 tsɔ52
1005. 晚来～了　迟 tʂhʅ24
1006. 晚天色～　晚 Øuæ̃52
1007. 松捆得～　松 suəŋ31
1008. 紧捆得～　紧 tɕiɛ̃52
1009. 容易这道题～　容易 Øyəŋ31Øi52
1010. 难这道题～　难 læ24

1011. 新衣服～　　新 ɕiɛ̃31
1012. 旧衣服～　　旧 tɕhiou44
1013. 老人～　　老 lɔ52
1014. 年轻人～　　幼颜 Øiou24n̠iã0
1015. 软糖～　　软 ʐuæ52
1016. 硬骨头～　　硬 n̠iəŋ44
1017. 烂肉煮得～　　烂 læ44
1018. 煳饭烧～了　　焦 tɕiɔ31
1019. 结实家具～　　结实 tɕiɛ52ʂʅ0
1020. 破衣服～　　烂 læ44
1021. 富他家很～　　富 fu44
1022. 穷他家很～　　穷 tɕhyəŋ24/贫 phiɛ̃24
1023. 忙最近很～　　忙 maŋ24
1024. 闲最近比较～　　闲 xæ24
1025. 累走路走得很～　　挣 tsəŋ44
1026. 疼摔～了　　疼 thəŋ24
1027. 痒皮肤～　　咬 n̠iɔ52
1028. 热闹看戏的地方很～　　热闹 ʐɤ52lɔ0
1029. 熟悉这个地方我很～　　熟 ʃu24
1030. 陌生这个地方我很～　　生 səŋ31
1031. 味道尝尝～　　味 Øy44
1032. 气味闻闻～　　味 Øy44
1033. 咸菜～　　咸 xæ24
1034. 淡菜～　　淡 thã44
1035. 酸　　酸 suæ31
1036. 甜　　甜 thiæ24
1037. 苦　　苦 fu52
1038. 辣　　辣 la31
1039. 鲜鱼汤～　　鲜 tɕiæ52
1040. 香　　香 ɕiaŋ31
1041. 臭　　臭 tʂhou44
1042. 馊饭～　　馊气 sʅ52tɕi0
1043. 腥鱼～　　腥气 ɕiəŋ52tɕi0

(三) 品性

1044. 好人～　　好 xɔ52/嫽 liɔ24
1045. 坏人～　　瞎 xa31
1046. 差东西质量～　　差 tʂhsa31/瞎 xa31
1047. 对账算～了　　对 tuei44
1048. 错账算～了　　瞎 xa31/日塌 ʐʅ52tha0
1049. 漂亮形容年轻女性的长相：她很～　　宣整 suæ31tʂəŋ0/心疼 ɕiɛ̃31thəŋ24
1050. 丑形容人的长相：猪八戒很～　　难看 læ24khæ44
1051. 勤快　　勤苦 tɕhiɛ̃31fu52
1052. 懒　　懒 læ52
1053. 乖　　乖 kuæ31
1054. 顽皮　　匪 fei52
1055. 老实　　老实 lɔ44ʂʅ0
1056. 傻痴呆　　瓜 kua31
1057. 笨蠢　　笨 phɛ̃44/闷 mɛ̃44
1058. 大方不吝啬　　大方 ta24faŋ0
1059. 小气吝啬　　啬皮 sei31phi24/小气 ɕiɔ52tɕhi44
1060. 直爽性格～　　爽快 ʃuaŋ44khuæ0
1061. 犟脾气～　　犟 tɕhiaŋ44

十三、数量

(一) 数字

1062. 一～二三四五……，下同　　一 Øi31
1063. 二　　二 Øər44
1064. 三　　三 sæ31

1065. 四　四 sʅ44

1066. 五　五 ɸu52

1067. 六　六 liou31

1068. 七　七 tshi31

1069. 八　八 pa31

1070. 九　九 tɕiou52

1071. 十　十 sʅ24

1072. 二十有无合音　二十无合音 ɸər24sʅ0

1073. 三十有无合音　三十无合音 sæ̃52sʅ0

1074. 一百　一百 ɸi24pei31

1075. 一千　一千 ɸi24tshiæ̃31

1076. 一万　一万 ɸi31uæ̃44

1077. 一百零五　一百零五 ɸi24pei31liɛ̃24ɸu52

1078. 一百五十　一百五十 ɸi24pei31ɸu44sʅ0/百五 pei31ɸu0

1079. 第一~，第二　第一 ti44ɸi31

1080. 二两重量　二两 ɸər24liaŋ0

1081. 几个你有~孩子？　几个 tɕi31kɤ0

1082. 俩你们~　俩 lia31

1083. 仨你们~　三 sæ̃31

1084. 个把　个把 kɤ24pa0

（二）量词

1085. 个—~人　个 kɤ44

1086. 匹—~马　匹 phi44

1087. 头—~牛　头 thou24

1088. 头—~猪　头 thou24/口 khou52

1089. 只—~狗　个 kɤ44

1090. 只—~鸡　个 kɤ44

1091. 只—~蚊子　个 kɤ44

1092. 条—~鱼　条 thiɔ24

1093. 条—~蛇　条 thiɔ24

1094. 张—~嘴　张 tʂaŋ31

1095. 张—~桌子　张 tʂaŋ31

1096. 床—~被子　条 tɕhiɔ24

1097. 领—~席子　[一个] ɸiɛ31

1098. 双—~鞋　双 ʃuaŋ31

1099. 把—~刀　把 pa52

1100. 把—~锁　把 pa52

1101. 根—~绳子　条 thiɔ24

1102. 支—~毛笔　支 tsʅ31

1103. 副—~眼镜　副 fu44

1104. 面—~镜子　个 kɤ44

1105. 块—~香皂　块 khuæ52

1106. 辆—~车　辆 liaŋ52

1107. 座—~房子　座 tshuo44

1108. 座—~桥　座 tshuo44

1109. 条—~河　条 thiɔ24

1110. 条—~路　条 thiɔ24

1111. 棵—~树　棵 kuo52

1112. 朵—~花　朵 tuo52

1113. 颗—~珠子　粒 li24

1114. 粒—~米　粒 li24

1115. 顿—~饭　顿 tuẽ44

1116. 剂—~中药　服 fu44

1117. 股—~香味　股 ku52

1118. 行—~字　行 xaŋ44

1119. 块—~钱　块 khuæ52

1120. 毛角：一~钱　毛 mɔ24

1121. 件—~事情　件 tɕhiæ̃44

1122. 点儿—~东西　点 52

1123. 些—~东西　些 ɕiɛ31

1124. 下打一~，动量，不是时量　下 xa44

1125. 会儿坐了一~　下 xa44

1126. 顿打一～　顿 tuɛ̃44

1127. 阵下了一～雨　阵 tʂɛ̃44

1128. 趟去了一～　绽 tshæ̃44/回 xuei24

十四、代词、副词、介词、连词

（一）代词

1129. 我 ～姓王　我 ŋuo52

1130. 你 ～也姓王　你 ɲi52

1131. 您 尊称　无

1132. 他 ～姓张　他 tha52

1133. 我们 不包括听话人：你们别去，～去　我 ŋuo31

1134. 咱们 包括听话人：他们不去，～去吧　咱 tsha24

1135. 你们 ～去　你 ɲi31

1136. 他们 ～去　他 tha31

1137. 大家 ～一起干　大家 ta24øia0

1138. 自己 我～做　自己 tʂɿ24tɕi0

1139. 别人 这是～的　旁人 phaŋ31zɛ̃52

1140. 我爸 ～今年八十岁　我大 ŋuo31ta24

1141. 你爸 ～在家吗？　你大 ɲi31ta24

1142. 他爸 ～去世了　他大 tha31ta24

1143. 这个 我要～，不要那个　这个 tʂɿ31ɣɤ52

1144. 那个 我要这个，不要～　[那一]个 li24kɣ52/兀个 læ44kɣ0

1145. 哪个 你要～杯子？　阿个 øa31kɣ0

1146. 谁 你找～？　谁 sei24

1147. 这里 在～，不在那里　这搭 tʂɿ31ta52

1148. 那里 在这里，不在～　那搭 li24ta52

1149. 哪里 你到～去？　阿搭 øa52ta0

1150. 这样 事情是～的，不是那样的　这么个 tʂɿ24mo0kɣ0

1151. 那样 事情是这样的，不是～的　那么个 li24mo0kɣ0

1152. 怎样 什么样：你要～的？　怎么个 tsɿ44mo0kɣ0

1153. 这么 ～贵啊？　这么 tʂɿ24mo52

1154. 怎么 这个字～写？　怎么 tsɿ52mo0

1155. 什么 这个是～字？　啥 ʃuo44

1156. 什么 你找～？　啥 ʃuo44

1157. 为什么 你～不去？　为啥 øuei44ʃuo0

1158. 干什么 你在～？　弄啥 luəŋ44ʃuo44

1159. 多少 这个村有～人？　多少 tuo31ʂɔ0

（二）副词

1160. 很 今天～热　得很 ti0xɛ̃52

1161. 非常 比上条程度深：今天～热　得很……得很 ti0xɛ̃52…ti0xɛ̃52

1162. 更 今天比昨天～热　还 xa24

1163. 太 这个东西～贵，买不起　太 thæ44

1164. 最 弟兄三个中他～高　顶 tiəŋ52

1165. 都 大家～来了　都 tou24

1166. 一共 ～多少钱？　一共 øi31kuaŋ44/一满 øi31mæ̃52

1167. 一起 我和你～去　一搭 øi52ta0

1168. 只 我～去过一趟　就 tɕhiou44

1169. 刚 这双鞋我穿着～好　将 tɕiaŋ24

1170. 刚 我～到　将 tɕiaŋ24

1171. 才 你怎么～来啊？　才 tshæ24

1172. 就我吃了饭～去 就 tɕhiou44

1173. 经常我～去 常 tʂhaŋ24/
肯 khẽ52

1174. 又他～来了 可 kɤ31

1175. 还他～没回家 还 xa24

1176. 再你明天～来 可 kɤ31/再 tsæ44

1177. 也我～去；我～是老师 也 øa52/øia52

1178. 反正不用急，～还来得及 反正 fæ31tʂəŋ44/横顺 ɕyo24ʃɛ̃44

1179. 没有昨天我～去 没 mo31

1180. 不明天我～去 不 pu31

1181. 别你～去 覅 po31

1182. 甭不用，不必：你～客气 覅 po31

1183. 快天～亮了 快 khæ44

1184. 差点儿～摔倒了 稀乎 ɕi31xou44

1185. 宁可～买贵的 宁 ȵiəŋ24

1186. 故意～打破的 有意 øiou52øi44

1187. 随便～弄一下 搞着 kɔ44tʃuo0

1188. 白～跑一趟 白 phei24

1189. 肯定～是他干的 肯定 khẽ52tiəŋ44

1190. 可能～是他干的 可能 khɤ52ləŋ24

1191. 一边～走，～说 旋 suæ44

（三）介词、连词

1192. 和我～他都姓王 连 liæ24

1193. 和我昨天～他去城里了 连 liæ24

1194. 对他～我很好 对 tuei44

1195. 往～东走 向 ɕiaŋ44/朝 tʂhɔ24/望 øuaŋ44

1196. 向～他借一本书 跟 kẽ31

1197. 按～他的要求做 按 ŋæ44/照 tʂɔ44

1198. 替～他写信 替 thi44

1199. 如果～忙你就别来了 要是 øiɔ44sɿ0

1200. 不管～怎么劝他都不听 不管 pu31kuæ52/不论 pu31luẽ44

第二节 自选词汇

1201. 阳岸子太阳地儿 øiaŋ31ŋæ44tsɿ0

1202. 阴岸子背阴处 øiẽ52ŋæ44tsɿ0

1203. 扫帚星彗星 tshɔ24tʃhu0ɕiəŋ31

1204. 天河银河 tshiæ31xuo24

1205. 冻冰结冰 tuəŋ44piəŋ31

1206. 冰棱垂子冰锥 piəŋ52liəŋ0tʃhuei24tsɿ0

1207. 雪消了雪化了 ɕyo24ɕiɔ31liɛ0

1208. 起雾下雾 tɕhi52øu44

1209. 白雨暴雨 phei24øy52

1210. 霖雨连阴雨 liẽ24øy52

1211. 瓦渣云小块云 øua44tsa31øyẽ24

1212. 黑云乌云 xei31øyẽ24

1213. 糁糁子雪小米粒状的雪 tsẽ52tsẽ0tsɿ0ɕyo31

1214. 蒜水雪雨夹雪 suã24ʃuei0ɕyo31

1215. 雷击了雷击 luei24tɕi31liɛ0

1216. 毛雨滴雨 mɔ24øy52

1217. 悠悠风微风 ɸiou52ɸiou24fəŋ31
1218. 戗面风逆风 tɕhiaŋ31miæ44fəŋ31
1219. 塬台地 ɸyæ24
1220. 河堤 xuo24thi24
1221. 崖山崖 ŋæ24
1222. 坡坡地坡地 pho52pho0ti44
1223. 地畔子地界 thi44phæ̃44tsɿ0
1224. 坡洼山坡 pho52ɸua31
1225. 坝河坝 pa44
1226. 石子小石头 ʂɿ24tsɿ52
1227. 砖头丁丁碎砖块
　　　 tʃuæ̃31thou0tiəŋ24tiəŋ52
1228. 瓦渣碎瓦块 ɸua44tsa31
1229. 胡箕土坯 xu31tɕ52
1230. 料礓石礓石 liɔ24tɕiaŋ31ʂɿ0
1231. 圆瓜石鹅卵石 ɸyæ31kua52ʂɿ0
1232. 河滩河滩地 xuo24thæ̃31
1233. 搪土泥土（干的）thaŋ24tho52
1234. 白土石灰 phei24thu52
1235. 金子金 tɕiɛ̃52tsɿ0
1236. 银子银 ɸiɛ̃24tsɿ52
1237. 老家家乡 lɔ44tɕia31
1238. 跟集赶集 kɛ̃31tɕhi24
1239. 生产路去田地经过的小路
　　　 səŋ31tshæ̃52lou44
1240. 春上春天 tʃhuɛ̃52ʂaŋ0
1241. 打春立春 ta52tʃhuɛ̃31
1242. 秋上秋天 tshiou52ʂaŋ0
1243. 冬里冬天 tuəŋ31li0
1244. 芒罢夏收以后 maŋ24pha44
1245. 元旦阳历年 ɸyæ24tæ̃44
1246. 大月农历三十天的月份 ta24ɸyo31
1247. 小月农历二十九天的月份
　　　 ɕiɔ44ɸyo31
1248. 农活开了春耕
　　　 luəŋ24xuo24khæ31liɡ0
1249. 收秋秋收 ʂou24tshiou31
1250. 早秋 tsɔ52tshiou31
1251. 下种 ɕia44tʃuəŋ44
1252. 晚秋 ɸuæ̃52tshiou31
1253. 场场院 tʂhaŋ24
1254. 原茬满年的庄稼 ɸyæ̃31tsha52
1255. 回茬麦收了以后，再种秋天的作物
　　　 xuei31tsha52
1256. 倒茬土地修整一季，下一季再种
　　　 tɔ44tsha0
1257. 上粪施肥 ʂaŋ44fɛ̃44
1258. 浇地浇水 tɕiɔ31thi44
1259. 漾粪浇粪 ɸiaŋ44fɛ̃44
1260. 锄地松土 tʃhu24thi44
1261. 攒粪积肥 tsæ52fɛ̃44
1262. 土粪粪肥 thu52fɛ̃44
1263. 井水井 tsiəŋ52
1264. 窖积水的 tɕiɔ44
1265. 渗井排水的井 sɛ̃24tsiəŋ0
1266. 机井机器打的深井 tɕi31tshiəŋ52
1267. 水桶打水用的木桶 ʃuei31thuəŋ52
1268. 拉拉车大牲口拉的车
　　　 la52la24tʂhɤ31
1269. 高把车用于运输的大独轮车
　　　 kɔ31pa44tʂhɤ31
1270. 土车推土、推粪的推车
　　　 thu44tʂhɤ31
1271. 地轱辘车坡地上运输少量物品的小独
　　　 轮车 thi24ku31lu0tʂhɤ31
1272. 牛笼嘴 ȵiou24luəŋ0tsuei52

1273. 牛圈子穿在牛鼻子里的木棍或铁环 ȵiou24tɕyæ̃24tsʅ0

1274. 耙牲口拉的大耙子 pha44

1275. 碌碡石碌 lou52tʃhu0

1276. 囤放粮食的器具 thuẽ44

1277. 䂫扇磨扇 ʔuei24ʂæ̃0

1278. 上扇上面的磨扇 ʂaŋ24ʂæ̃0

1279. 底扇下面的磨扇 ti44ʂæ̃0

1280. 罗筛粉末状细物的器具 luo24

1281. 洋镐刨硬地用的工具，一头尖一头扁 ʔiaŋ24kɔ0

1282. 木锨 mu31ɕiæ̃31

1283. 搓子揽垃圾用的簸箕 tshuo52tsʅ0

1284. 水担担水用的扁担 ʃuei44tæ̃0

1285. 尖担两头尖形的扁担，用来担草、担麦子 tɕiæ̃52tæ̃0

1286. 方担方形的扁担，用于运输物品 faŋ52tæ̃0

1287. 扫帚大的，用于扫场院等面积大的地方 sɔ24tʃu0

1288. 笤帚用高粱穗、黍子穗绑成的用于扫床、炕 thiɔ31tʃu52

1289. 谷谷子（籽实是小米儿）ku31

1290. 糜子黏小米 mi31tsʅ52

1291. 蓖麻 pi52ma0

1292. 麻麻秆 ma24

1293. 刀豆白眉豆角 tɔ52thou0

1294. 小豆红豆 ɕiɔ44thou0

1295. 白芸豆芸豆 phei24ʔy ̃24thou44

1296. 鸡肠豆长豇豆 tɕi31tʂhaŋ24thou44

1297. 葫芦西葫芦（菜）xu31lu52

1298. 瓜葫芦葫芦（植物）kua52xu31lu0

1299. 人苋苋菜 ʐẽ31xæ̃52

1300. 大辣子柿子椒 ta44la52tsʅ0

1301. 辣面子辣椒面儿 la31miæ̃24tsʅ0

1302. 荠荠菜荠菜 tɕi24tɕi0tshæ44

1303. 洋槐花槐花 ʔiaŋ24xuæ24xua52

1304. 灰条条灰灰菜 xuei52thiɔ0thiɔ0

1305. 坷蕖蒲公英 khɯ52lou0

1306. 红芋蔓红薯叶子 xuəŋ24ʔy44uæ̃44

1307. 落粒子扫帚菜 luo44li31tsʅ0

1308. 王不留王不留行 ʔuaŋ31pu52liou24

1309. 苤莲苤蓝 tɕhiɛ44liæ̃0

1310. 马刺蓟儿大蓟 ma52tshʅ24tɕhiɚ0

1311. 刺蓟儿小蓟 tshʅ24tɕhiɚ0

1312. 木耳菜马齿苋 mu31ʔər0tshæ44

1313. 车前前车前子 tʂhɤ52tɕhiæ̃0tɕhiæ̃0

1314. 打碗花野喇叭花 ta31ʔuæ̃52xua31

1315. 麦葫芦瓶米瓦罐草 mei52xu31lu0phiəŋ24

1316. 指甲花凤仙花 tsʅ52tɕia24xua31

1317. 地软软地木耳 thi24ʐuæ̃0ʐuæ̃0

1318. 狗尿苔野生毒蘑菇 kou52ȵiɔ24thæ0

1319. 地毛毛苔藓 thi24mu31mu0

1320. 绒线花合欢花 ʔyəŋ31ɕiæ̃52xua31

1321. 桑子桑葚 saŋ31tsʅ0

1322. 梨瓜甜瓜 li31kua52

1323. 头牯牲口 thou31ku52

1324. 壳郎子猪架子猪 khɤ52laŋ0tsʅ0tʃu31

1325. 奶条母猪（自幼骟了的）læ44thiɔ0

1326. 羝羊种公羊 ti44ʔiaŋ0

1327. 寻犊牛发情 ɕiɛ̃24thu24

1328. 嚎春猫发情 xɔ24tʃhuɛ̃31

1329. 寻羔羊发情 ɕiɛ̃24kɔ31

1330. 狗连蛋 狗交配 kou52liæ̃44tæ̃44
1331. 呱蛋 鸡下蛋前叫唤 kua24tæ̃44
1332. 牛抵角 牛角 ŋiou24ti31tɕyo31
1333. 牛娃子 牛犊 ŋiou31Øua44tsʅ0
1334. 驹里羊 山羊 tɕy52li0Øiaŋ24
1335. 罩窝鸡 正在孵蛋的母鸡 tsɔ44Øuo24tɕi31
1336. 鸡娃子 小鸡 tɕi52Øua0tsʅ0
1337. 鸡冠子 鸡冠 tɕi31kuæ̃52tsʅ0
1338. 野狐 狐狸 Øiɛ52xu0
1339. 黄咬 黄鼠狼 xuaŋ24Øiɔ52
1340. 报报鸽 啄木鸟 pɔ44pɔ44tɕhiæ̃31
1341. 麻野雀 花喜鹊 ma24Øiɛ44tɕhiɔ0
1342. 旋黄旋割 杜鹃 suæ̃44xuaŋ24suæ̃44kuo31
1343. □□ 猫头鹰 ɕiaŋ24xu0
1344. 黄鼠 黄鼬 xuaŋ31ʃu52
1345. 咕咕等 灰斑鸠 ku52ku0təŋ52
1346. 饿老 老鹰 ŋuo24lɔ0
1347. 地蝼 蝼蛄 thi24lou31lou24
1348. 速蛛 蜘蛛 su24tʃhu31tʃhu0
1349. 蚰蜒 蜈蚣 Øiou24Øiɛ52
1350. 湿湿虫 潮湿虫 ʂʅ52ʂʅ0tʃhuəŋ0
1351. 蝎虎子 壁虎 ɕiɛ52xu0tsʅ0
1352. 瘪虱 臭虫 pi31sei31
1353. 臭斑斑 椿象 tʃhou24pæ̃31pæ̃0
1354. 屎巴牛 屎壳郎 sʅ52pa31ŋiou24
1355. 金巴牛子 金龟子 tɕiɛ̃31pa31ŋiou24tsʅ0
1356. 勺把搂 蝌蚪 ʃuo31pa52lou0
1357. 蚂蚱 蝗虫 ma52tsa0
1358. 蛆 蛆虫 tɕhy31
1359. 麦牛 麦子里生的小甲虫 mei31ŋiou24

1360. 麦蛾 麦子里生的小飞蛾 mei31ŋuo24
1361. 牛蚊子 牛虻 ŋiou24Øũɛ̃31tsʅ52
1362. 喇叭牛子 蚕蛹 la52paŋ0ŋiou24tsʅ0
1363. 旱虫 蚜虫 xæ̃24tʃhuəŋ0
1364. 吱喽子 蝉 tsʅ24lou0tsʅ0
1365. 厦子 厦子房 sa44tsʅ0
1366. 门臼子 门钉锦 mɛ̃24tʃhæ̃24tsʅ0
1367. 门关子 门栓 mɛ̃24kuæ̃52tsʅ0
1368. 照壁 影壁 tʂɔ24pi31
1369. 过道 走廊 kuo24thɔ0
1370. 贼关子 暗关子 tshei24kuæ̃52tsʅ0
1371. 窗桄 窗棂 tʃhuaŋ31kuaŋ31
1372. 门楼子 大门上边牌楼式的顶 mɛ̃31lou52tsʅ0
1373. 担子 大梁 tæ̃24tsʅ0
1374. 柱顶石 柱础 tʃhu24tiəŋ31ʂʅ0
1375. 顶棚 天花板 tiəŋ44phəŋ0
1376. 台台 台阶 thæ31thæ52
1377. 条桌 条案 thiɔ31tʃhuo52
1378. 炕桌 炕上放的小桌子 khaŋ24tʃhuo31
1379. 风匣 风箱 fəŋ52khæ̃0
1380. 锅头 锅台 kuo52thou0
1381. 通条 通炉子的细铁棍 thuəŋ52thiɔ0
1382. 炭锨 火铲 thæ̃24ɕiæ̃31
1383. 烟筒 烟囱 Øiæ̃52thuəŋ0
1384. 箸笼罐 筷子筒 tʃhu24luəŋ0kuæ̃44
1385. 甑算 算子 tɕiəŋ24pi31
1386. 铲锅刀子 锅铲 tshæ̃52kuo31tɔ52tsʅ0
1387. 酒盅子 小酒杯 tsiou52tʃhuəŋ52tsʅ0
1388. 笊篱 tsou24li0
1389. 礤子 礤床 tsha52tsʅ0
1390. 碾槽 船形的研药材的用具，铁制 ŋiæ44tshɔ0

1391. 笼蒸笼 luəŋ24

1392. 恶水泔水 ŋuo31ʃuei0

1393. 胰子香皂 Øi24tsʅ0

1394. 尿盆夜壶 ȵio24phẽ0

1395. 火盆 xuo44phẽ0

1396. 暖壶盛热水后放在被子里取暖用的 lyã52xu24

1397. 麻刀抹墙用的碎麻，放在泥灰中增加凝聚力 ma31tɔ52

1398. 织布机 tʂʅ31pu44tɕi31

1399. 脚盆洗脚盆 tɕyo52phẽ0

1400. 洋蜡矿物质的蜡 Øiaŋ24la31

1401. 马灯大的煤油灯 ma52təŋ31

1402. 芯子灯芯 ɕiẽ52tsʅ0

1403. 戳子图章 tʃhuo52tsʅ0

1404. 浆子糨糊 tɕiaŋ24tsʅ0

1405. 掼针穿针 khuæ24tʂɛ̃31

1406. 线轱辘线轴 ɕiæ̃44ku52lou0

1407. 搓板洗衣板 tshuo31pæ̃0

1408. 棒槌 phaŋ24tʃhuei0

1409. 拐拐拐杖 kuæ52kuæ0

1410. 相好姘头 ɕiaŋ31xɔ52

1411. 犯人囚犯 fæ̃24zɛ̃0

1412. 二流子不务正业的人 Øər44liou24tsʅ0

1413. 财东有钱人 tshæ31tuəŋ52

1414. 徒弟学徒 thu31thi52

1415. 老娘婆接生婆 lɔ52ȵiaŋ0pho0

1416. 脚户脚夫 tɕyo52xu0

1417. 内弟小舅子 luei44ti44

1418. 带犊妇女改嫁带的儿女 tæ24thu0

1419. 模生遗腹子 mu24səŋ31

1420. 项旋窝子后脑窝 xaŋ24suæ̃0Øuo24tsʅ0

1421. 脚划拉骨踝骨 tɕyo31xua24la0ku31

1422. 腿猪娃小腿肚 thuei52tʃu52Øua0

1423. 囟门口囟门 ɕiẽ24mɛ̃0khou0

1424. 鬐角娃鬐角 piẽ24tɕyo31Øua44

1425. 刷刷子刘海儿 ʃua52ʃua0tsʅ0

1426. 眼眨毛睫毛 ȵiæ̃52tsa31mu0

1427. 眉楼骨出着皱眉头 mei31lu52ku0tʃhu52tʃuo0

1428. 鼻痂子鼻屎 phi31tɕia52tsʅ0

1429. 鼻疙瘩鼻子尖 phi31kɯ52ta0

1430. 咬舌子大舌头 ȵio44ʂʅ31tsʅ0

1431. 蛐蜓子雀斑 Øiou31Øyæ̃52tsʅ0

1432. 耳塞耳屎 Øər52sei31

1433. 肋子肋骨 lei52tsʅ0

1434. 腔子胸腔 tɕhiaŋ52tsʅ0

1435. 眼胶眼屎 ȵiæ̃52tɕiɔ31

1436. 眼橛麦粒肿 ȵiã52tɕhyo24

1437. 鸡蒙眼夜盲 tɕi52mɛ̃0ȵiæ̃0

1438. 胭脂骨颧骨 Øiæ̃31tsʅ0ku31

1439. 骭骨梁梁小腿腿骨 kæ̃31ku31liaŋ24liaŋ0

1440. 胳肢窝腋窝 kɯ52tsʅ24Øuo31

1441. 沟蛋子屁股蛋 kou31thæ̃24tsʅ0

1442. 精脚赤脚 tsiəŋ24tɕyo31

1443. 脚鸡眼鸡眼 tɕyo24tɕi31ȵiæ̃0

1444. 腰子肾脏 Øiɔ52tsʅ0

1445. 尿脬膀胱 ȵio24phɔ0

1446. 羊羔疯癫痫 Øiaŋ31kɔ52fəŋ31

1447. 瘫子瘫痪的人 thæ̃44tsʅ0

1448. 结锅子结巴 tɕiɛ52kuo31tsʅ0

1449. 豁豁唇腭裂 xuo52xuo0

1450. 垢圿洗澡时身上搓下来的脏东西

kou52tɕia0

1451. 大氅长大衣 ta44tʂhaŋ52
1452. 夹袄棉衣 tɕia31ŋ0
1453. 褂子外套 kua44tsʅ0
1454. 裤带腰带 fu44tæ44
1455. 连脚裤连脚裤 liæ24tɕyo52fu44
1456. 浑裆裤闭裆裤 xuɛ̃24taŋ52fu44
1457. 裤衩内裤 fu44tsha52
1458. 窝窝棉鞋 Øuo52uo0
1459. 鞋溜子鞋拔子 xæ24liou24tsʅ0
1460. 袜带 Øua31tæ44
1461. 锁子小孩儿戴的长命锁 suo44tsʅ0
1462. 帘帘围嘴儿 liæ31liæ52
1463. 筒袖暖手用的 thuaŋ44ɕiou31
1464. 御面彬州特色小吃 Øy24miæ0
1465. 煎汤面臊子面 tɕiæ31thaŋ31miæ44
1466. 麻糖麻花 ma31thaŋ52
1467. 搋面和面 tshæ31miæ44
1468. 酵面酵头 tɕiɔ44miæ44
1469. 卷子花卷 tɕyæ44tsʅ0
1470. 干粮干饼 kæ52liaŋ0
1471. 忽栾孩子满月做的食品 xu52luæ0
1472. 荞粉凉粉 tɕhiɔ31fɛ̃52
1473. 脂油动物油 tsʅ31Øiou24
1474. 清油植物油 tshiəŋ31Øiou24
1475. 坐席喝喜酒 tshuo44ɕi24
1476. 添箱女子出嫁前一天的仪式 tshiã31ɕiaŋ31
1477. □胎盘 ȵiɛ31
1478. 哭棍纸棍 fu52kuɛ̃0
1479. 跪草女人守灵 khuei44tshɔ52
1480. 纸货用纸扎的人、马、房子等祭祀用品 tsʅ31xuo0

1481. 过七做七 kuo44tɕhi31
1482. 缠孝戴孝 tʂhæ̃24ɕiɔ44
1483. 阴阳风水先生 Øiɛ̃52Øiaŋ0
1484. 神婆子巫婆 ʂɛ̃31pho52tsʅ0
1485. 作念遗物，给后人留下的念想 tsuo52ȵiæ̃0
1486. 抣从低处扶到高处 tshou31
1487. 掂掇掂量 tiæ44tuo31
1488. 盯识监视 tiəŋ52sʅ0
1489. 耳识理会 Øər52sʅ0
1490. 凫水在水里玩儿、游泳 fu24ʃuei52
1491. 殻觫软体动物蠕动的样子 ku52su0
1492. 搣昏 Øua52
1493. 辱没玷污、羞辱 ʐu52mo0
1494. 克化消化 khei52xua0
1495. 口哐讹人 khou52tiɛ24
1496. 绺摸偷拿 liou52mo31
1497. 捋抹整理 ly31ma31
1498. 拿捏难为人 la24ȵiɛ31
1499. 闹活闹腾、吵闹 nɔ24xuo0
1500. 挨挫受惩罚 ŋæ24tshuo0
1501. 敬嘴讲究吃喝 tɕiəŋ44tsuei52
1502. 彪莽撞 piɔ31
1503. 不当可怜 pu52taŋ0
1504. 差窍憨、犯傻 tsha31tɕhiɔ44
1505. 爨香（指饭菜）tshuæ44
1506. 担沉有担当 tæ31tʂhɛ̃24
1507. 倒灶家境破败 tɔ52tsɔ44
1508. 干板多嘴多舌 kæ31pæ52
1509. 干淑讲究卫生 kæ24ʃu31
1510. 干散说话办事干脆 kæ31sæ̃52
1511. 搁群合群 kuo31tɕhyɜ24
1512. 胡拉海大大咧咧、不拘小节

xu31la31xæ52

1513. 活泛 灵活、轻便、宽裕 xuo31fæ52

1514. 勒尅 不恰当地限制 lei52khei0

1515. 烈倔 好动、顽皮 liɛ31tɕyo52

1516. 零干 干脆、三下五除二 liəŋ31kã52

1517. 灵醒 聪敏 liəŋ31ɕiəŋ52

1518. 麻缠 难缠、难打交道 ma24tʂhæ24

1519. 冒标 过头了 mɔ24piɔ31

1520. 毛乱 烦乱 mu31lyæ52

1521. 儾哉 舒适、惬意 laŋ44tsæ0

1522. 严攒 严实 ȵiæ31tsæ52

1523. 硬气 有志气 ȵiəŋ44tɕhi44

1524. 硬成 靠得住 ȵiəŋ24tʂəŋ0

1525. 安生 安静，安心 ŋæ31səŋ31

1526. 熰 天气闷热、湿度大 ŋou44

1527. 叵烦 心情烦闷 pho52fæ0

1528. 齐凑 齐整 tshi31tshou52

1529. 曲卡 地方狭小 tɕhy31tɕhia52

1530. 日脏 肮脏 ʐʅ24tsaŋ31

1531. 揉眼 令人讨厌的 saŋ31ȵiæ52

1532. 实确 可靠、实在 ʂʅ31tɕhyo52

1533. 艳扎 鲜艳得扎眼 Øiæ44tsha44

1534. 磨牙涮嘴 说无用的话
mo24ȵia24ʃuæ44tsuei52

1535. 寻情钻眼 想方设法（贬义）
ɕiɛ24tɕhiəŋ24tsuæ44ȵiæ52

1536. 日鬼掏炭 不务正业

1537. 各门另饭 不在一起过日子
kɤ31mɛ̃24liəŋ44fæ44

1538. 二五不挂 不在乎，我行我素
Øər44Øu52pu31kua44

1539. 五马六道 不干净 Øu31ma0liou31tɔ44

1540. 裂脚背手 难以制服
liɛ31tɕyo52pei31ʂou0

1541. 灯笼火把 人手众多
təŋ52luŋ24xuo31pa0

1542. 鸡腰马胯 做事不尽全力
tɕi31Øiɔ31ma52khua44

1543. 乱麻集活 杂乱无序
lyæ24ma0thi31xuo0

1544. 拧拧磨磨 不大方，扭捏
ȵiəŋ31ȵiəŋ24mo31mo0

1545. 展展拓拓 大方自然
tʂæ44tʂ0thuo31thuo0

1546. 溜溜道道 不匀称 liou24liou0tɔ0tɔ0

1547. 须绺琐落 形容织物等烂成串串
ɕy24ly0suo52luo0

1548. 贼眉失眼 贼眉鼠眼的样子
tshei24mi52ʂʅ31ȵæ0

1549. 挣挣巴巴 勉强、费力
tsəŋ24tsəŋ0pa0pa0

1550. 浆浆水水 说话啰嗦
tɕiaŋ52tɕiaŋ0ʃuei52ʃuei0

第四章　语法与口头文化

第一节　语法例句

1. 你是哪里人？
   你是阿搭的？
   ȵi52sʅ0∅a52ta0ti0?

2. 我是陕西_____人。（说出所在县或市）
   我是陕西彬县人。
   ŋuo52sʅ0ṣã52ɕi31piɛ̃31ɕiã44ẓɛ̃24.

3. 你今年多大？
   你多大了？/老者高寿？/你几岁了？
   ȵi52tuo31ta44liɛ0? /lɔ31tʂɤ0kɔ31ʂou44? /ȵi52tɕi52tsuei44liɛ0?

4. 我_____岁了。（说出自己的实际年龄）
   我六十七了。
   ŋou52liou31sʅ24tɕhi31la0.

5. 你叫什么名字？
   你叫个啥？
   ȵi52tɕiɔ44kɤ0ʃuo44?

6. 我叫_____。（说出自己的名字）
   我叫席祯祥。
   ŋɤ52tɕiɔ44ɕi24tʂɛ̃31ɕiaŋ24.

7. 你家住哪里？
   你屋里是阿搭的？
   ȵi31∅u52li0sʅ44∅a52ta0ti0?

8. 我家住_____。（说出自己居住的地址）
   我屋在义门镇罗店村上。

ŋɤ31 0u31 tsæ44 ∅i24 mɛ̃0 tʂɛ̃44 luo24 tiæ̃0 tshuɛ52 ʂaŋ0.

9. 谁呀？我是老三。

    谁呀？我是老三。

    sei24 ∅ia0? ŋuo52 sʅ0 lɔ52 sæ31.

10. 老四呢？他正在跟一个朋友说着话呢。

    老四呢？人在兀儿跟人说话着呢。

    lɔ52 sʅ24 li0? ʐɛ̃24 tsæ44 ∅uær52 kɛ̃31 ʐɛ̃24 ʂɤ31 xua24 tʂɤ0 li0.

11. 他还没有说完吗？

    他还没说完？

    tha31 xa24 mo31 ʂɤ31 0uæ24?

12. 还没有。大约再有一会儿就说完了。

    还没有，兀大概一会子就完了。/大概还得一会子。

    xa24 mo31 ∅iou52，∅uo52 ta44 kæ44 ∅i31 xuei52 tsʅ0 tɕiou44 ∅uæ24 la0. / ta44 kæ44 xa24 tei0 ∅i31 xuei52 tsʅ0.

13. 他说马上就走，怎么这半天了还在家里呢？

    人家说就走哩，怎么这么时景还在屋里呢？

    ʐɛ̃24 tɕia0 ʂɤ31 tɕiou44 tsou44 li0, tsʅ52 mo0 tʂʅ24 mo0 sʅ24 tɕiəŋ52 xæ24 tsæ44 ∅u31 li0 ȵi0?

14. 你到哪儿去？我到城里去。

    你到阿搭去？我去城里呀。/我到城里去呀。

    ȵi52 tɔ44 a52 ta0 tɕhi44? ŋuo52 tɕhi44 tʂhəŋ24 li52 ∅ia0. / ŋuo52 tɔ44 tʂhəŋ24 li52 tɕhi44 ∅ia0.

15. 在那儿，不在这儿。

    到兀儿呢，不在这儿。/在兀搭哩，不在这搭。

    tsæ44 ∅uær52 ȵi0, pu31 tsæ44 tʂɤr52. / tsæ44 ∅u31 ta52 li0, pu31 tsæ44 tʂʅ31 ta52.

16. 不是那么做，是要这么做的。

    不是那么做呢，是这么个。

    pu31 sʅ44 pɔ31 mo52 tsu44 ȵi0, sʅ44 tʂʅ31 mo52 kɤ0.

17. 太多了，用不着那么多，只要这么多就够了。

    多了多了，要不了这么多，这些就够了。

    tuo31 la0 tuo31 la0, ∅iɔ44 pu31 liɔ52 tʂʅ24 mo0 tuo31, tʂʅ44 ɕiɛ31 tɕiou44 kou24 la0.

18. 这个大，那个小，这两个哪一个好点呢？

    这个大，那个碎，这两个阿一个好？

    tʂɤ52 kɤ0 ta44, læ52 kɤ0 suei44, tʂʅ44 liaŋ31 kɤ0 a31 ∅i31 kɤ0 xɔ52?

19. 这个比那个好。

这个比兀一个好。

tʂɤ52kɤ0pi52ɵu52ɵi31kɤ0xɔ52.

20. 这些房子不如那些房子好。

这些房没有［人家］兀些房子好。

tʂɤ52ɕiɛ31faŋ24mo31ɵiou52n̩iɛ24læ52ɕiɛ31faŋ24tsʅ0xɔ52.

21. 这句话用_____话怎么说？（填本地地名，本地音）

这句话用彬县话咋说哩？

tʂei52tɕy44xua44ɵyəŋ44piẽ31ɕiã44xua44tsa24ʂɤ52liɵ？

22. 他今年多大岁数？

兀今年多大了？

ɵuo52tɕiẽ31n̩iæ24tuo31ta24liɛ0？

23. 大概有三十来岁吧。

可能三十岁了吧。

khɤ52ləŋ24sæ52ʂʅ0suei44lɔ0pa0.

24. 这个东西有多重呢？

这有多重？

tʂɤ44ɵiou52tuo31tʃhuəŋ44？

25. 有五十斤重呢？

有五十斤吧？

ɵiou52ɵu52ʂʅ0tɕhiɛ31pa0？

26. 拿得动吗？

你搞得动兀不？

n̩i52xa52ti0tuəŋ44ɵuo52pu31？

27. 我拿得动，他拿不动。

能搞动，兀搞不动。

ləŋ24xa52tuəŋ44，ɵuo52xa52pu31tuəŋ44.

28. 真不轻，重得连我都拿不动了。

这实话重得很，连我都搞不动。

tʂɤ52ʂʅ24xua44tʃhuəŋ24ti0xẽ52，liæ24ŋuo52tou31xa52pu31tuəŋ44.

29. 你说得很好，你还会说点儿什么呢？

你说得好得很，你还说啥？

n̩i52ʂɤ53ti0xɔ52ti0xẽ52，n̩i52xa24ʂɤ31ʃuo44？

30. 我嘴笨，我说不过他。

我兀嘴笨得很，说不过[人家]。

ŋuo52ØuO52tsuei52phẽ24ti0xẽ52, ʂɤ31pu31kuo44ȵiɛ24.

31. 说了一遍，又说了一遍。

说了一绽，可说一绽。

ʂɤ31liɛ0Øi31tshæ̃44, khuo24ʂɤ31Øi31tshæ̃44.

32. 请你再说一遍。

你再说一绽。

ȵi52tsæ44ʂɤ31Øi31tshæ̃44.

33. 不早了，快去吧！

不早咧，快去！/迟得很了，快去！

pu31tsɔ44liɛ0, khuæ44tɕhi44! /tshɿ24ti0xẽ52liɛ0, khuæ44tɕhi44!

34. 现在还很早呢。等一会儿再去吧。

还早着呢，等一会子再去。

xa24tsɔ44tʃuo0li0, təŋ52Øi31xuei52tsɿ0tsæ44tɕhi44.

35. 吃了饭再去好吧？

吃了饭再去，行不？

tʂhɿ31liɛ0fæ̃44tsæ44tɕhi44, ɕiəŋ24pu0?

36. 慢慢儿地吃啊！不要急嘛！

吃慢嘎子，不着急。

tʂhɿ31mæ̃24kɤ0tsɿ0, pu31tʂɔ31tɕi24.

37. 坐着吃比站着吃好些。

坐下吃比立下吃好么。

tshuo24xa0tʂhɿ31pi52li52xa0tʂhɿ31xɔ52mo0.

38. 这个吃得，那个吃不得。

这能吃，兀吃不成。

tʂɤ52ləŋ24tʂhɿ31, Øuo52tʂhɿ31pu31tʂhəŋ24.

39. 他吃了饭了，你吃了饭没有呢？

他吃了饭了，你吃了没？/他把饭吃了，你吃了没？

tha52tʂhɿ31liɛ0fæ̃24liɛ0, ȵi52tʂhɿ31liɛ0mo0? /tha52pa31fæ̃44tʂhɿ31liɛ0, ȵi52tʂhɿ31liɛ0mo0?

40. 他去过上海，我没有去过。

[人家]去过上海，我没去过。

ȵiɛ24tɕhy44kuo0ʂaŋ44xæ52, ŋuo52mo31tɕhy44kuo0.

41. 来闻闻这朵花香不香？

    闻一下，这花香不香？

    Øuɛ̃24Øi31xa0, tʂɤ52xua31ɕiaŋ31pu24ɕiaŋ31？

42. 香得很，是不是？

    香得很，得是？

    ɕiaŋ52ti0xɛ̃52, tei31sɿ44？

43. 给我一本书！

    给我一本书些！

    kei52ŋuo52Øi31pẽ52ʃu52ɕiɛ0！

44. 我实在没有书嘛！

    我到底没有么！／我实在是没有！

    ŋuo52tɔ24ti52mo31Øiou52mo0！／ŋuo52ʂɿ24tsæ44sɿ0mo31Øiou52！

45. 你告诉他。

    你给他说。

    ȵi52kei44tha31ʂɤ31.

46. 好好儿地走！不要跑！

    好好儿走，耍跑！

    xɔ52xɔr24tsou52, pɔ31phɔ52！

47. 小心跌下去爬也爬不上来！

    小心跌下去，爬都爬不上来！

    ɕiɔ52siɛ̃31tiɛ52xa0tɕhi0, pha24tou31pha24pu31ʂaŋ24læ0！

48. 医生叫你多睡一睡。

    大夫叫你多睡嘎子。／大夫叫你多睡一会子。

    thæ24fu0tɕiɔ44ȵi52tuo31ʃuei24kɤ0tsɿ0.／thæ24fu0tɕiɔ44ȵi52tuo31ʃuei44Øi31xuei52tsɿ0.

49. 吸烟或者喝茶都不可以。

    吃烟喝茶都不行。

    tʂhɿ24Øiæ31xuo31tsha24tou24pu31ɕiaŋ24.

50. 烟也好，茶也好，我都不喜欢。

    烟也罢，茶也罢，我都不爱。／烟连茶我都不爱。

    Øiæ31Øiɛ52pha44, tsha24Øiɛ52pha44, ŋuo52tou24pu31ŋæ44.／Øiæ31liæ24tsha24ŋuo52tou31pu31ŋæ44.

51. 不管你去不去，反正我是要去的，我非去不可。

    不管你去也不，反正我要去。／不管你去不去，横顺我要去。

pu31kuæ52ȵiɔ52tɕhy44Øia0pu31， fæ31tʂəŋ44ŋuo52Øiɔ44tɕhy44. ∕

pu31kuæ52ȵiɔ52tɕhi44pu31tɕhi44， ɕyɛ24ʃuɛ̃44ŋuo52Øiɔ44tɕhi44.

52. 你是哪一年来的？

你是阿一年来的？

ȵi52sʅ44Øa31Øi31ȵiæ24læ24ti52？

53. 我是前年到的北京。

我是前年来北京的。

ŋuo52sʅ44tɕhiæ24ȵiæ24læ24pei31tɕiəŋ31ti0.

54. 今天开会谁的主席？

今儿开会是谁的主席？

tɕiə̃r31khæ31xuei44sʅ0ʃuei24ti0tʃu52ɕi24？

55. 你得请我的客。

你要把我请一下。

ȵi52Øiɔ44pa31ŋuo52tɕhiəŋ52Øi31xa0.

56. 这是他的书，那一本是他哥哥的。

这是［人家］的书，兀一本子是他哥的。

tʂɤ52sʅ0ȵiɛ24ti52ʃu31， Øuo52Øi31pɛ̃52tsʅ0sʅ44tha31kɤ24ti0.

57. 一边走，一边说。

旋走旋说。

suæ̃44tsou52suæ̃44ʂɤ31.

58. 看书的看书，看报的看报，写字的写字。

看书的看书，看报的看报，写字的写字。

khæ44ʃu31ti0khæ44ʃu31， khæ44pɔ24ti0khæ44pɔ44， ɕiɛ52tsʅ24ti0ɕiɛ52tsʅ44.

59. 越走越远，越说越多。

越走越远，越说越多。

Øyo31tsou52Øyo31Øyæ52， Øyo24ʂɤ31Øyo24tuo31.

60. 把那个东西拿给我。

把兀给我取一下。

pa31Øuo52kei52ŋuo52tɕhy52Øi31xa0.

61. 有些地方把太阳叫日头。

有些地方把太阳叫日头。

Øiou52ɕiɛ31thi24faŋ0pa31thæ44Øiaŋ0tɕhɔ44Øər52thou0.

62. 您贵姓？我姓王。

你姓啥？我姓王。

ȵi52ɕiəŋ44ʃuo44？ŋuo52ɕiəŋ44ɵuaŋ24.

63. 你姓王，我也姓王，咱们两个人都姓王。

你姓王，我啊姓王，咱俩都姓王。

ȵi52ɕiəŋ44ɵuaŋ24，ŋɤ52ɑ52ɕiəŋ44ɵuaŋ24，tshæ24liaŋ0tou24ɕiəŋ44ɵuaŋ24.

64. 你先去吧，我们等一会儿再去。

你先去，我等一会子再去。

ȵi31ɕiæ̃31tɕhy44，ŋuo31təŋ52ɵi31xuei52tsʅ0tsæ44tɕhy44.

第二节　北风和太阳

北风跟太阳

有一回，北风跟太阳在那儿争论谁的本事大。争来争去就是分不出高低来。这时候路上来了个走道儿的，他身上穿着件厚大衣。他们俩就说好了，谁能先叫这个走道儿的脱下他的厚大衣，就算谁的本事大。北风就使劲地刮起来了，不过他刮得越是厉害，那个走道儿的把大衣裹得越紧。后来北风没法儿了，只好就算了。过了一会儿，太阳出来了。他火辣辣地一晒，那个走道儿的马上就把那件厚大衣脱下来了。这下儿北风只好承认，他们俩当中还是太阳的本事大。

北风连日头爷

pei24fəŋ31liæ24ɵər52thou0ɵiɛ24

有一回，北风连日头爷在兀儿犟哩，看谁的本事大，犟来犟去，犟不出个眉眼。

ɵiou52ɵi31xuei24，pei24fəŋ31liæ24ɵər52thou0ɵiɛ24tsæ44ɵuɐr52tɕhiaŋ24li0，khæ44sei24ti0pɛ̃52sʅ0ta44，tɕhiaŋ44læ24tɕhiaŋ44tɕhi44，tɕhiaŋ44pu24tʃhu31kɤ0mi31ȵiæ52.

这时景，端的来了个走路的，身上穿了个棉大衣。

tsʅɤ52sʅ24tɕiəŋ52，tuæ̃52ti0læ24liɛ0kɤ0tsou52lu24ti0，ʂɛ̃52ʂaŋ0tʃhuæ̃31liɛ0kɤ0miæ24ta24ɵi31.

〔人家〕两个说咧，咱俩谁能让兀走路的把棉大衣脱了，就算谁本事大。

ȵiɛ24liaŋ52kɤ0ʂɤ31liɛ0，tsha24lia0sei24ləŋ24ʐaŋ44ɵuo52tsou52lu24ti0pa31miæ24ta24ɵi31thuo31liɔ0，tɕhiou44suæ44sei24pɛ̃52sʅ0ta44.

北风愣门子在兀儿吹哩，他越吹，兀走路的把棉大衣裹得越紧。

pei24fəŋ31ləŋ52mɛ̃24tsʅ52tsæ44ɵuɐr52tʃhuei52li0，tha52ɵyo24tʃhuei31，ɵuo52tsou52 lu24ti0 pa31miæ̃24ta24∅i31kuo52ti0∅yo31tɕiɛ̃52.

北风一看，没方子咧，只得得算了。

pei24fəŋ31∅i31khæ̃44，mo24faŋ52tsʅ0liɛ0，tsʅ24tei52ti0suæ̃24liɛ0.

等了一会子，日头爷出来了，鼓劲一晒，兀走路的蹭一下把棉大衣脱下来了。

təŋ52liɛ0∅i31xuei52tsʅ0，Øɚ52thou0∅iɛ24tʃhu31læ0liɛ0，ku52tɕiɛ44∅i31sæ44，Øuo52tsou52lu24ti0tshəŋ24∅i31xa0pa31miæ̃24ta24∅i31thuo52xa0læ0liɛ0.

这一下北风才认黄咧，还是〔人家〕日头爷本事大。

tʂei52∅i31xa0pei24fəŋ31tshæ24zʅɛ̃44xuɑŋ24liɛ0，xa24sʅ44ȵiɛ24∅ɚ52thou0∅iɛ24pẽ52sʅ0ta44.

第三节　口头文化

一、故事：公刘墓的传说

彬县有个公刘墓，咱兀儿人把兀叫人祖爷墓。提起兀人祖爷墓，不止远近很有名，而且还有一段传说呢。很早以前，人祖爷墓骨堆里，埋了很多稀罕的东西。金鸡、金马、金银珠宝，啥都有。年长日久，这些东西就修炼成精了。一到晚上，金鸡就叫鸣呢，金马拉着金碡子，不停地在推碡，把推出的白面都堆在墓骨堆上。这样，墓骨堆就越来越大，把河套地都快占完了。跟前的人，都以为墓骨堆长呢。有个放羊的人，一天晚上寻羊呢，黑嘛咕咚的，赶那墓道里进去了，就看有个女人在兀儿磨面呢。兀女人见他进来啦，就赶紧把他掀出去，顺手把她手里擩的金箒帚留给他，叫他不要把墓坑里的事说出去。可放羊人不贪小便宜，就把兀事给跟前的人说了。这一下，人都跑去求土地爷管一下，这么好的地，让占完了，跟前的人咋活呀！土地爷没办法，就把这事报告给玉皇大帝了。玉皇大帝决定，派精甲神把这些宝贝收回来。到了半晚上，精甲神驾了一片祥云，悄悄地落在墓旁边的西山上，然后从怀里掏出一个镜子，对着墓骨堆一照，"轰隆"一声，天摇地动，墓骨堆就闪开了一条峡。精甲神从西山跳进墓坑，把所有的宝贝全擩走了，然后用镜子一照，墓又合住了。从此以后，兀墓骨堆再也不长了。跟前的人，又像从前一样，平平安安地过日子了。

二、歌谣

1. 夜哭郎

天皇皇，地皇皇，我家有个夜哭郎。

过路君子念一遍，一直睡到大天亮。

2. 九九歌

九月九，家家有，过了九月九，大夫高操手。
一九二九不出手，三九四九冰上走。
五九六九，下河看柳，七九河开，八九燕来。
九九加一九，耕牛遍地走。

3. 老汉是咱好靠山

玉米面，打搅团，为儿不如为老汉。
儿大跟上媳妇转，老汉是咱好靠山。

4. 贼娃子，绺娃子

贼娃子，绺娃子，偷他舅家狗娃子。
他舅立着门上吼嘎子，把贼娃子吓得瞅嘎子。

5. 物产歌

枣树巷，云遮天，晋枣产地在水帘。
彬县柿子赛蜜甜，产地是咱北极原。

6. 彬县是个好地方

彬县是个好地方，文化悠久历史长。
夏朝姜嫄出郊外，履迹坪上留风光。
后稷出生在隘巷，公刘居豳有名望。
古公亶父周太王，从豳迁岐建宫房。
姜嫄公刘墓碑在，游人参观常瞻仰。
前秦天王名苻坚，埋葬彬县水口乡。
唐建石窟大佛寺，雄伟壮观世无双。
七层宋塔更秀丽，水帘石洞美猴王。
文物荟萃风景好，坡原山川瓜果香。
乌金煤炭产量多，卷烟年产五万箱。
牛肉兔肉和野味，远销西欧各市场。
烤烟油菜和大麻，产量不少质量强。
彬州枣梨很著名，色鲜味美赛蜜糖。
桃杏甜瓜大苹果，任君挑选尽管尝。
黄芪党参和柴胡，大红袍花椒有名堂。
柿子柿饼产量高，核桃多得用车装。
乡党如想来游玩，西兰公路很通畅。

三、谚语

1. 木匠家里无板凳，卖油娘子水梳头。
2. 穷人不种地，富人断了气。
3. 旱天发槐树，旱年发财主。
4. 不怕强敌，只怕大意。
5. 良药难治思想病，好话难劝糊涂人。
6. 一千个嘴把式，顶不上一个手把式。
7. 家贫出孝子，国难显忠臣。
8. 三天不念口生，三天不练手生。
9. 地不锄生草，人不学出错。
10. 打不断的亲，骂不断的邻。
11. 立秋大风多，大雨往后拖。
12. 冬至时节雪茫茫，来年粮食堆满仓。
13. 有雨天边亮，无雨顶上光。
14. 晚看西北明，来日天必晴。
15. 水缸出汗蛤蟆叫，瓢泼大雨就要到。
16. 彬州梨没渣，美名扬天下。
17. 八成熟，十成收；十成熟，八成收。
18. 种麦见麦茬，来年用手拔。
19. 算黄算割，不割就落。
20. 深谷浅糜子，荞麦重在浮皮子。
21. 桃饱杏伤人，李子树下抬死人。
22. 鱼生火，肉生痰，青菜豆腐保平安。
23. 清明三月三，荠菜当灵丹。
24. 剃头洗脚，强似吃药。
25. 好男不在家当，好女不在嫁妆。
26. 贫贱之交不可忘，糟糠之妻不下堂。
27. 馋嘴懒身子，是个穷根子。
28. 吃不穷穿不穷，打算不到一世穷。
29. 人勤地生宝，人懒地长草。
30. 万物出自土，百业精于勤。
31. 忍得一时气，可免百日忧。

32. 绳捆三道紧,账算三遍稳。
33. 围人一条路,惹人一堵墙。
34. 有理说得过君王,没理说不过婆娘。
35. 男人是个耙耙,女人是个匣匣,不怕耙耙没齿,单怕匣匣没底。

听书二维码

秦都区篇　　　渭城区篇　　　泾阳县篇

三原县篇　　　兴平市篇　　　武功县篇

乾县篇　　　礼泉县篇　　　淳化县篇

永寿县篇　　　　　　旬邑县篇　　　　　　长武县篇

彬州市篇

参考文献

彬县志编纂委员会编．彬县志［M］．陕西人民出版社，2000年．

长武县志编纂委员会编．长武县志［M］．陕西人民出版社，2000年．

淳化县地方志编纂委员会编．淳化县志［M］．三秦出版社，2000年．

泾阳县县志编纂委员会编．泾阳县志［M］．陕西人民出版社，2001年．

礼泉县志编纂委员会编．礼泉县志［M］．三秦出版社，1999年．

乾县县志编纂委员会编．乾县志［M］．陕西人民出版社，2003年．

三原县地方志编纂委员会编．三原县志［M］．陕西人民出版社，2000年．

武功县地方志编纂委员会编．武功县志［M］．陕西人民出版社，2001年．

咸阳市地方志编纂委员会编著．咸阳市志［M］．陕西人民出版社，1996年．

咸阳市渭城区地方志编纂委员会编．渭城区志［M］．陕西人民出版社，1996年．

兴平县地方志编纂委员会编．兴平县志［M］．陕西人民出版社，1994年．

旬邑县地方志编纂委员会编．旬邑县志［M］．三秦出版社，2000年．

永寿县志编纂委员会编．永寿县志［M］．三秦出版社，1991年．

张崇主编．陕西方言词汇集［M］．西安交通大学出版社，2007年．

后　记

　　陕西省语言资源丰富，方言种类繁多，陕北、关中、陕南三地方言内部差异大，情况复杂：陕北地区方言绝大部分属于晋语，方言面貌非常古老，很多方言语音系统中还保留着入声韵和入声调，词汇系统中也有大量古语词，这些都是汉语史研究非常重要的佐证材料；关中地区方言属于中原官话，作为历史上汉民族共同语的重要基础方言，在汉语史上有非常重要的地位，关中地区方言研究是官话方言研究的重要组成部分；陕南地区分布着中原官话、西南官话、江淮官话、赣语等多种方言，格局复杂，各种方言在互相影响、互相渗透中不断变化发展，是研究方言接触和融合的绝佳对象。

　　为了全面调查整理陕西方言，保护传承陕西文化，陕西省档案局于2015年3月启动了陕西方言语音建档工作。这项工作依托档案部门在档案收集、整理、保护方面的优势，以留住乡音乡愁为目标，采取纸笔调查和录音录像的方式，对方言语料进行全面的记录整理。方言语音建档是保存方言、留住记忆乡愁的重要形式，是保护方言非物质文化遗产的重要举措。

　　在方言语音建档工作顺利开展，建档成果日益丰富的同时，陕西省档案局和参与方言语音建档的专家学者们也在考虑如何对方言档案进行开发利用，吸引社会各界对方言资源进行保护开发，培养社会大众的语言资源意识，真正唤起人们对方言土语、对传统文化的重视与热爱。以全省方言语音建档成果为基础，编纂一套具有普及性、可读性和学术研究价值的《陕西方言集成》丛书便成为大家共同的追求和目标。

　　2017年初从美国访学回国不久，教育部长江学者特聘教授、陕西方言语音建档首席专家、陕西师范大学语言资源开发研究中心主任邢向东老师就找我谈话，希望我能负责起《陕西方言集成》丛书的编纂工作。之后，邢老师就丛书编纂体例、读者群体特点、编纂团队人选等问题给我做出了明确指示。在邢老师的指导和支持下，《陕西方言集成》丛书编纂工作逐步开展起来。

　　我们邀请了近十位陕西高校从事方言研究的，有较高学术造诣的年轻学者参加编纂工作。他们大都是陕西人，熟悉陕西方言，绝大部分参加过陕西方言语音建档工作和中国语言资源保护工程，有着非常丰富的听音、审音、记音能力，严谨认真，责任心强。团队组建后，大家首先熟悉各点方言语音档案，并对接下来编纂工作中可能出现的问题进行汇总。8月底，《陕西方言集成》丛书编写启动会暨大纲讨论会召开，陕西省档案局局长王建领、副局长赵万吉，方言学家邢向东、王军虎、黑维强，以及全体编纂人员出席了启动会。会议就《陕西方言集成》丛书的格式体例、内容行文、交稿时间等问题进行了深入讨论。会议指出，《陕西方言集成》丛书是对陕西方言语音档案的再加工和再提高，是对方言语音建档成果水平的进一步升华。团队要对现有材料做出完善，要按统一的格式体例要求加工材料，要撰写方言内部差异、声韵调音值说明、连读变调规律等内容，要听验音频、视频，核对修正音值音类、方言本字，对词汇、语法部分做出适当的补充或修改。

《陕西方言集成》丛书是陕西方言语音建档工作的后期成果，是陕西方言语音档案音频与文字汇总版。丛书用文字、音频（扫二维码即可听）的形式全面记录了陕西方言，对保护陕西地区的方言及以方言为载体的陕西地域文化具有非常重要的意义。丛书对方言档案的归纳整理，一方面将为推广普通话和语言规范化工作服务、为西北地区的文化建设事业服务，另一方面也将为学界提供全新的语料，推动陕西方言研究和汉语方言研究的发展。

陕西方言语音建档工作和《陕西方言集成》丛书是汉语方言地方资源库建设的有益尝试，承载着陕西方言研究者和档案工作者的高度责任感，寄托了热爱方言和地方文化的人们的美好愿望，是保护陕西方言、传承陕西文化卓有成效的形式。正如邢向东老师所说，这是"在做一件大事，一件大好事"。我们因为进行着这样一件"大事"而倍感自豪，也"压力山大"。经过近一年的努力，丛书就要陆续出版了，我们怀着既激动又忐忑的心情盼着她们的面世。因为水平有限，丛书中难免会留下一些瑕疵，请各位读者多多批评指正。

感谢陕西省档案局王建领局长和诸位领导对陕西方言语音建档工作和《陕西方言集成》丛书编写一如既往的关怀和支持；感谢邢向东老师，他作为陕西方言语音建档首席专家、《陕西方言集成》丛书的编委和审稿人，一直身体力行，有了他的顶层设计和悉心指导，我们的工作才能顺利推进；感谢商务印书馆太原分馆编辑团队对丛书编写和出版付出的努力；感谢王军虎、黑维强等专家对工作提出的意见和建议。最后，感谢我们的编纂团队，正是出于他们对陕西方言、陕西文化的那份热爱、那份执着，我们的《陕西方言集成》丛书才有了一些模样，他们是：

《陕西方言集成》（西安卷）编纂者：咸阳师范学院 王一涛；

《陕西方言集成》（宝鸡卷）编纂者：西安石油大学 徐朋彪；

《陕西方言集成》（咸阳卷）编纂者：咸阳师范学院 张攀；

《陕西方言集成》（铜川杨陵韩城卷）编纂者：西安外国语大学 徐馥琼；

《陕西方言集成》（渭南卷）编纂者：西安石油大学 徐朋彪
　　　　　　　　　　　　　　　　渭南师范学院 卜晓梅；

《陕西方言集成》（延安卷）编纂者：西安外国语大学 孙建华；

《陕西方言集成》（榆林卷）编纂者：西安外国语大学 贺雪梅；

《陕西方言集成》（安康卷）编纂者：安康学院 李婷；

《陕西方言集成》（汉中卷）编纂者：陕西师范大学 柯西钢
　　　　　　　　　　　　　　　　陕西理工大学 张璐；

《陕西方言集成》（商洛卷）编纂者：商洛学院 赵萍君。

柯西钢

2018 年 6 月